Hinweise für das
Anbringen von Verkehrszeichen und
Verkehrseinrichtungen

HAV

Verkehrstechnischer Kommentar

Hinweise für das Anbringen von Verkehrszeichen und Verkehrseinrichtungen

HAV

Verkehrstechnischer Kommentar

Begründet von Prof. Dr.-Ing. Siegfried Giesa, Wiesbaden
Fortgeführt von Prof. Dr.-Ing. J. Stefan Bald, TU Darmstadt
und
Dipl.-Ing. Katja Stumpf, TU Darmstadt

13. Auflage

KIRSCHBAUM VERLAG BONN

ISBN 978-3-7812-1700-3
© Kirschbaum Verlag GmbH, Fachverlag für Verkehr und Technik
Siegfriedstraße 28, 53179 Bonn
Telefon 02 28/9 54 53-0 · Internet www.kirschbaum.de
Satz und Lithographie: www.mohrmediendesign.de
Druck: SDV Saarländische Druckerei & Verlag GmbH, Saarwellingen
Titelbild © Frederico di Campo – fotolia.com
August 2014 · Redaktioneller Stand: 1. September 2013 · Best.-Nr. 1700

Vorbemerkung

Die „Hinweise für das Anbringen von Verkehrszeichen und Verkehrseinrichtungen (HAV)" basieren auf einem Entwurf, den seinerzeit der Hessische Minister für Wirtschaft und Verkehr unter Mitwirkung des Hessischen Ministers des Innern erstellt hat, um die in der VwV-StVO von den obersten Landesbehörden geforderten gleichen Maßstäbe für Verkehrsschauen festzulegen.

Dieser Entwurf wurde im Arbeitsausschuss „Verkehrszeichen und Verkehrseinrichtungen" der Forschungsgesellschaft für Straßen- und Verkehrswesen (FGSV) unter der Leitung von Professor Dr.-Ing. Siegfried Giesa beraten und verabschiedet. Seitdem wurde die HAV ständig fortgeschrieben und dem Stand der rechtlichen und technischen Entwicklung angepasst.

Vorwort zur 13. Auflage

Die 13. Auflage der „Hinweise für das Anbringen von Verkehrszeichen und Verkehrseinrichtungen – HAV" wurde entsprechend den aktuellen Entwicklungen fortgeschrieben. Sie beruht wie die Vorgängerauflagen im Wesentlichen auf den Bestimmungen der Straßenverkehrs-Ordnung (StVO; ursprünglich vom 16. November 1970) und der Allgemeinen Verwaltungsvorschrift zur Straßenverkehrs-Ordnung (VwV-StVO; ursprünglich vom 24. November 1970). Die letzten berücksichtigten Änderungen sind bei der StVO die Neufassung vom 6. März 2013 (BGBl. I S. 367), bei der VwV-StVO die Neufassung vom 17. Juli 2009 (BAnz. S. 2598; VkBl. S. 610). Darüber hinaus wurde versucht, möglichst alle verfügbaren bundeseinheitlichen Rundschreiben, Erlasse und sonstige Informationen, die das Anbringen von Verkehrszeichen und Verkehrseinrichtungen betreffen, zu berücksichtigen, einheitlich und zusammenfassend darzustellen und zu kommentieren. Wegen der teilweise unterschiedlichen Regelungen in den einzelnen Bundesländern (vor allem im straßenbaulichen Bereich) kann auf landesspezifische Regelungen nur im Ausnahmefall eingegangen werden, z. B. wenn in einem Bundesland Regelungen von allgemeinem Interesse bestehen.

Die HAV sind damit ein verkehrstechnischer Kommentar der Gesetze, Vorschriften und Erlasse, die das Anbringen von Verkehrszeichen und Verkehrseinrichtungen behandeln. Sie vermitteln zudem Anregungen und Empfehlungen, die sich aus der Praxis ergeben. Dadurch soll erreicht werden, dass das Anbringen der Zeichen und Einrichtungen nach gleichen Maßstäben und einheitlichen Kriterien erfolgt.

Die Überarbeitung zur vorliegenden 13. Auflage ist inhaltlich vor allem geprägt durch die Initiative „Weniger Verkehrszeichen", die nach langer Bearbeitung und einigen Irrwegen zum Neuerlass der StVO von 2009/2013 und der VwV-StVO von 2009 geführt hatte. Deren Ziel war nicht nur eine klarere Formulierung aus rechtlich-systematischen Erwägungen, sondern vor allem, die Möglichkeit zu eröffnen, die Anzahl und die Vielfalt der Verkehrszeichen auf den Straßen zu verringern. Neben direkten Streichungen von Verkehrszeichenbildern wurden durch die Änderung insbesondere auch die Regelungen zu den Sonderwegen, insbesondere den Radfahrwegen, und zur Wegweisung systematisiert. Die derzeit laufende Fortschreibung des Verkehrszeichenkatalogs konnte nicht mehr abgewartet werden. Es ist jedoch davon auszugehen, dass die vorliegende Ausgabe der HAV auch mit dem fortgeschriebenen Verkehrszeichenkatalog gut anzuwenden ist.

Bei der 13. Auflage wurde die Gliederung systematisch weiterentwickelt, ohne mit der Tradition zu brechen. Schon in der Vergangenheit hatte es sich zur Sicherung des Anwendungsbezugs als sinnvoll erwiesen, manche Verkehrszeichen nicht in der Reihenfolge ihrer Nennung in der StVO (und damit ihrer Nummerierung), sondern im sachlichen Zusammenhang zu behandeln, etwa bei Vorfahrtregelungen (Zeichen 205, 206, 215, 301–307), Bahnübergängen (Zeichen 150–162,

201), Fußgängerüberwegen (Zeichen 293, 350) oder Arbeitsstellen.

Bei der Überarbeitung der vorliegenden Ausgabe der HAV wurden zunächst weitere zusammenfassende, situationsbezogene Abschnitte formuliert, insbesondere zu den straßenbedingten Verkehrsbeschränkungen (Zeichen 262–266), zu den Sonderwegen (Zeichen 237–245, 251–260) oder zum Halten und Parken (Zeichen 283–292, 314–317). Da nun weite Teile der Vorschriftzeichen und nahezu alle Richtzeichen in den zusammenfassenden Darstellungen behandelt waren, lag es nahe, die bisherige Gliederung in Gefahrzeichen, Vorschriftzeichen und Richtzeichen ganz aufzugeben und die themenorientierte Gliederung weiterzuentwickeln.

Die 13. Auflage ist daher nun konsequent nach Anwendungsbezug gegliedert. So ist z. B. Abschnitt 4 den Knotenpunkten, Abschnitt 6 dem fließenden Verkehr (auf der freien Strecke) oder Abschnitt 8 der Wegweisung gewidmet. Zur besseren Orientierung taucht diese Abschnittsgliederung in der Kopfzeile auf.

Auch wenn die neue Gliederung anfangs vielleicht ein wenig ungewohnt erscheint, so sind Autoren und Verlag doch überzeugt, dass die HAV durch die Neugliederung anwendungsfreundlicher geworden ist. Alle Informationen, die zur Lösung eines Problems benötigt werden, sind nun weitgehend zusammenhängend dargestellt. Insbesondere bei der täglichen Arbeit vor Ort ist damit weniger Blättern erforderlich.

Leser, die nach wie vor den Zugang über Verkehrszeichennummern bevorzugen, finden eine entsprechende Sortierung im „Findex" auf Seite 15 ff. Dieser verweist auf den bzw. die Abschnitte, in denen das gesuchte Verkehrszeichen (hauptsächlich) behandelt wird. Sein Grundgerüst bilden die neuen Anlagen der StVO, in denen Verkehrszeichen und Verkehrseinrichtungen bildlich dargestellt und ihre Bedeutungen festgelegt sind.

Den Anfang der HAV bilden allgemeine Grundsätze. In den anschließenden Abschnitten, in denen die einzelnen Gruppen von Verkehrszeichen und Verkehrseinrichtungen behandelt werden, ist das für die jeweilige Gruppe insgesamt Geltende zu Beginn eines jeden Abschnitts kommentierend zusammengestellt. Es folgen Einzelhinweise für jedes Zeichen, wobei die entsprechenden Textstellen der StVO und der Allgemeinen Verwaltungsvorschrift zur StVO wiedergegeben und weitere Fundstellen genannt sind. Ferner sind zum Verständnis wichtige Erlasse und Richtlinien abgedruckt.

Durch die neue sachbezogene Gliederung wurden zahlreiche Doppelzitate von StVO- und VwV-StVO-Stellen entbehrlich. Da außerdem der Gesamtumfang des Werkes noch etwas zugenommen hat, bedeutet das auch, dass nun anstelle lediglich wiedergegebener Quellen wesentlich mehr kommentierender Inhalt geboten wird. Da der Änderungsprozess von StVO und VwV-StVO von 2009/2013 mit einer Straffung der Verwaltungsvorschriften einherging, sind viele der ursprünglich in diesen Dokumenten enthaltenen vielfältigen Anregungen und Hilfen zur Entscheidungsabwägung nicht mehr verfügbar. Bei der Überarbeitung der HAV wurde versucht, eben dies durch die erweiterte Kommentierung auszugleichen.

Da die durch die Änderungen von StVO und VwV-StVO notwendig gewordene Überarbeitung des Verkehrszeichenkatalogs noch nicht abgeschlossen ist und daher bis zur Drucklegung nicht berücksichtigt werden konnte, ergeben sich teilweise Widersprüche in den Zeichennummern. Um die Nummern eindeutig zuordnen zu können, werden in der 13. Auflage der HAV die Zeichennummern der StVO mit „Zeichen 999" oder „Zusatzzeichen 9999", die des Verkehrszeichenkatalogs mit „Z 999" oder „Zz 9999" angegeben (in einigen *Bildern* musste aus Platzgründen allerdings von dieser Schreibweise abgewichen werden).

Ein „Verkehrstechnischer Kommentar" wie die HAV kann nicht alle in der Praxis vorkommenden Möglichkeiten behandeln. Er muss sich darauf beschränken, zu grundsätzlichen Fragen Stellung zu nehmen, Leitlinien aufzuzeigen und die Entwicklung auf dem Sektor Verkehrstechnik zu verfolgen. **Im Zweifel ist immer der Wortlaut der StVO und der VwV-StVO maßgebend.** Anregungen zur Aufnahme weiterer Aspekte oder Fälle, die Ihnen als Leser Ihre Arbeit noch weiter erleichtern können, nehmen die Autoren und der Verlag gerne unter info@kirschbaum.de entgegen.

Inhaltsverzeichnis

Verzeichnis der Abkürzungen

BAnz.	Bundesanzeiger
BASt	Bundesanstalt für Straßenwesen
BGBl.	Bundesgesetzblatt
BGH	Bundesgerichtshof
BMV	Bundesministerium für Verkehr
BMVBW	Bundesministerium für Verkehr, Bau- und Wohnungswesen
BMVBS	Bundesministerium für Verkehr, Bau und Stadtentwicklung
BMVI	Bundesministerium für Verkehr und digitale Infrastruktur
DTV	Durchschnittlicher täglicher Verkehr
FG	Forschungsgesellschaft für das Straßenwesen (früherer Name)
FGSV	Forschungsgesellschaft für Straßen- und Verkehrswesen (neuer Name)
OLG	Oberlandesgericht
StA	Straße und Autobahn (Fachzeitschrift – Organ der FGSV)
StVO	Straßenverkehrs-Ordnung
SVT	Straßenverkehrstechnik (Fachzeitschrift – Organ der FGSV)
VkBl.	Verkehrsblatt (Amtsblatt des BMVI)
VwV-StVO	Allgemeine Verwaltungsvorschrift zur Straßenverkehrs-Ordnung

Findex

Verzeichnis der
Verkehrszeichennummern

Hinweis:

Die grau unterlegten Felder geben die amtlichen Zeichen und Texte der StVO wieder, die am 1.4.2013 in Kraft getreten ist.

Die Erläuterungen der Fußnoten finden sich am jeweiligen Ende der Findex-Abschnitte F1, F2, F3 und F4.

Allgemeine und Besondere Gefahrzeichen (nach StVO Anlage 1)

Bisherige Zeichen	lfd. Nr.	Neue Zeichen	Erläuterungen	HAV Abschnitt
Abschnitt 1 Allgemeine Gefahrzeichen (zu § 40 Absatz 6)				
101 Gefahrstelle	1	101 Gefahrstelle	Ein Zusatzzeichen kann die Gefahr näher bezeichnen.	6.3.4
102 Kreuzung oder Einmündung	2	102 Kreuzung oder Einmündung	Kreuzung oder Einmündung mit Vorfahrt von rechts	4.4 Angrenzende Straßen; 4.5.2 Vorfahrtregelung
Z 103-10	3	103 Kurve		6.5.4
103 Kurve (rechts)		Z 103-20		6.5.4
Z 105-10	4	105 Doppelkurve		6.5.4
105 Doppelkurve (zunächst rechts)		Z 105-20		6.5.4
108 Gefälle	5	108 Gefälle		6.3.5
110 Steigung	6	110 Steigung		6.3.5

Allgemeine und Besondere Gefahrzeichen (nach StVO Anlage 1)

Bisherige Zeichen	lfd. Nr.	Neue Zeichen	Erläuterungen	HAV Abschnitt
112 Unebene Fahrbahn	7	112 Unebene Fahrbahn		6.3.5
113 Schnee- oder Eisglätte		Nur anordnen, wenn besonders begründet[1]		6.3.4
114 Schleudergefahr bei Nässe oder Schmutz	8	114 Schleuder- oder Rutschgefahr	Schleuder- oder Rutschgefahr bei Nässe oder Schmutz	6.3.5
115 Steinschlag		Nur anordnen, wenn besonders begründet[1]		6.3.4
Z 115-20		Nur anordnen, wenn besonders begründet[1]		6.3.4
116 Splitt, Schotter		Nur anordnen, wenn besonders begründet[1]		6.3.4
Z 117-10	9	117[2] Seitenwind		6.3.5
117 Seitenwind		Z 117-20		6.3.5

Allgemeine und Besondere Gefahrzeichen (nach StVO Anlage 1)

Bisherige Zeichen	lfd. Nr.	Neue Zeichen	Erläuterungen	HAV Abschnitt
120 Verengte Fahrbahn	10	120 Verengte Fahrbahn		5.2.3
121 Einseitig (rechts) verengte Fahrbahn	11	121[3] Einseitig verengte Fahrbahn		5.2.3
Z 121-20		Z 121-20		5.2.3
123 Baustelle	12	123 Arbeitsstelle		7.2.3
124 Stau	13	124 Stau		6.3.5
125 Gegenverkehr	14	125 Gegenverkehr		6.3.5
128 Bewegliche Brücke		Nur anordnen, wenn besonders begründet[1]		6.3.4
129 Ufer		Nur anordnen, wenn besonders begründet[1]		6.3.4

Allgemeine und Besondere Gefahrzeichen (nach StVO Anlage 1)

Bisherige Zeichen	lfd. Nr.	Neue Zeichen	Erläuterungen	HAV Abschnitt
131 Lichtzeichen- anlage	15	131 Lichtzeichen- anlage		6.3.5
133 Fußgänger	16	133[2] Fußgänger		6.3.5
134[2] Fußgänger- überweg		Nur anordnen, wenn besonders begründet[1]		6.3.4
Z 134-20		Nur anordnen, wenn besonders begründet[1]		6.3.4
136 Kinder	17	136[2] Kinder		6.3.5
Z 136-20		Z 136-20		6.3.5
138 Radfahrer kreuzen	18	138 Radverkehr		6.3.5
Z 138-20		Z 138-20		6.3.5
140[2] Viehtrieb, Tiere		Nur anordnen, wenn besonders begründet[1]		6.3.4

19

Allgemeine und Besondere Gefahrzeichen (nach StVO Anlage 1)

Bisherige Zeichen	lfd. Nr.	Neue Zeichen	Erläuterungen	HAV Abschnitt
Z 140-20		Nur anordnen, wenn besonders begründet[1]		6.3.4
142 Wildwechsel	19	142[2] Wildwechsel		6.3.5
Z 142-20		Z 142-20		6.3.5
144 Flugbetrieb		Nur anordnen, wenn besonders begründet[1]		6.3.4
Z 144-20		Nur anordnen, wenn besonders begründet[1]		6.3.4

Bisherige Zeichen	lfd. Nr.	Neue Zeichen	Erläuterungen	HAV Abschnitt
Abschnitt 2 Besondere Gefahrzeichen vor Übergängen von Schienenbahnen mit Vorrang (zu § 40 Absatz 7)				
150 Bahnübergang mit Schranken oder Halbschranken		Nur anordnen, wenn besonders begründet[1]		6.3.4
151 Unbeschrankter Bahnübergang	**20**	**151** **Bahnübergang**		5.4.4
153 dreistreifige Bake (links) – vor beschranktem Bahnübergang –		Nur anordnen, wenn besonders begründet[1]		6.3.4
156 dreistreifige Bake (rechts) – vor unbeschranktem Bahnübergang –	**21**	**156** **Bahnübergang mit dreistreifiger Bake**	Bahnübergang mit dreistreifiger Bake etwa 240 m vor dem Bahnübergang. Die Angabe erheblich abweichender Abstände kann an der dreistreifigen, zweistreifigen und einstreifigen Bake oberhalb der Schrägstreifen in schwarzen Ziffern erfolgen.	5.4.4
Z 157-20		**Z 157-20**		5.4.4
Z 157-10		**Z 157-10**		5.4.4

Allgemeine und Besondere Gefahrzeichen (nach StVO Anlage 1)

Bisherige Zeichen	lfd. Nr.	Neue Zeichen	Erläuterungen	HAV Abschnitt
Z 159-10	22	159 Zweistreifige Bake	Zweistreifige Bake etwa 160 m vor dem Bahnübergang	5.4.4
159 zweistreifige Bake (links)		Z 159-20		5.4.4
162 einstreifige Bake (rechts)	23	162 Einstreifige Bake	Einstreifige Bake etwa 80 m vor dem Bahnübergang	5.4.4
Z 162-20		Z 162-20		5.4.4

1 Sonst Zeichen 101 und Zusatzzeichen mit Sinnbild
2 Kann links spiegelbildlich wiederholt werden
3 Kann links wiederholt werden

Vorschriftzeichen (nach StVO Anlage 2)

Bisherige Zeichen	lfd. Nr.	Neue Zeichen	Ge- oder Verbote	HAV Abschnitt
			Erläuterungen	
Abschnitt 1 Wartegebote und Haltgebote				
201 (auch liegend) Andreaskreuz Dem Schienenverkehr Vorrang gewähren!	1	**201** Andreaskreuz	1. Wer ein Fahrzeug führt, muss dem Schienenverkehr Vorrang gewähren. 2. Wer ein Fahrzeug führt, darf bis zu 10 m vor diesem Zeichen nicht halten, wenn es dadurch verdeckt wird. 3. Wer ein Fahrzeug führt, darf vor und hinter diesem Zeichen a) innerhalb geschlossener Ortschaften (Zeichen 310 und 311) bis zu je 5 m, b) außerhalb geschlossener Ortschaften bis zu je 50 m nicht parken. 4. Ein Zusatzzeichen mit schwarzem Pfeil zeigt an, dass das Andreaskreuz nur für den Straßenverkehr in Richtung dieses Pfeils gilt.	5.4.2
			Das Zeichen (auch liegend) befindet sich vor dem Bahnübergang, in der Regel unmittelbar davor. Ein Blitzpfeil in der Mitte des Andreaskreuzes zeigt an, dass die Bahnstrecke eine Spannung führende Fahrleitung hat.	
Z 201-51		**Z 201-51**		5.4.2
205 Vorfahrt gewähren!	2	**205** Vorfahrt gewähren.	1. Wer ein Fahrzeug führt, muss Vorfahrt gewähren. 2. Wer ein Fahrzeug führt, darf bis zu 10 m vor diesem Zeichen nicht halten, wenn es dadurch verdeckt wird.	4.5.3
			Das Zeichen steht unmittelbar vor der Kreuzung oder Einmündung. Es kann durch dasselbe Zeichen mit Zusatzzeichen, das die Entfernung angibt, angekündigt sein.	
	2.1		Ist das Zusatzzeichen zusammen mit dem Zeichen 205 angeordnet, bedeutet es: Wer ein Fahrzeug führt, muss Vorfahrt gewähren und dabei auf Radverkehr von links und rechts achten.	4.5.3
			Das Zusatzzeichen steht über dem Zeichen 205.	
	2.2		Ist das Zusatzzeichen zusammen mit dem Zeichen 205 angeordnet, bedeutet es: Wer ein Fahrzeug führt, muss der Straßenbahn Vorfahrt gewähren.	4.5.3
			Das Zusatzzeichen steht über dem Zeichen 205.	
206 Halt! Vorfahrt gewähren!	3	**206** Halt. Vorfahrt gewähren.	1. Wer ein Fahrzeug führt, muss anhalten und Vorfahrt gewähren. 2. Wer ein Fahrzeug führt, darf bis zu 10 m vor diesem Zeichen nicht halten, wenn es dadurch verdeckt wird. 3. Ist keine Haltlinie (Zeichen 294) vorhanden, ist dort anzuhalten, wo die andere Straße zu übersehen ist.	4.5.3
STOP 100m	3.1	**STOP 100m**		4.5.3
			Das Zusatzzeichen kündigt zusammen mit dem Zeichen 205 das Haltgebot in der angegebenen Entfernung an.	

Vorschriftzeichen (nach StVO Anlage 2)

Bisherige Zeichen	lfd. Nr.	Neue Zeichen	Ge- oder Verbote	HAV Abschnitt
			Erläuterungen	
	3.2		Ist das Zusatzzeichen zusammen mit dem Zeichen 206 angeordnet, bedeutet es: Wer ein Fahrzeug führt, muss anhalten und Vorfahrt gewähren und dabei auf Radverkehr von links und rechts achten.	4.5.3
			Das Zusatzzeichen steht über dem Zeichen 206.	
	zu 2 und 3			4.5.3
			Das Zusatzzeichen gibt zusammen mit den Zeichen 205 oder 206 den Verlauf der Vorfahrtstraße (abknickende Vorfahrt) bekannt.	
208 **Dem Gegenverkehr Vorrang gewähren!**	4	**208** **Vorrang des Gegenverkehrs**	Wer ein Fahrzeug führt, hat dem Gegenverkehr Vorrang zu gewähren.	5.2.4
Abschnitt 2 Vorgeschriebene Fahrtrichtungen				
	zu 5 bis 7		Wer ein Fahrzeug führt, muss der vorgeschriebenen Fahrtrichtung folgen.	4.2
			Andere als die dargestellten Fahrtrichtungen werden entsprechend vorgeschrieben. Auf Anlage 2 laufende Nummer 70 wird hingewiesen.	
209 **Rechts**	5	**209**[1] **Rechts**		4.2
Z 209-10		**Z 209-10**		4.2
Z 209-30		**Z 209-30**		4.2
Z 209-31		**Z 209-31**		4.2

Bisherige Zeichen	lfd. Nr.	Neue Zeichen	Ge- oder Verbote	HAV Abschnitt
			Erläuterungen	
211 Hier rechts	6	**211**[1] Hier rechts		4.2
Z 211-10		**Z 211-10**		4.2
214 Geradeaus und rechts	7	**214**[1] Geradeaus oder rechts		4.2
Z 214-10		**Z 214-10**		4.2
215 Kreisverkehr	8	**215** Kreisverkehr	1. Wer ein Fahrzeug führt, muss der vorgeschriebenen Fahrtrichtung im Kreisverkehr rechts folgen. 2. Wer ein Fahrzeug führt, darf die Mittelinsel des Kreisverkehrs nicht überfahren. Ausgenommen von diesem Verbot sind nur Fahrzeuge, denen wegen ihrer Abmessungen das Befahren sonst nicht möglich wäre. Mit ihnen darf die Mittelinsel und Fahrbahnbegrenzung überfahren werden, wenn eine Gefährdung anderer am Verkehr Teilnehmenden ausgeschlossen ist. 3. Es darf innerhalb des Kreisverkehrs auf der Fahrbahn nicht gehalten werden.	4.5.3
220 Einbahnstraße	9	**220** Einbahnstraße	Wer ein Fahrzeug führt, darf die Einbahnstraße nur in Richtung des Pfeils befahren. Das Zeichen schreibt für den Fahrzeugverkehr auf der Fahrbahn die Fahrtrichtung vor.	4.4
[Zeichen gültig bis 1.4.2017]	9.1	[2]	Ist Zeichen 220 mit diesem Zusatzzeichen angeordnet, bedeutet dies: Wer ein Fahrzeug führt, muss beim Einbiegen und im Verlauf einer Einbahnstraße auf Radverkehr entgegen der Fahrtrichtung achten. Das Zusatzzeichen zeigt an, dass Radverkehr in der Gegenrichtung zugelassen ist. Beim Vorbeifahren an einer für den gegenläufigen Radverkehr freigegebenen Einbahnstraße bleibt gegenüber dem ausfahrenden Radfahrer der Grundsatz, dass Vorfahrt hat, wer von rechts kommt (§ 8 Absatz 1 Satz 1) unberührt. Dies gilt auch für den ausfahrenden Radverkehr. Mündet eine Einbahnstraße für den gegenläufig zugelassenen Radverkehr in eine Vorfahrtstraße, steht für den aus der Einbahnstraße ausfahrenden Radverkehr das Zeichen 205.	4.4

Vorschriftzeichen (nach StVO Anlage 2)

Bisherige Zeichen	lfd. Nr.	Neue Zeichen	Ge- oder Verbote	HAV Abschnitt
			Erläuterungen	
Abschnitt 3 Vorgeschriebene Vorbeifahrt				
222 Rechts vorbei	10	222 Rechts vorbei	Wer ein Fahrzeug führt, muss der vorgeschriebenen Vorbeifahrt folgen.	4.3
			„Links vorbei" wird entsprechend vorgeschrieben.	
Abschnitt 4 Seitenstreifen als Fahrstreifen, Haltestellen und Taxenstände				
	zu 11 bis 13			9.3.6
			Wird das Zeichen 223.1, 223.2 oder 223.3 für eine Fahrbahn mit mehr als zwei Fahrstreifen angeordnet, zeigen die Zeichen die entsprechende Anzahl der Pfeile.	9.3.6
223.1 Seitenstreifen befahren	11	223.1 Seitenstreifen befahren	Das Zeichen gibt den Seitenstreifen als Fahrstreifen frei; dieser ist wie ein rechter Fahrstreifen zu befahren.	9.3.6
Ende in … m	11.1	Ende in … m		9.3.6
			Das Zeichen 223.1 mit dem Zusatzzeichen kündigt die Aufhebung der Anordnung an.	
223.2 Seitenstreifen nicht mehr befahren	12	223.2 Seitenstreifen nicht mehr befahren	Das Zeichen hebt die Freigabe des Seitenstreifens als Fahrstreifen auf.	9.3.6
223.3 Seitenstreifen räumen	13	223.3 Seitenstreifen räumen	Das Zeichen ordnet die Räumung des Seitenstreifens an.	9.3.6
224 Straßenbahnen oder Linienbusse	14	224[3, 4] Haltestelle	Wer ein Fahrzeug führt, darf bis zu 15 m vor und hinter dem Zeichen nicht parken.	3.6.2
			Das Zeichen kennzeichnet eine Haltestelle des Linienverkehrs und für Schulbusse. Das Zeichen mit dem Zusatzzeichen „Schulbus" (Angabe der tageszeitlichen Benutzung) auf einer gemeinsamen weißen Trägerfläche kennzeichnet eine Haltestelle nur für Schulbusse.	

Bisherige Zeichen	lfd. Nr.	Neue Zeichen	Ge- oder Verbote	HAV Abschnitt
			Erläuterungen	
229 TAXI **Taxenstand**	15	**229³** TAXI **Taxenstand**	Wer ein Fahrzeug führt, darf an Taxenständen nicht halten, ausgenommen sind für die Fahrgastbeförderung bereitgehaltene Taxen.	3.6.2
			Die Länge des Taxenstandes wird durch die Angabe der Zahl der vorgesehenen Taxen oder das am Anfang der Strecke aufgestellte Zeichen mit einem zur Fahrbahn weisenden waagerechten weißen Pfeil und durch ein am Ende aufgestelltes Zeichen mit einem solchen von der Fahrbahn wegweisenden Pfeil oder durch eine Grenzmarkierung für Halt- und Parkverbote (Zeichen 299) gekennzeichnet.	

Abschnitt 5 Sonderwege

Bisherige Zeichen	lfd. Nr.	Neue Zeichen	Ge- oder Verbote / Erläuterungen	HAV Abschnitt
237 **Radfahrer**	16	**237** **Radweg**	1. Der Radverkehr darf nicht die Fahrbahn, sondern muss den Radweg benutzen (Radwegbenutzungspflicht). 2. Anderer Verkehr darf ihn nicht benutzen. 3. Ist durch Zusatzzeichen die Benutzung eines Radwegs für eine andere Verkehrsart erlaubt, muss diese auf den Radverkehr Rücksicht nehmen und der andere Fahrzeugverkehr muss erforderlichenfalls die Geschwindigkeit an den Radverkehr anpassen. 4. § 2 Absatz 4 Satz 6 bleibt unberührt.	3.5.3
238 **Reiter**	17	**238** **Reitweg**	1. Wer reitet, darf nicht die Fahrbahn, sondern muss den Reitweg benutzen. Dies gilt auch für das Führen von Pferden (Reitwegbenutzungspflicht). 2. Anderer Verkehr darf ihn nicht benutzen. 3. Ist durch Zusatzzeichen die Benutzung eines Reitwegs für eine andere Verkehrsart erlaubt, muss diese auf den Reitverkehr Rücksicht nehmen und der Fahrzeugverkehr muss erforderlichenfalls die Geschwindigkeit an den Reitverkehr anpassen.	3.5.5
239 **Fußgänger**	18	**239** **Gehweg**	1. Anderer als Fußgängerverkehr darf den Gehweg nicht nutzen. 2. Ist durch Zusatzzeichen die Benutzung eines Gehwegs für eine andere Verkehrsart erlaubt, muss diese auf den Fußgängerverkehr Rücksicht nehmen. Der Fußgängerverkehr darf weder gefährdet noch behindert werden. Wenn nötig, muss der Fahrverkehr warten; er darf nur mit Schrittgeschwindigkeit fahren.	3.5.2
			Das Zeichen kennzeichnet einen Gehweg (§ 25 Absatz 1 Satz 1), wo eine Klarstellung notwendig ist.	
240 gemeinsamer Fuß- und Radweg	19	**240** Gemeinsamer Geh- und Radweg	1. Der Radverkehr darf nicht die Fahrbahn, sondern muss den gemeinsamen Geh- und Radweg benutzen (Radwegbenutzungspflicht). 2. Anderer Verkehr darf ihn nicht benutzen. 3. Ist durch Zusatzzeichen die Benutzung eines gemeinsamen Geh- und Radwegs für eine andere Verkehrsart erlaubt, muss diese auf den Fußgänger- und Radverkehr Rücksicht nehmen. Erforderlichenfalls muss der Fahrverkehr die Geschwindigkeit an den Fußgängerverkehr anpassen. 4. § 2 Absatz 4 Satz 6 bleibt unberührt.	3.5.3
			Das Zeichen kennzeichnet auch den Gehweg (§ 25 Absatz 1 Satz 1).	

Vorschriftzeichen (nach StVO Anlage 2)

Bisherige Zeichen	lfd. Nr.	Neue Zeichen	Ge- oder Verbote	HAV Abschnitt
			Erläuterungen	
241 getrennter Rad- und Fußweg	20	**241** Getrennter Rad- und Gehweg	1. Der Radverkehr darf nicht die Fahrbahn, sondern muss den Radweg des getrennten Rad- und Gehwegs benutzen (Radwegbenutzungspflicht). 2. Anderer Verkehr darf ihn nicht benutzen. 3. Ist durch Zusatzzeichen die Benutzung eines getrennten Geh- und Radwegs für eine andere Verkehrsart erlaubt, darf diese nur den für den Radverkehr bestimmten Teil des getrennten Geh- und Radwegs befahren. 4. Die andere Verkehrsart muss auf den Radverkehr Rücksicht nehmen. Erforderlichenfalls muss anderer Fahrzeugverkehr die Geschwindigkeit an den Radverkehr anpassen. 5. § 2 Absatz 4 Satz 6 bleibt unberührt. Das Zeichen kennzeichnet auch den Gehweg (§ 25 Absatz 1 Satz 1).	3.5.3
242 Beginn eines Fußgänger-bereichs	21	**242.1[5]** Beginn einer Fußgänger-zone	1. Anderer als Fußgängerverkehr darf die Fußgängerzone nicht benutzen. 2. Ist durch Zusatzzeichen die Benutzung einer Fußgängerzone für eine andere Verkehrsart erlaubt, dann gilt für den Fahrverkehr Nummer 2 zu Zeichen 239 entsprechend.	3.5.2
243 Ende eines Fußgänger-bereichs	22	**242.2[5]** Ende einer Fußgänger-zone		3.5.2
244 Fahrradstraße	23	**244.1[5]** Beginn einer Fahrradstraße	1. Anderer Fahrzeugverkehr als Radverkehr darf Fahrradstraßen nicht benutzen, es sei denn, dies ist durch Zusatzzeichen erlaubt. 2. Für den Fahrverkehr gilt eine Höchstgeschwindigkeit von 30 km/h. Der Radverkehr darf weder gefährdet noch behindert werden. Wenn nötig, muss der Kraftfahrzeugverkehr die Geschwindigkeit weiter verringern. 3. Das Nebeneinanderfahren mit Fahrrädern ist erlaubt. 4. Im Übrigen gelten die Vorschriften über die Fahrbahnbenutzung und über die Vorfahrt.	3.5.3
244a Fahrradstraße	24	**244.2[5]** Ende einer Fahrradstraße		3.5.3

Bisherige Zeichen	lfd. Nr.	Neue Zeichen	Ge- oder Verbote	HAV Abschnitt
			Erläuterungen	
245 **Linienbusse**	25	245[1,3] **Bussonder-fahrstreifen**	1. Anderer Fahrverkehr als Omnibusse des Linienverkehrs sowie nach dem Personenbeförderungsrecht mit dem Schulbus-Schild zu kennzeichnende Fahrzeuge des Schüler- und Behindertenverkehrs dürfen Bus-sonderfahrstreifen nicht benutzen. 2. Mit Krankenfahrzeugen, Taxen, Fahrrädern und Bussen im Gelegenheitsverkehr darf der Sonderfahrstreifen nur benutzt werden, wenn dies durch Zusatzzeichen angezeigt ist. 3. Taxen dürfen an Bushaltestellen (Zeichen 224) zum sofortigen Ein- und Aussteigen von Fahrgästen halten.	3.5.4
Abschnitt 6 Verkehrsverbote				
	26		Die nachfolgenden Zeichen 250 bis 261 (Verkehrsverbote) untersagen die Verkehrsteilnahme ganz oder teilweise mit dem angegebenen Inhalt. Für die Zeichen 250 bis 259 gilt: 1. Durch Verkehrszeichen gleicher Art mit Sinnbildern nach § 39 Absatz 7 können andere Verkehrsarten verboten werden. 2. Zwei der nachstehenden Verbote können auf einem Schild vereinigt sein.	3.2.2
7,5 t	27	7,5 t	Ist auf einem Zusatzzeichen eine Masse, wie „7,5 t", ange-geben, gilt das Verbot nur, soweit die zulässige Gesamtmasse dieser Verkehrsmittel die angegebene Grenze überschreitet.	3.2.2
250 **Verbot für Fahrzeuge aller Art**	28	250[1,3] **Verbot für Fahrzeuge aller Art**	1. Verbot für Fahrzeuge aller Art. Das Zeichen gilt nicht für Handfahrzeuge, abweichend von § 28 Absatz 2 auch nicht für Reiter, Führer von Pferden sowie Treiber und Führer von Vieh. 2. Krafträder und Fahrräder dürfen geschoben werden.	3.2.2
251 **Verbot für Kraftwagen und sonstige mehrspurige Kraftfahrzeuge**	29	251[1,3] **Verbot für Kraftwagen**	Verbot für Kraftwagen und sonstige mehrspurige Kraftfahr-zeuge	3.2.2

Vorschriftzeichen (nach StVO Anlage 2)

Bisherige Zeichen	lfd. Nr.	Neue Zeichen	Ge- oder Verbote	HAV Abschnitt
			Erläuterungen	
253 Verbot für Kraftfahrzeuge mit einem zulässigen Gesamtgewicht über 3,5 t, einschließlich ihrer Anhänger, und Zugmaschinen, ausgenommen Personenkraftwagen und Kraftomnibusse	30	253[1,3] Verbot für Kraftfahrzeuge über 3,5 t	Verbot für Kraftfahrzeuge mit einer zulässigen Gesamtmasse über 3,5 t, einschließlich ihrer Anhänger, und für Zugmaschinen. Ausgenommen sind Personenkraftwagen und Kraftomnibusse.	3.2.2
Durchgangsverkehr 12 t	30.1	Durchgangsverkehr 12 t	Wird Zeichen 253 mit diesem Zusatzzeichen angeordnet, bedeutet dies: 1. Das Verbot ist auf den Durchgangsverkehr mit Nutzfahrzeugen, einschließlich ihrer Anhänger, mit einer zulässigen Gesamtmasse ab 12 t beschränkt. 2. Durchgangsverkehr liegt nicht vor, soweit die jeweilige Fahrt a) dazu dient, ein Grundstück an der vom Verkehrsverbot betroffenen Straße oder an einer Straße, die durch die vom Verkehrsverbot betroffene Straße erschlossen wird, zu erreichen oder zu verlassen, b) dem Güterverkehr im Sinne des § 1 Absatz 1 des Güterkraftverkehrsgesetzes in einem Gebiet innerhalb eines Umkreises von 75 km, gerechnet in der Luftlinie vom Mittelpunkt des zu Beginn einer Fahrt ersten Beladeorts des jeweiligen Fahrzeugs (Ortsmittelpunkt), dient; dabei gehören alle Gemeinden, deren Ortsmittelpunkt innerhalb des Gebietes liegt, zu dem Gebiet, oder c) mit im Bundesfernstraßenmautgesetz bezeichneten Fahrzeugen, die nicht der Mautpflicht unterliegen, durchgeführt wird. 3. Ausgenommen von dem Verkehrsverbot ist eine Fahrt, die auf ausgewiesenen Umleitungsstrecken (Zeichen 421, 442, 454 bis 457.2 oder Zeichen 460 und 466) durchgeführt wird, um besonderen Verkehrslagen Rechnung zu tragen. Diese Kombination ist nur mit Zeichen 253 zulässig.	3.2.2
254 Verbot für Radfahrer	31	254[1] Verbot für Radverkehr	Verbot für den Radverkehr	3.2.2 Nutzungsverbot; 3.5.3 Führung des Radverkehrs

Bisherige Zeichen	lfd. Nr.	Neue Zeichen	Ge- oder Verbote	HAV Abschnitt
			Erläuterungen	
255 Verbot für Krafträder, auch mit Beiwagen, Kleinkrafträder und Mofas	32	255[1, 3] Verbot für Krafträder	Verbot für Krafträder, auch mit Beiwagen, Kleinkrafträder und Mofas	3.2.2
Z 256		Kann durch Zeichen 250 mit Sinnbild erzeugt werden		3.2.2
Z 258		Kann durch Zeichen 250 mit Sinnbild erzeugt werden		3.2.2
259 Verbot für Fußgänger	33	259[1, 3] Verbot für Fußgänger	Verbot für den Fußgängerverkehr	3.2.2 Nutzungsverbot; 3.5.3 Führung des Radverkehrs
260 Verbot für Kraftfahrzeuge, auch mit Beiwagen, Kleinkrafträder und Mofas sowie für Kraftwagen und sonstige mehrspurige Kraftfahrzeuge	34	260[1, 3] Verbot für Kraftfahrzeuge	Verbot für Krafträder, auch mit Beiwagen, Kleinkrafträder und Mofas sowie für Kraftwagen und sonstige mehrspurige Kraftfahrzeuge	3.2.2
261 Verbot für kennzeichnungspflichtige Kraftfahrzeuge mit gefährlichen Gütern	35	261[1, 3] Verbot für kennzeichnungspflichtige Kraftfahrzeuge mit gefährlichen Gütern	Verbot für kennzeichnungspflichtige Kraftfahrzeuge mit gefährlichen Gütern	3.4.1

Vorschriftzeichen (nach StVO Anlage 2)

Bisherige Zeichen	lfd. Nr.	Neue Zeichen	Ge- oder Verbote	HAV Abschnitt
			Erläuterungen	
	zu 36 bis 40		Die nachfolgenden Zeichen 262 bis 266 verbieten die Verkehrsteilnahme für Fahrzeuge, deren Maße oder Massen, einschließlich Ladung, eine auf dem jeweiligen Zeichen angegebene tatsächliche Grenze überschreiten.	3.3.1
			Die angegebenen Grenzen stellen nur Beispiele dar.	
262 — 5,5t — tatsächliches Gewicht	36	262[1] — 5,5t — Tatsächliche Masse	Die Beschränkung durch Zeichen 262 gilt bei Fahrzeugkombinationen für das einzelne Fahrzeug, bei Sattelkraftfahrzeugen gesondert für die Sattelzugmaschine einschließlich Sattellast und für die tatsächlich vorhandenen Achslasten des Sattelanhängers.	3.3.1
263 — 8t — tatsächliche Achslast	37	263[1] — 8t — Tatsächliche Achslast		3.3.1
264 — 2m — Breite	38	264[1] — 2m — Tatsächliche Breite	Die tatsächliche Breite gibt das Maß einschließlich der Fahrzeugaußenspiegel an.	3.3.1
265 — 3,8m — Höhe	39	265[1] — 3,8m — Tatsächliche Höhe		3.3.1
266 — 10m — Länge	40	266[1] — 10m — Tatsächliche Länge	Das Verbot gilt bei Fahrzeugkombinationen für die Gesamtlänge.	3.3.1
267 — Verbot der Einfahrt	41	267 — Verbot der Einfahrt	Wer ein Fahrzeug führt, darf nicht in die Fahrbahn einfahren, für die das Zeichen angeordnet ist.	4.4
			Das Zeichen steht auf der rechten Seite der Fahrbahn, für die es gilt, oder auf beiden Seiten dieser Fahrbahn.	
frei	41.1	frei	Durch das Zusatzzeichen zu dem Zeichen 267 ist die Einfahrt für den Radverkehr zugelassen.	4.3.1

Bisherige Zeichen	lfd. Nr.	Neue Zeichen	Ge- oder Verbote	HAV Abschnitt
			Erläuterungen	
268 **Schneeketten sind vorge- schrieben**	42	268 **Schneeketten vorgeschrieben**	Wer ein Fahrzeug führt, darf die Straße nur mit Schneeketten befahren.	3.2.3
269 **Verbot für Fahrzeuge mit wassergefähr- dender Ladung**	43	269 **Verbot für Fahrzeuge mit wassergefähr- dender Ladung**	Wer ein Fahrzeug führt, darf die Straße mit mehr als 20 l wassergefährdender Ladung nicht benutzen.	3.4.1
270[6] SMOG **Verkehrs- verbot bei Smog oder zur Verminderung schädlicher Luftverunreini- gungen**		[ersetzt durch Zeichen 270.1]		3.4.1
	44	270.1[3] Umwelt ZONE **Beginn einer Verkehrsver- botszone zur Verminderung schädlicher Luftverunreini- gungen in einer Zone**	1. Die Teilnahme am Verkehr mit einem Kraftfahrzeug inner- halb einer so gekennzeichneten Zone ist verboten. 2. § 1 Absatz 2 sowie § 2 Absatz 3 in Verbindung mit Anhang 3 der Verordnung zur Kennzeichnung der Kraftfahrzeuge mit geringem Beitrag zur Schadstoff- belastung vom 10. Oktober 2006 (BGBl. I S. 2218), die durch Artikel 1 der Verordnung vom 5. Dezember 2007 (BGBl. I S. 2793) geändert worden ist, bleiben unberührt. Die Ausnahmen können im Einzelfall oder allgemein durch Zusatzzeichen oder Allgemeinverfügung zugelassen sein. 3. Von dem Verbot der Verkehrsteilnahme sind zudem Kraftfahrzeuge zur Beförderung schwerbehinderter Men- schen mit außergewöhnlicher Gehbehinderung, beidsei- tiger Amelie oder Phokomelie oder mit vergleichbaren Funktionseinschränkungen sowie blinde Menschen ausgenommen. Die Umweltzone ist zur Vermeidung von schädlichen Umwelteinwirkungen durch Luftverunreinigungen in einem Luftreinhalteplan oder einem Plan für kurzfristig zu ergrei- fende Maßnahmen nach § 47 Absatz 1 oder 2 Bundes- Immissionsschutzgesetzes festgesetzt und auf Grund des § 40 Absatz 1 des Bundes-Immissionsschutzgesetzes angeordnet. Die Kennzeichnung der Umweltzone erfolgt auf Grund von § 45 Absatz 1f.	3.4.1

Vorschriftzeichen (nach StVO Anlage 2)

Bisherige Zeichen	lfd. Nr.	Neue Zeichen	Ge- oder Verbote / Erläuterungen	HAV Abschnitt
	45	270.2 **Ende einer Verkehrsver-botszone zur Verminderung schädlicher Luftverunreini-gungen in einer Zone**		3.4.1
	46	**Freistellung vom Verkehrs-verbot nach § 40 Absatz 1 des BImSchG**	Das Zusatzzeichen zum Zeichen 270.1 nimmt Kraftfahrzeuge vom Verkehrsverbot aus, die mit einer auf dem Zusatzzeichen in der jeweiligen Farbe angezeigten Plakette nach § 3 der Verordnung zur Kennzeichnung der Kraftfahrzeuge mit gerin-gem Beitrag zur Schadstoffbelastung ausgestattet sind.	3.4.1
272 **Wendeverbot**	47	272 **Verbot des Wendens**	Wer ein Fahrzeug führt, darf hier nicht wenden.	4.2
273 **Verbot des Fahrens ohne einen Mindest-abstand**	48	273 **Verbot des Unterschreitens des angegebe-nen Mindest-abstandes**	Wer ein Kraftfahrzeug mit einer zulässigen Gesamtmasse über 3,5 t oder eine Zugmaschine führt, darf den angegebe-nen Mindestabstand zu einem vorausfahrenden Kraftfahr-zeug gleicher Art nicht unterschreiten. Personenkraftwagen und Kraftomnibusse sind ausgenommen.	3.3.1

Abschnitt 7 Geschwindigkeitsbeschränkungen und Überholverbote

Bisherige Zeichen	lfd. Nr.	Neue Zeichen	Ge- oder Verbote / Erläuterungen	HAV Abschnitt
274 **Zulässige Höchstge-schwindigkeit**	49	274[1,3,7] **Zulässige Höchstge-schwindigkeit**	1. Wer ein Fahrzeug führt, darf nicht schneller als mit der jeweils angegebenen Höchstgeschwindigkeit fahren. 2. Sind durch das Zeichen innerhalb geschlossener Ort-schaften bestimmte Geschwindigkeiten über 50 km/h zugelassen, gilt das für Fahrzeuge aller Art. 3. Außerhalb geschlossener Ortschaften bleiben die für bestimmte Fahrzeugarten geltenden Höchstgeschwin-digkeiten (§ 3 Absatz 3 Nummer 2 Buchstabe a und b und § 18 Absatz 5) unberührt, wenn durch das Zeichen eine höhere Geschwindigkeit zugelassen ist.	6.4.1
bei Nässe	49.1	bei Nässe	Das Zusatzzeichen zu dem Zeichen 274 verbietet Fahr-zeugführenden, bei nasser Fahrbahn die angegebene Geschwindigkeit zu überschreiten.	6.4.1

Bisherige Zeichen	lfd. Nr.	Neue Zeichen	Ge- oder Verbote	HAV Abschnitt
			Erläuterungen	
274.1 **Beginn der Tempo 30-Zone**	50	**274.1** **Beginn einer Tempo 30-Zone**	Wer ein Fahrzeug führt, darf innerhalb dieser Zone nicht schneller als mit der angegebenen Höchstgeschwindigkeit fahren.	6.6.5
			Mit dem Zeichen können in verkehrsberuhigten Geschäftsbereichen auch Zonengeschwindigkeitsbeschränkungen von weniger als 30 km/h angeordnet sein.	
274.2 **Ende der Tempo 30-Zone**	51	**274.2** **Ende einer Tempo 30-Zone**		6.6.5
275 **Vorgeschriebene Mindestgeschwindigkeit**	52	**275[1]** **Vorgeschriebene Mindestgeschwindigkeit**	Wer ein Fahrzeug führt, darf nicht langsamer als mit der angegebenen Mindestgeschwindigkeit fahren, sofern nicht Straßen-, Verkehrs-, Sicht- oder Wetterverhältnisse dazu verpflichten. Es verbietet, mit Fahrzeugen, die nicht so schnell fahren können oder dürfen, einen so gekennzeichneten Fahrstreifen zu benutzen.	6.4.1
	zu 53 und 54		Die nachfolgenden Zeichen 276 und 277 verbieten Kraftfahrzeugen das Überholen von mehrspurigen Kraftfahrzeugen und Krafträdern mit Beiwagen. Ist auf einem Zusatzzeichen eine Masse, wie „7,5 t" angegeben, gilt das Verbot nur, soweit die zulässige Gesamtmasse dieser Kraftfahrzeuge, einschließlich ihrer Anhänger, die angegebene Grenze überschreitet.	6.4.1
276 **Überholverbot für Kraftfahrzeuge aller Art**	53	**276[1, 3, 7, 8]** **Überholverbot für Kraftfahrzeuge aller Art**		6.4.1
277 **Überholverbot für Kraftfahrzeuge mit einem zulässigen Gesamtgewicht über 3,5 t, einschließlich Anhänger, und von Zugmaschinen, ausgenommen Personenkraftwagen und Kraftomnibusse**	54	**277[1, 3, 7]** **Überholverbot für Kraftfahrzeuge über 3,5 t**	Überholverbot für Kraftfahrzeuge mit einer zulässigen Gesamtmasse über 3,5 t, einschließlich ihrer Anhänger, und für Zugmaschinen. Ausgenommen sind Personenkraftwagen und Kraftomnibusse.	6.4.1

Bisherige Zeichen	lfd. Nr.	Neue Zeichen	Ge- oder Verbote	HAV Abschnitt
			Erläuterungen	
	54.1	**2,8 t**	Mit dem Zusatzzeichen gilt das durch Zeichen 277 angeordnete Überholverbot auch für Kraftfahrzeuge über 2,8 t, einschließlich ihrer Anhänger.	6.4.1
	54.2	**auch**	Mit dem Zusatzzeichen gilt das durch Zeichen 277 angeordnete Überholverbot auch für Kraftomnibusse und Personenkraftwagen mit Anhänger.	6.4.1
	54.3	↑ 2 km ↑	Das Zusatzzeichen zu dem Zeichen 274, 276 oder 277 gibt die Länge einer Geschwindigkeitsbeschränkung oder eines Überholverbots an.	6.4.1
	55		Das Ende einer streckenbezogenen Geschwindigkeitsbeschränkung oder eines Überholverbots ist nicht gekennzeichnet, wenn das Verbot nur für eine kurze Strecke gilt und auf einem Zusatzzeichen die Länge des Verbots angegeben ist. Es ist auch nicht gekennzeichnet, wenn das Verbotszeichen zusammen mit einem Gefahrzeichen angebracht ist und sich aus der Örtlichkeit zweifelsfrei ergibt, von wo an die angezeigte Gefahr nicht mehr besteht. Sonst ist es gekennzeichnet durch die Zeichen 278 bis 282.	6.4.1
278	56	278 **Ende der zulässigen Höchstgeschwindigkeit**		6.4.1
279	57	279 **Ende der vorgeschriebenen Mindestgeschwindigkeit**		6.4.1
280	58	280 **Ende des Überholverbots für Kraftfahrzeuge aller Art**		6.4.1

Bisherige Zeichen	lfd. Nr.	Neue Zeichen	Ge- oder Verbote	HAV Abschnitt
			Erläuterungen	
281	59	281 Ende des Über-holverbots für Kraftfahrzeuge über 3,5 t		6.4.1
282	60	282 Ende sämt-licher strecken-bezogener Geschwindig-keitsbeschrän-kungen und Überholverbote		6.4.1
Abschnitt 8 Halt- und Parkverbote				
	61		1. Die durch die nachfolgenden Zeichen 283 und 286 angeordneten Haltverbote gelten nur auf der Straßenseite, auf der die Zeichen angebracht sind. Sie gelten bis zur nächsten Kreuzung oder Einmündung auf der gleichen Straßenseite oder bis durch Verkehrszeichen für den ruhenden Verkehr eine andere Regelung vorgegeben wird. 2. Mobile, vorübergehend angeordnete Haltverbote durch Zeichen 283 und 286 heben Verkehrszeichen auf, die das Parken erlauben.	7.2.3
			Der Anfang der Verbotsstrecke kann durch einen zur Fahrbahn weisenden waagerechten weißen Pfeil im Zeichen, das Ende durch einen solchen von der Fahrbahn wegweisenden Pfeil gekennzeichnet sein. Bei in der Ver-botsstrecke wiederholten Zeichen weist eine Pfeilspitze zur Fahrbahn, die zweite Pfeilspitze von ihr weg.	
283 Haltverbot	62	283[3] Absolutes Haltverbot	Das Halten auf der Fahrbahn ist verboten.	3.6.2
	62.1		Das mit dem Zeichen 283 angeordnete Zusatzzeichen verbietet das Halten von Fahrzeugen auch auf dem Seiten-streifen.	3.6.2
	62.2	auf dem Seitenstreifen	Das mit dem Zeichen 283 angeordnete Zusatzzeichen verbietet das Halten von Fahrzeugen nur auf dem Seiten-streifen.	3.6.2

Vorschriftzeichen (nach StVO Anlage 2)

Bisherige Zeichen	lfd. Nr.	Neue Zeichen	Ge- oder Verbote / Erläuterungen	HAV Abschnitt
286 Eingeschränktes Haltverbot	63	286³ Eingeschränktes Haltverbot	1. Wer ein Fahrzeug führt, darf nicht länger als drei Minuten auf der Fahrbahn halten, ausgenommen zum Ein- oder Aussteigen oder zum Be- oder Entladen. 2. Ladegeschäfte müssen ohne Verzögerung durchgeführt werden.	3.6.2
	63.1		Mit dem Zusatzzeichen zu Zeichen 286 darf auch auf dem Seitenstreifen nicht länger als drei Minuten gehalten werden, ausgenommen zum Ein- oder Aussteigen oder zum Be- oder Entladen.	3.6.2
	63.2	auf dem Seitenstreifen	Mit dem Zusatzzeichen zu Zeichen 286 darf nur auf dem Seitenstreifen nicht länger als drei Minuten gehalten werden, ausgenommen zum Ein- oder Aussteigen oder zum Be- oder Entladen.	3.6.2
	63.3	mit Parkausweis Nr. 000000 frei	1. Das Zusatzzeichen zu Zeichen 286 nimmt schwerbehinderte Menschen mit außergewöhnlicher Gehbehinderung, beidseitiger Amelie oder Phokomelie oder mit vergleichbaren Funktionseinschränkungen sowie blinde Menschen, jeweils mit besonderem Parkausweis Nummer …, vom Haltverbot aus. 2. Die Ausnahme gilt nur, soweit der Parkausweis gut lesbar ausgelegt oder angebracht ist.	3.6.2
	63.4	Bewohner mit Parkausweis Nr. 000000 frei	1. Das Zusatzzeichen zu Zeichen 286 nimmt Bewohner mit besonderem Parkausweis vom Haltverbot aus. 2. Die Ausnahme gilt nur, soweit der Parkausweis gut lesbar ausgelegt oder angebracht ist.	3.6.2
290 ZONE eingeschränktes Haltverbot für eine Zone	64	290.1 ZONE Beginn eines eingeschränkten Haltverbots für eine Zone	1. Wer ein Fahrzeug führt, darf innerhalb der gekennzeichneten Zone nicht länger als drei Minuten halten, ausgenommen zum Ein- oder Aussteigen oder zum Be- oder Entladen. 2. Innerhalb der gekennzeichneten Zone gilt das eingeschränkte Haltverbot auf allen öffentlichen Verkehrsflächen, sofern nicht abweichende Regelungen durch Verkehrszeichen oder Verkehrseinrichtungen getroffen sind. 3. Durch Zusatzzeichen kann das Parken für Bewohner mit Parkausweis oder mit Parkschein oder Parkscheibe (Bild 318) innerhalb gekennzeichneter Flächen erlaubt sein. 4. Durch Zusatzzeichen kann das Parken mit Parkschein oder Parkscheibe (Bild 318) innerhalb gekennzeichneter Flächen erlaubt sein. Dabei ist der Parkausweis, der Parkschein oder die Parkscheibe gut lesbar auszulegen oder anzubringen.	3.6.2

Bisherige Zeichen	lfd. Nr.	Neue Zeichen	Ge- oder Verbote	HAV Abschnitt
			Erläuterungen	
291 	11	**Bild 318** 	*siehe StVO Anlage 3, Abschnitt 3, lfd. Nr. 11*	**3.6.2**
292 **Ende eines eingeschränkten Haltverbots für eine Zone**	65	**290.2** **Ende eines eingeschränkten Haltverbots für eine Zone**		**3.6.2**

Abschnitt 9 Markierungen

Bisherige Zeichen	lfd. Nr.	Neue Zeichen	Ge- oder Verbote / Erläuterungen	HAV Abschnitt
293 **Fußgängerüberweg**	66	**293** **Fußgängerüberweg**	Wer ein Fahrzeug führt, darf auf Fußgängerüberwegen sowie bis zu 5 m davor nicht halten.	**5.3.5**
294 **Haltlinie**	67	**294** **Haltlinie**	Ergänzend zu Halt- oder Wartegeboten, die durch Zeichen 206, durch Polizeibeamte, Lichtzeichen oder Schranken gegeben werden, ordnet sie an: Wer ein Fahrzeug führt, muss hier anhalten. Erforderlichenfalls ist an der Stelle, wo die Straße eingesehen werden kann, in die eingefahren werden soll (Sichtlinie), erneut anzuhalten.	**4.5.3**
295 **Fahrstreifenbegrenzung und Fahrbahnbegrenzung**	68	**295** **Fahrstreifenbegrenzung und Fahrbahnbegrenzung**	1. a) Wer ein Fahrzeug führt, darf die durchgehende Linie auch nicht teilweise überfahren. b) Trennt die durchgehende Linie den Fahrbahnteil für den Gegenverkehr ab, ist rechts von ihr zu fahren. c) Grenzt sie einen befestigten Seitenstreifen ab, müssen außerorts landwirtschaftliche Zug- und Arbeitsmaschinen, Fuhrwerke und ähnlich langsame Fahrzeuge möglichst rechts von ihr fahren. d) Wer ein Fahrzeug führt, darf auf der Fahrbahn nicht parken, wenn zwischen dem abgestellten Fahrzeug und der Fahrstreifenbegrenzungslinie kein Fahrstreifen von mindestens 3 m mehr verbleibt. 2. a) Wer ein Fahrzeug führt, darf links von der durchgehenden Fahrbahnbegrenzungslinie nicht halten, wenn rechts ein Seitenstreifen oder Sonderweg vorhanden ist. b) Wer ein Fahrzeug führt, darf die Fahrbahnbegrenzung der Mittelinsel des Kreisverkehrs nicht überfahren. c) Ausgenommen von dem Verbot zum Überfahren der Fahrbahnbegrenzung der Mittelinsel des Kreisverkehrs sind nur Fahrzeuge, denen wegen ihrer Abmessungen das Befahren sonst nicht möglich wäre. Mit ihnen darf die Mittelinsel überfahren werden, wenn eine Gefährdung anderer am Verkehr Teilnehmenden ausgeschlossen ist. >	**6.2.3** Leiteinrichtungen; **6.4.1** Streckenverbote und -gebote

Bisherige Zeichen	lfd. Nr.	Neue Zeichen	Ge- oder Verbote	HAV Abschnitt
			Erläuterungen	
	68		3. a) Wird durch Zeichen 223.1 das Befahren eines Seitenstreifens angeordnet, darf die Fahrbahnbegrenzung wie eine Leitlinie zur Markierung von Fahrstreifen einer durchgehenden Fahrbahn (Zeichen 340) überfahren werden. b) Grenzt sie einen Sonderweg ab, darf sie nur überfahren werden, wenn dahinter anders nicht erreichbare Parkstände angelegt sind und das Benutzen von Sonderwegen weder gefährdet noch behindert wird. c) Die Fahrbahnbegrenzungslinie darf überfahren werden, wenn sich dahinter eine nicht anders erreichbare Grundstückszufahrt befindet.	
			1. Als Fahrstreifenbegrenzung trennt das Zeichen den für den Gegenverkehr bestimmten Teil der Fahrbahn oder mehrere Fahrstreifen für den gleichgerichteten Verkehr voneinander ab. Die Fahrstreifenbegrenzung kann zur Abtrennung des Gegenverkehrs aus einer Doppellinie bestehen. 2. Als Fahrbahnbegrenzung kann die durchgehende Linie auch einen Seitenstreifen oder Sonderweg abgrenzen.	
296 Fahrstreifen B Fahrstreifen A **Einseitige Fahrstreifenbegrenzung**	69	296 Fahrstreifen B Fahrstreifen A **Einseitige Fahrstreifenbegrenzung**	1. Wer ein Fahrzeug führt, darf die durchgehende Linie nicht überfahren oder auf ihr fahren. 2. Wer ein Fahrzeug führt, darf nicht auf der Fahrbahn parken, wenn zwischen dem parkenden Fahrzeug und der durchgehenden Fahrstreifenbegrenzungslinie kein Fahrstreifen von mindestens 3 m mehr verbleibt. 3. Für Fahrzeuge auf dem Fahrstreifen B ordnet die Markierung an: Fahrzeuge auf dem Fahrstreifen B dürfen die Markierung überfahren, wenn der Verkehr dadurch nicht gefährdet wird.	6.4.1
297 **Pfeile**	70	297 **Pfeilmarkierungen**	1. Wer ein Fahrzeug führt, muss der Fahrtrichtung auf der folgenden Kreuzung oder Einmündung folgen, wenn zwischen den Pfeilen Leitlinien (Zeichen 340) oder Fahrstreifenbegrenzungen (Zeichen 295) markiert sind. 2. Wer ein Fahrzeug führt, darf auf der mit Pfeilen markierten Strecke der Fahrbahn nicht halten (§ 12 Absatz 1).	4.3
			Pfeile empfehlen, sich rechtzeitig einzuordnen und in Fahrstreifen nebeneinander zu fahren. Fahrzeuge, die sich eingeordnet haben, dürfen auch rechts überholt werden.	
297.1 **Vorankündigungspfeil**	71	297.1 **Vorankündigungspfeil**		6.4.1
			Mit dem Vorankündigungspfeil wird eine Fahrstreifenbegrenzung angekündigt oder das Ende eines Fahrstreifens angezeigt. Die Ausführung des Pfeils kann von der gezeigten abweichen.	

Bisherige Zeichen	lfd. Nr.	Neue Zeichen	Ge- oder Verbote / Erläuterungen	HAV Abschnitt
298 Sperrflächen	72	**298** Sperrfläche	Wer ein Fahrzeug führt, darf Sperrflächen nicht benutzen.	4.3
299 Grenzmarkierung für Halt- und Parkverbote	73	**299** Grenzmarkierung für Halt- oder Parkverbote	Wer ein Fahrzeug führt, darf innerhalb einer Grenzmarkierung für Halt- oder Parkverbote nicht halten oder parken. Grenzmarkierungen bezeichnen, verlängern oder verkürzen ein an anderer Stelle vorgeschriebenes Halt- oder Parkverbot.	3.6.2
	74	**Parkflächenmarkierung**	Eine Parkflächenmarkierung erlaubt das Parken; auf Gehwegen aber nur Fahrzeugen mit einer zulässigen Gesamtmasse bis zu 2,8 t. Die durch die Parkflächenmarkierung angeordnete Aufstellung ist einzuhalten. Wo sie mit durchgehenden Linien markiert ist, darf diese überfahren werden. Sind Parkflächen auf Straßen erkennbar abgegrenzt, wird damit angeordnet, wie Fahrzeuge aufzustellen sind.	3.6.2

1 Kann fahrstreifenbezogen angeordnet werden
2 Altes Zeichen bleibt gültig bis 1.4.2017
3 Kann durch Zz zeitlich eingeschränkt werden
4 Kann auch doppelseitig gezeigt werden
5 Kann links wiederholt werden
6 Am 10.10.2006 durch Zeichen 270.1 ersetzt
7 Durch Zz kann die Länge des Geltungsbereichs angegeben werden
8 Steht in der Regel beidseitig

Richtzeichen (nach StVO Anlage 3)

Bisherige Zeichen	lfd. Nr.	Neue Zeichen	Ge- oder Verbote	HAV Abschnitt
			Erläuterungen	
Abschnitt 1 Vorrangzeichen				
301 **Vorfahrt**	1	301 **Vorfahrt**	Das Zeichen zeigt an, dass an der nächsten Kreuzung oder Einmündung Vorfahrt besteht.	4.5.3
306 **Vorfahrtstraße**	2	306 **Vorfahrtstraße**	Wer ein Fahrzeug führt, darf außerhalb geschlossener Ortschaften auf Fahrbahnen von Vorfahrtstraßen nicht parken. Das Zeichen zeigt an, dass Vorfahrt besteht bis zum nächsten Zeichen 205 „Vorfahrt gewähren.", 206 „Halt. Vorfahrt gewähren." oder 307 „Ende der Vorfahrtstraße".	4.5.3
	2.1		1. Wer ein Fahrzeug führt und dem Verlauf der abknickenden Vorfahrtstraße folgen will, muss dies rechtzeitig und deutlich ankündigen; dabei sind die Fahrtrichtungsanzeiger zu benutzen. 2. Auf den Fußgängerverkehr ist besondere Rücksicht zu nehmen. Wenn nötig, muss gewartet werden. Das Zusatzzeichen zum Zeichen 306 zeigt den Verlauf der Vorfahrtstraße an.	4.5.3
307 **Ende der Vorfahrtstraße**	3	307 **Ende der Vorfahrtstraße**		4.5.3
308 **Vorrang vor dem Gegenverkehr**	4	308 **Vorrang vor dem Gegenverkehr**	Wer ein Fahrzeug führt, hat Vorrang vor dem Gegenverkehr.	5.2.4
Abschnitt 2 Ortstafel				
	zu 5 und 6		Ab der Ortstafel gelten jeweils die für den Verkehr innerhalb oder außerhalb geschlossener Ortschaften bestehenden Vorschriften.	6.6.4 innerorts; 8.3.9 Ortsbestimmung
310 **Ortstafel Vorderseite**	5	310 **Ortstafel Vorderseite**	Die Ortstafel bestimmt: Hier beginnt eine geschlossene Ortschaft.	6.6.4 innerorts; 8.3.9 Ortsbestimmung

Bisherige Zeichen	lfd. Nr.	Neue Zeichen	Ge- oder Verbote / Erläuterungen	HAV Abschnitt
311 **Schotten ↑** 6 km ~~**Wilster**~~ **Ortstafel Rückseite**	6	**311** **Schotten ↑** 6 km ~~**Wilster**~~ **Ortstafel Rückseite**	Die Ortstafel bestimmt: Hier endet eine geschlossene Ortschaft.	**6.6.4** innerorts; **8.3.9** Ortsbestimmung

Abschnitt 3 Parken

Bisherige Zeichen	lfd. Nr.	Neue Zeichen	Ge- oder Verbote / Erläuterungen	HAV Abschnitt
314 **P** **Parkplatz**	7	**314** **P** **Parken**	1. Wer ein Fahrzeug führt, darf hier parken. 2. a) Durch ein Zusatzzeichen kann die Parkerlaubnis insbesondere nach der Dauer, nach Fahrzeugarten, zugunsten der mit besonderem Parkausweis versehenen Bewohner oder auf das Parken mit Parkschein oder Parkscheibe beschränkt sein. b) Ein Zusatzzeichen mit Bild 318 (Parkscheibe) und Angabe der Stundenzahl schreibt das Parken mit Parkscheibe und dessen zulässige Höchstdauer vor. c) Durch Zusatzzeichen können Bewohner mit Parkausweis von der Verpflichtung zum Parken mit Parkschein oder Parkscheibe freigestellt sein. d) Durch ein Zusatzzeichen mit Rollstuhlfahrersinnbild kann die Parkerlaubnis beschränkt sein auf schwerbehinderte Menschen mit außergewöhnlicher Gehbehinderung, beidseitiger Amelie oder Phokomelie oder mit vergleichbaren Funktionseinschränkungen sowie auf blinde Menschen. e) Die Parkerlaubnis gilt nur, wenn der Parkschein, die Parkscheibe oder der Parkausweis gut lesbar ausgelegt oder angebracht ist. f) Durch Zusatzzeichen kann ein Parkplatz als gebührenpflichtig ausgewiesen sein. 1. Der Anfang des erlaubten Parkens kann durch einen zur Fahrbahn weisenden waagerechten weißen Pfeil im Zeichen, das Ende durch einen solchen von der Fahrbahn wegweisenden Pfeil gekennzeichnet sein. Bei in der Strecke wiederholten Zeichen weist eine Pfeilspitze zur Fahrbahn, die zweite Pfeilspitze von ihr weg. 2. Das Zeichen mit einem Zusatzzeichen mit schwarzem Pfeil weist auf die Zufahrt zu größeren Parkplätzen oder Parkhäusern hin. Das Zeichen kann auch durch Hinweise ergänzt werden, ob es sich um ein Parkhaus handelt.	**3.6.2**
	8	**314.1** **P** ZONE **Beginn einer Parkraumbewirtschaftungszone**	1. Wer ein Fahrzeug führt, darf innerhalb der Parkraumbewirtschaftungszone nur mit Parkschein oder mit Parkscheibe (Bild 318) parken, soweit das Halten und Parken nicht gesetzlich oder durch Verkehrszeichen verboten ist. 2. Durch Zusatzzeichen können Bewohner mit Parkausweis von der Verpflichtung zum Parken mit Parkschein oder Parkscheibe freigestellt sein. 3. Die Parkerlaubnis gilt nur, wenn der Parkschein, die Parkscheibe oder der Parkausweis gut lesbar ausgelegt oder angebracht ist. Die Art der Parkbeschränkung wird durch Zusatzzeichen angezeigt.	**3.6.2**

Richtzeichen (nach StVO Anlage 3)

Bisherige Zeichen	lfd. Nr.	Neue Zeichen	Ge- oder Verbote / Erläuterungen	HAV Abschnitt
	9	314.2 **Ende einer Parkraumbewirtschaftungszone**		3.6.2
315 **Parken auf Gehwegen**	10	315 **Parken auf Gehwegen**	1. Wer ein Fahrzeug führt, darf auf Gehwegen mit Fahrzeugen mit einer zulässigen Gesamtmasse über 2,8 t nicht parken. Dann darf auch nicht entgegen der angeordneten Aufstellungsart des Zeichens oder entgegen Beschränkungen durch Zusatzzeichen geparkt werden. 2. a) Durch ein Zusatzzeichen kann die Parkerlaubnis insbesondere nach der Dauer, nach Fahrzeugarten, zugunsten der mit besonderem Parkausweis versehenen Bewohner oder auf das Parken mit Parkschein oder Parkscheibe beschränkt sein. b) Ein Zusatzzeichen mit Bild 318 (Parkscheibe) und Angabe der Stundenzahl schreibt das Parken mit Parkscheibe und dessen zulässige Höchstdauer vor. c) Durch Zusatzzeichen können Bewohner mit Parkausweis von der Verpflichtung zum Parken mit Parkschein oder Parkscheibe freigestellt sein. d) Durch ein Zusatzzeichen mit Rollstuhlfahrersinnbild kann die Parkerlaubnis beschränkt sein für schwerbehinderte Menschen mit außergewöhnlicher Gehbehinderung, beidseitiger Amelie oder Phokomelie oder mit vergleichbaren Funktionseinschränkungen sowie für blinde Menschen. e) Die Parkerlaubnis gilt nur, wenn der Parkschein, die Parkscheibe oder der Parkausweis gut lesbar ausgelegt oder angebracht ist. 1. Der Anfang des erlaubten Parkens kann durch einen zur Fahrbahn weisenden waagerechten weißen Pfeil im Zeichen, das Ende durch einen solchen von der Fahrbahn wegweisenden Pfeil gekennzeichnet sein. Bei in der Strecke wiederholten Zeichen weist eine Pfeilspitze zur Fahrbahn, die zweite Pfeilspitze von ihr weg. 2. Im Zeichen ist bildlich dargestellt, wie die Fahrzeuge aufzustellen sind.	3.6.2
Z 315-65		Z 315-65		3.6.3
Z 315-85		Z 315-85		3.6.3

Bisherige Zeichen	lfd. Nr.	Neue Zeichen	Ge- oder Verbote	HAV Abschnitt
			Erläuterungen	
316 Parken und Reisen		Z 316 Parken und Reisen		3.6.11
317 Wanderer-parkplatz		Z 317 Wanderer-parkplatz		3.6.11
291 Parkscheibe (Breite 11 cm; Höhe 15 cm)	11	Bild 318 Parkscheibe		3.6.2
Abschnitt 4 Verkehrsberuhigter Bereich				
325 Beginn eines verkehrs-beruhigten Bereichs	12	325.1 Beginn eines verkehrs-beruhigten Bereichs	1. Wer ein Fahrzeug führt, muss mit Schrittgeschwindigkeit fahren. 2. Wer ein Fahrzeug führt, darf den Fußgängerverkehr weder gefährden noch behindern; wenn nötig, muss gewartet werden. 3. Wer zu Fuß geht, darf den Fahrverkehr nicht unnötig behindern. 4. Wer ein Fahrzeug führt, darf außerhalb der dafür gekenn-zeichneten Flächen nicht parken, ausgenommen zum Ein- oder Aussteigen und zum Be- oder Entladen. 5. Wer zu Fuß geht, darf die Straße in ihrer ganzen Breite benutzen; Kinderspiele sind überall erlaubt.	6.6.6
326 Ende eines verkehrs-beruhigten Bereichs	13	325.2 Ende eines verkehrs-beruhigten Bereichs	Beim Ausfahren ist § 10 zu beachten.	6.6.6

Richtzeichen (nach StVO Anlage 3)

Bisherige Zeichen	lfd. Nr.	Neue Zeichen	Ge- oder Verbote / Erläuterungen	HAV Abschnitt
Abschnitt 5 Tunnel				
	14	327 Tunnel	1. Wer ein Fahrzeug führt, muss beim Durchfahren des Tunnels Abblendlicht benutzen und darf im Tunnel nicht wenden. 2. Im Falle eines Notfalls oder einer Panne sollen nur vorhandene Nothalte- und Pannenbuchten genutzt werden.	6.6.7
Abschnitt 6 Nothalte- und Pannenbucht				
	15	328 Nothalte- und Pannenbucht	Wer ein Fahrzeug führt, darf nur im Notfall oder bei einer Panne in einer Nothalte- und Pannenbucht halten.	3.6.2
Abschnitt 7 Autobahnen und Kraftfahrstraßen				
330 Autobahn	16	Z 330.1 Autobahn	Ab diesem Zeichen gelten die Regeln für den Verkehr auf Autobahnen.	6.6.2
331		331.1	*siehe StVO Anlage 3, Abschnitt 7, lfd. Nr. 18*	6.6.2
332 Mainz Wiesbaden		332 Mainz Wiesbaden	*siehe StVO Anlage 3, Abschnitt 10, lfd. Nr. 60*	8.3.6
Z 332-21 Mainz Wiesbaden		332.1 Mainz Wiesbaden	*siehe StVO Anlage 3, Abschnitt 10, lfd. Nr. 53*	8.3.6
333 Ausfahrt		333 Ausfahrt	*siehe StVO Anlage 3, Abschnitt 7, lfd. Nr. 20*	8.3.7
334 Ende der Autobahn	17	330.2 Ende der Autobahn		6.6.2

Bisherige Zeichen	lfd. Nr.	Neue Zeichen	Ge- oder Verbote / Erläuterungen	HAV Abschnitt
331 Kraftfahr-straße	18	331.1 Kraftfahr-straße	Ab diesem Zeichen gelten die Regeln für den Verkehr auf Kraftfahrstraßen.	6.6.2
336 Ende der Kraftfahrstraße	19	331.2 Ende der Kraftfahrstraße		6.6.2
333 **Ausfahrt** ▸ Ausfahrt von der Autobahn	20	333 **Ausfahrt** ▸ Ausfahrt von der Autobahn	Auf Kraftfahrstraßen oder autobahnähnlich ausgebauten Straßen weist das entsprechende Zeichen mit schwarzer Schrift auf gelbem Grund auf die Ausfahrt hin. Das Zeichen kann auch auf weißem Grund ausgeführt sein.	8.3.7
450 300 m Ankündigungs-bake	21	450 200 m Ankündigungs-bake	Das Zeichen steht 300 m, 200 m (wie abgebildet) und 100 m vor einem Autobahnknotenpunkt (Autobahn-anschlussstelle, Autobahnkreuz oder Autobahndreieck). Es steht auch vor einer bewirtschafteten Rastanlage. Vor einem Knotenpunkt kann auf der 300 m-Bake die Nummer des Knotenpunktes angezeigt sein.	8.3.7

Abschnitt 8 Markierungen

Bisherige Zeichen	lfd. Nr.	Neue Zeichen	Ge- oder Verbote / Erläuterungen	HAV Abschnitt
340 Leitlinie	22	340 Leitlinie	1. Wer ein Fahrzeug führt, darf Leitlinien nicht überfahren, wenn dadurch der Verkehr gefährdet wird. 2. Wer ein Fahrzeug führt, darf auf der Fahrbahn durch Leitlinien markierte Schutzstreifen für den Radverkehr nur bei Bedarf überfahren. Der Radverkehr darf dabei nicht gefährdet werden. 3. Wer ein Fahrzeug führt, darf auf durch Leitlinien markierten Schutzstreifen für den Radverkehr nicht parken. Der Schutzstreifen für den Radverkehr ist in regelmäßigen Abständen mit dem Sinnbild „Radverkehr" auf der Fahrbahn gekennzeichnet.	6.2.3
341 Wartelinie	23	341 Wartelinie	Die Wartelinie empfiehlt dem Wartepflichtigen, an dieser Stelle zu warten.	4.5.3

Bisherige Zeichen	lfd. Nr.	Neue Zeichen	Ge- oder Verbote		HAV Abschnitt
			Erläuterungen		
Abschnitt 9 Hinweise					
350 Fußgänger-überweg	24	350 Fußgänger-überweg			5.3.5
Z 350-20		Z 350-20			5.3.5
353[1] Einbahnstraße		[Zeichen gültig bis 31.10.2022]			4.4
354 Wasserschutz-gebiet	25	354 Wasserschutz-gebiet			3.4.1
355 Fußgänger-unter- und -überführung		Z 355 Fußgänger-unter- und -überführung			5.3.7
Z 355-11		Z 355-11			5.3.7
356 Verkehrshelfer	26	356 Verkehrshelfer			5.3.4

Bisherige Zeichen	lfd. Nr.	Neue Zeichen	Ge- oder Verbote	HAV Abschnitt
			Erläuterungen	
357 Sackgasse	27	357 Sackgasse		4.4
			Im oberen Teil des Verkehrszeichens kann die Durchlässigkeit der Sackgasse für den Radverkehr und/oder Fußgänger-verkehr durch Piktogramme angezeigt sein.	
	zu 28 und 29			8.6.3
			1. Durch solche Zeichen mit entsprechenden Sinnbildern können auch andere Hinweise gegeben werden, wie auf Fußgängerunter- oder -überführung, Fernsprecher, Notrufsäule, Pannenhilfe, Tankstellen, Zelt- und Wohnwagenplätze, Autobahnhotel, Autobahngasthaus, Autobahnkiosk. 2. Auf Hotels, Gasthäuser und Kioske wird nur auf Auto-bahnen und nur dann hingewiesen, wenn es sich um Autobahnanlagen oder Autohöfe handelt.	
358 Erste Hilfe	28	358 Erste Hilfe		8.6.3
359 Pannenhilfe		Z 359 Pannenhilfe		8.6.3
Z 360-50		Z 360-50		8.6.3
Z 360-51 Notruf		Z 360-51 Notruf		8.6.3
Z 361-50		Z 361-50		8.5.3
363 Polizei	29	363 Polizei		8.6.3

Bisherige Zeichen	lfd. Nr.	Neue Zeichen	Ge- oder Verbote	HAV Abschnitt
			Erläuterungen	
Z 366		Z 366		8.6.4
Z 367		Z 367		8.6.4
375 Autobahnhotel		Z 375		8.5.3
376 Autobahn-gasthaus		Z 376		8.5.3
377 Autobahnkiosk		Z 377		8.5.3
Z 378		Z 378		8.5.3
380[1] Richtgeschwin-digkeit		[Zeichen gültig bis 31.10.2022]		6.4.1
Z 380-54[1]		[Zeichen gültig bis 31.10.2022]		6.4.1

50

Richtzeichen (nach StVO Anlage 3)

Bisherige Zeichen	lfd. Nr.	Neue Zeichen	Ge- oder Verbote Erläuterungen	HAV Abschnitt
381[1] **80** Ende der Richtgeschwindigkeit		[Zeichen gültig bis 31.10.2022]		6.4.1
385 Weiler Ortshinweis-tafel	30	385 Weiler Ortshinweis-tafel		8.3.9
	zu 31 und 32		Die Zeichen stehen außerhalb von Autobahnen. Sie dienen dem Hinweis auf touristisch bedeutsame Ziele und der Kennzeichnung des Verlaufs touristischer Routen. Sie können auch als Wegweiser ausgeführt sein.	8.5.2
386 Burg Eltz Touristischer Hinweis	31	386.1 Burg Eltz Touristischer Hinweis		8.5.2
	32	386.2 Deutsche Weinstraße Touristische Route		8.5.2
	33	386.3 Rheinland Touristische Unterrich-tungstafel	Das Zeichen steht an der Autobahn. Es dient der Unterrichtung über touristisch bedeutsame Ziele.	8.5.2
Z 388[1]		[Zeichen gültig bis 31.10.2022]		6.3.4
Z 389[1]		[Zeichen gültig bis 31.10.2022]		6.3.4

51

Bisherige Zeichen	lfd. Nr.	Neue Zeichen	Ge- oder Verbote / Erläuterungen	HAV Abschnitt
	34	390 Mautpflicht nach dem Bundesfern- straßenmaut- gesetz		8.6.5
	35	391 Mautpflichtige Strecke		8.6.5
392 Zollstelle	36	392 Zollstelle		8.6.6
393 Informations- tafel an Grenz- übergangs- stellen	37	393 Informations- tafel an Grenz- übergangs- stellen		8.6.6
394	38	394 Laternenring	Das Zeichen kennzeichnet innerhalb geschlossener Ortschaften Laternen, die nicht die ganze Nacht leuchten. In dem roten Feld kann in weißer Schrift angegeben sein, wann die Laterne erlischt.	
Abschnitt 10 Wegweisung				
401 Nummern- schild für Bundesstraßen	39	401 Bundesstraßen		8.3.2

Bisherige Zeichen	lfd. Nr.	Neue Zeichen	Ge- oder Verbote / Erläuterungen	HAV Abschnitt
405 **48** Nummernschild für Autobahnen	40	405 **48** Autobahnen		8.3.2
406 **26** Knotenpunkte der Autobahnen	41	406 **26** Knotenpunkte der Autobahnen	So sind Knotenpunkte der Autobahnen (Autobahnausfahrten, Autobahnkreuze und Autobahndreiecke) beziffert.	8.3.2
410 **E 36** Nummernschild für Europastraßen	42	410 **E 36** Europastraßen		8.3.2
415 Dorsten 28 km Bottrop 14 km		415 Dorsten 28 km Bottrop 14 km	*siehe StVO Anlage 3, Abschnitt 10, lfd. Nr. 47*	8.3.6
418 Hildesheim 49 km Elze 31 km		418 Hildesheim 49 km Elze 31 km	*siehe StVO Anlage 3, Abschnitt 10, lfd. Nr. 48*	8.3.6
419 Eichenbach		419 Eichenbach	*siehe StVO Anlage 3, Abschnitt 10, lfd. Nr. 49*	8.3.6
421		421	*siehe StVO Anlage 3, Abschnitt 11, lfd. Nr. 63*	8.4.4
Z 422		422	*siehe StVO Anlage 3, Abschnitt 11, lfd. Nr. 64*	8.4.4
430 Berlin		430 Berlin	*siehe StVO Anlage 3, Abschnitt 10, lfd. Nr. 50*	8.4.4
432 Bahnhof		432 Bahnhof	*siehe StVO Anlage 3, Abschnitt 10, lfd. Nr. 51*	8.3.6
434 Hannover 145 km Düsseldorf 23 km Messegelände Recklinghausen 36 km Dormagen 42 km		434 Schwerin 5 km Messe Lübeck 40 km Gadebusch 15 km Ludwigslust 20 km	*siehe StVO Anlage 3, Abschnitt 10, lfd. Nr. 52*	8.3.6

Richtzeichen (nach StVO Anlage 3)

Bisherige Zeichen	lfd. Nr.	Neue Zeichen	Ge- oder Verbote / Erläuterungen	HAV Abschnitt
435 ↑ ⑤ Kyritz 36 km		**Z 435** ↑ ⑤ Kyritz 36 km		**8.3.6**
436 ← Gierstädt 12 km		**Z 436** ← Gierstädt 12 km		**8.3.6**
437		**437**	*siehe StVO Anlage 3, Abschnitt 10, lfd. Nr. 54*	**8.3.6** Wegweisung; **8.3.9** Ortsbestimmung
438 München · Erding	43	**438** München · Erding		**8.3.5**
439 ⑭ Nürnberg · Stuttgart · Uhlbach	44	**439** ⑭ Nürnberg · Stuttgart · Uhlbach		**8.3.5**
440 ⑥ Langenfeld · Düsseldorf ⑤⑨ · Köln ⑤⑨	45	**440** ⑥ Langenfeld · Düsseldorf ⑤⑨ · Köln ⑤⑨		**8.3.5**
	46	**441** ⑥ Langenfeld · Düsseldorf ⑤⑨ · Köln ⑤⑨		**8.3.5**
	zu 47 bis 49		Das Zusatzzeichen „Nebenstrecke" oder der Zusatz „Nebenstrecke" im Wegweiser weist auf eine Straßenverbindung von untergeordneter Bedeutung hin.	**8.3.6**
415 ◁ 223 Dorsten 28 km Bottrop 14 km	47	**415** ◁ 233 Dorsten 28 km Bottrop 14 km	Pfeilwegweiser auf Bundesstraßen	**8.3.6**
418 Hildesheim 49 km Elze 31 km ▷	48	**418** Hildesheim 49 km Elze 31 km ▷	Pfeilwegweiser auf sonstigen Straßen	**8.3.6**
419 Eichenbach ▷	49	**419** Eichenbach ▷	Pfeilwegweiser auf sonstigen Straßen mit geringerer Verkehrsbedeutung.	**8.3.6**

Bisherige Zeichen	lfd. Nr.	Neue Zeichen	Ge- oder Verbote / Erläuterungen	HAV Abschnitt
430 / Berlin	50	430 / Berlin	Pfeilwegweiser zur Autobahn	8.3.6
432 / Bahnhof	51	432 / Bahnhof	Pfeilwegweiser zu Zielen mit erheblicher Verkehrsbedeutung	8.3.6
434 / Hannover 145 km / Düsseldorf 23 km / Messegelände / Recklinghausen 36 km / Dormagen 42 km	52	434 / Schwerin 5 km / Messe / Lübeck 40 km Gadebusch 15 km / Ludwigslust 20 km	Der Tabellenwegweiser kann auch auf einer Tafel zusammengefasst sein. Die Zielangaben in einer Richtung können auch auf separaten Tafeln gezeigt werden.	8.3.6
Z 332-21 / Mainz Wiesbaden	53	332.1 / Mainz Wiesbaden	Ausfahrt von der Kraftfahrstraße oder einer autobahnähnlich ausgebauten Straße. Das Zeichen kann innerhalb geschlossener Ortschaften auch mit weißem Grund ausgeführt sein.	8.3.6
437	54	437	Das Zeichen hat entweder weiße Schrift auf dunklem Grund oder schwarze Schrift auf hellem Grund. Es kann auch an Bauwerken angebracht sein.	8.3.6 Wegweisung; 8.3.9 Ortsbestimmung
442		442	*siehe StVO Anlage 3, Abschnitt 11, lfd. Nr. 62*	8.4.3
	zu 55 und 58		Die Nummer (Zeichen 406) ist die laufende Nummer der Autobahnausfahrten, Autobahnkreuze und Autobahndreiecke der gerade befahrenen Autobahn. Sie dient der besseren Orientierung.	8.3.4
448 / Düsseldorf -Benrath 1000 m	55	448 / Düsseldorf -Benrath 1000 m	Das Zeichen weist auf eine Autobahnausfahrt, ein Autobahnkreuz oder Autobahndreieck hin. Es schließt Zeichen 406 ein.	8.3.4
	56		Das Sinnbild weist auf eine Ausfahrt hin.	8.3.4
	57		Das Sinnbild weist auf ein Autobahnkreuz oder Autobahndreieck hin; es weist auch auf Kreuze und Dreiecke von Autobahnen mit autobahnähnlich ausgebauten Straßen des nachgeordneten Netzes hin.	8.3.4

Richtzeichen (nach StVO Anlage 3)

Bisherige Zeichen	lfd. Nr.	Neue Zeichen	Ge- oder Verbote / Erläuterungen	HAV Abschnitt
448.1 — Autohof	58	448.1 — Autohof	1. Mit dem Zeichen wird ein Autohof in unmittelbarer Nähe einer Autobahnausfahrt angekündigt. 2. Der Autohof wird einmal am rechten Fahrbahnrand 500 bis 1000 m vor dem Zeichen 448 angekündigt. Auf einem Zusatzzeichen wird durch grafische Symbole der Leistungsumfang des Autohofs dargestellt.	8.5.3
449 — 3 Montabaur, Diez Wallmerod, 500m	59	449 — 3 Montabaur, Diez Wallmerod, 500m		8.3.5
332 — Mainz Wiesbaden	60	332 — Mainz Wiesbaden		8.3.6
Z 332-21 — Mainz Wiesbaden		332.1 — Mainz Wiesbaden	*siehe StVO Anlage 3, Abschnitt 10, lfd. Nr. 53*	8.3.6
Z 332-22 — Duisburg Endenich		Z 332-22 — Duisburg Endenich	*siehe StVO Anlage 3, Abschnitt 10, lfd. Nr. 53*	8.3.6
450 — 300 m		Z 450 — 300 m	*siehe StVO Anlage 3, Abschnitt 7, lfd. Nr. 21*	8.3.7
Z 451 — 200 m		Z 451 — 200 m	*siehe StVO Anlage 3, Abschnitt 7, lfd. Nr. 21*	8.3.7
Z 452 — 100 m		Z 452 — 100 m	*siehe StVO Anlage 3, Abschnitt 7, lfd. Nr. 21*	8.3.7

Bisherige Zeichen	lfd. Nr.	Neue Zeichen	Ge- oder Verbote / Erläuterungen	HAV Abschnitt
453 Entfernungstafel	61	453	Die Entfernungstafel gibt Fernziele und die Entfernung zur jeweiligen Ortsmitte an. Ziele, die über eine andere als die gerade befahrene Autobahn zu erreichen sind, werden unterhalb des waagerechten Striches angegeben.	8.3.8
Abschnitt 11 Umleitungsbeschilderung				
Z 442-21	62	442 Vorwegweiser	Vorwegweiser für bestimmte Verkehrsarten	8.4.3
Z 442-10		Z 442-10		8.6.2
421	63	421	Pfeilwegweiser für bestimmte Verkehrsarten	8.4.4
	64	422	Wegweiser für bestimmte Verkehrsarten	8.4.4
	65		Der Verlauf der Umleitungsstrecke kann gekennzeichnet werden durch	8.4.4
454	66	454	Umleitungswegweiser oder	8.4.4
455 Nummerierte Umleitung	67	455.1	Fortsetzung der Umleitung	8.4.3 Vorweg-weisung; 8.4.4 Weg-weisung

Richtzeichen (nach StVO Anlage 3)

Bisherige Zeichen	lfd. Nr.	Neue Zeichen	Ge- oder Verbote / Erläuterungen	HAV Abschnitt
		455.2 (gelbes Schild mit durchgestrichenem U)	*siehe StVO Anlage 3, Abschnitt 11, lfd. Nr. 75*	8.4.5
	zu 66 und 67		Die Zeichen 454 und 455.1 können durch eine Zielangabe auf einem Schild über den Zeichen ergänzt sein. Werden nur bestimmte Verkehrsarten umgeleitet, sind diese auf einem Zusatzzeichen über dem Zeichen angegeben.	8.4.4
	68		Die temporäre Umleitung kann angekündigt sein durch Zeichen 455.1 oder	8.4.2
457 Umleitung	69	**457.1** Umleitung	Umleitungsankündigung	8.4.2
		457.2 Umleitung (durchgestrichen)	*siehe StVO Anlage 3, Abschnitt 11, lfd. Nr. 74*	8.4.5
	70		jedoch nur mit Entfernungsangabe auf einem Zusatzzeichen und bei Bedarf mit Zielangabe auf einem zusätzlichen Schild über dem Zeichen.	8.4.2
	71		Die Ankündigung kann auch erfolgen durch	8.4.2
458 Stuttgart / A-Dorf B-Dorf / 80m	72	**458** Stuttgart / A-Dorf B-Dorf / 80m	eine Planskizze	8.4.2
	73		Das Ende der Umleitung kann angezeigt werden durch	8.4.5
459 Umleitung (durchgestrichen) **Ende der Umleitung**	74	**457.2** Umleitung (durchgestrichen)	Ende der Umleitung oder	8.4.5
	75	**455.2** (gelbes Schild mit durchgestrichenem U)	Ende der Umleitung	8.4.5

Bisherige Zeichen	lfd. Nr.	Neue Zeichen	Ge- oder Verbote	HAV Abschnitt
			Erläuterungen	
460 U 22 ↑ Bedarfs-umleitung	76	460 U 22 ↑ Bedarfs-umleitung	Das Zeichen kennzeichnet eine alternative Streckenführung im nachgeordneten Straßennetz zwischen Autobahn-anschlussstellen.	**8.4.3** Vorweg-weisung; **8.4.4** Weg-weisung
Z 460-21 U 22 →		Z 460-21 U 22 →		8.4.4
Z 460-11 U 22 ←		Z 460-11 U 22 ←		8.4.4
Z 460-20 U 22 ↱		Z 460-20 U 22 ↱		8.4.3
Z 460-10 U 22 ↰		Z 460-10 U 22 ↰		8.4.3
Z 460-22 U 22 ↗		Z 460-22 U 22 ↗		8.4.3
466 U24 U22 U22 Bedarfs-umleitungs-tafel	77	466 U24 U22 U22 Weiterführende Bedarfs-umleitung	Kann der umgeleitete Verkehr an der nach Zeichen 460 vorgesehenen Anschlussstelle noch nicht auf die Autobahn zurückgeleitet werden, wird er durch dieses Zeichen über die nächste Bedarfsumleitung weitergeführt.	8.4.2

Richtzeichen (nach StVO Anlage 3)

Bisherige Zeichen	lfd. Nr.	Neue Zeichen	Ge- oder Verbote / Erläuterungen	HAV Abschnitt
Abschnitt 12 Sonstige Verkehrsführung				
467 Umlenkungs-Pfeil	78	467.1 Umlenkungs-pfeil		9.3.7
			Das Zeichen kennzeichnet Alternativstrecken auf Autobahnen, deren Benutzung im Bedarfsfall empfohlen wird (Streckenempfehlung).	
	79	467.2		9.3.7
			Das Zeichen kennzeichnet das Ende einer Streckenempfehlung.	
468		590	*siehe StVO Anlage 3, Abschnitt 12, lfd. Nr. 83*	4.2 Einschränkung Fahrbeziehung; 8.3.7 Orientierung im Knotenpunkt
	80		Verkehrslenkungstafeln geben den Verlauf und die Anzahl der Fahrstreifen an, wie beispielsweise:	7.2.3
500 200 m Überleitungs-tafel	81	501 Überleitungs-tafel	Das Zeichen kündigt die Überleitung des Verkehrs auf die Gegenfahrbahn an.	7.2.3
Z 531-10	82	531 Einengungs-tafel		4.3 Ordnung in Kreuzung; 7.2.3 Arbeitsstellen

Bisherige Zeichen	lfd. Nr.	Neue Zeichen	Ge- oder Verbote / Erläuterungen	HAV Abschnitt
	82.1	Reißverschluss erst in ...... m		**4.3** Ordnung in Kreuzung;
			Bei Einengungstafeln wird mit dem Zusatzzeichen der Ort angekündigt, an dem der Fahrstreifenwechsel nach dem Reißverschlussverfahren (§ 7 Absatz 4) erfolgen soll.	**7.2.3** Arbeits- stellen
468 Schwierige Verkehrs- führung	83	590 Block- umfahrung		**4.2** Ein- schrän- kung Fahrbe- ziehung;
			Das Zeichen kündigt eine durch die Zeichen „Vorgeschrie- bene Fahrtrichtung" (Zeichen 209 bis 214) vorgegebene Verkehrsführung an.	**8.3.7** Orientie- rung im Knoten- punkt

1 Altes Zeichen bleibt gültig bis 31.10.2022

Verkehrseinrichtungen (nach StVO Anlage 4)

Bisherige Zeichen	lfd. Nr.	Neue Zeichen	Ge- oder Verbot / Erläuterungen		HAV Abschnitt
Abschnitt 1 Einrichtungen zur Kennzeichnung von Arbeits- und Unfallstellen oder sonstigen vorübergehenden Hindernissen					
600 Absperr-schranke	1	**600** Absperr-schranke			7.2.3
605 Leitbake (Warnbake)	2	**605** Leitbake Pfeil-bake Schraffen-bake			7.2.3
610		**610**	siehe StVO Anlage 4, Abschnitt 1, lfd. Nr. 5		7.2.3
615		**615**	siehe StVO Anlage 4, Abschnitt 1, lfd. Nr. 6		7.2.3
616		**616**	siehe StVO Anlage 4, Abschnitt 1, lfd. Nr. 7		7.2.3
620		**620**	siehe StVO Anlage 4, Abschnitt 3, lfd. Nr. 11		6.2.3
625		**625**	siehe StVO Anlage 4, Abschnitt 2, lfd. Nr. 8		6.5.3
		626	siehe StVO Anlage 4, Abschnitt 2, lfd. Nr. 9		5.2.2

Bisherige Zeichen	lfd. Nr.	Neue Zeichen	Ge- oder Verbot	HAV Abschnitt
			Erläuterungen	
		627 	*siehe StVO Anlage 4, Abschnitt 2, lfd. Nr. 10*	**5.2.2**
	3	**628** **Leitschwelle** mit Pfeil- Schraffen- bake bake		**7.2.3**
	4	**629** **Leitbord** mit Pfeil- Schraffen- bake bake		**7.2.3**
610 Leitkegel	5	610 **Leitkegel**		**7.2.3**
615 fahrbare Absperrtafel	6	615 **Fahrbare Absperrtafel**		**7.2.3**

Verkehrseinrichtungen (nach StVO Anlage 4)

Bisherige Zeichen	lfd. Nr.	Neue Zeichen	Ge- oder Verbot / Erläuterungen	HAV Abschnitt
616 fahrbare Absperrtafel mit Blinkpfeil	7	616 Fahrbare Absperrtafel mit Blinkpfeil		7.2.3
	zu 1 bis 7		Die Einrichtungen verbieten das Befahren der so gekennzeichneten Straßenfläche und leiten den Verkehr an dieser Fläche vorbei.	7.2.3
			1. Warnleuchten an diesen Einrichtungen zeigen rotes Licht, wenn die ganze Fahrbahn gesperrt ist, sonst gelbes Licht oder gelbes Blinklicht. 2. Zusammen mit der Absperrtafel können überfahrbare Warnschwellen verwendet sein, die quer zur Fahrtrichtung vor der Absperrtafel ausgelegt sind.	
Abschnitt 2 Einrichtungen zur Kennzeichnung von dauerhaften Hindernissen oder sonstigen gefährlichen Stellen				
625 Richtungstafel in Kurven	8	625 Richtungstafel in Kurven	Die Richtungstafel in Kurven kann auch in aufgelöster Form angebracht sein.	6.5.3
	9	626 Leitplatte		5.2.2
	10	627 Leitmal	Leitmale kennzeichnen in der Regel den Verkehr einschränkende Gegenstände. Ihre Ausführung richtet sich nach der senkrechten, waagerechten oder gewölbten Anbringung beispielsweise an Bauwerken, Bauteilen und Gerüsten.	5.2.2
Abschnitt 3 Einrichtung zur Kennzeichnung des Straßenverlaufs				
620 Leitpfosten (links) (rechts)	11	620 Leitpfosten (links) (rechts)	Um den Verlauf der Straße kenntlich zu machen, können an den Straßenseiten Leitpfosten in der Regel im Abstand von 50 m und in Kurven verdichtet stehen.	6.2.3

Bisherige Zeichen	lfd. Nr.	Neue Zeichen	Ge- oder Verbot	HAV Abschnitt
			Erläuterungen	
Abschnitt 4 Warntafel zur Kennzeichnung von Fahrzeugen und Anhängern bei Dunkelheit				
630 Park-Warntafel	12	630 Parkwarntafel		7.5

Grundregeln

0

Grundregeln für das Anbringen von Verkehrszeichen und Verkehrseinrichtungen

1 So wenig wie möglich, so viel wie nötig.

Verkehrszeichen und Verkehrseinrichtungen dürfen nur dann angeordnet werden, wenn sie aus Gründen der Leichtigkeit oder Sicherheit des Verkehrs erforderlich sind. Zu viele Verkehrszeichen und Verkehrseinrichtungen überfordern die Verkehrsteilnehmer und werden daher nicht hinreichend beachtet.

Die StVO fordert, dass örtliche Anordnungen durch Verkehrszeichen nur dort zu treffen sind, „wo dies auf Grund der besonderen Umstände zwingend geboten ist" (§ 39 Absatz 1). Verkehrszeichen, die lediglich gesetzliche Regelungen wiedergeben, dürfen nicht angeordnet werden.

Daher gilt:

– Zunächst ist zu prüfen, ob nicht die den Verkehrsteilnehmern auferlegte Eigenverant-

wortung oder die Beachtung der allgemeinen Verkehrsregeln ausreichen, die Situation zu bewältigen.

– Bevor Ge- und Verbote ausgesprochen werden, ist zu prüfen, ob es vielleicht ausreicht, den Verkehrsteilnehmern durch unterstützende Informationen (Gefahrzeichen, situationsgerechte Straßengestaltung o. ä.) erkennen zu geben oder zu verdeutlichen, dass eine schwierige Situation vorliegt, die dann eigenverantwortlich oder unter Beachtung der allgemeinen Verkehrsregeln bewältigt werden kann.

– Wenn Ge- oder Verbote unvermeidlich sind, so sind solche zu wählen, die den gebotenen Effekt unter Berücksichtigung der zumutbaren Eigenverantwortlichkeit mit einer minimalen Einschränkung der individuellen Freiheit erreichen.

2 Keine nicht-amtlichen Verkehrszeichen oder Verkehrseinrichtungen verwenden – einheitliche Lösungsschemata anstreben.

Die amtlichen Verkehrszeichen und Verkehrseinrichtungen sind unter Beachtung internationaler Abmachungen sorgfältig ausgewählt und festgelegt worden. Um Missverständnisse auszuschließen, dürfen keine anderen als die amtlich zugelassenen Verkehrszeichen verwendet werden.

Straßenverkehrsanlagen sollen so gestaltet und geregelt sein, dass sie mit den sich aus Reflexen und allgemeinen Prägungen ergebenden Verhaltensweisen sicher befahren werden können. Daher müssen sie innerhalb eines Gebietes einheitlich gestaltet werden.

Das Verhalten im Verkehr ist wegen des Umfangs der zu verarbeitenden Informationen weitgehend „automatisches", durch Reflexe und Prägungen geprägtes Handeln. Das bewusste Denken des Menschen ist zu langsam, um die Informationsflut zu bewältigen. Es kann allenfalls einige grundsätzliche Entscheidungen bewältigen.

Vereinfacht ausgedrückt, sind Reflexe angeborene und Prägungen anerzogene Reaktionen auf

Reize aus der Umwelt. Prägung kann nur langfristig durch Beobachtung, durch (Verkehrs-)Erziehung und durch Übung (Fahrerfahrung) verändert werden.

Daher ist es nötig, innerhalb eines bestimmten Gebietes möglichst einheitliche, von den Fahrern dieses Gebietes „gewohnte" Situationen anzubieten. Die Übertragung von in anderen Gebieten „bewährten" Lösungen ist nur bedingt möglich, wenn sie andere Prägungen bedingen (im verkehrsspezifischen Bereich z. B. Rechts- und Linksverkehr). Wenn ähnliche Situationen immer wieder gleiche Reaktionen erfordern, wird zudem die Prägung vertieft, was letztendlich zu schnelleren (und damit in der Regel sichereren) Reaktionen führt.

Daher gilt:

– Einheitlichkeit der Regelungen und Zeichen anstreben (Typisierung).

– Regelungen anstreben, die dem gewohnten Handeln möglichst gut entsprechen und bei Abweichungen einsichtig sind.

3 Verkehrszeichen und Verkehrseinrichtungen sind für die Verkehrssicherheit von großer Bedeutung. Sie sind so anzubringen und zu unterhalten, dass sie bei Tag und Nacht aus einem in Bewegung befindlichen Fahrzeug gut zu erkennen sind.

Dieser Forderung ist besondere Aufmerksamkeit zu schenken. Verkehrszeichen und Verkehrseinrichtungen können nur beachtet werden, wenn sie von den Verkehrsteilnehmern bei Tag und auch bei Nacht gut zu erkennen sind. Dabei ist zu berücksichtigen, dass die Erkennbarkeit aus einem in Bewegung befindlichen Fahrzeug anders ist als aus einem haltenden Fahrzeug oder durch einen auf der Straße stehenden Betrachter.

Ferner ist der Tatsache Rechnung zu tragen, dass bei rückstrahlenden Zeichen und Einrichtungen mit zunehmendem Alter die Rückstrahlwirkung abnimmt und sich damit die Nachtsichtbarkeit verschlechtert.

Daher gilt:

– Der Baulastträger hat im Rahmen seiner Inspektionsfahrten regelmäßig (wöchentlich bis täglich) den Zustand der Straßen einschließlich des Zustands und der Sichtbarkeit der Verkehrszeichen und Verkehrseinrichtungen zu überprüfen.
– Die Verkehrsbehörde hat im Rahmen der Verkehrsschauen regelmäßig (jährlich) die Sinnhaftigkeit der Regelungen zu überprüfen.
– Sonderprogramme (z. B. Schilderprüfung als vierteljähriger Schwerpunkt beim Straßenbaulastträger; Sonderschwerpunkte bei den Verkehrsschauen) können sinnvoll sein, um Gewöhnungseffekten zu begegnen.

4 Die Zweckmäßigkeit der angebrachten Verkehrszeichen und Verkehrseinrichtungen ist erforderlichenfalls durch Ortsfremde zu überprüfen.

Ortsfremde entdecken Fehler und Mängel der Beschilderung erfahrungsgemäß leichter als Ortskundige. Das gilt besonders für die Sinnfälligkeit der Wegweiserziele sowie für das Erkennen von Verkehrszeichen und Verkehrseinrichtungen.

Daher gilt:

– Es kann vorteilhaft sein, das Streckennetz regelmäßig durch ortsfremde Personen befahren und bewerten zu lassen.

5 Wer für das Anordnen oder Anbringen von Verkehrszeichen und Verkehrseinrichtungen verantwortlich ist, muss mit den geltenden Vorschriften und Richtlinien vertraut sein sowie die Örtlichkeit und den üblichen Verkehrsablauf kennen. In der Regel ist es hilfreich, bei Entscheidungen über Beschilderungsmaßnahmen auch die Ergebnisse örtlicher Unfalluntersuchungen zu berücksichtigen.

Durch Beachten dieser Forderung wird erreicht, dass Anordnungen getroffen werden, die verkehrstechnisch sinnvoll sind, der Sicherheit und Leichtigkeit des Verkehrs dienen und gegebenenfalls auch noch eine positive Umweltwirkung besitzen.

Voraussetzung dafür ist, dass diese Aufgaben geeigneten und qualifizierten Kräften übertragen werden, die über ausreichende verkehrstechnische Kenntnisse verfügen.

Die in der VwV-StVO vorgesehene Zusammenarbeit von Verkehrsbehörden, Straßenbaulast-

trägern und Polizei erleichtert die Abwägung der verschiedenen Kriterien durch Argumentation aus verschiedenen Sichten. Es kann sinnvoll sein, für bestimmte Gesichtspunkte weitere Fachleute hinzuzuziehen.

Entscheidungen sollen in möglichst tiefen Verwaltungsschichten unter Beachtung allgemein gültiger Regelungen getroffen werden. Dieses „Subsidiaritätsprinzip" trägt dem Umstand Rechnung, dass es für Einzelfallentscheidungen notwendig ist, die jeweiligen Umstände möglichst genau zu kennen. Die Beachtung allgemein gültiger Regelungen ist nötig, um eine gewisse Einheitlichkeit im Netz zu erhalten (siehe Regel 2).

Daher gilt:

– Bei der Abwägung sind alle Aspekte, insbesondere die der Sicherheit und Leichtigkeit des Verkehrs, des Umfelds sowie der Wirtschaftlichkeit angemessen zu berücksichtigen.
– Die Behandlung in Fachgremien dient nur dazu, die im Rahmen des gebundenen Ermessens notwendigen Abwägungen auf eine sachkundige Basis zu stellen. Es besteht kein politischer Entscheidungsspielraum.

Gesetze und Regelwerke

1.1 Allgemeines

Für Entscheidungen über das Anbringen von Verkehrszeichen und Verkehrseinrichtungen werden im Regelfall folgende Unterlagen in der jeweils gültigen Fassung benötigt (angegeben ist die bei Redaktionsschluss gültige Fassung):

Straßenverkehrs-Ordnung (StVO 2013)

Allgemeine Verwaltungsvorschrift zur Straßenverkehrs-Ordnung (VwV-StVO 2009)

Richtlinien für die wegweisende Beschilderung auf Autobahnen (RWBA 2000)

Richtlinien für die wegweisende Beschilderung außerhalb von Autobahnen (RWB 2000)

Richtlinien für die Sicherung von Arbeitsstellen an Straßen (RSA 1995/2013, derzeit in Überarbeitung)

Richtlinien für die Markierung von Straßen (RMS-1 1993 und RMS-2 1980/1995, derzeit in Überarbeitung)

Richtlinien für Lichtsignalanlagen (RiLSA 2010)

Richtlinien für die Umleitungsbeschilderung (RUB 1992, ein Entwurf Stand 2005 liegt vor)

Richtlinien für die touristische Beschilderung (RtB 2008)

Richtlinien für die Anlage und Ausstattung von Fußgängerüberwegen (R-FGÜ 2001)

Katalog der Verkehrszeichen (VzKat 1992, Neuentwurf in Bearbeitung).

1.2 Gesetze und Verordnungen

Gesetze und Verordnungen sind für Verwaltung und Bürger unmittelbar bindend. Ausnahmen sind nicht vorgesehen. Allenfalls können Gesetze und Verordnungen Ermessungsspielräume belassen, die nach gewissen Grundsätzen (siehe Abschnitt 2) bei Einzelfallentscheidungen genutzt werden können oder müssen.

Für das Anbringen von Verkehrszeichen und Verkehrseinrichtungen sind insbesondere die folgenden gesetzlichen Grundlagen maßgebend:

Straßenverkehrsgesetz (StVG)

vom 19. Dezember 1952 (BGBl. I S. 837), zuletzt geändert durch Art. 2 Abs. 144 des Gesetzes vom 7. August 2013 (BGBl. I S. 3154)

Straßenverkehrs-Ordnung (StVO)

Neufassung gemäß Verordnung vom 6. März 2013 (BGBl. I S. 367, in Kraft getreten am 1.4.2013)

Eisenbahn-Bau- und -Betriebsordnung (EBO)

vom 8. Mai 1967 (BGBl. II S.1563), zuletzt geändert durch Art. 1 der Verordnung vom 25. Juli 2012 (BGBl. I S. 1703)

Verordnung über den Bau und Betrieb der Straßenbahnen (BOStrab)

vom 11. Dezember 1987 (BGBl. I S. 2648), geändert durch Artikel 1 der Verordnung vom 8. November 2007 (BGBl. I S. 2569)

Bundesfernstraßengesetz (FStrG)

vom 19. April 1994 (BGBl. I S. 854), geändert durch Artikel 7 des Gesetzes vom 31. Mai 2013 (BGBl. I S. 1388)

Verordnung über Kreuzungsanlagen im Zuge von Bundesfernstraßen (Bundesfernstraßenkreuzungsverordnung – FStrKrV)

vom 26. Juni 1957 (BGBl. I S. 659), zuletzt geändert am 2. Dezember 1975 (BGBl. I S. 2984).

Gesetze und Verordnungen können für eine erste Orientierung als nichtamtliche Fassung in einer grafisch oft etwas vereinfachten Form im Internet unter „http://gesetze-im-internet.de" eingesehen werden. Die amtliche Ausgabe erfolgt im Bundesgesetzblatt (http://www.bgbl.de). Aktuelle Gesamtausgaben sind einzeln oder in Sammelbänden in der juristischen Literatur oder in juristischen Datenbanken (z. B. „http://www.juris.de") zu finden.

1.3 Verwaltungsvorschriften

Verwaltungsvorschriften sind dienstliche Anweisungen innerhalb der Verwaltung, die in der Regel von in der Entscheidungshierarchie höher stehenden Einheiten oder Personen gegeben werden, um die Anwendung der geltenden Rechtsordnung (Verfassung, Gesetze, Verordnungen, Rechtsprechungen) und des zur Entscheidung nötigen Ermessens effektiver und einheitlicher zu gestalten. Sie können insofern mit Verfahrensanweisungen im Bereich von Qualitätsmanagement-Systemen verglichen werden.

Daraus ergibt sich, dass Verwaltungsvorschriften von sich aus keine allgemeine Rechtswirkung entfalten. Sie binden lediglich die Mitarbeiter der Verwaltung. Nach außen können sie allenfalls insofern rechtswirksam erscheinen, als die ihnen unterliegenden Verwaltungseinheiten das geltende Recht einheitlich (möglicherweise auch fehlerhaft) auf ihrer Grundlage interpretieren.

Verwaltungsvorschriften müssen nicht immer ausdrücklich als solche bezeichnet werden. Auch Erlasse, Dienstanweisungen, (Verwaltungs-) Richtlinien oder im Bereich des Straßenwesens „Allgemeine Rundschreiben" sind von ihrer Funktion her Verwaltungsvorschriften.

Soweit Verwaltungsvorschriften in größeren Bereichen, insbesondere ganzen Verwaltungszweigen, oder z. B. bundesweit angewandt werden sollen, werden sie häufig **Allgemeine Verwaltungsvorschriften** genannt.

Die **Allgemeine Verwaltungsvorschrift zur Straßenverkehrs-Ordnung (VwV-StVO)** regelt die Umsetzung der StVO durch die zuständigen Behörden, insbesondere Verkehrsbehörden. Sie ist damit die zentrale Verwaltungsvorschrift für die Anordnung der Verkehrszeichen und Verkehrseinrichtungen.

Zum Redaktionsschluss war aktuell die VwV-StVO vom 22. Oktober 1998 in der Fassung vom 17. Juli 2009 gültig. Sie wurde vom für den Verkehr zuständigen Bundesministerium mit Zustimmung des Bundesrates erlassen. Die Zustimmung des Bundesrats dokumentiert die Beteiligung der Länder und bewirkt, dass die VwV-StVO im gesamten Bundesgebiet einheitlich gültig ist. Vor der Föderalismusreform war die Beteiligung des Bundesrats durch das Straßenverkehrsgesetz gefordert.

In der HAV werden jeweils die für die Interpretation des behandelten Gegenstands maßgebenden Teile der VwV-StVO wiedergegeben.

Im Bereich des Straßenverkehrsrechts, also im Zusammenhang mit der den Verkehr regelnden StVO, regelt das für den Verkehr zuständige Bundesministerium (derzeit das Bundesministerium für Verkehr und digitale Infrastruktur – BMVI) die Belange für alle Straßen in Ergänzung zu der Allgemeinen Verwaltungsvorschrift zur StVO (VwV-StVO) durch **Verkehrsblatt-Verlautbarungen**.

Im Bereich des Straßen(bau)rechts, also im Zusammenhang mit der Straßenbaulast, regelt das für den Verkehr zuständige Bundesministerium (derzeit das Bundesministerium für Verkehr und digitale Infrastruktur – BMVI) die Belange der Bundesfernstraßen durch **Rundschreiben (RS)** und **Allgemeine Rundschreiben (ARS)**, die sich vorrangig an die Obersten Straßenbaubehörden der Länder richten (entsprechend den Grundsätzen der Auftragsverwaltung der

Bundesfernstraßen durch die Länder). Entsprechende Regelungen der anderen Straßenbaulastträger (Länder, Kreise, Kommunen) werden in ähnlicher Weise getroffen.

Teilweise werden Verwaltungsvorschriften zu abgegrenzten Regelungsbereichen in eigenständigen **(Verwaltungs-)Richtlinien** zusammengefasst und von Zeit zu Zeit als Einheit fortgeschrieben.

Gerade im technischen Bereich hat es sich als sinnvoll erwiesen, durch entsprechende Erlasse auf **Regelwerke anderer Institutionen**, insbesondere der Forschungsgesellschaft für Straßen- und Verkehrswesen (siehe Abschnitt 1.4 Regelwerke und Normen) hinzuweisen oder sie ganz oder teilweise für verbindlich zu erklären. Gelegentlich werden dabei einzelne Regelungen der einbezogenen Werke ergänzt und kommentiert. Soweit die Regelwerke oder Normen verbindlich einbezogen sind, erhalten sie selbst den Status von Verwaltungsvorschriften.

In der Regel werden die Verwaltungsvorschriften in den Amtsblättern der zuständigen Ministerien veröffentlicht, z. B. beim BMVI im Verkehrsblatt (http://www.verkehrsblatt.de), teilweise auch im Bundesanzeiger (http://www.bundesanzeiger.de) oder in den entsprechenden Blättern der Länder.

Für eine erste Orientierung können viele Verwaltungsvorschriften des Bundes als nichtamtliche Fassung in einer grafisch oft etwas vereinfachten Form im Internet unter „http://verwaltungsvorschriften-im-internet.de" eingesehen werden. Verwaltungsvorschriften der Länder findet man häufig auf den Webseiten der zuständigen Fachministerien. Zahlreiche Richtlinien des BMVI werden auch auf der Webseite der Bundesanstalt für Straßenwesen (www.bast.de) zum Herunterladen angeboten.

Aktuelle Gesamtausgaben der mehr verwaltungsorientierten Verwaltungsvorschriften und behördeneigenen Richtlinien sind einzeln oder in Sammelbänden in der juristischen Literatur, als Sonderdrucke der Verkündigungsblätter oder in juristischen Datenbanken (z. B. „http://www.juris.de") zu finden.

Zu den Fundstellen der von anderen Institutionen einbezogenen Regelwerke siehe Abschnitt 1.4 Regelwerke und Normen.

Eine Liste der aktuell gültigen Allgemeinen Rundschreiben (und einiger Rundschreiben) des BMVI ist im Internet unter www.bmvi.de (Verkehr und Mobilität > Verkehrsträger > Straße

> Vergabehandbücher > Informationen zum Verzeichnis der veröffentlichten Rundschreiben der Abteilung Straßenbau) verfügbar. Die die HAV betreffenden Rundschreiben finden sich im Wesentlichen im Abschnitt 07 Straßenverkehrstechnik und Straßenausstattung, teilweise auch im Abschnitt 02 Planung und Entwurf.

Eine Liste der in der HAV zitierten Rundschreiben, Allgemeinen Rundschreiben und Verkehrsblatt-Verlautbarungen ist in Anlage 5 zu finden.

1.4 Regelwerke und Normen

Regelwerke und Normen werden zum größten Teil von privatrechtlich organisierten Institutionen in Gremien (Ausschüsse, Arbeitskreise usw.) erarbeitet, die aus Vertretern der „interessierten Kreise" und mit Fachleuten gebildet werden. Hintergrund dieser Vorgehensweise ist, die „interessierten Kreise" bei der Erstellung der Regelwerke zu beteiligen. Das erleichtert, alle nötigen Aspekte bei der abwägenden Festlegung und Formulierung zu berücksichtigen, sei es für die allgemeinen Festlegungen des Regelwerks oder für die Abwägungshilfen für die bei der Anwendung des Regelwerks verbleibenden Einzelfallentscheidungen.

Die so erarbeiteten Regelwerke und Normen haben zunächst keine besondere Verbindlichkeit. Sie sind zunächst allenfalls geeignet, als Dokumentation des Standes der Technik oder des Wissens angesehen und im Laufe der Zeit als solche anerkannt zu werden.

Sie können außerdem durch Gesetze, innerbetriebliche Anordnungen oder – im Verwaltungsbereich – durch Verwaltungsvorschriften für mehr oder weniger verbindlich erklärt werden. Dann ergibt sich ihr Status aus der Verbindlichkeitserklärung (siehe z. B. Abschnitt 1.3 Verwaltungsvorschriften).

Im Bereich des Straßenwesens sind in Deutschland als privatrechtlich organisierte Institutionen, die solche Regelwerke erarbeiten und herausgeben, insbesondere zu nennen:

– Forschungsgesellschaft für Straßen- und Verkehrswesen (FGSV), Köln (www.fgsv.de)
– Deutsches Institut für Normung (DIN), Berlin (www.din.de)
– Deutscher Verein des Gas- und Wasserfaches e.V. (DVGW), Bonn (www.dvgw.de).

Die FGSV gliedert ihre Technischen Veröffentlichungen in Regelwerke („R", hier behandelt) und Wissensdokumente („W", siehe Abschnitt 1.5).

Die Regelwerke haben eine größere Verbindlichkeit und werden in der Regel in Abstimmung oder auf Anforderung der Verwaltungen erarbeitet. Sie sind stets innerhalb der FGSV abgestimmt und gliedern sich nach dem Grad ihrer angestrebten Verbindlichkeit in

– Regelwerke R1, die verbindlich formulierte Regelungen zur Planung oder Realisierung technischer Sachverhalte enthalten. Sie umfassen insbesondere **Vertragsgrundlagen** (siehe Abschnitt 12.11) sowie (technische) **Richtlinien**.
– Regelwerke R2, die abgewogene Empfehlungen zur Planung oder Realisierung technischer Sachverhalte enthalten. Sie umfassen insbesondere **Merkblätter** und **Empfehlungen**.

Für die Herstellung und den Vertrieb arbeiten die Institutionen in der Regel mit Verlagen zusammen oder haben eigene Verlage gegründet. Beispiele für solche Kooperationen sind der Beuth-Verlag (www.beuth.de) für das DIN und der FGSV Verlag (www.fgsv-verlag.de) für die FGSV.

Eine Liste der in der HAV zitierten technischen Veröffentlichungen der FGSV ist in Anlage 5 zu finden.

1.5 Sonstige Veröffentlichungen

Über die genannten, mehr oder weniger verbindlichen Werke hinaus sind für viele Fragestellungen weitere Informationsquellen hilfreich, die nachfolgend beispielhaft aufgeführt sind.

■ Öffentliche Verwaltungen

Das für den Verkehr zuständige Bundesministerium, derzeit das Bundesministerium für Verkehr und digitale Infrastruktur (BMVI; www.bmvi.de), gibt direkt oder über die ihm untergeordnete Bundesanstalt für Straßenwesen (bast; www.bast.de) umfangreiche Informationsmaterialien heraus, insbesondere

– die Schluss- und Ergebnisberichte verschiedener Forschungsprogramme
– Informationsbroschüren zu aktuellen Themen.

Insbesondere zur Frage des aktuellen Forschungsstandes siehe auch das

– Forschungs-Informations-System (FIS) Mobilität, Verkehr, Stadtentwicklung (www.forschungsinformationssystem.de).

Auch einige Bundesländer geben Broschüren zu aus ihrer Sicht relevanten Themen heraus. Diese sind über die für Verkehr zuständigen Ministerien dieser Länder zu beziehen.

In den USA stellt das U. S. Department of Transportation (DOT) über die Webseite der Federal Highway Administration (FHWA; www.mutcd. fhwa.dot.gov) das

– Manual on Uniform Traffic Control Devices – MUTCD (Handbuch zur einheitlichen Gestaltung der Verkehrszeichen und Verkehrseinrichtungen)

zur Verfügung.

Die für Verkehr zuständigen Ministerien von Bund und allen Bundesländern sind außerdem zusammen mit den gesetzlichen Unfallversicherungsträgern, der Deutschen Verkehrswacht, mit Automobilclubs, Automobilherstellern, Versicherungen, Personenbeförderungsunternehmen, Wirtschaftsverbänden und Gewerkschaften, Kirchen und mit weiteren Institutionen und Organisationen aus Deutschland sowie einigen Mitgliedern aus dem Ausland Mitglied im

– Deutscher Verkehrssicherheitsrat (www.dvr.de).

■ FGSV

Wie in Abschnitt 1.4 dargestellt, gliedert die Forschungsgesellschaft für Straßen- und Verkehrswesen (FGSV; www.fgsv.de) ihre Technischen Veröffentlichungen in Regelwerke („R", siehe Abschnitt 1.4) und Wissensdokumente („W", hier behandelt).

Die in diesem Werk behandelten Wissensdokumente zeigen den aktuellen Stand des Wissens auf und werden nicht unbedingt in Abstimmung oder auf Anforderung der Verwaltungen erarbeitet. Sie gliedern sich nach dem Grad ihrer Abstimmung innerhalb der FGSV in

– Wissensdokumente W1, die innerhalb der FGSV abgestimmt sind. Sie werden in der Regel **Hinweise** genannt.
– Wissensdokumente W2, die den aktuellen Erkenntnisstand innerhalb eines einzelnen FGSV-Gremiums wiedergeben. Dabei handelt es sich um Zwischenstände bei der Erarbeitung von weitergehenden Aktivitäten oder um Informations- und Arbeitshilfen. Sie werden häufig **Arbeitspapiere** genannt.

Die verfügbaren FGSV-Wissensdokumente sind im Katalog des FGSV Verlags (www.fgsv-verlag. de) zu finden.

Ähnliche Institutionen bestehen weltweit und in vielen anderen Staaten. Beispielhaft seien genannt:

– Welt-Straßenverband (PIARC/AIPCR; www. piarc.org)
– American Association of State Highway and Transportation Officials (AASHTO) unter www. aashto.org

■ Verbände

Zahlreiche Verbände von Unternehmen und Verbrauchern stellen verkehrssicherheitsrelevante Informationen zur Verfügung, teilweise mit gut recherchierten Broschürenreihen. Beispielhaft sind einige Adressen zusammengestellt:

– Unfallforschung der Versicherer (UDV; www. udv.org) des Gesamtverbands der Deutschen Versicherungswirtschaft e.V. (www.gdv.de)
– Industrieverband Straßenausstattung e.V. (IVSt; www.ivst.de) mit seinen Fachabteilungen
  – Fahrbahnmarkierungen
  – Verkehrssicherung
  – Verkehrszeichen
  – Rückhaltesysteme
– Allgemeiner Deutscher Automobil-Club e.V. (ADAC; www.adac.de)

Grund-
sätzliches
zur
Anordnung

2

2.1 Allgemeines

In Abschnitt 2 werden zunächst allgemeine Grundsätze der Verkehrsregelung und Verkehrsleitung besprochen, bevor in den Abschnitten 3 bis 9 dann auf die einzelnen Regelungen, Beschilderungen und Markierungen genauer eingegangen wird.

Dabei beschäftigen sich die Abschnitte 2.2 bis 2.3 zunächst mit den rechtlichen Grundlagen. Abschnitt 2.4 ist der Konzeption zweckmäßiger Regelungen gewidmet, die Abschnitte 2.5 bis 2.8 ihrer Umsetzung in konkrete Beschilderung, Markierung und sonstige Straßengestaltungs- und Straßenausstattungselemente. In dem Abschnitt 2.9 schließlich wird auf die notwendige laufende Kontrolle eingegangen, die immer wieder zur Überprüfung und Verbesserung der Anordnung führt.

In der Realität ist dieser Prozess natürlich nicht so linear, wie er in diesem Buch notwendigerweise dargestellt wird. Vielmehr werden bei der Konzeption von Regelungen in der Regel auch schon Gesichtspunkte bedacht, die sich aus den möglichen Einschränkungen bei der späteren Umsetzung oder Überwachung ergeben. Probleme bei der Umsetzung oder Überwachung machen oft ein Überdenken von Regelungen notwendig.

Wie in vielen anderen Bereichen berücksichtigt der erfahrene Praktiker diese Querbezüge oft schon bei seinen ersten Überlegungen. Trotzdem scheint es sinnvoll, in einem Buch wie dem vorliegenden die Zusammenhänge systematisch aufzuzeigen.

Die Begriffe **Verkehrszeichen, (Verkehrs-)Schilder, (Fahrbahn-)Markierungen** haben in den letzten Jahrzehnten immer wieder Bedeutungswandel erfahren. Der aktuelle offizielle Begriff ist „Verkehrszeichen", entsprechend der über die europäische Normung eingeführten Nomenklatur unterteilt in „vertikale Verkehrszeichen" und „horizontale Verkehrszeichen".

In den HAV wird der Begriff „Verkehrszeichen" für das abstrakte Zeichen verwendet, dessen Bedeutung und Anwendung durch StVO und VwV-StVO geregelt ist. Die körperliche Ausbildung, so wie sie an der Straßenanlage aufgestellt oder appliziert wird, wird zur besseren Differenzierung aber nach wie vor als „(Verkehrs-)Schild" oder „(Fahrbahn-)Markierung" bezeichnet.

Diese Unterscheidung scheint auch deshalb sinnvoll, da sie die Aufteilung der primären Zuständigkeiten zwischen Straßenverkehrsbehörden und Straßenbaulastträger verdeutlicht, die in Deutschland in klarer Form herausgearbeitet ist: Grob vereinfacht kann man sagen, dass die Straßenverkehrsbehörden primär für die Verkehrszeichen, also das gezeigte Bild, verantwortlich sind, während die Straßenbaulastträger primär dafür verantwortlich sind, das festgelegte Bild darzustellen und für die Verkehrsteilnehmer erkennbar zu machen, eben durch die körperlichen (Verkehrs-)Schilder, durch die (Fahrbahn-)Markierungen und die Verkehrseinrichtungen. Entsprechend dieser Aufteilung behandelt Abschnitt 2 vorrangig die mit den Verkehrszeichen als abstrakter Anordnung verbundenen Punkte, während Abschnitt 12 sich der Realisierung widmet. Allerdings ist diese Trennung der Übersichtlichkeit wegen nicht ganz konsequent. Insbesondere in den Abschnitten 2.5 bis 2.8 werden auch Fragen behandelt, die primär den Straßenbaulastträgern obliegen, für die aber ein Vorbehalt für Entscheidungen der Straßenverkehrsbehörde besteht und die in der Praxis in der Regel einvernehmlich festgelegt werden.

2.2 Grundlagen

2.2.1 Allgemeines

Verkehrszeichen und Verkehrseinrichtungen dienen dazu, den Verkehrsablauf flüssiger („leichter") und sicherer zu gestalten (in den Gesetzen und der juristischen Literatur ist immer wieder das Ziel „Sicherheit und Leichtigkeit des Verkehrs" zu finden). Dies kann durch das Bereitstellen von Informationen oder durch direkte Weisung geschehen.

Verkehrszeichen und Verkehrseinrichtungen sind ein Werkzeug des **Straßenverkehrsrechts**, das auf dem Straßenverkehrsgesetz (StVG) aufbaut und das Verhalten auf den Straßen regelt. Dabei ist eine wesentliche Grundlage ihrer Anwendung die das StVG ergänzende Straßenverkehrs-Ordnung (StVO), die vor allem durch eine ausführliche Verwaltungsvorschrift (VwV-StVO) für die Anwendung durch die zuständigen Behörden, vor allem die Straßenverkehrsbehörden, aufbereitet wird. Mit Verkehrszeichen und Verkehrseinrichtungen werden die verkehrsrechtlichen Anordnungen (siehe Abschnitt 2.3) der Allgemeinheit bekannt gemacht.

Die Gewährleistung der Sicherheit und Leichtigkeit des Verkehrs ist von jeher ein wesentliches Ziel des **Straßen(bau)rechts**, das in der Bundesrepublik Deutschland im Fernstraßengesetz

(FStrG) und den jeweiligen Länderstraßengesetzen niedergelegt ist. Dieser Gesetzeszweig ist damit älter als das Straßenverkehrsrecht. Er regelt über das Institut der sogenannten Straßenbaulast die Verpflichtung des jeweiligen Straßenbaulastträgers (in der Regel vertreten durch die Straßenbaubehörden), die Straße in einem dem regelmäßigen Verkehrsbedürfnis genügenden Zustand zu bauen, zu unterhalten, zu erweitern oder sonst zu verbessern.

Die Straßenanlage soll also so gestaltet sein, dass sie ohne Weiteres den Ansprüchen an die Sicherheit und Leichtigkeit des Verkehrs genügt, wenn sie von vernünftigen und verständigen Verkehrsteilnehmern benutzt wird. Erst wenn eine solche Gestaltung nicht möglich ist, z. B. wegen nicht harmonierender Anforderungen und Verhaltensformen von Verkehrsteilnehmern gleicher oder verschiedener Verkehrsarten oder wegen der notwendigen Abwägung mit anderen gesellschaftlichen Zielen (z. B. dem Natur- und Landschaftsschutz, dem Gebot des wirtschaftlichen und sparsamen Umgangs mit öffentlichen Finanzmitteln, dem Immissionsschutz, dem Gewässerschutz und vielen anderen mehr), wird es nötig, das Verhalten auf den Straßen straßenverkehrsrechtlich zu regeln. Dazu enthält das Straßenverkehrsrecht (namentlich die Straßenverkehrs-Ordnung) allgemeine Regelungen sowie die Möglichkeit, im Einzelfall durch die Anordnung von Verkehrszeichen und Verkehrseinrichtungen zu regeln.

Regelungen des Verkehrs sind Eingriffe in das grundgesetzlich garantierte Recht auf freie Entfaltung der Persönlichkeit (Art. 2 GG). Sie dürfen daher nicht willkürlich erfolgen, sondern nur im Rahmen gesetzlicher Ermächtigung in begründeten Fällen. Daher sind gewisse inhaltliche und formale Voraussetzungen und Abläufe zu beachten (siehe Abschnitt 2.3) und alle Entscheidungen zu begründen. Die HAV geben Hilfestellungen zur Begründung vor allem aus verkehrstechnischer und verkehrsverhaltensorientierter Sicht.

Daraus ergibt sich auch, dass nur geregelt wird, wo dies notwendig ist, und dass bei verschiedenen möglichen Regelungen diejenige bevorzugt wird, mit der der Zweck mit den geringsten Eingriffen erreicht werden kann (Minimierungsgebot; siehe Abschnitte 2.4.2 und 2.4.4).

Beim Verhalten im Straßenverkehr ist außerdem zu beachten, dass

– sehr viele Menschen, teilweise in formellen oder informellen Gruppen,

– häufig in „geschützter", nur eingeschränkt kommunikativer Umgebung (in Autos)

– unter Zeitdruck

handeln. Dies führt zu besonderen Verhaltensmustern, die sich zum großen Teil psychologisch erklären lassen.

Diese Besonderheiten müssen bei den Regelungen berücksichtigt werden, da sie sonst (oft ohne bösen Willen der Handelnden) nur eingeschränkt befolgt werden. Insbesondere der Zeitdruck führt dazu, dass Informationen nur unvollständig aufgenommen werden können und dass das Verhalten von gleichen meist geprägten („eintrainierten"), aber auch vererbten Verhaltensmustern bestimmt wird. Abschnitt 2.2.5 gibt dazu eine kurze Einführung.

Die allgemeinen Verkehrsregeln und die Verwaltungsvorschriften zur Aufstellung von speziellen Regelungen berücksichtigen diese Besonderheiten des Verhaltens und allgemeinen Verhaltensmuster weitgehend. Trotzdem sind deren Kenntnis von und das Gefühl für diese Besonderheiten für alle Entscheidungen notwendig. Im Einzelfall kann es daher sinnvoll sein, sachkundigen Rat einzuholen.

2.2.2 Straßenbaulastträger, Verkehrsbehörden, Polizei

Wie in Abschnitt 2.2.1 schon angedeutet, sind das ältere Straßen(bau)recht, das die Anforderungen an die Gestaltung, den Bau und den Betrieb von Straßen regelt, und das Straßenverkehrsrecht, das das Verhalten der Verkehrsteilnehmer auf diesen Straßen regelt, eng aneinander angelehnt.

Trotzdem ist ihr Vollzug verschiedenen Verwaltungszweigen zugeordnet. Aus verschiedenen Gründen hat man in Deutschland nach dem Zweiten Weltkrieg sehr darauf geachtet, die Verwaltungsvorgänge, die in die Grundrechte der Bürger eingreifen dürfen (und dazu gehört das Straßenverkehrsrecht), in einer möglichst klein gehaltenen und mit dafür ausgebildetem Personal ausgestatteten „Eingriffsverwaltung" zu bündeln. Auf der anderen Seite ist Planung, Bau und Betrieb der Straßen so komplex, dass dafür eine entsprechend ausgebildete Fachverwaltung notwendig ist.

Das führt nun dazu, dass im Bereich der Verkehrszeichen und Verkehrseinrichtungen im Wesentlichen drei Verwaltungszweige zusammenarbeiten müssen:

2.2.2 Straßenbaulastträger, Verkehrsbehörden, Polizei

– Den Straßenbaubehörden (als Vertreter des Straßenbaulastträgers) obliegt die Sicherstellung der Tauglichkeit der Straßenanlage für den allgemeinen Gebrauch (Straßenbaulast, Verkehrssicherungspflicht). Sie beschäftigt u. a. Personen, die besonderes Fachwissen in der Straßenbautechnik und Straßenverkehrstechnik (einschließlich der Besonderheiten des spezifischen Verhaltens der Verkehrsteilnehmer) haben.

– Den Straßenverkehrsbehörden obliegt die Regelung des Verkehrs auf diesen Straßen, soweit eine solche notwendig ist (Verkehrsregelungspflicht). Sie beschäftigt u. a. Personen, die besonderes Fachwissen in der juristischen und verwaltungsmäßigen Abwicklung von in die Grundrechte eingreifenden Regelungen haben.

– Der Polizei obliegt die Durchsetzung der allgemeinen Verkehrsregeln und der speziell angeordneten Regelungen sowie die Dokumentation des Unfallgeschehens. Sie beschäftigt u. a. Personen, die besonderes Fachwissen in der Kontrolle von Vorgängen und in der Durchsetzung von Regelungen haben. Durch ihre ständige Präsenz im Verkehrsraum kann die Polizei außerdem Missstände im Verkehrsablauf frühzeitig und schnell erkennen.

Aus Praktikabilitätsgründen sind die Grenzen in kleinen Teilbereichen nicht ganz scharf. So dürfen z. B. die Straßenbaubehörden (vorbehaltlich anderer Anordnungen durch die Straßenverkehrsbehörden) nach § 45 Abs. 2 StVO selbstständig Warnschilder anordnen, die auf einen schlechten Straßenzustand hinweisen, oder auch die temporäre Beschilderung von Arbeitsstellen für Straßenbauarbeiten regeln. Auf der anderen Seite darf die Polizei nach § 44 Abs. 2 StVO kurzzeitige Verkehrsregelungen vornehmen.

Außerdem sind die Zuständigkeiten zwar klar abgegrenzt, aber doch miteinander verwoben. So entscheidet beispielsweise die Straßenverkehrsbehörde über die Anordnung einer Regelung, darf sie aber nur durch Verkehrzeichen und Verkehrseinrichtungen (allgemein) verfügen; diese Verkehrzeichen und Verkehrseinrichtungen müssen als Teil der Straßenanlage aber von der Straßenbaubehörde aufgestellt (oder als Markierung angebracht) werden, die als Vertreterin des Straßenbaulastträgers auch deren Kosten übernehmen muss; daher muss die Straßenbaubehörde vor der Entscheidung gehört werden. In ähnlicher Weise muss die Polizei die getroffenen Regelungen in der Praxis durchsetzen; daher ist auch sie am Entscheidungsprozess zu beteiligen. Oder die Straßenbaubehörde kann Erhaltungsmaßnahmen aufgrund fehlender Haushaltsmittel nicht zeitnah durchführen; die sinnvolle Begrenzung der zulässigen Höchstgeschwindigkeit darf aber nur die Verkehrsbehörde anordnen.

Außerdem müssen die Regelungen für die Straßenanlage z. B. mit der Straßenbreite oder mit der geometrischen Gestaltung der Knotenpunkte abgestimmt sein. Andere Bereiche können in Einzelfällen betroffen sein (z. B. Bahnübergänge).

Gesetz- und Verordnungsgeber haben daher vorgesehen, dass in der Regel mindestens Straßenverkehrsbehörde, Straßenbaulastträger und Polizei bei der Anordnung und Überprüfung von Verkehrzeichen (und Verkehrseinrichtungen) eng zusammenarbeiten (siehe auch Abschnitte 2.3.3 und 2.3.4).

In der Praxis hat sich daher herausgestellt, dass eine weitere und tiefere vertrauensvolle Zusammenarbeit der beteiligten Verwaltungszweige zu den besten Ergebnissen führt, insbesondere wenn die Regelungen auch nach intensiver Diskussion aus den verschiedenen Ausbildungs- und Erfahrungssektoren letztendlich einvernehmlich getroffen werden. Dazu gehört v. a., dass sich die Vertreter der beteiligten Verwaltungszweige in ihrem Gebiet gut auskennen, Respekt vor der Kompetenz ihrer Partner haben und das klare Ziel des gemeinschaftlichen Handelns die Verbesserung der Situation für die Allgemeinheit ist.

Zu Abschnitt 2.2.2

FStrG
§ 1
Einteilung der
Bundesstraßen des
Fernverkehrs

(4) Zu den Bundesfernstraßen gehören

1. der Straßenkörper; das sind besonders der Straßengrund, der Straßenunterbau, die Straßendecke, die Brücken, Tunnel, Durchlässe, Dämme, Gräben, Entwässerungsanlagen, Böschungen, Stützmauern, Lärmschutzanlagen, Trenn-, Seiten-, Rand- und Sicherheitsstreifen;

2.2.2 Straßenbaulastträger, Verkehrsbehörden, Polizei

FStrG
§ 1
Einteilung der
Bundesstraßen des
Fernverkehrs

2. der Luftraum über dem Straßenkörper;
3. das Zubehör; das sind die Verkehrszeichen, die Verkehrseinrichtungen und -anlagen aller Art, die der Sicherheit oder Leichtigkeit des Straßenverkehrs oder dem Schutz der Anlieger dienen, und die Bepflanzung;
3a. Einrichtungen zur Erhebung von Maut und zur Kontrolle der Einhaltung der Mautpflicht;
4. die Nebenanlagen; das sind solche Anlagen, die überwiegend den Aufgaben der Straßenbauverwaltung der Bundesfernstraßen dienen, z. B. Straßenmeistereien, Gerätehöfe, Lager, Lagerplätze, Entnahmestellen, Hilfsbetriebe und -einrichtungen;
5. die Nebenbetriebe an den Bundesautobahnen (§ 15 Abs. 1).
...

FStrG
§ 3
Straßenbaulast

(1) Die Straßenbaulast umfasst alle mit dem Bau und der Unterhaltung der Bundesfernstraßen zusammenhängenden Aufgaben. Die Träger der Straßenbaulast haben nach ihrer Leistungsfähigkeit die Bundesfernstraßen in einem dem regelmäßigen Verkehrsbedürfnis genügenden Zustand zu bauen, zu unterhalten, zu erweitern oder sonst zu verbessern; dabei sind die sonstigen öffentlichen Belange einschließlich des Umweltschutzes sowie behinderter und anderer Menschen mit Mobilitätsbeeinträchtigung mit dem Ziel, möglichst weitreichende Barrierefreiheit zu erreichen, zu berücksichtigen.

StVG
§ 5b
Unterhaltung der
Verkehrszeichen

(1) Die Kosten der Beschaffung, Anbringung, Entfernung, Unterhaltung und des Betriebs der amtlichen Verkehrszeichen und -einrichtungen sowie der sonstigen vom Bundesministerium für Verkehr, Bau und Stadtentwicklung zugelassenen Verkehrszeichen und -einrichtungen trägt der Träger der Straßenbaulast für diejenige Straße, in deren Verlauf sie angebracht werden oder angebracht worden sind, bei geteilter Straßenbaulast der für die durchgehende Fahrbahn zuständige Träger der Straßenbaulast. Ist ein Träger der Straßenbaulast nicht vorhanden, so trägt der Eigentümer der Straße die Kosten.

(2) Diese Kosten tragen abweichend vom Absatz 1
a) die Unternehmer der Schienenbahnen für Andreaskreuze, Schranken, Blinklichter mit oder ohne Halbschranken;
b) die Unternehmer im Sinne des Personenbeförderungsgesetzes für Haltestellenzeichen;
c) die Gemeinden in der Ortsdurchfahrt für Parkuhren und andere Vorrichtungen oder Einrichtungen zur Überwachung der Parkzeit, Straßenschilder, Geländer, Wegweiser zu innerörtlichen Zielen und Verkehrszeichen für Laternen, die nicht die ganze Nacht brennen;
d) die Bauunternehmer und die sonstigen Unternehmer von Arbeiten auf und neben der Straße für Verkehrszeichen und -einrichtungen, die durch diese Arbeiten erforderlich werden;
e) die Unternehmer von Werkstätten, Tankstellen sowie sonstigen Anlagen und Veranstaltungen für die entsprechenden amtlichen oder zugelassenen Hinweiszeichen;
f) die Träger der Straßenbaulast der Straßen, von denen der Verkehr umgeleitet werden soll, für Wegweiser für Bedarfsumleitungen.

StVO
§ 44
Sachliche
Zuständigkeit

(1) Zuständig zur Ausführung dieser Verordnung sind, soweit nichts anderes bestimmt ist, die Straßenverkehrsbehörden. Nach Maßgabe des Landesrechts kann die Zuständigkeit der obersten Landesbehörden und der höheren Verwaltungsbehörden im Einzelfall oder allgemein auf eine andere Stelle übertragen werden.

(2) Die Polizei ist befugt, den Verkehr durch Zeichen und Weisungen (§ 36) und durch Bedienung von Lichtzeichenanlagen zu regeln. Bei Gefahr im Verzug kann zur Aufrechterhaltung der Sicherheit oder Ordnung des Straßenverkehrs die Polizei an Stelle der an sich zuständigen Behörden tätig werden und vorläufige Maßnahmen treffen; sie bestimmt dann die Mittel zur Sicherung und Lenkung des Verkehrs.

VwV-StVO
zu § 44
Sachliche
Zuständigkeit

1 I. Zur Bekämpfung der Verkehrsunfälle haben Straßenverkehrsbehörde, Straßenbaubehörde und Polizei eng zusammenzuarbeiten, um zu ermitteln, wo sich die Unfälle häufen, worauf diese zurückzuführen sind, und welche Maßnahmen ergriffen werden müssen, um unfallbegünstigende Besonderheiten zu beseitigen. Hierzu sind Unfallkommissionen einzurichten, deren Organisation, Zuständigkeiten und Aufgaben Ländererlasse regeln. Für die örtliche Untersuchung von Verkehrsunfällen an Bahnübergängen gelten dabei wegen ihrer Besonderheiten ergänzende Bestimmungen.

2 II. Das Ergebnis der örtlichen Untersuchungen dient der Polizei als Unterlage für zweckmäßigen Einsatz, den Verkehrsbehörden für verkehrsregelnde und den Straßenbaubehörden für straßenbauliche Maßnahmen.
...

2.2.3 Rechtliche Rahmenbedingungen

VwV-StVO
zu § 44
Sachliche
Zuständigkeit

Zu Absatz 2 Aufgaben der Polizei

7 I. Bei Gefahr im Verzug, vor allem an Schadenstellen, bei Unfällen und sonstigen unvorhergesehenen Verkehrsbehinderungen ist es Aufgabe der Polizei, auch mit Hilfe von Absperrgeräten und Verkehrszeichen den Verkehr vorläufig zu sichern und zu regeln. Welche Verkehrszeichen und Absperrgeräte im Einzelfall angebracht werden, richtet sich nach den Straßen-, Verkehrs- und Sichtverhältnissen sowie nach der Ausrüstung der eingesetzten Polizeikräfte.

8 Auch am Tage ist zur rechtzeitigen Warnung des übrigen Verkehrs am Polizeifahrzeug das blaue Blinklicht einzuschalten. Auf Autobahnen und Kraftfahrstraßen können darüber hinaus zur rückwärtigen Sicherung besondere Sicherungsleuchten verwendet werden.

9 II. Einer vorherigen Anhörung der Straßenverkehrsbehörde oder der Straßenbaubehörde bedarf es in den Fällen der Nummer I nicht. Dagegen hat die Polizei, wenn wegen der Art der Schadenstelle, des Unfalls oder der Verkehrsbehinderung eine länger dauernde Verkehrssicherung oder -regelung notwendig ist, die zuständige Behörde zu unterrichten, damit diese die weiteren Maßnahmen treffen kann. Welche Maßnahmen notwendig sind, haben die zuständigen Behörden im Einzelfall zu entscheiden.

StVO
§ 45
Verkehrszeichen
und Verkehrs-
einrichtungen

(3) Im Übrigen bestimmen die Straßenverkehrsbehörden, wo und welche Verkehrszeichen und Verkehrseinrichtungen anzubringen und zu entfernen sind, bei Straßennamensschildern nur darüber, wo diese so anzubringen sind, wie Zeichen 437 zeigt. Die Straßenbaubehörden legen – vorbehaltlich anderer Anordnungen der Straßenverkehrsbehörden – die Art der Anbringung und der Ausgestaltung, wie Übergröße, Beleuchtung fest; ob Leitpfosten anzubringen sind, bestimmen sie allein. Sie [die Straßenbaubehörden] können auch – vorbehaltlich anderer Maßnahmen der Straßenverkehrsbehörden – Gefahrzeichen anbringen, wenn die Sicherheit des Verkehrs durch den Zustand der Straße gefährdet wird.

VwV-StVO
zu § 45
Verkehrszeichen
und Verkehrs-
einrichtungen

Zu Absatz 1 bis 1e

1 I. Vor jeder Entscheidung sind die Straßenbaubehörde und die Polizei zu hören. Wenn auch andere Behörden zu hören sind, ist dies bei den einzelnen Zeichen gesagt.
…

Zu Absatz 3

54 II. Vor der Entscheidung über die Anbringung oder Entfernung jedes Verkehrszeichens und jeder Verkehrseinrichtung sind die Straßenbaubehörden und die Polizei zu hören, in Zweifelsfällen auch andere Sachverständige. Ist nach § 5b StVG ein Dritter Kostenträger, so soll auch er gehört werden.

2.2.3 Rechtliche Rahmenbedingungen

Grundsätzlich soll der Straßenverkehr ohne Weiteres

– **auf Straßen, die entsprechend den Anforderungen der Straßenbaulast bereitgestellt sind,**
– **nach den in den ersten Paragraphen der StVO niedergelegten allgemeinen Verkehrsregeln,**
– **in der eigenen Verantwortung der Verkehrsteilnehmer**

ablaufen. Spezifische Regelungen sind nur zu treffen, wo diese Grundsätze nicht ausreichen.

Dieses in der Regel funktionierende Vertrauen in die Eigenverantwortlichkeit der Verkehrsteilnehmer ermöglicht die flexible Anpassung des Verkehrsablaufs an die jeweiligen Umstände (Verkehr, Witterung, Verkehrsdichte, …). Auch hier sind Freiheit und Verantwortung eng miteinander verbunden.

Die Einführung lässt schon erkennen, dass verschiedene Rechtsgebiete betroffen sind. Besondere Maßnahmen können insbesondere aus straßenrechtlichen Gründen („Straßenbaulast"), zivilrechtlichen Gründen („Verkehrssicherungspflicht") oder ordnungsrechtlichen Gründen („Verkehrsregelungspflicht") erforderlich werden.

Straßenrechtlich gesehen erlegen die Straßen-(bau)gesetze den jeweiligen Trägern der Straßenbaulast auf, die Straßen „in einem dem regelmäßigen Verkehrsbedürfnis entsprechenden Zustand" zu bauen und zu unterhalten. Nur soweit sie dazu unter Berücksichtigung ihrer Leistungsfähigkeit nicht imstande sind, haben sie auf den nicht verkehrssicheren Zustand durch (verdeutlichende

2.2.3 Rechtliche Rahmenbedingungen

oder warnende) Verkehrszeichen und Verkehrseinrichtungen hinzuweisen.

Zivilrechtlich gesehen ist derjenige, der vorsätzlich oder fahrlässig das Leben, den Körper, die Gesundheit, die Freiheit, das Eigentum oder ein sonstiges Recht eines anderen widerrechtlich verletzt (z. B. durch das Zur-Verfügung-Stellen eines gefährlichen Verkehrsweges), zum Ersatz des daraus entstandenen Schadens verpflichtet.

Dabei sind die materiellen Verpflichtungen aus der Straßenbaulast und der Verkehrssicherungspflicht inhaltlich (nicht rechtssystematisch und nicht im Umfang) sehr ähnlich, sodass an dieser Stelle diesbezüglich zunächst nicht weiter unterschieden wird. Zu den Unterschieden wird auf die einschlägigen straßenrechtlichen Kommentare verwiesen, die dieses Thema breiter behandeln.

Ordnungsrechtlich sind möglicherweise Regelungen nötig, die dem Ausgleich zwischen den eventuell konkurrierenden Interessen verschiedener Verkehrsteilnehmer und oder der Abwehr von Gefahren dienen.

Die StVO, die selbst dem ordnungsrechtlichen Bereich zuzuordnen ist, berücksichtigt die straßenrechtlichen und zivilrechtlichen Pflichten z. B. mit § 45 Abs. 3 Satz 3, die den Straßenbaubehörden als Vertreter des Straßenbaulastträgers und als Betreiber der Straße ein eigenständiges Recht zur Anordnung von Gefahrzeichen einräumt (allerdings sehen sowohl die Straßenbaugesetze als auch die StVO vor, dass die Verkehrsbehörden diese Warnungen durch andere, ihnen geeigneter erscheinende ordnungsrechtliche Maßnahmen ersetzen können, wenn ihnen dies notwendig erscheint; sie dürfen dabei aber nicht unter das sich aus der Straßenbaulast ergebende Sicherungserfordernis zurückfallen).

Die ordnungsrechtliche Komponente, nämlich das Verhalten der Straßenverkehrsteilnehmer, nicht nur durch Bereitstellen von Information und durch explizites Warnen, sondern auch durch direkte Weisung zu beeinflussen, ist nun aus grundsätzlichen Gründen nicht trivial.

Die direkte Weisung stellt grundsätzlich eine Einschränkung der freien Entfaltung der individuellen Persönlichkeit dar, die nach dem Grundgesetz garantiert ist. Sie darf nur beschränkt werden, wenn es eine entsprechende Gesetzesgrundlage gibt und der Eingriff auf das unbedingt nötige Maß beschränkt wird. Einen Eingriffsgrund nennt das Grundgesetz selbst in direktem Zusammenhang, nämlich die Rechte anderer, vor allem deren Recht auf Leben und körperliche Unversehrtheit.

Das Gesetz, das im Straßenverkehr Einschränkungen der freien Entfaltung der individuellen Persönlichkeit vorsieht, ist das Straßenverkehrsgesetz (StVG). Es ermächtigt mit seinem § 6 (siehe auch nachfolgendes Zitat) dem für den Verkehr zuständigen Bundesministerium, Rechtsverordnungen zu erlassen, um insbesondere

– die Sicherheit und Ordnung auf den öffentlichen Straßen zu erhalten und Belästigungen (z. B. durch Lärm und Abgase) zu vermeiden;
– den Verkehr bei austauscharmen Wetterlagen nach § 40 BIMmSchG zu beschränken;
– das Halten und Parken, vor allem bei Großveranstaltungen oder Gebieten mit hohem Parkdruck, zu regeln;
– unter bestimmten Voraussetzungen Fußgängerzonen und verkehrsberuhigte Bereiche einzurichten.

Die Aufzählung im Gesetz ist abschließend. Aus anderen Gründen dürfen keine Einschränkungen des freien individuellen Verhaltens angeordnet werden. Die Ausgestaltung der Einschränkung ist in den Rechtsverordnungen näher bestimmt.

Die aufgrund dieser Ermächtigung erlassene Rechtsverordnung ist die Straßenverkehrs-Ordnung (StVO), die Umstände, Art, Umfang und Methode der möglichen und notwendigen Einschränkungen im Rahmen der Ermächtigung durch das StVG näher bestimmt. § 45 StVO nennt die möglichen Einschränkungsgründe noch einmal ausführlicher. Die das Anordnen von Verkehrszeichen und Verkehrseinrichtungen betreffenden Teile sind nachfolgend wiedergegeben.

Maßnahmen, die „sicherheitshalber" angeordnet werden, damit etwas getan ist, sollten nur in Notfällen zum Tragen kommen.

Im Arbeitspapier der EU wurden zur Anwendung des Vorsorgeprinzips drei Grundsätze formuliert:

– Die Anwendung des Prinzips sollte auf einer möglichst umfassenden wissenschaftlichen Bewertung beruhen, in der auch das Ausmaß der wissenschaftlichen Unsicherheit ermittelt wird.
– Vor jeder Entscheidung für oder gegen eine Tätigkeit sollten die Risiken und die möglichen Folgen einer Untätigkeit bewertet werden.
– Sobald die Ergebnisse der wissenschaftlichen Bewertung und/oder der Risikobewertung vorliegen, sollten alle Betroffenen in die Untersuchung der verschiedenen Risikomanagement-Optionen einbezogen werden.

2.2.3 Rechtliche Rahmenbedingungen

Das Anordnen von Verkehrszeichen (und Verkehrseinrichtungen) ist ein Vorgang, der viele private und öffentliche Belange und Bereiche zum Teil auch emotional berührt ("Muss erst ein Kind sterben, bevor die Behörden tätig werden?"). Häufig fühlt sich auch die Politik bemüht, auf Entscheidungen im Einzelfall Einfluss zu nehmen.

Rechtssystematisch besteht jedoch kein Freiraum für persönliche oder politische Entscheidungen. Eine Regelung darf nur getroffen werden, wenn ein Eingreifen geboten ist. Der Regelungsumfang muss in einem angemessenen Verhältnis zum angestrebten Zweck stehen, im Zweifel ist die Regelung mit den geringsten Eingriffen zu wählen. Ob und in welchem Umfang geregelt wird, ist im Rahmen des (gebundenen) Ermessens zu bestimmen (siehe auch Abschnitt 2.4.2). Wegen der großen Bedeutung auch für die einzelnen Verkehrsteilnehmer ist daher nachvollziehbar mit besonderer Sorgfalt und unter Berücksichtigung der individuellen Freiheit und Verantwortung zwischen den verschiedenen öffentlichen und privaten Belangen abzuwägen.

Zu Abschnitt 2.2.3

GG
Art. 2

(1) Jeder hat das Recht auf die freie Entfaltung seiner Persönlichkeit, soweit er nicht die Rechte anderer verletzt und nicht gegen die verfassungsmäßige Ordnung oder das Sittengesetz verstößt.

(2) Jeder hat das Recht auf Leben und körperliche Unversehrtheit. Die Freiheit der Person ist unverletzlich. In diese Rechte darf nur auf Grund eines Gesetzes eingegriffen werden.

GG
Art. 3

(1) Alle Menschen sind vor dem Gesetz gleich.

StVG
§ 6
Ausführungs-
vorschriften

(1) Das Bundesministerium für Verkehr, Bau und Stadtentwicklung wird ermächtigt, Rechtsverordnungen mit Zustimmung des Bundesrates zu erlassen über

...

3. die sonstigen zur Erhaltung der Sicherheit und Ordnung auf den öffentlichen Straßen, für Zwecke der Verteidigung, zur Verhütung einer über das verkehrsübliche Maß hinausgehenden Abnutzung der Straßen oder zur Verhütung von Belästigungen erforderlichen Maßnahmen über den Straßenverkehr, und zwar hierzu unter anderem

...

d) über den Schutz der Wohnbevölkerung und Erholungsuchenden gegen Lärm und Abgas durch den Kraftfahrzeugverkehr und über Beschränkungen des Verkehrs an Sonn- und Feiertagen,

e) über das innerhalb geschlossener Ortschaften, mit Ausnahme von entsprechend ausgewiesenen Parkplätzen sowie von Industrie- und Gewerbegebieten, anzuordnende Verbot, Kraftfahrzeuganhänger und Kraftfahrzeuge mit einem zulässigen Gesamtgewicht über 7,5 Tonnen in der Zeit von 22 Uhr bis 6 Uhr und an Sonn- und Feiertagen, regelmäßig zu parken,

f) über Ortstafeln und Wegweiser,

g) über das Verbot von Werbung und Propaganda durch Bildwerk, Schrift, Beleuchtung oder Ton, soweit sie geeignet sind, außerhalb geschlossener Ortschaften die Aufmerksamkeit der Verkehrsteilnehmer in einer die Sicherheit des Verkehrs gefährdenden Weise abzulenken oder die Leichtigkeit des Verkehrs zu beeinträchtigen,

...

5b. das Verbot des Kraftfahrzeugverkehrs in den nach § 40 des Bundes-Immissionsschutzgesetzes festgelegten Gebieten nach Bekanntgabe austauscharmer Wetterlagen;

...

13. die Einrichtung gebührenpflichtiger Parkplätze bei Großveranstaltungen im Interesse der Ordnung und Sicherheit des Verkehrs;

14. die Beschränkung des Haltens und Parkens zugunsten der Bewohner städtischer Quartiere mit erheblichem Parkraummangel sowie die Schaffung von Parkmöglichkeiten für schwerbehinderte Menschen mit außergewöhnlicher Gehbehinderung, mit beidseitiger Amelie oder Phokomelie oder vergleichbaren Funktionseinschränkungen sowie für blinde Menschen, insbesondere in unmittelbarer Nähe ihrer Wohnung oder Arbeitsstätte;

2.2.3 Rechtliche Rahmenbedingungen

StVG
§ 6
Ausführungs-
vorschriften

15. die Kennzeichnung von Fußgängerbereichen und verkehrsberuhigten Bereichen und die Beschränkungen oder Verbote des Fahrzeugverkehrs zur Erhaltung der Ordnung und Sicherheit in diesen Bereichen, zum Schutz der Bevölkerung vor Lärm und Abgasen und zur Unterstützung einer geordneten städtebaulichen Entwicklung;

16. die Beschränkung des Straßenverkehrs zur Erforschung des Unfallgeschehens, des Verkehrsverhaltens, der Verkehrsabläufe sowie zur Erprobung geplanter verkehrssichernder oder verkehrsregelnder Regelungen und Maßnahmen;

17. die zur Erhaltung der öffentlichen Sicherheit erforderlichen Maßnahmen über den Straßenverkehr;

18. die Einrichtung von Sonderfahrspuren für Linienomnibusse und Taxen;

…

(2a) Rechtsverordnungen nach Absatz 1 Nr. 1 Buchstabe f, Nr. 3 Buchstabe d, e, Nr. 5a, 5b, 5c, 6 und 15 sowie solche nach Nr. 7, soweit sie sich auf Maßnahmen nach Nr. 1 Buchstabe f, Nr. 5a, 5b, 5c und 6 beziehen, werden vom Bundesministerium für Verkehr, Bau und Stadtentwicklung und vom Bundesministerium für Umwelt, Naturschutz und Reaktorsicherheit erlassen.

StVO
§ 45
Verkehrszeichen
und Verkehrs-
einrichtungen

(1) Die Straßenverkehrsbehörden können die Benutzung bestimmter Straßen oder Straßenstrecken aus Gründen der Sicherheit oder Ordnung des Verkehrs beschränken oder verbieten und den Verkehr umleiten. Das gleiche Recht haben sie

1. zur Durchführung von Arbeiten im Straßenraum,
2. zur Verhütung außerordentlicher Schäden an der Straße,
3. zum Schutz der Wohnbevölkerung vor Lärm und Abgasen,
4. zum Schutz der Gewässer und Heilquellen,
5. hinsichtlich der zur Erhaltung der öffentlichen Sicherheit erforderlichen Maßnahmen sowie
6. zur Erforschung des Unfallgeschehens, des Verkehrsverhaltens, der Verkehrsabläufe sowie zur Erprobung geplanter verkehrssichernder oder verkehrsregelnder Maßnahmen.

(1a) Das gleiche Recht haben sie ferner

1. in Bade- und heilklimatischen Kurorten,
2. in Luftkurorten,
3. in Erholungsorten von besonderer Bedeutung,
4. in Landschaftsgebieten und Ortsteilen, die überwiegend der Erholung dienen,
4a. hinsichtlich örtlich begrenzter Maßnahmen aus Gründen des Arten- oder Biotopschutzes,
4b. hinsichtlich örtlich und zeitlich begrenzter Maßnahmen zum Schutz kultureller Veranstaltungen, die außerhalb des Straßenraums stattfinden und durch den Straßenverkehr, insbesondere durch den von diesem ausgehenden Lärm, erheblich beeinträchtigt werden,
5. in der Nähe von Krankenhäusern und Pflegeanstalten sowie
6. in unmittelbarer Nähe von Erholungsstätten außerhalb geschlossener Ortschaften,

wenn dadurch anders nicht vermeidbare Belästigungen durch den Fahrzeugverkehr verhütet werden können.

(1b) Die Straßenverkehrsbehörden treffen auch die notwendigen Anordnungen

1. im Zusammenhang mit der Einrichtung von gebührenpflichtigen Parkplätzen für Großveranstaltungen,
2. im Zusammenhang mit der Kennzeichnung von Parkmöglichkeiten für schwerbehinderte Menschen mit außergewöhnlicher Gehbehinderung, beidseitiger Amelie oder Phokomelie oder mit vergleichbaren Funktionseinschränkungen sowie für blinde Menschen,
2a. im Zusammenhang mit der Kennzeichnung von Parkmöglichkeiten für Bewohner städtischer Quartiere mit erheblichem Parkraummangel durch vollständige oder zeitlich beschränkte Reservierung des Parkraums für die Berechtigten oder durch Anordnung der Freistellung von angeordneten Parkraumbewirtschaftungsmaßnahmen,
3. zur Kennzeichnung von Fußgängerbereichen und verkehrsberuhigten Bereichen,
4. zur Erhaltung der Sicherheit oder Ordnung in diesen Bereichen sowie
5. zum Schutz der Bevölkerung vor Lärm und Abgasen oder zur Unterstützung einer geordneten städtebaulichen Entwicklung.

Die Straßenverkehrsbehörden ordnen die Parkmöglichkeiten für Bewohner, die Kennzeichnung von Fußgängerbereichen, verkehrsberuhigten Bereichen und Maßnahmen zum Schutze der Bevölkerung vor Lärm und Abgasen oder zur Unterstützung einer geordneten städtebaulichen Entwicklung im Einvernehmen mit der Gemeinde an.

2.2.3 Rechtliche Rahmenbedingungen

StVO
§ 45
Verkehrszeichen
und Verkehrs-
einrichtungen

(1c) Die Straßenverkehrsbehörden ordnen ferner innerhalb geschlossener Ortschaften, insbesondere in Wohngebieten und Gebieten mit hoher Fußgänger- und Fahrradverkehrsdichte sowie hohem Querungsbedarf, Tempo 30-Zonen im Einvernehmen mit der Gemeinde an. …

(1e) Die Straßenverkehrsbehörden ordnen die für den Betrieb von mautgebührenpflichtigen Strecken erforderlichen Verkehrzeichen und Verkehrseinrichtungen auf der Grundlage des vom Konzessionsnehmer vorgelegten Verkehrszeichenplans an. Die erforderlichen Anordnungen sind spätestens drei Monate nach Eingang des Verkehrszeichenplans zu treffen. …

(2) Zur Durchführung von Straßenbauarbeiten und zur Verhütung von außerordentlichen Schäden an der Straße, die durch deren baulichen Zustand bedingt sind, können die nach Landesrecht für den Straßenbau bestimmten Behörden (Straßenbaubehörde) – vorbehaltlich anderer Maßnahmen der Straßenverkehrsbehörden – Verkehrsverbote und -beschränkungen anordnen, den Verkehr umleiten und ihn durch Markierungen und Leiteinrichtungen lenken. Für Bahnübergänge von Eisenbahnen des öffentlichen Verkehrs können nur die Bahnunternehmen durch Blinklicht- oder Lichtzeichenanlagen, durch rot-weiß gestreifte Schranken oder durch Aufstellung des Andreaskreuzes ein bestimmtes Verhalten der Verkehrsteilnehmer vorschreiben. …

(3) … Sie [die Straßenbaubehörden] können auch – vorbehaltlich anderer Maßnahmen der Straßenverkehrsbehörden – Gefahrzeichen anbringen, wenn die Sicherheit des Verkehrs durch den Zustand der Straße gefährdet wird.

…

(9) Verkehrszeichen und Verkehrseinrichtungen sind nur dort anzuordnen, wo dies aufgrund der besonderen Umstände zwingend geboten ist. Abgesehen von der Anordnung von Schutzstreifen für den Radverkehr (Zeichen 340) oder von Fahrradstraßen (Zeichen 244.1) oder von Tempo 30-Zonen nach Absatz 1c oder Zonen-Geschwindigkeitsbeschränkungen nach Absatz 1d dürfen insbesondere Beschränkungen und Verbote des fließenden Verkehrs nur angeordnet werden, wenn aufgrund der besonderen örtlichen Verhältnisse eine Gefahrenlage besteht, die das allgemeine Risiko einer Beeinträchtigung in den vorstehend genannten Rechtsgüter erheblich übersteigt. Abweichend von Satz 2 dürfen zum Zwecke des Absatzes 1 Satz 1 oder 2 Nummer 3 Beschränkungen oder Verbote des fließenden Verkehrs auch angeordnet werden, soweit dadurch erhebliche Auswirkungen veränderter Verkehrsverhältnisse, die durch die Erhebung der Maut nach dem Bundesfernstraßenmautgesetz hervorgerufen worden sind, beseitigt oder abgemildert werden können. Gefahrzeichen dürfen nur dort angebracht werden, wo es für die Sicherheit des Verkehrs unbedingt erforderlich ist, weil auch ein aufmerksamer Verkehrsteilnehmer die Gefahr nicht oder nicht rechtzeitig erkennen kann und auch nicht mit ihr rechnen muss.

FStrG
§ 3
Straßenbaulast

(1) Die Straßenbaulast umfasst alle mit dem Bau und der Unterhaltung der Bundesfernstraßen zusammenhängenden Aufgaben. Die Träger der Straßenbaulast haben nach ihrer Leistungsfähigkeit die Bundesfernstraßen in einem dem regelmäßigen Verkehrsbedürfnis genügenden Zustand zu bauen, zu unterhalten, zu erweitern oder sonst zu verbessern; dabei sind die sonstigen öffentlichen Belange einschließlich des Umweltschutzes sowie behinderter und anderer Menschen mit Mobilitätsbeeinträchtigung mit dem Ziel, möglichst weitreichende Barrierefreiheit zu erreichen, zu berücksichtigen.

(2) Soweit die Träger der Straßenbaulast unter Berücksichtigung ihrer Leistungsfähigkeit zur Durchführung von Maßnahmen nach Absatz 1 Satz 2 außerstande sind, haben sie auf einen nicht verkehrssicheren Zustand durch Verkehrszeichen hinzuweisen. Diese hat die Straßenbaubehörde vorbehaltlich anderweitiger Maßnahmen der Straßenverkehrsbehörde aufzustellen.

(3) Die Träger der Straßenbaulast sollen nach besten Kräften über die ihnen nach Absatz 1 obliegenden Aufgaben hinaus die Bundesfernstraßen bei Schnee- und Eisglätte räumen und streuen. Landesrechtliche Vorschriften über die Pflichten Dritter zum Schneeräumen und Streuen sowie zur polizeimäßigen Reinigung bleiben unberührt.

BGB
§ 823
Schadens-
ersatzpflicht

(1) Wer vorsätzlich oder fahrlässig das Leben, den Körper, die Gesundheit, die Freiheit, das Eigentum oder ein sonstiges Recht eines anderen widerrechtlich verletzt, ist dem anderen zum Ersatz des daraus entstandenen Schadens verpflichtet.

(2) Die gleiche Verpflichtung trifft denjenigen, welcher gegen ein den Schutz des anderen bezweckendes Gesetz verstößt. Ist nach dem Inhalt des Gesetzes ein Verstoß gegen dieses auch ohne Verschulden möglich, so tritt die Ersatzpflicht nur im Falle des Verschuldens ein.

2.2.4 Die selbsterklärende Straße

Grundsätzlich sollen die Verkehrsteilnehmer die Straße ohne weitere Regelungen eigenverantwortlich nutzen. Die Erfahrung zeigt, dass dies in weiten Teilen des Straßennetzes auch gefahrlos möglich ist. Abgesehen von Regelungen zur Erhöhung der Kapazität (z. B. Vorfahrtregelungen an Knotenpunkten) sind verkehrsrechtliche Regelungen erst dann notwendig, wenn die Verkehrsteilnehmer Gefahren (für sich oder andere) oder Einwirkungen (z. B. Lärm) nicht ausreichend oder sicher erkennen können oder wenn sie diese Gefahren oder Einwirkungen aus welchen Gründen auch immer als zu gering einschätzen.

Eine Straße ist „selbsterklärend", wenn sie alleine durch ihre Gestaltung zu einem angemessenen Verhalten der Verkehrsteilnehmer führt. Dabei berücksichtigt sie die Besonderheiten des menschlichen Verhaltens, auf die in Abschnitt 2.2.5 und in einzelnen Abschnitten dieses Buches noch genauer eingegangen wird (z. B. Abschnitt 3.5.1).

Selbsterklärende Straßen sind vor allem vorteilhaft, da sie die individuelle Freiheit (und Anpassungsfähigkeit an die Randbedingungen wie Tageslicht, Wetter, Disposition) erhalten. Sie zeigen in der Regel auch eine wesentlich höhere Befolgungsrate, da sie über die Automatismen des menschlichen Verhaltens wirken (siehe Abschnitt 2.2.5), was zu geringerem Überwachungsaufwand führt.

Der Wunsch, Straßen selbsterklärend zu gestalten, hat in Deutschland in den 1970er und 1980er Jahren zu intensiver Forschung über das intuitive Fahrerverhalten geführt, auch wenn damals der Begriff selbsterklärende Straße noch nicht geprägt war. Die Erkenntnisse sind in den „Richtlinien für die Anlage von Straßen (RAS)" dieser Jahre zu finden. Dieser Ansatz wird derzeit intensiv vor allem in Italien verfolgt und in den USA aufgegriffen.

Der derzeitige Ansatz in Deutschland und den Niederlanden, der den Begriff selbsterklärende Straße über die Typisierung auf Prägung und letztlich über mit der Typisierung verbundene Verhaltensvorgaben doch wieder auf ordnungsrechtliche Maßnahmen reduziert, ist eigentlich nur ein möglicher Teilbereich der selbsterklärenden Straße. Er wird in Deutschland schon seit langer Zeit bei der Gestaltung von Knotenpunkten genutzt (siehe Abschnitt 4). Soweit die Typisierung lediglich dazu genutzt wird, sie als Anzeichen von Verkehrsregeln zu nutzen (z. B. im Ausland häufig: gelb angestrichene Bordsteine bedeuten eine gewisse Art von Halteverbot) und diese Regeln dann mit Zwang durchgesetzt werden müssen, handelt es sich allerdings eigentlich nicht mehr um eine selbsterklärende, sondern allenfalls nur noch um eine typisierte Straße.

Möglicherweise ist eine sinnvolle Anwendung auch von den Randbedingungen abhängig. In bewegtem Gelände mit vielen, auch für die Fahrer direkt erkennbaren und einsichtigen Randbedingungen ist es leichter, intuitiv selbsterklärende Straßen zu konzipieren. In flachem Gelände kann die Typisierung, ggf. auch mit ordnungsrechtlichem Zusatz, notwendig sein.

Wie bereits angedeutet, versuchen die Regelwerke für die Anlage von Straßen die Erkenntnisse aus der Analyse des reaktiven Verhaltens und die Erfahrungen mit dem normalen Verkehrsverhalten zu berücksichtigen.

Neu angelegte Straßen werden daher in der Regel weniger Probleme mit der Verkehrssicherheit aufweisen als der Altbestand, der sich durch Ausbau aus alten Wegen und Wagenstraßen entwickelt hat. Wobei anzumerken ist, dass sich auch für das Fahren auf diesem Bestandsnetz Gewohnheiten und Prägungen herausgebildet haben, sodass auch diese Straßen in weiten Strecken sicher befahren werden.

Will man nun Problempunkte verbessern, so kann es häufig helfen, sich Gedanken über das normale reaktive Verhalten der Verkehrsteilnehmer zu machen, das an diesem Problempunkt möglicherweise angestoßen wird. Je nach dem Ergebnis dieser Analyse kann man dann z. B. versuchen,

– die Wahrnehmung zu verbessern,
– die Handlungsreize zu verändern,
– die Verkehrsteilnehmer auf die gefährliche Situation vorzubereiten oder
– ihnen notfalls auch direkte Handlungsanweisungen zu geben (die dann allerdings **bewusst** verarbeitet werden müssen und daher aus verschiedenen Gründen oft weniger wirksam sind).

Damit ergibt sich die folgende Reihenfolge in der Vorgehensweise, die auch immer wieder von der VwV-StVO aufgegriffen wird:

– „Saubere" Gestaltung der Straße, sodass die Verkehrsteilnehmer aus ihrer Situation (Perspektive, Geschwindigkeit, Erlebnis der bisherigen Bewegung) die Straße richtig verstehen können;

2.2.4 Die selbsterklärende Straße

– Unterstützung der Wahrnehmung durch optische Mittel (Leiteinrichtungen);

– Warnung vor nicht erkennbaren Gefahren (Leiteinrichtungen, Warnzeichen);

– Handlungsempfehlungen (Warnzeichen, Geschwindigkeitsempfehlungen);

– Handlungsanweisungen (Ge- und Verbote).

Grundsätzlich sind die zunächst genannten Methoden vorzuziehen und die danach genannten nur anzuwenden, wenn die zunächst genannten keine oder zu geringe Wirkung zeigen oder erwarten lassen.

Zu Abschnitt 2.2.4

StVO
§ 39
Verkehrszeichen

(1) Angesichts der allen Verkehrsteilnehmern obliegenden Verpflichtung, die allgemeinen und besonderen Verhaltensvorschriften dieser Verordnung eigenverantwortlich zu beachten, werden örtliche Anordnungen durch Verkehrszeichen nur dort getroffen, wo dies aufgrund der besonderen Umstände zwingend geboten ist.

VwV-StVO
zu den § 39 bis 43
Allgemeines über Verkehrszeichen und Verkehrseinrichtungen

1 I. Die behördlichen Maßnahmen zur Regelung und Lenkung des Verkehrs durch Verkehrszeichen und Verkehrseinrichtungen sollen die allgemeinen Verkehrsvorschriften sinnvoll ergänzen. Dabei ist nach dem Grundsatz zu verfahren, so wenig Verkehrszeichen wie möglich anzuordnen. Bei der Straßenbaubehörde ist gegebenenfalls eine Prüfung anzuregen, ob an Stelle von Verkehrszeichen und Verkehrseinrichtungen vorrangig durch verkehrstechnische oder bauliche Maßnahmen eine Verbesserung der Situation erreicht werden kann.

VwV-StVO
zu § 40
Gefahrzeichen

1 I. Gefahrzeichen sind nach Maßgabe des § 45 Abs. 9 Satz 4 anzuordnen. Nur wenn sie als Warnung oder Aufforderung zur eigenverantwortlichen Anpassung des Fahrverhaltens nicht ausreichen, sollte stattdessen oder bei unabweisbarem Bedarf ergänzend mit Vorschriftzeichen (insbesondere Zeichen 274, 276) auf eine der Gefahrsituation angepasste Fahrweise hingewirkt werden; vgl. hierzu I. zu den Zeichen 274, 276 und 277.

VwV-StVO
zu § 41
Vorschriftzeichen

Zu Zeichen 274 Zulässige Höchstgeschwindigkeit

1 I. Geschwindigkeitsbeschränkungen aus Sicherheitsgründen sollen auf bestehenden Straßen angeordnet werden, wenn Unfalluntersuchungen ergeben haben, dass häufig geschwindigkeitsbedingte Unfälle aufgetreten sind. Dies gilt jedoch nur dann, wenn festgestellt worden ist, dass die geltende Höchstgeschwindigkeit von der Mehrheit der Kraftfahrer eingehalten wird. Im anderen Fall muss die geltende zulässige Höchstgeschwindigkeit durchgesetzt werden. Geschwindigkeitsbeschränkungen können sich im Einzelfall schon dann empfehlen, wenn aufgrund unangemessener Geschwindigkeiten häufig gefährliche Verkehrssituationen festgestellt werden.
…

Zu Zeichen 276 Überholverbot

1 I. Das Zeichen ist nur dort anzuordnen, wo die Gefährlichkeit des Überholens für den Fahrzeugführer nicht ausreichend erkennbar ist.
…

Zu den Zeichen 274, 276 und 277

1 I. Die Zeichen sind nur dort anzuordnen, wo Gefahrzeichen oder Richtungstafeln (Zeichen 625) nicht ausreichen würden, um eine der Situation angepasste Fahrweise zu erreichen. Die Zeichen können dann mit Gefahrzeichen kombiniert werden, wenn

2 1. ein zusätzlicher Hinweis auf die Art der bestehenden Gefahr für ein daran orientiertes Fahrverhalten im Einzelfall unerlässlich ist oder

3 2. aufgrund dieser Verkehrszeichenkombination eine Kennzeichnung des Endes der Verbotsstrecke entbehrlich wird (vgl. Erläuterung zu den Zeichen 278 bis 282).

StVO
§ 45
Verkehrszeichen und Verkehrseinrichtungen

(9) … Gefahrzeichen dürfen nur dort angebracht werden, wo es für die Sicherheit des Verkehrs unbedingt erforderlich ist, weil auch ein aufmerksamer Verkehrsteilnehmer die Gefahr nicht oder nicht rechtzeitig erkennen kann und auch nicht mit ihr rechnen muss.

2.2.5 Berücksichtigung des menschlichen Verhaltens

Angesichts der „Individualität" des Straßenverkehrs haben die Besonderheiten des menschlichen Verhaltens einen großen Einfluss auf die Abläufe. Die einzelnen Fahrer und Fahrerinnen nehmen ihre Umgebung wahr, verarbeiten diese Informationen, entwickeln Handlungskonzepte, realisieren diese Konzepte.

Dies ist ein äußerst subjektiver und damit individuell unterschiedlicher Prozess. Jeder Verkehrsteilnehmer nimmt die Straße anders wahr, wertet unterschiedlich, reagiert dispositionsbedingt usw., was zu äußerst unterschiedlichem Verhalten führt. Dem Verkehrsgeschehen kommt allerdings zugute, dass der auf die Verkehrsteilnehmer, insbesondere die Fahrzeugführer einströmende Informationsstrom so groß ist (siehe *Bilder 2.1* und *2.2*), dass er durch „bewusstes Nachdenken" nur ansatzweise verarbeitet werden kann. Der Großteil der für die Bewegung im Verkehr notwendigen Informationsverarbeitung findet daher im reaktiven Bereich statt und wird vom Bewusstsein allenfalls moderiert („automatisches Handeln"). Dabei spielen Reflexe, Instinkte, Gewohnheiten und Prägungen eine große Rolle. Sind Straßenanlage und automatisches Handeln aufeinander abgestimmt, so wird die Straße mit größerer Wahrscheinlichkeit sicher befahren.

Dabei kann die Anpassung in beiden Richtungen vor sich gehen. Man kann versuchen, die Menschen so zu schulen und zu trainieren, ggf. auch zu regeln und zu überwachen, dass ihr reaktives Verhalten zu den Straßen und zu den jeweiligen Verkehrssituationen passt. Man kann umgekehrt auch versuchen, die Straße so zu gestalten, dass sie dem reaktiven Verhalten der meisten Menschen entspricht.

In der Wirklichkeit werden beide Wege gegangen. So darf man auf der einen Seite z. B. gewisse Arten des Verkehrs erst ausüben, wenn man eine entsprechende Ausbildung (Fahrschule) erfolgreich hinter sich gebracht hat. So sind auf der anderen Seite z. B. in den Regeln zur Anlage von Straßen das „normalerweise" zu erwartende Verhalten der Verkehrsteilnehmer berücksichtigt (das durch das häufige Auftreten umgekehrt wieder verstärkt wird).

Man muss sich dabei bewusst sein, dass die Teile des reaktiven Verhaltens, die auf Reflexe oder Instinkte aufbauen, zu weltweit ähnlichem Verhalten führen werden, während die Teile des reaktiven Verhaltens, die auf Gewohnheit und Prägung aufbauen, sich kulturell durchaus unterschiedlich entwickeln können. Ein Beispiel für einheitliche Reaktionen sind Leittafeln an Kurven, die in ähnlicher Art in der ganzen Welt zu finden sind. Sie nutzen wohl den Umstand aus, dass kein normaler Mensch mit voller Kraft gegen eine Wand läuft, indem sie mit optischen Mitteln eine „Superwand" erzeugen. Als Beispiel für kulturell unterschiedliches Verhalten können Knotenpunkte angeführt werden, an denen wesentliche Teile des Verhaltens durch Gewohnheit und Prägung bestimmt sind. So funktionieren z. B. Kreisverkehre mit zwei Fahrstreifen in Einfahrten, Kreisfahrbahn und Ausfahrten in Großbritannien ohne Probleme, während sie auf dem europäischen Kontinent problematisch sind, sind „Linkseinbiegestreifen" in Frankreich eine Regellösung, während sie in Deutschland nur in Ausnahmefällen gebraucht werden.

Der Vollzug des Straßenverkehrsrechts muss das menschliche Verhalten in vielfacher Weise berücksichtigen:

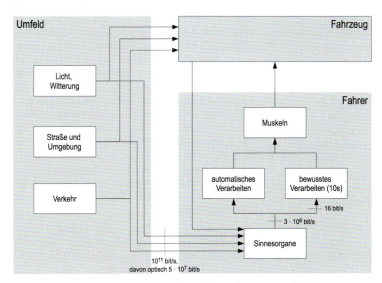

Bild 2.1 Schematische Darstellung der Informationsmenge, bei der Bewältigung der Fahraufgabe Quelle: nach Durth 1974

2.2.5 Berücksichtigung des menschlichen Verhaltens

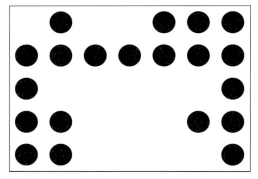

Bild 2.2 Schematische Darstellung von „35 bit"
($\hateq$ 2 s · 16 bit/s)   Quelle: nach Durth 1974

Insbesondere die Frage nach der Akzeptanz durch die Verkehrsteilnehmer führt immer wieder zu grundlegenden Diskussionen. Natürlich kann man sich auf den formalen Standpunkt stellen, dass eine strikte Anweisung (Ge- oder Verbot) als solche zu beachten ist. Andererseits ist bekannt, dass menschliches Verhalten potenziell fehlerhaft ist (manche Quellen geben an, dass etwa jede tausendste Handlung eines Menschen fehlerhaft ist); und für bestimmte Situationen gibt es sogar psychologische Erklärungen für häufigeres Fehlverhalten (z. B. Vorfahrt bei T-Kreuzungen, Probleme mit Zebrastreifen oder wenig benutzten Fußgänger-Signalanlagen).

Das Argument für die Berücksichtigung des „typischen" menschlichen Verhaltens ist, dass sie hilft, das Endziel Sicherheit und Leichtigkeit des gesamten Verkehrs zu erreichen. Ist absehbar, dass gewisse Regelungen wegen menschlicher Unzulänglichkeiten nur eingeschränkt wirksam sind, so sollte das bei der Abwägung berücksichtigt werden.

Außerdem wird immer wieder argumentiert, dass sich Bürger durch für sie unverständliche Regelungen „gegängelt" fühlen und sie sie daher nicht akzeptieren. Inhaltlich ist es durchaus verständlich, denn der verantwortungsbewusste, mündige Bürger wird immer wieder, auch im Straßenverkehr gefordert, und angesichts von „unverständlichen" Regelungen soll er nun einfach „nur gehorsam" sein? Der Effekt lässt sich jedoch verringern, indem die beteiligten Behörden versuchen, Vertrauen bei den Verkehrsteilnehmern aufzubauen. Das setzt voraus, dass Regelungen nicht übermäßig getroffen und für die Verkehrsteilnehmer möglichst einsichtig gemacht werden (z. B. durch Warnzeichen, zeitliche Beschränkungen oder auch durch angemessene Öffentlichkeitsarbeit). Außerdem sollte die Qualität der Anordnungen dauerhaft auf hohem Niveau gehalten werden (Verkehrsschauen); das gilt vor allem auch im Bereich von Arbeitsstellen. Dort wo auch vordergründig nicht einsichtige Regelungen notwendig erscheinen, müssen diese Regelungen dann auch konsequent durchgesetzt werden, ggf. mit andauernder Begründung durch entsprechende Öffentlichkeitsarbeit.

Die VwV-StVO berücksichtigt diese Zusammenhänge durch zahlreiche im Text verstreute Hinweise, auf die hier in den jeweiligen Fachabschnitten eingegangen wird.

– Er muss die Individualität respektieren und schätzen, indem er sie nur einschränkt, wo dies notwendig ist (siehe Abschnitt 2.2.3).
– Er muss die Wahrnehmung bei seinen Entscheidungen bedenken:
  – Ist die Straßenanlage mit ihren Einschränkungen ohne Weiteres erkennbar?
  – Muss man das Erscheinungsbild z. B. durch Verkehrseinrichtungen verdeutlichen?
  – Muss man durch Gefahrzeichen vor verdeckten Gefahren warnen?
  – Sind die Verkehrsteilnehmer dort, wo Anordnungen getroffen werden, überhaupt aufnahmebereit, oder sollten die Anordnungen sinnvollerweise entzerrt werden (auch von anderen Wahrnehmungshäufungen)?
– Er sollte mögliche Entscheidungsmuster der Verkehrsteilnehmer bei seinen Entscheidungen bedenken:
  – Werden die Anordnungen von den Verkehrsteilnehmern ohne Weiteres akzeptiert oder könnte eine Begründung die Befolgungsrate erhöhen?

2.2.6 Eigenschaften der Verkehrsteilnehmer

Zur menschlichen Informationsaufnahme siehe auch Abschnitt 8.2.2. Nachstehend werden einige mittlere physiologische Werte der Verkehrsteilnehmer angegeben, die für das Anbringen und Aufstellen von Verkehrszeichen und -einrichtungen bedeutsam sind:

■ Gesichtsfeld

Das ist der mit unbewegten Augen übersehbare Teil des Raumes. In dem Sehkegel mit einem Winkel von ca. 3° beiderseits der Sehachse liegt das zentrale Gesichtsfeld, der Bereich mit dem schärfsten Sehen (karierter Kreis in *Bild 2.3*). Es kann davon ausgegangen werden, dass dieser Bereich durch geringfügige Augenbewegungen

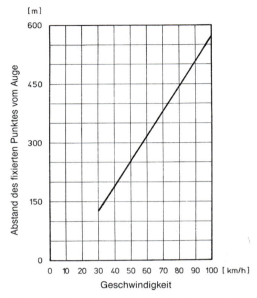

Bild 2.5 **Abstand des fixierten Punktes in Abhängigkeit von der Geschwindigkeit**
Quelle: nach Traffic Engineering Handbook

auf einen Sehkegel mit einem Winkel von ca. 10° erweitert wird (schraffierter Kreis in *Bild 2.3*). In *Bild 2.4* ist das zentrale Gesichtsfeld anschaulich dargestellt.

Der darüber hinausgehende Teil des Gesichtsfeldes ist der periphere Sehbereich mit einer geringen Sehschärfe. In diesem Bereich ist ferner die Wahrnehmung von Farbunterschieden stark herabgesetzt.

Bild 2.5 zeigt, wie bei zunehmender Geschwindigkeit der von den Augen fixierte Punkt in größere Entfernung rückt; dies führt zu einer Verengung des Gesichtsfeldes (*Bild 2.6*).

Folgende Augenhöhen zum Bestimmen des Sehbereiches für Verkehrsteilnehmer sind anzunehmen:

Pkw, Kraftrad und Radfahrer	ca. 1,2 m über Fahrbahn
Lkw und Omnibus	ca. 2,1 m über Fahrbahn

■ Reaktionszeit

bei optischem Reiz	ca. 0,18 Sek.
bei akustischem Reiz	ca. 0,14 Sek.

Dies ist die Zeit, die von Verkehrsteilnehmern benötigt wird, um auf einen Reiz zu reagieren und ein unmittelbares reflexes Handeln – also ohne Einschaltung eines Denkvorganges – auszulösen

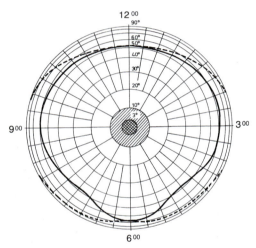

Bild 2.3 **Gesichtsfeld**
Quelle: nach Traffic Engineering Handbook

Bild 2.4 **Veranschaulichung des zentralen Gesichtsfeldes** Quelle: B. J. Lachenmeyer

2.2.6 Eigenschaften der Verkehrsteilnehmer

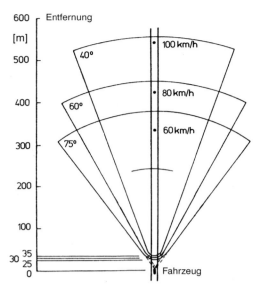

Bild 2.6 Blickpunkte und Blickwinkel in Abhängigkeit von der Fahrgeschwindigkeit

(Erkennen – Reagieren; z. B. Bremsen im Gefahrenfall).

■ Entscheidungszeit

Die Entscheidungszeit schwankt von 0,5 bis 4,0 Sek. Mittelwert: 2,5 Sek.

Dies ist die Zeit, die von Verkehrsteilnehmern benötigt wird, um auf einen Eindruck hin eine Entscheidung zu treffen.

Sie ist abhängig von der Art der Entscheidung, die getroffen werden soll.

Die Entscheidungszeit z. B. auf die Frage „Geradeaus oder rechts abbiegen?" ist kürzer als die Entscheidungszeit auf die Frage „Überholen oder nicht überholen?".

■ Prüfzeit

ist die erforderliche Zeit, um durch Sehen nach rechts und links eine Situation zu überprüfen:

nach links blicken	0,15–0,33 Sek.
links wahrnehmen	0,10–0,30 Sek.
nach rechts blicken	0,15–0,33 Sek.
rechts wahrnehmen	0,10–0,30 Sek.
	0,50–1,26 Sek.

Mittelwert: 0,8 Sek.
(nach Traffic Engineering Handbook)

■ Lesezeit

ist die erforderliche Zeit, um eine Mitteilung (nicht in Verbindung mit Orientierungspfeilen) zu lesen; sie muss von Fall zu Fall ermittelt werden.

■ Lese- und Orientierungszeit

ist die erforderliche Zeit, um einen Hinweis zu lesen und sich dabei anhand von Richtungspfeilen zu orientieren (Beispiel: Vorwegweiser, Umleitungsschilder).

2.3 Anordnung und Zuständigkeiten

2.3.1 Allgemeines

Grundsätzlich sind verkehrsrechtliche Anordnungen von Verkehrszeichen und Verkehrseinrichtungen Verwaltungsakte, die sich an die Allgemeinheit richten (Allgemeinverfügung). Es gelten die jeweiligen Verwaltungsverfahrensgesetze (VwVfG), in der Regel die der Länder. Es besteht Rechtsschutz vor den Verwaltungsgerichten, auch in jüngerer Zeit bestätigter Rechtsprechung

(BayVGH MB 91.2603 vom 17.12.1991) ab der erstmaligen Kenntnisnahme von der Regelung (dem ersten Befahren der Straße).

In den folgenden Abschnitten wird näher auf die Anordnungserfordernis sowie die jeweiligen Zuständigkeiten eingegangen. Dabei steht die allgemeine Orientierung im Vordergrund. Für Detailfragen zu Rechtsgrundlagen und Verfahrensfragen, die über diese allgemeine Orientierung hinausgehen, wird empfohlen, einen einschlägigen juristischen Kommentar, z. B. Schurig: „Kommentar zur Straßenverkehrs-Ordnung mit VwV-StVO", insbesondere die dortigen Ausführungen zu den §§ 44 und 45 der StVO, zu Rate zu ziehen.

Zu Abschnitt 2.3.1

VwVfG
§ 35
Begriff des
Verwaltungsaktes

Verwaltungsakt ist jede Verfügung, Entscheidung oder andere hoheitliche Maßnahme, die eine Behörde zur Regelung eines Einzelfalls auf dem Gebiet des öffentlichen Rechts trifft und die auf unmittelbare Rechtswirkung nach außen gerichtet ist. Allgemeinverfügung ist ein Verwaltungsakt, der sich an einen nach allgemeinen Merkmalen bestimmten oder bestimmbaren Personenkreis richtet oder die öffentlich-rechtliche Eigenschaft einer Sache oder ihre Benutzung durch die Allgemeinheit betrifft.

VwVfG
§ 40
Ermessen

Ist die Behörde ermächtigt, nach ihrem Ermessen zu handeln, hat sie ihr Ermessen entsprechend dem Zweck der Ermächtigung auszuüben und die gesetzlichen Grenzen des Ermessens einzuhalten.

2.3.2 Anordnungserfordernis

Wie ausgeführt, dienen Verkehrszeichen und Verkehrseinrichtungen der „Bekanntmachung" von Verkehrsregelungen. Die Regelungen schränken u. U. verschiedene Grundrechte, insbesondere das auf die freie Entfaltung der Persönlichkeit ein.

Die Entscheidung über verkehrsrechtliche Regelungen wird in der StVO „anordnen" genannt. Daher wird immer wieder von der „(verkehrsrechtlichen) Anordnung" gesprochen. Letztendlich wird der Begriff „Anordnung" auch in den HAV mit mehreren Bedeutungen gebraucht:

- Anordnung ist die Entscheidung, eine bestimmte Regelung zu realisieren (sie „anzuordnen"). In diesem Sinne wird sie regelmäßig in der StVO (insbesondere § 45) und der VwV-StVO gebraucht.
- Als „verkehrsrechtliche Anordnung" wird oft das Schriftstück (oder in Ausnahmefällen die Äußerung) der zuständigen Stelle verstanden, mit dem (oder der) der Vorgang des Anordnens (nach dem ersten Punkt der Strichaufzählung)

dokumentiert und an die anderen Beteiligten (z. B. die Straßenbaubehörde und die Polizei) weitergegeben wird.
- Unter Anordnen kann man auch den einfachen Vorgang oder die Art und Weise des Arrangierens von Verkehrszeichen und Verkehrseinrichtungen verstehen (wie etwa in dem überhaupt nicht mit Verkehrszeichen zusammenhängenden Satz: „Die Möbel waren geschmackvoll im Raum angeordnet.").

Diese Mehrdeutigkeit ist in den meisten Fällen nicht schädlich, manchmal sogar gewünscht. In Zweifelsfällen sollte durch die Formulierung klar gemacht werden, welche Bedeutung gemeint ist.

Eine verkehrsrechtliche Anordnung ist als „Verfügung, Entscheidung oder andere hoheitliche Maßnahme, die eine Behörde zur Regelung einer Einzelfalls auf dem Gebiet des öffentlichen Rechts trifft und die auf unmittelbare Rechtswirkung nach außen gerichtet ist" ein Verwaltungsakt, genauer gesagt eine Allgemeinverfügung, da sie sich an einen „nach allgemeinen Merkmalen bestimmten oder bestimmbaren Personenkreis

2.3.2 Anordnungserfordernis

richtet oder die öffentlich-rechtliche Eigenschaft einer Sache oder ihre Benutzung durch die Allgemeinheit betrifft" [Zitate nach dem Verwaltungsverfahrensgesetz (VwVfG) des Bundes, das aber in den Verwaltungsgesetzen der Länder identisch oder ganz ähnlich formuliert ist].

Die verkehrsrechtliche Anordnung muss daher die Anforderungen erfüllen, die an Verwaltungsakte gestellt werden, insbesondere:

– Sie muss eine Rechtsgrundlage haben (Ermächtigung).
– Sie muss von der zuständigen Stelle verfügt worden sein.
– Sie muss inhaltlich hinreichend bestimmt sein (VwVfG). Die Regelungen müssen so konkret getroffen werden, dass sie hinterher nicht von nicht zuständigen Personen mehr oder weniger willkürlich in verschiedenen Varianten umgedeutet werden können (Konkretisierungsgebot).
– Ihre Regelungen dürfen nicht willkürlich sein, insbesondere gilt:
   – Eventuelle Ermessensentscheidungen sind entsprechend dem Zweck der Ermächtigung auszuüben und müssen die gesetzlichen Grenzen des Ermessens einhalten.
   – Eingriffe in die Grundrechte müssen im Verhältnis zum angestrebten Zweck stehen und dabei möglichst gering sein (Minimierungsgebot, Verhältnismäßigkeit).
– Zur Gewährleistung des Rechtsschutzes sollen die Anordnungen der Regelungen die Begründungen und Abwägungen nachvollziehbar erkennen lassen. Auch wenn Allgemeinverfügungen, die öffentlich bekannt gegeben werden, (bei der Bekanntgabe) nach den Verwaltungsverfahrensgesetzen nicht begründet werden müssen, so erfordern die Grundsätze ordnungsgemäßen Verwaltungshandelns doch die (zumindest interne) Dokumentation des Verwaltungsgangs und die Niederlegung der Begründung; dies gilt insbesondere auch vor dem Hintergrund der möglichen gerichtlichen

Nachprüfung der Entscheidung oder der gerichtlichen Auseinandersetzung über Haftungsfragen.

Eine Besonderheit einer verkehrsrechtlichen Anordnung ist, dass die Zuständigkeiten geteilt sind. Die inhaltlichen Entscheidungen trifft die Straßenverkehrsbehörde (wenn auch unter Beteiligung von Straßenbaubehörde und Polizei), die „Verkündigung" erfolgt aber durch Verkehrszeichen und Verkehrseinrichtungen, bei denen die Entscheidung über die Ausführung dem Straßenbaulastträger vorbehalten ist. Der Verwaltungsakt ist als Einheit aller dieser Schritte zu sehen, da er erst mit seiner Verkündigung wirksam wird. Insofern gelten die obigen Grundsätze, insbesondere die (internen) Begründungs- und Dokumentationspflichten, auch für die Entscheidungen über die Art der Ausführung.

Vor allem, aber nicht ausschließlich bei der verkehrsrechtlichen Anordnung von Arbeitsstellen wird der Grundsatz der inhaltlich hinreichenden Bestimmtheit oft nicht ausreichend beachtet. Das mag noch angehen, wenn Schilder unwesentlich verschoben werden, ohne dass das inhaltliche Auswirkungen auf den Ablauf des Verkehrs hat. Wenn aber z. B. Durchfahrtsbreiten oder Sperrlängen bei einstreifiger Verkehrsführung verändert werden (was möglicherweise zu einer anderen Abwägung der Durchfahrtsregelung führt), ist die Grenze der Anpassung sicher überschritten. Hier sind verkehrsrechtliche Anordnungen für alle möglichen Bauphasen erforderlich.

Zur Bestimmtheit von verkehrsrechtlichen Anordnungen siehe auch die Entscheidung vom BVGH 11 B 91.2603 vom 17.12.1991, in der eine verkehrsrechtliche Anordnung über die Freigabe und Sperrung eines Zufahrtswegs zum Parkplatz einer Waldgaststätte für unzulässig erklärt wurde, da nach der Anordnung ein Dritter entscheiden sollte, ob der Parkplatz voll sei, ohne dass die Anordnung ausreichend präzise festgelegt hat, wann der Parkplatz „voll" sei.

Zu Abschnitt 2.3.2

| VwVfG § 37 Bestimmtheit und Form des Verwaltungsaktes | (1) Ein Verwaltungsakt muss inhaltlich hinreichend bestimmt sein. ... |

2.3.3 Zuständigkeiten im Regelfall

VwVfG
§ 39
Begründung des
Verwaltungsaktes

(1) Ein schriftlicher oder elektronischer sowie ein schriftlich oder elektronisch bestätigter Verwaltungsakt ist mit einer Begründung zu versehen. In der Begründung sind die wesentlichen tatsächlichen und rechtlichen Gründe mitzuteilen, die die Behörde zu ihrer Entscheidung bewogen haben. Die Begründung von Ermessensentscheidungen soll auch die Gesichtspunkte erkennen lassen, von denen die Behörde bei der Ausübung ihres Ermessens ausgegangen ist.

(2) Einer Begründung bedarf es nicht,

…

5. wenn eine Allgemeinverfügung öffentlich bekannt gegeben wird.

BVerwG,
Url. v. 23.9.2010,
3 C 37.09

Die Frist für die Anfechtung eines Verkehrsverbotes, das durch Verkehrszeichen bekannt gegeben wird, beginnt für einen Verkehrsteilnehmer zu laufen, wenn er zum ersten Mal auf das Verkehrszeichen trifft. Die Frist wird für ihn nicht erneut ausgelöst, wenn er sich dem Verkehrszeichen später ein weiteres Mal gegenübersieht. …

2.3.3 Zuständigkeiten im Regelfall

Sachlich zuständig für die Anordnung von Verkehrsregelungen sind nach § 44 StVO die Straßenverkehrsbehörden.

§ 45 der Straßenverkehrs-Ordnung, deren Erlass durch § 6 StVG ermächtigt wird, nennt in seinen Absätzen 1, 1a, 1b, 1c, 1d, 1e und 8 in unterschiedlicher Intensität die Gründe, die Verkehrsregelungen erforderlich machen können („… können … beschränken oder verbieten und … umleiten", „… treffen die notwendigen Anordnungen …", „… ordnen … im Einvernehmen mit der Gemeinde an", „… ordnen … auf der Grundlage eines vom … vorgelegten Verkehrszeichenplans an").

Wie in den vorstehenden Abschnitten ausgeführt, sind die Straßenverkehrsbehörden verpflichtet, solche Regelungen dann und in dem Ausmaß zu treffen, wie sie notwendig werden (je nach Ermächtigung zur Gewährleistung der Sicherheit und Leichtigkeit des Verkehrs, zum Schutz der Umwelt usw., allgemein zur „Gefahrenabwehr"). Sie dürfen sich weder einer notwendigen Regelung verschließen (Verkehrsregelungspflicht) noch dürfen sie solche Regelungen im Übermaß treffen (um nicht zu stark in die Grundrechte einzugreifen; Grundrechtsschutz).

Nach § 45 Abs. 4 StVO dürfen die zuständigen Stellen den Verkehr nur durch Verkehrszeichen und Verkehrseinrichtungen regeln.

Dabei entscheiden nach § 45 Abs. 3 StVO die Straßenverkehrsbehörden, wo welche Verkehrszeichen und Verkehrseinrichtungen anzuordnen sind. Wie diese ausgestaltet sind (also „die Art der Anbringung und die Ausgestaltung (wie Übergröße oder Beleuchtung)") entscheiden dann die Straßenbaubehörden, die nach § 45 Abs. 5 StVO auch zur Beschaffung, Anbringung, Unterhaltung, Entfernung und zum Betrieb verpflichtet sind (siehe Abschnitt 12.2).

Aus dieser geteilten Zuständigkeit ergeben sich die Vorschriften der VwV-StVO, dass schon bei den Entscheidungen zu den Verkehrsregelungen die Straßenbaubehörden zu hören sind. Denn nur so können die Besonderheiten, die sich aus (körperlicher) Aufstellung und Betrieb ergeben, bei der Entscheidung über die Regelung als solcher angemessen berücksichtigt werden (Ähnliches gilt für die Polizei, die die getroffenen Regeln später durchsetzen muss).

Außerdem wird das Verhalten der Verkehrsteilnehmer auch ganz erheblich beeinflusst vom Erscheinungsbild und der Ausbildung der Straße selbst („selbsterklärende Straße"; siehe Abschnitt 2.2.4) sowie von der Art und Weise, wie die angeordneten Regelungen durchgesetzt werden („enforcement"). Alleine aus diesem Grund ist es sinnvoll, die dafür zuständigen Stellen, in der Regel die Straßenbaubehörden und die Polizei, bei der Entscheidungsfindung zu beteiligen (siehe Abschnitt 2.3.4).

Die konkrete Zuordnung des Aufgabenbereichs der Straßenverkehrsbehörde zu bestimmten örtlich und hierarchisch gegliederten Verwaltungseinheiten obliegt nach Art. 84 Abs. 1 GG den Ländern und ist dementsprechend im Einzelfall durchaus unterschiedlich geregelt. In der Regel werden in den einzelnen Verwaltungsbezirken örtliche Verkehrsbehörden benannt, die zumindest in den Flächenländern höheren Einheiten, häufig den Regierungspräsidien zugeordnet sind. Oberste Landesbehörde ist das für den Vollzug des Straßenverkehrsrechts zuständige Ministerium. Die VwV-StVO weist gewisse Aufgaben den obersten Landesbehörden zu, wohl um die Wichtigkeit der einheitlichen Anwendung dieser Regelung hervorzuheben, jedoch nicht ohne den Zusatz „oder der von ihr beauftragten Stelle", mit der die Organisationshoheit der Länder respektiert wird.

Zu Abschnitt 2.3.3

StVO
§ 44
Sachliche
Zuständigkeit

(1) Zuständig zur Ausführung dieser Verordnung sind, soweit nichts anderes bestimmt ist, die Straßenverkehrsbehörden. Nach Maßgabe des Landesrechts kann die Zuständigkeit der obersten Landesbehörden und der höheren Verwaltungsbehörden im Einzelfall oder allgemein auf eine andere Stelle übertragen werden.

(2) Die Polizei ist befugt, den Verkehr durch Zeichen und Weisungen (§ 36) und durch Bedienung von Lichtzeichenanlagen zu regeln. Bei Gefahr im Verzug kann zur Aufrechterhaltung der Sicherheit oder Ordnung des Straßenverkehrs die Polizei an Stelle der an sich zuständigen Behörden tätig werden und vorläufige Maßnahmen treffen; sie bestimmt dann die Mittel zur Sicherung und Lenkung des Verkehrs.

StVO
§ 45
Verkehrszeichen
und Verkehrs-
einrichtungen

(1) Die Straßenverkehrsbehörden können die Benutzung bestimmter Straßen oder Straßenstrecken aus Gründen der Sicherheit oder Ordnung des Verkehrs beschränken oder verbieten und den Verkehr umleiten. Das gleiche Recht haben sie

1. zur Durchführung von Arbeiten im Straßenraum,
2. zur Verhütung außerordentlicher Schäden an der Straße,
3. zum Schutz der Wohnbevölkerung vor Lärm und Abgasen,
4. zum Schutz der Gewässer und Heilquellen,
5. hinsichtlich der zur Erhaltung der öffentlichen Sicherheit erforderlichen Maßnahmen sowie
6. zur Erforschung des Unfallgeschehens, des Verkehrsverhaltens, der Verkehrsabläufe sowie zur Erprobung geplanter verkehrssichernder oder verkehrsregelnder Maßnahmen.

(1a) Das gleiche Recht haben sie ferner

1. in Bade- und heilklimatischen Kurorten,
2. in Luftkurorten,
3. in Erholungsorten von besonderer Bedeutung,
4. in Landschaftsgebieten und Ortsteilen, die überwiegend der Erholung dienen,
4a. hinsichtlich örtlich begrenzter Maßnahmen aus Gründen des Arten- oder Biotopschutzes,
4b. hinsichtlich örtlich und zeitlich begrenzter Maßnahmen zum Schutz kultureller Veranstaltungen, die außerhalb des Straßenraums stattfinden und durch den Straßenverkehr, insbesondere durch den von diesem ausgehenden Lärm, erheblich beeinträchtigt werden,
5. in der Nähe von Krankenhäusern und Pflegeanstalten sowie
6. in unmittelbarer Nähe von Erholungsstätten außerhalb geschlossener Ortschaften,

wenn dadurch anders nicht vermeidbare Belästigungen durch den Fahrzeugverkehr verhütet werden können.

(1b) Die Straßenverkehrsbehörden treffen auch die notwendigen Anordnungen

1. im Zusammenhang mit der Einrichtung von gebührenpflichtigen Parkplätzen für Großveranstaltungen,
2. im Zusammenhang mit der Kennzeichnung von Parkmöglichkeiten für schwerbehinderte Menschen mit außergewöhnlicher Gehbehinderung, beidseitiger Amelie oder Phokomelie oder mit vergleichbaren Funktionseinschränkungen sowie für blinde Menschen,
2a. im Zusammenhang mit der Kennzeichnung von Parkmöglichkeiten für Bewohner städtischer Quartiere mit erheblichem Parkraummangel durch vollständige oder zeitlich beschränkte Reservierung des Parkraums für die Berechtigten oder durch Anordnung der Freistellung von angeordneten Parkraumbewirtschaftungsmaßnahmen,
3. zur Kennzeichnung von Fußgängerbereichen und verkehrsberuhigten Bereichen,
4. zur Erhaltung der Sicherheit oder Ordnung in diesen Bereichen sowie
5. zum Schutz der Bevölkerung vor Lärm und Abgasen oder zur Unterstützung einer geordneten städtebaulichen Entwicklung.

Die Straßenverkehrsbehörden ordnen die Parkmöglichkeiten für Bewohner, die Kennzeichnung von Fußgängerbereichen, verkehrsberuhigten Bereichen und Maßnahmen zum Schutze der Bevölkerung vor Lärm und Abgasen oder zur Unterstützung einer geordneten städtebaulichen Entwicklung im Einvernehmen mit der Gemeinde an.

2.3.3 Zuständigkeiten im Regelfall

StVO
§ 45
Verkehrszeichen
und Verkehrs-
einrichtungen

(1c) Die Straßenverkehrsbehörden ordnen ferner innerhalb geschlossener Ortschaften, insbesondere in Wohngebieten und Gebieten mit hoher Fußgänger- und Fahrradverkehrs-dichte sowie hohem Querungsbedarf, Tempo 30-Zonen im Einvernehmen mit der Gemeinde an. Die Zonen-Anordnung darf sich weder auf Straßen des überörtlichen Verkehrs (Bundes-, Landes- und Kreisstraßen) noch auf weitere Vorfahrtstraßen (Zeichen 306) erstrecken. Sie darf nur Straßen ohne Lichtzeichen geregelte Kreuzungen oder Einmündungen, Fahrstrei-fenbegrenzungen (Zeichen 295), Leitlinien (Zeichen 340) und benutzungspflichtige Radwege (Zeichen 237, 240, 241 oder Zeichen 295 in Verbindung mit Zeichen 237) umfassen. An Kreuzungen und Einmündungen innerhalb der Zone muss grundsätzlich die Vorfahrtregel nach § 8 Absatz 1 Satz 1 („rechts vor links") gelten. Abweichend von Satz 3 bleiben vor dem 1. November 2000 angeordnete Tempo 30-Zonen mit Lichtzeichenanlagen zum Schutz der Fußgänger zulässig.

(1d) In zentralen städtischen Bereichen mit hohem Fußgängeraufkommen und überwie-gender Aufenthaltsfunktion (verkehrsberuhigte Geschäftsbereiche) können auch Zonen-Geschwindigkeitsbeschränkungen von weniger als 30 km/h angeordnet werden.

(1e) Die Straßenverkehrsbehörden ordnen die für den Betrieb von mautgebührenpflichtigen Strecken erforderlichen Verkehrszeichen und Verkehreinrichtungen auf der Grundlage des vom Konzessionsnehmer vorgelegten Verkehrszeichenplans an. Die erforderlichen Anordnungen sind spätestens drei Monate nach Eingang des Verkehrszeichenplans zu treffen.

…

(2) Zur Durchführung von Straßenbauarbeiten und zur Verhütung von außerordentlichen Schäden an der Straße, die durch deren baulichen Zustand bedingt sind, können die nach Landesrecht für den Straßenbau bestimmten Behörden (Straßenbaubehörde) – vorbehalt-lich anderer Maßnahmen der Straßenverkehrsbehörden – Verkehrsverbote und -beschrän-kungen anordnen, den Verkehr umleiten und ihn durch Markierungen und Leiteinrichtungen lenken. Für Bahnübergänge von Eisenbahnen des öffentlichen Verkehrs können nur die Bahnunternehmen durch Blinklicht- oder Lichtzeichenanlagen, durch rot-weiß gestreifte Schranken oder durch Aufstellung des Andreaskreuzes ein bestimmtes Verhalten der Verkehrsteilnehmer vorschreiben. …

(3) Im Übrigen bestimmen die Straßenverkehrsbehörden, wo und welche Verkehrszeichen und Verkehreinrichtungen anzubringen und zu entfernen sind, bei Straßennamens-schildern nur darüber, wo diese so anzubringen sind, wie Zeichen 437 zeigt. Die Straßen-baubehörden legen – vorbehaltlich anderer Anordnungen der Straßenverkehrsbehörden – die Art der Anbringung und der Ausgestaltung, wie Übergröße, Beleuchtung fest; ob Leit-pfosten anzubringen sind, bestimmen sie allein. Sie können auch – vorbehaltlich anderer Maßnahmen der Straßenverkehrsbehörden – Gefahrzeichen anbringen, wenn die Sicherheit des Verkehrs durch den Zustand der Straße gefährdet wird.

(4) Die genannten Behörden dürfen den Verkehr nur durch Verkehrszeichen und Verkehrs-einrichtungen regeln und lenken; in dem Fall des Absatzes 1 Satz 2 Nummer 5 jedoch auch durch Anordnungen, die durch Rundfunk, Fernsehen, Tageszeitungen oder auf andere Weise bekannt gegeben werden, sofern die Aufstellung von Verkehrszeichen und -einrichtungen nach den gegebenen Umständen nicht möglich ist.

…

(7a) Die Besatzung von Fahrzeugen, die im Pannenhilfsdienst, bei Bergungsarbeiten und bei der Vorbereitung von Abschleppmaßnahmen eingesetzt wird, darf bei Gefahr im Verzug zur Eigensicherung, zur Absicherung des havarierten Fahrzeugs und zur Sicherung des übrigen Verkehrs an der Pannenstelle Leitkegel (Zeichen 610) aufstellen.

VwV-StVO
zu § 45
Verkehrszeichen
und Verkehrs-
einrichtungen

Zu Absatz 1 bis 1e

1   I. Vor jeder Entscheidung sind die Straßenbaubehörde und die Polizei zu hören. Wenn auch andere Behörden zu hören sind, ist dies bei den einzelnen Zeichen gesagt.

   …

Zu Absatz 3

54   II. Vor der Entscheidung über die Anbringung oder Entfernung jedes Verkehrs-zeichens und jeder Verkehreinrichtung sind die Straßenbaubehörden und die Polizei zu hören, in Zweifelsfällen auch andere Sachverständige. Ist nach § 5b StVG ein Dritter Kostenträger, so soll auch er gehört werden.

2.3.4 Besondere Zuständigkeiten

Nicht alle verkehrsrechtlichen Anordnungen werden nach dem im letzten Abschnitt beschriebenen Grundmuster getroffen. Abweichungen sind in der StVO insbesondere vorgesehen:

- in speziellen Situationen, in denen es z. B. wegen speziellen Fachwissens oder wegen vielfältiger Abhängigkeiten zweckmäßig ist, die Zuständigkeit auf andere Stellen zu übertragen (z. B. Straßenbaustellen oder Bahnübergänge);
- bei Regelungen, die im örtlichen Zuständigkeitsbereich nur selten angeordnet werden und daher einer höheren Stelle zumindest zur Zustimmung übertragen werden, vor allem um die Erfahrung aus mehreren Anwendungen zu nutzen und um eine einheitlichere Anwendung zu erreichen (z. B. Zeichen 261 und 269);
- bei Vorgängen, die mehrere Verwaltungsbezirke, ggf. sogar mehrere Bundesländer betreffen (z. B. Ausnahmegenehmigungen für Schwertransporte, Abstimmung von Baumaßnahmen oder großräumige Umleitungsbeschilderungen);
- im Zusammenhang mit besonderen Verwaltungsverfahren (z. B. Abstimmung mit der Straßengestaltung bereits im Planfeststellungsverfahren oder Festlegungen von Schutzgebieten wie Wasserschutzgebieten oder „Verkehrsverbotszonen zur Verminderung schädlicher Luftverunreinigungen in Zonen").

Zu den speziellen Situationen, in denen es z. B. wegen speziellen Fachwissens oder wegen vielfältiger Abhängigkeiten zweckmäßig ist, die Zuständigkeit auf andere Stellen zu übertragen, gehören zunächst einmal die Straßenbaustellen und die Anordnungen zur Verhütung von außerordentlichen Schäden an der Straße (§ 45 Abs. 2 StVO). Hier wird die Zuständigkeit auf die Straßenbaubehörden direkt übertragen (vorbehaltlich anderer Anordnungen durch die Straßenverkehrsbehörden). Bei den Straßenbaustellen trägt dies dem Umstand Rechnung, dass üblicherweise viele Bauphasen mit möglicherweise unterschiedlichen

Regelungen zu berücksichtigen sind und die andauernde Koordinierung dazu zu unnötigem Aufwand führen würde. Bei den Bahnübergängen spielen wohl auch geschichtliche Aspekte eine Rolle, da es den Eisenbahn-Unternehmen (heute: Eisenbahn-Infrastruktur-Unternehmen) schon vor der Einführung des Straßenverkehrsrechts oblag, die Kreuzungen mit den Straßen zu sichern. Anzumerken ist, dass eine solche Übertragung grundsätzlich voraussetzt, dass die Stellen, denen die Anordnungsbefugnis übertragen wird, Personal vorhalten, das im Umgang mit Verwaltungsakten ausgebildet ist.

Dort, wo das nötige Verwaltungswissen für die Anordnung nicht vorhanden ist, oder wenn größerer Koordinierungsbedarf mit anderen verkehrsrechtlichen Belangen gesehen wird, hat der Verordnungsgeber einen anderen Weg gewählt. So verpflichtet er die Bauunternehmer bei Baustellen im Straßenraum (§ 45 Abs. 6 StVO) oder den Konzessionsnehmer für die Mautgebühren-Erhebung (§ 45 Abs. 1e StVO), einen (insbesondere fachlich abgestimmten) Verkehrszeichenplan vorzulegen, der dann von der zuständigen Stelle (in der Regel von der Verkehrsbehörde, bei Baustellen im Straßenraum für Zwecke des Straßenbaus von der Straßenbaubehörde) angeordnet wird.

Zu den Regelungen, die den vorgesetzten Behörden vorbehalten sind, sowie solchen, die mehrere Verwaltungsbezirke betreffen, siehe die nachfolgenden Auszüge aus der StVO und der VwV-StVO.

Beschilderungs- und Markierungsmaßnahmen können auch im Rahmen einer Planfeststellung rechtswirksam beschlossen werden, aber nur soweit sie als konzeptioneller Teil der planfestzustellenden Straße anzusehen sind; siehe hierzu auch die

- „Planfeststellungsrichtlinien 2007 – PlafeR 07", VkBl. 2008 Heft 2 Sonderband.

Zu den Einzelheiten siehe z. B. „Schurig: Kommentar zur Straßenverkehrs-Ordnung mit VwV-StVO" § 44.

Zu Abschnitt 2.3.4

VwV-StVO zu den §§ 39 bis 43 Allgemeines über Verkehrszeichen und Verkehrseinrichtungen	**2**	Verkehrszeichen, die lediglich die gesetzliche Regelung wiedergeben, sind nicht anzuordnen. Dies gilt auch für die Anordnung von Verkehrszeichen einschließlich Markierungen, deren rechtliche Wirkung bereits durch ein anderes vorhandenes oder gleichzeitig angeordnetes Verkehrszeichen erreicht wird. Abweichungen bedürfen der Zustimmung der obersten Landesbehörde.

2.3.4 Besondere Zuständigkeiten

StVO
§ 44
Sachliche
Zuständigkeit

(3) Die Erlaubnis nach § 29 Absatz 2 und nach § 30 Absatz 2 erteilt die Straßenverkehrsbehörde, dagegen die höhere Verwaltungsbehörde, wenn die Veranstaltung über den Bezirk einer Straßenverkehrsbehörde hinausgeht, und die oberste Landesbehörde, wenn die Veranstaltung sich über den Verwaltungsbezirk einer höheren Verwaltungsbehörde hinaus erstreckt. Berührt die Veranstaltung mehrere Länder, ist diejenige oberste Landesbehörde zuständig, in deren Land die Veranstaltung beginnt. Nach Maßgabe des Landesrechts kann die Zuständigkeit der obersten Landesbehörden und der höheren Verwaltungsbehörden im Einzelfall oder allgemein auf eine andere Stelle übertragen werden.

(3a) Die Erlaubnis nach § 29 Absatz 3 erteilt die Straßenverkehrsbehörde, dagegen die höhere Verwaltungsbehörde, welche Abweichungen von den Abmessungen, den Achslasten, den zulässigen Gesamtmassen und dem Sichtfeld des Fahrzeugs über eine Ausnahme zulässt, sofern kein Anhörverfahren stattfindet; sie ist dann auch zuständig für Ausnahmen nach § 46 Absatz 1 Nummer 2 und 5 im Rahmen einer solchen Erlaubnis. Dasselbe gilt, wenn eine andere Behörde diese Aufgaben der höheren Verwaltungsbehörde wahrnimmt.

(4) Vereinbarungen über die Benutzung von Straßen durch den Militärverkehr werden von der Bundeswehr oder den Truppen der nichtdeutschen Vertragsstaaten des Nordatlantikpaktes mit der obersten Landesbehörde oder der von ihr bestimmten Stelle abgeschlossen.

(5) Soweit keine Vereinbarungen oder keine Sonderregelungen für ausländische Streitkräfte bestehen, erteilen die höheren Verwaltungsbehörden oder die nach Landesrecht bestimmten Stellen die Erlaubnis für übermäßige Benutzung der Straße durch die Bundeswehr oder durch die Truppen der nichtdeutschen Vertragsstaaten des Nordatlantikpaktes; sie erteilen auch die Erlaubnis für die übermäßige Benutzung der Straße durch die Bundespolizei, die Polizei und den Katastrophenschutz.

VwV-StVO
zu § 44
Sachliche
Zuständigkeit

Zu Absatz 1

6 Müssen Verkehrszeichen und Verkehrseinrichtungen, insbesondere Fahrbahnmarkierungen, aus technischen oder wirtschaftlichen Gründen über die Grenzen der Verwaltungsbezirke hinweg einheitlich angebracht werden, sorgen die zuständigen obersten Landesbehörden oder die von ihnen bestimmten Stellen für die notwendigen Anweisungen.

StVO
§ 45
Verkehrszeichen
und Verkehrs-
einrichtungen

(1e) Die Straßenverkehrsbehörden ordnen die für den Betrieb von mautgebührenpflichtigen Strecken erforderlichen Verkehrszeichen und Verkehrseinrichtungen auf der Grundlage des vom Konzessionsnehmer vorgelegten Verkehrszeichenplans an. Die erforderlichen Anordnungen sind spätestens drei Monate nach Eingang des Verkehrszeichenplans zu treffen.

...

(2) Zur Durchführung von Straßenbauarbeiten und zur Verhütung von außerordentlichen Schäden an der Straße, die durch deren baulichen Zustand bedingt sind, können die nach Landesrecht für den Straßenbau bestimmten Behörden (Straßenbaubehörde) – vorbehaltlich anderer Maßnahmen der Straßenverkehrsbehörden – Verkehrsverbote und -beschränkungen anordnen, den Verkehr umleiten und ihn durch Markierungen und Leiteinrichtungen lenken. Für Bahnübergänge von Eisenbahnen des öffentlichen Verkehrs können nur die Bahnunternehmen durch Blinklicht- oder Lichtzeichenanlagen, durch rot-weiß gestreifte Schranken oder durch Aufstellung des Andreaskreuzes ein bestimmtes Verhalten der Verkehrsteilnehmer vorschreiben. Alle Gebote und Verbote sind durch Zeichen und Verkehrseinrichtungen nach dieser Verordnung anzuordnen.

...

(6) Vor dem Beginn von Arbeiten, die sich auf den Straßenverkehr auswirken, müssen die Unternehmer – die Bauunternehmer unter Vorlage eines Verkehrszeichenplans – von der zuständigen Behörde Anordnungen nach den Absätzen 1 bis 3 darüber einholen, wie ihre Arbeitsstellen abzusperren und zu kennzeichnen sind, ob und wie der Verkehr, auch bei teilweiser Straßensperrung, zu beschränken, zu leiten und zu regeln ist, ferner ob und wie sie gesperrte Straßen und Umleitungen zu kennzeichnen haben. Sie haben diese Anordnungen zu befolgen und Lichtzeichenanlagen zu bedienen.

2.3.4 Besondere Zuständigkeiten

StVO
§ 45
Verkehrszeichen
und Verkehrs-
einrichtungen

(7) Sind Straßen als Vorfahrtstraßen oder als Verkehrsumleitungen gekennzeichnet, bedürfen Baumaßnahmen, durch welche die Fahrbahn eingeengt wird, der Zustimmung der Straßenverkehrsbehörde; ausgenommen sind die laufende Straßenunterhaltung sowie Notmaßnahmen. Die Zustimmung gilt als erteilt, wenn sich die Behörde nicht innerhalb einer Woche nach Eingang des Antrags zu der Maßnahme geäußert hat.

(7a) Die Besatzung von Fahrzeugen, die im Pannenhilfsdienst, bei Bergungsarbeiten und bei der Vorbereitung von Abschleppmaßnahmen eingesetzt wird, darf bei Gefahr im Verzug zur Eigensicherung, zur Absicherung des havarierten Fahrzeugs und zur Sicherung des übrigen Verkehrs an der Pannenstelle Leitkegel (Zeichen 610) aufstellen.

VwV-StVO
zu § 45
Verkehrszeichen
und Verkehrs-
einrichtungen

Zu Absatz 1 bis 1e

3   III. 1. Die Straßenverkehrsbehörde bedarf der Zustimmung der obersten Landesbehörde oder der von ihr bestimmten Stelle zur Anbringung und Entfernung folgender Verkehrszeichen:

4   a) auf allen Straßen der Zeichen 201, 261, 269, 275, 279, 290.1, 290.2, 330.1, 330.2, 331.1, 331.2, 363, 460 sowie des Zusatzzeichens „abknickende Vorfahrt" (Zusatzzeichen zu Zeichen 306),

5   b) auf Autobahnen, Kraftfahrstraßen und Bundesstraßen: des Zeichens 250, auch mit auf bestimmte Verkehrsarten beschränkenden Sinnbildern, wie der Zeichen 251 oder 253, sowie der Zeichen 262 und 263,

6   c) auf Autobahnen, Kraftfahrstraßen sowie auf Bundesstraßen außerhalb geschlossener Ortschaften: der Zeichen 276, 277, 280, 281, 295 als Fahrstreifenbegrenzung und 296,

7   d) auf Autobahnen und Kraftfahrstraßen: der Zeichen 209 bis 214, 274 und 278,

8   e) auf Bundesstraßen: des Zeichens 274 samt dem Zeichen 278 dann, wenn die zulässige Höchstgeschwindigkeit auf weniger als 60 km/h ermäßigt wird.

9   2. Die obersten Landesbehörden sollten jedenfalls für Straßen von erheblicher Verkehrsbedeutung, die in Nummer 1 Buchstabe b bis e nicht aufgeführt sind, entsprechende Anweisungen geben.

10   3. Der Zustimmung bedarf es nicht, wenn jene Maßnahmen zur Durchführung von Arbeiten im Straßenraum oder zur Verhütung außerordentlicher Schäden an den Straßen getroffen werden oder durch unvorhergesehene Ereignisse wie Unfälle, Schadenstellen oder Verkehrsstauungen veranlasst sind.

11   4. Die Straßenverkehrsbehörde bedarf der Zustimmung der obersten Landesbehörde oder der von ihr beauftragten Stelle außerdem für die Anordnung des Schildes nach § 37 Abs. 2 Nr. 1 Satz 8 („Grünpfeil").

11a   5. Die Straßenverkehrsbehörde bedarf der Zustimmung der obersten Landesbehörde oder der von ihr dafür beauftragten Stelle zur Anordnung der Zeichen 386.2 und 386.3. Die Zeichen werden durch die zuständige Straßenbaubehörde aufgestellt.

12   IV. Die Straßenverkehrsbehörde bedarf der Zustimmung der höheren Verwaltungsbehörde oder der von ihr bestimmten Stelle zur Aufstellung und Entfernung folgender Verkehrszeichen auf allen Straßen: der Zeichen 293, 306, 307 und 354 sowie des Zusatzzeichens „Nebenstrecke".

13   V. Die Straßenverkehrsbehörde bedarf der Zustimmung der obersten Landesbehörde oder der von ihr bestimmten Stelle zur Anordnung von Maßnahmen zum Schutz der Bevölkerung vor Lärm und Abgasen. Das Bundesministerium für Verkehr, Bau und Stadtentwicklung gibt im Einvernehmen mit den zuständigen obersten Landesbehörden „Richtlinien für straßenverkehrsrechtliche Maßnahmen zum Schutz der Bevölkerung vor Lärm (Lärmschutz-Richtlinien-StV)" im Verkehrsblatt bekannt.

14   VI. Der Zustimmung bedarf es in den Fällen der Nummern III bis V nicht, wenn und soweit die oberste Landesbehörde die Straßenverkehrsbehörde vom Erfordernis der Zustimmung befreit hat.

…

Zu Absatz 2

Zu Satz 1

46   I. Die Straßenverkehrsbehörde ist mindestens zwei Wochen vor der Durchführung der in Satz 1 genannten Maßnahmen davon zu verständigen; sie hat die Polizei rechtzeitig davon zu unterrichten; sie darf die Maßnahmen nur nach Anhörung der Straßenbaubehörde und der Polizei aufheben oder ändern. Ist von vornherein mit

VwV-StVO
zu § 45
Verkehrszeichen
und Verkehrs-
einrichtungen

Beschränkungen oder Verboten von mehr als drei Monaten Dauer zu rechnen, so haben die Straßenbaubehörden die Entscheidung der Straßenverkehrsbehörden über die in einem Verkehrszeichenplan vorgesehenen Maßnahmen einzuholen.

II. Schutz gefährdeter Straßen

47 1. Straßenbau- und Straßenverkehrsbehörden und die Polizei haben ihr Augenmerk darauf zu richten, dass frostgefährdete, hitzegefährdete und abgenutzte Straßen nicht in ihrem Bestand bedroht werden.

48 2. Für Verkehrsbeschränkungen und Verkehrsverbote, welche die Straßenbaubehörde zum Schutz der Straße außer wegen Frost- oder Hitzegefährdung erlassen hat, gilt Nummer I entsprechend. Die Straßenverkehrsbehörde darf Verkehrsbeschränkungen und Verkehrsverbote, welche die Straßenbaubehörde zum Schutz der Straße erlassen hat, nur mit Zustimmung der höheren Verwaltungsbehörde aufheben oder einschränken. Ausnahmegenehmigungen bedürfen der Anhörung der Straßenbaubehörde.

...

50 4. Für frostgefährdete Straßen stellt die Straßenbaubehörde alljährlich frühzeitig im Zusammenwirken mit der Straßenverkehrsbehörde und der Polizei einen Verkehrszeichenplan auf. Dabei sind auch Vertreter der betroffenen Straßenbenutzer zu hören. Auch die technischen Maßnahmen zur Durchführung sind rechtzeitig vorzubereiten. Die Straßenbaubehörde bestimmt bei eintretender Frostgefahr möglichst drei Tage zuvor den Tag des Beginns und der Beendigung dieser Maßnahmen, sorgt für rechtzeitige Beschilderung, teilt die Daten der Straßenverkehrsbehörde und der Polizei mit und unterrichtet die Öffentlichkeit.

Zu Satz 3

51 I. Dazu müssen die Bahnunternehmen die Straßenverkehrsbehörde, die Straßenbaubehörde und die Polizei hören. Das gilt nicht, wenn ein Planfeststellungsverfahren vorausgegangen ist.

52 II. Für Übergänge anderer Schienenbahnen vgl. Nummer VI zu Zeichen 201; Randnummer 11 ff.

2.3.5 Kostenregelungen

Die Kosten der Beschaffung, Anbringung, Entfernung, Unterhaltung und des Betriebs der Verkehrszeichen und -einrichtungen sind vom Straßenbaulastträger der durchgehenden Fahrbahn zu tragen. Ausnahmen sind vorgesehen für einzeln im Straßenverkehrsgesetz aufgezählte Verkehrszeichen und Verkehrseinrichtungen, die eindeutig von anderen Kostenträgern veranlasst sind (und meist für den Gemeingebrauch nur bedingt notwendig) sind.

Die Kosten der Schilder, die keine Verkehrszeichen sind, sondern im Rahmen von Gestattungsverträgen an den Straßen angeordnet werden, sind in der Regel vom Veranlasser zu tragen. Das Nähere regelt der Nutzungsvertrag (siehe Abschnitt 12.10.2).

Zu Abschnitt 2.3.5

StVG
§ 5b
Unterhaltung der
Verkehrszeichen

(1) Die Kosten der Beschaffung, Anbringung, Entfernung, Unterhaltung und des Betriebs der amtlichen Verkehrszeichen und -einrichtungen sowie der sonstigen vom Bundesministerium für Verkehr, Bau und Stadtentwicklung zugelassenen Verkehrszeichen und -einrichtungen trägt der Träger der Straßenbaulast für diejenige Straße, in deren Verlauf sie angebracht werden oder angebracht worden sind, bei geteilter Straßenbaulast der für die durchgehende Fahrbahn zuständige Träger der Straßenbaulast. Ist ein Träger der Straßenbaulast nicht vorhanden, so trägt der Eigentümer der Straße die Kosten.

(2) Diese Kosten tragen abweichend vom Absatz 1

a) die Unternehmer der Schienenbahnen für Andreaskreuze, Schranken, Blinklichter mit oder ohne Halbschranken;

b) die Unternehmer im Sinne des Personenbeförderungsgesetzes für Haltestellenzeichen;

2.3.5 Kostenregelungen

StVG
§ 5b
Unterhaltung der
Verkehrszeichen

c) die Gemeinden in der Ortsdurchfahrt für Parkuhren und andere Vorrichtungen oder Einrichtungen zur Überwachung der Parkzeit, Straßenschilder, Geländer, Wegweiser zu innerörtlichen Zielen und Verkehrszeichen für Laternen, die nicht die ganze Nacht brennen;

d) die Bauunternehmer und die sonstigen Unternehmer von Arbeiten auf und neben der Straße für Verkehrszeichen und -einrichtungen, die durch diese Arbeiten erforderlich werden;

e) die Unternehmer von Werkstätten, Tankstellen sowie sonstigen Anlagen und Veranstaltungen für die entsprechenden amtlichen oder zugelassenen Hinweiszeichen;

f) die Träger der Straßenbaulast der Straßen, von denen der Verkehr umgeleitet werden soll, für Wegweiser für Bedarfsumleitungen.

(3) Das Bundesministerium für Verkehr, Bau und Stadtentwicklung wird ermächtigt, durch Rechtsverordnung mit Zustimmung des Bundesrates bei der Einführung neuer amtlicher Verkehrszeichen und -einrichtungen zu bestimmen, dass abweichend von Absatz 1 die Kosten entsprechend den Regelungen des Absatzes 2 ein Anderer zu tragen hat.

(4) Kostenregelungen aufgrund kreuzungsrechtlicher Vorschriften nach Bundes- und Landesrecht bleiben unberührt.

(5) Diese Kostenregelung umfasst auch die Kosten für Verkehrszählungen, Lärmmessungen, Lärmberechnungen und Abgasmessungen.

(6) Können Verkehrszeichen oder Verkehrseinrichtungen aus technischen Gründen oder wegen der Sicherheit und Leichtigkeit des Straßenverkehrs nicht auf der Straße angebracht werden, haben die Eigentümer der Anliegergrundstücke das Anbringen zu dulden. Schäden, die durch das Anbringen oder Entfernen der Verkehrszeichen oder Verkehrseinrichtungen entstehen, sind zu beseitigen. Wird die Benutzung eines Grundstücks oder sein Wert durch die Verkehrszeichen oder Verkehrseinrichtungen nicht unerheblich beeinträchtigt oder können Schäden, die durch das Anbringen oder Entfernen der Verkehrszeichen oder Verkehrseinrichtungen entstanden sind, nicht beseitigt werden, so ist eine angemessene Entschädigung in Geld zu leisten. Zur Schadensbeseitigung und zur Entschädigungsleistung ist derjenige verpflichtet, der die Kosten für die Verkehrszeichen und Verkehrseinrichtungen zu tragen hat. Kommt eine Einigung nicht zustande, so entscheidet die höhere Verwaltungsbehörde. Vor der Entscheidung sind die Beteiligten zu hören. Die Landesregierungen werden ermächtigt, durch Rechtsverordnung die zuständige Behörde abweichend von Satz 5 zu bestimmen. Sie können diese Ermächtigung auf oberste Landesbehörden übertragen.

StVO
§ 45
Verkehrszeichen
und Verkehrs-
einrichtungen

(5) Zur Beschaffung, Anbringung, Unterhaltung und Entfernung der Verkehrszeichen und Verkehrseinrichtungen und zu deren Betrieb einschließlich ihrer Beleuchtung ist der Baulastträger verpflichtet, sonst der Eigentümer der Straße. Das gilt auch für die von der Straßenverkehrsbehörde angeordnete Beleuchtung von Fußgängerüberwegen.

2.4 Konzeption von Regelungen

2.4.1 Allgemeines

In Abschnitt 2.4 wird beschrieben, wie eine sinnvolle und zulässige Verkehrsregelung unter Berücksichtigung der bisher angesprochenen Grundlagen (siehe Abschnitte 2.1 bis 2.3) im Hinblick auf eine spätere Umsetzung (durch Beschilderung, Markierungen oder Verkehrseinrichtungen; siehe Abschnitte 2.5 bis 2.8) konzipiert werden kann.

Im nachfolgenden Abschnitt 2.4.2 wird zunächst auf das Minimierungsgebot eingegangen. Es folgen Ausführungen zur Struktur von Regelungen (Abschnitt 2.4.3) und zu der immer wieder diskutierten Frage, ob unterschiedliche Verkehrsarten durch Regelungen eher durchmischt oder voneinander getrennt werden sollen (Abschnitt 2.4.4). In den Abschnitten 2.4.5 bis 2.4.7 werden Hinweise zur Problemanalyse gegeben.

Aus den vorhergehenden Abschnitten ergibt sich, dass Regelungen dann (und nur dann) zu erwägen sind, wenn ein „Problem" auftritt oder aufzutreten droht (z. B. die Sicherheit und Leichtigkeit des Verkehrs gefährdet oder die Auswirkungen des Verkehrs auf das Umfeld übermäßig sind), das mit dem Verhalten von Verkehrsteilnehmern zusammenhängt.

Aus dieser Paarung „Problem" – Regelung ergibt sich eine zweckmäßige Vorgehensweise für die Herleitung der Regelung:

- Analyse des Problems mit möglichst genauer Feststellung der Ursachen
- Erarbeiten von Lösungskonzepten: vorrangig durch Ausräumen der Ursachen
- Vergleichende Bewertung der Lösungskonzepte (inwieweit wird das Problem gelöst oder zumindest gemindert; wie groß sind die Eingriffe; sonstige Vor- und Nachteile)
- Entscheidung für die Regelung, die unter Abwägung aller Gesichtspunkte am günstigsten erscheint (die insbesondere das festgestellte Problem mit dem geringsten Eingriff löst oder bei der erreichte Vorteile zu notwendigen Eingriffen im günstigsten Verhältnis stehen).

Dabei reicht es in der Regel nicht aus, als Problemursache „falsches Verhalten" der Verkehrsteilnehmer festzustellen. Insbesondere dann, wenn dieses „falsche Verhalten" nicht nur in Einzelfällen auftritt, ist anzunehmen, dass unter Berücksichtigung typischen menschlichen Verhaltens (siehe Abschnitt 2.2.5) Ursachen für dieses Verhalten zu finden sind, die mit der Gestaltung der Straßenanlage, der Umgebung oder auch anderer verkehrsrechtlicher Regelungen zusammenhängen.

Je besser die Ursache für Probleme ermittelt werden kann, desto gezielter kann durch (neue) Regelungen Abhilfe geschaffen werden.

2.4.2 Minimierung der Regelungen

In den bisherigen Abschnitten wurde unter anderem herausgearbeitet, dass Regelungen aus grundsätzlichen rechtlichen Erwägungen nur dort und in dem Ausmaß getroffen werden dürfen, wo der zu erwartende Nutzen im Verhältnis zum Eingriff in die durch die Verfassung garantierte Freiheit steht und dieser Eingriff möglichst klein ist.

Es gibt darüber hinaus noch verschiedene andere Gründe, die es geraten lassen, das Ausmaß von Regelungen zu minimieren. So kann eine Vielzahl eigentlich unnötiger Regelungen dazu führen, dass über den Gewohnheitseffekt die besonders gefährlichen Stellen nicht mehr als solche erkannt werden. Auch ist es viel effektiver und vor allem zuverlässiger, dem Verkehrsteilnehmer über allgemeine Verkehrsregeln und über „selbsterklärende Straßen" zu ermöglichen, eigenverantwortlich zu handeln, als durch eine Vielzahl von Einzelregelungen eine letztendlich doch unübersichtliche Komplexität aufzubauen, die möglicherweise neue Gefahren schafft. Schließlich stellen übermäßig viele Straßenschilder und Markierungen auch eine Beeinträchtigung des Stadt- und Landschaftsbildes dar.

Andererseits fühlen sich immer wieder Bürger, häufig Anlieger oder Nutzer „schwächerer" Verkehrsmittel, aber auch Vertreter von Straßenbaulastträgern, in der Pflicht, mehr oder weniger abstrakten Gefahren „sicherheitshalber" durch Regelungen zu begegnen. Die Erfahrung zeigt, dass angesichts der Behandlung von Einzelfällen häufig ein größerer subjektiver Regelungsbedarf erkannt wird, als das objektiv aus der Gesamtsicht erforderlich erscheint. Dies führt häufig zu sehr emotional geführten Diskussionen.

Das heißt nun nicht, dass keine Regelungen getroffen werden dürften und sollten. Vielmehr wurde schon in Abschnitt 2.2.3 herausgearbeitet, dass es sogar eine Pflicht zur Verkehrsregelung

2.4.2 Minimierung der Regelungen

gibt. Denn die Freiheit der Verkehrsteilnehmer kann auch zu Eingriffen in Schutzgüter bei Anderen (Verkehrsteilnehmern oder Straßennachbarn) führen, die durch Eigenverantwortung und allgemeine Regeln alleine nicht angemessen gelöst werden können. Wenn hier durch Regelungen des Verkehrs ausgeglichenere Verhältnisse geschaffen werden können, dann müssen sie angeordnet werden.

Insgesamt gilt: So wenig Regelung wie nötig, so viel Regelung wie nötig.

Um dieses Ziel zu erreichen, gab es immer wieder Initiativen. So wurde um 1980 eine Kommission für Verkehrssicherheit (sog. Höcherl-Kommission) gebildet, die in ihrem Schlussbericht vom 27.9.1982 herausarbeitete, dass der verantwortungsbewusste Verkehrsteilnehmer durch Verkehrszeichen und Schilder nur auf solche Gefahren hinzuweisen sein sollte, die er selbst bei aufmerksamer Beobachtung nicht erkennen und vor denen er somit sich selbst und andere nicht schützen kann.

Einige Jahre später, 1984, wurde in Husum, Kassel und Straubing der Modellversuch „Weniger Verkehrszeichen" von der Bundesanstalt für Straßenwesen durchgeführt. Auch in jüngerer Zeit gab es immer wieder größere und kleinere Aktionen, die Anzahl der Verkehrszeichen und der damit verbundenen Regelungen zu verringern, bis hin zu extremen Ausbildungen wie „Shared Space", wo auf spezielle Regelungen ganz verzichtet wird.

Außerdem gibt es eine umfangreiche Rechtsprechung insbesondere auch zur Verkehrssicherungspflicht.

So stellt z.B. der BGH in der Begründung zu seinem Urteil III ZR 104/87 vom 4. März 1988 unter Erwähnung früherer Urteile zur Amtspflicht der Straßenverkehrsbehörden fest: „Inhaltlich ist diese Amtspflicht darauf gerichtet, für die Sicherheit und Leichtigkeit des Verkehrs zu sorgen und die Einrichtungen für die Regelung des Verkehrs so zu gestalten, daß sie ihrem Zweck gerecht werden, den Verkehr zu erleichtern und Verkehrsgefahren zu verhüten. Die Straßenverkehrsbehörden brauchen allerdings nur insoweit Maßnahmen zu ergreifen, als dies objektiv erforderlich und nach objektiven Maßstäben zumutbar ist. Sie haben deshalb regelmäßig dann keine weiteren Pflichten, wenn die Verkehrsteilnehmer bei zweckgerechter Benutzung der Straße und Anwendung der gebotenen Aufmerksamkeit etwaige Schäden selbst abwenden können. Von den Verkehrsteilnehmern wird dabei in schwierigen Verkehrslagen

sogar eine gesteigerte Aufmerksamkeit erwartet. Zudem werden Kenntnisse über besondere Verkehrsgefahren vorausgesetzt. In derartigen Fällen ist eine Warnung nicht geboten, weil ein Kraftfahrer mit der erforderlichen Sorgfalt etwaige Schäden durch vorsichtiges Fahren abwenden kann."

Kurz: Maßnahmen sind nur zu ergreifen, wenn sie

– objektiv erforderlich und
– nach objektiven Maßstäben zumutbar

sind und

– die Verkehrsteilnehmer bei zweckgerechter Benutzung der Straße etwaige Schäden unter Anwendung der gebotenen Aufmerksamkeit selbst nicht abwenden können.

Außerdem kann bei den Verkehrsteilnehmern

– in schwierigen Verkehrslagen sogar gesteigerte Aufmerksamkeit erwartet und
– Kenntnis über besondere Verkehrsgefahren vorausgesetzt werden.

Eine Warnung sei in derartigen Fällen nicht geboten, weil ein Kraftfahrer mit der erforderlichen Sorgfalt etwaige Schäden durch vorsichtiges Fahren abwehren könne.

StVO und VwV-StVO haben diese Initiativen aufgegriffen und in Änderungen von 1997 und 2009/2013 in verschiedenen Textpassagen ausdrücklich auf das (aus allgemeinen Gründen ohnehin schon bestehende) Minimierungsgebot ausdrücklich hingewiesen. Die entsprechenden Passagen sind vor allem in § 39 und § 45 zu finden. § 39 Abs. 1 verweist auf die allen Verkehrsteilnehmern obliegende Verpflichtung, die allgemeinen und besonderen Verhaltensvorschriften der StVO eigenverantwortlich zu beachten, und legt fest, dass örtliche Anordnungen durch Verkehrszeichen nur dort getroffen werden dürfen, wo dies „aufgrund der besonderen Umstände zwingend geboten ist".

§ 45 Abs. 9 greift dies auf. Dort werden noch einige zusätzliche Gründe für Anordnungen genannt. Allgemein dürfen danach „Beschränkungen und Verbote des fließenden Verkehrs nur angeordnet werden, wenn aufgrund der besonderen örtlichen Verhältnisse eine Gefahrenlage besteht, die das allgemeine Risiko einer Beeinträchtigung der in den vorstehenden Absätzen genannten Rechtsgüter erheblich übersteigt". Selbst „Gefahrzeichen dürfen nur dort angebracht werden, wo es für die Sicherheit des Verkehrs unbedingt erforderlich ist, weil auch ein aufmerksamer Verkehrsteilnehmer die Gefahr nicht oder nicht rechtzeitig erkennen kann und auch nicht mit ihr rechnen muss".

Allerdings ist kritisch anzumerken, dass die anfangs kurze und knappe Formulierung durch verschiedene Einschübe verwässert wird. Diese waren z. B. für die flächendeckende Einführung von Tempo 30-Zonen notwendig, da die verkehrspsychologisch sinnvolle Umgestaltung der Straßenanlagen in solchen Zonen ("selbsterklärende Straße") nicht leistbar war. Die Frage bleibt, ob zumindest ein Teil dieser Formulierungen nach einer gewissen Gewöhnungszeit der Autofahrer wieder entfernt werden kann.

Minimierung kann auch im Hinblick auf die Verbindlichkeit der Anordnung verstanden werden. Erst wenn das umsichtige eigenverantwortliche Verhalten der Verkehrsteilnehmer offensichtlich nicht ausreichend und kritisches Fehlverhalten zu vermeiden ist, können mit zunehmender Verbindlichkeit folgende Anordnungen erwogen werden:

– Hinweise
– Warnungen
– Ge- und Verbote.

Dabei verdeutlichen Hinweise, in erster Linie durch eine eindeutige und optisch führende Straßengestaltung ("selbsterklärende Straße"; siehe Abschnitt 2.2.4), durch Leiteinrichtungen oder durch Richtzeichen nach § 42 StVO lediglich die Situation und erleichtern den Verkehrsteilnehmern ihre Aufgabe.

Warnungen, z. B. durch Gefahrzeichen nach § 40 StVO, enthalten zusätzlich noch die Information, dass eine Gefahr zu erwarten ist, die als Reaktion zumindest erhöhte Aufmerksamkeit, meist aber auch eine Verringerung der Geschwindigkeit (zur Vergrößerung der für Reaktionen verfügbaren Zeit und zur Verringerung der kinetischen Energie) erfordert.

Ge- und Verbote durch Absperreinrichtungen und Vorschriftzeichen nach § 41 StVO zielen darauf ab, das Verhalten der Verkehrsteilnehmer direkt zu beeinflussen.

Dabei zeigt die Erfahrung, unterstützt von psychologischen Erklärungen, dass Ge- und Verbote umso besser befolgt werden, je einsichtiger die getroffenen Regelungen für die Verkehrsteilnehmer sind. Daher sollen Vorschriftzeichen nur dort angeordnet werden, wo eine Regelung aufgrund der besonderen Umstände zwingend erforderlich ist (§ 39 Abs. 1 StVO). Außerdem kann es

sinnvoll sein, den Grund des Ge- oder Verbotes durch ein Gefahrzeichen über dem Vorschriftzeichen zu verdeutlichen. Für diese bisher übliche Vorgehensweise fordert die VwV-StVO zu § 40 Rn. 1 seit 2009 allerdings einen „unabweisbaren Bedarf".

In Fällen, wo die Verkehrsteilnehmer die Notwendigkeit einer Anordnung nicht einsehen, besteht die Gefahr, dass sie sich über diese Anordnungen hinwegsetzen aus dem Gefühl heraus, die Beschilderung sei falsch. Das trifft besonders für Zeichen 274 (Geschwindigkeitsbeschränkung) und Zeichen 276 (Überholverbot) zu. **Eine unzweckmäßige oder falsche Anordnung von Gebots- und Verbotszeichen verleitet zur Missachtung der Verkehrszeichen und beeinträchtigt damit die Verkehrssicherheit.**

Auch die Regelungsdichte kann kritisch sein. Werden die Verkehrsteilnehmer mit zu vielen Anordnungen innerhalb einer bestimmten Zeitspanne konfrontiert, so sind sie nicht mehr in der Lage, alle gleichzeitig zu erfassen. Dabei ist zu berücksichtigen, dass die tatsächlich aufgenommene Information bei Überforderung wieder abnimmt.

Insbesondere Vorschriftzeichen müssen größtenteils „bewusst" durch die Verkehrsteilnehmer verarbeitet werden. Da dieser Informationsweg nur eine sehr begrenzte Verarbeitungskapazität hat (ca. 16 bit/s; siehe Abschnitt 2.2.5), muss in besonderem Maße darauf geachtet werden, dass Vorschriftzeichen gut erkennbar und möglichst in ausreichendem Abstand zu anderen Verkehrszeichen aufgestellt sind.

Die StVO und die VwV-StVO gehen daher an mehreren Stellen auf die zu vermeidende Häufung von Verkehrszeichen ein (§ 39 Abs. 1 und § 45 Abs. 9 StVO und VwV-StVO zu den §§ 39 bis 43, Rn. 1, 2 und 33–40). Notfalls sind Regelungen räumlich so auszudehnen, dass kritische Häufungen von Verkehrszeichen vermieden werden und den Verkehrsteilnehmern unter Berücksichtigung der gefahrenen Geschwindigkeiten und der ablenkenden Anforderungen aus dem Umfeld genügend Zeit verbleibt, die Anordnungen sicher wahrzunehmen und zu erfassen.

Bei Änderungen bedeutsamer Verkehrsregelungen ist eine ausreichende Warnung und Unterrichtung der Verkehrsteilnehmer notwendig (z. B. durch Presse, regionalen Verkehrsfunk, Informationstafeln).

2.4.2 Minimierung der Regelungen

Zu Abschnitt 2.4.2

StVO
§ 39
Verkehrszeichen

(1) Angesichts der allen Verkehrsteilnehmern obliegenden Verpflichtung, die allgemeinen und besonderen Verhaltensvorschriften dieser Verordnung eigenverantwortlich zu beachten, werden örtliche Anordnungen durch Verkehrszeichen nur dort getroffen, wo dies aufgrund der besonderen Umstände zwingend geboten ist.

VwV-StVO
zu den §§ 39 bis 43
Allgemeines über
Verkehrszeichen
und Verkehrs-
einrichtungen

1 I. Die behördlichen Maßnahmen zur Regelung und Lenkung des Verkehrs durch Verkehrszeichen und Verkehrseinrichtungen sollen die allgemeinen Verkehrsvorschriften sinnvoll ergänzen. Dabei ist nach dem Grundsatz zu verfahren, so wenig Verkehrszeichen wie möglich anzuordnen. Bei der Straßenbaubehörde ist gegebenenfalls eine Prüfung anzuregen, ob an Stelle von Verkehrszeichen und Verkehrseinrichtungen vorrangig durch verkehrstechnische oder bauliche Maßnahmen eine Verbesserung der Situation erreicht werden kann.

2 Verkehrszeichen, die lediglich die gesetzliche Regelung wiedergeben, sind nicht anzuordnen. Dies gilt auch für die Anordnung von Verkehrszeichen einschließlich Markierungen, deren rechtliche Wirkung bereits durch ein anderes vorhandenes oder gleichzeitig angeordnetes Verkehrszeichen erreicht wird. Abweichungen bedürfen der Zustimmung der obersten Landesbehörde.

3 Verkehrszeichen dürfen nur dort angebracht werden, wo dies nach den Umständen geboten ist. Über die Anordnung von Verkehrszeichen darf in jedem Einzelfall und nur nach gründlicher Prüfung entschieden werden; die Zuziehung ortsfremder Sachverständiger kann sich empfehlen.

4 1. Beim Einsatz moderner Mittel zur Regelung und Lenkung des Verkehrs ist auf die Sicherheit besonders Bedacht zu nehmen. Verkehrszeichen, Markierungen, Verkehrseinrichtungen sollen den Verkehr sinnvoll lenken, einander nicht widersprechen und so den Verkehr sicher führen. Die Wahrnehmbarkeit darf nicht durch Häufung von Verkehrszeichen beeinträchtigt werden.

5 2. Die Flüssigkeit des Verkehrs ist mit den zur Verfügung stehenden Mitteln zu erhalten. Dabei geht die Verkehrssicherheit aller Verkehrsteilnehmer der Flüssigkeit des Verkehrs vor. Der Förderung der öffentlichen Verkehrsmittel ist besondere Aufmerksamkeit zu widmen.

...

11. Häufung von Verkehrszeichen

33 Weil die Bedeutung von Verkehrszeichen bei durchschnittlicher Aufmerksamkeit zweifelsfrei erfassbar sein muss, sind Häufungen von Verkehrszeichen zu vermeiden. Es ist daher stets vorrangig zu prüfen, auf welche vorgesehenen oder bereits vorhandenen Verkehrszeichen verzichtet werden kann.

StVO
§ 40
Gefahrzeichen

(1) Gefahrzeichen mahnen zu erhöhter Aufmerksamkeit, insbesondere zur Verringerung der Geschwindigkeit im Hinblick auf eine Gefahrsituation (§ 3 Absatz 1).

VwV-StVO
zu § 40
Gefahrzeichen

1 I. Gefahrzeichen sind nach Maßgabe des § 45 Abs. 9 Satz 4 anzuordnen. Nur wenn sie als Warnung oder Aufforderung zur eigenverantwortlichen Anpassung des Fahrverhaltens nicht ausreichen, sollte stattdessen oder bei unabweisbarem Bedarf ergänzend mit Vorschriftzeichen (insbesondere Zeichen 274, 276) auf eine der Gefahrsituation angepasste Fahrweise hingewirkt werden; vgl. hierzu I. zu den Zeichen 274, 276 und 277.

2 II. Die Angabe der Entfernung zur Gefahrstelle oder der Länge der Gefahrstrecke durch andere als die in Abs. 2 und 4 bezeichneten Zusatzzeichen ist unzulässig.

StVO
§ 41
Vorschriftzeichen

(1) Wer am Verkehr teilnimmt, hat die durch Vorschriftzeichen nach Anlage 2 angeordneten Ge- oder Verbote zu befolgen.

StVO
§ 42
Richtzeichen

(1) Richtzeichen geben besondere Hinweise zur Erleichterung des Verkehrs. Sie können auch Ge- oder Verbote enthalten.

StVO
§ 45
Verkehrszeichen
und Verkehrs-
einrichtungen

(9) Verkehrszeichen und Verkehrseinrichtungen sind nur dort anzuordnen, wo dies aufgrund der besonderen Umstände zwingend geboten ist. Abgesehen von der Anordnung von Schutzstreifen für den Radverkehr (Zeichen 340) oder von Fahrradstraßen (Zeichen 244.1) oder von Tempo 30-Zonen nach Absatz 1c oder Zonen-Geschwindigkeitsbeschränkungen nach Absatz 1d dürfen insbesondere Beschränkungen und Verbote des fließenden Verkehrs nur angeordnet werden, wenn auf grund der besonderen örtlichen Verhältnisse eine Gefahrenlage besteht, die das allgemeine Risiko einer Beeinträchtigung der in den vorstehenden Absätzen genannten Rechtsgüter erheblich übersteigt. Abweichend von Satz 2 dürfen zum Zwecke des Absatzes 1 Satz 1 oder 2 Nummer 3 Beschränkungen oder Verbote des fließenden Verkehrs auch angeordnet werden, soweit dadurch erhebliche Auswirkungen veränderter Verkehrsverhältnisse, die durch die Erhebung der Maut nach dem Bundesfernstraßenmautgesetz hervorgerufen worden sind, beseitigt oder abgemildert werden können. Gefahrzeichen dürfen nur dort angebracht werden, wo es für die Sicherheit des Verkehrs unbedingt erforderlich ist, weil auch ein aufmerksamer Verkehrsteilnehmer die Gefahr nicht oder nicht rechtzeitig erkennen kann und auch nicht mit ihr rechnen muss.

VwV-StVO
zu § 45
Verkehrszeichen
und Verkehrs-
einrichtungen

Zu Absatz 9

72 Auf Nummer I zu den §§ 39 bis 43 (Rn. 1) wird verwiesen.

2.4.3 Struktur der Regelungen

Es empfiehlt sich, die vorgesehenen Regelungen logisch sauber zu strukturieren und räumlich so zu verteilen, dass sie von einem durchschnittlichen aufmerksamen Verkehrsteilnehmer sicher aufgenommen und verarbeitet werden können.

Bewährt haben sich die folgenden Phasen:
– Vorbereiten
– Regeln
– Erinnern
– Aufheben.

In der Vorbereitungsphase soll zunächst die Aufmerksamkeit der möglicherweise mehr oder weniger abgelenkten Verkehrsteilnehmer erregt und darauf hingewiesen werden, dass mit einer besonderen Situation zu rechnen ist. Dies ist um so wichtiger, je größer das Ablenkungspotenzial ist (z. B. bei gleichmäßigen Fahraufgaben wie einer Fernfahrt auf der Autobahn oder bei großer Ablenkung durch verkehrsfremde Informationsreize wie bei einer Fahrt durch eine Geschäftsstraße). Außerdem können hier schon abgestuft (um Überreizung zu vermeiden) die nötigen Informationen gegeben werden, die die Verkehrsteilnehmer für ihre eigenverantwortlichen Handlungsentscheidungen brauchen.

Die Regelungsphase ist die zentrale Phase der Anordnung. Hier ist es wichtig, dass die Regelungsdichte so gewählt wird, dass sie von einem durchschnittlichen Verkehrsteilnehmer noch sicher erfasst werden kann. Die Regelungsphase soll so gestaltet werden, dass bei den Verkehrsteilnehmern die notwendigen Reaktionen mit ausreichender Sicherheit ausgelöst werden.

Räumlich ausgedehnte Regelungen können es erforderlich machen, die Verkehrsteilnehmer regelmäßig an die Regelung zu erinnern.

Schließlich muss bei vielen Regelungen auch das Ende des räumlichen Geltungsbereichs festgelegt werden.

Die Strukturierung in Phasen muss nicht notwendigerweise bedeuten, dass für jede Phase eine eigene Beschilderung erforderlich wird. So kann z. B. bei einer langsam befahrenen Straße ein weithin sichtbares Gefahrzeichen alle Phasen abdecken (Vorbereitung durch weite Sichtbarkeit; Regelung durch Schilderinhalt „Warnung"; Erinnerung und Aufhebung dadurch, dass der Warngrund während einer bestimmten Strecke sichtbar ist und dann nicht mehr). Selbst Streckenverbote benötigen keine Aufhebung, wenn durch geeignete Kombinationen das Ende der Anordnung für die Verkehrsteilnehmer eindeutig erkennbar ist (siehe Abschnitt 6.4.1).

Auch Zonenregelungen können einzelne Phasen abdecken. So werden die Verkehrsteilnehmer z. B. durch § 39 Abs. 1a „ Innerhalb geschlossener Ortschaften ist abseits der Vorfahrtstraßen … mit der Anordnung von Tempo 30-Zonen … zu rechnen" auf Tempo 30 Zonen vorbereitet; auch eine Erinnerung wird dadurch ersetzt. Eine ausgeprägte Typisierung der Straßengestalt wie die bauliche Gestaltung von verkehrsberuhigten Bereichen kann eine ähnliche Wirkung zeigen.

2.4.3 Struktur der Regelungen

Bild 2.7 Gefahrzeichen als „Begründung" für ein Verbot, auf einer Trägerfläche aufgebracht

Die Strukturierung sollte aber bei der Konzeption der Regelung immer bedacht werden (Sind die Verkehrsteilnehmer ausreichend vorbereitet? Ist die Regelung eindeutig, nachvollziehbar und verständlich? Muss die Regelung wiederholt werden? Ist das Ende des Regelungsbereichs eindeutig?). Eine einheitliche Anwendung dieser Struktur erleichtert den Verkehrsteilnehmern, die gewünschte Regelung zu befolgen und zu erkennen, und sollte daher ohne Not nicht missachtet werden.

Strukturierung bedeutet auch, dass an einer Stelle nicht zu viele Regelungen getroffen werden. Diese könnten zu einer Überlastung der Verkehrsteilnehmer und damit zur Gefahr der Nichtbeachtung der Regelungen führen. Bewährt haben sich daher die folgenden Regelungen:

– Es muss stets vorrangig geprüft werden, ob auf vorgesehene oder bereits vorhandene Regelungen verzichtet werden kann.
– In der Regel nie mehr als drei Regelungen gleichzeitig treffen (Zusatzzeichen zählen nicht mit, sofern es sich um Standardaussagen handelt).
– Nie mehr als zwei Gebote/Verbote an einer Stelle vorsehen; wenn es ausnahmsweise drei sind, darf nur eines für den fließenden Verkehr bestimmt sein.
– In der Regel dürfen Gebote/Verbote für den fließenden Verkehr nur dann kombiniert werden, wenn sie sich an die gleiche Verkehrsart wenden und die gleiche Strecke oder Stelle betreffen.
– Zeichen 201 „Andreaskreuz"
– Zeichen 350 „Fußgängerüberweg" müssen stets allein stehen.
– Zeichen 278 bis 282 „Ende der Streckenverbote"
– Warnungen dürfen unter bestimmten Voraussetzungen ausnahmsweise als „Begründung" für ein Verbot vorgesehen werden (Bild 2.7).
– Negative Vorfahrtzeichen sollten allein stehen, allenfalls in Verbindung mit den zulässigen Zusatzzeichen.
– Sind an einer Stelle oder kurz hintereinander mehrere Regelungen notwendig, so muss dafür gesorgt werden, dass die wichtigen für den fließenden Verkehr besonders auffallen (siehe Abschnitt 2.7).

Zu Abschnitt 2.4.3

VwV-StVO
zu den §§ 39 bis 43
Allgemeines über
Verkehrszeichen
und Verkehrs-
einrichtungen

11. Häufung von Verkehrszeichen

33 Weil die Bedeutung von Verkehrszeichen bei durchschnittlicher Aufmerksamkeit zweifelsfrei erfassbar sein muss, sind Häufungen von Verkehrszeichen zu vermeiden. Es ist daher stets vorrangig zu prüfen, auf welche vorgesehenen oder bereits vorhandenen Verkehrszeichen verzichtet werden kann.

34 Sind dennoch an einer Stelle oder kurz hintereinander mehrere Verkehrszeichen unvermeidlich, muss dafür gesorgt werden, dass die für den fließenden Verkehr wichtigen besonders auffallen. Kann dies nicht realisiert werden oder wird ein für den fließenden Verkehr bedeutsames Verkehrszeichen an der betreffenden Stelle nicht erwartet, ist jene Wirkung auf andere Weise zu erzielen (z. B. durch Übergröße oder gelbes Blinklicht).

35 a) Am gleichen Pfosten oder sonst unmittelbar über- oder nebeneinander dürfen nicht mehr als drei Verkehrszeichen angebracht werden; bei Verkehrszeichen für den ruhenden Verkehr kann bei besonderem Bedarf abgewichen werden.

36 aa) Gefahrzeichen stehen grundsätzlich allein (vgl. Nummer I zu § 40; Rn. 1).

37 bb) Mehr als zwei Vorschriftzeichen sollen an einem Pfosten nicht angebracht werden. Sind ausnahmsweise drei solcher Verkehrszeichen an einem Pfosten vereinigt, dann darf sich nur eins davon an den fließenden Verkehr wenden.

VwV-StVO
zu den §§ 39 bis 43
Allgemeines über
Verkehrszeichen
und Verkehrs-
einrichtungen

38 cc) Vorschriftzeichen für den fließenden Verkehr dürfen in der Regel nur dann kombiniert werden, wenn sie sich an die gleichen Verkehrsarten wenden und wenn sie die gleiche Strecke oder den gleichen Punkt betreffen.

39 dd) Verkehrszeichen, durch die eine Wartepflicht angeordnet oder angekündigt wird, dürfen nur dann an einem Pfosten mit anderen Verkehrszeichen angebracht werden, wenn jene wichtigen Zeichen besonders auffallen.

40 b) Dicht hintereinander sollen Verkehrszeichen für den fließenden Verkehr nicht folgen. Zwischen Pfosten, an denen solche Verkehrszeichen gezeigt werden, sollte vielmehr ein so großer Abstand bestehen, dass der Verkehrsteilnehmer bei der dort gefahrenen Geschwindigkeit Gelegenheit hat, die Bedeutung der Verkehrszeichen nacheinander zu erfassen.

2.4.4 Mischprinzip vs. Trennprinzip

Verkehrsteilnehmer unterscheiden sich in ihren Wünschen und Fähigkeiten teilweise erheblich. Sie wollen unterschiedlich weit fahren oder gehen, dementsprechend unterschiedlich schnell vorankommen, sind unterschiedlich geschützt oder gefährdet, unterscheiden sich in ihrer Fähigkeit, mit den anderen Verkehrsteilnehmern zu interagieren. Fußgänger interagieren z. B. extrem gut untereinander und bewegen sich vergleichsweise langsam (wollen auch nicht weit gehen), sind aber z. B. äußerst gefährdet. Fernreisende in Pkw auf der anderen Seite haben wegen großer Fahrtweiten eine hohe Geschwindigkeitserwartung, sind in ihren Fahrzeugen vergleichsweise gut geschützt, können aber kaum mit anderen Verkehrsteilnehmern interagieren. Viele Verkehrsarten sind auch in sich sehr inhomogen, z. B. die Kraftfahrzeuge (Krafträder, Pkw, Busse, Lkw, Lkw-Züge) oder die Fahrradfahrer (Familienausflug, Fahrrad als Verkehrsmittel, Sport-Fahrradfahrer).

Zur Bewältigung dieser Unterschiede gibt es grundsätzlich zwei Möglichkeiten: das Mischprinzip und das Trennprinzip. Beim **Mischprinzip**, dem im Grunde natürlichen Ansatz, nutzen alle Verkehrsteilnehmer den Verkehrsraum gemeinsam und nehmen aufeinander Rücksicht. Beim **Trennprinzip** werden einzelnen (in ihrem Verhalten in sich möglichst homogenen) Gruppen jeweils spezielle Verkehrsflächen zugewiesen, in denen sie sich vergleichsweise frei und sicher bewegen können.

Beide Prinzipien führen zu Problemen: das Mischprinzip wegen der Inhomogenität der Erwartungen und der Pflicht zur gegenseitigen Rücksichtnahme, das Trennprinzip wegen der begrenzten Flächen und der Schwierigkeit, „reservierte" Wege zu kreuzen. Das Mischprinzip schränkt vor allem die „schnelleren" Verkehrsteilnehmer in ihrem Geschwindigkeitswunsch, aber auch die langsameren in ihrer Art der freien Bewegung ein.

Das Trennprinzip schränkt vor allem die flächenorientierten, langsameren Verkehrsteilnehmer in ihrer Bewegungsfreiheit ein, gibt ihnen aber auf der anderen Seite Sicherheit vor Konflikten mit den schnelleren Fahrzeugen (die sich dafür auf „ihren" Verkehrsflächen um so schneller bewegen können).

Die StVO kennt und unterstützt diese Prinzipien in unterschiedlichen Ausprägungen. Zunächst versuchen die allgemeinen Verkehrsregelungen als die geringste Regelungsstufe, die Elemente beider Prinzipien in schwacher Ausprägung in sich zu vereinigen. Die allgemeinen Verkehrsregeln verpflichten zunächst in § 1 StVO die Verkehrsteilnehmer zur gegenseitigen Rücksichtnahme (Mischprinzip). Sie verpflichten in § 2 StVO als Realisierung des Trennprinzips aber auch insbesondere die langsamen Fahrzeuge, rechts zu fahren (und schnellere links überholen zu lassen). Radfahrer dürfen in der Regel nicht nebeneinander fahren. Fußgänger haben nach § 25 StVO die Gehwege zu benutzen und Fahrbahnen zügig und quer zur Fahrtrichtung zu überqueren. Dem Mischprinzip wird Rechnung getragen z. B. durch die Regelungen innerhalb geschlossener Ortschaften (siehe Abschnitt 6.6.4), in Tempo 30-Zonen (siehe Abschnitt 6.6.5) und insbesondere in verkehrsberuhigten Zonen (siehe Abschnitt 6.6.6). Das Trennprinzip wird betont durch die Anordnung von Sonderwegen (siehe Abschnitt 3.5), aber auch durch die Ausweisung von Autobahnen und Kraftfahrstraßen mit ihren besonderen Regelungen (siehe Abschnitt 6.6.2).

Im Sinne der Minimierung der Regelungen wird man bei geringem Verkehrsaufkommen und geringem Geschwindigkeitsdruck auf besondere Regelungen verzichten. Mit steigendem Verkehrsaufkommen und/oder Geschwindigkeitsdruck werden dann meist Regelungen nötig. Hilfreich bei der Entscheidung kann der bei den Straßen-Gestaltungsrichtlinien hergeleitete Funktionsbegriff sein. Die Richtlinien sprechen von der

2.4.5 Vorbereitung – Auswertung von Unfalluntersuchungen

Verbindungs-, Erschließungs- und Aufenthalts-funktion der Straße. Je mehr die Verbindungs-funktion eindeutig überwiegt, wird in der Regel das Trennprinzip, je mehr die Aufenthaltsfunktion überwiegt, das Mischprinzip anzuwenden sein. Problematisch sind Straßen, die ausgeprägte Erwartungen an mehrere Prinzipien haben. Hier sind Anforderungen und zu erwartende Reaktio-nen der Verkehrsteilnehmer sorgfältig zu ermitteln und gegeneinander abzuwägen, um eine ange-messene Regelung zu finden. In der Regel wird mittelfristig eine Funktionstrennung, z. B. durch Umgehungsstraßen (Verlagern der Verbindungs-funktion) anzustreben sein.

Die bauliche Gestaltung der Verkehrsanlage kann und sollte die Regelungen unterstützen. Auf jeden Fall darf sie ihnen nicht widersprechen. So ist es ausgesprochen gefährlich, einen verkehrsberu-higten Bereich mit seinem ausgeprägten Misch-prinzip dort anzuordnen, wo eine bauliche Gestal-tung mit längslaufenden Bordsteinen Trennung signalisiert (siehe Abschnitte 2.2.5 und 6.6.4).

Umgekehrt sind weniger Probleme zu erwarten, je besser straßenverkehrsrechtliche Regelung und straßenbauliche Gestaltung miteinander harmo-nieren. Manchmal kann die bauliche Gestaltung auch spezielle Regelungen ganz entbehrlich machen. So können z. B. an städtischen Haupt-verkehrsstraßen baulich angelegte Radwege auch ohne Benutzungszwang erheblich zur Ver-besserung der Situation beitragen.

2.4.5 Vorbereitung – Auswertung von Unfalluntersuchungen

Eine wesentliche Quelle, um Problemstellen im Verkehrsablauf und ihre Ursachen zu erken-nen, ist die intensive Beschäftigung mit dem Unfallgeschehen. Dies gilt in erster Linie kon-kret, bedeutet also die direkte Beschäftigung mit dem tatsächlichen Unfallgeschehen. Dies gilt aber auch abstrakt, indem man durch die Beschäftigung mit dem tatsächlichen Unfall-geschehen ein Gefühl dafür entwickelt, wo und warum auch an anderen Stellen im Netz Probleme auftreten könnten.

Eigentlich interessiert im Zusammenhang mit der Regelung des Verkehrs nicht, welche Unfälle sich in der Vergangenheit ereignet haben, sondern welche Unfälle sich möglicherweise in der Zukunft ereignen könnten (und durch geeignete Maßnah-men verhindert werden sollen).

Allerdings ist es sehr schwer, Unfälle in der Zukunft zu prognostizieren (Risikoanalyse). Eine bewährte Methode für Prognosen, also für Abschätzungen für die Zukunft, ist es, die in der Vergangenheit erlebten Zusammenhänge auf die Zukunft zu übertragen.

Das ist dann zulässig, wenn die Randbedingun-gen in der Zukunft nur unwesentlich von denen der Vergangenheit abweichen oder genügend Wissen über die Zusammenhänge vorliegt, um die Auswirkungen der Veränderungen der Rand-bedingungen auf den Prognosegegenstand abzu-schätzen.

Dieser Annahme liegt das übliche Vorgehen in der Straßenverkehrssicherheitsarbeit zugrunde. Man analysiert die Unfälle der vergangenen Jahre und geht davon aus, dass ein ähnliches Unfall-geschehen in den nächsten Jahren zu erwarten ist. Systematische quantitative Risikoanalysen sind mangels geeigneter Ursache-Wirkungs-modelle und mangels ausreichender systema-tischer Datengrundlage noch nicht möglich, allenfalls ausgefeilte Regressionsmethoden zur Analyse des tatsächlichen Unfallgeschehens. Siehe dazu z. B. das

– Highway Safety Manual. American Association of State Highway and Transportation Officials (AASHTO), 1st edition, Washington D.C. 2010/2012 [www.highwaysafetymanual.org].

Das Hauptproblem von Unfallanalysen besteht darin, dass Unfälle statistisch gesehen seltene Ereignisse sind. Auch wenn sich an einer Stelle oder in einem Bereich zehn oder fünfzehn Unfälle im Jahr ereignen, was absolut gesehen schon als hoch einzustufen ist, so ist das aus statisti-scher Sicht selten. Denn zur Ermittlung der Unfall-wahrscheinlichkeit sind die Verkehrsvorgänge mit Unfällen ins Verhältnis zu setzen zu vergleichba-ren Verkehrsvorgängen ohne Unfall, und das sind selbst auf niedrig belasteten Straßen in der Regel mehrere 100 000, meist aber Millionen. Die ein-zelnen Eintrittswahrscheinlichkeiten von solchen seltenen Ereignissen streuen naturgemäß sehr stark. Sie lassen sich mit Hilfe der Poissonver-teilung beschreiben. Die Poissonverteilung wird definiert über:

$$p_c(k) = \frac{c^k}{k!} \cdot e^{-c}$$

mit $p_c(k)$ = Wahrscheinlichkeit für k Realisierun-gen im Bezugszeitraum

c = mittlere Anzahl von Realisierungen im Bezugszeitraum

2.4.5 Vorbereitung – Auswertung von Unfalluntersuchungen

Tabelle 2.1 Beispiel einer Unfallanalyse

mit k Unfällen	Anzahl der Jahre in 10 Jahren										
	bei einer duchschnittlichen Anzahl c von Unfällen pro Jahr										
	0,5	1	2	3	4	5	6	7	8	9	10
0	6	4	1	0	0	0	0	0	0	0	0
1	3	4	3	1	1	0	0	0	0	0	0
2	1	2	3	2	1	1	0	0	0	0	0
3	0	1	2	2	2	1	1	1	0	0	0
4	0	0	1	2	2	2	1	1	1	0	0
5	0	0	0	1	2	2	2	1	1	1	0
6	0	0	0	1	1	1	2	1	1	1	1
7	0	0	0	0	1	1	1	1	1	1	1
8	0	0	0	0	0	1	1	1	1	1	1
9	0	0	0	0	0	0	1	1	1	1	1
10	0	0	0	0	0	0	0	1	1	1	1

Durch Rundungsfehler ergeben die einzelnen Spaltensummen nicht unbedingt 10.

In der obigen *Tabelle 2.1* ist das Ergebnis einer Beispielberechnung dargestellt. Im Beispielszenario wird ein Zehnjahreszeitraum betrachtet. Jede Spalte der Tabelle steht für eine durchschnittliche Anzahl von Unfällen in diesem Zehnjahreszeitraum, jede Zeile für die Anzahl der Unfälle in einem Jahr. Die Zahlen in der Tabelle geben an, wie oft diese Anzahl der Unfälle im Zehnjahreszeitraum zu erwarten ist.

Diese Tabelle sagt z. B. aus, dass bei einer angenommenen durchschnittlichen Anzahl von 4 Unfällen/Jahr (Spalte für c = 4) im Zehnjahreszeitraum wahrscheinlich jeweils 1 Jahr mit 1 oder 2 Unfällen, jeweils 2 Jahre mit 3, 4 oder 5 Unfällen und jeweils 1 Jahr mit 6 oder 7 Unfällen auftreten werden. Das heißt, selbst wenn sich an der „Gefährlichkeit" dieser Stelle überhaupt nichts ändert, können in einander folgenden Jahren mal 6, mal 1, mal 5 Unfälle auftreten. Solche Schwankungen sind wegen der „statistischen Seltenheit" normal und dürfen nicht als Entwicklung, weder in die eine noch in die andere Richtung, interpretiert werden.

Die Tabelle sagt auch aus, dass eine beobachtete Zahl von z. B. 4 Unfällen in einem Jahr (Zeile für k = 4) mit einer mittleren Anzahl von Unfällen zwischen 2 und 8 verknüpft sein kann, wenn auch eine mittlere Anzahl von 3 bis 5 wahrscheinlicher ist.

Aus diesen Zusammenhängen ergibt sich die immer wieder gestellte Forderung, dass Unfalldaten und ihre Entwicklung nur dann vernünftig analysiert werden können, wenn Daten für mehrere Jahre vorliegen.

Man kann diese Beschränkung außerdem umgehen, indem man das Unfallgeschehen nur als Ausgangspunkt für vertiefte Untersuchungen verwendet und genaue Fahrverhaltensanalysen (siehe Abschnitt 2.4.6) durchführt, z. B. das Geschwindigkeits-, Brems-, Spur- oder Blickverhalten der Verkehrsteilnehmer. Fahrverhaltensanalysen haben den Vorteil, dass nicht mehr nur ein ganz kleiner Bruchteil der Verkehrsvorgänge in die Analyse eingeht, sondern ein Großteil. Allerdings ist die Sicherheitsrelevanz von „unnormalem" Verhalten jeweils zu überprüfen.

Häufig empfiehlt es sich auch, wenn die zuständigen Sachbearbeiter von Verkehrsbehörde, Straßenbaubehörde und Polizei den kritischen Punkt gemeinsam besichtigen. Dabei ist Wesentlich, dass die Situation aus der Sicht der Verkehrsteilnehmer begutachtet wird. Für Unfälle können auch indirekte Zusammenhänge wirksam sein. So können z. B. häufige Rotlichtüberfahrten mit einer unzweckmäßigen Koordinierung der Lichtsignalanlagen nebeneinanderliegender Kreuzungen zusammenhängen.

In diesem Zusammenhang sind auch die sogenannten Verkehrskonfliktanalysen zu erwähnen, die vor einigen Jahrzehnten vertieft diskutiert wurden. Die zugrundeliegende Idee war, dass die Anzahl von beobachteten „Konflikten" zwischen Verkehrsteilnehmern oder zwischen Verkehrsteilnehmern und der Straßenanlage ein Indiz für die Gefährlichkeit einer Situation sind. Auch wenn diese Annahme in vielen Fällen zutraf, so stellte sich heraus, dass konfliktträchtige Stellen auch sehr sicher sein können (heute z. B. Kreisverkehrsplätze). Entscheidend scheint zu sein, ob die Verkehrsteilnehmer die Konfliktträchtigkeit rechtzeitig erkennen und ihr Handeln darauf einstellen können. Ist dies der Fall, so sind diese Stellen tendenziell sicherer, ansonsten nicht.

Zur Pflicht und Methodik von regelmäßigen Unfallanalysen siehe Abschnitt 2.9.3.

2.4.6 Vorbereitung – Beobachtung des Verkehrsablaufs und gezielte Verkehrsuntersuchungen

Es ist sinnvoll, an Problemstellen mehr oder weniger systematische Verkehrsbeobachtungen durchzuführen.

Wie im vorigen Abschnitt ausgeführt, leidet die Unfallanalyse an dem Umstand, dass aus statistischer Sicht Unfälle „seltene Ereignisse" sind und daher nur begrenzt Informationen liefern können. Verkehrsbeobachtungen erlauben es, an Stellen, an denen sich nur wenige Unfälle pro Jahr ereignen, in wenigen Stunden Tausende von Fahrzeugbewegungen zu beobachten.

Selbst wenn man diese Beobachtungen zunächst einmal völlig unstrukturiert durchführt, d. h. lediglich den Verkehrsablauf über eine halbe oder ganze Stunde beobachtet, so wird man häufig schon Erkenntnisse gewinnen.

Geschwindigkeitsmessungen sind die häufigsten Messungen im Verkehrsfluss (neben den reinen Verkehrszählungen).

Die Höhe der gefahrenen Geschwindigkeiten zu kennen, ist für bestimmte Entscheidungen (z. B. Festsetzung von Geschwindigkeitsbeschränkungen, Ermittlung des Aufstellortes eines Verkehrszeichens, Bestimmung der Schriftgröße), die beim Anbringen von Verkehrszeichen und Verkehrseinrichtungen zu treffen sind, hilfreich.

Bild 2.8 zeigt eine angenommene Geschwindigkeitsverteilung und die dazugehörende Summenlinie (siehe auch das folgende Beispiel).

Aus dieser Darstellung lassen sich folgende Werte bestimmen:

V_D = **Durchschnittsgeschwindigkeit**

(auch mittlere Geschwindigkeit genannt). Das ist die Geschwindigkeit, die man erhält, wenn man alle gemessenen Geschwindigkeiten addiert und durch die Anzahl der Fahrzeuge dividiert. Im vorliegenden Beispiel:

$$4\,305 : 73 = \text{ca. } 59 \text{ km/h}$$

V_{max} = **Maximalgeschwindigkeit**

Das ist die größte gemessene Geschwindigkeit. Im vorliegenden Beispiel liegt die Maximalgeschwindigkeit zwischen 110 und 120 km/h.

$V_m = V_{50\%}$ = **mittelste Geschwindigkeit**

(auch als Mediangeschwindigkeit bezeichnet). Das ist die Geschwindigkeit, die von 50 % aller Verkehrsteilnehmer erreicht oder unterschritten wird. Im vorliegenden Beispiel liegt sie zwischen 50 und 60 km/h.

$V_{n\%}$ = **Geschwindigkeit von n %**

Das ist die Geschwindigkeit, die von n % der Verkehrsteilnehmer erreicht oder unterschritten wird.

Für Geschwindigkeitsmessungen stehen auch leicht zu bedienende Messgeräte zur Verfügung. Im Einzelfall können Stellen, die über solche Messgeräte verfügen, gebeten werden, möglichst unauffällig Geschwindigkeitsmessungen vorzunehmen. Die Unauffälligkeit der Messungen soll verhindern, dass die Verkehrsteilnehmer in ihrem Fahrverhalten beeinflusst werden. Grundsätzlich ist es auch möglich, den Verkehrsfluss aus einer geeigneten Perspektive mit einer Videokamera aufzuzeichnen und die Auswertung im Büro durchzuführen. (*Achtung:* Auch wenn die Erhebung vor Ort bei Videoaufzeichnungen weniger aufwendig ist, wird dabei in der Regel insgesamt kaum Zeit eingespart.)

Für Messungen mittels Stoppuhr – sofern kein geeignetes Messgerät zur Verfügung steht – einige Anregungen: Eine Strecke von etwa 20 bis 60 m wird mit dem Bandmaß abgesteckt. Dann werden die Zeiten, die die einzelnen Fahrzeuge benötigen, um diese Messstrecke zu durchfahren, gestoppt. Das geschieht zweckmäßigerweise in der Form, dass ein Beobachter an dem einen Ende der Messstrecke steht und einem anderen Beobachter am anderen Ende der Messstrecke ein Zeichen gibt, wenn ein Fahrzeug mit den Vorderrädern in die Messstrecke einfährt. Von diesem Augenblick an läuft die Stoppuhr so lange, bis das Fahrzeug mit seinen Vorderrädern die Messstrecke wieder verlässt. Bei kurzen Messstrecken (ca. 20 bis 30 m) und einem Standpunkt

2.4.6 Vorbereitung – Beobachtung des Verkehrsablaufs und gezielte Verkehrsuntersuchungen

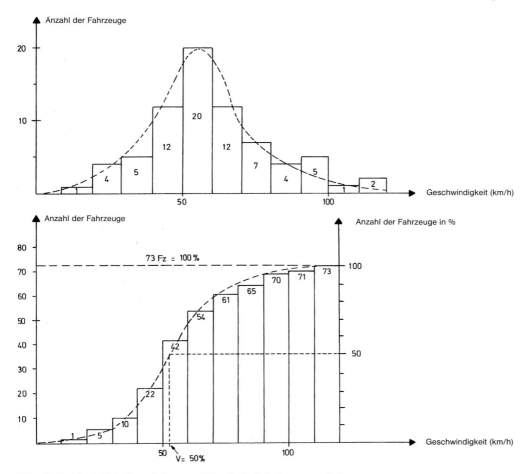

Bild 2.8 Geschwindigkeitsverteilung und Geschwindigkeitssummenlinie

mit guter Übersicht – z. B. auf einer Böschung neben der Straße – kann die Messung auch von einer Person allein vorgenommen werden.

Anfang und Ende der Messstrecke können beispielsweise durch eine Arbeitsfuge in der Fahrbahn oder Kreidestriche gekennzeichnet sein. Ein solcher Kreidestrich ist aus einem in Bewegung befindlichen Fahrzeug kaum zu erkennen und beeinflusst das Verhalten der Verkehrsteilnehmer nicht.

Bei sehr starkem Verkehr kann es ausreichen, je nach Verkehrsdichte die Geschwindigkeit nur jedes zweiten, dritten oder vierten Fahrzeugs zu erfassen (Repräsentativerhebung).

Aus der Länge der Messstrecke und der gestoppten Zeit kann die Geschwindigkeit nach der Formel errechnet werden:

$$V = s \cdot 3{,}6/T$$

Darin ist

V = Geschwindigkeit in km/h,

s = Messstrecke in m,

T = gestoppte Zeit in Sekunden, die das Fahrzeug zum Durchfahren der Messstrecke benötigt.

Angenommen,
die Messstrecke ist s = 40 m,
die gestoppte Zeit T = 2,6 sec,
dann ergibt sich die Geschwindigkeit zu

$$V = 40 \cdot 3{,}6/2{,}6 = 55{,}4 \text{ km/h}$$

Aus **Anlage 3**, *Tabelle 1* können für verschiedene Längen der Messstrecke und für verschiedene Zeiten, die erforderlich sind, um diese Messstrecken zu durchfahren, die entsprechenden Geschwindigkeiten abgelesen werden. Meistens ist es ausreichend zu wissen, ob die Geschwindigkeit zwischen 20 und 30 oder 30 und 40 km/h liegt. Die Tabelle ist dementsprechend angelegt.

2.4.6 Vorbereitung – Beobachtung des Verkehrsablaufs und gezielte Verkehrsuntersuchungen

Es muss beachtet werden, dass für einen Straßenabschnitt die Geschwindigkeit für Richtung und Gegenrichtung unterschiedlich sein kann (abhängig von Steigung, Fahrbahnbeschaffenheit u. Ä.).

Um ein ungefähres Bild über die Geschwindigkeitsverteilung zu erhalten, ist es erforderlich, die Geschwindigkeit von etwa mindestens 50 Fahrzeugen zu messen.

Neben Geschwindigkeitsmessungen lassen sich durch Testfahrten bestimmte, für einen Straßenbauabschnitt interessierende Geschwindigkeiten ermitteln (z. B. Maximalgeschwindigkeit; Geschwindigkeit, mit der eine Kurve durchfahren werden kann). Dabei wird die Tachometergeschwindigkeit abgelesen, wobei es zweckmäßig ist, vier bis fünf derartige Testfahrten vorzunehmen.

Will man nur den Verkehrsfluss vereinheitlichen, empfiehlt es sich, die zulässige Höchstgeschwindigkeit auf den Wert festzusetzen, der von etwa 85 % der frei fahrenden Kraftfahrer nicht überschritten wird (Geschwindigkeit V_{85}).

Zur Ermittlung dieser Geschwindigkeit kann folgendes Verfahren angewandt werden: Es wird eine Geschwindigkeitsmessung durchgeführt. Als Messstreckenlänge werden z. B. 40 m gewählt. Die Durchfahrzeiten der einzelnen Fahrzeuge werden gestoppt. In Spalte 3 der *Tabelle 2.2* wird in der Zeile ein Zählstrich gemacht, deren Fahrzeitangabe in Spalte 2 der gestoppten Zeit entspricht (z. B. gestoppt 5,3 sec, dann wird in der 3. Zeile neben 7,20 bis 4,80 sec ein Strich gemacht). Die „Erforderliche Fahrzeit" – in diesem Fall für eine Messstrecke von 40 m – wurde der *Tabelle 1*, **Anlage 3**, entnommen und in die Spalte 2 der *Tabelle 2.2* eingetragen.

Angenommen, es wurden 73 Fahrzeuge erfasst. Als Geschwindigkeitsbegrenzung soll in diesem Fall die Geschwindigkeit gewählt werden, die von 80 % aller Fahrzeuge nicht überschritten wird. 80 % von 73 Fahrzeugen sind rd. 57 Fahrzeuge. 57 liegt in Spalte 5 zwischen 54 und 61. Da 57 näher an der 54 liegt als an der 61, wird für diesen Abschnitt als zweckmäßige Geschwindigkeitsbegrenzung 70 km/h gewählt.

Bei Messungen der Geschwindigkeiten mittels Geräten interessiert die Spalte 2 nicht.

Es werden nur die ermittelten Geschwindigkeiten in Spalte 3 in Form einer Strichliste festgehalten.

In Fällen, wo aus Zeitmangel Geschwindigkeitsmessungen oder Testfahrten nicht durchgeführt

Tabelle 2.2 Ermittlung der Geschwindigkeit V_{85}

km/h	Erforderliche Fahrzeit in sec um s = 40 m zu durchfahren	Anzahl der Fahrzeuge (Strichliste)	Anzahl der Fahrzeuge	Summe der Fahrzeuge
1	2	3	4	5
0 – 10	mehr als 14,40		0	0
10 – 20	14,40 – 7,20	I	1	1
20 – 30	7,20 – 4,80	IIII	4	5
30 – 40	4,80 – 3,60	IIII	5	10
40 – 50	3,60 – 2,88	IIIIIIIIIII	12	22
50 – 60	2,88 – 2,40	IIIIIIIIIIIIIIIIIII	20	42
60 – 70	2,40 – 2,05	IIIIIIIIIII	12	54
70 – 80	2,05 – 1,80	IIIIII	7	61
80 – 90	1,80 – 1,60	IIII	4	65
90 – 100	1,60 – 1,44	IIII	5	70
100 – 110	1,44 – 1,31	I	1	71
110 – 120	1,31 – 1,20	II	2	73
	1,20 u. weniger			

Insgesamt: 73 Fahrzeuge

2.4.6 Vorbereitung – Beobachtung des Verkehrsablaufs und gezielte Verkehrsuntersuchungen

werden können, empfiehlt es sich, für Berechnungszwecke im Zusammenhang mit der Beschilderung folgende Geschwindigkeiten anzunehmen:

Außerhalb geschlossener Ortschaften

	$V_{100\%}$	$V_{80\%}$
Autobahnen	120 km/h	85 km/h
Bundesstraßen	100 km/h	75 km/h
Landes- und Kreisstraßen	80 km/h	65 km/h
Unbefestigte Wege	50 km/h	40 km/h

Innerhalb geschlossener Ortschaften

Straßen mit Innerortscharakter	50 km/h	45 km/h

Diese Zahlen sind nur als grobe Annäherung zu werten. Im Einzelfall können, abhängig von Straßenzustand, Straßencharakteristik und Verkehrsbelastung, andere Werte maßgeblich sein.

Eine weitere Möglichkeit, die mittlere Geschwindigkeit zu bestimmen, liefert die „Methode des mitfließenden Fahrzeugs". Diese Methode besteht darin, mit einem Testfahrzeug entlang einer Strecke so zu fahren, dass man mit diesem Fahrzeug genau so oft überholt (aktive Überholung), wie man selbst überholt wird (passive Überholung). Die Durchschnittsgeschwindigkeit des Testfahrzeuges ist gleich der Durchschnittsgeschwindigkeit aller beteiligten Fahrzeuge. Da dieses Verfahren nur eine Stichprobe darstellt, kann durch Wiederholungen der Testfahrten die Genauigkeit der Ergebnisse erhöht werden.

Vor Kurven oder anderen Gefahrenpunkten, vor denen die Geschwindigkeit erheblich verringert werden muss, kann interessieren, an welcher Stelle die Kraftfahrer die Geschwindigkeitsreduktion beginnen.

Dazu kann z. B. ausgewertet werden, an welchen Stellen die Bremslichter aufleuchten. Eine andere Möglichkeit ist, den Verkehrsfluss von der Seite auf Video aufzunehmen und durch Geschwindigkeitsmessungen an verschiedenen Stellen Geschwindigkeitsprofile zu erzeugen, aus denen die Stellen hergeleitet werden können, an denen die Geschwindigkeitsreduktionen eingeleitet wurden. Solche Auswertungen können heute auch mithilfe automatischer Videoauswertung durchgeführt werden.

Die durch das Anbringen einzelner Verkehrszeichen und Verkehrseinrichtungen eingetretenen Veränderungen im Verkehrsablauf lassen sich vielfach durch entsprechende Vorher-Nachher-Untersuchungen nachweisen.

Neben einer rein beschreibenden Beurteilung des Verkehrsablaufes wird zunehmend eine quantifizierbare Bewertung gefordert. Folgende Kenngrößen eignen sich besonders für eine solche Bewertung:

Reisezeit	[s]
Wartezeit	[s]
Zahl der Halte	–
Zeitlücken	[s]
Geschwindigkeit	[km/h]
Verkehrsstärke	[Kfz/24 h]
Verkehrsdichte	[Kfz/km]
Staulänge	[km]

Sofern für Entscheidungen über das Anbringen von Verkehrszeichen und Verkehrseinrichtungen die Notwendigkeit besteht, Verkehrszählungen oder -erhebungen vorzunehmen, sollten die in den

– „Empfehlungen für Verkehrserhebungen (EVE 2012)", FGSV Verlag, Ausgabe 2012

enthaltenen Grundsätze beachtet werden.

2.5 Umsetzung – Allgemeines

Die Abschnitte 2.5 bis 2.8 behandeln die Umsetzung der in Abschnitt 2.4 herausgearbeiteten Regelungen. Sie umfasst im Wesentlichen die Anordnung von Verkehrszeichen (Verkehrsschildern, Fahrbahnmarkierungen oder ggf. anderen Mitteln) in geeigneten Kombinationen an geeigneten Stellen. Durch die Umsetzung wird den Verkehrsteilnehmern die getroffene Regelung „mitgeteilt" und „verdeutlicht".

Nach § 45 Abs. 4 StVO dürfen die zuständigen Behörden den Verkehr in der Regel nur durch Verkehrszeichen und Verkehrseinrichtungen regeln und lenken. Um die allgemeine Verständlichkeit sicherzustellen, dürfen dabei nur Verkehrszeichen und Verkehrseinrichtungen verwendet werden, die in der StVO aufgeführt oder vom für den Verkehr zuständigen Bundesministerium zugelassen sind.

Verkehrszeichen sind im Wesentlichen (Verkehrs-)Schilder (in den Normen: vertikale Verkehrszeichen) und (Fahrbahn-)Markierungen (in den Normen: horizontale Verkehrszeichen; siehe Anmerkung in Abschnitt 2.1). Von den Verkehrseinrichtungen sind die Elemente der Straßenausstattung, die den Verkehrsablauf beeinflussen (z. B. Sperreinrichtungen wie Absperrschranken oder -pfosten, Leiteinrichtungen, Verkehrsbeeinflussungsanlagen), sowie solche, die die Ordnung auf den Verkehrsflächen unterstützen (z. B. Parkuhren). Keine Verkehrseinrichtungen im Sinne der StVO sind die weiteren Elemente der Straßenausstattung, die den Verkehrszeichen und Verkehrseinrichtungen zwar sehr ähnlich sind, aber keinen ordnungsrechtlichen Einfluss auf das Verkehrsverhalten haben (z. B. Schutzplanken, Wildschutzzäune) (siehe Abschnitt 11).

Die Regeln für die Umsetzung berücksichtigen viele wahrnehmungspsychologische Zusammenhänge. Dies sollte bei der Abweichung von der Regelausführung bedacht werden. Notfalls empfiehlt es sich, sachkundigen Rat einzuholen.

Grundsatz: Verkehrszeichen sind so anzuordnen, dass ein durchschnittlicher Kraftfahrer beim Einhalten der nach § 1 StVO erforderlichen Sorgfalt sie schon „mit einem raschen und beiläufigen Blick" erfassen kann (BGH, Urteil vom 8. April 1970 – III ZR 167/68). Der „beiläufige Blick" wird interpretiert als das „nicht suchende Auge".

Faktoren, die für die Wahrnehmung und damit für die Aufnahme der Informationen von Verkehrszeichen wichtig sind:

– Sichtbarkeit
– Auffälligkeit
– Erkennbarkeit
– Lesbarkeit
– Verschwindebereich
– Merkbarkeit und Umsetzbarkeit.

■ Sichtbarkeit

Die Sichtbarkeit der Verkehrszeichen ist die Grundvoraussetzung zur Wahrnehmung. Die Verkehrszeichen müssen zwingend so aufgestellt werden, dass sie von den Verkehrsteilnehmern gesehen werden können. Sie dürfen demnach nicht durch andere Objekte verdeckt werden.

■ Auffälligkeit

Eng verbunden mit der Sichtbarkeit der Verkehrszeichen ist auch die Auffälligkeit. Die Zeichen müssen sich von der Umgebung abheben, um aufzufallen. Die Aufmerksamkeit der Fahrer darf nicht auf andere Objekte gelenkt werden. Das ist allerdings allein durch die Gestaltung der Verkehrszeichen nicht möglich. An dieser Stelle sind auch Reglementierungen für die Gestaltung des gesamten Straßenraumes inklusive der sichtbaren Umgebung sinnvoll.

■ Erkennbarkeit

Ist ein Verkehrszeichen wahrgenommen, so sollten Verkehrsteilnehmer seine Relevanz möglichst schnell anhand seiner spezifischen Merkmale beurteilen können. Verkehrszeichen sollten demnach so gestaltet werden, dass die Art des Schildes an der äußeren Form, der Größe, der Farbe, der Gestaltung und ggf. dem Aufstellort erkennbar ist. Das bringt natürlich besonders für die wegweisende Beschilderung wichtige Anforderungen an die Systematik mit sich.

■ Lesbarkeit, Verschwindepunkt

Soweit auf den Verkehrszeichen Texte oder Zahlen gezeigt werden, müssen sie so gestaltet und so groß ausgeführt sein, dass sie innerhalb der begrenzten Zeit des Verkehrsvorgangs ausreichend sicher gelesen werden können. Dabei ist auch zu beachten, dass näher gelegene Verkehrszeichen möglicherweise zur Seite oder nach oben so weit aus dem Sichtfeld herausgewandert sind, dass sie während der Fahraufgabe nicht mehr sicher wahrgenommen werden können (Verschwindebereich).

■ Merkbarkeit, Umsetzbarkeit

Die Verkehrsteilnehmer müssen sich die aufgenommenen Informationen merken und sie umsetzen, d. h. deren Inhalt interpretieren und reagieren. Bei Überlastung besteht die Gefahr, dass weniger umgesetzt wird als bei der Übermittlung der optimalen Informationsmenge, daher sind Häufungen zu vermeiden (siehe Abschnitt 2.4.2).

Vor allem in der VwV-StVO zu den §§ 39 bis 43 (Allgemeines über Verkehrszeichen und

Verkehrseinrichtungen) sind zahlreiche Vorschriften und Hinweise zu finden, die für die Ausgestaltung, Kombination und die Positionierung von Verkehrszeichen und Verkehrseinrichtungen wichtig sind.

Sie werden in den folgenden Abschnitten besprochen.

Zu Abschnitt 2.5

StVO
§ 39
Verkehrszeichen

(1) Angesichts der allen Verkehrsteilnehmern obliegenden Verpflichtung, die allgemeinen und besonderen Verhaltensvorschriften dieser Verordnung eigenverantwortlich zu beachten, werden örtliche Anordnungen durch Verkehrszeichen nur dort getroffen, wo dies aufgrund der besonderen Umstände zwingend geboten ist.

…

(2) Regelungen durch Verkehrszeichen gehen den allgemeinen Verkehrsregeln vor. Verkehrszeichen sind Gefahrzeichen, Vorschriftzeichen und Richtzeichen. Als Schilder stehen sie regelmäßig rechts. Gelten sie nur für einzelne markierte Fahrstreifen, sind sie in der Regel über diesen angebracht.

(3) Auch Zusatzzeichen sind Verkehrszeichen. Zusatzzeichen zeigen auf weißem Grund mit schwarzem Rand schwarze Sinnbilder, Zeichnungen oder Aufschriften, soweit nichts anderes bestimmt ist. Sie sind unmittelbar, in der Regel unter dem Verkehrszeichen, auf das sie sich beziehen, angebracht.

(4) Verkehrszeichen können auf einer weißen Trägertafel aufgebracht sein. Abweichend von den abgebildeten Verkehrszeichen können in Wechselverkehrszeichen die weißen Flächen schwarz und die schwarzen Sinnbilder und der schwarze Rand weiß sein, wenn diese Zeichen nur durch Leuchten erzeugt werden.

(5) Auch Markierungen und Radverkehrsführungsmarkierungen sind Verkehrszeichen. Sie sind grundsätzlich weiß. Nur als vorübergehend gültige Markierungen sind sie gelb; dann heben sie die weißen Markierungen auf. Gelbe Markierungen können auch in Form von Markierungsknopfreihen, Markierungsleuchtknopfreihen oder als Leitschwellen oder Leitborde ausgeführt sein. Leuchtknopfreihen gelten nur, wenn sie eingeschaltet sind. Alle Linien können durch gleichmäßig dichte Markierungsknopfreihen ersetzt werden. In verkehrsberuhigten Geschäftsbereichen (§ 45 Absatz 1d) können Fahrbahnbegrenzungen auch mit anderen Mitteln, insbesondere durch Pflasterlinien, ausgeführt sein. Schriftzeichen und die Wiedergabe von Verkehrszeichen auf der Fahrbahn dienen dem Hinweis auf ein angebrachtes Verkehrszeichen.

(6) Verkehrszeichen können an einem Fahrzeug angebracht sein. Sie gelten auch während das Fahrzeug sich bewegt. Sie gehen den Anordnungen der ortsfest angebrachten Verkehrszeichen vor.

StVO
§ 45
Verkehrszeichen
und Verkehrs-
einrichtungen

(4) Die genannten Behörden dürfen den Verkehr nur durch Verkehrszeichen und Verkehrseinrichtungen regeln und lenken; in dem Fall des Absatzes 1 Satz 2 Nummer 5 jedoch auch durch Anordnungen, die durch Rundfunk, Fernsehen, Tageszeitungen oder auf andere Weise bekannt gegeben werden, sofern die Aufstellung von Verkehrszeichen und -einrichtungen nach den gegebenen Umständen nicht möglich ist.

VwV-StVO
zu den §§ 39 bis 43
Allgemeines über
Verkehrszeichen
und Verkehrs-
einrichtungen

6 II. Soweit die StVO und diese Allgemeine Verwaltungsvorschrift für die Ausgestaltung und Beschaffenheit, für den Ort und die Art der Anbringung von Verkehrszeichen und Verkehrseinrichtungen nur Rahmenvorschriften geben, soll im Einzelnen nach dem jeweiligen Stand der Wissenschaft und Technik verfahren werden, den das für Verkehr zuständige Bundesministerium nach Anhörung der zuständigen obersten Landesbehörden im Verkehrsblatt erforderlichenfalls bekannt gibt.

2.6.1 Allgemeines

2.6 Umsetzung – Formen, Inhalte und Kombinationen

2.6.1 Allgemeines

In diesem Abschnitt wird auf die Gestaltung der Verkehrszeichen und Verkehrseinrichtungen eingegangen, insbesondere auf die geometrische Gestaltung und die Kombination von verschiedenen Verkehrszeichen und Verkehrseinrichtungen.

Die Verkehrszeichen der StVO und ihre zulässigen Abwandlungen sind im Verkehrszeichenkatalog (VzKat) dargestellt, der als Anlage der VwV-StVO (§§ 39 bis 43, Rn. 8) vom für den Verkehr zuständigen Bundesministerium erstellt und herausgegeben wird. Die zum Zeitpunkt der Drucklegung aktuelle Ausgabe datiert von 1992 und wird durch bei der BASt erhältliche Dokumente ergänzt. Mit einer Neuauflage ist zu rechnen.

Der VzKat legt für die (Verkehrs-)Schilder, unabhängig davon, ob sie rechtlich Verkehrszeichen und Verkehrseinrichtungen sind, die zulässigen Ausführungsvarianten fest und benennt sie eindeutig.

Die Geometrie der Fahrbahnmarkierungen beschreibt er nur grundsätzlich. Diese ist in den

– „Richtlinien für die Markierung von Straßen (RMS-1, Ausgabe 1993 und RMS-2, Ausgabe 1980, Berichtigter Nachdruck 1995)"

beschrieben.

Für die genaue Ausführung anderer Verkehrszeichen und Verkehrseinrichtungen existieren besondere Regelungen, z.B. für Leitpfosten (siehe Abschnitt 6.2.3) oder Absperrgeräte (siehe Abschnitt 7.2). Dynamische Schilder und Fahrbahnmarkierungen (z.B. in Verkehrsbeeinflussungsanlagen) sind in Anlehnung an die entsprechende statische Beschilderung oder Markierung gestaltet (siehe Abschnitt 9).

Zu Abschnitt 2.6.1

Katalog der Verkehrszeichen (VzKat) 1992

Teil 1: Allgemeines

1.1 Grundlagen

(1) Der Katalog der StVO-Verkehrszeichen enthält die amtlichen Verkehrszeichen mit ihren Abmessungen. Er wird auf der Grundlage der Vorschriften zu den §§ 39 bis 43 Allgemeines über Verkehrszeichen und Verkehrseinrichtungen Randnummern 1 bis 57 VwV-StVO bekanntgegeben.

(2) Im Sinne der Einheitlichkeit und Verständlichkeit für den nationalen sowie internationalen Verkehr auf den Straßen sind besonders die Vorschriften in III 1 zu den §§ 39 bis 43 VwV-StVO zu beachten, wonach nur die in der StVO genannten oder die vom Bundesminister für Verkehr im Verkehrsblatt zugelassenen Verkehrszeichen verwendet werden dürfen.

(3) Bei den Verkehrszeichen mit variablen Inhalten (Wegweisung, besondere Hinweisschilder, Umleitungsbeschilderungen) können in diesem Katalog nur die in der StVO aufgeführten Beispiele und einige bedeutsame Varianten wiedergegeben werden. Die mögliche Ausführung solcher Zeichen wird in Richtlinien näher behandelt. Bei den Zeichen dieses Katalogs sind entsprechende Hinweise unter Verwendung folgender Abkürzungen vermerkt:

RWB   Richtlinien für wegweisende Beschilderung außerhalb der Autobahnen

RWBA   Richtlinien für wegweisende Beschilderung auf Autobahnen

RWVZ   Richtlinien für Wechselverkehrszeichen an Bundesfernstraßen

RWVA   Richtlinien für Wechselverkehrszeichenanlagen an Bundesfernstraßen

RUB   Richtlinien für Umleitungsbeschilderungen

RtB   Richtlinien für touristische Beschilderung

      Richtlinien für die Anordnung von verkehrsregelnden Maßnahmen an Straßen für den Transport gefährlicher Güter auf Straßen

Damit ein stets gleiches Erscheinungsbild der Verkehrszeichen ausgeführt wird, muss auf einheitliches Bildmaterial als Ausgang für die Reprotechnik bei den Verkehrszeichenherstellern, Druckereien usw. zurückgegriffen werden können. Hierfür hat die

Katalog
der Verkehrszeichen
(VzKat) 1992

Bundesanstalt für Straßenwesen (BASt)
Brüderstraße 53
51427 Bergisch Gladbach

eine Bildbank mit dem Urbildmaterial (Belegbilder) der Verkehrszeichen erstellt. Ferner existieren von den Verkehrszeichen Digitaldaten bzw. Grafikprogramme für rechnergestütztes Zeichnen, Konstruieren, Fertigen usw. (vgl. VkBl Heft 6 – 1988 – Nr. 56 S. 184).

Die BASt stellt die Arbeitsunterlagen zur Darstellung oder Herstellung der Verkehrszeichen gegen Kostenerstattung zur Verfügung.

1.2 Nummernsystem

Zur eindeutigen Unterscheidung der Verkehrszeichen wird jedes Stammzeichen mit *einer* Hauptnummer versehen. Dies ist in aller Regel die Nummer der Straßenverkehrs-Ordnung StVO. Hierbei werden bestimmte Zahlenbereiche für bestimmte Gruppen von Verkehrszeichen reserviert:

– Gefahrzeichen nach § 40 StVO . . . . mit den Nummern 100 bis 199
– Vorschriftzeichen nach § 41 StVO . . . . mit den Nummern 200 bis 299
– Richtzeichen nach § 42 StVO. mit den Nummern 300 bis 499
– Varianten der Verkehrslenkungstafel
  nach Zeichen 500 StVO . . . . mit den Nummern 500 bis 599
– Verkehrseinrichtungen nach § 43 StVO . . . . mit den Nummern 600 bis 699
– Zusatzzeichen. . . . . ab Nummer 1000

Für das Aufstellen von Beschilderungsplänen, für das Beschaffungswesen, für die Schilderfertigung und -lagerhaltung usw. wird *jedes* Schild, einschließlich seiner zum Teil vielfältigen Varianten, mit einem eindeutigen „Kennzeichen" versehen. Für diese Varianten werden den Hauptnummern Unternummern hinzugefügt. Haupt- und Unternummern werden durch einen Trennstrich kombiniert.

Die Einteilung der Unternummern erfolgt nach dem Richtungsbezug, der im Bild des Verkehrszeichens ausgedrückt wird:

10…19 für linksweisend; für gleichzeitig geradeaus *und* linksweisend
20…29 für rechtsweisend; für gleichzeitig geradeaus *und* rechtsweisend
30…39 für beidseitig weisend, für geradeaus weisend oder für neutral (z. B. für sperrend)
40…49 für doppelseitig wirksam (z. B. für beidseitig bedruckt)
50…   für Zeichen, die sich in das System nicht einordnen lassen (z. B. wenn kein richtungsweisendes Element im Zeichen vorhanden ist)

Beispiel: Zeichen 605-30 StVO

Die Nummer 605 kennzeichnet die Gruppe der Zeichen „Leitbaken/Pfeilbaken" und wird exemplarisch durch folgendes Zeichen bildlich dargestellt:

Die Unternummer 30 zu Zeichen 626 StVO entspricht der ganz bestimmten Ausführung der Gruppe „Leitbaken (Warnbaken)", nämlich der Leitplatte mit den Abmessungen 750 x 500 mm:

2.6.2 Verkehrsschilder – Formen, Farben, Inhalt

Die Formen und Farben der Verkehrsschilder folgen einfachen Grundschemata, die die Erkennung und Zuordnung erleichtern (siehe *Bild 2.9*).

– **Hinweisschilder** (i. d. R. Richtzeichen) sind rechteckig oder quadratisch. Als Wegweiser folgen sie einem ausgefeilten Farbschema (siehe Abschnitt 8.2.3), ansonsten zeigen sie meist in einer blauen Umrahmung auf weißem Grund schwarze Informationen, einige auch auf blauem Grund weiße Informationen (Sinnbilder oder textliche Informationen).

– **Warnschilder** (i. d. R. Gefahrzeichen) sind gleichseitige Dreiecke mit der Spitze nach oben. Sie zeigen in einer roten Umrahmung auf weißem Grund schwarze Sinnbilder.

– **Ge- und Verbotsschilder** (i. d. R. Vorschriftzeichen) sind runde Verkehrszeichen. Als Verbotsschilder zeigen sie in einer roten Umrahmung auf weißem Grund schwarze Sinnbilder oder Texte, als Gebotsschilder auf blauem Grund weiße Sinnbilder oder Texte. Das Ende der Verbotsstrecke wird durch ein (oft graues) ähnliches Schild markiert, das von links unten nach rechts oben durchgestrichen ist.

– **Schilder**, die die **Vorfahrt** oder den **Vorrang regeln**, haben größtenteils eigenständige Formen (Andreaskreuz, Stopp-Schild, Vorfahrtgewähren-Schild, Vorfahrtstraße), die ermöglichen, es auch von hinten zu erkennen.

– Schilder für **Zonenregelungen** zeigen das Zeichen für die Einzelregelung auf einer weißen, quadratischen Trägertafel. Das Ende der Zonenregelung wird wie bei den Ge- und Verboten durch ein (über die ganze Trägertafel) durchgestrichenes Schild gekennzeichnet.

Der Inhalt der (Verkehrs-)Schilder wird in der Regel durch schwarze Sinnbilder und Schrift auf weißem Grund dargestellt. Auf blau- und braungrundigen Verkehrzeichen (z. B. Gebotszeichen, autobahnbezogene Wegweisung, touristische Wegweisung) werden Sinnbilder und Schrift in Weiß, auf grüngrundigen Verkehrszeichen in Gelb ausgeführt.

In aktiv leuchtenden Zeichen, in denen das Signalbild aus Lichtpunkten zusammengesetzt wird (in der Regel Wechselverkehrszeichen), können schwarz und weiß vertauscht werden, d. h. es werden z. B. weiße (leuchtende) Sinnbilder und Schriften auf schwarzem (nicht leuchtendem) Hintergrund gezeigt. Dies erleichtert, feine Strukturen des Signalbildes auch noch über größere Entfernungen sicher zu erkennen.

Leiteinrichtungen betonen die Form der Straße. Reine Leiteinrichtungen sind als Dauereinrichtungen normalerweise schwarz und weiß ausgeführt (z. B. Leitpfosten), temporäre gelb. Leiteinrichtungen an besonders engen oder gefährlichen Stellen (z. B. Leitbaken, Leitmale, Kurventafeln) sowie **Sperreinrichtungen** (Absperrschranken) werden normalerweise weiß und rot gestreift ausgeführt.

Leiteinrichtungen sind normalerweise rechteckig. Soll vermittelt werden, auf welcher Seite vorbeigefahren werden soll, fällt die Schraffierung zu der Seite, an der vorbeigefahren werden soll (Leitbake, Leitplatte; auf Trenninseln auch symmetrisch nach beiden Seiten), oder wird in Pfeilform ausgeführt (Pfeilbake, Richtungstafel in Kurven). Solche Einrichtungen können durch ihre rot-weiße Streifung auch den optischen **Eindruck eines optisch betonten Hindernisses vermitteln, um eine Bremsreaktion zu provozieren** (Absperrtafeln, Richtungstafeln in Kurven).

Die Festlegung der angemessenen Größe obliegt formal nach § 45 Abs. 3 StVO in der Regel den Straßenbaubehörden. Nur in Ausnahmefällen können und sollen die Straßenverkehrsbehörden dazu Anordnungen treffen. In der Praxis wird man besondere Größen meist gemeinsam festlegen. Siehe Abschnitt 2.3.4.

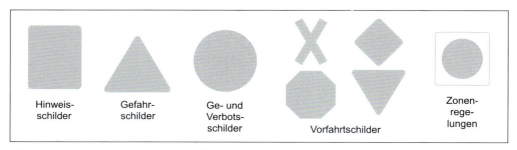

Hinweis-
schilder

Gefahr-
schilder

Ge- und
Verbots-
schilder

Vorfahrtschilder

Zonen-
rege-
lungen

Bild 2.9 Typische Formen von Verkehrsschildern

VwV-StVO
zu den §§ 39 bis 43
Allgemeines über
Verkehrszeichen
und Verkehrs-
einrichtungen

III. Allgemeines über Verkehrszeichen

7 1. Es dürfen nur die in der StVO abgebildeten Verkehrszeichen verwendet werden oder solche, die das für Verkehr zuständige Bundesministerium nach Anhörung der zuständigen obersten Landesbehörden durch Verlautbarung im Verkehrsblatt zulässt. Die Formen der Verkehrszeichen müssen den Mustern der StVO entsprechen. ...

8 2. Allgemeine Regeln zur Ausführung der Gestaltung von Verkehrszeichen sind als Anlage zu dieser Verwaltungsvorschrift im Katalog der Verkehrszeichen in der aktuellen Ausgabe (VzKat) ausgeführt.

9 Gefahrzeichen können spiegelbildlich dargestellt werden (die einzelnen Varianten ergeben sich aus dem VzKat),

10 a) wenn dadurch verdeutlicht wird, wo die Gefahr zu erwarten ist (Zeichen 103, 105, 117, 121) oder

11 b) wenn sie auf der linken Fahrbahnseite wiederholt werden (Zeichen 117, 133 bis 142); die Anordnung von Gefahrzeichen für beide Fahrbahnseiten ist jedoch nur zulässig, wenn nach den örtlichen Gegebenheiten nicht ausgeschlossen werden kann, dass Verkehrsteilnehmer das nur rechts befindliche Gefahrzeichen nicht oder nicht rechtzeitig erkennen können.

...

V. Allgemeines über Verkehrseinrichtungen

57 Für Verkehrseinrichtungen gelten die Vorschriften der Nummern I, III 1, 2, 4, 5, 6, 10 und 13 sinngemäß.

VwV-StVO
zu § 39
Verkehrszeichen

Zu Absatz 2

2 Verkehrszeichen, die als Wechselverkehrszeichen aus einem Lichtraster gebildet werden (so genannte Matrixzeichen), zeigen die sonst schwarzen Symbole, Schriften und Ziffern durch weiße Lichter an, der sonst weiße Untergrund bleibt als Hintergrund für die Lichtpunkte schwarz. Diese Umkehrung für Weiß und Schwarz ist nur solchen Matrixzeichen vorbehalten.

2.6.3 Verkehrsschilder – Zusatzzeichen

In vielen Fällen müssen die amtlichen Verkehrszeichen mit Zusatzzeichen versehen werden. Zusatzzeichen sollen die amtlichen Verkehrszeichen ergänzen, Vorschriften und Verbote einschränken sowie Gefahren näher definieren. Zusatzzeichen sind in der Regel unter dem betreffenden Verkehrszeichen, auf das sie sich beziehen, anzubringen; Abweichungen siehe *Bild 4.22* (Abschnitt 4.5.3) und *Bild 4.29* (Abschnitt 4.5.5).

Als Zusatzzeichen werden in der Regel weiße rechteckige Schilder verwendet, die schwarze Sinnbilder oder Textinformationen zeigen.

Auch Zusatzzeichen dürfen nicht beliebig entworfen werden. Andere als das vom für den Verkehr zuständigen Bundesministerium bekannt gegebene Zusatzzeichen dürfen nur mit Zustimmung der obersten Landesbehörde oder der von ihr bestimmten Stelle angebracht werden.

Daher sind auch die zugelassenen Zusatzzeichen im „Katalog der Verkehrszeichen – VzKat 1992" enthalten und systematisch nummeriert. Die 1000er Nummern sind für die Zusatzzeichen reserviert (siehe Anlage 1 der HAV).

Um das Erfassen der durch die Verkehrszeichen vermittelten Informationen zu erleichtern, sollten Zusatzzeichen möglichst nur Sinnbilder oder kurze, einheitlich gestaltete Textangaben wie Längen, Abstände, Verkehrsarten o. Ä. zeigen. Andere Texte sind in der kurzen während der Vorbeifahrt zur Verfügung stehenden Zeit, vor allem auch von ausländischen Verkehrsteilnehmern, wesentlich schwerer zu erfassen und zu verarbeiten. Aus diesem Grund sollten auch „ungewohnte", also anders als in der StVO vorgeschrieben gestaltete Verkehrszeichen nur in absoluten Ausnahmefällen und ausreichender Abstimmung (mit „... der Zustimmung der obersten Landesbehörde ...") angeordnet werden.

In Anlage 2 der HAV sind die wichtigsten Sinnbilder für Verkehrsteilnehmer zusammengestellt.

2.6.3 Verkehrsschilder – Zusatzzeichen

Bild 2.10 Sinnbilder aus den Richtlinien für die wegweisende Beschilderung auf Autobahnen

Quelle: RWBA 2000

Diese Übersicht zeigt, welche Verkehrsteilnehmer durch die betreffenden Sinnbilder angesprochen werden.

Die Sinnbilder (*Bild 2.10*) werden festgelegt in der StVO sowie den

– „Richtlinien für die wegweisende Beschilderung auf Autobahnen (RWBA 2000)", BMVBW 2000, FGSV Verlag

und den

– „Richtlinien für die wegweisende Beschilderung außerhalb von Autobahnen (RWB 2000)", BMVBW 2000, FGSV Verlag

Siehe hierzu auch Abschnitt 8.3.3.

Mehr als zwei Zusatzzeichen sollten an einem Pfosten nicht angebracht werden, vor allem, wenn sie komplexe und damit nicht so leicht

verständliche Informationen enthalten. Gerade bei Vorschriftszeichen ist es wichtig, dass die Zuordnung der Zusatzzeichen zu den Hauptzeichen schnell und eindeutig erfolgen kann. Zusammenhängende Zeichen und Zusatzzeichen sollten möglichst nahe beieinander, sonst mindestens 10 cm voneinander entfernt montiert werden.

Zusatzzeichen können z. B. notwendig sein, um den **Inhalt der Verkehrszeichen zu präzisieren**, z. B. bei Gefahrzeichen (insbesondere Zeichen 101) die Gefahr, vor der gewarnt werden soll, genauer zu beschreiben oder bei Ge- oder Verboten, die sich an Lkw richten, andere als die standardmäßig vorgesehenen Grenzen der zulässigen Gesamtmasse anzuordnen.

Eine **zusätzliche Beschränkung auf bestimmte Verkehrsarten** (z. B. bestimmte Fahrzeugarten,

2.6.3 Verkehrsschilder – Zusatzzeichen

Bild 2.11
Einschränkung eines Verbotes oder Gebotes auf bestimmte Verkehrsarten

Bild 2.12
Ausnahme von einem Verbot oder Gebot für bestimmte Verkehrsarten

Fahrzeuge mit einer bestimmten Masse, Schwerbehinderte, Bewohner) wird durch Zz wie 1048-10 angeordnet, die das Symbol der Verkehrsart, für die das Ge- oder Verbot gilt, anzeigen (*Bild 2.11*). Sollen bestimmte Verkehrsarten vom Ge- oder Verbot ausgenommen werden, wird auf einem Zz 1024-10 das Symbol für die Verkehrsart mit dem Zusatz „frei" darunter gezeigt (*Bild 2.12*).

Bild 2.13 zeigt Anwendungsbeispiele.

Auf **das Auftreten unerwarteten Verkehrs**, kann bei den Vorschriftzeichen 205 „Vorfahrt gewähren." und 206 „Halt. Vorfahrt gewähren." durch Zusatzzeichen 1000-32 (Fahrradverkehr in beiden Richtungen), bei dem Zeichen 205 durch Zusatzzeichen 1048-19 (Straßenbahnverkehr) hingewiesen werden, die in diesem Fall ausnahmsweise über dem Hauptzeichen gezeigt werden.

Beim Zeichen 220 „Einbahnstraße" wird durch das Zusatzzeichen 1000-32, das hier wie immer unter dem Hauptzeichen gezeigt wird, auf möglicherweise entgegenkommende Fahrradfahrer hingewiesen, wenn die Einbahnstraße für den Fahrradverkehr in beiden Richtungen freigegeben ist (siehe Abschnitt 3.5.3).

Müssen Verkehrszeichen an Stellen angeordnet werden, die mit ihrem Geltungsbereich nicht übereinstimmen (z.B. bei Geboten oder Verboten) oder die für die Verkehrsteilnehmer ungewohnt nah oder entfernt sind (z.B. bei Warnungen oder Hinweisen), so kann der **Beginn des Geltungsbereichs** durch ein Zz wie 1004-30 angezeigt werden, das die zutreffende Entfernung anzeigt.

Auch der **räumliche Geltungsbereich**, z.B. die Ausdehnung in der Länge oder die Gültigkeit eines Verkehrszeichens für abbiegenden Verkehr, kann durch Zz wie 1001-30 oder 1000-10 und 1000-11 angeordnet werden.

Zeitliche Beschränkungen der Ge- oder Verbote durch Zusatzzeichen (*Bild 2.14*) sind nur für die folgenden Vorschriftzeichen zulässig:

224	Haltestelle
229	Taxenstand
245	Bussonderfahrstreifen
250	Verbot für Fahrzeuge aller Art
251	Verbot für Kraftwagen
253	Verbot für Kraftfahrzeuge über 3,5 t
255	Verbot für Krafträder
260	Verbot für Kraftfahrzeuge
261	Verbot für kennzeichnungspflichtige Kraftfahrzeuge mit gefährlichen Gütern

Bild 2.13
Vorgeschriebene Fahrtrichtung nur für Lkw | Verkehrsverbot für alle Fahrzeuge, ausgenommen Fahrräder

Bild 2.14 Zusatzschilder für zeitliche Beschränkung der Gebote oder Verbote

2.6.3 Verkehrsschilder – Zusatzzeichen

270.1 Beginn einer Verkehrsverbotszone zur Verminderung schädlicher Luftverunreinigungen in einer Zone

274 Zulässige Höchstgeschwindigkeit

276 Überholverbot für Kraftfahrzeuge aller Art

277 Überholverbot für Kraftfahrzeuge über 3,5 t

283 Absolutes Haltverbot

286 Eingeschränktes Haltverbot

290.1 Beginn eines eingeschränkten Haltverbots für eine Zone.

Sollen andere Verkehrszeichen nur zu bestimmten Zeiten gelten, so dürfen sie nur während ihrer Geltungszeit sichtbar sein. Auf viel befahrenen Straßen wird empfohlen, dies auch für die Zeichen 274, 276 und 277, also für die sich an den fließenden Verkehr wendenden Zeichen zu befolgen. Um die zeitweise Sichtbarkeit zu erreichen, können sie zu den jeweiligen Zeiten aufgestellt und wieder entfernt oder aber aufgeklappt und wieder verdeckt werden (z. B. Klappzeichen, die sich auf- und zuklappen lassen; *Bild 2.15*).

Bei häufigen und vor allem regelmäßigen Wechseln wird empfohlen, Wechselverkehrszeichen (siehe Abschnitt 9) zu verwenden oder aber Zeichen, die durch Einschalten einer Innenbeleuchtung das betreffende Bild erscheinen lassen, im ausgeschalteten Zustand hingegen nur eine neutrale mattweiße Fläche zeigen.

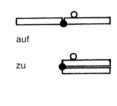

auf

zu

Bild 2.15 Beispiel für Klappzeichen

Der gezeigte Zeitbereich soll sich in der Regel auf volle Stunden erstrecken.

Bei der Beschilderung sind für die einzelnen Wochentage folgende Abkürzungen anzuwenden:

Montag	Mo
Dienstag	Di
Mittwoch	Mi
Donnerstag	Do
Freitag	Fr
Samstag	Sa
Sonntag	So

Auch eine Einschränkung in der Art, dass das zugeordnete Verkehrszeichen nur **unter bestimmten Umständen gelten** soll (z. B. bei Nässe), ist möglich.

Zur Art und Weise, wie die (Verkehrs-)Schilder und ihre Zusatzzeichen geometrisch kombiniert werden, siehe Abschnitt 2.6.5.

Zu Abschnitt 2.6.3

StVO
§ 39
Verkehrszeichen

(3) Auch Zusatzzeichen sind Verkehrszeichen. Zusatzzeichen zeigen auf weißem Grund mit schwarzem Rand schwarze Sinnbilder, Zeichnungen oder Aufschriften, soweit nichts anderes bestimmt ist. Sie sind unmittelbar, in der Regel unter dem Verkehrszeichen, auf das sie sich beziehen, angebracht.

VwV-StVO
zu den §§ 39 bis 43
Allgemeines über
Verkehrszeichen
und Verkehrs-
einrichtungen

III. Allgemeines über Verkehrszeichen

44 14. Sollen Verkehrszeichen nur zu gewissen Zeiten gelten, dürfen sie sonst nicht sichtbar sein. Nur die Geltung der Zeichen 224, 229, 245, 250, 251, 253, 255, 260, 261, 270.1, 274, 276, 277, 283, 286, 290.1, 314, 314.1 und 315 darf stattdessen auf einem Zusatzzeichen, z.B. „8–16 h", zeitlich beschränkt werden. Vorfahrtregelnde Zeichen vertragen keinerlei zeitliche Beschränkungen.
...

16. Zusatzzeichen im Besonderen

46 a) Sie sollten, wenn irgend möglich, nicht beschriftet sein, sondern nur Sinnbilder zeigen. Wie Zusatzzeichen auszugestalten sind, die in der StVO oder in dieser Vorschrift nicht erwähnt, aber häufig notwendig sind, gibt das für Verkehr zuständige Bundesministerium nach Anhörung der zuständigen obersten Landesbehörden im amtlichen Katalog der Verkehrszeichen (VzKat) im Verkehrsblatt bekannt. Abweichungen von den in diesem Verzeichnis aufgeführten Zusatzzeichen sind nicht zulässig; andere Zusatzzeichen bedürfen der Zustimmung der zuständigen obersten Landesbehörde oder der von ihr bestimmten Stelle.

VwV-StVO
zu den §§ 39 bis 43
Allgemeines über
Verkehrszeichen
und Verkehrs-
einrichtungen

47 b) Mehr als zwei Zusatzzeichen sollten an einem Pfosten, auch zu verschiedenen Verkehrszeichen, nicht angebracht werden. Die Zuordnung der Zusatzzeichen zu den Verkehrszeichen muss eindeutig erkennbar sein (§ 39 Abs. 3 Satz 3).

48 c) Entfernungs- und Längenangaben sind auf- oder abzurunden. Anzugeben sind z. B. 60 m statt 63 m, 80 m statt 75 m, 250 m statt 268 m, 800 m statt 750 m, 1,2 km statt 1 235 m.

VwV-StVO
zu § 41
Vorschriftzeichen

4 IV. Soll die Geltung eines Vorschriftzeichens auf eine oder mehrere Verkehrsarten beschränkt werden, ist die jeweilige Verkehrsart auf einem Zusatzzeichen unterhalb des Verkehrszeichens sinnbildlich darzustellen. Soll eine Verkehrsart oder sollen Verkehrsarten von der Beschränkung ausgenommen werden, ist der sinnbildlichen Darstellung das Wort „frei" anzuschließen.

…

Zu den Zeichen 274, 276 und 277

4 II. Gelten diese Verbote für eine längere Strecke, kann die jeweilige Länge der restlichen Verbotsstrecke auf einem Zusatzzeichen 1001 angegeben werden.

2.6.4 Fahrbahnmarkierungen

(Fahrbahn-)Markierungen, die **Ge- und Verbote** ausdrücken, sind normalerweise als durchgehende Linien ausgeführt, solche die **Hinweise** geben, als unterbrochene Linien. Fahrbahnmarkierungen können in Ausnahmefällen auch kurze Texte (z. B. „B 3") oder Sinnbilder wiedergeben.

(Fahrbahn-)Markierungen werden grundsätzlich in weißer Farbe erstellt. Das erlaubt, sie durch den Zusatz retroreflektierender Materialien auch in der Nacht heller als die sie umgebende Fahrbahn erscheinen zu lassen und so die Übereinstimmung von Tag- und Nachtbild sicherzustellen. Nur als vorübergehende Markierungen sind sie in gelber Farbe ausgeführt und gehen dann den weißen Markierungen vor (siehe Abschnitt 7.2.3).

Es gelten die

– „Richtlinien für die Markierung von Straßen. Teil 1: Abmessungen und geometrische Anordnung von Markierungszeichen (RMS-1)", FGSV Verlag, Ausgabe 1993

– „Richtlinien für die Markierung von Straßen. Teil 2: Anwendung von Fahrbahnmarkierungen (RMS-2)", FGSV Verlag, Ausgabe 1980, Berichtigter Nachdruck 1995.

Auf diese wurde hingewiesen mit

– BMV-VkBl-Verlautbarung (StV 12/StB 13/36.42/50-12) „Richtlinien für die Markierung von Straßen (RMS). Teil 1: Abmessungen und geometrische Anordnung von Markierungszeichen (RMS-1)" vom 23. August 1993 (VkBl. S. 667)

– ARS 33/1993 (StB 13/StV 12/38.61.30/144 Va93) „Richtlinien für die Markierung von Straßen, Teil 1: Abmessungen und geometrische Anordnung von Markierungszeichen (RMS-1), Ausgabe 1993" vom 29. September 1993 (VkBl. S. 728).

Grundsätzlich ist es in Ausnahmefällen möglich, den Inhalt von (Verkehrs-)Schildern als (Fahrbahn-)Markierungen zu wiederholen.

Die technische Ausführung von (Fahrbahn-)Markierungen wird in Abschnitt 12.5 behandelt.

Zu Abschnitt 2.6.4

StVO
§ 39
Verkehrszeichen

(5) Auch Markierungen und Radverkehrsführungsmarkierungen sind Verkehrszeichen. Sie sind grundsätzlich weiß. Nur als vorübergehend gültige Markierungen sind sie gelb; dann heben sie die weißen Markierungen auf. Gelbe Markierungen können auch in Form von Markierungsknopfreihen, Markierungsleuchtknopfreihen oder als Leitschwellen oder Leitborde ausgeführt sein. Leuchtknopfreihen gelten nur, wenn sie eingeschaltet sind. Alle Linien können durch gleichmäßig dichte Markierungsknopfreihen ersetzt werden. In verkehrsberuhigten Geschäftsbereichen (§ 45 Absatz 1d) können Fahrbahnbegrenzungen auch mit anderen Mitteln, insbesondere durch Pflasterlinien, ausgeführt sein. Schriftzeichen und die Wiedergabe von Verkehrszeichen auf der Fahrbahn dienen dem Hinweis auf ein angebrachtes Verkehrszeichen.

2.6.4 Fahrbahnmarkierungen

VwV-StVO
zu den §§ 39 bis 43
Allgemeines über
Verkehrszeichen
und Verkehrs-
einrichtungen

IV. Allgemeines über Markierungen

49 1. Markierungen sind nach den Richtlinien für die Markierung von Straßen (RMS) auszuführen. Das für Verkehr zuständige Bundesministerium gibt die RMS im Einvernehmen mit den zuständigen obersten Landesbehörden im Verkehrsblatt bekannt.

...

55 7. Durch Schriftzeichen, Sinnbilder oder die Wiedergabe eines Verkehrszeichens auf der Fahrbahn kann der Fahrzeugverkehr lediglich zusätzlich auf eine besondere Verkehrssituation aufmerksam gemacht werden. Von dieser Möglichkeit ist nur sparsam Gebrauch zu machen. Sofern dies dennoch in Einzelfällen erforderlich sein sollte, sind die Darstellungen ebenfalls nach den RMS auszuführen.

56 8. Pflasterlinien in verkehrsberuhigten Geschäftsbereichen (vgl. § 39 Abs. 5 letzter Satz) müssen ausreichend breit sein, in der Regel mindestens 10 cm, und einen deutlichen Kontrast zur Fahrbahn aufweisen.

VwV-StVO
zu § 39
Verkehrszeichen

Zu Absatz 5

Vorübergehende Markierungen

3 I. Gelbe Markierungsleuchtknöpfe dürfen nur in Kombination mit Dauerlichtzeichen oder Wechselverkehrszeichen (z.B. Verkehrslenkungstafel, Wechselwegweiser) angeordnet werden. Als Fahrstreifenbegrenzung (Zeichen 295) sollte der Abstand der Leuchtknöpfe auf Autobahnen 6 m, auf anderen Straßen außerorts 4 m und innerorts 3 m betragen. Werden gelbe Markierungsleuchtknöpfe als Leitlinie angeordnet, muss der Abstand untereinander deutlich größer sein.

2.6.5 Kombinationen

Grundsätzlich ist es möglich, mehrere Verkehrszeichen an einer Stelle anzuordnen, insbesondere, wenn die kombinierten Verkehrzeichen den gleichen oder einen zusammenhängenden Sachverhalt behandeln.

Allerdings muss berücksichtigt werden, dass die Aufnahmefähigkeit der Verkehrsteilnehmer begrenzt ist. Werden sie mit einer Übermenge von Informationen überfrachtet, so führt das häufig dazu, dass sehr viel weniger Information aufgenommen wird (siehe Abschnitt 8.2.2).

Unter bestimmten Voraussetzungen kann es insbesondere sinnvoll sein, ein an den fließenden Verkehr gerichtetes Vorschriftzeichen mit einem Gefahrzeichen zu kombinieren (siehe Abschnitte 6.3.2 und 6.4.1).

Das Zusammenfassen von (Verkehrs-)Schildern auf Trägertafeln dient in erster Linie einer besonderen Hervorhebung und sollte auch nur ausnahmsweise und aus diesem Grund erfolgen (siehe Abschnitt 6.3.2).

An einem Pfosten sollen nicht mehr als zwei Vorschriftzeichen angebracht werden. Vorschriftzeichen, die sich auf den fließenden Verkehr beziehen, dürfen an einer Stelle in der Regel nur kombiniert werden, wenn sich beide Zeichen an die gleiche Verkehrsart wenden und die gleiche Strecke oder den gleichen Punkt betreffen. Ein Beispiel für eine sinnvolle Kombination ist Geschwindigkeitsbeschränkung (Zeichen 274) und Überholverbot (Zeichen 276), die sich beide an alle Fahrzeuge richten. Ein Beispiel für eine nicht zulässige Kombination ist Geschwindigkeitsbeschränkung (Zeichen 274) für alle Fahrzeuge und Verbot für Fahrzeuge, deren Länge eine bestimmte Grenze überschreitet (Zeichen 266). Ausnahmsweise können drei Vorschriftzeichen an einem Pfosten gezeigt werden, wenn sich nur eines von ihnen an den fließenden Verkehr wendet. Dann wird empfohlen, das Zeichen für den fließenden Verkehr als oberstes Zeichen zu zeigen.

Grundsätzlich ist das wichtigere Zeichen bei nebeneinander angeordneten Verkehrszeichen zur Fahrbahnseite hin, bei übereinander angeordneten Verkehrszeichen oben anzubringen. Als wichtigeres Zeichen ist dasjenige anzusehen, das von größerer Bedeutung für die Verkehrssicherheit ist. Im Allgemeinen ist dies dasjenige Zeichen, das gewisse Verhaltensbefehle für die Fahrt erteilt (z. B. Zeichen 276 „Überholverbot" ist über Zeichen 283 „Haltverbot" anzubringen).

An einem Pfosten sollen insgesamt nicht mehr als zwei Zusatzzeichen angeordnet werden. Gelten Zusatzzeichen nur für einzelne am gleichen Pfosten befestigte Vorschriftzeichen, so werden sie unmittelbar unter diesem Zeichen angebracht. Gelten Sie für alle, werden sie unter dem untersten mit einem deutlich erkennbaren Abstand befestigt.

Sind zwei Verkehrszeichen an einem Pfosten **nebeneinander** angebracht, sollen erforderliche Zusatzzeichen im Interesse einer unmissverständlichen Beschilderung so angebracht werden, wie *Bild 2.16* beispielhaft zeigt.

Sind zwei Verkehrszeichen an einem Pfosten **übereinander** angebracht, sollen erforderliche Zusatzzeichen so angebracht werden, wie *Bild 2.17* beispielhaft zeigt, um eine klare

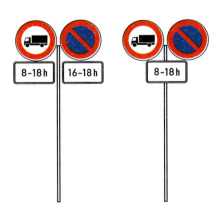

Bild 2.16 Zusatzzeichen bei nebeneinander angebrachten Verkehrszeichen

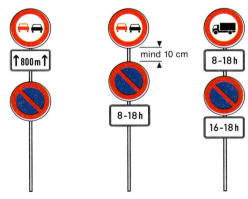

Bild 2.17 Zusatzzeichen bei übereinander angebrachten Verkehrszeichen

2.6.5 Kombinationen

Zuordnung von Zeichen und zugehörigem Zusatzzeichen erkennen zu lassen.

Zusatzzeichen zu Vorschriftzeichen müssen **unmittelbar unter dem Vorschriftzeichen** angebracht werden (Ausnahme Zeichen 205, bei dem das Zusatzzeichen mit dem Sinnbild einer anderen Verkehrsart über dem Zeichen 205 anzubringen ist; siehe auch *Bild 4.22* (Abschnitt 4.5.3)).

Anmerkung: Bei dem rechten Beispiel in *Bild 2.17* kann das untere Zeichen an das obere Zusatzzeichen herangerückt werden, ohne dass dadurch Unklarheiten entstehen.

Es empfiehlt sich, entsprechend dem rechten Beispiel auch dann zu beschildern, wenn die Zeiten auf beiden Zusatzzeichen übereinstimmen.

In Ausnahmefällen kann es auch sinnvoll sein, den Inhalt von (Verkehrs-)Schildern als (Fahrbahn-)Markierung zu wiederholen, z. B. bei der Einfahrt in Tempo 30-Zonen oder als Orientierungshilfe auf Knotenpunktzufahrten mit zahlreichen Fahrstreifen. Solche Markierungen entfalten aber keine eigene Wirkung, sondern dienen nur als Hinweis auf ein angebrachtes Verkehrszeichen.

Zu Abschnitt 2.6.5

StVO
§ 39
Verkehrszeichen

(5) Auch Markierungen und Radverkehrsführungsmarkierungen sind Verkehrszeichen. Sie sind grundsätzlich weiß. Nur als vorübergehend gültige Markierungen sind sie gelb; dann heben sie die weißen Markierungen auf. Gelbe Markierungen können auch in Form von Markierungsknopfreihen, Markierungsleuchtknopfreihen oder als Leitschwellen oder Leitborde ausgeführt sein. Leuchtknopfreihen gelten nur, wenn sie eingeschaltet sind. Alle Linien können durch gleichmäßig dichte Markierungsknopfreihen ersetzt werden. In verkehrsberuhigten Geschäftsbereichen (§ 45 Absatz 1d) können Fahrbahnbegrenzungen auch mit anderen Mitteln, insbesondere durch Pflasterlinien, ausgeführt sein. Schriftzeichen und die Wiedergabe von Verkehrszeichen auf der Fahrbahn dienen dem Hinweis auf ein angebrachtes Verkehrszeichen.

VwV-StVO
zu den §§ 39 bis 43
Allgemeines über
Verkehrszeichen
und Verkehrs-
einrichtungen

11. Häufung von Verkehrszeichen

33 Weil die Bedeutung von Verkehrszeichen bei durchschnittlicher Aufmerksamkeit zweifelsfrei erfassbar sein muss, sind Häufungen von Verkehrszeichen zu vermeiden. Es ist daher stets vorrangig zu prüfen, auf welche vorgesehenen oder bereits vorhandenen Verkehrszeichen verzichtet werden kann.

34 Sind dennoch an einer Stelle oder kurz hintereinander mehrere Verkehrszeichen unvermeidlich, muss dafür gesorgt werden, dass die für den fließenden Verkehr wichtigen besonders auffallen. Kann dies nicht realisiert werden oder wird ein für den fließenden Verkehr bedeutsames Verkehrszeichen an der betreffenden Stelle nicht erwartet, ist jene Wirkung auf andere Weise zu erzielen (z. B. durch Übergröße oder gelbes Blinklicht).

35 a) Am gleichen Pfosten oder sonst unmittelbar über- oder nebeneinander dürfen nicht mehr als drei Verkehrszeichen angebracht werden; bei Verkehrszeichen für den ruhenden Verkehr kann bei besonderem Bedarf abgewichen werden.

36 aa) Gefahrzeichen stehen grundsätzlich allein (vgl. Nummer I zu § 40; Randnummer 1).

37 bb) Mehr als zwei Vorschriftzeichen sollen an einem Pfosten nicht angebracht werden. Sind ausnahmsweise drei solcher Verkehrszeichen an einem Pfosten vereinigt, dann darf sich nur eins davon an den fließenden Verkehr wenden.

38 cc) Vorschriftzeichen für den fließenden Verkehr dürfen in der Regel nur dann kombiniert werden, wenn sie sich an die gleichen Verkehrsarten wenden und wenn sie die gleiche Strecke oder den gleichen Punkt betreffen.

39 dd) Verkehrszeichen, durch die eine Wartepflicht angeordnet oder angekündigt wird, dürfen nur dann an einem Pfosten mit anderen Verkehrszeichen angebracht werden, wenn jene wichtigen Zeichen besonders auffallen.

40 b) Dicht hintereinander sollen Verkehrszeichen für den fließenden Verkehr nicht folgen. Zwischen Pfosten, an denen solche Verkehrszeichen gezeigt werden, sollte vielmehr ein so großer Abstand bestehen, dass der Verkehrsteilnehmer bei der dort gefahrenen Geschwindigkeit Gelegenheit hat, die Bedeutung der Verkehrszeichen nacheinander zu erfassen.

2.6.5 Kombinationen

VwV-StVO
zu den §§ 39 bis 43
Allgemeines über
Verkehrszeichen
und Verkehrs-
einrichtungen

41 12. An spitzwinkligen Einmündungen ist bei der Aufstellung der Verkehrszeichen dafür zu sorgen, dass Benutzer der anderen Straße sie nicht auf sich beziehen, auch nicht bei der Annäherung; erforderlichenfalls sind Sichtblenden oder ähnliche Vorrichtungen anzubringen.

...

45 15. Besteht bei Verkehrszeichen an einem Pfosten kein unmittelbarer Bezug, ist dies durch einen Abstand von etwa 10 cm zu verdeutlichen.

...

47 b) Mehr als zwei Zusatzzeichen sollten an einem Pfosten, auch zu verschiedenen Verkehrszeichen, nicht angebracht werden. Die Zuordnung der Zusatzzeichen zu den Verkehrszeichen muss eindeutig erkennbar sein (§ 39 Absatz 3 Satz 3).

...

55 7. Durch Schriftzeichen, Sinnbilder oder die Wiedergabe eines Verkehrszeichens auf der Fahrbahn kann der Fahrzeugverkehr lediglich zusätzlich auf eine besondere Verkehrssituation aufmerksam gemacht werden. Von dieser Möglichkeit ist nur sparsam Gebrauch zu machen. Sofern dies dennoch in Einzelfällen erforderlich sein sollte, sind die Darstellungen ebenfalls nach den RMS auszuführen.

VwV-StVO
zu § 40
Gefahrzeichen

1 I. Gefahrzeichen sind nach Maßgabe des § 45 Absatz 9 Satz 4 anzuordnen. Nur wenn sie als Warnung oder Aufforderung zur eigenverantwortlichen Anpassung des Fahrverhaltens nicht ausreichen, sollte stattdessen oder bei unabweisbarem Bedarf ergänzend mit Vorschriftzeichen (insbesondere Zeichen 274, 276) auf eine der Gefahrsituation angepasste Fahrweise hingewirkt werden; vgl. hierzu I. zu den Zeichen 274, 276 und 277.

VwV-StVO
zu § 41
Vorschriftzeichen

Zu den Zeichen 274, 276 und 277

1 I. Die Zeichen sind nur dort anzuordnen, wo Gefahrzeichen oder Richtungstafeln (Zeichen 625) nicht ausreichen würden, um eine der Situation angepasste Fahrweise zu erreichen. Die Zeichen können dann mit Gefahrzeichen kombiniert werden, wenn

2 1. ein zusätzlicher Hinweis auf die Art der bestehenden Gefahr für ein daran orientiertes Fahrverhalten im Einzelfall unerlässlich ist oder

3 2. aufgrund dieser Verkehrszeichenkombination eine Kennzeichnung des Endes der Verbotsstrecke entbehrlich wird (vgl. Erläuterung zu den Zeichen 278 bis 282).

2.7 Umsetzung – Aufstellorte

2.7.1 Allgemeines

Die Verkehrszeichen sind räumlich so anzuordnen, dass die Verkehrsteilnehmer die durch sie gegebenen Warnungen, Gebote und Verbote sowie Hinweise so rechtzeitig wahrnehmen und umsetzen können, dass der gewünschte Zweck erreicht wird.

Mit der Wahl der Aufstellorte wird auch die in Abschnitt 2.4.3 angesprochene Struktur der Anordnung umgesetzt.

Bei der Anordnung ist auch zu beachten, dass die Verkehrsteilnehmer die Zeichen sicher erkennen können. Bei (Verkehrs-)Schildern ist insbesondere darauf zu achten, dass die Sicht nicht durch zu erwartende Hindernisse (Pflanzungen, große parkende Fahrzeuge) unterbrochen werden kann.

Besondere Sorgfalt ist bei spitzwinkligen Einmündungen und Kreuzungen geboten, um zu vermeiden, dass die Benutzer der anderen Straße die Zeichen auf sich beziehen; durch das Anbringen von Sichtblenden kann Abhilfe geschaffen werden.

Zu Abschnitt 2.7.1

VwV-StVO
zu den §§ 39 bis 43
Allgemeines über
Verkehrszeichen
und Verkehrs-
einrichtungen

III. Allgemeines über Verkehrszeichen

32 10. Es ist darauf zu achten, dass Verkehrszeichen nicht die Sicht behindern, insbesondere auch nicht die Sicht auf andere Verkehrszeichen oder auf Blinklicht- oder Lichtzeichenanlagen verdecken.

2.7.2 Aufstellort längs der Straße

Vorschriftzeichen und Richtzeichen werden grundsätzlich dort angeordnet, wo oder von wo an die von ihnen gegebene Anordnung zu befolgen ist. Gefahrzeichen und Richtzeichen, die nur Hinweise geben, werden so weit entfernt angeordnet, dass den Verkehrsteilnehmern genügend Zeit für eine Reaktion bleibt, aber auch so nah, dass der Zusammenhang zwischen dem Verkehrszeichen und der Situation noch erkennbar ist.

Das ist in der Regel bei Zeichen, die sich an den langsamen oder ruhenden Verkehr richten (z. B. Haltverbot, Parkverbot, Verkehrsverbot für Radfahrer), ohne größere Probleme möglich.

Bei den Zeichen dagegen, die sich an den schnelleren Fahrzeugverkehr richten (z. B. Geschwindigkeitsbeschränkung, Überholverbot), ist zu berücksichtigen, dass die Kraftfahrer die anordnenden Verkehrszeichen entsprechend den örtlichen Verhältnissen rechtzeitig erkennen und auf sie angemessen reagieren können. Dabei sollte bedacht werden, dass bei Nacht und abgeblendetem Licht Zeichen nur aus einer Entfernung von etwa 50 m zu erkennen sind. Dazu kann es nötig sein, die Schilder größer auszuführen oder die Kraftfahrer durch aufeinanderfolgende

Anordnungen (z. B. „Geschwindigkeitstrichter" 100 – 80 – 60) zu führen. In der VwV-StVO von 2009 ist die Anwendung solcher Geschwindigkeitstrichter allerdings ausdrücklich auf Autobahnen und autobahnähnliche Straßen beschränkt.

Eine weitere Möglichkeit, die rechtzeitige Erkennbarkeit sicherzustellen, besteht darin, das Vorschriftzeichen in einer der angemessenen Reaktion der Kraftfahrer entsprechenden Entfernung vor dem Gültigkeitsbeginn aufzustellen und diese Entfernung dann auf einem Zusatzzeichen (z. B. „100 m") anzugeben. Bei Zeichen, die sich an den ruhenden oder langsamen Verkehr wenden, können solche Zusatzzeichen auch sinnvoll sein, wenn das Zeichen nicht genau am Gültigkeitsbeginn oder Gültigkeitsende aufgestellt werden kann oder damit Schilderstandorte zusammengefasst werden können, ohne dass die Verständlichkeit darunter leidet.

Die Entfernungsangaben sind dabei so zu runden, dass sie schnell und richtig erfasst werden können, z. B. unter 100 m auf volle 10 m, zwischen 100 m und 200 m auf volle 25 m, darüber auf volle 50 m.

Einzelheiten über die Ermittlung des Aufstellortes sind gegebenenfalls bei den einzelnen Vorschriftzeichen zu finden.

2.7.2 Aufstellort längs der Straße

Durch Zz wie 1001-30 kann bei den Zeichen 274, 276 und 278 die **Länge des Geltungsbereichs** angegeben werden.

Diese zeigen in der Regel – ggf. ergänzend zu textlichen Längenangaben – Pfeile, die die Ausdehnung in Längsrichtung oder die Richtung der abbiegenden Straße anzeigen. Auch hier sollten die Längenangaben gerundet werden. Zur Verwendung der richtigen Pfeilformen siehe Abschnitt 8.2.4.

Insbesondere bei kurzen Geltungsbereichen kann die Anzahl der Verkehrsschilder bei gleicher Verständlichkeit durch die Angabe der Länge des Geltungsbereichs klein gehalten werden.

Bei längeren Geltungsbereichen kann es sinnvoll sein, die jeweils restliche Länge des Geltungsbereichs auch auf den Wiederholungen anzugeben, damit sich die Verkehrsteilnehmer darauf einstellen können.

Soweit sich der räumliche Geltungsbereich im Querschnitt auf einzelne Elemente bezieht, z. B. auf den Seitenstreifen, sollten nach Möglichkeit allgemein verständliche und im VzKat vorgesehene Sinnbilder verwendet werden. Bezieht er sich auf einzelne Fahrstreifen, so sind die Zeichen über den Fahrstreifen oder ausnahmsweise auf Verkehrslenkungstafeln (Zeichen 501 ff.) zu zeigen.

Vorschriftzeichen müssen wiederholt werden, wenn die Ge- oder Verbote für längere Strecken gelten. Die Abstände, in denen Wiederholungszeichen stehen, sind abhängig von den örtlichen Verkehrsverhältnissen und der Verkehrssituation. Auf Innerortsstraßen sind z. B. kürzere Abstände erforderlich als auf Autobahnen.

Geht man davon aus, dass ein Vorschriftzeichen etwa alle 30 Sekunden wieder in Erinnerung gerufen werden soll, sollten Wiederholungszeichen etwa in folgenden Abständen stehen: 1 000 m auf BAB und BAB-ähnlichen Straßen, 750 m auf gut ausgebauten, schnell befahrenen Außerortsstraßen, 500 m auf weniger gut ausgebauten, langsamer befahrenen Außerortsstraßen, 250 m auf Innerortsstraßen.

Die hier empfohlenen Abstände für Wiederholungszeichen sind kürzer als die bei Gefahrzeichen (siehe Abschnitt 6.3.3). Dies ergibt sich aus der Strafbewehrung der Vorschriftzeichen und dem Umstand, dass sie eine besondere Bedeutung für einen sicheren Verkehrsablauf besitzen.

Auf Streckenabschnitten mit wenig Ablenkung kann man diese Abstände um etwa 50 % verlängern (z. B. 1 500 m anstelle von 1 000 m).

Grundsätzlich soll ein Gebot oder Verbot, das für längere Strecken gilt, überall dort wiederholt werden, wo neue, insbesondere ortsunkundige Verkehrsteilnehmer in die betreffende Gebots- oder Verbotsstrecke einfahren (ausgenommen Verkehrsteilnehmer, die aus einer Grundstücksausfahrt kommen).

Ansonsten sind spezielle Regelungen über den Aufstellort bei den einzelnen Zeichen besprochen.

Zu Abschnitt 2.7.2

StVO
§ 40
Gefahrzeichen

(2) Außerhalb geschlossener Ortschaften stehen sie im Allgemeinen 150 bis 250 m vor den Gefahrstellen. Ist die Entfernung erheblich geringer, kann sie auf einem Zusatzzeichen angegeben sein, wie

(3) Innerhalb geschlossener Ortschaften stehen sie im Allgemeinen kurz vor der Gefahrstelle.

(4) Ein Zusatzzeichen wie

kann die Länge der Gefahrstrecke angeben.

(5) Steht ein Gefahrzeichen vor einer Einmündung, weist auf einem Zusatzzeichen ein schwarzer Pfeil in die Richtung der Gefahrstelle, falls diese in der anderen Straße liegt.

2.7.2 Aufstellort längs der Straße

StVO
§ 41
Vorschriftzeichen

(2) Vorschriftzeichen stehen vorbehaltlich des Satzes 2 dort, wo oder von wo an die Anordnung zu befolgen ist. Soweit die Zeichen aus Gründen der Leichtigkeit oder der Sicherheit des Verkehrs in einer bestimmten Entfernung zum Beginn der Befolgungspflicht stehen, ist die Entfernung zu dem maßgeblichen Ort auf einem Zusatzzeichen angegeben. Andere Zusatzzeichen enthalten nur allgemeine Beschränkungen der Gebote oder Verbote oder allgemeine Ausnahmen von ihnen. Die besonderen Zusatzzeichen zu den Zeichen 283, 286, 277, 290.1 und 290.2 können etwas anderes bestimmen, zum Beispiel den Geltungsbereich erweitern.

StVO
§ 41
Anlage 2 lfd. Nr. 55

Erläuterung

Das Ende einer streckenbezogenen Geschwindigkeitsbeschränkung oder eines Überholverbots ist nicht gekennzeichnet, wenn das Verbot nur für eine kurze Strecke gilt und auf einem Zusatzzeichen die Länge des Verbots angegeben ist. Es ist auch nicht gekennzeichnet, wenn das Verbotszeichen zusammen mit einem Gefahrzeichen angebracht ist und sich aus der Örtlichkeit zweifelsfrei ergibt, von wo an die angezeigte Gefahr nicht mehr besteht. Sonst ist es gekennzeichnet durch die Zeichen 278 bis 282.

StVO
§ 42
Richtzeichen

(3) Richtzeichen stehen vorbehaltlich des Satzes 2 dort, wo oder von wo an die Anordnung zu befolgen ist. Soweit die Zeichen aus Gründen der Leichtigkeit oder der Sicherheit des Verkehrs in einer bestimmten Entfernung zum Beginn der Befolgungspflicht stehen, ist die Entfernung zu dem maßgeblichen Ort auf einem Zusatzzeichen angegeben.

VwV-StVO
zu den §§ 39 bis 43
Allgemeines über
Verkehrszeichen
und Verkehrs-
einrichtungen

III. Allgemeines über Verkehrszeichen

40   b) Dicht hintereinander sollen Verkehrszeichen für den fließenden Verkehr nicht folgen. Zwischen Pfosten, an denen solche Verkehrszeichen gezeigt werden, sollte vielmehr ein so großer Abstand bestehen, dass der Verkehrsteilnehmer bei der dort gefahrenen Geschwindigkeit Gelegenheit hat, die Bedeutung der Verkehrszeichen nacheinander zu erfassen.

VwV-StVO
zu § 41
Vorschriftzeichen

Zu Zeichen 274 Zulässige Höchstgeschwindigkeit

6   IV. Das Zeichen soll so weit vor der Gefahrstelle aufgestellt werden, dass eine Gefährdung auch bei ungünstigen Sichtverhältnissen ausgeschlossen ist. Innerhalb geschlossener Ortschaften sind im Allgemeinen 30 bis 50 m, außerhalb geschlossener Ortschaften 50 bis 100 m und auf Autobahnen und autobahnähnlichen Straßen 200 m ausreichend.

7   V. Vor dem Beginn geschlossener Ortschaften dürfen Geschwindigkeitsbeschränkungen zur stufenweisen Anpassung an die innerorts zulässige Geschwindigkeit nur angeordnet werden, wenn die Ortstafel (Zeichen 310) nicht rechtzeitig, im Regelfall auf eine Entfernung von mindestens 100 m, erkennbar ist.

8   VI. Auf Autobahnen und autobahnähnlichen Straßen dürfen nicht mehr als 130 km/h angeordnet werden. Nur dort darf die Geschwindigkeit stufenweise herabgesetzt werden. Eine Geschwindigkeitsstufe soll höchstens 40 km/h betragen. Der Mindestabstand in Metern zwischen den unterschiedlichen Höchstgeschwindigkeiten soll das 10-fache der Geschwindigkeitsdifferenz in km/h betragen. Nach Streckenabschnitten ohne Beschränkung soll in der Regel als erste zulässige Höchstgeschwindigkeit 120 km/h angeordnet werden.
…

Zu den Zeichen 274, 276 und 277

5   III. Die Zeichen 274, 276 und 277 sollen hinter solchen Kreuzungen und Einmündungen wiederholt werden, an denen mit dem Einbiegen ortsunkundiger Kraftfahrer zu rechnen ist. Wo innerhalb geschlossener Ortschaften durch das Zeichen 274 eine Geschwindigkeit über 50 km/h zugelassen ist, genügt dagegen dessen Wiederholung in angemessenen Abständen. …

2.7.3 Aufstellort im Querschnitt

(Verkehrs-)Schilder werden grundsätzlich auf der rechten Straßenseite angeordnet.

Auf beiden Seiten der Fahrbahn können sie ausnahmsweise zur besseren Erkennbarkeit, insbesondere an besonders gefährlichen Stellen oder in Rechtskurven, angeordnet werden. Das gilt besonders auch, wenn die Gefahr besteht, dass durch ein Fahrzeug ein wichtiges Verkehrszeichen verdeckt werden kann, z. B. auf Autobahnen und autobahnähnlichen Straßen sowie für Straßen mit einem DTV von etwa 3 000 Kfz/24 Std. und mehr. Zeichen 276 (Überholverbot) wird außerorts regelmäßig auf beiden Straßenseiten angeordnet.

Links allein oder über der Straße allein dürfen Verkehrszeichen nur angebracht werden, wenn Missverständnisse darüber, dass sie für den gesamten Verkehr in einer Richtung gelten, nicht entstehen können und sichergestellt ist, dass sie auch bei Dunkelheit auf ausreichende Entfernung deutlich sichtbar sind.

Bewährt hat sich auf weniger befahrenen Straßen, das Ende von Streckenverboten (Zeichen 278 bis 282) nur auf der linken Seite anzuordnen, da die Aufmerksamkeit überholwilliger Kraftfahrer auf diese Seite gerichtet ist.

Soweit Fahrstreifen markiert sind, können **mit den folgenden Vorschriftzeichen Anordnungen für einzelne Fahrstreifen** getroffen werden:

– **Zeichen 209 ff.** (Vorgeschriebene Fahrtrichtungen)
– **Zeichen 274** (Zulässige Höchstgeschwindigkeit)
– **Zeichen 275** (Vorgeschriebene Mindestgeschwindigkeit)

– **Zeichen 276 oder 277** (Überholverbote)
– **Zeichen 250 bis 266** (Verbot für Fahrzeuge aller Art oder bestimmte Fahrzeuge).

Die Zeichen sind in der Regel so über den Fahrstreifen anzubringen, dass eindeutig erkennbar wird, auf welche Fahrstreifen sich die einzelnen Zeichen beziehen. Diese Möglichkeit wird vor allem bei Streckenbeeinflussungsanlagen genutzt (siehe *Bild 9.5* und Abschnitt 9.3.5).

Lassen sich die Zeichen so nicht anbringen oder gilt das Fahrstreifengebot oder -verbot nur vorübergehend, kann seitlich eine Tafel aufgestellt werden, auf der durch senkrechte Pfeile die Fahrstreifen dargestellt sind.

Das jeweilige Vorschriftzeichen kann nun auf den Pfeilschaft des den betreffenden Fahrstreifen kennzeichnenden Pfeiles gesetzt werden, um so das Fahrstreifengebot oder -verbot zu signalisieren. Ankündigungen sind durch Vorankündigungstafeln mit Entfernungsangaben vorzunehmen (*Bild 2.18*). Eine solche Beschilderung ist jedoch nur zulässig, wenn Verbote für nicht mehr als zwei Streifen erlassen sind.

Wegweisertafeln sollten außerorts bei Richtungsfahrbahnen mit drei und mehr Fahrstreifen über der Fahrbahn angeordnet werden, weil seitlich stehende Wegweiser oft durch Lkw oder Busse verdeckt und vom mittleren oder linken Fahrstreifen aus nicht gesehen werden können (siehe Abschnitt 8.3.5). Bei Vorschriftzeichen, die eine bestimmte Fahrtrichtung vorschreiben (Zeichen 209 bis 214), reicht es – besonders innerhalb geschlossener Ortschaften – meist aus, wenn das Zeichen seitlich der Fahrbahn neben dem Fahrstreifen steht, für den es gilt.

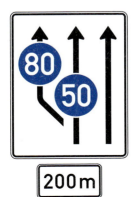 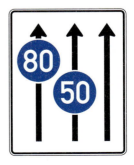

Bild 2.18
Vorankündigung (Z 545-11)   **Signalisierung (Z 525-31)**
eines Fahrstreifenverbotes mit seitlich der Fahrbahn stehenden Tafeln

2.7.3 Aufstellort im Querschnitt

Zu Abschnitt 2.7.3

StVO
§ 39
Verkehrszeichen

(2) Regelungen durch Verkehrszeichen gehen den allgemeinen Verkehrsregeln vor. Verkehrszeichen sind Gefahrzeichen, Vorschriftzeichen und Richtzeichen. Als Schilder stehen sie regelmäßig rechts. Gelten sie nur für einzelne markierte Fahrstreifen, sind sie in der Regel über diesen angebracht.

VwV-StVO
zu den §§ 39 bis 43
Allgemeines über
Verkehrszeichen
und Verkehrs-
einrichtungen

III. Allgemeines über Verkehrszeichen

9 Gefahrzeichen können spiegelbildlich dargestellt werden (die einzelnen Varianten ergeben sich aus dem VzKat),

10 a) wenn dadurch verdeutlicht wird, wo die Gefahr zu erwarten ist (Zeichen 103, 105, 117, 121) oder

11 b) wenn sie auf der linken Fahrbahnseite wiederholt werden (Zeichen 117, 133 bis 142); die Anordnung von Gefahrzeichen für beide Fahrbahnseiten ist jedoch nur zulässig, wenn nach den örtlichen Gegebenheiten nicht ausgeschlossen werden kann, dass Verkehrsteilnehmer das nur rechts befindliche Gefahrzeichen nicht oder nicht rechtzeitig erkennen können.

...

25 Strecken- und Verkehrsverbote für einzelne Fahrstreifen sind in der Regel so über den einzelnen Fahrstreifen anzubringen, dass sie dem betreffenden Fahrstreifen zweifelsfrei zugeordnet werden können (Verkehrszeichenbrücken oder Auslegermaste).

26 Muss von einer solchen Anbringung abgesehen werden oder sind die Zeichen nur vorübergehend angeordnet, z. B. bei Arbeitsstellen, sind die Ge- oder Verbotszeichen auf einer Verkehrslenkungstafel (Zeichen 501 ff.) am rechten Fahrbahnrand anzuzeigen (vgl. VwV zu den Zeichen 501 bis 546 Verkehrslenkungstafeln, Randnummer. 7). Insbesondere außerhalb geschlossener Ortschaften sollen die angeordneten Ge- oder Verbotszeichen durch eine gleiche Verkehrslenkungstafel mit Entfernungsangabe auf einem Zusatzzeichen angekündigt werden.

27 Bei den Zeichen 209 bis 214 und 245 reicht eine Aufstellung rechts neben dem Fahrstreifen, für den sie gelten, aus.

28 9. Verkehrszeichen sind gut sichtbar in etwa rechtem Winkel zur Fahrbahn rechts daneben anzubringen, soweit nicht in dieser Verwaltungsvorschrift anderes gesagt ist.

29 a) Links allein oder über der Straße allein dürfen sie nur angebracht werden, wenn Missverständnisse darüber, dass sie für den gesamten Verkehr in einer Richtung gelten, nicht entstehen können und wenn sichergestellt ist, dass sie auch bei Dunkelheit auf ausreichende Entfernung deutlich sichtbar sind.

30 b) Wo nötig, vor allem an besonders gefährlichen Straßenstellen, können die Verkehrszeichen auf beiden Straßenseiten, bei getrennten Fahrbahnen auf beiden Fahrbahnseiten aufgestellt werden.

...

43 b) Verkehrszeichen dürfen nicht innerhalb der Fahrbahn aufgestellt werden. In der Regel sollte der Seitenabstand von ihr innerhalb geschlossener Ortschaften 0,50 m, keinesfalls weniger als 0,30 m betragen, außerhalb geschlossener Ortschaften 1,50 m.

VwV-StVO
zu § 41
Vorschriftzeichen

Zu Zeichen 276 Überholverbot

3 III. Außerhalb geschlossener Ortschaften ist das Zeichen in der Regel auf beiden Straßenseiten aufzustellen.

2.7.4 Sonstige Kriterien

■ **Blendgefahr Hintergrund**

In Straßenzügen, die in Ost-West-Richtung verlaufen, kann bei tief stehender Sonne und besonders bei regennasser Straße das Erkennen von Verkehrszeichen erschwert werden. In diesem Falle empfiehlt es sich, zum Aufstellen von Verkehrszeichen wenn möglich Schattenstellen auszunutzen. Achtung auf Blendung durch Reklame- und Straßenbeleuchtung oder durch erleuchtete Schilder in dunklem Umfeld; siehe auch Abschnitt 12.5.5.

Verkehrszeichen und Verkehrseinrichtungen wirken am besten, wenn sie sich gegen den Hintergrund abheben. Vorsicht bei einem Hintergrund, der ähnliche Farben aufweist wie das Verkehrszeichen (z. B. Litfaßsäulen, farbige Reklametafeln). Verkehrszeichen und Zusatzzeichen können auf einer Trägerfläche aufgebracht werden (§ 39 Abs. 2 StVO).

■ **Sichtbehinderung durch Zeichen**

Verkehrszeichen können insbesondere im Bereich von Knotenpunkten die Sicht behindern. Beim Aufstellen ist daher stets zu prüfen, ob aus der Sicht des Kraftfahrers, eventuell auch aus der Sicht des Radfahrers oder Fußgängers, der Einblick in kreuzende oder einmündende Straßen oder der Blick auf andere Zeichen oder Signalanlagen durch das Zeichen nicht beeinträchtigt wird. Es gibt Fälle, bei denen sich eine Sichtbehinderung nicht völlig vermeiden lässt. Hier ist beim Aufstellen nach der optimalen Lösung zu suchen (*Anmerkung:* mittlere Augenhöhe für den Fahrer eines Pkw, Krades oder Fahrrades 1,2 m, für den Fahrer eines Lkw oder Omnibusses 2,1 m).

■ **Verschmutzungsgefahr**

Verkehrszeichen und Verkehrseinrichtungen, die zu nahe an der Fahrbahn oder zu tief angebracht sind, verschmutzen leicht (Sprüh- und Spritzschmutz). Versuche haben gezeigt, dass der Grad der Verschmutzung abnimmt, wenn man die Verkehrszeichen höher anordnet oder weiter von der Fahrbahn abrückt (*Bild 2.19*). Damit rücken sie allerdings auch mehr aus dem Blickfeld der Verkehrsteilnehmer.

Vorschriftzeichen können, in der Regel zusammen mit „erklärenden" Gefahrzeichen, **auch an Fahrzeugen angebracht sein**, z. B. zur Sicherung von wandernden Baustellen oder von Schwertransporten. Das Ge- oder Verbot gilt dann von der Vorbeifahrt an diesem Fahrzeug bis dorthin, wo die angezeigte Gefahr erkennbar nicht mehr besteht (oder, soweit die Länge der Anordnung auf einem Zusatzzeichen angegeben wurde, bis zu diesem Abstand vor dem Fahrzeug) (siehe Abschnitt 7.4).

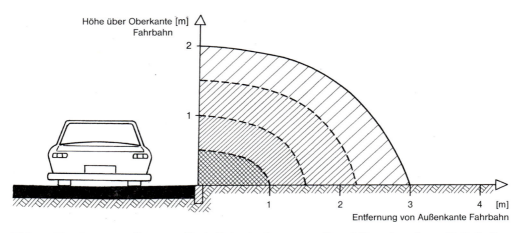

Bild 2.19 Verschmutzungsdiagramm. Oberhalb der durchgezogenen Kurve tritt nur in geringem Maße Spritzverschmutzung auf. Die einzelnen Bereiche sind in Wirklichkeit nicht so scharf getrennt wie in der Darstellung angegeben. Sie sollen Zonen mit etwa gleicher Verschmutzungsgefahr kennzeichnen

2.7.4 Sonstige Kriterien

Zu Abschnitt 2.7.4

StVO
§ 39
Verkehrszeichen

(6) Verkehrszeichen können an einem Fahrzeug angebracht sein. Sie gelten auch während das Fahrzeug sich bewegt. Sie gehen den Anordnungen der ortsfest angebrachten Verkehrszeichen vor.

VwV-StVO
zu den §§ 39 bis 43
Allgemeines über
Verkehrszeichen
und Verkehrs-
einrichtungen

III. Allgemeines über Verkehrszeichen

32 10. Es ist darauf zu achten, dass Verkehrszeichen nicht die Sicht behindern, insbesondere auch nicht die Sicht auf andere Verkehrszeichen oder auf Blinklicht- oder Lichtzeichenanlagen verdecken.

...

41 12. An spitzwinkligen Einmündungen ist bei der Aufstellung der Verkehrszeichen dafür zu sorgen, dass Benutzer der anderen Straße sie nicht auf sich beziehen, auch nicht bei der Annäherung; erforderlichenfalls sind Sichtblenden oder ähnliche Vorrichtungen anzubringen.

2.8 Umsetzung – Art der Ausführung

Die Festlegung der Ausführungsart obliegt nach § 45 Abs. 3 StVO grundsätzlich der Straßenbaubehörde (als Vertreterin des Straßenbaulastträgers), die auch die Kosten für die Aufstellung oder Applikation und den laufenden Betrieb übernehmen muss (siehe Abschnitt 2.3.5). Es empfiehlt sich allerdings, vor der Anordnung gemeinsam zwischen Straßenverkehrsbehörde und Straßenbaubehörde abzustimmen, ob besondere, vor allem aufmerksamkeitssteigernde Ausführungsarten als sinnvoll oder notwendig erachtet werden.

Da die Wahl der Ausführungsart grundsätzlich dem Straßenbaulastträger obliegt, wird sie in Abschnitt 12.3.2 behandelt. Die dort angeführten Regelwerke berücksichtigen die übliche Auffälligkeitskonkurrenz mit anderen Reizen aus dem Straßenumfeld durch die Wahl unterschiedlicher Schildermaterialien oder durch aktive Beleuchtung.

In bestimmten Fällen, z. B. wenn vor besonders unerwarteten Gefahren gewarnt werden soll, kann es jedoch ausnahmsweise notwendig erscheinen, die Aufmerksamkeit der Kraftfahrer in besonderem Maße auf ein oder mehrere Verkehrszeichen zu lenken. Dies kann beispielsweise geschehen durch

– Vermeiden der Kombination mit anderen Verkehrszeichen (siehe Abschnitt 2.4.3),
– Anordnung auf beiden Fahrbahnseiten (siehe Abschnitt 2.7.3),
– Wiederholung in engeren Abständen (siehe Abschnitt 2.7.2),
– Optische Hervorhebung
  – besonders große Ausführung,
  – Anordnung auf einer Kontrasttafel,
  – lichttechnische Hervorhebung,
  – Anordnung eines zusätzlichen gelben Blinklichts.

Auffälligkeitskonkurrenz insbesondere von Vorschriftzeichen mit anderen Elementen der Straßenausstattung oder mit anderen optisch wirksamen Elementen der Umgebung (z. B. Werbung) ist zu vermeiden. Notfalls ist zu prüfen, ob ggf. auf der Grundlage der Regelungen des § 33 StVO oder des in den Straßengesetzen vorgesehenen Bauverbots erreicht werden kann, dass besonders ablenkende Elemente des Straßenumfelds entfernt oder zumindest weniger ablenkend ausgeführt werden. Zur Beurteilung wurde in

– Reinisch, Romy: Beitrag zur Bewertung der Komplexität des Straßenumfelds bei Nachtfahrten im übergeordneten Straßennetz unter Berücksichtigung wahrnehmungspsychologischer Aspekte; Dissertation, TU Darmstadt 2010

ein Bewertungsverfahren konzipiert.

Das beste „Alleinstellungsmerkmal" für Verkehrszeichen ist, sie **alleinstehend** so **anzuordnen**, dass sie nicht in Auffälligkeitskonkurrenz zu anderen Verkehrszeichen oder zu optischen Einflüssen aus dem Umfeld stehen. Das bedeutet, dass man an einer Stelle nur jeweils eine Sache regelt (notfalls auch durch mehrere einander zugeordnete und sich ergänzende Zeichen) und den Aufstellort so wählt, dass aus der Perspektive der Verkehrsteilnehmer neben dem (Verkehrs-)Schild keine anderen ablenkenden Objekte zu sehen sind.

Zusätzlich kann man durch **mehrmalige Anordnung des gleichen Zeichens**, sei es auf beiden Fahrbahnseiten oder kurz hintereinander, eine höhere Wahrscheinlichkeit dafür erreichen, dass das Zeichen wahrgenommen wird. Von dieser Möglichkeit sollte zu einer Zeit, die vom Slogan „weniger Verkehrszeichen" geprägt ist, aber nur sparsam Gebrauch gemacht werden (auch wenn die meisten Bürger eigentlich mit „weniger Verkehrszeichen" meist „weniger Regelungen für mich" meinen).

Die einfachste Möglichkeit, einzelne Verkehrszeichen hervorzuheben, ist, sie in **Übergröße** auszuführen. Sie werden damit besonders auffällig und können bereits aus einer größeren Entfernung erkannt werden.

Eine weitere Möglichkeit, (Verkehrs-)Schilder hervorzuheben, ist, sie auf einer **Trägertafel** – in der Regel einer weißen Fläche mit schwarzem Rand – aufzubringen (siehe *Bild 2.7* und *Bild 4.27* (Abschnitt 4.5.4)). Dadurch wird nicht nur der Zusammenhang mehrerer Zeichen und ihrer Zusatzzeichen betont. Die Besonderheit dieser Art der Aufstellung erzeugt auch einen besonderen Aufmerksamkeitseffekt. Schließlich schatten solche Trägertafeln, die aus diesem Grund auch manchmal „Kontrasttafeln" genannt werden, in gewissem Maße auch ablenkende lichttechnische Reize des Hintergrunds ab und machen auf diese Weise die Verkehrszeichen besser erkennbar.

Bei der Gestaltung der Trägertafel ist zu beachten, dass einzelne Vorschriftzeichen nicht mit Zonenzeichen verwechselt werden können. Daher sollten einzelne Zeichen nur in Ausnahmefällen auf einer Trägertafel angebracht werden.

137

Aus technisch nicht nachvollziehbaren Gründen dürfen die Trägertafeln in Deutschland nur weiß ausgeführt werden, obwohl insbesondere mit fluoreszierender Gestaltung in Ausnahmefällen eine lichttechnische Hervorhebung erreicht werden könnte.

Verkehrsschilder können auch **lichttechnisch besonders auffällig gestaltet** werden. Dadurch wirken sie für den Betrachter heller, als es üblicherweise zu erwarten wäre.

Wird die Auffälligkeitssteigerung nur in der Nacht benötigt, so können die Schilder mit einem höheren Retro-Reflexionsgrad ausgeführt werden. Solche Schilder reflektieren einen größeren Anteil der auftreffenden Scheinwerfer-(Streu-)Lichtmenge in Richtung des Fahrzeuges zurück und wirken dadurch in der Nacht heller. Am Tag wirken sie aus lichttechnischen Gründen geringfügig dunkler.

Fluoreszierend ausgeführte Schilder wandeln Energie kurzwelliger (häufig unsichtbarer ultravioletter) Strahlung in langwelligeres sichtbares Licht um und wirken daher in diesem Wellenlängen-(Farb-)Bereich heller als nicht fluoreszierende Ausführungen. Solche Farbstoffe lassen sich nur für bestimmte Farben wirtschaftlich sinnvoll herstellen (insbesondere für Gelb, Gelbgrün, Rosa, Orange, Hellgrün oder Hellblau). In Deutschland ist die Verwendung von fluoreszierenden Ausführungen zur Aufmerksamkeitssteigerung bei (Verkehrs-)Schildern offiziell nicht vorgesehen. Lediglich bei Wegweisern mit hohem Retroreflexionsgrad kann ein passender gelber Farbstoff verwendet werden, mit dem ohne Farbveränderung ausgeglichen werden kann, dass sich die Tagsichtbarkeit verschlechtert, wenn für die Nachtsichtbarkeit im Streulichtbereich Materialien mit hohem Retroreflexionsanteil verwendet werden müssen (siehe Abschnitt 12.3.3).

Aufwendiger wird es, wenn (Verkehrs-)Schilder von außen oder innen beleuchtet oder als aktiv leuchtende Zeichen ausgeführt werden sollen. Dann ist es in der Regel erforderlich, Stromzuleitungen bereitzustellen und die Energiekosten zu tragen. Zu berücksichtigen ist außerdem, dass beleuchtete Verkehrszeichen nur in der Nacht auffälliger sind als normal ausgeführte

Verkehrszeichen. Aktiv leuchtende (Verkehrs-)Schilder ähneln in ihrem Aufbau Wechselverkehrszeichen (siehe Abschnitt 12), zeigen aber immer das gleiche Zeichen. Die Erfahrung lässt vermuten, dass sie (zumindest derzeit) sicherer erkannt und häufiger befolgt werden als normal ausgeführte Verkehrszeichen. Wegen des erheblichen Aufwandes sollten diese aktiv leuchtenden Ausführungen nur in absoluten Ausnahmefällen erwogen werden.

Die Auffälligkeit eines Verkehrszeichens kann schließlich dadurch erhöht werden, dass es zusammen mit einem gelben Blinklicht angebracht wird. Um die aufmerksamkeitssteigernde Wirkung dieser Kombination von Zeichen und Blinklicht zu erhalten, soll davon sparsam Gebrauch gemacht werden (VwV-StVO zu § 38).

In besonderem Maße ist das gelbe Blinklicht dort vertretbar, wo zum einen das Übersehen einer durch Zeichen getroffenen Regelung die Sicherheit erheblich beeinträchtigt (z. B. Vorfahrt gewähren, Fußgängerüberweg, Baustelle, vorgeschriebene Fahrtrichtung, vorgeschriebene Vorbeifahrt) **und** zum anderen Besonderheiten vorliegen, die mit hoher Wahrscheinlichkeit zu einem Übersehen der Zeichen führen (z.B. schlechte Erkennbarkeit eines Fußgängerüberwegs hinter einer Kuppe oder einer Kurve, Neuregelung provisorisch oder dauernd, Wechsel der Vorfahrt).

Steht das betreffende Zeichen auf beiden Straßenseiten, darf auch das gelbe Blinklicht beiderseits angebracht sein.

Über die Verwendung gelber Blinklichter bei Wechselverkehrszeichen siehe Abschnitt 12.3, bei Bau- und Arbeitsstellen siehe auch die Erlasse über Baustellenbeschilderung in Abschnitt 7.

Bei einer nur vorübergehenden Zuordnung eines gelben Blinklichtes zu einem Verkehrszeichen (z. B. in der ersten Zeit nach einer Vorfahrtänderung) dürfen gelb blinkende, transportable Leuchten verwendet werden, die notfalls so abzuschirmen sind, dass das Licht nur in Richtung des ankommenden Verkehrs blinkt. Bei Dauerregelung ist ein normaler Einfeld-Signalgeber zu verwenden. Auch dann wird eine Stromversorgung benötigt. Das Blinklicht soll sich in der Regel über dem Zeichen befinden.

Zu Abschnitt 2.8

StVO
§ 38
Blaues Blinklicht
und gelbes Blinklicht

(3) Gelbes Blinklicht warnt vor Gefahren. Es kann ortsfest oder von Fahrzeugen aus verwendet werden. Die Verwendung von Fahrzeugen aus ist nur zulässig, um vor Arbeits- oder Unfallstellen, vor ungewöhnlich langsam fahrenden Fahrzeugen oder vor Fahrzeugen mit ungewöhnlicher Breite oder Länge oder mit ungewöhnlich breiter oder langer Ladung zu warnen.

VwV-StVO
zu § 38
Blaues Blinklicht
und gelbes Blinklicht

3 II. Ortsfestes gelbes Blinklicht sollte nur sparsam verwendet werden und nur dann, wenn die erforderliche Warnung auf andere Weise nicht deutlich genug gegeben werden kann. Empfehlenswert ist vor allem, es anzubringen, um den Blick des Kraftfahrers auf Stellen zu lenken, die außerhalb seines Blickfeldes liegen, z. B. auf ein negatives Vorfahrtzeichen (Zeichen 205 und 206), wenn der Kraftfahrer wegen der baulichen Beschaffenheit der Stelle nicht ausreichend klar erkennt, dass er wartepflichtig ist. Aber auch auf eine Kreuzung selbst kann so hingewiesen werden, wenn diese besonders schlecht erkennbar oder aus irgendwelchen Gründen besonders gefährlich ist. Vgl. auch Nummer VI zu § 37 Abs. 2 Nr. 1 und 2; Rn. 14. Im gelben Blinklicht dürfen nur schwarze Sinnbilder für einen schreitenden Fußgänger, ein Fahrrad, eine Straßenbahn, einen Kraftomnibus, einen Reiter oder ein schwarzer Pfeil gezeigt werden.

StVO
§ 39
Verkehrszeichen

(4) Verkehrszeichen können auf einer weißen Trägertafel aufgebracht sein. Abweichend von den abgebildeten Verkehrszeichen können in Wechselverkehrszeichen die weißen Flächen schwarz und die schwarzen Sinnbilder und der schwarze Rand weiß sein, wenn diese Zeichen nur durch Leuchten erzeugt werden.

VwV-StVO
zu den §§ 39 bis 43
Allgemeines über
Verkehrszeichen
und Verkehrs-
einrichtungen

III. Allgemeines über Verkehrszeichen

7 1. … Mehrere Verkehrszeichen oder ein Verkehrszeichen mit wenigstens einem Zusatzzeichen dürfen gemeinsam auf einer weißen Trägertafel aufgebracht werden. Die Trägertafel hat einen schwarzen Rand und einen weißen Kontraststreifen. Zusatzzeichen werden jeweils von einem zusätzlichen schwarzen Rand gefasst. Einzelne Verkehrszeichen dürfen nur auf einer Trägertafel aufgebracht sein, wenn wegen ungünstiger Umfeldbedingungen eine verbesserte Wahrnehmbarkeit erreicht werden soll.
…

3. Größe der Verkehrszeichen

12 a) Die Ausführung der Verkehrszeichen und Verkehrseinrichtungen ist auf das tatsächliche Erfordernis zu begrenzen; unnötig groß dimensionierte Zeichen sind zu vermeiden.
…

30 b) Wo nötig, vor allem an besonders gefährlichen Straßenstellen, können die Verkehrszeichen auf beiden Straßenseiten, bei getrennten Fahrbahnen auf beiden Fahrbahnseiten aufgestellt werden.
…

11. Häufung von Verkehrszeichen

33 Weil die Bedeutung von Verkehrszeichen bei durchschnittlicher Aufmerksamkeit zweifelsfrei erfassbar sein muss, sind Häufungen von Verkehrszeichen zu vermeiden. Es ist daher stets vorrangig zu prüfen, auf welche vorgesehenen oder bereits vorhandenen Verkehrszeichen verzichtet werden kann.

34 Sind dennoch an einer Stelle oder kurz hintereinander mehrere Verkehrszeichen unvermeidlich, muss dafür gesorgt werden, dass die für den fließenden Verkehr wichtigen besonders auffallen. Kann dies nicht realisiert werden oder wird ein für den fließenden Verkehr bedeutsames Verkehrszeichen an der betreffenden Stelle nicht erwartet, ist jene Wirkung auf andere Weise zu erzielen (z. B. durch Übergröße oder gelbes Blinklicht).
…

40 b) Dicht hintereinander sollen Verkehrszeichen für den fließenden Verkehr nicht folgen. Zwischen Pfosten, an denen solche Verkehrszeichen gezeigt werden, sollte vielmehr ein so großer Abstand bestehen, dass der Verkehrsteilnehmer bei der dort gefahrenen Geschwindigkeit Gelegenheit hat, die Bedeutung der Verkehrszeichen nacheinander zu erfassen.

2.9 Zustandsüberwachung

2.9.1 Allgemeines

Angeordnete Verkehrszeichen sind dauerhaft in einem Zustand zu erhalten, der der Anordnung entspricht. Außerdem sind sie regelmäßig auf ihre Zweckmäßigkeit und Notwendigkeit zu überprüfen.

Die dauerhafte Erhaltung der Verkehrszeichen und Verkehrseinrichtungen selbst obliegt dem Straßenbaulastträger, der dafür regelmäßige Streckenkontrollen bis hin zum täglichen und wöchentlichen Rhythmus durchführen muss (siehe Abschnitt 12.12).

Die Überprüfung der Zweckmäßigkeit der zugrundeliegenden Anordnung obliegt den Straßenverkehrsbehörden, die dazu regelmäßige Verkehrsschauen veranlassen und durchführen müssen (Abschnitt 2.9.2). Außerdem ist es sinnvoll, das aktuelle Unfallgeschehen entsprechend auszuwerten und ggf. zum Anlass zu nehmen, die Anordnungen zu überprüfen (Abschnitt 2.9.3).

2.9.2 Verkehrsschauen

Es gehört zu den Amtspflichten der Straßenverkehrsbehörden, die Verkehrsregelungen regelmäßig auf ihre Notwendigkeit, Zweckmäßigkeit und Wirksamkeit zu überprüfen.

Abschnitt IV der VwV-StVO zu § 45 (Verkehrszeichen und Verkehrseinrichtungen) zu Absatz 3 präzisiert diese Überprüfung. Er fordert, dass sie „bei jeder Gelegenheit", mindestens aber als formelle Verkehrsschau alle zwei Jahre erfolgen soll.

Die zuständigen obersten Landesbehörden sorgen durch entsprechende Erlasse dafür, dass bei der Verkehrsschau gleiche Maßstäbe angelegt werden; sie haben von Zeit zu Zeit eigene Landesverkehrsschauen durchzuführen. Eine fällige Verkehrsschau darf nur mit Zustimmung der höheren Verwaltungsbehörde unterbleiben.

Ziel der Verkehrsschau ist nicht die kontinuierliche Überwachung des Zustands der Beschilderung. Dies ist Bestandteil der Straßenbaulast und daher vom Straßenbaulastträger zu leisten (siehe Abschnitt 12 auch zur genaueren Abgrenzung). Die Verkehrsschauen dienen dazu, die Zweckmäßigkeit der Anordnung zu überprüfen und ggf. dahingehend zu Verbesserungen zu kommen. Das schließt auch die Aufhebung unzweckmäßiger Anordnungen ein.

Um die Notwendigkeit und Wirkung der Beschilderung angemessen beurteilen zu können, ist es notwendig, die Situation aus der Fahrerperspektive, notfalls vom Fahrersitz eines in Bewegung befindlichen Kraftfahrzeugs aus zu beurteilen. Dabei ist insbesondere auch zu berücksichtigen, dass je nach Verkehrszustand, Witterung und Tageszeit sehr unterschiedliche Eindrücke und Wirkungen entstehen können. Insbesondere ist es nötig, Verkehrsschauen auch bei Nacht durchzuführen. Dort, wo für Behinderte und alte Menschen besondere Vorkehrungen zu treffen sind, geben die Anmerkungen zur DIN 18024 zweckdienliche Hinweise.

Außerdem haben sich die folgenden Grundsätze für die Verkehrsschau bewährt:

1. Zu der Verkehrsschau, die alle zwei Jahre zu erfolgen hat – auf Straßen mit erheblicher Verkehrsbedeutung und dort, wo sich Unfälle häufen, alljährlich – sind in der Regel von der Straßenverkehrsbehörde einzuladen:

   – Straßenbaubehörde,
   – Träger der Straßenbaulast,
   – Polizei,
   – sofern erforderlich, sachverständige Vertreter aus Kreisen der Verkehrsteilnehmer (z. B. Automobilclubs, Verkehrswacht).

   Werden Übergänge von Schienenbahnen überprüft, so sind stets auch die Bahnunternehmer und die für die technische Bahnaufsicht zuständigen Stellen hinzuzuziehen. Der Einladung sollten Informationen über den Ablauf der Signalschau beigefügt sein.

2. Eine sorgfältig durchgeführte Verkehrsschau für den Bereich einer Straßenverkehrsbehörde dauert in der Regel mehrere Tage. Oftmals ist es jedoch für geladene Sachverständige aus Zeitmangel nicht möglich, an der gesamten Verkehrsschau teilzunehmen. Daher sollte angestrebt werden, die Überprüfung der wichtigen, stark belasteten Straßen und der besonderen Unfallpunkte vorzunehmen, solange auch die sachverständigen Vertreter anwesend sind.

3. Um die Dauer der Verkehrsschauen zu begrenzen, empfiehlt es sich, den gesamten Zuständigkeitsbereich in mehrere Teilgebiete aufzugliedern, die einzeln überprüft werden (z. B. zwölf Teilgebiete, von denen alle zwei Monate eines überprüft wird). Für Städte ab etwa 10 000 Einwohnern sollten zweckmäßigerweise gesonderte Verkehrsschauen abgehalten werden, deren Organisation sich in der Regel recht schwierig gestaltet.

2.9.2 Verkehrsschauen

4. Von Zeit zu Zeit sind Nachtverkehrsschauen abzuhalten, um die Wirkung der Verkehrszeichen und -einrichtungen bei Dunkelheit zu prüfen. Dabei ist besonderes Augenmerk darauf zu richten, ob die Reflektion der Zeichen, die mit zunehmendem Alter eines Schildes nachlässt, noch hinreichend gut ist. Siehe auch unter 2.3.2 Inventarisierung.

5. Die Übergänge von Schienenbahnen können getrennt geprüft werden. Dadurch kann eine stärkere Vereinheitlichung der zu treffenden Sicherungsmaßnahmen erzielt und die Teilnahme der Vertreter von Bahnunternehmen und technischer Bahnaufsicht effizienter genutzt werden.

6. Es empfiehlt sich, für die Autobahnen gesonderte Verkehrsschauen abzuhalten.

7. Oft leiden Verkehrsschauen darunter, dass der Teilnehmerkreis zu groß ist. Es ist daher anzustreben, den Teilnehmerkreis möglichst klein zu halten.

8. Termin und Umfang der Verkehrsschau sind zweckmäßigerweise rechtzeitig der höheren Verwaltungsbehörde anzuzeigen. Eine fällige Verkehrsschau darf nur mit Zustimmung der höheren Verwaltungsbehörde unterbleiben. Es empfiehlt sich, bei den höheren Verwaltungsbehörden ein Verzeichnis der fälligen und abgehaltenen Verkehrsschauen zu führen.

9. Eine wichtige Unterlage für Entscheidungen bei der Verkehrsschau stellen die Unfallunterlagen dar. Es ist dafür zu sorgen, dass dieses Material sowie gegebenenfalls andere Unterlagen (z. B. fachliche Anregungen, Verkehrszählergebnisse, aber auch Unterlagen

aus der Inventarisierung der Beschilderung, siehe Abschnitt 12.12.2) verfügbar sind.

10. Wenn möglich, soll für die Verkehrsschau ein Kleinomnibus zur Verfügung stehen, damit alle Beteiligten auf der Fahrt und auch beim Halten Beobachtungen austauschen und diskutieren können.

11. Es hat sich als zweckmäßig erwiesen, je zwei Durchschläge der Niederschrift an alle die Stellen zu senden, die für die Ausführung der erforderlichen Maßnahmen zuständig sind. Diese Stellen vermerken die Erledigung der geforderten Maßnahmen auf der Zweitschrift und schicken dieses Exemplar als Bestätigung der Straßenverkehrsbehörde zurück.

12. Die „Grundregeln für das Anbringen von Verkehrszeichen und Verkehrseinrichtungen" (siehe Abschnitt 2.2.7) sind stets im Auge zu behalten. Dabei ist auch zu prüfen, ob die örtlich getroffenen Anordnungen von Verkehrszeichen zwingend geboten waren oder ob die Berechtigung für den Verbleib einzelner Zeichen noch gegeben ist.

Weitere Hinweise für die Durchführung von Verkehrsschauen sind enthalten im

– „Merkblatt für die Durchführung von Verkehrsschauen", FGSV Verlag, Ausgabe 2007.

Außerdem existiert ein

– „Leitfaden zur Durchführung von Bahnübergangsschauen", Ausgabe 2003, der vom Bund-Länder-Fachausschuss „Straßenverkehrs-Ordnung" (BLFA-StVO) erarbeitet wurde, vom Eisenbahn-Bundesamt herausgegeben wird und als Web-Dokument verfügbar ist (http://www.eisenbahnbundesamt.de).

Zu Abschnitt 2.9.2

VwV-StVO
zu § 45
Verkehrszeichen
und Verkehrs-
einrichtungen

Zu Absatz 3

56 IV. Überprüfung der Verkehrszeichen und Verkehrseinrichtungen

1. Die Straßenverkehrsbehörden haben bei jeder Gelegenheit die Voraussetzungen für einen reibungslosen Ablauf des Verkehrs zu prüfen. Dabei haben sie besonders darauf zu achten, dass die Verkehrszeichen und die Verkehrseinrichtungen, auch bei Dunkelheit, gut sichtbar sind und sich in gutem Zustand befinden, dass die Sicht an Kreuzungen, Bahnübergängen und Kurven ausreicht und ob sie sich noch verbessern lässt. Gefährliche Stellen sind darauf zu prüfen, ob sie sich ergänzend zu den Verkehrszeichen oder an deren Stelle durch Verkehreinrichtungen wie Leitpfosten, Leittafeln oder durch Schutzplanken oder durch bauliche Maßnahmen ausreichend sichern lassen. Erforderlichenfalls sind solche Maßnahmen bei der Straßenbaubehörde anzuregen. Straßenabschnitte, auf denen sich häufig Unfälle bei Dunkelheit ereignet haben, müssen bei Nacht besichtigt werden.

2.9.3 Unfallanalysen

VwV-StVO
zu § 45
Verkehrszeichen
und Verkehrs-
einrichtungen

57 2. a) Alle zwei Jahre haben die Straßenverkehrsbehörden zu diesem Zweck eine umfassende Verkehrsschau vorzunehmen, auf Straßen von erheblicher Verkehrsbedeutung und überall dort, wo nicht selten Unfälle vorkommen, alljährlich, erforderlichenfalls auch bei Nacht. An den Verkehrsschauen haben sich die Polizei und die Straßenbaubehörden zu beteiligen; auch die Träger der Straßenbaulast, die öffentlichen Verkehrsunternehmen und ortsfremde Sachkundige aus Kreisen der Verkehrsteilnehmer sind dazu einzuladen. Bei der Prüfung der Sicherung von Bahnübergängen sind die Bahnunternehmen, für andere Schienenbahnen gegebenenfalls die für die technische Bahnaufsicht zuständigen Behörden hinzuzuziehen. Über die Durchführung der Verkehrsschau ist eine Niederschrift zu fertigen.

58 b) Eine Verkehrsschau darf nur mit Zustimmung der höheren Verwaltungsbehörde unterbleiben.

59 c) Die zuständigen obersten Landesbehörden sorgen dafür, dass bei der Verkehrsschau überall die gleichen Maßstäbe angelegt werden. Sie führen von Zeit zu Zeit eigene Landesverkehrsschauen durch, die auch den Bedürfnissen überörtlicher Verkehrslenkung dienen.

2.9.3 Unfallanalysen

Eines der wesentlichen Ziele von Regelungen des Straßenverkehrs ist es, dessen Sicherheit zu erhöhen. Daher ist es sehr wichtig, das tatsächliche Unfallgeschehen umfassend und selbstkritisch zu analysieren.

Daher werden in Deutschland schon seit vielen Jahren die Unfälle systematisch erfasst und ausgewertet. Insbesondere wird für jeden Unfall einer gewissen Schwere ein Unfalldatenblatt angelegt, das vordergründig für eine eventuelle Strafverfolgung und für statistische Zwecke vorgesehen ist. Mit Hilfe solcher Unfalldatenblätter ist aber auch eine systematische Auswertung der örtlichen Unfalldaten möglich. *Bild 2.20* zeigt ein Beispiel für ein solches Formular. Um die Unfallanalyse zu erleichtern, unterscheidet man nach zehn Unfallarten und sieben Unfalltypen. Außerdem sollten für jeden in die Untersuchung einzubeziehenden Unfall mindestens folgende Angaben vorliegen: Unfalldatum, Unfallzeit, Unfallstelle, Unfallhergang, Unfallskizze, besondere Umstände (z. B. Wetter, Straßenzustand, Verkehrsverhältnisse).

Im StVO-Bereich werden die Unfallberichte zu Unfalltypen-Steckkarten und – an darin erkennbaren Unfallhäufungspunkten – zu Unfalldiagrammen aufbereitet. Nähere Informationen dazu sind zu finden in:

– „Merkblatt zur Örtlichen Unfalluntersuchung in Unfallkommissionen (M Uko)", FGSV Verlag, Ausgabe 2012.

Insbesondere ist es wichtig, zunächst diejenigen Stellen zu erkennen, an denen sich absolut oder im Verhältnis zu geeigneten Kenngrößen (z. B. Abschnittslänge, Verkehrsmenge) überdurchschnittlich viele Unfälle ereignen, und dann mit Ursachenforschung (siehe Abschnitt 2.4.5) zu

Bild 2.20 Beispiel eines Formulars, in das in einfachster Form alle für die örtliche Unfalluntersuchung wichtigen Angaben eingetragen werden können Quelle: M Uko

untersuchen, welche Probleme vorliegen, und Verbesserungsvorschläge zu erarbeiten, mit denen diese Häufungen durch Umgestaltung der Straßenanlage oder andere Verkehrsregelungen zukünftig vermieden werden können.

2.9.3 Unfallanalysen

Die einer bestimmten Stelle oder einem bestimmten Bereich zuzuordnenden Unfälle haben zunächst einmal nur eine begrenzte Aussagekraft. Sie können dienen zur Priorisierung von Verbesserungsmaßnahmen und in der nötigen Abwägung als Gegengewicht zu den Kosten und sonstigen Nachteilen von solchen Maßnahmen. Will man abschätzen, ob die Unfallzahlen an einer solchen Stelle oder in einem solchen Bereich „nur" Ausfluss des „normalen", mit der Nutzung bestimmter Technologien verbundenen Restrisikos sind oder eher zu hoch, so empfiehlt es sich, die Unfallzahlen auf Vergleichszahlen, z. B. auf die Bevölkerungszahl, die Anzahl der zugelassenen Fahrzeuge oder auf die Anzahl der Verkehrsvorgänge, zu beziehen. In den Regelwerken werden diese bezogenen Größen mit eingeführten Begriffen bezeichnet, z. B. „Unfalldichte" oder „Unfallkostenrate".

Für großräumige Betrachtungen und Vergleiche können hilfreich sein

– „Empfehlungen für die Sicherheitsanalyse von Straßennetzen", FGSV Verlag, Ausgabe 2003.

Da im Bereich der Unfallanalyse die Zusammenarbeit von Verkehrsbehörden, Straßenbaubehörden und Polizei besonders wichtig ist, wurde die VwV-StVO zu § 44 Sachliche Zuständigkeit so geändert, dass diese Beteiligten nun formelle Unfallkommissionen bilden (die in den einzelnen Bundesländern unterschiedlich organisiert sind).

Außerdem haben das Europäische Parlament und der Europäische Rat im Jahr 2008 eine Richtlinie über das Sicherheitsmanagement für die Straßeninfrastruktur (EU-Amtsblatt L 319/59 vom 29.11.2008) beschlossen, die unter anderem auch regelmäßige Sicherheitsuntersuchungen und Sicherheitsüberprüfungen vorsieht. Die dort beschriebenen Anforderungen werden in Deutschland auch durch die oben beschriebene Vorgehensweise weitgehend erfüllt. Hinzu kommen insbesondere Berichtspflichten. Formell gilt die Richtlinie nur für das Transeuropäische Straßennetz (TERN). In Deutschland soll jedoch zumindest das gesamte Bundesstraßennetz einheitlich einbezogen werden. Nähere Informationen sind zu finden im

– ARS 26/2010 (StB 11/7122.1/4-1252057) „Straßenverkehrsinfrastruktur-Sicherheitsmanagement; – Umsetzung der Richtlinie 2008/96/EG des Europäischen Parlaments und des Rates vom 19.12.2008 über ein Sicherheitsmanagement für die Straßenverkehrsinfrastruktur in nationales Recht" vom 3. November 2010.

Zu Abschnitt 2.9.3

VwV-StVO zu § 44 Sachliche Zuständigkeit

1 I. Zur Bekämpfung der Verkehrsunfälle haben Straßenverkehrsbehörde, Straßenbaubehörde und Polizei eng zusammenzuarbeiten, um zu ermitteln, wo sich die Unfälle häufen, worauf diese zurückzuführen sind, und welche Maßnahmen ergriffen werden müssen, um unfallbegünstigende Besonderheiten zu beseitigen. Hierzu sind Unfallkommissionen einzurichten, deren Organisation, Zuständigkeiten und Aufgaben Ländererlasse regeln. Für die örtliche Untersuchung von Verkehrsunfällen an Bahnübergängen gelten dabei wegen ihrer Besonderheiten ergänzende Bestimmungen.

2 II. Das Ergebnis der örtlichen Untersuchungen dient der Polizei als Unterlage für zweckmäßigen Einsatz, den Verkehrsbehörden für verkehrsregelnde und den Straßenbaubehörden für straßenbauliche Maßnahmen.

3 III. Dazu bedarf es der Anlegung von Unfalltypensteckkarten oder vergleichbarer elektronischer Systeme, wobei es sich empfiehlt, bestimmte Arten von Unfällen in besonderer Weise, etwa durch die Verwendung verschiedenfarbiger Nadeln, zu kennzeichnen. Außerdem sind Unfallblattsammlungen zu führen oder Unfallstraßenkarteien anzulegen. Für Straßenstellen mit besonders vielen Unfällen oder mit Häufungen gleichartiger Unfälle sind Unfalldiagramme zu fertigen. Diese Unterlagen sind sorgfältig auszuwerten; vor allem Vorfahrtunfälle, Abbiegeunfälle, Unfälle mit kreuzenden Fußgängern und Unfälle infolge Verlustes der Fahrzeugkontrolle weisen häufig darauf hin, dass die bauliche Beschaffenheit der Straße mangelhaft oder die Verkehrsregelung unzulänglich ist.

4 IV. Welche Behörde diese Unterlagen zu führen und auszuwerten hat, richtet sich nach Landesrecht. Jedenfalls bedarf es engster Mitwirkung auch der übrigen beteiligten Behörden.

143

2.9.3 Unfallanalysen

VwV-StVO
zu § 44
Sachliche
Zuständigkeit

5 V. Wenn örtliche Unfalluntersuchungen ergeben haben, dass sich an einer bestimmten Stelle regelmäßig Unfälle ereignen, ist zu prüfen, ob es sich dabei um Unfälle ähnlicher Art handelt. Ist das der Fall, so kann durch verkehrsregelnde oder bauliche Maßnahmen häufig für eine Entschärfung der Gefahrenstelle gesorgt werden. Derartige Maßnahmen sind in jedem Fall ins Auge zu fassen, auch wenn in absehbarer Zeit eine völlige Umgestaltung geplant ist.

Generelle Nutzungs-regelungen

3

3.1 Allgemeines

In Abschnitt 3 werden solche Ge- oder Verbote behandelt, die grundsätzlich regeln, von welchen Verkehrsteilnehmern die Straßenfläche oder Teile von ihr genutzt werden dürfen.

Die klassische Nutzungsregelung ist das Verbot bestimmter Arten von Fahrzeugen (oder anderer Verkehrsteilnehmer) wie Kraftfahrzeugen, Motorrädern, Fahrrädern oder Fußgängern, in erster Linie aus verkehrlichen Gründen (behandelt in Abschnitt 3.2), oder das Verbot von Fahrzeugen mit bestimmten momentanen Eigenschaften (Masse, Länge, Breite), in erster Linie aus straßen- oder brückenbedingten Gründen (behandelt in Abschnitt 3.3). Weitere Beschränkungen können zum Schutz des Umfelds ausgesprochen werden (siehe Abschnitt 3.4).

Bei den Sonderwegen, also Wege, die für eine oder wenige Verkehrsarten erstellt und vorgehalten werden (Fußgängerwege, Radwege, Busfahrstreifen) und die in Abschnitt 3.5 behandelt werden, werden in der Regel Nutzungsgebote ausgesprochen, die gleichzeitig diesen Fahrzeugarten verbieten, die restliche Straßenfläche zu nutzen, und die restlichen Verkehrsarten davon ausschließen, den Sonderweg zu benutzen.

Beschränkungen des ruhenden Verkehrs (Halten und Parken) werden in Abschnitt 3.6 behandelt.

Beim Anordnen von allgemeinen Nutzungsregelungen ist die Widmung der Verkehrsfläche nach dem Straßen(bau)recht zu beachten. Durch die Widmung zur öffentlichen Straße wird grundsätzlich das Recht zur allgemeinen Nutzung („Gemeingebrauch") eingeräumt, das nicht ohne Weiteres eingeschränkt werden darf. Straßenrechtliche Widmung und straßenverkehrsrechtliche Nutzungsregelungen müssen grundsätzlich übereinstimmen.

Das schließt nicht aus, dass die Nutzung im Einzelfall aus zwingenden Gründen weiter eingeschränkt wird (Baustellen, Straßenfeste, …), solange die Widmung nicht grundsätzlich in Frage gestellt wird. Nicht erlaubt durch straßenverkehrsrechtliche Anordnungen sind aber Erweiterungen der Widmung oder die völlige Aufhebung der wegerechtlichen Öffentlichkeit. Diese Tatbstände müssen vorher straßenrechtlich behandelt werden. Für Einzelheiten wird auf die Kommentierung des Fernstraßengesetzes und der Landesstraßengesetze verwiesen.

Zu Abschnitt 3.1

VwV-StVO
zu § 45
Verkehrszeichen
und Verkehrs-
einrichtungen

Zu Absatz 1 bis 1e

45a XII. Vor der Anordnung von Verkehrsverboten für bestimmte Verkehrsarten durch Verkehrszeichen, wie insbesondere durch Zeichen 242.1 und 244.1, ist mit der für das Straßen- und Wegerecht zuständigen Behörde zu klären, ob eine straßenrechtliche Teileinziehung erforderlich ist. Diese ist im Regelfall notwendig, wenn bestimmte Verkehrsarten auf Dauer vollständig oder weitestgehend von dem durch die Widmung der Verkehrsfläche festgelegten verkehrsüblichen Gemeingebrauch ausgeschlossen werden sollen. Durch Verkehrszeichen darf kein Verkehr zugelassen werden, der über den Widmungsinhalt hinausgeht.

3.2 Allgemeine Nutzungsverbote

3.2.1 Allgemeines

In diesem Abschnitt werden Regelungen beschrieben, die aus allgemeinen verkehrlichen oder umfeldbedingten Gründen die Art des auf der Straße möglichen Verkehrs einschränken, ohne jedoch den Widmungszweck in Frage zu stellen.

§ 45 StVO gibt den Verkehrsbehörden das Recht, die Benutzung bestimmter Straßen oder Straßenstrecken allgemein „aus Gründen der Sicherheit und Ordnung des Verkehrs" zu beschränken oder zu verbieten und den Verkehr umzuleiten. In diesem Abschnitt sind die allgemeinen Nutzungsverbote behandelt. Anordnungen, die sich an den fließenden Verkehr richten, sind in Abschnitt 6 zu finden. Spezielle Anordnungen zum Schutz des Umfeldes sind in Abschnitt 3.4 behandelt.

3.2.2 Verbot aller Fahrzeuge oder bestimmter Verkehrsarten (Verkehrsverbote)

StVO Anlage 2 Vorschriftzeichen (zu § 41 Absatz 1) Abschnitt 6 Verkehrsverbote		
26		**Ge- oder Verbot** Die nachfolgenden Zeichen 250 bis 261 (Verkehrsverbote) untersagen die Verkehrsteilnahme ganz oder teilweise mit dem angegebenen Inhalt. **Erläuterung** Für die Zeichen 250 bis 259 gilt: 1. Durch Verkehrszeichen gleicher Art mit Sinnbildern nach § 39 Absatz 7 können andere Verkehrsarten verboten werden. 2. Zwei der nachstehenden Verbote können auf einem Schild vereinigt sein.
27	**7,5 t**	**Ge- oder Verbot** Ist auf einem Zusatzzeichen eine Masse, wie „7,5 t", angegeben, gilt das Verbot nur, soweit die zulässige Gesamtmasse dieser Verkehrsmittel die angegebene Grenze überschreitet.
28	**Zeichen 250** ⊘ **Verbot für Fahrzeuge aller Art**	**Ge- oder Verbot** 1. Verbot für Fahrzeuge aller Art. Das Zeichen gilt nicht für Handfahrzeuge, abweichend von § 28 Absatz 2 auch nicht für Reiter, Führer von Pferden sowie Treiber und Führer von Vieh. 2. Krafträder und Fahrräder dürfen geschoben werden.

3.2.2 Verbot aller Fahrzeuge oder bestimmter Verkehrsarten (Verkehrsverbote)

StVO Anlage 2 Vorschriftzeichen (zu § 41 Absatz 1)
Abschnitt 6 Verkehrsverbote

29	**Zeichen 251** **Verbot für Kraftwagen**	**Ge- oder Verbot** Verbot für Kraftwagen und sonstige mehrspurige Kraftfahrzeuge
30	**Zeichen 253** **Verbot für Kraftfahrzeuge über 3,5 t**	**Ge- oder Verbot** Verbot für Kraftfahrzeuge mit einer zulässigen Gesamtmasse über 3,5 t, einschließlich ihrer Anhänger, und für Zugmaschinen. Ausgenommen sind Personenkraftwagen und Kraftomnibusse.
30.1		**Ge- oder Verbot** Wird Zeichen 253 mit diesen Zusatzzeichen angeordnet, bedeutet dies: 1. Das Verbot ist auf den Durchgangsverkehr mit Nutzfahrzeugen, einschließlich ihrer Anhänger, mit einer zulässigen Gesamtmasse ab 12 t beschränkt. 2. Durchgangsverkehr liegt nicht vor, soweit die jeweilige Fahrt a) dazu dient, ein Grundstück an der vom Verkehrsverbot betroffenen Straße oder an einer Straße, die durch die vom Verkehrsverbot betroffene Straße erschlossen wird, zu erreichen oder zu verlassen, b) dem Güterverkehr im Sinne des § 1 Absatz 1 des Güterkraftverkehrsgesetzes in einem Gebiet innerhalb eines Umkreises von 75 km, gerechnet in der Luftlinie vom Mittelpunkt des zu Beginn einer Fahrt ersten Beladeorts des jeweiligen Fahrzeugs (Ortsmittelpunkt), dient; dabei gehören alle Gemeinden, deren Ortsmittelpunkt innerhalb des Gebietes liegt, zu dem Gebiet, oder c) mit im Bundesfernstraßenmautgesetz bezeichneten Fahrzeugen, die nicht der Mautpflicht unterliegen, durchgeführt wird. 3. Ausgenommen von dem Verkehrsverbot ist eine Fahrt, die auf ausgewiesenen Umleitungsstrecken (Zeichen 421, 442, 454 bis 457.2 oder Zeichen 460 und 466) durchgeführt wird, um besonderen Verkehrslagen Rechnung zu tragen. **Erläuterung** Diese Kombination ist nur mit Zeichen 253 zulässig.

3.2.2 Verbot aller Fahrzeuge oder bestimmter Verkehrsarten (Verkehrsverbote)

StVO Anlage 2 Vorschriftzeichen (zu § 41 Absatz 1)
Abschnitt 6 Verkehrsverbote

31	**Zeichen 254** **Verbot für Radverkehr**	**Ge- oder Verbot** Verbot für den Radverkehr
32	**Zeichen 255** **Verbot für Krafträder**	**Ge- oder Verbot** Verbot für Krafträder, auch mit Beiwagen, Kleinkrafträder und Mofas
33	**Zeichen 259** **Verbot für Fußgänger**	**Ge- oder Verbot** Verbot für den Fußgängerverkehr
34	**Zeichen 260** **Verbot für Kraftfahrzeuge**	**Ge- oder Verbot** Verbot für Krafträder, auch mit Beiwagen, Kleinkrafträder und Mofas sowie für Kraftwagen und sonstige mehrspurige Kraftfahrzeuge

149

3.2.2 Verbot aller Fahrzeuge oder bestimmter Verkehrsarten (Verkehrsverbote)

Mit den Zeichen 250 bis 260 kann bestimmten Verkehrsteilnehmern oder Fahrzeugarten das Verkehren auf einer Fahrbahn oder Straße verboten werden (Verkehrsverbot).

Diese Einschränkung darf nicht willkürlich erfolgen. Vielmehr sind alle Auswirkungen zu bedenken und gegeneinander abzuwägen. Insbesondere ist zu berücksichtigen, dass durch ein solches Verbot der entsprechende Verkehr meist nicht ganz verhindert wird, sondern auf andere, unter Umständen noch weniger geeignete Straßen verdrängt wird. Genauere Prognosen über solche Verdrängungseffekte kann ggf. ein verkehrstechnisches Gutachten geben.

Mögliche Gründe für Nutzungsverbote ergeben sich aus § 45 Abs. 1 bis 1b StVO (siehe Zu Abschnitt 2.3.3).

Bei der Abwägung ist insbesondere auch die straßenrechtliche Bestimmung der Straße zu beachten, die wesentliche Grundlage für die bauliche Gestaltung und die Finanzierung der Straßen war. Verdrängt man etwa „weiträumigen" Verkehr von Bundesstraßen, die nach Straßenrecht „dienen oder zu dienen bestimmt sind" und die für diesen Verkehr gestaltet sind (Lärmschutz, Breite, Belastbarkeit des Aufbaus), auf Kreisstraßen, die je nach Landesstraßengesetz dem „überörtlichen Verkehr" (innerhalb der Kreise oder zwischen den Kreisen) zu dienen bestimmt sind und entsprechend gestaltet sind, so kann das vielfältige Folgen haben bis hin zur Zerstörung der Straße. Umgekehrt kann man mit den Zeichen erreichen, dass die Straßen widmungsgemäß genutzt werden, indem man etwa das schwächer ausgebaute Netz vor anspruchsvollerem Verkehr schützt (Schleichverkehr) oder langsameren Verkehr von höherwertigen Straßen fernhält, wo er unter Umständen Probleme mit der Sicherheit und Leichtigkeit des Verkehrs erzeugt (z. B. Fahrrad- oder landwirtschaftlicher Verkehr auf Umgehungsstraßen). Eine umfassende und angemessene Entscheidung bedarf daher der rechtzeitigen und intensiven Beteiligung auch der Straßenbaulastträger (und – über diese – ggf. auch anderer Fachverwaltungen).

In jedem Fall ist eine angemessene Erreichbarkeit der Grundstücke, Orte und Regionen zu beachten.

Soweit die Umfahrung der Verbotsstrecke nicht offensichtlich ist oder die offensichtliche Umfahrung unerwünscht ist, so ist eine Umleitungsbeschilderung zu erwägen (siehe Abschnitt 8.4). Insbesondere, wenn sich das Verbot an große oder schwere Fahrzeuge richtet, die nur eingeschränkt wenden können, ist das Verbot so rechtzeitig anzukündigen, dass die Sicherheit und Leichtigkeit des verbotenen Verkehrs auf der Gesamtstrecke gewährleistet ist.

Dabei verbietet Zeichen 250 jeglichen Fahrzeugverkehr, außer den mit Handfahrzeugen und geschobenen Kraft- oder Fahrrädern. Durch Symbole im Zeichen (Zeichen 251 bis 255) kann das Verbot auf bestimmte Verkehrsarten eingeschränkt werden. Außerdem ist es möglich, auf dem Zeichen jedes der in § 39 Abs. 7 Satz 1 StVO gezeigten Symbole (siehe Abschnitt 13 Anlage 2) zu zeigen und damit Verbote für diese Verkehrsarten auszusprechen. Umgekehrt können auch bestimmte Fahrzeugarten von den Verboten der Zeichen 250 bis 260 durch Zz 1024-.. ausgenommen werden. Grundsätzlich können wie in Zeichen 260 auch zwei Symbole gleichzeitig gezeigt werden. Das Verbot gilt dann für die gezeigten Verkehrsarten.

Die notwendige Sperrung land- und forstwirtschaftlicher Wege (die in der Regel straßenrechtlich als solche gewidmet sind) erfolgt zweckmäßigerweise mit Zeichen 250 und dem Zusatzzeichen „Land- und forstwirtschaftlicher Verkehr frei" (Zz 1026-36 oder 1026-38 bzw. 1026-37). Soll die Zufahrt zu einzelnen Grundstücken, die anders nicht erschlossen sind, erlaubt werden, so kann das widmungsunschädlich durch ein Zusatzzeichen „Zufahrt zum Grundstück ... frei" geschehen. Ein Zusatzzeichen „Anlieger frei" würde dagegen die Umwidmung der Straße bedingen [VGH-Urteil Baden-Württemberg vom 15.4.2004 (4 S 682/03)].

Die Regelungen können durch Zusatzzeichen auch in anderer Weise verfeinert werden, z.B. durch die zeitliche Begrenzung der Geltungsdauer oder die Begrenzung auf einen bestimmten Personenkreis. Bei Zeichen 253 kann durch Zusatzzeichen auch die Begrenzung der zulässigen Gesamtmasse auf andere Werte als 3,5 t festgelegt werden.

Um die Begreifbarkeit und damit die Befolgung zu verbessern, wird empfohlen, die Regelungen möglichst einfach zu halten. Das Bundesverwaltungsgericht hat im Zusammenhang mit Beschränkungen zur Mautumfahrung die Anzahl der verfeinernden Zusatzzeichen auf drei beschränkt, um den „Anforderungen an die sofortige Erkennbarkeit des Regelungsgehalts der Verkehrszeichen (Sichtbarkeitsgrundsatz) Genüge zu tragen" [BVerwG-Urteil vom 13.3.2008 (3 C 18.07)].

3.2.2 Verbot aller Fahrzeuge oder bestimmter Verkehrsarten (Verkehrsverbote)

In jedem Fall empfiehlt es sich im Hinblick auf eine rasche und sichere Verständlichkeit, bei der Anordnung nur solche Fahrzeugarten zu verwenden, die auch schon an anderer Stelle der StVO der Abgrenzung dienen (z. B. § 39 Abs. 7 Satz 1) oder die ansonsten auch von „durchschnittlichen Verkehrsteilnehmern" mit einem raschen und beiläufigen Blick" verstanden werden können (siehe Abschnitt 2.5).

Die Zeichen können auch fahrstreifenbezogen gezeigt werden und beschränken dann nur den Verkehr auf diesem Fahrstreifen. Zur Anordnung der Zeichen siehe Abschnitt 2.7.3.

Spezielle Zusatzzeichen, die Kindern das Spielen (Zz 1010-10) oder den Wintersport auf der Fahrbahn oder dem Seitenstreifen erlauben (Zz 1010-11), sind seit 2009 in der StVO nicht mehr ausdrücklich vorgesehen. Sollten solche

Regelungen unumgänglich sein, so kann die Anordnung von verkehrsberuhigten Bereichen erwogen werden.

Be- und Entladen kann für bestimmte Fahrzeuge und Zeiten durch ein Zusatzzeichen gestattet werden.

Unter bestimmten Voraussetzungen dürfen für einzelne Personen Ausnahmegenehmigungen erteilt werden.

Soweit Ausnahmen aber für einen unbestimmten Personenkreis gelten sollen, hat das Bundesverwaltungsgericht im Zusammenhang mit der Mautumfahrung entschieden, dass diese durch ein Zusatzzeichen bekannt zu geben sind und nicht nur durch eine schriftlich ergangene und bekanntgemachte Allgemeinverfügung [BVerwG-Urteil vom 13.3.2008 (3 C 18.07)].

Zu Abschnitt 3.2.2

VwV-StVO
zu § 31
Sport und Spiel

Zu Absatz 1

1 Auch wenn Spielplätze und sonstige Anlagen, wo Kinder spielen können, zur Verfügung stehen, muss geprüft werden, wie Kinder auf den Straßen geschützt werden können, auf denen sich Kinderspiele erfahrungsgemäß nicht unterbinden lassen.

151

3.2.3 Gebote zur Fahrzeugausrüstung

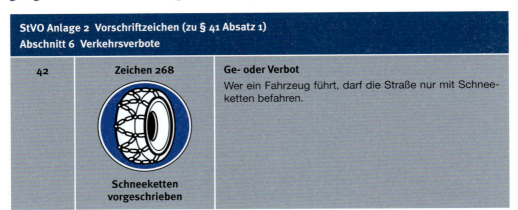

StVO Anlage 2 Vorschriftzeichen (zu § 41 Absatz 1)
Abschnitt 6 Verkehrsverbote

42	Zeichen 268	Ge- oder Verbot
		Wer ein Fahrzeug führt, darf die Straße nur mit Schneeketten befahren.
	Schneeketten vorgeschrieben	

Mit Zeichen 268 kann am Anfang von Strecken (meist Gebirgsstrecken) vorgeschrieben werden, dass diese nur mit Schneeketten befahren werden dürfen. Es darf nur so lange gezeigt werden, wie Schneeketten aufgrund der Wetterlage im Interesse des Verkehrs erforderlich sind.

Bei Aufstellung des Zeichens 268 ist darauf zu achten, dass Verkehrsteilnehmer nach Möglichkeit Gelegenheit zum Ausleihen und Montieren der Schneeketten haben, bevor sie den kritischen Straßenabschnitt erreichen. Es kann empfehlenswert sein, das Zeichen als Klappschild auszuführen (siehe *Bild 2.16*).

Zu Abschnitt 3.2.3

VwV-StVO
zu § 41
Vorschriftzeichen

Zu Zeichen 268 Schneeketten sind vorgeschrieben

1 Das Zeichen darf nur zu den Zeiten sichtbar sein, in denen Schneeketten wirklich erforderlich sind.

3.3 Straßen- und brückenbedingte Nutzungsverbote

3.3.1 Allgemeines

StVO Anlage 2 Vorschriftzeichen (zu § 41 Absatz 1)
Abschnitt 6 Verkehrsverbote

36	Zeichen 262 — 5,5t — Tatsächliche Masse	**Ge- oder Verbot** Die Beschränkung durch Zeichen 262 gilt bei Fahrzeugkombinationen für das einzelne Fahrzeug, bei Sattelkraftfahrzeugen gesondert für die Sattelzugmaschine einschließlich Sattellast und für die tatsächlich vorhandenen Achslasten des Sattelanhängers.
37	Zeichen 263 — 8t — Tatsächliche Achslast	
38	Zeichen 264 — 2m — Tatsächliche Breite	**Erläuterung** Die tatsächliche Breite gibt das Maß einschließlich der Fahrzeugaußenspiegel an.
39	Zeichen 265 — 3,8m — Tatsächliche Höhe	

3.3.1 Allgemeines

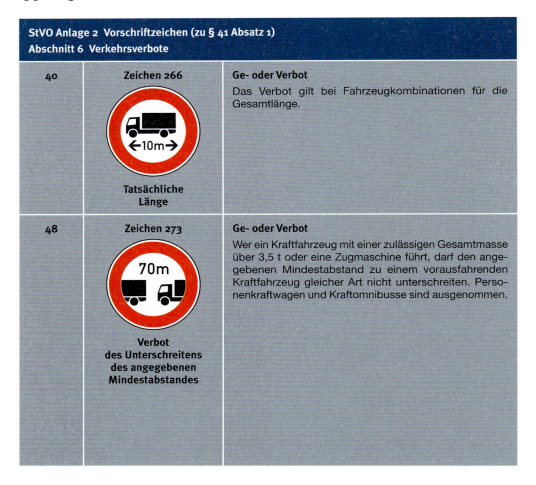

StVO Anlage 2 Vorschriftzeichen (zu § 41 Absatz 1) **Abschnitt 6 Verkehrsverbote**		
40	**Zeichen 266** **Tatsächliche Länge**	**Ge- oder Verbot** Das Verbot gilt bei Fahrzeugkombinationen für die Gesamtlänge.
48	**Zeichen 273** **Verbot des Unterschreitens des angegebenen Mindestabstandes**	**Ge- oder Verbot** Wer ein Kraftfahrzeug mit einer zulässigen Gesamtmasse über 3,5 t oder eine Zugmaschine führt, darf den angegebenen Mindestabstand zu einem vorausfahrenden Kraftfahrzeug gleicher Art nicht unterschreiten. Personenkraftwagen und Kraftomnibusse sind ausgenommen.

Mit den Zeichen 262 bis 266 kann eine Straße für Fahrzeuge, die eine bestimmte tatsächliche Masse, eine tatsächliche Achslast, eine Breite, Höhe oder Länge überschreiten, gesperrt werden. Zeichen 273 schreibt einen Mindestabstand schwerer Fahrzeuge vor, um die Gesamtbelastung längerer Brücken beschränken zu können.

Die Gründe für solche Sperrungen liegen in der Regel in der Straßenanlage selbst, insbesondere wenn Kunstbauwerke (z. B. Brücken, Tunnel) zu schmal oder zu wenig tragfähig sind. Aber auch die Straße selbst kann es sinnvoll machen, die tatsächliche Masse oder die Abmessungen der Fahrzeuge zu beschränken, z. B. wenn der Oberbau (auch zeitweise) nicht genügend tragfähig ist, die Fahrbahn für regelmäßigen Begegnungsverkehr zu schmal ist oder die wegen des „Nachschleppens" der Fahrzeuge benötigten Verbreiterungen in engen Kurven oder Knotenpunkten fehlen.

Daher werden diese Verbote in der Regel von den Straßenbaubehörden angeregt. Sollten sie im Zusammenhang mit Baustellen an der Straßenanlage nötig werden, können sie sogar von den Straßenbaubehörden selbst angeordnet werden (§ 45 Abs. 2 StVO; siehe Abschnitt 7.2.2).

Beim Aufstellen der Zeichen ist zu beachten, dass die betroffenen Fahrzeuge rechtzeitig auf andere Wege verwiesen werden, um unliebsame Wendemanöver und eine Beeinträchtigung des Verkehrs zu verhindern. Für die Umleitungsbeschilderung gelten auch hier die Grundsätze der „Richtlinien für Umleitungsbeschilderung – RUB", Entwurf August 2005 (siehe Abschnitt 8.4.1).

Die Vorschriftzeichen Zeichen 262 bis 266 sind am Beginn der Ausweich- oder Umleitungsmöglichkeiten aufzustellen sowie – sofern erforderlich – unmittelbar vor der Sperrstelle selbst anzubringen.

Zu Abschnitt 3.3.1

VwV-StVO
zu § 41
Vorschriftzeichen

Zu den Zeichen 262 bis 266

1 Die betroffenen Fahrzeuge sind rechtzeitig auf andere Straßen umzuleiten (Zeichen 421 und 442).

3.3.2 Beschränkungen aus Gründen der tatsächlichen Masse

Die Masse bei Zeichen 262 bezieht sich bei Zügen auf das einzelne Fahrzeug, bei Sattelkraftfahrzeugen gesondert auf die Sattelzugmaschine einschließlich Sattellast und die Achslast des Sattelanhängers.

Bei Massenangaben ist die tatsächliche vorhandene Masse (im Gegensatz zur zulässigen Gesamtmasse bei Zeichen 253) gemeint. Die Massenangaben sind in Schritten von 0,5 t abzustufen.

Einzelheiten hinsichtlich der Brückenklassen finden sich in einem Erlass des für den Verkehr zuständigen Bundesministeriums vom 3. Januar 1986 (VkBl. 1986 S. 50). Des Weiteren sind die länderseitig ergangenen Erlasse bezüglich Überprüfung von Brücken nach DIN 1072 mit Beiblatt 1 und deren Einstufung in Brückenklassen zu beachten.

Zu Abschnitt 3.3.2

VwV-StVO
zu § 41
Vorschriftzeichen

Zu Zeichen 273 Verbot des Fahrens ohne einen Mindestabstand

1 I. Das Zeichen darf dort angeordnet werden, wo Überbeanspruchungen von Brücken oder sonstigen Ingenieurbauwerken mit beschränkter Tragfähigkeit dadurch auftreten können, dass mehrere schwere Kraftfahrzeuge dicht hintereinander fahren. Die Anordnung kommt ferner vor Tunneln in Betracht, bei denen das Einhalten eines Mindestabstandes aus Verkehrssicherheitsgründen besonders geboten ist. In der Regel ist die Länge der Strecke durch Zusatzzeichen anzugeben.

3.3.3 Beschränkungen aus Gründen der Fahrzeugabmessungen

Die Breiten- und Höhenangaben bei Zeichen 264 und 265 sollen in Schritten von 10 cm abgestuft werden. Die nutzbare Breite soll so angegeben werden, dass ein Fahrzeug, welches diese Breite besitzt, ungefährdet die Engstelle passieren kann. Die nutzbare Breite b, also die Breite, die auf dem Verkehrszeichen erscheint, ergibt sich aus der lichten Breite B abzüglich 0,20 m entlang der beiderseitigen Begrenzung (*Bild 3.1*).

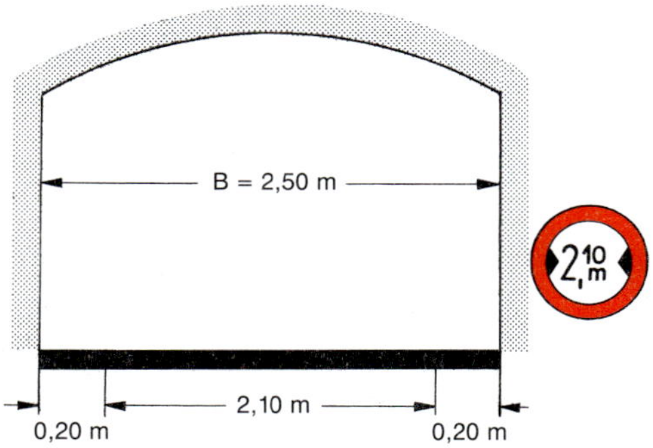

Hat man z. B. eine lichte Breite von B = 2,50 m gemessen, dann ist die nutzbare Breite

$$b = 2,50\ m - (2 \times 0,20\ m) = 2,10\ m.$$

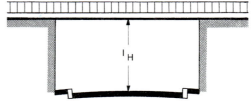

Bild 3.1 Ermittlung der nutzbaren Breite
  b = 2,50 m – (2 x 0,20 m) = 2,10 m

Bild 3.2 Lichte Höhe l$_H$ einer Brücke

3.3.3 Beschränkungen aus Gründen der Fahrzeugabmessungen

Bild 3.3 Lichter Raum in Alleen
Quelle: MA-StB 92

*) Hierbei wird als Verkehrs-
raum für den Kfz-Verkehr
abweichend von der RAS-Q
(Abs. 1.2.1) der Raum über
der planmäßig zu befahren-
den Fläche, d. h. über den
Fahrstreifen, angenommen

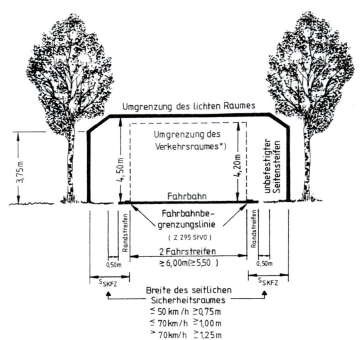

Nutzbare Breiten über 2,60 m sollen nicht angezeigt werden (Grund: max. Fahrzeugbreite gemäß
StVZO § 32 ist 2,60 m).

Die lichte Höhe l_H über der Straße (*Bild 3.2*) muss
stets größer sein als das auf dem Schild angegebene Maß (nutzbare Höhe). Diese Mehrhöhe ist
dadurch bedingt, dass Fahrzeuge beim Fahren

schwingen und daher eine genaue Höhenangabe
nicht möglich ist; sie ist von Fall zu Fall festzulegen.

Bezüglich des lichten Raumes in Tunneln siehe
die „Richtlinien für die Ausstattung und den
Betrieb von Straßentunneln (RABT 2006)" der
FGSV.

**Bild 3.4 Warnung vor eingeschränktem
Lichtraumprofil durch Bäume**
Quelle: MA-StB 92

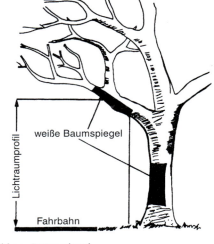

Bild 3.5 Baumspiegel

Quelle: MA-StB 92

3.3.3 Beschränkungen aus Gründen der Fahrzeugabmessungen

Einzelheiten für die Kennzeichnung von Brückenbauwerken mit beschränkter Durchfahrtshöhe enthalten die mit BMVBW-ARS 14/2000 vom 20. Juni 2000 S 28/S 32/38.54.10-02/21 BASt 99 bekannt gegebenen, nachstehend abgedruckten Richtlinien.

Das Merkblatt Alleen MA-StB 92, eingeführt für die Bundesfernstraßen mit BMV-ARS 11/1992 vom 4.5.1992 StB 11/14.87.02-15/8 Va 92, gibt Hinweise für verkehrstechnische Maßnahmen, wenn das Lichtraumprofil durch Alleebäume eingeschränkt ist (*Bild 3.3*).

In der Regel wird es ausreichen, durch Zeichen 101 mit Zusatzzeichen „Eingeschränktes Lichtraumprofil" auf die Gefahr hinzuweisen (*Bild 3.4*) und ggf. die besonders kritischen Bäume mit weißen Baumspiegeln hervorzuheben (*Bild 3.5*). Eine Beschränkung der zulässigen Höchstgeschwindigkeit, ggf. auch ein Überholverbot, ist zu erwägen.

Zu Abschnitt 3.3.3

VwV-StVO
zu § 41
Vorschriftzeichen

Zu den Zeichen 264 und 265

1 I. Bei Festlegung der Maße ist ein ausreichender Sicherheitsabstand zu berücksichtigen.

2 II. Muss das Zeichen 265 bei Ingenieurbauwerken angebracht werden, unter denen der Fahrdraht einer Straßenbahn oder eines Oberleitungsomnibusses verlegt ist, so ist wegen des Sicherheitsabstandes der Verkehrsunternehmer zu hören.

3 III. Siehe auch Richtlinien für die Kennzeichnung von Ingenieurbauwerken mit beschränkter Durchfahrtshöhe über Straßen.

BMVBW
S 28/S 32/38.-
54.10-02/21
BASt 99
20. Juni 2000

Kennzeichnung von Ingenieurbauwerken mit beschränkter Durchfahrtshöhe über Straßen

Mit Allgemeinem Rundschreiben Straßenbau Nr. 2/1968 habe ich die „Richtlinien für die Kennzeichnung von Brückenbauwerken mit beschränkter Durchfahrtshöhe über Straßen" bekannt gemacht. Die mit Einführung der „Richtlinien für die Sicherung von Arbeitsstellen an Straßen (RSA)" (siehe Allgemeines Rundschreiben Straßenbau Nr. 6/1995) vorgesehene Kennzeichnung von Brückenbauwerken mit beschränkter Durchfahrtshöhe in Verbindung mit Arbeitsstellen soll auch für die Kennzeichnung außerhalb von Arbeitsstellen angewendet werden. Das ARS Nr. 2/1968 wurde daher überarbeitet.

Die lichte Höhe ist die mit Zeichen 265 nach StVO ausgewiesene zulässige Höhe des Fahrzeuges einschließlich Ladung zuzüglich eines Sicherheitsabstandes. Die RAS-Q 96 nennt ein Maß von 0,25 m, das einen Mittelwert darstellt.

Als Anlage übersende ich die „Richtlinie für die Kennzeichnung von Ingenieurbauwerken mit beschränkter Durchfahrtshöhe über Straßen" (Ausgabe 2000). Das Allgemeine Rundschreiben Straßenbau Nr. 2/1968 wird hiermit aufgehoben.

Für den Bereich der Bundesfernstraßen ist die Richtlinie anzuwenden. Im Interesse einer einheitlichen Mitgestaltung der Straßenausstattung empfehle ich, diese Richtlinie auch für die in ihrem Zuständigkeitsbereich liegenden Straßen zu übernehmen.

Richtlinie für die Kennzeichnung von Ingenieurbauwerken mit beschränkter Durchfahrtshöhe über Straßen (Ausgabe 2000)

1. Allgemeines

1.1 Ingenieurbauwerke über Straßen sollen eine lichte Höhe von mindestens 4,50 m besitzen. Die lichte Höhe ergibt sich aus der zulässigen Fahrzeughöhe einschließlich Ladung von 4 m (§ 32 Abs. 2 StVZO und § 22 Abs. 2 StVO) plus einem Sicherheitsabstand von mindestens 0,50 m.

1.2 Bei Ingenieurbauwerken mit einer lichten Höhe von weniger als 4,50 m kann der Sicherheitsabstand bis auf 0,20 m reduziert werden. Die zulässige Fahrzeughöhe muss dann für die Durchfahrt eingeschränkt werden. Diese Bauwerke sind durch Zeichen 265 nach StVO und zusätzlich durch Leitmale zu kennzeichnen. Eine vorübergehende Umbeschilderung bei diesen Bauwerken ist zwingend notwendig, wenn durch Instandsetzungsarbeiten die Höhe nochmals eingeschränkt wird.

3.3.3 Beschränkungen aus Gründen der Fahrzeugabmessungen

BMVBW-Erlass
vom 20.6.2000

2. Leitmale

2.1 An allen Bauwerken, Bauteilen, Gerüsten und Lichtraumprofilrahmen mit einer lichten Höhe von auch nur vorübergehend weniger als 4,50 m sind Leitmale über dem Verkehrsraum anzubringen.

a) waagerechte Leitmale

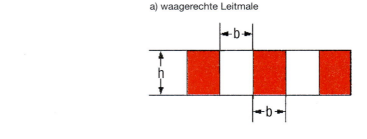

b) bogenförmige und schräg liegende Leitmale

c) senkrechte Leitmale

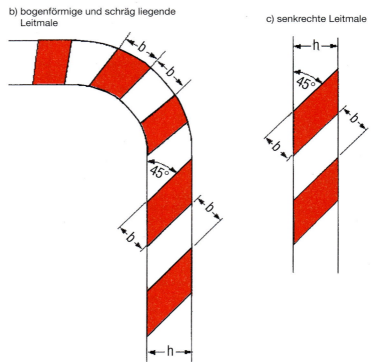

Wird der seitliche Sicherheitsraum an Bauwerken zusätzlich eingeschränkt, sind diese Leitmale auch seitlich ab einer Höhe von 1,50 m anzubringen.

2.2 Leitmale bestehen aus rot-weißen Schraffen, deren Breite (b) 200 mm und deren Höhe (h) mindestens 250 mm betragen. Sie sind an waagerechten Bauteilen als senkrechte Schraffen, an senkrechten Bauteilen als schräge Schraffen unter 45° zum Verkehrsbereich fallend und an Gewölben radial zum Bogen anzubringen. Sie sind aus rot-weiß retroreflektierenden Folien Bauart Typ 2 nach DIN 67520-2 auszuführen. Die Farbe ist rot und weiß nach DIN 6171.

3. Sicherheitsabstand

Bei Ingenieurbauwerken mit einer lichten Höhe zwischen 4,49 und 3,80 m beträgt der Sicherheitsabstand zwischen lichter Höhe und der zul. Fahrzeughöhe entsprechend der Tabelle 1:

3.3.3 Beschränkungen aus Gründen der Fahrzeugabmessungen

BMVBW-Erlass
vom 20.6.2000

Tabelle 1: Kennzeichnung von Ingenieurbauwerken mit beschränkter lichter Höhe

Lichte Höhe [m]	Zeichen 265 StVO mit Angabe	Sicherheitsabstand über zul. Fahrzeughöhe [m]
4,49 – 4,20	4,0 m	0,49 – 0,20
4,19 – 4,10	3,9 m	0,29 – 0,20
4,09 – 4,00	3,8 m	0,29 – 0,20
3,99 – 3,90	3,7 m	0,29 – 0,20
3,89 – 3,80	3,6 m	0,29 – 0,20

4. Ingenieurbauwerke mit rechteckiger Durchfahrtsöffnung

4.1 Ingenieurbauwerke mit rechteckiger Durchfahrtsöffnung und einer lichten Höhe von weniger als 4,50 m sind mit Zeichen 265 nach StVO und zusätzlich mit Leitmalen zu kennzeichnen (Abb. 1 und 2). Auf dem Zeichen 265 nach StVO ist als zulässige Fahrzeughöhe die lichte Höhe des Ingenieurbauwerkes vermindert um mindestens 0,20 m entsprechend Tabelle 1 anzugeben.

4.2 Ist die Durchfahrtsöffnung gleichzeitig in der Breite eingeschränkt, sind das Zeichen 264 nach StVO und auch an den seitlichen Bauteilen Leitmale ab einer Höhe von 1,50 m über der Fahrbahn anzubringen (Abb. 3). Wenn unter dem Ingenieurbauwerk der Verkehr nur in jeweils einer Richtung möglich ist, wird die Durchfahrt durch Zeichen 208 bzw. 308 nach StVO gekennzeichnet.

5. Ingenieurbauwerke mit gewölbter Durchfahrtsöffnung (Normalfall)

5.1 Bei Ingenieurbauwerken mit gewölbter Durchfahrtsöffnung gilt als lichte Höhe das geringste Maß, das über dem Verkehrsraum in seiner ganzen Breite vorhanden ist.

5.2 Beträgt die lichte Höhe über einem Punkt des Verkehrsraumes weniger als 4,50 m, sind Verkehrszeichen nach StVO entsprechend Tabelle 1 anzubringen. An den Bauteilen, die die lichte Höhe von 4,50 m unterschreiten, sind Leitmale von der Einschränkung bis zu einer Höhe von 1,50 m seitlich anzubringen (Abb. 4).

6. Ingenieurbauwerke mit gewölbter Durchfahrtsöffnung (Sonderfall)

6.1 Bei Ingenieurbauwerken mit gewölbter Durchfahrtsöffnung, bei denen die lichte Höhe über die gesamte Breite weniger als 4,20 m beträgt, ist mit Fahrzeugen in bestimmten Fällen nur eine einstreifige Verkehrsführung möglich, der Verkehr ist hierfür auf einen Fahrstreifen bis zu 3,00 m Breite einzuschränken.

6.2 Beträgt die lichte Höhe der Wölbung über der Fahrbahn weniger als 4,50 m, ist die Durchfahrtsöffnung ab einer Höhe von 1,50 m mit umlaufenden Leitmalen zu versehen. Als zulässige Durchfahrtshöhe ist das Maß anzugeben, das sich aus der lichten Höhe innerhalb eines 3,00 m breiten Fahrstreifens, verringert um mindestens 0,20 m, ergibt (Tabelle 1). Über dem jeweils niedrigsten Punkt der Wölbung ist das Zeichen 265 nach StVO mit Angabe des betreffenden Zwischenmaßes (vorhandene lichte Höhe vermindert um den Sicherheitsabstand von mindestens 0,20 m nach Tabelle 1) in Fahrtrichtung anzubringen (Abb. 5).

6.3 Beträgt bei Bauwerken mit gewölbter Durchfahrtsöffnung die lichte Höhe 4,50 m und mehr, ist aber der Verkehr nur jeweils in einer Richtung möglich, wird die Durchfahrt durch Zeichen 208 bzw. 308 nach StVO gekennzeichnet. Außerdem sind Leitmale an den Bauteilen gemäß Abschnitt 4.2 nur in der Höhe von 4,50 m bis 1,50 m seitlich der Fahrbahn anzubringen (Abb. 6).

7. Sperrung von Straßen für Fahrzeuge mit bestimmter Höhe

7.1 Wenn der ganze Straßenzug, in dem sich ein Ingenieurbauwerk mit beschränkter Durchfahrtshöhe gemäß Abschnitt 1.2 befindet, für Fahrzeuge mit bestimmter Höhe gesperrt werden muss, ist am Beginn des Straßenzuges das Zeichen 265 nach StVO aufzustellen.

7.2 Wenn im Zuge einer Straße, in der sich ein Ingenieurbauwerk mit beschränkter Durchfahrtshöhe gemäß Abschnitt 1.2 befindet, nur die Durchfahrt durch das Ingenieurbauwerk mit Fahrzeugen bestimmter Höhe untersagt werden muss, ist am Beginn des Straßenzuges das Zeichen 265 nach StVO aufzustellen und durch Zusatzzeichen 1004 nach StVO die Entfernung zum Bauwerk (z. B. 400 m) anzugeben.

3.3.3 Beschränkungen aus Gründen der Fahrzeugabmessungen

BMVBW-Erlass
vom 20.6.2000

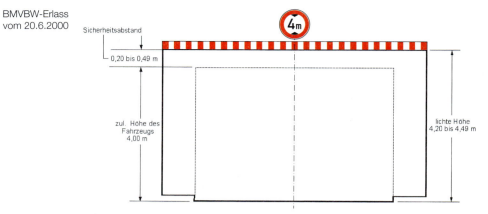

Abb. 1: Beispiel der Kennzeichnung eines eingeschränkten Verkehrsraumes bei einem rechteckigen Bauwerk

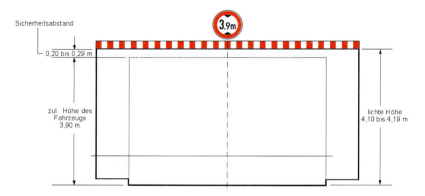

Abb. 2: Beispiel der Kennzeichnung eines eingeschränkten Verkehrsraumes bei einem rechteckigen Bauwerk

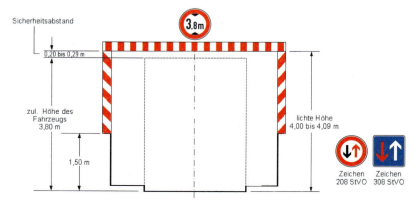

Abb. 3: Beispiel der Kennzeichnung eines eingeschränkten einstreifigen Verkehrsraumes bei einem rechteckigen Bauwerk

3.3.3 Beschränkungen aus Gründen der Fahrzeugabmessungen

BMVBW-Erlass
vom 20.6.2000

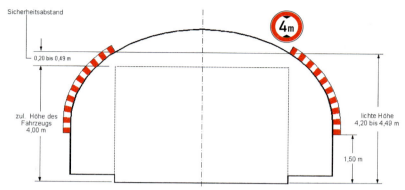

Abb. 4: Beispiel der Kennzeichnung eines eingeschränkten Verkehrsraumes bei einem gewölbten Bauwerk

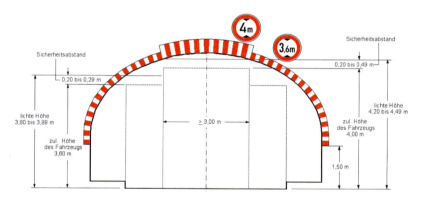

Abb. 5: Beispiel der Kennzeichnung eines eingeschränkten Verkehrsraumes bei einem gewölbten Bauwerk

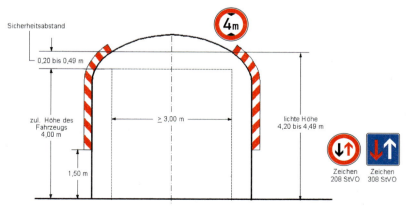

Abb. 6: Beispiel der Kennzeichnung eines eingeschränkten einstreifigen Verkehrsraumes bei einem gewölbten Bauwerk

3.3.3 Beschränkungen aus Gründen der Fahrzeugabmessungen

BMVBW-Erlass
vom 20.6.2000

7.3 Verkehr mit Fahrzeugen, die das Ingenieurbauwerk mit beschränkter Durchfahrt nicht durchfahren können, ist rechtzeitig umzuleiten.

7.4 Ingenieurbauwerke, die trotz Kennzeichnung nach diesen Richtlinien häufiger beschädigt werden, sollten durch zusätzliche Maßnahmen gesichert werden.

(VkBl. 2000 S. 337)

BMV – StB
11/14.87.02
– 15/8 Va 92
4. Mai 1992

Merkblatt Alleen MA-StB 92 (Auszug)

4.2 Verkehrstechnische Maßnahmen

4.2.1 Querschnittsgestaltung

Für neu zu bauende oder auszubauende, anbaufreie einbahnige Bundesfernstraßen sollen die Regelquerschnitte der Richtlinien für die Anlage von Straßen, Teil: Querschnitte (RAS-Q), angewendet werden.

In bestehenden Alleen können Querschnitte eingeengt werden. In diesem Fall ist zu prüfen, ob die Verkehrsfunktion zumindest vorübergehend auch mit kleineren Querschnitten zu erfüllen ist, insbesondere mit solchen Querschnitten, bei denen die seitlichen oder oberen Sicherheitsabstände zwischen Verkehrsraum und Baum unter den Werten liegen, die in den RAS-Q gefordert werden.

Durch Abmarkieren schmalerer Fahrstreifen auf der vorhandenen Fahrbahn lässt sich in manchen Fällen bereits ein ausreichendes Lichtraumprofil herstellen. Hierbei sind die „Grundlagen für die Abmessungen der Bestandteile des Straßenquerschnitts" gemäß Ziffer 1 der RAS-Q sowie die Ziffer 3 der „Richtlinien für die Markierung von Straßen" (RMS) sinngemäß anzuwenden (siehe 4.3).

Bei Alleen kann die Fahrbahnbegrenzungslinie (Fahrbahnrandmarkierung) hilfsweise als seitliche Begrenzung des Verkehrsraumes angenommen werden (siehe Bild 1).

Bild 1: Lichter Raum in Alleen [abgedruckt als *Bild 3.3* in Abschnitt 3.3.3]

Der lichte Raum muss über der befestigten Fläche sowie über dem anschließenden mindestens 0,50 m breiten Teil des unbefestigten Seitenstreifens 4,50 m hoch sein. In Alleen darf darüber hinaus die Höhe des lichten Raumes bis zur Grenze des seitlichen Sicherheitsraumes linear auf 3,75 m vermindert werden (siehe Bild 1). Dünne Äste (bis zu 1 cm Durchmesser) dürfen bis zu 30 cm in den lichten Raum ragen.

4.2.2 Passive Schutzeinrichtungen

Im Verlauf von Alleen werden in der Regel zur Schonung der Wurzeln und des Landschaftsbildes keine Schutzplanken angeordnet. Gemäß Ziffer 2 der Richtlinien für passive Schutzeinrichtungen an Straßen (RPS) können allerdings neben Bäumen im Seitenraum von Straßen mit $V_{zul} \geq 70$ km/h bei entsprechender Unfallsituation oder erhöhter Abkommenswahrscheinlichkeit (z. B. gefährliche Kurve) Schutzplanken erforderlich werden.

Schutzplanken erreichen ihre volle Schutzwirkung erst, wenn sie sich um mindestens 0,50 m nach hinten verformen können, unter Berücksichtigung des erforderlichen Mindestabstandes zwischen Vorderkante Schutzplankenholm und Rand der befestigten Fläche von 0,50 m sowie der Konstruktionsbreite von ca. 0,40 m ergibt sich eine erforderliche Mindestbreite von ca. 1,40 m bis 1,50 m zwischen Bäumen und Rand der befestigten Fläche für den Einbau so genannter einfacher Distanzschutzplanken (EDSP).

Beträgt der Abstand zwischen dem Rand der befestigten Fläche und Bäumen weniger als 1,40 m, so ist ein ausreichender Schutz mit so genannten einfachen Schutzplanken (ESP) nur zu erreichen, wenn die Pfosten in einem engen Abstand von 1,33 m geschlagen werden. Hierbei besteht allerdings die Gefahr, dass die Wurzeln der Alleebäume beschädigt werden. Um dies zu vermeiden, ist zu erwägen, die Pfosten vor Bäumen um bis zu 0,4 m in Längsrichtung zu versetzen. Infrage kommen auch Lösungen mit Normteilen, bei denen die erforderliche Steifigkeit der Konstruktion durch die abschnittsweise Verwendung von Doppelschutzplanken hergestellt wird.

4.2.3 Leiteinrichtungen

Durch Markierungen, insbesondere durch die Fahrbahnbegrenzungslinien sowie durch Leitpfosten und weiße Baumspiegel oder Baumringe, wird die optische Führung speziell bei Dunkelheit, wesentlich verbessert.

3.3.3 Beschränkungen aus Gründen der Fahrzeugabmessungen

BMV-Erlass
vom 4.5.1992

4.3 Verkehrsrechtliche Maßnahmen

Rechtliche Grundlagen für die Anordnung straßenverkehrsrechtlicher Maßnahmen sind die Straßenverkehrs-Ordnung (StVO) mit der zugehörigen Verwaltungsvorschrift (VwV-StVO) sowie das Bundesfernstraßengesetz (FStrG) und die Straßengesetze der Länder. Diese besagen, dass

- auf nicht verkehrssicheren Straßenzustand durch Verkehrzeichen hingewiesen werden muss (§ 3 FStrG),
- andere Straßenbaulastträger vorübergehende Umleitungen von Bundesfernstraßen dulden müssen (§ 14 FStrG),
- Verkehrsbeschränkungen aus Gründen der Sicherheit und Ordnung des Verkehrs und zum Schutz der Straße zulässig sind (§ 45 StVO),
- alle zwei Jahre eine Verkehrsschau durch die Straßenverkehrsbehörde durchgeführt werden muss (VwV zu § 45 Abs. 3 StVO).

Verkehrsrechtliche Anordnungen werden durch die Straßenverkehrsbehörden auf Grund der StVO und der zugehörigen Verwaltungsvorschrift (VwV-StVO) getroffen.

Bei der Festlegung der verkehrsrechtlichen Maßnahmen sind über den Bereich der Allee hinausgehend auch andere Randbedingungen zu beachten (z. B. Netzkonzeption, Einschränkung des lichten Raumes durch Unterführungen im Zuge der Straße).

4.3.1 Fahrbahnbegrenzungslinie (Z 295)

Bei der Festlegung der Markierung ist von dem vorhandenen lichten Raum zwischen den Bäumen oder den passiven Schutzeinrichtungen auszugehen. Bei der Breitenfestlegung sind zunächst die geschwindigkeitsabhängigen seitlichen Sicherheitsraumbreiten in ausgewogenem Verhältnis zur verbleibenden Breite der Fahrstreifen festzulegen (siehe Bild 1).

Ist bei beengten Verhältnissen das Höhenmaß von 4,50 m nicht über die volle lichte Breite einhaltbar, so kommt eine Höheneinschränkung in Betracht (siehe 4.3.4).

4.3.2 Beschränkung der zulässigen Höchstgeschwindigkeit (Z 274)

Zeichen 274

Bild 2: Zulässige Höchstgeschwindigkeit

Bei der Anordnung von zulässigen Höchstgeschwindigkeiten ist die gesamte örtliche Situation in Betracht zu ziehen, auf die VwV-StVO zu Z 274 wird besonders hingewiesen.

U. a. ist dabei zu beachten:

- der seitliche Sicherheitsabstand,
- Fahrstreifenbreite,
- Verkehrsbelastung und -zusammensetzung,
- Linienführung,
- Fahrbahnzustand.

Die für den Neubau geltenden Abhängigkeiten der seitlichen Sicherheitsraumbreiten von den zulässigen Höchstgeschwindigkeiten (siehe Bild 1) können bei der Festlegung von Geschwindigkeitsbeschränkungen als Anhaltswerte verwendet werden.

In Alleen mit seitlichen Sicherheitsräumen von weniger als 1,25 m sollten zulässige Höchstgeschwindigkeiten von nicht mehr als 80 km/h vorgeschrieben werden. Vor Kurven oder Knotenpunkten ist die zulässige Höchstgeschwindigkeit erforderlichenfalls auf einen noch niedrigeren Wert zu beschränken, insbesondere dann, wenn zur Herstellung der erforderlichen Sichtfelder möglichst wenig Bäume gefällt werden sollen (siehe 5.2).

Beschränkungen auf weniger als 60 km/h kommen auf Landstraßen grundsätzlich nicht infrage, weil nach der Erfahrung nicht damit zu rechnen ist, dass solche Beschränkungen akzeptiert werden, wenn sie nicht durch regelmäßige Kontrollen oder auch eine stationäre Überwachung der Geschwindigkeiten durchgesetzt werden. Auch können örtlich Geschwindigkeitswarnanlagen mit Wechselverkehrszeichen eingesetzt werden.

3.3.3 Beschränkungen aus Gründen der Fahrzeugabmessungen

BMV-Erlass
vom 4.5.1992

Geschwindigkeiten von 70 km/h oder weniger dürfen nicht mit dem Ziel angeordnet werden, auf die Anbringung abweisender Schutzeinrichtungen am Fahrbahnrand in kritischen Bereichen verzichten zu können, wenn nach der Erfahrung damit zu rechnen ist, dass die zulässige Höchstgeschwindigkeit in so beschilderten Bereichen überschritten wird.

Wird die zulässige Höchstgeschwindigkeit auf 70 km/h oder weniger beschränkt, so ist die Beschränkung immer durch ein Gefahrenzeichen zu „begründen" (z. B. Zeichen 103 oder 105 bei Kurven oder Zeichen 101 an Kreuzungen oder Einmündungen), das am gleichen Pfosten wie das Zeichen 274 angebracht wird.

Bei Anordnung von Geschwindigkeitsbeschränkungen ist zu berücksichtigen, dass ein zu häufiger Wechsel der zulässigen Geschwindigkeiten vermieden wird.

4.3.3 Überholverbote (Z 276, Z 277)

Zeichen 276

Zeichen 277

Bild 3: Überholverbote

Überholverbote für Lkw oder Kfz aller Art kommen infrage bei nicht ausreichendem Lichtraumprofil (ein- oder beidseitig) oder fehlender Überholsichtweite, insbesondere wenn für den Kraftfahrer nicht einsichtig ist, dass die von ihm zu übersehende Strecke ein gefahrloses Überholen nicht zulässt.

4.3.4 Verbot für Fahrzeuge, deren Breite oder Höhe einschließlich Ladung (Z 264, Z 265) eine bestimmte Grenze überschreitet, gegebenenfalls mit Zusatzschild „Anlieger frei"

Zeichen 264

Zeichen 265

Bild 4: Verbot für Fahrzeuge über angegebene Breite bzw. Höhe

Die Verbote sollen bei nicht ausreichendem Verkehrsraum angeordnet werden. In diesen Fällen ist eine rechtzeitige Umleitung auf Alternativrouten erforderlich. Die Umleitungsbeschilderung ist in § 42 Abs. 8 Nr. 4 StVO geregelt (Umleitungsplan, gegebenenfalls Herrichten der Umleitungsstrecke). Eine Richtlinie für Umleitungsbeschilderungen (RUB) ist in Vorbereitung [Erschienen im April 1992].

Wenn der vorhandene Verkehrsraum zwar nicht für die Begegnungen schwerer Fahrzeuge untereinander ausreicht, Begegnungen schwerer Fahrzeuge mit Pkw aber möglich sind, kommt unter Umständen ein Verbot mit Zeichen 264 oder 265 nur für eine Verkehrsrichtung infrage (vergleiche aber Abschnitt 4.3.7).

4.3.5 Gefahrstelle (Z 101) mit Zusatzschild als Hinweis auf eingeschränktes Lichtraumprofil durch Bäume (Z 1006-39)

Bild 5: Gefahrstelle mit Zusatzschild eingeschränktes Lichtraumprofil
[abgedruckt als *Bild 3.4* in Abschnitt 3.3.3]

Die Anwendung des Zusatzschildes kommt insbesondere bei schwach belasteten Straßen bzw. Lkw-Verkehr infrage.

Ergänzend können auch Baumspiegel in Betracht kommen (Bild 6). Für den weißen Anstrich sind umweltverträgliche Produkte zu verwenden.

Bild 6: Baumspiegel [abgedruckt als *Bild 3.5* in Abschnitt 3.3.3]

BMV-Erlass
vom 4.5.1992

4.3.6 Leitbake (Warnbake) (Z 605)

Bild 7: Leitbake (Warnbake)

Diese dienen der Kennzeichnung von einzelnen Hindernissen, die in das Lichtraumprofil hineinragen.

4.3.7 Einbahnstraßen (Z 220) in Verbindung mit Z 267 „Verbot der Einfahrt"

Zeichen 267   Zeichen 220

Bild 8: Verbot der Einfahrt

Einbahnstraßenregelungen kommen infrage, wenn die Allee für Gegenverkehrsbetrieb unter Berücksichtigung der Verkehrsbelastung – insbesondere des Lkw-Verkehrs –, zu schmal ist, um die erforderliche Verkehrsfunktion zu erfüllen. Sie kommt nur dann in Betracht, wenn in angemessener Entfernung für die gesperrte Richtung eine Strecke vorhanden ist und die zum Erreichen von Anliegern erforderlichen Umwege zumutbar sind.

4.3.8 Warnung vor Kurven (Z 103 bis Z 106), gegebenenfalls zusätzlich Richtungstafeln (Z 625)

Zeichen 103   Zeichen 105   Zeichen 625

Bild 9: Kurve (rechts) bzw. Doppelkurve (zunächst rechts) sowie Richtungstafeln (rechts)

Diese Warnungen sind empfehlenswert, wenn der Fahrer bei der Annäherung nicht den richtigen Eindruck von der in der Kurve gefahrlos zu fahrenden Geschwindigkeit erhält.

Richtungstafeln verbessern die optische Führung und betonen die Gefährlichkeit einer Kurve. Im Allgemeinen empfiehlt es sich, Richtungstafeln aufzustellen, die aus einzelnen Segmenten bestehen.

3.4 Verkehrsverbote zum Schutz des Umfeldes

3.4.1 Allgemeines

StVO Anlage 2 Vorschriftzeichen (zu § 41 Absatz 1) Abschnitt 6 Verkehrsverbote		
35	**Zeichen 261** 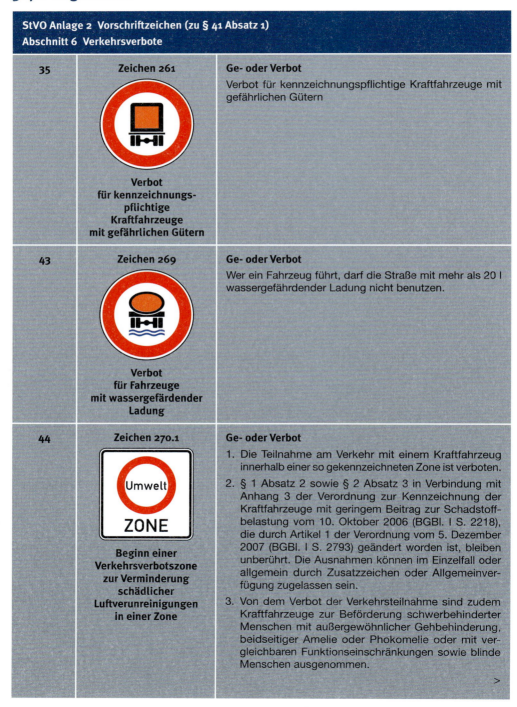 Verbot für kennzeichnungs- pflichtige Kraftfahrzeuge mit gefährlichen Gütern	**Ge- oder Verbot** Verbot für kennzeichnungspflichtige Kraftfahrzeuge mit gefährlichen Gütern
43	**Zeichen 269** Verbot für Fahrzeuge mit wassergefärdender Ladung	**Ge- oder Verbot** Wer ein Fahrzeug führt, darf die Straße mit mehr als 20 l wassergefährdender Ladung nicht benutzen.
44	**Zeichen 270.1** Umwelt ZONE Beginn einer Verkehrsverbotszone zur Verminderung schädlicher Luftverunreinigungen in einer Zone	**Ge- oder Verbot** 1. Die Teilnahme am Verkehr mit einem Kraftfahrzeug innerhalb einer so gekennzeichneten Zone ist verboten. 2. § 1 Absatz 2 sowie § 2 Absatz 3 in Verbindung mit Anhang 3 der Verordnung zur Kennzeichnung der Kraftfahrzeuge mit geringem Beitrag zur Schadstoffbelastung vom 10. Oktober 2006 (BGBl. I S. 2218), die durch Artikel 1 der Verordnung vom 5. Dezember 2007 (BGBl. I S. 2793) geändert worden ist, bleiben unberührt. Die Ausnahmen können im Einzelfall oder allgemein durch Zusatzzeichen oder Allgemeinverfügung zugelassen sein. 3. Von dem Verbot der Verkehrsteilnahme sind zudem Kraftfahrzeuge zur Beförderung schwerbehinderter Menschen mit außergewöhnlicher Gehbehinderung, beidseitiger Amelie oder Phokomelie oder mit vergleichbaren Funktionseinschränkungen sowie blinde Menschen ausgenommen. >

StVO Anlage 2 Vorschriftzeichen (zu § 41 Absatz 1)
Abschnitt 6 Verkehrsverbote

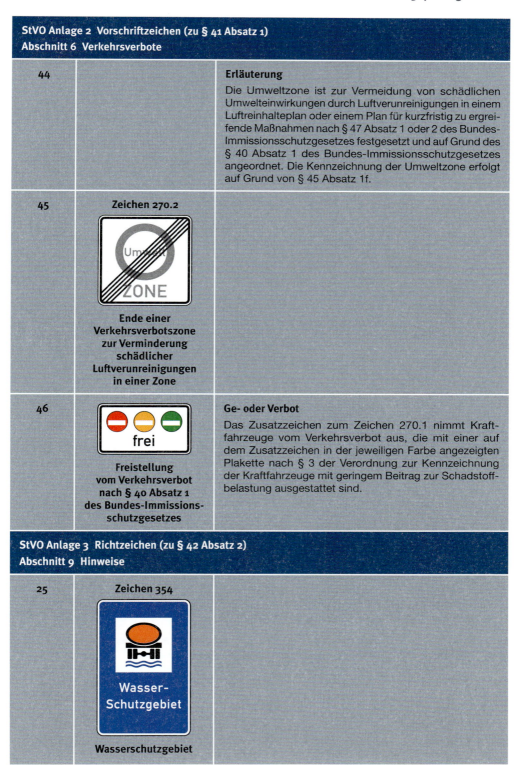

44		**Erläuterung**
		Die Umweltzone ist zur Vermeidung von schädlichen Umwelteinwirkungen durch Luftverunreinigungen in einem Luftreinhalteplan oder einem Plan für kurzfristig zu ergreifende Maßnahmen nach § 47 Absatz 1 oder 2 des Bundes-Immissionsschutzgesetzes festgesetzt und auf Grund des § 40 Absatz 1 des Bundes-Immissionsschutzgesetzes angeordnet. Die Kennzeichnung der Umweltzone erfolgt auf Grund von § 45 Absatz 1f.
45	**Zeichen 270.2** **Ende einer Verkehrsverbotszone zur Verminderung schädlicher Luftverunreinigungen in einer Zone**	
46	**frei** **Freistellung vom Verkehrsverbot nach § 40 Absatz 1 des Bundes-Immissions-schutzgesetzes**	**Ge- oder Verbot** Das Zusatzzeichen zum Zeichen 270.1 nimmt Kraftfahrzeuge vom Verkehrsverbot aus, die mit einer auf dem Zusatzzeichen in der jeweiligen Farbe angezeigten Plakette nach § 3 der Verordnung zur Kennzeichnung der Kraftfahrzeuge mit geringem Beitrag zur Schadstoffbelastung ausgestattet sind.

StVO Anlage 3 Richtzeichen (zu § 42 Absatz 2)
Abschnitt 9 Hinweise

25	**Zeichen 354** Wasser-Schutzgebiet **Wasserschutzgebiet**	

3.4.2 Schallschutz

§ 45 StVO gibt den Straßenverkehrsbehörden das Recht, den Verkehr aus Gründen der allgemeinen Sicherheit und Ordnung, insbesondere aber auch zum Schutz des Umfeldes zu beschränken und zu verbieten. Explizit nennt die StVO folgende Gründe:

– zum Schutz der Wohnbevölkerung vor Lärm und Abgasen (§ 45 Abs. 1 Nr. 3 StVO),
– zum Schutz der Gewässer und Heilquellen (§ 45 Abs. 1 Nr. 4 StVO),
– hinsichtlich der zur Erhaltung der öffentlichen Sicherheit erforderlichen Maßnahmen (§ 45 Abs. 1 Nr. 5 StVO),
– in Bade- und heilklimatischen Kurorten (§ 45 Abs. 1a Nr. 1 StVO),
– in Luftkurorten (§ 45 Abs. 1a Nr. 2 StVO),
– in Erholungsorten von besonderer Bedeutung (§ 45 Abs. 1a Nr. 3 StVO),
– in Landschaftsgebieten und Ortsteilen, die überwiegend der Erholung dienen (§ 45 Abs. 1a Nr. 4 StVO),
– hinsichtlich örtlich begrenzter Maßnamen aus Gründen des Arten- und Biotopschutzes (§ 45 Abs. 1a Nr. 4a StVO),
– hinsichtlich örtlich und zeitlich begrenzter Maßnahmen zum Schutz kultureller Veranstaltungen, die außerhalb des Straßenraumes stattfinden und durch den Straßenverkehr, insbesondere durch den von diesem ausgehenden Lärm, erheblich beeinträchtigt werden (§ 45 Abs. 1a Nr. 4b StVO),
– in der Nähe von Krankenhäusern und Pflegeanstalten (§ 45 Abs. 1a Nr. 5 StVO),
– in unmittelbarer Nähe von Erholungsstätten außerhalb geschlossener Ortschaften, wenn dadurch anders nicht vermeidbare Belästigungen durch den Fahrzeugverkehr verhindert werden können (§ 45 Abs. 1a Nr. 6 StVO),
– zur Beseitigung oder Abmilderung erheblicher Auswirkungen veränderter Verkehrsverhältnisse, die durch die Erhebung der Maut nach dem Autobahnmautgesetz für schwere Nutzfahrzeuge hervorgerufen worden sind (§ 45 Abs. 9 StVO).

Die von den Verkehrsbehörden getroffenen Anordnungen können u.a. sein:

– Anordnungen an den fließenden Verkehr (siehe Abschnitt 6),
– allgemeine Verkehrsverbote, ggf. auch nur für ausgewählte Fahrzeug- oder Verkehrsgruppen (z. B. für Kraftfahrzeuge ab einem bestimmten Gesamtgewicht),
– spezielle, nur für den Schutz des Umfelds vorgesehene Regelungen (dieser Abschnitt).

Es ist jeweils die Regelung zu wählen, die den erforderlichen Schutzzweck mit dem kleinsten Eingriff in die Verhaltensfreiheit der Verkehrsteilnehmer erreicht. So ist es nicht notwendig, eine Straße für den Schwerverkehr zu sperren, wenn eine Begrenzung der zulässigen Geschwindigkeit ausreicht. Oder, es ist nicht notwendig, eine Straße für den gesamten Schwerverkehr zu sperren, wenn eine Sperrung für Fahrzeuge mit wassergefährdender Ladung ausreicht. In diesem Fall könnte u.U. sogar ein Hinweis mit Zeichen 354 an solche Fahrzeuge ausreichen, sich vorsichtig zu verhalten.

Anordnungen an den fließenden Verkehr (siehe Abschnitt 6) können die Unfallgefahr und die damit verbundenen Auswirkungen verringern. Zu solchen verkehrsregelnden Maßnahmen gehören:

– Geschwindigkeitsbegrenzung,
– Überholverbot,
– Verbot für Fahrzeuge mit wassergefährdender Ladung.

3.4.2 Schallschutz

Es gelten die Richtlinien für straßenverkehrsrechtliche Maßnahmen zum Schutz der Bevölkerung vor Lärm (Lärmschutz-Richtlinien-StV) vom 23.11.2007 (VkBl. 2007 S. 767). Diese sehen als Maßnahmen Verkehrslenkung, Lichtzeichenregelung, Geschwindigkeitsbeschränkungen sowie – wenn die anderen Maßnahmen nicht ausreichen – auch Verkehrsverbote vor, allerdings nur außerhalb von Autobahnen, Kraftfahrstraßen und autobahnähnlichen Straßen. Sie geben insbesondere vor, die Verbote nach Verkehrsarten und Geltungszeit auf das nötigste Mindestmaß zu beschränken und die beabsichtigten Vorteile gegen die Nachteile auf den Umleitungsstrecken abzuwägen.

Zu Abschnitt 3.4.2

BMVBS
S 32/7332.9/
1/781915
23. November 2007

Richtlinien für straßenverkehrsrechtliche Maßnahmen zum Schutz der Bevölkerung vor Lärm (Lärmschutz-Richtlinien-StV) Ausgabe 2007 (Auszug)

Einleitung

Ziel der Richtlinien ist es, den Straßenverkehrsbehörden eine Orientierungshilfe zur Entscheidung über straßenverkehrsrechtliche Maßnahmen (Regelungen durch Verkehrszeichen und Verkehrseinrichtungen) zum Schutz der Wohn-/Bevölkerung vor Straßenverkehrslärm an die Hand zu geben. Sie gelten nur für bestehende Straßen und lehnen sich an die Grundsätze des baulichen Lärmschutzes an bestehenden Straßen (Lärmsanierung) an.[1]

1. Allgemeines

1.1 Ermächtigungsgrundlagen für straßenverkehrsrechtliche Maßnahmen zum Schutz der Wohn-/Bevölkerung vor Lärm sind für Verkehrsbeschränkungen, Verkehrsverbote und Verkehrsumleitungen:

– § 45 Abs. 1 Satz 2 Nr. 3 Straßenverkehrs-Ordnung (StVO),
– § 45 Abs. 1 a StVO,
– § 45 Abs. 1 b Satz 1 Nr. 5 StVO;

für andere Verkehrszeichenregelungen:

– § 45 Abs. 3 StVO.

Diese Maßnahmen dürfen nicht zu einer Beschränkung der Widmung durch Untersagung bestimmter Verkehrsarten oder Benutzungszwecken führen (sog. Vorbehalt des Straßenrechts).

1.2 Die Grenze, des billigerweise zumutbaren Verkehrslärms ist nicht durch gesetzlich, bestimmte Grenzwerte festgelegt. Maßgeblich ist vielmehr, ob die Lärmbeeinträchtigung jenseits dessen liegt, was unter Berücksichtigung der Belange des Verkehrs im konkreten Fall als ortsüblich hingenommen werden muss.[2]

Dabei sind grundsätzlich die nach Gebieten und Tageszeiten gegliederten Richtwerte unter Nummer 2.1 zugrunde zu legen.

1.3 Bei der Würdigung, ob straßenverkehrsrechtliche Maßnahmen in Betracht kommen, ist nicht nur auf die Höhe des Lärmpegels, sondern auf alte Umstände des Einzelfalls abzustellen.[3]

Maßgeblich sind neben der gebietsbezogenen Schutzwürdigkeit und der Schutzbedürftigkeit der Wohn-/Bevölkerung die Besonderheiten des Einzelfalls.[4]

Vor Anordnung straßenverkehrsrechtlicher Maßnahmen ist der Grundsatz der Verhältnismäßigkeit zu beachten und insbesondere das Erfordernis nach § 45 Abs. 9 StVO festzustellen. Die Vor- und Nachteile von Einzelmaßnahmen sind gegeneinander abzuwägen. In diese Abwägung sind auch die unterschiedlichen Funktionen der Straßen (z. B. Autobahnen und Bundesstraßen als integrale Bestandteile des Bundesfernstraßennetzes), das quantitative Ausmaß der Lärmbeeinträchtigungen, die Leichtigkeit der Realisierung von Maßnahmen, eventuelle Einflüsse auf die Verkehrssicherheit, der Energieverbrauch von Fahrzeugen und die Versorgung der Bevölkerung sowie die Auswirkungen von Einzelmaßnahmen auf die allgemeine Freizügigkeit des Verkehrs einzubeziehen. Straßenverkehrsrechtliche Maßnahmen als Mittel der Lärmbekämpfung müssen dort ausscheiden, wo sie die Verhältnisse nur um den Preis neuer Unzulänglichkeiten an anderer Stelle verbessern könnten, die im Ergebnis zu einer verschlechterten Gesamtbilanz führen, etwa weil sie die Sicherheit und Leichtigkeit des Straßenverkehrs in nicht hinnehmbarer Weise beeinträchtigen oder im Hinblick auf eintretende Änderungen von Verkehrsströmen noch gravierendere Lärmbeeinträchtigungen von Anliegern anderer Straßen zur Folge haben.[5]

---

1 vgl. Richtlinien für den Verkehrslärmschutz an Bundesfernstraßen in der Baulast des Bundes – VLärmSchR 1997, VkBl. 1997 S. 434. Die Immissionsgrenzwerte für den Neubau oder die wesentliche Änderung von Straßen (Lärmvorsorge nach der Verkehrslärmschutzverordnung – 16. BImSchV) und die Orientierungswerte zur Beurteilung von Geräuschimmissionen in Bauleitverfahren (Beiblatt 1 zu DIN 18005, Teil 1 „Schallschutz im Städtebau") sind hier nicht heranzuziehen.
2 vgl. BVerwG, Urteil vom 22.12.1993 – NZV 1994, S. 244
3 vgl. BVerwG, Urteil vom 13.12.1979 – VkBl. 1980, S. 237; BVerwG, Beschluss vom 18.10.1999 – NZV 2000, S. 386; BVerwG, Urteil vom 15.2.2000 – DAR 2000, S. 423
4 vgl. BVerwG, Urteil vom 4.6.1986 – NJW 1986, S. 2655 f.
5 BVerwG, Urteil vom 4.6.1986 – NJW 1986, S. 2655 f.

3.4.2 Schallschutz

BMVBS-Erlass
vom 23.11.2007

1.4 Straßenverkehrsrechtliche Lärmschutzmaßnahmen sollen nicht losgelöst von baulichen oder planerischen Lärmschutzmaßnahmen der Straßenbaubehörden oder der Gemeinden angeordnet werden. Sie sollen kein Ersatz für technisch mögliche und finanziell tragbare bauliche oder andere Maßnahmen sein[6], sondern in ein Konzept zur Lärmbekämpfung eingebunden werden, das die zuständigen Stellen erarbeiten.

Straßenverkehrsrechtliche Maßnahmen können sich für Ballungsgebiete und Hauptverkehrsstraßen künftig auch aus Lärmaktionsplänen ergeben (§ 47 d Bundes-Immissionsschutzgesetz – BlmSchG).

Das BlmSchG verweist hinsichtlich der Durchsetzung von auf Lärmaktionsplänen basierenden Maßnahmen auf die jeweils anzuwendenden Rechtsvorschriften (§ 47 d Abs. 6 i.V.m. § 47 Abs. 6 BlmSchG). Bei straßenverkehrsrechtlichen Maßnahmen ergeben sich die Anordnungsvoraussetzungen aus der Straßenverkehrs-Ordnung und diesen Richtlinien.

2. Grundsätze

...

2.3 Durch straßenverkehrsrechtliche Maßnahmen soll der Beurteilungspegel unter den Richtwert abgesenkt, mindestens jedoch eine Pegelminderung um 3 dB(A) bewirkt werden. Bei der Berechnung der Wirkung einer Maßnahme nach den RLS-90 Abschnitt 4 ist die Differenz der nicht aufgerundeten Beurteilungspegel zwischen dem Zustand ohne Maßnahmen und dem Zustand mit Maßnahmen aufzurunden.[10]

2.4 Straßenverkehrsrechtliche Maßnahmen sind auf die Zeit zu beschränken (Tag oder Nacht), für die Überschreitungen des Beurteilungspegels nach Nummer 2.2 errechnet worden sind.

2.5 Die zur Vorbereitung straßenverkehrsrechtlicher Maßnahmen notwendigen Lärmberechnungen sind vom Straßenbaulastträger durchzuführen (§ 5 b Abs. 5 Straßenverkehrsgesetz – StVG). Darstellungen der Lärmsituation in Lärmkarten (§ 47 c BlmSchG mit Verordnung über die Lärmkartierung – 34. BlmSchV) reichen nicht aus und sind auf Grund des unterschiedlichen Berechnungsverfahrens nach VBUS[11] auch nicht geeignet, um das Überschreiten der Richtwerte nach Nummer 2.1 zu belegen.

Die im Anhang gegebenen Erläuterungen dienen den Straßenverkehrsbehörden zum besseren Verständnis der Lärmberechnungen und des Einflusses von Verkehrsstärke, Verkehrsstruktur, Geschwindigkeit und Fahrweise.

3. Maßnahmen

...

3.4 Verkehrsverbote

Wenn die in den Nummern 3.1 bis 3.3 aufgeführten Maßnahmen zur erforderlichen Pegelminderung im Einzelfall nicht geeignet oder nicht ausreichend sind und auch andere Maßnahmen (vgl. beispielhaft Fußnote 6) nicht in Betracht kommen, kann außerhalb von Autobahnen (Zeichen 330), Kraftfahrstraßen (Zeichen 331) und autobahnähnlichen Straßen auch die Anordnung von Verkehrsverboten (wie Zeichen 250, 251, 253, 255, 260, 262) erwogen werden.

Verkehrsverbote kommen nur in Betracht, wenn die besondere Verkehrsfunktion der jeweiligen Straße und die Verkehrsbedürfnisse dies zulassen, für die ausgeschlossenen Verkehrsarten eine zumutbare und geeignete Umleitungsstrecke vorhanden ist und eine Verlagerung des Straßenverkehrslärms in andere schutzwürdige Gebiete nicht zu befürchten ist. Ausnahmen können allgemein durch Zusatzzeichen (z. B. „Anlieger frei", „Lieferverkehr frei") oder durch Einzelausnahmegenehmigung berücksichtigt werden.

Es ist stets insbesondere anhand der Verkehrsbelastung und der Verkehrsstruktur zu prüfen, ob Verkehrsverbote auf bestimmte Verkehrsarten (z. B. Lkw oder Krafträder) beschränkt werden können. Dabei kann es z. B. genügen, anstelle des gesamten Verkehrs mit Lkw nur den Verkehr mit Lkw oberhalb eines bestimmten zulässigen Gesamtgewichts zu verbieten.

---

6 z. B. aktive und/oder passive Lärmschutzmaßnahmen, Nutzungszuordnung von Verkehrsarten zu bestimmten Hauptverkehrsstraßen bzw. Quartieren, Verlagerung lärmintensiven Gewerbes, Förderung des ÖPNV und des Fahrrad- und Fußgängerverkehrs, Bau lärmarmer Fahrbahndecken, Maßnahmen zur Verflüssigung des Verkehrs (z. B. koordinierte Lichtsignalsteuerung, Parkleitsysteme)
...

10 Dies bedeutet, dass nach dieser für die Lärmvorsorge (16. BlmSchV) entwickelten Berechnungsvorschrift schon ab einer berechneten Differenz von 2,1 dB(A) straßenverkehrsrechtliche Maßnahmen geeignet sein können.

11 Vorläufige Berechnungsmethode für den Umgebungslärm an Straßen (VBUS) vom 15.5.2006.

BMVBS-Erlass
vom 23.11.2007
Verkehrsverbote für den gesamten Kraftfahrzeugverkehr dürfen nur angeordnet werden, wenn andere geringere Eingriffe ausscheiden.

Für den ausgeschlossenen Verkehr ist unter Berücksichtigung der Verkehrsbedürfnisse Vorsorge (z. B. ausreichende Park- oder Wendemöglichkeiten, Umleitungsbeschilderung, Wegweisung, Verkehrslenkung) zu treffen.

Sollen Verkehrsverbote zeitlich unbeschränkt und dauerhaft (nicht nur vorübergehend) angeordnet werden, müssen sie im Einklang mit der widmungsgemäßen Bestimmung der Straßen stehen.

(VkBl. 2007 S. 767)

3.4.3 Luftverschmutzung

Aufgrund des § 40 des Bundes-Immissionsschutzgesetzes sind die Länder ermächtigt, Verordnungen zur Verhinderung schädlicher Umwelteinwirkungen zu erlassen. Dabei ist es möglich, bestimmte Kraftfahrzeuge von diesen Beschränkungen auszunehmen. Dabei handelt es sich um Fahrzeuge,

1. die mit geringem Beitrag zur Schadstoffbelastung ausnahmsweise zugelassen sind (§ 1 Abs. 2 Verordnung zur Kennzeichnung der Kraftfahrzeuge),
2. die mit einer auf dem Zusatzzeichen angezeigten Plakette ausgestattet sind (§ 3 Abs. 1 Verordnung zur Kennzeichnung der Kraftfahrzeuge) oder
3. die keiner Plaketten-Kennzeichnung unterliegen (Anhang 3 zu § 2 Abs. 3 Verordnung zur Kennzeichnung der Kraftfahrzeuge).

Bild 3.6 zeigt die verschiedenen Plaketten.

Notwendige Verkehrsverbote können durch die in Abschnitt 3.2.2 behandelten Zeichen angeordnet werden. In der Regel wird es allerdings sinnvoll sein, die Beschränkungen auf ganze Zonen auszudehnen, dafür aber auf Fahrzeuge zu beschränken, bei denen mit größeren Luftverschmutzungen zu rechnen ist.

Das Zeichen 270.1 zeigt den Beginn eines Verkehrsverbots zur Verminderung schädlicher Luftverunreinigungen in einer Zone an. Das Zeichen 270.2 zeigt entsprechend das Ende einer solchen Zone an. Sie ver-

**Bild 3.6
Plakettenmuster**

bieten auf der Grundlage des § 40 Abs. 1 des Bundes-Immissionsschutzgesetzes den Verkehr mit Kraftfahrzeugen innerhalb einer so gekennzeichneten Verkehrsverbotszone für den Fall, dass Maßnahmen zur Vermeidung von schädlichen Umwelteinwirkungen durch Luftverunreinigungen angeordnet werden. Der Aufstellort ist so zu wählen, dass der Verkehr, der in den Sperrbezirk einzufahren beabsichtigt, möglichst ohne wenden zu müssen, auf andere Straßen abgeleitet werden kann. Mit dem Zusatzzeichen zum Zeichen 270.1 können Kraftfahrzeuge vom Verkehrsverbot ausgenommen werden.

Bei aus **Gründen der Luftverschmutzung** erlassenen Verkehrsverboten nimmt das Zz 1030-10, wenn es mit Zeichen 251, 253, 255, 260 oder 270.1 angebracht wird, bestimmte Fahrzeuge der betreffenden Verkehrsart oder Fahrten zu besonderen Zwecken vom Verkehrsverbot aus.

Zu Abschnitt 3.4.3

BImSchG
i. d. F. vom
11. August 2009
Gesetz zum Schutz vor schädlichen Umwelteinwirkungen durch Luftverunreinigungen, Geräusche, Erschütterungen und ähnliche Vorgänge (Bundes-Immissionsschutzgesetz – BImSchG) (Auszug)

§ 40 Verkehrsbeschränkungen

(1) Die zuständige Straßenverkehrsbehörde beschränkt oder verbietet den Kraftfahrzeugverkehr nach Maßgabe der straßenverkehrsrechtlichen Vorschriften, soweit ein

3.4.3 Luftverschmutzung

BImSchG
vom 11.8.2009

Luftreinhalte- oder Aktionsplan nach § 47 Abs. 1 oder 2 dies vorsehen. Die Straßen-verkehrsbehörde kann im Einvernehmen mit der für den Immissionsschutz zuständigen Behörde Ausnahmen von Verboten oder Beschränkungen des Kraftfahrzeugverkehrs zulassen, wenn unaufschiebbare und überwiegende Gründe des Wohls der Allgemeinheit dies erfordern.

(2) Die zuständige Straßenverkehrsbehörde kann den Kraftfahrzeugverkehr nach Maßgabe der straßenverkehrsrechtlichen Vorschriften auf bestimmten Straßen oder in bestimmten Gebieten verbieten oder beschränken, wenn der Kraftfahrzeugverkehr zur Überschreitung von in Rechtsverordnungen nach § 48a Abs. 1a festgelegten Immissionswerten beiträgt und soweit die für den Immissionsschutz zuständige Behörde dies im Hinblick auf die örtlichen Verhältnisse für geboten hält, um schädliche Umwelteinwirkungen durch Luft-verunreinigungen zu vermindern oder deren Entstehen zu vermeiden. Hierbei sind die Verkehrsbedürfnisse und die städtebaulichen Belange zu berücksichtigen. § 47 Abs. 6 Satz 1 bleibt unberührt.

(3) Die Bundesregierung wird ermächtigt, nach Anhörung der beteiligten Kreise (§ 51) durch Rechtsverordnung mit Zustimmung des Bundesrates zu regeln, dass Kraftfahrzeuge mit geringem Beitrag zur Schadstoffbelastung von Verkehrsverboten ganz oder teilweise ausgenommen sind oder ausgenommen werden können, sowie die hierfür maßgebenden Kriterien und die amtliche Kennzeichnung der Kraftfahrzeuge festzulegen. Die Verordnung kann auch regeln, dass bestimmte Fahrten oder Personen ausgenommen sind oder aus-genommen werden können, wenn das Wohl der Allgemeinheit oder unaufschiebbare oder überwiegende Interessen des Einzelnen die erfordern.

(BGBl. I S. 2723)

3.4.4 Schutz von Wassergewinnungsanlagen

Zeichen 354 ist dort aufzustellen, wo eine Straße ein Wasserschutzgebiet durchschneidet oder berührt und Anlass dazu besteht, Fahrzeugfahrer, die wassergefährdende Ladung transportieren, auf besondere Vorsicht hinzuweisen.

Die Länge der Strecke innerhalb des Wasserschutzgebietes kann auf einem weißen Zusatzzeichen angegeben werden; Wiederholungszeichen können bei längeren Strecken erforderlich sein.

Mit Zeichen 269 kann in der Regel vorgeschrieben werden, dass eine durch ein Wasserschutzgebiet führende Straße für Fahrzeuge mit einer Ladung wassergefährdender Stoffe gesperrt werden soll. In Sonderfällen kann auch in Gebieten, die nicht Wasserschutzgebiete sind, Zeichen 269 verwendet werden (z. B. eine Seeuferstraße, Straßen auf Talsperrenmauern).

Für die Umleitung siehe die bei Zeichen 262 bis 266 angegebenen Grundsätze.

Zur Vorbereitung der Anordnung durch die Straßenverkehrsbehörde muss ein Entwurf mit Begründung und Umleitungsempfehlung erstellt werden. Dabei sind die Straßenbaubehörde, die Polizei, die Wasserbehörde, ggf. weitere zuständige Behörden, wie z. B. Gemeinden, Naturschutzbehörden etc., und ggf. amtliche Sachverständige zu beteiligen. Für die Anordnung selbst ist die Zustimmung der obersten Landesbehörde oder der von ihr bestimmten Stelle notwendig.

Siehe auch die in Abschnitt 3.4.5 abgedruckten Richtlinien.

Zu Abschnitt 3.4.4

VwV-StVO
zu § 41
Vorschriftzeichen

Zu Zeichen 269 Verbot für Fahrzeuge mit wassergefährdender Ladung

1   I. Das Zeichen ist nur im Benehmen mit der für die Reinhaltung des Wassers zuständigen Behörde anzuordnen.

VwV-StVO
zu § 42
Richtzeichen

Zu Zeichen 354 Wasserschutzgebiet

1   I. Es ist an den Grenzen der Einzugsgebiete von Trinkwasser und von Heilquellen auf Straßen anzuordnen, auf denen Fahrzeuge mit wassergefährdender Ladung häufig fahren. In der Regel ist die Länge der Strecke, die durch das Wasserschutzgebiet führt, auf einem Zusatzzeichen (§ 40 Abs. 4) anzugeben.

2   II. Nr. I zu Zeichen 269 (Rn. 1) gilt auch hier.

3   III. Vgl. auch Nr. II zu Zeichen 269 (Rn. 2 bis 8).

4   IV. Es empfiehlt sich, das Zeichen voll rückstrahlend auszuführen.

BMVBW
S.26/38.67.03/
6 F 2002
24. Juli 2002

Richtlinien für bautechnische Maßnahmen an Straßen in Wasserschutzgebieten (RiStWag), Ausgabe 2002 (Auszug)

5. Planungsgrundsätze

5.1 Allgemeines

Bei Straßenplanungen ist schon bei der Voruntersuchung zur Linienbestimmung auf Wasserschutzgebiete besonders zu achten und die Planungsabsicht mit den zuständigen Behörden und den betroffenen Wasserversorgungsunternehmen bzw. Trinkwassertalsperrenbetreibern abzustimmen.

Bei der Abstimmung der Pläne ist grundsätzlich die räumliche Trennung von Straßen und Wasserschutzgebieten anzustreben. Ist eine vollständige Trennung im Einzelfall aus wichtigen Gründen nicht möglich, ist die im Schutzgebiet verlaufende Trasse hinsichtlich des Gewässerschutzes zu optimieren. Die notwendigen baulichen Schutz- und Beweissicherungsmaßnahmen sind in Abstimmung mit den zuständigen Behörden und den Wasserversorgungsunternehmen bzw. Trinkwassertalsperrenbetreibern unter Berücksichtigung der künftigen Verkehrsentwicklung zu treffen.

In Einzugsgebieten von Trinkwassertalsperren sind Straßen so zu planen, dass diese nicht unmittelbar neben einem Gewässer verlaufen oder es kreuzen. Ist das nicht möglich, so

3.4.4 Schutz von Wassergewinnungsanlagen

BMVBS-Erlass
vom 24.7.2002

ist sicherzustellen, dass Straßenabflüsse nicht oder nicht unbehandelt in das Gewässer gelangen.

Bei der Planung von Straßen in Wasserschutzgebieten sind im Hinblick auf die Verkehrssicherheit grundsätzlich die in den Planungsrichtlinien festgelegten günstigeren Entwurfselemente zu verwenden und optimal aufeinander abzustimmen, z. B. Radien im Lageplan, Halbmesser im Höhenplan, Länge von Linksabbiegespuren, Radien der Ausfahrrampen.

Einschnitte sind in Wasserschutzgebieten möglichst zu vermeiden.

Die Baugrund- und Grundwasserverhältnisse sind genau festzustellen. Hierzu gehört insbesondere die Beurteilung der Schutzwirkung der Grundwasserüberdeckung im Hinblick auf ergänzende Schutzmaßnahmen.

Das Grundwasser darf nicht angeschnitten werden.

Für Brücken in Wasserschutzgebieten – insbesondere bei Trinkwassertalsperren – sind Konstruktionsformen und Bauweisen zu wählen, die vor allem die Gefahr einer gegenüber der Straße vorzeitigen Glatteisbildung mindern. Die Entwässerung der Brücken ist so zu planen und auszuführen, dass eine besonders zuverlässige und schnelle Ableitung auch geringer Wassermengen gewährleistet wird.

Verkehrsregelnde Maßnahmen können die Unfallgefahr und die damit verbundenen Auswirkungen auf die Gewässer verringern. Zu solchen verkehrsregelnden Maßnahmen gehören:

– Geschwindigkeitsbegrenzung
– Überholverbot
– Verbot für Fahrzeuge mit wassergefährdender Ladung.

Maßnahmen, die zur Erhöhung der Verkehrssicherheit beitragen, z.B. Standstreifen, Zusatzfahrstreifen für langsamen Verkehr, dienen auch dem Gewässerschutz, weil sie die Unfallgefahr und die Folgen von Unfällen verhindern oder vermindern.

(VkBl. 2003 S. 66)

3.4.5 Kennzeichnungspflichtige Fahrzeuge mit gefährlichen Gütern

Mit Zeichen 261 kann angezeigt werden, wo durch gefährliche Güter infolge eines Unfalls oder eines sonstigen Zwischenfalls (z. B. Undichtwerden eines Tanks) eine zusätzliche besondere Gefahrenlage entsteht. In der Regel wird das durch Zeichen 261 ausgesprochene Verbot zum Schutz exponierter Bauwerke (z. B. Tunnel, Talbrücken, Unterwassertunnel) und bei Gefällstrecken vor Ortschaften anzuordnen sein.

Beim Aufstellen von Zeichen 261 ist darauf zu achten, dass es gut erkennbar und so platziert ist, dass gefährliche Wende- oder Rücksetzmanöver vermieden werden. Vor dem Anordnen eines solchen Verbotes ist zu prüfen, welche Umwege und Umleitungen den mit gefährlichen Gütern beladenen Kraftfahrzeugen zugemutet werden. Es empfiehlt sich, betroffene Stellen fachlich zu hören. Einzelheiten enthalten die nachstehend abgedruckten Richtlinien des für den Verkehr zuständigen Bundesministeriums, die mit Erlass vom 9. Dezember 1987 bekannt gegeben wurden. Zeichen 261 kann auch zum Schutz von Kernkraftwerken angeordnet werden, sofern besondere Gegebenheiten dies erfordern.

Über die Definition „Gefährliche Güter" im Rahmen der **Verordnung über die innerstaatliche und grenzüberschreitende Beförderung gefährlicher Güter auf Straßen** siehe Gefahrgutverordnung Straße und Eisenbahn – GGVSEB mit den Anlagen A und B des Europäischen Übereinkommens über die internationale Beförderung auf der Straße (ADR).

Zu Abschnitt 3.4.5

VwV-StVO
zu § 41
Vorschriftzeichen

Zu Zeichen 261 Verbot für kennzeichnungspflichtige Kraftfahrzeuge mit gefährlichen Gütern

1   I. Gefährliche Güter sind die Stoffe und Gegenstände, deren Beförderung auf der Straße und Eisenbahn nach § 2 Nr. 9 der Gefahrgutverordnung Straße und Eisenbahn (GGVSE) in Verbindung mit den Anlagen A und B des Europäischen Übereinkommens über die internationale Beförderung auf der Straße (ADR) verboten oder nur unter bestimmten Bedingungen gestattet ist. Die Kennzeichnung von Fahrzeugen mit gefährlichen Gütern ist in Kapitel 5.3 zum ADR geregelt.

2   II. Das Zeichen ist anzuordnen, wenn zu besorgen ist, dass durch die gefährlichen Güter infolge eines Unfalls oder Zwischenfalls, auch durch das Undichtwerden des Tanks, Gefahren für das Leben, die Gesundheit, die Umwelt oder Bauwerke in erheblichem Umfang eintreten können. Hierfür kommen z. B. Gefällstrecken in Betracht, die unmittelbar in bebaute Ortslagen führen. Für die Anordnung entsprechender Maßnahmen erlässt das für Verkehr zuständige Bundesministerium im Einvernehmen mit den obersten Landesbehörden Richtlinien, die im Verkehrsblatt veröffentlicht werden.

Anmerkung: Die BMV-Erlasse vom 14. Juni 1988 (VkBl. 1988 S. 500) und vom 21. Juli 1988 (VkBl. 1988 S. 576) sind bei der nachstehenden Wiedergabe der BMV-Richtlinien berücksichtigt.

BMV – StV
12/36.42.41-261 –
9. Dezember 1987

Richtlinien für die Anordnung von verkehrsregelnden Maßnahmen für den Transport gefährlicher Güter auf Straßen

Die fünfte Allgemeine Verwaltungsvorschrift zur Änderung der Allgemeinen Verwaltungsvorschrift zur Straßenverkehrs-Ordnung (VwV-StVO) sieht in „zu Zeichen 261 Verbot für kennzeichnungspflichtige Kraftfahrzeuge mit gefährlichen Gütern" die Einführung von Richtlinien für die Anordnung von verkehrsregelnden Maßnahmen für Gefahrguttransporte auf Straßen vor. Im Einvernehmen mit den für die Straßenverkehrs-Ordnung und Verkehrspolizei zuständigen obersten Landesbehörden gebe ich die „Richtlinie für die Anordnung von verkehrsregelnden Maßnahmen für den Transport gefährlicher Güter auf Straßen – Richtlinie verkehrsregelnde Maßnahmen für Gefahrguttransport –" wegen der Dringlichkeit im Vorwege bekannt.

…

3.4.5 Kennzeichnungspflichtige Fahrzeuge mit gefährlichen Gütern

BMV-Erlass
vom 9.12.1987

1. Allgemeines

Schwere Unfälle beim Transport gefährlicher Güter geben Veranlassung, die Fahrwege solcher Transporte kritisch zu überprüfen und bestimmte, ungeeignete Streckenabschnitte für derartigen Verkehr zu sperren oder durch geeignete verkehrsbeschränkende Maßnahmen zu entschärfen.

Auflagen zur Fahrwegbestimmung können nach der Verordnung über die innerstaatliche und grenzüberschreitende Beförderung gefährlicher Güter auf Straßen (GGVS) vom 22. Juli 1985 nach § 7 Abs. 1 nur für besonders erlaubnispflichtige Güter der Listen I und II des Anhangs B.8 der Anlage B angeordnet werden.

Aus den Erfahrungen der letzten Zeit können aber auch bei Verkehrsunfällen mit Transporten sonstiger gefährlicher Güter erhebliche Gefahren entstehen. Eine Erweiterung des Anordnungsbereichs der Zeichen 261 und Zeichen 269 StVO ist daher geboten. Die Zeichen sollen künftig nicht nur aufgestellt werden dürfen, wenn die zusätzliche besondere Gefahrenlage im Sinne der bisherigen VwV-StVO-Regelung zu Zeichen 261 StVO auf einer Bauwerksbeschädigung beruht, sondern auch in solchen Fällen, in denen durch einen Verkehrsunfall Gefahren für Leben, Gesundheit und Umwelt in erheblichem Umfang eintreten können.

Bisher wurden die Zeichen 261 und Zeichen 269 StVO relativ selten aufgestellt. Die vorliegende Richtlinie beschreibt die erweiterten zusätzlichen Kriterien, auf deren Grundlage das Straßennetz für den Transport gefährlicher Güter zu bewerten ist.

2. Grundsätze

(1) Die Richtlinien gelten für alle Straßen mit tatsächlich öffentlichem Verkehr.

(2) Verkehrsregelnde Maßnahmen für den Transport gefährlicher Güter sind in erster Linie solche, die durch Aufstellen von Zeichen 261 bzw. Zeichen 269 StVO bestimmte Streckenabschnitte für diese Transporte sperren und hierfür in der Regel durch Aufstellen einer Umleitungsbeschilderung einen alternativen Fahrweg empfehlen.

(3) Bestehen für bestimmte Straßen oder Straßenabschnitte erhebliche Sicherheitsbedenken (vgl. Abschnitt 3), scheidet aber eine Sperrung mangels geeigneter Ausweichstrecken aus, können besondere verkehrsbeschränkende Maßnahmen ergriffen werden, wie z.B. Überholverbote, Verbot des Fahrens ohne einen Mindestabstand, Beschränkung der zulässigen Höchstgeschwindigkeit (s. auch Abschnitt 5). Dabei können innerorts und außerorts unterschiedliche Maßnahmen notwendig sein.

(4) Soll nicht nur der Transport gefährlicher Güter, sondern der Schwerverkehr allgemein untersagt werden, kommen Verbote nach Zeichen 253 StVO (Verbot für Fahrzeuge über einem bestimmten zulässigen Gesamtgewicht in Verbindung mit Zusatzschild 801 oder nach Zeichen 262 StVO (Verbot für Fahrzeuge über einem angegebenen tatsächlichen Gewicht), wenn nur *beladene* Fahrzeuge von einer bestimmten Strecke fern gehalten werden müssen, in Betracht.

3. Kriterien für die Anordnung verkehrsregelnder Maßnahmen

(1) Durch Anordnung von Zeichen 261 bzw. von Zeichen 269 StVO können Straßenabschnitte für den Transport gefährlicher Güter gesperrt werden, wenn über die zusätzliche besondere Gefahrenlage im Sinne der VwV-StVO zu o. g. Zeichen hinaus folgende örtliche Gegebenheiten vorliegen.

(1.1) Es führt eine längere Gefällstrecke (ab ca. 500 m bei größerem Gefälle können auch kürzere Gefällstrecken in Betracht kommen) mit einem mittleren Gefälle von mehr als 4 % unmittelbar in eine bebaute Ortslage oder durch eine in besonderer Gefahrenlage befindliche Ansiedlung/ein Gewerbegebiet/ein Industriegebiet hindurch.

(1.2) Es weist eine Ortsdurchfahrt eine enge und/oder kurvenreiche Straßenführung auf, bei der insbesondere entgegenkommende Lastkraftwagen nicht ohne wesentliche Geschwindigkeitsreduzierung oder Halt an Engstellen aneinander vorbeifahren können.

(1.3) Es führt innerorts eine Gefällstrecke von mehr als 4 % Gefälle unmittelbar über eine wartepflichtige oder mit Lichtsignalen geregelte Kreuzung oder Einmündung.

(1.4) Es führt eine längere Gefällstrecke (ab ca. 500 m; bei größerem Gefälle können auch kürzere Gefällstrecken in Betracht kommen) mit einem mittleren Gefälle von mehr als 4 % durch sensible Umwelträume (Naturschutzgebiete jeglicher Art) und/oder weist

3.4.5 Kennzeichnungspflichtige Fahrzeuge mit gefährlichen Gütern

BMV-Erlass
vom 9.12.1987

enge Kurven auf oder endet in einer engen Kurve, die außerdem nicht ohne besondere Gefahren von Lastkraftwagen im Innerortsbereich mit 50 km/h, im Außerortsbereich mit 80 km/h befahren werden können (s. Abschnitt 5).

(2) Ein Verkehrsverbot nach Zeichen 269 StVO kann dort angeordnet werden, wo Gesichtspunkte des Wasser- und Quellenschutzes zu berücksichtigen sind. Im Einzelnen ist zu beachten:

(2.1) Kreuzt eine öffentliche Straße den Fassungsbereich eines Wasser- oder Quellenschutzgebietes (Wasserschutzzone I), so ist in der Regel neben dem Zeichen 354 (Wasserschutzgebiet) auch das Zeichen 269 aufzustellen.

(2.2) Kreuzt eine öffentliche Straße die engere Schutzzone eines Wasser- oder Quellenschutzgebietes (Wasserschutzzone II), so ist neben dem Zeichen 354 das Zeichen 269 aufzustellen, wenn eine zumutbare Umleitung für Fahrzeuge mit wassergefährdender Ladung vorhanden ist und nicht besondere Umstände einen uneingeschränkten Verkehr erfordern.

(2.3) Kreuzt eine öffentliche Straße den Fassungsbereich oder die engere Schutzzone eines Wasser- oder Quellenschutzgebiets (Wasserschutzzone II), so ist in der Regel die Geschwindigkeitsbeschränkung mit Zeichen 274 auf eine zulässige Höchstgeschwindigkeit von z. B. für den Außerortsbereich 60 km/h anzuordnen. Ist entgegen den o. g. Regelungen Zeichen 269 nicht aufgestellt, dann kann die zulässige Höchstgeschwindigkeit auch auf unter 60 km/h festgesetzt werden. Daneben können nach den Erfordernissen des Einzelfalls noch andere Anordnungen getroffen werden, wie z. B. Gewichtsbeschränkungen für Lkw oder Überholverbote für Lkw.

(2.4) Kreuzt eine öffentliche Straße die weitere Schutzzone eines Wasser- oder Quellenschutzgebiets (Wasserschutzzone III), so können in besonderen Fällen nach den Erfordernissen des Einzelfalls Geschwindigkeitsbeschränkungen verfügt und/oder andere Anordnungen getroffen werden.

(2.5) Anordnungen nach (2.3) aus Gründen des Gewässerschutzes sollen außerhalb von Schutzgebieten nur in besonderen Fällen getroffen werden (z. B. zum Schutz von Seen).

(2.6) Die Mengenangabe in der Zeichenerläuterung zu Zeichen 269 StVO bezieht sich auf Fahrzeuge (einschl. Anhänger) mit einer Ladung von insgesamt mehr als 3000 l wassergefährdender Stoffe.

(3) Bei Straßentunneln wirken in der Regel keine straßenseitigen *zusätzlichen* Gefahren auf den Transport gefährlicher Güter. Jedoch muss im Einzelnen geprüft werden, ob andersartige Kriterien, wie in diesem Abschnitt aufgezählt, Verkehrsbeschränkungen erfordern, wie z. B. für Transportverbote von explosionsgefährlichen oder leicht entzündlichen Stoffen.

4. Umleitungsempfehlung

(1) Bei der Sperrung bestimmter Straßen oder Straßenabschnitte ist stets zu prüfen, ob geeignete Umleitungsstrecken zur Verfügung stehen. Durch die Verlagerung von Gefahrgutverkehr darf keine neue Gefahrensituation an anderer Stelle geschaffen werden.

(2) Das Verbot der Durchfahrt für den Transport gefährlicher Güter sollte rechtzeitig angekündigt und mit der örtlich vorhandenen wegweisenden Beschilderung abgestimmt werden. Die Ankündigung erfolgt einheitlich mit dem Zeichen 261 bzw. Zeichen 269 StVO in Verbindung mit dem Zusatzzeichen 741 StVO „nach … m" in einem ausreichenden Abstand vor der stationären Wegweisung der jeweiligen Kreuzung bzw. Einmündung. Zur Verdeutlichung der Ankündigung kann das Zeichen 261 bzw. Zeichen 269 StVO in die vorhandene stationäre Wegweisung aufgenommen werden. Hierdurch kann ein besonderer Beschilderungsaufwand vermieden werden.

(3) In besonderen Fällen kann die Umleitung ergänzend durch Zeichen 459 StVO (Planskizze) angekündigt werden. Hierbei sollte von einer möglichst einfachen und einheitlichen Darstellung des Sachverhalts gemäß Anlage ausgegangen werden.

(4) Auf der Ausweichstrecke erfolgt die Umleitungswegweisung je nach örtlichen Gegebenheiten und Erfordernissen mit Hilfe der Zeichen 421 StVO (Wegweiser für bestimmte Verkehrsarten) und Zeichen 442 StVO (Vorwegweiser für bestimmte Verkehrsarten); vgl. auch Anlage.

(5) Da es sich bei den Fahrern von Transporten mit gefährlichen Gütern um Kraftfahrer handelt, die beruflich ein Kraftfahrzeug führen, kann der Beschilderungsaufwand entlang der Umleitungsstrecke entfallen, sobald auf der Umleitungsstrecke das ursprüngliche Fernziel der Fahrtstrecke erscheint.

3.4.5 Kennzeichnungspflichtige Fahrzeuge mit gefährlichen Gütern

BMV-Erlass
vom 9.12.1987

5. Maßnahmen bei nicht möglicher Umleitung

(1) Kommt eine Sperrung oder Teilsperrung für den Gefahrgutverkehr etwa mangels geeigneter Ausweichstrecken nicht in Betracht, ist u.a. eine Beschränkung der zulässigen Höchstgeschwindigkeit (Zeichen 274 StVO) insbesondere für Sattelkraftfahrzeuge und Züge (Zusatzeichen 876) zu erwägen. Die Höchstgeschwindigkeit muss dann so weit herabgesetzt werden, dass die betroffenen Fahrzeuge auch nach längerer Abwärtsfahrt noch zum Halten gebracht werden können. Dabei spielen die Stärke des Gefälles, die Länge der Gefällstrecke und der Radius von Kurven eine entscheidende Rolle. Zur Wahl der Höchstgeschwindigkeit kann ein Sachverständigengutachten angezeigt sein.

(2) Die Geschwindigkeitsbeschränkung muss im Übrigen so weit vor dem Beginn der Gefällstrecke einsetzen, dass der Kraftfahrzeugführer noch rechtzeitig in niedrigere Gänge zurückschalten kann. Hinsichtlich der dafür notwendigen Geschwindigkeitsreduzierung sollte nicht die Wirksamkeit der Betriebsbremse, sondern die der Dauerbremse (Motorbremse) berücksichtigt werden.

(3) Es kann sich empfehlen, vor unübersichtlichen Strecken individuell gestaltete Hinweisschilder mit der Warnung vor besonders gefährlichen Gefällstrecken aufzustellen (z. B. vergleichbar mit Hinweisen auf der A8 im Bereich des „Alb-Abstiegs").

6. Beteiligung, Anordnung

(1) Zur Vorbereitung der Anordnung einer verkehrsregelnden Maßnahme durch die Straßenverkehrsbehörde ist ein Entwurf mit Begründung und Umleitungsempfehlung zu erstellen unter Beteiligung

– der Straßenbaubehörde
– der Polizei
– der Wasserbehörde
– ggf. weiterer zuständiger Behörden, wie z.B. Gemeinden, Naturschutzbehörden etc.
– ggf. amtlicher Sachverständiger.

(2) Die Anordnung selbst bedarf der Zustimmung durch die oberste Landesbehörde oder der von ihr bestimmten Stelle.

(3) Die aufgestellten Verkehrszeichen müssen mindestens vollflächig retroreflektierend ausgeführt sein.

(4) Unabhängig von Überlegungen, bestimmte Streckenabschnitte für den Gefahrgutverkehr zu sperren oder in der Höchstgeschwindigkeit zu beschränken, haben die Straßenverkehrsbehörden zu prüfen, ob die von diesem Verkehr benutzten Gefällstrecken ausreichend mit dem Gefahrzeichen 108 StVO (Gefälle) gekennzeichnet sind. Das Zeichen muss so weit vor dem Beginn der Gefällstrecke stehen, dass sich der Kraftfahrzeugführer noch rechtzeitig darauf einstellen kann. Ein Zusatzzeichen 741 StVO (nach … m) kann sinnvoll sein, wenn der Beginn der Gefällstrecke nicht rechtzeitig wahrgenommen werden kann.

7. Ausnahmegenehmigung

Bei der Erteilung von Ausnahmegenehmigungen nach § 46 Abs. 1 Nr. 11 StVO (z. B. für Anlieger) ist ein strenger Maßstab anzulegen.

Anlage zum
BMV-Erlass
vom 9.12.1987

Anlage zu den Richtlinien für die Anordnung von verkehrsregelnden Maßnahmen für den Transport gefährlicher Güter auf Straßen

Beispiele für Beschilderungen der Ankündigung und Wegweisung

(1) Ankündigung einer Sperrung

Vz 261 StVO

Vz 269 StVO

Vz 741 StVO

150 m

Vz 741 StVO

150 m

3.4.5 Kennzeichnungspflichtige Fahrzeuge mit gefährlichen Gütern

Anlage zum
BMV-Erlass
vom 9.12.1987

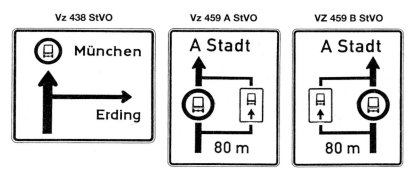

(2) Wegweisung auf der Umleitungsstrecke

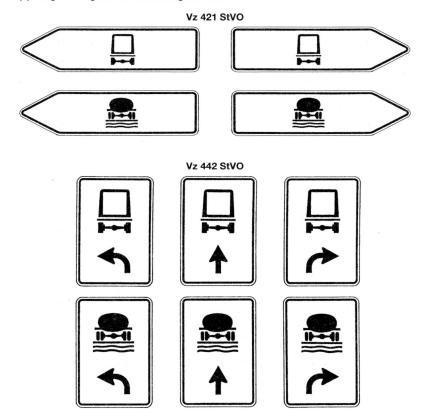

(VkBl. 1987 S. 857)

Anmerkung: Zeichen 459 StVO ist jetzt Zeichen 458 StVO, Zeichen 741 StVO ist jetzt Zeichen 1004

179

3.5 Sonderwege

3.5.1 Allgemeines

Sonderwege sind solche Teile einer Straße, die speziell für bestimmte Gruppen von Verkehrsteilnehmern gebaut und betrieben werden, z. B. Gehwege, Radwege, Reitwege oder Busstreifen. Sie sind Ausdruckselement des Trennprinzips (siehe Abschnitt 2.4.4), bei dem versucht wird, unterschiedlichen Gruppen von Verkehrsteilnehmern spezielle Bereiche des Verkehrsraums zuzuordnen. Das Trennprinzip führt dazu, dass der Verkehr in sich homogener und damit sicherer wird, allerdings in der Regel zum Preis eingeschränkter Bewegungsfreiheit, was vor allem von den langsameren und mehr flächenorientierten Verkehrsarten (Fußgänger, Radfahrer) auch als Nachteil empfunden wird. Manche Sonderwege, z. B. Busfahrstreifen, erhöhen die Leichtigkeit des Verkehrs für den Nutzer.

Oft können die Verkehrsteilnehmer schon allein aus der baulichen Gestalt des Sonderweges herleiten, um welche Art von Sonderweg es sich handelt. So sind z. B. in der Regel innerörtliche Gehwege als solche leicht zu erkennen, da sie seitwärts der Straße, durch einen Bordstein abgetrennt, leicht erhöht geführt werden. Sind zwei solcher Wege vorhanden, so wird der der Straße nächstgelegene unschwer als („sonstiger") Radweg, der zweite weiter außerhalb gelegene

als Gehweg erkannt. Die oberste Schicht von Reitwegen wird häufig aus lockerem Material hergestellt, das für Fußgänger und Radfahrer „unattraktiv" ist (Selbsterklärende Straße).

Die StVO kennt verschiedene Möglichkeiten, die spezielle Nutzung von Verkehrsflächen als Sonderwege zu verdeutlichen oder anzuordnen:

– Hinweise (Markierungen und Zusatzzeichen),
– Nutzungsverbote (siehe Abschnitte 3.2, 3.3 und 3.4) sowie
– Nutzungsgebote.

Die *Tabelle 3.1* versucht, diese Möglichkeiten etwas zu systematisieren.

Kenntlichmachung durch Erläuterung ist im Grunde in der StVO nicht ausdrücklich vorgesehen, aber gelegentlich hilfreich, vor allem wenn die bauliche Gestaltung alleine nicht ausreicht, um eine eindeutige Zuordnung zu ermöglichen, andererseits ein Nutzungsgebot oder -verbot übermäßig erscheint.

Dem Grundsatz folgend, dass so wenig Regelungen wie möglich getroffen werden sollen und nur so viel wie nötig (§ 39 StVO, siehe Abschnitt 2.4.2), sollte zunächst immer geprüft werden, ob die bauliche Gestaltung eines Sonderwegs nicht ausreicht, um seine Bestimmung zu verdeutlichen. Gegebenenfalls kann eine Kenntlichmachung durch Erläuterung hilfreich sein.

Tabelle 3.1 Möglichkeiten zur Kenntlichmachung von Verkehrsflächen als Sonderwege

Sollte das nicht ausreichen, so sieht die StVO als Regellösung das Nutzungsgebot vor. Das Nutzungsgebot hat den Vorteil, dass es nicht nur den Sonderweg als für die entsprechende Gruppe von Verkehrsteilnehmern bestimmt kennzeichnet, sondern gleichzeitig für diese Gruppe auch ein Nutzungsverbot für die anderen Straßenteile ausspricht. Dabei ist immer zu prüfen, ob dieses Verbot verhältnismäßig ist. Das wird gerade im Zusammenhang mit Radwegen immer wieder diskutiert.

Ein Teil der Verkehrsfläche kann aber auch als Sonderweg gekennzeichnet werden, indem den anderen Verkehrsarten die Benutzung verboten wird (siehe Abschnitt 3.2.2). Damit ist die Fläche für bestimmte Verkehrsteilnehmer reserviert, ohne dass diesen ein Nutzungsgebot auferlegt ist.

In konsequenter Erweiterung des Gebots dieser Regeln kann auch der gesamte Straßenraum einer Verkehrsgruppe als „Bereich" zugeordnet werden. Die StVO kennt hier z. B. den Fußgängerbereich oder die Fahrradstraße. Diese Bereiche werden eingerichtet, um der jeweiligen Verkehrsgruppe eine uneingeschränkte Nutzung der Fläche zu ermöglichen und (mit Ausnahmen) vor allen anderen Verkehrsteilnehmern – insbesondere dem motorisierten Verkehr – zu schützen.

Die Regelungen können durch Zusatzzeichen erweitert oder eingeschränkt werden. So kann z. B. der Fahrradverkehr auf dem Gehweg durch das Zusatzzeichen „Radfahrer frei" zum Zeichen 239 „Gehweg" freigegeben werden (siehe Abschnitt 3.5.3)

Das entsprechende Zeichen steht in der Regel am Anfang des Sonderweges. Am Ende eines Sonderweges wird das entsprechende Zeichen mit dem Zusatzzeichen „Ende" aufgestellt. Wo das Ende zweifelsfrei erkennbar ist, bedarf es keiner Kennzeichnung. Reitwege sind nur zu kennzeichnen, wo ihre Nutzung nicht durch die Beschaffenheit des Weges klar erkennbar ist.

In den weiteren Abschnitten werden zunächst die Fußgänger- und Radwege, dann die Bussonderfahrstreifen und schließlich als sonstige Sonderwege die Reitwege behandelt.

Zu Abschnitt 3.5.1

VwV-StVO
zu § 41
Vorschriftzeichen

Zu den Zeichen 237, 240 und 241 Radweg, gemeinsamer und getrennter Geh- und Radweg

3   III. Wo das Ende eines Sonderweges zweifelsfrei erkennbar ist, bedarf es keiner Kennzeichnung. Ansonsten ist das Zeichen mit dem Zusatzzeichen „Ende" anzuordnen.

4   IV. Die Zeichen können abweichend von Nr. III. 3 zu den §§ 39 bis 43; Rn. 12 ff. bei baulich angelegten Radwegen immer, bei Radfahrstreifen in besonders gelagerten Fällen, in der Größe 1 aufgestellt werden.

3.5.2 Fußgängerwege

StVO Anlage 2 Vorschriftzeichen (zu § 41 Absatz 1)
Abschnitt 5 Sonderwege

18	**Zeichen 239** Gehweg	**Ge- oder Verbot** 1. Anderer als Fußgängerverkehr darf den Gehweg nicht nutzen. 2. Ist durch Zusatzzeichen die Benutzung eines Gehwegs für eine andere Verkehrsart erlaubt, muss diese auf den Fußgängerverkehr Rücksicht nehmen. Der Fußgängerverkehr darf weder gefährdet noch behindert werden. Wenn nötig, muss der Fahrverkehr warten; er darf nur mit Schrittgeschwindigkeit fahren. **Erläuterung** Das Zeichen kennzeichnet einen Gehweg (§ 25 Absatz 1 Satz 1), wo eine Klarstellung notwendig ist.
21	**Zeichen 242.1** ZONE Beginn einer Fußgängerzone	**Ge- oder Verbot** 1. Anderer als Fußgängerverkehr darf die Fußgängerzone nicht benutzen. 2. Ist durch Zusatzzeichen die Benutzung einer Fußgängerzone für eine andere Verkehrsart erlaubt, dann gilt für den Fahrverkehr Nummer 2 zu Zeichen 239 entsprechend.
22	**Zeichen 242.2** ZONE Ende einer Fußgängerzone	

Dort, wo aus der baulichen Gestaltung eines Gehweges nicht klar erkennbar ist, dass es sich um einen Gehweg handelt, oder wo signalisiert werden muss, dass dieser Teil einer Straße Fußgängern vorbehalten bleibt, kann das mit Zeichen 239 verdeutlicht werden. Das Gleiche gilt, wenn ein Seitenstreifen, der auch für andere Verkehrsteilnehmer benutzbar wäre, den Fußgängern allein vorbehalten werden soll.

Zeichen 239 kann auch verwendet werden, um Straßen und Wege, die nur für Fußgänger bestimmt sind, eindeutig zu kennzeichnen.

Folgende Anforderungen sollten bei der Auswahl und Gestaltung von Anlagen für den Fußgängerverkehr berücksichtigt werden:

– hohe Verkehrssicherheit,
– subjektive Ängste gegen Bedrohung,
– umwegfreie Verbindungen,
– leichtes Vorankommen mit hinreichender Bewegungsfreiheit,
– keine Störungen durch andere Verkehrsteilnehmer,
– gute Übersichtlichkeit, Begreifbarkeit und Orientierung.

3.5.2 Fußgängerwege

Weitere Details zur Planung und Gestaltung von Fußgängerverkehrsanlagen finden sich in den „Empfehlungen für Fußgängerverkehrsanlagen" (EFA 2002).

Sollen nicht nur einzelne Wege, sondern ganze Bereiche für den Fußgängerverkehr freigehalten werden, so kann ein Fußgängerbereich angeordnet werden.

Zeichen 242.1 ist innerorts an allen befahrbaren Zugängen zu Fußgängerbereichen anzuordnen. Dieses Zeichen verbietet anderen Verkehrsteilnehmern als Fußgängern, den so gekennzeichneten Bereich zu benutzen.

Fußgängerbereiche sind Verkehrsflächen besonderer Zweckbestimmung. Mit der Festlegung einer solchen Zone wird auf das wiederholte Aufstellen von Verkehrszeichen verzichtet. Mit anderen Worten: Das Sichtbarkeitsprinzip, das der Beschilderung generell zugrunde liegt, wird aufgegeben.

Es sollte angestrebt werden, dass das betreffende Gebiet das „Zonenbewusstsein" einer Fußgängerzone vermittelt.

Die Anordnung von Fußgängerbereichen steht nicht im alleinigen Ermessen der Straßenverkehrsbehörde. Es handelt sich hierbei um eine Maßnahme, **die im Rahmen einer geordneten städtebaulichen Entwicklung zu sehen ist und die daher nur im Einvernehmen mit der jeweiligen Gemeinde getroffen werden kann. Nach erzieltem Einvernehmen ordnet die Verkehrsbehörde die Kennzeichnung des Fußgängerbereiches an (§ 45 Abs. 1b StVO).**

Fahrzeugverkehr darf nur nach Maßgabe der straßenrechtlichen Widmung zugelassen werden, was durch entsprechende Zusatzzeichen, z. B. Zz 1026-35 „Lieferverkehr frei" mit Zeitangabe (Zz 1040-31), realisiert werden kann. Die Fahrzeugführer dürfen dann im Fußgängerbereich nur im Schritttempo fahren und haben das „Vorgehrecht" der Fußgänger zu beachten.

Zeichen 242.2 ist überall dort am Ende des Fußgängerbereiches aufzustellen, wo den Fußgängern zu ihrer Sicherheit signalisiert werden muss, dass sie den Fußgängerbereich verlassen.

Zeichen 242.2 ist in der Regel entbehrlich, wenn aus dem gesamten baulichen Eindruck unmissverständlich die Grenze eines Fußgängerbereiches erkennbar ist.

Zeichen 242.2 darf auch auf der Rückseite von Zeichen 242.1 angebracht sein, wenn sich dies als zweckmäßig erweist.

Zu Abschnitt 3.5.2

VwV-StVO
zu § 41
Vorschriftzeichen

Zu Zeichen 239 Gehweg

1 I. Der Klarstellung durch das Zeichen bedarf es nur dort, wo die Zweckbestimmung des Straßenteils als Gehweg sich nicht aus dessen Ausgestaltung ergibt. Soll ein Seitenstreifen den Fußgängern allein vorbehalten werden, so ist das Zeichen zu verwenden.

2 II. Die Freigabe des Gehweges zur Benutzung durch Radfahrer durch das Zeichen 239 mit Zusatzzeichen „Radfahrer frei" kommt nur in Betracht, wenn dies unter Berücksichtigung der Belange der Fußgänger vertretbar ist.

3 III. Die Beschaffenheit und der Zustand des Gehweges sollen dann auch den gewöhnlichen Verkehrsbedürfnissen des Radverkehrs (z. B. Bordsteinabsenkung an Einmündungen und Kreuzungen) entsprechen.

...

Zu den Zeichen 242.1 und 242.2 Beginn und Ende eines Fußgängerbereichs

1 I. Die Zeichen dürfen nur innerhalb geschlossener Ortschaften angeordnet werden. Fahrzeugverkehr darf nur nach Maßgabe der straßenrechtlichen Widmung zugelassen werden.

2 II. Auf Nummer XI zu § 45 Abs. 1 bis 1 e wird verwiesen.

3.5.3 Führung des Radverkehrs

StVO Anlage 2 Vorschriftzeichen (zu § 41 Absatz 1)
Abschnitt 5 Sonderwege

16	**Zeichen 237**	**Ge- oder Verbot**
	Radweg	1. Der Radverkehr darf nicht die Fahrbahn, sondern muss den Radweg benutzen (Radwegbenutzungspflicht). 2. Anderer Verkehr darf ihn nicht benutzen. 3. Ist durch Zusatzzeichen die Benutzung eines Radwegs für eine andere Verkehrsart erlaubt, muss diese auf den Radverkehr Rücksicht nehmen und der andere Fahrzeugverkehr muss erforderlichenfalls die Geschwindigkeit an den Radverkehr anpassen. 4. § 2 Absatz 4 Satz 6 bleibt unberührt.
19	**Zeichen 240**	**Ge- oder Verbot**
	Gemeinsamer Geh- und Radweg	1. Der Radverkehr darf nicht die Fahrbahn, sondern muss den gemeinsamen Geh- und Radweg benutzen (Radwegbenutzungspflicht). 2. Anderer Verkehr darf ihn nicht benutzen. 3. Ist durch Zusatzzeichen die Benutzung eines gemeinsamen Geh- und Radwegs für eine andere Verkehrsart erlaubt, muss diese auf den Fußgänger- und Radverkehr Rücksicht nehmen. Erforderlichenfalls muss der Fahrverkehr die Geschwindigkeit an den Fußgängerverkehr anpassen. 4. § 2 Absatz 4 Satz 6 bleibt unberührt. **Erläuterung** Das Zeichen kennzeichnet auch den Gehweg (§ 25 Absatz 1 Satz 1).
20	**Zeichen 241**	**Ge- oder Verbot**
	Getrennter Geh- und Radweg	1. Der Radverkehr darf nicht die Fahrbahn, sondern muss den Radweg des getrennten Rad- und Gehwegs benutzen (Radwegbenutzungspflicht). 2. Anderer Verkehr darf ihn nicht benutzen. 3. Ist durch Zusatzzeichen die Benutzung eines getrennten Geh- und Radwegs für eine andere Verkehrsart erlaubt, darf diese nur den für den Radverkehr bestimmten Teil des getrennten Geh- und Radwegs befahren. 4. Die andere Verkehrsart muss auf den Radverkehr Rücksicht nehmen. Erforderlichenfalls muss anderer Fahrzeugverkehr die Geschwindigkeit an den Radverkehr anpassen. 5. § 2 Absatz 4 Satz 6 bleibt unberührt. **Erläuterung** Das Zeichen kennzeichnet auch den Gehweg (§ 25 Absatz 1 Satz 1).

StVO Anlage 2 Vorschriftzeichen (zu § 41 Absatz 1)
Abschnitt 5 Sonderwege

| 23 | **Zeichen 244.1**

Beginn einer Fahrradstraße | **Ge- oder Verbot**
1. Anderer Fahrzeugverkehr als Radverkehr darf Fahrradstraßen nicht benutzen, es sei denn, dies ist durch Zusatzzeichen erlaubt.
2. Für den Fahrverkehr gilt eine Höchstgeschwindigkeit von 30 km/h. Der Radverkehr darf weder gefährdet noch behindert werden. Wenn nötig, muss der Kraftfahrzeugverkehr die Geschwindigkeit weiter verringern.
3. Das Nebeneinanderfahren mit Fahrrädern ist erlaubt.
4. Im Übrigen gelten die Vorschriften über die Fahrbahnbenutzung und über die Vorfahrt. |
| 24 | **Zeichen 244.2**

Ende einer Fahrradstraße | |

Abschnitt 6 Verkehrsverbote

| 31 | **Zeichen 254**

Verbot für Radverkehr | **Ge- oder Verbot**
Verbot für den Radverkehr |
| 33 | **Zeichen 259**

Verbot für Fußgänger | **Ge- oder Verbot**
Verbot für den Fußgängerverkehr |

3.5.3 Führung des Radverkehrs

StVO Anlage 3 Richtzeichen (zu § 42 Absatz 2)
Abschnitt 8 Markierungen

22	Zeichen 340	Ge- oder Verbot

Leitlinie

Ge- oder Verbot

1. Wer ein Fahrzeug führt, darf Leitlinien nicht überfahren, wenn dadurch der Verkehr gefährdet wird.
2. Wer ein Fahrzeug führt, darf auf der Fahrbahn durch Leitlinien markierte Schutzstreifen für den Radverkehr nur bei Bedarf überfahren. Der Radverkehr darf dabei nicht gefährdet werden.
3. Wer ein Fahrzeug führt, darf auf durch Leitlinien markierten Schutzstreifen für den Radverkehr nicht parken.

Erläuterung

Der Schutzstreifen für den Radverkehr ist in regelmäßigen Abständen mit dem Sinnbild „Radverkehr" auf der Fahrbahn gekennzeichnet.

Bei der Gestaltung von Wegen für den Radverkehr zeigt sich, dass es aus mehreren Gründen sehr schwierig ist, „Wege" für diese Nutzergruppe anzulegen und das Verhalten auf diesen zu regeln, denn

– Fahrradfahrer bilden in sich keine homogene Gruppe (Kleinkinder; Schulkinder; Gelegenheitsfahrer; Fahrer, die das Fahrrad als tägliches Transportmittel benutzen; Sport-Radfahrer).
– Fahrradfahrer sind sehr gefährdet (kein Schutz), was aber von den Fahrradfahrern nicht in diesem Maße wahrgenommen wird (objektive/subjektive Sicherheit).
– die Bereitschaft von Fahrradfahrern, Regeln zu akzeptieren, ist geringer ausgeprägt als die von motorisierten Verkehrsteilnehmern (sehr individuelles Verkehrsmittel, keine Kennzeichenpflicht).
– es gibt vielfältige Einflussnahme aus der Politik, da Radwege derzeit starkes öffentliches Interesse finden.

Zur Gestaltung von Radverkehrsanlagen wurden die

– „Empfehlungen für Radverkehrsanlagen (ERA)", FGSV Verlag, Ausgabe 2010

erarbeitet. Für die Anlage von Radverkehrsanlagen siehe das

– BMVBS RS (S 11/7123.10/6-1-891608) „Grundsätze für Bau und Finanzierung von Radwegen im Zuge von Bundesstraßen in der Baulast des Bundes 2008" vom 17. Oktober 2008.

Als generelle Führungsformen des Radverkehrs stehen alle in *Tabelle 3.2* aufgezeigten Möglichkeiten zur Verfügung.

Entlang von Bundesfernstraßen ist nach dem vorgenannten BMVBS-Rundschreiben vom 17. Oktober 2008 außerorts der einseitige, getrennt geführte gemeinsame Geh- und Radweg die Regellösung. Innerorts dürfen Schutzstreifen entlang von Bundesfernstraßen in der Regel nur angeordnet werden, wenn eine Fahrgasse von 6,50 m verbleibt, die das gefahrlose Begegnen zweier Lkw erlaubt.

Die ERA 2010 unterscheiden zwischen Entscheidungskriterien und Prüfkriterien.

Entscheidungskriterien sind das **Kfz-Kriterium** (Geschwindigkeitsniveau, Stärke und Zusammensetzung des Kraftfahrzeugverkehrs) und das **Flächenkriterium** (Flächenverfügbarkeit im Straßenraum unter Berücksichtigung aller Nutzungsansprüche). Prüfkriterien sind das **Knotenpunktkriterium** (Art und Dichte der Knotenpunkte und stark befahrener Grundstückszufahrten) und das **Umfeldkriterium** (Art und Intensität der Umfeldnutzung). Weiterhin sind

– die Stärke und Zusammensetzung des Radverkehrs,
– der Streckenverlauf mit Problem- und Engstellen,
– die Längsneigung der Straße,
– Busfahrstreifen oder Straßenbahn im Fahrbahnquerschnitt sowie
– andere ortsbezogene Faktoren und
– das Unfallgeschehen

zu berücksichtigen.

In der Neufassung der StVO (2013) sind die Absätze zum Radverkehr neu strukturiert.

Tabelle 3.2 Übersicht der Radverkehrsführungen

Führung des Radverkehrs	Benutzungspflicht	Ohne Benutzungspflicht
Mischverkehr auf der Fahrbahn	–	–
Seitenstreifen	Nein	Möglichkeit der Benutzung [Zeichen 295]
Auf der Fahrbahn markierte Radverkehrsanlage	Radfahrstreifen [Zeichen 237, 295]	Schutzstreifen („Angebotsstreifen") [Zeichen 340]
Führung auf Sonderfahrstreifen für Omnibusse des Linienverkehrs	Nein	Bussonderfahrstreifen/ Radfahrer frei [Zeichen 245 und Zusatzzeichen 1022-10]
Gemeinsame Führung mit Fußgängern	Gemeinsamer Geh- und Radweg [Zeichen 240]	Gehweg/Radfahrer frei [Zeichen 239 und Zusatzzeichen 1022-10]
Vom Gehweg getrennte Radverkehrsanlage	Getrennter Geh- und Radweg [Zeichen 241]	„Anderer" Radweg [wenn durch die bauliche Anlage nicht erkennbar, Kennzeichnung durch Markierung „Radfahrer" oder Zusatzzeichen mit Symbol „Radverkehr"]
Baulich ausgeführte Radverkehrsanlage	Radweg [Zeichen 237]	„Anderer" Radweg [wenn durch die bauliche Anlage nicht erkennbar, Kennzeichnung durch Markierung „Radfahrer" oder Zusatzzeichen mit Symbol „Radverkehr"]
Zweirichtungsverkehr	Freigabe des linken Radwegs (außerorts) [Zeichen 237, 240, 241]	Freigabe des linken Radwegs (in Ausnahmefällen innerorts) [Zusatzzeichen 1022-10]
Fahrbahn als Radverkehrsanlage	Fahrradstraße [Zeichen 244.1]	Nein

Mit Zeichen 237 wird ein Sonderweg der ausschließlichen Nutzung (Benutzungspflicht) durch den Fahrradverkehr zugewiesen.

In der Regel genügt es, dieses Zeichen in verkleinerter Ausführung zu verwenden (Durchmesser 42 cm).

Außerhalb geschlossener Ortschaften dürfen Mofas Radwege benutzen.

Will man innerhalb geschlossener Ortschaften durch Zeichen 237 gekennzeichnete Wege für Mofas allgemein freigeben, ist unter Zeichen 237 das Zz 1022-11 „Mofas frei" anzubringen.

Endet ein Radweg und muss der Radverkehr auf die Fahrbahn geleitet werden, sollte ein kurzer

Radfahrstreifen anschließen (*Bild 3.7*). Für den Bereich vielfältig genutzter Straßen unterscheidet man vier Arten, den Radverkehr zu führen:

– auf der Fahrbahn (Mischverkehr),
– auf Schutzstreifen,
– auf Radfahrstreifen,
– auf Radwegen.

Zur Verbesserung der Verkehrssicherheit kann auf Innerortsstraßen am rechten Fahrbahnrand ein Schutzstreifen für den Radverkehr markiert werden. Der Schutzstreifen wird durch eine Leitlinie (Zeichen 340) optisch von der Fahrbahn, d.h. vom übrigen Verkehr abgetrennt (Schmalstriche Verhältnis 1:1). Die für den übrigen

3.5.3 Führung des Radverkehrs

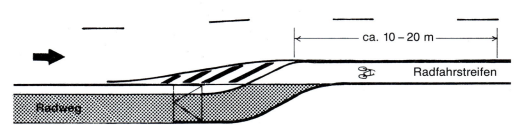

Bild 3.7 Radwegende mit anschließendem kurzem Radfahrstreifen zum gefahrlosen Überleiten des Radverkehrs auf die Fahrbahn
Quelle: HUK-Verband

Verkehr verbleibende Fahrbahn sollte mindestens 5,50 m breit sein. Es ist empfehlenswert, auf dem Schutzstreifen das Sinnbild „Radfahrer" zu markieren. Erforderlichenfalls kann der Streifen für den Radverkehr auch mittels einer durchgehenden Linie (Zeichen 295) von der restlichen Fahrbahn abgetrennt werden.

Nicht jede Straße ist für die Führung von Radverkehr geeignet.

Mit den Zeichen 254 und 259 können Verkehrswege für bestimmte Verkehrsarten (Radverkehr, Fußgänger) gesperrt werden.

Um in solchen Fällen dem Radverkehr anzuzeigen, wo er weitergeführt wird, kann Z 442-10 (*Bild 3.8*) angeordnet werden. Näheres zur Umleitungsbeschilderung siehe Abschnitt 8.4.

Einzelheiten über die Führung des Radverkehrs mit zahlreichen Beispielen finden sich in dem Bericht der BASt „Verkehrssichere Anlage und Gestaltung von Radwegen", Ausgabe 1993; siehe auch „Radverkehrsführung an Haltestellen", BASt, Ausgabe 2000. Erläuterungen mit zahlreichen praktischen Hinweisen haben die FGSV als „Empfehlungen für Radverkehrsanlagen (ERA)", Ausgabe 2010, herausgegeben. Siehe auch bei Zeichen 421 (Abschnitt 8.4.4).

Gemäß § 2 Abs. 4 StVO darf der Radverkehr auch linke Radwege benutzen, wenn sie durch

Zusatzzeichen „Radfahrer frei" in dieser Fahrtrichtung beschildert sind. Eine der Voraussetzungen für die Freigabe linker Radwege für die Gegenrichtung ist eine lichte Breite des Radweges von durchgehend in der Regel 2,40 m, mindestens jedoch 2,00 m. Von dieser Regelung kann nach sorgfältiger Prüfung aller damit verbundenen möglichen Gefahren außerorts bei nur einseitig angelegten Radwegen, innerorts nur in besonderen Ausnahmefällen Gebrauch gemacht werden.

Bewährt hat sich die Roteinfärbung des Belages bei Radfahrerfurten und bei Radwegen in Konfliktbereichen. Wo Radwege in beiden Richtungen befahren werden, empfiehlt es sich, zusätzlich zur Beschilderung das Sinnbild Radfahrer in 2,5-facher Überhöhung mit zwei darunter liegenden, entgegengesetzten Pfeilen als Markierung aufzubringen.

Einbahnstraßen mit Verkehr in der Gegenrichtung siehe Abschnitt 4.4; Radverkehr auf Sonderfahrstreifen für Linienbusse siehe bei Abschnitt 3.5.4.

Wechselt ein Weg, der einer bestimmten Verkehrsart zugewiesen ist (z. B. Radweg, Gehweg), auf die andere Straßenseite über, kann man den Wechsel für die betreffende Verkehrsart durch das entsprechende Zeichen mit z. B. Zz 1000-10 anzeigen. Für die Verkehrsteilnehmer der gekreuzten Straße kann eine Warnung erfolgen (z. B. Zeichen 138 „Radverkehr").

Bild 3.8
Vorwegweiser für bestimmte Verkehrsarten (Z 442-10)

■ **Führung des Radverkehrs an Knotenpunkten**

Über Kreuzungen und Einmündungen hinweg dienen markierte Radwegefurten als Radverkehrsführung. Sie können auch das Linksabbiegen erleichtern. Das Linksabbiegen im Kreuzungsbereich kann durch Abbiegestreifen, aufgeweitete Radaufstellstreifen und Radfahrerschleusen, das Linksabbiegen durch Queren hinter einer Kreuzung/Einmündung kann durch Markierung von Auf-

3.5.3 Führung des Radverkehrs

stellbereichen am Fahrbahnrand bzw. im Seitenraum gesichert werden.

Radwegefurten sind stets an Lichtzeichenanlagen zu markieren (vgl. RMS-1 Abs. 2.4 und Abs. 4.8).

Auch für den Radverkehr entlang bevorrechtigter Straßen, der auf Radwegen, Radfahrstreifen oder gemeinsamen Geh- und Radwegen geführt wird, sollten an Knotenpunkten auf den nicht bevorrechtigten Straßen Radwegefurten angelegt werden, entlang von Vorfahrtstraßen sehen die VwV-StVO das ausdrücklich vor. Auf Radwegefurten muss verzichtet werden, wenn der Radverkehr beim Überqueren der Fahrbahn nicht bevorrechtigt ist, an mehr als 5 m abgesetzten Radwegen im Zuge von Vorfahrtstraßen (Zeichen 306) sowie dort, wo dem Radverkehr durch ein verkleinertes Zeichen 205 eine Wartepflicht auferlegt wird.

Der Radverkehr kann an Lichtzeichenanlagen durch eigene Lichtzeichen geregelt werden. Sind allerdings keine eigenen Lichtzeichen vorhanden, so musste der Radverkehr bis zum 31.8.2012 weiterhin die Lichtzeichen für Fußgänger beachten (siehe § 53 Abs. 6 StVO).

Eigene Abbiegefahrstreifen für den Radverkehr können neben den Abbiegestreifen für den Kraftfahrzeugverkehr mit Fahrstreifenbegrenzung (Zeichen 295) markiert werden. Dies kommt jedoch nur dann in Betracht, wenn zum Einordnen

1. an Kreuzungen und Einmündungen von gekennzeichneten Vorfahrtstraßen nur ein Fahrstreifen zu überqueren ist,
2. an Kreuzungen und Einmündungen mit Lichtzeichenanlage nicht mehr als zwei Fahrstreifen zu überqueren sind oder
3. Radfahrschleusen vorhanden sind.

■ **Fahrradstraße**

Sollen nicht nur einzelne Wege, sondern ganze Straßen für den Fahrradverkehr freigehalten werden, so kann eine Fahrradstraße angeordnet werden.

Zeichen 244.1 kennzeichnet den Beginn, Zeichen 244.2 das Ende einer Fahrradstraße. Sie sollten dort eingerichtet werden, wo der Radverkehr die vorherrschende Verkehrsart ist oder in naher Zukunft zu erwarten ist. Sinnvoll ist das Einrichten von Fahrradstraßen aufgrund einer zusammenhängenden Planung für ein Radverkehrsnetz, wobei erforderlichenfalls für eine entsprechende Lenkung des verdrängten Kraftfahrzeugverkehrs Sorge zu tragen ist.

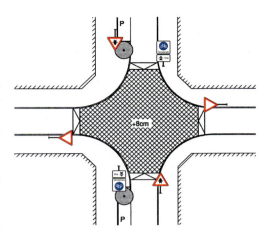

Bild 3.9 Beispiel eines aufgepflasterten Knotenpunktes im Zuge einer Fahrradstraße, als Vorfahrtstraße gekennzeichnet
Quelle: ERA

Beschaffenheit und Zustand der Fahrradstraßen sollten so sein, dass eine Benutzung durch den Radverkehr zumutbar ist. Anderer Fahrzeugverkehr darf nur ausnahmsweise zugelassen werden, wenn dies durch Zusatzzeichen angezeigt wird, z. B. Zeichen 244.1 mit Zz 1020-30 „Anlieger frei".

Es kann sich empfehlen, im Bereich von Einmündungen und Kreuzungen oder in einem angemessenen Abstand das Piktogramm „Fahrrad" mit in beide Fahrtrichtungen weisenden Pfeilen auf der Fahrbahn zu markieren.

Im Zuge einer Fahrradstraße befindliche Knotenpunkte sollten durch geeignete Aufpflasterungen so gestaltet werden, dass in der Fahrradstraße zugelassener oder kreuzender Kraftfahrzeugverkehr nur mit mäßiger Geschwindigkeit fährt (Bild 3.9).

Beginn und Ende einer Fahrradstraße sollten durch bauliche Gestaltungselemente wie Aufpflasterung oder Fahrbahnverengung deutlich gemacht werden.

Liegt der Fahrradbereich innerhalb einer anderen Zone (z. B. Tempo 30-Zone) und gibt die Fahrradstraße durch Zusatz „Fz frei" für den Kraftfahrzeugverkehr frei, so sollte am Ende des Fahrradbereichs erneut Zeichen 274.1 „Beginn einer Tempo 30-Zone" angeordnet werden (siehe Bild 3.10).

■ **Führung des Radverkehrs in Einbahnstraßen**

Die Öffnung der Einbahnstraßen für den Radverkehr in Gegenrichtung hat kein erhöhtes

3.5.3 Führung des Radverkehrs

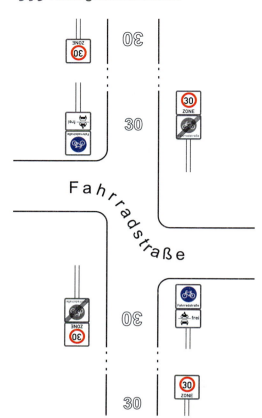

Bild 3.10 Beschilderung einer Fahrradstraße innerhalb einer Tempo 30-Zone

Gefährdungspotential für die Fahrradfahrer gezeigt.

Die Zulassung des Radverkehrs ist je nach Straßentyp in beiden Richtungen der Einbahnstraßen möglich. In Einbahnrichtung wird die Führung des Radverkehrs im Wesentlichen wie auf anderen Straßen auch realisiert. Detailinformationen sind in den „Empfehlungen für Radverkehrsanlagen (ERA)", Ausgabe 2010, zu finden.

Die geeignete Form der Führung des Radverkehrs entgegen der Einbahnrichtung hängt vom Straßentyp und von der Verkehrsbelastung ab:

Hauptverkehrsstraßen
– abgetrennter Radweg oder Radfahrstreifen;

Erschließungsstraßen
– abgetrennter Radweg oder Radfahrstreifen oder auch eine Führung auf der Fahrbahn.

Für Radwege, die in Einbahnstraßen entgegen der Einbahnrichtung geführt werden, gelten keine besonderen Anforderungen. Die Radwege sollen grundsätzlich im Einrichtungsbetrieb gegen die Einbahnrichtung verlaufen und für den Radverkehr rechts der Fahrbahn liegen.

Zweirichtungsradwege oder linksliegende Einrichtungsradwege gegen die Einbahnrichtung sollten vermieden werden.

Radverkehr gegen die Einbahnrichtung kann in geeigneten Einbahnstraßen mit Zusatzzeichen „Zwei gegengerichtete Pfeile mit Radfahrersinnbild" (Zusatzzeichen 1000-32) zu Zeichen 220 und Zusatzzeichen „Radfahrer frei" (Zusatzzeichen 1022-10) zu Zeichen 267 zugelassen werden. Besonders geeignet sind kurze Straßen mit geringem Geschwindigkeitsniveau.

■ **Gemeinsame und getrennte Führung von Fußgängern und Fahrradverkehr**

Die Anwendung kombinierter Rad-/Gehwege kommt vor allem auf Außerortsstraßen und in Randgebieten geschlossener Ortschaften in Frage. Vor der Anordnung eines gemeinsamen Rad- und Gehweges ist sorgfältig zu prüfen, ob dies mit Rücksicht auf ältere Menschen und Kinder bezüglich der Verkehrssicherheit vertretbar ist. Auch muss es mit der Sicherheit und Leichtigkeit des Radverkehrs vereinbar sein und die Beschaffenheit der Verkehrsfläche den Anforderungen des Radverkehrs genügen.

Zeichen 239 mit Zusatzzeichen 1022-10 „Radfahrer frei" lässt den Radfahrern die Wahl, entweder auf dem Gehweg oder der Fahrbahn zu fahren. Auch hierbei ist, ähnlich wie bei einem gemeinsamen Rad- und Gehweg, zu prüfen, ob eine solche Freigabe aus Sicherheitsgründen vertretbar ist.

3.5.3 Führung des Radverkehrs

Zu Abschnitt 3.5.3

StVO
§ 2
Straßenbenutzung
durch Fahrzeuge

(4) Mit Fahrrädern muss einzeln hintereinander gefahren werden; nebeneinander darf nur gefahren werden, wenn dadurch der Verkehr nicht behindert wird. Eine Pflicht, Radwege in der jeweiligen Fahrtrichtung zu benutzen, besteht nur, wenn dies durch Zeichen 237, 240 oder 241 angeordnet ist. Rechte Radwege ohne die Zeichen 237, 240 oder 241 dürfen benutzt werden. Linke Radwege ohne die Zeichen 237, 240 oder 241 dürfen nur benutzt werden, wenn dies durch das allein stehende Zusatzzeichen „Radverkehr frei" angezeigt ist. Wer mit dem Rad fährt, darf ferner rechte Seitenstreifen benutzen, wenn keine Radwege vorhanden sind und zu Fuß Gehende nicht behindert werden. Außerhalb geschlossener Ortschaften darf man mit Mofas Radwege benutzen.

VwV-StVO
zu § 2
Straßenbenutzung
durch Fahrzeuge

Zu Absatz 4 Satz 2

I. Allgemeines

8 1. Benutzungspflichtige Radwege sind mit Zeichen 237 gekennzeichnete baulich angelegte Radwege und Radfahrstreifen, mit Zeichen 240 gekennzeichnete gemeinsame Geh- und Radwege sowie die mit Zeichen 241 gekennzeichneten für den Radverkehr bestimmten Teile von getrennten Rad- und Gehwegen.

9 2. Benutzungspflichtige Radwege dürfen nur angeordnet werden, wenn ausreichende Flächen für den Fußgängerverkehr zur Verfügung stehen. Sie dürfen nur dort angeordnet werden, wo es die Verkehrssicherheit oder der Verkehrsablauf erfordern. Innerorts kann dies insbesondere für Vorfahrtstraßen mit starkem Kraftfahrzeugverkehr gelten.

10 3. Ein Radfahrstreifen ist ein mit Zeichen 237 gekennzeichneter und durch Zeichen 295 von der Fahrbahn abgetrennter Sonderweg. Das Zeichen 295 ist in der Regel in Breitstrich (0,25 m) auszuführen. Zur besseren Erkennbarkeit des Radfahrstreifens kann in seinem Verlauf das Zeichen 237 in regelmäßigen Abständen markiert werden. Werden Radfahrstreifen an Straßen mit starkem Kraftfahrzeugverkehr angelegt, ist ein breiter Radfahrstreifen oder ein zusätzlicher Sicherheitsraum zum fließenden Verkehr erforderlich. Radfahrstreifen sind in Kreisverkehren nicht zulässig.

11 4. Ist ein Radfahrstreifen nicht zu verwirklichen, kann auf der Fahrbahn ein Schutzstreifen angelegt werden. Ist das nicht möglich, ist die Freigabe des Gehweges zur Mitbenutzung durch den Radverkehr in Betracht zu ziehen. Zum Gehweg vgl. zu Zeichen 239.

12 5. Ein Schutzstreifen ist ein durch Zeichen 340 gekennzeichneter und zusätzlich in regelmäßigen Abständen mit dem Sinnbild „Fahrräder" markierter Teil der Fahrbahn. Er kann innerhalb geschlossener Ortschaften auf Straßen mit einer zulässigen Höchstgeschwindigkeit von bis zu 50 km/h markiert werden, wenn die Verkehrszusammensetzung eine Mitbenutzung des Schutzstreifens durch den Kraftfahrzeugverkehr nur in seltenen Fällen erfordert. Er muss so breit sein, dass er einschließlich des Sicherheitsraumes einen hinreichenden Bewegungsraum für den Radfahrer bietet. Der abzüglich Schutzstreifen verbleibende Fahrbahnteil muss so breit sein, dass sich zwei Personenkraftwagen gefahrlos begegnen können. Schutzstreifen sind in Kreisverkehren nicht zulässig. Zum Schutzstreifen vgl. Nummer II zu Zeichen 340; Rn. 2 ff.

13 Hinsichtlich der Gestaltung von Radverkehrsanlagen wird auf die Empfehlungen für Radverkehrsanlagen (ERA) der Forschungsgesellschaft für Straßen- und Verkehrswesen (FGSV) in der jeweils gültigen Fassung hingewiesen.

II. Radwegebenutzungspflicht

14 Ist aus Verkehrssicherheitsgründen die Anordnung der Radwegebenutzungspflicht mit den Z. 237, 240 oder 241 erforderlich, so ist sie, wenn nachfolgende Voraussetzungen erfüllt sind, vorzunehmen.

Voraussetzung für die Kennzeichnung ist, dass

15 1. eine für den Radverkehr bestimmte Verkehrsfläche vorhanden ist oder angelegt werden kann. Das ist der Fall, wenn

a) von der Fahrbahn ein Radweg baulich oder ein Radfahrstreifen mit Z. 295 „Fahrbahnbegrenzung" abgetrennt werden kann oder

b) der Gehweg von dem Radverkehr und dem Fußgängerverkehr getrennt oder gemeinsam benutzt werden kann,

191

3.5.3 Führung des Radverkehrs

VwV-StVO
zu § 2
Straßenbenutzung
durch Fahrzeuge

16 2. die Benutzung des Radweges nach der Beschaffenheit und dem Zustand zumutbar sowie die Linienführung eindeutig, stetig und sicher ist. Das ist der Fall, wenn

17 a) er unter Berücksichtigung der gewünschten Verkehrsbedürfnisse ausreichend breit, befestigt und einschließlich eines Sicherheitsraumes frei von Hindernissen beschaffen ist. Dies bestimmt sich im Allgemeinen unter Berücksichtigung insbesondere der Verkehrssicherheit, der Verkehrsbelastung, der Verkehrsbedeutung, der Verkehrsstruktur, des Verkehrsablaufs, der Flächenverfügbarkeit und der Art und Intensität der Umfeldnutzung. Die lichte Breite (befestigter Verkehrsraum mit Sicherheitsraum) soll in der Regel dabei durchgehend betragen:

18 aa) Zeichen 237
 – baulich angelegter Radweg
    möglichst   2,00 m
    mindestens   1,50 m

19 – Radfahrstreifen (einschließlich Breite des Z. 295)
    möglichst   1,85 m
    mindestens   1,50 m

20 bb) Zeichen 240
 – gemeinsamer Fuß- und Radweg
    innerorts mindestens   2,50 m
    außerorts mindestens   2,00 m

21 cc) Zeichen 241
 – getrennter Fuß- und Radweg für den Radweg
    mindestens   1,50 m

Zur lichten Breite bei der Freigabe linker Radwege für die Gegenrichtung vgl. Nr. II 3 zu § 2 Abs. 4 Satz 3.

22 Ausnahmsweise und nach sorgfältiger Überprüfung kann von den Mindestmaßen dann, wenn es auf Grund der örtlichen oder verkehrlichen Verhältnisse erforderlich und verhältnismäßig ist, an kurzen Abschnitten (z.B. kurze Engstelle) unter Wahrung der Verkehrssicherheit abgewichen werden.

23 Die vorgegebenen Maße für die lichte Breite beziehen sich auf ein einspuriges Fahrrad. Andere Fahrräder (vgl. Definition des Übereinkommens über den Straßenverkehr vom 8.11.1968, BGBl. 1977 II S. 809) wie mehrspurige Lastenfahrräder und Fahrräder mit Anhänger werden davon nicht erfasst. Die Führer anderer Fahrräder sollen in der Regel dann, wenn die Benutzung des Radweges nach den Umständen des Einzelfalles unzumutbar ist, nicht beanstandet werden, wenn sie den Radweg nicht benutzen;

24 b) die Verkehrsfläche nach den allgemeinen Regeln der Baukunst und Technik in einem den Erfordernissen des Radverkehrs genügenden Zustand gebaut und unterhalten wird und

25 c) die Linienführung im Streckenverlauf und die Radwegeführung an Kreuzungen und Einmündungen auch für den Ortsfremden eindeutig erkennbar, im Verlauf stetig und insbesondere an Kreuzungen, Einmündungen und verkehrsreichen Grundstückszufahrten sicher gestaltet sind.

26 Das Abbiegen an Kreuzungen und Einmündungen sowie das Einfahren an verkehrsreichen Grundstückszufahrten ist mit Gefahren verbunden. Auf eine ausreichende Sicht zwischen dem Kraftfahrzeugverkehr und dem Radverkehr ist deshalb besonders zu achten. So ist es notwendig, den Radverkehr bereits rechtzeitig vor der Kreuzung oder Einmündung im Sichtfeld des Kraftfahrzeugverkehrs zu führen und die Radwegeführung an der Kreuzung oder Einmündung darauf abzustimmen. Zur Radwegeführung vgl. zu § 9 Abs. 2 und 3; Rn. 3 ff.

27 3. und bei Radfahrstreifen die Verkehrsbelastung und Verkehrsstruktur auf der Fahrbahn sowie im Umfeld die örtlichen Nutzungsansprüche auch für den ruhenden Verkehr nicht entgegenstehen.

28 III. Über die Kennzeichnung von Radwegen mit den Z. 237, 240 oder 241 entscheidet die Straßenverkehrsbehörde nach Anhörung der Straßenbaubehörde und der Polizei. In die Entscheidung ist, soweit örtlich vorhanden, die flächenhafte Radverkehrsplanung der Gemeinden und Träger der Straßenbaulast einzubeziehen. Auch kann sich empfehlen, zusätzlich Sachkundige aus Kreisen der Radfahrer, der Fußgänger und der Kraftfahrer zu beteiligen.

VwV-StVO
zu § 2
Straßenbenutzung
durch Fahrzeuge

29 IV. Die Straßenverkehrsbehörde, die Straßenbaubehörde sowie die Polizei sind gehalten, bei jeder sich bietenden Gelegenheit die Radverkehrsanlagen auf ihre Zweckmäßigkeit hin zu prüfen und den Zustand der Sonderwege zu überwachen. Erforderlichenfalls sind von der Straßenverkehrsbehörde sowie der Polizei bauliche Maßnahmen bei der Straßenbaubehörde anzuregen. Vgl. Nr. IV 1 zu § 45 Abs. 3; Rn. 56.

VwV-StVO
zu § 9
Abbiegen, Wenden
und Rückwärtsfahren

Zu Absatz 2

3 I. Als Radverkehrsführung über Kreuzungen und Einmündungen hinweg dienen markierte Radwegefurten. Radverkehrsführungen können ferner das Linksabbiegen für den Radverkehr erleichtern. Das Linksabbiegen im Kreuzungsbereich kann durch Abbiegestreifen für den Radverkehr, aufgeweitete Radaufstellstreifen und Radfahrerschleusen gesichert werden. Das Linksabbiegen durch Queren hinter einer Kreuzung/Einmündung kann durch Markierung von Aufstellbereichen am Fahrbahnrand bzw. im Seitenraum gesichert werden.

4 II. Im Fall von Radverkehrsanlagen im Zuge von Vorfahrtstraßen (Zeichen 306) sind Radwegefurten stets zu markieren. Sie dürfen nicht markiert werden an Kreuzungen und Einmündungen mit Vorfahrtregelung „Rechts vor Links", an erheblich (mehr als ca. 5 m) abgesetzten Radwegen im Zuge von Vorfahrtstraßen (Zeichen 306) sowie dort nicht, wo dem Radverkehr durch ein verkleinertes Zeichen 205 eine Wartepflicht auferlegt wird. Die Sätze 1 und 2 gelten sinngemäß, wenn im Zuge einer Vorfahrtstraße ein Gehweg zur Benutzung durch den Radverkehr freigegeben ist.

5 III. Eigene Abbiegefahrstreifen für den Radverkehr können neben den Abbiegestreifen für den Kraftfahrzeugverkehr mit Fahrstreifenbegrenzung (Zeichen 295) markiert werden. Dies kommt jedoch nur dann in Betracht, wenn zum Einordnen

1. an Kreuzungen und Einmündungen von gekennzeichneten Vorfahrtstraßen nur ein Fahrstreifen zu überqueren ist,

2. an Kreuzungen und Einmündungen mit Lichtzeichenanlage nicht mehr als zwei Fahrstreifen zu überqueren sind oder

3. Radfahrschleusen vorhanden sind.

6 IV. Bei aufgeweiteten Radaufstellstreifen wird das Einordnen zum Linksabbiegen in Fortsetzung einer Radverkehrsanlage dadurch ermöglicht, dass für den Kraftfahrzeugverkehr auf der Fahrbahn durch eine zusätzliche vorgelagerte Haltlinie (Zeichen 294) mit räumlichem und verkehrlichem Bezug zur Lichtzeichenanlage das Haltgebot angeordnet wird.

7 V. Bei Radfahrschleusen wird das Einordnen zum Linksabbiegen in Fortsetzung einer Radverkehrsanlage dadurch ermöglicht, dass dem Hauptlichtzeichen in ausreichendem Abstand vorher ein weiteres Lichtzeichen vorgeschaltet wird.

Zu Absatz 3

8 I. Der Radverkehr fährt nicht mehr neben der Fahrbahn, wenn ein Radweg erheblich (ca. 5 m) von der Straße abgesetzt ist. Können Zweifel aufkommen oder ist der abgesetzte Radweg nicht eindeutig erkennbar, so ist die Vorfahrt durch Verkehrszeichen zu regeln.

9 II. Über Straßenbahnen neben der Fahrbahn vgl. Nummer VI zu Zeichen 201; Rn. 11 bis 13.

VwV-StVO
zu § 31
Sport und Spiel

Zu Absatz 2

2 I. Die Anordnung des Zusatzzeichens mit dem Sinnbild eines Inline-Skaters und dem Wortzusatz „frei" kommt vor allem an Aufkommensschwerpunkten des Inline-Skatens/Rollschuhfahrens in Betracht, wenn die Beschaffenheit (Belag und Breite) der Fußgängerverkehrsanlage für diese besonderen Fortbewegungsmittel (vgl. § 24) geeignet ist. Soll ein nicht benutzungspflichtiger Radweg für das Fahren mit Inline-Skates/Rollschuhen freigegeben werden, kann das Zusatzzeichen allein ohne ein entsprechendes „Hauptverkehrszeichen" angeordnet werden.

3 II. Radwege müssen ausreichend breit sein, um auch in Stunden der Spitzenbelastung ein gefahrloses Miteinander von Radfahrern und Inline-Skatern/Rollschuhfahrern zu gewährleisten.

4 III. Auf Fahrbahnen und Fahrradstraßen darf der Kraftfahrzeugverkehr nur gering sein (z.B. nur Anliegerverkehr). Die zugelassene Höchstgeschwindigkeit darf nicht mehr als 30 km/h betragen.

3.5.3 Führung des Radverkehrs

VwV-StVO
zu § 41
Vorschriftzeichen

Zu den Zeichen 237, 240 und 241 Radweg, gemeinsamer und getrennter Geh- und Radweg

1   I. Zur Radwegebenutzungspflicht vgl. zu § 2 Abs. 4 Satz 2; Rn. 8 ff.

2   II. Zur Radverkehrsführung vgl. zu § 9 Abs. 2, Rn. 3 ff.

3   III. Wo das Ende eines Sonderweges zweifelsfrei erkennbar ist, bedarf es keiner Kennzeichnung. Ansonsten ist das Zeichen mit dem Zusatzzeichen „Ende" anzuordnen.

4   IV. Die Zeichen können abweichend von Nummer III. 3 zu den §§ 39 bis 43; Rn. 12 ff. bei baulich angelegten Radwegen immer, bei Radfahrstreifen in besonders gelagerten Fällen, in der Größe 1 aufgestellt werden.

Zu Zeichen 237 Radweg

1   Zur Radwegebenutzungspflicht und zum Begriff des Radweges vgl. zu § 2 Abs. 4 Satz 2; Rn. 8 ff.

…

Zu Zeichen 240 Gemeinsamer Geh- und Radweg

1   I. Die Anordnung dieses Zeichens kommt nur in Betracht, wenn dies unter Berücksichtigung der Belange der Fußgänger vertretbar und mit der Sicherheit und Leichtigkeit des Radverkehrs vereinbar ist und die Beschaffenheit der Verkehrsfläche den Anforderungen des Radverkehrs genügt.

2   II. An Lichtzeichenanlagen reicht im Regelfall eine gemeinsame Furt für Fußgänger und Radverkehr aus.

Zu Zeichen 241 Getrennter Rad- und Gehweg

1   I. Die Anordnung dieses Zeichens kommt nur in Betracht, wenn die Belange der Fußgänger ausreichend berücksichtigt sind und die Zuordnung der Verkehrsflächen zweifelsfrei erfolgen kann. Zur Radwegebenutzungspflicht vgl. zu § 2 Abs. 4 Satz 2; Rn. 8 ff.

2   II. An Lichtzeichenanlagen ist in der Regel auch eine Führung der Fußgänger durch eine Fußgängerfurt (vgl. Nummer III. zu § 25 Abs. 3; Rn. 3 und 5) erforderlich. Zur Lichtzeichenregelung vgl. zu § 37 Abs. 2 Nr. 5 und 6; Rn. 42 ff.

…

Zu Zeichen 244.1 und 244.2 Beginn und Ende einer Fahrradstraße

1   I. Fahrradstraßen kommen dann in Betracht, wenn der Radverkehr die vorherrschende Verkehrsart ist oder dies alsbald zu erwarten ist.

2   II. Anderer Fahrzeugverkehr als der Radverkehr darf nur ausnahmsweise durch die Anordnung entsprechender Zusatzzeichen zugelassen werden (z. B. Anliegerverkehr). Daher müssen vor der Anordnung die Bedürfnisse des Kraftfahrzeugverkehrs ausreichend berücksichtigt werden (alternative Verkehrsführung).

VwV-StVO
zu § 42
Richtzeichen

Zu Zeichen 442 Vorwegweiser für bestimmte Verkehrsarten

1   Das Zeichen 442 kann mit Entfernungsangabe auf einem Zusatzzeichen auch den Beginn einer Umleitung kennzeichnen.

3.5.4 Bussonderfahrstreifen

StVO Anlage 2 Vorschriftzeichen (zu § 41 Absatz 1)
Abschnitt 5 Sonderwege

25	Zeichen 245	Ge- oder Verbot
	Bussonderfahrstreifen	1. Anderer Fahrverkehr als Omnibusse des Linienverkehrs sowie nach dem Personenbeförderungsrecht mit dem Schulbus-Schild zu kennzeichnende Fahrzeuge des Schüler- und Behindertenverkehrs dürfen Bussonderfahrstreifen nicht benutzen. 2. Mit Krankenfahrzeugen, Taxen, Fahrrädern und Bussen im Gelegenheitsverkehr darf der Sonderfahrstreifen nur benutzt werden, wenn dies durch Zusatzzeichen angezeigt ist. 3. Taxen dürfen an Bushaltestellen (Zeichen 224) zum sofortigen Ein- und Aussteigen von Fahrgästen halten.

Zeichen 245 ist dort anzubringen, wo markierte Fahrstreifen den Omnibussen des öffentlichen Verkehrs sowie des Schüler- und Behindertenverkehrs vorbehalten sind. Alle anderen Verkehrsteilnehmer dürfen die so gekennzeichneten Sonderfahrstreifen nicht benutzen.

Solche Bussonderfahrstreifen können rechts, in Einbahnstraßen rechts oder links, in Mittellage oder im Gleisraum von Straßenbahnen sowie auf baulich deutlich abgegrenzten Straßenteilen auch entgegen der Fahrtrichtung angelegt werden. Zur besseren Kennzeichnung kann die Markierung „BUS" auf der Fahrbahn aufgebracht werden. Bussonderfahrstreifen sind in der Regel gerechtfertigt bei mindestens 20 Omnibussen des Linienverkehrs pro Spitzenstunde.

Durch ein entsprechendes Zz (z. B. 1026-30 „Taxi frei") kann der Fahrstreifen für Krankenfahrzeuge, Taxen, Fahrräder und Busse im Gelegenheitsverkehr zur Mitbenutzung freigegeben werden.

Eine solche Mitbenutzung soll grundsätzlich zugelassen werden, jedoch muss sichergestellt sein, dass dadurch der Linienverkehr nicht gestört wird; Störungen sind vor allem dann möglich, wenn für die Linienomnibusse eine besondere Lichtzeichenregelung durch Signalanlagen vorhanden ist.

Der Radverkehr kann, falls ein gesonderter Radweg oder Radfahrstreifen nicht realisierbar ist, im Benehmen mit dem betroffenen Verkehrsbetrieb auf dem Sonderfahrstreifen zugelassen werden. Ist das wegen besonderer Bedürfnisse des Linienverkehrs nicht möglich und müsste der Radverkehr zwischen dem Linienbus- und dem Individualverkehr ohne Radfahrstreifen fahren, ist von der Anordnung des Zeichens abzusehen.

Die Mitbenutzung durch den Radverkehr wird durch Anbringung des Zusatzzeichens 1022-10 „Radfahrer frei" unter dem Zeichen 245 signalisiert. Ist Radverkehr zugelassen, dürfen keine besonderen Lichtzeichen für Linienomnibusse gegeben werden, es sei denn, für den Radfahrer sind eigene Lichtsignalanlagen eingerichtet worden.

Liegen Bussonderfahrstreifen im Gleisraum von Schienenbahnen, darf eine Mitbenutzung durch Taxen nicht zugelassen werden. Siehe auch „Richtlinien für die Markierung von Straßen Teil 2 (RMS-2)" Abschnitt 3.2.1.

Die Abtrennung des Sonderfahrstreifens soll durch eine Fahrstreifenbegrenzung (Zeichen 295), die in der Regel als Breitstrich auszuführen ist, erfolgen. Zeitlich beschränkt angeordnete Busspuren sind durch eine unterbrochene Linie (Leitlinie Zeichen 340) von der übrigen Fahrbahn abzutrennen.

Dort, wo bei der meist rechts am Fahrbahnrand gelegenen Busspur während verkehrsschwacher Zeiten Ladevorgänge erlaubt werden sollen, kann dies durch ein Zusatzzeichen, z. B. „Be- und Entladen 9 – 16 h erlaubt", signalisiert werden.

3.5.4 Bussonderfahrstreifen

Zu Abschnitt 3.5.4

VwV-StVO
zu § 41
Vorschriftzeichen

Zu Zeichen 245 Bussonderfahrstreifen

1 Durch das Zeichen werden markierte Sonderfahrstreifen den Omnibussen des Linienverkehrs sowie des Schüler- und Behindertenverkehrs vorbehalten.

2 I. Der Sonderfahrstreifen soll im Interesse der Sicherheit oder Ordnung des Verkehrs Störungen des Linienverkehrs vermeiden und einen geordneten und zügigen Betriebsablauf ermöglichen. Er ist damit geeignet, den öffentlichen Personenverkehr gegenüber dem Individualverkehr zu fördern (vgl. Nummer I 2 letzter Satz zu den §§ 39 bis 43; Rn. 5).

3 II. 1. Die Anordnung von Sonderfahrstreifen kommt dann in Betracht, wenn die vorhandene Fahrbahnbreite ein ausgewogenes Verhältnis im Verkehrsablauf des öffentlichen Personenverkehrs und des Individualverkehrs unter Berücksichtigung der Zahl der beförderten Personen nicht mehr zulässt. Auch bei kurzen Straßenabschnitten (z.B. vor Verkehrsknotenpunkten) kann die Anordnung von Sonderfahrstreifen gerechtfertigt sein. Die Anordnung von Sonderfahrstreifen kann sich auch dann anbieten, wenn eine Entflechtung des öffentlichen Personenverkehrs und des Individualverkehrs von Vorteil ist oder zumindest der Verkehrsablauf des öffentlichen Personennahverkehrs verbessert werden kann.

4 2. Vor der Anordnung des Zeichens ist stets zu prüfen, ob nicht durch andere verkehrsregelnde Maßnahmen (z.B. durch Zeichen 220, 253, 283, 301, 306, 421) eine ausreichende Verbesserung des Verkehrsflusses oder eine Verlagerung des Verkehrs erreicht werden kann.

5 3. Sonderfahrstreifen dürfen in Randlage rechts, in Einbahnstraßen rechts oder links, in Mittellage allein oder im Gleisraum von Straßenbahnen sowie auf baulich abgegrenzten Straßenteilen auch entgegengesetzt der Fahrtrichtung angeordnet werden.

6 4. Die Sicherheit des Radverkehrs ist zu gewährleisten. Kann der Radverkehr nicht auf einem gesonderten Radweg oder Radfahrstreifen geführt werden, sollte er im Benehmen mit den Verkehrsunternehmen auf dem Sonderfahrstreifen zugelassen werden. Ist das wegen besonderer Bedürfnisse des Linienverkehrs nicht möglich und müsste der Radverkehr zwischen Linienbus- und dem Individualverkehr ohne Radfahrstreifen fahren, ist von der Anordnung des Zeichens abzusehen.

7 5. Wird der Radverkehr ausnahmsweise zugelassen, dürfen auf dem Sonderfahrstreifen keine besonderen Lichtzeichen (§ 37 Abs. 2 Satz 3 Nr. 4 Satz 2, 2. Halbsatz) gezeigt werden, es sei denn, für den Radverkehr werden eigene Lichtzeichen angeordnet.

8 6. Taxen sollen grundsätzlich auf Sonderfahrstreifen zugelassen werden, wenn dadurch der Linienverkehr nicht wesentlich gestört wird. Dies gilt nicht für Sonderfahrstreifen im Gleisraum von Schienenbahnen.

9 7. Gegenseitige Behinderungen, die durch stark benutzte Zu- und Abfahrten (z.B. bei Parkhäusern, Tankstellen) hervorgerufen werden, sind durch geeignete Maßnahmen, wie Verlegung der Zu- und Abfahrten in Nebenstraßen, auf ein Mindestmaß zu beschränken.

10 8. Sonderfahrstreifen ohne zeitliche Beschränkung in Randlage dürfen nur dort angeordnet werden, wo kein Anliegerverkehr vorhanden ist und das Be- und Entladen, z.B. in besonderen Ladestraßen oder Innenhöfen, erfolgen kann. Sind diese Voraussetzungen nicht gegeben, sind für die Sonderfahrstreifen zeitliche Beschränkungen vorzusehen.

11 9. Zur Befriedigung des Kurzparkbedürfnisses während der Geltungsdauer der Sonderfahrstreifen sollte die Parkzeit in nahegelegene Nebenstraßen beschränkt werden.

12 10. Sonderfahrstreifen im Gleisraum von Straßenbahnen dürfen nur im Einvernehmen mit der Technischen Aufsichtsbehörde nach § 58 Abs. 3 der Straßenbahn-, Bau- und Betriebsordnung angeordnet werden.

13 11. Die Zeichen sind auf die Zeiten zu beschränken, in denen Linienbusverkehr stattfindet. Dies gilt nicht, wenn sich der Sonderfahrstreifen in Mittellage befindet und baulich oder durch Zeichen 295 von dem Individualverkehr abgegrenzt ist. Dann soll auf eine zeitliche Beschränkung verzichtet werden. Die Geltungsdauer zeitlich beschränkter Sonderfahrstreifen sollte innerhalb des Betriebsnetzes einheitlich angeordnet werden.

3.5.4 Bussonderfahrstreifen

VwV-StVO
zu § 41
Vorschriftzeichen

14 12. Die Anordnung von Sonderfahrstreifen soll in der Regel nur dann erfolgen, wenn mindestens 20 Omnibusse des Linienverkehrs pro Stunde der stärksten Verkehrsbelastung verkehren.

15 III. 1. Zur Aufstellung vgl. Nummer III 8 zu §§ 39 bis 43. Das Zeichen ist an jeder Kreuzung und Einmündung zu wiederholen. Zur Verdeutlichung kann die Markierung „BUS" auf der Fahrbahn aufgetragen werden.

16 2. Ist das Zeichen zeitlich beschränkt, ist der Sonderfahrstreifen durch eine Leitlinie (Zeichen 340) ansonsten grundsätzlich durch eine Fahrstreifenbegrenzung (Zeichen 295) zu markieren. Auch Sonderfahrstreifen ohne zeitliche Beschränkung sind dort mit Zeichen 340 zu markieren, wo ein Überqueren zugelassen werden muss (z. B. aus Grundstücksein- und -ausfahrten). Die Ausführung der Markierungen richtet sich nach den Richtlinien für die Markierung von Straßen (RMS).

17 3. Sonderfahrstreifen in Einbahnstraßen entgegen der Fahrtrichtung, die gegen die Fahrbahn des entgegengerichteten Verkehrs baulich abzugrenzen sind, sollen auch am Beginn der Einbahnstraße durch das Zeichen kenntlich gemacht werden. Es kann sich empfehlen, dem allgemeinen Verkehr die Führung des Busverkehrs anzuzeigen.

18 4. Kann durch eine Markierung eine Erleichterung des Linienverkehrs erreicht werden (Fahrstreifen in Mittellage, im Gleisraum von Straßenbahnen oder auf baulich abgesetzten Straßenteilen), empfiehlt es sich, auf das Zeichen zu verzichten. Die Voraussetzungen für die Einrichtung eines Sonderfahrstreifens gelten entsprechend.

19 5. Die Flüssigkeit des Verkehrs auf Sonderfahrstreifen an Kreuzungen und Einmündungen kann durch Abbiegeverbote für den Individualverkehr (z. B. Zeichen 209 bis 214) verbessert werden. Notfalls sind besondere Lichtzeichen (§ 37 Abs. 2 Nr. 4) anzuordnen. Die Einrichtung von Busschleusen oder die Vorgabe bedarfsgerechter Vor- und Nachlaufzeiten an Lichtzeichenanlagen wird empfohlen.

20 6. Ist die Kennzeichnung des Endes eines Sonderfahrstreifens erforderlich, ist das Zeichen mit dem Zusatzzeichen „Ende" anzuordnen.

21 IV. Die Funktionsfähigkeit der Sonderfahrstreifen hängt weitergehend von ihrer völligen Freihaltung vom Individualverkehr ab.

3.5.5 Sonstige Wege

StVO Anlage 2 Vorschriftzeichen (zu § 41 Absatz 1)
Abschnitt 5 Sonderwege

17	Zeichen 238	Ge- oder Verbot
	 Reitweg	1. Wer reitet, darf nicht die Fahrbahn, sondern muss den Reitweg benutzen. Dies gilt auch für das Führen von Pferden (Reitwegbenutzungspflicht). 2. Anderer Verkehr darf ihn nicht benutzen. 3. Ist durch Zusatzzeichen die Benutzung eines Reitwegs für eine andere Verkehrsart erlaubt, muss diese auf den Reitverkehr Rücksicht nehmen und der Fahrzeugverkehr muss erforderlichenfalls die Geschwindigkeit an den Reitverkehr anpassen.

Zeichen 238 ist dort anzuordnen, wo einzelne Straßen und Wege oder Teile davon der ausschließlichen Nutzung für Reiter zugeordnet werden sollen. Für alle anderen Verkehrsarten bedeutet dieses Bild ein Verkehrsverbot. Das Zeichen ist allerdings nur notwendig, wenn durch die Ausgestaltung des Weges nicht zweifelsfrei dessen Bestimmung erkennbar ist.

Anders herum können Wege auch für Reiter verboten werden (Z 258 „Verbot für Reiter"). Dieses Zeichen wird in der StVO nicht behandelt, sondern ist nur im Katalog der Verkehrszeichen aufgelistet.

Zu Abschnitt 3.5.5

VwV-StVO
zu § 41
Vorschriftzeichen

Zu Zeichen 238 Reitweg

1 Der Klarstellung durch das Zeichen bedarf es nur dort, wo die Zweckbestimmung eines Straßenteils als Reitweg sich nicht aus dessen Ausgestaltung ergibt.

3.6 Halten und Parken

3.6.1 Allgemeines

Wer aus Gründen anhält, die nicht mit dem Verkehrsfluss zusammenhängen, der hält. Wer darüber hinaus sein Fahrzeug verlässt oder länger als drei Minuten hält, also sein Fahrzeug abstellt, der parkt (§ 12 Abs. 2 StVO).

Grundsätzlich ist Halten und Parken überall am rechten Fahrbahnrand erlaubt, solange der übrige Verkehr nicht „geschädigt, gefährdet oder mehr, als nach den Umständen unvermeidbar, behindert oder belästigt wird" (§ 1 Abs. 2, § 12 Abs. 4 StVO).

Probleme treten vor allem auf

– bei beengten Platzverhältnissen, wenn haltende oder parkende Fahrzeuge den fließenden Verkehr behindern oder die erforderliche Sicht einschränken oder wenn haltende oder parkende Fahrzeuge wegen eingeschränkter Sichtverhältnisse nicht rechtzeitig wahrgenommen werden können;

– bei schnellem oder bevorrechtigtem Verkehr, wenn Konflikte zwischen dem Verkehr und anhaltenden oder anfahrenden Fahrzeugen zu erwarten sind;

– bei großem „Parkdruck", wenn sehr viele Fahrzeuge geparkt werden sollen und der vorhandene Raum nicht ausreicht.

Die StVO regelt das Halten und Parken daher zunächst allgemein (§ 12 StVO) und stellt darüber hinaus auch verschiedene Verkehrszeichen bereit, mit denen das Halten und Parken abgestimmt auf die jeweilige Situation geregelt werden kann (siehe Abschnitt 3.6.2). Die allgemeinen Regeln erlauben, in diesen für die Verkehrsteilnehmer in der Regel auch leicht erkennbaren Situationen auf spezielle Halt- und Parkverbotsbeschilderung zu verzichten. Im Hinblick auf die Vorgabe, Verkehrszeichen nicht anzuordnen, wenn sie nur allgemeine Regelungen wiedergeben, sollte das von den anordnenden Behörden auch bedacht werden (siehe Abschnitt 2.4.2).

Die begriffliche Unterscheidung zwischen Halten und Parken erleichtert differenzierte Regelungen je nach Situation. Nur wenn schon ein kurzzeitig haltendes Fahrzeug zu Problemen führt, so ist das Halten zu verbieten. Wenn nur ein längeres Anhalten zu Problemen führt, so ist nur das Parken zu verbieten. An Stellen, an denen aus sachlichen Erwägungen nur ein Parkverbot angebracht wäre, nur deshalb ein Haltverbot anzuordnen, um eine größere Erkennbarkeit zu erreichen oder im Übertretungsfall ein höheres Verwarnungs- oder Bußgeld festsetzen zu können, ist nicht angemessen.

Allgemein konkretisiert die StVO beim Halten und Parken das allgemeine Rücksichtgebot wie folgt:

Das **Halten** ist insbesondere verboten

– wegen beengter Platz- oder eingeschränkter Sichtverhältnisse
  – an engen und unübersichtlichen Straßenstellen (§ 12 Abs. 1 Nr. 1 StVO),
  – im Bereich von scharfen Kurven (§ 12 Abs. 1 Nr. 2 StVO),
  – 10 m vor den Verkehrszeichen „Vorfahrt gewähren" oder „Halt. Vorfahrt gewähren", wenn diese dadurch verdeckt werden (Anl. 2 lfd. Nr. 2 und 3 i.V.m. § 41 Abs. 1 StVO),
  – auf und bis zu 5 m vor Fußgängerüberwegen (Anl. 2 lfd. Nr. 66 i.V.m. § 41 Abs. 1 StVO),
  – links von Fahrbahnbegrenzungslinien, neben denen rechts Fahrzeuge fahren können (Anl. 2 lfd. Nr. 68 i.V.m. § 41 Abs. 1 StVO).

– wegen möglicher Konflikte mit anderem Verkehr
  – auf Einfädelungsstreifen und auf Ausfädelungsstreifen (§ 12 Abs. 1 Nr. 3 StVO),
  – auf Autobahnen und Kraftfahrstraßen (§ 18 Abs. 8 StVO),
  – auf mit Pfeilen markierten Fahrstreifen (Anl. 2 lfd. Nr. 70 i.V.m. § 41 Abs. 1 StVO),
  – auf Bussonderfahrstreifen (Anl. 2 lfd. Nr. 25 i.V.m. § 41 Abs. 1 StVO),
  – auf Bahnübergängen (§ 12 Abs. 1 Nr. 4 StVO),
  – in verkehrsberuhigten Bereichen (außer zum Ein- und Aussteigen oder zum Be- und Entladen oder in zum Parken gekennzeichneten Bereichen; Anl. 3 lfd. Nr. 12 i.V.m. § 42 Abs. 2 StVO).

Feuerwehrzufahrt

Feuerwehrzufahrt

Bild 3.11 Beispiel für eine amtliche Kennzeichnung einer Feuerwehrzufahrt

3.6.1 Allgemeines

- aus sonstigen Gründen
  - vor und in amtlich gekennzeichneten Feuerwehrzufahrten (*Bild 3.11*) (§ 12 Abs. 1 Nr. 5 StVO).

Das **Parken** ist insbesondere verboten

- wegen beengter Platz- oder eingeschränkter Sichtverhältnisse
  - vor und hinter Kreuzungen und Einmündungen bis zu je 5 m von den Schnittpunkten der Fahrbahnkanten (§ 12 Abs. 3 Nr. 1 StVO),
  - vor und hinter Andreaskreuzen (5 m innerhalb, 50 m außerhalb geschlossener Ortschaften; Anl. 2 lfd. Nr. 1 i.V.m. § 41 Abs. 1 StVO),
  - auf schmalen Fahrbahnen gegenüber von Grundstücksein- und -ausfahrten (§ 12 Abs. 3 Nr. 3 StVO).
- wegen möglicher Konflikte mit anderem Verkehr
  - auf Vorfahrtstraßen außerhalb geschlossener Ortschaften (Anl. 3 lfd. Nr. 2 i.V.m. § 42 Abs. 2 StVO),

- rechts von (auch einseitigen) Fahrstreifenbegrenzungslinien, wenn zwischen dem abgestellten Fahrzeug und der Linie weniger als 3 m verbleiben (Anl. 2 lfd. Nr. 68 und 69 i.V.m. § 41 Abs. 1 StVO),
  - vor Grundstücksein- und ausfahrten (§ 12 Abs. 3 Nr. 3 StVO) und vor Bordsteinabsenkungen (§ 12 Abs. 3 Nr. 5 StVO).
- aus sonstigen Gründen
  - wenn es die Benutzung gekennzeichneter Parkflächen verhindert (§ 12 Abs. 3 Nr. 2 StVO),
  - über Schachtdeckeln und anderen Verschlüssen, wenn ausnahmsweise das Parken auf dem Gehweg erlaubt ist (§ 12 Abs. 3 Nr. 4 StVO).

Außerdem ist das Parken von schweren Fahrzeugen oder entsprechenden Anhängern in sensiblen Bereichen (Wohngebieten, Kliniken, Erholungsbereichen) in der Nacht und am Wochenende verboten (§ 12 Abs. 3a StVO).

Zu Abschnitt 3.6.1

StVO
§ 12
Halten und Parken

(1) Das Halten ist unzulässig

1. an engen und an unübersichtlichen Straßenstellen,
2. im Bereich von scharfen Kurven,
3. auf Einfädelungs- und auf Ausfädelungsstreifen,
4. auf Bahnübergängen,
5. vor und in amtlich gekennzeichneten Feuerwehrzufahrten.

(2) Wer sein Fahrzeug verlässt oder länger als drei Minuten hält, der parkt.

(3) Das Parken ist unzulässig

1. vor und hinter Kreuzungen und Einmündungen bis zu je 5 m von den Schnittpunkten der Fahrbahnkanten,
2. wenn es die Benutzung gekennzeichneter Parkflächen verhindert,
3. vor Grundstücksein- und -ausfahrten, auf schmalen Fahrbahnen auch ihnen gegenüber,
4. über Schachtdeckeln und anderen Verschlüssen, wo durch Zeichen 315 oder eine Parkflächenmarkierung (Anlage 2 Nummer 74) das Parken auf Gehwegen erlaubt ist,
5. vor Bordsteinabsenkungen.

(3a) Mit Kraftfahrzeugen mit einer zulässigen Gesamtmasse über 7,5 t sowie mit Kraftfahrzeuganhängern über 2 t zulässiger Gesamtmasse ist innerhalb geschlossener Ortschaften

1. in reinen und allgemeinen Wohngebieten,
2. in Sondergebieten, die der Erholung dienen,
3. in Kurgebieten und
4. in Klinikgebieten

das regelmäßige Parken in der Zeit von 22.00 bis 06.00 Uhr sowie an Sonn- und Feiertagen unzulässig. Das gilt nicht auf entsprechend gekennzeichneten Parkplätzen sowie für das Parken von Linienomnibussen an Endhaltestellen.

(3b) Mit Kraftfahrzeuganhängern ohne Zugfahrzeug darf nicht länger als zwei Wochen geparkt werden. Das gilt nicht auf entsprechend gekennzeichneten Parkplätzen.

(4) Zum Parken ist der rechte Seitenstreifen, dazu gehören auch entlang der Fahrbahn angelegte Parkstreifen, zu benutzen, wenn er dazu ausreichend befestigt ist, sonst ist an den rechten Fahrbahnrand heranzufahren. Das gilt in der Regel auch, wenn man nur

3.6.1 Allgemeines

StVO
§ 12
Halten und Parken

halten will; jedenfalls muss man auch dazu auf der rechten Fahrbahnseite rechts bleiben. Taxen dürfen, wenn die Verkehrslage es zulässt, neben anderen Fahrzeugen, die auf dem Seitenstreifen oder am rechten Fahrbahnrand halten oder parken, Fahrgäste ein- oder aussteigen lassen. Soweit auf der rechten Seite Schienen liegen sowie in Einbahnstraßen (Zeichen 220) darf links gehalten und geparkt werden. Im Fahrraum von Schienenfahrzeugen darf nicht gehalten werden.

(4a) Ist das Parken auf dem Gehweg erlaubt, ist hierzu nur der rechte Gehweg, in Einbahnstraßen der rechte oder linke Gehweg zu benutzen.

(5) An einer Parklücke hat Vorrang, wer sie zuerst unmittelbar erreicht; der Vorrang bleibt erhalten, wenn der Berechtigte an der Parklücke vorbeifährt, um rückwärts einzuparken oder wenn sonst zusätzliche Fahrbewegungen ausgeführt werden, um in die Parklücke einzufahren. Satz 1 gilt entsprechend, wenn an einer frei werdenden Parklücke gewartet wird.

(6) Es ist platzsparend zu parken; das gilt in der Regel auch für das Halten.

VwV-StVO
zu § 12
Halten und Parken

Zu Absatz 1

1 Halten ist eine gewollte Fahrtunterbrechung, die nicht durch die Verkehrslage oder eine Anordnung veranlasst ist.

StVO
§ 45
Verkehrszeichen
und Verkehrs-
einrichtungen

(1b) Die Straßenverkehrsbehörden treffen auch die notwendigen Anordnungen

1. im Zusammenhang mit der Einrichtung von gebührenpflichtigen Parkplätzen für Großveranstaltungen,
2. im Zusammenhang mit der Kennzeichnung von Parkmöglichkeiten für schwerbehinderte Menschen mit außergewöhnlicher Gehbehinderung, beidseitiger Amelie oder Phokomelie oder mit vergleichbaren Funktionseinschränkungen sowie für blinde Menschen,
2a. im Zusammenhang mit der Kennzeichnung von Parkmöglichkeiten für Bewohner städtischer Quartiere mit erheblichem Parkraummangel durch vollständige oder zeitlich beschränkte Reservierung des Parkraums für die Berechtigten oder durch Anordnung der Freistellung von angeordneten Parkraumbewirtschaftungsmaßnahmen,
3. zur Kennzeichnung von Fußgängerbereichen und verkehrsberuhigten Bereichen,
4. zur Erhaltung der Sicherheit oder Ordnung in diesen Bereichen sowie
5. zum Schutz der Bevölkerung vor Lärm und Abgasen oder zur Unterstützung einer geordneten städtebaulichen Entwicklung.

Die Straßenverkehrsbehörden ordnen die Parkmöglichkeiten für Bewohner, die Kennzeichnung von Fußgängerbereichen, verkehrsberuhigten Bereichen und Maßnahmen zum Schutze der Bevölkerung vor Lärm und Abgasen oder zur Unterstützung einer geordneten städtebaulichen Entwicklung im Einvernehmen mit der Gemeinde an.

3.6.2 Verfügbare Zeichen

StVO Anlage 2 Vorschriftzeichen (zu § 41 Absatz 1) Abschnitt 8 Halt- und Parkverbote		
62	**Zeichen 283** **Absolutes Haltverbot**	**Ge- oder Verbot** Das Halten auf der Fahrbahn ist verboten.
62.1		**Ge- oder Verbot** Das mit dem Zeichen 283 angeordnete Zusatzzeichen verbietet das Halten von Fahrzeugen auch auf dem Seitenstreifen.
62.2	**auf dem Seitenstreifen**	**Ge- oder Verbot** Das mit dem Zeichen 283 angeordnete Zusatzzeichen verbietet das Halten von Fahrzeugen nur auf dem Seitenstreifen.
63	**Zeichen 286** **Eingeschränktes Haltverbot**	**Ge- oder Verbot** 1. Wer ein Fahrzeug führt, darf nicht länger als drei Minuten auf der Fahrbahn halten, ausgenommen zum Ein- oder Aussteigen oder zum Be- oder Entladen. 2. Ladegeschäfte müssen ohne Verzögerung durchgeführt werden.
63.1		**Ge- oder Verbot** Mit dem Zusatzzeichen zu Zeichen 286 darf auch auf dem Seitenstreifen nicht länger als drei Minuten gehalten werden, ausgenommen zum Ein- oder Aussteigen oder zum Be- oder Entladen.
63.2	**auf dem Seitenstreifen**	**Ge- oder Verbot** Mit dem Zusatzzeichen zu Zeichen 286 darf nur auf dem Seitenstreifen nicht länger als drei Minuten gehalten werden, ausgenommen zum Ein- oder Aussteigen oder zum Be- oder Entladen.

StVO Anlage 2 Vorschriftzeichen (zu § 41 Absatz 1)
Abschnitt 8 Halt- und Parkverbote

63.3		**Ge- oder Verbot** 1. Das Zusatzzeichen zu Zeichen 286 nimmt schwerbehinderte Menschen mit außergewöhnlicher Gehbehinderung, beidseitiger Amelie oder Phokomelie oder mit vergleichbaren Funktionseinschränkungen sowie blinde Menschen, jeweils mit besonderem Parkausweis Nummer …, vom Haltverbot aus. 2. Die Ausnahme gilt nur, soweit der Parkausweis gut lesbar ausgelegt oder angebracht ist.
63.4		**Ge- oder Verbot** 1. Das Zusatzzeichen zu Zeichen 286 nimmt Bewohner mit besonderem Parkausweis vom Haltverbot aus. 2. Die Ausnahme gilt nur, soweit der Parkausweis gut lesbar ausgelegt oder angebracht ist.

Abschnitt 4 Seitenstreifen als Fahrstreifen, Haltestellen und Taxenstände

15	**Zeichen 229**  **Taxenstand**	**Ge- oder Verbot** Wer ein Fahrzeug führt, darf an Taxenständen nicht halten, ausgenommen sind für die Fahrgastbeförderung bereitgehaltene Taxen. **Erläuterung** Die Länge des Taxenstandes wird durch die Angabe der Zahl der vorgesehenen Taxen oder das am Anfang der Strecke aufgestellte Zeichen mit einem zur Fahrbahn weisenden waagerechten weißen Pfeil und durch ein am Ende aufgestelltes Zeichen mit einem solchen von der Fahrbahn wegweisenden Pfeil oder durch eine Grenzmarkierung für Halt- und Parkverbote (Zeichen 299) gekennzeichnet.

Abschnitt 8 Halt- und Parkverbote

64	**Zeichen 290.1**  **Beginn eines eingeschränkten Haltverbots für eine Zone**	**Ge- oder Verbot** 1. Wer ein Fahrzeug führt, darf innerhalb der gekennzeichneten Zone nicht länger als drei Minuten halten, ausgenommen zum Ein- oder Aussteigen oder zum Be- oder Entladen. 2. Innerhalb der gekennzeichneten Zone gilt das eingeschränkte Haltverbot auf allen öffentlichen Verkehrsflächen, sofern nicht abweichende Regelungen durch Verkehrszeichen oder Verkehrseinrichtungen getroffen sind. 3. Durch Zusatzzeichen kann das Parken für Bewohner mit Parkausweis oder mit Parkschein oder Parkscheibe (Bild 318) innerhalb gekennzeichneter Flächen erlaubt sein. 4. Durch Zusatzzeichen kann das Parken mit Parkschein oder Parkscheibe (Bild 318) innerhalb gekennzeichneter Flächen erlaubt sein. Dabei ist der Parkausweis, der Parkschein oder die Parkscheibe gut lesbar auszulegen oder anzubringen.

3.6.2 Verfügbare Zeichen

StVO Anlage 2 Vorschriftzeichen (zu § 41 Absatz 1)
Abschnitt 8 Halt- und Parkverbote

65	**Zeichen 290.2**  **Ende eines eingeschränkten Haltverbots für eine Zone**	

Abschnitt 9 Markierungen

| 73 | **Zeichen 299**
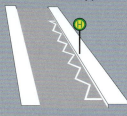
Grenzmarkierung für Halt- oder Parkverbote | **Ge- oder Verbot**
Wer ein Fahrzeug führt, darf innerhalb einer Grenzmarkierung für Halt- oder Parkverbote nicht halten oder parken.

Erläuterung
Grenzmarkierungen bezeichnen, verlängern oder verkürzen ein an anderer Stelle vorgeschriebenes Halt- oder Parkverbot. |
| 74 | **Parkflächenmarkierung** | **Ge- oder Verbot**
Eine Parkflächenmarkierung erlaubt das Parken; auf Gehwegen aber nur Fahrzeugen mit einer zulässigen Gesamtmasse bis zu 2,8 t. Die durch die Parkflächenmarkierung angeordnete Aufstellung ist einzuhalten. Wo sie mit durchgehenden Linien markiert ist, darf diese überfahren werden.

Erläuterung
Sind Parkflächen auf Straßen erkennbar abgegrenzt, wird damit angeordnet, wie Fahrzeuge aufzustellen sind. |

StVO Anlage 3 Richtzeichen (zu § 42 Absatz 2)
Abschnitt 3 Parken

| 7 | **Zeichen 314**

Parken | **Ge- oder Verbot**

1. Wer ein Fahrzeug führt, darf hier parken.

2. a) Durch ein Zusatzzeichen kann die Parkerlaubnis insbesondere nach der Dauer, nach Fahrzeugarten, zugunsten der mit besonderem Parkausweis versehenen Bewohner oder auf das Parken mit Parkschein oder Parkscheibe beschränkt sein.
   b) Ein Zusatzzeichen mit Bild 318 (Parkscheibe) und Angabe der Stundenzahl schreibt das Parken mit Parkscheibe und dessen zulässige Höchstdauer vor.
   c) Durch Zusatzzeichen können Bewohner mit Parkausweis von der Verpflichtung zum Parken mit Parkschein oder Parkscheibe freigestellt sein.
   d) Durch ein Zusatzzeichen mit Rollstuhlfahrersinnbild kann die Parkerlaubnis beschränkt sein auf schwerbehinderte Menschen mit außergewöhnlicher Gehbehinderung, beidseitiger Amelie oder Phokomelie oder mit vergleichbaren Funktionseinschränkungen sowie auf blinde Menschen.
   e) Die Parkerlaubnis gilt nur, wenn der Parkschein, die Parkscheibe oder der Parkausweis gut lesbar ausgelegt oder angebracht ist.
   f) Durch Zusatzzeichen kann ein Parkplatz als gebührenpflichtig ausgewiesen sein.

Erläuterung

1. Der Anfang des erlaubten Parkens kann durch einen zur Fahrbahn weisenden waagerechten weißen Pfeil im Zeichen, das Ende durch einen solchen von der Fahrbahn wegweisenden Pfeil gekennzeichnet sein. Bei in der Strecke wiederholten Zeichen weist eine Pfeilspitze zur Fahrbahn, die zweite Pfeilspitze von ihr weg.

2. Das Zeichen mit einem Zusatzzeichen mit schwarzem Pfeil weist auf die Zufahrt zu größeren Parkplätzen oder Parkhäusern hin. Das Zeichen kann auch durch Hinweise ergänzt werden, ob es sich um ein Parkhaus handelt. |
| 8 | **Zeichen 314.1**

Beginn einer Parkraumbewirtschaftungszone | **Ge- oder Verbot**

1. Wer ein Fahrzeug führt, darf innerhalb der Parkraumbewirtschaftungszone nur mit Parkschein oder mit Parkscheibe (Bild 318) parken, soweit das Halten und Parken nicht gesetzlich oder durch Verkehrszeichen verboten ist.

2. Durch Zusatzzeichen können Bewohner mit Parkausweis von der Verpflichtung zum Parken mit Parkschein oder Parkscheibe freigestellt sein.

3. Die Parkerlaubnis gilt nur, wenn der Parkschein, die Parkscheibe oder der Parkausweis gut lesbar ausgelegt oder angebracht ist.

Erläuterung

Die Art der Parkbeschränkung wird durch Zusatzzeichen angezeigt. |

3.6.2 Verfügbare Zeichen

StVO Anlage 3 Richtzeichen (zu § 42 Absatz 2)
Abschnitt 3 Parken

9	Zeichen 314.2	
	 **Ende einer Parkraum-bewirtschaftungszone**	

10	Zeichen 315	**Ge- oder Verbot**

Parken auf Gehwegen

Ge- oder Verbot

1. Wer ein Fahrzeug führt, darf auf Gehwegen mit Fahrzeugen mit einer zulässigen Gesamtmasse über 2,8 t nicht parken. Dann darf auch nicht entgegen der angeordneten Aufstellungsart des Zeichens oder entgegen Beschränkungen durch Zusatzzeichen geparkt werden.

2. a) Durch ein Zusatzzeichen kann die Parkerlaubnis insbesondere nach der Dauer, nach Fahrzeugarten, zugunsten der mit besonderem Parkausweis versehenen Bewohner oder auf das Parken mit Parkschein oder Parkscheibe beschränkt sein.
   b) Ein Zusatzzeichen mit Bild 318 (Parkscheibe) und Angabe der Stundenzahl schreibt das Parken mit Parkscheibe und dessen zulässige Höchstdauer vor.
   c) Durch Zusatzzeichen können Bewohner mit Parkausweis von der Verpflichtung zum Parken mit Parkschein oder Parkscheibe freigestellt sein.
   d) Durch ein Zusatzzeichen mit Rollstuhlfahrersinnbild kann die Parkerlaubnis beschränkt sein für schwerbehinderte Menschen mit außergewöhnlicher Gehbehinderung, beidseitiger Amelie oder Phokomelie oder mit vergleichbaren Funktionseinschränkungen sowie für blinde Menschen.
   e) Die Parkerlaubnis gilt nur, wenn der Parkschein, die Parkscheibe oder der Parkausweis gut lesbar ausgelegt oder angebracht ist.

Erläuterung

1. Der Anfang des erlaubten Parkens kann durch einen zur Fahrbahn weisenden waagerechten weißen Pfeil im Zeichen, das Ende durch einen solchen von der Fahrbahn wegweisenden Pfeil gekennzeichnet sein. Bei in der Strecke wiederholten Zeichen weist eine Pfeilspitze zur Fahrbahn, die zweite Pfeilspitze von ihr weg.

2. Im Zeichen ist bildlich dargestellt, wie die Fahrzeuge aufzustellen sind.

3.6.2 Verfügbare Zeichen

StVO Anlage 3 Richtzeichen (zu § 42 Absatz 2)		
Abschnitt 6 Nothalte- und Pannenbucht		
15	Zeichen 328  **Nothalte- und Pannenbucht**	**Ge- oder Verbot** Wer ein Fahrzeug führt, darf nur im Notfall oder bei einer Panne in einer Nothalte- und Pannenbucht halten.

StVO Anlage 2 Vorschriftzeichen (zu § 41 Absatz 1)		
Abschnitt 4 Seitenstreifen als Fahrstreifen, Haltestellen und Taxenstände		
14	Zeichen 224  **Haltestelle**	**Ge- oder Verbot** Wer ein Fahrzeug führt, darf bis zu 15 m vor und hinter dem Zeichen nicht parken. **Erläuterung** Das Zeichen kennzeichnet eine Haltestelle des Linienverkehrs und für Schulbusse. Das Zeichen mit dem Zusatzzeichen „Schulbus" (Angabe der tageszeitlichen Benutzung) auf einer gemeinsamen weißen Trägerfläche kennzeichnet eine Haltestelle nur für Schulbusse.

Bei den Verkehrszeichen unterscheidet die StVO nicht wie bei den allgemeinen Regeln zwischen Halten und Parken. Sie kennt Verkehrszeichen zum absoluten Verbot des Haltens (Zeichen 283) und zum eingeschränkten Verbot des Haltens (Zeichen 286). Beim eingeschränkten Haltverbot ist es im Gegensatz zum Verbot zum Parken auch erlaubt, das Fahrzeug zu verlassen, um ein- und auszusteigen, zu beladen oder zu entladen.

Auch bei den Halte- und Parkregelungen gibt es negative und positive Regelungen. Mit negativen Regelungen wie Zeichen 286 oder Zeichen 299 wird das Halten (z. B. zu gewissen Zeiten) verboten, mit positiven Regelungen wie Zeichen 315 oder Parkflächenmarkierungen wird das Parken (z. B. an bestimmten Stellen oder für bestimmte Nutzergruppen) ausdrücklich eröffnet (was dann ein Verbot der anderen Gruppen nach sich zieht). Ziel muss sein, in der Kette negativ – negativ gestaltet – positiv gestaltet – positiv diejenige Darstellung zu finden, die von den Verkehrsteilnehmern am schnellsten und sichersten aufgefasst und verstanden werden kann. Der Duktus der Detailregelungen in der StVO und VwV-StVO

lässt erkennen, dass im Zweifel der positiven Regelung der Vorzug zu geben ist, also die Anordnung „Dies ist ein Parkplatz für …".

Werden Park- oder Haltverbotsbereiche durch Zeichen angeordnet, so können weiße Pfeile deren Anfang und Ende bezeichnen (*Bild 3.12*).

Bild 3.12 Verdeutlichung des Geltungsbereichs durch Pfeile

3.6.2 Verfügbare Zeichen

Bild 3.13 Kennzeichnung einer längeren Strecke mit eingeschränktem Haltverbot; entsprechend ist auch eine Haltverbotstrecke zu beschildern. Zeichen mit integrierten weißen Pfeilen sollen schräg zur Fahrbahn aufgestellt werden.

Den Anfang der Anordnungsstrecke kennzeichnet ein nach links zur Fahrbahn, das Ende ein nach rechts von der Fahrbahn weisender waagerechter Pfeil auf dem Zeichen (*Bild 3.13*). Bei Wiederholungszeichen befinden sich im Zeichen gemäß VzKat zwei nach beiden Seiten weisende Pfeile. Die zunächst seltsam erscheinende Anordnung der Pfeile in den Haltverbotszeichen erlaubt, das gleiche Schild je nach Montage zur Kennzeichnung von Anfang oder Ende zu verwenden (soweit die verwendete Folie das zulässt).

Die Zeichen 283 und 286 gelten nur bis zur nächsten Kreuzung oder Einmündung. Sie müssen auch dann wiederholt werden, wenn die Einmündung nicht auf der gleichen Straßenseite liegt, sofern von dort Verkehr einfahren kann.

Allgemein geltende Halt- und Parkverbote (siehe Abschnitt 3.6.1), insbesondere deren Beginn oder Ende, können durch eine Grenzmarkierung (Zeichen 299) verdeutlicht werden. Auch eine Verlängerung oder Verkürzung ist auf diese Weise möglich.

Die Zick-Zack-Linie wird vorwiegend im Bereich von Straßenkreuzungen und -einmündungen, von Haltestellenschildern öffentlicher Verkehrsmittel und von Bahnübergängen angewendet.

Wichtig ist die deutliche Markierung des Anfangs- und Endstriches mit der ansetzenden Schräglinie, um auch bei verschmutzter Fahrbahn klar erkennen zu lassen, in welcher Richtung das Verbot gilt.

Im Bereich von Bushaltestellen unterliegt die Fahrbahn und damit auch die Markierung einer besonderen Beanspruchung, bedingt durch die beim Anhalten und Anfahren von den Rädern auf die Fahrbahn übertragenen Kräfte. In solchen Fällen genügt es, nur den Anfang und das Ende der Grenzmarkierung aufzubringen, auf den Mittelteil der Zick-Zack-Linie hingegen zu verzichten. Siehe auch unter 12.7 und in den RMS (unterbrochene Zick-Zack-Linie).

Wie in der VwV-StVO zu Zeichen 299 beschrieben und durch das VGH-Urteil Baden-Württemberg vom 26.4.2002 (5 S 108/02) bestätigt, soll Zeichen 299 nicht allgemeine Anwendung finden. So haben Grundstückseigentümer keinen Anspruch auf eine Markierung gegenüber ihrer Ein- und Ausfahrt zur Verbesserung des Ein- und Ausfahrens. Auf schmalen Straßen gilt ohnehin ein gesetzliches Haltverbot gegenüber Ein- und Ausfahrten. Die Notwendigkeit eines zweimaligen Rangierens bedingt noch nicht das gesetzliche Haltverbot.

Richtungsbezogene Hinweise zum Auffinden von Parkplätzen erfolgen durch Zusatzzeichen mit schwarzem Pfeil unter Zeichen 314 (*Bild 3.14*). Parkplätze an den Bundesautobahnen sind durch Zeichen 314, das auf der Inselspitze aufgestellt wird, zu kennzeichnen und in 1 000 m und 500 m Entfernung davor durch Zeichen 314 mit Zusatzangabe „… m" anzukündigen. Einzelheiten siehe RWBA.

Sollen Haltverbote (Zeichen 283 und Zeichen 286) oder Parkflächenmarkierungen (Zeichen 314 und Zeichen 315) nur für bestimmte Fahrzeugarten gelten, so kann das durch Zusatzzeichen angeordnet werden (*Bild 3.15*).

Vor allem zum Umgang mit Parkdruck können Zusatzzeichen näher bestimmen, dass bestimmte Personenkreise von den Verbotsregelungen ausgenommen sind oder dass ihnen besondere Parkstände zugewiesen werden. Nähere Informationen unter Abschnitt 3.5 ff.

Bild 3.14
Zeichen 314 mit Zz 1000-11 als Beispiel für einen richtungsbezogenen Hinweis auf einen Parkplatz

3.6.2 Verfügbare Zeichen

Bild 3.15 Beispiele für Parkregelung für bestimmte Fahrzeugarten

Sollen Haltverbote (Zeichen 283 und Zeichen 286) oder Parkplatzkennzeichnungen (Zeichen 314 und Zeichen 315) nur zu bestimmten Zeiten – gegebenenfalls nur für bestimmte Tage – gelten, so kann das durch Zusatzzeichen angeordnet werden. Dagegen sind sonstige Ausnahmen vom Haltverbot (z. B. „Be- und Entladen von 7 bis 9 h erlaubt") nicht zulässig.

Müssen Zeichen 283 und 286 an einem Mast angebracht werden, ist Zeichen 283 als das „strengere" über dem Zeichen 286 zu montieren. Beim Anbringen nebeneinander ist Zeichen 283 auf die der Fahrbahn zugewandten Seite zu setzen.

Auf Straßen mit fließendem Verkehr, auf denen suchende und (plötzlich) einparkende Fahrzeuge zu Problemen mit der Sicherheit und Leichtigkeit des Verkehrs führen, sollten die Parkregelungen einfacher gehalten werden, damit sie auch aus dem fahrenden Fahrzeug heraus erfasst und verstanden werden können.

Auf Straßen mit weniger ausgeprägt fließendem Verkehr können die Regelungen differenzierter sein, da den Fahrzeugführern für die Aufnahme der Regelungen mehr Zeit zur Verfügung steht.

Um gegenüber dem Zeichen für den fließenden Verkehr optisch zurückzutreten, sollen die Zeichen 283 und 286 in der Regel weder von innen erleuchtet noch beleuchtet sein.

Auch wenn Verkehrszeichen für den ruhenden Verkehr nicht unbedingt retroreflektierend ausgebildet werden müssen, sollte immer geprüft werden, ob aufgrund der örtlichen Gegebenheiten retroreflektierende Zeichen sinnvoll sind. Innerhalb geschlossener Ortschaften genügt im Allgemeinen eine verkleinerte Ausführung.

Zu Abschnitt 3.6.2

VwV-StVO
zu § 41
Vorschriftzeichen

Zu den Zeichen 283 und 286

1 I. Den Anfang einer Verbotsstrecke durch einen zur Fahrbahn weisenden Pfeil zu kennzeichnen, ist zumindest dann zweckmäßig, wenn wiederholte Zeichen aufgestellt sind oder das Ende der Verbotsstrecke gekennzeichnet ist. Eine Wiederholung innerhalb der Verbotsstrecke ist nur angezeigt, wenn ohne sie dem Sichtbarkeitsprinzip nicht Rechnung getragen würde.

2 II. Das Ende der Verbotsstrecke ist zu kennzeichnen, wenn Verbotszeichen wiederholt aufgestellt sind oder wenn die Verbotsstrecke lang ist. Das gilt nicht, wenn die Verbotsstrecke an der nächsten Kreuzung oder Einmündung endet oder eine andere Regelung für den ruhenden Verkehr durch Verkehrszeichen unmittelbar anschließt.

3 III. Verbotszeichen mit Pfeilen sind im spitzen Winkel zur Fahrbahn anzubringen.
…

Zu Anlage 2 lfd. Nummer 74 Parkflächenmarkierung

1 I. Eine Parkflächenmarkierung ist an Parkuhren vorzunehmen und überall dort, wo von der vorgeschriebenen Längsaufstellung abgewichen werden soll oder das Gehwegparken ohne Anordnung des Zeichens 315 zugelassen werden soll. Die erkennbare Abgrenzung der Parkflächen kann mit Markierungen, Markierungsknopfreihen oder durch eine abgesetzte Pflasterlinie erfolgen. In der Regel reicht eine Kennzeichnung der Parkstandsecken aus.

3.6.3 Räumliche oder verkehrliche Gründe

VwV-StVO
zu § 41
Vorschriftzeichen

2 II. Das Parken auf Gehwegen darf nur zugelassen werden, wenn genügend Platz für den unbehinderten Verkehr von Fußgängern gegebenenfalls mit Kinderwagen oder Rollstuhlfahrern auch im Begegnungsverkehr bleibt, die Gehwege und die darunter liegenden Leitungen durch die parkenden Fahrzeuge nicht beschädigt werden können und der Zugang zu Leitungen nicht beeinträchtigt werden kann sowie die Bordsteine ausreichend abgeschrägt und niedrig sind. Die Zulassung des Parkens durch Markierung auf Gehwegen ist dort zu erwägen, wo nur wenigen Fahrzeugen das Parken erlaubt werden soll; sonst ist die Anordnung des Zeichens 315 ratsam.

Zu Zeichen 299 Grenzmarkierung für Halt- und Parkverbote

1 I. Vgl. zu § 12 Abs. 3 Nummer 1; Rn. 2.

2 II. Die Markierung kann auch vor und hinter Kreuzungen oder Einmündungen überall dort angeordnet werden, wo das Parken auf mehr als 5 m verboten werden soll. Sie kann ferner angeordnet werden, wo ein Haltverbot an für die Verkehrssicherheit bedeutsamen Stellen verlängert werden muss, z. B. an Fußgängerüberwegen. Die Markierung ist nicht an Stellen anzuwenden, an denen sich Halt- und Parkverbote sonst nicht durchsetzen lassen.

3 III. Bei gesetzlichen Halt- oder Parkverboten reicht es in der Regel aus, nur den Beginn und das Ende bzw. den Bereich der Verlängerung durch eine kombinierte waagerechte und abgeknickte Linie zu markieren.

3.6.3 Räumliche oder verkehrliche Gründe

Mit Zeichen 283 kann ein Haltverbot ausgesprochen werden. Das Haltverbot darf nur in dem Umfang angeordnet werden, in dem die Verkehrssicherheit, die Flüssigkeit des Verkehrs oder der öffentliche Personennahverkehr es erfordert. Deshalb ist stets zu prüfen, ob eine tages- oder wochenzeitliche Beschränkung durch Zusatzzeichen anzuordnen ist. Sonstige Beschränkungen wie „Be- und Entladen 7 bis 9 h frei" sind unzulässig.

Mit Zeichen 286 kann das Halten auf der Fahrbahn – ausgenommen zum Ein- oder Aussteigen oder zum Be- oder Entladen – verboten werden.

In der Rechtsprechung setzt sich die Auffassung durch, dass Haltverbotszeichen (Zeichen 283 und 286) ohne Zusatzzeichen nur für die Fahrbahn gelten, nicht aber auch für Seitenstreifen, Parkstreifen und Parkbuchten.

Wenn in Einbahnstraßen das Halten zu beiden Seiten der Fahrbahn untersagt werden soll, muss Zeichen 283 auf beiden Seiten der Fahrbahn aufgestellt werden. Ein Haltverbot braucht überall dort nicht angeordnet zu werden, wo das Halten nach § 12 StVO unzulässig ist. Das trifft auch für enge, verkehrsarme Gassen zu, wo nur der Verkehrslage entsprechend gehalten werden darf, ein besonderes, beschildertes Haltverbot aber nicht erforderlich ist.

Zeichen 286 wird verwendet, wo ganztägiges Parken nicht zugelassen werden kann, ohne die Sicherheit und Flüssigkeit des Verkehrs zu beeinträchtigen. Zeitliche Beschränkungen dieses eingeschränkten Haltverbotes – erforderlichenfalls nur an bestimmten Tagen – sind erlaubt (*Bild 3.16*). Desgleichen kann das Verbot durch ein Zusatzzeichen nur auf bestimmte Verkehrsarten beschränkt werden. Ausnahmsweise kann Zeichen 286 dort aufgestellt werden, wo aus Gründen der Sicherheit und Ordnung des Verkehrs vor Gebäuden Raum für Ein- und Aussteigen, Be- und Entladen freigehalten werden muss (z. B. Theater, öffentliche Gebäude, Kurhaus).

Bild 3.16
Haltverbot und eingeschränktes Haltverbot mit unterschiedlichen zeitlichen Beschränkungen an einem Pfosten übereinander angebracht

3.6.3 Räumliche oder verkehrliche Gründe

Bild 3.17 Haltverbot für Fahrbahn und Seitenstreifen (Zusatzzeichen 1052-37)

Bild 3.18 Haltverbot nur auf dem Seitenstreifen (Zusatzzeichen 1052-39)

(steht Zeichen 283 allein gilt das Haltverbot nur für die Fahrbahn)

Durch Zeichen 283 und 286 mit dem Zusatzzeichen 1052-37 (*Bild 3.17*) wird auch jegliches Halten auf dem Seitenstreifen verboten, durch Zeichen 283 und Zusatzzeichen 1052-39 jegliches Halten nur auf dem Seitenstreifen (*Bild 3.18*).

Zeichen 315 ist dort anzuordnen, wo Fahrzeuge bis 2,8 t zul. Gesamtmasse auf Gehwegen parken dürfen und entsprechende Markierungen auf dem Gehweg nicht möglich sind oder unzweckmäßig wären. Gemäß § 12 Abs. 3 Nr. 4 StVO besteht ein Parkverbot über Schachtdeckeln und anderen Verschlüssen, selbst wenn durch Zeichen 315 oder eine Parkflächenmarkierung nach § 41 Anlage 2 Abschnitt 9 lfd. Nr. 74 StVO das Parken auf Gehwegen erlaubt ist.

Falls erforderlich, können Deckel und Verschlüsse auf solchen Gehwegen durch Farbmarkierungen gekennzeichnet werden. Die Erlaubnis zum Gehwegparken wird in der Regel durch

weiße Markierung (weiße durchgezogene Linie auf dem Gehweg parallel zur Bordsteinkante) ausgedrückt. Zeichen 315 ist dort aufzustellen, wo solche Markierungen noch nicht existieren oder nicht angebracht werden können, oder wo weitere Beschränkungen erforderlich sind, die nur durch Zeichen signalisiert werden können (z. B. zeitliche Beschränkung des Parkens auf Gehwegen, Beschränkung für bestimmte Fahrzeugarten). Diese Beschränkungen wie auch Anfang und Ende der Strecke, entlang der das Parken erlaubt ist, müssen auf einem Zusatzzeichen angegeben werden. Sind die Fahrzeuge anders als auf dem Zeichen abgebildet aufzustellen, ist eine der Varianten von Zeichen 315 zu verwenden (*Bild 3.19*).

Dort, wo eine Parkflächenmarkierung das Parken auf Gehwegen erlaubt, brauchen Zeichen 315 oder die in *Bild 3.19* dargestellten Varianten nicht aufgestellt zu werden. *Bild 3.20* zeigt Muster für eine Markierung auf dem Gehweg. In der Regel sind die zur Bordsteinkante senkrecht verlaufenden Trennstriche zur Abgrenzung der Aufstellflächen für einzelne Fahrzeuge nicht erforderlich. Von parkenden Fahrzeugen freizuhaltende Gehwegflächen im Zuge einer solchen Markierung können mittels kreuzweise diagonal angeordneter weißer Striche gekennzeichnet werden.

Gleichermaßen wie bei Zeichen 314 kann auch mit Zeichen 315 oder mit einer der in *Bild 3.19* dargestellten Varianten *und* Zz 1044-30 „Bewohner mit Parkausweis Nr. ...", Zz 1044-11 „(Rollstuhlfahrersymbol) mit Parkausweis Nr. ..." oder Zz 1044-10 „(Rollstuhlfahrersymbol)" eine Kennzeichnung entsprechender Sonderparkplätze erfolgen.

Zur Förderung der Elektromobilität wurden außerdem mit

Bild 3.19 Varianten des Parkens auf Gehwegen; weiße Pfeile in Zeichen 315 kennzeichnen Beginn, Ende und Wiederholung

3.6.3 Räumliche oder verkehrliche Gründe

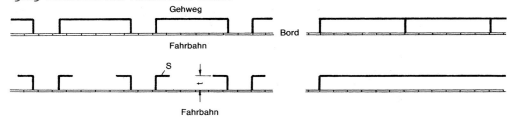

Bild 3.20 Parkflächenmarkierung auf Gehwegen (Muster), hier 12 cm Strichbreite: Längsparkstände ganz oder teilweise auf Gehwegen, t sollte 1 bis 2 m sein, s etwa 1 m. Es muss ausreichend Platz auf dem Gehweg für Fußgänger, Kinderwagen und Rollstuhlfahrer verbleiben Quelle: RMS-2

– BMVBS-VkBl.-Verlautbarung (LA 22/7332.9/2) „Zusatzzeichen zur Vorhaltung von Parkflächen für Elektrofahrzeuge" vom 21. Februar 2011 (VkBl. S. 199)

Zusatzzeichen eingeführt, mit denen Elektrofahrzeuge (oder auch andere Fahrzeuge mit förderungswürdigem Antrieb) beim Parken bevorzugt werden können.

Innerhalb einer Haltverbotsstrecke dürfen sich Haltestellen von Kraftfahrlinien (Zeichen 224) befinden, in diesem Fall sind keine Zusatzzeichen erforderlich, die den Linienbussen das Halten erlauben.

Zu Abschnitt 3.6.3

VwV-StVO
zu § 41
Vorschriftzeichen

Zu Zeichen 283 Absolutes Haltverbot

1 I. Das Haltverbot darf nur in dem Umfang angeordnet werden, in dem die Verkehrssicherheit, die Flüssigkeit des Verkehrs oder der öffentliche Personennahverkehr es erfordert. Deshalb ist stets zu prüfen, ob eine tages- oder wochenzeitliche Beschränkung durch Zusatzzeichen anzuordnen ist.

2 II. Befindet sich innerhalb einer Haltverbotsstrecke eine Haltestelle (Zeichen 224), ist ein Zusatzzeichen, das Linienomnibussen das Halten zum Fahrgastwechsel erlaubt, überflüssig.

Zu Zeichen 286 Eingeschränktes Haltverbot

1 I. Das Zeichen ist dort anzuordnen, wo das Halten die Sicherheit und Flüssigkeit des Verkehrs zwar nicht wesentlich beeinträchtigt, das Parken jedoch nicht zugelassen werden kann, ausgenommen für das Be- und Entladen sowie das Ein- und Aussteigen. Das Verbot ist in der Regel auf bestimmte Zeiten zu beschränken (z. B. „9–12 h" oder „werktags").

2 II. Durch ein Zusatzzeichen können bestimmte Verkehrsarten vom Haltverbot ausgenommen werden.

3 III. Zum Bewohnerbegriff vgl. Nummer X7 zu § 45 zu Abs. 1 bis 1e; Rn. 35.

VwV-StVO
zu § 42
Richtzeichen

Zu Zeichen 315 Parken auf Gehwegen

1 I. Das Parken auf Gehwegen darf nur zugelassen werden, wenn genügend Platz für den unbehinderten Verkehr von Fußgängern gegebenenfalls mit Kinderwagen oder Rollstuhlfahrern auch im Begegnungsverkehr bleibt, die Gehwege und die darunter liegenden Leitungen durch die parkenden Fahrzeuge nicht beschädigt werden können und der Zugang zu Leitungen nicht beeinträchtigt werden kann.

2 II. Im Übrigen vgl. II zu Parkflächenmarkierungen (lfd. Nummer 74 der Anlage 2).

VwV-StVO
zu § 12
Halten und Parken

Zu Absatz 3 Nr. 1

2 Wo an einer Kreuzung oder Einmündung die 5-Meter-Zone ausreichende Sicht in die andere Straße nicht schafft oder das Abbiegen erschwert, ist die Parkverbotsstrecke z. B. durch die Grenzmarkierung (Zeichen 299) angemessen zu verlängern. Da und dort wird auch die bloße Markierung der 5-Meter-Zone zur Unterstreichung des Verbots ratsam sein.

3.6.3 Räumliche oder verkehrliche Gründe

BMVBS
LA 22/7332.9/2
21. Februar 2011

Zusatzzeichen zur Vorhaltung von Parkflächen für Elektrofahrzeuge

Die Bundesregierung fördert von 2009 bis 2011 mit insgesamt 500 Mio. Euro aus dem Konjunkturpaket II den Ausbau und die Marktvorbereitung der Elektromobilität. Für die kommenden Jahre beabsichtigt die Bundesregierung, eine Förderung in dieser Höhe beizubehalten. Aus den Mitteln des Konjunkturpaketes II werden z. B. durch das Bundesministerium für Verkehr, Bau und Stadtentwicklung (BMVBS) acht regionale Förderschwerpunkte unter dem Titel „Elektromobilität in Modellregionen" mit insgesamt ca. 135 Mio. Euro gefördert. Akteure aus Wissenschaft, Industrie und den beteiligten Kommunen arbeiten bei diesen Modellprojekten eng zusammen, um den Aufbau einer Infrastruktur und die Verankerung der Elektromobilität im öffentlichen Raum voranzubringen. Dazu gehört auch die Einrichtung von Ladestationen im öffentlichen Straßenraum („Elektrotankstellen"). Ein Austausch mit den Akteuren in den Modellregionen hat einen Bedarf ergeben, bereits im Rahmen der Modellvorhaben bundeseinheitliche Vorgaben bei der Beschilderung für Ladestationen im öffentlichen Verkehrsraum vorzusehen.

Die Straßenverkehrs-Ordnung (StVO) hält bislang weder in § 39 noch in § 41 ein Instrumentarium für die Vorhaltung von Parkflächen für Elektrofahrzeuge insbesondere während des Ladevorgangs an Ladestationen im öffentlichen Verkehrsraum vor.

Elektrofahrzeuge im Sinne dieser Verlautbarung sind Fahrzeuge mit reinem Elektroantrieb, mit extern aufladbarem Hybrid-Elektro-Antrieb oder mit Brennstoffzellenantrieb.

Denkbar ist, die Zeichen 314 (Parkplatz) sowie 315 (Parken auf Gehwegen) mit einem entsprechenden Zusatzzeichen zu versehen und damit die Parkerlaubnis auf Elektrofahrzeuge insbesondere während des Ladevorgangs an Ladestationen zu beschränken. Eine Einschränkung durch Zusatzzeichen auf bestimmte Fahrzeugarten lassen die Vorschriften bereits zu, die Aufzählung ist durch das Wort „insbesondere" nicht abschließend, so dass die Einschränkung auch auf bestimmte Antriebsarten von Fahrzeugen vorgenommen werden kann.

Straßenverkehrsrechtlich kann zudem eine Anordnung des Zeichens 286 (eingeschränktes Haltverbot) mit einem Zusatzzeichen erfolgen, um Elektrofahrzeuge von diesem Verkehrsverbot auszunehmen. Die im Verordnungstext zu Zeichen 286 explizit genannten Zusatzzeichen für Ausnahmen von dem Haltverbot für Bewohner und Menschen mit Behinderungen sowie die Beschränkung auf den Seitenstreifen sind ebenfalls nicht abschließend; vgl. § 41 Abs. 2 Satz 4 StVO, der im Gegensatz zu dessen Satz 5 keine Auflistung zu den dort geregelten besonderen Zusatzzeichen im Wege des Klammerzusatzes enthält.

Um mithin bei der Beschilderung von Parkplätzen für Elektrofahrzeuge zum Zwecke des Aufladens/Parkens vereinheitlichte Vorgaben zu geben, werden nach Anhörung der für den Straßenverkehr und die Verkehrspolizei zuständigen obersten Landesbehörden die nachfolgenden Zusatzzeichen, die in Verbindung mit den Zeichen 314, 315 und 286 angeordnet werden können, bekannt gemacht.

(VkBl. 2011 S. 199)

3.6.4 Bushaltestellen, Taxistände

Zeichen 224 wird an Haltestellen von Straßenbahnen und Linienbussen aufgestellt. Es kann in beiden dargestellten Formen verwendet werden.

Dieses Zeichen ist in die StVO aufgenommen worden, weil es gleichzeitig ein Parkverbot von 15 m vor und hinter dem Haltestellenschild bedeutet (StVO Anlage 2 Ge- oder Verbot zu Zeichen 224). Eine Verlängerung oder Verkürzung der Parkverbotsstrecke kann durch Zeichen 299 („Zick-Zack-Linie" am Rand der Fahrbahn) bewirkt werden.

Über die verkehrstechnisch zweckmäßige Anordnung von Bushaltestellen siehe auch „Empfehlungen für Anlagen des öffentlichen Personennahverkehrs (EAÖ), FGSV Verlag, Ausgabe 2003, sowie RASt 06, BOStrab und BOKraft.

Im Orts- und Nachbarorts-Linienverkehr gehört zu dem Zeichen ein Zusatzzeichen mit der Bezeichnung der Haltestelle (Haltestellenname). Darüber hinaus kann die Linie angegeben werden.

Schulbushaltestellen sind gemäß dem Erlass des für den Verkehr zuständigen Bundesministeriums vom 29. Juli 1980 durch Zeichen 224 mit Zz 1042-36 „Schulbus (Angabe der tageszeitlichen Benutzung)" zu kennzeichnen (VkBl. 1980 S. 526). Hierfür sieht die StVO vor, dass das Zeichen gemeinsam mit dem Zusatzzeichen „Schulbus" und der Angabe der zeitlichen Beschränkung auf einer weißen Trägertafel angeordnet wird (*Bild 3.21*).

Bild 3.21 Schulbushaltestelle

An durch Zeichen 224 gekennzeichneten Haltestellen (auch Schulbushaltestellen) gelten besondere Verhaltensvorschriften für die Verkehrsteilnehmer (StVO § 16 Abs. 2 und § 20 Abs. 1 bis 5).

Insbesondere bei erheblichem Parkraummangel können auch andere Haltestellen mit einem Zusatzzeichen zur Bekanntgabe der zeitlichen Nutzung gekennzeichnet werden.

Mit Zeichen 229 kann vorgeschrieben werden, wo ein Taxenstandplatz ist und zumindest während bestimmter Tageszeiten regelmäßig betriebsbereite Taxen vorgehalten werden. An Taxenständen ist das Halten verboten; nur betriebsbereite Taxen dürfen warten. Bei der Festlegung eines Taxenstandplatzes ist darauf zu achten, dass er nicht dort angeordnet wird, wo Halten und Parken nach § 12 StVO verboten ist. Auf Zz 1050-31 kann die Anzahl der Taxen angegeben werden.

Als mittlere Länge für ein Taxi sind 5 m (besser 6 m) anzunehmen. Bei einem Stand für sechs Taxen, die entlang der Bordkante stehen sollen, muss demnach eine Gesamtlänge von mindestens 30 m vorhanden sein. Falls der Taxenstand nur zu bestimmten Zeiten seiner Bestimmung dient, sind zeitliche Beschränkungen auf einem Zusatzzeichen anzugeben (z. B. bei Taxenständen vor Theatern). Damit kommt zum Ausdruck, dass außerhalb der angegebenen Zeiten das Parken erlaubt ist.

Zeichen 229 steht am Beginn der Verbotsstrecke. Bei einem Taxenstandplatz von mehr als fünf Taxen ist das Zeichen auch am Ende der Verbotsstrecke anzubringen. Die zusätzliche Markierung mit einer „Zick-Zack-Linie" (Zeichen 299) empfiehlt sich nur, wenn Zeichen 229 nur am Beginn der Verbotsstrecke steht (bis zu fünf Taxen) oder aber die Verbotsstrecke besonders lang (mehr als etwa zehn Taxen) oder unübersichtlich ist.

Die Länge des Taxenstandes wird durch die Angabe der Zahl der vorgesehenen Taxen oder das am Anfang der Strecke aufgestellte Zeichen mit einem zur Fahrbahn weisenden waagerechten weißen Pfeil und durch ein am Ende aufgestelltes Zeichen mit einem solchen von der Fahrbahn wegweisenden Pfeil oder durch eine Grenzmarkierung für Halt- und Parkverbote (Zeichen 299) gekennzeichnet.

Zu Abschnitt 3.6.4

VwV-StVO
zu § 41
Vorschriftzeichen

Zu Zeichen 224 Haltestelle

1   I. Abweichend von Nummer III. 3. b) zu §§ 39 bis 43; Rn. 13 darf das Zeichen einen Durchmesser von 350 bis 450 mm haben.

2   II. Auch Haltestellen für Fahrzeuge des Behindertenverkehrs können so gekennzeichnet werden.

3   III. Über die Verkehrsbedienung und die Linienführung sowie den Fahrplan mit Angabe der Haltestellen wird von der nach dem Personenbeförderungsrecht zuständigen Behörde entschieden. Über die Festlegung des Ortes der Haltestellenzeichen vgl. die Straßenbahn-Bau- und Betriebsordnung und die Verordnung über den Betrieb von Kraftfahrunternehmen im Personenverkehr.

4   IV. Im Orts- und Nachbarorts-Linienverkehr gehört zu dem Zeichen ein Zusatzzeichen mit der Bezeichnung der Haltestelle (Haltestellenname). Darüber hinaus kann die Linie angegeben werden.

5   Bei Bedarf können dazu das Symbol der Straßenbahn und/oder des Kraftomnibusses gezeigt werden.

6   V. Schulbushaltestellen werden mit einem Zusatzzeichen „Schulbus (Angabe der tageszeitlichen Benutzung)" gekennzeichnet.

7   VI. Auch andere Haltestellen können insbesondere bei erheblichem Parkraummangel mit einem Zusatzzeichen, auf dem die tageszeitliche Benutzung angegeben ist, gekennzeichnet werden.

8   VII. Soweit erforderlich, kann der Anfang und das Ende eines Haltestellenbereichs durch Zeichen 299 gekennzeichnet werden.

Zu Zeichen 229 Taxenstand

1   I. Das Zeichen darf nur angeordnet werden, wo zumindest während bestimmter Tageszeiten regelmäßig betriebsbereite Taxen vorgehalten werden.

2   II. Für jedes vorgesehene Taxi ist eine Länge von 5 m zugrunde zu legen. Die Markierung durch Zeichen 299 empfiehlt sich nur, wenn nicht mehr als fünf Taxen vorgesehen sind. Dann ist das Zeichen 229 nur am Anfang der Strecke aufzustellen.

3.6.5 Allgemeines zum Umgang mit Parkdruck

Parkdruck ist eines der großen Verkehrsprobleme vor allem von Innenstadtbereichen, aber auch im Einzugsbereich von Großveranstaltungen wie Messen, Kultur- und Sportereignissen. Er entsteht, wenn die Nachfrage nach Parkplätzen das Angebot übersteigt.

Hoher Parkdruck führt dazu, dass die Verkehrsteilnehmer versuchen, jede Möglichkeit zum Abstellen der Fahrzeuge zu nutzen. Dadurch kann Lebensqualität und die Verkehrssicherheit in den betroffenen Gebieten erheblich beeinträchtigt werden. Außerdem kann hoher Parkdruck und die damit verbundene Ausnutzung der Parkmöglichkeiten dazu führen, dass für gewisse Nutzergruppen, die auf (ortsnahe) Parkplätze angewiesen sind (Ladezonen, Bewohner, in ihrer Mobilität eingeschränkte Personen, Frauen), nicht mehr genügend Parkraum verfügbar ist.

Dabei sind verschiedene Parkraumnutzer zu unterscheiden:

– **Bewohner** des angrenzenden Gebiets wollen ihr Fahrzeug wohnungsnah abstellen (meist in den frühen Abendstunden, grundsätzlich aber über den ganzen Tag verteilt, ohne Zeitbeschränkung);

– **Dienstleister und Lieferanten** wollen Waren und Werkzeuge an den anliegenden Grundstücken be- und entladen (meist tagsüber, in der Regel nur für einen beschränkten Zeitraum);

– **Besucher** oder **Kunden** der naheliegenden Geschäfte wollen nahe am Geschäft oder Dienstleister parken (tagsüber, meist nur für einen beschränkten Zeitraum);

– **Beschäftigte** wollen unweit ihrer Arbeitsstelle parken (meist den ganzen Tag über).

3.6.7 Parkdruck – Bewohnerparken

Durch geeignete Regelungen muss dann für einen Ausgleich der Interessen gesorgt werden. Dabei ist auch zu berücksichtigen, inwieweit die einzelnen Nutzergruppen auf das Parken angewiesen sind und inwieweit andere Möglichkeiten bestehen, das Quartier zu erreichen (z. B. mit öffentlichen Verkehrsmitteln) oder zu parken (z. B. öffentlich zugängliche oder private Garagenanlagen). Mögliche Ansätze, auch für flankierende Maßnahmen, sind

– die Verringerung des Parkdrucks, z. B. durch Ersatzlösungen (z. B. Park & Ride-Konzepte) oder Unattraktivität bestimmter Formen des Parkens (Zeitbeschränkungen, Gebühren), oder
– eine verträgliche Verteilung des Parkraums, z. B. durch Sonderregelungen für die Gruppen, die auf einen ortsnahen Parkplatz angewiesen sind, oder Zeitbeschränkungen, die die Mehrfachnutzung des Parkstandes für kürzere Erledigungen ermöglichen.

Dabei sind die verkehrsrechtlichen Möglichkeiten, bestimmte Nutzergruppen direkt zu bevorzugen, auf wenige, gesetzlich ausdrücklich festgelegte Ausnahmen beschränkt (siehe auch Schurig: Kommentar zur Straßenverkehrs-Ordnung zu § 12). Die in der Straßenverkehrs-Ordnung vorgesehenen Möglichkeiten sind in den nachfolgenden Abschnitten behandelt.

Weitere Informationen sind zu finden in

– Empfehlungen für die Anlage des ruhenden Verkehrs (EAR), FGSV Verlag, Ausgabe 2005
– Hinweise zum Einsatz bargeldloser Zahlungsmittel beim Parken, FGSV Verlag, Ausgabe 2007
– Hinweise zu P+R in Klein-und Mittelstädten, FGSV Verlag, Ausgabe 1998
– Merkblatt über Schutzmaßnahmen gegen das Parken auf Nebenflächen, FGSV Verlag, Ausgabe 1993.

3.6.6 Parkdruck – Ladezonen

Zeitliche Beschränkungen eines Haltverbots – gegebenenfalls nur für bestimmte Tage – sind zulässig. Dagegen sind sonstige Ausnahmen vom Haltverbot (z. B. „Be- und Entladen von 7 bis 9 h frei") nicht zulässig.

Diese Regelung hat zur Folge, dass in Bereichen, die zu bestimmten Zeiten ausschließlich für den Lieferverkehr freigehalten werden sollen, Probleme auftauchen. Da die Lösung des eingeschränkten Haltverbots immer für alle Verkehrsteilnehmer greift, kann die Fläche nicht ausschließlich zum Be- und Entladen von Lkw freigehalten werden. In Pilotprojekten wurden einige Beschilderungsvarianten außerhalb der Möglichkeiten der StVO erprobt und haben sich bewährt. So kann es evtl. sinnvoll sein, ein Haltverbot mit Zusatz („Ladezone" oder Sinnbild) in Anlehnung des Zeichens 229 „Taxenstand" aufzustellen (Quelle: www.adac.de: Kurzumfrage „Ladezonen" (März 2005)).

Örtliche Schwierigkeiten kann es im Bereich von Geschäftsstraßen geben, wenn wegen Richtungspfeilen auf der Fahrbahn (Zeichen 297) nicht gehalten werden darf.

Ist an solchen Stellen andererseits während der Spitzenstunden des Verkehrs ein Haltverbot erforderlich, dann ist es durch Zeichen 283 mit zeitlicher Beschränkung anzuordnen.

Über die Kennzeichnung von Ladebuchten siehe nachstehenden Erlass des für den Verkehr zuständigen Bundesministeriums vom 23.11.1973.

3.6.7 Parkdruck – Bewohnerparken

Durch die Kennzeichnung von Sonderparkplätzen für Bewohner (*Bild 3.22*) können vor allem Parkmöglichkeiten in Innenstädten mit Parkraummangel geschaffen werden. In der VwV-StVO zu § 45 werden wichtige Detailinformationen gegeben:

– Durch Sonderparkberechtigungen kann der Parkdruck für Bewohner städtischer Quartiere mit erheblichem Parkraummangel verringert werden: Bewohnerparkvorrecht. Die Bewohner dieser Gebiete, Bereiche oder Stadtviertel werden dabei ausdrücklich als „Bewohner" und nicht als „Anwohner" bezeichnet,
– Trotzdem wird die Ausdehnung des durch eine einzelne Bevorrechtigungsmaßnahme begünstigten Bereichs auf maximal 1 000 m beschränkt. Dies soll sicherstellen, dass tatsächlich ein räumlicher Bezug zwischen Wohnung und bevorrechtigtem Parken besteht. Entsprechend gilt die angegebene Ausdehnung

Bild 3.22
Kennzeichnung von Sonderparkplätzen für Bewohner mit Parkausweis

3.6.7 Parkdruck – Bewohnerparken

auch nur für Metropolen und sehr große Städte und das dort zu beobachtende Parkverhalten. In mittleren und kleineren Städten sind entsprechend kleinere Ausdehnungen zu wählen.

– Eine benachbarte Anordnung verschiedener Bevorzugungsbereiche wird in der VwV-StVO ausdrücklich vorgesehen.

– Der Anteil der bevorrechtigten Parkplätze soll in der normalen Geschäftszeit werktags von 9:00 h bis 18:00 h ca. 50 %, zu den restlichen Zeiten 75 % der verfügbaren Parkplätze nicht überschreiten. Bei kleineren Zonen ist eine Gesamtbetrachtung von angrenzenden Vierteln mit Bevorzugung unterschiedlichen Ausmaßes ausdrücklich vorgesehen.

– Inwieweit diese in den Verwaltungsvorschriften vorgegebenen Zeiten an die jeweilige Struktur des Gewerbes im Gebiet (z. B. in der Nähe von Theatern und Konzerthallen oder in „Kneipenvierteln") anzupassen sind, wird die weitere Entwicklung zeigen. In jedem Fall sind die Interessen aller Beteiligten, insbesondere die der Bewohner (die nach den Hauptgeschäftszeiten nach Hause kommen) sowie der Besucher und Besuchten (deren Schwerpunktzeiten ermittelt werden müssen) gegeneinander abzuwägen.

– Eine Kombination mit Parkraumbewirtschaftungsmaßnahmen (z. B. Parkscheibe, Parkuhr, Parkautomat) ist ausdrücklich vorgesehen. Für die allgemein nutzbaren Parkplätze wird sie wegen des notwendigerweise vorhandenen Parkdrucks empfohlen.

– Es wird jedoch auch ausdrücklich erwähnt, dass die Bevorzugung der Bewohner darin bestehen kann, von der Pflicht der Nutzung dieser Einrichtung ausgenommen zu werden (*Bild 3.23*). Eine solche in ausreichendem Umfang angeordnete Mischregelung, die in vielen Städten bereits praktiziert wird, kann die Beachtung der oben erwähnten Anteilsregelungen unnötig machen, da Bewohner und

Bild 3.23 Kombination von Parkraumbewirtschaftungsmaßnahmen mit Sonderregelungen für Bewohner

Bild 3.24 Regelbeschilderung von Parkmöglichkeiten für Bewohner

Besucher die frei werdenden Parkstände in gleichberechtigter Konkurrenz belegen können.

– Die Regelbeschilderung sollen zukünftig die Zeichen 286 und 290.1 mit Zusatzzeichen 1020-32 „Bewohner mit Parkausweis Nr. ... frei" sein, um freie Parkstände auch für das kurzfristige Halten sowie zum Be- und Entladen nutzen zu können (*Bild 3.24*). Die Verwendung des Zeichens 290.1 mit Zusatzzeichen signalisiert den Verkehrsteilnehmern darüber hinaus, dass sie in dieses (wegen der Anteilsregelung notwendigerweise sehr eng abgegrenzte) Gebiet zur Parkplatzsuche gar nicht erst einfahren müssen.

Zu Abschnitt 3.6.7

VwV-StVO
zu § 45
Verkehrszeichen
und Verkehrs-
einrichtungen

29

Zu Absatz 1 bis 1e

X. Sonderparkberechtigung für Bewohner städtischer Quartiere mit erheblichem Parkraummangel (Bewohnerparkvorrechte)

1. Die Anordnung von Bewohnerparkvorrechten ist nur dort zulässig, wo mangels privater Stellflächen und auf Grund eines erheblichen allgemeinen Parkdrucks die Bewohner des städtischen Quartiers regelmäßig keine ausreichende Möglichkeit haben, in ortsüblich fußläufig zumutbarer Entfernung von ihrer Wohnung einen Stellplatz für ihr Kraftfahrzeug zu finden.

3.6.7 Parkdruck – Bewohnerparken

VwV-StVO
zu § 45
Verkehrszeichen
und Verkehrs-
einrichtungen

30 2. Bewohnerparkvorrechte sind vorrangig mit Zeichen 286 oder Zeichen 290.1 mit Zusatzzeichen „Bewohner mit Parkausweis … frei", in den Fällen des erlaubten Gehwegparkens mit Zeichen 315 mit Zusatzzeichen „nur Bewohner mit Parkausweis …" anzuordnen. Eine bereits angeordnete Beschilderung mit Zeichen 314 (Anwohnerparkvorrecht nach altem Recht) bleibt weiter zulässig. Werden solche Bewohnerparkvorrechte als Freistellung von angeordneten Parkraumbewirtschaftungsmaßnahmen angeordnet (vgl. Nr. 6), kommen nur Zeichen 314, 315 in Betracht. Die Bezeichnung des Parkausweises (Buchstabe oder Nummer) auf dem Zusatzzeichen kennzeichnet zugleich die räumliche Geltung des Bewohnerparkvorrechts.

31 3. Die Bereiche mit Bewohnerparkvorrechten sind unter Berücksichtigung des Gemeingebrauchs (vgl. dazu Nr. 4), des vorhandenen Parkdrucks (vgl. dazu Nr. 1) und der örtlichen Gegebenheiten festzulegen. Dabei muss es sich um Nahbereiche handeln, die von den Bewohnern dieser städtischen Quartiere üblicherweise zum Parken aufgesucht werden. Die maximale Ausdehnung eines Bereiches darf auch in Städten mit mehr als 1 Mio. Einwohnern 1 000 m nicht übersteigen. Soweit die Voraussetzungen nach Nr. 1 in einem städtischen Gebiet vorliegen, dessen Größe die ortsangemessene Ausdehnung eines Bereiches mit Bewohnerparkvorrechten übersteigt, ist die Aufteilung des Gebietes in mehrere Bereiche mit Bewohnerparkvorrechten (mit verschiedenen Buchstaben oder Nummern) zulässig.

32 4. Innerhalb eines Bereiches mit Bewohnerparkvorrechten dürfen werktags von 9.00 bis 18.00 Uhr nicht mehr als 50 %, in der übrigen Zeit nicht mehr als 75 % der zur Verfügung stehenden Parkfläche für die Bewohner reserviert werden. In kleinräumigen Bereichen mit Wohnbebauung, in denen die ortsangemessene Ausdehnung (vgl. Nr. 3) wesentlich unterschritten wird, können diese Prozentvorgaben überschritten werden, wenn eine Gesamtbetrachtung der ortsangemessenen Höchstausdehnung wiederum die Einhaltung der Prozentvorgaben ergibt.

33 5. Für Parkflächen zur allgemeinen Nutzung empfiehlt sich die Parkraumbewirtschaftung (Parkscheibe, Parkuhr, Parkscheinautomat). Nicht reservierte Parkflächen sollen möglichst gleichmäßig unter besonderer Berücksichtigung ansässiger Wirtschafts- und Dienstleistungsunternehmen mit Liefer- und Publikumsverkehr sowie des Publikumsverkehrs von freiberuflich Tätigen in dem Bereich verteilt sein.

34 6. Bewohnerparkvorrechte können in Bereichen mit angeordneter Parkraumbewirtschaftung (vgl. zu § 13) auch als Befreiung von der Pflicht, die Parkscheibe auszulegen oder die Parkuhr/den Parkscheinautomat zu bedienen, angeordnet werden. Zur Anordnung der Zusatzzeichen vgl. Nr. 2.

35 7. Bewohnerparkausweise werden auf Antrag ausgegeben. Einen Anspruch auf Erteilung hat, wer in dem Bereich meldebehördlich registriert ist und dort tatsächlich wohnt. Je nach örtlichen Verhältnissen kann die angemeldete Nebenwohnung ausreichen. Die Entscheidung darüber trifft die Straßenverkehrsbehörde ebenfalls im Einvernehmen mit der Stadt. Jeder Bewohner erhält nur einen Parkausweis für ein auf ihn als Halter zugelassenes oder nachweislich von ihm dauerhaft genutztes Kraftfahrzeug. Nur in begründeten Einzelfällen können mehrere Kennzeichen in den Parkausweis eingetragen oder der Eintrag „wechselndes Fahrzeug" vorgenommen werden. Ist der Bewohner Mitglied einer Car-Sharing-Organisation, wird deren Name im Kennzeichenfeld des Parkausweises eingetragen. Das Bewohnerparkvorrecht gilt dann nur für das Parken eines von außen deutlich erkennbaren Fahrzeugs dieser Organisation (Aufschrift, Aufkleber am Fahrzeug); darauf ist der Antragsteller schriftlich hinzuweisen.

36 8. Der Bewohnerparkausweis wird von der zuständigen Straßenverkehrsbehörde erteilt. Dabei ist das Muster zu verwenden, das das Bundesministerium für Verkehr, Bau und Stadtentwicklung im Verkehrsblatt bekannt gibt.

3.6.8 Parkdruck – Sonstige bevorrechtigte Personen

Im Einvernehmen mit der jeweiligen Gemeinde (§ 45 Abs. 1b StVO) ist es möglich, mit Zusatzzeichen 1020-11 bestimmte schwerbehinderte Menschen mit entsprechendem Ausweis vom Halteverbot auszunehmen oder mit Zeichen 315 und Zz 1044-11 (*Bild 3.25*) für sie spezielle Parkplätze einzurichten.

Um auf Parkplätzen, die mit Zz 1044-11 (*Bild 3.25*) ausgewiesen sind, stehen zu können, ist ein besonderer Parkausweis notwendig. Um aber allen schwerbehinderten Menschen mit außergewöhnlicher Gehbehinderung, beidseitiger Amelie oder Phokomelie oder mit vergleichbaren Funktionseinschränkungen sowie für blinde Menschen Stellplätze zu reservieren, ist Zeichen 314 mit Zusatzzeichen „Rollstuhlfahrersymbol" (Zz 1044-10) anzuordnen. Soweit eine räumliche Begrenzung durch einen Pfeil sinnvoll ist, können die Varianten des Zeichens 314 mit Pfeil (Z 314-10 oder Z 314-20) angeordnet werden.

Eine zeitliche Beschränkung, z.B. auf 2 Stunden Parkdauer, ist möglich, um sicherzustellen, dass der Parkraum von einer Mehrzahl von Bedürftigen genutzt werden kann (siehe auch VGH Baden-Württemberg, Beschluss vom 22.8.2001, 5 S 69/01).

Weitere Anregungen zur Beschilderung und Verkehrsregelung für den ruhenden Verkehr enthalten die „Empfehlungen für Anlagen des ruhenden Verkehrs (EAR 05)", FGSV Verlag, Ausgabe 2005.

Bezüglich Beschilderung von Frauenparkplätzen an bewirtschafteten Rastanlagen der Bundesautobahnen siehe Abschnitt 8.5.3.

Bild 3.25
Parkplatz, der nur von bestimmten Schwerbehinderten mit besonderem Parkausweis benutzt werden darf

3.6.9 Parkdruck – Zonenregelungen

Zeichen 290.1 steht an der Grenze einer Zone (in der Regel einer Zone innerhalb der geschlossenen Ortschaft), in der ein eingeschränktes Haltverbot gilt. Abweichende Regelungen innerhalb der Zone sind durch Verkehrszeichen anzuordnen. Durch ein Zusatzzeichen kann die Benutzung einer Parkscheibe oder das Parken mit Parkschein vorgeschrieben oder das Parken in dafür gekennzeichneten Flächen zugelassen werden (Anlage 2 lfd. Nr. 64 StVO).

In der Zone wird durch den teilweisen Verzicht auf wiederholtes Aufstellen von Zeichen auf das bei der Beschilderung verfolgte Sichtbarkeitsprinzip verzichtet. Daher ist darauf zu achten, dass das betreffende Gebiet dem Kraftfahrer das Bewusstsein vermittelt, sich in einer Zone mit eingeschränktem Haltverbot zu befinden („Zonenbewusstsein"). Dort, wo innerhalb der Zone kürzeres Parken als allgemein mit Parkscheibe oder Parkschein angeordnet werden soll, sind Parkuhren aufzustellen.

Als Haltverbotszonen sollten baulich abzugrenzende Ortsbereiche ausgewählt werden (z.B. durch Ringstraßen begrenzte Innenortsbereiche, Altstadtviertel). Es empfiehlt sich, endgültig festliegende Zonen in Stadtplänen und Kartenwerken darzustellen.

Innerhalb der durch Zeichen 290.1 gekennzeichneten Zone gelten die Halt- und Parkverbote des § 12 StVO.

Liegt innerhalb der Zone ein durch Zeichen 314 beschilderter Parkplatz, dann muss vor diesem Parkplatz Zeichen 290.2 aufgestellt werden.

Die Tatsache, dass durch diese Zeichen das Abstellen von Fahrrädern auf Gehwegen nicht verboten werden kann, hat zur Folge, dass das Abstellen von Fahrrädern auf Bahnhofsvorplätzen (Fußgängerflächen) nicht verboten werden kann (VG-Urteil Lüneburg vom 25.9.2002, 5A 161/01).

Das OVG-Urteil Niedersachsen vom 6.6.2003 (12 LB 68/03) bestätigt, dass die Zeichen 290.1 und 290.2 nicht für das Abstellen von Fahrrädern auf Flächen gilt, die der Fußgängernutzung vorbehalten sind. Auch die Anbringung des Zz 1060-11 („auch Fahrräder") hat keine andere Wirkung.

In einer mit Zeichen 314.1 und 314.2 gekennzeichneten Zone darf, soweit es nicht gesetzlich oder durch Verkehrszeichen verboten wird, geparkt werden. Mit Zusatzzeichen wird in der Regel vorgeschrieben, wie das Parken in der Zone bewirtschaftet wird (Parkschein oder Parkscheibe; siehe Abschnitt 3.6.10).

Diese Art der Parkraumbewirtschaftung bietet sich in Bereichen an, wo keine abgeschlossene Fläche (Parkplatz) zur Verfügung steht, sondern der gesamte Straßenraum überall dort, wo Parken

3.6.10 Parkdruck – Parkscheibe, Parkuhr, Parkautomat

erlaubt ist, bewirtschaftet werden soll. So kann der Parktourismus vor allem in innenstadtnahen Wohngebieten gesteuert werden.

Relativ kurze Maximalparkdauern und verhältnismäßig hohe Gebühren halten den Parkverkehr aus diesen Gebieten und fördern eventuell die Nutzung öffentlicher Verkehrsmittel oder die Nutzung von (falls vorhanden) Parkhäusern.

Durch Zusatzzeichen darf das Parken eingeschränkt werden oder können Bewohner mit Parkausweis von der Parkschein- oder Parkscheibenpflicht ausgenommen werden.

Zu Abschnitt 3.6.9

VwV-StVO
zu § 41
Vorschriftzeichen

Zu den Zeichen 290.1 und 290.2 Beginn und Ende eines eingeschränkten Haltverbotes für eine Zone

1   I. Die Zeichen sind so aufzustellen, dass sie auch für den einbiegenden Verkehr sichtbar sind, ggf. auf beiden Straßenseiten.

2   II. Soll das Kurzzeitparken in der gesamten Zone oder in ihrem überwiegenden Teil zugelassen werden, sind nicht Zeichen 290.1, 290.2, sondern Zeichen 314.1, 314.2 anzuordnen.

VwV-StVO
zu § 42
Richtzeichen

Zu Zeichen 314.1 und 314.2 Parkraumbewirtschaftungszone

1   Das Zeichen ist dann anzuordnen, wenn in einem zusammenhängenden Bereich mehrerer Straßen ganz oder überwiegend das Parken nur mit Parkschein oder mit Parkscheibe zugelassen werden soll. Die Art des zulässigen Parkens ist durch Zusatzzeichen anzugeben. Innerhalb der Zone kann an einzelnen bestimmten Stellen das Halten oder Parken durch Zeichen 283 oder 286 verboten werden. Vgl. auch Nummer II zu den Zeichen 290.1 und 290.2; Rn. 2.

3.6.10 Parkdruck – Parkscheibe, Parkuhr, Parkautomat

Außerhalb von Zonen kann auf Plätzen und Straßenabschnitten durch Zeichen 314 mit Zz 1040-32 oder Zeichen 315 mit Zz 1040-32 die Benutzung von Parkscheiben (Bild 318 StVO) vorgeschrieben werden. Zz 1040-32 zeigt das blaue Symbol einer Parkscheibe sowie den Zusatz „… Std." (siehe auch Abschnitt 3.6.2).

Die Gestaltung der Parkscheibe (Bild 318 StVO) hat das für den Verkehr zuständige Bundesministerium mit Erlass vom 24.11.1981 geregelt.

■ Parkscheibe

Darf nur in Haltverbotszonen oder dort, wo Zeichen 314 oder 315 aufgestellt ist, eingesetzt werden.

Parkplätze, auf denen die Verwendung von Parkscheiben vorgeschrieben ist, werden durch Zeichen 314 mit Zz 1040-32 (Symbol Parkscheibe „… Stunden") gekennzeichnet. Zeichen 314 mit dem

Zusatzzeichen „nur mit Parkschein" kennzeichnet den Geltungsbereich von Parkscheinautomaten, Zeichen 314 mit Zz 1052-34 „gebührenpflichtig" kennzeichnet gebührenpflichtige Parkplätze, die nach § 45 Abs. 1b Nr. 1 StVO im Zusammenhang mit Großveranstaltungen eingerichtet werden dürfen. Auf diesen Parkplätzen darf abweichend von § 13 Abs. 1 und 2 der StVO auch ohne Betätigung der dort genannten Einrichtungen zur Überwachung der Parkzeit für die Dauer der zulässigen Parkzeit halten, wer die durch zusätzlich vorhandene Vorrichtungen oder Einrichtungen (Taschenparkuhren oder Mobiltelefone) notwendigen Vorkehrungen getroffen hat (11. Ausnahmeverordnung zur StVO vom 28.1.2005, BGBl. I S. 229).

■ Parkuhr und Parkscheinautomat

Sie erlauben im Bereich des Zeichens 286 das Halten während des Laufens der Uhr oder mit gültigem Parkschein für die Dauer der zulässigen Parkzeit (§ 13 StVO). Ein- oder Aussteigen sowie Ladegeschäfte sind zulässig; die Parkuhr braucht dabei nicht in Gang gesetzt zu werden, der Parkschein ist nicht erforderlich. Wo Parkuhren stehen, braucht Zeichen 286 nicht aufgestellt zu werden.

3.6.10 Parkdruck – Parkscheibe, Parkuhr, Parkautomat

Zu Abschnitt 3.6.10

StVO
§ 13
Einrichtungen
zur Überwachung
der Parkzeit

(1) An Parkuhren darf nur während des Laufens der Uhr, an Parkscheinautomaten nur mit einem Parkschein, der am oder im Fahrzeug von außen gut lesbar angebracht sein muss, für die Dauer der zulässigen Parkzeit gehalten werden. Ist eine Parkuhr oder ein Parkscheinautomat nicht funktionsfähig, darf nur bis zur angegebenen Höchstparkdauer geparkt werden. In diesem Fall ist die Parkscheibe zu verwenden (Absatz 2 Satz 1 Nummer 2). Die Parkzeitregelungen können auf bestimmte Stunden oder Tage beschränkt sein.

(2) Wird im Bereich eines eingeschränkten Haltverbots für eine Zone (Zeichen 290.1 und 290.2) oder einer Parkraumbewirtschaftungszone (Zeichen 314.1 und 314.2) oder bei den Zeichen 314 oder 315 durch ein Zusatzzeichen die Benutzung einer Parkscheibe (Bild 318) vorgeschrieben, ist das Halten und Parken nur erlaubt

1. für die Zeit, die auf dem Zusatzzeichen angegeben ist, und,

2. soweit das Fahrzeug eine von außen gut lesbare Parkscheibe hat und der Zeiger der Scheibe auf den Strich der halben Stunde eingestellt ist, die dem Zeitpunkt des Anhaltens folgt.

Sind in einem eingeschränkten Haltverbot für eine Zone oder einer Parkraumbewirtschaftungszone Parkuhren oder Parkscheinautomaten aufgestellt, gelten deren Anordnungen. Im Übrigen bleiben die Vorschriften über die Halt- und Parkverbote unberührt.

(3) Die in den Absätzen 1 und 2 genannten Einrichtungen zur Überwachung der Parkzeit müssen nicht betätigt werden, soweit die Entrichtung der Parkgebühren und die Überwachung der Parkzeit auch durch elektronische Einrichtungen oder Vorrichtungen, insbesondere Taschenparkuhren oder Mobiltelefone, sichergestellt werden kann. Satz 1 gilt nicht, soweit eine dort genannte elektronische Einrichtung oder Vorrichtung nicht funktionsfähig ist.

(4) Einrichtungen und Vorrichtungen zur Überwachung der Parkzeit brauchen nicht betätigt zu werden

1. beim Ein- oder Aussteigen sowie

2. zum Be- oder Entladen.

Anmerkung: Zeichen 290.1 und 290.2 sind gemäß der VwV-StVO so aufzustellen, dass sie auch für den einbiegenden Verkehr sichtbar sind, ggf. auf beiden Straßenseiten.

VwV-StVO
zu § 13
Einrichtungen
zur Überwachung
der Parkzeit

Zu Absatz 1

1 I. Wo Parkuhren aufgestellt sind, darf das Zeichen 286 nicht angeordnet werden.

2 II. Parkuhren und Parkscheinautomaten sind vor allem dort anzuordnen, wo kein ausreichender Parkraum vorhanden ist und deshalb erreicht werden muss, dass möglichst viele Fahrzeuge nacheinander für möglichst kurze genau begrenzte Zeit parken können.

3 III. Vor der Anordnung von Parkuhren und Parkscheinautomaten sind die Auswirkungen auf den fließenden Verkehr und auf benachbarte Straßen zu prüfen.

4 IV. Parkraumbewirtschaftung empfiehlt sich nur dort, wo eine wirksame Überwachung gewährleistet ist.

5 V. Über Parkuhren und Parkscheinautomaten in Haltverbotszonen vgl. Nummer II zu Zeichen 290.1 und 290.2, Rn. 2.

VI. Der Parkschein soll mindestens folgende, gut lesbare Angaben enthalten:

6 1. Standort des Parkscheinautomaten

7 2. Datum und

8 3. Ende der Parkzeit.

9 VII. Für die Festlegung und die Höhe der Parkgebühren gelten die Parkgebührenordnungen (§ 6a Abs. 6 StVG).

221

3.6.11 Parkplätze

VwV-StVO
zu § 13
Einrichtungen
zur Überwachung
der Parkzeit

Zu Absatz 2

10 I. Das Parken mit Parkscheibe darf nur in Haltverbotszonen (Zeichen 290.1) und Parkraumbewirtschaftungszonen (Zeichen 314.1) sowie in Verbindung mit Zeichen 314 oder 315 angeordnet werden. Zur Anordnung des Parkens mit Parkscheibe in Haltverbotszonen vgl. Nummer II zu Zeichen 290.1 und 290.2; Rn. 2.

11 II. Auf der Vorderseite der Parkscheibe sind Zusätze, auch solche zum Zwecke der Werbung, nicht zulässig.

VwV-StVO
zu § 42
Richtzeichen

Zu Bild 318 Parkscheibe

1 Einzelheiten über die Ausgestaltung der Parkscheibe gibt das für Verkehr zuständige Bundesministerium im Einvernehmen mit den zuständigen obersten Landesbehörden im Verkehrsblatt bekannt.

3.6.11 Parkplätze

Zeichen 314 ist dort anzuordnen, wo ein Hinweis auf einen Parkplatz erforderlich ist. Das gilt auch für größere Parkplätze und Parkhäuser, die von Privatpersonen betrieben werden. Auf Parkmöglichkeiten an der Bordsteinkante oder besonders angelegten Parkstreifen braucht ein Hinweis durch dieses Zeichen nicht zu erfolgen.

In der Regel steht Zeichen 314 an der Einfahrt zu einem Parkplatz.

Zeichen 314 kann auch auf Straßen, die als Vorfahrtstraßen beschildert sind und auf denen außerorts das Parken daher verboten ist, aufgestellt werden, wenn eine dringende Notwendigkeit besteht, Parkmöglichkeiten zu schaffen (z. B. Straßen in Fremdenverkehrs- oder Wintersportgebieten). Über die Kennzeichnung von „Parken-und-Reisen"- (Park-and-Ride)-Parkplätzen siehe Z 316.

Z 316 und 317 sind Varianten des Zeichens 314. Sie enthalten keine verbindlichen Verhaltensanweisungen für den Verkehrsteilnehmer und werden daher von der StVO in den Katalog der Verkehrszeichen (VzKat) verlagert.

Z 316 dient zur Kennzeichnung von Parkplätzen in der Nähe von Haltestellen öffentlicher Verkehrsmittel, meist in den Außenbezirken von Großstädten gelegen, auf denen Kraftfahrer ihre Fahrzeuge abstellen und zur Weiterfahrt auf öffentliche Verkehrsmittel umsteigen können.

P+R-Parkplätze dienen der Entlastung der Innenstädte vom Individualverkehr.

Gemäß dem ARS 9/2001 vom 14.2.2001 S 28/38.62.00/100 Va 2000 II soll eine Aufnahme in die wegweisende Beschilderung von Autobahnanschlussstellen nur erfolgen, wenn durch einen ausreichend großen Parkplatz (> 500 Stellplätze) und einen ausreichend dichten Fahrtakt (≤ 10 min) des angeschlossenen öffentlichen Verkehrs ein großer Anteil des Fernverkehrs auf den ÖPNV umsteigen kann.

Mittels Wegweisern nach Z 432, 435, 436 und dem Sinnbild P+R kann der Verkehr in geeigneter Weise zu solchen Parkplätzen geführt werden.

Z 317 soll an solchen Parkplätzen – Autobahnparkplätze ausgenommen – aufgestellt werden, die über öffentliche Straßen erreichbar sind und an denen Rundwanderwege beginnen und enden.

Wandererparkplätze brauchen keine geschlossene Deckenbefestigung aufzuweisen. Eine der Landschaft angepasste Befestigung wie Kiesschüttung oder Trittrasen ist ausreichend. Daher entfällt in der Regel auch eine Kennzeichnung der einzelnen Pkw-Stellplätze.

Kraftfahrzeuganhänger (also auch Wohnwagenanhänger) ohne Zugfahrzeug dürfen nicht länger als zwei Wochen geparkt werden, es sei denn auf entsprechend gekennzeichneten Parkplätzen.

Siehe auch bei Zeichen 314 Parkplatz.

Parkplätze, auf denen Kraftfahrzeuganhänger ohne Zugfahrzeug länger als zwei Wochen parken dürfen, sind durch entsprechende Zusatzzeichen auszuweisen. Es kann hierfür das in *Bild 3.15* (mittleres Zeichen) dargestellte Zusatzzeichen verwendet werden.

Zu Abschnitt 3.6.11

VwV-StVO
zu § 42
Richtzeichen

Zu Zeichen 314 Parken

1 I. Das Zeichen ist bei der Kennzeichnung von Parkplätzen im Regelfall an deren Einfahrt anzuordnen.

2 II. Zur Kennzeichnung der Parkerlaubnis auf Seitenstreifen oder am Fahrbahnrand ist es nur anzuordnen, wenn

3 a) dort das erlaubte Parken durch Zusatzzeichen beschränkt werden soll oder

b) für Verkehrsteilnehmer nicht erkennbar ist, dass dort geparkt werden darf, und eine Parkflächenmarkierung nicht in Betracht kommt.

4 III. Als Hinweis auf größere öffentlich oder privat betriebene Parkplätze und Parkhäuser ist es nur dann anzuordnen, wenn deren Zufahrt für die Verkehrsteilnehmer nicht eindeutig erkennbar ist, aber nur im unmittelbaren Bereich dieser Zufahrt. Durch zwei weiße dachförmig aufeinander zuführende Schrägbalken über dem "P" kann angezeigt werden, dass es sich um ein Parkhaus handelt. Nicht amtliche Zusätze im unteren Teil des Zeichens mit der Angabe "frei", "besetzt" oder der freien Zahl von Parkständen bzw. Stellplätzen sind zulässig.

5 IV. Durch Zusatzzeichen mit dem Sinnbild eines Fahrrades kann auf Parkflächen für Fahrräder hingewiesen werden.

3.6.12 Pannenbuchten

Mit Zeichen 328 werden Nothalte- oder Pannenbuchten beschildert. Dabei handelt es sich um neben der Fahrbahn für den Fahrzeugverkehr befestigte Stellflächen, die in Notfällen (Panne) kurzzeitig zum Halten genutzt werden können.

Nothalte- oder Pannenbuchten sind überwiegend in Tunneln oder auf schmalen Gebirgsstraßen zu finden, weil es dort sonst im Falle eines auf der Fahrbahn haltenden Fahrzeugs zu gefährlichen Verkehrsbehinderungen kommt. In Tunneln sind diese Buchten meistens mit Notrufsäulen ausgestattet.

Näheres siehe „Richtlinien für die Ausstattung und den Betrieb von Straßentunneln (RABT)", FGSV Verlag, Ausgabe 2006.

Mit Zeichen 328 kann auch eine Nothalte- oder Pannenbucht angekündigt werden. Dann ist zum Zeichen 328 das Zusatzzeichen 1004 (in … m) anzubringen.

Zu Abschnitt 3.6.12

VwV-StVO
zu § 42
Richtzeichen

Zu Zeichen 328 Nothalte- und Pannenbucht

1 I. Das Zeichen steht am Beginn einer Nothalte- und Pannenbucht. Bei besonderen örtlichen und verkehrlichen Gegebenheiten kann Zeichen 328 auch als Vorankündigung in ausreichendem Abstand (z. B. in Tunnel ca. 300 m) vor einer Nothalte- und Pannenbucht aufgestellt werden; dann ist zum Zeichen 328 das Zusatzzeichen 1004 (in … m) anzubringen.

2 II. Hinsichtlich der Anordnung des Zeichens Notrufsäule (Zeichen 365-51) wird auf die Richtlinien für die Ausstattung und den Betrieb von Straßentunneln (RABT) verwiesen.

Knoten-
punkte

4.1 Allgemeines

In Abschnitt 4 werden die Regelungen behandelt, die im Zusammenhang mit Knotenpunkten von Straßen notwendig oder sinnvoll sind.

Wichtig sind dabei insbesondere das Ordnen der verschiedenen Verkehrsströme in der Kreuzung (Abschnitt 4.3) und Regelungen der Vorfahrt (Abschnitt 4.5). Manchmal kann es aus Gründen der Sicherheit und Leichtigkeit des Verkehrs auch notwendig sein, einzelne Fahrbeziehungen zu unterbinden (Abschnitt 4.2). Abschnitt 4.4 ist Besonderheiten einzelner angrenzender Straßen gewidmet (Einbahnstraßen, Sackgassen).

Knotenpunkte („Kreuzungen", „Einmündungen") sind Verknüpfungen mehrerer Straßen und damit mehrerer Verkehrsströme. Überall dort, wo sich Verkehrsströme kreuzen oder zusammengeführt werden, entstehen Konfliktpunkte. An einer Standardkreuzung bilden zwölf Verkehrsströme insgesamt 24 Konfliktpunkte (*Bild 4.1*).

Auch wenn Vorfahrtregelungen die häufigste Art der Regelungen an Knotenpunkten sind, werden zunächst die Nutzungsbeschränkungen und dann die Vorfahrtregelungen behandelt, um innerhalb des Gesamtwerks den Zusammenhang mit den vorher behandelten Nutzungseinschränkungen und den nachfolgenden Verhaltensregelungen im Verkehrsablauf zu schaffen.

Aufgabe der baulichen Gestaltung und der verkehrsrechtlichen Regelungen von Knotenpunkten ist, die Sicherheit und Leichtigkeit der miteinander an den Konfliktpunkten konkurrierenden Verkehrsströme zu gewährleisten. Dabei sind die Randbedingungen zu beachten und die unterschiedlichen Gestaltungsmöglichkeiten gegeneinander abzuwägen. So führen vor allem bei höher belasteten Knoten häufig Lösungen mit größerer Kapazität (Leistungsfähigkeit, Verkehrsqualität, „Leichtigkeit") zu Problemen mit der Sicherheit, sichere Lösungen aber zu Komplexitätsproblemen. Beide Ziele können dann häufig nur mit größerem Flächeneinsatz und/oder Kosten erreicht werden. Hier gilt es eine an den Einzelfall angepasste Zwischenlösung zu finden.

In den nachfolgenden Absätzen soll zunächst ein kurzer Überblick über die Zusammenhänge gegeben werden. Ausführliche Ausführungen zur Knotenpunktgestaltung sind in den Regelwerken zur Straßengestaltung, insbesondere (noch) in den

– Richtlinien für die Anlage von Autobahnen (RAA), FGSV Verlag, Ausgabe 2008

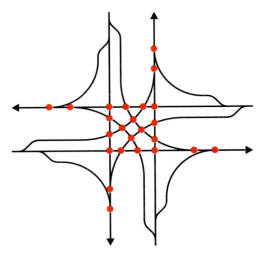

Bild 4.1 Verkehrsströme und Konfliktpunkte an einer Standardkreuzung

– Richtlinien für die Anlage von Landstraßen (RAL), FGSV Verlag, Ausgabe 2013
– Richtlinien für die Anlage von Stadtstraßen (RASt 06), FGSV Verlag, Ausgabe 2006
– Richtlinien für Lichtsignalanlagen an Straßen (RiLSA), FGSV Verlag, Ausgabe 2010
– Merkblatt für die Anlage von Kreisverkehren.

Das Regelwerk unterscheidet im Wesentlichen höhenfreie, teilhöhenfreie und höhengleiche Knotenpunkte, bei Letzteren Standard-Knotenpunktformen und Kreisverkehrsplätze.

Aufgabe der Verkehrszeichen und -einrichtungen ist es, bei einfacheren Knotenpunkten vorzugeben, nach welchen Regeln die möglichen Konflikte gelöst werden sollen (in der Regel Vorfahrtregelungen, aber auch Spurführungen), und den Verkehrsablauf zu vereinfachen, um Konflikte von vornherein zu vermeiden (in der Regel durch Abbiegeverbote).

Je stärker ein Knoten ausgelastet und je unübersichtlicher er ist, desto mehr sind klare Regelungen über den Ablauf erforderlich.

Gerade bei Entscheidungen zu Knotenpunkten ist immer die Gesamtsicht im Netz zu wahren. Abbiegeverbote und Probleme mit der Verkehrsqualität (Wartezeiten) verdrängen Verkehr auf andere Routen, führen dort zu mehr Verkehr und können dann vor allem an anderen Knotenpunkten zu Problemen führen.

Die Entwurfsregelwerke haben als Gestaltungsprinzipien für eine sichere und taugliche

Knotenpunktgestaltung als wesentliche Ziele herausgearbeitet:

– Erkennbarkeit,
– Begreifbarkeit,
– Benutzbarkeit.

Dabei bedeutet **Erkennbarkeit**, dass der Knotenpunkt rechtzeitig erkennbar ist, um Entscheidungen über die Fahrtrichtungswahl und Anpassung des Fahrverhaltens zu ermöglichen.

Dabei bedeutet **Begreifbarkeit**, dass die Verkehrsteilnehmer rechtzeitig und ohne Probleme entscheiden können, wie sie sich im Knotenpunkt verhalten müssen.

Dabei bedeutet **Benutzbarkeit**, dass die vorgesehene Benutzung, z.B. das Abbiegen in eine Nebenstraße, auch tatsächlich möglich ist. Gerade mit größeren Fahrzeugen ist das aus geometrischen Gründen nicht immer der Fall.

Die verkehrstechnische Ausstattung sollte diese Ziele unterstützen oder, soweit z.B. bei einfachen Knoten keine Wechselwirkung zur baulichen Gestaltung besteht, selbst nach diesen Zielen gestaltet sein.

Erkennbarkeit und Begreifbarkeit werden – außer durch die bauliche Gestaltung – vor allem durch die Wegweisung (siehe Abschnitt 8) unterstützt. Das Warnzeichen Zeichen 102 dient dazu, auf einen nicht ohne Weiteres erkennbaren Knotenpunkt hinzuweisen (siehe Abschnitt 4.4). Aber auch Wegweiser, die Fahrtrichtung regelnde Zeichen und Markierungen oder vorfahrtregelnde Zeichen und ihre Vorankündigung, selbst Straßennamenschilder, können einen Beitrag zur Erkennbarkeit und Begreifbarkeit von Knotenpunkten liefern.

Die Befahrbarkeit kann durch Beschilderung nicht verbessert werden. Eine mangelnde Befahrbarkeit, z.B. Probleme beim Abbiegen, kann jedoch Anlass für eine entsprechende Beschilderung sein, um problematische Verkehrsvorgänge von vornherein zu vermeiden.

4.2 Einschränkung der Fahrbeziehungen

StVO Anlage 2 Vorschriftzeichen (zu § 41 Absatz 1)
Abschnitt 2 Vorgeschriebene Fahrtrichtungen

zu 5 bis 7		**Ge- oder Verbot** Wer ein Fahrzeug führt, muss der vorgeschriebenen Fahrtrichtung folgen. **Erläuterung** Andere als die dargestellten Fahrtrichtungen werden entsprechend vorgeschrieben. Auf Anlage 2 laufende Nummer 70 wird hingewiesen.
5	**Zeichen 209** Rechts	
6	**Zeichen 211** **Hier rechts**	
7	**Zeichen 214** **Geradeaus oder rechts**	

StVO Anlage 2 Vorschriftzeichen (zu § 41 Absatz 1) Abschnitt 6 Verkehrsverbote		
47	**Zeichen 272** **Verbot des Wendens**	**Ge- oder Verbot** Wer ein Fahrzeug führt, darf hier nicht wenden.

StVO Anlage 3 Richtzeichen (zu § 42 Absatz 2) Abschnitt 12 Sonstige Verkehrsführung		
		3. Blockumfahrung
83	**Zeichen 590** **Blockumfahrung**	**Erläuterung** Das Zeichen kündigt eine durch die Zeichen „Vorgeschriebene Fahrtrichtung" (Zeichen 209 bis 214) vorgegebene Verkehrsführung an.

Mit Zeichen 209 bis 214 können an Kreuzungen und Einmündungen eine oder mehrere Fahrtrichtungen vorgeschrieben (und damit andere ausgeschlossen) werden. Das kann z.B. notwendig oder sinnvoll sein, wenn durch das Unterbinden von Ein- oder Abbiegeströmen die Sicherheit und Leichtigkeit im Knotenpunkt erhöht werden kann oder die einmündende Straße z.B. wegen mangelnder Breite als Einbahnstraße ausgewiesen werden musste (auf Verdrängungseffekte ist zu achten).

Die Zeichen dürfen neben den Fahrstreifen stehen, für die sie gelten. Sie dürfen auch außerhalb von Knotenpunkten und an Grundstücksausfahrten (z.B. bei Parkhäusern) verwendet werden.

Die Zeichen können in Verbindung mit Signalgebern von Lichtsignalanlagen gezeigt werden, wenn der gesamte Richtungsverkehr einer Fahrbahn ihnen folgen muss. Werden sie nicht mit Grünpfeilen, sondern mit vollem Grünlicht gezeigt, sind nicht unbedingt alle „feindlichen" Verkehrsströme gesperrt. So können z.B. Fußgängerfurten, die Fahrzeuge beim Abbiegen kreuzen müssen, für die Fußgänger freigegeben sein.

Für die anderen Fahrtrichtungen können entsprechende Verkehrszeichen gebildet werden. *Bild 4.2* zeigt die im Katalog der Verkehrszeichen vorgesehenen Kombinationen. Ein Anpassen der Pfeilrichtungen an den tatsächlichen Straßenverlauf

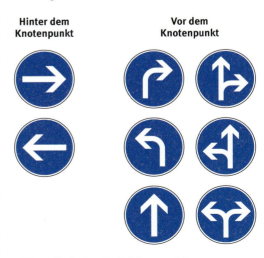

Hinter dem Knotenpunkt   **Vor dem Knotenpunkt**

Bild 4.2 Varianten der Zeichen 209 bis 214

229

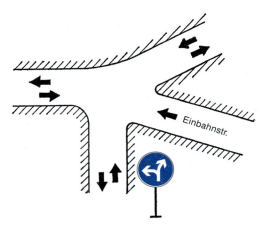

Bild 4.3 Zeichen 215 mit einer an den tatsächlichen Straßenverlauf angepassten Pfeilgestaltung

darf nur erfolgen, wenn dies zur Klarstellung der Situation notwendig ist (siehe *Bild 4.3*).

Im Gegensatz zu Zeichen 209, das eine Vorankündigung für eine vorgeschriebene Fahrtrichtung darstellt, besagt Zeichen 211, dass die Fahrtrichtungsänderung „hier" (direkt vor dem Schild) vorzunehmen ist.

Die Vorankündigung muss in entsprechender Entfernung vor der Stelle aufgestellt werden, an der abgebogen werden soll. Erforderlichenfalls kann die Entfernung auf einem Zusatzzeichen angegeben werden, z. B. wenn das Zeichen örtlich bedingt unverhältnismäßig weit vom Punkt der Fahrtrichtungsänderung aufgestellt werden muss. Die Entfernung richtet sich nach der jeweiligen Durchschnittsgeschwindigkeit, mit der die betreffende Straße befahren wird. Unter Abschnitt 12.4.12 ist im Beispiel ermittelt worden, wo Zeichen 209 für einen bestimmten Fall aufzustellen ist. Das gleiche Beispiel kann zur

Ermittlung des Standortes von Zeichen 214 verwendet werden.

Sollen die Zeichen in Verbindung mit Signalgebern von Lichtsignalanlagen eingesetzt werden, müssen sie auf der rechten Straßenseite bei Dämmerung und Dunkelheit erleuchtet oder beleuchtet sein. Bei Zeichen auf der linken Seite genügt es, wenn sie voll rückstrahlen.

Das Gebot einer bestimmten Fahrtrichtung kann durch Zusatzzeichen auf bestimmte Verkehrsarten oder Fahrzeuge beschränkt werden (siehe *Bild 2.14*). Im Gegensatz zu Zeichen 220 „Einbahnstraße" gebietet Zeichen 211 nur die Fahrtrichtung im Knotenpunkt. Auf der Straße, in die ein- oder abgebogen wird, kann also Verkehr in Gegenrichtung vorhanden sein.

Bei Einbahnstraßen ist daher Zeichen 220, bei Straßen mit Verkehr in beiden Richtungen dagegen Zeichen 211 zu verwenden (*Bild 4.4* und *4.5*).

Über die empfohlenen Einschränkungen bei der Verwendung der Zeichen 214 und Z 214-10 vor Knotenpunkten mit der Vorfahrtregelung „Rechts vor Links" siehe Abschnitt 4.5.2 Vorfahrtregelung „Rechts vor Links".

Das Aufstellen und Entfernen der Zeichen 209 bedarf auf Autobahnen und Kraftfahrstraßen der Zustimmung der obersten Landesbehörde oder der von ihr bestimmten Stelle (VwV-StVO zu § 45 Abs. 1 III 1d).

Mit Zeichen 272 kann das Wenden für Fahrzeuge verboten werden. Dies ist in der Regel auf Straßen der Fall, bei denen die Verkehrsrichtungen durch einen Mittelstreifen voneinander getrennt sind, in gewissen Abständen aber aus Betriebsgründen Mittelstreifen-Überfahrten bestehen, auf denen ein Wenden zwar möglich, aber nicht erwünscht ist.

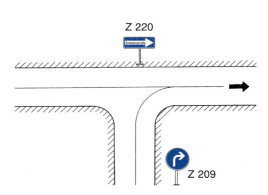

Bild 4.4 Verwendung von Zeichen 220 bei Einbahnstraßen

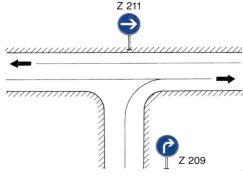

Bild 4.5 Verwendung von Zeichen 211 bei Straßen mit Verkehr in beiden Richtungen

Zeichen 272 muss auf Autobahnen (Zeichen 330.1) und Kraftfahrstraßen (Zeichen 331.1) nicht aufgestellt werden, weil dort das Wenden gemäß § 18 Abs. 7 StVO verboten ist.

Das Zeichen „Wendeverbot" kann auch vor Knotenpunkten angeordnet werden, wenn aus Gründen der Sicherheit und Leichtigkeit des Verkehrs dort ein Wenden der Fahrzeuge untersagt werden muss, z. B. weil wendender Verkehr im Konflikt mit einem durch Lichtsignalgeber mit grünem Pfeil freigegebenen Verkehrsstrom geraten könnte.

Zeichen 590 ist in der Regel nur innerhalb von Ortschaften aufzustellen, wo eine mit den Zeichen 209 bis 214 „Vorgeschriebene Fahrtrichtung" ausgeschilderte schwierige Verkehrsführung oder Blockumfahrung angekündigt werden soll.

Dieses im Zeichen 590 dargestellte Muster für eine Verkehrsführung deutet an, dass im weiteren Verlauf der Straße das Linksabbiegen verboten ist oder im Interesse des Verkehrsflusses durch die dargestellte Verkehrsführung umgangen werden soll. Damit wird die Einsatzmöglichkeit von Zeichen 590 umrissen. Eine sehr sparsame Verwendung ist angezeigt.

Eine möglichst vereinfachte Darstellung des Straßen- und Umleitungsverlaufes muss angestrebt werden (siehe Abschnitte 8.2 und 8.4.2) und die Gestaltungsregeln der allgemeinen Wegweisung sind zu beachten (siehe Abschnitte 8.3 und 8.4).

Zu Abschnitt 4.2

VwV-StVO
zu § 41
Vorschriftzeichen

Zu den Zeichen 209 bis 214 Vorgeschriebene Fahrtrichtung

1 I. In Abweichung von den abgebildeten Grundformen dürfen die Pfeilrichtungen dem tatsächlichen Verlauf der Straße, in die der Fahrverkehr eingewiesen wird, nur dann angepasst werden, wenn dies zur Klarstellung notwendig ist.

2 II. Die Zeichen „Hier rechts" und „Hier links" sind hinter der Stelle anzuordnen, an der abzubiegen ist, die Zeichen „Rechts" und „Links" vor dieser Stelle. Das Zeichen „Geradeaus" und alle Zeichen mit kombinierten Pfeilen müssen vor der Stelle stehen, an der in eine oder mehrere Richtungen nicht abgebogen werden darf.

3 III. In Verbindung mit Lichtzeichen dürfen die Zeichen nur dann angebracht sein, wenn für den gesamten Richtungsverkehr ein Abbiegever- oder -gebot insgesamt angeordnet werden soll. Sie dürfen nicht nur fahrstreifenbezogen zur Unterstützung der durch die Fahrtrichtungspfeile oder Pfeile in Lichtzeichen vorgeschriebenen Fahrtrichtung angeordnet werden.

4 IV. Vgl. auch Nummer IV zu § 41; Rn. 4 und über die Zustimmungsbedürftigkeit Nummer III 1 Buchstabe d zu § 45 Abs. 1 bis 1e; Rn. 7.

…

Zu Zeichen 272 Wendeverbot

1 Nummer III zu Zeichen 209 bis 214; Rn. 3 gilt entsprechend.

4.3 Ordnung in der Kreuzung

StVO Anlage 2 Vorschriftzeichen (zu § 41 Absatz 1)
Abschnitt 3 Vorgeschriebene Vorbeifahrt

10	**Zeichen 222**  **Rechts vorbei**	**Ge- oder Verbot** Wer ein Fahrzeug führt, muss der vorgeschriebenen Vorbeifahrt folgen. **Erläuterung** „Links vorbei" wird entsprechend vorgeschrieben.

Abschnitt 9 Markierungen

70	**Zeichen 297**  **Pfeilmarkierungen**	**Ge- oder Verbot** 1. Wer ein Fahrzeug führt, muss der Fahrtrichtung auf der folgenden Kreuzung oder Einmündung folgen, wenn zwischen den Pfeilen Leitlinien (Zeichen 340) oder Fahrstreifenbegrenzungen (Zeichen 295) markiert sind. 2. Wer ein Fahrzeug führt, darf auf der mit Pfeilen markierten Strecke der Fahrbahn nicht halten (§ 12 Absatz 1). **Erläuterung** Pfeile empfehlen, sich rechtzeitig einzuordnen und in Fahrstreifen nebeneinander zu fahren. Fahrzeuge, die sich eingeordnet haben, dürfen auch rechts überholt werden.
71	**Zeichen 297.1**  **Vorankündigungspfeil**	**Erläuterung** Mit dem Vorankündigungspfeil wird eine Fahrstreifenbegrenzung angekündigt oder das Ende eines Fahrstreifens angezeigt. Die Ausführung des Pfeils kann von der gezeigten abweichen.

StVO Anlage 3 Richtzeichen (zu § 42 Absatz 2) Abschnitt 12 Sonstige Verkehrsführung		
	2. Verkehrslenkungstafeln	
82	**Zeichen 531** 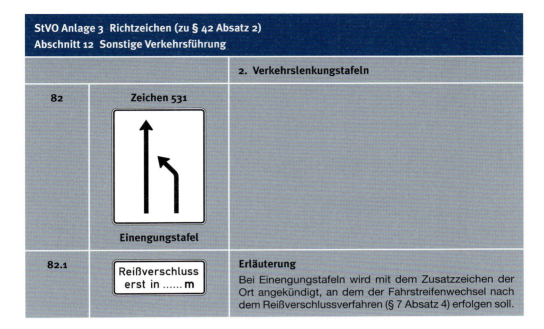 **Einengungstafel**	
82.1	Reißverschluss erst in ...... m	**Erläuterung** Bei Einengungstafeln wird mit dem Zusatzzeichen der Ort angekündigt, an dem der Fahrstreifenwechsel nach dem Reißverschlussverfahren (§ 7 Absatz 4) erfolgen soll.

Zur Ordnung des Verkehrs in Knotenpunkten werden, vor allem in größeren Knotenpunkten, Verkehrsinseln eingebaut, die die Verkehrsströme führen und voneinander trennen, sowie, vor allem innerorts, den Fußgängern Gelegenheit geben, innerhalb des Verkehrsraums der Fahrzeuge sicher zu verharren. Mit Zeichen 222 kann angeordnet werden, an welcher Seite der Insel der Verkehr vorbeifahren soll. Zwischen dem Zeichen und dem Verkehr, an den es sich wendet, darf kein Gegenverkehr vorhanden sein.

Andere Beispiele: Haltestelleninseln, Anfang eines Fahrbahnteilers, Querungshilfen für Fußgänger, Baustellen.

Zeichen 222 wird am Beginn der Vorbeifahrt angebracht. Auf der Spitze von Verkehrsinseln oder Fahrbahnteilern braucht allgemein nur Zeichen 222 angebracht zu werden und nicht noch, wie häufig zu beobachten, Zeichen 267 „Verbot der Einfahrt". Auch Leitplatten sind nicht unbedingt notwendig. Allerdings ist die zusätzliche Anordnung einer Fahrbahnmarkierung als Fahrstreifenbegrenzung (Zeichen 295) außerorts vor Inseln erforderlich, innerorts kann sie sich außerhalb von Tempo 30-Zonen empfehlen. Zur Anordnung siehe auch Abschnitt 5.3.2.

Eine Ausnahme bilden die Inselspitzen, die von Autobahnaus- und Autobahneinfahrt gebildet werden (siehe *Bild 4.6*). Zur Sicherung gegen falsches Einfahren auf die Autobahn kann es

hier zweckmäßig sein, außer Zeichen 222 auch noch Zeichen 267 aufzustellen, Zeichen 267 ist erforderlichenfalls beiderseits des Ausfahrtastes aufzustellen (siehe *Bild 4.6*).

In der Regel empfiehlt es sich außerdem, das Zeichen 222 um ca. 15° in Richtung auf die Linksabbieger zu drehen, damit diese das Zeichen besser erkennen können.

Wenn an einem Hindernis rechts und links vorbeigefahren werden kann, dann ist dies in der Regel durch Leitplatten (Zeichen 626 siehe Abschnitt 5.2.2) mit nach beiden Seiten abfallenden rotweißen Streifen und/oder durch Fahrbahnmarkierungen zu signalisieren, nicht durch die Zeichen „Links vorbei" und „Rechts vorbei".

Sperrflächen (Zeichen 298) unterstützen den Fahrweg durch schräg aufgebrachte Streifen. Sie dürfen von keinem Fahrzeug überfahren werden.

Insbesondere bei von den Verkehrsteilnehmern unerwarteten Hindernissen in der Fahrbahn, z. B. Haltestelleninseln oder Querungshilfen für Fußgänger, empfiehlt es sich, die Zeichen stark retroreflektierend auszubilden und konsequent so nahe wie möglich an den Rand anzuordnen, an dem vorbeigefahren werden soll. Weitere Maßnahmen, z. B. Kombination mit Leitplatten, weißes Anstreichen der Inselspitzen oder Anordnen von Reflektoren an den Bordsteinen (was aus gestalterischer Sicht häufig unerwünscht ist), sind dann in der Regel entbehrlich.

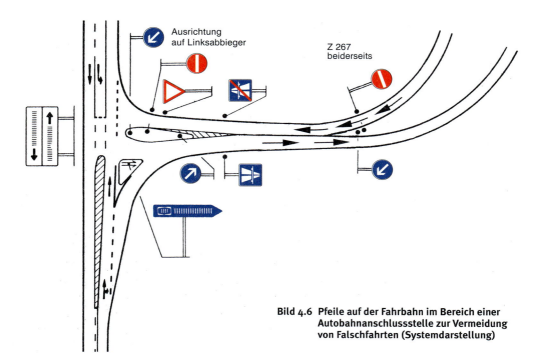

Bild 4.6 Pfeile auf der Fahrbahn im Bereich einer Autobahnanschlussstelle zur Vermeidung von Falschfahrten (Systemdarstellung)

Um die gegenüber den Streckenabschnitten geringere Kapazität (Leistungsfähigkeit) des Knotenpunktes auszugleichen, werden im Knotenpunktbereich vor allem bei höher belasteten Knotenpunkten mehrere Fahrstreifen vorgesehen. Insbesondere empfiehlt sich das für die Linksabbieger/-einbieger, da bei diesem Verkehrsstrom zum einen die Behinderung am größten ist, zum anderen auch Sicherheitsprobleme durch auffahrende nachfolgende Fahrzeuge zu befürchten sind. Außerdem sinnvoll können Fahrstreifen für Rechtsabbieger/-einbieger oder weitere Fahrstreifen für den Geradeausverkehr sein. Durch Zeichen 297 (Fahrbahnmarkierung) wird die Zweckbestimmung dieser Fahrstreifen verdeutlicht.

Von den so markierten Fahrstreifen muss entsprechend der Pfeile geradeaus weitergefahren oder abgebogen werden. Außerdem darf auf so markierten Fahrstreifen nicht gehalten werden. Der Geradeauspfeil kann mit dem nach rechts weisenden Pfeil vereinigt werden. Die Kombination Geradeauspfeil und linksweisender Pfeil ist nur dann zweckmäßig, wenn Geradeaus- und Linksabbiegeverkehr zur gleichen Zeit unbehindert abfließen können (z. B. Einbahnstraßen). Die Zuweisung der einzelnen Fahrspuren für bestimmte Richtungen (z. B. für Geradeausverkehr,

für Rechtsabbieger) soll aufgrund von Stromzählungen erfolgen. Oft genügt dafür eine Repräsentativzählung über mehrere Stunden.

Vergleiche auch Abschnitt 2.6.4 und die RMS-1 und RMS-2.

Dort, wo erforderlich, kann durch Vorwegweiser eine Vorankündigung der Sortierspuren erfolgen. Hierzu verwendet man „fahrstreifengegliederte Vorwegweiser" (Bild 4.7), vgl. auch Zeichen 439.

Ein Anpassen der Pfeile an besondere örtliche Gegebenheiten ist möglich. Mit Pfeilen auf der Fahrbahn darf auch in Einbahnstraßen die erlaubte Verkehrsrichtung angezeigt werden. Dies ist jedoch nur sinnvoll, wenn trotz Beschilderung Zweifel auftreten, wie zu fahren ist.

Pfeile auf den Fahrbahnen können in Einzelfällen auch im Bereich von Autobahnanschlussstellen dazu verwendet werden, den Verkehrsteilnehmern

Bild 4.7 Gegliederte Vorwegweiser (Zeichen 439)

den richtigen Fahrweg zu bestätigen, um so mögliche Falschfahrten durch „Geisterfahrer" zu verhindern (*Bild 4.6*). Im Übrigen werden vom für den Verkehr zuständigen Bundesministerium nach Abstimmung mit den Ländern generell verkehrstechnische und verkehrsrechtliche Maßnahmen zum Schutz gegen Falschfahren auf Autobahnen empfohlen (siehe unten stehende *Tabelle 4.1*).

In einer Knotenpunkteinfahrt dürfen für eine bestimmte Richtung nur so viele Fahrstreifen markiert werden, wie in der entsprechenden Ausfahrt vorhanden sind. Werden insbesondere bei lichtsignalgeregelten Knotenpunkten aus Gründen der Kapazität (Leistungsfähigkeit) mehr Fahrstreifen benötigt, so ist die entsprechende Ausfahrt ebenfalls auf die entsprechende Anzahl an Fahrstreifen zu erweitern und in der Länge so zu dimensionieren, dass diese einen dem Signalprogramm entsprechenden Fahrzeugpulk aufnehmen kann. Soweit die entsprechende Einengung nicht ohne Weiteres zu erkennen ist, ist sie durch Zeichen 531 anzukündigen. Der entsprechende Hinweis auf den „Reißverschluss" ist in der Regel nötig, da die Anordnung ja wegen der hohen Verkehrsdichte notwendig wurde.

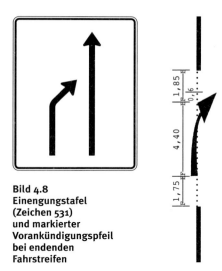

**Bild 4.8
Einengungstafel
(Zeichen 531)
und markierter
Vorankündigungspfeil
bei endenden
Fahrstreifen**

Für endende Fahrstreifen sehen die RMS-1 besondere Pfeilformen vor (siehe StVO und Zeichen 297.1 und 2.5 der RMS-1). So kann bei einer Fahrstreifensubtraktion durch markierte Vorankündigungspfeile den Verkehrsteilnehmern neben anderen Hilfen (z. B. Zeichen 531 Einengungstafel) das rechtzeitige Einordnen angezeigt werden (*Bild 4.8*).

Tabelle 4.1 Generelle Maßnahmen zum Schutz gegen das Falschfahren auf Autobahnen

BAB-Netz	1. Individuelle Überprüfung aller Anlagen an den Autobahnen (bauliche Ausführung, Beschilderung, Markierung)
Autobahnkreuze, -dreiecke, Anschlussstellen	2. Schilder in Übergröße (750 bzw. 900 mm) 3. Zeichen 209 und/oder Z 209-30 an Autobahnkreuzen und -dreiecken 4. Z 209-30 an Knotenpunkten mit fehlender Verkehrsbeziehung (z. B. unvollständiges Autobahndreieck) 5. Zeichen 267 beidseitig an Einmündung der Ausfahrt in die nachgeordnete Straße mit Tropfen (Anschlussstellen) 6. Zeichen 267 beidseitig an Trenninselspitze der Einfahrt- und Ausfahrtrampe (Anschlussstellen) 7. Zeichen 295 zur Trennung der Ein- und Ausfahrtrampe 8. Verlängerung der Markierung Zeichen 295 an Hauptfahrbahnen 9. Leitpfostenrückseite ohne Rückstrahler
Nebenanlagen	10. Zeichen 267 an großflächigen Einrichtungen beidseitig an den Zufahrten (750 bzw. 900 mm) 11. Abfahrtanzeige als Rechteckschild ausführen 12. An stumpfwinklig ausgeführten Abfahrten Zeichen 209
Baustellen	13. Trennung der gegenläufigen Behelfsstreifen mit doppelter Nagelreihe bzw. Doppellinie 14. Deutliche Ausführung der Überleitbereiche, dichte Anordnung der Beleuchtung

Zu Abschnitt 4.3

StVO
§ 7
Benutzung von
Fahrstreifen durch
Kraftfahrzeuge

(4) Ist auf Straßen mit mehreren Fahrstreifen für eine Richtung das durchgehende Befahren eines Fahrstreifens nicht möglich oder endet ein Fahrstreifen, ist den am Weiterfahren gehinderten Fahrzeugen der Übergang auf den benachbarten Fahrstreifen in der Weise zu ermöglichen, dass sich diese Fahrzeuge unmittelbar vor Beginn der Verengung jeweils im Wechsel nach einem auf dem durchgehenden Fahrstreifen fahrenden Fahrzeug einordnen können (Reißverschlussverfahren).

VwV-StVO
zu § 7
Benutzung von
Fahrstreifen durch
Kraftfahrzeuge

Zu Absatz 3

3 Werden innerhalb geschlossener Ortschaften auf Straßen mit mehreren Fahrstreifen für eine Richtung Leitlinien markiert, so ist anzustreben, dass die Anzahl der dem geradeausfahrenden Verkehr zur Verfügung stehenden Fahrstreifen im Bereich von Kreuzungen und Einmündungen nicht dadurch verringert wird, dass ein Fahrstreifen durch einen Pfeil auf der Fahrbahn (Zeichen 297) nur einem abbiegenden Verkehrsstrom zugewiesen wird. Wenn das Abbiegen zugelassen werden muss, besondere Fahrstreifen für Abbieger aber nicht zur Verfügung stehen, so kommt unter Umständen die Anbringung kombinierter Pfeile, z. B. Geradeaus/Links, in Frage.

VwV-StVO
zu § 41
Vorschriftzeichen

Zu Zeichen 222 Rechts vorbei

1 I. Das Zeichen ist anzuordnen, wo nicht zweifelsfrei erkennbar ist, an welcher Seite vorbeizufahren ist.

2 II. Wenn das Zeichen angeordnet wird, ist in der Regel auf eine Kenntlichmachung der Hindernisse durch weitere Verkehrszeichen und Verkehrseinrichtungen zu verzichten. Die zusätzliche Anordnung von Zeichen 295 ist außerorts vor Inseln erforderlich, innerorts kann sie sich außerhalb von Tempo 30-Zonen empfehlen.

3 III. Kann an einem Hindernis sowohl rechts als auch links vorbeigefahren werden, verbietet sich die Anordnung des Zeichens. In diesen Fällen kommt die Anordnung von Leitplatten (Zeichen 626) und/oder von Fahrbahnmarkierungen in Betracht.

…

Zu Zeichen 297.1 Vorankündigungspfeil

1 I. Aus Gründen der besseren Erkennbarkeit für den Kraftfahrer wird empfohlen, zur Ankündigung des Endes eines Fahrstreifens eine abweichende Ausführung des Pfeils zu verwenden. Diese gibt das für Verkehr zuständige Bundesministerium nach Anhörung der zuständigen obersten Landesbehörden im Verkehrsblatt bekannt.

2 II. Auf Nummer IV zu §§ 39 bis 43 Allgemeines über Verkehrszeichen und Verkehrseinrichtungen wird verwiesen.

VwV-StVO
zu § 42
Richtzeichen

Zu den Zeichen 501 bis 546 Verkehrslenkungstafeln

1 1. Verkehrslenkungstafeln umfassen Überleitungstafeln (Zeichen 501 und 505), Verschwenkungstafeln (Zeichen 511 bis 515), Fahrstreifentafeln (Zeichen 521 bis 526), Einengungstafeln (Zeichen 531 bis 536), Aufweitungstafeln (Zeichen 541 bis 546), Trennungstafeln (Zeichen 533) und Zusammenführungstafeln (Zeichen 543 und 544). Die Zeichen sind im amtlichen Katalog der Verkehrszeichen (VzKat) dargestellt.

2 2. Verkehrslenkungstafeln werden 200 m vor dem Bezugspunkt aufgestellt. Abweichend davon beträgt der Abstand zum Bezugspunkt auf Straßen innerhalb geschlossener Ortschaften mit einem Fahrstreifen pro Richtung zwischen 50 und 100 m. Bei Straßen innerhalb und außerhalb geschlossener Ortschaften mit mehr als einem Fahrstreifen pro Richtung wird eine weitere Verkehrslenkungstafel etwa 400 m vor dem Bezugspunkt angeordnet. Auf Straßen mit baulich getrennten Richtungsfahrbahnen sind Verkehrslenkungstafeln beidseitig der Fahrbahn aufzustellen.

3 3. Der Abstand zum Bezugspunkt ist durch ein Zusatzzeichen (Zeichen 1004 „Entfernungsangabe") anzuzeigen.

…

6 6. Die Standardgröße beträgt 1600 x 1250 mm (Höhe x Breite). Bei einer Aufstellung innerorts kann das Maß auf 70 % der Standardgröße verringert werden (1120 x 875 mm).

4.4 Angrenzende Straßen (Einbahnstraßen, Sackgassen)

StVO Anlage 2 Vorschriftzeichen (zu § 41 Absatz 1)
Abschnitt 2 Vorgeschriebene Fahrtrichtungen

9	**Zeichen 220** Einbahnstraße	**Ge- oder Verbot** Wer ein Fahrzeug führt, darf die Einbahnstraße nur in Richtung des Pfeils befahren. **Erläuterung** Das Zeichen schreibt für den Fahrzeugverkehr auf der Fahrbahn die Fahrtrichtung vor.
9.1		**Ge- oder Verbot** Ist Zeichen 220 mit diesem Zusatzzeichen angeordnet, bedeutet dies: Wer ein Fahrzeug führt, muss beim Einbiegen und im Verlauf einer Einbahnstraße auf Radverkehr entgegen der Fahrtrichtung achten. **Erläuterung** Das Zusatzzeichen zeigt an, dass Radverkehr in der Gegenrichtung zugelassen ist. Beim Vorbeifahren an einer für den gegenläufigen Radverkehr freigegebenen Einbahnstraße bleibt gegenüber dem ausfahrenden Radfahrer der Grundsatz, dass Vorfahrt hat, wer von rechts kommt (§ 8 Absatz 1 Satz 1), unberührt. Dies gilt auch für den ausfahrenden Radverkehr. Mündet eine Einbahnstraße für den gegenläufig zugelassenen Radverkehr in eine Vorfahrtstraße, steht für den aus der Einbahnstraße ausfahrenden Radverkehr das Zeichen 205.

Abschnitt 6 Verkehrsverbote

41	**Zeichen 267** Verbot der Einfahrt	**Ge- oder Verbot** Wer ein Fahrzeug führt, darf nicht in die Fahrbahn einfahren, für die das Zeichen angeordnet ist. **Erläuterung** Das Zeichen steht auf der rechten Seite der Fahrbahn, für die es gilt, oder auf beiden Seiten dieser Fahrbahn.
41.1	frei	**Ge- oder Verbot** Durch das Zusatzzeichen zu dem Zeichen 267 ist die Einfahrt für den Radverkehr zugelassen.

StVO Anlage 3 Richtzeichen (zu § 42 Absatz 2) **Abschnitt 9 Hinweise**		
27	**Zeichen 357** **Sackgasse**	**Erläuterung** Im oberen Teil des Verkehrszeichens kann die Durchlässigkeit der Sackgasse für den Radverkehr und/oder Fußgängerverkehr durch Piktogramme angezeigt sein.

Mit Zeichen 220 wird eine Straße als Einbahnstraße ausgewiesen, d.h. der Verkehr ist nur in der angegebenen Richtung, nicht aber in der Gegenrichtung erlaubt.

Die Anordnung von Einbahnstraßen kann z.B. sinnvoll sein, wenn die Straßenbreite (auch unter Berücksichtigung notwendiger Parkmöglichkeiten) nicht für einen Zweirichtungsverkehr ausreicht, wenn der Verkehrsablauf an angrenzenden Knotenpunkten vereinfacht werden muss, wenn durch die Ausweisung von „Einbahnstraßen-Zwillingen" die Kapazität (Leistungsfähigkeit) des gesamten Netzes erhöht werden kann, wenn durch ausgeklügelte Ausweisung von Einbahnstraßen Wohngebiete für den Erschließungsverkehr erreichbar, für den Durchgangsverkehr (Schleichverkehr) aber unattraktiv gemacht werden.

Beim Einrichten von Einbahnstraßen ist stets zu berücksichtigen, dass dadurch das Anfahren von Zielen erschwert wird und Verkehrsverlagerungen erfolgen. Die systematische Anordnung von Einbahnstraßen-Zwillingen kann die Orientierung wieder erleichtern.

Zeichen 220 ist zu Beginn von Einbahnstraßen und an allen Knotenpunkten im Verlauf der Einbahnstraßen aufzustellen (falls erforderlich beidseitig), wo dem Verkehrsteilnehmer angezeigt werden soll, dass diese Straße nur in einer Richtung befahren werden darf. In jedem Fall ist in Einbahnstraßen Zeichen 220 zum Anzeigen der

Bild 4.9 Z 353, das seit 2013 nicht mehr in der StVO enthalten ist

Fahrtrichtung zu verwenden und nicht Z 209-30. Z 353 (siehe *Bild 4.9*), das grundsätzlich die gleiche Bedeutung wie Zeichen 220 hat, aber quer zur Fahrtrichtung aufgestellt wird, hat sich in Deutschland nicht durchsetzen können und ist daher 2013 wieder aus der StVO entfernt worden. Derzeit angeordnete Zeichen bleiben aber noch bis 31. Oktober 2022 gültig.

Wird mit Zeichen 220 eine Einbahnstraße eingerichtet, ist die Einfahrt aus der Gegenrichtung mit Zeichen 267 zu unterbinden.

Im Gegensatz zu Zeichen 250, das die dahinter liegende Straße als gesperrte Straße ausweist, wird mit Zeichen 267 nur die Einfahrt verboten. Mit regelmäßigem Verkehr aus der Straße heraus ist daher zu rechnen.

Der Umstand, dass die Einfahrt in die Straße verboten ist, bedingt nicht unbedingt, dass die Straße dahinter eine Einbahnstraße ist. Gründe wie die notwendige Regelung des Verkehrsablaufs in Knoten oder die Vermeidung von Schleichverkehren können es sinnvoll und notwendig machen, die Einfahrt in eine Straße zu verbieten, ohne diese selbst (auch für die Anwohner) als Einbahnstraße betreiben zu müssen. In solchen Fällen wird allerdings empfohlen, den Einfahrtsbereich entsprechend baulich zu gestalten.

Durch Zusatzzeichen Ausnahmen vom Einfahrverbot zu gestatten, sollte grundsätzlich unterbleiben.

Es kann erforderlich sein, Zeichen 267 sowohl rechts als auch links der gesperrten Einfahrt aufzustellen, um zu gewährleisten, dass es nicht übersehen wird (*Bild 4.10*).

Eine Vorankündigung des Einfahrverbots durch Zeichen 209/214 kann zweckmäßig sein, wenn kein Missverständnis bezüglich der Vorfahrt-regelung entstehen kann.

Geht im Verlauf eines Straßenzuges eine Ein-bahnstraße in eine Straße mit Gegenverkehr über, siehe Abschnitt 6.3.5 Gegenverkehr (Zei-chen 125).

Unter bestimmten Voraussetzungen können Einbahnstraßen für Fahrräder in Gegenrich-tung freigegeben werden.

Folgende Bedingungen müssen erfüllt sein, um von dieser Regelung Gebrauch zu machen:

– eine Höchstgeschwindigkeit in der Einbahn-straße von nicht mehr als 30 km/h,
– ausreichende Begegnungsbreite, ausgenom-men an kurzen Engstellen; bei Linienbusver-kehr oder bei stärkerem Verkehr mit Lastkraft-wagen mindestens 3,5 m,
– übersichtliche Verkehrsführung an und zwi-schen den Knotenpunkten,
– ein Schutzraum für den Radverkehr, wo es orts- und verkehrsbezogen erforderlich ist.

Vor der Entscheidung, in Einbahnstraßen Fahr-radverkehr in der Gegenrichtung zuzulassen, ist eine eingehende Untersuchung und Dokumen-tation des anzutreffenden Verkehrs- und Unfall-geschehens sinnvoll. Anschließend empfiehlt es sich, die Entwicklung der Unfälle zu beobachten.

Straßenbahnverkehr in beiden Richtungen ist in Einbahnstraßen mit Sinn und Zweck solcher Straßen nicht zu vereinbaren und sollte möglichst vermieden werden; sofern nicht zu umgehen, ist anzustreben, zumindest für die der Einbahn-straße entgegenlaufende Straßenbahn einen besonderen Bahnkörper zu schaffen (siehe auch *Bild 5.12*).

Mit Zeichen 357 können die Fahrzeugführer informiert werden, dass die so gekennzeich-nete Straße stumpf endet.

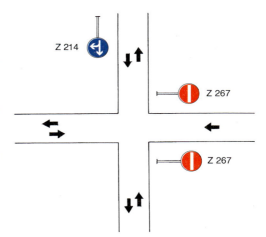

Bild 4.10 Beiderseits aufgestelltes Zeichen 267, sofern die Gefahr besteht, dass der von „Süden" kommende Verkehrsteilnehmer das erste Zeichen übersehen und nach „Osten" abbiegen könnte. Siehe auch die Erläuterungen zu *Bild 4.11*

Eine solche Kennzeichnung empfiehlt sich vor allem, wenn am Ende der Straße keine Wende-möglichkeit besteht oder häufig Verkehr fälsch-licherweise in die Straße einfährt, der eigentlich eine Durchfahrtsmöglichkeit sucht. Das bewusste Einrichten von Sackgassen durch Unterbrechen von Durchfahrtsmöglichkeiten kann aus Grün-den der Verkehrsberuhigung sinnvoll sein (siehe auch die vom Verkehrstechnischen Institut der Deutschen Versicherer – Abteilung Straßenver-kehr herausgegebenen Empfehlungen „Verkehrs-erschließung von Wohnbereichen", 1986).

In kurzen, verkehrsunbedeutenden Sackgassen innerorts, wo vorwiegend nur Anliegerverkehr anzutreffen ist und wo sich die Einfahrt in die betreffende Sackgasse optisch nicht anbietet, braucht Zeichen 357 nicht aufgestellt zu werden.

Zu Abschnitt 4.4

VwV-StVO
zu § 41
Vorschriftzeichen

Zu Zeichen 220 Einbahnstraße

1 I. Das Zeichen 220 ist stets längs der Straße anzubringen. Es darf weder am Beginn der Einbahnstraße noch an einer Kreuzung oder Einmündung in ihrem Verlauf fehlen. Am Beginn der Einbahnstraße und an jeder Kreuzung ist das Zeichen dergestalt anzu-bringen, dass es aus beiden Richtungen wahrgenommen werden kann.

2 II. Bei Einmündungen (auch bei Ausfahrten aus größeren Parkplätzen) empfiehlt sich die Anbringung des Zeichens 220 gegenüber der einmündenden Straße, bei Kreuzungen hinter diesen. In diesem Fall soll das Zeichen in möglichst geringer Entfernung von der kreuzenden Straße angebracht werden, damit es vom kreuzenden Verkehr leicht erkannt werden kann.

VwV-StVO
zu § 41
Vorschriftzeichen

3 III. Geht im Verlauf eines Straßenzuges eine Einbahnstraße in eine Straße mit Gegenverkehr über, s. zu Zeichen 125.

4 IV. 1. Beträgt in Einbahnstraßen die zulässige Höchstgeschwindigkeit nicht mehr als 30 km/h, kann Radverkehr in Gegenrichtung zugelassen werden, wenn

5 a) eine ausreichende Begegnungsbreite vorhanden ist, ausgenommen an kurzen Engstellen; bei Linienbusverkehr oder bei stärkerem Verkehr mit Lastkraftwagen muss diese mindestens 3,5 m betragen,

6 b) die Verkehrsführung im Streckenverlauf sowie an Kreuzungen und Einmündungen übersichtlich ist,

7 c) für den Radverkehr dort, wo es orts- und verkehrsbezogen erforderlich ist, ein Schutzraum angelegt wird.

8 2. Das Zusatzzeichen 1000-32 ist an allen Zeichen 220 anzuordnen. Wird durch Zusatzzeichen der Fahrradverkehr in der Gegenrichtung zugelassen, ist bei Zeichen 267 das Zusatzzeichen 1022-10 (Sinnbild eines Fahrrades und „frei") anzubringen. Vgl. zu Zeichen 267.
...

Zu Zeichen 267 Verbot der Einfahrt

1 Für Einbahnstraßen vgl. zu Zeichen 220.

VwV-StVO
zu § 42
Richtzeichen

Zu Zeichen 357 Sackgasse

1 I. Das Zeichen ist nur anzuordnen, wenn die Straße nicht ohne Weiteres als Sackgasse erkennbar ist.

2 II. Ist die Durchlässigkeit einer Sackgasse für Radfahrer und Fußgänger nicht ohne Weiteres erkennbar, ist im oberen Teil des Zeichens je nach örtlicher Gegebenheit ein Sinnbild für „Fußgänger" oder „Fahrrad" in verkleinerter Ausführung in das Zeichen zu integrieren.

4.5 Vorfahrt

4.5.1 Allgemeines

■ Grundsätze für die Vorfahrtregelung

1. Jede Vorfahrtregelung soll so sinnfällig sein, dass sie unter Berücksichtigung der baulichen und verkehrsmäßigen Gegebenheiten dem natürlichen Verhalten der Verkehrsteilnehmer entspricht.

2. Die Vorfahrtregelung für einen Straßenzug soll möglichst stetig sein. Sie ist wo immer möglich durch Fahrbahnmarkierungen zu unterstützen.

3. Die Vorfahrtregelung „Rechts vor Links" sollte an Kreuzungen nur gelten, wenn folgende vier Bedingungen erfüllt sind:

a) Die kreuzenden Straßen besitzen annähernd den gleichen Querschnitt und die gleiche, geringe Verkehrsbedeutung.
b) Keine der Straßen erweckt den Eindruck, bevorrechtigt zu sein (z. B. infolge von Straßenbahngleisen, Baumreihen, durchgehender Straßenbeleuchtung).
c) Die Sichtweite nach rechts ist aus allen Zufahrten etwa gleich groß.
d) In beiden Straßen wird nur in einem Fahrstreifen je Richtung gefahren.

4. Einmündungen von rechts sollte die Vorfahrt grundsätzlich genommen werden, ausgenommen, beide Straßen dienen überwiegend dem Anliegerverkehr und weisen nur geringen Verkehr auf.

5. Die Klassifizierung einer Straße allein darf keinesfalls entscheidend für die Vorfahrtregelung sein. Bei der Auswahl der Vorfahrtstraßen ist der Blick auf das gesamte Straßennetz wichtig. In aller Regel wird man daher

a) Bundesstraßen (auch in Ortsdurchfahrten),
b) **Innerortsstraßen** mit überwiegendem Durchgangsverkehr,
c) **Außerortsstraßen** mit erheblichem Verkehr

als Vorfahrtstraßen kennzeichnen.

6. Innerhalb von Ortschaften ist eine Straße zudem dann als Vorfahrtstraße zu beschildern, wenn entweder

a) auf der Straße mehr als 50 km/h zugelassen sind oder
b) die Straße eine gewisse Bedeutung als innerstädtische Verbindungs- oder Ausfallstraße besitzt oder

c) trotz geringerer Verkehrsbedeutung eine Straße von entsprechender Länge optisch den Eindruck vermittelt, vorfahrtberechtigt zu sein, *und* der Verkehr auf dieser Straße stärker als der Verkehr auf den querenden Straßen ist.

7. Knotenpunkte mit Lichtzeichenanlagen (Lichtsignalanlagen) müssen immer eine Vorfahrtregelung durch Zeichen erhalten, damit bei abgeschalteten Signalanlagen ein sicherer Verkehrsablauf gewährleistet ist.

8. Eine sinnvolle Vorfahrtregelung (gleichgültig, ob durch Zeichen oder „Rechts vor Links") bei Knotenpunkten mit mehr als vier Zufahrten ist oft dadurch zu erreichen, dass einzelne Zufahrten gesperrt (z. B. Einrichtung von Einbahnstraßen) oder verlegt werden (siehe *Bild 4.18*).

9. Bei der Vorfahrtregelung sind die Interessen der öffentlichen Verkehrsmittel, insbesondere linienmäßig verkehrender, gebührend zu berücksichtigen (z. B., sofern möglich, immer Vorfahrt für Straßen, in denen Schienenbahnen verkehren).

10. Besondere Aufmerksamkeit über die zu treffenden Maßnahmen ist dort erforderlich, wo eine Vorfahrtbeachtung vor Radwegen besteht, auf denen Radverkehr in beiden Richtungen zugelassen ist.

11. Vorfahrtregelnde Zeichen dürfen keine zeitliche Beschränkung erhalten.

Man unterscheidet grundsätzlich Vorfahrtregelung an Einzelknoten und nach Vorfahrtstraßen.

■ Vorfahrtstraßen

Eine Vorfahrtstraße ist eine Straße, deren Verkehr durchgehend die Vorfahrt eingeräumt wird. Die Vorfahrt sollte allenfalls bei der Kreuzung mit anderen Vorfahrtstraßen genommen werden. In der Regel sind Vorfahrtstraßen die Straßen, die eine überwiegende Verbindungsfunktion haben.

Um entscheiden zu können, ob eine Straße Vorfahrtstraße wird oder nicht, ist zuvor das gesamte Straßennetz zu betrachten. Es empfiehlt sich, zur besseren Übersicht einen Plan aufzustellen, der alle Vorfahrtstraßen eines Gebietes zeigt.

In der Regel sollte eine Vorfahrtstraße nur dann eingerichtet werden, wenn ein Straßenzug eine besondere Bedeutung im Straßennetz besitzt und mehrere Knotenpunkte aufweist, an denen diesem Straßenzug Vorfahrt eingeräumt werden kann.

Innerhalb geschlossener Ortschaften sollten alle Straßen des überörtlichen Verkehrs (Bundes-,

4.5.1 Allgemeines

Landes- und Kreisstraßen) sowie die für den innerörtlichen Verkehr wichtigen Hauptverkehrsstraßen als Vorfahrtstraßen beschildert werden, um die „Typbildung" zu unterstützen und insbesondere einen Kontrapunkt zu den „Zone 30"-Bereichen (siehe Abschnitt 6.6.5 Zeichen 274.1) zu bilden.

Straßen, in deren Verlauf vier oder mehr hintereinander folgende Knotenpunkte positiv zu beschildern sind, sollten entsprechend der VwV-StVO (zu Zeichen 301 Vorfahrt, Nummer IV) Vorfahrtstraßen werden. Von diesem Grundsatz wird man zweckmäßigerweise aber dann abweichen, wenn eine solche Straße nur geringe Bedeutung für den überörtlichen Verkehr besitzt, wenig Verkehr aufweist und auch sonst nicht die Bedingungen für eine Vorfahrtstraße erfüllt.

Alle eine Vorfahrtstraße kreuzenden oder in sie einmündenden Straßen müssen negative Vorfahrtzeichen erhalten. Feld- und Waldwege sind nur in Zweifelsfällen (z.B. wenn es sich um ausgebaute Wege handelt) zu beschildern, wobei erforderlichenfalls allein die negativen Vorfahrtzeichen genügen (also kein positives Vorfahrtzeichen).

4.5.2 Vorfahrtregelung „Rechts vor Links"

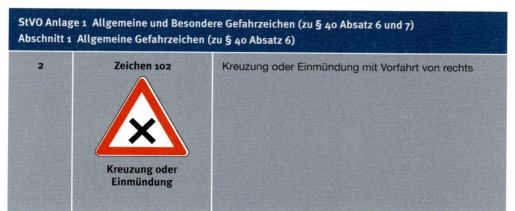

StVO Anlage 1 Allgemeine und Besondere Gefahrzeichen (zu § 40 Absatz 6 und 7) **Abschnitt 1** Allgemeine Gefahrzeichen (zu § 40 Absatz 6)		
2	**Zeichen 102** **Kreuzung oder Einmündung**	Kreuzung oder Einmündung mit Vorfahrt von rechts

Der Grundsatz „Rechts vor Links" kann zwar häufig angewendet werden, jedoch meist nur an **Kreuzungen und Einmündungen, die eine geringe Verkehrsbedeutung besitzen** (z.B. Straßen in Wohngebieten mit überwiegendem Anliegerverkehr). Wird eine der unter Punkt 3 der „Grundsätze der Vorfahrtregelung" (Abschnitt 4.5.1) genannten vier Bedingungen a, b, c und d nicht erfüllt, dann ist es angezeigt, die Vorfahrt

Z 214

Z 267

Z 267

Z 214-10

Bild 4.11 Bei der Vorfahrtregelung „Rechts vor Links" sollte Z 214-10 „Vorgeschriebene Fahrtrichtung – geradeaus und links" nicht aufgestellt werden. Auch Zeichen 214 „Vorgeschriebene Fahrtrichtung – geradeaus und rechts" kann möglicherweise entfallen

durch Zeichen zu regeln. Die Regelung „Rechts vor Links" sollte aus Gründen der Stetigkeit für ganze Straßenzüge angewendet werden. Sofern im Zuge einer solchen Straße mit Vorfahrtregelung „Rechts vor Links" ein Platz mit Kreisverkehr liegt, kann hier eine Vorfahrtregelung durch Zeichen erfolgen, weil die besondere bauliche Anlage eines Kreisverkehrsplatzes die Stetigkeit eines Straßenverlaufes ohnehin unterbricht und dies der Verkehrsteilnehmer in der Regel auch bewusst wahrnimmt.

Vor Kreuzungen und Einmündungen ohne eine Regelung der Vorfahrt durch Verkehrszeichen sollte Z 214-10 „Vorgeschriebene Fahrtrichtung – geradeaus und links" nicht aufgestellt werden. Der weiße Geradeauspfeil steht psychologisch in gewissem Widerspruch zu der Vorfahrtbeachtung von rechts und könnte Konfliktsituationen begünstigen (*Bild 4.11*). Örtliche Verhältnisse sind kritisch zu prüfen.

Mit Zeichen 102 kann vor einer schwer erkennbaren Kreuzung oder Einmündung gewarnt werden, an der die Vorfahrt nicht durch Vorfahrtzeichen geregelt ist und somit der von rechts kommende Verkehr Vorfahrt besitzt.

An Zufahrten, von denen aus der Knotenpunkt gut erkennbar ist und auch zu übersehen ist, dass es sich um zwei vorfahrtmäßig gleichrangige Straßen handelt, ist es nicht geboten, Zeichen 102 anzuordnen. Oft reicht eine bewusste Aufstellung des Straßennamenschildes als Hinweis auf den Knotenpunkt aus (siehe Abschnitt 8.3.6). Innerhalb geschlossener Ortschaften kann auf dieses Zeichen in der Regel verzichtet werden.

4.5.3 Vorfahrtregelung durch Zeichen

StVO Anlage 2 Vorschriftzeichen (zu § 41 Absatz 1)
Abschnitt 1 Wartegebote und Haltgebote

2	**Zeichen 205**	**Ge- oder Verbot**
	Vorfahrt gewähren.	1. Wer ein Fahrzeug führt, muss Vorfahrt gewähren. 2. Wer ein Fahrzeug führt, darf bis zu 10 m vor diesem Zeichen nicht halten, wenn es dadurch verdeckt wird. **Erläuterung** Das Zeichen steht unmittelbar vor der Kreuzung oder Einmündung. Es kann durch dasselbe Zeichen mit Zusatzzeichen, das die Entfernung angibt, angekündigt sein.
2.1		**Ge- oder Verbot** Ist das Zusatzzeichen zusammen mit dem Zeichen 205 angeordnet, bedeutet es: Wer ein Fahrzeug führt, muss Vorfahrt gewähren und dabei auf Radverkehr von links und rechts achten. **Erläuterung** Das Zusatzzeichen steht über dem Zeichen 205.
2.2		**Ge- oder Verbot** Ist das Zusatzzeichen zusammen mit dem Zeichen 205 angeordnet, bedeutet es: Wer ein Fahrzeug führt, muss der Straßenbahn Vorfahrt gewähren. **Erläuterung** Das Zusatzzeichen steht über dem Zeichen 205.
3	**Zeichen 206** **Halt. Vorfahrt gewähren.**	**Ge- oder Verbot** 1. Wer ein Fahrzeug führt, muss anhalten und Vorfahrt gewähren. 2. Wer ein Fahrzeug führt, darf bis zu 10 m vor diesem Zeichen nicht halten, wenn es dadurch verdeckt wird. 3. Ist keine Haltlinie (Zeichen 294) vorhanden, ist dort anzuhalten, wo die andere Straße zu übersehen ist.
3.1		**Erläuterung** Das Zusatzzeichen kündigt zusammen mit dem Zeichen 205 das Haltgebot in der angegebenen Entfernung an.

StVO Anlage 2 Vorschriftzeichen (zu § 41 Absatz 1)
Abschnitt 1 Wartegebote und Haltgebote

3.2		**Ge- oder Verbot** Ist das Zusatzzeichen zusammen mit dem Zeichen 206 angeordnet, bedeutet es: Wer ein Fahrzeug führt, muss anhalten und Vorfahrt gewähren und dabei auf Radverkehr von links und rechts achten. **Erläuterung** Das Zusatzzeichen steht über dem Zeichen 206.
zu 2 und 3		**Erläuterung** Das Zusatzzeichen gibt zusammen mit den Zeichen 205 oder 206 den Verlauf der Vorfahrtstraße (abknickende Vorfahrt) bekannt.

Abschnitt 2 Vorgeschriebene Fahrtrichtungen

8	**Zeichen 215**  **Kreisverkehr**	**Ge- oder Verbot** 1. Wer ein Fahrzeug führt, muss der vorgeschriebenen Fahrtrichtung im Kreisverkehr rechts folgen. 2. Wer ein Fahrzeug führt, darf die Mittelinsel des Kreisverkehrs nicht überfahren. Ausgenommen von diesem Verbot sind nur Fahrzeuge, denen wegen ihrer Abmessungen das Befahren sonst nicht möglich wäre. Mit ihnen darf die Mittelinsel und Fahrbahnbegrenzung überfahren werden, wenn eine Gefährdung anderer am Verkehr Teilnehmenden ausgeschlossen ist. 3. Es darf innerhalb des Kreisverkehrs auf der Fahrbahn nicht gehalten werden.

StVO Anlage 3 Richtzeichen (zu § 42 Absatz 2)
Abschnitt 1 Vorrangzeichen

1	**Zeichen 301**  **Vorfahrt**	**Ge- oder Verbot** Das Zeichen zeigt an, dass an der nächsten Kreuzung oder Einmündung Vorfahrt besteht.

4.5.3 Vorfahrtregelung durch Zeichen

StVO Anlage 3 Richtzeichen (zu § 42 Absatz 2)
Abschnitt 1 Vorrangzeichen

2	**Zeichen 306**  **Vorfahrtstraße**	**Ge- oder Verbot** Wer ein Fahrzeug führt, darf außerhalb geschlossener Ortschaften auf Fahrbahnen von Vorfahrtstraßen nicht parken. Das Zeichen zeigt an, dass Vorfahrt besteht bis zum nächsten Zeichen 205 „Vorfahrt gewähren.", 206 „Halt. Vorfahrt gewähren." oder 307 „Ende der Vorfahrtstraße".
2.1		**Ge- oder Verbot** 1. Wer ein Fahrzeug führt und dem Verlauf der abknickenden Vorfahrtstraße folgen will, muss dies rechtzeitig und deutlich ankündigen; dabei sind die Fahrtrichtungsanzeiger zu benutzen. 2. Auf den Fußgängerverkehr ist besondere Rücksicht zu nehmen. Wenn nötig, muss gewartet werden. **Erläuterung** Das Zusatzzeichen zum Zeichen 306 zeigt den Verlauf der Vorfahrtstraße an.
3	**Zeichen 307**  **Ende der Vorfahrtstraße**	

StVO Anlage 2 Vorschriftzeichen (zu § 41 Absatz 1)
Abschnitt 9 Markierungen

67	**Zeichen 294**  **Haltlinie**	**Ge- oder Verbot** Ergänzend zu Halt- oder Wartegeboten, die durch Zeichen 206, durch Polizeibeamte, Lichtzeichen oder Schranken gegeben werden, ordnet sie an: Wer ein Fahrzeug führt, muss hier anhalten. Erforderlichenfalls ist an der Stelle, wo die Straße eingesehen werden kann, in die eingefahren werden soll (Sichtlinie), erneut anzuhalten.

StVO Anlage 3 Richtzeichen (zu § 42 Absatz 2)
Abschnitt 8 Markierungen

23	Zeichen 341	Erläuterung
		Die Wartelinie empfiehlt dem Wartepflichtigen, an dieser Stelle zu warten.

Wartelinie

Zeichen 205 oder 206 sind vor Kreuzungen, Einmündungen oder sonstigen Knotenpunkten aufzustellen, wenn angeordnet werden soll, dass dem Verkehr einer anderen Straße die Vorfahrt zu gewähren ist.

Zeichen 215 wird ausschließlich im Zusammenhang mit Zeichen 205 verwendet und zeigt an, dass der Knotenpunkt als Kreisverkehr betrieben wird. Die Verwendung ist nachfolgend näher beschrieben.

Zeichen 301 zeigt an, dass der Verkehrsteilnehmer an der nächsten Kreuzung Vorfahrt hat. Zeichen 306 gibt die Vorfahrt für alle folgenden Kreuzungen und Einmündungen bis zu Zeichen 205, 206 oder 307. Zeichen 307 bedeutet das Ende der mit Zeichen 306 gegebenen Vorfahrtstraße.

Die Haltlinie (Zeichen 294) unterstützt das Stop-Schild in seiner Wirkung.

Die Wartelinie (Zeichen 341) unterstützt Zeichen 205.

Jede Kreuzung oder Einmündung, bei der eine Vorfahrtregelung durch Zeichen erfolgt, ist sowohl negativ als auch positiv zu beschildern. Ausgenommen sind Feld- und Waldwege, die nur in Zweifelsfällen und nur dann, wenn es sich um ausgebaute Wege handelt, zu beschildern sind. In solchen Fällen reicht im Allgemeinen eine negative Beschilderung für die aus den Feld- und Waldwegen kommenden Verkehrsteilnehmer aus. Auf die positive Beschilderung kann auch dann verzichtet werden, wenn die Knotenpunkte so dicht aufeinander folgen, dass ortsfremde Verkehrsteilnehmer durch die Häufung positiver Vorfahrtzeichen verwirrt werden könnten. Dabei ist zu beachten, das sich der Begriff Feld- und Waldweg im Sinne der StVO nicht nach seinem äußeren Erscheinungsbild definiert, sondern nach der Verkehrsbedeutung. Ist die Situation

unklar, sollte deshalb die Vorfahrtregelung evtl. durch Beschilderung verdeutlicht werden, auch wenn der Fahrer der nicht bevorrechtigten Straße immer vorsichtig an die Kreuzung heranzufahren hat.

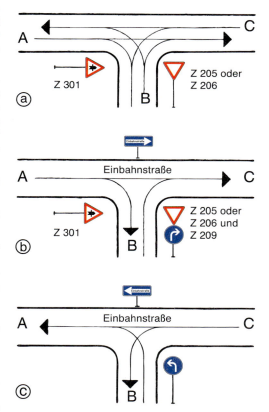

Bild 4.12 Vorfahrtregelung an Einmündungen. Fall c) reduziert sich auf die Grundregel „Rechts vor Links". Zwischen Zeichen 301 und dem Knotenpunkt, für den das Zeichen gelten soll, sollte kein Feld- oder Waldweg einmünden

4.5.3 Vorfahrtregelung durch Zeichen

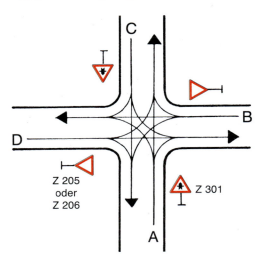

Bild 4.13 Vorfahrtregelung an einer Kreuzung

Die *Bilder 4.12, 4.13, 4.18* und *4.19* zeigen einige Beispiele für die Beschilderung bei Vorfahrtregelung durch Zeichen. Zusätzlich erforderliche Ankündigungszeichen oder links stehende Wiederholungszeichen sind hier nicht dargestellt.

a) Das Aufstellen negativer Vorfahrtzeichen

Beim Aufstellen negativer Vorfahrtzeichen (Zeichen 205 und 206) ist besondere Sorgfalt anzuwenden, da diese Zeichen von entscheidender Bedeutung für die Verkehrssicherheit sind. **Gute und rechtzeitige Erkennbarkeit bei Tag und Nacht muss gewährleistet sein.** Insbesondere ist sicherzustellen, dass die Zeichen nicht (durch Bepflanzung, andere Schilder o. Ä.) verdeckt werden.

Kreuzungen und Einmündungen sollten für jeden durch ihre bauliche Beschaffenheit erkennbar sein. Ist dies nicht der Fall, sollten bei der Straßenbaubehörde bauliche Veränderungen angeregt werden.

In der Regel ist als negatives Vorfahrtzeichen das Zeichen 205 zu wählen. Zeichen 206 (Stop-Zeichen) ist dann erforderlich, wenn

– die Sichtverhältnisse aus der wartepflichtigen Straße schlecht sind (z. B. Einmündung in einer Innenkurve),
– es wegen der örtlichen Verhältnisse schwierig ist, die Geschwindigkeit auf der anderen Straße zu beurteilen, oder
– die Verkehrsteilnehmer aus Gründen der Sicherheit zu besonderer Aufmerksamkeit und Vorsicht ermahnt werden sollen (z. B. an Unfallhäufungspunkten, die sich aus der Unfallauswertung ergeben).

Zeichen 205 wie auch 206 müssen unmittelbar vor der Kreuzung oder Einmündung stehen.

Außerhalb geschlossener Ortschaften sollten die Zeichen mindestens 100 bis 150 m vor der Kreuzung oder Einmündung angekündigt werden, wenn die Vorfahrtregelung andernfalls aufgrund der örtlichen Gegebenheiten (Straßenverlauf, gefahrene Geschwindigkeit, mögliche Verdeckung durch andere Fahrzeuge) nicht rechtzeitig und zuverlässig genug erkennbar wäre, und zwar:

– Zeichen 205 durch das Zeichen 205 mit Zusatzzeichen 1004, welches die Entfernung (auf 10 m abgerundet) angibt,
– Zeichen 206 durch das Zeichen 205 mit Zusatzzeichen 1004-31, welches das Wort „Stop" enthält und die Entfernung (auf 10 m abgerundet) angibt.

Innerhalb geschlossener Ortschaften ist eine Ankündigung in der Regel nicht erforderlich.

Wo aus Gründen der guten Erkennbarkeit erforderlich, ist es oft auch ratsam, die negativen Vorfahrtzeichen auf beiden Seiten oder ausnahmsweise auch über der Fahrbahn anzuordnen (z. B. breite Straßen, Straßen mit starkem oder schnellem Verkehr).

Bei **Lichtzeichenanlagen** sind die negativen Vorfahrtzeichen in der Regel unter oder neben der Anlage am gleichen Pfosten anzubringen. Knotenpunkte mit Lichtzeichenanlagen müssen immer eine Vorfahrtregelung durch Zeichen erhalten, damit bei abgeschalteter Signalanlage ein sicherer Verkehrsablauf gewährleistet ist (*Bild 4.14*).

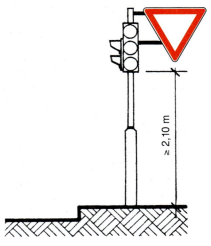

Bild 4.14 Lichtsignalgeber mit negativem Vorfahrtzeichen

Übergroße negative Vorfahrtzeichen können dort verwendet werden, wo infolge hoher Geschwindigkeiten ein Zeichen schon aus größerer Entfernung erkannt werden muss oder Häufungen von Verkehrszeichen auftreten (Gefahr, dass das Vorfahrtzeichen übersehen wird).

Bei den Zeichen 205 und 206 sind nach den HWBV wegen der besseren Sichtbarkeit bei Nacht stark retroreflektierende Folien vom Typ 2 zu verwenden. Bei hell erleuchtetem Umfeld und vielen Lichtquellen ist zu prüfen, ob Folien vom Typ 3 erforderlich sind. Zeichen 205 und 206 können zudem beleuchtet sein.

Ein **Beleuchten** der negativen Vorfahrtzeichen ist dann geboten, wenn

– im Zuge der wartepflichtigen Straße eine Straßenbeleuchtung vorhanden ist, die den Eindruck einer durchgehenden Straße entstehen lässt,
– die Zeichen im Zusammenhang mit Lichtzeichenanlagen angebracht sind und die Anlage abgeschaltet ist (solange die Lichtzeichenanlage in Betrieb ist, dürfen negative Vorfahrtzeichen nicht erleuchtet sein) oder
– das Umfeld so hell erleuchtet ist, dass dadurch das Erkennen der Zeichen beeinträchtigt wird. Das kann z. B. dann der Fall sein, wenn in der Nähe befindliche Verkehrszeichen beleuchtet oder erleuchtet sind.

In jedem Fall müssen die Verhältnisse bei Dunkelheit geprüft werden.

Wartelinien sind dort anzubringen, wo Führer von Fahrzeugen, die infolge einer Vorfahrtregelung oder aufgrund allgemeiner Verhaltensvorschriften der StVO warten müssen, ausreichende Übersicht besitzen.

Eine Wartelinie ist in der Regel nicht erforderlich, wenn der Fahrbahnrand der anderen Straße markiert ist (Randmarkierung) oder die Stelle, von der aus man die erforderliche Übersicht besitzt, so weit in der anderen Straße liegt, dass eine Wartelinie unangebracht wäre.

Haltlinien sind dort anzubringen, wo der Verkehr in Beachtung der Lichtzeichen eines Verkehrssignals, des Haltgebots eines Zeichen gebenden Polizeibeamten oder eines Stop-Schildes (Zeichen 206) anhalten soll.

Die Haltlinie ist so anzuordnen, dass der Fahrer des haltenden Fahrzeuges ausreichende Sicht auf das Verkehrssignal, den Zeichen gebenden Beamten oder den Verkehr auf der anderen Straße hat. Außerdem ist darauf zu achten, dass

der Fußgängerverkehr durch haltende Fahrzeuge möglichst nicht behindert wird.

Erforderlichenfalls muss der Fahrzeugführer an der Stelle, wo die Straße eingesehen werden kann, in die eingefahren werden soll (Sichtlinie), erneut halten.

In Verbindung mit Zeichen 206 stellt die Haltlinie besonders bei Nacht einen wertvollen Hinweis dar, wo der Verkehrsteilnehmer zu halten hat. In Einbahnstraßen wird die Haltlinie über die gesamte Fahrbahn angeordnet.

Siehe auch unter Abschnitt 2.6.4 und in den RMS-1 und RMS-2.

b) Das Aufstellen positiver Vorfahrtzeichen

Vorfahrtstraßen

Eine Vorfahrtstraße wird durch Zeichen 306 gekennzeichnet. *Bild 4.16* zeigt die Grundsätze der Beschilderung von Vorfahrtstraßen. Zeichen 306 steht am Anfang einer Vorfahrtstraße. Es ist im Zuge einer Vorfahrtstraße innerhalb geschlossener Ortschaften in der Regel **vor**, außerhalb geschlossener Ortschaften in der Regel **hinter jeder** Kreuzung oder Einmündung von rechts zu wiederholen. Wenn ein hinter dem Knotenpunkt angebrachtes Zeichen 306 schlecht zu erkennen wäre (z. B. weiträumige Kreuzung), dann ist es eventuell sinnvoll, es in oder vor dem Knotenpunkt anzubringen.

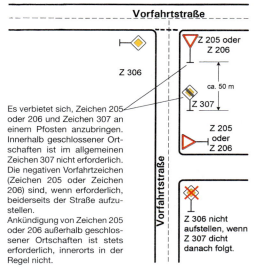

Es verbietet sich, Zeichen 205 oder 206 und Zeichen 307 an einem Pfosten anzubringen. Innerhalb geschlossener Ortschaften ist im allgemeinen Zeichen 307 nicht erforderlich. Die negativen Vorfahrtzeichen (Zeichen 205 oder Zeichen 206) sind, wo erforderlich, beiderseits der Straße aufzustellen. Ankündigung von Zeichen 205 oder 206 außerhalb geschlossener Ortschaften ist stets erforderlich, innerorts in der Regel nicht.

Bild 4.15 Ende einer Vorfahrtstraße an einem Knotenpunkt infolge Einmündung in eine andere Vorfahrtstraße

4.5.3 Vorfahrtregelung durch Zeichen

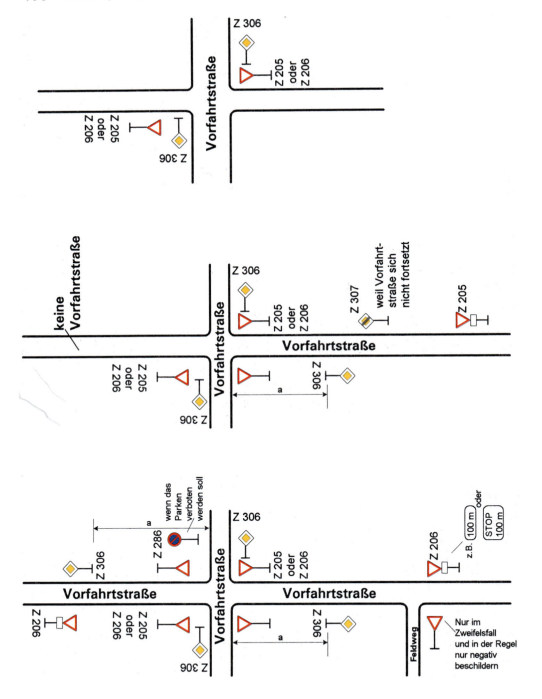

Bild 4.16 Grundsätze der Beschilderung von Vorfahrtstraßen.
Ob eine Vorankündigung der Zeichen 205 oder 206 erforderlich ist, muss geprüft werden (siehe *Bild 4.15*). Abstand a muss so groß sein (ca. 50 m und mehr), dass Zeichen 306 nicht irrtümlich als zur Vorfahrtregelung des Knotenpunktes gehörend angesehen wird. Standort von Zeichen 306: innerorts in der Regel vor, außerorts in der Regel hinter dem Knotenpunkt

4.5.3 Vorfahrtregelung durch Zeichen

**Bild 4.17
Anzeige des „merging"
(Z 551)**

dessen Stelle kann Zeichen 205 mit Entfernungsangabe als Vorankündigung angeordnet werden.

Damit es beim Einsatz der Zeichen 306 und 307 nicht zu Verwechslungen beider Zeichen kommt, ist besondere Vorsicht und Aufmerksamkeit geboten: Beide Zeichen, deren äußere Abmessung und Form gleich sind, besitzen eine völlig gegensätzliche Bedeutung. Daher kann eine Verwechslung erhebliche Gefahren bedeuten.

Beim Zusammenführen zweier Autobahnen wird man in der Regel auf eine positive Beschilderung verzichten können und mit der negativen Beschilderung auskommen. In Zweifelsfällen kann als positive Beschilderung Zeichen 301 aufgestellt werden. Es sind beim spitzwinkligen Zusammentreffen zweier Richtungsfahrbahnen auch Regelungen möglich und erprobt, bei denen das in Amerika bewährte Prinzip des „merging" in Form eines Zusammenführens ohne Vorfahrtregelung Anwendung findet. Hierfür sind entsprechende Markierungen und Verkehrslenkungstafeln (siehe *Bild 4.17*) erforderlich.

Einzelne Kreuzungen und Einmündungen

Die Vorfahrt an einer einzelnen Kreuzung oder Einmündung wird durch Zeichen 301 zum Ausdruck gebracht. Es ist außerhalb geschlossener Ortschaften in der üblichen Entfernung von 150–250 m vor der betreffenden Kreuzung oder Einmündung aufzustellen. Bei erheblich geringeren

Nur dann, wenn sich im Zuge einer Vorfahrtstraße die Knotenpunkte häufen und die Zeichen 306 so dicht aufeinanderfolgen, dass ortsfremde Verkehrsteilnehmer durch die Vielzahl der Schilder verwirrt werden könnten, kann – wenn die Sicherheit es erfordert – an einzelnen Knotenpunkten auf das Aufstellen von Zeichen 306 verzichtet werden; das Gleiche gilt an Einmündungen von Wald- und Feldwegen. Die negative Beschilderung ist dann auch allein ohne positive Vorfahrtzeichen wirksam.

Außerhalb geschlossener Ortschaften soll das Ende einer Vorfahrtstraße (nicht aber deren einzelne Unterbrechung, z. B. bei einer Kreuzung mit einer anderen Vorfahrtstraße) in der Regel sowohl mit Zeichen 307 als auch mit Zeichen 205 oder 206 angeordnet werden. Innerhalb geschlossener Ortschaften ist Zeichen 307 entbehrlich. An

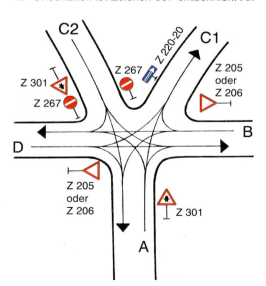

Bild 4.18 Beispiel für die Vorfahrtregelung an einem Knotenpunkt mit mehr als vier Armen

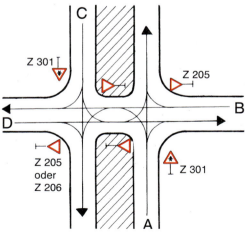

Bild 4.19 Bei einer vorfahrtberechtigten Straße mit breitem Mittelstreifen ist zu prüfen, ob auf dem Mittelstreifen die negativen Vorfahrtzeichen zu wiederholen sind, um vor der zweiten Richtungsfahrbahn an die Wartepflicht zu erinnern

4.5.3 Vorfahrtregelung durch Zeichen

Bild 4.20 Vorfahrtregelung bei Einfahrt in einen Kreisverkehr durch Kombination von Zeichen 205 und 215

Entfernungen (100 m und weniger) ist die Entfernung auf einem Zusatzzeichen anzugeben (z. B. „80 m").

Zwischen Zeichen 301 und dem Knotenpunkt, für den das Zeichen gelten soll, sollte kein Feld- oder Waldweg einmünden.

Innerhalb geschlossener Ortschaften steht Zeichen 301 unmittelbar vor dem betreffenden Knotenpunkt.

c) Kreisverkehre

Das „Merkblatt für die Anlage von Kreisverkehren", Ausgabe 2006 beschäftigt sich mit allen in Deutschland bekannten Kreisverkehrsarten: Minikreisverkehre, kleine Kreisverkehre und große Kreisverkehre.

Kreisverkehre führen dazu, dass der Verkehr vergleichmäßigt wird. In der Realität stellt sich bei ausreichend gleichmäßiger Belastung ein pulsierender Verkehrsablauf ein, der zum Ausgleich der Wartezeiten auf allen Zufahrten, also zu Verbesserungen auf der sonst untergeordneten Fahrbahn, aber auch zu Verschlechterungen auf der sonst übergeordneten Fahrbahn führt. Bei stark dominierenden Fahrströmen ist wichtig, dass diese an der Einfahrt zumindest gelegentlich durch kreuzende Fahrzeuge auf der Kreisfahrbahn unterbrochen werden, da sonst die Fahrzeuge auf den folgenden Einfahrten keine Lücken zum Einfahren erhalten. Ist dies nicht an allen Zeiten des Tages sichergestellt, sollten andere Knotenpunktformen erwogen werden.

Wegen des Zeichens 205 haben die Kraftfahrer bei der Einfahrt die Vorfahrt der bereits im Kreis befindlichen Fahrzeuge zu beachten. Beim Einfahren wird (im Gegensatz zum Vorbild Großbritannien) der Fahrtrichtungsanzeiger nicht benutzt, die beabsichtigte Ausfahrt ist auch aus Gründen

der Leistungsfähigkeit mit dem rechten Fahrtrichtungsanzeiger anzuzeigen. Durch die Vorfahrt der Kreisfahrbahn wird verhindert, dass der Kreisverkehr vollläuft.

Kreisverkehre sind vor allem dann vorteilhaft, wenn stärkere Ein- und Abbiege- sowie kreuzende Ströme zu bewältigen sind und die Verbindungsfunktion der übergeordneten Straße nicht wesentlich überwiegt. Sie sollten nicht zum Einsatz kommen, wenn der Verkehr auf der kreuzenden Straße extrem schwächer als auf der durchgehenden Straße ist.

Ein wesentlicher Grundsatz bei der Anwendung von Kreisverkehren ist, dass der Verkehr auf der Kreisfahrbahn die Vorfahrt gegenüber dem auf den Zufahrten erhält (Ausnahme: wenn eine Straßenbahnstrecke den Kreisverkehr über die Mittelinsel hinweg kreuzt und diese aus Sicherheitsgründen dann bevorrechtigt geführt wird, siehe *Bild 4.22*). Zeichen 215 verdeutlicht, dass es sich bei einem Kreisverkehr um einen einheitlichen Knoten (mit mehreren Ein-/Ausfahrten als Teilknoten) handelt, in dem besondere Verhaltensformen gelten, die in § 8 StVO „Vorfahrt" beschrieben sind. Da Zeichen 215 keine vorfahrtregelnde Funktion hat, wird es ausschließlich zusammen mit (und zwar unter) Zeichen 205 „Vorfahrt gewähren." verwendet (*Bild 4.20*) und dabei immer gleichzeitig an allen Zufahrten eines Kreisverkehrs angeordnet. Die Regelbeschilderung eines Kreisverkehrs vereinfacht sich dadurch erheblich (siehe *Bild 4.21*).

Soweit es unumgänglich erscheint, die Erkennbarkeit der Mittelinsel zu verbessern, empfiehlt die VwV-StVO zu Zeichen 215, außerorts innerhalb der Zufahrt auf der Kreisverkehrsinsel anstelle der

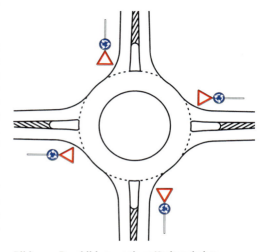

Bild 4.21 Beschilderung eines Kreisverkehrs

4.5.3 Vorfahrtregelung durch Zeichen

früher oft benutzten Zeichen 211 besser Richtungstafeln (Zeichen 625) anzuordnen. Angeregt wird, dies zunächst sehr restriktiv anzuwenden, um den mit Zeichen 215 gewonnenen Vorteil der Beschilderungsvereinfachung nicht unnötig wieder aufs Spiel zu setzen.

Zeichen 215 verdeutlicht grundsätzlich und eindeutig die Notwendigkeit, die Insel entgegen dem Uhrzeigersinn zu umfahren. Es ist zu überlegen, Zeichen 215 und andere die Fahrtrichtung oder die Vorbeifahrt vorschreibende Zeichen mit stark retroreflektierenden Folien (Typ 2 oder Typ 3) auszustatten, um trotz der für Retroreflektion ungünstigen Farbe blau auch nachts eine gute Erkennbarkeit zu erreichen.

VwV-StVO zu Zeichen 215 Kreisverkehr schreibt vor, den Kreisverkehr außerorts mit der wegweisenden Beschilderung (Zeichen 438) anzukündigen.

Radverkehr kann auf der Kreisfahrbahn oder auf einem mehr oder weniger abgesetzten Radweg um den Kreisverkehr geführt werden. Weniger abgesetzte Radwege werden durch die Kombination aus den Zeichen 205 und 215 auf den Kreisverkehrs-Zufahrten mit geschützt, weiter entfernten Radwegen muss die Vorfahrt mit Zeichen 205 genommen werden.

d) Abknickende Vorfahrt

Die abknickende Vorfahrt darf nur ausnahmsweise angewendet werden. Abknickende Vorfahrten müssen durch geeignete optische Führungen kenntlich gemacht werden (z. B. Fahrbahnmarkierung, optische Leiteinrichtungen, Vorwegweiser, Beleuchtung). Dadurch wird die Fortsetzung eines Straßenzuges dem Verkehrsteilnehmer verdeutlicht, die Vorfahrt somit sinnfällig.

Sofern möglich, ist ein Umbau anzustreben, der die bevorrechtigten Knotenpunktarme optisch als einen zusammenhängenden Straßenzug erscheinen lässt. Bei eventuellen Ummarkierungen ist sicher auszuschließen, dass entfernte alte Markierungen unter besonderen Licht- und Umweltverhältnissen (Gegenlicht, Regen) als „Phantommarkierungen" der neuen Vorfahrtregelung widersprechen.

Fußgängerverkehr über eine Vorfahrtstraße ist im Bereich einer abknickenden Vorfahrt durch geeignete Absperrungen zu unterbinden. In einiger Entfernung sind Vorkehrungen zu treffen, um dem Fußgänger das sichere Überqueren der Fahrbahn zu ermöglichen.

Das Zusatzzeichen für abknickende Vorfahrt darf **nur mit Zeichen 306, nicht aber mit Zeichen 301**

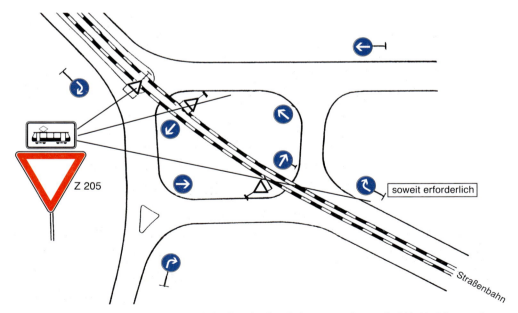

Bild 4.22 Straßenbahnen, die bei Kreisverkehr die Mittelinsel überqueren, ist regelmäßig Vorfahrt vor dem Verkehr im Kreis zu geben. Sinngemäß gilt diese Regelung auch für Fälle, wo der Verkehr im Kreis vorfahrtberechtigt ist. Zusatzzeichen 1048-19 „Straßenbahn" wird entgegen der Regelanordnung, die ein Anbringen der Zusatzzeichen dicht unter den Verkehrszeichen vorsieht, über Zeichen 205 angebracht

4.5.3 Vorfahrtregelung durch Zeichen

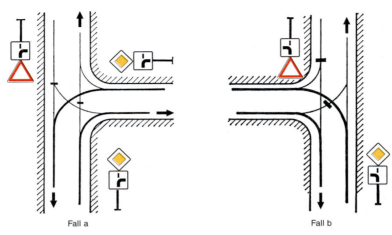

Fall a   Fall b

Bild 4.23 Einmündung mit (a) rechts abknickender und (b) links abknickender Vorfahrtstraße; Zeichen 307 – falls erforderlich – ist hier nicht dargestellt

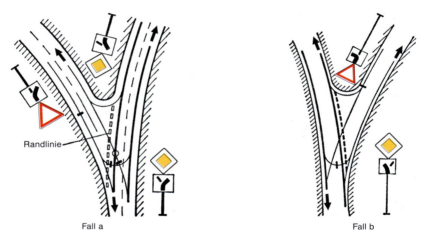

Randlinie

Fall a   Fall b

Bild 4.24 Gabelung mit (a) rechts abknickender und (b) links abknickender Vorfahrtstraße (hier beispielhaft mit einer Randmarkierung); Zeichen 307 ist hier nicht dargestellt

Bild 4.25 Vorfahrtbeschilderung einer Kreuzung mit abknickender Vorfahrtstraße. Zeichen 307 ist hier nicht dargestellt

Auf das positive Vorfahrtzeichen mit Zusatzzeichen für die Fahrtrichtung von II kommend kann zweckmäßigerweise dann verzichtet werden, wenn die Gefahr besteht, dass von II kommende Verkehrsteilnehmer aufgrund der örtlichen Situation annehmen, dass die Vorfahrtstraße geradeaus weiterführt. In solchen Fällen kann es zu schweren Zusammenstößen mit Verkehrsteilnehmern kommen, die von I her in die Kreuzung einfahren. Beim Fehlen dieses positiven Vorfahrtzeichens gilt für die Verkehrsteilnehmer von II der Grundsatz: „Rechts vor Links". Diese Regelung hat sich in vielen Fällen ausgezeichnet bewährt

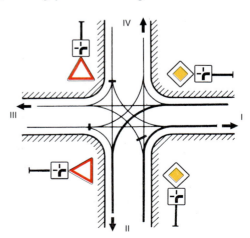

254

kombiniert werden. Sofern im Zuge einer Straße, die nicht Vorfahrtstraße ist, an einer Kreuzung oder an Einmündungen eine abknickende Vorfahrt signalisiert werden muss, sind vor der Kreuzung oder Einmündung Zeichen 306 mit Zusatzzeichen, dahinter Zeichen 307 aufzustellen. An allen übrigen Knotenpunkten kann, sofern erforderlich, die Vorfahrt durch Zeichen 301 gegeben werden.

Die Zusatzzeichen für abknickende Vorfahrt sollten die tatsächliche Situation des Straßenverlaufes wiedergeben.

Die *Bilder 4.23* bis *4.25* zeigen einige Beispiele für die Beschilderung der abknickenden Vorfahrt.

Bild 4.27 Hinweis auf eine geänderte Vorfahrt (auf einer Tragfläche)

4.5.4 Zusätzliche Maßnahmen zur Verdeutlichung der Vorfahrt

Durch zusätzliche Maßnahmen ist dafür Sorge zu tragen, dass ein Knotenpunkt gut zu erkennen und die Vorfahrtregelung leicht zu begreifen ist.

Besondere Aufmerksamkeit ist hierbei den wartepflichtigen Zufahrten zu schenken.

Als äußerst wirksam hat sich zur Unterstützung der Vorfahrtregelung die Fahrbahnmarkierung erwiesen. Wichtig ist eine deutliche Fahrbahnbegrenzung der vorfahrtberechtigten Straße im Bereich des Knotenpunktes, die die Vorfahrtverhältnisse optisch unterstreicht (*Bild 4.26*).

Ist Zeichen 206 „Halt. Vorfahrt gewähren." aufgestellt, ist in der Regel eine Haltlinie (Zeichen 294) aufzubringen. Von der Haltlinie aus sollen die wartepflichtigen Verkehrsteilnehmer die vorfahrtberechtigte Straße übersehen können.

Ist eine ausreichende Erkennbarkeit eines Knotenpunktes nicht gegeben, sollten bei der Straßenbaubehörde bauliche Veränderungen

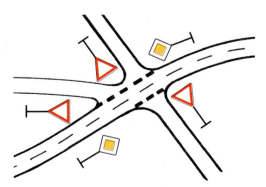

Bild 4.26 Deutliche Randmarkierung zur Verdeutlichung der Vorfahrtverhältnisse

angeregt werden. Wird kein Umbau realisiert, kann durch

- Wiederholen der Verkehrszeichen über der Fahrbahn,
- optisch verzerrte Wiedergabe aufgestellter Zeichen auf der Fahrbahn,
- besondere Beleuchtung, erforderlichenfalls gelbes Blinklicht in den wartepflichtigen Zufahrten,

die Auffälligkeit erhöht werden.

Insbesondere außerorts empfiehlt es sich, zu prüfen, inwieweit die Vorfahrtregelung dem ankommenden Kraftfahrer durch die optische Gestaltung (z. B. Bepflanzung) oder durch bauliche Maßnahmen (z. B. Versatz der untergeordneten Fahrbahnen, Einbau von Inseln) verdeutlicht werden kann.

Auf Straßen mit schnellerem und stärkerem Verkehr sowie immer dann, wenn eine vorgesehene Regelung von den Verkehrsteilnehmern nicht erwartet wird, kann eine Vorankündigung der Vorfahrtsregeln sinnvoll sein.

Wird an einem Knotenpunkt die **Vorfahrt geändert**, so empfiehlt es sich, einige Monate lang mit entsprechenden Schildern auf diese Änderung hinzuweisen. Dies ist vor allem dann erforderlich, wenn viele „ortskundige" Verkehrsteilnehmer diesen Knotenpunkt befahren. Es hat sich als zweckmäßig erwiesen, in der übergeordneten Straße in entsprechender Entfernung Zeichen 101 mit einem Zusatzzeichen „Vorfahrt geändert", in der untergeordneten Straße Zeichen 205, ebenfalls mit dem Zusatzzeichen „Vorfahrt geändert", aufzustellen, und zwar so, dass die Zeichen sehr auffällig sind, z. B. auf einer entsprechend großen weißen Tafel angebracht (*Bild 4.27*).

Eine Änderung der Vorfahrt liegt auch dann vor, wenn an die Stelle der Vorfahrtregelung „Rechts

255

vor Links" eine Vorfahrtregelung durch Zeichen tritt oder umgekehrt. In letzterem Falle ist in entsprechender Entfernung Zeichen 102 mit dem Zusatzzeichen „Vorfahrt geändert" aufzustellen.

Bei **Grundstückszufahrten, Fußgängerbereichen, verkehrsberuhigten Bereichen** kann, wenn es zur Klarstellung des Vorfahrtverhaltens notwendig ist, für den auf die Fahrbahn einfahrenden Verkehr Zeichen 205 „Vorfahrt gewähren" aufgestellt werden.

Zusätzliche Maßnahmen zur Verdeutlichung der Vorfahrt sind wichtig für die Verkehrssicherheit und müssen mit Sorgfalt festgelegt werden.

4.5.5 Vorfahrt Radverkehr

Voraussetzung für ein richtiges Vorfahrtverhalten des entlang einer Straße, auf Radwegen oder Radfahrstreifen geführten Radverkehrs sind ausreichende Sichtbeziehungen zwischen Kraftfahrzeug- und Radverkehr. Wo immer erforderlich, sind unzureichende Sichtbeziehungen durch geeignete Maßnahmen zu verbessern. Bei abgesetzten Radwegen, die in einer gewissen Entfernung von der Fahrbahn verlaufen, ist dem Radfahrer vor dem Kreuzen einer querenden Straße durch ein verkleinertes Zeichen 205 die Wartepflicht aufzuerlegen. Ob ein Radverkehr als abgesetzt anzusehen ist, muss anhand des optischen Gesamteindrucks und der örtlichen Gegebenheiten entschieden werden.

Werden einseitig neben einer Straße verlaufende Radwege für den Gegenverkehr freigegeben („linker Radweg"), dann entstehen an Kreuzungen und Einmündungen wie auch an verkehrsreichen Grundstücksausfahrten neue Konflikte. Gilt in einem solchen Fall an Kreuzungen und Einmündungen die Vorfahrtregelung „Rechts vor Links", so ist gemäß *Bild 4.28* vor den in beiden Richtungen verkehrenden Radfahrern zu warnen (siehe auch Abschnitt 6.3.5).

Bei beschilderter Vorfahrtregelung an einem Knotenpunkt ist auf der untergeordneten Straße über dem Zeichen 205 das Zusatzzeichen 1000-32 (Sinnbild eines Radfahrers mit zwei darunter gesetzten entgegengerichteten waagerechten Pfeilen) zu setzen (*Bild 4.29*).

Falls erforderlich, kann der von der Vorfahrtstraße abbiegende Kraftfahrzeugverkehr durch

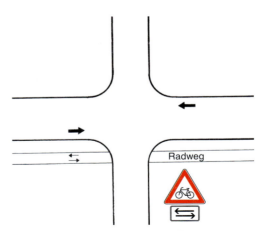

Bild 4.28 Mögliche Warnung vor Radwegen mit Radverkehr in beiden Richtungen. Vorfahrtregelung und Markierung werden hier nicht behandelt

Zeichen 138 „Radverkehr" mit dem Zz 1000-30 auf die besonderen Gefahren beim Kreuzen des Radweges aufmerksam gemacht werden. Handelt es sich um einen abgesetzten Radweg, ist wie oben beschrieben zu verfahren.

Es ist zu beachten, dass die Markierung einer Radfahrerfurt zwingend vorgeschrieben ist; siehe VwV-StVO zu § 9 Abs. 2 Ziffer II.

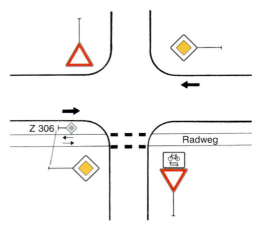

Bild 4.29 Vorfahrtregelung für einen Radweg entlang einer Vorfahrtstraße mit Radverkehr in beiden Richtungen (Zeichen 205 mit darüber gesetztem Zusatzzeichen). Die Markierung der Radfahrerfurt ist zwingend vorgeschrieben

Zu den Abschnitten 4.5.1 bis 4.5.5

StVO
§ 8
Vorfahrt

(1) An Kreuzungen und Einmündungen hat die Vorfahrt, wer von rechts kommt. Das gilt nicht,

1. wenn die Vorfahrt durch Verkehrszeichen besonders geregelt ist (Zeichen 205, 206, 301, 306) oder
2. für Fahrzeuge, die aus einem Feld- oder Waldweg auf eine andere Straße kommen.

(1a) Ist an der Einmündung in einen Kreisverkehr Zeichen 215 (Kreisverkehr) unter dem Zeichen 205 (Vorfahrt gewähren) angeordnet, hat der Verkehr auf der Kreisfahrbahn Vorfahrt. Bei der Einfahrt in einen solchen Kreisverkehr ist die Benutzung des Fahrtrichtungsanzeigers unzulässig.

StVO
§ 10
Einfahren
und Anfahren

Wer aus einem Grundstück, aus einer Fußgängerzone (Zeichen 242.1 und 242.2), aus einem verkehrsberuhigten Bereich (Zeichen 325.1 und 325.2) auf die Straße oder von anderen Straßenteilen oder über einen abgesenkten Bordstein hinweg auf die Fahrbahn einfahren oder vom Fahrbahnrand anfahren will, hat sich dabei so zu verhalten, dass eine Gefährdung anderer Verkehrsteilnehmer ausgeschlossen ist; erforderlichenfalls muss man sich einweisen lassen. Die Absicht einzufahren oder anzufahren ist rechtzeitig und deutlich anzukündigen; dabei sind die Fahrtrichtungsanzeiger zu benutzen. Dort, wo eine Klarstellung notwendig ist, kann Zeichen 205 stehen.

StVO
§ 41
Vorschriftzeichen

(2) Vorschriftzeichen stehen vorbehaltlich des Satzes 2 dort, wo oder von wo an die Anordnung zu befolgen ist. Soweit die Zeichen aus Gründen der Leichtigkeit oder der Sicherheit des Verkehrs in einer bestimmten Entfernung zum Beginn der Befolgungspflicht stehen, ist die Entfernung zu dem maßgeblichen Ort auf einem Zusatzzeichen angegeben.

StVO
§ 42
Richtzeichen

(2) Wer am Verkehr teilnimmt, hat die durch Richtzeichen nach Anlage 3 angeordneten Ge- oder Verbote zu befolgen.

VwV-StVO
zu § 2
Straßenbenutzung
durch Fahrzeuge

Zu Absatz 4 Satz 3 und Satz 4

38 6. An Kreuzungen und Einmündungen sowie an verkehrsreichen Grundstückszufahrten ist für den Fahrzeugverkehr auf der untergeordneten Straße das Zeichen 205 „Vorfahrt gewähren!" oder Zeichen 206 „Halt! Vorfahrt gewähren!" jeweils mit dem Zusatzzeichen mit dem Sinnbild eines Fahrrades und zwei gegengerichteten waagerechten Pfeilen (1000-32) anzuordnen. Zum Standort der Zeichen vgl. Nr. I zu Zeichen 205 und 206. Bei Zweifeln, ob der Radweg noch zu der vorfahrtsberechtigten Straße gehört vgl. Nr. I zu § 9 Abs. 3; Rn. 8.

VwV-StVO
zu § 8
Vorfahrt

Zu Absatz 1

Verkehrsregelung an Kreuzungen und Einmündungen

1 I. 1. Kreuzungen und Einmündungen sollten auch für den Ortsfremden schon durch ihre bauliche Beschaffenheit erkennbar sein. Wenn das nicht der Fall ist, sollten bei der Straßenbaubehörde bauliche Veränderungen angeregt werden.

2 2. Bei schiefwinkligen Kreuzungen und Einmündungen ist zu prüfen, ob für den Wartepflichtigen die Tatsache, dass er an dieser Stelle andere durchfahren lassen muss, deutlich erkennbar ist und ob die Sicht aus dem schräg an der Straße mit Vorfahrt wartenden Fahrzeug ausreicht. Ist das nicht der Fall, so ist mit den Maßnahmen zu Nr. I 1 und II zu helfen; des Öfteren wird es sich empfehlen, bei der Straßenbaubehörde eine Änderung des Kreuzungswinkels anzuregen.

3 II. Die Verkehrsregelung an Kreuzungen und Einmündungen soll so sein, dass es für den Verkehrsteilnehmer möglichst einfach ist, sich richtig zu verhalten. Es dient der Sicherheit, wenn die Regelung dem natürlichen Verhalten des Verkehrsteilnehmers entspricht. Unter diesem Gesichtspunkt sollte, wenn möglich, die Entscheidung darüber getroffen werden, ob an Kreuzungen der Grundsatz „Rechts vor Links" gelten soll oder eine Regelung durch Verkehrszeichen vorzuziehen ist und welche Straße dann die Vorfahrt erhalten soll. Bei jeder Regelung durch Verkehrszeichen ist zu prüfen, ob die Erfassbarkeit der Regelung durch Längsmarkierungen (Mittellinien und Randlinien, die durch retroreflektierende Markierungsknöpfe verdeutlicht werden können) im Verlauf der Straße mit Vorfahrt verbessert werden kann.

Zu den Abschnitten 4.5.1 bis 4.5.5

VwV-StVO
zu § 8
Vorfahrt

4 1. Im Verlauf einer durchgehenden Straße sollte die Regelung stetig sein. Ist eine solche Straße an einer Kreuzung oder Einmündung mit einer Lichtzeichenanlage versehen oder positiv beschildert, so sollte an der nächsten nicht „Rechts vor Links" gelten, wenn nicht der Abstand zwischen den Kreuzungen oder Einmündungen sehr groß ist oder der Charakter der Straße sich von einer Kreuzung oder Einmündung zur anderen grundlegend ändert.

5 2. Einmündungen von rechts sollte die Vorfahrt grundsätzlich genommen werden. Nur wenn beide Straßen überwiegend dem Anliegerverkehr dienen (z.B. Wohnstraßen) und auf beiden nur geringer Verkehr herrscht, bedarf es nach der Erfahrung einer Vorfahrtbeschilderung nicht.

6 3. An Kreuzungen sollte der Grundsatz „Rechts vor Links" nur gelten, wenn

a) die kreuzenden Straßen einen annähernd gleichen Querschnitt und annähernd gleiche, geringe Verkehrsbedeutung haben,

b) keine der Straßen, etwa durch Straßenbahngleise, Baumreihen, durchgehende Straßenbeleuchtung, ihrem ortsfremden Benutzer den Eindruck geben kann, er befinde sich auf der wichtigeren Straße,

c) die Sichtweite nach rechts aus allen Kreuzungszufahrten etwa gleich groß ist und

d) in keiner der Straßen in Fahrstreifen nebeneinander gefahren wird.

7 4. Müsste wegen des Grundsatzes der Stetigkeit [Nummer 1] die Regelung „Rechts vor Links" für einen ganzen Straßenzug aufgegeben werden, weil für eine einzige Kreuzung eine solche Regelung nach [Nummer 3] nicht in Frage kommt, so ist zu prüfen, ob nicht die hindernde Eigenart dieser Kreuzung, z.B. durch Angleichung der Sichtweiten beseitigt werden kann.

8 5. Der Grundsatz „Rechts vor Links" sollte außerhalb geschlossener Ortschaften nur für Kreuzungen und Einmündungen im Verlauf von Straßen mit ganz geringer Verkehrsbedeutung gelten.

9 6. Scheidet die Regelung „Rechts vor Links" aus, so ist die Frage, welcher Straße die Vorfahrt zu geben ist, unter Berücksichtigung des Straßencharakters, der Verkehrsbelastung, der übergeordneten Verkehrslenkung und des optischen Eindrucks der Straßenbenutzer zu entscheiden. Keinesfalls darf die amtliche Klassifizierung der Straßen entscheidend sein.

10 a) Ist eine der beiden Straßen eine Vorfahrtstraße oder sind auf einer der beiden Straßen die benachbarten Kreuzungen positiv beschildert, so sollte in der Regel diese Straße die Vorfahrt erhalten. Davon sollte nur abgewichen werden, wenn die Verkehrsbelastung der anderen Straße wesentlich stärker ist oder wenn diese wegen ihrer baulichen Beschaffenheit dem, der sie befährt, den Eindruck vermitteln kann, er befände sich auf der wichtigeren Straße (z.B. Straßen mit Mittelstreifen oder mit breiter Fahrbahn oder mit Straßenbahngleisen).

11 b) Sind beide Straßen Vorfahrtstraßen oder sind auf beiden Straßen die benachbarten Kreuzungen positiv beschildert, so sollte der optische Eindruck, den die Fahrer von der von ihnen befahrenen Straße haben, für die Wahl der Vorfahrt wichtiger sein als die Verkehrsbelastung.

12 c) Wird entgegen diesen Grundsätzen entschieden oder sind aus anderen Gründen Missverständnisse über die Vorfahrt zu befürchten, so muss der Wartepflicht entweder besonders deutlich gemacht werden (z. B. durch Markierung, mehrfach wiederholte Beschilderung), oder es sind Lichtzeichenanlagen anzubringen. Erforderlichenfalls sind bei der Straßenbaubehörde bauliche Maßnahmen anzuregen.

13 7. Bei Kreuzungen mit mehr als 4 Zufahrten ist zu prüfen, ob nicht einzelne Kreuzungszufahrten verlegt oder gesperrt werden können. In anderen Fällen kann die Einrichtung von der Kreuzung wegführender Einbahnstraßen in Betracht kommen.

14 8. Bei der Vorfahrtregelung sind die Interessen der öffentlichen Verkehrsmittel besonders zu berücksichtigen; wenn es mit den unter Rn. 6 dargelegten Grundsätzen vereinbar ist, sollten diejenigen Kreuzungszufahrten Vorfahrt erhalten, in denen öffentliche Verkehrsmittel linienmäßig verkehren. Kann einer Straße, auf der eine Schienenbahn verkehrt, die Vorfahrt durch Verkehrszeichen nicht gegeben werden, so ist eine Regelung durch Lichtzeichen erforderlich; keinesfalls darf auf einer solchen Kreuzung die Regel „Rechts vor Links" gelten.

VwV-StVO
zu § 8
Vorfahrt

15 III. 1. Als Vorfahrtstraßen sollen nur Straßen gekennzeichnet sein, die über eine längere Strecke die Vorfahrt haben und an zahlreichen Kreuzungen bevorrechtigt sind. Dann sollte die Straße so lange Vorfahrtstraße bleiben, wie sich das Erscheinungsbild der Straße und ihre Verkehrsbedeutung nicht ändern. Bei der Auswahl von Vorfahrtstraßen ist der Blick auf das gesamte Straßennetz besonders wichtig.

16 a) Bundesstraßen, auch in ihren Ortsdurchfahrten, sind in aller Regel als Vorfahrt-straßen zu kennzeichnen.

17 b) Innerhalb geschlossener Ortschaften gilt das auch für sonstige Straßen mit durch-gehendem Verkehr.

18 c) Außerhalb geschlossener Ortschaften sollten alle Straßen mit erheblicherem Verkehr Vorfahrtstraßen werden.

19 2. Im Interesse der Verkehrssicherheit sollten im Zuge von Vorfahrtstraßen außerhalb geschlossener Ortschaften Linksabbiegestreifen angelegt werden, auch wenn der abbiegende Verkehr nicht stark ist. Linksabbiegestreifen sind um so dringlicher, je schneller die Straße befahren wird.

20 3. Über die Beschilderung von Kreuzungen und Einmündungen vgl. Nr. VI zu den Zeichen 205 und 206 (Rn. 6), von Vorfahrtstraßen vgl. zu den Zeichen 306 und 307.

21 IV. Über die Verkehrsregelung durch Polizeibeamte und Lichtzeichen vgl. zu § 37 Abs. 2 und 4; Rn. 3 ff. sowie Nr. IV zu den Nrn. 1 und 2 zu § 37 Abs. 2; Rn. 12.

VwV-StVO
zu den §§ 39 bis 43
Allgemeines über
Verkehrszeichen
und Verkehrs-
einrichtungen

11. Häufung von Verkehrszeichen

33 Weil die Bedeutung von Verkehrszeichen bei durchschnittlicher Aufmerksamkeit zwei-felsfrei erfassbar sein muss, sind Häufungen von Verkehrszeichen zu vermeiden. Es ist daher stets vorrangig zu prüfen, auf welche vorgesehenen oder bereits vorhandenen Verkehrszeichen verzichtet werden kann.

34 Sind dennoch an einer Stelle oder kurz hintereinander mehrere Verkehrszeichen unvermeidlich, muss dafür gesorgt werden, dass die für den fließenden Verkehr wichtigen besonders auffallen. Kann dies nicht realisiert werden oder wird ein für den fließenden Verkehr bedeutsames Verkehrszeichen an der betreffenden Stelle nicht erwartet, ist jene Wirkung auf andere Weise zu erzielen (z. B. durch Übergröße oder gelbes Blinklicht).
...

39 dd) Verkehrszeichen, durch die eine Wartepflicht angeordnet oder angekündigt wird, dürfen nur dann an einem Pfosten mit anderen Verkehrszeichen angebracht werden, wenn jene wichtigen Zeichen besonders auffallen.

40 b) Dicht hintereinander sollen Verkehrszeichen für den fließenden Verkehr nicht folgen. Zwischen Pfosten, an denen solche Verkehrszeichen gezeigt werden, sollte vielmehr ein so großer Abstand bestehen, dass der Verkehrsteilnehmer bei der dort gefahrenen Geschwindigkeit Gelegenheit hat, die Bedeutung der Verkehrszeichen nacheinander zu erfassen.

VwV-StVO
zu § 40
Gefahrzeichen

Zu Zeichen 102 Kreuzung oder Einmündung mit Vorfahrt von rechts

1 Das Zeichen darf nur angeordnet werden vor schwer erkennbaren Kreuzungen und Einmündungen von rechts, an denen die Vorfahrt nicht durch Vorfahrtzeichen geregelt ist. Innerhalb geschlossener Ortschaften ist das Zeichen im Allgemeinen entbehrlich.

VwV-StVO
zu § 41
Vorschriftzeichen

Zu Zeichen 205 Vorfahrt gewähren!

1 I. Ist neben einer durchgehenden Fahrbahn ein Fahrstreifen vorhanden, welcher der Einfädelung des einmündenden Verkehrs dient, ist das Zeichen am Beginn dieses Fahrstreifens anzuordnen. Vgl. Nummer I zu § 7 Abs. 1 bis 3; Rn. 1. An Einfäde-lungsstreifen auf Autobahnen und Kraftfahrstraßen ist das Zeichen im Regelfall nicht erforderlich (vgl. § 18 Abs. 3).

2 II. Über Kreisverkehr vgl. zu Zeichen 215.

3 III. Nur wenn eine Bevorrechtigung der Schienenbahn auf andere Weise nicht möglich ist, kann in Ausnahmefällen das Zeichen 205 mit dem Zusatzzeichen mit Straßen-bahnsinnbild (1048-19) angeordnet werden, insbesondere wo Schienenbahnen einen kreisförmigen Verkehr kreuzen oder wo die Schienenbahn eine Wendeschleife oder ähnlich geführte Gleisanlagen befährt. Für eine durch Zeichen 306 bevorrechtigte Straße darf das Zeichen mit Zusatzzeichen nicht angeordnet werden.

Zu den Abschnitten 4.5.1 bis 4.5.5

Zu Zeichen 206 Halt! Vorfahrt gewähren!

I. Das Zeichen 206 ist nur dann anzuordnen, wenn

1.   1. die Sichtverhältnisse an der Kreuzung oder Einmündung es zwingend erfordern,

2.   2. es wegen der Örtlichkeit (Einmündung in einer Innenkurve oder in eine besonders schnell befahrene Straße) schwierig ist, die Geschwindigkeit der Fahrzeuge auf der anderen Straße zu beurteilen, oder

3.   3. es sonst aus Gründen der Sicherheit notwendig erscheint, einen Wartepflichtigen zu besonderer Vorsicht zu mahnen (z. B. in der Regel an der Kreuzung zweier Vorfahrtstraßen).

4.   II. Zusätzlich ist im Regelfall eine Haltlinie (Zeichen 294) dort anzubringen, wo der Wartepflichtige die Straße übersehen kann. Bei einem im Zuge der Vorfahrtstraße (306) verlaufenden Radweg ist die Haltlinie unmittelbar vor der Radwegefurt anzubringen.

Zu den Zeichen 205 und 206 Vorfahrt gewähren und Halt! Vorfahrt gewähren

1.   I. Die Zeichen sind unmittelbar vor der Kreuzung oder Einmündung anzuordnen.

2.   II. Die Zeichen sind nur anzukündigen, wenn die Vorfahrtregelung aufgrund der örtlichen Gegebenheiten (Straßenverlauf, Geschwindigkeit, Verkehrsstärke) anderenfalls nicht rechtzeitig erkennbar wäre. Innerhalb geschlossener Ortschaften ist die Ankündigung in der Regel nicht erforderlich. Außerhalb geschlossener Ortschaften soll die Ankündigung 100 bis 150 m vor der Kreuzung oder Einmündung erfolgen. Die Ankündigung erfolgt durch Zeichen 205 mit der Entfernungsangabe auf einem Zusatzzeichen. Bei der Ankündigung des Zeichens 206 enthält das Zusatzzeichen neben der Entfernungsangabe zusätzlich das Wort „Stop".

3.   III. Das Zusatzzeichen mit dem Sinnbild eines Fahrrades und zwei gegenläufigen waagerechten Pfeilen (1000-32) ist anzuordnen, wenn der Radweg im Verlauf der Vorfahrtstraße für den Radverkehr in beide Richtungen freigegeben ist.

4.   IV. Wo eine Lichtzeichenanlage steht, sind die Zeichen in der Regel unter oder neben den Lichtzeichen am gleichen Pfosten anzubringen.

5.   V. Nur wo eine Straße mit Wartepflicht in einem großräumigen Knoten eine Straße mit Mittelstreifen kreuzt und für den Verkehrsteilnehmer schwer erkennbar ist, dass es sich um die beiden Richtungsfahrbahnen derselben Straße handelt, ist zusätzlich auf dem Mittelstreifen eines der beiden Zeichen aufzustellen.

6.   VI. Jede Kreuzung und Einmündung, in der vom Grundsatz „Rechts vor Links" abgewichen werden soll, ist sowohl positiv als auch negativ zu beschildern, und zwar sowohl innerhalb als auch außerhalb geschlossener Ortschaften. Ausgenommen sind Ausfahrten aus verkehrsberuhigten Bereichen (Zeichen 325.1, 325.2) sowie Feld- und Waldwege, deren Charakter ohne Weiteres zu erkennen ist. Straßeneinmündungen, die wie Grundstückszufahrten aussehen, sowie Einmündungen von Feld- und Waldwegen können einseitig mit Zeichen 205 versehen werden.

7.   VII. Zusatzzeichen „abknickende Vorfahrt". Über die Zustimmungsbedürftigkeit vgl. Nummer III 1 Buchstabe a zu § 45 Abs. 1 bis 1 e, Rn. 4; über abknickende Vorfahrt vgl. ferner zu den Zeichen 306 und 307 und Nummer III zu Zeichen 301; Rn. 3.

…

Zu Zeichen 215 Kreisverkehr

1.   I. Ein Kreisverkehr darf nur angeordnet werden, wenn die Mittelinsel von der Kreisfahrbahn abgegrenzt ist. Dies gilt auch, wenn die Insel wegen des geringen Durchmessers des Kreisverkehrs von großen Fahrzeugen überfahren werden muss. Zeichen 295 als innere Fahrbahnbegrenzung ist in Form eines Breitstrichs auszuführen (vgl. RMS).

2.   II. Außerhalb geschlossener Ortschaften ist der Kreisverkehr mit Vorwegweiser (Zeichen 438) anzukündigen.

3.   III. Die Zeichen 205 und 215 sind an allen einmündenden Straßen anzuordnen. Ist eine abweichende Vorfahrtregelung durch Verkehrszeichen für den Kreisverkehr erforderlich, ist Zeichen 209 (Rechts) anzuordnen.

4.   IV. Die Anordnung von Zeichen 215 macht eine zusätzliche Anordnung von Zeichen 211 (Hier rechts) auf der Mittelinsel entbehrlich. Außerhalb geschlossener Ortschaften empfiehlt es sich, auf baulich angelegten, nicht überfahrbaren Mittelinseln gegenüber der jeweiligen Einfahrt vorrangig Zeichen 625 (Richtungstafel in Kurven) anzuordnen.

VwV-StVO
zu § 41
Vorschriftzeichen

5 V. Wo eine Straßenbahn die Mittelinsel überquert, darf Zeichen 215 nicht angeordnet werden. Der Straßenbahn ist regelmäßig Vorfahrt zu gewähren; dabei sind Lichtzeichen vorzuziehen.

6 VI. Der Fahrradverkehr ist entweder wie der Kraftfahrzeugverkehr auf der Kreisfahrbahn zu führen oder auf einem baulich angelegten Radweg (Zeichen 237, 240, 241). Ist dieser baulich angelegte Radweg eng an der Kreisfahrbahn geführt (Absatzmaß max. 4–5 m), so sind in den Zufahrten die Zeichen 215 (Kreisverkehr) und 205 (Vorfahrt gewähren) vor der Radfahrerfurt anzuordnen. Ist der baulich angelegte Radweg von der Kreisfahrbahn abgesetzt oder liegt der Kreisverkehr außerhalb bebauter Gebiete, ist für den Radverkehr Zeichen 205 anzuordnen.

7 VII. Zur Anordnung von Fußgängerüberwegen auf den Zufahrten vgl. R-FGÜ.

VwV-StVO
zu § 42
Richtzeichen

Zu Zeichen 301 Vorfahrt

1 I. Das Zeichen steht unmittelbar vor der Kreuzung oder Einmündung.

2 II. An jeder Kreuzung und Einmündung, vor der das Zeichen steht, muss auf der anderen Straße das Zeichen 205 oder das Zeichen 206 angeordnet werden.

3 III. Das Zusatzzeichen für die abknickende Vorfahrt (hinter Zeichen 306) darf nicht zusammen mit dem Zeichen 301 angeordnet werden.

4 IV. Das Zeichen ist für Ortsdurchfahrten und Hauptverkehrsstraßen nicht anzuordnen. Dort ist das Zeichen 306 zu verwenden. Im Übrigen ist innerhalb geschlossener Ortschaften das Zeichen 301 nicht häufiger als an drei hintereinander liegenden Kreuzungen oder Einmündungen zu verwenden. Sonst ist das Zeichen 306 zu verwenden. Eine Abweichung von dem Regelfall ist nur angezeigt, wenn die Bedürfnisse des Buslinienverkehrs in Tempo 30-Zonen dies zwingend erfordern.

5 V. Über Kreisverkehr vgl. zu Zeichen 215.

Zu den Zeichen 306 und 307 Vorfahrtstraße und Ende der Vorfahrtstraße

1 I. Innerhalb geschlossener Ortschaften ist die Vorfahrt für alle Straßen des überörtlichen Verkehrs (Bundes-, Landes- und Kreisstraßen) und weitere für den innerörtlichen Verkehr wesentliche Hauptverkehrsstraßen grundsätzlich unter Verwendung des Zeichens 306 anzuordnen (vgl. zu § 45 Abs. 1 bis 1 e).

2 II. Das Zeichen 306 steht in der Regel innerhalb geschlossener Ortschaften vor der Kreuzung oder Einmündung, außerhalb geschlossener Ortschaften dahinter.

3 III. An jeder Kreuzung und Einmündung im Zuge einer Vorfahrtstraße muss für die andere Straße das Zeichen 205 oder Zeichen 206 angeordnet werden; siehe aber auch in § 10.

4 IV.1. Das Zeichen 306 mit dem Zusatzzeichen „abknickende Vorfahrt" ist immer vor der Kreuzung oder Einmündung anzubringen. Über die Zustimmungsbedürftigkeit vgl. Nummer III 1 Buchstabe a zu § 45 Abs. 1 bis 1e; Rn. 4.

5 2. Die abknickende Vorfahrt ist nur anzuordnen, wenn der Fahrzeugverkehr in dieser Richtung erheblich stärker ist als in der Geradeausrichtung. Der Verlauf der abknickenden Vorfahrt muss deutlich erkennbar sein (Markierungen, Vorwegweiser).

6 3. Treten im Bereich von Kreuzungen oder Einmündungen mit abknickender Vorfahrt Konflikte mit dem Fußgängerverkehr auf, ist zum Schutz der Fußgänger das Überqueren der Fahrbahn durch geeignete Maßnahmen zu sichern, z. B. durch Lichtzeichenregelung für die Kreuzung oder Einmündung oder Geländer.

7 4. Wird eine weiterführende Vorfahrtstraße an einer Kreuzung oder Einmündung durch Zeichen 205 oder 206 unterbrochen, darf das Zeichen 307 nicht aufgestellt werden. Zeichen 306 darf in diesem Fall erst an der nächsten Kreuzung oder Einmündung wieder angeordnet werden.

8 V. Endet eine Vorfahrtstraße außerhalb geschlossener Ortschaften, sollen in der Regel sowohl das Zeichen 307 als auch das Zeichen 205 oder das Zeichen 206 angeordnet werden. Innerhalb geschlossener Ortschaften ist das Zeichen 307 entbehrlich. Anstelle des Zeichens 307 kann auch das Zeichen 205 mit Entfernungsangabe als Vorankündigung angeordnet werden.

Sonstige Vorrang-
regelungen

5

5.1 Allgemeines

In Abschnitt 5 werden Situationen behandelt, an denen außerhalb von Knotenpunkten geregelt werden muss, wer den Vorrang hat, also das Recht hat, seine Bewegung vor einem anderen fortzusetzen. Abschnitt 5.2 ist Engstellen entlang von Straßen gewidmet. Abschnitt 5.3 dem die Straßen abseits der Knotenpunkte kreuzenden Fußgängerverkehr. Abschnitt 5.4 behandelt Bahnübergänge.

5.2 Engstellen

5.2.1 Allgemeines

Engstellen sind Straßenstücke, die einen schmaleren Querschnitt aufweisen als die sie umgebende Strecke. Dabei ist es zunächst unerheblich, ob die Einengung („das Hindernis") einfach nur auf einem geringeren Ausbauzustand beruht, durch wirkliche bauliche Hindernisse wie z. B. enge Brücken oder nahestehende Häuser, Felswände bedingt ist oder durch verkehrsrechtliche Regelungen, z. B. Radfahrstreifen, Bushaltestellen, Parkstreifen, erzeugt wird. In Engstellen ist in der Regel ein anderes Fahrerverhalten erforderlich. Die Spurwahl erfordert eine höhere Konzentration, meist ist eine geringere Geschwindigkeit ratsam, und es muss u. U. mehr Rücksicht auf andere, insbesondere entgegenkommende Fahrzeuge genommen werden.

§ 6 StVO regelt dazu, dass derjenige, der an einem solchen eine Engstelle erzeugenden Hindernis links vorbeifahren will, die entgegenkommenden Fahrzeuge durchfahren lassen muss.

Grundsätzlich ist damit das Verhalten und der Vorrang geregelt. Dennoch können in einigen Situationen Schwierigkeiten auftreten.

Hat die Einengung eine Breite, bei der sich zwei schmale Fahrzeuge noch begegnen können, nicht aber zwei breitere, so kann es zu Fehleinschätzungen kommen. Es empfiehlt sich, Engstellen so eindeutig zu gestalten, dass sie entweder eindeutig als einstreifig erkannt werden (d. h. die Vorrangregeln sind zu beachten) oder dass neben einem breiten Fahrzeug (Lkw, Bus) noch zumindest ein schmales Fahrzeug (Pkw) vorbeifahren kann. Diese Empfehlung trägt dem Umstand Rechnung, dass Führer breiterer Fahrzeuge in der Regel über eine größere Erfahrung verfügen und damit die gleichzeitige Einfahrt zweier breiter Fahrzeuge mit hoher Wahrscheinlichkeit vermeiden können.

Ist die Einengung nicht ohne Weiteres zu erkennen (z. B. bei Dunkelheit), so kann sie durch Leitplatten oder Leitmale verdeutlicht werden (siehe Abschnitt 5.2.2). Reicht dies nicht aus, können auch (zusätzlich) Warnzeichen angeordnet werden (siehe Abschnitt 5.2.3).

Ist die Einengung beidseitig, sodass die Seitenzuordnung des Hindernisses nach der allgemeinen Regel des § 6 StVO nicht eindeutig ist, oder ist es aus anderen Gründen zweckmäßig, den Verkehr, auf dessen Seite sich das Hindernis befindet, abweichend von der allgemeinen Regelung des § 6 StVO zu bevorzugen, z. B. aus Gründen der Sicht oder um den Verkehr von einer Kreuzung oder einem Bahnübergang ohne Probleme abfließen zu lassen, so kann der Vorrang mit speziellen Zeichen gezielt geregelt werden (siehe Abschnitt 5.2.3).

Insbesondere bei Engstellen, bei denen eine große Verkehrsmenge zu bewältigen ist, die vergleichsweise lang sind oder bei denen keine ausreichende Sichtverbindung besteht, kann der Vorrang auch durch Wechsellichtzeichen (Lichtsignalanlagen) geregelt werden.

Auch Arbeitsstellen können zeitweise Ursache für Engstellen sein. Da an Arbeitsstellen aber in der Regel sehr komplexe Regelungen auch aus anderen Gründen erforderlich sind, wird deren Beschilderung umfassend in Abschnitt 7 beschrieben.

Zu Abschnitt 5.2.1

StVO § 6 Vorbeifahren	Wer an einer Fahrbahnverengung, einem Hindernis auf der Fahrbahn oder einem haltenden Fahrzeug links vorbeifahren will, muss entgegenkommende Fahrzeuge durchfahren lassen. Satz 1 gilt nicht, wenn der Vorrang durch Verkehrszeichen (Zeichen 208, 308) anders geregelt ist. Muss ausgeschert werden, ist auf den nachfolgenden Verkehr zu achten und das Ausscheren sowie das Wiedereinordnen – wie beim Überholen – anzukündigen.

5.2.2 Kennzeichnung von Engstellen

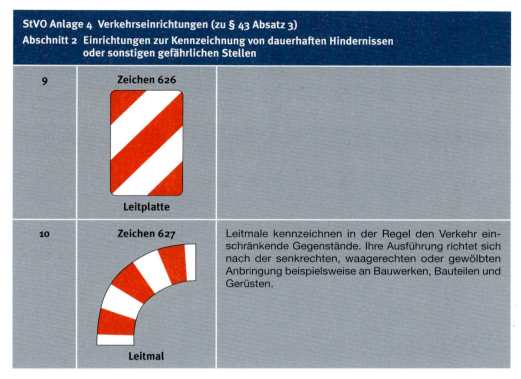

StVO Anlage 4 Verkehrseinrichtungen (zu § 43 Absatz 3)		
Abschnitt 2 Einrichtungen zur Kennzeichnung von dauerhaften Hindernissen oder sonstigen gefährlichen Stellen		
9	**Zeichen 626** Leitplatte	
10	**Zeichen 627** Leitmal	Leitmale kennzeichnen in der Regel den Verkehr einschränkende Gegenstände. Ihre Ausführung richtet sich nach der senkrechten, waagerechten oder gewölbten Anbringung beispielsweise an Bauwerken, Bauteilen und Gerüsten.

Mit Zeichen 626 kann angezeigt werden, dass sich ein Hindernis auf der Fahrbahn befindet, an dem links oder rechts vorbeigefahren werden muss.

Das Zeichen ist so anzuordnen, dass an der Seite vorbeigefahren werden muss, zu der die Schraffierung fällt. Dementsprechend gibt es unterschiedliche Ausführungen des Zeichens (siehe *Bild 5.1*). Vor allem unter beengten Verhältnissen oder wenn entlang einer Verziehung eine Reihe von Zeichen angeordnet werden soll, die den Verlauf der Einengung verdeutlicht, können ausnahmsweise auch schmalere Leitbaken (Zeichen 605) verwendet werden, die seit der StVO-Änderung vom 1.9.2009 vorrangig nur an Arbeitsstellen eingesetzt werden sollen.

Bild 5.1 Varianten der Leitplatte (Zeichen 626), je nachdem, ob der Verkehr links, beidseitig oder rechts an der Platte vorbeifahren kann

Leitmale zur Kennzeichnung von Lichtraumeinschränkungen (Zeichen 627) können ebenfalls zur Kennzeichnung von Engstellen verwendet werden.

Eingeschränktes Lichtraumprofil durch Bäume (Zz 1006-39)

Seitenstreifen für mehrspurige Kraftfahrzeuge nicht befahrbar (Z 388 aus StVO gestrichen)

5.2.2 Kennzeichnung von Engstellen

Über den Einsatz von Leitbaken im Bereich von Arbeitsstellen siehe Abschnitt 7.2. Mit Zeichen 627 werden Hindernisse gekennzeichnet, die den lichten Raum beschränken.

Die Optik des Z 388 lässt auf ein Zusatzzeichen schließen. Das entspricht nicht der in der StVO üblichen Gestaltung eigenständiger Gefahrzeichen. Weiterhin besteht starke Ähnlichkeit mit dem Zz 1052-38 (schlechter Fahrbahnrand) und somit Unklarheit über die konkrete Bedeutung des Z 388.

Aus diesen Gründen wurde das Zeichen gestrichen. Im Bedarfsfall kann stattdessen mit einem verbal gestalteten Zusatzzeichen zu Zeichen 101 auf einen nicht befahrbaren Seitenstreifen hingewiesen werden.

Zu Abschnitt 5.2.2

VwV-StVO
zu § 43
Verkehrs-
einrichtungen

Zu Absatz 3 Anlage 4 Abschnitte 2 und 3

5 I. Leitplatten werden angeordnet bei Hindernissen auf oder neben der Fahrbahn. Statt Leitplatten können auch Leitbaken (Zeichen 605) verwendet werden. Die Zeichen sind so aufzustellen, dass die Streifen nach der Seite fallen, auf der an dem Hindernis vorbeizufahren ist.

...

7 III. Zu Leitmalen vgl. Richtlinien für die Kennzeichnung von Ingenieurbauwerken mit beschränkter Durchfahrtshöhe über Straßen.

5.2.3 Warnung mit Gefahrzeichen

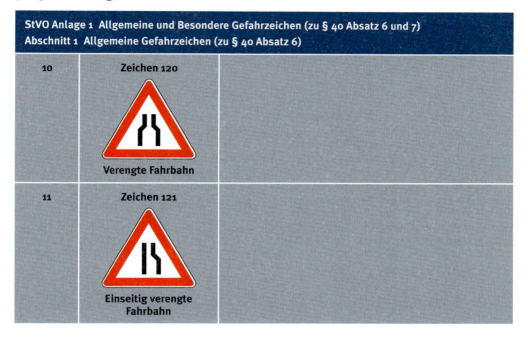

StVO Anlage 1 Allgemeine und Besondere Gefahrzeichen (zu § 40 Absatz 6 und 7) Abschnitt 1 Allgemeine Gefahrzeichen (zu § 40 Absatz 6)		
10	**Zeichen 120** **Verengte Fahrbahn**	
11	**Zeichen 121** **Einseitig verengte Fahrbahn**	

Mit den Zeichen 120 und 121 kann vor Stellen, wo sich die vorhandene Fahrbahn wesentlich verengt, gewarnt werden.

Durch die verschiedenen Varianten von Zeichen 121 (*Bild 5.2*) wird nicht nur geometrisch verdeutlicht, auf welcher Seite die Engstelle zu erwarten ist, sondern auch, wie die allgemeine Regelung des § 6 StVO zu interpretieren ist (denn nur an einem rechten Hindernis fährt man links vorbei und wird dadurch wartepflichtig).

Innerhalb geschlossener Ortschaften sollen die Zeichen 120 und 121 nur bei Baustellen angeordnet werden. Allgemein ist von der Verkehrssituation her zu entscheiden, ob die Engstelle

so unvermutet auftaucht, dass sie eine Gefahr darstellt, vor der gewarnt werden muss.

Ist die Engstelle insgesamt schmaler als 2,90 m, sodass ein Fahrzeug mit der maximal zugelassenen Breite von 2,55 m/2,60 m nicht mehr sicher passieren kann und eine Sperrung für Kraftfahrzeuge, die eine bestimmte Breite überschreiten, notwendig wird, dann ist zu prüfen, ob der Streckenzug für Fahrzeuge mit größeren Breiten zu sperren ist (siehe Abschnitt 3.3).

Es hängt von der Art der Engstellen ab, ob Zeichen 120 oder 121 aufzustellen ist. Auf eine Warnung kann man oft ganz verzichten, wenn die Einengung sehr langsam erfolgt und

Bild 5.2 Varianten der Zeichen 120 und 121

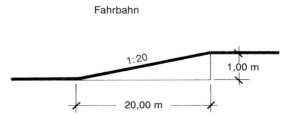

Bild 5.3 Engstelle mit einer Verziehung von 1:20 (Verengung um 1 m auf 20 m Länge)

267

5.2.3 Warnung mit Gefahrzeichen

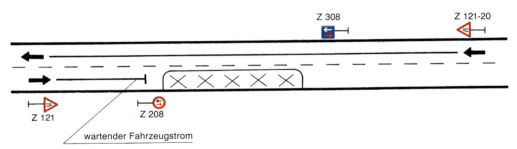

Bild 5.4 Einspurige Engstelle mit einseitiger Einengung (Zeichen 208 und 308 nur aufstellen, wenn Unklarheiten über die Vorfahrtregelung bestehen)

durch horizontale oder vertikale Leiteinrichtungen ausreichend gekennzeichnet ist. Das ist der Fall bei einer Neigung der einengenden Schräge von etwa 1 : 20 oder flacher (z. B. 1 : 30) (*Bild 5.3*). Für die Verziehung am Ende eines Fahrstreifens siehe auch die „Richtlinien für die Markierung von Straßen (RMS-1 und RMS-2). *Bild 5.4* zeigt eine einspurige Engstelle mit einseitiger Einengung.

Soweit die Verengung nur zu einer Verringerung der Fahrstreifenanzahl führt, kann und sollte das den Kraftfahrern durch Einengungstafeln (Zeichen 531) angekündigt werden.

Diese Verkehrslenkungstafeln verdeutlichen vor allem auch, welcher Fahrstreifen nicht mehr weitergeführt wird.

Die betroffenen Verkehrsteilnehmer werden so rechtzeitig darauf hingewiesen, dass ihr Fahrstreifen endet und ein Einordnen auf den verbleibenden Fahrstreifen notwendig ist. Weitere Details zur Aufstellung finden sich in den Abschnitten 4.3 (für dauernde Einengungen) und 7.2.3 (für temporäre Einengungen).

Zu Abschnitt 5.2.3

VwV-StVO
zu § 40
Gefahrzeichen

Zu den Zeichen 120 und 121 Verengte Fahrbahn

1 Verengt sich die Fahrbahn nur allmählich oder ist die Verengung durch horizontale und vertikale Leiteinrichtungen ausreichend gekennzeichnet, bedarf es des Zeichens nicht. Innerhalb geschlossener Ortschaften sollen die Zeichen nur bei Baustellen angeordnet werden.

5.2.4 Regelung durch Verkehrszeichen

StVO Anlage 2 Vorschriftzeichen (zu § 41 Absatz 1) Abschnitt 1 Wartegebote und Haltgebote		
4	**Zeichen 208** **Vorrang des Gegenverkehrs**	**Ge- oder Verbot** Wer ein Fahrzeug führt, hat dem Gegenverkehr Vorrang zu gewähren.

StVO Anlage 3 Richtzeichen (zu § 42 Absatz 2) Abschnitt 1 Vorrangzeichen		
4	**Zeichen 308** **Vorrang vor dem Gegenverkehr**	**Ge- oder Verbot** Wer ein Fahrzeug führt, hat Vorrang vor dem Gegenverkehr.

Mit den Zeichen 208 und 308 kann der Vorrang an für die Begegnung zu schmalen Engstellen geregelt werden, wenn für die Verkehrsteilnehmer ansonsten nicht ohne Weiteres zu erkennen ist, wer nach § 6 StVO Vorrang hat, oder wenn der Vorrang bewusst anders als in § 6 StVO geregelt werden soll.

An Engstellen **mit weniger als zwei vollen Fahrstreifen** ist eine klare Regelung erforderlich, welche Verkehrsrichtung zuerst fahren darf. Eine Regelung durch Verkehrszeichen ist (nur) dann erforderlich, wenn die Ausbildung der Engstelle und deren Beschilderung mit Leitplatten oder Gefahrzeichen in Verbindung mit § 6 StVO nicht ohne Weiteres erkennen lässt, dass Fahrzeuge wartepflichtig sind (siehe Abschnitt 5.2.3).

Zeichen 208 ist dort anzuordnen, wo die Weiterfahrt verboten werden soll, wenn Gegenverkehr vorhanden ist. Mit diesem Zeichen wird dem aus der Gegenrichtung kommenden Verkehr (Gegenverkehr) das Vorrecht eingeräumt, eine Engstelle zuerst zu befahren. Der Gegenverkehr

wird durch Zeichen 308 über die angeordnete Regelung informiert.

Voraussetzung für eine solche Regelung ist, dass die Engstelle für eine Begegnung mehrspuriger Fahrzeuge zu schmal ist. Welcher Fahrtrichtung dabei der Vorrang zu gewähren ist, muss aufgrund der örtlichen Gegebenheiten entschieden werden (z. B. Verkehrsstärke und -richtung, Längsneigung, Lage der Engstelle). Eine Warnung durch Gefahrzeichen (z. B. Zeichen 121) sollte vor allem für den wartepflichtigen Verkehr erfolgen.

Zeichen 208 ist an der Stelle anzubringen, wo die Verkehrsteilnehmer bei vorhandenem Gegenverkehr anhalten sollen. Falls erforderlich, empfiehlt es sich, eine zusätzliche Kennzeichnung durch eine Fahrbahnmarkierung aufzubringen (siehe auch Abschnitt 5.2.3).

Zeichen 208 braucht nicht aufgestellt zu werden, wenn es sich um verkehrsarme, enge Ortsstraßen handelt. Solche Straßen sind ohnehin mit der erforderlichen Sorgfalt zu befahren. Auch bei kurzen, übersichtlichen Engstellen auf nur mäßig

5.2.4 Regelung durch Verkehrszeichen

befahrenen Straßen ist eine Regelung durch Schilder in der Regel nicht notwendig, weil sich die Verkehrsteilnehmer gegenseitig verständigen können, wer zuerst die Engstelle durchfährt. In verkehrsberuhigten Bereichen ist auf die Regelung stets, in geschwindigkeitsbeschränkten Zonen in der Regel zu verzichten.

Bei längeren Gegenverkehrsstrecken und bei Gegenverkehrsstrecken mit schlechten Sichtverhältnissen kann dagegen eine Verkehrsregelung durch Lichtzeichen notwendig sein, um einen reibungslosen Verkehrsablauf zu gewährleisten.

Zeichen 208 muss wie alle Vorschriftzeichen voll rückstrahlend sein. Hierbei sind stets stark retro-reflektierende Folien vom Typ 2 zu verwenden.

Beim Aufstellen ist darauf zu achten, dass der rote Pfeil nach oben weist.

Zeichen 308 ist aufzustellen, wenn Verkehrsteilnehmer darauf hingewiesen werden sollen, dass der Gegenverkehr, sofern er noch nicht in die Engstelle eingefahren ist, zu warten hat.

Es empfiehlt sich, Zeichen 308 an der Stelle anzubringen, an der die Verkehrsteilnehmer gegebenenfalls zu warten haben, bis bereits eingefahrener Gegenverkehr die Engstelle passiert hat.

Die *Bilder 5.5* und *5.6* veranschaulichen mögliche Anwendungen.

Welche von beiden Richtungen bei *Bild 5.5* zuerst fahren darf und welche zu warten hat, muss aufgrund der örtlichen Verhältnisse und der Verkehrssituation entschieden werden. So kann man auf einer Gefällstrecke den bergan fahrenden Verkehrsstrom bevorzugen und den bergab fahrenden warten lassen.

In der Regel sollte derjenige anhalten müssen, der die bessere Einsicht in die Engstelle hat, also über die größere Sichtweite verfügt (*Bild 5.6*).

Es ist noch zu erwähnen, dass der wartepflichtige Verkehr **immer** ein Gefahrzeichen, das vor der Engstelle warnt, erhalten sollte, während der nicht wartepflichtige Verkehr ein Gefahrzeichen erhalten **kann**.

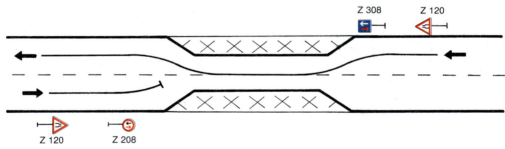

Bild 5.5 Einspurige Engstelle mit beidseitiger Einengung

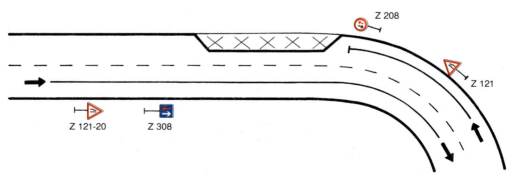

Bild 5.6 Einspurige Engstelle mit Sichtbehinderung. Es soll im Allgemeinen derjenige weiterfahren dürfen, der ab Engstelle über die kürzere Sichtweite verfügt, während der Fahrer mit der längeren Sichtweite anzuhalten hat

Zu Abschnitt 5.2.4

VwV-StVO
zu § 41
Vorschriftzeichen

Zu Zeichen 208 Dem Gegenverkehr Vorrang gewähren.

I. Das Zeichen ist nur dann anzuordnen, wenn

1 1. bei einseitig verengter Fahrbahn dem stärkeren Verkehrsfluss abweichend von § 6 Vorrang eingeräumt werden muss oder

2 2. bei beidseitig verengter Fahrbahn für die Begegnung mehrspuriger Fahrzeuge kein ausreichender Raum vorhanden und der Verengungsbereich aus beiden Fahrtrichtungen überschaubar ist. Welcher Fahrtrichtung der Vorrang einzuräumen ist, ist auf Grund der örtlichen Verhältnisse und der beiderseitigen Verkehrsstärke zu entscheiden.

3 II. Am anderen Ende der Verengung muss für die Gegenrichtung das Zeichen 308 angeordnet werden.

4 III. In verkehrsberuhigten Bereichen ist auf die Regelung stets, in geschwindigkeitsbeschränkten Zonen in der Regel zu verzichten.

VwV-StVO
zu § 42
Richtzeichen

Zu Zeichen 308 Vorrang vor dem Gegenverkehr

1 Das Zeichen steht vor einer verengten Fahrbahn. Am anderen Ende der Verengung muss das Zeichen 208 angeordnet werden (vgl. zu Zeichen 208, Rn. 3).

5.3 Querende Fußgänger

5.3.1 Allgemeines

Fußgänger haben nach den allgemeinen Verkehrsregeln beim Überqueren der Fahrbahn „den Fahrzeugverkehr zu beachten", d. h. grundsätzlich hat der Fahrzeugverkehr Vorrang vor den querenden Fußgängern. Wenn die Verkehrslage es erfordert, dürfen sie die Fahrbahn nur an bestimmten Stellen, nämlich an Kreuzungen und Einmündungen, an Lichtzeichenanlagen innerhalb von Markierungen oder an durch Zeichen 293 gekennzeichneten Fußgängerüberwegen (§ 25 StVO) queren.

Unter Berücksichtigung der Anforderungen an die Sicherheit und Leichtigkeit aller Verkehrsarten ist das freie Überqueren nur bei mäßigem Fahrzeugverkehr und vereinzeltem Fußgänger-Querungsbedarf vertretbar. Bei höherem Fahrzeugverkehr und/oder größerem Querungsbedarf besteht gewöhnlich Regelungsbedarf, wozu es vielfältige Gestaltungsmöglichkeiten gibt. Dabei sind Fußgängerüberwege (FGÜ), realisiert durch Zeichen 293 mit Zeichen 350 (umgangssprachlich

Tabelle 5.1 Fußgängerquerungshilfen im Vergleich

	Wirkungsweise	Vorteile	Nachteile
Gehwegverbreiterung	Bauliche Maßnahme zur Verbesserung der Sicht	– Meist wenig aufwendig herzustellen	– Erleichtert nur die Sichtverbindung, aber nicht die Querung selbst
Mittelinsel (Fußgängerschutzinsel)	Bauliche Maßnahme, um den Überquerungsvorgang in mehrere und damit leichter bewältigbare Teilquerungen aufzuteilen	– Erleichtert die Überquerung, da jeweils nur der Fahrzeugstrom einer Richtung beachtet werden muss – Erleichtert die Überquerung, da zwei Lücken in einzelnen Fahrzeugströmen eher auftreten als eine gemeinsame Lücke in zwei Fahrzeugströmen	– Erfordert große Längenentwicklung zur Verziehung der Fahrstreifen – Unter Umständen aufwendig herzustellen
„Zebrastreifen"	Verhaltensvorschrift, dreht die Vorrangverhältnisse generell um	– Erleichtert die Überquerung, da die Fahrzeuge wartepflichtig werden	– Fahrzeuglenker reagieren häufig nicht oder zu spät – Führt zur Behinderung des Fahrzeugverkehrs
Fußgänger-Lichtsignalanlage	Verkehrsrechtliche/ Bauliche Maßnahme, um den Fahrzeugstrom immer wieder kurzzeitig zu unterbrechen	– Erleichtert die Überquerung	– Hohe Installations- und Betriebskosten – Wird unter bestimmten Umständen von den Fahrzeuglenkern missachtet – Unter Umständen unnötige Wartezeiten für Fußgänger und/ oder Fahrzeuge
Fußgänger-Querungsbauwerke (Über-/Unterführung)	Brückenbauwerk	– Vermeidet Konflikte zwischen Fahrzeugen und Fußgängern	– Wird häufig nicht angenommen – Sehr aufwendig

als „Zebrastreifen" bekannt), nur eine von mehreren Möglichkeiten, Fußgängern das Queren der Fahrbahn zu erleichtern (siehe hierzu *Tabelle 5.1*).

Mit zunehmendem Fahrzeug- oder Fußgängerverkehr wird man – soweit nicht Tempo 30-Zonen oder gar Fußgängerzonen (siehe Abschnitt 3.5.2 sinnvoll erscheinen – zunächst versuchen, den querenden Fußgängerverkehr räumlich zu bündeln.

An den so entstehenden bevorzugten Querungsstellen kann man dann die Fußgängerströme gezielt sichern, ihnen das Überqueren erleichtern oder sie gar, z. B. durch Fußgängerüberwege oder Lichtsignalanlagen, bevorrechtigen.

Dabei gilt, dass die „schärferen" Methoden der Bevorrechtigung, also Fußgängerüberwege oder Lichtsignalanlagen, nur bei einer ausreichenden Fußgängerfrequenz eingerichtet werden sollten, weil sonst die Wahrscheinlichkeit der versehentlichen Nichtbeachtung steigt, was letztlich zu einer größeren Gefährdung führt.

Um eine Entscheidungshilfe zu geben, sollen zunächst die verschiedenen Möglichkeiten der Fußgängerquerungshilfen vergleichend gegenübergestellt werden (*Tabelle 5.1*):

– Bei **vorgezogenen Aufstellflächen (Gehwegverbreiterungen oder „Caps")** werden die Bordsteine so weit zur oder in die Fahrbahn geführt, dass eine Fahrbahnverengung erkennbar ist und bessere Sichtverbindungen zwischen den Fußgängern und den Kraftfahrern aufgebaut werden können.

– Durch **Mittelinseln** wird erreicht, dass sich die querenden Fußgänger nur auf den Fahrzeugstrom einer Fahrtrichtung konzentrieren müssen und in der Mitte der Fahrbahn geschützt verharren können, um sich dann auf den Fahrzeugstrom der anderen Richtung zu konzentrieren.

– Mit **Gefahrzeichen** können die Fahrzeugführer zu besonderer Vorsicht gegenüber kreuzendem, aber auch längslaufendem Fußgängerverkehr angehalten werden. **Verkehrshelfer** helfen außerdem vor allem kreuzenden Kindern, die Kreuzungssituation mit ihren Gefahren richtig einzuschätzen und auch ihre Ängste und Unsicherheiten zu bewältigen.

– **Fußgängerüberwege** (FGÜ oder umgangssprachlich „Zebrastreifen") drehen die normalen Vorrangverhältnisse durch Markierungen und Beschilderung um und geben den Fußgängern Vorrang vor den Fahrzeugen.

– **Fußgänger-Lichtsignalanlagen** sind Lichtsignalanlagen, die vorwiegend zum Schutz und zur Erleichterung der Fußgängerquerung erstellt wurden.

– Die mit Abstand aufwendigste Methode der **Kreuzungssicherung** sind Kreuzungsbauwerke, also Fußgängerunter- oder -überführungen, die allerdings von den Fußgängern aus verschiedenen Gründen häufig nicht angenommen werden.

Die genannten Maßnahmen lassen sich wie in der *Tabelle 5.2* mehr oder weniger gut kombinieren.

Tabelle 5.2 Möglichkeiten der Kombination von Fußgängerquerungshilfen

	Gehwegverbreiterung	Mittelinsel	„Zebrastreifen"
Fußgänger-Lichtsignalanlage	Nicht nötig (außer wenn die Anlage zu Zeiten schwachen Verkehrs abgeschaltet werden soll)	Nicht nötig, sollte (außer bei ohnehin zweibahnigen Straßen) vermieden werden, um die Erkennbarkeit typischer Situationen zu fördern	Schließt sich aus
„Zebrastreifen"	Ergänzt sich, gut kombinierbar	Nicht nötig, sollte (außer bei sehr breiten Fahrbahnen) vermieden werden, um die Erkennbarkeit typischer Situationen zu fördern	
Mittelinsel	Ergänzt sich, gut kombinierbar		

5.3.1 Allgemeines

Weitere Entscheidungshilfen für die Auswahl einer geeigneten Maßnahme sind zu finden in:

– „Richtlinien für die Anlage von Stadtstraßen", Ausgabe 2006 (RASt 2006), Abschnitt 6.1.8. (Anzumerken ist, dass das für den Verkehr zuständige Bundesministerium mit RS S 11/7122.3/4-RASt-816754 vom 3.11.2008 auf dieses Regelwerk hinweist, in diesem aber gleichzeitig deutlich macht, dass ihm andere von ihm erlassene Regelungen vorgehen, und, dass es weitere Einschränkungen bei der Anwendung auf Bundesfernstraßen für nötig hält.)
– „Empfehlungen für Fußgängerverkehrsanlagen", Ausgabe 2002 (EFA 2002), Abschnitte 3.1.5, 3.3 und 5.3.

Zur Sicherung von Schulwegen, bei der das Thema Fußgängerquerung eine zentrale Rolle einnimmt, können die Broschüren des Gesamtverbandes der Deutschen Versicherungswirtschaft e.V. (GdV) mit den Titeln „Neue Schule – Neue Wege; Informationen zur Schulwegsicherung für Eltern, Schulen und Behörden" (2006) und „Planerheft Schulwegsicherung" (2009) hilfreich sein, die dieser zusammen mit dem Deutschen Verkehrssicherheitsrat e.V. (DVR) herausgibt (nähere Informationen unter http://www.gdv.de, Stichwort „Unfallforschung", oder http://www.udv.de).

Auf die verschiedenen Arten von Fußgängerquerungshilfen wird in den folgenden Abschnitten im Einzelnen eingegangen.

Zu Abschnitt 5.3.1

StVO
§ 25
Fußgänger

(3) Wer zu Fuß geht, hat Fahrbahnen unter Beachtung des Fahrzeugverkehrs zügig auf dem kürzesten Weg quer zur Fahrtrichtung zu überschreiten, und zwar, wenn die Verkehrslage es erfordert, nur an Kreuzungen oder Einmündungen, an Lichtzeichenanlagen innerhalb von Markierungen oder auf Fußgängerüberwegen (Zeichen 293). Wird die Fahrbahn an Kreuzungen oder Einmündungen überschritten, sind dort vorhandene Fußgängerüberwege oder Markierungen an Lichtzeichenanlagen stets zu benutzen.

(4) Wer zu Fuß geht, darf Absperrungen, wie Stangen- oder Kettengeländer, nicht überschreiten. Absperrschranken (Zeichen 600) verbieten das Betreten der abgesperrten Straßenfläche.

(5) Gleisanlagen, die nicht zugleich dem sonstigen öffentlichen Straßenverkehr dienen, dürfen nur an den dafür vorgesehenen Stellen betreten werden.

VwV-StVO
zu § 25
Fußgänger

Zu Absatz 3

1   I. Die Sicherung des Fußgängers beim Überqueren der Fahrbahn ist eine der vornehmsten Aufgaben der Straßenverkehrsbehörden und der Polizei. Es bedarf laufender Beobachtungen, ob die hierfür verwendeten Verkehrszeichen und Verkehrseinrichtungen den Gegebenheiten des Verkehrs entsprechen und ob weitere Maßnahmen sich als notwendig erweisen.

2   II. Wo der Fahrzeugverkehr so stark ist, dass Fußgänger die Fahrbahn nicht sicher überschreiten können, und da, wo Fußgänger den Fahrzeugverkehr unzumutbar behindern, sollten die Fußgänger entweder von der Fahrbahn ferngehalten werden (Stangen- oder Kettengeländer), oder der Fußgängerquerverkehr muss unter Berücksichtigung zumutbarer Umwege an bestimmten Stellen zusammengefasst werden (z. B. Markierung von Fußgängerüberwegen oder Errichtung von Lichtzeichenanlagen). Erforderlichenfalls ist bei der Straßenbaubehörde der Einbau von Inseln anzuregen.

   ...

6   IV. Über Fußgängerüberwege vgl. zu § 26.

7   V. Wenn nach den dort genannten Grundsätzen die Anlage von Fußgängerüberwegen ausscheidet, der Schutz des Fußgängerquerverkehrs aber erforderlich ist, muss es nicht immer geboten sein, Lichtzeichen vorzusehen. In vielen Fällen wird es vielmehr genügen, die Bedingungen für das Überschreiten der Straße zu verbessern (z. B. durch Einbau von Inseln, Haltverbote, Überholverbote, Geschwindigkeitsbeschränkungen, Beleuchtung).

5.3.2 Bauliche Querungshilfen

Bauliche Querungshilfen, das sind vor allem Gehwegverbreiterungen („Caps") und Mittelinseln, ändern grundsätzlich nichts am Vorrang des Fahrzeugverkehrs. Sie erleichtern jedoch dem Fußgängerverkehr das Überqueren, indem sie die zu überquerende Fahrbahnbreite verringern, im Falle der Mittelinsel auch die Beachtung des Vorrangs durch Trennung des Fahrzeugstroms in seine beiden Richtungen erleichtern und schließlich durch die bauliche Gestaltung auch den Fahrzeugverkehr auf die möglicherweise querenden Fußgänger aufmerksam machen.

Gehwegverbreiterungen eignen sich vor allem dort, wo gebündelte Fußgängerströme über Fahrbahnen mit schwächerem Fahrzeugverkehr geführt werden. Der Fahrzeugstrom sollte während des ganzen Tageslaufs ausreichend viele längere Lücken aufweisen. Die Gehwegverbreiterungen erhöhen die Sicherheit durch bessere Sichtverhältnisse.

Mittelinseln (Fußgängerschutzinseln) eignen sich auch gut bei stärkerem Verkehr. Wenn die Platzverhältnisse ausreichen, können mehrere Inseln in dichter Folge angeordnet werden, was die Querungsverhältnisse entlang einer längeren Strecke verbessert. Interessant zu beobachten ist, dass Fahrzeugführer an Mittelinseln häufig vor allem älteren Fußgängern oder Kindern freiwillig den Vorrang lassen, was wegen des Schutzes der Mittelinsel in der Regel auch zu keinen Sicherheitsproblemen führt.

Bauliche Querungshilfen, vor allem Mittelinseln, haben den Vorteil, dass sie relativ häufig entlang einer Straße angelegt werden können, ohne den fließenden Verkehr dadurch zusammenbrechen zu lassen. Auf diese Weise kann auf Straßen mit nur einem Fahrstreifen pro Richtung eine relativ hohe Querungsqualität für den Fußgängerverkehr erreicht werden.

Werden Fußgängerschutzinseln angelegt, so sollen sie **mindestens** eine Breite von 1,60 m (Kinderwagenlänge), besser eine Breite von 1,80 – 2,00 m (Fahrradlänge) aufweisen.

In der Regel reicht als Beschilderung einer Mittelinsel ein Z 222-20 für jede Fahrtrichtung aus (siehe *Bild 5.7*). Damit die Farbe Blau insbesondere nachts und bei schlechten Witterungsbedingungen gut zu erkennen ist, wird empfohlen, eine hoch-retroreflektierende Ausführung zu wählen. Das Zeichen sollte asymmetrisch möglichst nahe an dem Rand der Insel angeordnet werden, an dem die Fahrzeuge vorbeifahren sollen. Außerorts muss, innerorts kann außerhalb von Tempo 30-Zonen die Verkehrsführung durch eine Fahrstreifenbegrenzungslinie (Zeichen 295) verdeutlicht werden.

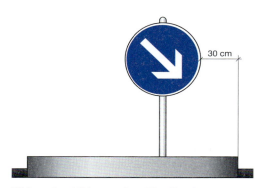

30 cm

Bild 5.7 Beschilderung einer Mittelinsel

Zu Abschnitt 5.3.2

StVO § 3 Geschwindigkeit	(2a) Wer ein Fahrzeug führt, muss sich gegenüber Kindern, hilfsbedürftigen und älteren Menschen, insbesondere durch Verminderung der Fahrgeschwindigkeit und durch Bremsbereitschaft so verhalten, dass eine Gefährdung dieser Verkehrsteilnehmer ausgeschlossen ist.
VwV-StVO zu § 41 Vorschriftzeichen	**Zu Zeichen 222 Rechts vorbei** **2** II. Wenn das Zeichen angeordnet wird, ist in der Regel auf eine Kenntlichmachung der Hindernisse durch weitere Verkehrszeichen und Verkehrseinrichtungen zu verzichten. Die zusätzliche Anordnung von Zeichen 295 ist außerorts vor Inseln erforderlich, innerorts kann sie sich außerhalb von Tempo 30-Zonen empfehlen.

5.3.4 Verkehrshelfer

5.3.3 Warnung mit Gefahrzeichen

In bestimmten Fällen kann es ausreichend, aber auch notwendig sein, auf kreuzende Fußgänger oder insbesondere kreuzende Kinder durch Gefahrzeichen hinzuweisen.

Siehe dazu Abschnitt 6.3.5 „Fußgänger Kinder und Radfahrer.

5.3.4 Verkehrshelfer

StVO Anlage 3 Richtzeichen (zu § 42 Absatz 2)
Abschnitt 9 Hinweise

26 — Zeichen 356 — Verkehrshelfer

Verkehrshelfer

Verkehrshelfer sind in der Regel besonders ausgewählte und ausgebildete Bürger (z. B. ältere Schüler, „Schülerlotsen", oder Eltern, „Elternlotsen"), die zu gewissen Zeiten und an bestimmten Stellen schwächeren Verkehrsteilnehmern (z. B. Schülern auf dem Schulweg) beim Überqueren der Straße behilflich sind. Sie dürfen keine Weisungen erteilen oder Zeichen nach § 36 StVO zeigen, sondern die Fahrzeugführer nur warnend auf Gefahren aufmerksam machen. Allerdings kann die Missachtung einer solchen Warnung ein Verstoß gegen § 1 Abs. 2 StVO sein.

Zusätzlich unterstützen sie die schwächeren Verkehrsteilnehmer bei der Auswahl geeigneter Lücken im Verkehrsstrom und „geben ihnen Sicherheit", wenn Fahrzeuge anhalten, um die Fußgänger queren zu lassen.

Mit Zeichen 356 wird angekündigt, wo der Fahrverkehr mit dem Einsatz von Verkehrshelfern rechnen muss. Damit ist das Zeichen gleichzeitig eine Warnung vor Stellen, an denen die allgemeinen Rücksichtgebote der § 1 Abs. 2 und § 3 Abs. 2a StVO vermehrt zum Tragen kommen können.

Der Einsatz von Verkehrshelfern bietet sich vor allem dort an, wo das Überqueren für erwachsene Menschen objektiv ohne besondere Gefährdung möglich ist, für die schwächeren Bevölkerungsgruppen aber Probleme bereitet, und wo andere Sicherungsmöglichkeiten wie Fußgängerüberwege oder Fußgänger-Lichtsignalanlagen nicht in Frage kommen, weil deren für einen dauerhaft sicheren Betrieb notwendigen Einsatzbedingungen nicht erfüllt werden. Typische Anwendungsfälle sind Querungen von Schulwegen über dörfliche Ortsdurchfahrten oder über Schulzufahrtsstraßen.

Zu Abschnitt 5.3.4

StVO § 1 Grundregeln	(2) Wer am Verkehr teilnimmt hat sich so zu verhalten, dass kein Anderer geschädigt, gefährdet oder mehr, als nach den Umständen unvermeidbar, behindert oder belästigt wird.
StVO § 3 Geschwindigkeit	(2a) Wer ein Fahrzeug führt, muss sich gegenüber Kindern, hilfsbedürftigen und älteren Menschen, insbesondere durch Verminderung der Fahrgeschwindigkeit und durch Bremsbereitschaft so verhalten, dass eine Gefährdung dieser Verkehrsteilnehmer ausgeschlossen ist.

VwV-StVO
zu § 25
Fußgänger

Zu Absatz 3

4 2. Wo der Fußgängerquerverkehr dauernd oder zeitweise durch besondere Lichtzeichen geregelt ist, sind Fußgängerfurten zu markieren. Sonst ist diese Markierung, mit Ausnahme an Überwegen, die durch Schülerlotsen, Schulweghelfer oder sonstige Verkehrshelfer gesichert werden, unzulässig.

5 3. Mindestens 1 m vor jeder Fußgängerfurt ist eine Haltlinie (Z. 294) zu markieren; nur wenn die Furt hinter einer Kreuzung oder Einmündung angebracht ist, entfällt selbstverständlich eine Haltlinie auf der der Kreuzung oder Einmündung zugewandten Seite.

VwV-StVO
zu § 42
Richtzeichen

Zu Zeichen 356 Verkehrshelfer

1 I. Verkehrshelfer sind Schülerlotsen, Schulweghelfer oder andere Helfer für den Fußgängerverkehr.

2 II. An Lichtzeichenanlagen und Fußgängerüberwegen ist das Zeichen nicht anzuordnen.

5.3.5 Fußgängerüberwege (Zebrastreifen)

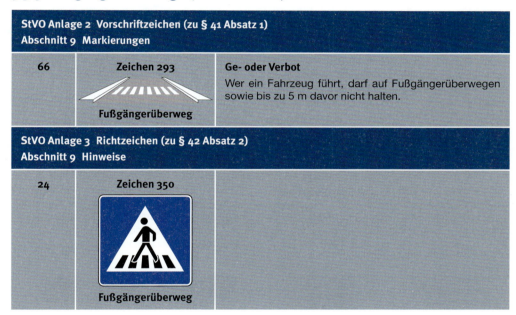

StVO Anlage 2 Vorschriftzeichen (zu § 41 Absatz 1) Abschnitt 9 Markierungen		
66	**Zeichen 293** Fußgängerüberweg	**Ge- oder Verbot** Wer ein Fahrzeug führt, darf auf Fußgängerüberwegen sowie bis zu 5 m davor nicht halten.

StVO Anlage 3 Richtzeichen (zu § 42 Absatz 2) Abschnitt 9 Hinweise		
24	**Zeichen 350** Fußgängerüberweg	

Fußgängerüberwege („Zebrastreifen") sind Stellen, an denen durch Markierung (Zeichen 293) *und* Beschilderung (Zeichen 350) den Fußgängern Vorrang gegenüber dem fahrenden Verkehr eingeräumt wird.

Fußgängerüberwege (FGÜ) sind aus verkehrspsychologischer Sicht nicht unumstritten, da der Vorrang der (als schwach empfundenen) Fußgänger gegenüber dem (als stark empfundenen) Fahrzeugverkehr unterbewusst als „falsch" empfunden wird. Das führt gelegentlich zu Fehlreaktionen, genauer gesagt, der Vorrang der Fußgänger wird nicht beachtet. Die Vielzahl der Fahrzeuge führt dann absolut gesehen zu nicht hinnehmbaren Unfallzahlen (wenn sich bei einem durchschnittlichen täglichen Verkehr von 10 000 Fz jeder Hunderttausendste falsch verhält, so ist das immerhin schon eine Fehlerrate von 1 innerhalb von 10 Tagen).

Umgekehrt fühlen sich insbesondere schwache Verkehrsteilnehmer auf den Fußgängerüberwegen sehr sicher. Es nutzt dem ungeschützten Fußgänger bei einem Unfall aber nur wenig, formal „im Recht gewesen" zu sein. Fußgängerüberwege sollen daher nur mit größter Vorsicht, unter Abwägung aller Vor- und Nachteile und nur innerhalb ihrer engen Einsatzgrenzen angeordnet werden. Falsche Anwendung kann zu einer Verringerung der Sicherheit statt zu einer Erhöhung führen. Eine Anordnung im Zuge einer Vorfahrtstraße ist

5.3.5 Fußgängerüberwege (Zebrastreifen)

Einsatzbereiche für FGÜ
Quelle: R-FGÜ

Kfz/h \ Fg/h	0–200	200–300	300–450	450–600	600–750	über 750
0–50						
50–100		FGÜ möglich	FGÜ möglich	FGÜ empfohlen	FGÜ möglich	
100–150		FGÜ möglich	FGÜ empfohlen	FGÜ empfohlen		
über 150		FGÜ möglich				

gefährlich, da dies den angesprochenen Konflikt noch mehr verschärfen würde.

Fußgängerüberwege eignen sich nur dort, wo gebündelte Fußgängerströme über Fahrbahnen geführt werden sollen, auf denen der Fahrzeugverkehr nicht zu schnell fährt, der Verkehr z.B. durch „Zonenbewusstsein" auf das eventuelle Anhalten auch für „Schwächere" vorbereitet ist und das häufige Anhalten nicht zu Leistungsfähigkeitsproblemen führt. Werden diese später noch im Einzelnen diskutierten Voraussetzungen nicht erfüllt, kann es zu Unfällen kommen, die in der Regel zu Lasten der (ungeschützten) Fußgänger gehen, auch wenn diese formal „im Recht" sind.

Für die Anlage von Fußgängerüberwegen gelten die „Richtlinien für die Anlage und Ausstattung von Fußgängerüberwegen (R-FGÜ 2001)", bekannt gegeben mit BMVBW-Erlass S 32/S 28/36.42.50-16/53 Va 2001 vom 22. Oktober 2001.

Ergänzend zu den Regelungen der R-FGÜ 2001 finden sich in neueren „Spartenregelwerken", z. B. den „Empfehlungen für Fußgängeranlagen" EFA 2002, den „Richtlinien für die Anlage von Stadtstraßen" RASt 2006 oder den „Empfehlungen für Anlagen des öffentlichen Personennahverkehrs" EAÖ 2003, Aussagen für die Auswahl und die Gestaltung von Fußgängerüberwegen, die wertvolle Anregungen insbesondere in Grenzbereichen geben können (in Zweifelsfällen gelten allerdings nach dem Hinweisschreiben des für den Verkehr zuständigen Bundesministeriums zu den RASt 06 vom 3.11.2008 die StVO und die R-FGÜ).

Die wichtigsten Regelungen lassen sich wie folgt zusammenfassen:

– Fußgängerüberwege dürfen nur innerhalb geschlossener Ortschaften in Straßenabschnitten angeordnet werden, auf denen die zulässige Höchstgeschwindigkeit nicht mehr als

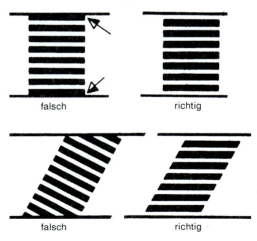

Bild 5.8 Markierung von Zebrastreifen (siehe auch „Richtlinien für die Markierung von Straßen – RMS")

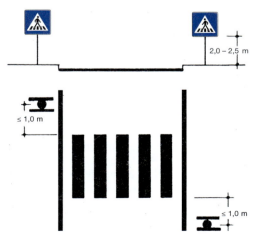

Bild 5.9 Beispiel für eine sinnvolle Anordnung von Verkehrszeichen an FGÜ

5.3.5 Fußgängerüberwege (Zebrastreifen)

50 km/h beträgt. Wegen des grundsätzlichen Widerspruchs der Aussagen sollten sie auf Vorfahrtstraßen nicht angeordnet werden.

– Fußgängerüberwege dürfen nicht angelegt werden in der Nähe von Lichtsignalanlagen, über Straßen mit „Grünen Wellen", über Straßen mit Sonderverkehren (Bussonderfahrstreifen, Straßenbahnen ohne eigenen Gleiskörper) und über bevorrechtigte Straßen an Kreuzungen mit abknickender Vorfahrt.

– Auf gute Sichtverbindungen zwischen Fußgängern und Fahrzeugen ist zu achten. Die R-FGÜ schreiben Mindestwerte vor.

– Die Verkehrsstärke der Fußgänger- und Fahrzeugströme sollte in bestimmten Grenzen liegen (siehe nebenstehende Tabelle).

– Die für den Fahrzeug-Längsverkehr nutzbare Fahrbahnbreite sollte 6,50 m nicht übersteigen.

Die Fußgängerüberwege werden mit Zeichen 293 markiert. Die Markierung des Überwegs sollte mit einer Regelbreite von 4 m (mindestens 3 m) rechtwinklig zur Fahrbahn aufgebracht werden (*Bild 5.8*; in engen Kurven sollten die Streifen dem Fahrbahnverlauf folgen).

Die Beschilderung erfolgt immer (außer in ohnehin wartepflichtigen Zufahrten von Knotenpunkten, siehe *Bild 5.9*) zusätzlich mit Zeichen 350 und Z 350-20.

Diese müssen allein stehen und dürfen nicht mit anderen Verkehrsschildern kombiniert werden. Zeichen 350 und Z 350-20 stehen unmittelbar vor dem Fußgängerüberweg mindestens beidseitig, eventuell auch über der Fahrbahn.

Um das richtige Verhalten an Fußgängerüberwegen („Zebrastreifen") zu fördern, werden diese wie folgt so einheitlich wie möglich ausgestattet:

– Ausreichende Beleuchtung des Fußgängerüberweges selbst, damit Fußgänger rechtzeitig und sicher erkannt werden können, zur Verbesserung der Erkennbarkeit ggf. mit einer anderen Farbe als die allgemeine Straßenbeleuchtung.

– Sicherstellung einer ausreichenden Erkennbarkeit der Beschilderung bei Nacht durch ortsfeste Beleuchtung, Reflexfolie des Typs 3 und/oder innenbeleuchtete Ausführung der Beschilderung.

– Im Annäherungsbereich (30–50 m) Ersatz der Leitlinie (Zeichen 340) durch eine nicht unterbrochene Fahrstreifenbegrenzungslinie (Zeichen 295).

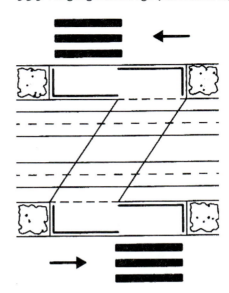

Bild 5.10 Absperrgeländer im Zuge eines Fußgängerüberweges über Gleisanlagen auf besonderem Bahnkörper, vor Schulen, Werksausfahrten oder über ÖV-Trassen
Quelle: EAÖ

– Vor allem vor Schulen oder Werksausfahrten sollten die Fußgänger durch Geländer zu den Fußgängerüberwegen geführt werden (*Bild 5.10*).

Fußgängerüberwege sind außerdem sukzessive behindertengerecht auszustatten. Das gilt insbesondere für das Absenken der Bordsteine, aber auch für die Anordnung von Taststreifen.

Sollte ausnahmsweise die normale Ausstattung eines Fußgängerüberweges (Markierung, Beschilderung, Beleuchtung) nicht ausreichen, so kann die Aufmerksamkeit durch gelbes Blinklicht an den Zeichen 350 auf den Fußgängerüberweg gelenkt werden. Sollte auch das nicht ausreichen, kann durch Gefahrzeichen in

Bild 5.11 Möglichkeiten, in Ausnahmefällen aus größerer Entfernung auf Fußgängerüberwege hinzuweisen

5.3.5 Fußgängerüberwege (Zebrastreifen)

ausreichender Entfernung auf den Fußgängerüberweg hingewiesen werden.

Das dafür früher vorgesehene Gefahrzeichen 134 „Fußgängerüberweg" wurde 2009 aus der StVO gestrichen. Um aber dennoch in besonderen Fällen vor Fußgängerüberwegen zu warnen, ist das Sinnbild in Abs. 8 des § 39 StVO eingeführt worden. Es kann als Zusatzzeichen zu Zeichen 101 gezeigt werden (*Bild 5.11*).

In besonderen Fällen kann und darf mit diesem Sinnbild auch Z 134 „rekonstruiert" werden (Details siehe Abschnitt 6.3.1).

Zu Abschnitt 5.3.5

StVO
§ 26
Fußgängerüberwege

(1) An Fußgängerüberwegen haben Fahrzeuge mit Ausnahme von Schienenfahrzeugen den zu Fuß Gehenden sowie Fahrenden von Krankenfahrstühlen oder Rollstühlen, welche den Überweg erkennbar benutzen wollen, das Überqueren der Fahrbahn zu ermöglichen. Dann dürfen sie nur mit mäßiger Geschwindigkeit heranfahren; wenn nötig, müssen sie warten.

(2) Stockt der Verkehr, dürfen Fahrzeuge nicht auf den Überweg fahren, wenn sie auf ihm warten müssten.

(3) An Überwegen darf nicht überholt werden.

(4) Führt die Markierung über einen Radweg oder einen anderen Straßenteil, gelten diese Vorschriften entsprechend.

VwV-StVO
zu § 26
Fußgängerüberwege

I. Örtliche Voraussetzungen

1 1. Fußgängerüberwege dürfen nur innerhalb geschlossener Ortschaften und nicht auf Straßen angelegt werden, auf denen schneller als 50 km/h gefahren werden darf.

2 2. Die Anlage von Fußgängerüberwegen kommt in der Regel nur in Frage, wenn auf beiden Straßenseiten Gehwege vorhanden sind.

3 3. Fußgängerüberwege dürfen nur angelegt werden, wenn nicht mehr als ein Fahrstreifen je Richtung überquert werden muss. Dies gilt nicht an Kreuzungen und Einmündungen in den Straßen mit Wartepflicht.

4 4. Fußgängerüberwege müssen ausreichend weit voneinander entfernt sein; das gilt nicht, wenn ausnahmsweise zwei Überwege hintereinander an einer Kreuzung oder Einmündung liegen.

5 5. Im Zuge von Grünen Wellen, in der Nähe von Lichtzeichenanlagen oder über gekennzeichnete Sonderfahrstreifen nach Z. 245 dürfen Fußgängerüberwege nicht angelegt werden.

6 6. In der Regel sollen Fußgängerüberwege zum Schutz der Fußgänger auch über Radwege hinweg angelegt werden.

II. Verkehrliche Voraussetzungen

7 Fußgängerüberwege sollten in der Regel nur angelegt werden, wenn es erforderlich ist, dem Fußgänger Vorrang zu geben, weil er sonst nicht sicher über die Straße kommt. Dies ist jedoch nur dann der Fall, wenn es die Fahrzeugstärke zulässt und es das Fußgängeraufkommen nötig macht.

III. Lage

8 1. Fußgängerüberwege sollten möglichst so angelegt werden, dass die Fußgänger die Fahrbahn auf dem kürzesten Wege überschreiten.

9 2. Fußgängerüberwege sollten in der Gehrichtung der Fußgänger liegen. Wo Umwege für Fußgänger zum Erreichen des Überwegs unvermeidbar sind, empfehlen sich z. B. Geländer.

10 3. Bei Fußgängerüberwegen an Kreuzungen und Einmündungen ist zu prüfen, ob es nicht ausreicht, über die Straße mit Vorfahrt nur einen Fußgängerüberweg anzulegen. Bei Einbahnstraßen sollte dieser vor der Kreuzung oder Einmündung liegen. An Kreuzungen und Einmündungen mit abknickender Vorfahrt darf ein Fußgängerüberweg auf der bevorrechtigten Straße nicht angelegt werden.

VwV-StVO
zu § 26
Fußgängerüberwege

11 4. Vor Schulen, Werksausgängen und dergleichen sollten Fußgänger nicht unmittelbar auf den Fußgängerüberweg stoßen, sondern durch Absperrungen geführt werden.

12 5. Im Zuge von Straßen mit Straßenbahnen ohne eigenen Bahnkörper sollen Fußgängerüberwege nicht angelegt werden. Fußgängerüberwege über Straßen mit Schienenbahnen auf eigenem Bahnkörper sollen an den Übergängen über den Gleisraum mit versetzten Absperrungen abgeschrankt werden.

IV. Markierung und Beschilderung

13 1. Die Markierung erfolgt mit Z. 293.

14 Auf Fußgängerüberwege wird mit Z. 350 hingewiesen. In wartepflichtigen Zufahrten ist dies in der Regel entbehrlich.

V. Beleuchtung

15 Die Straßenverkehrsbehörden müssen die Einhaltung der Beleuchtungskriterien nach den Richtlinien für die Anlage und Ausstattung von Fußgängerüberwegen (R-FGÜ) gewährleisten und gegebenenfalls notwendige Beleuchtungseinrichtungen anordnen (§ 45 Abs. 5 Satz 2).

VI. Richtlinien

16 Das für Verkehr zuständige Bundesministerium gibt im Einvernehmen mit den zuständigen obersten Landesbehörden Richtlinien für die Anlage und Ausstattung von Fußgängerüberwegen (R-FGÜ) im Verkehrsblatt bekannt.

VwV-StVO
zu § 41
Vorschriftzeichen

Zu Zeichen 293 Fußgängerüberweg

1 Vgl. zu § 26.

VwV-StVO
zu § 42
Richtzeichen

Zu Zeichen 350 Fußgängerüberweg

1 Das Zeichen darf nicht in Kombination mit anderen Zeichen aufgestellt werden.

5.3.6 Fußgänger-Lichtsignalanlagen

Fußgänger-Lichtsignalanlagen eignen sich vor allem dort, wo starke und gebündelte Fußgängerströme über stark belastete oder mehrstreifige Fahrbahnen geführt werden müssen. Um eine Gewöhnung der Fahrzeugführer an „Dauergrün" zu vermeiden, sollten sie nur dort angelegt werden, wo eine ausreichende Nutzung durch Fußgänger zu erwarten ist. Generell gilt:

– Sobald mehrere Fahrstreifen in einer Richtung überquert werden müssen, eignen sich nur Lichtsignalanlagen als Querungshilfen.
– Bushaltestellen sollten möglichst hinter der Querungshilfe angeordnet werden, um bessere Sichtverhältnisse zu erhalten.

Die sogenannte „unvollständige Knotenpunktsignalisierung", also eine Fußgänger-Lichtsignalanlage direkt an einem Knotenpunkt, mit der auch der Fahrzeugverkehr auf dem Knotenpunkt geregelt werden soll, wird derzeit kontrovers diskutiert.

Zu den Lichtsignalanlagen siehe Abschnitt 9.2.

5.3.7 Kreuzungsbauwerke

Soweit für die Führung des Fußgängerquerverkehrs Unterführungen eingerichtet sind, kann auf diese durch Z 355-10 hingewiesen werden, um die Fußgänger vom direkten Überqueren der Fahrbahn abzuhalten.

Z 355-10	Z 355-11

Ein Hinweis auf Überführungen ist in der Regel entbehrlich, da diese besser sichtbar sind. Trotzdem kann auch hier Hinweiszeichen 355-11 sinnvoll sein, zum einen, um die Fußgänger zur Benutzung zu motivieren, zum anderen, um die Wege zu den Aufgängen erkennbar zu machen.

5.3.7 Kreuzungsbauwerke

Wegen der meist geringen Attraktivität von Fußgängerbauwerken (Umwege, Höhenunterschiede, Angst vor Belästigungen und Angriffen) wird in der Regel insbesondere bei Einrichtungsfahrbahnen mit ausgesprochener Pulkbildung durch nahegelegene Lichtsignalanlagen zu überlegen sein, ob das Überschreiten der Fahrbahn im Bereich von Fußgängerbauwerken durch Geländer erschwert werden muss.

Da Z 355 keine verbindliche Verhaltensanweisung für den Verkehrsteilnehmer enthält, wurde es 2009 aus der StVO entfernt und nur im Verkehrszeichen-Katalog (VzKat) weitergeführt.

5.4 Bahnübergänge

5.4.1 Allgemeines

Bahnübergänge (BÜ) sind höhengleiche Kreuzungen von Eisenbahnen sowie von Straßenbahnen auf unabhängigem oder besonderem Bahnkörper mit Straßen, Wegen oder Plätzen. Näheres wird geregelt für Eisenbahnen in der Eisenbahn-Bau- und Betriebsordnung (EBO), für Straßenbahnen (das sind auch die U-Bahnen und die Stadtbahnen) in der Verordnung über den Bau und Betrieb der Straßenbahnen (BOStrab). Um das Verhalten des Straßenverkehrs zu beeinflussen, sind in der Straßenverkehrs-Ordnung (StVO) zusätzliche Zeichen vorgesehen.

Durch die Kennzeichnung mit Andreaskreuzen (Zeichen 201) wird den Straßen- und Wegebenutzern signalisiert, dass der Schienenverkehr Vorrang vor dem Straßenverkehr hat. Die Andreaskreuze werden an den Stellen angeordnet, vor denen die Straßen- und Wegebenutzer warten müssen, wenn der Bahnübergang nicht überquert werden darf. Bei Eisenbahnen darf in Hafen- oder Industriegebieten unter bestimmten Bedingungen auf das Aufstellen von Andreaskreuzen verzichtet werden, wenn an deren Einfahrten Andreaskreuze mit einem Zusatzzeichen „…-gebiet – Schienenfahrzeuge haben Vorrang" angeordnet sind.

Aus rechtssystematischen Gründen ist der jeweilige Bahnunternehmer zur Sicherung der Bahnübergänge verpflichtet. Dies geschieht in der Regel durch technische Sicherungen:

Technische Sicherungen bei Eisenbahnen	Technische Sicherungen bei Straßenbahnen
Blinklichter* oder Lichtzeichen	Lichtzeichen
Blinklichter* oder Lichtzeichen mit Halbschranken	Lichtzeichen mit Halbschranken
Lichtzeichen mit Schranken	
Schranken	

* Sollen als neue technische Sicherung nicht mehr verwendet werden

In besonderen Fällen, vor allem bei sehr schwachem Verkehr auf der Straße oder dem Weg sowie niedrigen Geschwindigkeiten auf der

Schienenbahn, kann nach EBO/BOStrab ausnahmsweise eine Sicherung durch Übersicht auf die Bahnstrecke, bei Eisenbahnen auch durch hörbare Signale der Eisenbahnfahrzeuge ausreichen. Die Sicherung durch die Übersicht auf die Bahnstrecke ist gegeben, wenn die Wegebenutzer die Bahnstrecke so weit und aus einem solchen Abstand übersehen können, dass sie bei Anwendung der im Verkehr erforderlichen Sorgfalt den Bahnübergang ungefährdet überqueren oder vor ihm anhalten können.

Bahnübergänge von Fuß- und Radwegen dürfen generell durch die Übersicht auf die Bahnstrecke oder durch hörbare Signale der Eisenbahnfahrzeuge gesichert werden. Bei Hauptbahnen und Straßenbahnen (nicht unbedingt bei Nebenbahnen) müssen zusätzlich Umlaufsperren, Drehkreuze oder ähnlich wirkende Einrichtungen angeordnet werden.

Für Privatwege gelten besondere Regelungen.

Nach § 14 Eisenbahnkreuzungsgesetz (EKrG) sind vom Eisenbahnunternehmer die Schranken, Warnkreuze (Andreaskreuze) und Blinklichter, vom Straßenbaulastträger die Sichtflächen, Warnzeichen und Merktafeln (Baken) sowie andere der Sicherung des sich kreuzenden Verkehrs dienende Straßenverkehrszeichen und -einrichtungen auf ihre Kosten zu erhalten und in Betrieb zu halten. Bei Neuanlage oder Änderung können Ausgleichszahlungen (Ablösungen) gefordert werden (§ 15 EKrG).

Um die straßenseitige Sicherung und die einheitliche Gestaltung der Bahnübergänge zu gewährleisten, hat der Unterausschuss „Verkehrssicherheit an Bahnübergängen" des Bund-Länder-Fachausschusses Straßenverkehrs-Ordnung (BLFA StVO) einen „Leitfaden zur Durchführung von Bahnübergangsschauen" entwickelt und zur Anwendung empfohlen. Er enthält insbesondere eine Prüfliste mit einer Reihe bedeutsamer Fragestellungen sowie Regelpläne mit Vorschlägen, wie Standardsituationen einheitlich beschildert und markiert werden können.

Hinsichtlich der technischen Sicherung von Bahnübergängen ist anzumerken, dass die zuständigen Fachleute der Bahnunternehmen über gute Kenntnisse und Erfahrungen bezüglich der einzelnen Sicherungsmaßnahmen verfügen. Die Ril 815 der Deutschen Bahn (DB) „Bahnübergangsanlagen planen und instandhalten", Ausgabe 2008, enthält die Grundsätze für Planung, Bau und Instandhaltung der BÜ und ist für die Sicherung der BÜ verbindlich.

5.4.1 Allgemeines

Zu Abschnitt 5.4.1

Deutsche Bahn
Ril 815

Die Richtlinie der Deutschen Bahn „Bahnübergangsanlagen planen und instandhalten" – Ril 815 ist aktualisiert, Ausgabe vom 1.11.2008.

Nicht bundeseigene Eisenbahnen „Vorschrift für die Sicherung der Bahnübergänge bei Nicht bundeseigenen Eisenbahnen (BÜV – NE)".

Eisenbahn-Bau-
und Betriebsordnung
(EBO)

§ 11 Bahnübergänge

(1) Bahnübergänge sind höhengleiche Kreuzungen von Eisenbahnen mit Straßen, Wegen und Plätzen. Übergänge, die nur dem innerdienstlichen Verkehr dienen, und Übergänge für Reisende gelten nicht als Bahnübergänge.

(2)

Hauptbahnen	Nebenbahnen
Auf Strecken mit einer zugelassenen Geschwindigkeit von mehr als 160 km/h sind Bahnübergänge unzulässig.	

(3) Auf Bahnübergängen hat der Eisenbahnverkehr Vorrang vor dem Straßenverkehr. Der Vorrang ist durch Aufstellen von Andreaskreuzen (Anlage 5 Bild 1) zu kennzeichnen. Dies ist nicht erforderlich an Bahnübergängen von

1. Feld- und Waldwegen, wenn die Bahnübergänge ausreichend erkennbar sind,
2. Fußwegen,
3. Privatwegen ohne öffentlichen Verkehr, die als solche gekennzeichnet sind,
4. anderen Straßen und Wegen über Nebengleise, wenn die Bahnübergänge für das Befahren mit Eisenbahnfahrzeugen durch Posten vom Straßenverkehr freigehalten werden.

(4) Die Andreaskreuze sind an den Stellen anzubringen, vor denen Straßenfahrzeuge und Tiere angehalten werden müssen, wenn der Bahnübergang nicht überquert werden darf.

(5) An Bahnübergängen in Hafen- und Industriegebieten darf auf das Aufstellen von Andreaskreuzen verzichtet werden, wenn an den Einfahrten Andreaskreuze mit dem Zusatzschild „Hafengebiet, Schienenfahrzeuge haben Vorrang" oder „Industriegebiet, Schienenfahrzeuge haben Vorrang" angebracht sind. Dies gilt nicht für Bahnübergänge, die nach Absatz 6 technisch gesichert sind.

(6) Bahnübergänge sind durch

1. Lichtzeichen (Anlage 5 Bild 2) oder Blinklichter (Anlage 5 Bild 4) oder
2. Lichtzeichen mit Halbschranken (Anlage 5 Bild 3) oder Blinklichter mit Halbschranken (Anlage 5 Bild 5) oder
3. Lichtzeichen mit Schranken (Anlage 5 Bild 3) oder
4. Schranken

technisch zu sichern, soweit nachstehend keine andere Sicherung zugelassen ist. Als neue technische Sicherungen sollen Blinklichter und Blinklichter mit Halbschranken nicht mehr verwendet werden.

(7)

Hauptbahnen	Nebenbahnen
	Bahnübergänge dürfen gesichert werden
	1. bei schwachem Verkehr (Absatz 13) durch die Übersicht auf die Bahnstrecke (Absatz 12) oder bei fehlender Übersicht auf die Bahnstrecke an eingleisigen Bahnen durch hörbare Signale der Eisenbahnfahrzeuge (Absatz 18), wenn die Geschwindigkeit der Eisenbahnfahrzeuge am Bahnübergang höchstens 20 km/h – an Bahnübergängen von Feld- und Waldwegen höchstens 60 km/h – beträgt;

5.4.1 Allgemeines

EBO

Hauptbahnen	Nebenbahnen
	2. bei mäßigem Verkehr (Absatz 13) und eingleisigen Bahnen durch die Übersicht auf die Bahnstrecke in Verbindung mit hörbaren Signalen der Eisenbahnfahrzeuge (Absatz 18) oder bei fehlender Übersicht auf die Bahnstrecke – mit besonderer Genehmigung (§ 3 Abs. 2) – durch hörbare Signale der Eisenbahnfahrzeuge, wenn die Geschwindigkeit der Eisenbahnfahrzeuge am Bahnübergang höchstens 20 km/h – an Bahnübergängen von Feld- und Waldwegen höchstens 60 km/h – beträgt.

(8)

Hauptbahnen	Nebenbahnen
Bahnübergänge über Nebengleise dürfen wie Bahnübergänge über Nebenbahnen (Absatz 7) gesichert werden.	

(9) Bahnübergänge von Fuß- und Radwegen dürfen durch die Übersicht auf die Bahnstrecke (Absatz 12) oder durch hörbare Signale der Eisenbahnfahrzeuge (Absatz 18) gesichert werden. Außerdem

Hauptbahnen	Nebenbahnen
müssen	dürfen

Umlaufsperren oder ähnlich wirkende Einrichtungen angebracht sein.

(10) Bahnübergänge von Privatwegen

Hauptbahnen	Nebenbahnen
ohne öffentlichen Verkehr, die als solche gekennzeichnet sind, dürfen gesichert werden bei einer Geschwindigkeit der Eisenbahnfahrzeuge am Bahnübergang von höchstens 140 km/h a) durch die Übersicht auf die Bahnstrecke (Absatz 12) und Abschlüsse oder b) durch Abschlüsse in Verbindung mit einer Sprechanlage zum zuständigen Betriebsbeamten.	1. ohne öffentlichen Verkehr, die als solche gekennzeichnet sind, dürfen gesichert werden a) durch die Übersicht auf die Bahnstrecke (Absatz 12) oder b) durch hörbare Signale der Eisenbahnfahrzeuge (Absatz 18), wenn ihre Geschwindigkeit am Bahnübergang höchstens 60 km/h beträgt, oder c) durch Abschlüsse in Verbindung mit einer Sprechanlage zum zuständigen Betriebsbeamten oder d) mit besonderer Genehmigung (§ 3 Abs. 2) durch Abschlüsse; 2. mit öffentlichem Verkehr in Hafen- und Industriegebieten dürfen bei schwachem und mäßigem Verkehr (Absatz 13) gesichert werden a) durch die Übersicht oder b) durch Abschlüsse, wenn die Geschwindigkeit der Eisenbahnfahrzeuge am Bahnübergang höchstens 20 km/h beträgt.

Abschlüsse (z. B. Sperrbalken, Tore) sind von demjenigen, dem die Verkehrssicherungspflicht obliegt, verschlossen, mit besonderer Genehmigung (§ 3 Abs. 2) nur geschlossen zu halten.

(11) Eine Sicherung nach den Absätzen 6 bis 10 ist nicht erforderlich, wenn der Bahnübergang durch Posten gesichert wird. Der Posten hat die Wegebenutzer so lange durch Zeichen anzuhalten, bis das erste Eisenbahnfahrzeug etwa die Straßenmitte erreicht hat.

(12) Die Übersicht auf die Bahnstrecke ist vorhanden, wenn die Wegebenutzer bei richtigem Verhalten auf Grund der Sichtverhältnisse die Bahnstrecke so weit und in einem solchen

285

5.4.1 Allgemeines

EBO

Abstand übersehen können, dass sie bei Anwendung der im Verkehr erforderlichen Sorgfalt den Bahnübergang ungefährdet überqueren oder vor ihm anhalten können.

(13) Bahnübergänge haben

1. schwachen Verkehr, wenn sie neben anderem Verkehr in der Regel innerhalb eines Tages von höchstens 100 Kraftfahrzeugen überquert werden,
2. mäßigen Verkehr, wenn sie neben anderem Verkehr in der Regel innerhalb eines Tages von mehr als 100 bis zu 2 500 Kraftfahrzeugen überquert werden,
3. starken Verkehr, wenn sie neben anderem Verkehr in der Regel innerhalb eines Tages von mehr als 2 500 Kraftfahrzeugen überquert werden.

(14) Weisen Bahnübergänge während bestimmter Jahreszeiten oder an bestimmten Tagen abweichend von der Einstufung nach Absatz 13 eine höhere Verkehrsstärke auf, so müssen sie, haben sie eine niedrigere Verkehrsstärke, so dürfen sie während dieser Zeiten entsprechend gesichert werden.

(15) Das Schließen der Schranken – ausgenommen Anrufschranken (Absatz 17) – ist auf den Straßenverkehr abzustimmen

1. durch Lichtzeichen oder
2. durch mittelbare oder unmittelbare Sicht des Schrankenwärters oder
3. bei schwachem oder mäßigem Verkehr durch hörbare Zeichen.

(16) Bahnübergänge mit Schranken – ausgenommen Anrufschranken (Absatz 17) und Schranken an Fuß- und Radwegen – müssen von der Bedienungsstelle aus mittelbar oder unmittelbar eingesehen werden können. Dies ist nicht erforderlich, wenn das Schließen der Schranken durch Lichtzeichen auf den Straßenverkehr abgestimmt und das Freisein des Bahnüberganges durch technische Einrichtungen festgestellt wird.

(17) Anrufschranken sind Schranken, die ständig oder während bestimmter Zeiten geschlossen gehalten und auf Verlangen des Wegebenutzers, wenn dies ohne Gefahr möglich ist, geöffnet werden. Anrufschranken sind mit einer Sprechanlage auszurüsten, wenn der Schrankenwärter den Bahnübergang von der Bedienungsstelle aus nicht einsehen kann.

(18) Vor Bahnübergängen, vor denen nach den Absätzen 7 bis 10 hörbare Signale der Eisenbahnfahrzeuge gegeben werden müssen, sind Signaltafeln aufzustellen.

(19) Ein Bahnübergang, dessen technische Sicherung ausgefallen ist, muss – außer bei Hilfszügen nach § 40 Abs. 6 – durch Posten nach Absatz 11 gesichert werden. Ein Zug, der mit dem Triebfahrzeugführer allein besetzt ist, darf, nachdem er angehalten hat und die Wegebenutzer durch Achtung-Signal gewarnt sind, den Bahnübergang ohne Sicherung durch Posten befahren.

Verordnung über den Bau und Betrieb der Straßenbahnen (BOStrab)

§ 16 Bahnkörper

(4) Bahnkörper sind

1. straßenbündige Bahnkörper,
2. besondere Bahnkörper,
3. unabhängige Bahnkörper.

(5) Straßenbündige Bahnkörper sind mit ihren Gleisen in Straßenfahrbahnen oder Gehwegflächen eingebettet.

(6) Besondere Bahnkörper liegen im Verkehrsraum öffentlicher Straßen, sind jedoch vom übrigen Verkehr durch Bordsteine, Leitplanken, Hecken, Baumreihen oder andere ortsfeste Hindernisse getrennt. Zum besonderen Bahnkörper gehören auch höhengleiche Kreuzungen, die nach § 20 Abs. 7 als Bahnübergänge gelten.

(7) Unabhängige Bahnkörper sind auf Grund ihrer Lage oder ihrer Bauart vom übrigen Verkehr unabhängig. Zum unabhängigen Bahnkörper gehören auch Bahnübergänge nach § 20.

(8) Bei Fußgängerüberwegen über einen besonderen Bahnkörper müssen zwischen diesem und benachbarten Straßenfahrbahnen Schutzinseln für Fußgänger vorhanden sein, wenn das Überschreiten von Bahnkörper und Straße nicht durch Wechsellichtzeichen geregelt ist.

(9) Bei Fahrbetrieb ohne Fahrzeugführer muss durch Einfriedungen oder auf andere Weise das unbefugte Betreten, Befahren oder Benutzen des Bahnkörpers verhindert sein. Wenn es die Betriebssicherheit erfordert, kann die Technische Aufsichtsbehörde dies auf bestimmten Streckenabschnitten auch bei anderen Betriebsarten verlangen.

...

BOStrab

§ 20 Bahnübergänge

(1) Bahnübergänge sind durch Andreaskreuze nach Anlage 1 Bild 1 gekennzeichnete höhengleiche Kreuzungen von Straßenbahnen auf unabhängigem Bahnkörper mit Straßen, Wegen oder Plätzen.

(2) Auf Bahnübergängen hat der Straßenbahnverkehr Vorrang vor dem Straßenverkehr.

(3) Die den Vorrang nach Absatz 2 kennzeichnenden Andreaskreuze müssen an den Stellen stehen, vor denen Wegebenutzer warten müssen, wenn der Bahnübergang nicht überquert werden darf.

(4) Bahnübergänge müssen technisch gesichert sein. Dies gilt nicht für

1. Bahnübergänge, die innerhalb eines Tages in der Regel von nicht mehr als 100 Kraftfahrzeugen überquert werden und die durch die Übersicht auf die Bahnstrecke gesichert sind,
2. Bahnübergänge von Fußwegen und Radwegen, die durch die Übersicht auf die Bahnstrecke und durch Drehkreuze oder ähnlich wirkende Einrichtungen gesichert sind.

(5) Als technische Sicherung nach Absatz 4 müssen vorhanden sein

1. Geber für Lichtzeichen mit der Farbfolge Gelb – Rot nach Anlage 1 Bild 2, die mit Halbschranken nach Anlage 1 Bild 3 verbunden sein können,
2. Geber für Überwachungssignale Bü 0 und Bü 1 nach Anlage 4 vor dem Bahnübergang oder eine in Zugsicherungsanlagen eingebundene Überwachung der Einrichtungen nach Nummer 1.

(6) Die Sicherung durch die Übersicht auf die Bahnstrecke ist vorhanden, wenn die Wegebenutzer die Bahnstrecke so weit und aus einem solchen Abstand übersehen können, dass sie bei Anwendung der im Verkehr erforderlichen Sorgfalt den Bahnübergang ungefährdet überqueren oder vor ihm anhalten können.

(7) Als Bahnübergänge gelten auch höhengleiche Kreuzungen von Straßenbahnen auf besonderem Bahnkörper mit Straßen, Wegen oder Plätzen, wenn die Vorschriften der Absätze 3 bis 6 eingehalten sind.

BOStrab
Anlage 1
(zu § 20)

Kennzeichnung und Sicherung von Bahnübergängen

Bild 1 Andreaskreuz

Der Blitzpfeil in der Mitte des Andreaskreuzes zeigt an, dass die Strecke elektrische Fahrleitung hat

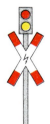

Bild 2 Lichtzeichen

Bei beengten Verhältnissen darf das Andreaskreuz neben oder über dem Lichtzeichen angebracht sein

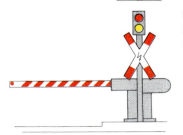

Bild 3 Lichtzeichen mit Halbschranke

Bei beengten Verhältnissen gelten die Angaben zu Bild 2 entsprechend

Die Halbschranke darf auch senkrecht gestreift sein

5.4.1 Allgemeines

StVO
§ 19
Bahnübergänge

(1) Schienenfahrzeuge haben Vorrang

1. auf Bahnübergängen mit Andreaskreuz (Zeichen 201),
2. auf Bahnübergängen über Fuß-, Feld-, Wald- oder Radwege und
3. in Hafen- und Industriegebieten, wenn an den Einfahrten das Andreaskreuz mit dem Zusatzzeichen „Hafengebiet, Schienenfahrzeuge haben Vorrang" oder „Industriegebiet, Schienenfahrzeuge haben Vorrang" steht.

Der Straßenverkehr darf sich solchen Bahnübergängen nur mit mäßiger Geschwindigkeit nähern. Wer ein Fahrzeug führt, darf an Bahnübergängen vom Zeichen 151, 156 an bis einschließlich des Kreuzungsbereichs von Schiene und Straße Kraftfahrzeuge nicht überholen.

(2) Fahrzeuge haben vor dem Andreaskreuz, zu Fuß Gehende in sicherer Entfernung vor dem Bahnübergang zu warten, wenn

1. sich ein Schienenfahrzeug nähert,
2. rotes Blinklicht oder gelbe oder rote Lichtzeichen gegeben werden,
3. die Schranken sich senken oder geschlossen sind,
4. ein Bahnbediensteter Halt gebietet oder
5. ein hörbares Signal, wie ein Pfeifsignal des herannahenden Zuges, ertönt.

Hat das rote Blinklicht oder das rote Lichtzeichen die Form eines Pfeils, hat nur zu warten, wer in die Richtung des Pfeils fahren will. Das Senken der Schranken kann durch Glockenzeichen angekündigt werden.

(3) Kann der Bahnübergang wegen des Straßenverkehrs nicht zügig und ohne Aufenthalt überquert werden, ist vor dem Andreaskreuz zu warten.

(4) Wer einen Fuß-, Feld-, Wald- oder Radweg benutzt, muss sich an Bahnübergängen ohne Andreaskreuz entsprechend verhalten.

(5) Vor Bahnübergängen ohne Vorrang der Schienenfahrzeuge ist in sicherer Entfernung zu warten, wenn ein Bahnbediensteter mit einer weiß-rot-weißen Fahne oder einer roten Leuchte Halt gebietet. Werden gelbe oder rote Lichtzeichen gegeben, gilt § 37 Absatz 2 Nummer 1 entsprechend.

(6) Die Scheinwerfer wartender Kraftfahrzeuge dürfen niemanden blenden.

VwV-StVO
zu § 41
Vorschriftzeichen

Zu Zeichen 201 Andreaskreuz

3 III. Wo in den Hafen- und Industriegebieten den Schienenbahnen Vorrang gewährt werden soll, müssen Andreaskreuze an allen Einfahrten angeordnet werden. Vorrang haben dann auch Schienenbahnen, die nicht auf besonderem Bahnkörper verlegt sind. Für Industriegebiete kommt eine solche Regelung nur in Betracht, wenn es sich um geschlossene Gebiete handelt, die als solche erkennbar sind und die nur über bestimmte Zufahrten erreicht werden können.

IV. Weitere Sicherung von Übergängen von Schienenbahnen mit Vorrang

4 1. Wegen der ständig zunehmenden Verkehrsdichte auf den Straßen ist die technische Sicherung der bisher nicht so gesicherten Bahnübergänge anzustreben. Besonders ist darauf zu achten, ob Bahnübergänge infolge Zunahme der Verkehrsstärke einer technischen Sicherung bedürfen. Anregungen sind der höheren Verwaltungsbehörde vorzulegen.

...

V. Straßenbahnen und die übrigen Schienenbahnen (Privatanschlussbahnen)

9 1. Über die Zustimmungsbedürftigkeit der Aufstellung und Entfernung von Andreaskreuzen vgl. Nummer III. zu § 45 Abs. 1 bis 1e; Rn. 3 ff. Außerdem sind, soweit die Aufsicht über die Bahnen nicht bei den obersten Landesbehörden liegt, die für die Aufsicht zuständigen Behörden zu beteiligen; sind die Bahnen Zubehör einer bergbaulichen Anlage, dann sind auch die obersten Bergbaubehörden zu beteiligen.

10 2. Der Vorrang darf nur gewährt werden, wenn eine solche Schienenbahn auf besonderem oder unabhängigem Bahnkörper verlegt ist, dies auch dann, wenn der besondere Bahnkörper innerhalb des Verkehrsraums einer öffentlichen Straße liegt. Eine Schienenbahn ist schon dann an einem Übergang auf besonderem Bahnkörper verlegt, wenn dieser an dem Übergang endet. Ein besonderer Bahnkörper setzt mindestens voraus, dass die Gleise durch ortsfeste, körperliche Hindernisse vom übrigen Verkehrsraum abgegrenzt und diese Hindernisse auffällig kenntlich gemacht sind; abtrennende Bordsteine müssen weiß sein.

5.4.1 Allgemeines

VwV-StVO
zu § 41
Vorschriftzeichen

11 VI. 1. Straßenbahnen auf besonderem oder unabhängigem Bahnkörper, der nicht innerhalb des Verkehrsraums einer öffentlichen Straße liegt, ist in der Regel durch Aufstellung von Andreaskreuzen der Vorrang zu geben. An solchen Bahnübergängen ist schon bei mäßigem Verkehr auf der querenden Straße oder wenn auf dieser Straße schneller als 50 km/h gefahren wird, die Anbringung einer straßenbahnabhängigen, in der Regel zweifarbigen Lichtzeichenanlage (vgl. § 37 Abs. 2 Nr. 3) oder von Schranken zu erwägen. Auch an solchen Bahnübergängen über Feld- und Waldwege sind Andreaskreuze dann erforderlich, wenn der Bahnübergang nicht ausreichend erkennbar ist; unzureichende Übersicht über die Bahnstrecke kann ebenfalls dazu Anlass geben.

12 2. a) Liegt der besondere oder unabhängige Bahnkörper innerhalb des Verkehrsraums einer Straße mit Vorfahrt oder verläuft er neben einer solchen Straße, bedarf es nur dann eines Andreaskreuzes, wenn der Schienenverkehr für den kreuzenden oder abbiegenden Fahrzeugführer nach dem optischen Eindruck nicht zweifelsfrei zu dem Verkehr auf der Straße mit Vorfahrt gehört. Unmittelbar vor dem besonderen Bahnkörper darf das Andreaskreuz nur dann aufgestellt werden, wenn so viel Stauraum vorhanden ist, dass ein vor dem Andreaskreuz wartendes Fahrzeug den Längsverkehr nicht stört. Wird an einer Kreuzung oder Einmündung der Verkehr durch Lichtzeichen geregelt, muss auch der Straßenbahnverkehr auf diese Weise geregelt werden, und das auch dann, wenn der Bahnkörper parallel zu einer Straße in deren unmittelbarer Nähe verläuft. Dann ist auch stets zu erwägen, ob der die Schienen kreuzende Abbiegeverkehr gleichfalls durch Lichtzeichen zu regeln oder durch gelbes Blinklicht mit dem Sinnbild einer Straßenbahn zu warnen ist.

13 b) Hat der gleichgerichtete Verkehr an einer Kreuzung oder Einmündung nicht die Vorfahrt, ist es nur in Ausnahmefällen möglich, der Straßenbahn Vorrang zu geben.

StVO
§ 45
Verkehrszeichen und
Verkehrseinrichtungen

(2) … Für Bahnübergänge von Eisenbahnen des öffentlichen Verkehrs können nur die Bahnunternehmen durch Blinklicht- oder Lichtzeichenanlagen, durch rot-weiß gestreifte Schranken oder durch Aufstellung des Andreaskreuzes ein bestimmtes Verhalten der Verkehrsteilnehmer vorschreiben. …

VwV-StVO
zu § 45
Verkehrszeichen und
Verkehrseinrichtungen

Zu Absatz 1 bis 1e

3 III. 1. Die Straßenverkehrsbehörde bedarf der Zustimmung der obersten Landesbehörde oder der von ihr bestimmten Stelle zur Anbringung und Entfernung folgender Verkehrszeichen:

4 a) auf allen Straßen der Z. 201, 261, 269, 275, 279, 290.1, 290.2, 330.1, 330.2, 331.1, 331.2, 363, 460 sowie des Zusatzzeichens „abknickende Vorfahrt" (Zusatzzeichen zu Zeichen 306),

Zu Absatz 2

…

Zu Satz 3

51 I. Dazu müssen die Bahnunternehmen die Straßenverkehrsbehörde, die Straßenbaubehörde und die Polizei hören. Das gilt nicht, wenn ein Planfeststellungsverfahren vorausgegangen ist.

52 II. Für Übergänge anderer Schienenbahnen vgl. Nr. VI zu Zeichen 201; Rn. 11 ff.

5.4.2 Andreaskreuz

StVO Anlage 2 Vorschriftzeichen (zu § 41 Absatz 1)
Abschnitt 1 Wartegebote und Haltgebote

1	Zeichen 201	Ge- oder Verbot

	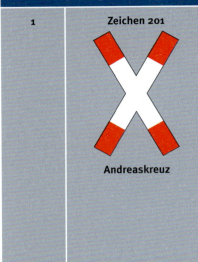
	Andreaskreuz
		1. Wer ein Fahrzeug führt, muss dem Schienenverkehr Vorrang gewähren.
		
		2. Wer ein Fahrzeug führt, darf bis zu 10 m vor diesem Zeichen nicht halten, wenn es dadurch verdeckt wird.
		
		3. Wer ein Fahrzeug führt, darf vor und hinter diesem Zeichen
		  a) innerhalb geschlossener Ortschaften (Zeichen 310 und 311) bis zu je 5 m,
		  b) außerhalb geschlossener Ortschaften bis zu je 50 m
		nicht parken.
		
		4. Ein Zusatzzeichen mit schwarzem Pfeil zeigt an, dass das Andreaskreuz nur für den Straßenverkehr in Richtung dieses Pfeils gilt.
		
		Erläuterung
		Das Zeichen (auch liegend) befindet sich vor dem Bahnübergang, in der Regel unmittelbar davor. Ein Blitzpfeil in der Mitte des Andreaskreuzes zeigt an, dass die Bahnstrecke eine Spannung führende Fahrleitung hat.

Mit dem Andreaskreuz wird dem Straßenverkehrsteilnehmer angezeigt, wo eine Straße höhengleich die Gleise eines Schienenweges kreuzt, dessen Fahrzeuge Vorrang gegenüber dem Straßenverkehr haben.

Bahnübergänge von Eisenbahnen des öffentlichen Verkehrs müssen auch dann durch Andreaskreuze gekennzeichnet sein, wenn die Bahn **nicht** auf besonderem Bahnkörper verlegt ist.

Bahnübergänge der übrigen Schienenbahnen (z. B. Anschlussgleise, Werksbahnen, Grubenbahnen, Feldbahnen) und Straßenbahnen sollen nur dann mit Andreaskreuzen gekennzeichnet werden, wenn die Bahn an dem Übergang auf besonderem Bahnkörper verlegt ist. Ein besonderer Bahnkörper ist im Bereich von Bahnübergängen auch dann anzunehmen, wenn die Gleise innerhalb des Verkehrsraumes einer öffentlichen Straße auf besonderem Bahnkörper verlegt sind oder wenn die Gleise nur auf der einen Seite des Überganges auf besonderem Bahnkörper liegen, sie auf der anderen Seite dagegen in der Fahrbahn einer Straße eingebettet sind. Bei diesen Bahnübergängen sollen die übrigen Schienenbahnen nur dann Vorrang erhalten, wenn die örtlichen Verhältnisse es erfordern (z. B. starkes Gefälle der Bahnstrecke und daher langer Bremsweg der Bahn, Erschwernisse beim Wiederanfahren)

oder bei starkem Bahnverkehr. Straßenbahnen auf besonderem Bahnkörper, der nicht im Verkehrsraum einer Straße liegt, ist in der Regel der Vorrang zu geben.

Wo bei Straßenbahnen der besondere Bahnkörper innerhalb des Verkehrsraumes einer vorfahrtberechtigten Straße oder unmittelbar daneben liegt, brauchen Andreaskreuze dann nicht aufgestellt zu werden, wenn **klar erkennbar** ist, dass der Schienenverkehr zum Verkehr der vorfahrtberechtigten Straße gehört und damit die Vorfahrt durch die negativen Vorfahrtzeichen abgedeckt ist (*Bild 5.12*). Wo der parallel zur Straßenbahn verlaufende Verkehr keine Vorfahrt besitzt, sollte auch die Straßenbahn keinen Vorrang erhalten.

Andreaskreuze sind nicht erforderlich an Bahnübergängen von

1. Feld- und Waldwegen, wenn die Bahnübergänge ausreichend erkennbar sind,
2. Fußwegen,
3. Privatwegen ohne öffentlichen Verkehr, die als solche gekennzeichnet sind,
4. anderen Straßen und Wegen über Nebengleise, wenn die Bahnübergänge für das Befahren mit Eisenbahnfahrzeugen durch Posten oder Lichtzeichen vom Straßenverkehr freigehalten werden.

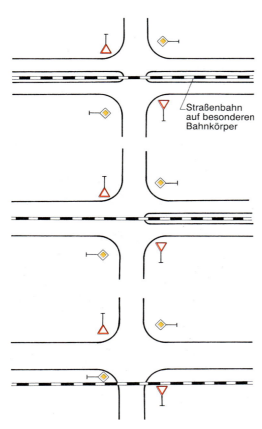

Bild 5.12 Vorfahrtregelung ohne Andreaskreuze bei Straßenbahnen auf besonderem Bahnkörper. Nur anzuwenden, wenn zweifelsfrei erkennbar ist, dass der Schienenverkehr zum Verkehr der vorfahrtberechtigten Straße gehört

Wo in einem Hafen- oder Industriegebiet den Schienenbahnen Vorrang gewährt wird, müssen an allen Einfahrten zum Hafengebiet Andreaskreuze mit dem Zusatzschild „Hafengebiet, Schienenfahrzeuge haben Vorrang" (Zz 1008-33) oder „Industriegebiet, Schienenfahrzeuge haben Vorrang" (Zz 1008-32) aufgestellt werden. Dann haben auch die Schienenbahnen Vorrang, die nicht auf besonderem Bahnkörper verlegt sind.

Andreaskreuze sind an den Stellen anzubringen, vor denen Straßenfahrzeuge und Tiere angehalten werden müssen, wenn der Bahnübergang nicht überquert werden darf, in der Regel 3,0 m von der Gleisachse entfernt. Bei nicht rechtwinkligen BÜ ist der Abstand nach den Festlegungen der Ril 815 zu ermitteln (siehe nachstehend abgedruckten Auszug aus der Ril 815). Er darf nur aus zwingenden Gründen vergrößert werden,

z. B. bei Einmündung von Seitenwegen oder bei steil gegen die Bahn abfallenden Wegen. Bei beschrankten Übergängen soll das Andreaskreuz möglichst nahe an der Schranke stehen.

Andreaskreuze stehen als Straßenverkehrszeichen in der Regel auf beiden Straßenseiten. Bei Feld- und Waldwegen – wenn überhaupt – sowie bei Straßen mit schwachem Verkehr genügt ein Andreaskreuz auf der rechten Straßenseite. Es ist links aufzustellen, wenn dadurch eine bessere Sicht auf das Andreaskreuz gegeben ist.

Das Andreaskreuz darf unmittelbar vor dem besonderen Bahnkörper einer Straßenbahn nur dann aufgestellt werden, wenn genügend Stauraum für ein vor dem Andreaskreuz wartendes Fahrzeug vorhanden ist, sodass der parallel zur Straßenbahn verlaufende Fahrzeugverkehr nicht gestört wird. Dort, wo der Verkehr durch Lichtzeichen geregelt wird, kann der die Schienen kreuzende Abbiegeverkehr in die Lichtzeichenregelung mit einbezogen oder durch gelbes Blinklicht mit dem Sinnbild einer Straßenbahn gewarnt werden.

Andreaskreuze dürfen nicht mit anderen Verkehrsschildern kombiniert werden.

Bei Strecken mit elektrischen Fahrleitungen ist ein Blitzpfeil in der Mitte des Andreaskreuzes anzubringen (Z 201-51). In Ortschaften und bei beengten Verhältnissen darf das Andreaskreuz um 90° gedreht (liegend) angebracht und vom üblichen Höhenmaß abgewichen werden.

Werden zwei oder mehr Bahnübergänge nur durch ein Andreaskreuz gekennzeichnet, so ist die Zusatztafel mit Angabe der Anzahl der Bahnübergänge unter dem Andreaskreuz anzubringen (Bild 5.13).

Unter Andreaskreuzen vor abzweigenden Straßen ist die Zusatztafel mit Hinweispfeil so

Bild 5.13 Zusatzschild 2 Bahnübergänge

Bild 5.14 Hinweispfeil (Zz 1000-21) unter Andreaskreuz

5.4.2 Andreaskreuz

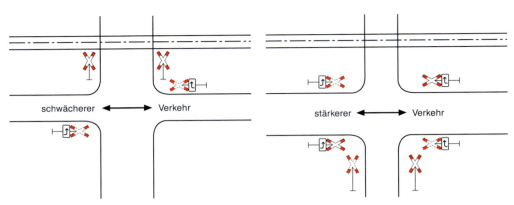

Bild 5.15 Parallelstraße zu den Bahngleisen mit schwächerem Verkehr. Gestrichelt gezeichnete Andreaskreuze mit Hinweispfeil können, wenn die örtlichen Gegebenheiten es erfordern, zusätzlich aufgestellt werden

Bild 5.16 Parallelstraße zu den Bahngleisen mit stärkerem Verkehr. Gestrichelt gezeichnete Andreaskreuze mit Hinweispfeil können, wenn die örtlichen Gegebenheiten es erfordern, zusätzlich aufgestellt werden

anzubringen, dass der Pfeil zum Bahnübergang zeigt, um zu verdeutlichen, dass das Andreaskreuz nur für diese Fahrtrichtung gilt (*Bilder 5.14, 5.15* und *5.16*).

Andreaskreuze müssen rückstrahlend sein. An Feld- oder Waldwegen ist dies zwar nicht zwingend vorgeschrieben, wird aber dringend empfohlen. Hierbei sollen stets stark retroreflektierende Folien mindestens vom Typ 2 verwendet werden.

Einzelheiten über die Sicherung der Andreaskreuze und der Lichtzeichen und Blinklichter durch Schutzplanken enthält Ril 815 der DB AG (*Bilder 5.17, 5.18*). *Bild 5.19* zeigt eine Beispiel-Gesamtdarstellung von Straßenverkehrszeichen, Markierungen und Halbschranken.

Die maßgeblichen Lichtraumumgrenzungen der Straße, die nach der zulässigen Geschwindigkeit für den Straßenverkehr unterschiedlich sein können, sind zu beachten. Dabei wird nach

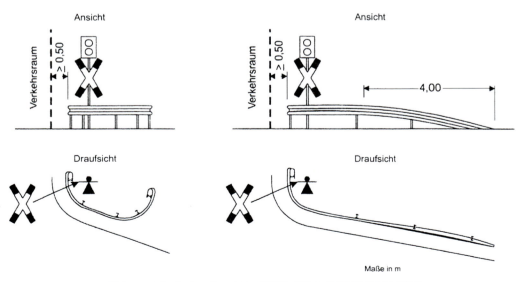

Sicherung der Andreaskreuze und Lichtzeichen durch Schutzplanken

Bild 5.17 Abgebogene Schutzplanke

Bild 5.18 Parallel verlaufende Schutzplanken

Quelle: Ril 815 DB AG

5.4.2 Andreaskreuz

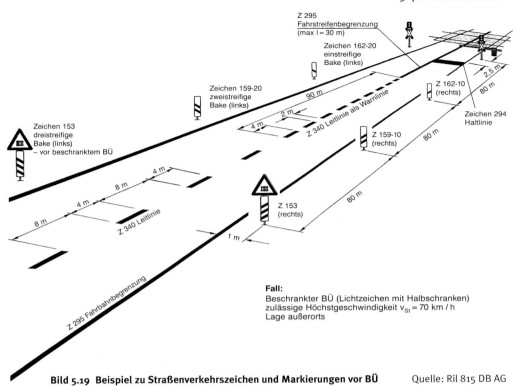

Z 295
Fahrstreifenbegrenzung
(max l = 30 m)

Zeichen 162-20
einstreifige
Bake (links)

Z 162-10
(rechts)

Zeichen 294
Haltlinie

Zeichen 159-20
zweistreifige
Bake (links)

90 m

Z 340 Leitlinie als Warnlinie

2 m

4 m

Z 159-10
(rechts)

80 m

2,5 m

80 m

Zeichen 153
dreistreifige
Bake (links)
– vor beschranktem BÜ

4 m

8 m

4 m

4 m

8 m

Z 340 Leitlinie

80 m

Z 153
(rechts)

8 m

1 m

Z 295 Fahrbahnbegrenzung

Fall:
Beschrankter BÜ (Lichtzeichen mit Halbschranken)
zulässige Höchstgeschwindigkeit v_{St} = 70 km / h
Lage außerorts

Bild 5.19 Beispiel zu Straßenverkehrszeichen und Markierungen vor BÜ   Quelle: Ril 815 DB AG

Verkehrsraum, der planmäßig durch Fahrzeuge, Radfahrer und Fußgänger eingenommen wird, und den darüber hinausgehenden Lichtraumbegrenzungen unterschieden (siehe Ril 815, Bild 10).

Beispiele für das Aufstellen von Andreaskreuzen und Lichtzeichen siehe nachstehend abgedruckten Auszug aus der Ril 815.

In bestimmten Fällen darf die Lichtraumumgrenzung eingeschränkt werden, ebenso sind verschiedene Einbauten (z. B. Verkehrszeichen) zulässig. Es ist zu beachten, dass die unterschiedlichen Lichtraumumgrenzungen innerorts und außerorts entscheidend für die seitlichen Abstände der Verkehrszeichen und -einrichtungen sowie der Straßensignale und Schranken sind. Es sei hier nochmals darauf hingewiesen, dass zum Schutz der Straßensignale vor Beschädigung durch Straßenfahrzeuge Schutzplanken eingebaut werden können. Diese sollen 75 cm über die Oberkante der befestigten Fläche reichen und dürfen bis auf 50 cm an den Verkehrsraum der Fahrbahnen herangesetzt werden.

Weitere Einzelheiten über die konstruktive Gestaltung der Schutzplanken sind unter Abschnitt 10.2 zu finden.

Zu Abschnitt 5.4.2

Siehe auch zu Abschnitt 5.4.1

VwV-StVO
zu § 41
Vorschriftzeichen

Zu Zeichen 201 Andreaskreuz

1 I. Die Andreaskreuze sind in der Regel möglichst nahe, aber nicht weniger als 2,25 m vor der äußeren Schiene aufzustellen.

2 II. Andreaskreuze sind am gleichen Pfosten wie Blinklichter oder Lichtzeichen anzubringen. Mit anderen Verkehrszeichen dürfen sie nicht kombiniert werden.

5.4.2 Andreaskreuz

VwV-StVO
zu § 41
Vorschriftzeichen

3 III. Wo in den Hafen- und Industriegebieten den Schienenbahnen Vorrang gewährt werden soll, müssen Andreaskreuze an allen Einfahrten angeordnet werden. Vorrang haben dann auch Schienenbahnen, die nicht auf besonderem Bahnkörper verlegt sind. Für Industriegebiete kommt eine solche Regelung nur in Betracht, wenn es sich um geschlossene Gebiete handelt, die als solche erkennbar sind und die nur über bestimmte Zufahrten erreicht werden können.

…

V. Straßenbahnen und die übrigen Schienenbahnen (Privatanschlussbahnen)

9 1. Über die Zustimmungsbedürftigkeit der Aufstellung und Entfernung von Andreaskreuzen vgl. Nummer III. zu § 45 Abs. 1 bis 1e; Rn. 3 ff. Außerdem sind, soweit die Aufsicht über die Bahnen nicht bei den obersten Landesbehörden liegt, die für die Aufsicht zuständigen Behörden zu beteiligen; sind die Bahnen Zubehör einer bergbaulichen Anlage, dann sind auch die obersten Bergbaubehörden zu beteiligen.

10 2. Der Vorrang darf nur gewährt werden, wenn eine solche Schienenbahn auf besonderem oder unabhängigem Bahnkörper verlegt ist, dies auch dann, wenn der besondere Bahnkörper innerhalb des Verkehrsraums einer öffentlichen Straße liegt. Eine Schienenbahn ist schon dann an einem Übergang auf besonderem Bahnkörper verlegt, wenn dieser an dem Übergang endet. Ein besonderer Bahnkörper setzt mindestens voraus, dass die Gleise durch ortsfeste, körperliche Hindernisse vom übrigen Verkehrsraum abgegrenzt und diese Hindernisse auffällig kenntlich gemacht sind; abtrennende Bordsteine müssen weiß sein.

11 VI. 1. Straßenbahnen auf besonderem oder unabhängigem Bahnkörper, der nicht innerhalb des Verkehrsraums einer öffentlichen Straße liegt, ist in der Regel durch Aufstellung von Andreaskreuzen der Vorrang zu geben. An solchen Bahnübergängen ist schon bei mäßigem Verkehr auf der querenden Straße oder wenn auf dieser Straße schneller als 50 km/h gefahren wird, die Anbringung einer straßenbahnabhängigen, in der Regel zweifarbigen Lichtzeichenanlage (vgl. § 37 Abs. 2 Nr. 3) oder von Schranken zu erwägen. Auch an solchen Bahnübergängen über Feld- und Waldwege sind Andreaskreuze dann erforderlich, wenn der Bahnübergang nicht ausreichend erkennbar ist; unzureichende Übersicht über die Bahnstrecke kann ebenfalls dazu Anlass geben.

12 2. a) Liegt der besondere oder unabhängige Bahnkörper innerhalb des Verkehrsraums einer Straße mit Vorfahrt oder verläuft er neben einer solchen Straße, bedarf es nur dann eines Andreaskreuzes, wenn der Schienenverkehr für den kreuzenden oder abbiegenden Fahrzeugführer nach dem optischen Eindruck nicht zweifelsfrei zu dem Verkehr auf der Straße mit Vorfahrt gehört. Unmittelbar vor dem besonderen Bahnkörper darf das Andreaskreuz nur dann aufgestellt werden, wenn so viel Stauraum vorhanden ist, dass ein vor dem Andreaskreuz wartendes Fahrzeug den Längsverkehr nicht stört. Wird an einer Kreuzung oder Einmündung der Verkehr durch Lichtzeichen geregelt, muss auch der Straßenbahnverkehr auf diese Weise geregelt werden, und das auch dann, wenn der Bahnkörper parallel zu einer Straße in deren unmittelbarer Nähe verläuft. Dann ist auch stets zu erwägen, ob der die Schienen kreuzende Abbiegeverkehr gleichfalls durch Lichtzeichen zu regeln oder durch gelbes Blinklicht mit dem Sinnbild einer Straßenbahn zu warnen ist.

13 b) Hat der gleichgerichtete Verkehr an einer Kreuzung oder Einmündung nicht die Vorfahrt, ist es nur in Ausnahmefällen möglich, der Straßenbahn Vorrang zu geben.

Deutsche Bahn
Ril 815

Ril 815 „Bahnübergangsanlagen planen und instandhalten" (Auszug)
(Ausgabe 2008)
…

5 Andreaskreuze aufstellen

Ausführung und Aufstellung von Andreaskreuzen

(1) Andreaskreuze müssen der Eisenbahn-Bau- und Betriebsordnung (EBO) Anlage 5, Bild 1 (Zeichen 201 nach StVO) entsprechen. Sie müssen, außer an Feld- und Waldwegen, vollflächig rückstrahlend ausgeführt werden.

Andreaskreuze sind außer in den in § 11 Abs. 3 Satz 3 EBO genannten Fällen an allen BÜ aufzustellen.

Hinweise:

Soweit Andreaskreuze nur für den Verkehr in einer abzweigenden Richtung gelten sollen, sind sie mit einem Zusatzzeichen nach StVO (Richtungspfeil) zu kennzeichnen.

Bei Gleisen mit Fahrleitung ist die Ausführung mit einem Blitzpfeil in der Mitte zu wählen.

Deutsche Bahn
Ril 815

Andreaskreuze anordnen

(2) Andreaskreuze müssen so angeordnet werden, dass sie für den Straßenverkehr auf ca. 50 m Entfernung zu erkennen sind. Lässt die Straßenführung oder -beschaffenheit nur eine geringere Geschwindigkeit als 50 km/h zu, darf diese Entfernung bis auf 20 m verringert werden.

Bei der Wahl des Standorts der Andreaskreuze sind die jeweiligen örtlichen Gegebenheiten zu berücksichtigen. Dabei sind alle möglichen Verkehrsbeziehungen am BÜ (z.B. Parallelstraßen zur Bahn) mit einzubeziehen.

Andreaskreuze sind beiderseits der Straße aufzustellen.

An einem BÜ können entsprechend der Örtlichkeit mehrere Andreaskreuze auf einer oder beiden Seiten des BÜ erforderlich werden.

Hinweis:

Beim Aufstellen mehrerer Andreaskreuze sind deren Einflüsse auf die Berechnung der Sicherung (Sperrstrecke d) zu berücksichtigen.

Andreaskreuze an Feld- und Waldwegen

(3) Bei Feld- und Waldwegen ist es zulässig, nur ein Andreaskreuz auf der rechten Straßenseite aufzustellen. Wenn die Sicht nicht ausreicht, darf das Andreaskreuz auch links aufgestellt werden.

Ankündigung von BÜ in Hafen- und Industriegebieten

(4) In Hafen- und Industriegebieten darf bei BÜ ohne technische Sicherung auf das Aufstellen von Andreaskreuzen verzichtet werden, wenn an den Einfahrten Andreaskreuze mit dem Zusatzschild „Hafengebiet, Schienenfahrzeuge haben Vorrang" oder „Industriegebiet, Schienenfahrzeuge haben Vorrang" angebracht sind (vgl. EBO § 11, Abs. 5).

Andreaskreuze an BÜ ohne technische Sicherung aufstellen

(5) Andreaskreuze sollen bei rechtwinkligen BÜ *ohne* technische Sicherungen beiderseits der Straße, in einem lichten Abstand von 3,0 m zur Mitte des jeweils äußeren Gleises, bei $v_{St} \leq 50$ km/h in einem lichten Abstand a ≥ 1,0 m vom Fahrbahnrand aufgestellt werden (vgl. Bilder 5 bis 7).

Bei rechtwinkligen BÜ *mit* technischer Sicherung, ohne Schranken, sollen Andreaskreuze beiderseits der Straße, in einem lichten Abstand von 3,0 m zur Mitte des jeweils äußeren Gleises, bei $v_{St} \leq 50$ km/h in einem lichten Abstand a ≥ 1,0 m, bei $50 < v_{St} \leq 70$ km/h in einem lichten Abstand a ≥ 1,25 m vom Fahrbahnrand entfernt aufgestellt werden (vgl. Bilder 5 bis 7), bei mehrspurigen Straßen ggf. auch zusätzlich über der Fahrbahn (vgl. Abs. 12).

Die für den Straßenverkehr freizuhaltenden Räume nach Richtlinie 815.0020, Tabelle 2 sind hierbei zu berücksichtigen.

Hinweise:

Der Abstand von 3,0 m von der Gleismitte entspricht dem Abstand von 2,25 m von der äußeren Schiene (vgl. VwV-StVO zu § 41 Vorschriftzeichen, zu Zeichen 201 Andreaskreuz).

Die Grenze des Regellichtraums verläuft in einem Abstand von 2,50 m von der Gleismitte, das entspricht einem Abstand von 1,75 m von der äußeren Schiene.

Andreaskreuze bei spitzem Kreuzungswinkel aufstellen

(6) Bei Fahrbahnbreiten b ≥ 5,50 m und spitzem Kreuzungswinkel soll das rechte Andreaskreuz, vom Schnittpunkt der Straßenmitte (Leitlinie, Fahrstreifenbegrenzung) mit der Grenze des Regellichtraums der Bahn ausgehend, rechtwinklig zur Straßenmitte angeordnet werden (vgl. Bild 5).

Wenn die Fahrbahnbreite weniger als b < 5,50 m beträgt, ist, statt von der Straßenmitte, von einer fiktiven Fahrstreifenbegrenzung von 3,00 m auszugehen (vgl. Bild 6).

Hinweise:

Eine Fahrstreifenbegrenzung (StVO Zeichen 295, 296) oder Leitlinie (StVO Zeichen 340) in Straßenmitte wird nicht aufgebracht, wenn die Straßenbreite kleiner als 5,50 m ist.

5.4.2 Andreaskreuz

Deutsche Bahn
Ril 815

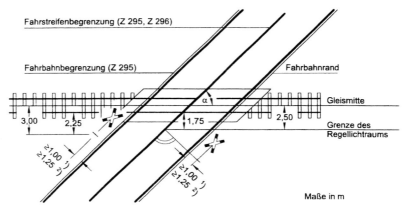

1) bei $v_{St} \leq 50$ km/h
2) bei technischen Sicherungen und $50 < v_{St} \leq 70$ km/h

Bild 5 Andreaskreuze bei spitzem Kreuzungswinkel mit Fahrstreifenbegrenzung oder Leitlinie bei Straßenbreite b ≥ 5,50 m anordnen

Fahrbahnbegrenzungen (StVO Zeichen 295) werden auch auf Fahrbahnen unter 5,50 m Breite aufgebracht.

Andreaskreuze bei stumpfem Kreuzungswinkel aufstellen

(7) Bei stumpfem Kreuzungswinkel sind die Andreaskreuze mindestens im Abstand von 2,25 m von der äußeren Schiene anzuordnen (vgl. Bild 7).

Dicht hintereinander liegende BÜ kennzeichnen

(8) Liegen im Zuge einer Straße zwei BÜ so dicht hintereinander, dass die Aufstelllänge für das gefahrfreie Anhalten von Straßenfahrzeugen zwischen den Gleisen nicht ausreicht, sind zwischen den BÜ keine Andreaskreuze anzubringen, die übrigen Andreaskreuze jedoch mit dem Zusatzschild „2 Bahnübergänge" zu versehen (vgl. Bild 8).

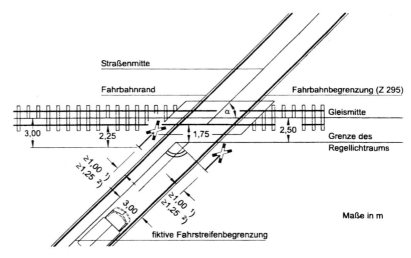

1) bei $v_{St} \leq 50$ km/h
2) bei technischen Sicherungen und $50 < v_{St} \leq 70$ km/h

Bild 6 Andreaskreuze bei spitzem Kreuzungswinkel und Straßenbreite b < 5,50 m anordnen

5.4.2 Andreaskreuz

Deutsche Bahn
Ril 815

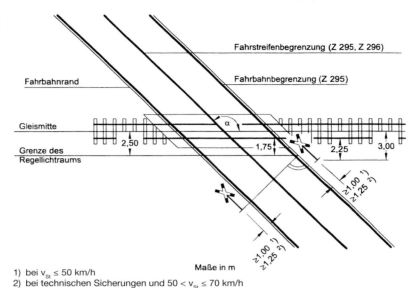

1) bei $v_{St} \leq 50$ km/h
2) bei technischen Sicherungen und $50 < v_{St} \leq 70$ km/h

Maße in m

Bild 7 Andreaskreuze bei stumpfem Kreuzungswinkel mit oder ohne Fahrstreifenbegrenzung oder Leitlinie anordnen

Hinweis:

Als Aufstelllänge wird die Fahrzeuglänge l_{St} mit einem Sicherheitszuschlag von 5,00 m angenommen (vgl. Ril 815.0020, Abschn. 1. Abs. 2).

Die Zusatzzeichen dürfen auch über dem Andreaskreuz angeordnet werden, wenn die Auffälligkeit damit verbessert wird.

Schutzbügel an Andreaskreuzen anbringen

(9) Wenn Fuß- und/oder Radwege neben Straßen liegen und deswegen Andreaskreuze aufgestellt sind, ist im Einzelfall zu prüfen, ob an diesen Andreaskreuzen unten Schutzbügel anzubringen sind.

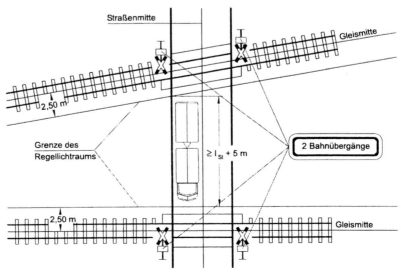

Bild 8 Zwei dicht hintereinander liegende BÜ kennzeichnen

5.4.2 Andreaskreuz

Deutsche Bahn
Ril 815

Privatübergänge kennzeichnen

(10) Privatübergänge ohne öffentlichen Verkehr müssen beiderseits der Bahn durch Schilder nach Bild 9 gekennzeichnet werden (vgl. 815.0010, Abschn. 3, Abs. 8).

Bestehende Schilder mit ähnlichen Aufschriften dürfen verbleiben.

Bild 9 Schild an Privatübergängen

Andreaskreuze an BÜ mit technischer Sicherung anordnen

(11) An BÜ mit Lichtzeichen oder Blinklichtern mit oder ohne Schranken oder Halbschranken sollen Andreaskreuze am Signalmast, unter Einhaltung der lichten Räume und Sicherheitsräume für den Straßenverkehr nach Richtlinie 815.0020, Tabelle 2, stehend angebracht werden (vgl. Bild 10).

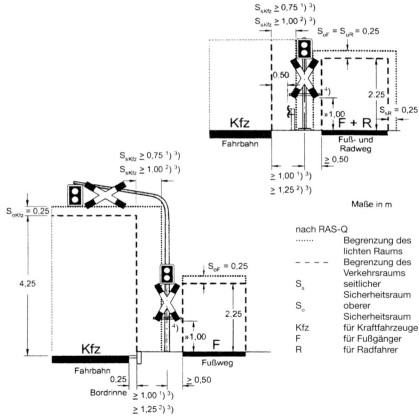

1) Maß gilt für $v_{St} \leq 50$ km/h
2) Maß gilt für $50 < v_{St} \leq 70$ km/h
3) Unterschreitung um 0,25 m zulässig neben Hochborden oder befestigten Seitenstreifen
4) Schützbügel bei Bedarf

Die Maße gelten nur für Lichtzeichen mit Durchmesser 200 mm

Bild 10 Andreaskreuze bei BÜ mit technischen Sicherungen anordnen

5.4.2 Andreaskreuz

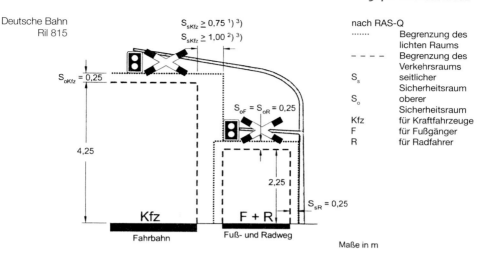

1) Maß gilt für $v_{St} \leq 50$ km/h
2) Maß gilt für $50 < v_{St} \leq 70$ km/h
3) Unterschreitung um 0,25 m zulässig neben Hochborden oder befestigten Seitenstreifen

Bild 11 Beispiel für das Anbringen von Andreaskreuzen an Peitschenmasten über den Verkehrsräumen

Andreaskreuze bei technischer Sicherung und beengten Verhältnissen anbringen

(12) Bei beengten Verhältnissen darf das Andreaskreuz neben oder über dem Lichtzeichen oder Blinklicht, das der BÜ-Sicherung dient, über den Verkehrsräumen an Peitschenmasten oder Auslegern, um 100 gon (90°) gedreht (liegend), angebracht werden (vgl. Bild 11).

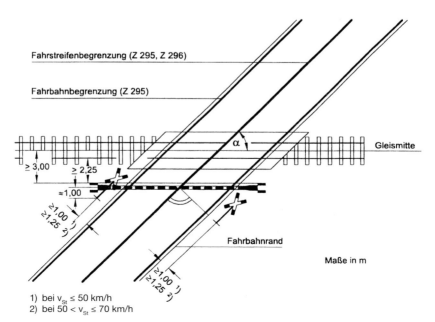

1) bei $v_{St} \leq 50$ km/h
2) bei $50 < v_{St} \leq 70$ km/h

Bild 12 Andreaskreuze bei spitzem Kreuzungswinkel und parallel zum Gleis angeordneten Schranken aufstellen

5.4.2 Andreaskreuz

Deutsche Bahn
Ril 815

Andreaskreuze bei spitzwinkligen Kreuzungen mit gleisparallelen Schranken anbringen

(13) Bei zum Gleis parallelen Schranken an spitzwinkligen Kreuzungen soll das rechte Andreaskreuz, vom Schnittpunkt der Schrankenachse mit der Straßenmitte ausgehend, rechtwinklig zur Straßenmitte bei $v_{St} \leq 50$ km/h in einem Abstand a $\geq 1,0$ m, bei $50 < v_{St} \leq 70$ km/h in a $\geq 1,25$ m vom Fahrbahnrand aufgestellt werden.

Die für den Straßenverkehr freizuhaltenden Räume nach Richtlinie 815.0020, Tabelle 2 sind hierbei zu berücksichtigen.

Das linke Andreaskreuz soll in ca. 1,0 m Abstand von der Mitte des Schrankenantriebs (gemessen senkrecht zur Schranke) aufgestellt werden (vgl. Bild 12).

Andreaskreuze bei stumpfwinkligen Kreuzungen mit gleisparallelen Schranken anbringen

(14) Bei zum Gleis parallelen Schranken an stumpfwinkligen Kreuzungen soll das rechte Andreaskreuz in ca. 1,0 m Abstand von der Mitte des Schrankenantriebs angeordnet werden.

Andreaskreuze bei rechtwinklig zur Straßenachse angeordneten Schranken anbringen

(15) Bei rechtwinklig zur Straßenachse angeordneten Schranken und bei Halbschranken soll das rechte Andreaskreuz in ca. 1,0 m Abstand zum Schrankenantrieb und das linke gegenüberliegend aufgestellt werden.

Können die Maste der Straßensignale, z.B. wegen parallel geführter Fuß- und Radwege, nicht im Regelabstand vom Verkehrsraum der Straße aufgestellt werden, dürfen die Signalgeber und Andreaskreuze (liegend) an einem Peitschenmast nach Bild 11 angebracht werden.

Hinweise:

Es können auch mehrere Signalgeber an einem Mast angeordnet werden, wobei ein Signalgeber auf den (entfernteren) Annäherungsbereich, der andere Signalgeber auf den Nahbereich (Wartebereich) ausgerichtet werden kann. In diesem Fall darf der Abstand vom Verkehrsraum bis etwa 2,50 m betragen.

Die Haltlinie (Z 294) darf nicht in die als Begrenzung der Sperrstrecke gedachte Linie hinein ragen (vgl. hierzu Ril 815.0032, Anhang 1, S. 101).

5.4.3 Technische Sicherungen (Lichtzeichen, Blinklichter, Schranken)

Durch technische Sicherungen (Lichtzeichen, Blinklichter, Schranken) wird der Vorrang der Eisenbahnfahrzeuge gegenüber dem Straßenverkehr konkret verdeutlicht, indem das Herannahen des Zuges angezeigt und in ein Haltgebot umgesetzt wird (Lichtzeichen, Blinklichter) sowie ggf. der Zugang zum Bahnkörper physikalisch erschwert (Halbschranken) oder unmöglich gemacht wird (Vollschranken).

Bild 5.21 Andreaskreuz mit Lichtzeichen

Die althergebrachte Form des warnenden Haltgebots an Bahnübergängen ist das rote Blinklicht. Es wurde lange Zeit beibehalten, um durch den Unterschied zu normalen Lichtsignalanlagen die besondere Gefährdung auszudrücken. Da sich jedoch in der Bevölkerung zunehmend eine andere Interpretation verbreitete, nämlich die, das rote Blinklicht sei im Gegensatz zum Dauerlicht nur eine Warnung und kein Haltgebot, wird nunmehr auch bei Bahnübergängen das nicht blinkende rote Licht verwendet, das einige Sekunden mit gelbem Licht angekündigt wird (Lichtzeichenanlagen). Neue Anlagen werden ausschließlich als Lichtzeichenanlagen erstellt. Alte Anlagen können noch weiter als Blinklichtanlagen betrieben werden, sollten jedoch bei Erneuerungen oder größeren Änderungen auf Lichtzeichenanlagen umgerüstet werden (siehe Ril 815).

Durch Halbschranken und Schranken wird das Haltgebot auch physikalisch durchgesetzt. Dabei haben Halbschranken, also Schranken nur für die auf den Bahnübergang zuführenden Fahrstreifen, den Vorteil, dass der Bahnübergangsbereich ohne Weiteres verlassen werden kann, auch wenn die Schranken geschlossen sind. Dadurch kann das Schließen der Halbschranken vollautomatisch nach einer gewissen Vorankündigung mit Lichtzeichen erfolgen. Die nicht vollständige Absperrung wird aber gelegentlich von Straßenverkehrsteilnehmern missbraucht, um den Bahnübergang in Slalomfahrt auch bei geschlossenen Schranken zu queren, was immer wieder zu schweren Unfällen führt. Vollschranken, also Schranken über die gesamte Straßenbreite (*Bild 5.20*), werden erst vollständig geschlossen, wenn der Bahnübergangsbereich vollständig geräumt ist. Das bedingt, dass die Schranke manuell bedient werden muss und der Bediener direkte oder indirekte (Videoanlage) Sicht auf den Bahnübergang hat, oder dass aufwendige Freimeldeanlagen notwendig sind.

Innerorts sind besondere Überlegungen notwendig, um auch den Fußgängerverkehr ausreichend abzusichern.

Wenig benutzte Bahnübergänge können auch mit Anrufschranken gesichert werden. Diese sind in der Grundstellung geschlossen und werden nur auf Anforderung des Straßenbenutzers (mittels Klingel- oder Sprechanlage) geöffnet.

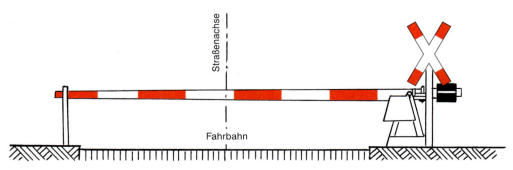

Bild 5.20 Schranken zum Sperren der gesamten Fahrbahnbreite

5.4.3 Technische Sicherungen (Lichtzeichen, Blinklichter, Schranken)

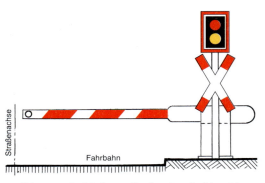

Trotz ihrer optischen Ähnlichkeit sind Bahnübergangs-Sicherungsanlagen Eisenbahnsignalanlagen mit vielfältigen Überwachungsschaltungen und daher in Beschaffung wie in Betrieb aufwendiger als normale Lichtsignalanlagen.

Lichtzeichen müssen der Anlage 5 zu § 11 EBO entsprechen. Sie müssen zuerst „Gelb" und nach der Gelbzeit „Rot" zeigen. Sie sind mit dem Andreaskreuz kombiniert aufzustellen (siehe *Bild 5.21*). Bei mehrgleisigen Strecken dürfen Lichtzeichen nur in Verbindung mit Schranken oder Halbschranken verwendet werden (siehe *Bild 5.22*).

Bild 5.22 Beispiel einer Halbschranke mit Lichtzeichen

Zu Abschnitt 5.4.3

Siehe auch zu Abschnitt 5.4.2

VwV-StVO
zu § 37
Wechsellichtzeichen,
Dauerlichtzeichen
und Grünpfeil

Zu Nummer 3

39 Die Farbfolge Gelb-Rot darf lediglich dort verwendet werden, wo Lichtzeichenanlagen nur in größeren zeitlichen Abständen in Betrieb gesetzt werden müssen, z. B. an Bahnübergängen, an Ausfahrten aus Feuerwehr- und Straßenbahnhallen und Kasernen. Diese Farbfolge empfiehlt sich häufig auch an Wendeschleifen von Straßenbahnen und Oberleitungsomnibussen. Auch an Haltebuchten von Oberleitungsomnibussen und anderen Linienomnibussen ist ihre Anbringung zu erwägen, wenn auf der Straße starker Verkehr herrscht. Sie oder Lichtzeichenanlagen mit drei Farben sollten in der Regel da nicht fehlen, wo Straßenbahnen in eine andere Straße abbiegen.

VwV-StVO
zu § 41
Vorschriftzeichen

Zu Zeichen 201 Andreaskreuz

IV. Weitere Sicherung von Übergängen von Schienenbahnen mit Vorrang

4 1. Wegen der ständig zunehmenden Verkehrsdichte auf den Straßen ist die technische Sicherung der bisher nicht so gesicherten Bahnübergänge anzustreben. Besonders ist darauf zu achten, ob Bahnübergänge infolge Zunahme der Verkehrsstärke einer technischen Sicherung bedürfen. Anregungen sind der höheren Verwaltungsbehörde vorzulegen.

5.4.4 Annäherungsbereich auf der Straße

StVO Anlage 1 Allgemeine und Besondere Gefahrzeichen (zu § 40 Absatz 6 und 7)

Abschnitt 2 Besondere Gefahrzeichen vor Übergängen von Schienenbahnen mit Vorrang (zu § 40 Absatz 7)

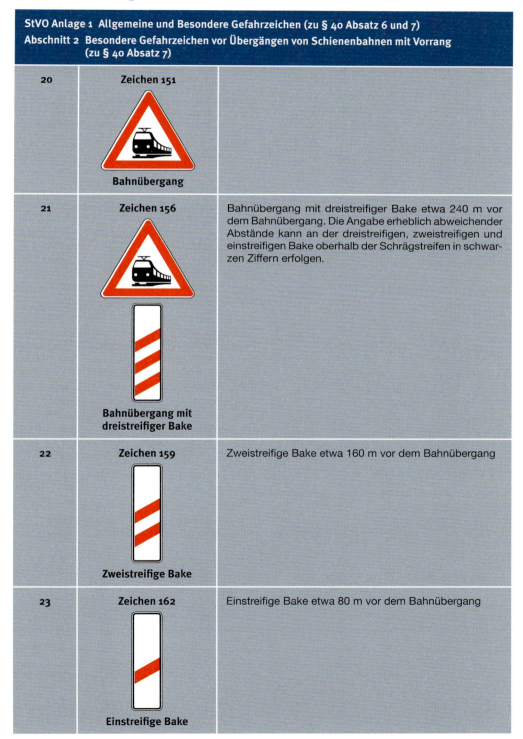

20	**Zeichen 151** Bahnübergang	
21	**Zeichen 156** Bahnübergang mit dreistreifiger Bake	Bahnübergang mit dreistreifiger Bake etwa 240 m vor dem Bahnübergang. Die Angabe erheblich abweichender Abstände kann an der dreistreifigen, zweistreifigen und einstreifigen Bake oberhalb der Schrägstreifen in schwarzen Ziffern erfolgen.
22	**Zeichen 159** Zweistreifige Bake	Zweistreifige Bake etwa 160 m vor dem Bahnübergang
23	**Zeichen 162** Einstreifige Bake	Einstreifige Bake etwa 80 m vor dem Bahnübergang

5.4.4 Annäherungsbereich auf der Straße

Der Straßenverkehr wird vor einem Bahnübergang in der Regel durch Gefahrzeichen (Zeichen 151) und drei Bakenreihen gewarnt.

Dabei stehen die dreistreifigen Baken mit den Gefahrzeichen 240 m, die zweistreifigen Baken 160 m und die einstreifigen Baken 80 m vom Andreaskreuz entfernt beiderseits der Straße (*Bild 5.23*). Die Streifen der Baken sind zur Fahrbahn hingeneigt. Müssen bedingt durch die örtlichen Verhältnisse die Baken in erheblich anderen Abständen aufgestellt werden, so ist der Abstand in Metern oberhalb der Schrägstreifen in schwarzen Ziffern, auf 10 m abgerundet, anzugeben (z. B. 100 m; *Bild 5.24*).

Auf die Baken kann allenfalls verzichtet werden

– innerorts, wenn der Bahnübergang gut erkennbar ist und nicht schneller als 50 km/h gefahren werden darf;
– außerorts ausnahmsweise auf Straßen mit geringer Verkehrsbedeutung, auf denen sehr langsam gefahren wird, vor Bahnübergängen, die rechtzeitig erkennbar sind.

Dann wird die Entfernung vom Gefahrzeichen bis zum Bahnübergang durch ein Zusatzzeichen angegeben.

Die StVO unterscheidet seit ihrer Änderung 2009 nicht mehr zwischen Warnzeichen vor beschrankten und unbeschrankten Bahnübergängen. Mit Zeichen 151, der bisherigen Warnung vor unbeschrankten Bahnübergängen, wird nunmehr vor allen Bahnübergängen gewarnt. Das bisherige Z 150 „Beschrankter Bahnübergang" bleibt aber noch bis zum 31.10.2022 gültig.

Ebenso entfallen ist zu diesem Zeitpunkt die Vorschrift, dass Lastkraftwagen mit einem zulässigen Gesamtgewicht von über 7,5 t und Züge bei Halt zeigendem Signal schon bei der ersten Bake

Bild 5.24 Baken, die in erheblich anderen Abständen als 240 m, 160 m und 80 m vom BÜ aufgestellt sind, hier 100 m statt 160 m

warten müssen, damit der schnellere Verkehr an Ihnen vorbeifahren und vor ihnen warten kann.

Neu eingeführt wurde mit der StVO-Änderung 2009 die Vorschrift, dass das Überholen von Kraftfahrzeugen im Bahnübergangsbereich (in der Regel vom Warnzeichen/der dreistreifigen Bake bis zur Kreuzung selbst) verboten ist. Es ist daher nicht mehr nötig, das Überholen durch Zeichen 276 oder durch Zeichen 295 zu unterbinden. Bestehende Anordnungen solcher Zeichen können aufgehoben werden.

Vor Bahnübergängen, die ausnahmsweise durch Übersicht oder durch hörbare Signale der Eisenbahnfahrzeuge, also nicht technisch gesichert sind (keine Schranken, keine Halbschranken, kein Blinklicht, kein Lichtzeichen), kann es erforderlich sein, eine zulässige Höchstgeschwindigkeit vorzuschreiben, um den rechnerischen Nachweis dieser Sicherungsarten zu ermöglichen. Zeichen 274 ist dann auf den ein- und zweistreifigen Baken anzubringen (VwV-StVO zu Zeichen 201).

Durch geeignete Fahrbahnmarkierungen vor BÜ kann die Sicherheit des Verkehrs erhöht werden.

Für Gefahrzeichen und Baken sollen stets stark retroreflektierende Folien vom Typ 2 verwendet

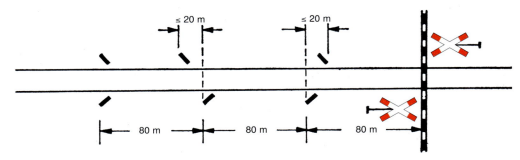

Bild 5.23 Baken, die nicht gegenüber aufstellbar sind: Abweichung bis zu 20 m ohne Aufschrift möglich

5.4.4 Annäherungsbereich auf der Straße

werden. Bei hell erleuchtetem Umfeld und vielen Lichtquellen ist zu prüfen, ob Folien vom Typ 3 erforderlich sind.

Anmerkung für BÜ, bei denen die Schienenbahnen nicht den Vorrang besitzen:

Vor Bahnübergängen, bei denen die Schienenbahn nicht den Vorrang hat, also Andreaskreuze nicht aufgestellt sind, soll Zeichen 101 mit einem Zusatzschild, welches das Sinnbild einer Lok zeigt (Zz 1048-18), ausnahmsweise nur dann aufgestellt werden, wenn es im Interesse des Straßenverkehrs erforderlich erscheint, die Verkehrsteilnehmer zu warnen, also z. B. dann, wenn die Sichtverhältnisse schlecht sind oder der Übergang häufig von Zügen befahren wird (siehe auch Abschnitt 6.3.5 „Unebene Fahrbahn" (Zeichen 112)).

Zu Abschnitt 5.4.4

StVO
§ 19
Bahnübergänge

(1) Schienenfahrzeuge haben Vorrang

1. auf Bahnübergängen mit Andreaskreuz (Zeichen 201),
2. auf Bahnübergängen über Fuß-, Feld-, Wald- oder Radwege und
3. in Hafen- und Industriegebieten, wenn an den Einfahrten das Andreaskreuz mit dem Zusatzzeichen „Hafengebiet, Schienenfahrzeuge haben Vorrang" oder „Industriegebiet, Schienenfahrzeuge haben Vorrang" steht.

Der Straßenverkehr darf sich solchen Bahnübergängen nur mit mäßiger Geschwindigkeit nähern. Wer ein Fahrzeug führt, darf an Bahnübergängen vom Zeichen 151, 156 an bis einschließlich des Kreuzungsbereichs von Schiene und Straße Kraftfahrzeuge nicht überholen.

VwV-StVO
zu § 37
Wechsellichtzeichen,
Dauerlichtzeichen
und Grünpfeil

Zu Absatz 2

6 IV. Die Haltlinie (Zeichen 294) sollte nur so weit vor der Lichtzeichenanlage angebracht werden, dass die Lichtzeichen aus einem vor ihr wartenden Personenkraftwagen noch ohne Schwierigkeit beobachtet werden können (vgl. aber Nr. III 3 zu § 25; Rn. 5). Befindet sich z. B. die Unterkante des grünen Lichtzeichens 2,10 m über einem Gehweg, so sollte der Abstand zur Haltlinie 3,50 m betragen, jedenfalls über 2,50 m. Sind die Lichtzeichen wesentlich höher angebracht oder muss die Haltlinie in geringerem Abstand markiert werden, so empfiehlt es sich, die Lichtzeichen verkleinert weiter unten am gleichen Pfosten zu wiederholen.

VwV-StVO
zu § 40
Gefahrzeichen

Zu den Zeichen 151 bis 162 Bahnübergang

1 I. Die Zeichen sind außerhalb geschlossener Ortschaften in der Regel für beide Straßenseiten anzuordnen.

2 II. In der Regel sind die Zeichen 156 bis 162 anzuordnen. Selbst auf Straßen von geringer Verkehrsbedeutung genügt das Zeichen 151 allein nicht, wenn dort schnell gefahren wird oder wenn der Bahnübergang zu spät zu erkennen ist.

3 Innerhalb geschlossener Ortschaften genügt das Zeichen 151, wenn nicht schneller als 50 km/h gefahren werden darf und der Bahnübergang gut erkennbar ist.

VwV-StVO
zu § 41
Vorschriftzeichen

Zu Zeichen 201 Andreaskreuz

5 2. Auf die Schaffung ausreichender Sichtflächen an Bahnübergängen ohne technische Sicherung ist hinzuwirken. Wo solche Übersicht fehlt, ist die zulässige Höchstgeschwindigkeit vor dem Bahnübergang angemessen zu beschränken. Das Zeichen 274 ist über den ein- oder zweistreifigen Baken (Zeichen 159 und 162) anzubringen.

6 3. Dort, wo Längsmarkierungen angebracht sind, empfiehlt es sich, auch eine Haltlinie (Zeichen 294), in der Regel in Höhe des Andreaskreuzes zu markieren. Zur Anordnung einer einseitigen Fahrstreifenbegrenzung (Zeichen 296) vgl. zu § 19 Abs. 1.

7 4. Vgl. auch zu den Zeichen 151 bis 162.

8 5. Bevor ein Verkehrszeichen oder eine Markierung angeordnet oder entfernt wird, ist der Betreiber des Schienennetzes zu hören.

5.4.5 Abstimmung mit nahegelegenen Straßen-Knotenpunkten (BÜSTRA)

Es ist Sorge dafür zu tragen, dass auf Bahnübergängen kein Rückstau, z. B. durch benachbarte Straßen-Knotenpunkte entsteht.

Kann die Vorfahrt des benachbarten Knotenpunktes nicht so geregelt werden, dass alle Verkehrsströme, die vom Bahnübergang auf den Knotenpunkt zuströmen, Vorfahrt haben (auch für alle Abbiegeströme), so ist eine Lichtsignalanlage anzuordnen, die bei einem herannahenden Zug sicherstellt, dass sich ein eventueller Rückstau auf dem Bahnübergang rechtzeitig auflöst (sogenannte BÜSTRA-Anlage). Einzelheiten sind im nachstehend abgedruckten Erlass des für den Verkehr zuständigen Bundesministeriums, BMV-StV 4/36.42.37-01 vom 17. Juli 1972 geregelt. Ein einfaches Beispiel für eine solche Anlage zeigt *Bild 5.25*.

Wenn die im Bereich des Straßenverkehrs zu schaltenden Aufgaben nicht zu aufwendig sind, können sie inzwischen auch in die Bahnübergangsanlage integriert werden. *Bild 5.26* zeigt als Beispiel eine solche Anlage, bei der Fußgängerquerungsanlagen im Bahnübergangsbereich in die Bahnübergangsanlage integriert wurden.

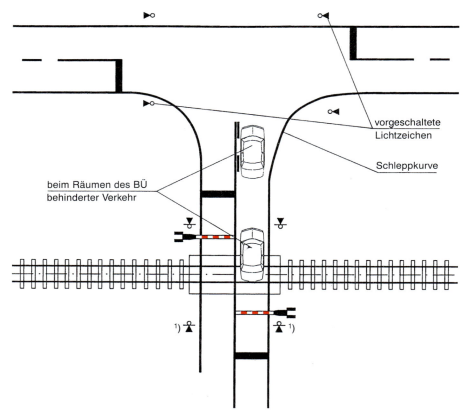

vorgeschaltete Lichtzeichen

Schleppkurve

beim Räumen des BÜ behinderter Verkehr

1) können in bestimmten Fällen gemeinsam mit den vLz angeschaltet werden

Bild 5.25 Beispiel für das Anordnen vorgeschalteter Lichtzeichen (vLz). Sie dürfen nur bei Lichtzeichen, nicht jedoch bei Blinklichtern verwendet werden und dürfen nur Gelb und Rot anzeigen; Grün ist nicht zugelassen
Quelle: nach Ril 815 DB AG

5.4.5 Abstimmung mit nahegelegenen Straßen-Knotenpunkten

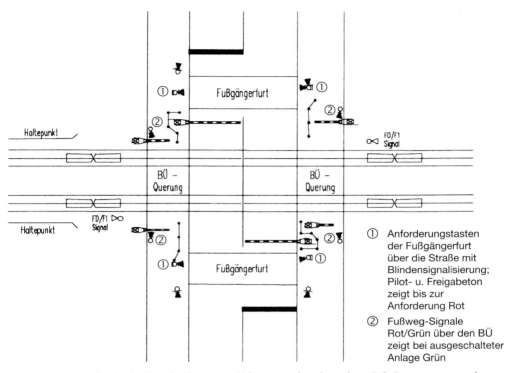

Bild 5.26 Beispiel für eine in die Bahnübergangs-Sicherungsanlage integrierte Fußgängerquerungsanlage
Quelle: signal+draht 2003

Zu Abschnitt 5.4.5

BMV – StV
4/36.42.37-01
17. Juli 1972

Richtlinien über Abhängigkeiten zwischen der technischen Sicherung von Bahn-übergängen und der Verkehrsregelung an benachbarten Straßenkreuzungen und -einmündungen (BÜSTRA)

BMV-StV 4/36.42.37-01 vom 17. Juli 1972 unter Berücksichtigung der Änderungen vom 19. Januar 1977 (VkBl. 1977 S. 90) und vom 13. Januar 1984 (VkBl. 1984 S. 38)

1. Geltungsbereich

1.1 Liegen Kreuzungen so nahe an Bahnübergängen, dass das Sichern des BÜ oder die Verkehrsabwicklung an der Kreuzung bei gesperrtem BÜ beeinträchtigt wird, dass ein von der Kreuzung ausgehender Rückstau auf den BÜ nicht ausgeschlossen werden kann, so sind die Regelungen des Straßenverkehrs und die der BÜ-Sicherung aufeinander abzustimmen.

1.2 Dem Aufbau und der Abhängigkeit zwischen den technischen Einrichtungen zur Verkehrsregelung und der BÜ-Sicherung sind diese Richtlinien zu Grunde zu legen.

1.3 Sie sind anzuwenden beim Bau neuer Lichtzeichen- oder Kreuzungsanlagen sowie bei wesentlichen Umbauten oder Änderungen bestehender Anlagen. Sie gelten für alle BÜ der DB und nach Einführung durch die zuständigen Landesbehörden auch für die BÜ der NE.

2. Zweck der Abhängigkeiten

Die in den Abschnitten 3 und 4 beschriebenen Maßnahmen sollen den Straßenverkehr zum BÜ frühzeitig unterbrechen, so dass die jeweilige BÜ-Sicherung ohne Behinderung des Schienenverkehrs wirksam werden kann. Müssen Eisenbahnfahrzeuge jedoch vor dem BÜ

307

5.4.5 Abstimmung mit nahegelegenen Straßen-Knotenpunkten

BMV-Erlass
vom 17.7.1972

anhalten und wird die Beeinflussung von Hand betätigt, so ist die für den Straßenverkehr günstigste Schaltung zu wählen.

Ein Rückstau auf den BÜ und die Kreuzung soll vermieden werden. Sollte sich dennoch ein Rückstau auf dem BÜ bilden, so muss das rechtzeitige Räumen des BÜ erreicht werden können.

3. Maßnahmen am Bahnübergang

3.1 Art der technischen Sicherung

Für die Art der technischen BÜ-Sicherung (Schranken oder Lichtzeichen, Letztere auch in Verbindung mit Halbschranken) und ihre konstruktive Ausbildung gelten die Vorschriften der EBO, ESBO, BOA und die ergänzenden Bestimmungen der DB sowie der NE. Blinklichter mit oder ohne Halbschranken sollen hierbei nicht mehr verwendet werden.

Alle Einrichtungen, die für die Sicherung des BÜ unmittelbar benutzt werden, sind Bestandteil der technischen BÜ-Sicherung; dies gilt auch für die Lichtzeichen am BÜ, die in wenigstens ein Lichtzeichenprogramm zur Verkehrsregelung an der Kreuzung einbezogen sind.

Die den BÜ sichernden sowie die zum rechtzeitigen Räumen des BÜ von zurückgestauten Fahrzeugen vorgesehenen LZG müssen auf der anderen Fahrbahnseite oder über der Fahrbahn wiederholt werden.

3.2 Zeitkonstante des BÜ

Bei abhängigen Anlagen setzt sich der jeweilige Gesamt-Zeitbedarf für die Beeinflussung des Straßenverkehrs und das Sichern des BÜ (= Zeitkonstante t_k) aus zwei Teilzeiten zusammen ($t_k = t_{k1} + t_{k2}$);

diese sind

t_{k1} = Zeitbedarf für die Beeinflussung des Straßenverkehrs, um das Sichern des BÜ (Zeitbedarf t_{k2}) zu ermöglichen (vgl. 4.2).

t_{k2} = Zeitbedarf für das Sichern des BÜ, wenn keine benachbarte Kreuzung den Verkehrsablauf beeinflussen würde.

Die Teilzeit t_{k1} ist von der Straßenverkehrsbehörde, die Teilzeit t_{k2} von der Bahnverwaltung zu ermitteln.

3.3 Signalabhängigkeit

Zur Erhöhung der Sicherheit sind in der Regel die den BÜ schützenden Eisenbahnsignale (z.B. Hauptsignale, Überwachungssignale) und die BÜ-Sicherungseinrichtungen voneinander abhängig zu schalten. Im Rahmen der technischen Möglichkeiten ist sicherzustellen, dass das Eisenbahnfahrzeug bei Ausfall der BÜ-Sicherungseinrichtung rechtzeitig vor dem BÜ zum Halten gebracht werden kann.

4. Maßnahmen an Straßenkreuzungen und -einmündungen

4.1 Art der Einrichtungen zur Verkehrsregelung

Für die Verkehrsregelung an der Kreuzung gelten die Vorschriften der StVO und der VwV-StVO.

Alle Einrichtungen für die Abhängigkeit mit der BÜ-Sicherung (einschl. der Schaltung und Energieversorgung für die Notsignalisierung nach 4.8.2) müssen den Sicherheitsanforderungen der Bahnverwaltung entsprechen.

4.2 Zeitbedarf für die Beeinflussung des Straßenverkehrs

Bei der Ermittlung des Zeitbedarfs für die Beeinflussung des Straßenverkehrs (t_{k1} nach 3.2) ist zu beachten, dass die Teilzeit t_{k1} im Augenblick der Beeinflussung des LZA beginnt; sie endet, sobald mit der Sicherung des BÜ begonnen werden kann.

Die erforderlichen Mindestgrünzeiten und Zwischenzeiten sowie gewisse Verzögerungen für das Räumen des BÜ bei Behinderungen durch Abbieger an der Kreuzung sind zu berücksichtigen. Hierbei ist von einer Beeinflussung in demjenigen Signalisierungszustand auszugehen, der den größten Zeitbedarf bis zum Beginn der Vollbeeinflussung (siehe 4.3) erfordert. Bei Berechnung des größten Zeitbedarfs kann es sich empfehlen, in besonderen Fällen (z.B. grüne Wellen) auch die Verhältnisse des Straßenverkehrs verstärkt zu berücksichtigen, sofern dem nicht überwiegende Interessen des Eisenbahnverkehrs entgegenstehen.

5.4.5 Abstimmung mit nahegelegenen Straßen-Knotenpunkten

BMV-Erlass
vom 17.7.1972

4.3 Vollbeeinflussung

Vor einer Zugfahrt werden alle LZG so geschaltet, dass das zügige Räumen des BÜ sichergestellt ist und die Zufahrten zum BÜ gesperrt werden.

4.4 Teilbeeinflussung

Wenn es zum Verbessern der Verkehrsabwicklung an der Kreuzung geboten erscheint, soll nach dem Räumen des BÜ der Straßenverkehr, der den BÜ nicht kreuzt, mit besonderem Lichtzeichenprogramm geregelt werden. Das ist nur möglich, wenn der BÜ durch Schranken gesichert ist oder der Verkehr, der den BÜ kreuzen würde, durch Lichtzeichen – im Allgemeinen mit Pfeilen – besonders geregelt wird.

4.5 Aufhebung der Beeinflussung

Mit Aufheben der Sperrung des BÜ ist die Voll- oder Teilbeeinflussung aufzuheben.

4.6 Nachbeeinflussung

Wo es die Verkehrsverhältnisse erfordern, kann nach Aufheben der Sperrung des BÜ die erste Grün-Phase derjenigen Verkehrsrichtung zugeteilt und auch verlängert werden, die durch die Sperrung des BÜ am meisten behindert war.

4.7 Zeiten geringen Straßenverkehrs

Das Ausschalten der LZA in Zeiten geringen Straßenverkehrs ist nur zulässig, wenn die LZA beim Verkehren von Schienenfahrzeugen die Sicherung des BÜ wieder übernimmt. Bei ausgeschalteter LZA ist gelbes Blinklicht an den Zufahrten zum BÜ nicht zulässig.

4.8 Maßnahmen bei Ausfall der Lichtzeichenanlage

4.8.1 Wo es die Verkehrsverhältnisse zulassen, soll den über den BÜ führenden Straßen die Vorfahrt gegenüber den anderen Straßen gegeben werden. Dies hat den Vorteil, dass sich bei Ausfall der LZA in der Regel kein Rückstau über den BÜ bilden kann. Ist jedoch auf der vorfahrtberechtigten Straße mit häufigem Linksabbiegeverkehr, der nicht verboten werden kann, und hierdurch bedingtem Rückstau über den BÜ zu rechnen, dann sind die gleichen Maßnahmen zu treffen wie bei fehlender Vorfahrt für diese Verkehrsrichtung (siehe 4.8.2).

4.8.2 Hat die über den BÜ führende Straße keine Vorfahrt, so muss bei Ausfall der LZA eine „Notsignalisierung" an der Kreuzung wirksam sein.

Die LZA der „Notsignalisierung" sind, wie unter 4.3 (Vollbeeinflussung) angegeben, zu schalten.

4.8.3 Farbsprünge entgegen der allgemein gültigen Lichtzeichenfolge, auch von Grün auf Rot, sowie Verkürzungen der Mindestgrünzeiten oder Verlängerungen von Gelb- oder Rot/Gelb-Zeiten über die übliche Dauer hinaus dürfen nur in Notfällen in Kauf genommen werden, insbesondere wenn die Lichtzeichenanlage zu einem Zeitpunkt ausfällt, in dem das Eisenbahnfahrzeug nicht mehr rechtzeitig vor dem BÜ angehalten werden kann.

4.8.4 An Eisenbahnstrecken mit schwachem Güterverkehr darf bei Handeinschaltung nach dem Anhalten der Eisenbahnfahrzeuge vor dem BÜ auf eine Notsignalisierung entsprechend 4.8.2 verzichtet werden.

Bei starkem Straßenverkehr im Sinne von § 11 Abs. 10 EBO muss jedoch die Funktion der Lichtzeichen für die Bahnübergangssicherung durch eine Notstromversorgung sichergestellt sein.

4.8.5 Bei Ausfall der LZA ist gelbes Blinklicht an den Zufahrten zum BÜ nicht zulässig.

5. Vereinbarungen über Planung, Bau und Betrieb der Anlagen

5.1 Planung

Bei der Planung sind die Möglichkeiten von straßenbau- und eisenbahntechnischen Verbesserungen zu prüfen. Die Art der technischen BÜ-Sicherung und die Art der Verkehrsregelung sowie die gegenseitigen Abhängigkeiten sind von der Bahnverwaltung, der Straßenverkehrsbehörde und sonstigen zuständigen Stellen im gegenseitigen Einvernehmen zu planen.

Bei der Planung sind die Verkehrsverhältnisse unter Berücksichtigung der übersehbaren Verkehrsentwicklung eingehend zu untersuchen.

5.4.5 Abstimmung mit nahegelegenen Straßen-Knotenpunkten

BMV-Erlass
vom 17.7.1972

5.2 Abnahme, Inbetriebnahme

Die Anlagen sind nach den dafür geltenden Vorschriften von den zuständigen Behörden gemeinsam abzunehmen; das Ergebnis der Abnahme ist schriftlich festzulegen.

Während eines überwachten Probebetriebs und einige Zeit nach der endgültigen Inbetriebnahme sind das Verhalten der Verkehrsteilnehmer und die Auswirkungen auf Schienen- und Straßenverkehr zu beobachten.

5.3 Wartung, Entstörung

5.3.1 Die Einzelheiten der Wartung und Entstörung sind in einer Vereinbarung der zuständigen Stellen festzulegen.

5.3.2 Die beteiligten Stellen unterrichten einander rechtzeitig über Arbeiten, die die Abhängigkeiten zwischen der BÜ-Sicherung und der LZA und damit die Sicherheit beeinträchtigen können. Die Aufsichtsführenden haben zu prüfen, ob und welche Sicherheitsmaßnahmen zu treffen sind.

5.3.3 Störungen, die die Sicherheit am BÜ oder den Eisenbahnbetrieb beeinträchtigen, sind einer überwachenden Stelle der Bahn durch technische Mittel automatisch anzuzeigen. Die nach Maßgabe der Vereinbarung (5.3.1) für die Entstörung zuständigen Stellen sind unverzüglich zu unterrichten. Ein schnelles Beseitigen der Störungen ist anzustreben.

Anwendungsbeispiele

Beispiel 1

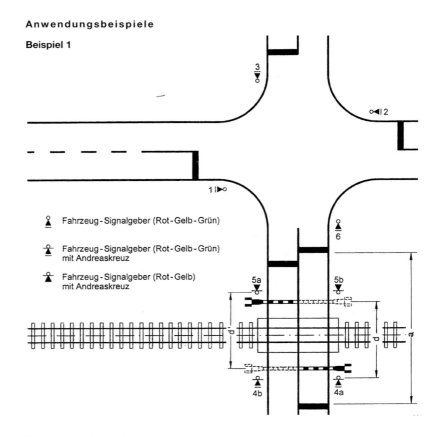

Bei diesem und den folgenden vereinfachten Beispielen wurde davon ausgegangen, dass jeweils nur ein Fahrstreifen je Zufahrtsrichtung zur Kreuzung zur Verfügung steht. Signalgeber mit Pfeil-, Fußgänger- oder Radfahrer-Sinnbildern sowie Wiederholungssignalgeber sind nicht dargestellt.

5.4.5 Abstimmung mit nahegelegenen Straßen-Knotenpunkten

BMV-Erlass
vom 17.7.1972

Jede Einzelplanung erfordert ein eingehendes Überprüfen der örtlichen Gegebenheiten, daher sind Abweichungen von diesem und den folgenden Anwendungsbeispielen denkbar.

Ist a so groß, dass der Abbau eines Rückstaus auf den BÜ unverhältnismäßig lange dauern würde, so ist ein Rückstau auf den BÜ zu verhindern. Hierzu ist der Signalgeber 4 mit 3 Leuchtfeldern (Grün, Gelb, Rot) auszuführen. Die Signalgeber 4 und 6 sind progressiv zueinander zu schalten („Grüne Welle"). Bei Bedarf kann die Grünzeit am Signalgeber 4 etwas kürzer als am Signalgeber 6 gehalten werden. Der Signalgeber 5 hat nur 2 Leuchtfelder (Gelb und Rot) und wird nur bahnabhängig geschaltet.

Ist a so klein, dass der Abbau eines Rückstaus auf den BÜ ausreichend schnell möglich ist und daher zugelassen werden kann, so kann der Signalgeber 4 ebenfalls mit nur 2 Leuchtfeldern (Gelb und Rot) ausgestattet werden, die nur bahnabhängig zu schalten sind (Farbfolge: Dunkel-Gelb-Rot-Dunkel, also ohne Rot und Gelb gleichzeitig). Auf VwV-StVO zu § 37 Abs. 2 Nr. 3 wird hingewiesen.

Die Strecke a wird gemessen von der Haltlinie vor Signalgeber 4 bis zur Haltlinie vor Signalgeber 6. Die Strecke d bzw. d' ist die Sperrstrecke, die für den erforderlichen Zeitbedarf zum Räumen des BÜ mitbestimmend ist. Sie wird bei Anlagen mit Signalgebern von der Haltlinie vor Signalgeber 4 oder 5 gemessen, jeweils bis zum Schrankenbaum jenseits des BÜ, beim Fehlen von Schranken oder Halbschranken bis zur Grenze des Regellichtraumes jenseits der Gleise.

Beispiel 2

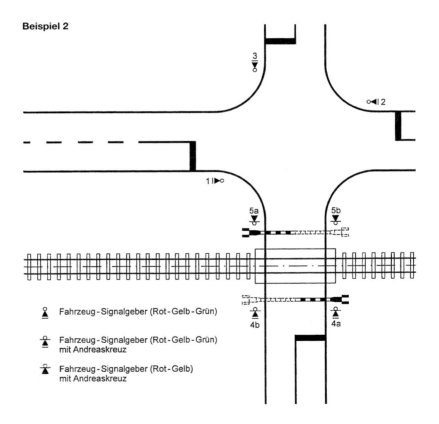

🛆 Fahrzeug-Signalgeber (Rot-Gelb-Grün)

🛆 Fahrzeug-Signalgeber (Rot-Gelb-Grün)
mit Andreaskreuz

🛆 Fahrzeug-Signalgeber (Rot-Gelb)
mit Andreaskreuz

Der Abstand BÜ/Kreuzung und örtliche Verhältnisse lassen nicht zu, dass zwischen BÜ und Kreuzung Fahrzeuge aufgestaut werden können. Die Zufahrt vom BÜ zur Kreuzung ist dann durch den Signalgeber 4 zu regeln. Der Signalgeber 5 hat nur 2 Leuchtfelder (Gelb und Rot) und wird nur bahnabhängig geschaltet.

5.4.5 Abstimmung mit nahegelegenen Straßen-Knotenpunkten

BMV-Erlass
vom 17.7.1972

Beispiel 3

☗ Fahrzeug-Signalgeber (Rot-Gelb-Grün)
mit Andreaskreuz

Ist wegen zu geringen Abstands zwischen BÜ und Kreuzung weder das Aufstellen von Signalgebern noch von Andreaskreuzen und/oder Schranken möglich und kann auf Schranken verzichtet werden, so sind für die Sicherung des BÜ Lichtzeichen und Andreaskreuze ggf. an besonderen Konstruktionen (z.B. Peitschenmaste und dgl.) anzubringen. Alle Signalgeber dienen sowohl der BÜ-Sicherung als auch der Verkehrsregelung an der Kreuzung.

Hinweis:

Die notwendigen Schaltungen zur zeitgerechten Räumung des BÜ sind zu berücksichtigen.

Fließender Verkehr

6

6.1 Allgemeines

Abschnitt 6 befasst sich mit dem fließenden Verkehr auf der freien Strecke.

Wie in Abschnitt 2.2.4 dargelegt, ergibt sich aus der straßenrechtlichen Straßenbaulast und der zivilrechtlichen Verkehrssicherungspflicht, dass

1. die Straßen „selbsterklärend" gestaltet sein sollen. Ein verantwortlicher und aufmerksamer Verkehrsteilnehmer soll in der Lage sein, die Straße zu Verkehrszwecken sicher zu benutzen und die immer vorhandenen typischen Gefahren ohne Weiteres zu erkennen.

Nur wenn Gefahren nicht ohne Weiteres zu erwarten und zu erkennen sind, so sind

2. die entsprechenden Gefahrstellen ausreichend zu kennzeichnen, z. B. durch Leitplatten, Leitmale, Richtungstafeln (in Kurven), dichter aufgestellte Leitpfosten oder entsprechende Markierungen (siehe Abschnitt 6.2), oder aber

3. warnende Verkehrszeichen anzuordnen (siehe Abschnitt 6.3).

Durch diese von den Straßenbaubehörden grundsätzlich in eigener Zuständigkeit (§ 45 Abs. 3 Satz 3 StVO) anzuordnenden Maßnahmen dürfte den Pflichten aus der Straßenbaulast und der Verkehrssicherungspflicht in der Regel entsprochen werden können.

Häufig sind solche verdeutlichenden und warnenden Maßnahmen auch ausreichend, um den Anforderungen aus der Verkehrsregelungspflicht zu genügen.

Gelegentlich wird es allerdings erforderlich sein, aus besonderen Gründen, z. B. aus Gründen der Leistungsfähigkeit, wegen der Berücksichtigung anderer öffentlicher Belange wie Lärm- oder Gewässerschutz, wegen einer für notwendig erachteten Homogenität im Verkehrsablauf, wegen eines erforderlichen Interessenausgleichs mit anderen Verkehrsteilnehmern oder anderer (sich nicht aus der Straßenanlage ergebenden) für die Verkehrsteilnehmer nicht ohne Weiteres erkennbaren Gefahren nicht nur zu leiten oder zu warnen, sondern

4. den Verkehr durch Ge- oder Verbote zu beschränken (siehe Abschnitt 6.4).

Wie in Abschnitt 2.2.4 näher ausgeführt, ist immer das Regelungsmittel zu wählen, das den gewünschten Zweck mit dem geringsten Eingriff in die grundgesetzlich garantierte Freiheit erfüllt. Dabei ist die Verhältnismäßigkeit zu wahren: Für einen kleinen weiteren Gewinn z. B. an Sicherheit sind auch nur entsprechend kleine Eingriffe zulässig.

Konkret bedeutet das:

– Wenn es ausreicht, die Situation z. B. durch Leiteinrichtungen zu verdeutlichen, so ist keine Warnung oder Regelung nötig.
– Wenn es ausreicht, vor einer Gefahr zu warnen, so ist keine Regelung nötig.
– Wenn es ausreicht, eine kleine oder einfache Regelung zu treffen, so ist keine komplizierte und einschneidende Regelung nötig.

Grundsatz: So wenig wie möglich – so viel wie nötig!

Umgekehrt verdeutlicht diese Hierarchie aber auch die Verpflichtung aus der Straßenbaulast, die Straßenanlage so zu gestalten, dass die Verkehrsteilnehmer ohne Weiteres in der Lage sind, den Verkehr „sicher und leicht" abzuwickeln. Warnungen mit Verkehrszeichen sind nur zulässig, wenn die Leistungsfähigkeit des Straßenbaulastträgers aus zwingenden Gründen nicht gegeben ist oder die Straßenanlage aus Gründen der Abwägung mit anderen Rechtsgütern zwingend anders gestaltet werden musste. Bei der Änderung der VwV-StVO zum 1. September 2009 wurde daher an weiteren Stellen der Hinweis aufgenommen, dass vorrangig die Verbesserung der Straßenanlage zu prüfen und Beschilderung nur als Notbehelf anzusehen sei.

Eine entsprechende Gestaltung der Straßenanlage setzt ein Auseinandersetzen mit dem normalen und typischen Fahrerverhalten voraus. Wesentliche Inhalte dieser Verhaltensmuster waren und sind Inhalt der Forschung im Bereich des Straßenentwurfs. Die entsprechenden Erkenntnisse sind in die straßenbaulichen Regelwerke eingeflossen. So wurde z. B. mit der Linienführungsrichtlinie von 1973 (RAL-L-73) der Abgleich der zu erwartenden gefahrenen Geschwindigkeiten mit der dem Entwurf zugrunde liegenden Geschwindigkeit und eine abgestufte Wahl der Krümmungsradien eingeführt. Wesentliche Gestaltungsleitlinien für Knotenpunkte sind Erkennbarkeit und Begreifbarkeit. Derzeit werden Verhaltensmuster bei der Erkennbarkeit von Gefahrstellen untersucht.

Zur „Selbsterklärung" der Straße kann eine Typisierung beitragen. Bei entsprechender Gestaltung der Straßenanlage und entsprechender Prägung/Erziehung der Verkehrsteilnehmer wird es dann möglich, über die Wahrnehmung der Straßenanlage bestimmte Verhaltensmuster anzustoßen. So werden z. B. durch Hochborde abgetrennte Seitenwege als Gehwege erkannt (siehe *Tabelle 3.1* Abschnitt 3.5.1). Klassische Beispiele solcher Typbildung im StVO-Bereich sind die „Geschlossenen Ortschaften" oder die Autobahnen. In den letzten Jahren hinzugekommen sind z. B. die „Verkehrsberuhigten Bereiche" und die „Tempo 30-Zonen". Die derzeit neuen Entwurfsrichtlinien sehen vor, in dieser Weise auch verschiedene typische Außerortsstraßen zu unterscheiden.

In den folgenden Abschnitten wird zunächst darauf eingegangen, wie das „normale" Verhalten

der Verkehrsteilnehmer durch Leiteinrichtungen verstärkt aktiviert, dann, wie vor gefährlichen Situationen durch Gefahrzeichen gewarnt werden kann. Ein weiterer Abschnitt ist den darüber hinausgehenden Ge- und Verboten gewidmet. Kurven und räumlich abgegrenzte Bereiche mit besonderem Verhalten werden in eigenen Abschnitten behandelt.

Dabei werden auch die Tunnelbereiche behandelt, die angesichts der am 29. April 2004 in Kraft getretenen Tunnel-Sicherheitsrichtlinie der EU besondere Bedeutung bekommen haben.

Zu Abschnitt 6.1

StVO
§ 1
Grundregeln

(1) Die Teilnahme am Straßenverkehr erfordert ständige Vorsicht und gegenseitige Rücksicht.

(2) Wer am Verkehr teilnimmt hat sich so zu verhalten, dass kein Anderer geschädigt, gefährdet oder mehr, als nach den Umständen unvermeidbar, behindert oder belästigt wird.

StVO
§ 2
Straßenbenutzung
durch Fahrzeuge

(1) Fahrzeuge müssen die Fahrbahn benutzen, von zwei Fahrbahnen die rechte. Seitenstreifen sind nicht Bestandteil der Fahrbahn.

(2) Es ist möglichst weit rechts zu fahren, nicht nur bei Gegenverkehr, beim Überholtwerden, an Kuppen, in Kurven oder bei Unübersichtlichkeit.

…

(4) Mit Fahrrädern muss einzeln hintereinander gefahren werden; nebeneinander darf nur gefahren werden, wenn dadurch der Verkehr nicht behindert wird. … Wer mit dem Rad fährt, darf ferner rechte Seitenstreifen benutzen, wenn keine Radwege vorhanden sind und zu Fuß Gehende nicht behindert werden. …

StVO
§ 3
Geschwindigkeit

(1) Wer ein Fahrzeug führt, darf nur so schnell fahren, dass das Fahrzeug ständig beherrscht wird. Die Geschwindigkeit ist insbesondere den Straßen-, Verkehrs-, Sicht- und Wetterverhältnissen sowie den persönlichen Fähigkeiten und den Eigenschaften von Fahrzeug und Ladung anzupassen. Beträgt die Sichtweite durch Nebel, Schneefall oder Regen weniger als 50 m, darf nicht schneller als 50 km/h gefahren werden, wenn nicht eine geringere Geschwindigkeit geboten ist. Es darf nur so schnell gefahren werden, dass innerhalb der übersehbaren Strecke gehalten werden kann. Auf Fahrbahnen, die so schmal sind, dass dort entgegenkommende Fahrzeuge gefährdet werden könnten, muss jedoch so langsam gefahren werden, dass mindestens innerhalb der Hälfte der übersehbaren Strecke gehalten werden kann.

(2) Ohne triftigen Grund dürfen Kraftfahrzeuge nicht so langsam fahren, dass sie den Verkehrsfluss behindern.

(2a) Wer ein Fahrzeug führt, muss sich gegenüber Kindern, hilfsbedürftigen und älteren Menschen, insbesondere durch Verminderung der Fahrgeschwindigkeit und durch Bremsbereitschaft, so verhalten, dass eine Gefährdung dieser Verkehrsteilnehmer ausgeschlossen ist.

StVO
§ 5
Überholen

(2) Überholen darf nur, wer übersehen kann, dass während des ganzen Überholvorgangs jede Behinderung des Gegenverkehrs ausgeschlossen ist. Überholen darf ferner nur, wer mit wesentlich höherer Geschwindigkeit als der zu Überholende fährt.

StVO
§ 25
Fußgänger

(1) Wer zu Fuß geht, muss die Gehwege benutzen. Auf der Fahrbahn darf nur gegangen werden, wenn die Straße weder einen Gehweg noch einen Seitenstreifen hat. Wird die Fahrbahn benutzt, muss innerhalb geschlossener Ortschaften am rechten oder linken

StVO
§ 25
Fußgänger

Fahrbahnrand gegangen werden; außerhalb geschlossener Ortschaften muss am linken Fahrbahnrand gegangen werden, wenn das zumutbar ist. Bei Dunkelheit, bei schlechter Sicht oder wenn die Verkehrslage es erfordert, muss einzeln hintereinander gegangen werden.

(2) Wer zu Fuß geht und Fahrzeuge oder sperrige Gegenstände mitführt, muss die Fahrbahn benutzen, wenn auf dem Gehweg oder auf dem Seitenstreifen andere zu Fuß Gehende erheblich behindert würden. Benutzen zu Fuß Gehende, die Fahrzeuge mitführen, die Fahrbahn, müssen sie am rechten Fahrbahnrand gehen; vor dem Abbiegen nach links dürfen sie sich nicht links einordnen.

StVO
§ 39
Verkehrszeichen

(1) Angesichts der allen Verkehrsteilnehmern obliegenden Verpflichtung, die allgemeinen und besonderen Verhaltensvorschriften dieser Verordnung eigenverantwortlich zu beachten, werden örtliche Anordnungen durch Verkehrszeichen nur dort getroffen, wo dies aufgrund der besonderen Umstände zwingend geboten ist.

6.2 Selbsterklärende Straße und Leiteinrichtungen

6.2.1 Allgemeines

Wie eingangs und in Abschnitt 2.2.4 ausgeführt, ist das erste Ziel, die Straße in ihrer Anlage so zu gestalten, dass sie sich „selbst erklärt", ein durchschnittlicher Verkehrsteilnehmer mit angemessener Aufmerksamkeit sie also so wahrnimmt, dass er sich „richtig" verhält.

Dies wird vor allem erreicht, indem die Straßen nach Möglichkeit geometrisch so gestaltet werden, dass die Verkehrsteilnehmer auf ihre Fahraufgabe rechtzeitig und deutlich vorbereitet werden (siehe Abschnitt 6.2.2). Zusätzlich hat es sich jedoch als notwendig erwiesen, die Straßengestalt allgemein durch Leiteinrichtungen zu kennzeichnen, um ihre Erkennbarkeit vor allem auch in der Nacht und bei schlechten Sichtverhältnissen zu gewährleisten (siehe Abschnitt 6.2.3).

Die Gestaltung und die Ausstattung mit Leiteinrichtungen von Kurvenbereichen werden in Abschnitt 6.5.3, die von Knotenpunktbereichen in Abschnitt 4.3, die von Baustellen in Abschnitt 7.2 und 7.4 behandelt.

6.2.2 Selbsterklärende Gestaltung der Straße

Die selbsterklärende Gestaltung von Straßen wird weitgehend im Entwurfs-Regelwerk, vor allem den „Richtlinien für die Anlage von Straßen" (heute teilweise aufgegliedert in Autobahnen, Landstraßen, Stadtstraßen, ...), behandelt. In diese Richtlinien sind langjährige Erfahrungen und Forschungsergebnisse zum Fahrerverhalten eingeflossen.

Daher sollen hier nur die wesentlichen Gesichtspunkte angeschnitten werden. Für die Details wird auf das Entwurfs-Regelwerk verwiesen. Teilweise kann es dabei sinnvoll sein, auch ältere Angaben oder ausländische Quellen zu berücksichtigen, da das aktuelle deutsche Regelwerk in diesem Aspekt sehr stark gekürzt wurde.

Eine selbsterklärende Straße bietet den Kraftfahrern durch ihre bauliche Gestaltung, ggf. auch durch ihre nicht bewusst wahrgenommenen Ausstattungselemente (Markierungen, Schutzeinrichtungen), alle Informationen, die für das sichere Befahren (insbesondere die Geschwindigkeits- und Fahrspurwahl) erforderlich sind. Das gilt auch für die Erkennbarkeit von Ausnahmesituationen und das Bereitstellen von Informationen, um solche Ausnahmesituationen bewältigen zu können.

Als nicht kurvenbezogene Beispiele können genannt werden:

– Es sollen bei der Trassierung Bereiche vermieden werden, in denen die vor den Fahrern liegende Fahrbahn stückweise nicht zu sehen ist (tauchen, flattern).
– Es sollen bei der Trassierung Bereiche vermieden werden, die Sichtweiten zwischen der halben und der ganzen erforderlichen Überholsichtweite aufweisen.

Eine Möglichkeit der Selbsterklärung ist die Typisierung und die Prägung der Kraftfahrer auf diese Typen (sei es durch Erfahrungen oder Ausbildung). Wenn die Typen geschickt gewählt sind, sie insbesondere ausreichend als solche erkennbar sind, kann dies eine sehr effektive Vorgehensweise sein. Darauf beruht z.B. die Ausweisung von „Geschlossenen Ortschaften" oder „Verkehrsberuhigten Bereichen".

Die Typisierung findet jedoch ihre Grenzen, wenn ein vielfältiges Anwendungsgebiet abgedeckt werden muss. Dann ist entweder eine zu große Anzahl von Typen nötig, um das Anwendungsspektrum abzudecken, was dazu führt, dass sie nicht mehr ausreichend erkennbar sind, oder die gewählten Typen passen nicht zum jeweiligen Anwendungsfall, was zu Problemen der Durchsetzung oder zu vielfältigen Ausnahme-Konstruktionen führt. In diesem Dilemma befindet sich derzeit die Gestaltung von Außerortsstraßen. In solchen Fällen kann es helfen, Unterbereiche zu verschiedenen Verhaltensmustern zu typisieren, die dann sinnvoll kombiniert werden.

6.2.3 Leiteinrichtungen

StVO Anlage 4 Verkehrseinrichtungen (zu § 43 Absatz 3)		
Abschnitt 3 Einrichtung zur Kennzeichnung des Straßenverlaufs		
11	**Zeichen 620**  **Leitpfosten** **(links) (rechts)**	Um den Verlauf der Straße kenntlich zu machen, können an den Straßenseiten Leitpfosten in der Regel im Abstand von 50 m und in Kurven verdichtet stehen.

StVO Anlage 3 Richtzeichen (zu § 42 Absatz 2)		
Abschnitt 8 Markierungen		
22	**Zeichen 340**  **Leitlinie**	**Ge- oder Verbot** 1. Wer ein Fahrzeug führt, darf Leitlinien nicht überfahren, wenn dadurch der Verkehr gefährdet wird. 2. Wer ein Fahrzeug führt, darf auf der Fahrbahn durch Leitlinien markierte Schutzstreifen für den Radverkehr nur bei Bedarf überfahren. Der Radverkehr darf dabei nicht gefährdet werden. 3. Wer ein Fahrzeug führt, darf auf durch Leitlinien markierten Schutzstreifen für den Radverkehr nicht parken. **Erläuterung** Der Schutzstreifen für den Radverkehr ist in regelmäßigen Abständen mit dem Sinnbild „Radverkehr" auf der Fahrbahn gekennzeichnet.

StVO Anlage 2 Vorschriftzeichen (zu § 41 Absatz 1)		
Abschnitt 9 Markierungen		
68	**Zeichen 295** **Fahrstreifen-begrenzung und Fahrbahnbegrenzung**	**Ge- oder Verbot** 1. a) Wer ein Fahrzeug führt, darf die durchgehende Linie auch nicht teilweise überfahren. b) Trennt die durchgehende Linie den Fahrbahnteil für den Gegenverkehr ab, ist rechts von ihr zu fahren. c) Grenzt sie einen befestigten Seitenstreifen ab, müssen außerorts landwirtschaftliche Zug- und Arbeitsmaschinen, Fuhrwerke und ähnlich langsame Fahrzeuge möglichst rechts von ihr fahren. d) Wer ein Fahrzeug führt, darf auf der Fahrbahn nicht parken, wenn zwischen dem abgestellten Fahrzeug und der Fahrstreifenbegrenzungslinie kein Fahrstreifen von mindestens 3 m mehr verbleibt. 2. a) Wer ein Fahrzeug führt, darf links von der durchgehenden Fahrbahnbegrenzungslinie nicht halten, wenn rechts ein Seitenstreifen oder Sonderweg vorhanden ist. >

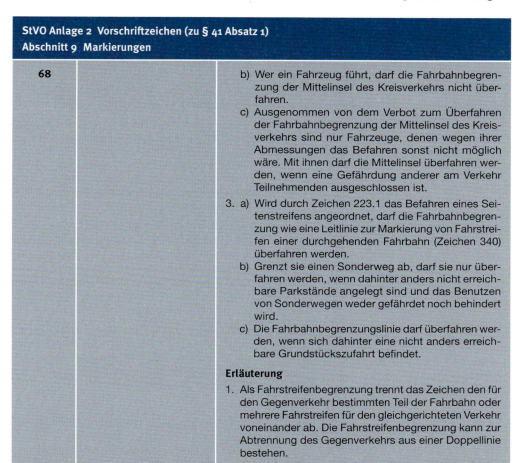

StVO Anlage 2 Vorschriftzeichen (zu § 41 Absatz 1)
Abschnitt 9 Markierungen

68

b) Wer ein Fahrzeug führt, darf die Fahrbahnbegrenzung der Mittelinsel des Kreisverkehrs nicht überfahren.

c) Ausgenommen von dem Verbot zum Überfahren der Fahrbahnbegrenzung der Mittelinsel des Kreisverkehrs sind nur Fahrzeuge, denen wegen ihrer Abmessungen das Befahren sonst nicht möglich wäre. Mit ihnen darf die Mittelinsel überfahren werden, wenn eine Gefährdung anderer am Verkehr Teilnehmenden ausgeschlossen ist.

3. a) Wird durch Zeichen 223.1 das Befahren eines Seitenstreifens angeordnet, darf die Fahrbahnbegrenzung wie eine Leitlinie zur Markierung von Fahrstreifen einer durchgehenden Fahrbahn (Zeichen 340) überfahren werden.

b) Grenzt sie einen Sonderweg ab, darf sie nur überfahren werden, wenn dahinter anders nicht erreichbare Parkstände angelegt sind und das Benutzen von Sonderwegen weder gefährdet noch behindert wird.

c) Die Fahrbahnbegrenzungslinie darf überfahren werden, wenn sich dahinter eine nicht anders erreichbare Grundstückszufahrt befindet.

Erläuterung

1. Als Fahrstreifenbegrenzung trennt das Zeichen den für den Gegenverkehr bestimmten Teil der Fahrbahn oder mehrere Fahrstreifen für den gleichgerichteten Verkehr voneinander ab. Die Fahrstreifenbegrenzung kann zur Abtrennung des Gegenverkehrs aus einer Doppellinie bestehen.

2. Als Fahrbahnbegrenzung kann die durchgehende Linie auch einen Seitenstreifen oder Sonderweg abgrenzen.

Leiteinrichtungen verdeutlichen den Verlauf der Straße auch bei Nacht und schlechten Sichtverhältnissen.

Leitpfosten (Zeichen 620) werden in regelmäßigen Abständen (~ 50 m) am Fahrbahnrand aufgestellt. Tagsüber sind sie über ihre kontrastreiche Gestaltung (weißer Pfosten mit schwarzem Kontrastfeld), nachts durch Retroreflektoren (rechteckiger Streifen auf der rechten, zwei runde Reflektoren auf der linken Fahrbahnseite) erkennbar. Ihr regelmäßiger Abstand von 50 m, der nur in Ausnahmefällen, z. B. in Kurven, ermäßigt werden darf, erleichtert das Schätzen von Entfernungen. Dieses Längenmaß von 50 m wird im Übrigen bei allgemeinen Verkehrsregeln, z. B. zur Wahl der Geschwindigkeit und Beleuchtung bei Nebel, aufgegriffen, sodass indirekt die Regel gilt: Wenn zeitweise kein Leitpfosten sichtbar ist, beträgt die Sichtweite weniger als 50 m und dann muss man .../darf man nicht ...

Um zu gewährleisten, dass Leitpfosten einheitlich angeordnet und ausgeführt werden, sind nachstehende Grundsätze über die Verwendung von Leitpfosten mit Erlass des für den Verkehr zuständigen Bundesministeriums vom 16. März 1957 zur Anwendung empfohlen worden. Siehe ferner auch nachstehenden BMV-Erlass vom 6. Februar 1992.

Wegen der Zulassung von Rückstrahlern für Leitpfosten an Bundesfernstraßen gibt das für den Verkehr zuständige Bundesministerium von Zeit zu Zeit eine Liste der zugelassenen Rückstrahler für Leitpfosten heraus. Es wird ausdrücklich erwähnt, dass es sich um eine „rein technische Prüfung und Zulassung handelt und patentrechtliche Fragen hiervon nicht berührt werden."

6.2.3 Leiteinrichtungen

Im Rahmen der technischen Weiterentwicklung finden auch Leitpfosten Verwendung, die sich beim Überfahren umbiegen und anschließend wieder in die ursprüngliche Position zurückfedern. Tages- und Nachtkennzeichnung entsprechen den herkömmlichen Leitpfosten, nicht jedoch der Pfostenquerschnitt, der aus statischen Gründen anders gestaltet ist.

Für das Anbringen der Leitpfosten (Zeichen 620) sind die Straßenbaubehörden allein zuständig (§ 45 Abs. 3 StVO).

Auch **Längsmarkierungen** wirken leitend. In der Regel wird bei Außerortsstraßen in der Mitte eine Leitlinie (Zeichen 340), an den Rändern je eine Fahrbahnbegrenzungslinie (Zeichen 295) markiert, die wegen ihrer retroreflektierenden Ausführung durch das zurückgeworfene Scheinwerferlicht auch nachts deutlich zu erkennen ist und den Fahrbahnverlauf (einschließlich der Querneigung) erkennen lässt. Ist die Fahrbahn für den unbehinderten Begegnungsverkehr zu schmal, werden nur die Fahrbahnbegrenzungslinien markiert. Ist die Fahrbahn so breit, dass mehr als zwei Fahrstreifen angeordnet werden können, werden die Fahrstreifen mit Leitlinien oder Fahrstreifenbegrenzungslinien (Zeichen 295) getrennt, je nachdem, ob die Linien überfahren werden dürfen oder nicht. Außerdem können die seitlichen Fahrbahnbegrenzungslinien etwas entfernt vom Fahrbahnrand markiert werden, um befestigte Seitenstreifen zu erhalten.

Fahrbahnbegrenzungslinien werden auf Autobahnen und Straßen mit Seitenstreifen als Breitstrich (≥ 25 cm) ausgeführt. Der äußere Rand von Seitenstreifen darf nicht markiert werden (außer in Bereichen, in denen zu bestimmten Tageszeiten das Befahren des Seitenstreifens durch Zeichen 223.1 erlaubt ist). In Kreisverkehren ist Zeichen 295 als innere Fahrbahnbegrenzung in Form eines Breitstriches auszuführen („Merkblatt für die Anlage von Kreisverkehren (Ausgabe 2006)").

Innerorts wird in der Regel zumindest außerhalb der Vorfahrtstraßen auf Längsmarkierungen verzichtet, da sie zum einen wegen der Straßenbeleuchtung nicht notwendig sind und zum anderen durch die Betonung der Längsrichtung auch beschleunigend wirken können, was innerorts in der Regel unerwünscht ist.

An Fahrzeug-Rückhaltesystemen (Schutzplanken usw.) werden normalerweise keine Leiteinrichtungen angebracht. Für den Fall, das dies ausnahmsweise doch sinnvoll sein sollte, wurden die „Hinweise zur Nutzung von Fahrzeug-Rückhaltesystemen als Träger von Leiteinrichtungen (H FL 2008)" erarbeitet.

Leiteinrichtungen, die das Erkennen und Begreifen von Kurven erleichtern (Richtungstafeln), werden in Abschnitt 6.5.3 behandelt. Leiteinrichtungen, die der Führung des Verkehrs in Knotenpunkten dienen (Sperrflächen, Einengungstafeln), werden in Abschnitt 4.3 behandelt. Leiteinrichtungen, die Einengungen kennzeichnen (Leitplatten, Leitmale), werden in Abschnitt 5.2.2 behandelt. Temporäre Leiteinrichtungen, die zur Sicherung von Arbeitsstellen dienen (Absperrschranken, Pfeil- und Leitbaken, Leitschwellen, Leitborde, Überleittafel), werden in Abschnitt 7.2 und 7.4 behandelt.

Zu Abschnitt 6.2.3

BMV – StB
– 4 – Bl
– 116 Vms 57 –
16. März 1957

Anordnung und Ausführung von Leitpfosten und Leitplanken an Bundesfernstraßen

[Auszugsweise Wiedergabe aus „Hinweise für die Anordnung und Ausführung von senkrechten Leiteinrichtungen an Bundesfernstraßen (HLB 1957)"]

Anmerkung: Die Änderung gemäß Erlass BMV vom 20. August 1968, StB 4 – Bl. 4019 W 67 II – zu Punkt 5.2.1 ist im vorliegenden Text berücksichtigt.

5. Leitpfosten

5.1 Zweck

Die Leitpfosten sind eine aus den Leitsteinen und Leitplöcken entwickelte Leiteinrichtung, die die seitliche Grenze des Verkehrsraumes und den Verlauf der Straße anzeigt. Leitpfosten sind künftig bei Straßen mit mittlerem und starkem Verkehr anstelle der Leitsteine und Leitplöcke anzuwenden.

6.2.3 Leiteinrichtungen

BMV-Erlass
vom 16.3.1957

Leitpfosten
[Abb. 4]

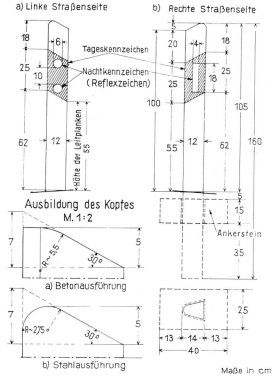

a) Linke Straßenseite

b) Rechte Straßenseite

Tageskennzeichen

Nachtkennzeichen
(Reflexzeichen)

Höhe der Leitplanken

Ausbildung des Kopfes
M. 1:2

a) Betonausführung

b) Stahlausführung

Ankerstein

Maße in cm

**Querschnitt
der Leitpfosten**
[Abb. 5]

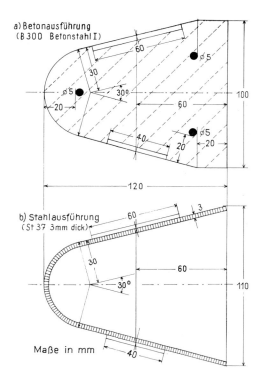

a) Betonausführung
(B 300 Betonstahl I)

b) Stahlausführung
(St 37 3mm dick)

Maße in mm

Anmerkung: Heute werden Leitpfosten
weitgehend aus Kunststoff gefertigt.

6.2.3 Leiteinrichtungen

BMV-Erlass
vom 16.3.1957

5.2 Form und Farbe

5.2.1 Die Leitpfosten sind 12 cm breite weiße Pfosten mit einem Tageskennzeichen und einem Nachtkennzeichen für Kraftfahrer. Ihre Höhe beträgt 100 cm über dem Fahrbahnrand. Sie werden aus Beton oder Stahlblech hergestellt (Abb. 4). Kunststoffe können in der Form der Beton- und Stahlblechausführungen verwendet werden.

Holzpfosten sind in der Form der Betonausführungen zugelassen, wenn sie nach den Vorschriften der Dt. Bundespost über die Imprägnierung von Leitungsmasten aus Holz imprägniert worden sind. Für das Tränkverfahren gilt die FTZ-Richtlinie Rl. Nr. VI A 02 (05) und für die anzuwendenden Holzschutzmittel die FTZ-Richtlinie Rl. Nr. VI A 09. Der Pfosten soll bis auf den im Erdboden stehenden Teil von 45 cm Länge weiß gestrichen sein. Der weiße Anstrich darf durch die Imprägnierung nicht Schaden leiden.

5.2.2 Um besonders deutlich erkennbar zu sein, werden die Sichtflächen der Leitpfosten der Fahrbahn zugewendet. Die Leitpfosten haben deshalb einen winkelförmigen Grundriss. Der Scheitel des Winkels befindet sich an der auf der Straßenseite befindlichen Kante des Leitpfostens. Der Winkel beträgt 30° (Abb. 5).

5.3 Tages- und Nachtkennzeichnung

5.3.1 Das Tageskennzeichen ist ein 25 cm hoher schwarzer Streifen, der mit einer Neigung von 30° von der Außenseite der Straße nach der Fahrbahnseite fallend unter einem 20 cm hohen weißen Kopf angebracht ist. Durch diese Neigung des Streifens unterscheiden sich die Leitpfosten auf der linken und auf der rechten Seite der Straße. Die erleichtert in Krümmungen das Zurechtfinden, vor allem bei Neuschnee und Nebel.

5.3.2 Als Nachtkennzeichen dienen Reflexzeichen. Sie sind auf der rechten Seite als senkrecht stehendes Rechteck mit den Maßen 4 × 18 cm ausgebildet. Auf der linken Seite wird das Nachtkennzeichen durch zwei im Abstand von 10 cm übereinander angebrachte runde Reflexzeichen von 6 cm Durchmesser dargestellt. Die Nachtkennzeichen sind im Regelfall auf beiden Seiten weiß.

**Anordnung
der Leitpfosten**
[Abb. 6]

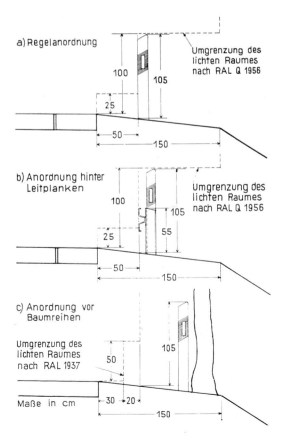

a) Regelanordnung

Umgrenzung des lichten Raumes nach RAL Q 1956

b) Anordnung hinter Leitplanken

Umgrenzung des lichten Raumes nach RAL Q 1956

c) Anordnung vor Baumreihen

Umgrenzung des lichten Raumes nach RAL 1937

Maße in cm

6.2.3 Leiteinrichtungen

BMV-Erlass
vom 16.3.1957

5.3.3 Zur Fahrbahn einspringende Abschnitte des Straßenrandes erhalten Leitpfosten mit gelbem Nachtkennzeichen. Das Gleiche gilt für die Eckleitpfosten an Straßeneinmündungen (s. 5.6.5).

5.3.4 Für die weißen Reflexzeichen sind Reflexstoffe zu wählen, die das Licht in der Farbe der Scheinwerfer zum Ausgangspunkt zurückstrahlen, für die gelben Reflexzeichen solche, die das Licht im Farbton 1007 RAL – 840 R oder einem möglichst ähnlichen Farbton zurückwerfen. Die angestrahlten Reflexzeichen sollen eine gleichmäßige Leuchtdichte aufweisen, nicht glitzern oder bei der Vorbeifahrt plötzlich aufblitzen. Es sind Weitwinkelreflexstoffe von hoher Leuchtkraft zu verwenden. Der Rückstrahlwert soll mehr als das 20-fache der diffusen weißen Magnesiumoxidfläche betragen.

5.4 Aufstellung

5.4.1 Die Leitpfosten werden im unbefestigten Randstreifen aufgestellt. Der seitliche Abstand der Leitpfosten von der Fahrbahn beträgt mindestens 0,5 m, gerechnet von der äußersten befestigten Kante der Straßenoberfläche (Abb. 6). Bei Vorhandensein von Leitplanken stehen die Leitpfosten unmittelbar hinter den Holmen der Leitplanken. Werden bei Straßen ohne Leit- und Seitenstreifen (siehe RAL-Q 1956) die unbefestigten Randstreifen vom Verkehr mit in Anspruch genommen (haltende Fahrzeuge Fußgänger- und Radverkehr), so kann der seitliche Abstand von der Fahrbahn vergrößert werden. Sie sollen hierbei jedoch in einer Flucht und in voller Breite vor vorhandenen Baumreihen zu stehen kommen.

5.4.2 Die Leitpfosten sollen senkrecht und gut ausgerichtet stehen. Die Befestigung im Boden soll einer Lockerung von Hand widerstehen. Bei einem Aufprall eines Kraftfahrzeuges soll der Leitpfosten ohne größeren Schaden an Straße und Fahrzeug nachgeben. Diesem Zweck dient die Ausführung aus gefaltetem Stahlblech oder aus Beton mit einer künstlichen unmittelbar über der Erdoberfläche liegenden Bruchstelle. Der Einbau der Leitpfosten und die Auswechslung beschädigter Pfosten soll schnell erfolgen können. Zu diesem Zweck können die auf Bild 4 dargestellten vorgefertigten Ankersteine angewendet werden.

5.5 Abstände

Der gegenseitige Abstand der Leitpfosten längs der Straße beträgt in der Geraden und in der Ebene 50 m. Es sollen auf jeder Straßenseite – in Krümmungen unter 200 m Halbmesser auf der Kurvenaußenseite – mindestens immer 5 Leitpfosten sichtbar sein. In Krümmungen und auf Kuppen ist der Abstand aus diesem Grund zu verringern. Empfehlungen für den Abstand in Krümmungen sind in Tafel 1, für den Abstand auf Kuppen in Tafel 2 gegeben. Der Übergang zu und von den verringerten Abständen soll allmählich durch Anordnung von 3 Übergangsabständen erfolgen. Auch hierüber enthalten die Tafeln 1 und 2 Angaben.

Tafel 1: Abstand der Leitpfosten in Krümmungen

| Krümmungs-halbmesser | Abstand in der Krümmung | Übergang vor und hinter der Krümmung | | |
| | | Erster Abstand | Zweiter Abstand | Dritter Abstand |
m	m	m	m	m
20	3	6	10	20
30	3	7	11	21
40	4	9	15	31
50	5	12	20	40
60	6	15	24	48
70	7	17	29	50
80	8	20	33	50
90	9	23	38	50
100	10	25	42	50
200	15	28	45	50
300	20	36	50	50
400	30	50	50	50
500	40	50	50	50
600 u. mehr	50	50	50	50

6.2.3 Leiteinrichtungen

BMV-Erlass
vom 16.3.1957

Tafel 2: Abstand der Leitpfosten in Kuppen

Halbmesser der Kuppenausrundung	Abstand in der Kuppenausrundung	Abstand vor und hinter der Kuppenausrundung		
		Erster Abstand	Zweiter Abstand	Dritter Abstand
m	m	m	m	m
100	5	8	17	34
150	6	10	20	41
200	7	12	23	47
250	8	13	26	50
300	9	15	29	50
400	11	17	33	50
500	12	19	37	50
600	13	21	41	50
800	16	24	48	50
1 000	17	27	50	50
1 500	21	33	50	50
2 000	25	39	50	50
2 500	28	43	50	50
3 000	31	47	50	50
4 000	35	50	50	50
5 000	40	50	50	50
6 000	43	50	50	50
8 000 u. mehr	50	50	50	50

Anmerkung: Bezüglich Neuregelung der Abstände siehe nachstehenden BMV-Erlass vom 6. Februar 1992. Diese Neuregelung ist bei den Tafeln 1 und 2 bereits berücksichtigt.

Ist die zwischen zwei Krümmungen mit Leitpfosten zu besetzende gerade Strecke nicht in 50-m-Abstände einteilbar, so können die 3 Übergangsabstände zu beiden Seiten der geraden Strecke abgeändert werden, doch so, dass ein allmählicher Übergang gewahrt bleibt.

Bemerkung

Die angegebenen Abstandsmaße gelten für die Außenseite der Krümmung. Bei Krümmungshalbmessern bis zu 100 m ist jedem zweiten Leitpfosten auf der Außenseite ein Leitpfosten auf der Innenseite gegenüberzustellen. Den drei Leitpfosten im Übergang auf der Außenseite stehen ebenfalls drei auf der Innenseite gegenüber.

Bei Krümmungshalbmessern über 100 m ist jedem Leitpfosten auf der Außenseite ein Leitpfosten auf der Innenseite gegenüberzustellen.

5.6 Anwendung

5.6.1 Um das Fahren in der Dunkelheit, bei Nebel oder bei Neuschnee zu erleichtern, ist anzustreben, dass die Straßenzüge durchgehend mit Leitpfosten ausgerüstet werden. Vorzugsweise sollen Leitpfosten auf den Teilstrecken durchgehend angeordnet werden, wo häufig Änderungen des Straßenquerschnitts und des Straßenverlaufs auftreten. Mindestens jedoch sind diejenigen Einzelabschnitte mit Leitpfosten zu versehen, auf deren Länge sich die Änderungen der Straßenlage erstrecken, es sei denn, dass für diese Abschnitte andere senkrechte Leiteinrichtungen angeordnet werden.

5.6.2 Werden Leitpfosten an Straßen angeordnet, bei denen Seitenstreifen für Mopeds, Radfahrer und Fußgänger oder Sommerwege angelegt sind, so ist der Rand der Fahrbahn durch Bodenrückstrahler nach HMB 54 zusätzlich kenntlich zu machen.

6.2.3 Leiteinrichtungen

BMV-Erlass
vom 16.3.1957

5.6.3 Bei zwei- und mehrspurigen Straßen mit ungeteilter Fahrbahn sind die Leitpfosten auf beiden Seiten der Fahrbahn aufzustellen. Bei mehrspurigen Straßen mit geteilter Fahrbahn (Autobahnen) sind nur auf der rechten Seite jeder Einzelfahrbahn Leitpfosten aufzustellen.

5.6.4 Leitpfosten mit gelben Nachtkennzeichen sind auf zur Fahrbahn einspringenden Abschnitten des Straßenrandes dann anzuwenden, wenn die Fahrbahnbreite wesentlich verringert wird und ein vorsichtiges Fahren mit erheblich herabgesetzter Geschwindigkeit erforderlich ist.

5.6.5 Bei Einmündungen und Kreuzungen ist ein Leitpfosten mit gelbem Nachtkennzeichen im Zuge der durchgehenden Straße etwa am Ende des Ausrundungsbogens jeder Ecke aufzustellen. So ist auch bei Ein- und Ausmündungen von Beschleunigungs- und Verzögerungsspuren zu verfahren. Innerhalb des Bereichs der Ein- und Ausmündungen sind, soweit erforderlich, Leitpfosten mit weißem Nachtkennzeichen anzuordnen, falls nicht wesentliche Fahrbahnverengungen innerhalb der Ein- und Ausmündungen Leitpfosten mit gelbem Nachtkennzeichen bedingen.

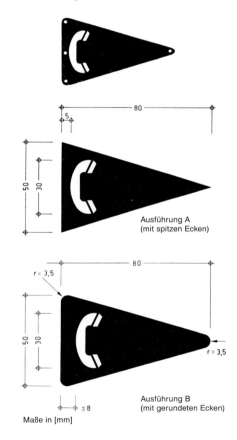

Ausführung A
(mit spitzen Ecken)

Ausführung B
(mit gerundeten Ecken)

Maße in [mm]

Anmerkung: Durch Pfeilzeichen auf den Leitpfosten kann auf die nächstgelegene Notrufsäule hingewiesen werden (vgl. Erlass des BMV vom 15. November 1980 [VkBl. 1980 S. 795]).

Dieses Pfeilzeichen wird an den Leitpfosten am rechten Fahrbahnrand angebracht. Die Spitze des Pfeils zeigt in Richtung der nächstgelegenen Notrufsäule.

BMV – StB
13/38.60.65-60/16
Va 92
6. Februar 1992

Veränderung der Leitpfostenabstände auf Bundesfernstraßen in nebelreichen Gebieten

Inkrafttreten der zwölften Verordnung zur Änderung straßenverkehrsrechtlicher Vorschriften vom 15. Oktober 1991, Bundesgesetzblatt I S. 199

6.2.3 Leiteinrichtungen

BMV-Erlass
vom 6.2.1992

Zur Verbesserung der Verkehrssicherheit auf den Straßen ist die vorgenannte Verordnung am 20. Oktober 1991 in Kraft gesetzt worden. Inhalt dieser Verordnung ist es, sicherzustellen, dass bei Sichtweiten von weniger als 50 m die Geschwindigkeit höchstens 50 km/h beträgt und Kraftfahrzeuge mit einem zulässigen Gesamtgewicht über 7,5 t nicht überholen. Dabei wird davon ausgegangen, dass die Fahrzeugführer die vorhandene Sicht anhand der aufgestellten Leitpfosten abschätzen können.

Aus diesem Grunde ist es notwendig, die in den Hinweisen für die Anordnung und Ausführung von senkrechten Leiteinrichtungen (HLB) mit Änderungen vom 16. März 1957 im Kap. 5.5 festgelegten Abstände der neuen Rechtslage anzupassen. Der Nachsatz im ersten Satz des Kap. 5.5 (Abstände), bei nebelreichen Strecken Abstände von 25 m zu verwenden, ist daher zu streichen. Hiernach beträgt der einheitliche Abstand für Leitpfosten 50 m. Die übrigen Ausnahmen bleiben bestehen.

Ich bitte, ggf. vorhandene kürzere Leitpfostenabstände umgehend zu korrigieren und die neue Regelung ab sofort anzuwenden.

Zu Abschnitt 6.2.3 – Leitpfosten

StVO
§ 2
Straßenbenutzung
durch Fahrzeuge

(3a) … Wer ein kennzeichnungspflichtiges Fahrzeug mit gefährlichen Gütern führt, muss bei einer Sichtweite unter 50 m, bei Schneeglätte oder Glatteis jede Gefährdung Anderer ausschließen und wenn nötig den nächsten geeigneten Platz zum Parken aufsuchen.

StVO
§ 3
Geschwindigkeit

(1) … Beträgt die Sichtweite durch Nebel, Schneefall oder Regen weniger als 50 m, darf nicht schneller als 50 km/h gefahren werden, wenn nicht eine geringere Geschwindigkeit geboten ist. …

StVO
§ 4
Abstand

(3) Wer einen Lastkraftwagen mit einer zulässigen Gesamtmasse über 3,5 t oder einen Kraftomnibus führt, muss auf Autobahnen, wenn die Geschwindigkeit mehr als 50 km/h beträgt, zu vorausfahrenden Fahrzeugen einen Mindestabstand von 50 m einhalten.

StVO
§ 5
Überholen

(3a) Wer ein Kraftfahrzeug mit einer zulässigen Gesamtmasse über 7,5 t führt, darf unbeschadet sonstiger Überholverbote nicht überholen, wenn die Sichtweite durch Nebel, Schneefall oder Regen weniger als 50 m beträgt.

StVO
§ 17
Beleuchtung

(3) … Nebelschlussleuchten dürfen nur dann benutzt werden, wenn durch Nebel die Sichtweite weniger als 50 m beträgt.

StVO
§ 18
Autobahnen und
Kraftfahrstraßen

(6) Wer auf der Autobahn mit Abblendlicht fährt, braucht seine Geschwindigkeit nicht der Reichweite des Abblendlichts anzupassen, wenn

1. die Schlussleuchten des vorausfahrenden Kraftfahrzeugs klar erkennbar sind und ein ausreichender Abstand von ihm eingehalten wird, oder
2. der Verlauf der Fahrbahn durch Leiteinrichtungen mit Rückstrahlern und, zusammen mit fremdem Licht, Hindernisse rechtzeitig erkennbar sind.

…

(11) Lastkraftwagen mit einer zulässigen Gesamtmasse über 7,5 t, einschließlich ihrer Anhänger, sowie Zugmaschinen dürfen, wenn die Sichtweite durch erheblichen Schneefall oder Regen auf 50 m oder weniger eingeschränkt ist, sowie bei Schneeglätte oder Glatteis den äußerst linken Fahrstreifen nicht benutzen.

VwV-StVO
zu § 43
Verkehrs-
einrichtungen

Zu Absatz 3 Anlage 4 Abschnitte 2 und 3

8   IV. Leitpfosten sollen nur außerhalb geschlossener Ortschaften angeordnet werden.

Zu Abschnitt 6.2.3 – Leitwirkung der Markierung

StVO
§ 7
Benutzung von
Fahrstreifen durch
Kraftfahrzeuge

(1) Auf Fahrbahnen mit mehreren Fahrstreifen für eine Richtung dürfen Kraftfahrzeuge von dem Gebot möglichst weit rechts zu fahren (§ 2 Absatz 2) abweichen, wenn die Verkehrsdichte das rechtfertigt. Fahrstreifen ist der Teil einer Fahrbahn, den ein mehrspuriges Fahrzeug zum ungehinderten Fahren im Verlauf der Fahrbahn benötigt.

…

(3) Innerhalb geschlossener Ortschaften – ausgenommen auf Autobahnen (Zeichen 330.1) – dürfen Kraftfahrzeuge mit einer zulässigen Gesamtmasse bis zu 3,5 t auf Fahrbahnen mit mehreren markierten Fahrstreifen für eine Richtung (Zeichen 296 oder 340) den Fahrstreifen frei wählen, auch wenn die Voraussetzungen des Absatzes 1 Satz 1 nicht vorliegen. Dann darf rechts schneller als links gefahren werden.

(3a) Sind auf einer Fahrbahn für beide Richtungen insgesamt drei Fahrstreifen durch Leitlinien (Zeichen 340) markiert, dann dürfen der linke, dem Gegenverkehr vorbehaltene, und der mittlere Fahrstreifen nicht zum Überholen benutzt werden. Dasselbe gilt für Fahrbahnen, wenn insgesamt fünf Fahrstreifen für beide Richtungen durch Leitlinien (Zeichen 340) markiert sind, für die zwei linken, dem Gegenverkehr vorbehaltenen, und den mittleren Fahrstreifen. Wer nach links abbiegen will, darf sich bei insgesamt drei oder fünf Fahrstreifen für beide Richtungen auf dem jeweils mittleren Fahrstreifen in Fahrtrichtung einordnen.

(3b) Auf Fahrbahnen für beide Richtungen mit vier durch Leitlinien (Zeichen 340) markierten Fahrstreifen sind die beiden in Fahrtrichtung linken Fahrstreifen ausschließlich dem Gegenverkehr vorbehalten; sie dürfen nicht zum Überholen benutzt werden. Dasselbe gilt auf sechsstreifigen Fahrbahnen für die drei in Fahrtrichtung linken Fahrstreifen.

(3c) Sind außerhalb geschlossener Ortschaften für eine Richtung drei Fahrstreifen mit Zeichen 340 gekennzeichnet, dürfen Kraftfahrzeuge, abweichend von dem Gebot möglichst weit rechts zu fahren, den mittleren Fahrstreifen dort durchgängig befahren, wo – auch nur hin und wieder – rechts davon ein Fahrzeug hält oder fährt. Dasselbe gilt auf Fahrbahnen mit mehr als drei so markierten Fahrstreifen für eine Richtung für den zweiten Fahrstreifen von rechts. Den linken Fahrstreifen dürfen außerhalb geschlossener Ortschaften Lastkraftwagen mit einer zulässigen Gesamtmasse von mehr als 3,5 t sowie alle Kraftfahrzeuge mit Anhänger nur benutzen, wenn sie sich dort zum Zwecke des Linksabbiegens einordnen.

(4) Ist auf Straßen mit mehreren Fahrstreifen für eine Richtung das durchgehende Befahren eines Fahrstreifens nicht möglich oder endet ein Fahrstreifen, ist den am Weiterfahren gehinderten Fahrzeugen der Übergang auf den benachbarten Fahrstreifen in der Weise zu ermöglichen, dass sich diese Fahrzeuge unmittelbar vor Beginn der Verengung jeweils im Wechsel nach einem auf dem durchgehenden Fahrstreifen fahrenden Fahrzeug einordnen können (Reißverschlussverfahren).

VwV-StVO
zu § 7
Benutzung von
Fahrstreifen durch
Fahrzeuge

Zu den Absätzen 1 bis 3

1 I. Ist auf einer Straße auch nur zu gewissen Tageszeiten mit so dichtem Verkehr zu rechnen, dass Kraftfahrzeuge vom Rechtsfahrgebot abweichen dürfen oder mit Nebeneinanderfahren zu rechnen ist, empfiehlt es sich, die für den gleichgerichteten Verkehr bestimmten Fahrstreifen einzeln durch Leitlinien (Zeichen 340) zu markieren. Die Fahrstreifen müssen so breit sein, dass sicher nebeneinander gefahren werden kann.

2 II. Wo auf einer Straße mit mehreren Fahrstreifen für eine Richtung wegen ihrer baulichen Beschaffenheit nicht mehr wie bisher nebeneinander gefahren werden kann, ist durch geeignete Markierungen, Leiteinrichtungen, Hinweistafeln oder dergleichen zu zeigen, welcher Fahrstreifen endet. Auf Straßen mit schnellem Verkehr ist zu prüfen, ob eine Geschwindigkeitsbeschränkung erforderlich ist.

Zu Absatz 3

3 Werden innerhalb geschlossener Ortschaften auf Straßen mit mehreren Fahrstreifen für eine Richtung Leitlinien markiert, so ist anzustreben, dass die Anzahl der dem geradeausfahrenden Verkehr zur Verfügung stehenden Fahrstreifen im Bereich von Kreuzungen und Einmündungen nicht dadurch verringert wird, dass ein Fahrstreifen durch einen Pfeil auf der Fahrbahn (Zeichen 297) nur einem abbiegenden Verkehrsstrom zugewiesen wird. Wenn das Abbiegen zugelassen werden muss, besondere Fahrstreifen für Abbieger aber nicht zur Verfügung stehen, so kommt unter Umständen die Anbringung kombinierter Pfeile, z. B. Geradeaus/Links, in Frage.

6.2.3 Leiteinrichtungen

VwV-StVO
zu § 41
Vorschriftzeichen

Zu Zeichen 295 Fahrstreifenbegrenzung und Fahrbahnbegrenzung

Zu Nummer 1 Fahrstreifenbegrenzung

1 I. Das Zeichen ist zur Trennung des für den Gegenverkehr bestimmten Teils der Fahrbahn in der Regel dann anzuordnen, wenn die Straße mehr als einen Fahrstreifen je Richtung aufweist. In diesen Fällen ist die Fahrstreifenbegrenzung in der Regel als Doppellinie auszubilden. Auf Straßen mit nur einem Fahrstreifen je Richtung ist das Zeichen nur dann anzuordnen, wenn das Befahren des für den Gegenverkehr bestimmten Teils der Fahrbahn aus Verkehrssicherheitsgründen nicht zugelassen werden kann. In diesen Fällen soll zuvor eine Leitlinie von ausreichender Länge angeordnet werden, deren Striche länger sein müssen als ihre Lücken (Warnlinie). Die durchgehende Linie ist dort zu unterbrechen, wo das Linksab- und -einbiegen zugelassen werden soll. Soll das Linksab- oder -einbiegen nur aus einer Fahrtrichtung zugelassen werden, ist an diesen Stellen die einseitige Fahrstreifenbegrenzung (Zeichen 296) anzuordnen.

2 II. Zeichen 295 ist außerdem anzuordnen, wenn mehrere Fahrstreifen für den gleichgerichteten Verkehr vorhanden sind, ein Fahrstreifenwechsel jedoch verhindert werden soll. Die Fahrstreifen müssen dann mindestens 3 m breit sein.

3 III. In den übrigen Fällen reicht eine Abgrenzung vom Gegenverkehr durch eine Leitlinie (Zeichen 340) aus.

4 IV. Wegen der Zustimmungsbedürftigkeit vgl. Nummer III 1 c zu § 45 Abs. 1 bis 1 e; Rn. 6.

Zu Nummer 2 Fahrbahnbegrenzung

5 Außerhalb geschlossener Ortschaften ist auf Straßen zumindest bei starkem Kraftfahrzeugverkehr der Fahrbahnrand zu markieren.

VwV-StVO
zu § 42
Richtzeichen

Zu Zeichen 340 Leitlinie

1 I. Der für den Gegenverkehr bestimmte Teil der Fahrbahn ist in der Regel durch Leitlinien (Zeichen 340) zu markieren, auf Fahrbahnen mit zwei oder mehr Fahrstreifen für jede Richtung durch Fahrstreifenbegrenzungen (Zeichen 295). Die Fahrstreifenbegrenzung sollte an Grundstückszufahrten nur dann unterbrochen werden, wenn andernfalls für den Anliegerverkehr unzumutbare Umwege oder sonstige Unzuträglichkeiten entstehen; wenn es erforderlich ist, das Linksabbiegen zu einem Grundstück zuzulassen, das Linksabbiegen aus diesem Grundstück aber verboten werden soll, kommt gegebenenfalls die Anbringung einer einseitigen Fahrstreifenbegrenzung (Zeichen 296) in Frage. Fahrstreifenbegrenzungen sind nicht zweckmäßig, wenn zu gewissen Tageszeiten Fahrstreifen für den Verkehr aus der anderen Richtung zur Verfügung gestellt werden müssen. Vgl. § 37 Abs. 3.

6.3 Warnung vor Gefahren

6.3.1 Allgemeines

Gefahrzeichen sollen die Verkehrsteilnehmer auf besondere Gefahren aufmerksam machen, die auch „ein sorgfältiger, durchschnittlicher Verkehrsteilnehmer" unter „Anwendung der gebotenen Aufmerksamkeit", „in schwierigen Verkehrslagen sogar einer gesteigerten Aufmerksamkeit", nicht ausreichend erkennen kann (Zitate aus BGH-Urteil III ZR 104/87 vom 24.3.1988). Sie sollen ihnen ermöglichen, sich rechtzeitig auch auf solche Gefahren einzustellen, z. B. durch eine Erhöhung der Aufmerksamkeit und/oder eine Verringerung der Geschwindigkeit.

Gefahrzeichen sind gleichseitig dreieckige Verkehrszeichen, deren eine Spitze nach oben weist.

Gefahrzeichen sind also nur dort anzuordnen, wo sie für die Sicherheit des Verkehrs unbedingt erforderlich sind, weil auch ein sorgfältiger, durchschnittlicher Verkehrsteilnehmer unter Anwendung der gebotenen, in schwierigen Verkehrslagen gesteigerten Aufmerksamkeit (siehe oben) die Gefahr nicht oder nicht rechtzeitig erkennen kann, auch nicht mit ihr rechnen muss und sich daher auf sie nicht ohne Weiteres einzustellen vermag. Das trägt dem Umstand Rechnung, dass wegen des Gewöhnungseffekts eine zu häufige Verwendung die Warnung an den wirklichen Gefahrstellen „entwerten" würde. Zu häufige Warnung an unnötigen Stellen würde damit indirekt zu zusätzlicher Gefährdung an den Stellen führen, an denen eine Warnung durch Zeichen nötig ist.

Die Anordnung von Gefahrzeichen – wie auch die Anordnung mancher anderer Zeichen und Einrichtungen – leitet sich vor allem aus der Straßenbaulast ab. Die Straßenbaugesetze des Bundes und der Länder verpflichten die Straßenbaubehörden als Träger der Straßenbaulast, die Verkehrsanlagen in einem dem regelmäßigen Verkehrsbedürfnis genügenden Zustand zu bauen, zu unterhalten, zu erweitern oder sonst zu verbessern. Sind sie dazu ausnahmsweise nicht in der Lage, haben sie auf einen nicht verkehrssicheren Zustand durch Verkehrszeichen hinzuweisen (siehe dazu beispielhaft § 3 Fernstraßengesetz). § 45 Abs. 3 StVO erlaubt ihnen folgerichtig sogar, entsprechende Gefahrzeichen selbst anzuordnen und aufzustellen. Ansonsten werden sie nach § 45 Abs. 3 wie die anderen Verkehrszeichen und Verkehrseinrichtungen von den Straßenverkehrsbehörden angeordnet.

Die Verwendung von Gefahrzeichen muss sich auf das unbedingt erforderliche Maß beschränken. Nach Möglichkeit sollte versucht werden, die Gefahr zumindest mittelfristig durch verkehrstechnische oder bauliche Maßnahmen zu beseitigen oder zumindest besser erkennbar zu machen (Selbsterklärende Straße, siehe Abschnitt 6.2).

Um den als übermäßig bewerteten Gebrauch von Gefahrzeichen zu verringern, wurden mit der Änderung der StVO im April 2013 einige Gefahrzeichen nicht mehr ausdrücklich in der StVO aufgeführt. Dies sind im Besonderen die Gefahrzeichen: Schnee- oder Eisglätte, Steinschlag, Splitt und Schotter, bewegliche Brücke, Ufer, Fußgängerüberweg und Flugbetrieb. Sie beschreiben ganz spezielle Situationen, die bereits nach alter Rechtslage nur in Ausnahmefällen angeordnet werden sollten. Vor diesen Gefahren kann nach wie vor mit dem allgemeinen Gefahrzeichen (Zeichen 101) und einem Zusatzzeichen gewarnt werden (siehe *Bild 6.4* in Abschnitt 6.3.4), wie das in den Erläuterungen zu Zeichen 101 (Anlage 1 Abschnitt 1 der StVO) allgemein für die Warnung vor Gefahren vorgesehen ist, die nicht im „Standardkatalog" der StVO enthalten sind. Bei besonderen Gefahrenlagen darf nach § 8 StVO das Sinnbild dieser Gefahren und einiger weiterer Symbole, wie Viehtrieb oder Reiter (siehe § 39 StVO), auch zukünftig noch im Dreieck gezeigt werden (siehe auch Abschnitt 6.3.4). In diesen Fällen wird den anordnenden Behörden jedoch eine besondere Prüfpflicht auferlegt (§ 39 Abs. 8 VwV-StVO). Maßstab ist, wie oben ausgeführt, der „sorgfältige, durchschnittliche, in besonderen Situationen auch gefahrenbewusste Verkehrsteilnehmer".

Bei der Beurteilung, ob ein Gefahrzeichen unbedingt nötig ist, ist auch die Umgebung der Gefahrstelle,

6.3.1 Allgemeines

ihre Lage im Netz und andere Umstände, die nach der Erfahrung die Erwartung des durchschnittlichen Autofahrers und seine Aufmerksamkeit beeinflussen, zu berücksichtigen. So wird z. B. außerorts vor manchen Gefahren eher zu warnen sein, da die Geschwindigkeiten höher sind und die Aufmerksamkeit der Fahrer niedriger ist. Innerorts kann es ausnahmsweise notwendig sein, vor bestimmten Gefahren zu warnen, z. B. wegen einer unerwarteten und unvermeidbaren Dichte von ablenkenden Informationen, die nicht unterbunden werden können.

Es wird empfohlen, in der Begründung der verkehrsrechtlichen Anordnung alle widerstreitenden Argumente für oder gegen eine Anordnung und die getroffene Abwägungsentscheidung aktenkundig zu machen. Um möglichen Ansprüchen aus einer angeblichen Verletzung der Verkehrssicherungspflicht begegnen zu können, sollte diese Abwägung insbesondere auch dann aktenkundig gemacht werden, wenn sie dazu geführt hat, dass ein Gefahrzeichen nicht angeordnet wurde.

Zu Abschnitt 6.3.1

FStrG
§ 3
Straßenbaulast

(1) Die Straßenbaulast umfasst alle mit dem Bau und der Unterhaltung der Bundesfernstraßen zusammenhängenden Aufgaben. Die Träger der Straßenbaulast haben nach ihrer Leistungsfähigkeit die Bundesfernstraßen in einem dem regelmäßigen Verkehrsbedürfnis genügenden Zustand zu bauen, zu unterhalten, zu erweitern oder sonst zu verbessern; dabei sind die sonstigen öffentlichen Belange einschließlich des Umweltschutzes sowie behinderter und anderer Menschen mit Mobilitätsbeeinträchtigung mit dem Ziel, möglichst weitreichende Barrierefreiheit zu erreichen, zu berücksichtigen.

(2) Soweit die Träger der Straßenbaulast unter Berücksichtigung ihrer Leistungsfähigkeit zur Durchführung von Maßnahmen nach Absatz 1 Satz 2 außer Stande sind, haben sie auf einem nicht verkehrssicheren Zustand durch Verkehrszeichen hinzuweisen. Diese hat die Straßenbaubehörde vorbehaltlich anderweitiger Maßnahmen der Straßenverkehrsbehörde aufzustellen.

StVO
§ 40
Gefahrzeichen

(1) Gefahrzeichen mahnen zu erhöhter Aufmerksamkeit, insbesondere zur Verringerung der Geschwindigkeit im Hinblick auf eine Gefahrsituation (§ 3 Absatz 1).

StVO
§ 45
Verkehrszeichen
und Verkehrs-
einrichtungen

(3) Im Übrigen bestimmen die Straßenverkehrsbehörden, wo und welche Verkehrszeichen und Verkehrseinrichtungen anzubringen und zu entfernen sind, bei Straßennamensschildern nur darüber, wo diese so anzubringen sind, wie Zeichen 437 zeigt. ... Sie können auch – vorbehaltlich anderer Maßnahmen der Straßenverkehrsbehörden – Gefahrzeichen anbringen, wenn die Sicherheit des Verkehrs durch den Zustand der Straße gefährdet wird. ...

(9) ... Gefahrzeichen dürfen nur dort angebracht werden, wo es für die Sicherheit des Verkehrs unbedingt erforderlich ist, weil auch ein aufmerksamer Verkehrsteilnehmer die Gefahr nicht oder nicht rechtzeitig erkennen kann und auch nicht mit ihr rechnen muss.

VwV-StVO
zu den §§ 39 bis 43
Allgemeines über
Verkehrszeichen
und Verkehrs-
einrichtungen

1 I. ... Bei der Straßenbaubehörde ist gegebenenfalls eine Prüfung anzuregen, ob an Stelle von Verkehrszeichen und Verkehrseinrichtungen vorrangig durch verkehrstechnische oder bauliche Maßnahmen eine Verbesserung der Situation erreicht werden kann.

VwV-StVO
zu § 39
Verkehrszeichen

Zu Absatz 8

5 Vor Anordnung eines Gefahrzeichens mit einem Sinnbild aus § 39 Abs. 8 ist zu prüfen, ob vor der besonderen Gefahrenlage nicht mit dem Zeichen 101 und einem geeigneten Zusatzzeichen gewarnt werden kann.

6.3.2 Inhalt von Gefahrzeichen

Gefahrzeichen haben eine weiße Fläche und einen roten Rand. In der Mitte der weißen Fläche werden **bestimmte Sinnbilder** gezeigt, die die **Gefahr bezeichnen**, vor der gewarnt wird (siehe Abschnitt 6.3.5). Bei der Warnung vor anderen Gefahren wird im weißen Feld ein Ausrufezeichen gezeigt (siehe Abschnitt 6.3.4); die Art der Gefahr kann dann durch ein Zusatzzeichen angegeben werden, das nach Möglichkeit nur ein Sinnbild zeigt. Texte sind zu vermeiden, da sie von fremdsprachigen Fahrern kaum und von deutschsprachigen Fahrern langsamer und weniger sicher verstanden werden.

Die Sinnbilder der Gefahrzeichen können bei bestimmten Zeichen spiegelbildlich dargestellt werden, wenn die Zeichen auf der linken Seite wiederholt werden (siehe Abschnitt 6.3.3) und wenn dadurch verdeutlicht wird, wo oder von wo die Gefahr zu erwarten ist. Bei Zeichen mit gerichteter Bewegungsdarstellung (z. B. Kinder, Wildwechsel) soll diese zur Straße hin ausgerichtet sein, um die (unbewusst wahrgenommene) gefühlte Betroffenheit der Fahrer und damit ihre Aufmerksamkeit zu erhöhen (siehe dazu *Bild 6.1*).

Gefahrzeichen stehen grundsätzlich allein. Nur „bei unabweisbarem Bedarf" dürfen sie erklärend über einem Vorschriftzeichen (insbesondere Beschränkung der zulässigen Höchstgeschwindigkeit (Zeichen 274) oder Überholverbot (Zeichen 276, 277)) angeordnet werden. Das trägt dem aus der Psychologie bekannten Umstand Rechnung, dass Ge- und Verbote eher akzeptiert werden, wenn ihr Grund bekannt ist, und hilft damit, das eigenverantwortliche Handeln der Kraftfahrer zu fördern. Die Beschränkung auf den „unabweisbaren Bedarf" dient dazu, andere Vorschriftzeichen nicht zu entwerten (siehe Erläuterungen zu den Zeichen 274, 276 und 277).

Durch **Zusatzzeichen** kann die Aussage der Gefahrzeichen präzisiert werden.

Kann die normale Entfernung zur Gefahrstelle (siehe Abschnitt 3.2.2) nicht eingehalten werden und ist das für die Kraftfahrer nicht anderweitig erkennbar, so kann bei wesentlichen Unterschieden die Entfernung vom Zeichen zur Gefahrstelle auf einem Zusatzzeichen wie 1004-30 (*Bild 6.2*) angegeben werden. Die angegebene Entfernung sollte unter 100 m auf volle 10 m, zwischen 100 und 200 m auf volle 25 m, darüber auf volle 50 m gerundet werden.

Erstreckt sich die Gefahrstelle über eine unerwartet große Länge, so kann diese mit einem Zusatzzeichen wie 1001-30 (*Bild 6.2*) angegeben werden. Bei einem Wiederholungszeichen wird die Restlänge angegeben. Auch bei diesem Zusatzzeichen sollte die Entfernung sinnvoll gerundet werden.

Wird vor einer Gefahr gewarnt, die sich erst unmittelbar nach einem Abbiegevorgang ergibt (z. B. vor einem Übergang über eine parallel führende Bahnstrecke), so wird das durch Zz 1000-11/ 1000-21, in Ausnahmefällen, wenn vor dem Gefahrzeichen abgebogen wird, auch 1000-10/ 1000-20 (*Bild 6.2*) angegeben.

Zz 1004-30   Zz 1001-30   Zz 1000-20

Bild 6.2 Zusatzzeichen mit Entfernungs- und Richtungsangabe

Die Zusatzzeichen werden direkt unter dem Gefahrzeichen angeordnet.

Weitere Hervorhebung kann durch eine Kontrasttafel (siehe Abschnitt 2.8) oder notfalls auch durch ein über dem Gefahrzeichen angebrachtes gelbes Blinklicht (siehe Abschnitt 2.8) erreicht werden, wenn Verkehrsbeobachtungen oder das Unfallgeschehen zeigen, dass ein Gefahrzeichen nicht ausreichend erkannt wird.

Richtig   Falsch   Falsch

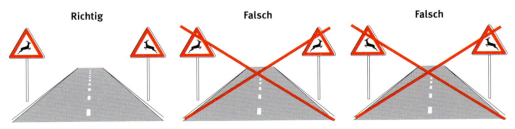

Bild 6.1 Die richtige spiegelbildliche Anordnung verstärkt die Wirkung

Zu Abschnitt 6.3.2

VwV-StVO
zu den §§ 39 bis 43
Allgemeines über
Verkehrszeichen
und Verkehrs-
einrichtungen

9 Gefahrzeichen können spiegelbildlich dargestellt werden (die einzelnen Varianten ergeben sich aus dem VzKat),

10 a) wenn dadurch verdeutlicht wird, wo die Gefahr zu erwarten ist (Zeichen 103, 105, 117, 121) oder

11 b) wenn sie auf der linken Fahrbahnseite wiederholt werden (Zeichen 117, 133 bis 142); die Anordnung von Gefahrzeichen für beide Fahrbahnseiten ist jedoch nur zulässig, wenn nach den örtlichen Gegebenheiten nicht ausgeschlossen werden kann, dass Verkehrsteilnehmer das nur rechts befindliche Gefahrzeichen nicht oder nicht rechtzeitig erkennen können.

...

11. Häufung von Verkehrszeichen

35 a) Am gleichen Pfosten oder sonst unmittelbar über- oder nebeneinander dürfen nicht mehr als drei Verkehrszeichen angebracht werden; bei Verkehrszeichen für den ruhenden Verkehr kann bei besonderem Bedarf abgewichen werden.

36 aa) Gefahrzeichen stehen grundsätzlich allein (vgl. Nummer I zu § 40; Rn. 1).

StVO
§ 40
Gefahrzeichen

(2) Außerhalb geschlossener Ortschaften stehen sie im Allgemeinen 150 bis 250 m vor den Gefahrstellen. Ist die Entfernung erheblich geringer, kann sie auf einem Zusatzzeichen angegeben sein, wie

(3) Innerhalb geschlossener Ortschaften stehen sie im Allgemeinen kurz vor der Gefahr-stelle.

(4) Ein Zusatzzeichen wie

kann die Länge der Gefahrstrecke angeben.

(5) Steht ein Gefahrzeichen vor einer Einmündung, weist auf einem Zusatzzeichen ein schwarzer Pfeil in die Richtung der Gefahrstelle, falls diese in der anderen Straße liegt.

VwV-StVO
zu § 40
Gefahrzeichen

1 I. Gefahrzeichen sind nach Maßgabe des § 45 Abs. 9 Satz 4 anzuordnen. Nur wenn sie als Warnung oder Aufforderung zur eigenverantwortlichen Anpassung des Fahrver-haltens sollte stattdessen oder bei unabweisbarem Bedarf ergänzend mit Vorschriftzeichen (insbesondere Zeichen 274, 276) auf eine der Gefahrsituation angepasste Fahrweise hingewirkt werden; vgl. hierzu I. zu den Zeichen 274, 276 und 277.

2 II. Die Angabe der Entfernung zur Gefahrstelle oder der Länge der Gefahrstrecke durch andere als die in Abs. 2 und 4 bezeichneten Zusatzzeichen ist unzulässig.

VwV-StVO
zu § 41
Vorschriftzeichen

Zu den Zeichen 274, 276 und 277

1 I. Die Zeichen sind nur dort anzuordnen, wo Gefahrzeichen oder Richtungstafeln (Zeichen 625) nicht ausreichen würden, um eine der Situation angepasste Fahrweise zu erreichen. Die Zeichen können dann mit Gefahrzeichen kombiniert werden, wenn

2 1. ein zusätzlicher Hinweis auf die Art der bestehenden Gefahr für ein daran orientiertes Fahrverhalten im Einzelfall unerlässlich ist oder

3 2. aufgrund dieser Verkehrszeichenkombination eine Kennzeichnung des Endes der Verbotsstrecke entbehrlich wird (vgl. Erläuterung zu den Zeichen 278 bis 282).

6.3.3 Aufstellung und Ausführung von Gefahrzeichen

Gefahrzeichen müssen **so weit vor der Gefahrstelle aufgestellt** werden, dass die Fahrer noch genügend Zeit haben, um auf die Warnung zu reagieren. Die Entfernung hängt neben der Geschwindigkeit auch davon ab, ob die Fahrzeuge im Gefahrenfall halten müssen oder nur ihre Geschwindigkeit herabsetzen sollen.

Im Allgemeinen sind Gefahrzeichen außerhalb geschlossener Ortschaften 150 bis 250 m vor der durch sie angezeigten Gefahrstelle anzuordnen, innerhalb geschlossener Ortschaften kurz vor der Gefahrstelle. Ausnahmen werden bei den einzelnen Zeichen behandelt.

Mit Hilfe der Bremswegtabelle in **Anlage 3** der HAV kann in Sonderfällen ermittelt werden, wo bei gemessener oder geschätzter Geschwindigkeit eines Verkehrsstromes Gefahrzeichen aufzustellen sind. Dabei sind die Einflüsse von Längsneigung und Deckenart zu berücksichtigen. Siehe auch Abschnitt 12.4.12.

Muss das Gefahrzeichen in einer wesentlich anderen Entfernung aufgestellt werden, z. B. aus Gründen der Sichtbarkeit, der Vermeidung von Schilderhäufungen oder mangels Aufstellmöglichkeit, und können die Kraftfahrer das Gefahrzeichen nicht zuordnen oder ihre Reaktion nicht angemessen vorbereiten, so kann auf die unerwartete Entfernung mit einem Zusatzzeichen hingewiesen werden (siehe Abschnitt 6.3.2).

Auf der linken Straßenseite können bestimmte Gefahrzeichen in Ausnahmefällen wiederholt werden, wenn zu befürchten ist, dass der Verkehrsteilnehmer das nur rechts aufgestellte Gefahrzeichen nicht oder nicht rechtzeitig erkennen kann, oder wenn dadurch verdeutlicht wird, von wo die Gefahr zu erwarten ist (was die Aufmerksamkeit an die richtige Stelle lenkt, z. B. bei der Warnung vor Kindern oder Wild, oder die gefühlte Betroffenheit und damit die Wirksamkeit erhöhen kann).

Bei unerwartet langen Gefahrbereichen sollte deren ungefähre **Länge angegeben werden**, entweder durch Zusatzzeichen (siehe Abschnitt 6.3.2) oder durch regelmäßige Wiederholung der Gefahrzeichen. Geht man davon aus, dass die durch ein Gefahrzeichen übermittelte Warnung etwa eine Minute im Gedächtnis des Fahrers haften bleibt, müssten Gefahrzeichen bei einer längeren Gefahrstrecke in Abhängigkeit von der Geschwindigkeit in folgenden Abständen wiederholt werden:

– BAB und BAB-
ähnliche Straßen
(120 km/h)   etwa alle 1,5 km
– gut ausgebaute,
schnell befahrene
Außerortsstraßen
(100 km/h)   etwa alle 2,0 km
– weniger gut ausgebaute,
langsam befahrene
Außerortsstraßen
(60 km/h)   etwa alle 1,0 km
– Innerortsstraßen   etwa alle 0,5 km.

Diese Abstände bieten einen Anhalt für die praktische Beschilderung, wobei die örtlichen Gegebenheiten die Aufstellorte stark beeinflussen können. So wird man z. B. die Warnung vor Wildwechsel möglichst an solchen Stellen wiederholen, wo eine verstärkte Wildwechselgefahr besteht. Grundsätzlich ist eine Warnung durch Gefahrzeichen, die für längere Strecken gilt, überall dort zu wiederholen, wo neue Verkehrsteilnehmer in die betreffende Strecke einfahren (ausgenommen Verkehrsteilnehmer, die aus einer Grundstücksausfahrt kommen).

Über Kopf werden Gefahrzeichen in der Regel nur als Wechselverkehrszeichen von Streckenbeeinflussungsanlagen gezeigt (siehe Abschnitt 9.3.5). Ansonsten kommt eine Überkopf-Anordnung nur in Betracht, wenn bei mehreren Fahrstreifen eine zum äußersten verstärkte Warnung gezeigt werden soll (z. B. Warnung vor übermäßigem Gefälle auf Autobahnen).

Eine Verstärkung der Gefahrwarnung durch ergänzende Markierung kommt vor allem innerorts in Betracht, und auch dort nur, wo die Gefahrwarnung durch Verkehrszeichen nicht ausreicht.

Auf Autobahnen und sonstigen schnell befahrenen Straßen sind Gefahrzeichen in großer Ausführung mit einer Seitenlänge von 126 cm (Größe 3, VwV-StVO zu den §§ 39 bis 43 III, Rn. 13b) zu verwenden. Wiederholungen erfolgen mit normaler Größe.

Gefahrzeichen müssen – wenn sie nicht ausnahmsweise von innen oder außen beleuchtet sind – wie alle Verkehrszeichen voll retroreflektierend ausgeführt sein. Um sicherzustellen, dass sie jederzeit zuverlässig erkannt werden, sollte insbesondere bei stark ablenkenden Umfeldbedingungen eine höhere Retroreflexionsklasse gewählt werden (einheitlich für das Gefahrzeichen und alle zugeordneten Zusatzzeichen).

333

6.3.3 Aufstellung und Ausführung von Gefahrzeichen

Zu Abschnitt 6.3.3

StVO
§ 39
Verkehrszeichen

(5) … Schriftzeichen und die Wiedergabe von Verkehrszeichen auf der Fahrbahn dienen dem Hinweis auf ein angebrachtes Verkehrszeichen.

VwV-StVO
zu den §§ 39 bis 43
Allgemeines über
Verkehrszeichen
und Verkehrs-
einrichtungen

9 Gefahrzeichen können spiegelbildlich dargestellt werden (die einzelnen Varianten ergeben sich aus dem VzKat),

10 a) wenn dadurch verdeutlicht wird, wo die Gefahr zu erwarten ist (Zeichen 103, 105, 117, 121) oder

11 b) wenn sie auf der linken Fahrbahnseite wiederholt werden (Zeichen 117, 133 bis 142); die Anordnung von Gefahrzeichen für beide Fahrbahnseiten ist jedoch nur zulässig, wenn nach den örtlichen Gegebenheiten nicht ausgeschlossen werden kann, dass Verkehrsteilnehmer das nur rechts befindliche Gefahrzeichen nicht oder nicht rechtzeitig erkennen können.

…

16 e) Auf Autobahnen und autobahnähnlich ausgebauten Straßen ohne Geschwindig-keitsbeschränkung werden Verbote und vergleichbare Anordnungen zunächst durch Verkehrszeichen der Größe 3 nach den Vorgaben des VzKat angekündigt, Wieder-holungen erfolgen bei zweistreifigen Fahrbahnen in der Regel in der Größe 2.

StVO
§ 40
Gefahrzeichen

(2) Außerhalb geschlossener Ortschaften stehen sie im Allgemeinen 150 bis 250 m vor den Gefahrstellen. Ist die Entfernung erheblich geringer, kann sie auf einem Zusatzzeichen angegeben sein, wie

(3) Innerhalb geschlossener Ortschaften stehen sie im Allgemeinen kurz vor der Gefahr-stelle.

(4) Ein Zusatzzeichen wie

kann die Länge der Gefahrstrecke angeben.

(5) Steht ein Gefahrzeichen vor einer Einmündung, weist auf einem Zusatzzeichen ein schwarzer Pfeil in die Richtung der Gefahrstelle, falls diese in der anderen Straße liegt.

VwV-StVO
zu § 40
Gefahrzeichen

1 I. Gefahrzeichen sind nach Maßgabe des § 45 Abs. 9 Satz 4 anzuordnen. Nur wenn sie als Warnung oder Aufforderung zur eigenverantwortlichen Anpassung des Fahrver-haltens nicht ausreichen, sollte stattdessen oder bei unabweisbarem Bedarf ergänzend mit Vorschriftzeichen (insbesondere Zeichen 274, 276) auf eine der Gefahrsituation angepasste Fahrweise hingewirkt werden; vgl. hierzu I. zu den Zeichen 274, 276 und 277.

2 II. Die Angabe der Entfernung zur Gefahrstelle oder der Länge der Gefahrstrecke durch andere als die in Abs. 2 und 4 bezeichneten Zusatzzeichen ist unzulässig.

6.3.4 Allgemeine Warnung vor Gefahren

StVO Anlage 1 Allgemeine und Besondere Gefahrzeichen (zu § 40 Absatz 6 und 7) Abschnitt 1 Allgemeine Gefahrzeichen (zu § 40 Absatz 6)		
1	**Zeichen 101**  **Gefahrstelle**	Ein Zusatzzeichen kann die Gefahr näher bezeichnen.

Zeichen 101 ist das „generische" Gefahrzeichen. Es ist dort anzuordnen, wo eine Warnung vor einer Gefahr unerlässlich ist (siehe Abschnitt 6.3.1), es aber kein spezielles Gefahrzeichen mit einem dieser Gefahr entsprechenden Sinnbild gibt. Zusätzlich trägt Zeichen 101 die Bedeutung in sich, dass die Gefahr neu, nur kurzzeitig usw. ist. Beispiele für die Anwendung sind „verschmutzte Fahrbahn", „Straßenschäden", „geänderte Vorfahrt". Zeichen 101 darf dauerhaft nicht anstelle der Zeichen 102 bis 151 verwendet werden.

Um die Aufmerksamkeit der Verkehrsteilnehmer in die richtige Richtung zu lenken, ist es empfehlenswert, die Gefahr, vor der gewarnt wird, durch ein Zusatzzeichen mit einem entsprechenden Sinnbild (siehe Anlage 2 der HAV), notfalls auch mit einem erklärenden Text zu verdeutlichen (Anlage 1 lfd. Nr. 1 StVO). Sinnbilder sollten vor Texten bevorzugt werden, da sie schneller erfasst werden können und für nicht deutsch sprechende Kraftfahrer leichter verständlich sind.

Einige in § 39 Abs. 8 StVO ausdrücklich genannte Sinnbilder können bei besonderen Gefahrenlagen mit besonderer Begründung ausnahmsweise auch im Gefahrzeichen selbst (anstelle des Ausrufezeichens) genannt werden (*Bilder 6.3* und *6.4*).

Schnee- oder Eisglätte

Steinschlag

Splitt, Schotter

Bewegliche Brücke

Ufer

Fußgängerüberweg

Amphibienwanderung

Unzureichendes
Lichtraumprofil

Flugbetrieb

Bild 6.3 Privilegierte Sinnbilder gemäß § 39 Absatz 8 StVO

6.3.4 Allgemeine Warnung vor Gefahren

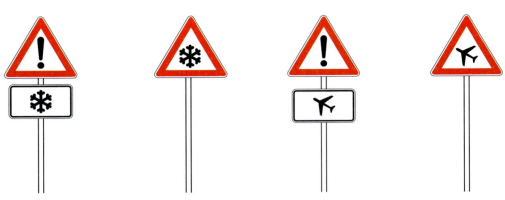

Bild 6.4 Beispiel für Warnung bei besonderen Gefahrenlagen

Die so entstehenden Gefahrzeichen waren bis zur StVO-Änderung vom 1. April 2013 direkt als Gefahrzeichen in der StVO enthalten. Um ihren übermäßigen Gebrauch einzudämmen, ohne ganz auf sie verzichten zu müssen, um sie also in Ausnahmefällen trotzdem noch verwenden zu können, wurde das in Abschnitt 6.3.1 beschriebene Verfahren mit der besonderen Begründungspflicht gewählt.

Wird an einem Knotenpunkt die **Vorfahrtregelung geändert**, empfiehlt es sich, in den dann untergeordneten Knotenästen durch Zeichen 101 mit Zusatzzeichen „Vorfahrt geändert" zu warnen. Mehr Informationen siehe Abschnitt 4.5.4.

Vor **Bahnübergängen**, bei denen die Schienenbahn nicht den Vorrang hat (keine Andreaskreuze), kann Zeichen 101 mit einem Zusatzzeichen, welches das Sinnbild einer Lok zeigt (Zz 1048-18), aufgestellt werden, wenn es im Interesse des Straßenverkehrs erforderlich ist, vor dem Bahnübergang zu warnen (z.B. dann, wenn oft Schienenfahrzeuge verkehren). Näheres siehe Abschnitt 5.4.4.

Vor **Schnee- und Eisglätte** ist nur zu warnen, wo diese öfters unerwartet und für die Kraftfahrer nicht ohne Weiteres erkennbar auftritt (z.B. bei Brücken mit Stahlfahrbahnplatten im Zuge von Kaltluftströmen). Bei der Entscheidung, ob das Zeichen aufzustellen ist oder nicht, sind entlang eines Straßenzugs stets gleiche Maßstäbe anzulegen. Die Warnung soll jeweils rechtzeitig vor Eintritt des Winters angebracht und nach Beendigung der Frostgefahr wieder entfernt werden (je nach Großwetterlage von Ende Oktober bis Anfang April).

Vor auf die Fahrbahn herabgefallenen oder heruntergerollten Steinen (**Steinschlag**) soll nur gewarnt werden, wenn diese Gefahr tatsächlich besteht (weil die neben der Straße liegenden Felspartien wegen ihres Materials und ihrer Schichtung tatsächlich verwitterungsgefährdet sind) und die Felspartien von der Straße nicht zu erkennen oder nicht ohnehin, wie in gebirgigem Gelände zu vermuten sind. Besteht Gefahr des unvermuteten Steinschlags, so reicht es nicht aus, nur vor der Gefahr zu warnen. Vielmehr muss versucht werden, die Gefahr durch Sicherung der Felspartien oder durch Auffangeinrichtungen zwischen Fels und Straße zu verringern (z.B. Netze, Betonschutzwände oder zusätzliche Holme an Stahlschutzplanken). Muss bis zur Einrichtung solcher Sicherungen temporär gewarnt werden, bietet sich eine Kombination aus Zeichen 101 und Zusatzzeichen an. Ist eine solche Sicherung ausnahmsweise nicht möglich, so kann ein Ausnahmefall vorliegen, der die Anordnung des Sinnbildes „Steinschlag" im Dreieck (Z 115) rechtfertigt. Das Zeichen sollte auf der linken Straßenseite spiegelbildlich wiederholt werden, wenn sich der Hang links der Straße befindet (siehe *Bild 6.5*).

Vor **Splitt und Schotter** ist nur zu warnen, wenn – z.B. im Zusammenhang mit Erhaltungsarbeiten an der Straßendecke – die Kraftfahrer unerwartet auf ein Straßenstück treffen, auf dem loser

Bild 6.5 Beidseitige Beschilderung zur Warnung vor Steinschlag

6.3.4 Allgemeine Warnung vor Gefahren

Splitt oder Schotter den Kraftschluss zwischen Reifen und Fahrzeug beeinträchtigen oder, nachdem er von den Reifen aufgeschleudert wurde, andere Verkehrsteilnehmer gefährden kann. Da die Warnung in der Regel nur zeitweise notwendig ist, weil sich der lose Splitt innerhalb einiger Tage nach Beendigung der Arbeiten entweder festgefahren hat oder von der Fahrbahnfläche entfernt wurde und sich dann wieder normale Verhältnisse einstellen, bietet sich zur Warnung eine Kombination aus Zeichen 101 und Zz 1006-32 (Rollsplitt) an.

Bewegliche Brücken sind unmittelbar an der Stelle, an der der Verkehr halten muss, durch Lichtsignale, Schranken oder Posten abzusichern. Insofern ist eine Warnung nur notwendig, wenn diese Sicherungsmaßnahmen unerwartet auftreten, z. B. im Zuge einer schnell befahrenen Vorfahrtstraße, und auch nicht rechtzeitig erkannt werden können. Eine Warnung alleine durch das Gefahrzeichen reicht als Sicherung für eine bewegliche Brücke nicht aus.

Vor einem ungesicherten **Ufer** ist nur zu warnen, wo eine Straße senkrecht oder schräg auf ein Ufer zuläuft, das Ufer nicht durch entsprechende bauliche Einrichtungen gesichert ist und die Gefahr besteht, dass Fahrzeuge über die Ufermauer stürzen. Für den Verkehr, der parallel zum Ufer entlangfährt, ist eine Warnung meist nicht erforderlich, es sei denn, die Uferstraße weist Punkte auf, an denen für die Verkehrsteilnehmer die Gefahr des Überfahrens der Ufermauer deshalb besteht, weil z. B. infolge des kurvigen Verlaufs dieser Straße die Gefahrstelle auch bei der notwendigen Aufmerksamkeit nicht rechtzeitig zu erkennen ist. In Hafengebieten braucht vor einem ungesicherten Ufer in der Regel nicht gewarnt zu werden.

Notwendige Warnungen vor **Fußgängerüberwegen** werden in Abschnitt 5.3.5 behandelt.

Vor **Krötenwanderungen** kann zu bestimmten Zeiten durch Zeichen 101 zusammen mit dem Zz 1006-37 „Krötenwanderung" gewarnt werden.

Notwendige Warnungen vor **unzureichendem Lichtraumprofil durch Bäume** werden in Abschnitt 5.2.2 behandelt.

Vor **Flugverkehr** muss nur gewarnt werden, wenn die Kraftfahrer durch überraschend auftretenden Lärm oder Schattenwurf erschreckt werden können. Ein entsprechendes Gefahrzeichen soll in der Regel nur auf Straßen mit schnellem Verkehr aufgestellt werden, die im Bereich von Flugschneisen liegen und in niedriger Höhe überflogen werden.

Eine spiegelbildliche Ausführung zusätzlich aufzustellen, empfiehlt sich immer dann, wenn die den gefährdenden Fluglärm oder Schattenwurf verursachenden Flugzeuge von beiden Seiten anfliegen (Z 144-20).

Vor **Viehtrieb** ist nur zu warnen, wo öffentliche Straßen, die dem schnellen Kraftverkehr dienen, häufig wiederkehrend von Tieren überquert werden oder wenn Tiere oftmals auf diesen Straßen entlanggetrieben werden (z. B. Schafherden, Auftrieb zur Alm). Das Zeichen „berechtigt" nicht zum Viehtrieb, sondern warnt nur vor unvermeidbarem. Wird vor Viehtrieb aus besonderem Anlass gewarnt (z. B. Auftrieb zu einem Viehmarkt), so sollte Zeichen 101 mit Zusatzzeichen verwendet werden. Eine spiegelbildliche Ausführung ist zulässig für Schilder, die links aufgestellt sind, sofern die Gefahr auch von links droht (Z 140-20).

Ist das Bankett, also der direkt neben der Straße liegende unbefestigte Seitenstreifen, in einem Zustand, dass er auch durch schwerere, aber der StVZO entsprechende Fahrzeuge bei vorsichtiger und langsamer Fahrt nicht gefahrlos befahren werden kann, und ist dieser Zustand „nicht jedem einsichtigen Kraftfahrer erkennbar", so hat der Straßenbaulastträger darauf durch Verkehrszeichen (siehe *Bild 6.6*) hinzuweisen.

Bild 6.6 Die Zeichen entfallen und dürfen künftig nicht mehr angeordnet werden

Dies ergibt sich aus den Straßengesetzen, z. B. § 3 Abs. 2 FStrG, und der Rechtsprechung des BGH (BGH III ZR 110/66 v. 16.12.1968). Die neuere Rechtsprechung hat dies präzisiert und insbesondere herausgearbeitet, dass keine Verpflichtung des Straßenbaulastträgers zur besonderen Befestigung des Banketts besteht, sondern nur zur Warnung durch Verkehrszeichen.

Die Warnung vor der nicht ohne Weiteres erkennbaren Unbefahrbarkeit des Banketts ist besonders dann erforderlich, wenn die Benutzung des Banketts nicht zu vermeiden oder sinnvoll ist, z. B. bei sehr engen Straßen zur (auch langsamen) Begegnung oder auf zweibahnigen Straßen ohne

6.3.4 Allgemeine Warnung vor Gefahren

Standstreifen zum seitlichen Abstellen von   werden kann, wäre die konkrete
nenfahrzeugen. Eine Warnung ist dagegen   nklar. Falls notwendig, könne statt
unbedingt erforderlich, wenn der Randstr   t einem verbal gestalteten Zusatz-
durch entsprechende Fahrzeuge überhaupt   eichen 101 auf einen nicht befahr-
benutzt werden kann, z. B. wenn Schutz   nstreifen hingewiesen werden.
ken angeordnet sind oder nahestehende   des zusammenwachsenden Europas
Bäume die Benutzung des Banketts zum   hen nicht deutschsprachigen Fahr-
weichen möglich machen.   der (Rück-)Schritt zu einem verbal

Zur Warnung vor einem solchen unbefahrt   Zusatzzeichen wirklich zielführend ist,
aber nicht als unbefahrbar erkennbaren Ba   estellt bleiben. Auch viele deutsche
war in der StVO bisher Z 388 vorgesehen   önnen mit den Begriffen „Seitenstrei-
Zeichen ist seit der Änderung vom 1. Apri   Bankett", das dann nach dem ver-
nicht mehr in der StVO enthalten und soll   en Zusatzzeichen „nicht befahrbar"
nicht mehr aufgestellt werden. Bisher aufge   ekt nichts anfangen. Vielleicht wird
Zeichen behalten aber bis zum 31.10.202   ten Jahren ja ein besseres Sinnbild
Gültigkeit.

Die Begründung für die Änderungsveror   n Zusatzzeichen unter dem Zei-
führt aus, dass die Optik des Z 388 a   n, wenn es unter bestimmten Vor-
Zusatzzeichen schließen lasse. Es entspr   etzungen zweckdienlich ist (siehe Abschnitt
damit nicht der in der StVO üblichen Gestal-   6.3.6), auf die Entfernung der Gefahrstelle, die
tung eigenständiger Gefahrzeichen. Da Z 388   Länge der gefährlichen Strecke oder die Rich-
aufgrund der starken Ähnlichkeit leicht mit   tung zur Gefahrstelle hingewiesen werden (siehe
dem Zz 1052-38 (schlechter Fahrbahnrand)   Abschnitt 6.3.2).

Zu Abschnitt 6.3.4

VwV-StVO
zu § 40
Gefahrzeichen

Zu Zeichen 101 Gefahrstelle

1 I. Das Zeichen darf nicht anstelle der Zeichen 102 bis 151 dauerhaft verwendet werden.

2 II. Vor Schienenbahnen ohne Vorrang darf nur durch dieses Zeichen samt einem Zusatzzeichen z.B. mit dem Sinnbild „Straßenbahn" (1048-19) oder dem Sinnbild aus Zeichen 151 gewarnt werden, bei nicht oder kaum benutzten Gleisen auch durch Zeichen 112.

VwV-StVO
zu § 44
Sachliche
Zuständigkeit

Zu Absatz 2 Aufgaben der Polizei

7 I. Bei Gefahr im Verzug, vor allem an Schadenstellen, bei Unfällen und sonstigen unvorhergesehenen Verkehrsbehinderungen ist es Aufgabe der Polizei, auch mit Hilfe von Absperrgeräten und Verkehrszeichen den Verkehr vorläufig zu sichern und zu regeln. Welche Verkehrszeichen und Absperrgeräte im Einzelfall angebracht werden, richtet sich nach den Straßen-, Verkehrs- und Sichtverhältnissen sowie nach der Ausrüstung der eingesetzten Polizeikräfte.

8 Auch am Tage ist zur rechtzeitigen Warnung des übrigen Verkehrs am Polizeifahrzeug das blaue Blinklicht einzuschalten. Auf Autobahnen und Kraftfahrstraßen können darüber hinaus zur rückwärtigen Sicherung besondere Sicherungsleuchten verwendet werden.

StVO
§ 53
Inkrafttreten,
Außerkrafttreten

(2) 4. Die bis zum 1. April 2013 angeordneten Zeichen 150, 153, 353, 380, 381, 388 und 389 bleiben bis zum 31. Oktober 2022 gültig.

6.3.5 Warnung vor speziellen Gefahren

■ Gefälle, Steigung

StVO Anlage 1 Allgemeine und Besondere Gefahrzeichen (zu § 40 Absatz 6 und 7) Abschnitt 1 Allgemeine Gefahrzeichen (zu § 40 Absatz 6)		
5	**Zeichen 108** 10% Gefälle	
6	**Zeichen 110** 12% Steigung	

Mit den Zeichen 108 und 110 kann vor gefährlichen Längsneigungen gewarnt werden, die schwer zu erkennen sind oder die aufgrund der Streckencharakteristik nicht vermutet werden. An gefährlichen Gefällstrecken besteht die Gefahr, dass Fahrzeuge ihre Geschwindigkeit nicht mehr kontrollieren können, z. B. weil bei starkem Gefälle das Bremsvermögen von vornherein nicht ausreicht oder weil bei langen Gefällstrecken die Bremskraft durch Überhitzung absinkt (Fading). An gefährlichen Steigungsstrecken besteht die Gefahr, dass Fahrzeuge auf vorausfahrende auffahren, die steigungsbedingt nur mit geringer Geschwindigkeit fahren.

Eine besondere Gefahr kann z. B. dann entstehen, wenn sich innerhalb der Gefällstrecke oder an deren Ende Knotenpunkte, Kurven oder Engstellen befinden, die nur mit verminderter Geschwindigkeit durchfahren werden dürfen.

Es hängt wesentlich von den geografischen Verhältnissen und der damit verbundenen Erwartungshaltung der Kraftfahrer ab, ob die Zeichen 108 und 110 anzuordnen sind oder nicht. Auf gebirgigen Straßen kann ein starkes Gefälle noch ungefährlich sein, weil es erwartet wird und im Verlauf eines Straßenzuges wiederholt vorkommt. Im Flachland dagegen kann das gleiche Gefälle schon als gefährlich anzusehen sein.

In der Regel werden Beobachtungen des Fahrerverhaltens oder die örtliche Unfallauswertung brauchbare Unterlagen liefern, um zu entscheiden, ob die Zeichen aufzustellen sind.

Bei einem als gefährlich gekennzeichneten Gefälle muss in der Gegenrichtung nicht unbedingt vor der Steigung gewarnt werden. Eine Warnung vor Steigungsstrecken ist besonders dann notwendig, wenn es, bedingt durch die Steigung, zu großen Geschwindigkeitsunterschieden zwischen den einzelnen Fahrzeugarten kommen kann, welche die Verkehrsteilnehmer zu erhöhter Aufmerksamkeit zwingen, weil gesonderte Kriechspuren nicht vorhanden sind (siehe Abschnitt 6.4.5).

Auf den Zeichen 108 und 110 sollten nur volle Prozentzahlen verwendet werden (z. B. 5 %, 6 %, 7 %). Wenn die Länge der Gefahrstrecke, insbesondere einer Gefällstrecke, nicht ohne Weiteres ersichtlich ist, sollte sie auf einem Zusatzzeichen angezeigt werden.

Wenn Zeichen 108 oder 110 als Warnung oder Aufforderung zur eigenverantwortlichen Anpassung des Fahrerverhaltens nicht ausreicht, kann stattdessen (oder bei unabweisbarem Bedarf ergänzend) eine Geschwindigkeitsbeschränkung angeordnet werden.

Dort, wo Notfallspuren angelegt sind, ist eine zusätzliche Beschilderung erforderlich, die dem Einzelfall angepasst sein muss.

6.3.5 **Warnung vor speziellen Gefahren**

Zu den Zeichen 108 Gefälle und 110 Steigung

VwV-StVO
zu § 40
Gefahrzeichen

Zu den Zeichen 108 Gefälle und 110 Steigung

1 Die Zeichen dürfen nur dann angeordnet werden, wenn der Verkehrsteilnehmer die Steigung oder das Gefälle nicht rechtzeitig erkennen oder wegen besonderer örtlicher Verhältnisse oder des Streckencharakters die Stärke oder die Länge der Neigungsstrecke unterschätzen kann. Die Länge der Gefahrstrecke kann auf einem Zusatzzeichen angegeben werden.

■ Unebene Fahrbahn

StVO Anlage 1 Allgemeine und Besondere Gefahrzeichen (zu § 40 Absatz 6 und 7)

Abschnitt 1 Allgemeine Gefahrzeichen (zu § 40 Absatz 6)

7	Zeichen 112	

Unebene Fahrbahn | |

Mit Zeichen 112 kann auf sonst gut ausgebauten Straßen vor Unebenheiten in der Fahrbahn gewarnt werden, die beim Überfahren mit den auf der betreffenden Straße gefahrenen Geschwindigkeiten für die Verkehrsteilnehmer gefährlich werden können, die aber nicht vermutet werden oder schwer zu erkennen sind.

Ob eine Gefährdung der Sicherheit vorliegt, kann in Zweifelsfällen durch Testfahrten ermittelt werden. Dabei wird festgestellt, mit welcher Geschwindigkeit man die unebene Fahrbahnstelle ohne Gefahr überfahren kann. Es empfiehlt sich, die Geschwindigkeit bei solchen Testfahrten um jeweils etwa 10 km/h zu steigern. Man bricht ab, wenn man glaubt, dass eine weitere Geschwindigkeitserhöhung verkehrsgefährdend werden könnte. Liegt die Geschwindigkeit, bei der man abbricht, unter der zu erwartenden $V_{85\%}$-Geschwindigkeit der betreffenden Straße, ist Zeichen 112 aufzustellen. Die Notwendigkeit, sich bei (z. B. wegen ihrer Trassierung oder ihres

allgemeinen Zustands) langsamer befahrenen Straßen an der (dort höheren) allgemeinen zulässigen Höchstgeschwindigkeit (z. B. 100 km/h auf normalen Landstraßen) zu orientieren, muss im Einzelfall abgewogen werden, erscheint aber generell nicht gegeben.

Bei längeren Strecken mit solchen Unebenheiten kann die Länge der Unebenheitsstrecke auf einem Zusatzzeichen angegeben werden. Vor einer besonders unebenen Stelle (z. B. Querrinne) kann es sich empfehlen, das Zeichen zu wiederholen, wobei die Entfernung auf einem Zusatzzeichen anzugeben ist (Zusatzzeichen 1004-30).

Zeichen 112 darf auch zur Warnung vor Unebenheiten infolge von Gleisen verwendet werden, wenn die Gleise nicht oder nur selten von Schienenfahrzeugen befahren werden und die Schienenbahnen keinen Vorrang besitzen (siehe auch VwV-StVO zu Zeichen 101) und daher vor dem Bahnübergang nicht ohnehin schon mit Zeichen 151 gewarnt wird.

Zu Zeichen 112 Unebene Fahrbahn

VwV-StVO
zu § 40
Gefahrzeichen

Zu Zeichen 112 Unebene Fahrbahn

1 I. Das Zeichen ist nur für sonst gut ausgebaute Straßen und nur dann anzuordnen, wenn Unebenheiten bei Einhaltung der jeweils zulässigen Höchstgeschwindigkeit oder der Richtgeschwindigkeit auf Autobahnen eine Gefahr für den Fahrzeugverkehr darstellen können.

2 II. Es ist empfehlenswert, die Entfernung zwischen dem Standort des Zeichens und dem Ende der Gefahrstelle anzugeben, wenn vor einer unebenen Fahrbahn von erheblicher Länge gewarnt werden muss.

3 III. Vgl. auch Nummer II zu Zeichen 101; Rn. 2.

■ **Schleuder- oder Rutschgefahr**

StVO Anlage 1 Allgemeine und Besondere Gefahrzeichen (zu § 40 Absatz 6 und 7) Abschnitt 1 Allgemeine Gefahrzeichen (zu § 40 Absatz 6)		
8	**Zeichen 114** 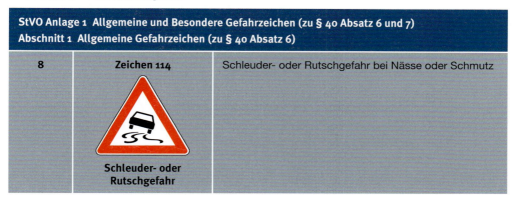 **Schleuder- oder Rutschgefahr**	Schleuder- oder Rutschgefahr bei Nässe oder Schmutz

Mit Zeichen 114 kann dort gewarnt werden, wo die Fahrbahngriffigkeit z. B. bei Nässe oder Verschmutzung für die Verkehrsteilnehmer nicht ohne Weiteres erkennbar und unerwartet niedrig ist und damit Schleuder- oder Rutschgefahr besteht.

Ein Wechsel des Straßenbelages bietet in der Regel für sich allein keinen Anlass zum Aufstellen eines Gefahrzeichens. Wenn aus der Art des Fahrbahnbelages zu erkennen ist, dass Schleudergefahr besteht und dieser Belag zudem sinnvoll und deutlich wahrnehmbar begrenzt ist, braucht kein Zeichen aufgestellt zu werden. Wo aber ein griffiger Belag in einen anderen übergeht, der bei Nässe rutschgefährlich wird, ist außerhalb der geschlossenen Ortschaft Zeichen 114 zur Warnung **für die in den rutschgefährlichen Abschnitt einfahrenden Verkehrsteilnehmer sinnvoll**. Leider werden solche Stellen meistens erst durch Unfälle bekannt und lassen sich schwer vorausbestimmen. Richtwerte zur Beurteilung der

Griffigkeit enthält das „Merkblatt zur Bewertung der Straßengriffigkeit bei Nässe (M BGriff)" der FGSV, Ausgabe 2012.

Dabei ist Zeichen 114 nur anzuordnen, wenn die Gefahr auf einem vergleichsweise kurzen Abschnitt besteht. Bei längeren Strecken mit niedriger Griffigkeit sollte anstelle der Warnung die zulässige Höchstgeschwindigkeit bei Nässe beschränkt werden (siehe Abschnitt 6.4.2).

Vor verschmutzter Fahrbahn (landwirtschaftlicher Verkehr, Ausfahrten von Baustellen, Kiesgruben o. ä.) muss nur gewarnt werden, wenn die Verkehrsgefährung nicht oder nur schwer erkennbar ist und die Verschmutzung nicht sofort beseitigt werden kann. Nach VwV-StVO zu § 32 Absatz 1 sind die zuständigen Stellen vielmehr gehalten, vom Verursacher notfalls unter Androhung von Bußgeld zu verlangen, Verschmutzungen zu vermeiden oder jeweils unverzüglich beseitigen zu lassen, oder aber diese notfalls gegen Kostenerstattung selbst zu beseitigen.

6.3.5 Warnung vor speziellen Gefahren

Zu Zeichen 114 Schleuder- oder Rutschgefahr

VwV-StVO
zu § 40
Gefahrzeichen

Zu Zeichen 114 Schleuder- oder Rutschgefahr bei Nässe oder Schmutz

1 I. Das Zeichen ist nur dort anzuordnen, wo die Gefahr nur auf einem kurzen Abschnitt besteht. Besteht die Gefahr auf längeren Streckenabschnitten häufiger, ist stattdessen die zulässige Höchstgeschwindigkeit bei Nässe zu beschränken. Innerhalb geschlossener Ortschaften ist das Zeichen in der Regel entbehrlich.

2 II. Vor der Beschmutzung der Fahrbahn ist nur zu warnen, wenn die verkehrsgefährdende Auswirkung schwer erkennbar ist und nicht sofort beseitigt werden kann; vgl. Nummer I zu § 32 Abs. 1; Rn. 1.

VwV-StVO
zu § 32
Verkehrshindernisse

Zu Absatz 1

1 I. Insbesondere in ländlichen Gegenden ist darauf zu achten, dass verkehrswidrige Zustände infolge von Beschmutzung der Fahrbahn durch Vieh oder Ackerfahrzeuge möglichst unterbleiben (z. B. durch Reinigung der Bereifung vor Einfahren auf die Fahrbahn), jedenfalls aber unverzüglich beseitigt werden.

2 II. Zuständige Stellen dürfen nach Maßgabe der hierfür erlassenen Vorschriften die verkehrswidrigen Zustände auf Kosten des Verantwortlichen beseitigen.

■ **Seitenwind**

StVO Anlage 1 Allgemeine und Besondere Gefahrzeichen (zu § 40 Absatz 6 und 7)

Abschnitt 1 Allgemeine Gefahrzeichen (zu § 40 Absatz 6)

9	Zeichen 117	
	Seitenwind	

Mit Zeichen 117 kann vor allem außerorts vor Stellen gewarnt werden, an denen aufgrund der örtlichen Gegebenheiten böige Winde auftreten, die für Kraftfahrzeuge gefährlich werden können (z. B. Waldschneisen, hohe Talbrücken).

Wenn eine Straße infolge ihrer Lage (z. B. Küstennähe, frei liegende Straße auf Gebirgskamm) über längere Abschnitte hinweg windgefährdet ist und normalerweise auch ohne eine Warnung mit Seitenwinden gerechnet werden muss, ist dieses Gefahrzeichen nicht erforderlich.

Das zusätzliche Aufstellen von Windsäcken hat an solchen Straßen nach den bisherigen Erfahrungen nicht zu einer Verbesserung der Verkehrssicherheit beitragen können; es sollte daher unterbleiben. Wenn eine Straßenverkehrsbehörde dennoch das Anbringen eines Windsackes anordnet, so kann die Straßenbaubehörde nicht die Kosten tragen, weil es sich hierbei um keine amtliche Verkehrseinrichtung handelt.

■ **Stau**

| StVO Anlage 1 Allgemeine und Besondere Gefahrzeichen (zu § 40 Absatz 6 und 7) |
| Abschnitt 1 Allgemeine Gefahrzeichen (zu § 40 Absatz 6) |

13 — Zeichen 124 — Stau

Mit Zeichen 124 kann vor Streckenabschnitten gewarnt werden, auf denen es häufig zu Staubildung kommt und dadurch Gefahren entstehen, die auch aufmerksame Verkehrsteilnehmer nicht rechtzeitig erkennen können.

In der Regel ist Zeichen 124 nur auf stark belasteten, schnell befahrenen Straßen vor solchen Streckenabschnitten erforderlich, auf denen es erfahrungsgemäß häufig zu Stauungen kommt. Die Ausführung von Zeichen 124 als Wechselverkehrszeichen, das nur bei Bedarf gezeigt wird, in mechanischer oder lichttechnischer Bauart wird sich oft empfehlen. Auch im Zusammenhang mit Streckenbeeinflussungsanlagen ist Zeichen 124 einzusetzen (siehe Abschnitt 9.3.5).

Zu Zeichen 124 Stau

Siehe auch „Richtlinien für Wechselverkehrszeichen an Bundesfernstraßen (RWVZ)".

■ **Gegenverkehr**

| StVO Anlage 1 Allgemeine und Besondere Gefahrzeichen (zu § 40 Absatz 6 und 7) |
| Abschnitt 1 Allgemeine Gefahrzeichen (zu § 40 Absatz 6) |

14 — Zeichen 125 — Gegenverkehr

Mit Zeichen 125 kann dort gewarnt werden, wo eine Fahrbahn, die sonst nur Verkehr in einer Richtung aufweist, nunmehr in beiden Richtungen befahren wird und dies nicht ohne Weiteres erkennbar ist.

Dort, wo eine Fahrbahn, die sonst nur in einer Richtung befahren wird, in beiden Richtungen Verkehr aufweist (z. B. Sperrung einer Fahrbahn der Autobahn wegen Bauarbeiten mit Gegenverkehr auf der anderen Fahrbahn), ist das Zeichen

343

6.3.5 Warnung vor speziellen Gefahren

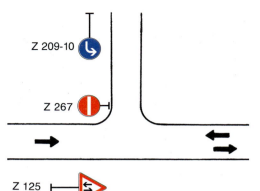

Z 209-10

Z 267

Z 125

Bild 6.7 Übergang einer Einbahnstraße in eine Straße mit Verkehr in beiden Richtungen

„Gegenverkehr" zur Warnung der Verkehrsteilnehmer erforderlich. Bei längeren im Gegenverkehr befahrenen Richtungsfahrbahnen kann das Zeichen in angemessenen Abständen wiederholt werden, wenn die Fahrbahn nicht von sich aus erkennen lässt, dass sie in beiden Richtungen für den Verkehr freigegeben ist.

Zeichen 125 kann ebenfalls dort verwendet werden, wo eine Einbahnstraße in ihrer geradlinigen Fortsetzung in eine Straße mit Verkehr in beiden Richtungen übergeht (*Bild 6.7*).

Die auf diesen Zeichen gezeigten zwei Pfeile, je einer rechts und einer links, könnten die Assoziation eines Richtungsverkehrs mit zwei Spuren in einer Richtung erwecken, sind also optisch widersprüchlich.

Zu Zeichen 125 Gegenverkehr

VwV-StVO
zu § 40
Gefahrzeichen

Zu Zeichen 125 Gegenverkehr

1 Das Zeichen ist nur dann anzuordnen, wenn eine Fahrbahn mit Verkehr in einer Richtung in eine Fahrbahn mit Gegenverkehr übergeht und dies nicht ohne Weiteres erkennbar ist.

■ **Lichtzeichenanlage**

StVO Anlage 1 Allgemeine und Besondere Gefahrzeichen (zu § 40 Absatz 6 und 7)
Abschnitt 1 Allgemeine Gefahrzeichen (zu § 40 Absatz 6)

15	Zeichen 131	
	Lichtzeichenanlage	

Zeichen 131 dient der Warnung vor einer Lichtsignalanlage. Innerorts ist es anzuordnen, wenn eine Lichtsignalanlage nicht ohne Weiteres oder nicht rechtzeitig genug erkennbar ist, um auch nach Umschaltvorgängen vor ihr anzuhalten. Außerorts ergänzt das Zeichen begründend die Geschwindigkeitsbegrenzung, die in der Regel vor Lichtsignalanlagen anzuordnen ist.

Zeichen 131 kann auch als Warnung vor zweifeldrigen Signalgebern (rot/gelb) verwendet werden.

Innerhalb geschlossener Ortschaften ist dieses Zeichen nur sehr selten erforderlich, denkbar ist eine Aufstellung z. B. hinter engen Kurven oder nach Inbetriebnahme einer neuen Signalanlage.

Außerorts wird Zeichen 131 in der Regel zusammen mit der Geschwindigkeitsbeschränkung an einem Mast aufgestellt. Eine solche Geschwindigkeitsbeschränkung auf maximal 70 km/h ist außerorts in der Regel notwendig, um beim Signalwechsel von „Grün" nach „Rot" abgestimmt auf die im Schaltprogramm der Lichtsignalanlage

6.3.5 Warnung vor speziellen Gefahren

festgelegte Gelbzeit eine zuverlässige Entscheidung zwischen „noch Durchfahren" und „Anhalten" zu ermöglichen. Zeichen 131 lenkt darüber hinaus die Aufmerksamkeit der Kraftfahrer auf die Lichtsignalanlage und deren mögliche Signalwechsel (siehe *Bild 6.8*).

Bei schlechten Sichtverhältnissen in der Knotenzufahrt kann es zur Vermeidung von Auffahrunfällen sinnvoll sein, über dem Zeichen 131 gelbes Blinklicht zu zeigen, vorzugsweise nur zu den Signalzeiten, an denen die so gewarnten Fahrzeuge die Signalanlage bei „Rot" erreichen werden.

Vor Bahnübergängen mit Lichtzeichen wird nur mit Zeichen 151 und nicht mit Zeichen 131 gewarnt (siehe Abschnitt 5.4.4).

Bild 6.8
Zeichen 131 in Kombination mit Zeichen 274 zur Warnung vor Lichtsignalanlagen außerorts

---

Zu Zeichen 131 Lichtzeichenanlage

VwV-StVO
zu § 40
Gefahrzeichen

Zu Zeichen 131 Lichtzeichenanlage

1 Das Zeichen ist innerhalb geschlossener Ortschaften nur anzuordnen, wenn die Lichtzeichenanlage für die Fahrzeugführer nicht bereits in so ausreichender Entfernung erkennbar ist, dass ein rechtzeitiges Anhalten problemlos möglich ist. Außerhalb geschlossener Ortschaften ist das Zeichen stets in Verbindung mit einer Geschwindigkeitsbeschränkung vor Lichtzeichenanlagen anzuordnen; vgl. III. zu Zeichen 274.

VwV-StVO
zu § 41
Vorschriftzeichen

Zu Zeichen 274 Zulässige Höchstgeschwindigkeit

5 III. Außerhalb geschlossener Ortschaften ist die zulässige Höchstgeschwindigkeit vor Lichtzeichenanlagen auf 70 km/h zu beschränken.

6.3.5 Warnung vor speziellen Gefahren

■ **Fußgänger, Kinder und Radverkehr**

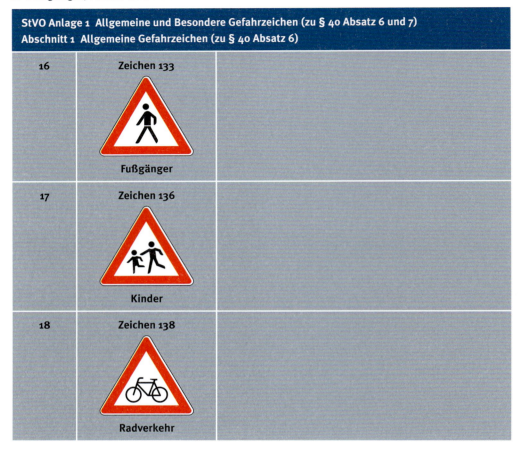

StVO Anlage 1 Allgemeine und Besondere Gefahrzeichen (zu § 40 Absatz 6 und 7) Abschnitt 1 Allgemeine Gefahrzeichen (zu § 40 Absatz 6)		
16	Zeichen 133 Fußgänger	
17	Zeichen 136 Kinder	
18	Zeichen 138 Radverkehr	

Mit den Zeichen 133, 136 und 138 können Kraftfahrer vor Verkehrsteilnehmern gewarnt werden, die auch ohne Bevorrechtigung außerhalb von Kreuzungen für den Fahrzeugverkehr unerwartet und nicht ohne Weiteres erkennbar, aber doch häufiger die Fahrbahn kreuzen, auf sie geleitet oder längs auf ihr geführt werden.

Auch wenn an solchen Stellen in der Regel der Kraftfahrzeugverkehr bevorrechtigt ist, ist doch geboten, vor diesen „schwächeren" Verkehrsteilnehmern zu warnen, da sie durch spezifische Eigenheiten der erhöhten Aufmerksamkeit der Kraftfahrer bedürfen. Gewarnt werden muss nur, wenn in der speziellen Situation eine erhöhte Aufmerksamkeit der Kraftfahrer erforderlich ist, z. B. weil die Querungsstelle schlecht einsehbar ist, die Kreuzungszeiten im Verhältnis zur Annäherungszeit sehr groß sind und/oder mit Fußgängern, Kindern oder Radfahrern an dieser Stelle nicht zu rechnen ist, wenn sich außerorts

häufiger Fußgänger oder Radfahrer unerwartet längs der Straße bewegen oder wenn innerorts in Ausnahmefällen keine Gehwege angelegt sind.

Vor **Fußgängern** muss vor allem gewarnt werden, da diese eine gewisse Zeit benötigen, um die Fahrbahn zu kreuzen und bei Führung längs der Fahrbahn vor allem in der Nacht nur schwer zu erkennen sind. Zur Beschilderung von Fußgängerüberwegen siehe Abschnitt 5.3.5.

Vor kreuzenden oder ungesichert auf die Fahrbahn laufenden Kindern ist besonders zu warnen, da diese sich häufig sehr unberechenbar verhalten. Insofern erinnert das Zeichen auch an die besonderen Pflichten der Kraftfahrer gegenüber Kindern (siehe StVO § 3 Abs. 2 a), wenn diese nicht ohnehin ersichtlich sind.

In der Regel sollte an solchen Stellen vorrangig versucht werden, die Gefahr durch eine technische Sicherung zu verringern. In Tempo 30-Zonen

6.3.5 Warnung vor speziellen Gefahren

Bild 6.9 Beidseitige Beschilderung zur Warnung vor Kindern

ist eine Warnung vor Kindern nur in Ausnahmefällen erforderlich.

Dort, wo ein regelmäßiger Schülerlotsendienst besteht, empfiehlt es sich, statt Zeichen 136 das Zeichen 356 „Verkehrshelfer" anzuordnen (siehe auch Abschnitt 5.3.4).

Fahrradfahrer sind eine sehr heterogene Verkehrsgruppe. Entsprechend können auch die Gründe sehr unterschiedlich sein, warum vor ihnen gewarnt werden muss. In Ausflugsgebieten

können besondere unerwartete Gefahren z. B. von Familien mit kleineren Kindern ausgehen, die die Fahrbahn entlang einer Fahrrad-Ausflugsstrecke kreuzen, entlang von Fahrrad-Pendler-/Schülerstrecken dagegen von der vergleichsweise hohen Geschwindigkeit der Fahrradfahrer.

Vor dem Ende eines Radwegs muss in der Regel nicht mit Zeichen 138 gewarnt werden. Sollte das Ende nicht ohne Weiteres erkennbar sein, wird es lediglich mit Zeichen 237 ff. und dem Zusatzzeichen „Ende" gekennzeichnet. Zeichen 138 kommt jedoch in Betracht, wenn am Ende eines einseitig angelegten Zweirichtungs-Radwegs der Radverkehr außerorts oder am Ortseingang an einer unübersichtlichen Stelle kreuzen muss (siehe auch Abschnitt 3.5.3).

Werden die Zeichen auf der linken Straßenseite wiederholt, z. B. weil das rechts aufgestellte Zeichen nicht ausreichend erkennbar ist oder weil die Aufmerksamkeit der Kraftfahrer auf die linke Straßenseite gelenkt werden soll, sind die Zeichen dort spiegelbildlich aufzustellen (siehe Abschnitt 6.3.2; siehe *Bild 6.9*).

Zu den Zeichen 133 Fußgänger, 136 Kinder und 138 Radverkehr

StVO
§ 3
Geschwindigkeit

(2a) Wer ein Fahrzeug führt, muss sich gegenüber Kindern, hilfsbedürftigen und älteren Menschen, insbesondere durch Verminderung der Fahrgeschwindigkeit und durch Bremsbereitschaft, so verhalten, dass eine Gefährdung dieser Verkehrsteilnehmer ausgeschlossen ist.

VwV-StVO
zu § 40
Gefahrzeichen

Zu Zeichen 133 Fußgänger

1 Das Zeichen ist nur dort anzuordnen, wo Fußgängerverkehr außerhalb von Kreuzungen oder Einmündungen über oder auf die Fahrbahn geführt wird und dies für den Fahrzeugverkehr nicht ohne Weiteres erkennbar ist.

Zu Zeichen 136 Kinder

1 I. Das Zeichen darf nur angeordnet werden, wo die Gefahr besteht, dass Kinder häufig ungesichert auf die Fahrbahn laufen und eine technische Sicherung nicht möglich ist. Die Anordnung des Zeichens ist in Tempo 30-Zonen in der Regel nicht erforderlich (vgl. Nummer XI zu § 45 Abs. 1 bis 1 e).

2 II. Vgl. auch zu § 31; Rn. 1.

Zu Zeichen 138 Radfahrer

1 Das Zeichen ist nur dort anzuordnen, wo Radverkehr außerhalb von Kreuzungen oder Einmündungen die Fahrbahn quert oder auf sie geführt wird und dies für den Kraftfahrzeugverkehr nicht ohne Weiteres erkennbar ist. Vgl. III zu den Zeichen 237, 240 und 241.

VwV-StVO
zu § 41
Vorschriftzeichen

Zu den Zeichen 237, 240 und 241 Radweg, gemeinsamer und getrennter Geh- und Radweg

3 III. Wo das Ende eines Sonderweges zweifelsfrei erkennbar ist, bedarf es keiner Kennzeichnung. Ansonsten ist das Zeichen mit dem Zusatzzeichen „Ende" anzuordnen.

6.3.5 Warnung vor speziellen Gefahren

■ Wildwechsel

StVO Anlage 1 Allgemeine und Besondere Gefahrzeichen (zu § 40 Absatz 6 und 7)		
Abschnitt 1 Allgemeine Gefahrzeichen (zu § 40 Absatz 6)		
19	Zeichen 142 Wildwechsel	

Mit Zeichen 142 kann an Straßen mit schnellem Verkehr vor den Gefahren aus kreuzendem Wild gewarnt werden, wo dieses häufig unerwartet öffentliche Straßen überquert.

Wildwechselschilder sind nur zur Sicherung des Fahrzeugverkehrs vor einem regelmäßig und häufig benutzten Wildwechsel (Haupt- oder Dauerwechsel) erforderlich. Weil Wildwechsel im Gegensatz zu manchen anderen Gefahrpunkten örtlich nicht genau festliegen, ist Zeichen 142 entsprechend früh genug anzuordnen. Auf einem Zusatzzeichen kann die Streckenlänge angegeben werden, auf der mit Wildwechsel bzw. noch mit Wildwechsel gerechnet werden muss.

Die Gefahrstellen, an denen mit Zeichen 142 gewarnt wird, sind im Benehmen mit den zuständigen Jagd- und Forstbehörden sowie nach Anhörung der Jagdausübungsberechtigten festzulegen, um die Wildverhältnisse angemessen berücksichtigen zu können. Dabei dient Zeichen 142 vorrangig als Warnung für den Kraftfahrer und nicht dem Schutz des Wildes.

Untersuchungen über Wildunfälle haben gezeigt, dass neben dem Aufstellen von Gefahrzeichen weitere flankierende Maßnahmen sinnvoll sind, um die Sicherheit zu erhöhen. Siehe auch „Chamener Modell", eine unter Beteiligung des Deutschen Jagdschutzverbandes und des ADAC durchgeführte Untersuchung, herausgegeben vom ADAC, Abt. STV. Zu diesen Maßnahmen zählen u. a. Wildbrücken, Wildäcker und Duftzäune. Ferner wird vorgeschlagen, Straßenränder und -böschungen nicht mit Lupinen, Klee oder Luzernen zu begrünen, weil diese Pflanzen das Wild anziehen.

Wildschutzzäune sind nur sinnvoll für Straßen ohne planfreie Knotenpunkte, um zu verhindern, dass Wild in den durch die Zäune geschützten Bereich eindringen kann und dann dort gefangen ist (siehe Abschnitt 11.2 und „Richtlinien für Wildschutzzäune an Bundesfernstraßen"). Dort, wo Schutzzäune errichtet sind, ist Zeichen 142 entbehrlich.

Wird Zeichen 142 auf der linken Straßenseite wiederholt, z.B. weil das rechts aufgestellte Zeichen nicht ausreichend erkennbar ist oder weil die Aufmerksamkeit der Kraftfahrer auf die linke Straßenseite gelenkt werden soll, ist es dort spiegelbildlich aufzustellen (siehe Abschnitt 6.3.3; siehe *Bild 6.10*).

Bild 6.10 Beidseitige Beschilderung zur Warnung vor Wildwechsel

Zu Zeichen 142 Wildwechsel

VwV-StVO
zu § 40
Gefahrzeichen

Zu Zeichen 142 Wildwechsel

1 I. Das Zeichen darf nur für Straßen mit schnellem Verkehr für bestimmte Strecken-abschnitte angeordnet werden, in denen Wild häufig über die Fahrbahn wechselt. Diese Gefahrstellen sind mit den unteren Jagd- und Forstbehörden sowie den Jagd-ausübungsberechtigten festzulegen.

2 II. Auf Straßen mit Wildschutzzäunen ist das Zeichen entbehrlich.

6.4 Streckenverbote und -gebote

6.4.1 Allgemeines

StVO Anlage 2 Vorschriftzeichen (zu § 41 Absatz 1)
Abschnitt 7 Geschwindigkeitsbeschränkungen und Überholverbote

49	**Zeichen 274** **60** Zulässige Höchstgeschwindigkeit	**Ge- oder Verbot** 1. Wer ein Fahrzeug führt, darf nicht schneller als mit der jeweils angegebenen Höchstgeschwindigkeit fahren. 2. Sind durch das Zeichen innerhalb geschlossener Ortschaften bestimmte Geschwindigkeiten über 50 km/h zugelassen, gilt das für Fahrzeuge aller Art. 3. Außerhalb geschlossener Ortschaften bleiben die für bestimmte Fahrzeugarten geltenden Höchstgeschwindigkeiten (§ 3 Absatz 3 Nummer 2 Buchstabe a und b und § 18 Absatz 5) unberührt, wenn durch das Zeichen eine höhere Geschwindigkeit zugelassen ist.
49.1	bei Nässe	**Ge- oder Verbot** Das Zusatzzeichen zu dem Zeichen 274 verbietet Fahrzeugführenden, bei nasser Fahrbahn die angegebene Geschwindigkeit zu überschreiten.
52	**Zeichen 275** **30** Vorgeschriebene Mindestgeschwindigkeit	**Ge- oder Verbot** Wer ein Fahrzeug führt, darf nicht langsamer als mit der angegebenen Mindestgeschwindigkeit fahren, sofern nicht Straßen-, Verkehrs-, Sicht- oder Wetterverhältnisse dazu verpflichten. Es verbietet, mit Fahrzeugen, die nicht so schnell fahren können oder dürfen, einen so gekennzeichneten Fahrstreifen zu benutzen.
zu 53 und 54		**Ge- oder Verbot** Die nachfolgenden Zeichen 276 und 277 verbieten Kraftfahrzeugen das Überholen von mehrspurigen Kraftfahrzeugen und Krafträdern mit Beiwagen. Ist auf einem Zusatzzeichen eine Masse, wie „7,5 t" angegeben, gilt das Verbot nur, soweit die zulässige Gesamtmasse dieser Kraftfahrzeuge, einschließlich ihrer Anhänger, die angegebene Grenze überschreitet.
53	**Zeichen 276** Überholverbot für Kraftfahrzeuge aller Art	

StVO Anlage 2 Vorschriftzeichen (zu § 41 Absatz 1)
Abschnitt 7 Geschwindigkeitsbeschränkungen und Überholverbote

54	Zeichen 277 Überholverbot für Kraftfahrzeuge über 3,5 t	**Ge- oder Verbot** Überholverbot für Kraftfahrzeuge mit einer zulässigen Gesamtmasse über 3,5 t, einschließlich ihrer Anhänger, und für Zugmaschinen. Ausgenommen sind Personenkraftwagen und Kraftomnibusse.
54.1	**2,8 t**	**Ge- oder Verbot** Mit dem Zusatzzeichen gilt das durch Zeichen 277 angeordnete Überholverbot auch für Kraftfahrzeuge über 2,8 t, einschließlich ihrer Anhänger.
54.2	auch	**Ge- oder Verbot** Mit dem Zusatzzeichen gilt das durch Zeichen 277 angeordnete Überholverbot auch für Kraftomnibusse und Personenkraftwagen mit Anhänger.
54.3	↑ 2 km ↑	**Erläuterung** Das Zusatzzeichen zu dem Zeichen 274, 276 oder 277 gibt die Länge einer Geschwindigkeitsbeschränkung oder eines Überholverbots an.
55		**Erläuterung** Das Ende einer streckenbezogenen Geschwindigkeitsbeschränkung oder eines Überholverbots ist nicht gekennzeichnet, wenn das Verbot nur für eine kurze Strecke gilt und auf einem Zusatzzeichen die Länge des Verbots angegeben ist. Es ist auch nicht gekennzeichnet, wenn das Verbotszeichen zusammen mit einem Gefahrzeichen angebracht ist und sich aus der Örtlichkeit zweifelsfrei ergibt, von wo an die angezeigte Gefahr nicht mehr besteht. Sonst ist es gekennzeichnet durch die Zeichen 278 bis 282.
56	Zeichen 278 Ende der zulässigen Höchstgeschwindigkeit	

6.4.1 Allgemeines

StVO Anlage 2 Vorschriftzeichen (zu § 41 Absatz 1)
Abschnitt 7 Geschwindigkeitsbeschränkungen und Überholverbote

57	**Zeichen 279** Ende der vorgeschriebenen Mindestgeschwindigkeit	
58	**Zeichen 280** Ende des Überholverbots für Kraftfahrzeuge aller Art	
59	**Zeichen 281** Ende des Überholverbots für Kraftfahrzeuge über 3,5 t	
60	**Zeichen 282** Ende sämtlicher streckenbezogener Geschwindigkeitsbeschränkungen und Überholverbote	

68	Zeichen 295	Ge- oder Verbot

**Fahrstreifen-
begrenzung und
Fahrbahnbegrenzung**

Ge- oder Verbot

1. a) Wer ein Fahrzeug führt, darf die durchgehende Linie auch nicht teilweise überfahren.
   b) Trennt die durchgehende Linie den Fahrbahnteil für den Gegenverkehr ab, ist rechts von ihr zu fahren.
   c) Grenzt sie einen befestigten Seitenstreifen ab, müssen außerorts landwirtschaftliche Zug- und Arbeitsmaschinen, Fuhrwerke und ähnlich langsame Fahrzeuge möglichst rechts von ihr fahren.
   d) Wer ein Fahrzeug führt, darf auf der Fahrbahn nicht parken, wenn zwischen dem abgestellten Fahrzeug und der Fahrstreifenbegrenzungslinie kein Fahrstreifen von mindestens 3 m mehr verbleibt.

2. a) Wer ein Fahrzeug führt, darf links von der durchgehenden Fahrbahnbegrenzungslinie nicht halten, wenn rechts ein Seitenstreifen oder Sonderweg vorhanden ist.
   b) Wer ein Fahrzeug führt, darf die Fahrbahnbegrenzung der Mittelinsel des Kreisverkehrs nicht überfahren.
   c) Ausgenommen von dem Verbot zum Überfahren der Fahrbahnbegrenzung der Mittelinsel des Kreisverkehrs sind nur Fahrzeuge, denen wegen ihrer Abmessungen das Befahren sonst nicht möglich wäre. Mit ihnen darf die Mittelinsel überfahren werden, wenn eine Gefährdung anderer am Verkehr Teilnehmenden ausgeschlossen ist.

3. a) Wird durch Zeichen 223.1 das Befahren eines Seitenstreifens angeordnet, darf die Fahrbahnbegrenzung wie eine Leitlinie zur Markierung von Fahrstreifen einer durchgehenden Fahrbahn (Zeichen 340) überfahren werden.
   b) Grenzt sie einen Sonderweg ab, darf sie nur überfahren werden, wenn dahinter anders nicht erreichbare Parkstände angelegt sind und das Benutzen von Sonderwegen weder gefährdet noch behindert wird.
   c) Die Fahrbahnbegrenzungslinie darf überfahren werden, wenn sich dahinter eine nicht anders erreichbare Grundstückszufahrt befindet.

Erläuterung

1. Als Fahrstreifenbegrenzung trennt das Zeichen den für den Gegenverkehr bestimmten Teil der Fahrbahn oder mehrere Fahrstreifen für den gleichgerichteten Verkehr voneinander ab. Die Fahrstreifenbegrenzung kann zur Abtrennung des Gegenverkehrs aus einer Doppellinie bestehen.

2. Als Fahrbahnbegrenzung kann die durchgehende Linie auch einen Seitenstreifen oder Sonderweg abgrenzen.

StVO Anlage 2 Vorschriftzeichen (zu § 41 Absatz 1)
Abschnitt 9 Markierungen

69	Zeichen 296 **Einseitige Fahrstreifenbegrenzung** (Fahrstreifen B / Fahrstreifen A)	**Ge- oder Verbot** 1. Wer ein Fahrzeug führt, darf die durchgehende Linie nicht überfahren oder auf ihr fahren. 2. Wer ein Fahrzeug führt, darf nicht auf der Fahrbahn parken, wenn zwischen dem parkenden Fahrzeug und der durchgehenden Fahrstreifenbegrenzungslinie kein Fahrstreifen von mindestens 3 m mehr verbleibt. 3. Für Fahrzeuge auf dem Fahrstreifen B ordnet die Markierung an: Fahrzeuge auf dem Fahrstreifen B dürfen die Markierung überfahren, wenn der Verkehr dadurch nicht gefährdet wird.
71	Zeichen 297.1 **Vorankündigungspfeil**	**Erläuterung** Mit dem Vorankündigungspfeil wird eine Fahrstreifenbegrenzung angekündigt oder das Ende eines Fahrstreifens angezeigt. Die Ausführung des Pfeils kann von der gezeigten abweichen.

■ Überblick

Streckenverbote werden dort angeordnet, wo das Verhalten der Kraftfahrer über eine kürzere oder längere Strecke meist aus für sie zunächst nicht einsichtigen Gründen geregelt werden muss und Leiteinrichtungen und Gefahrzeichen nicht ausreichen.

Grundsätzlich gilt, dass die Kraftfahrer ihr Verhalten in eigener Verantwortung und aus eigener Einsicht bestimmen (siehe Abschnitte 6.1 und 2.2.5). Auf Einflüsse, die wichtig für diese Entscheidungen sind, soll durch entsprechende Gestaltung der Straßenanlage, notfalls auch durch Verkehrseinrichtungen und Warnzeichen hingewiesen werden (siehe Abschnitte 6.2 und 6.3). Trotzdem verbleiben immer wieder Situationen, in denen das Fahrverhalten zu ihrem eigenen Schutz oder zum Schutz anderer Personen oder Güter reglementiert werden muss.

Daraus ergibt sich zunächst, dass Streckenverbote erst angeordnet werden dürfen, wenn die anderen Möglichkeiten der Verhaltensbeeinflussung geprüft und für unzureichend befunden wurden. Außerdem ist eine Regelung zu wählen, die möglichst gering in das eigenverantwortliche Handeln der Fahrer eingreift. Die jeweiligen Gründe und Entscheidungen sind in der verkehrsrechtlichen Anordnung zu dokumentieren.

Gründe für die Anordnung von Streckenverboten können sein:

– Sicherheit auf der freien Strecke (siehe Abschnitt 6.4.2);
– Sicherheit an gefährlichen Stellen (siehe Abschnitt 6.4.3):
  – Kurven (siehe Abschnitt 6.5),
  – Knotenpunkte (siehe Abschnitt 4),
  – Lichtsignalanlagen (siehe Abschnitt 9.3.3),
  – Arbeitsstellen (siehe Abschnitt 7.2),
  – Bahnübergänge (siehe Abschnitt 5.4.4),
  – Alleen (siehe Abschnitt 3.3.3),
  – Ankündigung von Ortsdurchfahrten (siehe Abschnitt 6.6.4),
  – anderen gefährlichen Stellen (siehe Abschnitt 6.3.5);

– Schutz der Umgebung vor Immissionen (siehe Abschnitt 6.4.4);
– Sicherstellung des gleichmäßigen Verkehrsflusses (siehe Abschnitt 6.4.5);
– Ermöglichen eines schnelleren Verkehrsflusses (siehe Abschnitt 6.4.5);
– sonstige Gründe (siehe Abschnitt 6.4.6):
  – Durchführung von Kontrollen,
  – Verhüten von Schäden an der Straße,
  – Erforschen des Unfallgeschehens, des Verkehrsverhaltens, des Verkehrsablaufs oder zur Erprobung von Maßnahmen.

Diese einzelnen Fälle sind in den angegebenen Abschnitten einzeln behandelt. Nachfolgend werden noch allgemeine Hinweise für die Anordnung von Streckenverboten gegeben.

Streckenverbote bedürfen in der Regel einer ausführlichen Begründung, in der die Sicherheit (und häufig auch Ansprüche aus dem Umfeld der Straße), die Leichtigkeit des Verkehrs und ggf. auch noch andere Einflüsse gegeneinander abgewogen werden müssen.

Streckenverbote können auch dynamisch in Verkehrsbeeinflussungsanlagen gezeigt werden (siehe Abschnitte 9.3.4, 9.3.5 und 9.3.7), um in Abhängigkeit vom Verkehrsablauf nur genau dann wirksam zu sein, wenn dies für eine Verbesserung der Sicherheit und Leichtigkeit des Verkehrs sinnvoll ist. Dann sind in der Anordnung die jeweiligen zum Schaltprogramm führenden Entscheidungswege festzulegen (ggf. unter Bezugnahme auf entsprechende allgemeine Richtlinien).

■ **Bedeutung der einzelnen Zeichen**

Die zulässige Höchstgeschwindigkeit ist in der StVO in den §§ 3 und 18 für bestimmte Straßentypen sowie in weiteren Paragrafen für weitere räumlich abgegrenzte Bereiche allgemein geregelt (siehe auch Abschnitt 6.6).

Mit Zeichen 274 kann im Einzelfall eine davon abweichende zulässige Höchstgeschwindigkeit angeordnet werden.

Zulässige Höchstgeschwindigkeiten höher als 130 km/h sollen auch auf Autobahnen nicht angeordnet werden. Dies trägt dem Umstand Rechnung, dass Beschränkungen der zulässigen Höchstgeschwindigkeiten auch eine geschwindigkeitssteigernde Wirkung haben können, dann nämlich, wenn Fahrer, die eigentlich langsamer als die angeordnete Höchstgeschwindigkeit fahren wollten, sich nun bemüßigt fühlen, die angeordnete Höchstgeschwindigkeit „auszunutzen",

um den nachfolgenden Verkehr nicht zu behindern.

Dieser Effekt ist mehrfach belegt, besonders eindrücklich in der wissenschaftlichen Dokumentation der Einführung der allgemeinen Geschwindigkeitsbeschränkung auf Landstraßen. Dadurch wurden zwar die (gefährlichen) hohen Spitzengeschwindigkeiten unterbunden; andererseits war aber ein deutlicher Anstieg der durchschnittlichen Geschwindigkeiten zu beobachten.

Die Erfahrung zeigt, dass die meisten Verkehrsteilnehmer ihre Fahrgeschwindigkeit so wählen, dass sie in der Lage sind, die Fahraufgabe vernünftig und sicher zu erledigen. Nur wenn angenommen werden muss, dass die Kraftfahrer selbst bei ausreichender Aufmerksamkeit nicht erkennen können, dass eine bestimmte Strecke oder Stelle nur mit einer verminderten Geschwindigkeit befahren werden darf, ist durch Zeichen 274 eine zulässige Höchstgeschwindigkeit vorzuschreiben. Als zulässige Höchstgeschwindigkeit sollte dann gewählt werden

– in der Regel die Geschwindigkeit, die vorher von ca. 85 % der unbeeinflussten Kraftfahrzeugführer nicht überschritten wurde (zur Ermittlung dieser Geschwindigkeit siehe Abschnitt 2.4.6);
– und nur, wenn diese Geschwindigkeit aus nachvollziehbaren Gründen offensichtlich zu hoch ist, eine den Fahrbahnbedingungen, den Verkehrsgegebenheiten sowie den Sichtverhältnissen angemessene Geschwindigkeit.

Auf Autobahnen sollten in der Regel keine zulässigen Höchstgeschwindigkeiten unter 60 km/h angeordnet werden.

Auch das Überholen ist in der StVO zunächst allgemein geregelt, vor allem in § 5 (Überholen), aber auch in § 7a (Ausfädelungsstreifen), § 19 (Bahnübergänge), § 20 (Busse mit Warnblinklicht) und in § 26 (Fußgängerüberwege).

Mit Zeichen 276 und 277 kann im Einzelfall ein darüber hinausgehendes Überholverbot angeordnet werden.

Das kann vor allem dort geboten sein, wo die Gefährlichkeit des Überholens für den Fahrzeugführer nicht ausreichend erkennbar ist, z. B. wegen schlechter Sichtverhältnisse, starker Steigung, starken Gefälles oder besonderer Verkehrsbedingungen (z. B. Baustelle).

Auch lange Geraden, auf denen erfahrungsgemäß die Entfernungen und die Geschwindigkeiten

6.4.1 Allgemeines

entgegenkommender Fahrzeuge nur sehr schwer abgeschätzt werden können, oder gestreckte Linienführungen mit entsprechend hohen Geschwindigkeiten können Anlass für die Anordnung eines Überholverbots sein, wenn häufiges Fehlverhalten zu beobachten ist oder sogar Unfälle zu beklagen sind.

Zeichen 276 verbietet allen Kraftfahrzeugen, Zeichen 277 nur den Kraftfahrzeugen mit einer zulässigen Gesamtmasse von mehr als 3,5 t, einschließlich ihrer Anhänger, sowie den Zugmaschinen (ausgenommen Pkw und Busse), andere mehrspurige Kraftfahrzeuge (also auch Krafträder mit Beiwagen) zu überholen.

Bei Anordnung von Lkw-Überholverboten auf Autobahnen und autobahnähnlich ausgebauten Straßen ist ergänzend Folgendes zu beachten:

1. Bei Anordnung von Lkw-Überholverboten auf Landesgrenzen überschreitenden Autobahnen müssen die Auswirkungen auf den im anderen Bundesland angrenzenden Streckenabschnitt berücksichtigt werden.
2. Auf zweistreifigen Autobahnen empfehlen sich Lkw-Überholverbote an unfallträchtigen Streckenabschnitten (z. B. an Steigungs- oder Gefällstrecken, Ein- und Ausfahrten oder nach Fahrstreifenreduzierungen).
3. Auf zweistreifigen Autobahnen können darüber hinaus Überholverbote – auch z. B. auf längeren Strecken – in Betracht kommen, wenn bei hohem Verkehrsaufkommen durch häufiges Überholen von Lkw die Geschwindigkeit auf dem Überholstreifen deutlich vermindert wird und es dadurch zu einem stark gestörten Verkehrsfluss kommt, durch den die Verkehrssicherheit beeinträchtigt werden kann.
4. Unter Beachtung des Grundsatzes der Verhältnismäßigkeit kann das Überholverbot auf Fahrzeuge mit einer höheren zulässigen Gesamtmasse als 3,5 t beschränkt werden, insbesondere an Steigungsstrecken. Wenn das Verkehrsaufkommen und die Fahrzeugzusammensetzung kein ganztägiges Überholverbot erfordern, kommt eine Beschränkung des Überholverbots auf bestimmte Tageszeiten in Betracht.

Mit Zeichen 295, einer durchgehenden weißen Markierungslinie, kann verboten werden, den für den Gegenverkehr vorgesehenen Teil der Fahrbahn zu benutzen oder zwischen verschiedenen Fahrstreifen der gleichen Fahrtrichtung zu wechseln (Fahrstreifenbegrenzungslinie).

Als Abgrenzung zum Gegenverkehr kann die Fahrstreifenbegrenzungslinie als Doppellinie ausgeführt sein. Bei Fahrbahnen mit mehr als einem Fahrstreifen je Richtung ist das die Regel. Ist bei einer Doppellinie eine der Linien unterbrochen (Zeichen 296 Einseitige Fahrstreifenbegrenzung), so gilt sie für die Fahrzeuge, die normalerweise auf der unterbrochenen Seite fahren, als Leitlinie (Zeichen 340), für die Gegenrichtung als Fahrstreifenbegrenzungslinie.

Die Verwendung der durchgehenden weißen Markierungslinie am Fahrbahnrand (Fahrbahnbegrenzungslinie) ist in Abschnitt 6.2.3 behandelt.

Die Verwendung von Fahrstreifenbegrenzungslinien und ihrer aufgeweiteten Form, der Sperrfläche (Zeichen 298), ist in Abschnitt 4.3 behandelt.

Überholverbot und Abgrenzung zum Gegenverkehr mit einer (einfachen oder doppelten) Fahrstreifenbegrenzungslinie haben nicht die gleiche Bedeutung:

– Bei einem Überholverbot ist es verboten, andere mehrspurige Fahrzeuge und Krafträder mit Beiwagen zu überholen, auch wenn die Mittellinie nicht überfahren wird. Die Regelung ist geeignet, den Verkehrsablauf durch das Verbieten der Überholvorgänge zu vergleichmäßigen.
– Bei einer Fahrstreifenbegrenzungslinie zum Gegenverkehr hin dürfen auch mehrspurige Fahrzeuge überholt werden, solange die Linie nicht überfahren wird. Die Regelung ist geeignet, eine Gefährdung des Gegenverkehrs zu vermeiden.

Bei schmalen Fahrbahnen ist damit die Fahrstreifenbegrenzungslinie, bei breiteren Fahrbahnen das Überholverbot die stärkere Einschränkung. Daher muss im Einzelfall unter Abwägung aller Einflüsse abgewogen werden, welche Regelung den gewünschten Zweck am ehesten erfüllt. Grundsätzlich sind auch Fallgestaltungen denkbar, in denen beide Einschränkungen notwendig sind. Insofern ist die Einschränkung der VwV-StVO zu § 41 zu Zeichen 276 Überholverbot Ziffer II, die die gleichzeitige Anordnung beider Maßnahmen explizit ausschließt, nicht nachvollziehbar.

Die StVO regelt auf verschiedene Weise auch allgemein, dass nicht beliebig langsam gefahren werden darf.

§ 3 Abs. 2 schreibt vor, dass Kraftfahrzeuge nicht ohne triftigen Grund so langsam fahren dürfen, dass sie den Verkehrsfluss behindern. Nach § 5 Abs. 6 muss der Führer eines langsameren Fahrzeugs sogar notfalls warten, um unmittelbar folgenden Fahrzeugen das Überholen zu ermöglichen. Für bestimmte Straßenarten, namentlich die Autobahnen und Kraftfahrstraßen, ist vorgeschrieben, dass die bauartbedingte Höchstgeschwindigkeit der sie benutzenden Fahrzeuge einen gewissen Mindestwert erreichen muss.

Mit den Zeichen 275 kann im Einzelfall angeordnet werden, dass die Fahrzeuge mindestens mit der angezeigten Mindestgeschwindigkeit fahren müssen.

Langsamer darf nur gefahren werden, wenn die Straßen-, Verkehrs-, Sicht- oder Wetterverhältnisse dazu verpflichten. Bei mehreren Fahrstreifen muss der rechte Fahrstreifen ohne vorgeschriebene Mindestgeschwindigkeit befahrbar bleiben. Innerhalb geschlossener Ortschaften darf Zeichen 275 nicht verwendet werden.

Mit den Z 380 und 381 (*Bild 6.11*) konnte bis zur StVO-Änderung vom 1. September 2009 eine streckenspezifische Richtgeschwindigkeit angeordnet werden.

Z 380 **Z 381**

Bild 6.11 Anordnung einer streckenspezifischen Richtgeschwindigkeit. Die Zeichen entfallen und dürfen künftig nicht mehr angeordnet werden

Derzeit angeordnete Z 380 und 381 behalten aber bis zum 31. Oktober 2022 ihre Gültigkeit.

Ziel der so angeordneten Richtgeschwindigkeit war, den Verkehrsablauf zu beruhigen und die Anzahl der Überholvorgänge zu verringern, ohne jedoch ein Verbot auszusprechen.

Streckenverbote enden,

– wo sich dies eindeutig aus dem Zusammenhang ergibt (insbesondere, wenn der Grund für das Verbot durch ein Gefahrzeichen oder ein Zusatzzeichen verdeutlicht wurde),

– nach der auf einem Zusatzzeichen angegebenen Länge oder

– dort, wo dies durch eines der Zeichen 280, 281 oder 282 angeordnet wird.

Zeichen 278 besagt, dass lediglich die örtliche Geschwindigkeitsbeschränkung aufgehoben ist, nicht aber generelle Geschwindigkeitsbeschränkungen, die aufgrund der Straßenverkehrs-Ordnung für bestimmte Fahrzeugarten außerorts gelten (z. B. zulässige Höchstgeschwindigkeit für Lkw ab 3,5 t und Omnibusse außerhalb geschlossener Ortschaften) oder die für geschlossene Ortschaften geltende generelle Geschwindigkeitsbeschränkung; Letztere wird durch die Ortstafel (Zeichen 311) aufgehoben.

Bei der Anordnung der Zeichen 280 bis 282 ist jeweils im Einzelfall zu prüfen, ob für die weitere Strecke wirklich kein über die allgemeinen Vorschriften hinausgehendes Streckenverbot, also z. B. eine Geschwindigkeitsbeschränkung auf eine andere, im allgemeinen höhere Geschwindigkeit oder ein Überholverbot für eine andere Fahrzeuggruppe oder mit einer anderen zeitlichen Festlegung, besteht. In diesem Fall ist nicht Zeichen 280 bis 282 anzuordnen, sondern das wieder geltende Streckenverbot zu wiederholen. Innerhalb geschlossener Ortschaften werden Geschwindigkeitsbeschränkungen mit Zeichen 274 „50" aufgehoben.

■ Anordnung

Die angeordneten Regelungen sollten für die betroffenen Verkehrsteilnehmer möglichst einsichtig sein. Eine Erkenntnis der (Verkehrs-)Psychologie besagt, dass Regelungen, die für die Betroffenen begründet erscheinen, besser befolgt werden. Diese Erkenntnis hat z. B. in den 1960er Jahren zur Regelung in den VwV-StVO (vor 2009) geführt, Streckenverbote vor Gefahrstellen durch das zusätzliche Anordnen des entsprechenden Gefahrzeichens zu erklären (VwV-StVO alte Fassung zu den §§ 39 bis 43 Allgemeines über Verkehrszeichen und Verkehrseinrichtungen, Rn. 33). Die VwV-StVO vom 1. September 2009 regelt zunächst in ihrem Abschnitt zu den §§ 39 bis 41 nur noch, dass Gefahrzeichen alleine stehen. Die Ausnahmeregelung im Abschnitt zu Zeichen 274, 276 und 277, diese Vorschriftzeichen nur dann mit Gefahrzeichen zu kombinieren, wenn dieser Hinweis „für ein daran orientiertes Fahrverhalten unerlässlich ist", geht zwar in die richtige Richtung, erscheint jedoch vor dem Hintergrund verkehrspsychologischer Erkenntnisse unnötig eng gefasst.

Der Grund für eine Beschränkung kann auch durch Zusatzzeichen, z. B. „Ölspur", „Baustellenausfahrt", „Lärmschutz" o. ä., verdeutlicht werden (siehe Abschnitte 6.4.3 und 6.4.4).

Auch aus Gründen der Akzeptanz sollten die getroffenen Regelungen maßvoll sein. Sie sollten sich am Verhalten „vernünftiger"

6.4.1 Allgemeines

Bild 6.12 **Überholverbot, ausgenommen das Überholen von Kraftfahrzeugen und Zügen, die nicht schneller als 25 km/h fahren können oder dürfen (Zz 1049-11)**

Verkehrsteilnehmer orientieren und vor allem auch das Umfeld der Straße berücksichtigen. Daher die Regelung in den VwV-StVO, die Geschwindigkeit, die von 85 % der unbeeinflussten Kraftfahrer gewählt wird, als Maßstab anzusetzen. Das heißt nicht, dass die Straßenanlage unbedingt vollständig umgebaut werden muss, wenn eine Geschwindigkeitsbeschränkung erlassen wird (obwohl das manchmal sicher zweckmäßig wäre). Oft reicht es aus, z. B. bei einer Geschwindigkeitsbeschränkung auf einer breiten Einfallstraße die Seitenmarkierung zu entfernen oder vielleicht sogar Radfahrstreifen zu markieren, um den Geschwindigkeitsdruck zu reduzieren. Unzweckmäßige und zu häufige Beschränkungen der Geschwindigkeit führen dazu, dass dieses Verbot nicht beachtet wird. Eine dreispurig autobahnmäßig ausgebaute Landstraße mit Mittelleitplanke sollte außerhalb geschlossener Ortschaften zum Beispiel nicht mit einer Geschwindigkeitsbeschränkung auf 70 km/h beschildert sein, da dort mit einer solchen Beschränkung nicht zu rechnen ist. Die Geschwindigkeitsbeschränkungen sollten immer dem Straßenbild angemessen sein, denn sonst kann eine Übertretung der Beschränkung als Augenblicksversagen gelten und straffrei bleiben. Von Geschwindigkeitsbeschränkungen soll daher nur dann und in dem Umfang Gebrauch gemacht werden, wie es aufgrund der Straßen- oder Verkehrsverhältnisse erforderlich ist.

Werden Geschwindigkeitsbeschränkung und Überholverbot zusammen angeordnet und die Zeichen an einem Pfosten befestigt, dann ist Zeichen 274 oben, Zeichen 276 oder 277 unten anzubringen.

Streckenverbote können durch Zusatzzeichen auf **bestimmte Fahrzeugarten** beschränkt werden.

Entsprechend können gewisse Fahrzeugarten von den Verboten ausgenommen werden. Bei Überholverboten kann durch Zusatzzeichen auch geregelt werden, dass gewisse Fahrzeugarten, z. B. Kraftfahrzeuge oder Züge, die nicht schneller als 25 km/h fahren dürfen, überholt werden dürfen (*Bild 6.12*).

Mit einem Zusatzzeichen zu Zeichen 277, welches eine Massenangabe, z. B. 7,5 t, enthält, kann das Überholverbot auf Kraftfahrzeuge beschränkt werden, deren zulässige Gesamtmasse einschließlich Anhänger die angegebene Masse überschreitet.

Die Zeichen 274, 276 und 277 dürfen durch ein Zusatzzeichen auch **zeitlich beschränkt** werden.

Gelten **Streckenverbote für eine längere Strecke**, so ist die Länge der gesamten Verbotsstrecke – an den Wiederholungzeichen die der restlichen Verbotsstrecke – auf dem Zusatzzeichen (1001-30/1001-31) anzugeben.

Bei längeren Überholverbotsstrecken, wo der Grund für das Überholverbot nicht aus der Situation erkennbar wird, kann außerorts die Länge der restlichen Verbotsstrecke auf dem Zusatzzeichen (1001-30/1001-31) angegeben werden. Es dürfte nicht zu beanstanden sein, wenn bei

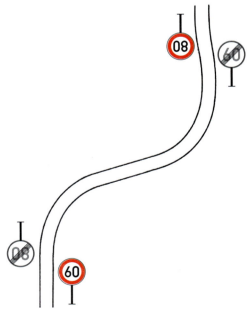

Bild 6.13 **Anfang, Ende und Höhe einer Geschwindigkeitsbeschränkung können für Richtung und Gegenrichtung voneinander abweichen**

6.4.1 Allgemeines

Tabelle 6.1 Zustimmungsvorbehalte der obersten Landesbehörde bei Streckenverboten

Zustimmung der obersten Landesbehörde erforderlich	auf Autobahnen und Kraftfahrstraßen	auf Bundesstraßen außerhalb geschlossener Ortschaften	auf Bundesstraßen innerhalb geschlossener Ortschaften
Geschwindigkeitsbeschränkungen ≥ 60 km/h	×	–	–
Geschwindigkeitsbeschränkungen < 60 km/h	×	×	×
Überholverbote	×	×	–
Fahrstreifenbegrenzungslinie	×	×	–

× erforderlich   – nicht erforderlich

einem Zusatzzeichen (1001-30/1001-31) unter einem Überholverbot der linke Pfeil entfällt.

Die Länge der Überholverbotsstrecke kann bei unübersichtlichen Stellen durch örtliche Erkundung ermittelt werden.

Für Richtung und Gegenrichtung können Höhe und Ausdehnung einer Geschwindigkeitsbeschränkung voneinander abweichen (*Bild 6.13*).

Besondere Beachtung verlangen die Verhältnisse bei Nacht und schlechter Sicht, weil dann Gefahrenpunkte schwerer wahrzunehmen sind.

Streckenverbote, vor allem wenn sie die Geschwindigkeit regeln, können fahrstreifenbezogen angeordnet werden (siehe nachfolgend unter „Aufstellung").

Streckenverbote gelten ab dem Standpunkt der Schilder oder dem Beginn/Ende der Markierung.

Können Schilder oder Markierungen nicht so rechtzeitig erkannt werden, dass sie an ihrem Standort oder Beginn befolgt werden können, so ist es sinnvoll, sie entsprechend anzukündigen.

Auf Autobahnen und autobahnähnlichen Straßen können Geschwindigkeitsbeschränkungen stufenweise herabgesetzt werden. Eine Geschwindigkeitsstufe soll höchstens 40 km/h betragen. Der Mindestabstand in Metern zwischen den unterschiedlichen Höchstgeschwindigkeiten soll das 10-fache der Geschwindigkeitsdifferenz in km/h betragen. Nach Streckenabschnitten ohne Beschränkung soll in der Regel als erste zulässige Höchstgeschwindigkeit 100 km/h angeordnet werden.

Eine Fahrstreifenbegrenzungslinie, die den für den Gegenverkehr bestimmten Teil der Fahrbahn abtrennt, wird durch eine Warnlinie (das ist eine Leitlinie mit langen Strichen und kurzen Lücken) mit mehreren Zeichen 297.1 „Vorankündigungspfeil" angekündigt.

Verkehrsverbote sind in angemessenen Abständen, in jedem Fall nach Kreuzungen und Einmündungen von anderen Straßen zu wiederholen, an denen mit dem Einbiegen ortsunkundiger Kraftfahrer zu rechnen ist. Die Abstände sind entsprechend den örtlichen und den Verkehrsverhältnissen zu wählen. Auch auf Autobahnen sollten die Abstände 1 000 m nicht übersteigen. Es kann sinnvoll sein, keine festen Abstände zu wählen, sondern die Wiederholungszeichen dort aufzustellen, wo die zusätzliche Information für die Kraftfahrer besonders wertvoll ist, z. B. bei einer Geschwindigkeitsbeschränkung wegen einer kurvenreichen Strecke unmittelbar vor einem Streckenstück mit besonders engen Kurven oder aber auch vor einem eher großzügigen Streckenstück, auf dem die Beschränkung aus gutem Grund weiter gelten soll.

Da Streckenverbote häufig einen nicht unerheblichen Eingriff in die Leichtigkeit des Verkehrs bedeuten, sind in der VwV-StVO zu § 45 die in *Tabelle 6.1* dargestellten Zustimmungsvorbehalte der obersten Landesbehörde oder der von ihr bestimmten Stelle vorgesehen. Nur bei Maßnahmen zur Durchführung von Arbeiten im Straßenraum, zur Verhütung außerordentlicher Schäden oder durch unvorhergesehene Ereignisse ist diese Zustimmung nicht notwendig (siehe VwV-StVO zu § 45 Abs. 1 bis 1e Rn. 10).

■ Aufstellung

Verkehrsverbote und deren Ende werden normalerweise mit Verkehrszeichen auf der rechten Straßenseite angeordnet. Auf schnell befahrenen Straßen kann es zweckmäßig sein, sie auch auf der linken Straßenseite zu zeigen. Für

6.4.1 Allgemeines

Bild 6.14
Mit Einsätzen von verkleinerten Zeichen in Fahrstreifentafeln können Streckenverbote auch fahrstreifenbezogen gezeigt werden, wenn die Anordnung über den Fahrstreifen unverhältnismäßig ist

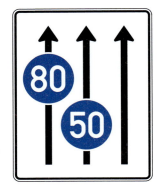

Überholverbote auf Außerortsstraßen ist das die Regel.

Zur Verringerung der Schilderanzahl kann Zeichen 278 bei Straßen mit nur einer Fahrbahn und nur einem Fahrstreifen pro Richtung sowie geringer Verkehrsbelastung auf der Rückseite eines anderen, für die Gegenrichtung bestimmten Verkehrszeichens erscheinen, wenn das Ende der Geschwindigkeitsbegrenzung mit der Stelle zusammenfällt, wo das Zeichen für die Gegenrichtung steht. Zeichen 278 befindet sich dann nur auf der linken Straßenseite.

Werden Streckenverbote fahrstreifenbezogen angeordnet, ist zu prüfen, ob sie über den Fahrstreifen gezeigt werden können (siehe Abschnitt 2.7.3). Ist das nicht möglich, können sie auch als Einsätze von Fahrstreifentafeln (Z 521 ff.) gezeigt werden (*Bild 6.14*).

Dies empfiehlt sich vor allem bei der Ankündigung von Fahrstreifenerweiterungen (mit Regelung der zulässigen Höchst- oder Mindestgeschwindigkeiten) oder von Fahrstreifenreduktionen (mit Aufhebung der zulässigen Höchst- oder Mindestgeschwindigkeiten).

Zu Abschnitt 6.4.1

StVO
§ 3
Geschwindigkeit

(1) Wer ein Fahrzeug führt, darf nur so schnell fahren, dass das Fahrzeug ständig beherrscht wird. Die Geschwindigkeit ist insbesondere den Straßen-, Verkehrs-, Sicht- und Wetterverhältnissen sowie den persönlichen Fähigkeiten und den Eigenschaften von Fahrzeug und Ladung anzupassen. Beträgt die Sichtweite durch Nebel, Schneefall oder Regen weniger als 50 m, darf nicht schneller als 50 km/h gefahren werden, wenn nicht eine geringere Geschwindigkeit geboten ist. Es darf nur so schnell gefahren werden, dass innerhalb der übersehbaren Strecke gehalten werden kann. Auf Fahrbahnen, die so schmal sind, dass dort entgegenkommende Fahrzeuge gefährdet werden könnten, muss jedoch so langsam gefahren werden, dass mindestens innerhalb der Hälfte der übersehbaren Strecke gehalten werden kann.

(2) Ohne triftigen Grund dürfen Kraftfahrzeuge nicht so langsam fahren, dass sie den Verkehrsfluss behindern.

(2a) Wer ein Fahrzeug führt, muss sich gegenüber Kindern, hilfsbedürftigen und älteren Menschen, insbesondere durch Verminderung der Fahrgeschwindigkeit und durch Bremsbereitschaft, so verhalten, dass eine Gefährdung dieser Verkehrsteilnehmer ausgeschlossen ist.

(3) Die zulässige Höchstgeschwindigkeit beträgt auch unter günstigsten Umständen

1. innerhalb geschlossener Ortschaften für alle Kraftfahrzeuge   50 km/h,
2. außerhalb geschlossener Ortschaften

a) für
    aa) Kraftfahrzeuge mit einer zulässigen Gesamtmasse über 3,5 t bis 7,5 t, ausgenommen Personenkraftwagen,
    bb) Personenkraftwagen mit Anhänger,
    cc) Lastkraftwagen und Wohnmobile jeweils bis zu einer zulässigen Gesamtmasse von 3,5 t mit Anhänger sowie
    dd) Kraftomnibusse, auch mit Gepäckanhänger,   80 km/h,

b) für
    aa) Kraftfahrzeuge mit einer zulässigen Gesamtmasse über 7,5 t,
    bb) alle Kraftfahrzeuge mit Anhänger, ausgenommen Personenkraftwagen, Lastkraftwagen und Wohnmobile jeweils bis zu einer zulässigen Gesamtmasse von 3,5 t, sowie
    cc) Kraftomnibusse mit Fahrgästen, für die keine Sitzplätze mehr zur Verfügung stehen,   60 km/h,

6.4.1 Allgemeines

StVO
§ 3
Geschwindigkeit

c) für Personenkraftwagen sowie für andere Kraftfahrzeuge mit einer zulässigen Gesamt-masse bis 3,5 t 100 km/h.
Diese Geschwindigkeitsbeschränkung gilt nicht auf Autobahnen (Zeichen 330.1) sowie auf anderen Straßen mit Fahrbahnen für eine Richtung, die durch Mittelstreifen oder sonstige bauliche Einrichtungen getrennt sind. Sie gilt ferner nicht auf Straßen, die mindestens zwei durch Fahrstreifenbegrenzung (Zeichen 295) oder durch Leitlinien (Zeichen 340) markierte Fahrstreifen für jede Richtung haben.

(4) Die zulässige Höchstgeschwindigkeit beträgt für Kraftfahrzeuge mit Schneeketten auch unter günstigsten Umständen 50 km/h.

StVO
§ 5
Überholen

(2) Überholen darf nur, wer übersehen kann, dass während des ganzen Überholvorgangs jede Behinderung des Gegenverkehrs ausgeschlossen ist. Überholen darf ferner nur, wer mit wesentlich höherer Geschwindigkeit als der zu Überholende fährt.

(3) Das Überholen ist unzulässig:

1. bei unklarer Verkehrslage oder
2. wenn es durch ein angeordnetes Verkehrszeichen (Zeichen 276, 277) untersagt ist.

(3a) Wer ein Kraftfahrzeug mit einer zulässigen Gesamtmasse über 7,5 t führt, darf unbe-schadet sonstiger Überholverbote nicht überholen, wenn die Sichtweite durch Nebel, Schneefall oder Regen weniger als 50 m beträgt.

…

(6) Wer überholt wird, darf seine Geschwindigkeit nicht erhöhen. Wer ein langsameres Fahrzeug führt, muss die Geschwindigkeit an geeigneter Stelle ermäßigen, notfalls warten, wenn nur so mehreren unmittelbar folgenden Fahrzeugen das Überholen möglich ist. Hierzu können auch geeignete Seitenstreifen in Anspruch genommm werden; das gilt nicht auf Autobahnen.

StVO
§ 18
Autobahnen und
Kraftfahrstraßen

(5) Auf Autobahnen darf innerhalb geschlossener Ortschaften schneller als 50 km/h gefah-ren werden. Auf ihnen sowie außerhalb geschlossener Ortschaften auf Kraftfahrstraßen mit Fahrbahnen für eine Richtung, die durch Mittelstreifen oder sonstige bauliche Einrichtun-gen getrennt sind, beträgt die zulässige Höchstgeschwindigkeit auch unter günstigsten Umständen

1. für
   a) Kraftfahrzeuge mit einer zulässigen Gesamtmasse von mehr als 3,5 t, ausgenommen Personenkraftwagen,
   b) Personenkraftwagen mit Anhänger, Lastkraftwagen mit Anhänger, Wohn-mobile mit Anhänger und Zugmaschinen mit Anhänger sowie
   c) Kraftomnibusse ohne Anhänger oder mit Gepäckanhänger 80 km/h,
2. für
   a) Krafträder mit Anhänger und selbstfahrende Arbeitsmaschinen mit Anhänger,
   b) Zugmaschinen mit zwei Anhängern sowie
   c) Kraftomnibusse mit Anhänger oder mit Fahrgästen, für die keine Sitzplätze mehr zur Verfügung stehen, 60 km/h,
3. für Kraftomnibusse ohne Anhänger, die
   a) nach Eintragung in der Zulassungsbescheinigung Teil I für eine Höchstgeschwin-digkeit von 100 km/h zugelassen sind,
   b) hauptsächlich für die Beförderung von sitzenden Fahrgästen gebaut und die Fahr-gastsitze als Reisebestuhlung ausgeführt sind,
   c) auf allen Sitzen sowie auf Rollstuhlplätzen, wenn auf ihnen Rollstuhlfahrer befördert werden, mit Sicherheitsgurten ausgerüstet sind,
   d) mit einem Geschwindigkeitsbegrenzer ausgerüstet sind, der auf eine Höchst-geschwindigkeit von maximal 100 km/h (Vset) eingestellt ist,
   e) den Vorschriften der Richtlinie 2001/85/EG des Europäischen Parlaments und des Rates vom 20. November 2001 über besondere Vorschriften für Fahrzeuge zur Personenbeförderung mit mehr als acht Sitzplätzen außer dem Fahrersitz und zur Änderung der Richtlinien 70/156/EWG und 97/27/EG (ABl. L 42 vom 13.2.2002, S. 1) in der jeweils zum Zeitpunkt der Erstzulassung des jeweiligen Kraftomnibusses geltenden Fassung entsprechen und
   f) auf der vorderen Lenkachse nicht mit nachgeschnittenen Reifen ausgerüstet sind, oder

6.4.1 Allgemeines

StVO
§ 18
Autobahnen und
Kraftfahrstraßen

g) für nicht in Mitgliedstaaten der Europäischen Union oder in Vertragsstaaten des Abkommens über den Europäischen Wirtschaftsraum zugelassene Kraftomnibusse, wenn jeweils eine behördliche Bestätigung des Zulassungsstaates in deutscher Sprache über die Übereinstimmung mit den vorgenannten Bestimmungen und über jährlich stattgefundenen Untersuchungen mindestens im Umfang der Richtlinie 96/96/EG des Rates vom 20. Dezember 1996 zur Angleichung der Rechtsvorschriften der Mitgliedstaaten über die technische Überwachung der Kraftfahrzeuge und Kraftfahrzeuganhänger (ABl. L 46 vom 17.2.1997, S. 1) in der jeweils geltenden Fassung vorgelegt werden kann,   100 km/h.

(6) Wer auf der Autobahn mit Abblendlicht fährt, braucht seine Geschwindigkeit nicht der Reichweite des Abblendlichts anzupassen, wenn

1. die Schlussleuchten des vorausfahrenden Kraftfahrzeugs klar erkennbar sind und ein ausreichender Abstand von ihm eingehalten wird oder
2. der Verlauf der Fahrbahn durch Leiteinrichtungen mit Rückstrahlern und, zusammen mit fremdem Licht, Hindernisse rechtzeitig erkennbar sind.

VwV-StVO
zu § 41
Vorschriftzeichen

3 III. Für einzelne markierte Fahrstreifen dürfen Fahrtrichtungen (Zeichen 209 ff.) oder Höchst- oder Mindestgeschwindigkeiten (Zeichen 274 oder 275) vorgeschrieben oder das Überholen (Zeichen 276 oder 277) oder der Verkehr (Zeichen 245 oder 250 bis 266) verboten werden.

4 IV. Soll die Geltung eines Vorschriftzeichens auf eine oder mehrere Verkehrsarten beschränkt werden, ist die jeweilige Verkehrsart auf einem Zusatzzeichen unterhalb des Verkehrszeichens sinnbildlich darzustellen. Soll eine Verkehrsart oder sollen Verkehrsarten von der Beschränkung ausgenommen werden, ist der sinnbildlichen Darstellung das Wort „frei" anzuschließen.

...

Zu Zeichen 274 Zulässige Höchstgeschwindigkeit

8 VI. Auf Autobahnen und autobahnähnlichen Straßen dürfen nicht mehr als 130 km/h angeordnet werden. Nur dort darf die Geschwindigkeit stufenweise herabgesetzt werden. Eine Geschwindigkeitsstufe soll höchstens 40 km/h betragen. Der Mindestabstand in Metern zwischen den unterschiedlichen Höchstgeschwindigkeiten soll das 10-fache der Geschwindigkeitsdifferenz in km/h betragen. Nach Streckenabschnitten ohne Beschränkung soll in der Regel als erste zulässige Höchstgeschwindigkeit 120 km/h angeordnet werden.

...

Zu Zeichen 276 Überholverbot

1 I. Das Zeichen ist nur dort anzuordnen, wo die Gefährlichkeit des Überholens für den Fahrzeugführer nicht ausreichend erkennbar ist.

2 II. Wo das Überholen bereits durch Zeichen 295 unterbunden ist, darf das Zeichen nicht angeordnet werden.

3 III. Außerhalb geschlossener Ortschaften ist das Zeichen in der Regel auf beiden Straßenseiten aufzustellen.

4 IV. Zur Verwendung des Zeichens an Gefahrstellen vgl. Nummer I zu § 40; Rn. 1.

Zu Zeichen 277 Überholverbot für Kraftfahrzeuge über 3,5 t

1 I. Das Zeichen sollte nur auf Straßen mit erheblichem und schnellem Fahrverkehr angeordnet werden, wo der reibungslose Verkehrsablauf dies erfordert. ...

II. Bei Anordnung von Lkw-Überholverboten auf Autobahnen und autobahnähnlich ausgebauten Straßen ist ergänzend Folgendes zu beachten:

2 1. Bei Anordnung von Lkw-Überholverboten auf Landesgrenzen überschreitenden Autobahnen müssen die Auswirkungen auf den im anderen Bundesland angrenzenden Streckenabschnitt berücksichtigt werden.

...

Zu den Zeichen 274, 276 und 277

1 I. Die Zeichen sind nur dort anzuordnen, wo Gefahrzeichen oder Richtungstafeln (Zeichen 625) nicht ausreichen würden, um eine der Situation angepasste Fahrweise zu erreichen. Die Zeichen können dann mit Gefahrzeichen kombiniert werden, wenn

6.4.1 Allgemeines

VwV-StVO
zu § 41
Vorschriftzeichen

2 1. ein zusätzlicher Hinweis auf die Art der bestehenden Gefahr für ein daran orientiertes Fahrverhalten im Einzelfall unerlässlich ist oder

3 2. aufgrund dieser Verkehrszeichenkombination eine Kennzeichnung des Endes der Verbotsstrecke entbehrlich wird (vgl. Erläuterung zu den Zeichen 278 bis 282).

4 II. Gelten diese Verbote für eine längere Strecke, kann die jeweilige Länge der restlichen Verbotsstrecke auf einem Zusatzzeichen 1001 angegeben werden.

5 III. Die Zeichen 274, 276 und 277 sollen hinter solchen Kreuzungen und Einmündungen wiederholt werden, an denen mit dem Einbiegen ortsunkundiger Kraftfahrer zu rechnen ist. Wo innerhalb geschlossener Ortschaften durch das Zeichen 274 eine Geschwindigkeit über 50 km/h zugelassen ist, genügt dagegen dessen Wiederholung in angemessenen Abständen. …

6 IV. Vgl. auch Nummer IV zu § 41; Rn. 4 und über die Zustimmungsbedürftigkeit Nummer III 1 c und e zu § 45 Abs. 1 bis 1 e; Rn. 6 und 8.

…

Zu Zeichen 295 Fahrstreifenbegrenzung und Fahrbahnbegrenzung

Zu Nummer 1 Fahrstreifenbegrenzung

1 I. Das Zeichen ist zur Trennung des für den Gegenverkehr bestimmten Teils der Fahrbahn in der Regel dann anzuordnen, wenn die Straße mehr als einen Fahrstreifen je Richtung aufweist. In diesen Fällen ist die Fahrstreifenbegrenzung in der Regel als Doppellinie auszubilden. Auf Straßen mit nur einem Fahrstreifen je Richtung ist das Zeichen nur dann anzuordnen, wenn das Befahren des für den Gegenverkehr bestimmten Teils der Fahrbahn aus Verkehrssicherheitsgründen nicht zugelassen werden kann. In diesen Fällen soll zuvor eine Leitlinie von ausreichender Länge angeordnet werden, deren Striche länger sein müssen als ihre Lücken (Warnlinie). Die durchgehende Linie ist dort zu unterbrechen, wo das Linksab- und -einbiegen zugelassen werden soll. Soll das Linksab- oder -einbiegen nur aus einer Fahrtrichtung zugelassen werden, ist an diesen Stellen die einseitige Fahrstreifenbegrenzung (Zeichen 296) anzuordnen.

2 II. Zeichen 295 ist außerdem anzuordnen, wenn mehrere Fahrstreifen für den gleichgerichteten Verkehr vorhanden sind, ein Fahrstreifenwechsel jedoch verhindert werden soll. Die Fahrstreifen müssen dann mindestens 3 m breit sein.

3 III. In den übrigen Fällen reicht eine Abgrenzung vom Gegenverkehr durch eine Leitlinie (Zeichen 340) aus.

4 IV. Wegen der Zustimmungsbedürftigkeit vgl. Nummer III 1 c zu § 45 Abs. 1 bis 1 e; Rn. 6.

StVO
§ 45
Verkehrszeichen
und Verkehrs-
einrichtungen

(1) Die Straßenverkehrsbehörden können die Benutzung bestimmter Straßen oder Straßenstrecken aus Gründen der Sicherheit oder Ordnung des Verkehrs beschränken oder verbieten und den Verkehr umleiten. Das gleiche Recht haben sie

1. zur Durchführung von Arbeiten im Straßenraum,
2. zur Verhütung außerordentlicher Schäden an der Straße,
3. zum Schutz der Wohnbevölkerung vor Lärm und Abgasen,
4. zum Schutz der Gewässer und Heilquellen,
5. hinsichtlich der zur Erhaltung der öffentlichen Sicherheit erforderlichen Maßnahmen sowie
6. zur Erforschung des Unfallgeschehens, des Verkehrsverhaltens, der Verkehrsabläufe sowie zur Erprobung geplanter verkehrssichernder oder verkehrsregelnder Maßnahmen.

(1a) Das gleiche Recht haben sie ferner

1. in Bade- und heilklimatischen Kurorten,
2. in Luftkurorten,
3. in Erholungsorten von besonderer Bedeutung,
4. in Landschaftsgebieten und Ortsteilen, die überwiegend der Erholung dienen,
4a. hinsichtlich örtlich begrenzter Maßnahmen aus Gründen des Arten- oder Biotopschutzes,
4b. hinsichtlich örtlich und zeitlich begrenzter Maßnahmen zum Schutz kultureller Veranstaltungen, die außerhalb des Straßenraums stattfinden und durch den Straßenverkehr, insbesondere durch den von diesem ausgehenden Lärm, erheblich beeinträchtigt werden,
5. in der Nähe von Krankenhäusern und Pflegeanstalten sowie
6. in unmittelbarer Nähe von Erholungsstätten außerhalb geschlossener Ortschaften,

6.4.1 Allgemeines

StVO
§ 45
Verkehrszeichen
und Verkehrs-
einrichtungen

wenn dadurch anders nicht vermeidbare Belästigungen durch den Fahrzeugverkehr verhütet werden können.

(1b) Die Straßenverkehrsbehörden treffen auch die notwendigen Anordnungen

1. im Zusammenhang mit der Einrichtung von gebührenpflichtigen Parkplätzen für Großveranstaltungen,

2. im Zusammenhang mit der Kennzeichnung von Parkmöglichkeiten für schwerbehinderte Menschen mit außergewöhnlicher Gehbehinderung, beidseitiger Amelie oder Phokomelie oder mit vergleichbaren Funktionseinschränkungen sowie für blinde Menschen,

2a. im Zusammenhang mit der Kennzeichnung von Parkmöglichkeiten für Bewohner städtischer Quartiere mit erheblichem Parkraummangel durch vollständige oder zeitlich beschränkte Reservierung des Parkraums für die Berechtigten oder durch Anordnung der Freistellung von angeordneten Parkraumbewirtschaftungsmaßnahmen,

3. zur Kennzeichnung von Fußgängerbereichen und verkehrsberuhigten Bereichen,

4. zur Erhaltung der Sicherheit oder Ordnung in diesen Bereichen sowie

5. zum Schutz der Bevölkerung vor Lärm und Abgasen oder zur Unterstützung einer geordneten städtebaulichen Entwicklung.

Die Straßenverkehrsbehörden ordnen die Parkmöglichkeiten für Bewohner, die Kennzeichnung von Fußgängerbereichen, verkehrsberuhigten Bereichen und Maßnahmen zum Schutze der Bevölkerung vor Lärm und Abgasen oder zur Unterstützung einer geordneten städtebaulichen Entwicklung im Einvernehmen mit der Gemeinde an.

VwV-StVO
zu § 45
Verkehrszeichen
und Verkehrs-
einrichtungen

Zu Absatz 1 bis 1e

3 III. 1. Die Straßenverkehrsbehörde bedarf der Zustimmung der obersten Landesbehörde oder der von ihr bestimmten Stelle zur Anbringung und Entfernung folgender Verkehrszeichen:

4 a) auf allen Straßen der Zeichen 201, 261, 269, 275, 279, 290.1, 290.2, 330.1, 330.2, 331.1, 331.2, 363, 460 sowie des Zusatzzeichens „abknickende Vorfahrt" (Zusatzzeichen zu Zeichen 306),

...

6 c) auf Autobahnen, Kraftfahrstraßen sowie auf Bundesstraßen außerhalb geschlossener Ortschaften: der Zeichen 276, 277, 280, 281, 295 als Fahrstreifenbegrenzung und 296,

7 d) auf Autobahnen und Kraftfahrstraßen: der Zeichen 209 bis 214, 274 und 278,

8 e) auf Bundesstraßen: des Zeichens 274 samt dem Zeichen 278 dann, wenn die zulässige Höchstgeschwindigkeit auf weniger als 60 km/h ermäßigt wird.

9 2. Die obersten Landesbehörden sollten jedenfalls für Straßen von erheblicher Verkehrsbedeutung, die in Nummer 1 Buchstabe b bis e nicht aufgeführt sind, entsprechende Anweisungen geben.

10 3. Der Zustimmung bedarf es nicht, wenn jene Maßnahmen zur Durchführung von Arbeiten im Straßenraum oder zur Verhütung außerordentlicher Schäden an den Straßen getroffen werden oder durch unvorhergesehene Ereignisse wie Unfälle, Schadenstellen oder Verkehrsstauungen veranlasst sind.

...

14 VI. Der Zustimmung bedarf es in den Fällen der Nummern III bis V nicht, wenn und soweit die oberste Landesbehörde die Straßenverkehrsbehörde vom Erfordernis der Zustimmung befreit hat.

6.4.2 Sicherheit auf der freien Strecke

Ergeben Unfallauswertungen, dass ein bestimmter Streckenabschnitt unfallträchtig ist, ohne dass besonders gefährliche Stellen (siehe Abschnitt 6.4.3) erkennbar sind, so kann es notwendig sein, auch ganze Streckenabschnitte mit Streckenverboten zu belegen.

Mögliche Gründe für Geschwindigkeitsbeschränkungen können sein:

- Eine Straße wird als Fernverkehrsstraße genutzt und ist auch entsprechend großzügig trassiert, was zu einer **hohen Geschwindigkeitserwartung** der Kraftfahrer führt; zusammen mit einem hohen Anteil von Schwerverkehr (mit fahrzeugartabhängiger Höchstgeschwindigkeit von 60/80 km/h) erzeugt das einen **hohen Überholdruck**, der angesichts hoher Verkehrsmengen zu schweren Unfällen führt.
- Durch die Polierwirkung des Verkehrs ist die **Griffigkeit der Fahrbahndecke abgesunken**; auch „normales" Bremsen oder Kurvenfahren führt an die Grenze des Kraftschlusses zwischen Reifen und Fahrbahn; insbesondere bei nasser Fahrbahn sind vermehrt Unfälle im Längsverkehr oder durch Abkommen von der Fahrbahn (auch auf geraden Streckenabschnitten) zu beobachten.
- Zwischen zwei benachbarten Gemeindeteilen findet in größerem Maße **Fußgänger- oder Radverkehr** statt, ohne dass entsprechende Seitenwege vorhanden sind.

In jedem Fall sollte versucht werden, den oder die Gründe für das Fehlverhalten der Kraftfahrer und damit für die Unfälle zu ermitteln. Dabei können Fahrerverhaltensbeobachtungen – notfalls mit Hilfe sachverständiger Gutachter – hilfreich sein.

Ergibt sich daraus z. B., dass die geltende Höchstgeschwindigkeit von der Mehrheit der Kraftfahrer nicht eingehalten wird, muss zunächst versucht werden, diese durchzusetzen.

Bevor Streckenverbote angeordnet werden, ist außerdem zu prüfen, ob die Gefahren nicht durch bauliche Maßnahmen beseitigt werden können, in den oben genannten Situationen z. B. durch Umbau/Ummarkierung der Strecke zu einem dreistreifigen Querschnitt, durch Verbessern/ Erneuern der Fahrbahndecke oder durch Anlegen eines Seitenweges als Geh- und Radweg. Dazu sollten entsprechende Gespräche mit dem Baulastträger stattfinden, in denen auch die allgemeinen Verpflichtungen aus der Baulast diskutiert

werden (siehe z. B. § 3 FStrG oder entsprechende Paragrafen der Landes-Straßenbaugesetze). Die Gespräche sollten dokumentiert werden. Da vor allem umfangreiche bauliche Maßnahmen häufig mit längeren Vorbereitungszeiten für die Planung und Finanzierung verbunden sind, kann es sinnvoll sein, verkehrsrechtliche Maßnahmen nur für die Übergangszeit anzuordnen.

Ist aus der Erfahrung mit erheblicher Wahrscheinlichkeit anzunehmen, dass ein Streckenabschnitt entsprechend gefährlich werden könnte (z. B. durch andersartige Nutzung infolge Netzänderungen), so wird es nicht vertretbar sein, zunächst Unfälle über einen repräsentativen Zeitraum abzuwarten, bevor Maßnahmen ergriffen werden. Umgekehrt ist es nicht gerechtfertigt, aus reinem Verdacht Streckenverbote anzuordnen. In solchen Fällen wird empfohlen, – unter Umständen mit Hilfe sachverständiger Unterstützung – Fahrerverhaltens-Beobachtungen (Geschwindigkeitsmessungen, Videoauswertungen des Überholverhaltens) durchzuführen und erst dann Maßnahmen anzuordnen, wenn sich der Verdacht auf unverantwortliches Fahrerverhalten bestätigt.

Ist infolge des Straßenzustandes bei nasser Fahrbahn eine Geschwindigkeitsbeschränkung erforderlich, so sollte diese durch Zeichen 274 mit Zusatzzeichen „bei Nässe" angeordnet werden und außerorts in der Regel nicht mehr als 60 oder 80 km/h betragen. Zeichen 274 in Verbindung mit Zusatzzeichen 1052-36 „bei Nässe" (*Bild 6.15*) verbietet, die angegebene Höchstgeschwindigkeit bei nasser Fahrbahn zu überschreiten. Zu Kriterien siehe „Merkblatt zur Bewertung der Straßengriffigkeit bei Nässe (MBGriff)," FGSV Verlag, Ausgabe 2012.

Überholverbote helfen vor allem, Überholunfälle in Bereichen zu vermeiden, in denen bei höheren Verkehrsstärken mit sehr unterschiedlichen individuellen Geschwindigkeiten und entsprechend hohem Überholdruck ungünstige Sichtverhältnisse bestehen.

Bild 6.15 Geschwindigkeitsbeschränkung bei Nässe

6.4.2 Sicherheit auf der freien Strecke

Auf Straßen mit mehreren Fahrstreifen in einer Richtung kann die Sicherheit auf der freien Strecke auch durch die Anordnung von Überholverboten für langsamere Fahrzeuge verbessert werden. Dabei müssen bei der Anordnung von Lkw-Überholverboten auf Landesgrenzen überschreitenden Autobahnen die Auswirkungen auf den im anderen Bundesland angrenzenden Streckenabschnitt berücksichtigt werden. Insbesondere an Steigungsstrecken kann das Überholverbot auf Fahrzeuge mit einer höheren zulässigen Gesamtmasse als 3,5 t unter Beachtung des Grundsatzes der Verhältnismäßigkeit beschränkt werden. Weitere Anwendungsfelder finden sich in Abschnitt 6.4.1.

Zu Abschnitt 6.4.2

VwV-StVO
zu § 41
Vorschriftzeichen

Zu Zeichen 274 Zulässige Höchstgeschwindigkeit

1 I. Geschwindigkeitsbeschränkungen aus Sicherheitsgründen sollen auf bestehenden Straßen angeordnet werden, wenn Unfalluntersuchungen ergeben haben, dass häufig geschwindigkeitsbedingte Unfälle aufgetreten sind. Dies gilt jedoch nur dann, wenn festgestellt worden ist, dass die geltende Höchstgeschwindigkeit von der Mehrheit der Kraftfahrer eingehalten wird. Im anderen Fall muss die geltende zulässige Höchstgeschwindigkeit durchgesetzt werden. Geschwindigkeitsbeschränkungen können sich im Einzelfall schon dann empfehlen, wenn aufgrund unangemessener Geschwindigkeiten häufig gefährliche Verkehrssituationen festgestellt werden.

II. Außerhalb geschlossener Ortschaften können Geschwindigkeitsbeschränkungen nach Maßgabe der Nr. I erforderlich sein,

2 1. wo Fahrzeugführer insbesondere in Kurven, auf Gefällstrecken und an Stellen mit besonders unebener Fahrbahn (vgl. aber Nr. I zu § 40; Rn. 1), ihre Geschwindigkeit nicht den Straßenverhältnissen anpassen; die zulässige Höchstgeschwindigkeit soll dann auf diejenige Geschwindigkeit festgelegt werden, die vorher von 85 % der Fahrzeugführer von sich aus ohne Geschwindigkeitsbeschränkung, ohne überwachende Polizeibeamte und ohne Behinderung durch andere Fahrzeuge eingehalten wurde,

...

4 3. wo Fußgänger oder Radfahrer im Längs- oder Querverkehr in besonderer Weise gefährdet sind; die zulässige Höchstgeschwindigkeit soll auf diesen Abschnitten in der Regel 70 km/h nicht übersteigen.

...

9 VII. Das Zeichen 274 mit Zusatzzeichen „bei Nässe" soll statt des Zeichens 114 dort angeordnet werden, wo das Gefahrzeichen als Warnung nicht ausreicht.

...

Zu Zeichen 276 Überholverbot

1 I. Das Zeichen ist nur dort anzuordnen, wo die Gefährlichkeit des Überholens für den Fahrzeugführer nicht ausreichend erkennbar ist.

2 II. Wo das Überholen bereits durch Zeichen 295 unterbunden ist, darf das Zeichen nicht angeordnet werden.

...

4 IV. Zur Verwendung des Zeichens an Gefahrstellen vgl. Nummer I zu § 40; Rn. 1.

6.4.3 Sicherheit an gefährlichen Stellen

Regelungen zur Geschwindigkeit oder zum Überholen an besonders gefährlichen Stellen werden in den entsprechenden themenbezogenen Abschnitten behandelt, insbesondere

- Kurven (siehe Abschnitt 6.5);
- Knotenpunkte (siehe Abschnitt 4);
- Lichtsignalanlagen (siehe Abschnitt 9.3.3);
- Arbeitsstellen (siehe Abschnitt 7);
- Bahnübergänge (siehe Abschnitt 5.4.4);
- Alleen (siehe Abschnitt 3.3.3);
- Ankündigung von Ortsdurchfahrten (siehe Abschnitt 6.6.4).

Darüber hinaus kann es aber auch an anderen Stellen notwendig werden, das Geschwindigkeits- und Überholverhalten zu regeln, z. B. an

- **Gefälle- und Steigungsstrecken,**
- **Stellen, an denen Straßenschäden wie Unebenheiten oder mangelnde Griffigkeit bestehen, die kurzfristig noch nicht beseitigt werden konnten.**

Dabei gilt generell an gefährlichen Stellen, dass diese zunächst (wenn möglich) durch eine deutliche Gestaltung der Straßenanlage (siehe Abschnitt 6.2), notfalls durch Warnzeichen (siehe Abschnitt 6.3), verdeutlicht und von den Kraftfahrern eigenverantwortlich bewältigt werden sollen, bevor ordnungsrechtlich mit Beschränkungen von Geschwindigkeit und Überholverhalten eingegriffen wird.

Das kann vor allem der Fall sein,

a) wenn der **optische Eindruck** von Kurven, Steigungs- und Gefällstrecken oder von Knotenpunkten zu falschen Beurteilungen der Situation führt und Gefahrzeichen allein nicht ausreichen (denkbare Beispiele: gleichzeitiges Abfallen des Geländes neben der Straße und dadurch erschwertes richtiges Einschätzen eines starken Straßengefälles; Vorhandensein einer „Hundekurve", schlecht zu erkennende

Verengung einer Fahrbahn am Ende einer Kurve; schlechte Erkennbarkeit eines Knotenpunktes),

b) wenn **Unfalluntersuchungen oder Verkehrsbeobachtungen** ergeben haben, dass unangemessene Geschwindigkeiten die Sicherheit gefährden (denkbare Beispiele **außerhalb geschlossener Ortschaften**: vor Knotenpunkten mit Linksabbiegerverkehr, auf Abschnitten mit sehr schnell und sehr langsam fahrenden Verkehrsteilnehmern; auf Abschnitten mit längsverkehrenden Fußgängern und Radfahrern bei unzureichender Fahrbahnbreite; vor Stellen mit unvermutetem Fußgängerquerverkehr),

c) wenn **andere** Verkehrsteilnehmer die tatsächlich gefahrenen Geschwindigkeiten unterschätzen. Das trifft vor allem dann zu, wenn die von nicht bevorrechtigten Verkehrsteilnehmern falsch geschätzten Geschwindigkeiten bevorrechtigter Verkehrsteilnehmer zu Fehlentscheidungen führen.

Auf Straßen **außerhalb geschlossener Ortschaften** mit 100 km/h für Pkw und Kfz bis 3,5 t (Autobahnen ausgenommen) sind durch Zeichen 274 anzuordnende niedrigere Geschwindigkeitsbeschränkungen erforderlich,

a) wo Fahrzeugführer, insbesondere in Kurven, auf Gefällstrecken und an Stellen mit besonders unebener Fahrbahn, ihre Geschwindigkeit nicht den Straßenverhältnissen anpassen,

b) **stets vor Lichtzeichenanlagen** (max. 70 km/h).

Für die Abschätzung der Geschwindigkeiten, die von schweren Fahrzeugen an Steigungs- und Gefällstrecken gewählt werden, ist im „Handbuch für die Bemessung von Straßenverkehrsanlagen (HBS)" ein Diagramm enthalten. Dieses Diagramm ist in Abschnitt 6.4.5 (*Bild 6.17*) wiedergegeben.

Auf die allgemeinen Hinweise zur Anordnung von Streckenverboten und Streckengeboten in Abschnitt 6.4.1 wird verwiesen.

Zu Abschnitt 6.4.3

VwV-StVO zu § 40 Gefahrzeichen | **1** | I. Gefahrzeichen sind nach Maßgabe des § 45 Abs. 9 Satz 4 anzuordnen. Nur wenn sie als Warnung oder Aufforderung zur eigenverantwortlichen Anpassung des Fahrverhaltens nicht ausreichen, sollte stattdessen oder bei unabweisbarem Bedarf ergänzend mit Vorschriftzeichen (insbesondere Zeichen 274, 276) auf eine der Gefahrsituation angepasste Fahrweise hingewirkt werden; vgl. hierzu I. zu den Zeichen 274, 276 und 277.

6.4.3 Sicherheit an gefährlichen Stellen

Zu Zeichen 274 Zulässige Höchstgeschwindigkeit

1 I. Geschwindigkeitsbeschränkungen aus Sicherheitsgründen sollen auf bestehenden Straßen angeordnet werden, wenn Unfalluntersuchungen ergeben haben, dass häufig geschwindigkeitsbedingte Unfälle aufgetreten sind. Dies gilt jedoch nur dann, wenn festgestellt worden ist, dass die geltende Höchstgeschwindigkeit von der Mehrheit der Kraftfahrer eingehalten wird. Im anderen Fall muss die geltende zulässige Höchstgeschwindigkeit durchgesetzt werden. Geschwindigkeitsbeschränkungen können sich im Einzelfall schon dann empfehlen, wenn aufgrund unangemessener Geschwindigkeiten häufig gefährliche Verkehrssituationen festgestellt werden.

...

2 1. wo Fahrzeugführer insbesondere in Kurven, auf Gefällstrecken und an Stellen mit besonders unebener Fahrbahn (vgl. aber Nr. I zu § 40; Rn. 1), ihre Geschwindigkeit nicht den Straßenverhältnissen anpassen; die zulässige Höchstgeschwindigkeit soll dann auf diejenige Geschwindigkeit festgelegt werden, die vorher von 85 % der Fahrzeugführer von sich aus ohne Geschwindigkeitsbeschränkung, ohne überwachende Polizeibeamte und ohne Behinderung durch andere Fahrzeuge eingehalten wurde,

3 2. wo insbesondere auf Steigungs- und Gefällstrecken, eine Verminderung der Geschwindigkeitsunterschiede geboten ist; die zulässige Höchstgeschwindigkeit soll dann auf diejenige Geschwindigkeit festgelegt werden, die vorher von 85 % der Fahrzeugführer von sich aus ohne Geschwindigkeitsbeschränkung, ohne überwachende Polizeibeamte und ohne Behinderung durch andere Fahrzeuge eingehalten wurde,

4 3. wo Fußgänger oder Radfahrer im Längs- oder Querverkehr in besonderer Weise gefährdet sind; die zulässige Höchstgeschwindigkeit soll auf diesen Abschnitten in der Regel 70 km/h nicht übersteigen.

5 III. Außerhalb geschlossener Ortschaften ist die zulässige Höchstgeschwindigkeit vor Lichtzeichenanlagen auf 70 km/h zu beschränken.

6 IV. Das Zeichen soll so weit vor der Gefahrstelle aufgestellt werden, dass eine Gefährdung auch bei ungünstigen Sichtverhältnissen ausgeschlossen ist. Innerhalb geschlossener Ortschaften sind im Allgemeinen 30 bis 50 m, außerhalb geschlossener Ortschaften 50 bis 100 m und auf Autobahnen und autobahnähnlichen Straßen 200 m ausreichend.

...

9 VII. Das Zeichen 274 mit Zusatzzeichen „bei Nässe" soll statt des Zeichens 114 dort angeordnet werden, wo das Gefahrzeichen als Warnung nicht ausreicht.

...

Zu Zeichen 276 Überholverbot

1 I. Das Zeichen ist nur dort anzuordnen, wo die Gefährlichkeit des Überholens für den Fahrzeugführer nicht ausreichend erkennbar ist.

2 II. Wo das Überholen bereits durch Zeichen 295 unterbunden ist, darf das Zeichen nicht angeordnet werden.

...

4 IV. Zur Verwendung des Zeichens an Gefahrstellen vgl. Nummer I zu § 40; Rn. 1.

...

Zu den Zeichen 274, 276 und 277

1 I. Die Zeichen sind nur dort anzuordnen, wo Gefahrzeichen oder Richtungstafeln (Zeichen 625) nicht ausreichen würden, um eine der Situation angepasste Fahrweise zu erreichen. Die Zeichen können dann mit Gefahrzeichen kombiniert werden, wenn

2 1. ein zusätzlicher Hinweis auf die Art der bestehenden Gefahr für ein daran orientiertes Fahrverhalten im Einzelfall unerlässlich ist oder

3 2. aufgrund dieser Verkehrszeichenkombination eine Kennzeichnung des Endes der Verbotsstrecke entbehrlich wird (vgl. Erläuterung zu den Zeichen 278 bis 282).

...

6 IV. Vgl. auch Nummer IV zu § 41; Rn. 4 und über die Zustimmungsbedürftigkeit Nummer III 1 c und e zu § 45 Abs. 1 bis 1 e; Rn. 6 und 8.

6.4.4 Schutz der Umgebung vor Immissionen

Des Weiteren können Geschwindigkeitsbegrenzungen aus **Gründen des Lärmschutzes** und zur Verminderung der Abgasbelastung der Umwelt notwendig werden.

Die von dem für den Verkehr zuständigen Bundesministerium herausgegebenen „Richtlinien für straßenverkehrsrechtliche Maßnahmen zum Schutz der Bevölkerung vor Lärm (Lärmschutz-Richtlinien-StV)" vom 23. November 2007 (VkBl. 2007 S. 767) und die „Richtlinien für den Verkehrslärmschutz an Bundesfernstraßen in der Baulast des Bundes – VLärmSchR 97" (VkBl. 1997 S. 434) geben Orientierungshilfen beim Abwägen zwischen Lärmschutz und Freizügigkeit des Verkehrs. Das OVG-Urteil NW vom 1.6.2005, 8 A 2350/04 zeigt beispielhaft auf, wie der in der Rechtsprechung anerkannte Anspruch des Einzelnen auf ermessungsfehlerfreie Entscheidung im Fall der Forderung nach verkehrsrechtlichen Maßnahmen

zum Lärmschutz einmal erfolgreich, ein anderes Mal auch nicht erfolgreich sein kann. Insbesondere ist zu prüfen, ob „aufgrund der besonderen örtlichen Verhältnisse eine Gefahrenlage für die in § 45 StVO geschützten Rechtsgüter besteht, die das allgemeine Risiko einer Rechtsbeeinträchtigung erheblich übersteigt".

Anzumerken ist, dass insbesondere Geräuschemissionen nennenswert häufig nur durch erhebliche Einschnitte in den frei fließenden Verkehr reduziert werden können. So sind z. B. auf schnell befahrenen Straßen mit erheblichem Schwerverkehrsanteil Beschränkungen auf 60 km/h nötig, da der Großteil der Emissionen vom Schwerverkehr erzeugt wird, der ohnehin der allgemeinen Geschwindigkeitsbeschränkung auf 80 km/h unterliegt und dessen Emissionen nur durch eine weitere Reduktion der Geschwindigkeit reduziert werden kann. Diese niedrigen Geschwindigkeiten werden andererseits von den Pkw-Fahrern in der Regel nicht akzeptiert. Zu unterschiedliche Beschränkungen für die Fahrzeuggruppen verbieten sich häufig aus Sicherheitsgründen.

Zu Abschnitt 6.4.4

VwV-StVO
zu § 41
Vorschriftzeichen

Zu Zeichen 274 Zulässige Höchstgeschwindigkeit

12 X. Geschwindigkeitsbeschränkungen aus Gründen des Lärmschutzes dürfen nur nach Maßgabe der Richtlinien für straßenverkehrsrechtliche Maßnahmen zum Schutz der Bevölkerung vor Lärm (Lärmschutz-Richtlinien-StV) angeordnet werden. Zur Lärmaktions- und Luftreinhalteplanung siehe Bundes-Immissionsschutzgesetz.

StVO
§ 45
Verkehrszeichen
und Verkehrs-
einrichtungen

(9) Verkehrszeichen und Verkehrseinrichtungen sind nur dort anzuordnen, wo dies aufgrund der besonderen Umstände zwingend geboten ist. Abgesehen von der Anordnung ... von Tempo 30-Zonen nach Absatz 1c oder Zonen-Geschwindigkeitsbeschränkungen nach Absatz 1d dürfen insbesondere Beschränkungen und Verbote des fließenden Verkehrs nur angeordnet werden, wenn aufgrund der besonderen örtlichen Verhältnisse eine Gefahrenlage besteht, die das allgemeine Risiko einer Beeinträchtigung der in den vorstehenden Absätzen genannten Rechtsgüter erheblich übersteigt. ...

VwV-StVO
zu § 45
Verkehrszeichen
und Verkehrs-
einrichtungen

Zu Absatz 1 bis 1e

13 V. Die Straßenverkehrsbehörde bedarf der Zustimmung der obersten Landesbehörde oder der von ihr bestimmten Stelle zur Anordnung von Maßnahmen zum Schutz der Bevölkerung vor Lärm und Abgasen. Das Bundesministerium für Verkehr, Bau und Stadtentwicklung gibt im Einvernehmen mit den zuständigen obersten Landesbehörden „Richtlinien für straßenverkehrsrechtliche Maßnahmen zum Schutz der Bevölkerung vor Lärm (Lärmschutz-Richtlinien-StV)" im Verkehrsblatt bekannt.

...

16 VIII. Maßnahmen zum Schutz kultureller Veranstaltungen (z. B. bedeutende Musik- oder Theaterdarbietungen insbesondere auf Freilichtbühnen) kommen nur in Betracht, wenn diese erheblich durch vom Straßenverkehr ausgehende Lärmemissionen beeinträchtigt werden. Insbesondere kann sich für die Dauer der Veranstaltungen eine Umleitung des Schwerverkehrs empfehlen.

6.4.4 Schutz der Umgebung vor Immissionen

BMVBS
S 32/7332.9/1/781915
27. November 2007

Richtlinien für straßenverkehrsrechtliche Maßnahmen zum Schutz der Bevölkerung vor Lärm (Lärmschutz-Richtlinien-StV) (Auszug)

3.3 Geschwindigkeitsbeschränkungen

a) Innerhalb geschlossener Ortschaften

In Wohngebieten wird mit der Anordnung von Tempo 30-Zonen (Zeichen 274.1) und verkehrsberuhigten Bereichen (Zeichen 325) dem Schutz der Wohnbevölkerung vor Lärm weitgehend Rechnung getragen.

Auf den Straßen des überörtlichen Verkehrs (Bundes-, Landes- und Kreisstraßen) und weiteren Hauptverkehrsstraßen bündelt sich der weiträumige und der innerörtliche Verkehr und entlastet gleichzeitig die Wohngebiete.

Einer Geschwindigkeitsbeschränkung steht auf diesen Straßen in der Regel deren besondere Verkehrsfunktion (vgl. FStrG und Straßengesetze der Länder) entgegen.

b) Außerhalb geschlossener Ortschaften

– Auf den Straßen des überörtlichen Verkehrs (Bundes-, Landes- und Kreisstraßen) und weiteren Hauptverkehrsstraßen ist stets deren besondere Verkehrsfunktion (vgl. FStrG und Straßengesetze der Länder) zu bedenken. Unterschiedliche Geschwindigkeitsbeschränkungen für Pkw und Lkw sind möglich.

– Auf Autobahnen (Zeichen 330), Kraftfahrstraßen (Zeichen 331) und autobahnähnlichen Straßen (§ 3 Abs. 3 Nr. 2 Buchst. c Satz 2 und 3 StVO) mit Richtgeschwindigkeit 130 km/h hat deren besondere Verkehrsfunktion Vorrang. Auf diesen Straßen können Geschwindigkeitsbeschränkungen für Pkw und Krafträder geeignet sein, die Spitzengeschwindigkeiten einzelner, besonders schneller Fahrzeuge bei der Vorbeifahrt deutlich zu verringern. Dies führt nach den bisherigen Erfahrungen dazu, dass solche Geschwindigkeitsbeschränkungen von der betroffenen Bevölkerung positiver bewertet werden als dies im Rückgang des errechneten Lärmpegels zum Ausdruck kommt. Deshalb kann auf Autobahnen, Kraftfahrstraßen und autobahnähnlichen Straßen mit Richtgeschwindigkeit 130 km/h bei einer Richtwertüberschreitung nach Nummer 2.1 im Bereich von Wohnbebauung erheblichen Umfangs die Anordnung eines entsprechenden Tempolimits zur Vermeidung von Lärmpegelspitzen auch dann in Betracht kommen, wenn die nach Nummer 2.3 mindestens zu erreichende Lärmpegelminderung durch Geschwindigkeitsbeschränkungen rechnerisch nicht erreichbar ist.

(VkBl. 2007 S. 767)

6.4.5 Verbessern der Verkehrsqualität (Leichtigkeit des Verkehrs)

Streckenverbote und -gebote können auch eingesetzt werden, um die Verkehrsqualität (Leichtigkeit des Verkehrs) zu verbessern.

Im Wesentlichen bestehen die folgenden Möglichkeiten:

– Vergleichmäßigen der gefahrenen Geschwindigkeiten;
– Erhöhen der allgemein festgelegten Höchstgeschwindigkeiten;
– Anordnen eines Überholverbots für langsamere Fahrzeuge;
– Anordnen einer Mindestgeschwindigkeit, ggf. auch nur für einzelne Fahrstreifen.

Wie bei allen Anordnungen sind dabei die Erschwernisse und Erleichterungen der Regelungen gegeneinander abzuwägen. So stehen z. B. bei einem Lkw-Überholverbot der Bevorzugung der dadurch freier fahrenden Pkw die Erschwernis der nun am Überholen gehinderten Lkw gegenüber. Die Entscheidung wird umso mehr für das Überholverbot sprechen, je länger die problematische Strecke und je geringer die Geschwindigkeitsbeschränkungen sind. Gerade auf ausgeprägten Steigungsstrecken von Autobahnen wird es daher z. B. oft angemessener sein, anstelle von Lkw-Überholverboten für die Überhol-Fahrstreifen Mindestgeschwindigkeiten anzuordnen oder die Geschwindigkeiten der Pkw zu begrenzen. Umgekehrt kann auf längeren, nur mäßig geneigten, aber hochbelasteten zweistreifigen Autobahnabschnitten ein akzeptabler Verkehrsfluss für die Pkw-Fahrer u. U. nur durch ein Lkw-Überholverbot erreicht werden, ohne dass dies zu nennenswerten Fahrzeitnachteilen bei den Lkw führt.

Die Kapazität eines Streckenabschnitts ist am größten, wenn sich die Fahrzeuge mit einer **einheitlichen Geschwindigkeit im mittleren Bereich** bewegen. Daher kann es bei nahezu ausgelasteten Streckenabschnitten sinnvoll sein, die Geschwindigkeiten der Fahrzeuge durch Beschränkungen in dieser Weise zu beeinflussen. Trotz der Beschränkung einzelner schneller Fahrzeuge werden vor allem durch die Vermeidung von Überlastungserscheinungen (Stauungen), aber auch eine gleichmäßigere Fahrstreifenwahl und die häufig unterschwellig erreichte Beschleunigung langsamerer Fahrzeuge in der Summe kürzere Reisezeiten, also höhere mittlere

Reisegeschwindigkeiten erreicht. Die optimale Geschwindigkeit hängt von vielen Faktoren ab, insbesondere von der Strecke, der Fahrermentalität und -motivation, aber auch von der Zusammensetzung des Fahrzeugkollektivs. Die optimale Geschwindigkeit kann meist nur durch Versuche unter fachkundiger Beobachtung ermittelt werden. Meist werden die besten Ergebnisse erreicht, wenn die Geschwindigkeitsbeschränkungen durch Streckenbeeinflussungsanlagen (siehe Abschnitt 9.3.5) dynamisch ermittelt und angezeigt werden. Eine solche dynamische Anordnung hat außerdem den Vorteil, dass die Beschränkungen nur dann wirksam werden, wenn die hohe Auslastung den Eingriff rechtfertigt.

Mit solchen Streckenbeeinflussungsanlagen und durch sie angeordnete Geschwindigkeitsbeschränkungen können außerdem sogenannte „Schockwellen" vermieden werden. Diese können entstehen durch Überreaktion, wenn schnelle Fahrzeugpulks auf langsame auftreffen und ihre Geschwindigkeit abrupt übermäßig verringern. Innerhalb solcher Schockwellen kann sogar kurzfristig Stillstand auftreten („Stau aus dem Nichts"). Streckenbeeinflussungsanlagen können solche Annäherungen unterschiedlich schneller Pulks erkennen und den aufholenden Pulk durch entsprechende Geschwindigkeitsbeschränkungen mäßig bremsen. Dadurch können Stoßwellen verkleinert bis ganz vermieden werden.

In ähnlicher Weise arbeiten Geschwindigkeitsbeschränkungen, die auf „Grüne Wellen", also auf die koordinierte Steuerung von Lichtsignalanlagen an aufeinander folgenden Knotenpunkten, abgestimmt sind. Die physikalischen Zusammenhänge führen dazu, dass eine Grüne Welle bei bestimmten Knotenpunktabständen und Umlaufzeiten nur bei bestimmten Geschwindigkeiten möglich ist. Mit Geschwindigkeitsbeschränkungen (ggf. in Abhängigkeit von der tageszeitabhängigen Umlaufzeit dynamisch angeordnet) kann der Verkehrsfluss auf die koordinierte Schaltung abgestimmt werden.

Unter bestimmten Voraussetzungen kann es sinnvoll sein, zur Verbesserung der Leichtigkeit des Verkehrs die **allgemein geltenden Geschwindigkeitsbeschränkungen durch Beschilderung anzuheben**.

Wird außerhalb geschlossener Ortschaften dort, wo für Pkw und für andere Kfz mit einer zulässigen Gesamtmasse bis 3,5 t die 100 km/h-Beschränkung gilt, eine Anhebung dieser

6.4.5 Verbessern der Verkehrsqualität (Leichtigkeit des Verkehrs)

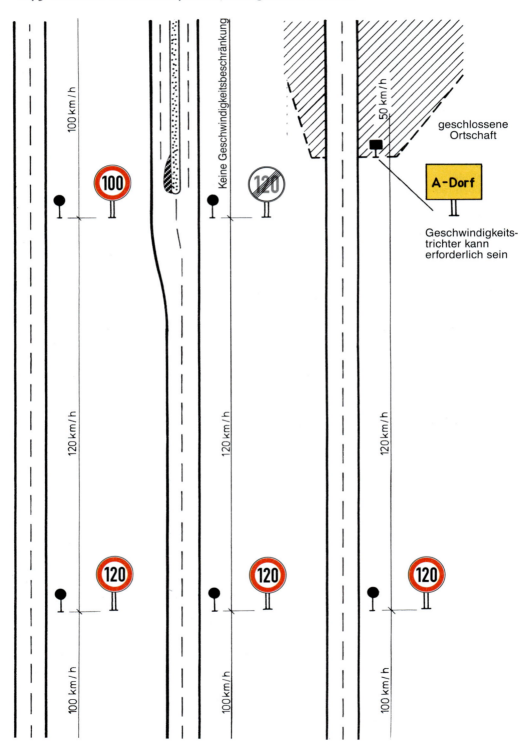

Bild 6.16 Beispiele für die Beschilderung von Geschwindigkeitsbeschränkungen

6.4.5 Verbessern der Verkehrsqualität (Leichtigkeit des Verkehrs)

Höchstgeschwindigkeit auf 120 km/h für erforderlich gehalten, sind weiterhin die in den nachstehenden Richtlinien des für den Verkehr zuständigen Bundesministeriums vom 17. Juli 1972 angegebenen Grundsätze zu beachten (vgl. auch *Bild 6.16*).

Innerhalb geschlossener Ortschaften kommt eine Anhebung der zulässigen Höchstgeschwindigkeit auf höchstens 70 km/h grundsätzlich nur auf Vorfahrtstraßen (Zeichen 306) in Betracht, auf denen benutzungspflichtige Radwege vorhanden sind und der Fußgängerquerverkehr durch Lichtzeichenanlagen sicher geführt wird. Für Linksabbieger sind Abbiegestreifen erforderlich.

Ein Überholverbot anzuordnen, das nur für langsam überholende Fahrzeuge gilt, kann insbesondere auf zweistreifigen Autobahnabschnitten mit hoher Auslastung und hohem Lkw-Anteil zur Verbesserung der Leichtigkeit des Verkehrs sinnvoll sein. Langsam überholende Fahrzeuge sind solche Fahrzeuge, die wegen nur geringfügig höherer Motorleistung oder ähnlich niedriger allgemeiner Höchstgeschwindigkeiten lange Überholvorgänge mit einer Geschwindigkeit durchführen, die niedrig im Vergleich zur Geschwindigkeitserwartung der schnelleren Fahrzeuge ist. Welche Fahrzeugarten im Einzelfall beschränkt werden müssen, ist von der Natur der Strecke und der Zusammensetzung der Fahrzeuge abhängig. In der Regel wird das Verbot mit Zeichen 277 angeordnet. Gegebenenfalls kann es sinnvoll sein, das Überholverbot durch Zusatzzeichen auf weitere Fahrzeugarten auszuweiten oder es auf weniger Fahrzeugarten zu beschränken.

Auf zweistreifigen Autobahnen können darüber hinaus Überholverbote – z. B. auch auf längeren Strecken – in Betracht kommen, wenn bei hohem Verkehrsaufkommen durch häufiges Überholen von Lkw die Geschwindigkeit auf dem Überholstreifen deutlich vermindert wird und es dadurch zu einem stark gestörten Verkehrsfluss kommt, durch den die Verkehrssicherheit beeinträchtigt werden kann.

Wenn das Verkehrsaufkommen und die Fahrzeugzusammensetzung kein ganztägiges Überholverbot erfordern, kommt eine Beschränkung des Überholverbots auf bestimmte Tageszeiten in Betracht.

Auf Steigungs- und Gefällstrecken reicht es oft aus, nur ein Überholverbot für schwere Lkw und Lastzüge anzuordnen.

Das trifft zum Beispiel für verkehrsreiche Steigungsstrecken der Autobahnen zu, auf denen Lastkraftwagen nicht mehr zügig überholen können und dadurch eine Behinderung für den

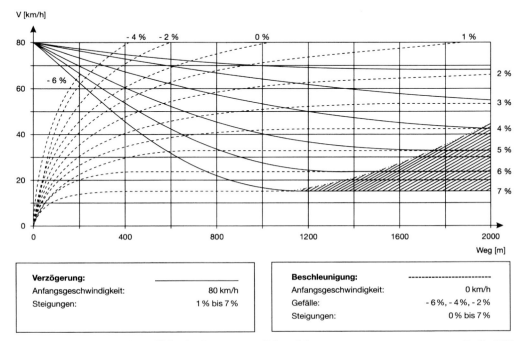

Bild 6.17 Geschwindigkeitsprofil für das Bemessungs-Schwerfahrzeug — Quelle: HBS

6.4.5 Verbessern der Verkehrsqualität (Leichtigkeit des Verkehrs)

übrigen Verkehr darstellen. Ob dort ein Überholverbot für Lkw angeordnet wird, hängt nicht nur von der Verkehrsstärke und dem Grad der Steigung, sondern auch von der **Länge der Steigung** ab. Dabei ist es wichtig zu beachten, dass eine überdurchschnittliche Verkehrsbelastung der Autobahn allein nicht ausreicht, um besondere Verhältnisse i.S.d. § 45 Abs. 9 StVO und damit eine Notwendigkeit der Beschränkung des Verkehrs zu begründen (VG-Urteil Schleswig-Holstein vom 18.1.2005, 3 A 216/02).

Wenn auch ein Überholverbot für den Lkw-Verkehr nicht ausreicht, um ständige Behinderungen des Verkehrs abzustellen, dann ist zu prüfen, ob an Steigungsstrecken zusätzliche Fahrstreifen anzulegen sind. Einzelheiten hierzu enthält das „Handbuch für die Bemessung von Straßenverkehrsanlagen (HBS)", Ausgabe 2001/2009 (siehe auch *Bild 6.17*).

Bei stärkeren Steigungen und dreistreifigen Richtungsfahrbahnen ist es – wie eingangs erwähnt –

in der Regel sinnvoller, durch die fahrstreifenbezogene Anordnung von Mindestgeschwindigkeiten, z.B. von 70 km/h auf dem mittleren und 90 km/h auf dem linken Fahrstreifen, eine geschwindigkeitsabhängige Sortierung der Fahrzeuge mit entsprechend verringerter gegenseiter Behinderung zu erreichen.

Die Zuordnung von Zeichen 275 kann durch Anordnung über dem Fahrstreifen oder auf einer Spurlenkungstafel (z. B. Z 545-11) erfolgen (siehe Abschnitt 2.7.3).

Die Anordnung einer Mindestgeschwindigkeit für den Gesamtquerschnitt einer Straße ist nach der Änderung der VwV-StVO vom 1. September 2009 nicht mehr vorgesehen.

Da die Regelung der StVO zu Zeichen 275 zu den Fahrstreifen ausdrücklich erwähnt, dass Straßen-, Verkehrs-, Sicht- oder Wetterverhältnisse ein Unterschreiten der angeordneten Mindestgeschwindigkeit erfordern können, kann diese auf mittlere Verhältnisse abgestimmt werden.

Zu Abschnitt 6.4.5

VwV-StVO zu § 41 Vorschriftzeichen	**Zu Zeichen 274 Zulässige Höchstgeschwindigkeit** **10** VIII. Innerhalb geschlossener Ortschaften kommt eine Anhebung der zulässigen Höchstgeschwindigkeit auf höchstens 70 km/h grundsätzlich nur auf Vorfahrtstraßen (Zeichen 306) in Betracht, auf denen benutzungspflichtige Radwege vorhanden sind und der Fußgängerquerverkehr durch Lichtzeichenanlagen sicher geführt wird. Für Linksabbieger sind Abbiegestreifen erforderlich.
StVO § 45 Verkehrszeichen und Verkehrs- einrichtungen	(8) Die Straßenverkehrsbehörden können innerhalb geschlossener Ortschaften die zulässige Höchstgeschwindigkeit auf bestimmten Straßen durch Zeichen 274 erhöhen. Außerhalb geschlossener Ortschaften können sie mit Zustimmung der zuständigen obersten Landesbehörden die nach § 3 Absatz 3 Nummer 2 Buchstabe c zulässige Höchstgeschwindigkeit durch Zeichen 274 auf 120 km/h anheben.
VwV-StVO zu § 45 Verkehrszeichen und Verkehrs- einrichtungen	**Zu Absatz 1 bis 1e** **14** VI. Der Zustimmung bedarf es in den Fällen der Nummern III bis V nicht, wenn und soweit die oberste Landesbehörde die Straßenverkehrsbehörde vom Erfordernis der Zustimmung befreit hat. … **Zu Absatz 8** **71** Die Zustimmung der höheren Verwaltungsbehörde oder der von ihr bestimmten Stelle ist erforderlich. Nummer VI zu Absatz 1 bis 1e (Rn. 14) gilt auch hier.
BMV – StV 4/36.43.01 – 17. Juli 1972	**Richtlinien für die Anhebung der nach der Höchstgeschwindigkeitsverordnung vom 16. März 1972 (BGBl I S. 461) zulässigen Geschwindigkeit** Nach § 2 der Verordnung über die versuchsweise Beschränkung der zulässigen Höchstgeschwindigkeit von Kraftfahrzeugen außerhalb geschlossener Ortschaften (Höchstgeschwindigkeits-V) vom 16. März 1972 (Bundesgesetzbl. I S. 461) können die Straßenverkehrsbehörden mit Zustimmung der zuständigen obersten Landesbehörden die zulässige

6.4.5 Verbessern der Verkehrsqualität (Leichtigkeit des Verkehrs)

BMV-Erlass
vom 17.7.1972

Höchstgeschwindigkeit auf den unter die Verordnung fallenden Straßen auf 120 km/h erhöhen. Um eine einheitliche Handhabung dieser Ausnahmen zu gewährleisten, hat der Bundesminister für Verkehr zusammen mit den zuständigen obersten Landesbehörden Richtlinien erarbeitet und die Kriterien festgelegt, nach denen höhere Geschwindigkeiten als 100 km/h zugelassen werden können.

1. Höhe der zulässigen Geschwindigkeit

Eine Anhebung der Höchstgeschwindigkeit nach § 2 der Höchstgeschwindigkeitsverordnung ist nur auf 120 km/h zulässig; Werte zwischen 100 und 120 km/h dürfen nicht gewählt werden. Eine Anhebung kommt nur in Betracht, wenn die folgenden Voraussetzungen erfüllt sind.

2. Geeignete Strecken

2.1 Querschnitt und Markierung

Die Anhebung der zulässigen Geschwindigkeit auf 120 km/h setzt voraus, dass die Straße eine mindestens 7,5 m breite Fahrbahn innerhalb der Fahrbahnbegrenzung sowie einen befestigten Seitenstreifen hat oder der Seitenstreifen so beschaffen ist, dass zumindest liegen gebliebene Personenkraftwagen dort abgestellt werden können.

Die Anhebung der zulässigen Geschwindigkeit auf 120 km/h ist unabhängig davon möglich

2.1.1 auf Kraftfahrstraßen (Zeichen 331 StVO),

2.1.2 auf Straßen mit Mehrzweckstreifen (Zeichen 295 Buchst. b Satz 3 StVO),

2.1.3 auf Straßen ohne Mehrzweckstreifen mit Rad- und Gehwegen, wenn es zu keiner Zeit des Jahres nennenswerten landwirtschaftlichen Verkehr gibt,

2.1.4 auf sonstigen Straßen mit mindestens 8,5 m breiter Fahrbahn, wenn es zu keiner Zeit des Jahres nennenswerten landwirtschaftlichen Verkehr gibt und die Straßen nur wenig von Fußgängern und Radfahrern benutzt werden,

2.1.5 auf jeden Fall muss die Straße eine Fahrstreifenbegrenzung (Zeichen 295, 296 StVO) oder eine Leitlinie (Zeichen 340 StVO) sowie stets auch eine Fahrbahnbegrenzung (Zeichen 295 Buchst. b StVO) haben.

2.2 Ausbau

120 km/h dürfen nur zugelassen werden, wenn die Straße baulich so beschaffen ist, dass diese Geschwindigkeit von Personenkraftwagen auch bei nasser Fahrbahn gefahren werden kann. Es ist zu prüfen, ob die Streckenelemente 120 km/h überall zulassen. Das ist in der Regel der Fall, wenn die Kurven Radien von mindestens 1000 m haben und überall die Haltesichtweite zur Verfügung steht. Außerdem muss die Qualität der Fahrbahndecke ausreichen.

2.3 Verkehrssicherheit

120 km/h dürfen nur zugelassen werden, wenn die Straße nach der bisherigen Erfahrung überdurchschnittlich verkehrssicher ist. Es dürfen pro Jahr nicht mehr Unfälle mit Personenschaden registriert worden sein als in der folgenden Tabelle für bestimmte Verkehrsmengen (durchschnittlicher täglicher Verkehr für beide Richtungen zusammen DTV) und bestimmte Streckenlängen angegeben ist. Soll für mehrere benachbarte Abschnitte im Zuge einer längeren Strecke (vgl. 2.4) 120 km/h zugelassen werden, ist die gesamte Streckenlänge nach Abzug der Ortsdurchfahrten als Eingangswert für die Tabelle zu wählen. Soll nur für einen Einzelabschnitt 120 km/h zugelassen werden, ist dessen Länge zu wählen.

2.4 Länge der Strecke

120 km/h dürfen nur zugelassen werden, wenn diese Geschwindigkeit auf einer längeren Strecke möglich ist, wobei die einzelnen Abschnitte, auf denen ohne Unterbrechung 120 km/h gefahren werden dürfen, mindestens vier Kilometer lang sein müssen. Unterbrechungen sind z.B. kürzere Ortsdurchfahrten und die unter 2.5 genannten kritischen Punkte. Ist ein Abschnitt, auf dem 120 km/h möglich sind, nicht ein Teil einer solchen längeren Strecke, soll dieser Einzelabschnitt mindestens 5 km lang sein.

2.5 Kritische Punkte

An allen kritischen Punkten sind durch Zeichen 274 StVO geringere Höchstgeschwindigkeiten vorzuschreiben, insbesondere

6.4.5 Verbessern der Verkehrsqualität (Leichtigkeit des Verkehrs)

BMV-Erlass
vom 17.7.1972

Kritische Unfallzahlen

DTV							Streckenlänge										
(Kfz/Tag)	5	6	7	8	9	10	12	14	16	18	20	22	24	26	28	30
1 000	0	0	0	0	0	0	1	1	1	2	2	3	3	4	4	5
2 000	0	1	1	1	2	2	3	4	5	7	8	9	10	11	12	13
3 000	1	2	3	3	4	5	7	8	10	12	13	15	16	18	20	22
4 000	2	3	4	5	7	8	10	12	14	16	19	21	23	26	28	30
5 000	4	5	6	8	9	10	13	16	19	22	25	27	29	32	34	37
6 000	5	7	8	10	11	13	16	20	24	27	30	33	35	38	41	44
7 000	6	8	10	12	14	16	20	24	28	31	34	38	41	45	48	52
8 000	8	10	12	14	17	19	24	28	31	35	39	43	47	51	55	59
9 000	9	11	14	17	19	22	27	31	35	40	44	49	53	58	62	67
10 000	10	13	16	19	22	25	30	35	39	44	49	54	59	64	69	74
12 000	13	16	20	23	27	30	35	41	47	53	59	65	71	77	83	89
14 000	16	20	24	28	31	35	41	48	55	62	69	76	83	90	97	104
16 000	19	23	28	31	35	39	47	55	63	71	79	86	94	102	110	118
18 000	22	27	31	35	40	44	53	62	71	80	89	98	107	115	124	133
20 000	25	30	35	39	44	49	59	69	79	89	98	108	118	128	138	148

2.5.1 Kurven

Für Kurven ist diejenige Höchstgeschwindigkeit vorzuschreiben, die bei nasser Straße noch sicher gefahren werden kann.

2.5.2 Sichtweite

Für Abschnitte mit unzureichender Sichtweite ist diejenige Höchstgeschwindigkeit vorzuschreiben, die der Sichtweite entspricht (Haltesichtweite).

2.5.3 Kreuzender und abbiegender Verkehr

Für Kreuzungen und Einmündungen mit kreuzendem und links abbiegendem Verkehr und dort, wo regelmäßig Fußgänger die Straße überqueren, ist je nach der Örtlichkeit eine geringere Höchstgeschwindigkeit vorzuschreiben.

2.5.4 Neigungsstrecke (Gefälle und Steigung)

In Abschnitten mit starker Neigung oder mit solcher Neigung, die wegen ihrer Länge von Bedeutung ist, soll eine geringe Höchstgeschwindigkeit vorgeschrieben werden.

2.5.5 Bahnübergänge

Vor Bahnübergängen mit technischer Sicherung ist eine geringe Höchstgeschwindigkeit vorzuschreiben. Straßenabschnitte mit Bahnübergängen ohne technische Sicherung sind für die Anhebung der zulässigen Höchstgeschwindigkeit nicht geeignet.

3. Beschilderung

3.1 Wiederholung der Schilder

Die Schilder, durch die 120 km/h zugelassen werden, müssen in angemessenen Abständen wiederholt werden.

3.2 Ende der für 120 km/h zugelassenen Abschnitte

Das Ende der für 120 km/h zugelassenen Strecke wird – in der Regel beidseitig – wie folgt angezeigt:

3.2.1 Wenn eine Strecke folgt, die der Höchstgeschwindigkeitsverordnung unterliegt, durch Zeichen 274 StVO mit „100 km",

3.2.2 wenn eine Strecke folgt, die der Höchstgeschwindigkeitsverordnung nicht unterliegt, durch Zeichen 278 StVO mit „120 km",

3.2.3 wenn eine Strecke folgt, für die eine geringere Höchstgeschwindigkeit als 100 km/h vorgeschrieben werden muss, so ist die Höchstgeschwindigkeit, beginnend mit 100 km/h, stufenweise herabzusetzen,

3.2.4 wenn ein Streckenabschnitt an der Ortstafel (Zeichen 310 StVO) endet, bedarf es in der Regel keiner zusätzlichen Beschilderung.

(VkBl 1972 S. 546)

VwV-StVO
zu § 41
Vorschriftzeichen

Zu Zeichen 275 Vorgeschriebene Mindestgeschwindigkeit

1 I. Das Zeichen darf nur fahrstreifenbezogen, niemals aber auf dem rechten von mehreren Fahrstreifen, angeordnet werden.

2 II. Die vorgeschriebene Mindestgeschwindigkeit muss bei normalen Straßen-, Verkehrs- und Sichtverhältnissen völlig unbedenklich sein.

3 III. Innerhalb geschlossener Ortschaften dürfen die Zeichen nicht angeordnet werden.

4 IV. Die Anordnung kann insbesondere auf drei oder mehrstreifigen Richtungsfahrbahnen von Autobahnen aus Gründen der Leichtigkeit des Verkehrs in Betracht kommen.

…

Zu Zeichen 277 Überholverbot für Kraftfahrzeuge über 3,5 t

1 I. Das Zeichen soll nur auf Straßen mit erheblichem und schnellem Fahrverkehr angeordnet werden, wo der reibungslose Verkehrsablauf dies erfordert. Das kommt z. B. an Steigungs- und Gefällstrecken in Frage, auf denen Lastkraftwagen nicht mehr zügig überholen können; dabei ist maßgeblich die Stärke und Länge der Steigung oder des Gefälles; Berechnungen durch Sachverständige empfehlen sich.

II. Bei Anordnung von Lkw-Überholverboten auf Autobahnen und autobahnähnlich ausgebauten Straßen ist ergänzend Folgendes zu beachten:

2 1. Bei Anordnung von Lkw-Überholverboten auf Landesgrenzen überschreitenden Autobahnen müssen die Auswirkungen auf den im anderen Bundesland angrenzenden Streckenabschnitt berücksichtigt werden.

3 2. Auf Autobahnen empfehlen sich Lkw-Überholverbote an unfallträchtigen Streckenabschnitten (z. B. an Steigungs- oder Gefällstrecken, Ein- und Ausfahrten oder vor Fahrstreifeneinziehung von links).

4 3. Auf zweistreifigen Autobahnen können darüber hinaus Überholverbote – auch z. B. auf längeren Strecken – in Betracht kommen, wenn bei hohem Verkehrsaufkommen durch häufiges Überholen von Lkw die Geschwindigkeit auf dem Überholstreifen deutlich vermindert wird und es dadurch zu einem stark gestörten Verkehrsfluss kommt, durch den die Verkehrssicherheit beeinträchtigt werden kann.

5 4. Unter Beachtung des Grundsatzes der Verhältnismäßigkeit kann das Überholverbot auf Fahrzeuge mit einem höheren zulässigen Gesamtgewicht als 3,5 t beschränkt werden, insbesondere an Steigungsstrecken. Wenn das Verkehrsaufkommen und die Fahrzeugzusammensetzung kein ganztägiges Überholverbot erfordern, kommt eine Beschränkung des Überholverbots auf bestimmte Tageszeiten in Betracht.

6.4.6 Sonstige Gründe

Sonstige Gründe für die Anordnung von Streckenverboten und -geboten können auch

– die Durchführung von Kontrollen

– das Verhüten von Schäden an der Straße sowie
– das Erforschen des Unfallgeschehens, des Verkehrsverhaltens, des Verkehrsablaufs oder der Erprobung von Maßnahmen

sein.

6.5.2 Trassierung

6.5 Kurven

6.5.1 Allgemeines

Enge Kurven können insbesondere auf Außerortsstraßen gefährlich sein. Das ist besonders dann der Fall, wenn Sichtbedingungen oder fahrdynamische Umstände eine langsamere Fahrt erfordern, dies aber für die Kraftfahrer nicht erkennbar oder einsichtig ist.

Wegen der Vielfalt der Lösungsmöglichkeiten beim Aufstellen von Verkehrsschildern wird den Kurven ein eigener Abschnitt gewidmet.

Grundsätzlich dürften auch Kurven kein Problem für die Kraftfahrer darstellen. Nach § 3 StVO sind sie verpflichtet, mit ihrem Fahrzeug eine so niedrige Geschwindigkeit zu wählen, dass sie es ständig beherrschen und innerhalb der übersehbaren Strecke die Geschwindigkeit nicht nur ausreichend vermindern, sondern sogar anhalten können.

Die Erfahrung zeigt auch, dass nur einige wenige (meist unerwartet enge) Kurven problematisch sind. An ihnen ereignen sich wiederholt Unfälle, während die meisten anderen, geometrisch oft sehr ähnlichen engen Kurven unauffällig sind. Offensichtlich sind die meisten Kurven „selbsterklärend", aber nicht alle.

Die Gefährlichkeit von Kurven bestimmt sich offensichtlich auch aus den Verhältnissen des gesamten Straßenverlaufs. Während bei einem schlecht ausgebauten, kurvenreichen Straßenzug eine enge Kurve noch nicht als gefährlich anzusehen ist (weil sie vielleicht nicht „unerwartet" ist), kann auf einem geraden und zügig geführten Straßenzug eine gleichartige Kurve gefährlich sein.

Maßnahmen sind überwiegend außerhalb geschlossener Ortschaften erforderlich, wenn bei meist geradem Straßenverlauf oder hinter einer unübersichtlichen Stelle (schlecht erkennbar) unvermutet eine scharfe Kurve folgt, die nur mit einer Geschwindigkeit sicher durchfahren werden kann, die erheblich unter der liegt, mit der man im Annäherungsbereich an die Kurve fahren kann.

Die Geschwindigkeitswahl ist ein komplexer Vorgang. In der Fahrerverhaltensforschung sind verschiedene Geschwindigkeitswahl-Hypothesen herausgearbeitet worden. In Abschnitt 6.5.2 wird ein kurzer Überblick gegeben, wie die Erkenntnisse dieser Forschung bei der Standardtrassierung der Straßen berücksichtigt werden können.

Dieses Wissen soll ermöglichen, die Defizite bei Problem-Kurvenbereichen zu erkennen und – ggf. auch gestützt auf Fahrverhaltensbeobachtungen – gezielt auszugleichen oder vor ihnen zu warnen. Bei besonders gefährlichen Kurven kann es erforderlich sein, zusätzlich eine Geschwindigkeitsbeschränkung anzuordnen.

6.5.2 Trassierung

Die Entwurfsrichtlinien tragen der Verpflichtung der Baulastträger, die Straßen in einem dem regelmäßigen Verkehrsbedürfnis genügenden Zustand zu bauen, zu unterhalten, zu erweitern oder sonst zu verbessern (siehe Abschnitt 12.2), zunächst dadurch Rechnung, dass sie von einem strukturierten Netz ausgehen, das Teile für den Fernverkehr, für den Verteilverkehr und für den Erschließungsverkehr mit unterschiedlichen Qualitäts- und damit Geschwindigkeitsstufen enthält: Für den Fernverkehr ist die Geschwindigkeitserwartung höher, in den eher lokal ausgerichteten Teilen des Netzes werden niedrigere Geschwindigkeiten erwartet und akzeptiert. Aus der Netzfunktion ergeben sich damit bestimmte Bereiche von erwarteten und gefahrenen Geschwindigkeiten, für die die Straßen ausgelegt werden sollen.

Insbesondere im Außerortsbereich ist außerdem bekannt, dass die Umgebung die Geschwindigkeitserwartung nicht unerheblich beeinflusst: In einem engen Gebirgstal besteht eine andere Geschwindigkeitserwartung als in einer weiten Ebene. Entsprechend kann der Entwurfsingenieur in einer fordernden Umgebung eine engere Trassierung wählen als in einer weitläufigen.

Die Erfahrung zeigt nun, dass die Kraftfahrer den Charakter einer Straße recht gut erkennen können und ihr Fahrverhalten darauf einstellen – zumindest soweit eine „vernünftige" Geschwindigkeit sich nicht zu sehr von ihren Vorstellungen unterscheidet. Weltweit sind zahlreiche „Modelle" beschrieben, nach denen die gefahrenen Geschwindigkeiten in Abhängigkeit von der Trassierung zumindest grob abgeschätzt werden können.

Normalerweise treten wenig Probleme auf, wenn die vor den Fahrern liegende Trassierung keine zu große Abweichung gegenüber dem so gewählten Geschwindigkeitsniveau erfordert. Interpretiert man die Forschungsarbeiten, so lässt sich daraus grob ableiten, dass eine notwendige Geschwindigkeitsreduktion von 5–10 km/h in der Regel,

6.5.2 Trassierung

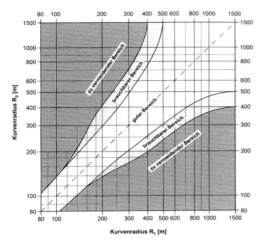

Bild 6.18 Abstimmung der Radienfolge von aufeinanderfolgenden Kurven auf Außerortsstraßen Quelle: RAL 2012

bei lokalen Straßen notfalls auch von 15 km/h meist unproblematisch ist. Daraus lassen sich wiederum maximale Verhältniswerte von Radien ableiten, die in den Richtlinien gefordert werden (siehe *Bild 6.18*).

Ist eine Kurve jedoch so eng, dass vor ihr eine größere Geschwindigkeitsreduktion erforderlich ist, treten nicht selten Probleme auf. Maßgeblich für die Bewertung einer Kurve sind der Radius und der Richtungsänderungswinkel. Kritische Kurvenradien liegen häufig vor, wenn sie in der Nähe der straßenbautechnischen Mindestradien oder darunter liegen und sich im Annäherungsbereich Geraden oder Kurven befinden, deren Radius mehr als 1,5-mal so groß ist. Richtungsänderungswinkel sind häufig kritisch, wenn sie 30° übersteigen und aus ausreichender Entfernung nicht zu erkennen sind. Dann muss überlegt werden,

– entweder den Geschwindigkeitsunterschied zu reduzieren (indem man die „vernünftige" Kurvengeschwindigkeit, z. B. durch Radien-

erhöhung, heraufsetzt oder indem man die Annäherungsgeschwindigkeit, z. B. durch Änderung in der Trassierung der Annäherungsstrecke, ermäßigt)

– oder dafür zu sorgen, dass der notwendige Geschwindigkeitsunterschied besser erkannt und vor allem auch so akzeptiert wird, dass er das Fahrerverhalten genügend stark beeinflusst.

Beide Maßnahmenkategorien lassen sich grundsätzlich durch Maßnahmen an der Straße selbst, durch Ausstattungselemente, durch Warnungen über Verkehrszeichen oder aber auch durch Ge- und Verbote erreichen. Die VwV-StVO stellt klar, dass die möglichen Maßnahmen in dieser Reihenfolge zu prüfen sind: Sind Maßnahmen an der Straße möglich und ausreichend, so sollen sie realisiert werden. Sind sie nicht ausreichend wirksam (oder ist dies mit ausreichender Sicherheit zu erwarten), so sind Maßnahmen mit Ausstattungselementen zu prüfen usw. Da die Straßenverkehrsbehörde für Maßnahmen an der Straße sachlich nicht zuständig ist, soll sie solche Maßnahmen bei den dafür zuständigen Straßenbaubehörden anregen.

Dass Ge- und Verbote erst in letzter Konsequenz anzuordnen sind, entspricht nicht nur dem Verfassungsgrundsatz, dass Ge- und Verbote erst ausgesprochen werden dürfen, wenn die Eigenverantwortung nicht ausreicht, die Sicherheit und Ordnung zu gewährleisten (siehe Abschnitt 2.2.4). Es trägt auch dem wahrnehmungspsychologischen Umstand Rechnung, dass Informationen, die im „automatischen" Bereich der Wahrnehmung verarbeitet werden (z. B. das Gefühl, „gegen eine Wand zu fahren"), bei der unter dauerndem Zeitdruck durchgeführten Wahrnehmungsaufgabe „Autofahren" wesentlich zuverlässiger verarbeitet werden als „bewusst" zu verarbeitende Information (z. B. die Umsetzung einer Geschwindigkeitsbeschränkung), da die Informations-Verarbeitungskapazität des Menschen für bewusst zu verarbeitende Informationen sehr beschränkt ist (siehe Abschnitt 2.2.7).

6.5.3 Leiteinrichtungen

StVO Anlage 4 Verkehrseinrichtungen (zu § 43 Absatz 3)		
Abschnitt 2 Einrichtungen zur Kennzeichnung von dauerhaften Hindernissen oder sonstigen gefährlichen Stellen		
8	**Zeichen 625** — Richtungstafel in Kurven	Die Richtungstafel in Kurven kann auch in aufgelöster Form angebracht sein.

Mit Zeichen 625 (Richtungstafeln) kann den Verkehrsteilnehmern verdeutlicht werden, dass sie sich an eine unerwartet enge oder unerwartet langgezogene Kurve annähern, die sie ohne diese Hilfen nicht oder nur schwer rechtzeitig hätten erkennen können.

Gefährliche, für die Kraftfahrer aber als solche nicht ohne Weiteres erkennbare Kurven sollen vorrangig durch Zeichen 625 „Richtungstafel in Kurven" gekennzeichnet werden.

Die optische Kennzeichnung scharfer Kurven durch Richtungstafeln wirkt aus psychologischen Gründen direkt und relativ intensiv.

Dabei vermittelt die einzelne breite Richtungstafel *(Bild 6.19)*, dass eine unerwartet enge Kurve folgt (Erkennbarkeit der Kurve), mehrere aufgelöste, gestaffelt nacheinander in etwa gleichem Abstand gestellte Richtungstafeln *(Bild 6.20)* hingegen, dass sich die Kurve weiter herumzieht, als vielleicht zunächst zu erwarten ist (Erkennbarkeit des Kurvenverlaufs).

Um den gewünschten Effekt der räumlichen Orientierung zu erreichen, sollten die aufgelösten Richtungstafeln in möglichst gleichen Abständen entlang des Außenrandes der Kurve angeordnet werden. Unterschiedliche Abstände oder Lücken können zu gefährlichen Fehleinschätzungen führen. Gegebenenfalls muss überlegt werden, in der Kurve abzweigende Wege oder Einfahrten zu verlegen oder das Raster der Richtungstafeln so zu legen, dass die Gleichmäßigkeit nicht unterbrochen wird.

Bei der Festlegung des Rasters sollte außerdem darauf geachtet werden, dass auch von Weitem mindestens zwei, möglichst aber drei Teilstücke der aufgelösten Richtungstafel zu sehen sind.

Bei zusammengesetzten Kurven, deren ausleitender Radius enger als der einleitende ist („Hundekurven"), muss darauf geachtet werden, dass der Radienwechsel durch die Verkehrsteilnehmer erkennbar ist. Dazu werden in der Regel Probeaufstellungen notwendig sein. Diese Erkennbarkeit kann möglicherweise dadurch verdeutlicht

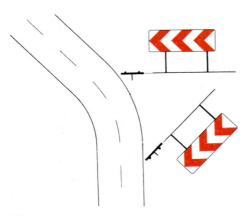

Bild 6.19 Richtungstafel in Kurven (Zeichen 625)

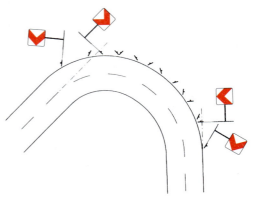

Bild 6.20 Aufgelöste Richtungstafel in Kurven

oder verstärkt werden, dass die aufgelösten Richtungstafeln nur im engeren Kurventeil angeordnet werden (wenn sie dann auch noch aus größerer Entfernung sichtbar sind) oder der Abstand im engeren Kurventeil kleiner als im weiteren Kurventeil gewählt wird.

Zu Abschnitt 6.5.3

VwV-StVO
zu § 43
Verkehrs-
einrichtungen
(Anlage 4)

Zu Absatz 3 Anlage 4 Abschnitte 2 und 3

6 II. Richtungstafeln sind nur dann anzuordnen, wenn der Fahrer bei der Annäherung an eine Kurve den weiteren Straßenverlauf nicht rechtzeitig sehen kann oder die Kurve deutlich enger ist, als nach dem vorausgehenden Straßenverlauf zu erwarten ist. Die Anordnung in aufgelöster Form (Zeichen 625) ist vorzuziehen.

6.5.4 Warnung

3	**Zeichen 103**	
	Kurve	
4	**Zeichen 105**	
	Doppelkurve	

StVO Anlage 1 Allgemeine und Besondere Gefahrzeichen (zu § 40 Absatz 6 und 7)
Abschnitt 1 Allgemeine Gefahrzeichen (zu § 40 Absatz 6)

Mit Zeichen 103 kann zusätzlich gewarnt werden, wo eine gefährliche Kurve im Straßenverlauf durch Richtungstafeln alleine nicht ausreichend kenntlich gemacht werden kann.

Zeichen 105 ist zu verwenden, wo zwei oder mehr (auch gleichgerichtete) solcher gefährlicher Kurven hintereinander folgen. Führt die Einfahrt in die erste Kurve nach links, dann ist Z 105-10 zu verwenden.

Zeichen 103 „Kurve" kann zusätzlich zu Richtungstafeln angeordnet werden, wenn die Richtungstafeln nicht schon aus ausreichender Entfernung zu erkennen sind oder eine besondere Gefahr besteht.

Eine kurvenreiche Strecke mit mehr als zwei Kurven ist durch Zeichen 105 und Zusatzzeichen mit Längenangabe zu kennzeichnen.

An den einzelnen Kurven sollen weitere Warnungen, z. B. durch Richtungstafeln, dann nur noch erfolgen, wenn sie trotz Streckenwarnung immer noch unerwartet eng sind und die Kraftfahrer daher auf weitere unerwartete Geschwindigkeitsreduktionen (oder zu vermeidende Beschleunigungen) vorbereitet werden müssen.

Anmerkung: Bei Zeichen 103, Z 103-10, 105 und Z 105-10 sind keine Varianten der Kurvensinnbilder zulässig.

6.5.5 Regelungen

Zu Abschnitt 6.5.4

VwV-StVO zu § 40 Gefahrzeichen	**Zu den Zeichen 103 Kurve und 105 Doppelkurve**

1   I. Die Zeichen sind nur dort anzuordnen, wo die Erforderlichkeit einer erheblichen Reduzierung der Geschwindigkeit in einem Kurvenbereich nicht rechtzeitig erkennbar ist, obwohl Richtungstafeln aufgestellt sind (vgl. Nr. II VwV zu § 43 Abs. 3 Anlage 4 Abschnitte 2 und 3; Rn. 6).

2   II. Es dürfen nur die im Katalog der Verkehrszeichen aufgeführten Varianten der Zeichen 103 und 105 angeordnet werden. Eine nähere Darstellung des Kurvenverlaufs auf den Zeichen ist unzulässig.

3   III. Mehr als zwei gefährliche Kurven im Sinne der Nummer I sind durch ein Doppelkurvenzeichen mit einem Zusatzzeichen, das die Länge der kurvenreichen Strecke angibt, anzukündigen. Vor den einzelnen Kurven ist dann nicht mehr zu warnen.

6.5.5 Regelungen

Verkehrsrechtliche Regelungen werden nötig, wenn die bisher beschriebenen Wege keinen ausreichenden Erfolg versprechen oder gebracht haben.

In Frage kommen vorrangig Geschwindigkeitsbeschränkungen; gelegentlich sind auch Überholverbote nötig (siehe Abschnitt 6.4.2).

Beschränkungen sollen (nur) angeordnet werden, wenn Unfalluntersuchungen ergeben haben, dass trotz Anordnung der in den vorigen Abschnitten beschriebenen Maßnahmen noch geschwindigkeitsbedingte oder überholbedingte Unfälle aufgetreten sind, oder wenn örtliche Verkehrsuntersuchungen – ggf. mit Hilfe sachverständiger Gutachter – ergeben haben, dass an dieser Stelle häufig unangemessene Geschwindigkeiten oder unangemessenes Überholverhalten zu gefährlichen Verkehrssituationen führen.

Als geeignete Höhe einer Geschwindigkeitsbeschränkung wird die Geschwindigkeit angesehen, die von ca. 85 % der unbeeinflusst fahrenden Kraftfahrer (bei nasser Fahrbahn) nicht überschritten wird.

Überholverbote können dann notwendig sein, wenn die Sichtweite vor Kurven so eingeschränkt ist, dass die Sichtweite für das Überholen nicht mehr ausreicht, diese Einschränkung aber nicht ohne Weiteres zu erkennen ist.

Zu Abschnitt 6.5.5

VwV-StVO zu § 40 Gefahrzeichen	

1   I. Gefahrzeichen sind nach Maßgabe des § 45 Abs. 9 Satz 4 anzuordnen. Nur wenn sie als Warnung oder Aufforderung zur eigenverantwortlichen Anpassung des Fahrverhaltens nicht ausreichen, sollte stattdessen oder bei unabweisbarem Bedarf ergänzend mit Vorschriftzeichen (insbesondere Zeichen 274, 276) auf eine der Gefahrsituation angepasste Fahrweise hingewirkt werden; vgl. hierzu I. zu den Zeichen 274, 276 und 277.

VwV-StVO zu § 41 Vorschriftzeichen	**Zu Zeichen 274 Zulässige Höchstgeschwindigkeit**

1   I. Geschwindigkeitsbeschränkungen aus Sicherheitsgründen sollen auf bestehenden Straßen angeordnet werden, wenn Unfalluntersuchungen ergeben haben, dass häufig geschwindigkeitsbedingte Unfälle aufgetreten sind. Dies gilt jedoch nur dann, wenn festgestellt worden ist, dass die geltende Höchstgeschwindigkeit von der Mehrheit der Kraftfahrer eingehalten wird. Im anderen Fall muss die geltende zulässige Höchstgeschwindigkeit durchgesetzt werden. Geschwindigkeitsbeschränkungen können sich im Einzelfall schon dann empfehlen, wenn aufgrund unangemessener Geschwindigkeiten häufig gefährliche Verkehrssituationen festgestellt werden.

II. Außerhalb geschlossener Ortschaften können Geschwindigkeitsbegrenzungen nach Maßgabe der Nr. I erforderlich sein.

VwV-StVO
zu § 41
Vorschriftzeichen

2 1. wo Fahrzeugführer insbesondere in Kurven, auf Gefällstrecken und an Stellen mit besonders unebener Fahrbahn (vgl. aber Nr. I zu § 40; Rn. 1), ihre Geschwindigkeit nicht den Straßenverhältnissen anpassen; die zulässige Höchstgeschwindigkeit soll dann auf diejenige Geschwindigkeit festgelegt werden, die vorher von 85 % der Fahrzeugführer von sich aus ohne Geschwindigkeitsbeschränkungen, ohne überwachende Polizeibeamte und ohne Behinderung durch andere Fahrzeuge eingehalten wurde,

...

6 IV. Das Zeichen soll so weit vor der Gefahrstelle aufgestellt werden, dass eine Gefährdung auch bei ungünstigen Sichtverhältnissen ausgeschlossen ist. Innerhalb geschlossener Ortschaften sind im Allgemeinen 30 bis 50 m, außerhalb geschlossener Ortschaften 50 bis 100 m und auf Autobahnen und autobahnähnlichen Straßen 200 m ausreichend.

...

8 VI. Auf Autobahnen und autobahnähnlichen Straßen dürfen nicht mehr als 130 km/h angeordnet werden. Nur dort darf die Geschwindigkeit stufenweise herabgesetzt werden. Eine Geschwindigkeitsstufe soll höchstens 40 km/h betragen. Der Mindestabstand in Metern zwischen den unterschiedlichen Höchstgeschwindigkeiten soll das 10-fache der Geschwindigkeitsdifferenz in km/h betragen. Nach Streckenabschnitten ohne Beschränkung soll in der Regel als erste zulässige Höchstgeschwindigkeit 120 km/h angeordnet werden.

9 VII. Das Zeichen 274 mit Zusatzzeichen „bei Nässe" soll statt des Zeichens 114 dort angeordnet werden, wo das Gefahrzeichen als Warnung nicht ausreicht.

...

Zu Zeichen 276 Überholverbot

1 I. Das Zeichen ist nur dort anzuordnen, wo die Gefährlichkeit des Überholens für den Fahrzeugführer nicht ausreichend erkennbar ist.

2 II. Wo das Überholen bereits durch Zeichen 295 unterbunden ist, darf das Zeichen nicht angeordnet werden.

3 III. Außerhalb geschlossener Ortschaften ist das Zeichen in der Regel auf beiden Straßenseiten aufzustellen.

4 IV. Zur Verwendung des Zeichens an Gefahrstellen vgl. Nummer I zu § 40; Rn. 1.

...

Zu den Zeichen 274, 276 und 277

1 I. Die Zeichen sind nur dort anzuordnen, wo Gefahrzeichen oder Richtungstafeln (Zeichen 625) nicht ausreichen würden, um eine der Situation angepasste Fahrweise zu erreichen. Die Zeichen können dann mit Gefahrzeichen kombiniert werden, wenn

2 1. ein zusätzlicher Hinweis auf die Art der bestehenden Gefahr für ein daran orientiertes Fahrverhalten im Einzelfall unerlässlich ist oder

3 2. aufgrund dieser Verkehrszeichenkombination eine Kennzeichnung des Endes der Verbotsstrecke entbehrlich wird (vgl. Erläuterung zu den Zeichen 278 bis 282).

...

6 IV. Vgl. auch Nummer IV zu § 41; Rn. 4 und über die Zustimmungsbedürftigkeit Nummer III 1 c und e zu § 45 Abs. 1 bis 1 e; Rn. 6 und 8.

6.6.1 Allgemeines

6.6 Räumlich abgegrenzte Bereiche („Zonen") mit besonderem Verhalten

6.6.1 Allgemeines

Das Ziel einer selbsterklärenden Straße kann unter anderem dadurch erreicht werden, dass man bestimmten deutlich erkennbaren Situationen bestimmte Verhaltensmuster zuweist. Wenn diese Zuordnung etabliert ist (durch entsprechende Schulung, Gewöhnung oder auch durch sich aufdrängenden Zusammenhang), so stellt sie ein sehr zuverlässiges Mittel dar, um das Fahrverhalten zu beeinflussen.

Zusätzlicher Vorteil des Zonenansatzes ist, dass innerhalb der Zone die entsprechenden Ge- und Verbote nicht immer wieder einzeln angeordnet werden müssen, sondern die Kennzeichnung der Zonengrenzen ausreicht. Für die zuverlässige Wirkung ist allerdings notwendig, dass die Zone auch von innerhalb, also ohne Sicht auf die ihre Grenzen markierenden Verkehrszeichen, anhand charakteristischer Eigenschaften als solche mit ausreichender Sicherheit erkennbar ist.

Die geläufigen Zonen sind in *Tabelle 6.2* gegenübergestellt.

Eine wesentliche und auch schon lange etablierte Unterscheidung ist die in innerhalb und außerhalb geschlossener Ortschaften liegende Straßenteile (siehe *Tabelle 6.2*). Dabei hat innerorts (Abschnitt 6.6.4) der fließende Verkehr erheblich mehr Rücksicht auf die anderen Verkehrsarten und das Umfeld zu nehmen, außerorts wird umgekehrt mehr Rücksicht auf den fließenden Verkehr genommen. Der Innerortsverkehr ist von größerer Aufmerksamkeit der Fahrer, der Außerortsverkehr von höheren Geschwindigkeiten der Fahrzeuge geprägt.

Innerorts haben sich in den letzten Jahrzehnten zwei weitere besondere Zonen, die Tempo 30-Zone (Abschnitt 6.6.5) und der verkehrsberuhigte Bereich (Abschnitt 6.6.6), etabliert, in denen sich der fließende Verkehr zunehmend unterordnet. Ohne oder mit stark untergeordnetem Kraftfahrzeugverkehr gibt es die schon länger etablierten Fußgängerzonen (Abschnitt 3.5.2) und die um die Jahrtausendwende eingeführten Fahrradstraßen (Abschnitt 3.5.3). Bei den nicht weiter gekennzeichneten innerörtlichen Straßen sollen diejenigen als Vorfahrtstraßen gekennzeichnet werden, die vorwiegend dem durchgehenden Verkehr dienen. Die Innerorts-Straßenklasse, die nicht besonders gekennzeichnet und auch nicht als Vorfahrtstraße ausgewiesen ist, soll zukünftig vermieden werden; entweder soll eine Innerortsstraße Vorfahrtstraße sein oder einem der vier Zonenbereiche zugeordnet werden.

Außerorts gibt es mit den Kraftfahrstraßen und den Autobahnen (Abschnitt 6.6.2) Bereiche, die für den schnellen Kraftfahrzeugverkehr reserviert sind. Auch hier sollen ansonsten Bereiche, die keine Vorfahrtstraße sind, nur in Ausnahmefällen angeordnet werden.

Eine Sonderrolle spielen die Tunnelbereiche (Abschnitt 6.6.7), die sowohl innerorts als auch außerorts liegen können und unabhängig von ihrer Lage in jedem Fall ein besonders vorsichtiges Verhalten der Fahrzeugführer erfordern. Typisch sind z. B. eine Einschränkung auf den Kraftfahrzeugverkehr, eine spezielle Beschränkung der Höchstgeschwindigkeit und absolute Haltverbote.

In den folgenden Abschnitten werden diese Bereiche mit besonderem Verhalten, ihre Charakteristika und ihre Kennzeichnung einzeln besprochen.

Weitere Zonen, die allerdings nur eingeschränkt von Kraftfahrzeugverkehr benutzt werden, sind Fußgängerzonen und Radfahrbereiche, die bei den Sonderwegen (Abschnitt 3.5) besprochen werden.

Tabelle 6.2 Straßenbereiche mit unterschiedlichem Verhalten

lfd. Nr.	Behandelt in Abschnitt	Straßenbereich			Geschwindigkeit	Vorfahrt
1	6.6.2	Außerhalb geschlossener Ortschaften	Autobahnen und Kraftfahrstraßen		Richtgeschwindigkeit 130 km/h	Höhenfreie Knoten; durchgehende Fahrbahn hat Vorfahrt
2	6.6.3		Außerortsstraße ohne weitere Kennzeichnung	Vorfahrtstraße	V_{zul} 100 km/h	Vorfahrtregelung
3				Keine Vorfahrtstraße	V_{zul} 100 km/h	In der Regel Vorfahrtregelung
4	6.6.7	In Tunneln			In der Regel durch Zeichen auf 60 oder 80 km/h beschränkt (RABT)	Wegen der Unfallgefahr sind Stellen zu vermeiden, in denen Vorfahrtregelungen notwendig sind (RABT)
5	6.6.4	Innerhalb geschlossener Ortschaften	Innerortsstraße ohne weitere Kennzeichnung	Vorfahrtstraße	V_{zul} 50 km/h	Vorfahrtregelung
6				Keine Vorfahrtstraße	V_{zul} 50 km/h	In der Regel Vorfahrtregelung
7	6.6.5		Tempo 30-Zone		V_{zul} 30 km/h (in Geschäftsbereichen ggf. auch 20 oder 10 km/h)	Grundsätzlich „Rechts vor Links"
8	3.5.3		Fahrradstraße		Wenn zugelassen, an Fahrradverkehr angepasst; V_{zul} 30 km/h	
9	6.6.6		Verkehrsberuhigter Bereich		An Fußgängerverkehr angepasst, max. Schrittgeschwindigkeit	Keine Regelung durch Verkehrszeichen
10	3.5.2		Fußgängerbereich		Wenn zugelassen, an Fußgängerverkehr angepasst	

6.6.2 Außerorts: Autobahnen und Kraftfahrstraßen

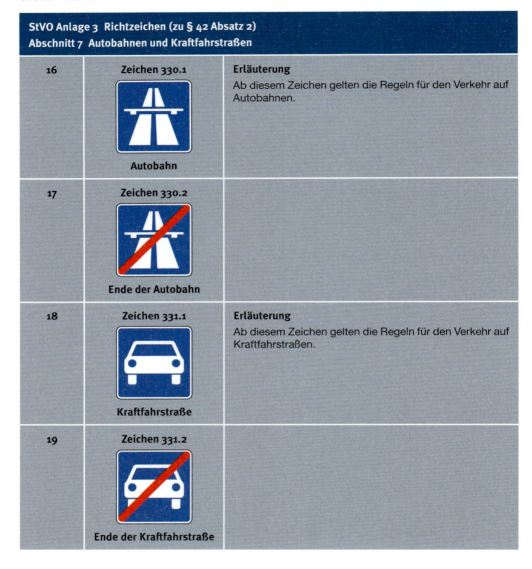

StVO Anlage 3 Richtzeichen (zu § 42 Absatz 2)
Abschnitt 7 Autobahnen und Kraftfahrstraßen

16	**Zeichen 330.1** **Autobahn**	**Erläuterung** Ab diesem Zeichen gelten die Regeln für den Verkehr auf Autobahnen.
17	**Zeichen 330.2** **Ende der Autobahn**	
18	**Zeichen 331.1** **Kraftfahrstraße**	**Erläuterung** Ab diesem Zeichen gelten die Regeln für den Verkehr auf Kraftfahrstraßen.
19	**Zeichen 331.2** **Ende der Kraftfahrstraße**	

Autobahnen und Kraftfahrstraßen sind Straßen, die ergänzend zum normalen Außerortsstraßen-Netz für den schnellen Kraftfahrzeugverkehr angelegt sind. Für die Unterscheidung, ob eine für den schnellen Kraftfahrzeugverkehr beschränkte Straße als Autobahn oder als Kraftfahrstraße beschildert wird, ist nicht allein die Widmung nach dem Straßenrecht entscheidend. Straßen, die als Autobahnen beschildert sind, sollen frei von höhengleichen Kreuzungen sein, getrennte Fahrbahnen für den Richtungsverkehr haben und mit besonderen Anschlussstellen für die Zu- und Ausfahrten ausgestattet sein.

Die wesentlichen für Autobahnen und Kraftfahrstraßen geltenden Regeln finden sich in § 18 StVO. Insbesondere muss die durch die Bauart bestimmte Höchstgeschwindigkeit der sie benutzenden Fahrzeuge mehr als 60 km/h betragen; die allgemeinen zugelassenen Höchstgeschwindigkeiten sind höher, für Pkw gibt es nur eine Richtgeschwindigkeit als Obergrenze; Fußgänger dürfen Autobahnen überhaupt nicht betreten und Kraftfahrstraßen nur an dafür vorgesehenen Stellen überqueren.

6.6.2 Außerorts: Autobahnen und Kraftfahrstraßen

Für Autobahnen und ähnliche Straßen gilt die durch nachstehende Verordnung des für den Verkehr zuständigen Bundesministeriums vom 21. November 1978 eingeführte Richtgeschwindigkeit. Auf stark belasteten Autobahnen finden im Zusammenhang mit Anlagen zur Verkehrsbeeinflussung zunehmend variable verkehrsabhängige Geschwindigkeitsbeschränkungen Anwendung (siehe Abschnitt 9.3.5).

Außerdem muss bei Geschwindigkeiten über 50 km/h zwischen Lastkraftwagen mit einer zulässigen Gesamtmasse über 3,5 t und Kraftomnibussen ein Mindestabstand eingehalten werden (§ 4 Abs. 3 StVO). Wenden und Rückwärtsfahren sowie das Halten auf dem Seitenstreifen sind verboten. Beim Abschleppen eines auf der Autobahn liegengebliebenen Fahrzeugs ist die Autobahn bei der nächsten Ausfahrt zu verlassen. Beim Abschleppen eines außerhalb der Autobahn liegengebliebenen Fahrzeugs darf nicht in die Autobahn eingefahren werden (§ 15a StVO).

Weitere Regelungen zum Verhalten in verschiedenen Situationen auf Autobahnen und Kraftfahrstraßen finden sich z. B. in den §§ 7a und 11 StVO (siehe Zu Abschnitt 6.6.2).

Zeichen 330.1 zeigt den Fahrzeugführern, wo die Autobahn beginnt (§ 18 StVO) und die für die Autobahnen geltenden Sondervorschriften gültig werden. Der Standort bestimmt sich auf Grund der verkehrsrechtlichen Verhältnisse. Dieses Zeichen kann also bereits am Beginn einer Zubringerstraße zur Autobahn stehen, die ihrerseits selbst wegerechtlich nicht Autobahn zu sein braucht, sofern der einmal in die Zubringerstraße eingefahrene Verkehr zwangsläufig auf die Autobahn geführt wird. Sonst steht es an Zufahrten der Anschlussstellen von Autobahnen.

Zeichen 330.2 „Ende der Autobahn" zeigt den Verkehrsteilnehmern an, dass die Sondervorschriften für Autobahnen enden.

Die Verwendung von Zeichen 330.1 beschränkt sich nicht nur auf die nach Bundesfernstraßengesetz gewidmeten Bundesautobahnen; es darf auch dort aufgestellt werden, wo Straßen wie Autobahnen ausgebaut sind und daher die Beachtung der Autobahnregeln im Interesse der Sicherheit verlangt wird.

Eine solche Straße erhält auch eine blaue wegweisende Beschilderung. Dies ist im Interesse der Sicherheit erforderlich, weil die blaue Beschilderung zusätzlich Autobahnverhaltensregeln signalisiert.

Gelegentlich praktizierte Bestrebungen, Straßen, die wie Autobahnen ausgebaut sind, gelb zu beschildern, weil man damit Aversionen gegen Autobahnen abzubauen hofft, sollte aus Sicherheitsgründen entgegengewirkt werden.

Da in der Regel aus den baulichen Gegebenheiten Anfang und Ende einer Autobahn erkennbar sind (z. B. Beginn der Zufahrt zu einer Autobahnanschlussstelle), reicht es im Allgemeinen aus, das Zeichen nur rechts aufzustellen.

Das Ende der Autobahn ist nur anzukündigen, wenn die Autobahn endet. Eine Vorankündigung ist in der Regel entbehrlich. Falls doch notwendig, erfolgt die Ankündigung in der Art, dass unter dem Sinnbild von Zeichen 330.2 die Entfernungsangabe (z. B. 800 m) angeordnet wird. Weitere Einzelheiten über die Beschilderung von Beginn und Ende der Autobahn siehe die „Richtlinien für die wegweisende Beschilderung auf Bundesautobahnen (RWBA 2000)" (siehe Abschnitt 8.3).

Zeichen 331.1 zeigt an, wo eine Kraftfahrstraße beginnt (§ 18 StVO). Es ist an jeder Kreuzung oder Einmündung, an der Verkehrsteilnehmer neu hinzukommen können, zu wiederholen. Eine Wiederholung zwischen Knotenpunkten ist in der Regel nicht erforderlich.

Das Anbringen von Zeichen 331.1 auf Vorwegweisern ist im Interesse eines reibungslosen Verkehrsablaufes zweckmäßig. Bei Straßen mit vier Fahrbahnen außerhalb geschlossener Ortschaften können die beiden mittleren in der Regel als Kraftfahrstraße ausgewiesen werden (VwV-StVO zu § 2).

Wenn der Ausbauzustand einer Kraftfahrstraße eindeutig erkennen lässt, dass diese Straße vorfahrtberechtigt ist (z. B. autobahnähnlicher Ausbau), dann kann auf das Aufstellen positiver Vorfahrtzeichen (Zeichen 306) verzichtet werden, um so einen Beitrag zur Vermeidung unnötiger Schilder zu leisten.

Zeichen 331.2 „Ende der Kraftfahrstraße" ist anzuordnen, wo den Verkehrsteilnehmern angezeigt werden soll, dass die Sondervorschriften für Kraftfahrstraßen enden.

Dort, wo Verkehrsteilnehmer an einem Knotenpunkt auf eine baulich eindeutig nicht als Kraftfahrstraße ausgebildete Straße abbiegen, braucht Zeichen 331.2 nicht aufgestellt zu werden. Für Vorankündigungen des Endes einer Kraftfahrstraße gilt sinngemäß das Gleiche wie für Zeichen 330.2. Unter das Sinnbild in Zeichen 331.2 ist die Entfernungsangabe (z. B. 500 m) anzuordnen.

6.6.2 Außerorts: Autobahnen und Kraftfahrstraßen

Zu Abschnitt 6.6.2

StVO
§ 4
Abstand

(3) Wer einen Lastkraftwagen mit einer zulässigen Gesamtmasse über 3,5 t oder einen Kraftomnibus führt, muss auf Autobahnen, wenn die Geschwindigkeit mehr als 50 km/h beträgt, zu vorausfahrenden Fahrzeugen einen Mindestabstand von 50 m einhalten.

StVO
§ 7a
Abgehende
Fahrstreifen,
Einfädelungs- und
Ausfädelungsstreifen

(1) Gehen Fahrstreifen, insbesondere auf Autobahnen und Kraftfahrstraßen, von der durchgehenden Fahrbahn ab, darf beim Abbiegen vom Beginn einer breiten Leitlinie (Zeichen 340) rechts von dieser schneller als auf der durchgehenden Fahrbahn gefahren werden.

(2) Auf Autobahnen und anderen Straßen außerhalb geschlossener Ortschaften darf auf Einfädelungsstreifen schneller gefahren werden als auf den durchgehenden Fahrstreifen.

(3) Auf Ausfädelungsstreifen darf nicht schneller gefahren werden als auf den durchgehenden Fahrstreifen. Stockt oder steht der Verkehr auf den durchgehenden Fahrstreifen, darf auf dem Ausfädelungsstreifen mit mäßiger Geschwindigkeit und besonderer Vorsicht überholt werden.

StVO
§ 11
Besondere
Verkehrslagen

(2) Stockt der Verkehr auf Autobahnen und Außerortsstraßen mit mindestens zwei Fahrstreifen für eine Richtung, müssen Fahrzeuge für die Durchfahrt von Polizei- und Hilfsfahrzeugen in der Mitte der Richtungsfahrbahn, bei Fahrbahnen mit drei Fahrstreifen für eine Richtung zwischen dem linken und dem mittleren Fahrstreifen, eine freie Gasse bilden.

StVO
§ 15a
Abschleppen
von Fahrzeugen

(1) Beim Abschleppen eines auf der Autobahn liegen gebliebenen Fahrzeugs ist die Autobahn (Zeichen 330.1) bei der nächsten Ausfahrt zu verlassen.

(2) Beim Abschleppen eines außerhalb der Autobahn liegen gebliebenen Fahrzeugs darf nicht in die Autobahn (Zeichen 330.1) eingefahren werden.

StVO
§ 18
Autobahnen und
Kraftfahrstraßen

(1) Autobahnen (Zeichen 330.1) und Kraftfahrstraßen (Zeichen 331.1) dürfen nur mit Kraftfahrzeugen benutzt werden, deren durch die Bauart bestimmte Höchstgeschwindigkeit mehr als 60 km/h beträgt; werden Anhänger mitgeführt, gilt das Gleiche auch für diese. Fahrzeug und Ladung dürfen zusammen nicht höher als 4 m und nicht breiter als 2,55 m sein. Kühlfahrzeuge dürfen nicht breiter als 2,60 m sein.

(2) Auf Autobahnen darf nur an gekennzeichneten Anschlussstellen (Zeichen 330.1) eingefahren werden, auf Kraftfahrstraßen nur an Kreuzungen oder Einmündungen.

(3) Der Verkehr auf der durchgehenden Fahrbahn hat die Vorfahrt.

(4) (weggefallen)

(5) Auf Autobahnen darf innerhalb geschlossener Ortschaften schneller als 50 km/h gefahren werden. Auf ihnen sowie außerhalb geschlossener Ortschaften auf Kraftfahrstraßen mit Fahrbahnen für eine Richtung, die durch Mittelstreifen oder sonstige bauliche Einrichtungen getrennt sind, beträgt die zulässige Höchstgeschwindigkeit auch unter günstigsten Umständen

1. für
   a) Kraftfahrzeuge mit einer zulässigen Gesamtmasse von mehr als 3,5 t, ausgenommen Personenkraftwagen,
   b) Personenkraftwagen mit Anhänger, Lastkraftwagen mit Anhänger, Wohnmobile mit Anhänger und Zugmaschinen mit Anhänger sowie
   c) Kraftomnibusse ohne Anhänger oder mit Gepäckanhänger   80 km/h,

2. für
   a) Krafträder mit Anhänger und selbstfahrende Arbeitsmaschinen mit Anhänger,
   b) Zugmaschinen mit zwei Anhängern sowie
   c) Kraftomnibusse mit Anhänger oder mit Fahrgästen, für die keine Sitzplätze mehr zur Verfügung stehen,   60 km/h,

6.6.2 Außerorts: Autobahnen und Kraftfahrstraßen

3. für Kraftomnibusse ohne Anhänger, die

   a) nach Eintragung in der Zulassungsbescheinigung Teil I für eine Höchstgeschwindigkeit von 100 km/h zugelassen sind,

   b) hauptsächlich für die Beförderung von sitzenden Fahrgästen gebaut und die Fahrgastsitze als Reisebestuhlung ausgeführt sind,

   c) auf allen Sitzen sowie auf Rollstuhlplätzen, wenn auf ihnen Rollstuhlfahrer befördert werden, mit Sicherheitsgurten ausgerüstet sind,

   d) mit einem Geschwindigkeitsbegrenzer ausgerüstet sind, der auf eine Höchstgeschwindigkeit von maximal 100 km/h (Vset) eingestellt ist,

   e) den Vorschriften der Richtlinie 2001/85/EG des Europäischen Parlaments und des Rates vom 20. November 2001 über besondere Vorschriften für Fahrzeuge zur Personenbeförderung mit mehr als acht Sitzplätzen außer dem Fahrersitz und zur Änderung der Richtlinien 70/156/EWG und 97/27/EG (ABl. L 42 vom 13.2.2002, S. 1) in der jeweils zum Zeitpunkt der Erstzulassung des jeweiligen Kraftomnibusses geltenden Fassung entsprechen und

   f) auf der vorderen Lenkachse nicht mit nachgeschnittenen Reifen ausgerüstet sind, oder

   g) für nicht in Mitgliedstaaten der Europäischen Union oder in Vertragsstaaten des Abkommens über den Europäischen Wirtschaftsraum zugelassene Kraftomnibusse, wenn jeweils eine behördliche Bestätigung des Zulassungsstaates in deutscher Sprache über die Übereinstimmung mit den vorgenannten Bestimmungen und über jährlich stattgefundene Untersuchungen mindestens im Umfang der Richtlinie 96/96/EG des Rates vom 20. Dezember 1996 zur Angleichung der Rechtsvorschriften der Mitgliedstaaten über die technische Überwachung der Kraftfahrzeuge und Kraftfahrzeuganhänger (ABl. L 46 vom 17.2.1997, S. 1) in der jeweils geltenden Fassung vorgelegt werden kann,   100 km/h.

(6) Wer auf der Autobahn mit Abblendlicht fährt, braucht seine Geschwindigkeit nicht der Reichweite des Abblendlichts anzupassen, wenn

1. die Schlussleuchten des vorausfahrenden Kraftfahrzeugs klar erkennbar sind und ein ausreichender Abstand von ihm eingehalten wird oder
2. der Verlauf der Fahrbahn durch Leiteinrichtungen mit Rückstrahlern und, zusammen mit fremdem Licht, Hindernisse rechtzeitig erkennbar sind.

(7) Wenden und Rückwärtsfahren sind verboten.

(8) Halten, auch auf Seitenstreifen, ist verboten.

(9) Zu Fuß Gehende dürfen Autobahnen nicht betreten. Kraftfahrstraßen dürfen sie nur an Kreuzungen, Einmündungen oder sonstigen dafür vorgesehenen Stellen überschreiten; sonst ist jedes Betreten verboten.

(10) Die Ausfahrt von Autobahnen ist nur an Stellen erlaubt, die durch die Ausfahrttafel (Zeichen 332) und durch das Pfeilzeichen (Zeichen 333) oder durch eins dieser Zeichen gekennzeichnet sind. Die Ausfahrt von Kraftfahrstraßen ist nur an Kreuzungen oder Einmündungen erlaubt.

(11) Lastkraftwagen mit einer zulässigen Gesamtmasse über 7,5 t, einschließlich ihrer Anhänger, sowie Zugmaschinen dürfen, wenn die Sichtweite durch erheblichen Schneefall oder Regen auf 50 m oder weniger eingeschränkt ist, sowie bei Schneeglätte oder Glatteis den äußerst linken Fahrstreifen nicht benutzen.

(1) Verboten ist

1. der Betrieb von Lautsprechern,
2. das Anbieten von Waren und Leistungen aller Art auf der Straße,
3. außerhalb geschlossener Ortschaften jede Werbung und Propaganda durch Bild, Schrift, Licht oder Ton,

wenn dadurch am Verkehr Teilnehmende in einer den Verkehr gefährdenden oder erschwerenden Weise abgelenkt oder belästigt werden können. Auch durch innerörtliche Werbung und Propaganda darf der Verkehr außerhalb geschlossener Ortschaften nicht in solcher Weise gestört werden.

(2) Einrichtungen, die Zeichen oder Verkehrseinrichtungen (§§ 36 bis 43 in Verbindung mit den Anlagen 1 bis 4) gleichen, mit ihnen verwechselt werden können oder deren Wirkung beeinträchtigen können, dürfen dort nicht angebracht oder sonst verwendet werden, wo sie sich auf den Verkehr auswirken können. Werbung und Propaganda in Verbindung mit Verkehrszeichen und Verkehrseinrichtungen sind unzulässig.

6.6.2 Außerorts: Autobahnen und Kraftfahrstraßen

StVO
§ 33
Verkehrs-
beeinträchtigungen

(3) Ausgenommen von den Verboten des Absatzes 1 Satz 1 Nummer 3 und des Absatzes 2 Satz 2 sind in der Hinweisbeschilderung für Nebenbetriebe an den Bundesautobahnen und für Autohöfe die Hinweise auf Dienstleistungen, die unmittelbar den Belangen der am Verkehr Teilnehmenden auf den Bundesautobahnen dienen.

StVO
§ 47
Örtliche
Zuständigkeit

(2) Zuständig sind für die Erteilung von Ausnahmegenehmigungen

1. nach § 46 Absatz 1 Nummer 2 für eine Ausnahme von § 18 Absatz 1 die Straßenver-kehrsbehörde, in deren Bezirk auf die Autobahn oder Kraftfahrstraße eingefahren werden soll. Wird jedoch eine Erlaubnis nach § 29 Absatz 3 oder eine Ausnahmegenehmigung nach § 46 Absatz 1 Nummer 5 erteilt, ist die Verwaltungsbehörde zuständig, die diese Verfügung erlässt;

VwV-StVO
zu § 2
Straßenbenutzung
durch Fahrzeuge

Zu Absatz 1

6   III. Auf Straßen mit vier Fahrbahnen sind in der Regel die beiden mittleren dem schnel-leren Fahrzeugverkehr vorzubehalten. Außerhalb geschlossener Ortschaften werden sie in der Regel als Kraftfahrstraßen (Zeichen 331.1) zu kennzeichnen sein. Ob das innerhalb geschlossener Ortschaften zu verantworten ist, bedarf gründlicher Erwägungen vor allem dann, wenn in kleineren Abständen Kreuzungen und Einmündungen vorhanden sind. Wo das Zeichen „Kraftfahrstraße" nicht verwendet werden kann, wird in der Regel ein Verkehrsverbot für Radfahrer und andere langsame Fahrzeuge (Zeichen 250 mit entsprechenden Sinnbildern) zu erlassen sein. Durch Zeichen 283 das Halten zu verbieten, empfiehlt sich in jedem Fall, wenn es nicht schon durch § 18 Abs. 8 verboten ist. Die beiden äußeren Fahrbahnen bedürfen, wenn die mittleren als Kraft-fahrstraßen gekennzeichnet sind, keiner Beschilderung, die die Benutzung der Fahrbahn regelt; andernfalls sind sie durch Zeichen 251 für Kraftwagen und sonstige mehrspurige Kraftfahrzeuge mit Zusatzzeichen z. B. „Anlieger oder Parken frei" zu kennzeichnen; zusätzlich kann es auch ratsam sein, zur Verdeutlichung das Zeichen 314 „Parkplatz" anzubringen. Im Übrigen ist auch bei Straßen mit vier Fahrbahnen stets zu erwägen, auf den beiden äußeren Fahrbahnen jeweils nur eine Fahrtrichtung zuzulassen.

VwV-StVO
zu § 41
Vorschriftzeichen

Zu Zeichen 274 Zulässige Höchstgeschwindigkeit

8   VI. Auf Autobahnen und autobahnähnlichen Straßen dürfen nicht mehr als 130 km/h angeordnet werden. Nur dort darf die Geschwindigkeit stufenweise herabgesetzt wer-den. Eine Geschwindigkeitsstufe soll höchstens 40 km/h betragen. Der Mindestabstand in Metern zwischen den unterschiedlichen Höchstgeschwindigkeiten soll das 10-fache der Geschwindigkeitsdifferenz in km/h betragen. Nach Streckenabschnitten ohne Beschränkung soll in der Regel als erste zulässige Höchstgeschwindigkeit 100 km/h angeordnet werden.

…

Zu Zeichen 275 Vorgeschriebene Mindestgeschwindigkeit

4   IV. Die Anordnung kann insbesondere auf drei oder mehrstreifigen Richtungsfahrbahnen von Autobahnen aus Gründen der Leichtigkeit des Verkehrs in Betracht kommen.

VwV-StVO
zu § 42
Richtzeichen

Zu Zeichen 330.1 Autobahn

1   I. Das Zeichen ist sowohl am Beginn der Autobahn als auch an jeder Anschlussstellen-zufahrt aufzustellen. In der Regel muss es am Beginn der Zufahrt aufgestellt werden.

2   II. Das Zeichen darf auch an Straßen aufgestellt werden, die nicht als Bundesauto-bahnen nach dem Bundesfernstraßengesetz gewidmet sind, wenn diese Straßen für Schnellverkehr geeignet sind, frei von höhengleichen Kreuzungen sind, getrennte Fahrbahnen für den Richtungsverkehr haben und mit besonderen Anschlussstellen für die Zu- und Ausfahrten ausgestattet sind. Voraussetzung ist aber, dass für den Verkehr, der Autobahnen nicht befahren darf, andere Straßen, deren Benutzung zumutbar ist, und für die Anlieger anderweitige Ein- und Ausfahrten zur Verfügung stehen.

Zu Zeichen 330.1, 331.1, 330.2 und 331.2

1   Über die Zustimmungsbedürftigkeit vgl. Nummer III 1 a zu § 45 Abs. 1 bis 1 e; Rn 4. Ist die oberste Landesbehörde nicht zugleich oberste Landesbehörde für den Straßenbau, muss auch diese zustimmen.

6.6.2 Außerorts: Autobahnen und Kraftfahrstraßen

VwV-StVO
zu § 42
Richtzeichen

Zu Zeichen 330.2 und 331.2 Ende der Autobahn und Kraftfahrstraße

1 I. Das jeweilige Zeichen ist am Ende der Autobahn oder der Kraftfahrstraße und an allen Ausfahrten der Anschlussstellen anzuordnen, wobei eine Vorankündigung in aller Regel entbehrlich ist.

2 II. Das jeweilige Zeichen entfällt, wenn die Autobahn unmittelbar in eine Kraftfahrstraße übergeht oder umgekehrt. Dann ist stattdessen Zeichen 330.1 oder 331.1 anzuordnen.

Zu Zeichen 331.1 Kraftfahrstraße

1 I. Voraussetzung für die Anordnung des Zeichens ist, dass für den Verkehr, der Kraftfahrstraßen nicht befahren darf, andere Straßen, deren Benutzung zumutbar ist, zur Verfügung stehen.

2 II. Das Zeichen ist an allen Kreuzungen und Einmündungen zu wiederholen.

VwV-StVO
zu § 45
Verkehrszeichen
und Verkehrs-
einrichtungen

Zu Absatz 1 bis 1 e

3 III. 1. Die Straßenverkehrsbehörde bedarf der Zustimmung der obersten Landesbehörde oder der von ihr bestimmten Stelle zur Anbringung und Entfernung folgender Verkehrszeichen:

...

5 b) auf Autobahnen, Kraftfahrstraßen und Bundesstraßen: des Zeichens 250, auch mit auf bestimmte Verkehrsarten beschränkenden Sinnbildern, wie der Zeichen 251 oder 253, sowie der Zeichen 262 und 263,

6 c) auf Autobahnen, Kraftfahrstraßen sowie auf Bundesstraßen außerhalb geschlossener Ortschaften: der Zeichen 276, 277, 280, 281, 295 als Fahrstreifenbegrenzung und 296,

7 d) auf Autobahnen und Kraftfahrstraßen: der Zeichen 209 bis 214, 274 und 278,

BMV – StV
12/36.43.00-02
21. November 1978

Verordnung über eine allgemeine Richtgeschwindigkeit auf Autobahnen und ähnlichen Straßen (Autobahn-Richtgeschwindigkeits-V)

Auf Grund des § 6 Abs. 1 Nr. 3 des Straßenverkehrsgesetzes in der im Bundesgesetzblatt Teil III, Gliederungsnummer 9231-1, veröffentlichten bereinigten Fassung, der zuletzt durch das Gesetz vom 3. August 1978 (BGBl. I S. 1177) geändert wurde, wird mit Zustimmung des Bundesrates verordnet:

§ 1 Den Führern von Personenkraftwagen sowie von anderen Kraftfahrzeugen mit einem zulässigen Gesamtgewicht bis zu 2,8 t [jetzt 3,5 t] wird empfohlen, auch bei günstigen Straßen-, Verkehrs-, Sicht- und Wetterverhältnissen

1. auf Autobahnen (Zeichen 330),
2. außerhalb geschlossener Ortschaften auf anderen Straßen mit Fahrbahnen für eine Richtung, die durch Mittelstreifen oder sonstige bauliche Einrichtungen getrennt sind, und
3. außerhalb geschlossener Ortschaften auf Straßen, die mindestens zwei durch Fahrstreifenbegrenzung (Zeichen 295) oder durch Leitlinien (Zeichen 340) markierte Fahrstreifen für jede Richtung haben,

nicht schneller als 130 km/h zu fahren (Autobahn-Richtgeschwindigkeit). Das gilt nicht, soweit nach der StVO oder nach deren Zeichen Höchstgeschwindigkeiten (Zeichen 274) oder niedrigere Richtgeschwindigkeiten (Zeichen 380) bestehen.

§ 2 Im Übrigen bleiben die Vorschriften der Straßenverkehrs-Ordnung unberührt und gelten entsprechend für diese Verordnung. Die in § 1 genannten Zeichen sind die der Straßenverkehrs-Ordnung.

§ 3 Diese Verordnung gilt nach § 14 des Dritten Überleitungsgesetzes in Verbindung mit Artikel 33 Abs. 2 des Kostenermächtigungs-Änderungsgesetzes vom 23. Juni 1970 (BGBl I S. 805) auch im Land Berlin.

§ 4 Diese Verordnung tritt am Tage nach der Verkündung in Kraft.

(VkBl. 1978 S. 478)

6.6.3 Außerhalb geschlossener Ortschaften (außerorts)

Straßen außerhalb gekennzeichneter geschlossener Ortschaften (Außerortsstraßen) sind in der Regel geprägt von höheren Geschwindigkeiten. Außerhalb der straßenrechtlichen Ortsdurchfahrten bestehen Anbau- und Zufahrtsbeschränkungen. Außerortsstraßen sind nicht besonders gekennzeichnet.

Die StVO formuliert zahlreiche Regeln für das Verhalten auf Außerortsstraßen, insbesondere:

– Die zu fahrende Höchstgeschwindigkeit für Personenkraftwagen sowie für andere Kraftfahrzeuge mit einer zulässigen Gesamtmasse bis 3,5 t beträgt 100 km/h (§ 3 Abs. 3).
– Es darf auf Einfädelungsstreifen schneller gefahren werden als auf den durchgehenden Fahrstreifen (§ 7a Abs. 2).
– Das Überholen darf durch kurze Schallzeichen angekündigt werden (§ 5 Abs. 5).
– Fußgänger müssen die für sie vorgesehenen Gehwege benutzen. Sind keine vorhanden, müssen sie am linken Fahrbahnrand gehen (§ 25 Abs. 1).
– Mofas dürfen Radwege benutzen (§ 2 Abs. 4).
– Auf Vorfahrtstraßen darf nicht geparkt werden (Anlage 3 zu § 42 Abs. 2 lfd. Nr. 2).
– Haltende Fahrzeuge sind bei schlechten Sichtverhältnissen mit eigener Lichtquelle zu beleuchten (§ 17 Abs. 4).

Auch die VwV-StVO macht spezielle Vorgaben für die Anordnung von Verkehrszeichen im Außerortsbereich, insbesondere:

– Gefahrzeichen stehen weiter entfernt vor der Gefahrenstelle als innerorts.
– Die Verkehrsregelung „Rechts vor Links" sollte vermieden werden.
– Es wird mehr Wert auf die Erkennbarkeit des Streckenverlaufs gelegt (z. B. Leitpfosten, Markierungen, Beschilderung von Kreisverkehren).
– Die zulässige Höchstgeschwindigkeit kann mit Zustimmung der obersten Landesbehörde auf 120 km/h angehoben werden.

Zu Abschnitt 6.6.3 – Verhaltensregelungen

StVO
§ 3
Geschwindigkeit

(3) Die zulässige Höchstgeschwindigkeit beträgt auch unter günstigsten Umständen

...

2. außerhalb geschlossener Ortschaften

a) für
aa) Kraftfahrzeuge mit einer zulässigen Gesamtmasse über 3,5 t bis 7,5 t, ausgenommen Personenkraftwagen,
bb) Personenkraftwagen mit Anhänger,
cc) Lastkraftwagen und Wohnmobile jeweils bis zu einer zulässigen Gesamtmasse von 3,5 t mit Anhänger sowie
dd) Kraftomnibusse, auch mit Gepäckanhänger,   80 km/h,
b) für
aa) Kraftfahrzeuge mit einer zulässigen Gesamtmasse über 7,5 t,
bb) alle Kraftfahrzeuge mit Anhänger, ausgenommen Personenkraftwagen, Lastkraftwagen und Wohnmobile jeweils bis zu einer zulässigen Gesamtmasse von 3,5 t, sowie
cc) Kraftomnibusse mit Fahrgästen, für die keine Sitzplätze mehr zur Verfügung stehen,   60 km/h,
c) für Personenkraftwagen sowie für andere Kraftfahrzeuge mit einer zulässigen Gesamtmasse bis 3,5 t   100 km/h.

Diese Geschwindigkeitsbeschränkung gilt nicht auf Autobahnen (Zeichen 330.1) sowie auf anderen Straßen mit Fahrbahnen für eine Richtung, die durch Mittelstreifen oder sonstige bauliche Einrichtungen getrennt sind. Sie gilt ferner nicht auf Straßen, die mindestens zwei durch Fahrstreifenbegrenzung (Zeichen 295) oder durch Leitlinien (Zeichen 340) markierte Fahrstreifen für jede Richtung haben.

StVO
§ 4
Abstand

(2) Wer ein Kraftfahrzeug führt, für das eine besondere Geschwindigkeitsbeschränkung gilt, sowie einen Zug führt, der länger als 7 m ist, muss außerhalb geschlossener Ortschaften ständig so großen Abstand von dem vorausfahrenden Kraftfahrzeug halten, dass ein überholendes Kraftfahrzeug einscheren kann. Das gilt nicht,

6.6.3 Außerhalb geschlossener Ortschaften (außerorts)

StVO § 4 Abstand	1. wenn zum Überholen ausgeschert wird und dies angekündigt wurde, 2. wenn in der Fahrtrichtung mehr als ein Fahrstreifen vorhanden ist oder 3. auf Strecken, auf denen das Überholen verboten ist.
StVO § 5 Überholen	(5) Außerhalb geschlossener Ortschaften darf das Überholen durch kurze Schall- oder Leuchtzeichen angekündigt werden. ...
StVO § 7 Benutzung von Fahrstreifen durch Kraftfahrzeuge	(3c) Sind außerhalb geschlossener Ortschaften für eine Richtung drei Fahrstreifen mit Zeichen 340 gekennzeichnet, dürfen Kraftfahrzeuge abweichend von dem Gebot möglichst weit rechts zu fahren, den mittleren Fahrstreifen dort durchgängig befahren, wo – auch nur hin und wieder – rechts davon ein Fahrzeug hält oder fährt. Dasselbe gilt auf Fahrbahnen mit mehr als drei so markierten Fahrstreifen für eine Richtung für den zweiten Fahrstreifen von rechts. Den linken Fahrstreifen dürfen außerhalb geschlossener Ortschaften Lastkraftwagen mit einer zulässigen Gesamtmasse von mehr als 3,5 t sowie alle Kraftfahrzeuge mit Anhänger nur benutzen, wenn sie sich dort zum Zwecke des Linksabbiegens einordnen.
StVO § 7a Abgehende Fahrstreifen, Einfädelungs- und Ausfädelungsstreifen	(2) Auf Autobahnen und anderen Straßen außerhalb geschlossener Ortschaften darf auf Einfädelungsstreifen schneller gefahren werden als auf den durchgehenden Fahrstreifen.
StVO § 16 Warnzeichen	(1) Schall- und Leuchtzeichen darf nur geben, 1. wer außerhalb geschlossener Ortschaften überholt (§ 5 Absatz 5) oder 2. wer sich oder Andere gefährdet sieht.
StVO § 17 Beleuchtung	(4) Haltende Fahrzeuge sind außerhalb geschlossener Ortschaften mit eigener Lichtquelle zu beleuchten. Innerhalb geschlossener Ortschaften genügt es, nur die der Fahrbahn zugewandte Fahrzeugseite durch Parkleuchten oder auf andere zugelassene Weise kenntlich zu machen; eigene Beleuchtung ist entbehrlich, wenn die Straßenbeleuchtung das Fahrzeug auf ausreichende Entfernung deutlich sichtbar macht. Auf der Fahrbahn haltende Fahrzeuge, ausgenommen Personenkraftwagen, mit einer zulässigen Gesamtmasse von mehr als 3,5 t und Anhänger sind innerhalb geschlossener Ortschaften stets mit eigener Lichtquelle zu beleuchten oder durch andere zugelassene lichttechnische Einrichtungen kenntlich zu machen. Fahrzeuge, die ohne Schwierigkeiten von der Fahrbahn entfernt werden können, wie Krafträder, Fahrräder mit Hilfsmotor, Fahrräder, Krankenfahrstühle, einachsige Zugmaschinen, einachsige Anhänger, Handfahrzeuge oder unbespannte Fuhrwerke, dürfen bei Dunkelheit dort nicht unbeleuchtet stehen gelassen werden.
StVO § 25 Fußgänger	(1) Wer zu Fuß geht, muss die Gehwege benutzen. Auf der Fahrbahn darf nur gegangen werden, wenn die Straße weder einen Gehweg noch einen Seitenstreifen hat. Wird die Fahrbahn benutzt, muss innerhalb geschlossener Ortschaften am rechten oder linken Fahrbahnrand gegangen werden; außerhalb geschlossener Ortschaften muss am linken Fahrbahnrand gegangen werden, wenn das zumutbar ist. Bei Dunkelheit, bei schlechter Sicht oder wenn die Verkehrslage es erfordert, muss einzeln hintereinander gegangen werden.
StVO § 42 Anlage 3 (zu § 42 Absatz 2) Richtzeichen	2 Zeichen 306 Vorfahrtstraße Ge- oder Verbot: Wer ein Fahrzeug führt, darf außerhalb geschlossener Ortschaften auf Fahrbahnen von Vorfahrtstraßen nicht parken. ...

6.6.3 Außerhalb geschlossener Ortschaften (außerorts)

Zu Abschnitt 6.6.3 – Vorfahrtregelungen

VwV-StVO
zu § 8
Vorfahrt

Zu Absatz 1

8 5. Der Grundsatz „Rechts vor Links" sollte außerhalb geschlossener Ortschaften nur für Kreuzungen und Einmündungen im Verlauf von Straßen mit ganz geringer Verkehrsbedeutung gelten.

...

15 III. 1. Als Vorfahrtstraßen sollen nur Straßen gekennzeichnet sein, die über eine längere Strecke die Vorfahrt haben und an zahlreichen Kreuzungen bevorrechtigt sind. Dann sollte die Straße so lange Vorfahrtstraße bleiben, wie sich das Erscheinungsbild der Straße und ihre Verkehrsbedeutung nicht ändern. Bei der Auswahl von Vorfahrtstraßen ist der Blick auf das gesamte Straßennetz besonders wichtig.

16 a) Bundesstraßen, auch in ihren Ortsdurchfahrten, sind in aller Regel als Vorfahrtstraßen zu kennzeichnen.

17 b) Innerhalb geschlossener Ortschaften gilt das auch für sonstige Straßen mit durchgehendem Verkehr.

18 c) Außerhalb geschlossener Ortschaften sollten alle Straßen mit erheblicherem Verkehr Vorfahrtstraßen werden.

VwV-StVO
zu § 42
Richtzeichen

Zu den Zeichen 306 und 307 Vorfahrtstraße und Ende der Vorfahrtstraße

2 II. Das Zeichen 306 steht in der Regel innerhalb geschlossener Ortschaften vor der Kreuzung oder Einmündung, außerhalb geschlossener Ortschaften dahinter.

...

8 V. Endet eine Vorfahrtstraße außerhalb geschlossener Ortschaften, sollen in der Regel sowohl das Zeichen 307 als auch das Zeichen 205 oder das Zeichen 206 angeordnet werden. Innerhalb geschlossener Ortschaften ist das Zeichen 307 entbehrlich. Anstelle des Zeichens 307 kann auch das Zeichen 205 mit Entfernungsangabe als Vorankündigung angeordnet werden.

Zu Abschnitt 6.6.3 – Höhere Geschwindigkeiten

StVO
§ 33
Verkehrs-
beeinträchtigungen

(1) Verboten ist

1. der Betrieb von Lautsprechern,

2. das Anbieten von Waren und Leistungen aller Art auf der Straße,

3. außerhalb geschlossener Ortschaften jede Werbung und Propaganda durch Bild, Schrift, Licht oder Ton,

wenn dadurch am Verkehr Teilnehmende in einer den Verkehr gefährdenden oder erschwerenden Weise abgelenkt oder belästigt werden können. Auch durch innerörtliche Werbung und Propaganda darf der Verkehr außerhalb geschlossener Ortschaften nicht in solcher Weise gestört werden.

VwV-StVO
zu den §§ 39 bis 43
Allgemeines über
Verkehrszeichen
und Verkehrs-
einrichtungen

25 Strecken- und Verkehrsverbote für einzelne Fahrstreifen sind in der Regel so über den einzelnen Fahrstreifen anzubringen, dass sie dem betreffenden Fahrstreifen zweifelsfrei zugeordnet werden können (Verkehrszeichenbrücken oder Auslegermaste).

26 Muss von einer solchen Anbringung abgesehen werden oder sind die Zeichen nur vorübergehend angeordnet, z. B. bei Arbeitsstellen, sind die Ge- oder Verbotszeichen auf einer Verkehrslenkungstafel (Zeichen 501 ff.) am rechten Fahrbahnrand anzuzeigen (vgl. VwV zu den Zeichen 501 bis 546 Verkehrslenkungstafeln, Rn. 7). Insbesondere außerhalb geschlossener Ortschaften sollen die angeordneten Ge- oder Verbotszeichen durch eine gleiche Verkehrslenkungstafel mit Entfernungsangabe auf einem Zusatzzeichen angekündigt werden.

6.6.3 Außerhalb geschlossener Ortschaften (außerorts)

StVO
§ 40
Gefahrzeichen

(2) Außerhalb geschlossener Ortschaften stehen sie im Allgemeinen 150 bis 250 m vor den Gefahrstellen. Ist die Entfernung erheblich geringer, so kann sie auf einem Zusatzzeichen angegeben sein, wie

(3) Innerhalb geschlossener Ortschaften stehen sie im Allgemeinen kurz vor der Gefahrstelle.

VwV-StVO
zu § 41
Vorschriftzeichen

Zu Zeichen 215 Kreisverkehr

2 II. Außerhalb geschlossener Ortschaften ist der Kreisverkehr mit Vorwegweiser (Zeichen 438) anzukündigen.

…

4 IV. Die Anordnung von Zeichen 215 macht eine zusätzliche Anordnung von Zeichen 211 (Hier rechts) auf der Mittelinsel entbehrlich. Außerhalb geschlossener Ortschaften empfiehlt es sich auf baulich angelegten, nicht überfahrbaren Mittelinseln gegenüber der jeweiligen Einfahrt vorrangig Zeichen 625 (Richtungstafel in Kurven) anzuordnen.

…

Zu Zeichen 274 Zulässige Höchstgeschwindigkeit

1 I. Geschwindigkeitsbeschränkungen aus Sicherheitsgründen sollen auf bestehenden Straßen angeordnet werden, wenn Unfalluntersuchungen ergeben haben, dass häufig geschwindigkeitsbedingte Unfälle aufgetreten sind. Dies gilt jedoch nur dann, wenn festgestellt worden ist, dass die geltende Höchstgeschwindigkeit von der Mehrheit der Kraftfahrer eingehalten wird. Im anderen Fall muss die geltende zulässige Höchstgeschwindigkeit durchgesetzt werden. Geschwindigkeitsbeschränkungen können sich im Einzelfall schon dann empfehlen, wenn aufgrund unangemessener Geschwindigkeiten häufig gefährliche Verkehrssituationen festgestellt werden.

II. Außerhalb geschlossener Ortschaften können Geschwindigkeitsbeschränkungen nach Maßgabe der Nr. I erforderlich sein,

2 1. wo Fahrzeugführer insbesondere in Kurven, auf Gefällstrecken und an Stellen mit besonders unebener Fahrbahn (vgl. aber Nr. I zu § 40; Rn. 1), ihre Geschwindigkeit nicht den Straßenverhältnissen anpassen; die zulässige Höchstgeschwindigkeit soll dann auf diejenige Geschwindigkeit festgelegt werden, die vorher von 85 % der Fahrzeugführer von sich aus ohne Geschwindigkeitsbeschränkung, ohne überwachende Polizeibeamte und ohne Behinderung durch andere Fahrzeuge eingehalten wurde,

3 2. wo insbesondere auf Steigungs- und Gefällstrecken, eine Verminderung der Geschwindigkeitsunterschiede geboten ist; die zulässige Höchstgeschwindigkeit soll dann auf diejenige Geschwindigkeit festgelegt werden, die vorher von 85 % der Fahrzeugführer von sich aus ohne Geschwindigkeitsbeschränkung, ohne überwachende Polizeibeamte und ohne Behinderung durch andere Fahrzeuge eingehalten wurde,

4 3. wo Fußgänger oder Radfahrer im Längs- oder Querverkehr in besonderer Weise gefährdet sind; die zulässige Höchstgeschwindigkeit soll auf diesen Abschnitten in der Regel 70 km/h nicht übersteigen.

5 III. Außerhalb geschlossener Ortschaften ist die zulässige Höchstgeschwindigkeit vor Lichtzeichenanlagen auf 70 km/h zu beschränken.

…

Zu Zeichen 276 Überholverbot

3 III. Außerhalb geschlossener Ortschaften ist das Zeichen in der Regel auf beiden Straßenseiten aufzustellen.

…

Zu Zeichen 295 Fahrstreifenbegrenzung und Fahrbahnbegrenzung

Zu Nummer 2 Fahrbahnbegrenzung

5 Außerhalb geschlossener Ortschaften ist auf Straßen zumindest bei starkem Kraftfahrzeugverkehr der Fahrbahnrand zu markieren.

6.6.3 Außerhalb geschlossener Ortschaften (außerorts)

VwV-StVO
zu § 43
Verkehrs-
einrichtungen

Zu Absatz 3 Anlage 4 Abschnitte 2 und 3

8 IV. Leitpfosten sollen nur außerhalb geschlossener Ortschaften angeordnet werden.

VwV-StVO
zu § 45
Verkehrszeichen
und Verkehrs-
einrichtungen

Zu Absatz 1 bis 1e

3 III. 1. Die Straßenverkehrsbehörde bedarf der Zustimmung der obersten Landesbehörde oder der von ihr bestimmten Stelle zur Anbringung und Entfernung folgender
Verkehrszeichen:

...

6 c) auf Autobahnen, Kraftfahrstraßen sowie auf Bundesstraßen außerhalb geschlossener
Ortschaften: der Zeichen 276, 277, 280, 281, 295 als Fahrstreifenbegrenzung und 296,

Zu Abschnitt 6.6.3 – Sonstiges

VwV-StVO
zu § 8
Vorfahrt

Zu Absatz 1

19 2. Im Interesse der Verkehrssicherheit sollten im Zuge von Vorfahrtstraßen außerhalb
geschlossener Ortschaften Linksabbiegestreifen angelegt werden, auch wenn der
abbiegende Verkehr nicht stark ist. Linksabbiegestreifen sind um so dringlicher, je
schneller die Straße befahren wird.

VwV-StVO
zu § 42
Richtzeichen

Zu Zeichen 363 Polizei

1 Das Zeichen darf nur für Straßen mit einem erheblichen Anteil ortsfremden Verkehrs
und nur dann angeordnet werden, wenn die Polizeidienststelle täglich über 24 Stunden
besetzt oder eine Sprechmöglichkeit vorhanden ist.

6.6.4 Innerhalb geschlossener Ortschaften (innerorts)

StVO Anlage 3 Richtzeichen (zu § 42 Absatz 2) Abschnitt 2 Ortstafel		
zu 5 und 6		**Erläuterung** Ab der Ortstafel gelten jeweils die für den Verkehr innerhalb oder außerhalb geschlossener Ortschaften bestehenden Vorschriften.
5	**Zeichen 310** **Wilster** **Kreis Steinburg** **Ortstafel Vorderseite**	Die Ortstafel bestimmt: Hier beginnt eine geschlossene Ortschaft.
6	**Zeichen 311** **Schotten ↑** 6 km **Wilster** **Ortstafel Rückseite**	Die Ortstafel bestimmt: Hier endet eine geschlossene Ortschaft.

Die „geschlossene Ortschaft" ist die am längsten verwendete Form zur Festlegung eines räumlich abgegrenzten Bereichs, in dem besonderes menschliches Verhalten gefordert wird. „Geschlossene Ortschaft" ist der Bereich von Siedlungen, der zusammenhängend bebaut ist. Straßen in geschlossenen Ortschaften sind gekennzeichnet durch nahe an der Straße lebende Anwohner und werden in größerem Maß von Fußgängern, Radfahrern und anderen Verkehrsteilnehmern genutzt oder gekreuzt.

Die Zeichen 310 und 311 geben die Grenzen der geschlossenen Ortschaft an und kennzeichnen damit gleichzeitig den Bereich, für den die besonderen Verkehrsregeln innerhalb der geschlossenen Ortschaft, insbesondere die innerörtlichen Geschwindigkeitsbeschränkungen, gelten.

Die Zeichen 310 und 311 sollen an den Grenzen der geschlossenen Ortschaften aufgestellt werden, also dort, wo auf einer der beiden Straßenseiten, ungeachtet einzelner unbebauter Grundstücke, die zusammenhängende Bebauung beginnt oder endet.

Innerhalb einer geschlossenen Ortschaft soll der Kraftfahrer mit geringerer Geschwindigkeit und mit größerer Aufmerksamkeit fahren, um mehr Rücksicht auf die anderen Verkehrsteilnehmer und die Anwohner nehmen zu können. Dafür sind Spurwahl, Halten und Parken erleichtert.

Die zulässige Höchstgeschwindigkeit beträgt für alle Kraftfahrzeuge 50 km/h (§ 3 Abs. 3 StVO). Fußgängern ist im Vergleich zu Außerortsstraßen, für den Fall dass weder Gehweg noch Seitenstreifen vorhanden sind, die Benutzung beider Fahrbahnränder erlaubt (§ 25 Abs. 1 StVO). Weiterhin sind unnötiger Lärm und vermeidbare Abgasbelästigungen verboten (Fahrzeugmotoren unnötig laufenlassen, unnützes Hin- und Herfahren – § 30 Abs. 1 StVO). Weitere Regelungen finden sich in den §§ 7, 12, 17, 39, 40 und 45 StVO.

Da die Zeichen 310 und 311 geschwindigkeitsregelnde Wirkung haben, müssen eventuelle Geschwindigkeitsbeschränkungen mit Zeichen 274 (siehe Abschnitt 6.4), die über die Grenzen der geschlossenen Ortschaft hinweggeführt werden, unmittelbar (20–30 m) hinter den Zeichen 310 oder 311 wiederholt werden. Direkt an der

6.6.4 Innerhalb geschlossener Ortschaften (innerorts)

gleichen Aufstellvorrichtung wie Zeichen 310 soll Zeichen 274 nicht angebracht werden, da eine solche Kombination in einigen anderen Staaten bedeutet, dass die Geschwindigkeitsbegrenzung für die gesamte Ortschaft gilt. Eine Kombination von Zeichen 311 und Zeichen 274 ist möglich. In diesem Fall ist Zeichen 274 auch rechts aufzustellen. Zur Verdeutlichung kann an den Ortsendetafeln Zeichen 278 angebracht werden, um das Ende einer innerörtlichen Geschwindigkeitsbeschränkung anzuzeigen.

Innerhalb geschlossener Ortschaften wird das Ende eine Geschwindigkeitsbeschränkung nicht durch Zeichen 278 oder Zeichen 282, sondern durch Zeichen 274 „50", ggf. kombiniert mit Zeichen 280, gekennzeichet.

Die Zeichen 310 und 311 sind auch Bestandteil der Wegweisung (siehe Abschnitt 8.3.9). Daher ist sorgfältig zu prüfen, ob die gewählte Beschriftung den Verkehrsteilnehmern die Orientierung erleichtert; manche in der Praxis anzutreffenden Zusätze auf den Ortstafeln sind, unter diesem Aspekt betrachtet, entbehrlich.

Auf der Vorderseite (Zeichen 310) steht der Name und – weil in der VwV-StVO gefordert, obwohl vielfach entbehrlich – der zuständige Verwaltungsbezirk. Die Angabe der zuständigen höheren Verwaltungsbezirke ist nur dann erforderlich, wenn es zum Vermeiden einer Verwechslung nötig ist. Die Angabe der Verwaltungsbezirke hat zu unterbleiben, wo der Name des Ortes und des Verwaltungsbezirkes (z. B. eines Stadtkreises) gleich lauten. Nach lfd. Nr. 4 der VwV-StVO zu Zeichen 310 und 311 sind gegebenenfalls Zusätze wie „Stadt", „Kreisstadt" oder „Landeshauptstadt" auf der Vorderseite (Zeichen 310) zulässig. Diese Zusätze sollte Zeichen 311 nicht enthalten. Der Zusatz „Zollgrenzbezirk" ist gegebenenfalls beizufügen; er sollte zur Vermeidung von Irrtümern auf der unteren, rot durchstrichenen Hälfte von Zeichen 311 nie erscheinen.

Anmerkung: Die Kennzeichung von Ortsteilen durch ganz oder teilweise weiße Ortstafeln ist in der VwV-StVO seit 2009 nicht mehr vorgesehen. Es bleibt jedoch die Möglichkeit, entweder die Ortsteilnamen als Zusatz zur Ortsbezeichnung (also z. B. „Flußstadt/Ortsteil Kleinbrücken") oder die Ortsteilnamen mit dem Zusatz des Ortsnamens (also z. B. „Kleinbrücken/Stadt Flußstadt") zu verwenden.

Um Verwechslungen mit anderen Orten gleichen oder gleichklingenden Namens auszuschließen,

können eingeklammerte Fluss-, Gebirgsnamen oder andere landschaftliche Bezeichnungen ergänzt werden, z. B. Landsberg (Lech), Villingen (Schwarzwald). Grundsätzlich ist für die Schreibweise die amtliche Bezeichnung zu wählen. Zusätze zu den Ortsnamen aus Werbegründen sind unzulässig.

Auch **geschlossene Ortsteile** können durch die Zeichen 310 und 311 gekennzeichnet werden. Das ist dann erforderlich, wenn zwischen dem Ortsteil und dem Ort eine freie Strecke liegt. In diesem Fall sollte auf der Ortstafel oben der Ortsteil in großer Schrift und darunter der Name des Ortes (mit Zusatz „Stadt" oder „Gemeinde") in kleinerer Schrift stehen (*Bild 6.21*). Dies ist im Interesse der Orientierung zweckmäßig, weil auf Straßenkarten in der Regel der Ortsteilname und nicht der im Rahmen einer Gemeindezusammenlegung festgelegte Name der politischen Gemeinde zu finden ist.

Bild 6.21 Ortstafel mit Ortsteilnahme und Name des Ortes

Zeichen 385 (Ortshinweistafel) (siehe *Bild 6.22*) hat lediglich wegweisenden Charakter und kennzeichnet daher keine geschlossene Ortschaft.

Bild 6.22 Ortshinweistafel

Weitere Anregungen für die Kennzeichnung von Ortsteilen, insbesondere innerhalb großer Städte, vermitteln die „Richtlinien für die wegweisende Beschilderung außerhalb von Autobahnen (RWB 2000)".

Die Namen der Ortsteile können auf einer weißen Ortsteiltafel allein genannt werden (*Bild 6.23* Lösung (a)). Bei Ortsteilen, die im Sprachgebrauch mit dem Ort zusammen genannt werden – insbesondere Vororte von Großstädten – kann aber auch die in *Bild 6.23* dargestellte Lösung (b) Anwendung finden, hier mit abgekürztem Ortsnamen (Beispiele: Wi.-Biebrich, Frankfurt-Höchst, Köln-Kalk).

6.6.4 Innerhalb geschlossener Ortschaften (innerorts)

(a) | Biebrich |

(b) | Wi.-Biebrich |

Bild 6.23 Weiße Ortsteiltafel mit dem Namen des Ortsteils (a) oder zusätzlich mit dem Namen des Ortes, hier mit abgekürztem Ortsnamen (b)

Zeichen 311 gibt in der oberen Hälfte den Namen des Nahziels sowie in der Regel die Entfernung zu diesem an.

Eine Kennzeichnung des Überganges vom „Vorort" zum „Hauptort" kann in der Regel dann entfallen, wenn die Bebauung nicht unterbrochen wird und stets der Eindruck einer geschlossenen Ortschaft gewahrt ist. Ist jedoch aus Gründen der Orientierung eine Unterrichtung der Verkehrsteilnehmer über die Orts- und Ortsteilnamen

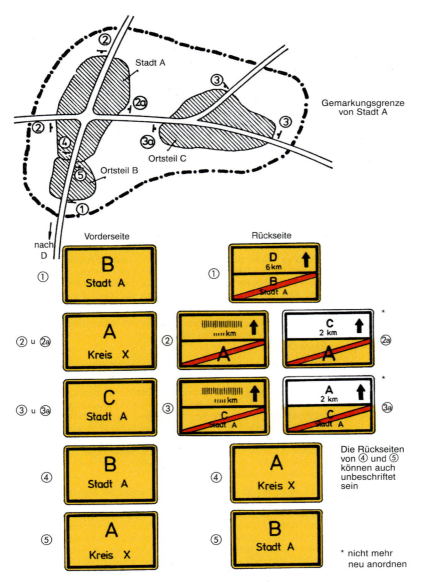

Bild 6.24 Beispiele für das Aufstellen und Beschriften von Ortstafeln. Es kann notwendig sein, die Ortstafeln auch auf der linken Straßenseite aufzustellen

erforderlich, so sind – etwa in gleicher Höhe – auf beiden Seiten Ortstafeln aufzustellen; deren Rückseiten sind freizuhalten. Einige Beispiele sind in *Bild 6.24* dargestellt.

Der Standort von Zeichen 310 (und 311) muss besonders sorgfältig gewählt werden. Die Zeichen markieren den Bereich für die Gültigkeit der besonderen Verkehrsregeln für innerörtlichen Verkehr. Untersuchungen haben gezeigt, dass die Wirksamkeit besonders hoch ist, wenn sie an den Stellen angeordnet werden, an denen für die Kraftfahrer auch aus anderen Informationsquellen (z. B. Bebauung, Straßenquerschnitt) erkennbar ist, dass die geschlossene Ortschaft beginnt. Weiterer Maßnahmen bedarf es in der Regel nicht. Insbesondere dürfen vor dem Beginn geschlossener Ortschaften Geschwindigkeitsbeschränkungen zur stufenweisen Anpassung an die innerorts zulässige Geschwindigkeit nur angeordnet werden, wenn die Ortstafel (Zeichen 310) nicht rechtzeitig, im Regelfall auf eine Entfernung von mindestens

100 m, erkennbar ist. **Gemarkungs- oder Baulastgrenzen sind für die Wahl der Tafelstandorte ohne Bedeutung.**

Bei Ortschaften, die keinen fest umrissenen Ortskern besitzen, sondern nur aus einzelnen verstreut an oder in der Nähe der Landstraße gelegenen Gehöften bestehen, ist, wenn gleichwohl die Angabe des Ortsnamens notwendig wird, eine Ortshinweistafel (Zeichen 385) aufzustellen. Zeichen 385 markiert keine „geschlossene Ortschaft", die entsprechenden Regelungen der StVO, insbesondere die Beschränkung der zulässigen Höchstgeschwindigkeit auf 50 km/h, werden **nicht** wirksam.

Weitere Hinweise für das Aufstellen von Ortstafeln siehe „Richtlinien für wegweisende Beschilderung außerhalb von Autobahnen (RWB 2000)".

Fragen, die das Aufstellen von Stadtwappenschildern betreffen, hat das für den Verkehr zuständige Bundesministerium in einem Erlass aus dem Jahre 1954 behandelt (VkBl. 1955 S. 43).

Zu Abschnitt 6.6.4 – Kennzeichnung

VwV-StVO
zu § 42
Richtzeichen

Zu den Zeichen 310 und 311 Ortstafel

1 I. Die Zeichen sind ohne Rücksicht auf Gemeindegrenze und Straßenbaulast in der Regel dort anzuordnen, wo ungeachtet einzelner unbebauter Grundstücke die geschlossene Bebauung auf einer der beiden Seiten der Straße für den ortseinwärts Fahrenden erkennbar beginnt. Eine geschlossene Bebauung liegt vor, wenn die anliegenden Grundstücke von der Straße erschlossen werden.

2 II. Die Zeichen sind auf der für den ortseinwärts Fahrenden rechten Straßenseite so anzuordnen, dass sie auch der ortsauswärts Fahrende deutlich erkennen kann. Ist das nicht möglich, ist die Ortstafel auch links anzubringen.

3 III. Die Ortstafel darf auch auf unbedeutenden Straßen für den allgemeinen Verkehr nicht fehlen.

4 IV. Das Zeichen 310 nennt den amtlichen Namen der Ortschaft und den Verwaltungsbezirk. Die Zusätze „Stadt", „Kreisstadt", „Landeshauptstadt" sind zulässig. Die Angabe des Verwaltungsbezirks hat zu unterbleiben, wenn dieser den gleichen Namen wie die Ortschaft hat (z. B. Stadtkreis). Ergänzend auch den höheren Verwaltungsbezirk zu nennen, ist nur dann zulässig, wenn dies zur Vermeidung einer Verwechslung nötig ist. Andere Zusätze sind nur zulässig, wenn es sich um Bestandteile des amtlichen Ortsnamens oder Titel handelt, die auf Grund allgemeiner kommunalrechtlicher Vorschriften amtlich verliehen worden sind.

5 V. Das Zeichen 311 nennt auf der unteren Hälfte den Namen der Ortschaft oder des Ortsteils, die oder der verlassen wird. Angaben über den Verwaltungsbezirk sowie die in Nummer IV genannten zusätzlichen Bezeichnungen braucht das Zeichen 311 nicht zu enthalten. Die obere Hälfte des Zeichens 311 nennt den Namen der nächsten Ortschaft bzw. des nächsten Ortsteiles. An Bundesstraßen kann stattdessen das nächste Nahziel nach dem Fern- und Nahzielverzeichnis gewählt werden. Unter dem Namen der nächsten Ortschaft bzw. des nächsten Ziels ist die Entfernung in ganzen Kilometern anzugeben.

6 VI. Durch die Tafel können auch Anfang und Ende eines geschlossenen Ortsteils gekennzeichnet werden. Sie nennt dann am Anfang entweder unter dem Namen der Gemeinde den des Ortsteils in verkleinerter Schrift, z. B. „Stadtteil Pasing", „Ortsteil

6.6.4 Innerhalb geschlossener Ortschaften (innerorts)

VwV-StVO
zu § 42
Richtzeichen

Parksiedlung" oder den Namen des Ortsteils und darunter in verkleinerter Schrift den der Gemeinde mit dem vorgeschalteten Wort: „Stadt" oder „Gemeinde". Die zweite Fassung ist dann vorzuziehen, wenn zwischen den Ortsteilen einer Gemeinde eine größere Entfernung liegt. Die erste Fassung sollte auch dann, wenn die Straße nicht unmittelbar dorthin führt, nicht gewählt werden.

7 VII. Gehen zwei geschlossene Ortschaften ineinander über und müssen die Verkehrsteilnehmer über deren Namen unterrichtet werden, sind die Ortstafeln für beide etwa auf gleicher Höhe aufzustellen. Deren Rückseiten sind freizuhalten.

8 VIII. Andere Angaben als die hier erwähnten, wie werbende Zusätze, Stadtwappen, sind auf Ortstafeln unzulässig.

Zu Abschnitt 6.6.4 – Verhalten

StVO
§ 2
Straßenbenutzung
durch Fahrzeuge

(4) ... Außerhalb geschlossener Ortschaften darf man mit Mofas Radwege benutzen.

VwV-StVO
zu § 2
Straßenbenutzung
durch Fahrzeuge

Zu Absatz 4 Satz 2

12 5. Ein Schutzstreifen ist ein durch Zeichen 340 gekennzeichneter und zusätzlich in regelmäßigen Abständen mit dem Sinnbild „Fahrräder" markierter Teil der Fahrbahn. Er kann innerhalb geschlossener Ortschaften auf Straßen mit einer zulässigen Höchstgeschwindigkeit von bis zu 50 km/h markiert werden, wenn die Verkehrszusammensetzung eine Mitbenutzung des Schutzstreifens durch den Kraftfahrzeugverkehr nur in seltenen Fällen erfordert. Er muss so breit sein, dass er einschließlich des Sicherheitsraumes einen hinreichenden Bewegungsraum für den Radfahrer bietet. Der abzüglich Schutzstreifen verbleibende Fahrbahnteil muss so breit sein, dass sich zwei Personenkraftwagen gefahrlos begegnen können. Schutzstreifen sind in Kreisverkehren nicht zulässig. Zum Schutzstreifen vgl. Nummer II zu Zeichen 340; Rn. 2 ff.

...

Zu Absatz 4 Satz 3 und Satz 4

II. Freigabe linker Radwege (Radverkehr in Gegenrichtung)

33 1. Die Benutzung von in Fahrtrichtung links angelegten Radwegen in Gegenrichtung ist insbesondere innerhalb geschlossener Ortschaften mit besonderen Gefahren verbunden und soll deshalb grundsätzlich nicht angeordnet werden.

...

35 3. Eine Benutzungspflicht kommt in der Regel außerhalb geschlossener Ortschaften, ein Benutzungsrecht innerhalb geschlossener Ortschaften ausnahmsweise in Betracht.

StVO
§ 3
Geschwindigkeit

(3) Die zulässige Höchstgeschwindigkeit beträgt auch unter günstigsten Umständen

1. innerhalb geschlossener Ortschaften für alle Kraftfahrzeuge   50 km/h,

StVO
§ 5
Überholen

(5) Außerhalb geschlossener Ortschaften darf das Überholen durch kurze Schall- oder Leuchtzeichen angekündigt werden. ...

StVO
§ 7
Benutzung von
Fahrstreifen durch
Kraftfahrzeuge

(3) Innerhalb geschlossener Ortschaften – ausgenommen auf Autobahnen (Zeichen 330.1) – dürfen Kraftfahrzeuge mit einer zulässigen Gesamtmasse bis zu 3,5 t auf Fahrbahnen mit mehreren markierten Fahrstreifen für eine Richtung (Zeichen 296 oder 340) den Fahrstreifen frei wählen, auch wenn die Voraussetzungen des Absatzes 1 Satz 1 nicht vorliegen. Dann darf rechts schneller als links gefahren werden.

6.6.4 Innerhalb geschlossener Ortschaften (innerorts)

StVO
§ 12
Halten und Parken

(3a) Mit Kraftfahrzeugen mit einer zulässigen Gesamtmasse über 7,5 t sowie mit Kraftfahrzeuganhängern über 2 t zulässiger Gesamtmasse ist innerhalb geschlossener Ortschaften

1. in reinen und allgemeinen Wohngebieten,
2. in Sondergebieten, die der Erholung dienen,
3. in Kurgebieten und
4. in Klinikgebieten

das regelmäßige Parken in der Zeit von 22.00 bis 06.00 Uhr sowie an Sonn- und Feiertagen unzulässig. Das gilt nicht auf entsprechend gekennzeichneten Parkplätzen sowie für das Parken von Linienomnibussen an Endhaltestellen.

StVO
§ 16
Warnzeichen

(1) Schall- und Leuchtzeichen darf nur geben,

1. wer außerhalb geschlossener Ortschaften überholt (§ 5 Absatz 5) oder
2. wer sich oder Andere gefährdet sieht.

StVO
§ 25
Fußgänger

(1) Wer zu Fuß geht, muss die Gehwege benutzen. Auf der Fahrbahn darf nur gegangen werden, wenn die Straße weder einen Gehweg noch einen Seitenstreifen hat. Wird die Fahrbahn benutzt, muss innerhalb geschlossener Ortschaften am rechten oder linken Fahrbahnrand gegangen werden; außerhalb geschlossener Ortschaften muss am linken Fahrbahnrand gegangen werden, wenn das zumutbar ist. Bei Dunkelheit, bei schlechter Sicht oder wenn die Verkehrslage es erfordert, muss einzeln hintereinander gegangen werden.

StVO
§ 30
Umweltschutz,
Sonn- und
Feiertagsfahrverbot

(1) Bei der Benutzung von Fahrzeugen sind unnötiger Lärm und vermeidbare Abgasbelästigungen verboten. Es ist insbesondere verboten, Fahrzeugmotoren unnötig laufen zu lassen und Fahrzeugtüren übermäßig laut zu schließen. Unnützes Hin- und Herfahren ist innerhalb geschlossener Ortschaften verboten, wenn Andere dadurch belästigt werden.

Zu Abschnitt 6.6.4 – Vorfahrt

VwV-StVO
zu § 8
Vorfahrt

Zu Absatz 1

15 III. 1. Als Vorfahrtstraßen sollen nur Straßen gekennzeichnet sein, die über eine längere Strecke die Vorfahrt haben und an zahlreichen Kreuzungen bevorrechtigt sind. Dann sollte die Straße so lange Vorfahrtstraße bleiben, wie sich das Erscheinungsbild der Straße und ihre Verkehrsbedeutung nicht ändern. Bei der Auswahl von Vorfahrtstraßen ist der Blick auf das gesamte Straßennetz besonders wichtig.

16 a) Bundesstraßen, auch in ihren Ortsdurchfahrten, sind in aller Regel als Vorfahrtstraßen zu kennzeichnen.

17 b) Innerhalb geschlossener Ortschaften gilt das auch für sonstige Straßen mit durchgehendem Verkehr.

18 c) Außerhalb geschlossener Ortschaften sollten alle Straßen mit erheblicherem Verkehr Vorfahrtstraßen werden.

VwV-StVO
zu § 42
Richtzeichen

Zu Zeichen 301 Vorfahrt

4 IV. Das Zeichen ist für Ortsdurchfahrten und Hauptverkehrsstraßen nicht anzuordnen. Dort ist das Zeichen 306 zu verwenden. Im Übrigen ist innerhalb geschlossener Ortschaften das Zeichen 301 nicht häufiger als an drei hintereinander liegenden Kreuzungen oder Einmündungen zu verwenden. Sonst ist das Zeichen 306 zu verwenden. Eine Abweichung von dem Regelfall ist nur angezeigt, wenn die Bedürfnisse des Buslinienverkehrs in Tempo 30-Zonen dies zwingend erfordern.

…

Zu den Zeichen 306 und 307 Vorfahrtstraße und Ende der Vorfahrtstraße

1 I. Innerhalb geschlossener Ortschaften ist die Vorfahrt für alle Straßen des überörtlichen Verkehrs (Bundes-, Landes- und Kreisstraßen) und weitere für den innerörtlichen Verkehr wesentliche Hauptverkehrsstraßen grundsätzlich unter Verwendung des Zeichens 306 anzuordnen (vgl. zu § 45 Abs. 1 bis 1 e).

6.6.4 Innerhalb geschlossener Ortschaften (innerorts)

Zu Abschnitt 6.6.4 – Höhere Aufmerksamkeit

StVO
§ 40
Gefahrzeichen

(2) Außerhalb geschlossener Ortschaften stehen sie im Allgemeinen 150 bis 250 m vor den Gefahrstellen. Ist die Entfernung erheblich geringer, kann sie auf einem Zusatzzeichen angegeben sein, wie

(3) Innerhalb geschlossener Ortschaften stehen sie im Allgemeinen kurz vor der Gefahrstelle.

VwV-StVO
zu § 40
Gefahrzeichen

Zu Zeichen 102 Kreuzung oder Einmündung mit Vorfahrt von rechts

1 Das Zeichen darf nur angeordnet werden vor schwer erkennbaren Kreuzungen und Einmündungen von rechts, an denen die Vorfahrt nicht durch Vorfahrtzeichen geregelt ist. Innerhalb geschlossener Ortschaften ist das Zeichen im Allgemeinen entbehrlich.

...

Zu Zeichen 114 Schleuder- oder Rutschgefahr bei Nässe oder Schmutz

1 I. Das Zeichen ist nur dort anzuordnen, wo die Gefahr nur auf einem kurzen Abschnitt besteht. Besteht die Gefahr auf längeren Streckenabschnitten häufiger, ist stattdessen die zulässige Höchstgeschwindigkeit bei Nässe zu beschränken. Innerhalb geschlossener Ortschaften ist das Zeichen in der Regel entbehrlich.

...

Zu den Zeichen 120 und 121 Verengte Fahrbahn

1 Verengt sich die Fahrbahn nur allmählich oder ist die Verengung durch horizontale und vertikale Leiteinrichtungen ausreichend gekennzeichnet, bedarf es des Zeichens nicht. Innerhalb geschlossener Ortschaften sollen die Zeichen nur bei Baustellen angeordnet werden.

...

Zu Zeichen 131 Lichtzeichenanlage

1 Das Zeichen ist innerhalb geschlossener Ortschaften nur anzuordnen, wenn die Lichtzeichenanlage für die Fahrzeugführer nicht bereits in so ausreichender Entfernung erkennbar ist, dass ein rechtzeitiges Anhalten problemlos möglich ist. Außerhalb geschlossener Ortschaften ist das Zeichen stets in Verbindung mit einer Geschwindigkeitsbeschränkung vor Lichtzeichenanlagen anzuordnen; vgl. III. zu Zeichen 274.

...

Zu den Zeichen 151 bis 162 Bahnübergang

1 I. Die Zeichen sind außerhalb geschlossener Ortschaften in der Regel für beide Straßenseiten anzuordnen.

...

3 Innerhalb geschlossener Ortschaften genügt das Zeichen 151, wenn nicht schneller als 50 km/h gefahren werden darf und der Bahnübergang gut erkennbar ist.

VwV-StVO
zu § 41
Vorschriftzeichen

Zu den Zeichen 205 und 206 Vorfahrt gewähren und Halt! Vorfahrt gewähren

2 II. Die Zeichen sind nur anzukündigen, wenn die Vorfahrtregelung aufgrund der örtlichen Gegebenheiten (Straßenverlauf, Geschwindigkeit, Verkehrsstärke) anderenfalls nicht rechtzeitig erkennbar wäre. Innerhalb geschlossener Ortschaften ist die Ankündigung in der Regel nicht erforderlich. Außerhalb geschlossener Ortschaften soll sie 100 bis 150 m vor der Kreuzung oder Einmündung erfolgen. Die Ankündigung erfolgt durch Zeichen 205 mit der Entfernungsangabe auf einem Zusatzzeichen. Bei der Ankündigung des Zeichens 206 enthält das Zusatzzeichen neben der Entfernungsangabe zusätzlich das Wort „Stop".

6.6.4 Innerhalb geschlossener Ortschaften (innerorts)

Zu Abschnitt 6.6.4 – Sonstiges

VwV-StVO
zu § 7
Benutzung von
Fahrstreifen durch
Kraftfahrzeuge

Zu Absatz 3

3 Werden innerhalb geschlossener Ortschaften auf Straßen mit mehreren Fahrstreifen für eine Richtung Leitlinien markiert, so ist anzustreben, dass die Anzahl der dem geradeausfahrenden Verkehr zur Verfügung stehenden Fahrstreifen im Bereich von Kreuzungen und Einmündungen nicht dadurch verringert wird, dass ein Fahrstreifen durch einen Pfeil auf der Fahrbahn (Zeichen 297) nur einem abbiegenden Verkehrsstrom zugewiesen wird. Wenn das Abbiegen zugelassen werden muss, besondere Fahrstreifen für Abbieger aber nicht zur Verfügung stehen, so kommt unter Umständen die Anbringung kombinierter Pfeile, z. B. Geradeaus/Links, in Frage.

VwV-StVO
zu § 26
Fußgängerüberwege

I. Örtliche Voraussetzungen

1 1. Fußgängerüberwege dürfen nur innerhalb geschlossener Ortschaften und nicht auf Straßen angelegt werden, auf denen schneller als 50 km/h gefahren werden darf.

VwV-StVO
zu den §§ 39 bis 43
Allgemeines über
Verkehrszeichen
und Verkehrsein-
richtungen

43 b) Verkehrszeichen dürfen nicht innerhalb der Fahrbahn aufgestellt werden. In der Regel sollte der Seitenabstand von ihr innerhalb geschlossener Ortschaften 0,50 m, keinesfalls weniger als 0,30 m betragen, außerhalb geschlossener Ortschaften 1,50 m.

VwV-StVO
zu § 41
Vorschriftzeichen

Zu Zeichen 274 Zulässige Höchstgeschwindigkeit

7 V. Vor dem Beginn geschlossener Ortschaften dürfen Geschwindigkeitsbeschränkungen zur stufenweisen Anpassung an die innerorts zulässige Geschwindigkeit nur angeordnet werden, wenn die Ortstafel (Zeichen 310) nicht rechtzeitig, im Regelfall auf eine Entfernung von mindestens 100 m, erkennbar ist.

...

10 VIII. Innerhalb geschlossener Ortschaften kommt eine Anhebung der zulässigen Höchstgeschwindigkeit auf höchstens 70 km/h grundsätzlich nur auf Vorfahrtstraßen (Zeichen 306) in Betracht, auf denen benutzungspflichtige Radwege vorhanden sind und der Fußgängerquerverkehr durch Lichtzeichenanlagen sicher geführt wird. Für Linksabbieger sind Abbiegestreifen erforderlich.

...

Zu Zeichen 275 Vorgeschriebene Mindestgeschwindigkeit

3 III. Innerhalb geschlossener Ortschaften dürfen die Zeichen nicht angeordnet werden.

6.6.5 Innerorts: Zone 30

StVO Anlage 2 Vorschriftzeichen (zu § 41 Absatz 1)
Abschnitt 7 Geschwindigkeitsbeschränkungen und Überholverbote

50	Zeichen 274.1 **Beginn einer Tempo 30-Zone**	**Ge- oder Verbot** Wer ein Fahrzeug führt, darf innerhalb dieser Zone nicht schneller als mit der angegebenen Höchstgeschwindigkeit fahren. **Erläuterung** Mit dem Zeichen können in verkehrsberuhigten Geschäftsbereichen auch Zonengeschwindigkeitsbeschränkungen von weniger als 30 km/h angeordnet sein.
51	Zeichen 274.2 **Ende einer Tempo 30-Zone**	

Mit den Zeichen 274.1 und 274.2 werden Zonen abseits der Hauptverkehrsstraßen gekennzeichnet, in denen der fließende Verkehr in erhöhtem Maße Rücksicht auf die übrigen Verkehrsteilnehmer und Anwohner nehmen soll und in der aus diesem Grund die Geschwindigkeit auf ein niedrigeres Niveau, in der Regel auf 30 km/h, beschränkt ist.

Die Einrichtung der Tempo 30-Zonen sollte für viele Straßen abseits der Vorfahrtstraßen angestrebt werden. So bilden sie bewusst einen Kontrapunkt zu den Straßen des überörtlichen Verkehrs oder sonstigen Vorfahrtstraßen. Verkehrsteilnehmer müssen mit einer solchen Regelung rechnen.

In Tempo 30-Zonen muss die Vorfahrtregelung „Rechts vor Links" gelten. Vorfahrtregelungen durch Zeichen (siehe Abschnitt 4.5.3) oder Lichtsignalanlagen widersprechen dem Charakter dieser Zonen. Dem Charakter widersprechen auch Längsmarkierungen (Fahrstreifenbegrenzungen Zeichen 295 und Leitlinien Zeichen 340) und benutzungspflichtige Radwege (Zeichen 237, 240 und 241). Lediglich Lichtsignalanlagen zum Schutz von Fußgängerüberwegen können bestehen bleiben.

Bauliche Umgestaltungen für die Einrichtung einer Zone sind nicht erforderlich. Im Gegenteil:

Bauliche Maßnahmen dürfen nur angeordnet werden, wenn von ihnen keine Beeinträchtigung der öffentlichen Sicherheit und Ordnung (Rettungswesen, Feuerwehr), keine Lärmbelästigung für die Anwohner und keine Erschwerung für den Busverkehr ausgeht. Als erforderlich angesehene Einengungen sollen durch Markierung von Parkständen oder von Sperrflächen am Fahrbahnrand erzeugt werden.

Die Einrichtung der Tempo 30-Zonen soll auf der Grundlage einer flächenhaften Verkehrsplanung der Gemeinde erfolgen. Dabei sind die zu erhaltenden leistungsfähigen Verkehrsstraßen als „Vorfahrtstraßennetz" zu berücksichtigen. In Gewerbe- und Industriegebieten und auf Straßen mit hohem Durchgangsverkehr sollen Tempo 30-Zonen nicht zur Anwendung kommen.

Die Zeichen 274.1 und 274.2 haben bis zur StVO-Änderung 2001 nur ganz allgemein Beginn und Ende einer Zone mit zulässiger Höchstgeschwindigkeit abgegrenzt. Mit dieser Änderung wurde die Tempo 30-Zone als Zone mit besonderem, über die reine Geschwindigkeitsregelung hinausgehendem Verhalten eingeführt. Hintergrund der Änderung war unter anderem wohl auch der politische, seit längerer Zeit schon kontrovers diskutierte Wunsch einiger Interessengruppen, innerhalb der geschlossenen Ortschaften die zulässige

6.6.5 Innerorts: Zone 30

Höchstgeschwindigkeit abseits von Vorfahrtstraßen generell auf 30 km/h zu beschränken.

Mit der Änderung von 2001 wurde auch explizit darauf hingewiesen, dass die Kraftfahrer abseits der Vorfahrtstraßen mit solchen Zonen rechnen müssten. Dies erlaubt, auf eine charakteristische besondere bauliche Gestaltung der Straßenanlage zu verzichten.

Durch die VwV-StVO wurde auch sichergestellt, dass höhere Geschwindigkeiten fördernde Verkehrszeichen und Verkehrseinrichtungen wie Längsmarkierungen, Vorfahrtregelungen usw. innerhalb dieser Zonen nicht oder nur in absoluten Ausnahmefällen zulässig sind.

Die Neufassung von 2001 erleichtert nach dem einschränkenden Urteil des Bundesverwaltungsgerichts vom 14. Dezember 1994 (BVerwG II C 25.93) wieder die Anordnung solcher Zonen:

- Durch die Benennung „Tempo 30-Zone" wird über die Begrifflichkeit hinaus eine auch im Bewusstsein der Kraftfahrer verankerte Einheit („Zonenbewusstsein") geschaffen, die er mit bestimmten Verhaltensweisen und Erscheinungsbildern verknüpft.
- Charakteristische Verhaltensweisen sind als Folge der beschränkten Geschwindigkeit erhöhte Aufmerksamkeit für und Rücksichtnahme auf Fußgänger und Radfahrer.
- Die charakteristischen Erscheinungsbilder § 45 Abs. 1c und 1d StVO:
  - abseits des Vorfahrtstraßennetzes
  - Wohngebiet
  - Vorfahrtregelung durch „Rechts vor Links", allenfalls Lichtsignalanlagen zum Schutz von Fußgängern
  - enge Fahrbahnen, ggf. durch Parkstände oder Sperrflächen eingeengt, ansonsten keine Längsmarkierungen sowie keine Radwege zeigen dem Kraftfahrer nun deutlicher, verstärkt durch die ausdrückliche Aufnahme in die StVO, dass er sich in einer Tempo 30-Zone befindet.
- Die Kraftfahrer müssen abseits der Vorfahrtstraßen mit solchen Zonen rechnen. Im Zweifel müssen sie sich also, insbesondere beim Vorliegen der oben erwähnten typischen Gestaltungselemente verhalten, als befänden sie sich in einer Tempo 30-Zone. Das geforderte Zonenbewusstsein wird dadurch auch normativ gefördert.

- Zumindest durch bauliche Maßnahmen darf keine Beeinträchtigung der öffentlichen Sicherheit und Ordnung, keine Belästigung für die Anwohner und keine Erschwerung für den Busverkehr entstehen.

Da die Anordnung von Tempo 30-Zonen eng mit den Belangen des Fußgänger- und Radverkehrs verbunden ist, dürfen diese nur im Einvernehmen mit den Gemeinden angeordnet werden. Darüber hinaus stellt die Verwaltungsvorschrift klar, dass einem Antrag der Gemeinde in der Regel stattgegeben werden soll, wenn die entsprechenden Voraussetzungen vorliegen.

Bedauerlich erscheint, dass die ursprünglich klare Formulierung des § 45 Abs. 9 StVO, dass besondere Beschränkungen und Verbote des fließenden Verkehrs nur angeordnet werden dürfen, wenn „aufgrund der besonderen örtlichen Verhältnisse eine Gefahrenlage besteht, die das allgemeine Risiko einer Beeinträchtigung der in den vorstehenden Absätzen genannten Rechtsgüter erheblich übersteigt", nunmehr erstmals durch die Einschränkung „Abgesehen von Tempo 30-Zonen ... oder Zonen-Geschwindigkeitsbeschränkungen" „verwässert" wird, wohl um möglichen Konflikten zwischen politischem Willen und systematischer Rechtsprechung vorzubeugen.

Da die ursprüngliche Formulierung aber eigentlich nur Verfassungsrecht deklaratorisch wiedergegeben hat, erscheint es nicht ausgeschlossen, dass die nun eingefügte Einschränkung wirkungslos bleibt. Die Abwägung zwischen Sicherheitsgewinnen und Beeinträchtigung der Rechtsgüter, die bei „vernünftigen" Tempo 30-Zonen in der Regel zu einer zustimmenden Entscheidung führen wird, sollte daher weiterhin vorgenommen und so gut wie möglich dokumentiert werden.

Um einheitliche Verkehrsregelungen in „verkehrsberuhigten Geschäftsbereichen" zu gewährleisten, hat das für Verkehr zuständige Bundesministerium mit Erlass vom 23. Februar 1990 die nachstehend abgedruckte Zusammenfassung veröffentlicht. In solchen verkehrsberuhigten Geschäftsbereichen können auch Zonen-Geschwindigkeitsbeschränkungen von weniger als 30 km/h – also praktikablerweise 20 km/h – angeordnet werden. Hinsichtlich „Verkehrsberuhigung" siehe auch Abschnitt 6.6.6.

Zu Abschnitt 6.6.5

StVO
§ 39
Verkehrszeichen

(1a) Innerhalb geschlossener Ortschaften ist abseits der Vorfahrtstraßen (Zeichen 306) mit der Anordnung von Tempo 30-Zonen (Zeichen 274.1) zu rechnen.

StVO
§ 45
Verkehrszeichen
und Verkehrs-
einrichtungen

(1c) Die Straßenverkehrsbehörden ordnen ferner innerhalb geschlossener Ortschaften, insbesondere in Wohngebieten und Gebieten mit hoher Fußgänger- und Fahrradverkehrsdichte sowie hohem Querungsbedarf, Tempo 30-Zonen im Einvernehmen mit der Gemeinde an. Die Zonen-Anordnung darf sich weder auf Straßen des überörtlichen Verkehrs (Bundes-, Landes- und Kreisstraßen) noch auf weitere Vorfahrtstraßen (Zeichen 306) erstrecken. Sie darf nur Straßen ohne Lichtzeichen geregelte Kreuzungen oder Einmündungen, Fahrstreifenbegrenzungen (Zeichen 295), Leitlinien (Zeichen 340) und benutzungspflichtige Radwege (Zeichen 237, 240, 241 oder Zeichen 295 in Verbindung mit Zeichen 237) umfassen. An Kreuzungen und Einmündungen innerhalb der Zone muss grundsätzlich die Vorfahrtregel nach § 8 Absatz 1 Satz 1 („rechts vor links") gelten. Abweichend von Satz 3 bleiben vor dem 1. November 2000 angeordnete Tempo 30-Zonen mit Lichtzeichenanlagen zum Schutz der Fußgänger zulässig.

(1d) In zentralen städtischen Bereichen mit hohem Fußgängeraufkommen und überwiegender Aufenthaltsfunktion (verkehrsberuhigte Geschäftsbereiche) können auch Zonen-Geschwindigkeitsbeschränkungen von weniger als 30 km/h angeordnet werden.

...

(9) Verkehrszeichen und Verkehrseinrichtungen sind nur dort anzuordnen, wo dies aufgrund der besonderen Umstände zwingend geboten ist. Abgesehen von der Anordnung von Schutzstreifen für den Radverkehr (Zeichen 340) oder von Fahrradstraßen (Zeichen 244.1) oder von Tempo 30-Zonen nach Absatz 1c oder Zonen-Geschwindigkeitsbeschränkungen nach Absatz 1d dürfen insbesondere Beschränkungen und Verbote des fließenden Verkehrs nur angeordnet werden, wenn aufgrund der besonderen örtlichen Verhältnisse eine Gefahrenlage besteht, die das allgemeine Risiko einer Beeinträchtigung der in den vorstehenden Absätzen genannten Rechtsgüter erheblich übersteigt. ...

VwV-StVO
zu § 40
Gefahrzeichen

Zu Zeichen 136 Kinder

1 I. Das Zeichen darf nur angeordnet werden, wo die Gefahr besteht, dass Kinder häufig ungesichert auf die Fahrbahn laufen und eine technische Sicherung nicht möglich ist. Die Anordnung des Zeichens ist in Tempo 30-Zonen in der Regel nicht erforderlich (vgl. Nummer XI zu § 45 Abs. 1 bis 1 e).

VwV-StVO
zu § 41
Vorschriftzeichen

Zu den Zeichen 274.1 und 274.2 Tempo 30-Zone

1 I. Vgl. Nummer XI zu § 45 Abs. 1 bis 1 e.

2 II. Am Anfang einer Zone mit zulässiger Höchstgeschwindigkeit ist Zeichen 274.1 so aufzustellen, dass es bereits auf ausreichende Entfernung vor dem Einfahren in den Bereich wahrgenommen werden kann. Dazu kann es erforderlich sein, dass das Zeichen von Einmündungen oder Kreuzungen abgesetzt oder beidseitig aufgestellt wird. Abweichend von Nummer III 9 zu §§ 39 bis 43; Rn. 28 empfiehlt es sich, das Zeichen 274.2 auf der Rückseite des Zeichens 274.1 aufzubringen.

3 III. Das Zeichen 274.2 ist entbehrlich, wenn die Zone in einen Fußgängerbereich (Zeichen 242.1) oder in einen verkehrsberuhigten Bereich (Zeichen 325.1) übergeht. Stattdessen sind die entsprechenden Zeichen des Bereichs anzuordnen, in den eingefahren wird.

4 IV. Zusätzliche Zeichen, die eine Begründung für die Zonengeschwindigkeitsbeschränkung enthalten, sind unzulässig.

VwV-StVO
zu § 42
Richtzeichen

Zu Zeichen 301 Vorfahrt

4 IV. Das Zeichen ist für Ortsdurchfahrten und Hauptverkehrsstraßen nicht anzuordnen. Dort ist das Zeichen 306 zu verwenden. Im Übrigen ist innerhalb geschlossener Ortschaften das Zeichen 301 nicht häufiger als an drei hintereinander liegenden Kreuzungen oder Einmündungen zu verwenden. Sonst ist das Zeichen 306 zu verwenden. Eine Abweichung von dem Regelfall ist nur angezeigt, wenn die Bedürfnisse des Buslinienverkehrs in Tempo 30-Zonen dies zwingend erfordern.

...

6.6.5 Innerorts: Zone 30

VwV-StVO
zu § 42
Richtzeichen

Zu den Zeichen 325.1 und 325.2 Verkehrsberuhigter Bereich

1 I. Ein verkehrsberuhigter Bereich kommt nur für einzelne Straßen oder für Bereiche mit überwiegender Aufenthaltsfunktion und sehr geringem Verkehr in Betracht. Solche Bereiche können auch in Tempo 30-Zonen integriert werden.

VwV-StVO
zu § 45
Verkehrszeichen
und Verkehrs-
einrichtungen

Zu Absatz 1 bis 1e

XI. Tempo 30-Zonen

37 1. Die Anordnung von Tempo 30-Zonen soll auf der Grundlage einer flächenhaften Verkehrsplanung der Gemeinde vorgenommen werden, in deren Rahmen zugleich das innerörtliche Vorfahrtstraßennetz (Zeichen 306) festgelegt werden soll. Dabei ist ein leistungsfähiges, auch den Bedürfnissen des öffentlichen Personennahverkehrs und des Wirtschaftsverkehrs entsprechendes Vorfahrtstraßennetz (Zeichen 306) sicherzustellen. Der öffentlichen Sicherheit und Ordnung (wie Rettungswesen, Katastrophenschutz, Feuerwehr) sowie der Verkehrssicherheit ist vorrangig Rechnung zu tragen.

38 2. Zonen-Geschwindigkeitsbeschränkungen kommen nur dort in Betracht, wo der Durchgangsverkehr von geringer Bedeutung ist. Sie dienen vorrangig dem Schutz der Wohnbevölkerung sowie der Fußgänger und Fahrradfahrer. In Gewerbe- oder Industriegebieten kommen sie daher grundsätzlich nicht in Betracht.

39 3. Durch die folgenden Anordnungen und Merkmale soll ein weitgehend einheitliches Erscheinungsbild der Straßen innerhalb der Zone sichergestellt werden:

40 a) Die dem fließenden Verkehr zu Verfügung stehende Fahrbahnbreite soll erforderlichenfalls durch Markierung von Senkrecht- oder Schrägparkständen, wo nötig auch durch Sperrflächen (Zeichen 298) am Fahrbahnrand, eingeengt werden. Werden bauliche Maßnahmen zur Geschwindigkeitsdämpfung vorgenommen, darf von ihnen keine Beeinträchtigung der öffentlichen Sicherheit oder Ordnung, keine Lärmbelästigung für die Anwohner und keine Erschwerung für den Buslinienverkehr ausgehen.

41 b) Wo die Verkehrssicherheit es wegen der Gestaltung der Kreuzung oder Einmündung oder die Belange des Buslinienverkehrs es erfordern, kann abweichend von der Grundregel „Rechts vor Links" die Vorfahrt durch Zeichen 301 angeordnet werden; vgl. zu Zeichen 301 Vorfahrt Rn. 4 und 5.

42 c) Die Fortdauer der Zonen-Anordnung kann in großen Zonen durch Aufbringung von „30" auf der Fahrbahn verdeutlicht werden. Dies empfiehlt sich auch dort, wo durch Zeichen 301 Vorfahrt an einer Kreuzung oder Einmündung angeordnet ist.

43 4. Zur Kennzeichnung der Zone vgl. zu Zeichen 274.1 und 274.2.

44 5. Die Anordnung von Tempo 30-Zonen ist auf Antrag der Gemeinde vorzunehmen, wenn die Voraussetzungen und Merkmale der Verordnung und dieser Vorschrift vorliegen oder mit der Anordnung geschaffen werden können, indem vorhandene aber nicht mehr erforderliche Zeichen und Einrichtungen entfernt werden.

45 6. Lichtzeichenanlagen zum Schutz des Fußgängerverkehrs, die in bis zum Stichtag angeordneten Tempo 30-Zonen zulässig bleiben, sind neben den Fußgänger-Lichtzeichenanlagen auch Lichtzeichenanlagen an Kreuzungen und Einmündungen, die vorrangig dem Schutz des Fußgängerquerungsverkehrs dienen. Dies ist durch Einzelfallprüfung festzustellen.

BMV – StV
12/36.42.45
23. Februar 1990

Verkehrsregelungen in „verkehrsberuhigten Geschäftsbereichen"

Mit der 10. Verordnung zur Änderung der StVO (BGBl. I S.1976 vom 24. November 1989) und mit der 6. Allgemeinen Verwaltungsvorschrift zur Änderung der VwV-StVO (BAnz. Nr. 220 vom 24. Nov. 1989) wurden auch Regeln für Verkehrsregelungen in „verkehrsberuhigten Geschäftsbereichen" in die StVO und VwV-StVO aufgenommen. Die nachstehende zusammenfassende Darstellung soll im Einvernehmen mit den zuständigen obersten Landesbehörden eine einheitliche Anwendung in den dafür in Frage kommenden Städten und Gemeinden gewährleisten.

I. Zahlreiche kleinere und mittlere Städte wollen ihre zentralen Bereiche, z. B. Marktplätze oder „Hauptplätze", verkehrsberuhigen. Solche Bereiche verfügen in der Regel über eine städtebaulich reizvolle Substanz. Sie sind zugleich vitaler Mittelpunkt des Geschäftslebens, der Versorgung in Bewirtungs- und Beherbergungsbetrieben und der Kommunikation der Bürger. Angestrebt wird in der Regel eine umfassende neue bauliche Gestaltung des Bereichs, meist mit einer durchgehenden, niveaugleichen, dem Charakter der Bebauung angepassten Flächengestaltung.

6.6.5 Innerorts: Zone 30

BMV-Erlass
vom 23.2.1990

Bei der straßenverkehrsrechtlichen Einordnung solcher Bereiche ist die angestrebte Funktion zu berücksichtigen. Diese Bereiche sollen die Verbindung der Bevölkerung der Stadt und des Umlandes mit den gewerblichen Einrichtungen auch mit Kraftfahrzeugen aufrechterhalten, zugleich aber soll durch verkehrsberuhigende Maßnahmen urbanes Leben stärker als bisher ermöglicht werden (z. B. durch Gaststätten und Cafés mit Außenflächen, durch Flanier- und Aufenthaltsbereiche zur Kommunikation, durch gestalterische Elemente wie Brunnen und Bänke usw.).

Solche verkehrsberuhigten Geschäftsbereiche kommen auch im Bereich von Ballungsräumen oder Großstädten in Betracht; dort allerdings nur, wenn diese eine ähnliche städtebauliche Struktur wie die genannten kleineren und mittleren Städte beibehalten haben.

Weder die verkehrsregelnden Maßnahmen des Zeichens 325 „verkehrsberuhigte Bereiche" noch die des Zeichens 242 „Fußgängerzone" decken die spezifischen Forderungen der verkehrsberuhigten Geschäftsbereiche ab, da bei den getroffenen verkehrsregelnden Maßnahmen zum Zeichen 325 in erster Linie an Wohnbereiche gedacht worden war und dementsprechend in erster Linie das Miteinander von Fußgängern und Fahrzeugführern auf einer Verkehrsfläche geregelt worden ist und in Fußgängerzonen kein Kraftfahrzeugverkehr erlaubt ist. Demgegenüber sind im verkehrsberuhigten Geschäftsbereich die Verkehrsarten rechtlich getrennt; Fahrzeugführer müssen die abgetrennte Fahrbahn benutzen. Der übrige Teil der öffentlichen Verkehrsfläche ist Gehweg.

Für „verkehrsberuhigte Geschäftsbereiche" waren somit folgende Forderungen an verkehrsregelnde Maßnahmen zu stellen:

– Für einen städtebaulich reizvollen und einheitlichen Platz mit seinen in der Regel niveaugleichen Verkehrsflächen muss sich die Fahrbahn, in der sich ein relativ geringer Fahrzeugverkehr bewegen soll, mit einfachen Mitteln – aber städtebaulich verträglich – darstellen lassen.
– Der ruhende Verkehr ist in der Regel durch eine Zonenbeschilderung sowohl zeitlich wie räumlich zu regeln, um dem Schilderwald in diesen Bereichen entgegenzuwirken.
– Diese Bereiche können nicht mit einer Innerortsgeschwindigkeit von 50 km/h durchfahren werden. Selbst eine Geschwindigkeit von 30 km/h soll deutlich unterschritten werden.

II. Mit der 10. Verordnung zur Änderung der StVO (BGBl. I S. 1976 vom 24. Nov. 1989) und mit der 6. Allgemeinen Verwaltungsvorschrift zur Änderung der VwV-StVO (BAnz. Nr. 220 vom 24. Nov. 1989) wurden folgende Voraussetzungen zur Erfüllung der vorgenannten Forderungen geschaffen:

– Um den städtebaulichen Aspekten bei der Darstellung der Fahrbahn zu genügen, wurde der § 41 Abs. 3 Nr. 9 StVO um den Satz ergänzt:
„In verkehrsberuhigten Geschäftsbereichen (§ 45 Abs. 1c [nunmehr 1d]) können Fahrbahnbegrenzungen auch mit anderen Mitteln, wie z. B. durch Pflasterlinien, ausgeführt werden."
Die Ausführungsart der Pflasterlinien wurde durch Ergänzung der VwV-StVO, und zwar die Regelung zu Nr. 9 zu Zeichen 299 durch folgenden Satz festgelegt:
„Pflasterlinien zur Fahrbahnbegrenzung in verkehrsberuhigten Geschäftsbereichen müssen ausreichend breit, in der Regel mindestens 10 cm sein, und einen deutlichen Kontrast zur Fahrbahn aufweisen."
– Eine städtebaulich verträgliche und dem „Schilderwald" entgegenwirkende zeitliche und räumliche Regelung des ruhenden Verkehrs wurde durch drei Änderungen der StVO bzw. der VwV-StVO ermöglicht:

1. Die Zeichen 290 und 292 – Beginn und Ende eines eingeschränkten Haltverbotes für eine Zone – wurden der CEMT-Version angepasst, in dem der bisherige Zusatz auf der deutschen Version „Parkuhr mit Zeitangabe" nicht mehr im eigentlichen Zonenschild untergebracht ist. Sie sehen künftig wie folgt aus:

Zeichen 290
Eingeschränktes
Haltverbot
für eine Zone

Zeichen 292
Ende
eines eingeschränkten
Haltverbotes
für eine Zone

2. Die zeitliche Einschränkung ist durch Ergänzung des § 41 Abs. 2 Nr. 8 StVO geregelt. Dort heißt es nun:

„Durch ein Zusatzschild kann die Benutzung einer Parkscheibe vorgeschrieben oder das Parken in dafür gekennzeichneten Flächen zugelassen werden."

6.6.5 Innerorts: Zone 30

3. Die Änderung von 1. u. 2. machte eine Änderung des § 13 Abs. 2 erforderlich. Hierbei wurden zugleich redaktionelle Änderungen mitvollzogen. Der Absatz 2 lautet nun:

„(2) Wird im Bereich eines eingeschränkten Haltverbots für eine Zone (Zeichen 290 und 292) oder beim Zeichen 314 oder 315 durch ein Zusatzschild die Benutzung einer Parkscheibe (Bild 291) [nunmehr Bild 318] vorgeschrieben, so ist das Halten nur erlaubt,

1. für die Zeit, die auf dem Zusatzschild angegeben ist, und
2. wenn das Fahrzeug eine von außen gut lesbare Parkscheibe hat und wenn der Zeiger der Scheibe auf den Strich der halben Stunde eingestellt ist, die dem Zeitpunkt des Anhaltens folgt.

Wo in dem eingeschränkten Haltverbot für eine Zone Parkuhren oder Parkscheinautomaten aufgestellt sind, gelten deren Anordnungen. Im Übrigen bleiben die Halt- und Parkverbote des § 12 unberührt.“

Mit diesen drei Änderungen wurde gleichzeitig auch die bisher starre räumliche Regelung des ruhenden Verkehrs aufgelockert. Sie lösen damit nicht nur Probleme der Einrichtung von „verkehrsberuhigten Geschäftsbereichen“. Sie eröffnen die Möglichkeiten zu einem breiten Einsatz des Haltverbot-Zonen-Schildes mit den jeweilig örtlich notwendigen Auflockerungen. Dies wird entscheidend dem „Schilderwald“ entgegenwirken und nicht nur die Verkehrssicherheit erhöhen, sondern auch den städtebaulichen Belangen Rechnung tragen.

Der Forderung nach einer deutlich geringeren Zonengeschwindigkeit als 30 km/h für „verkehrsberuhigte Geschäftsbereiche“ wurde dadurch entsprochen, dass der § 45 Abs. 1c [nunmehr 1d] StVO wie folgt gefasst wurde:

„(1c) In zentralen städtischen Bereichen mit hohem Fußgängeraufkommen und überwiegender Aufenthaltsfunktion (verkehrsberuhigte Geschäftsbereiche) können auch Zonen-Geschwindigkeitsbeschränkungen von weniger als 30 km/h angeordnet werden.“

Aufbauend auf bisher bewährten Regeln der StVO können nun mit den vorbeschriebenen geringfügigen Ergänzungen der StVO und der VwV-StVO die spezifischen Forderungen an die Regelungen des ruhenden Verkehrs und an die Geschwindigkeitsregeln in „verkehrsberuhigten Geschäftsbereichen“ erfüllt werden. Die hierfür notwendige Schilderkombination ist wie folgt zu gestalten:

Die Größen der Beschilderung wurden in der VwV-StVO wie folgt festgelegt:

Zu den Zeichen 274.1 und 274.2 Zonen-Geschwindigkeitsbeschränkung

1. Die Zeichen sind in der Regel 840 mm hoch und 840 mm breit. In besonderen Fällen kann die Größe auch 600 mm x 600 mm betragen.

Aus Sicherheitsgründen bestehen bei den geringen Geschwindigkeiten keine Bedenken, dass die Schilder in dieser Kombination diesen Maßen angepasst werden. Mit der kleineren Größe 600 mm x 600 mm wird vor allem den städtebaulichen Belangen entsprochen.

(VkBl. 1990 S. 146)

6.6.6 Innerorts: Verkehrsberuhigter Bereich

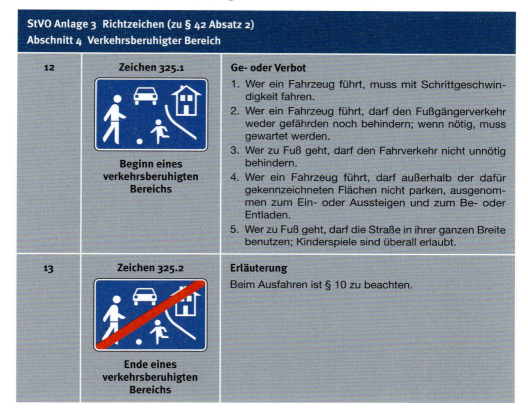

StVO Anlage 3 Richtzeichen (zu § 42 Absatz 2)
Abschnitt 4 Verkehrsberuhigter Bereich

12	Zeichen 325.1	Ge- oder Verbot
	Beginn eines verkehrsberuhigten Bereichs	1. Wer ein Fahrzeug führt, muss mit Schrittgeschwindigkeit fahren. 2. Wer ein Fahrzeug führt, darf den Fußgängerverkehr weder gefährden noch behindern; wenn nötig, muss gewartet werden. 3. Wer zu Fuß geht, darf den Fahrverkehr nicht unnötig behindern. 4. Wer ein Fahrzeug führt, darf außerhalb der dafür gekennzeichneten Flächen nicht parken, ausgenommen zum Ein- oder Aussteigen und zum Be- oder Entladen. 5. Wer zu Fuß geht, darf die Straße in ihrer ganzen Breite benutzen; Kinderspiele sind überall erlaubt.
13	Zeichen 325.2	**Erläuterung**
	Ende eines verkehrsberuhigten Bereichs	Beim Ausfahren ist § 10 zu beachten.

Mit Zeichen 325.1 wird der Beginn eines verkehrsberuhigten Bereiches gekennzeichnet, in welchem die Fußgänger die Straße in ihrer gesamten Breite benutzen und Kinder spielen dürfen. Um die erwünschte Verkehrsberuhigung zu erreichen, sind begleitende Maßnahmen in Bezug auf die Gestaltung des Bereichs notwendig. Es muss der Eindruck entstehen, dass der Fahrzeugverkehr hier untergeordnete Bedeutung besitzt.

Das Ausweisen verkehrsberuhigter Bereiche dient der Unterstützung einer geordneten städtebaulichen Entwicklung und kann daher nur im Einvernehmen mit der jeweiligen Gemeinde erfolgen (§ 45 Abs. 1b StVO).

Um die Fahrweise des Fahrzeugverkehrs zu beeinflussen, müssen geeignete Veränderungen im Straßenraum vorgenommen werden.

Es müssen Parkflächen ausgewiesen werden, da das Parken außerhalb gekennzeichneter Flächen nicht erlaubt ist. Durch einen häufigen Seitenwechsel dieser Markierungen können Fahrgassenversätze und damit eine Reduzierung der Geschwindigkeit erreicht werden.

Neben den bereits erläuterten Parkregeln für verkehrsberuhigte Bereiche müssen Fahrzeugführer im gesamten Bereich Schrittgeschwindigkeit fahren, sie dürfen Fußgänger weder gefährden noch behindern, sie müssen wenn nötig warten. Im Gegenzug dürfen Fußgänger den Fahrverkehr aber nicht unnötig behindern, auch wenn sie die gesamte Straßenbreite nutzen dürfen und Kinderspiele ausdrücklich erlaubt sind.

Es ist jedoch erforderlich, die in der VwV-StVO enthaltenen Grundsätze streng zu beachten. Beobachtungen haben ergeben, dass mit dem Aufstellen von Zeichen 325.1 allein die erwünschte Verkehrsberuhigung, insbesondere eine Geschwindigkeitsreduzierung, meist nicht zu erreichen ist. Siehe auch die vom Verkehrstechnischen Institut der Deutschen Versicherer, Abteilung Straßenverkehr, herausgegebene Schrift „Verkehrserschließung von Wohnbereichen", Dezember 1986.

6.6.6 Innerorts: Verkehrsberuhigter Bereich

Es ist zu beachten, dass ein verkehrsberuhigter Bereich nicht das Gleiche ist wie ein Fußgängerbereich; Fußgängerbereiche sind ausschließlich Fußgängern vorbehalten (siehe auch Abschnitt 3.5.2).

Vor jeder Verwirklichung geplanter verkehrsberuhigender Maßnahmen ist zu prüfen, ob die erforderlichen Voraussetzungen rechtlicher sowie verkehrs- und bautechnischer Art gegeben sind.

Insbesondere ist auf ein Urteil des VGH Baden-Württemberg vom 8.2.2001 hinzuweisen (5 S 2589/99), das einen Bebauungsplan als mit höherrangigem Recht unvereinbar bezeichnet hat, der auf einem 40 m langen Wegstück bei nur 3 m Gesamtbreite öffentlichen Busverkehr durch einen verkehrsberuhigten Bereich vorgesehen hat. Grundsätzlich sei die Führung von öffentlichem Busverkehr durch verkehrsberuhigte Bereiche zwar möglich. Da die Busse hier aber nahezu den gesamten Verkehrsraum einnehmen würden, sei das mit einem verkehrsberuhigten Bereich verbundene „Nebeneinander" verschiedener Verkehrs- und Aufenthaltsarten nicht in verträglichem Rahmen möglich.

Mit Zeichen 325.2 wird das Ende eines verkehrsberuhigten Bereiches gekennzeichnet.

Oftmals wird sich dieses Zeichen auf der Rückseite von Zeichen 325.1 anbringen lassen. Im Übrigen aber soll die gesamte Gestaltung des Straßenraumes erkennen lassen, wo ein verkehrsberuhigter Bereich endet.

Für verkehrsberuhigte Bereiche sollten gleichermaßen die Grundsätze Beachtung finden, die das Bundesverwaltungsgericht in seinem Urteil vom 14. Dezember 1994 (11 C 25.93) zur Anordnung geschwindigkeitsbeschränkter Zonen festgehalten hat:

„Der mit der Zonenanordnung verbundene teilweise Verzicht auf die wiederholte Aufstellung von Verkehrszeichen (Sichtbarkeitsprinzip) setzt voraus, dass das Gesamtbild des betreffenden Gebiets dem Kraftfahrer das Bewusstsein vermittelt, sein Fahrzeug innerhalb einer geschwindigkeitsbeschränkten Zone zu steuern (‚Zonenbewusstsein')."

In der Regel wird Zeichen 325.2 wegen der niedrigen Fahrgeschwindigkeiten im verkehrsberuhigten Bereich unmittelbar am Ende des Bereiches aufgestellt.

Weitere Hinweise zu verkehrsberuhigten Bereichen siehe bei den Zeichen 242.1 „Fußgängerzone" (Abschnitt 3.5.2) und 274.1 „Tempo 30-Zone" (Abschnitt 6.6.5) sowie im „Merkblatt über bauliche Maßnahmen zur Verkehrsberuhigung", FGSV Verlag, Ausgabe 1994.

Ferner existieren „Empfehlungen zur flächenhaften Verkehrsberuhigung städtischer Teilgebiete in den neuen Bundesländern" (1994), herausgegeben von der verkehrspolitischen Grundsatzabteilung des für den Verkehr zuständigen Bundesministeriums.

Zu Abschnitt 6.6.6

StVO § 10 Einfahren und Anfahren	Wer aus einem Grundstück, aus einer Fußgängerzone (Zeichen 242.1 und 242.2), aus einem verkehrsberuhigten Bereich (Zeichen 325.1 und 325.2) auf die Straße oder von anderen Straßenteilen oder über einen abgesenkten Bordstein hinweg auf die Fahrbahn einfahren oder vom Fahrbahnrand anfahren will, hat sich dabei so zu verhalten, dass eine Gefährdung anderer Verkehrsteilnehmer ausgeschlossen ist; erforderlichenfalls muss man sich einweisen lassen. Die Absicht einzufahren oder anzufahren ist rechtzeitig und deutlich anzukündigen; dabei sind die Fahrtrichtungsanzeiger zu benutzen. Dort, wo eine Klarstellung notwendig ist, kann Zeichen 205 stehen.
StVO § 39 Verkehrszeichen	(5) Auch Markierungen und Radverkehrsführungsmarkierungen sind Verkehrszeichen. Sie sind grundsätzlich weiß. Nur als vorübergehend gültige Markierungen sind sie gelb; dann heben sie die weißen Markierungen auf. Gelbe Markierungen können auch in Form von Markierungsknopfreihen, Markierungsleuchtknopfreihen oder als Leitschwellen oder Leitborde ausgeführt sein. Leuchtknopfreihen gelten nur, wenn sie eingeschaltet sind. Alle Linien können durch gleichmäßig dichte Markierungsknopfreihen ersetzt werden. In verkehrsberuhigten Geschäftsbereichen (§ 45 Absatz 1d) können Fahrbahnbegrenzungen auch mit anderen Mitteln, insbesondere durch Pflasterlinien, ausgeführt sein. Schriftzeichen und die Wiedergabe von Verkehrszeichen auf der Fahrbahn dienen dem Hinweis auf ein angebrachtes Verkehrszeichen.

6.6.6 Innerorts: Verkehrsberuhigter Bereich

StVO
§ 45
Verkehrszeichen
und Verkehrs-
einrichtungen

(1b) Die Straßenverkehrsbehörden treffen auch die notwendigen Anordnungen

1. im Zusammenhang mit der Einrichtung von gebührenpflichtigen Parkplätzen für Großveranstaltungen,

2. im Zusammenhang mit der Kennzeichnung von Parkmöglichkeiten für schwerbehinderte Menschen mit außergewöhnlicher Gehbehinderung, beidseitiger Amelie oder Phokomelie oder mit vergleichbaren Funktionseinschränkungen sowie für blinde Menschen,

2a. im Zusammenhang mit der Kennzeichnung von Parkmöglichkeiten für Bewohner städtischer Quartiere mit erheblichem Parkraummangel durch vollständige oder zeitlich beschränkte Reservierung des Parkraums für die Berechtigten oder durch Anordnung der Freistellung von angeordneten Parkraumbewirtschaftungsmaßnahmen,

3. zur Kennzeichnung von Fußgängerbereichen und verkehrsberuhigten Bereichen,

4. zur Erhaltung der Sicherheit oder Ordnung in diesen Bereichen sowie

5. zum Schutz der Bevölkerung vor Lärm und Abgasen oder zur Unterstützung einer geordneten städtebaulichen Entwicklung.

Die Straßenverkehrsbehörden ordnen die Parkmöglichkeiten für Bewohner, die Kennzeichnung von Fußgängerbereichen, verkehrsberuhigten Bereichen und Maßnahmen zum Schutze der Bevölkerung vor Lärm und Abgasen oder zur Unterstützung einer geordneten städtebaulichen Entwicklung im Einvernehmen mit der Gemeinde an.

VwV-StVO
zu den §§ 39 bis 43
Allgemeines über
Verkehrszeichen
und Verkehrs-
einrichtungen

IV. Allgemeines über Markierungen

56 8. Pflasterlinien in verkehrsberuhigten Geschäftsbereichen (vgl. § 39 Abs. 5 letzter Satz) müssen ausreichend breit sein, in der Regel mindestens 10 cm, und einen deutlichen Kontrast zur Fahrbahn aufweisen.

VwV-StVO
zu § 41
Vorschriftzeichen

Zu den Zeichen 205 und 206 Vorfahrt gewähren und Halt! Vorfahrt gewähren

6 VI. Jede Kreuzung und Einmündung, in der vom Grundsatz „Rechts vor Links" abgewichen werden soll, ist sowohl positiv als auch negativ zu beschildern, und zwar sowohl innerhalb als auch außerhalb geschlossener Ortschaften. Ausgenommen sind Ausfahrten aus verkehrsberuhigten Bereichen (Zeichen 325.1, 325.2) sowie Feld- und Waldwege, deren Charakter ohne Weiteres zu erkennen ist. Straßeneinmündungen, die wie Grundstückszufahrten aussehen, sowie Einmündungen von Feld- oder Waldwegen können einseitig mit Zeichen 205 versehen werden.

…

Zu Zeichen 208 Dem Gegenverkehr Vorrang gewähren.

4 III. In verkehrsberuhigten Bereichen ist auf die Regelung stets, in geschwindigkeitsbeschränkten Zonen in der Regel zu verzichten.

…

Zu den Zeichen 274.1 und 274.2 Tempo 30-Zone

3 III. Das Zeichen 274.2 ist entbehrlich, wenn die Zone in einen Fußgängerbereich (Zeichen 242.1) oder in einen verkehrsberuhigten Bereich (Zeichen 325.1) übergeht. Stattdessen sind die entsprechenden Zeichen des Bereichs anzuordnen, in den eingefahren wird.

VwV-StVO
zu § 42
Richtzeichen

Zu den Zeichen 325.1 und 325.2 Verkehrsberuhigter Bereich

1 I. Ein verkehrsberuhigter Bereich kommt nur für einzelne Straßen oder für Bereiche mit überwiegender Aufenthaltsfunktion und sehr geringem Verkehr in Betracht. Solche Bereiche können auch in Tempo 30-Zonen integriert werden.

2 II. Die mit Zeichen 325.1 gekennzeichneten Straßen müssen durch ihre besondere Gestaltung den Eindruck vermitteln, dass die Aufenthaltsfunktion überwiegt und der Fahrzeugverkehr eine untergeordnete Bedeutung hat. In der Regel wird ein niveaugleicher Ausbau für die ganze Straßenbreite erforderlich sein.

3 III. Zeichen 325.1 darf nur angeordnet werden, wenn Vorsorge für den ruhenden Verkehr getroffen ist.

6.6.6 Innerorts: Verkehrsberuhigter Bereich

VwV-StVO
zu § 42
Richtzeichen

4 IV. Zeichen 325.1 ist so aufzustellen, dass es aus ausreichender Entfernung wahrgenommen werden kann; erforderlichenfalls ist es von der Einmündung in die Hauptverkehrsstraße abzurücken oder beidseitig aufzustellen.

5 V. Mit Ausnahme von Parkflächenmarkierungen sollen in verkehrsberuhigten Bereichen keine weiteren Verkehrszeichen angeordnet werden. Die zum Parken bestimmten Flächen sollen nicht durch Zeichen 314 gekennzeichnet werden, sondern durch Markierung, die auch durch Pflasterwechsel erzieht werden kann.

6.6.7 Tunnel

StVO Anlage 3 Richtzeichen (zu § 42 Absatz 2) Abschnitt 5 Tunnel		
14	**Zeichen 327**  **Tunnel**	**Ge- oder Verbot** 1. Wer ein Fahrzeug führt, muss beim Durchfahren des Tunnels Abblendlicht benutzen und darf im Tunnel nicht wenden. 2. Im Falle eines Notfalls oder einer Panne sollen nur vorhandene Nothalte- und Pannenbuchten genutzt werden.

Mit dem Zeichen 327 wird der Beginn eines Tunnels gekennzeichnet. Beim Durchfahren eines Tunnels müssen Fahrzeugführer Abblendlicht benutzen und dürfen nicht wenden.

Soweit aus Sicherheitsgründen ein Mindestabstand von schweren Kraftfahrzeugen vorgeschrieben werden soll, siehe Abschnitt 3.3.1.

Soweit den Tunnel wegen Beschränkung der baulichen Anlage nur Fahrzeuge mit bestimmten Abmessungen benutzen dürfen, siehe Abschnitt 3.3.3.

Ab einer Tunnellänge über 400 m sind die Länge und der Name des Tunnels anzugeben. Diese Angaben erfolgen auf einem Zusatzzeichen unterhalb des Sinnbildes.

Zur Beleuchtung gibt die DIN 67524-1 „Beleuchtung von Straßentunneln und Unterführungen – Teil 1" Hinweise.

In den „Richtlinien für die Ausstattung und den Betrieb von Straßentunnel (RABT)", Ausgabe 2006 sind alle weiteren Informationen auch zur verkehrstechnischen Ausstattung von Tunneln zu finden.

Die RABT wurden aufgrund notwendiger nationaler Anpassungen an die Europäische Richtlinie über Mindestanforderungen an die Sicherheit von Tunneln überarbeitet. Weiterhin sind in dem Allgemeinen Rundschreiben Straßenbau Nr. 10/2006 Forderungen zur Umsetzung der EU-Sicherheitsrichtline formuliert.

Wegen der bei Überholmanövern in Tunneln von Lkw ausgehenden Gefahr sollte in Tunneln mit mehr als einem Fahrstreifen in jeder Richtung ein Lkw-Überholverbot angeordnet werden. Von einer Anordnung des Zeichens 277 sollte nur abgesehen werden, wenn nachgewiesen wird, dass hiervon keine negativen Auswirkungen auf die Verkehrssicherheit ausgehen.

Zu Abschnitt 6.6.7

VwV-StVO zu § 41 Vorschriftzeichen

Zu Zeichen 273 Verbot des Fahrens ohne einen Mindestabstand

1 Das Zeichen darf dort angeordnet werden, wo Überbeanspruchungen von Brücken oder sonstigen Ingenieurbauwerken mit beschränkter Tragfähigkeit dadurch auftreten können, dass mehrere schwere Kraftfahrzeuge dicht hintereinander fahren. Die Anordnung kommt ferner vor Tunneln in Betracht, bei denen das Einhalten eines Mindestabstandes aus Verkehrssicherheitsgründen besonders geboten ist. In der Regel ist die Länge der Strecke durch Zusatzzeichen anzugeben.

…

Zu Zeichen 277 Überholverbot für Kraftfahrzeuge über 3,5 t

1 I. Das Zeichen soll nur auf Straßen mit erheblichem und schnellem Fahrverkehr angeordnet werden, wo der reibungslose Verkehrsablauf dies erfordert. …

II. Bei Anordnung von Lkw-Überholverboten auf Autobahnen und autobahnähnlich ausgebauten Straßen ist ergänzend Folgendes zu beachten:

…

6.6.7 Tunnel

VwV-StVO
zu § 41
Vorschriftzeichen

6 III. Aufgrund der bei Überholmanövern in Tunneln von Lkw ausgehenden Gefahr sollte in Tunneln mit mehr als einem Fahrstreifen in jeder Richtung ein Lkw-Überholverbot angeordnet werden. Von einer Anordnung des Zeichens kann abgesehen werden, wenn nachgewiesen wird, dass hiervon keine negativen Auswirkungen auf die Verkehrssicherheit ausgehen.

VwV-StVO
zu § 42
Richtzeichen

Zu Zeichen 327 Tunnel

1 I. Das Zeichen ist an jeder Tunneleinfahrt anzuordnen. Bei einer Tunnellänge von mehr als 400 m ist der Name des Tunnels und die Tunnellänge mit „... m (km)" anzugeben. In der Regel erfolgt dies durch Angabe im Zeichen unterhalb des Sinnbildes. Bei einer Tunnellänge von weniger als 400 m ist die Angabe des Namens nur notwendig, wenn besondere Umstände dies erfordern.

2 II. Bei einem Tunnel von mehr als 3 000 m Länge ist alle 1 000 m die noch zurückzulegende Tunnelstrecke durch die Angabe „noch ... m" anzuzeigen.

3 III. Das Zeichen kann zusätzlich in ausreichendem Abstand vor dem Tunnel mit einem Hinweis „Tunnel in ... m" in dem Zeichen oder durch Zusatzzeichen 1004 angeordnet werden.

Vorüber-
gehende
Regelungen

7

7.1 Allgemeines

Abschnitt 7 behandelt Regelungen, die nur zeitweise („vorübergehend") getroffen werden, also Verkehrszeichen und Verkehrseinrichtungen, die nur für einen bestimmten Zeitraum oder an fahrenden Fahrzeugen angeordnet werden. Standardbeispiele sind die Sicherung von Arbeitsstellen oder von Schwertransporten.

Vorübergehende Regelungen sind (oft gerade auch für die Verkehrsteilnehmer, die die Strecke regelmäßig benutzen und diese daher „gewohnt" sind) unerwartet. Sie müssen daher möglichst auf eine besondere Art auffällig und besonders gut erkennbar sein, vor allem auch bei Nacht und schlechtem Wetter.

Andererseits soll der Aufwand für die Aufstellung der vorübergehenden Zeichen in einem vernünftigen Verhältnis zur begrenzten Nutzungszeit stehen. Daher können z. B. fahrstreifenbezogene Regelungen auf Verkehrslenkungstafeln statt auf Überkopf-Zeichen dargestellt werden.

Aus diesen Randbedingungen lassen sich besondere Verfahrens- und Gestaltungsregeln herleiten, die nachfolgend behandelt werden. Dabei werden die Maßnahmen an Arbeitsstellen, Unfallstellen und sonstigen vorübergehenden Hindernissen in Abschnitt 7.2 und besondere Maßnahmen zum Schutz der Straßeninfrastruktur vor Schäden durch Frost oder übermäßige Hitze in Abschnitt 7.3 behandelt. Der Kennzeichnung von Fahrzeugen, die fahrend oder stehend eine besondere Gefahr für andere Verkehrsteilnehmer darstellen, sind die Abschnitte 7.4 und 7.5 gewidmet. Abschnitt 7.6 beschäftigt sich mit der wegweisenden Beschilderung für Umleitungen.

Soweit möglich, empfiehlt es sich, vorübergehende Regelungen rechtzeitig in den Medien anzukündigen. Dies gilt insbesondere, wenn größere Behinderungen zu erwarten sind oder vergleichsweise großräumige Umleitungen erforderlich sind.

7.2 Arbeitsstellen, Unfallstellen und sonstige vorübergehende Hindernisse

7.2.1 Allgemeines

Arbeitsstellen, Unfallstellen und sonstigen zeitweisen Hindernissen ist gemeinsam, dass

– Teile des Straßenraums vorübergehend dem Verkehr nicht zur Verfügung stehen und daher
– der Verkehrsfluss gestört wird,
– in der Regel weniger Platz für den fließenden Verkehr zur Verfügung steht,
– die Verkehrsteilnehmer zusätzlich zur schwierigeren Fahraufgabe auch noch abgelenkt werden.

Trotz dieser Randbedingungen muss zuverlässig

– der Verkehr vor den Auswirkungen der Stelle und
– die Stelle vor den Auswirkungen des Verkehrs

geschützt werden.

Unterschiede ergeben sich im Wesentlichen aus der zur Verfügung stehenden Reaktionszeit der zuständigen Institutionen (Verkehrsbehörden, Straßenverkehrsbehörden, Polizei). Während Arbeitsstellen und deren Absicherung in der Regel mit einer ausreichenden Vorlaufzeit geplant werden können (oder zumindest könnten), muss die Sicherung von Unfallstellen oder sonstigen zeitweisen Hindernissen in der Regel sehr kurzfristig erfolgen. Trotzdem ist es sinnvoll, deren Absicherung grundsätzlich nach den gleichen Schemata vorzunehmen wie die der Arbeitsstellen.

Für die Sicherung von Arbeitsstellen hat das für den Verkehr zuständige Bundesministerium die „Richtlinien für die Sicherung von Arbeitsstellen an Straßen (RSA)" herausgegeben, die

in den folgenden Abschnitten näher besprochen werden. Wegen der Ähnlichkeit der Aufgabenstellung empfiehlt es sich, diese Richtlinien sinngemäß auch auf die Sicherung von Unfallstellen und sonstigen Hindernissen anzuwenden.

Die RSA wurden eingeführt und geändert mit

– ARS 6/1995 (StB 13/StV 12/38.59.10-02/111 BASt 94) „Richtlinien für die Sicherung von Arbeitsstellen an Straßen (RSA), Ausgabe 1995" vom 30. Januar 1995 (VkBl. S. 221)
– ARS 19/1996 (StB 13/StV 12/38.59.10-02/76 Vm 96) „Richtlinien für die Sicherung von Arbeitsstellen an Straßen (RSA), Ausgabe 1995" vom 18. Juli 1996 (VkBl. S. 445)
– ARS 10/2000 (S 28/S 32/38.59.10-02/29 Vm 00) „Arbeitsstellen an Straßen; Richtlinien für die Sicherung von Arbeitsstellen an Straßen (RSA)" vom 18. April 2000 (VkBl. S. 247)
– ARS 17/2009 (S 11/7122.3/4-RSA/1111796) „Arbeitsstellen an Bundesautobahnen – Regelungen für Nachtbaustellen" vom 8. Dezember 2009 (VkBl. 2010 S. 56).

Die RSA enthalten neben ausführlichen Regelungen zum Verfahren (rechtzeitiger Antrag des Unternehmens mit ausführlichen Verkehrszeichenplänen für die einzelnen Bauphasen; Abstimmungsverfahren zwischen Unternehmen, Straßenverkehrsbehörde, Straßenbaubehörde und Polizei; verkehrsrechtliche Anordnung; Überwachung) auch ausführliche Regelungen zur Ausführung der Baustellenbeschilderung (siehe Abschnitt 7.2.3 und 7.2.4) sowie zahlreiche Regelpläne, die auf viele Baustellensituationen direkt, auf andere mit geringfügigen Veränderungen anwendbar sind (siehe auch Abschnitt 7.2.5).

Eine ausführliche Kommentierung der RSA und der ZTV-SA findet sich im „RSA-Handbuch", Band 1 (RSA) und Band 2 (ZTV-SA), erschienen im Kirschbaum Verlag, Bonn.

Zu Abschnitt 7.2.1

VwV-StVO
zu § 43
Verkehrseinrichtungen
(Anlage 4)

Zu Absatz 3 Anlage 4 Abschnitt 1

3 I. Die Sicherung von Arbeitsstellen und der Einsatz von Absperrgeräten erfolgt nach den Richtlinien für die Sicherung von Arbeitsstellen an Straßen (RSA), die das für den Verkehr zuständige Bundesministerium im Einvernehmen mit den zuständigen obersten Landesbehörden im Verkehrsblatt bekannt gibt.

7.2.2 Besonderheiten des Verfahrens

■ Allgemeines

Grundsätzlich gelten für vorübergehende Verkehrszeichen und Verkehrseinrichtungen die gleichen Regelungen wie für dauerhafte (siehe Abschnitt 2). Insbesondere müssen sie alle eindeutig, nachvollziehbar und mit Begründung angeordnet werden. Bei Arbeitsstellen an Straßen gibt es jedoch auch einige Besonderheiten.

Zum einen kommt neben der Verkehrsbehörde und dem Straßenbaulastträger noch ein Dritter ins Spiel, nämlich derjenige, der die Baustelle betreibt. Dieser hat originäre Sicherungspflichten als „Zustandsstörer".

Als Gesamtheit wird er im Straßenverkehrsrecht als „Unternehmer" bezeichnet, wenn er sich regelmäßig mit Bauaufgaben beschäftigt, als „Bauunternehmer". Der so bezeichnete „Unternehmer" im weiteren Sinn kann aus mehreren Personen oder Unternehmern (im engeren Sinn) bestehen, die ihre Verantwortlichkeiten im Innenverhältnis regeln (siehe Abschnitt „Zuständigkeiten").

Eine weitere Besonderheit ist, dass die zu treffenden Regelungen auf den Bauablauf abgestimmt sein müssen. Die Ausarbeitung der Vielzahl an zu erlassenden Anordnungen würde die Verkehrsbehörden kapazitätsmäßig überfordern. Daher sieht § 45 Abs. 6 StVO vor, dass Bauunternehmer die verkehrsrechtlichen Anordnungen für alle Bauphasen selbst durch Vorlage von Verkehrszeichenplänen vorbereiten müssen, auf deren Grundlage die zuständigen Behörden die eigentliche Anordnung erstellen können.

Schließlich sieht § 45 Abs. 2 StVO vor, dass der Straßenbaulastträger für seine eigenen Baustellen die nötigen Anordnungen wie eine Verkehrsbehörde selber treffen kann. Die Straßenverkehrsbehörden können diese Regelungen zwar ändern, wenn es aus übergeordneten Gesichtspunkten notwendig ist, müssen sich dann aber mit den Straßenbaubehörden zumindest abstimmen.

Die in der Regel unvermeidbare Behinderung des Verkehrs durch die Arbeitsstellen macht es außerdem notwendig, die verschiedenen Arbeitsstellen eines Bereichs aufeinander abzustimmen.

Detaillierte Ausführungen sind im erwähnten „RSA-Handbuch", erschienen im Kirschbaum, Verlag zu finden.

■ Planende Abstimmung

Um die Beeinträchtigungen des Verkehrs auf das notwendige Maß zu beschränken, wurde 2011 mit

– ARS 4/2011 (StB 11/7123.7/2/1299927) „Leitfaden zum Arbeitsstellenmanagement auf Bundesautobahnen" vom 16. Mai 2011 (VkBl. S. 422)

der

– Leitfaden zum Arbeitsstellenmanagement auf Bundesautobahnen, Version Mai 2011 [www.bast.de: Publikationen > Regelwerke zum Download > Verkehrstechnik]

eingeführt und durch „Ausführungshinweise" ergänzt (in denen ein Verfahren zur Abschätzung der verkehrlichen Auswirkungen von Arbeitsstellen beschrieben und weitere Verfahrens- und Organisationsfragen geregelt werden).

Der Leitfaden selbst gibt Hinweise und Anweisungen, wie die Baustellen zeitlich geplant und koordiniert werden können und müssen. Außerdem fordert dieser, auf hochbelasteten Autobahnen den Mehrschichtbetrieb (auch mit angemessener Kostenerhöhung) zu prüfen sowie die Häufigkeit von hintereinanderliegenden Baustellen und die Länge der provisorischen Verkehrsführungen zu beschränken.

■ Zuständigkeiten

Wie vorstehend ausgeführt, ist grundsätzlich jeder, also auch ein (Bau-)Unternehmer, dafür verantwortlich, dass durch sein Handeln keine Gefahr für Andere ausgeht (siehe z. B. § 823 BGB, §§ 319 StGB). Insofern ist der (Bau-)Unternehmer zunächst selbst verpflichtet, seine Baustelle vor dem Verkehr und den Verkehr vor der Baustelle zu sichern.

Soweit für ein sicheres Bewältigen der Situation Eingriffe in den Straßenverkehr erforderlich sind, wird eine entsprechende Anordnung nach StVO erforderlich. § 45 Abs. 6 StVO sieht dazu vor, dass der „(Bau-)Unternehmer" vor Beginn der Arbeiten von der zuständigen Behörde Anordnungen über die Ausgestaltung der Baustellensicherung einzuholen hat. Dieser „(Bau-)Unternehmer" nach StVO kann im Innenverhältnis aus mehreren Personen oder Unternehmen (im engeren Sinn) bestehen. Daher wird meist durch Regelungen im Innenverhältnis der Beteiligten ein Verantwortlicher festgelegt, der gegenüber den Straßenverkehrsbehörden die Gesamtheit der Beteiligten vertritt.

So sieht die im Straßenbaubereich in der Regel als Bestandteil des Bauvertrags vereinbarte VOB in Teil B vor, dass der Auftraggeber zunächst für die allgemeine Ordnung auf der Baustelle zu sorgen und dazu die erforderlichen Genehmigungen, auch nach dem Straßenverkehrsrecht, beizubringen hat. Im Teil C (DIN 18299) werden das Einholen der verkehrsrechtlichen Genehmigungen und die Verkehrssicherungsarbeiten aber ausdrücklich als verdingbare „Besondere Leistungen" bezeichnet.

Meist wird daher der Auftraggeber einen seiner Auftragnehmer, u.U. sogar einen gesonderten Auftragnehmer, mit der Durchführung der Verkehrssicherungsarbeiten beauftragen. Dieser muss die erforderliche Fachkunde, Leistungsfähigkeit und Zuverlässigkeit (auch für die Durchführung der Verkehrssicherung) besitzen. Der Auftraggeber muss dann nur noch angemessen überprüfen, ob der oder die beauftragten Auftragnehmer ihren vertraglichen Pflichten (auch für die Durchführung der Verkehrssicherung) nachkommen.

Um eindeutig festzulegen, wie die Kennzeichnung und Verkehrsregelung an Baustellen zu erfolgen hat, ist grundsätzlich für jede Bauphase ein Verkehrszeichenplan aufzustellen, aus dem Folgendes erkennbar sein soll:

– großräumige Lage der Arbeitsstelle
– Plan der Arbeitsstelle
– Straßenbreiten
– Zeitablauf der Arbeiten
– die zur Kennzeichnung, Sicherung und Absperrung erforderlichen Verkehrszeichen und -einrichtungen
– Angaben über Sonderregelungen, z. B. für die Nacht oder für Sonn- und Feiertage
– Signalanlagen mit Signalprogramm
– Name, Anschrift und Telefonnummer der für den Betrieb und die Verkehrssicherheit verantwortlichen Person oder Stelle.

Die RSA enthalten für die Kennzeichnung und Sicherung verschiedener Arten von Arbeitsstellen auf innerörtlichen Straßen, Landstraßen und Autobahnen Regelpläne, die aufgrund verkehrstechnischer Überlegungen und unter Berücksichtigung praktischer Erfahrungen aufgestellt wurden (siehe Abschnitt 7.2.3).

Ein sinnvolles Anpassen der Regelpläne an die örtlichen Gegebenheiten unter Berücksichtigung der vorhandenen Verkehrsverhältnisse ist geboten.

Von der koordinierenden Verpflichtung des Auftraggebers unberührt bleibt die Verpflichtung der einzelnen Auftragnehmer zur Sicherung ihrer Baustelle. Das heißt insbesondere auch, dass

sie die Arbeiten nur beginnen dürfen, wenn ihre Baustelle ausreichend gesichert ist.

Die Anordnung der Arbeitsstellensicherung obliegt grundsätzlich wie alle Anordnungen den Straßenverkehrsbehörden. Lediglich für seine eigenen Straßenbauarbeiten kann der Straßenbaulastträger die notwendigen Maßnahmen (vorbehaltlich anderer Anordnungen der Straßenverkehrsbehörden) selber anordnen.

■ **Durchführung und Vergütung**

Zur Leistungsbeschreibung der Verkehrssicherungsarbeiten wurden mit

– ARS 15/1991 (StB 13/70.22.00/58 Va 92) „Technische Lieferbedingungen für Warnleuchten, Ausgabe 1991 (TL Warnleuchten 90)" vom 20. August 1991 (VkBl. S. 708)
– ARS 16/1994 (StB 13/38.61.50/80 BASt 93) „Technische Lieferbedingungen für Leitkegel (TL-Leitkegel)" vom 27. Mai 1994 (VkBl. S. 630)
– ARS 3/1996 (StB 13/38.62.20/79 BASt 95) „Technische Lieferbedingungen für Betonschutzwand-Fertigteile, Ausgabe 1996 (TL-BSWF 96)" vom 30. April 1996
– ARS 34/1997 (StB 13/38.59.10-02/84 BASt 97) „Zusätzliche Technische Vertragsbedingungen und Richtlinien für Sicherungsarbeiten an Arbeitsstellen an Straßen (ZTV-SA 97)" vom 12. August 1997 (VkBl. S. 794)
– ARS 35/1997 (StB 13/38.59.10-02/84 BASt 97) „TL-Absperrschranken 97; TL-Leitbaken 97; TL-Absperrtafeln 97; TL-Aufstellvorrichtungen 97; TL-Vorübergehende Markierungen 97; TL-Warnbänder 97; TL-Leitelemente 97; TL-Transportable Schutzeinrichtungen 97; TL-Transportable Lichtsignalanlagen 97" vom 12. August 1997 (VkBl. S. 795)
– ARS 10/1998 (StB 13/38.59.10-02/184 BASt 97) „Ergänzungsprüfung von Warnleuchten gemäß den Technischen Lieferbedingungen für Warnleuchten (TL-Warnleuchten 90)" vom 12. März 1998 (VkBl. S. 288)
– ARS 5/1999 (S 28/38.59.10/126 BASt 98) „Ergänzungen zu den Technischen Lieferbedingungen für transportable Schutzeinrichtungen (TL-Transportable Schutzeinrichtungen 97)" vom 15. Dezember 1998 (VkBl. 1999, S. 99)
– ARS 18/1999 (S 28/38.59.10/38 Va 99) „Änderungen zu den Zusätzlichen Technischen Vertragsbedingungen und Richtlinien für Sicherungsarbeiten an Arbeitsstellen an Straßen (ZTV-SA 97)" vom 17. August 1999 (VkBl. S. 670)

7.2.2 Besonderheiten des Verfahrens

Zusätzliche Technische Vertragsbedingungen und Richtlinien (ZTV) sowie Technische Lieferbedingungen (TL) eingeführt und fortgeschrieben, insbesondere

– Technische Lieferbedingungen für Warnleuchten (TL-Warnleuchten 90)
– Technische Lieferbedingungen für Leitkegel (TL-Leitkegel 94)
– Technische Lieferbedingungen für Betonschutzwand-Fertigteile (TL-BSWF 96)
– Technische Lieferbedingungen für Absperrschranken (TL-Absperrschranken 97)
– Technische Lieferbedingungen für fahrbare Absperrtafeln (TL-Absperrtafeln 97)
– Technische Lieferbedingungen für Leit- und Warnbaken (TL-Leitbaken 97)
– Technische Lieferbedingungen für Aufstellvorrichtungen für Schilder und Verkehrseinrichtungen an Arbeitsstellen (TL-Aufstellvorrichtungen 97)
– Technische Lieferbedingungen für vorübergehende Markierungen (TL-Vorübergehende Markierungen 97)
– Technische Lieferbedingungen für Warnbänder bei Arbeitsstellen an Straßen (TL-Warnbänder 97)
– Technische Lieferbedingungen für bauliche Leitelemente (TL-Leitelemente 97)
– Technische Lieferbedingungen für transportable Schutzeinrichtungen (TL-Transportable Schutzeinrichtungen 97)
– Technische Lieferbedingungen für transportable Lichtsignalanlagen (TL-Transportable Lichtsignalanlagen 97).

Es ist vorgesehen, diese verschiedenen Einzel-Lieferbedingungen in einer einzigen zusammenzufassen.

Die Technischen Lieferbedingungen stellen auch Anforderungen an die passive Sicherheit der Baustellen, um die Gefährdung von Verkehrsteilnehmern und Bauarbeitern zu verringern.

Um die Qualität der Arbeitsstellensicherung zu verbessern, wurde das

– „Merkblatt über Rahmenbedingungen für erforderliche Fachkenntnisse zur Verkehrssicherung von Arbeitsstellen an Straßen (M VAS 1999)"

erstellt und mit

– ARS 19/1999 (S 28/38.59.00/5 HE 99) „Arbeitsstellen an Straßen; Merkblatt über Rahmenbedingungen für erforderliche Fachkenntnisse zur Verkehrssicherung von Arbeitsstellen an Straßen (M VAS 1999)" vom 16. August 1999 (VkBl. S. 694)

eingeführt. Es ermöglicht die Organisation von Seminarveranstaltungen, mit deren erfolgreichem Abschluss der in den ZTV-SA geforderte Qualifikationsnachweis des „benannten Verantwortlichen" geführt werden kann.

Bei Bauarbeiten empfiehlt es sich, bereits in der Ausschreibung die Forderungen für die Beschilderung und Überwachung der vorgesehenen notwendigen Verkehrsregelungen und Umleitungsbeschilderungen möglichst detailliert festzulegen. Die in den RSA enthaltenen Regelpläne können helfen, Unklarheiten über den Umfang der zu treffenden Maßnahmen von Anfang an auszuräumen.

Für das Erstellen RSA-gerechter Beschilderungspläne existieren DV-Programme, mit deren Hilfe besondere örtliche Gegebenheiten berücksichtigt werden können. Eine ausreichende Überwachung hat schließlich sicherzustellen, dass die Maßnahmen den Anordnungen gemäß durchgeführt werden.

Nach § 49 Absatz 4 Ziff. 3 StVO handelt ordnungswidrig im Sinne des § 24 des Straßenverkehrsgesetzes, wer „entgegen § 45 Abs. 6 mit Arbeiten beginnt, ohne zuvor Anordnungen eingeholt zu haben, diese Anordnungen nicht befolgt oder Lichtzeichenanlagen nicht bedient".

Zu Abschnitt 7.2.2

BGB
§ 823
Schadensersatzpflicht

(1) Wer vorsätzlich oder fahrlässig das Leben, den Körper, die Gesundheit, die Freiheit, das Eigentum oder ein sonstiges Recht eines anderen widerrechtlich verletzt, ist dem anderen zum Ersatz des daraus entstandenen Schadens verpflichtet.

(2) Die gleiche Verpflichtung trifft denjenigen, welcher gegen ein den Schutz des anderen bezweckendes Gesetz verstößt. Ist nach dem Inhalt des Gesetzes ein Verstoß gegen dieses auch ohne Verschulden möglich, so tritt die Ersatzpflicht nur im Falle des Verschuldens ein.

7.2.2 Besonderheiten des Verfahrens

StGB
§ 315
Gefährliche Eingriffe
in den Bahn-,
Schiffs- und
Luftverkehr

(3) Auf Freiheitsstrafe nicht unter einem Jahr ist zu erkennen, wenn der Täter

1. in der Absicht handelt,
   a. einen Unglücksfall herbeizuführen oder
   b. eine andere Straftat zu ermöglichen oder zu verdecken, oder
2. durch die Tat eine schwere Gesundheitsschädigung eines anderen Menschen oder eine Gesundheitsschädigung einer großen Zahl von Menschen verursacht.

StGB
§ 315b
Gefährliche Eingriffe
in den
Straßenverkehr

(1) Wer die Sicherheit des Straßenverkehrs dadurch beeinträchtigt, dass er

1. Anlagen oder Fahrzeuge zerstört, beschädigt oder beseitigt,
2. Hindernisse bereitet oder
3. einen ähnlichen, ebenso gefährlichen Eingriff vornimmt,

und dadurch Leib oder Leben eines anderen Menschen oder fremde Sachen von bedeutendem Wert gefährdet, wird mit Freiheitsstrafe bis zu fünf Jahren oder mit Geldstrafe bestraft.

(2) Der Versuch ist strafbar.

(3) Handelt der Täter unter den Voraussetzungen des § 315 Abs. 3, so ist die Strafe Freiheitsstrafe von einem Jahr bis zu zehn Jahren, in minder schweren Fällen Freiheitsstrafe von sechs Monaten bis zu fünf Jahren.

(4) Wer in den Fällen des Absatzes 1 die Gefahr fahrlässig verursacht, wird mit Freiheitsstrafe bis zu drei Jahren oder mit Geldstrafe bestraft.

(5) Wer in den Fällen des Absatzes 1 fahrlässig handelt und die Gefahr fahrlässig verursacht, wird mit Freiheitsstrafe bis zu zwei Jahren oder mit Geldstrafe bestraft.

StGB
§ 319
Baugefährdung

(1) Wer bei der Planung, Leitung oder Ausführung eines Baues oder des Abbruchs eines Bauwerks gegen die allgemein anerkannten Regeln der Technik verstößt und dadurch Leib oder Leben eines anderen Menschen gefährdet, wird mit Freiheitsstrafe bis zu fünf Jahren oder mit Geldstrafe bestraft.

(2) Ebenso wird bestraft, wer in Ausübung eines Berufs oder Gewerbes bei der Planung, Leitung oder Ausführung eines Vorhabens, technische Einrichtungen in ein Bauwerk einzubauen oder eingebaute Einrichtungen dieser Art zu ändern, gegen die allgemein anerkannten Regeln der Technik verstößt und dadurch Leib oder Leben eines anderen Menschen gefährdet.

(3) Wer die Gefahr fahrlässig verursacht, wird mit Freiheitsstrafe bis zu drei Jahren oder mit Geldstrafe bestraft.

(4) Wer in den Fällen der Absätze 1 und 2 fahrlässig handelt und die Gefahr fahrlässig verursacht, wird mit Freiheitsstrafe bis zu zwei Jahren oder mit Geldstrafe bestraft.

StVG
§ 5b
Unterhaltung von
Verkehrszeichen

(1) Die Kosten der Beschaffung, Anbringung, Entfernung, Unterhaltung und des Betriebs der amtlichen Verkehrszeichen und -einrichtungen sowie der sonstigen vom Bundesministerium für Verkehr, Bau und Stadtentwicklung zugelassenen Verkehrszeichen und -einrichtungen trägt der Träger der Straßenbaulast für diejenige Straße, in deren Verlauf sie angebracht werden oder angebracht worden sind, bei geteilter Straßenbaulast der für die durchgehende Fahrbahn zuständige Träger der Straßenbaulast. Ist ein Träger der Straßenbaulast nicht vorhanden, so trägt der Eigentümer der Straße die Kosten.

(2) Diese Kosten tragen abweichend vom Absatz 1

…

d) die Bauunternehmer und die sonstigen Unternehmer von Arbeiten auf und neben der Straße für Verkehrszeichen und -einrichtungen, die durch diese Arbeiten erforderlich werden;

VOB/B
§ 4
Ausführung

(1) 1. Der Auftraggeber hat für die Aufrechterhaltung der allgemeinen Ordnung auf der Baustelle zu sorgen … Er hat die erforderlichen öffentlich-rechtlichen Genehmigungen und Erlaubnisse – z. B. nach dem Baurecht, dem Straßenverkehrsrecht, dem Wasserrecht, dem Gewerberecht – herbeizuführen.

…

(2) 1. Der Auftragnehmer hat die Leistung unter eigener Verantwortung nach dem Vertrag auszuführen. Dabei hat er die anerkannten Regeln der Technik und die gesetzlichen und behördlichen Bestimmungen zu beachten. Es ist seine Sache, die Ausführung seiner vertraglichen Leistung zu leiten und für Ordnung auf seiner Baustelle zu sorgen.

7.2.2 Besonderheiten des Verfahrens

VOB/C
DIN 18299
Allgemeine
Regelungen für
Bauarbeiten
jeder Art

4.1 Nebenleistungen

Nebenleistungen sind Leistungen, die auch ohne Erwähnung im Vertrag zur vertraglichen Leistung gehören (§ 2 Nr. 1 VOB/B).

Nebenleistungen sind demnach insbesondere:

…

4.1.4 Schutz- und Sicherheitsmaßnahmen nach den Unfallverhütungsvorschriften und den behördlichen Bestimmungen, …

…

4.2 Besondere Leistungen

Besondere Leistungen sind Leistungen, die nicht Nebenleistungen nach Abschnitt 4.1 sind und nur dann zur vertraglichen Leistung gehören, wenn sie in der Leistungsbeschreibung besonders erwähnt sind. Besondere Leistungen sind z. B.:

…

4.2.9 Aufstellen, Vorhalten, Betreiben und Beseitigen von Einrichtungen zur Sicherung und Aufrechterhaltung des Verkehrs auf der Baustelle, z. B. Bauzäune, Schutzgerüste, Hilfsbauwerke, Beleuchtungen, Leiteinrichtungen.

4.2.10 Aufstellen, Vorhalten, Betreiben und Beseitigen von Einrichtungen außerhalb der Baustelle zur Umleitung, Regelung und Sicherung des öffentlichen und Anliegerverkehrs sowie das Einholen der hierfür erforderlichen verkehrsrechtlichen Genehmigungen und Anordnungen nach der StVO.

StVO
§ 32
Verkehrshindernisse

(1) Es ist verboten, die Straße zu beschmutzen oder zu benetzen oder Gegenstände auf Straßen zu bringen oder dort liegen zu lassen, wenn dadurch der Verkehr gefährdet oder erschwert werden kann. Wer für solche verkehrswidrigen Zustände verantwortlich ist, hat diese unverzüglich zu beseitigen und diese bis dahin ausreichend kenntlich zu machen. Verkehrshindernisse sind, wenn nötig (§ 17 Absatz 1), mit eigener Lichtquelle zu beleuchten oder durch andere zugelassene lichttechnische Einrichtungen kenntlich zu machen.

(2) Sensen, Mähmesser oder ähnlich gefährliche Geräte sind wirksam zu verkleiden.

StVO
§ 45
Verkehrszeichen
und Verkehrs-
einrichtungen

(1) Die Straßenverkehrsbehörden können die Benutzung bestimmter Straßen oder Straßenstrecken aus Gründen der Sicherheit oder Ordnung des Verkehrs beschränken oder verbieten und den Verkehr umleiten. Das gleiche Recht haben sie

1. zur Durchführung von Arbeiten im Straßenraum,
2. zur Verhütung außerordentlicher Schäden an der Straße,
3. zum Schutz der Wohnbevölkerung vor Lärm und Abgasen,
4. zum Schutz der Gewässer und Heilquellen,
5. hinsichtlich der zur Erhaltung der öffentlichen Sicherheit erforderlichen Maßnahmen sowie
6. zur Erforschung des Unfallgeschehens, des Verkehrsverhaltens, der Verkehrsabläufe sowie zur Erprobung geplanter verkehrssichernder oder verkehrsregelnder Maßnahmen.

…

(2) Zur Durchführung von Straßenbauarbeiten und zur Verhütung von außerordentlichen Schäden an der Straße, die durch deren baulichen Zustand bedingt sind, können die nach Landesrecht für den Straßenbau bestimmten Behörden (Straßenbaubehörde) – vorbehaltlich anderer Maßnahmen der Straßenverkehrsbehörden – Verkehrsverbote und -beschränkungen anordnen, den Verkehr umleiten und ihn durch Markierungen und Leiteinrichtungen lenken. …

(6) Vor dem Beginn von Arbeiten, die sich auf den Straßenverkehr auswirken, müssen die Unternehmer – die Bauunternehmer unter Vorlage eines Verkehrszeichenplans – von der zuständigen Behörde Anordnungen nach den Absätzen 1 bis 3 darüber einholen, wie ihre Arbeitsstellen abzusperren und zu kennzeichnen sind, ob und wie der Verkehr, auch bei teilweiser Straßensperrung, zu beschränken, zu leiten und zu regeln ist, ferner ob und wie sie gesperrte Straßen und Umleitungen zu kennzeichnen haben. Sie haben diese Anordnungen zu befolgen und Lichtzeichenanlagen zu bedienen.

(7) Sind Straßen als Vorfahrtstraßen oder als Verkehrsumleitungen gekennzeichnet, bedürfen Baumaßnahmen, durch welche die Fahrbahn eingeengt wird, der Zustimmung der Straßenverkehrsbehörde; ausgenommen sind die laufende Straßenunterhaltung sowie Notmaßnahmen. Die Zustimmung gilt als erteilt, wenn sich die Behörde nicht innerhalb einer Woche nach Eingang des Antrags zu der Maßnahme geäußert hat.

7.2.2 Besonderheiten des Verfahrens

VwV-StVO
zu § 45
Verkehrszeichen
und Verkehrs-
einrichtungen

Zu Absatz 1 bis 1e

1   I. Vor jeder Entscheidung sind die Straßenbaubehörde und die Polizei zu hören. Wenn auch andere Behörden zu hören sind, ist dies bei den einzelnen Zeichen gesagt.

2   II. Vor jeder Entscheidung sind erforderlichenfalls zumutbare Umleitungen im Rahmen des Möglichen festzulegen.

3   III. 1. Die Straßenverkehrsbehörde bedarf der Zustimmung der obersten Landesbehörde oder der von ihr bestimmten Stelle zur Anbringung und Entfernung folgender Verkehrszeichen:

4   a) auf allen Straßen der Zeichen 201, 261, 269, 275, 279, 290.1, 290.2, 330.1, 330.2, 331.1, 331.2, 363, 460 sowie des Zusatzzeichens „abknickende Vorfahrt" (Zusatzzeichen zu Zeichen 306),

5   b) auf Autobahnen, Kraftfahrstraßen und Bundesstraßen: des Zeichens 250, auch mit auf bestimmte Verkehrsarten beschränkenden Sinnbildern, wie der Zeichen 251 oder 253 sowie der Zeichen 262 und 263,

6   c) auf Autobahnen, Kraftfahrstraßen sowie auf Bundesstraßen außerhalb geschlossener Ortschaften: der Zeichen 276, 277, 280, 281, 295 als Fahrstreifenbegrenzung und 296,

7   d) auf Autobahnen und Kraftfahrstraßen: der Zeichen 209 bis 214, 274 und 278,

8   e) auf Bundesstraßen: des Zeichens 274 samt dem Zeichen 278 dann, wenn die zulässige Höchstgeschwindigkeit auf weniger als 60 km/h ermäßigt wird.

9   2. Die obersten Landesbehörden sollten jedenfalls für Straßen von erheblicher Verkehrsbedeutung, die in Nummer 1 Buchstabe b bis e nicht aufgeführt sind, entsprechende Anweisungen geben.

10   3. Der Zustimmung bedarf es nicht, wenn jene Maßnahmen zur Durchführung von Arbeiten im Straßenraum oder zur Verhütung außerordentlicher Schäden an den Straßen getroffen werden oder durch unvorhergesehene Ereignisse wie Unfälle, Schadenstellen oder Verkehrsstauungen veranlasst sind.

…

Zu Absatz 2

Zu Satz 1

46   I. Die Straßenverkehrsbehörde ist mindestens zwei Wochen vor der Durchführung der in Satz 1 genannten Maßnahmen davon zu verständigen; sie hat die Polizei rechtzeitig davon zu unterrichten; sie darf die Maßnahmen nur nach Anhörung der Straßenbaubehörde und der Polizei aufheben oder ändern. Ist von vornherein mit Beschränkungen oder Verboten von mehr als drei Monaten Dauer zu rechnen, so haben die Straßenbaubehörden die Entscheidung der Straßenverkehrsbehörden über die in einem Verkehrszeichenplan vorgesehenen Maßnahmen einzuholen.

…

Zu Absatz 6

63   I. Soweit die Straßenbaubehörde zuständig ist, ordnet sie die erforderlichen Maßnahmen an, im Übrigen die Straßenverkehrsbehörde. Vor jeder Anordnung solcher Maßnahmen ist die Polizei zu hören.

64   II. Straßenverkehrs- und Straßenbaubehörde sowie die Polizei sind gehalten, die planmäßige Kennzeichnung der Verkehrsregelung zu überwachen und die angeordneten Maßnahmen auf ihre Zweckmäßigkeit zu prüfen. Zu diesem Zweck erhält die Polizei eine Abschrift des Verkehrszeichenplans von der zuständigen Behörde.

65   III. Die Straßenbaubehörden prüfen die für Straßenbauarbeiten von Bauunternehmern vorgelegten Verkehrszeichenpläne. Die Prüfung solcher Pläne für andere Arbeiten im Straßenraum obliegt der Straßenverkehrsbehörde, die dabei die Straßenbaubehörde, gegebenenfalls die Polizei zu beteiligen hat.

66   IV. Der Vorlage eines Verkehrszeichenplans durch den Unternehmer bedarf es nicht

1. bei Arbeiten von kurzer Dauer und geringem Umfang der Arbeitsstelle, wenn die Arbeiten sich nur unwesentlich auf den Straßenverkehr auswirken,

67   2. wenn ein geeigneter Regelplan besteht oder

68   3. wenn die zuständige Behörde selbst einen Plan aufstellt.

7.2.2 Besonderheiten des Verfahrens

VwV-StVO
zu § 45
Verkehrszeichen
und Verkehrs-
einrichtungen

Zu Absatz 7

69 I. Zur laufenden Straßenunterhaltung gehört z. B. die Beseitigung von Schlaglöchern, die Unterhaltung von Betonplatten, die Pflege der Randstreifen und Verkehrssicherungsanlagen, in der Regel dagegen nicht die Erneuerung der Fahrbahndecke.

70 II. Notmaßnahmen sind z. B. die Beseitigung von Wasserrohrbrüchen und von Kabelschäden.

7.2.3 Verkehrszeichen und Verkehrseinrichtungen

StVO Anlage 1 Allgemeine und Besondere Gefahrzeichen (zu § 40 Absatz 6 und 7)
Abschnitt 1 Allgemeine Gefahrzeichen (zu § 40 Absatz 6)

12	Zeichen 123	
	Arbeitsstelle	

StVO Anlage 2 Vorschriftzeichen (zu § 41 Absatz 1)
Abschnitt 8 Halt- und Parkverbote

61		**Ge- oder Verbot**
		1. Die durch die nachfolgenden Zeichen 283 und 286 angeordneten Haltverbote gelten nur auf der Straßenseite, auf der die Zeichen angebracht sind. Sie gelten bis zur nächsten Kreuzung oder Einmündung auf der gleichen Straßenseite oder bis durch Verkehrszeichen für den ruhenden Verkehr eine andere Regelung vorgegeben wird.
		2. Mobile, vorübergehend angeordnete Haltverbote durch Zeichen 283 und 286 heben Verkehrszeichen auf, die das Parken erlauben.
		Erläuterung
		Der Anfang der Verbotsstrecke kann durch einen zur Fahrbahn weisenden waagerechten weißen Pfeil im Zeichen, das Ende durch einen solchen von der Fahrbahn wegweisenden Pfeil gekennzeichnet sein. Bei in der Verbotsstrecke wiederholten Zeichen weist eine Pfeilspitze zur Fahrbahn, die zweite Pfeilspitze von ihr weg.

StVO Anlage 3 Richtzeichen (zu § 42 Absatz 2)
Abschnitt 12 Sonstige Verkehrsführung

		2. Verkehrslenkungstafeln
80		**Erläuterung**
		Verkehrslenkungstafeln geben den Verlauf und die Anzahl der Fahrstreifen an, wie beispielsweise:
		>

7.2.3 Verkehrszeichen und Verkehrseinrichtungen

StVO Anlage 3 Richtzeichen (zu § 42 Absatz 2)
Abschnitt 12 Sonstige Verkehrsführung

81	Zeichen 501	Erläuterung
	Überleitungstafel	Das Zeichen kündigt die Überleitung des Verkehrs auf die Gegenfahrbahn an.
82	Zeichen 531 Einengungstafel	
82.1	Reißverschluss erst in ...... m	Erläuterung Bei Einengungstafeln wird mit dem Zusatzzeichen der Ort angekündigt, an dem der Fahrstreifenwechsel nach dem Reißverschlussverfahren (§ 7 Absatz 4) erfolgen soll.

StVO Anlage 4 Verkehrseinrichtungen (zu § 43 Absatz 3)
Abschnitt 1 Einrichtungen zur Kennzeichnung von Arbeits- und Unfallstellen oder sonstigen vorübergehenden Hindernissen

1	Zeichen 600 Absperrschranke	
2	Zeichen 605 Leitbake Pfeilbake Schraffen-bake	

7.2.3 Verkehrszeichen und Verkehrseinrichtungen

StVO Anlage 4 Verkehrseinrichtungen (zu § 43 Absatz 3)

Abschnitt 1 Einrichtungen zur Kennzeichnung von Arbeits- und Unfallstellen oder sonstigen vorübergehenden Hindernissen

3	Zeichen 628	

Leitschwelle mit

Pfeilbake Schraffenbake

| 4 | Zeichen 629 | |

Leitbord mit

Pfeilbake Schraffenbake

| 5 | Zeichen 610 | |

Leitkegel

| 6 | Zeichen 615 | |

Fahrbare Absperrtafel

7.2.3 Verkehrszeichen und Verkehrseinrichtungen

StVO Anlage 4 Verkehrseinrichtungen (zu § 43 Absatz 3) Abschnitt 1 Einrichtungen zur Kennzeichnung von Arbeits- und Unfallstellen oder sonstigen vorübergehenden Hindernissen		
7	**Zeichen 616** **Fahrbare Absperrtafel mit Blinkpfeil**	
zu 1 bis 7		**Ge- oder Verbot** Die Einrichtungen verbieten das Befahren der so gekennzeichneten Straßenfläche und leiten den Verkehr an dieser Fläche vorbei. **Erläuterung** 1. Warnleuchten an diesen Einrichtungen zeigen rotes Licht, wenn die ganze Fahrbahn gesperrt ist, sonst gelbes Licht oder gelbes Blinklicht. 2. Zusammen mit der Absperrtafel können überfahrbare Warnschwellen verwendet sein, die quer zur Fahrtrichtung vor der Absperrtafel ausgelegt sind.

Mit Zeichen 123 wird vor Arbeitsstellen gewarnt, wenn ein Teil der Fahrbahn infolge einer Arbeitsstelle abgesperrt ist und eine Gefährdung oder Behinderung des Straßenverkehrs durch die Arbeitsstelle oder eine Gefährdung der an der Arbeitsstelle arbeitenden Menschen oder Geräte durch den Straßenverkehr eintreten kann.

Soweit nur ein Teil der Fahrbahn benutzt wird, eine wechselseitige Gefährdung aber nicht gegeben ist, wie das z.B. bei bestimmten Hochbaustellen neben der Straße der Fall sein wird, so wird diese Stelle besser als Engstelle (Abschnitt 5.2) beschildert.

Soweit im Bereich der Arbeitsstelle Regelungen des Verkehrsverhaltens nötig sind, werden die normalen Streckengebote und Streckenverbote (siehe Abschnitt 6.4) angeordnet.

Im Zusammenhang mit Arbeitsstellen an Straßen ist es meist notwendig, die Verkehrsführung während der Bauzeit vorübergehend an den Baustellenbetrieb anzupassen. Dazu sieht die

StVO verschiedene Verkehrszeichen und -einrichtungen vor, mit denen diese vorläufigen Regelungen in einer Weise angeordnet werden können, dass sie für die Verkehrsteilnehmer in der Ausnahmesituation deutlich erkennbar sind und trotzdem nicht zu überhöhtem Aufwand führen. Darüber hinaus werden auch in den RSA Verkehrseinrichtungen eingeführt, die die Verkehrsführung erleichtern.

Dabei gilt, wie in Abschnitt 7.2.2 erwähnt, dass alle Einrichtungen, die das Verhalten der Verkehrsteilnehmer direkt beeinflussen sollen (z.B. das Befahren von Fahrbahnflächen verbieten), in der StVO geregelt und verkehrsrechtlich angeordnet werden müssen. Diese strengen Anforderungen gelten nicht für Einrichtungen, die das Erkennen der Verkehrsführung lediglich durch zusätzliche Information erleichtern.

Vorübergehende Markierungen werden in gelber Farbe ausgeführt. Die Farbe Gelb bewirkt dabei zweierlei:

7.2.3 Verkehrszeichen und Verkehrseinrichtungen

Bild 7.1 Einengungstafel mit Zusatzzeichen (1005-30) „Reißverschluss erst in 200 m"

– Zum einen stellt sie eine Warnfarbe dar, die von sich aus zu einer höheren Aufmerksamkeit führt als das Weiß der Regelmarkierung;
– zum anderen regelt § 39 Abs. 5 StVO, dass gelbe Markierungen weiße aufheben.

Für vorübergehende Beschilderung ist eine entsprechend gelbgrundige Ausführung (gelbe statt weißer Grundfläche), wie sie in vielen europäischen Ländern die Regel ist und aus verhaltenspsychologischer Sicht wegen des angesprochenen Warneffekts auch sinnvoll erscheint, in Deutschland nicht zulässig.

Aus Effizienzgründen ist in der StVO geregelt, dass vorübergehend angeordnete Haltverbote durch Zeichen 283 und 286 Verkehrszeichen und Markierungen aufheben, die das Parken erlauben (StVO Anlage 2 Abschnitt 8 lfd. Nr. 61 Nr. 2).

Für die **Führung des Verkehrs im Bereich vorübergehender Verkehrsführungen** sieht die StVO Verkehrslenkungstafeln, Absperrschranken und Leitbaken vor. Verkehrslenkungstafeln bereiten die Verkehrsteilnehmer auf schwierige und ungewohnte Verkehrsführungen vor, insbesondere kündigen sie Verschwenkungen oder Spurreduktionen an. Sie können bei vorübergehender Beschilderung auch verwendet werden, um anstelle der sehr aufwendigen Überkopf-Anordnung fahrstreifenbezogene Ge- oder Verbote anzuzeigen. Leitbaken dienen der Führung des Verkehrs im Verschwenkungs- oder Einengungsbereich. Absperrschranken verbieten die Durchfahrt, z. B. bei gesperrten Fahrstreifen oder Fahrbahnen.

Als sehr wirksam zur Kennzeichnung des Baustellenbeginns haben sich, insbesondere bei starkem Verkehr, hohe Warnbaken erwiesen.

Sie markieren weithin sichtbar den Beginn einer Arbeitsstelle.

Um die Kraftfahrer zu motivieren, generell das in § 7 Abs. 4 StVO vorgesehene Reißverschlussverfahren unmittelbar vor der Einengung anzuwenden, hat das für den Verkehr zuständige Bundesministerium 2001 ein neues Zusatzzeichen „Reißverschluss erst in … m" bekannt gegeben (*Bild 7.1*), das 2009 in die StVO übernommen wurde.

Motivation dafür war, dass bei Rückstau aus der Engstelle manche Fahrzeugführer bereits sehr bald auf den durchgehenden Fahrstreifen wechseln, andere dann (vorschriftskonform) auf dem endenden Fahrstreifen bis an die Einengung vorfahren und sich erst dort einordnen. Dies wird von den Fahrzeugführern auf dem durchgehenden Fahrstreifen häufig als unsozial empfunden mit der Folge, dass sie die sich am Fahrstreifenende einordnenden Fahrzeuge beim Einordnen behindern; es kommt zu kritischen Situationen bis hin zu Unfällen. Auch verkehrstechnisch ist es sinnvoll, wenn sich die Fahrzeugströme einheitlich erst kurz vor der Einengung vermischen.

Für kurzfristige Arbeitsstellen, für die selbst die Absicherung mit gelber Markierung und Leitbaken zu aufwendig wäre, sieht die StVO fahrbare Absperrtafeln und Leitkegel vor. Dabei enthalten die fahrbaren Absperrelemente in der Regel selbstleuchtende Blink- oder Blitzleuchten, damit sie schon aus großer Entfernung erkennbar sind. Beispiele für die Anwendung sind Wanderbaustellen (z. B. Mäharbeiten) oder Arbeiten, die in sehr kurzer Zeit erledigt sind (z. B. die Reparatur von Fahrzeug-Rückhaltesystemen). Anzumerken ist, dass ein seitwärts gerichteter Blinkpfeil nur verwendet werden sollte, wenn ein Fahrstreifen gesperrt ist und der Fahrstreifen, auf den der Verkehr durch den Blinkpfeil geführt wird, in die gleiche Richtung gerichtet ist. Vor allem auf schnell befahrenen Straßen empfiehlt es sich außerdem, auch die fahrbaren Absperrtafeln anzukündigen,

Bild 7.2 Warnwinkebake
Quelle: RSA

431

7.2.3 Verkehrszeichen und Verkehreinrichtungen

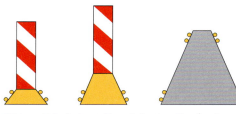

Bild 7.3 Prinzipdarstellung Leitschwelle, -bord und -wand Quelle: RSA

z. B. durch Warnwinkebaken (diese sollen zukünftig entfallen; *Bild 7.2*), durch kleine, allein stehende blinkende, schräg nach unten weisende Leuchtpfeile oder durch an Fahrzeugen befestigte elektronische Spurwechseltafeln (Vorwarntafeln). Die RSA geben dazu Hinweise.

Zur Erhöhung der Sicherheit und zur Verbesserung der Leitwirkung können Leitelemente eingesetzt werden, deren Mindestbreite 25 cm betragen soll. Man unterscheidet zwischen

– Leitschwellen (2,5–12 cm hoch)
– Leitborden (12–25 cm hoch)
– Leitwänden (mind. 50 cm hoch).

Siehe *Bild 7.3*.

Mobile Schutzwände haben sich bei Arbeitsstellen von längerer Dauer auf zweibahnigen Straßen vor allem zur Sicherung im Bereich der Überleitungen von einer Fahrbahn zur anderen bewährt (siehe *Bild 7.4*). Sie können sowohl aus Stahl als auch aus Beton hergestellt werden. Die Stahlschutzwände können an vorhandene Stahlschutzplanken angeschlossen werden, sodass sich ein integriertes Schutzsystem ergibt. Ferner

sind mobile Schutzwände dort wirksam einsetzbar, wo das an Arbeitsstellen tätige Personal vor abkommenden Fahrzeugen zu schützen ist.

Leiteinrichtungen bieten nicht die gleiche Schutzwirkung wie Schutzeinrichtungen (siehe Abschnitt 10 und *Bild 7.4*). Es hat sich jedoch gezeigt, dass sie hinsichtlich ihrer Leitwirkung sehr wirksam sind und teilweise, vor allem bei geringen Geschwindigkeiten, einen Pkw davon abhalten können, von der Fahrspur abzukommen.

Um eine bessere Nachterkennbarkeit von Schutzeinrichtungen zu gewährleisten, wird aufgrund von Untersuchungsergebnissen der BASt empfohlen, sie folgendermaßen zu kennzeichnen:

– Unmittelbar neben den Seitenflächen der Wände, Schwellen, Borde ist eine Fahrbahnmarkierung anzubringen. Diese Markierung kann aus Farbe, Plastik, oder Folie bestehen. Sie ist bei vorübergehenden Einrichtungen (Arbeitsstellen) gelb, bei Dauereinrichtungen weiß.
– Auf den Seitenflächen werden in einem Abstand von 1,5 m Reflektoren angebracht. Die Oberkante der Reflektoren soll nicht höher als 60 cm, die Unterkante nicht niedriger als 40 cm sein, gemessen von der Fahrbahnoberfläche. Bei Wänden, die niedriger als 40 cm sind, sollten die Reflektoren so hoch wie möglich angebracht sein.

Es können Reflektoren üblicher Bauart mit Reflexkörpern aus Glaslinsen, Tripelspiegel oder Folie verwendet werden. Auf die wirksamen Licht-Auftreffwinkel ist zu achten. Weitere Einzelheiten

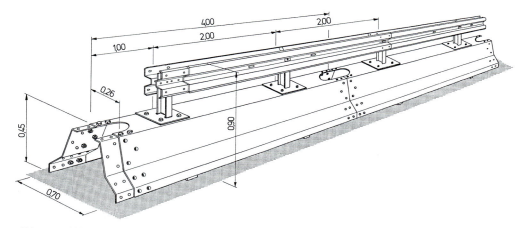

Bild 7.4 Mobile Stahlschutzwand (System Vecu-Sec), geeignet zum Einsatz an Baustellen zur Sicherung bei Gegenverkehr oder zum Schutz einer Arbeitsstelle. Der Anschluss an vorhandene Schutzplanken ist möglich

7.2.3 Verkehrszeichen und Verkehrseinrichtungen

der Gestaltung regeln die „Technischen Lieferbedingungen für transportable Schutzeinrichtungen (TL-Transportable Schutzeinrichtungen 97)" bzw. die „Technischen Lieferbedingungen für bauliche Leitelemente (TL-Leitelemente 97)".

Der Information der Verkehrsteilnehmer dienen Baustelleninformationsschilder, die mit

– ARS 4/2011 (StB 11/7123.7/2/1299927) „Leitfaden zum Arbeitsstellenmanagement auf Bundesautobahnen" vom 16. Mai 2011 (VkBl. S. 422)

an die aktuellen Anforderungen angepasst und für die Bundesstraßen vereinheitlicht sowie mit

– BMV-RS S 28/38.59.00/17 BASt 01 „Baustellenmanagement/Bauarbeiten an Bundesfernstraßen; Änderung der Baustelleninformationsschilder für Bundesfernstraßen" vom 20. Juli 2001

an das neue Corporate Design der Bundesregierung angepasst wurden (siehe auch *Bild 7.15*).

Zu Abschnitt 7.2.3

StVO § 6 Vorbeifahren	Wer an einer Fahrbahnverengung, einem Hindernis auf der Fahrbahn oder einem haltenden Fahrzeug links vorbeifahren will, muss entgegenkommende Fahrzeuge durchfahren lassen. Satz 1 gilt nicht, wenn der Vorrang durch Verkehrszeichen (Zeichen 208, 308) anders geregelt ist. Muss ausgeschert werden, ist auf den nachfolgenden Verkehr zu achten und das Ausscheren sowie das Wiedereinordnen – wie beim Überholen – anzukündigen.
StVO § 7 Benutzung von Fahrstreifen durch Kraftfahrzeuge	(4) Ist auf Straßen mit mehreren Fahrstreifen für eine Richtung das durchgehende Befahren eines Fahrstreifens nicht möglich oder endet ein Fahrstreifen, ist den am Weiterfahren gehinderten Fahrzeugen der Übergang auf den benachbarten Fahrstreifen in der Weise zu ermöglichen, dass sich diese Fahrzeuge unmittelbar vor Beginn der Verengung jeweils im Wechsel nach einem auf dem durchgehenden Fahrstreifen fahrenden Fahrzeug einordnen können (Reißverschlussverfahren).
StVO § 38 Blaues Blinklicht und gelbes Blinklicht	(3) Gelbes Blinklicht warnt vor Gefahren. Es kann ortsfest oder von Fahrzeugen aus verwendet werden. Die Verwendung von Fahrzeugen aus ist nur zulässig, um vor Arbeits- oder Unfallstellen, vor ungewöhnlich langsam fahrenden Fahrzeugen oder vor Fahrzeugen mit ungewöhnlicher Breite oder Länge oder mit ungewöhnlich breiter oder langer Ladung zu warnen.
VwV-StVO zu § 38 Blaues Blinklicht und gelbes Blinklicht	**Zu Absatz 3** **3** II. Ortsfestes gelbes Blinklicht sollte nur sparsam verwendet werden und nur dann, wenn die erforderliche Warnung auf andere Weise nicht deutlich genug gegeben werden kann. Empfehlenswert ist vor allem, es anzubringen, um den Blick des Kraftfahrers auf Stellen zu lenken, die außerhalb seines Blickfeldes liegen, z.B. auf ein negatives Vorfahrtzeichen (Zeichen 205 und 206), wenn der Kraftfahrer wegen der baulichen Beschaffenheit der Stelle nicht ausreichend klar erkennt, dass er wartepflichtig ist. Aber auch auf eine Kreuzung selbst kann so hingewiesen werden, wenn diese besonders schlecht erkennbar oder aus irgendwelchen Gründen besonders gefährlich ist. Vgl. auch Nummer VI zu § 37 Abs. 2 Nr. 1 und 2; Rn. 14. Im gelben Blinklicht dürfen nur schwarze Sinnbilder für einen schreitenden Fußgänger, ein Fahrrad, eine Straßenbahn, einen Kraftomnibus, einen Reiter oder ein schwarzer Pfeil gezeigt werden.
StVO § 39 Verkehrszeichen	(5) Auch Markierungen und Radverkehrsführungsmarkierungen sind Verkehrszeichen. Sie sind grundsätzlich weiß. Nur als vorübergehend gültige Markierungen sind sie gelb; dann heben sie die weißen Markierungen auf. Gelbe Markierungen können auch in Form von Markierungsknopfreihen, Markierungsleuchtknopfreihen oder als Leitschwellen oder Leitborde ausgeführt sein. Leuchtknopfreihen gelten nur, wenn sie eingeschaltet sind. Alle Linien können durch gleichmäßig dichte Markierungsknopfreihen ersetzt werden. In verkehrsberuhigten Geschäftsbereichen (§ 45 Absatz 1d) können Fahrbahnbegrenzungen auch mit anderen Mitteln, insbesondere durch Pflasterlinien, ausgeführt sein. Schriftzeichen und die Wiedergabe von Verkehrszeichen auf der Fahrbahn dienen dem Hinweis auf ein angebrachtes Verkehrszeichen.

7.2.3 Verkehrszeichen und Verkehrseinrichtungen

VwV-StVO
zu den §§ 39 bis 43
Allgemeines über
Verkehrszeichen
und Verkehrs-
einrichtungen

24 8. Die Verkehrszeichen müssen fest eingebaut sein, soweit sie nicht nur vorüber-gehend aufgestellt werden. Pfosten, Rahmen und Schilderrückseiten sollen grau sein.

25 Strecken- und Verkehrsverbote für einzelne Fahrstreifen sind in der Regel so über den einzelnen Fahrstreifen anzubringen, dass sie dem betreffenden Fahrstreifen zweifelsfrei zugeordnet werden können (Verkehrszeichenbrücken oder Auslegermaste).

26 Muss von einer solchen Anbringung abgesehen werden oder sind die Zeichen nur vorübergehend angeordnet, z. B. bei Arbeitsstellen, sind die Ge- oder Verbotszeichen auf einer Verkehrslenkungstafel (Zeichen 501 ff.) am rechten Fahrbahnrand anzuzeigen (vgl. VwV zu den Zeichen 501 bis 546 Verkehrslenkungstafeln, Rn. 7). Insbesondere außerhalb geschlossener Ortschaften sollen die angeordneten Ge- oder Verbots-zeichen durch eine gleiche Verkehrslenkungstafel mit Entfernungsangabe auf einem Zusatzzeichen angekündigt werden.

VwV-StVO
zu § 39
Verkehrszeichen

Zu Absatz 5

Vorübergehende Markierungen

3 I. Gelbe Markierungsleuchtknöpfe dürfen nur in Kombination mit Dauerlichtzeichen oder Wechselverkehrszeichen (z. B. Verkehrslenkungstafel, Wechselwegweiser) ange-ordnet werden. Als Fahrstreifenbegrenzung (Zeichen 295) sollte der Abstand der Leuchtknöpfe auf Autobahnen 6 m, auf anderen Straßen außerorts 4 m und innerorts 3 m betragen. Werden gelbe Markierungsleuchtknöpfe als Leitlinie angeordnet, muss der Abstand untereinander deutlich größer sein.

4 II. Nach den RSA können gelbe Markierungen oder gelbe Markierungsknopfreihen auch im Sockelbereich von temporär eingesetzten transportablen Schutzwänden als Fahrstreifenbegrenzung angebracht werden.

VwV-StVO
zu § 40
Gefahrzeichen

Zu Zeichen 123 Arbeitsstelle

1 Zur Ausführung von Straßenarbeitsstellen vgl. Richtlinien für die Sicherung von Arbeitsstellen an Straßen (RSA).

VwV-StVO
zu § 41
Vorschriftzeichen

Zu Zeichen 274 Zulässige Höchstgeschwindigkeit

11 IX. Zur Verwendung des Zeichens an Bahnübergängen vgl. Nummer IV 2 zu Zeichen 201; Rn. 5 und an Arbeitsstellen vgl. die Richtlinien für die Sicherung von Arbeitsstellen an Straßen (RSA), die das für Verkehr zuständige Bundesministerium im Einvernehmen mit den obersten Landesbehörden im Verkehrsblatt bekannt gibt.

VwV-StVO
zu § 42
Richtzeichen

Zu den Zeichen 501 bis 546 Verkehrslenkungstafeln

5 5. Den Einsatz von Verkehrslenkungstafeln bei Arbeitsstellen an Straßen regeln die RSA.

…

7 7. Verkehrslenkungstafeln können fahrstreifenbezogene verkehrsrechtliche Anordnun-gen beinhalten. Die Vorschriftzeichen werden verkleinert zentral auf dem Pfeilschaft dargestellt. Liegen die Pfeile dicht nebeneinander, werden Vorschriftzeichen vertikal versetzt dargestellt. Die Ausführung entspricht den Vorgaben der RWB. Gilt die gleiche verkehrsrechtliche Anordnung für benachbarte Fahrstreifen, ist nur ein Vorschrift-zeichen auf den Pfeilschäften darzustellen. Ein Vorschriftzeichen, das für mehr als zwei Fahrstreifen gilt, wird nicht auf der Tafel angezeigt.

VwV-StVO
zu § 43
Verkehrs-
einrichtungen
(Anlage 4)

Zu Absatz 1

1 Auf Nummer I zu den §§ 39 bis 43 (Rn. 1) wird verwiesen.

2 Schranken, Sperrpfosten und Absperrgeländer sind nur dann als Verkehrseinrichtung anzuordnen, wenn sie sich regelnd, sichernd oder verbietend auf den Verkehr aus-wirken.

Zu Absatz 3 Anlage 4 Abschnitt 1

3 I. Die Sicherung von Arbeitsstellen und der Einsatz von Absperrgeräten erfolgt nach den Richtlinien für die Sicherung von Arbeitsstellen an Straßen (RSA), die das für Ver-kehr zuständige Bundesministerium im Einvernehmen mit den zuständigen obersten Landesbehörden im Verkehrsblatt bekannt gibt.

4 II. Absperrgeräte sind mindestens voll retroreflektierend auszuführen.

7.2.4 Grundsätze der Regelungen

Da vorübergehende Regelungen für die Kraftfahrer mit viel größerer Wahrscheinlichkeit unerwartet auftreten, hat sich die folgende stufenweise Systematik der Anordnung bewährt:

– ankündigen
– regelnd vorbereiten
– vorbeiführen und sichern
– Regelungen aufheben
– abschließen.

Durch die **Ankündigung** werden die Kraftfahrer auf die vor ihnen liegende fahrerische Bewältigung einer besonderen Situation vorbereitet. Ihre Aufmerksamkeit wird erhöht. Außerdem führt die Ankündigung dazu, dass das versehentliche Übersehen einer Stufe nicht gleich zur unvorbereiteten Einfahrt in die besondere Situation führt. Zusätzlich dient die Ankündigung zur Warnung vor eventuellen Rückstauungen. Die Ankündigung erfolgt in der Regel durch Zeichen 123, kann aber (insbesondere bei Arbeitsstellen kürzerer Dauer) auch durch eine Vorwarntafel oder durch einen Warnposten, eine Warnwinkebake oder neuerdings durch einen kleinen Blinkpfeil erfolgen.

Durch die **regelnde Vorbereitung** wird der Verkehr in seiner Geschwindigkeit, gelegentlich auch in seinem Überholverhalten oder seiner Fahrstreifenwahl, so beeinflusst, dass er die vor ihm liegende besondere Situation möglichst gefahrlos bewältigen kann. Diese Regelungen erfolgen in der Regel durch die normalen Streckengebote, Streckenverbote und Verkehrsverbote (siehe Abschnitte 3.2, 3.3 und 6.4).

Das **Vorbeiführen und Sichern** soll sowohl den Verkehr vor der Arbeitsstelle, den Unfallteilnehmern usw. schützen wie auch die Arbeitsstelle, die Unfallteilnehmer usw. vor dem Verkehr. Dazu werden in der Regel Leit- und Schutzeinrichtungen angeordnet. Angesichts des oft äußerst begrenzten Platzes sind hier häufig sorgfältige Abwägungen erforderlich. Unter Umständen sind die getroffenen Regelungen durch Streckengebote und Streckenverbote zu wiederholen oder neue Regelungen zu treffen.

Nach der Vorbeifahrt an der besonderen Situation sind die getroffenen **Regelungen wieder aufzuheben** und die Kraftfahrer ggf. darüber zu informieren, dass keine weiteren Einschränkungen mehr zu erwarten sind. Auch dies erfolgt in der Regel mit den Verkehrszeichen zur Regelung von Streckengeboten und Streckenverboten (siehe

Abschnitt 6.4). Ist die Baustelle nur kurz, ihr Ende zweifelsfrei zu erkennen und sind die Streckenverbote zusammen mit der Ankündigung angeordnet (z. B. bei einer wandernden Baustelle), kann auf die Aufhebung verzichtet werden.

Die Richtlinien für die Sicherung von Arbeitsstellen an Straßen (RSA) berücksichtigen diese Systematik in ihren allgemeinen Ausführungen (Teil A) und ihren Regelplänen.

7.2.5 Einzelregelungen

Die Regelpläne der Richtlinien für die Sicherung von Arbeitsstellen an Straßen (RSA) sind matrixartig in die Teile

– B – Innerörtliche Straßen
– C – Landstraßen
– D – Autobahnen

und innerhalb jedes dieser Teile in die Unterkapitel

– Arbeitsstellen von längerer Dauer
– Arbeitsstellen von kürzerer Dauer
– Bewegliche Arbeitsstellen

gegliedert.

Die derzeitig gültigen RSA werden gegenwärtig intensiv überarbeitet. Einige Neuerungen wurden bereits ergänzend bekannt gegeben, insbesondere die Regelungen zu Nachtbaustellen (siehe Abschnitt 7.2.1).

Innerörtliche Straßen im Sinne der RSA sind Straßen innerhalb geschlossener Ortschaften (Zeichen 310 und 311), Landstraßen sind alle einbahnigen Straßen mit Gegenverkehr und mehrbahnige Straßen mit höhengleichen Kreuzungen außerhalb geschlossener Ortschaften.

Bezüglich der zu treffenden Sicherungsmaßnahmen unterscheiden die RSA zwischen

– Arbeitsstellen von längerer Dauer und
– Arbeitsstellen von kürzerer Dauer.

Arbeitsstellen von längerer Dauer sind in der Regel ortsfeste (also nicht „wandernde"), mindestens einen Kalendertag durchgehend bestehende Arbeitsstellen.

Die RSA behandeln auch Arbeitsstellen im Bereich von Schienenbahnen ohne besonderen Bahnkörper sowie Arbeitsstellen, die den Radfahrer- und Fußgängerverkehr beeinträchtigen.

Nachstehend abgedruckt sind einige Regelpläne der RSA für Arbeitsstellen auf innerörtlichen Straßen und auf Landstraßen (*Bilder 7.5* bis *7.10*).

435

7.2.5 Einzelregelungen

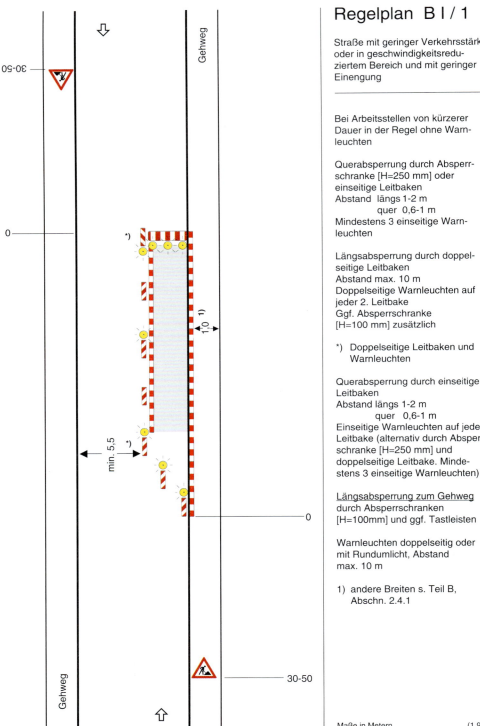

Regelplan B I / 1

Straße mit geringer Verkehrsstärke oder in geschwindigkeitsreduziertem Bereich und mit geringer Einengung

---

Bei Arbeitsstellen von kürzerer Dauer in der Regel ohne Warnleuchten

Querabsperrung durch Absperrschranke [H=250 mm] oder einseitige Leitbaken
Abstand längs 1-2 m
         quer 0,6-1 m
Mindestens 3 einseitige Warnleuchten

Längsabsperrung durch doppelseitige Leitbaken
Abstand max. 10 m
Doppelseitige Warnleuchten auf jeder 2. Leitbake
Ggf. Absperrschranke [H=100 mm] zusätzlich

*) Doppelseitige Leitbaken und Warnleuchten

Querabsperrung durch einseitige Leitbaken
Abstand längs 1-2 m
         quer 0,6-1 m
Einseitige Warnleuchten auf jeder Leitbake (alternativ durch Absperrschranke [H=250 mm] und doppelseitige Leitbake. Mindestens 3 einseitige Warnleuchten)

<u>Längsabsperrung zum Gehweg</u>
durch Absperrschranken [H=100mm] und ggf. Tastleisten

Warnleuchten doppelseitig oder mit Rundumlicht, Abstand max. 10 m

1) andere Breiten s. Teil B, Abschn. 2.4.1

Maße in Metern   (1.95)

Bild 7.5 Innerorts

Quelle: RSA

7.2.5 Einzelregelungen

Regelplan B I / 6

2-streifige Fahrbahn mit halbseiti-
ger Sperrung
Verkehrsregelung durch Lichtsignalanlage

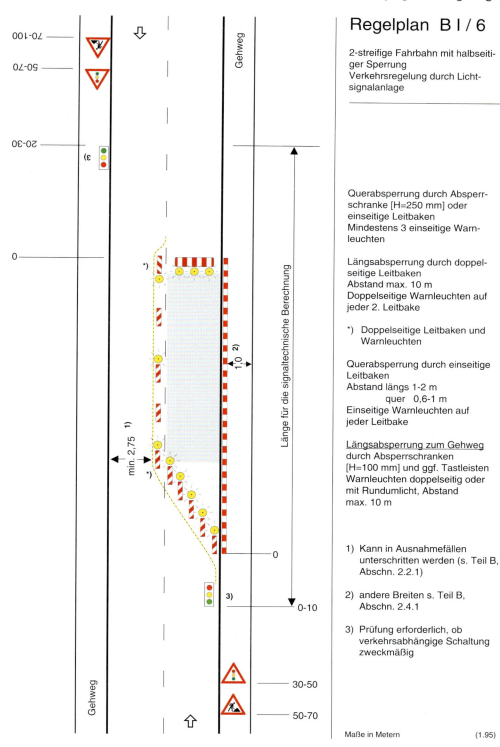

Querabsperrung durch Absperrschranke [H=250 mm] oder
einseitige Leitbaken
Mindestens 3 einseitige Warnleuchten

Längsabsperrung durch doppelseitige Leitbaken
Abstand max. 10 m
Doppelseitige Warnleuchten auf
jeder 2. Leitbake

*) Doppelseitige Leitbaken und
Warnleuchten

Querabsperrung durch einseitige
Leitbaken
Abstand längs 1-2 m
 quer 0,6-1 m
Einseitige Warnleuchten auf
jeder Leitbake

Längsabsperrung zum Gehweg
durch Absperrschranken
[H=100 mm] und ggf. Tastleisten
Warnleuchten doppelseitig oder
mit Rundumlicht, Abstand
max. 10 m

1) Kann in Ausnahmefällen
 unterschritten werden (s. Teil B,
 Abschn. 2.2.1)

2) andere Breiten s. Teil B,
 Abschn. 2.4.1

3) Prüfung erforderlich, ob
 verkehrsabhängige Schaltung
 zweckmäßig

Maße in Metern (1.95)

Bild 7.6 Innerorts

Quelle: RSA

437

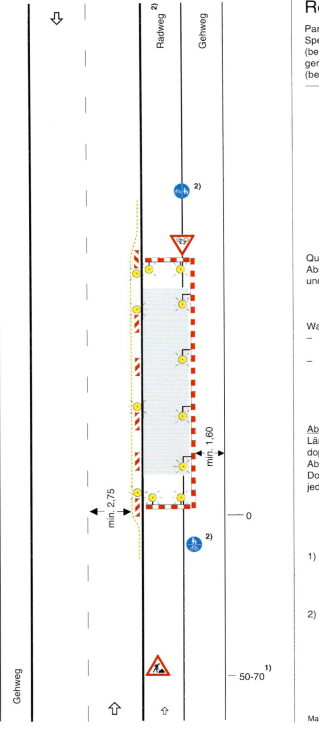

Regelplan B II / 3

Paralleler Geh- und Radweg mit
Sperrung des Radweges
(bei Sperrung des Gehweges analog)
geringe Einengung der Fahrbahn
(bei Richtungsfahrbahn analog)

Quer- und Längsabsperrung durch
Absperrschranken [Höhe 100 mm]
und ggf. Tastleisten zum Gehweg

Warnleuchten
– bei Querabsperrung einseitig
  Abstand max. 1 m
– bei Längsabsperrung doppelseitig oder als Rundstrahler
  Abstand max. 10 m

Absperrung zur Fahrbahn
Längsabsperrung durch
doppelseitige Leitbaken
Abstand max. 10 m
Doppelseitige Warnleuchten auf
jeder 2. Leitbake

1) - bei geringer Verkehrsstärke:
       30-50 m
    - auf Richtungsfahrbahn:
       70-100 m

2) Bei Seitenstreifen statt Radweg, ohne Zeichnen 240 und
   241

Maße in Metern   (7.96)

Bild 7.7 Innerorts

Quelle: RSA

438

7.2.5 Einzelregelungen

Regelplan C I / 3

Verkehrsführung über
Behelfsfahrstreifen

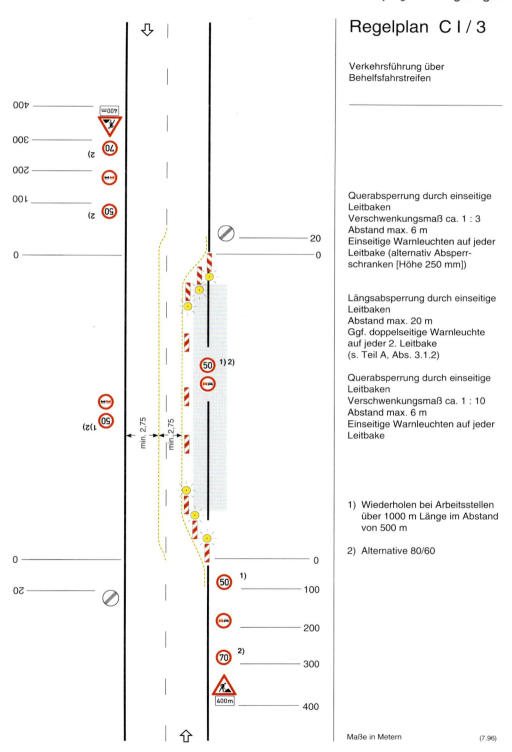

Querabsperrung durch einseitige
Leitbaken
Verschwenkungsmaß ca. 1 : 3
Abstand max. 6 m
Einseitige Warnleuchten auf jeder
Leitbake (alternativ Absperr-
schranken [Höhe 250 mm])

Längsabsperrung durch einseitige
Leitbaken
Abstand max. 20 m
Ggf. doppelseitige Warnleuchte
auf jeder 2. Leitbake
(s. Teil A, Abs. 3.1.2)

Querabsperrung durch einseitige
Leitbaken
Verschwenkungsmaß ca. 1 : 10
Abstand max. 6 m
Einseitige Warnleuchten auf jeder
Leitbake

1) Wiederholen bei Arbeitsstellen
über 1000 m Länge im Abstand
von 500 m

2) Alternative 80/60

Maße in Metern   (7.96)

Bild 7.8 Landstraße

Quelle: RSA

7.2.5 Einzelregelungen

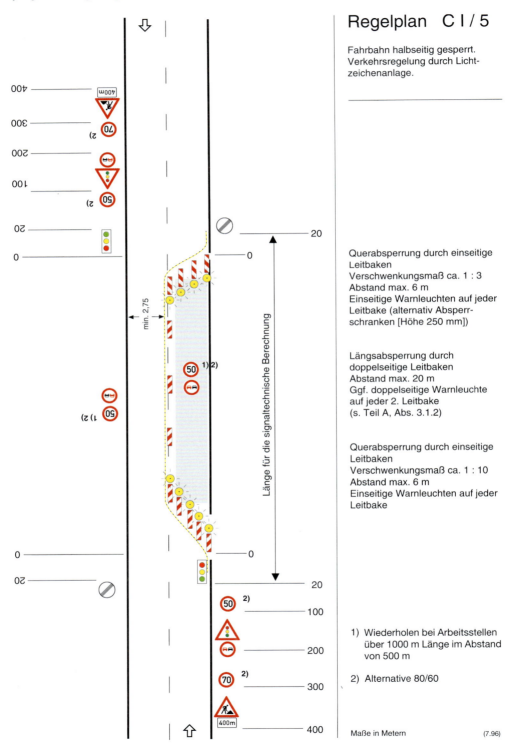

Regelplan C I / 5

Fahrbahn halbseitig gesperrt.
Verkehrsregelung durch Lichtzeichenanlage.

Querabsperrung durch einseitige
Leitbaken
Verschwenkungsmaß ca. 1 : 3
Abstand max. 6 m
Einseitige Warnleuchten auf jeder
Leitbake (alternativ Absperr-
schranken [Höhe 250 mm])

Längsabsperrung durch
doppelseitige Leitbaken
Abstand max. 20 m
Ggf. doppelseitige Warnleuchte
auf jeder 2. Leitbake
(s. Teil A, Abs. 3.1.2)

Querabsperrung durch einseitige
Leitbaken
Verschwenkungsmaß ca. 1 : 10
Abstand max. 6 m
Einseitige Warnleuchten auf jeder
Leitbake

1) Wiederholen bei Arbeitsstellen
   über 1000 m Länge im Abstand
   von 500 m

2) Alternative 80/60

Maße in Metern   (7.96)

Bild 7.9 Landstraße

Quelle: RSA

440

7.2.5 Einzelregelungen

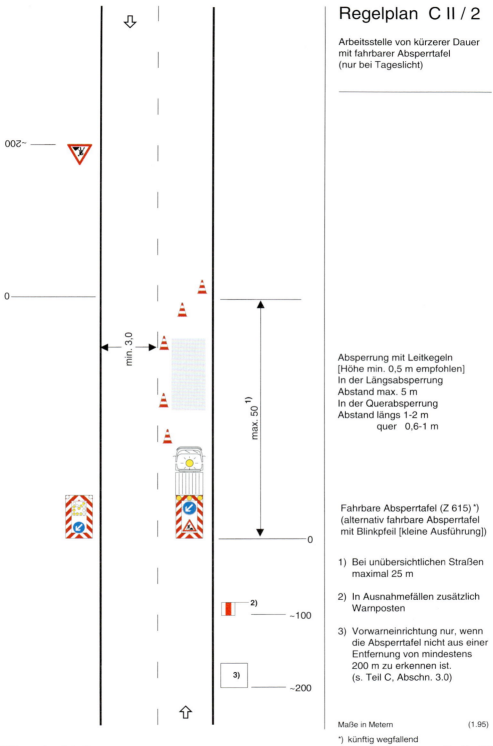

Regelplan C II / 2

Arbeitsstelle von kürzerer Dauer
mit fahrbarer Absperrtafel
(nur bei Tageslicht)

Absperrung mit Leitkegeln
[Höhe min. 0,5 m empfohlen]
In der Längsabsperrung
Abstand max. 5 m
In der Querabsperrung
Abstand längs 1-2 m
         quer 0,6-1 m

Fahrbare Absperrtafel (Z 615) *)
(alternativ fahrbare Absperrtafel
mit Blinkpfeil [kleine Ausführung])

1) Bei unübersichtlichen Straßen
   maximal 25 m

2) In Ausnahmefällen zusätzlich
   Warnposten

3) Vorwarneinrichtung nur, wenn
   die Absperrtafel nicht aus einer
   Entfernung von mindestens
   200 m zu erkennen ist.
   (s. Teil C, Abschn. 3.0)

Maße in Metern   (1.95)

*) künftig wegfallend

Bild 7.10 Landstraße

Quelle: RSA

441

7.2.5 Einzelregelungen

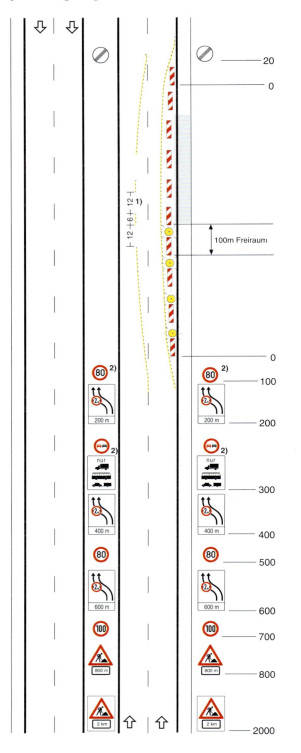

Regelplan D I / 2
Verkehrsführung 2n + 2
2 Behelfsfahrstreifen auf eingeschränkter zweistreifiger Fahrbahn.
Bei Arbeiten am Mittelstreifen
analog.

Querabsperrung durch Leitbaken
Verschwenkungsmaß ca. 1:10
Abstand max. 10 m

Längsabsperrung durch
Leitbaken *)
Abstand max. 20 m

Querabsperrung durch Leitbaken
Verschwenkungsmaß ca. 1:20
Abstand max. 10 m
Warnleuchte auf jeder Leitbake

1) bei Arbeitsstellen unter 500 m
   Länge Fahrstreifenbegrenzung
   statt Leitlinie

2) Wiederholen bei Arbeitsstellen
   über 2000 m Länge jeweils im
   Abstand von 1000 m bezogen
   auf die letzte Position vor der
   Arbeitsstelle

*) können mit Warnleuchten
   versehen werden

Maße in Metern   (1.95)

Bild 7.11 Autobahn

Quelle: RSA

7.2.5 Einzelregelungen

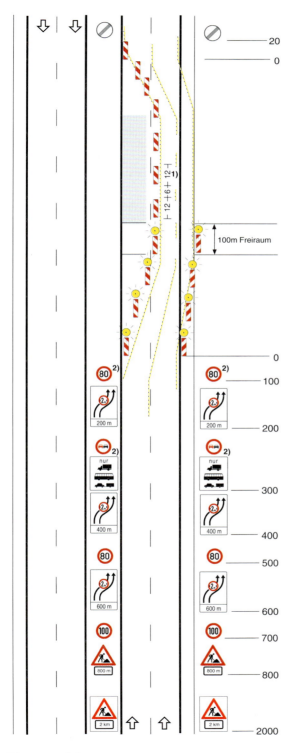

Regelplan D I / 4

Verkehrsführung 2n + 2s
2 Behelfsfahrstreifen bei Arbeiten
am Mittelstreifen und vorhandenem Standstreifen

Querabsperrung durch Leitbaken
Verschwenkungsmaß ca. 1:20
Abstand max. 10 m

Längsabsperrung durch
Leitbaken *)
Abstand max. 20 m

Querabsperrung durch Leitbaken
Verschwenkungsmaß ca. 1:20
Abstand max. 10 m
Warnleuchte auf jeder Bake

1) bei Arbeitsstellen unter 500 m
   Länge Fahrstreifenbegrenzung
   statt Leitlinie

2) Wiederholen bei Arbeitsstellen
   über 2000 m Länge jeweils im
   Abstand von 1000 m bezogen
   auf die letzte Position vor der
   Arbeitsstelle

*) können mit Warnleuchten
   versehen werden

Maße in Metern   (1.95)

Bild 7.12 Autobahn

Quelle: RSA

443

7.2.5 Einzelregelungen

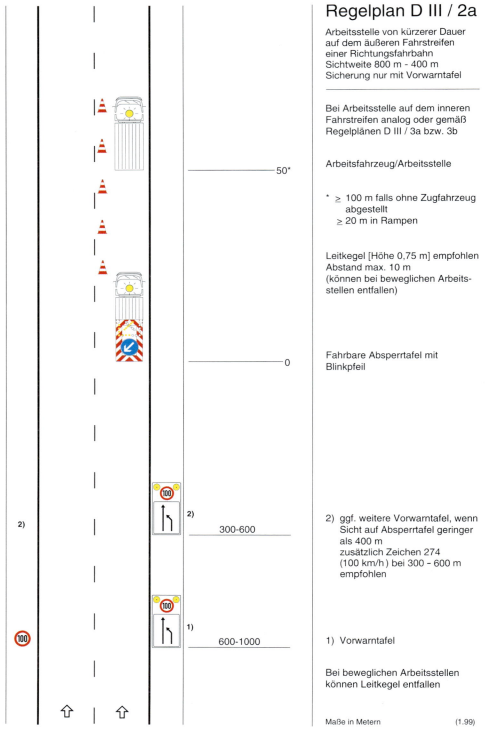

Regelplan D III / 2a

Arbeitsstelle von kürzerer Dauer
auf dem äußeren Fahrstreifen
einer Richtungsfahrbahn
Sichtweite 800 m - 400 m
Sicherung nur mit Vorwarntafel

Bei Arbeitsstelle auf dem inneren
Fahrstreifen analog oder gemäß
Regelplänen D III / 3a bzw. 3b

Arbeitsfahrzeug/Arbeitsstelle

* ≥ 100 m falls ohne Zugfahrzeug
   abgestellt
   ≥ 20 m in Rampen

Leitkegel [Höhe 0,75 m] empfohlen
Abstand max. 10 m
(können bei beweglichen Arbeitsstellen entfallen)

Fahrbare Absperrtafel mit
Blinkpfeil

2) ggf. weitere Vorwarntafel, wenn
   Sicht auf Absperrtafel geringer
   als 400 m
   zusätzlich Zeichen 274
   (100 km/h) bei 300 – 600 m
   empfohlen

1) Vorwarntafel

Bei beweglichen Arbeitsstellen
können Leitkegel entfallen

Maße in Metern   (1.99)

Bild 7.13 Autobahn

Quelle: RSA

7.2.5 Einzelregelungen

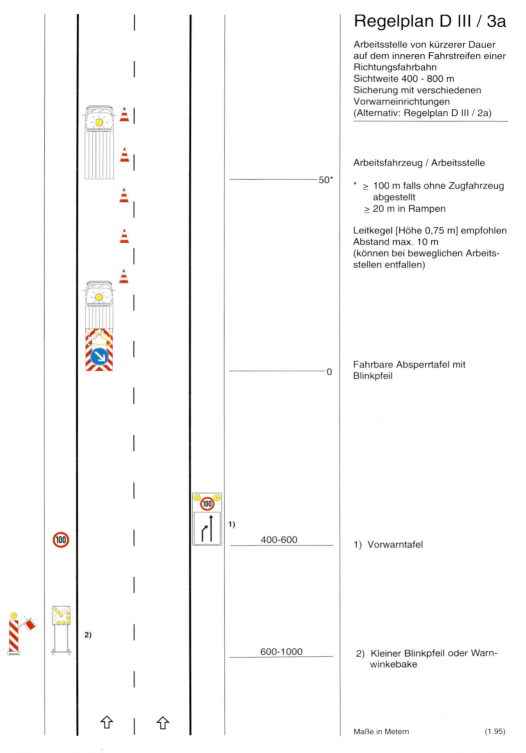

Regelplan D III / 3a

Arbeitsstelle von kürzerer Dauer
auf dem inneren Fahrstreifen einer
Richtungsfahrbahn
Sichtweite 400 - 800 m
Sicherung mit verschiedenen
Vorwarneinrichtungen
(Alternativ: Regelplan D III / 2a)

Arbeitsfahrzeug / Arbeitsstelle

* ≥ 100 m falls ohne Zugfahrzeug
  abgestellt
  ≥ 20 m in Rampen

Leitkegel [Höhe 0,75 m] empfohlen
Abstand max. 10 m
(können bei beweglichen Arbeitsstellen entfallen)

Fahrbare Absperrtafel mit
Blinkpfeil

1) Vorwarntafel

2) Kleiner Blinkpfeil oder Warnwinkebake

Maße in Metern   (1.95)

Bild 7.14 Autobahn

Quelle: RSA

7.2.5 Einzelregelungen

Voll retroreflektierend

Bild 7.15 Baustelleninformationsschilder, links für BAB (3,00 m × 4,00 m), rechts für B-Straßen (2,00 m × 3,00 m)

Die *Bilder 7.11* bis *7.14* zeigen Regelpläne der RSA für Autobahnen mit vier Fahrstreifen sowie das Baustelleninformationsschild (*Bild 7.15*).

Auch die Sicherung von Arbeitsstellen auf Autobahnen mit mehr als vier Fahrstreifen wird in den RSA behandelt und in Regelplänen dargestellt.

Bei längerfristigen Arbeitsstellen kann es angebracht sein, vor allem auf Autobahnen im Bereich der Über- und Rückleitung des Verkehrs von einer Fahrbahn auf die andere, mobile Stahl- oder Betonschutzwände zu verwenden.

Diese werden auf den Untergrund aufgesetzt und die einzelnen Elemente kraftschlüssig miteinander verbunden (*Bild 7.4*). Sie bieten ein hohes Maß an Sicherheit gegen das Abkommen von Fahrzeugen in den Gegenverkehr.

Für die Durchführung von Nachtbaustellen hat das für den Verkehr zuständige Bundesministerium mit

– ARS 17/2009 (S 11/7122.3/4-RSA/1111796) „Arbeitsstellen an Bundesautobahnen – Regelungen für Nachtbaustellen" vom 8. Dezember 2009 (VkBl. 2010 S. 56)

Regelungen erlassen, die die RSA ergänzen.

7.3 Vermeidung von Schäden durch Frost, Hitze usw.

Die Straßengesetze (z. B. § 7 FStrG) sehen vor, dass der Gemeingebrauch der Straße durch Verkehrszeichen beschränkt werden kann, „wenn dies wegen des baulichen Zustandes zur Vermeidung außerordentlicher Schäden an der Straße erforderlich ist".

§ 45 Abs. 2 der StVO greift dies auf und erlaubt den Straßenbaubehörden, eigenständig aus diesem Grund Verkehrsverbote und -beschränkungen anzuordnen, den Verkehr umzuleiten oder ihn durch Markierungen und Leiteinrichtungen zu lenken.

Die Ursachen, die solche vorbeugenden Maßnahmen rechtfertigen, können vielfältig sein. Früher häufig, heute wegen des besseren Ausbauzustands der Straßen eher selten sind sogenannte Frostaufgangssperren. Sie sollen verhindern, dass sich der Untergrund nicht frostsicher ausgebauter Straßen während des „Frostaufgangs", also an den Tagen, an denen nach einer längeren Frostperiode bei nunmehr steigenden Temperaturen der gefrorene Boden auftaut und mangels Abflussmöglichkeit „matschig" und damit wenig tragfähig ist, bei der Belastung mit schwereren Fahrzeugen so verformt, dass die Straße dauerhaft nicht mehr nutzbar ist. Heute kritischer sind lange Perioden mit hohen Temperaturen. Diese können den Straßenoberbau so aufheizen, dass die Asphaltschichten weich werden und sich unter der Belastung durch schwerere Fahrzeuge verformen.

Da durch solche Straßensperren in der Regel auch die schwereren Fahrzeuge und damit der Wirtschaftsverkehr betroffen sind, ist jeweils unter volkswirtschaftlichen Gesichtspunkten sorgfältig abzuwägen, ob eine Sperrung gerechtfertigt ist. Wegen des nicht unbeträchtlichen Substanzwertes auch älterer Straßen können solche Sperrungen aber trotzdem gerechtfertigt sein, insbesondere, wenn geeignete Umleitungen zur Verfügung stehen.

Zu Abschnitt 7.3

FStrG
§ 7
Gemeingebrauch

(1) Der Gebrauch der Bundesfernstraßen ist jedermann im Rahmen der Widmung und der verkehrsbehördlichen Vorschriften zum Verkehr gestattet (Gemeingebrauch). Hierbei hat der fließende Verkehr den Vorrang vor dem ruhenden Verkehr. Kein Gemeingebrauch liegt vor, wenn jemand die Straße nicht vorwiegend zum Verkehr, sondern zu anderen Zwecken benutzt. Die Erhebung von Gebühren für den Gemeingebrauch bedarf einer besonderen gesetzlichen Regelung.

(2) Der Gemeingebrauch kann beschränkt werden, wenn dies wegen des baulichen Zustandes zur Vermeidung außerordentlicher Schäden an der Straße oder für die Sicherheit oder Leichtigkeit des Verkehrs notwendig ist. Die Beschränkungen sind durch Verkehrszeichen kenntlich zu machen.

StVO
§ 45
Verkehrszeichen und Verkehrseinrichtungen

(2) Zur Durchführung von Straßenbauarbeiten und zur Verhütung von außerordentlichen Schäden an der Straße, die durch deren baulichen Zustand bedingt sind, können die nach Landesrecht für den Straßenbau bestimmten Behörden (Straßenbaubehörde) – vorbehaltlich anderer Maßnahmen der Straßenverkehrsbehörden – Verkehrsverbote und -beschränkungen anordnen, den Verkehr umleiten und ihn durch Markierungen und Leiteinrichtungen lenken. … Alle Gebote und Verbote sind durch Zeichen und Verkehrseinrichtungen nach dieser Verordnung anzuordnen.

VwV-StVO
zu § 45
Verkehrszeichen und Verkehrseinrichtungen

Zu Absatz 2

Zu Satz 1

46 I. Die Straßenverkehrsbehörde ist mindestens zwei Wochen vor der Durchführung der in Satz 1 genannten Maßnahmen davon zu verständigen; sie hat die Polizei rechtzeitig davon zu unterrichten; sie darf die Maßnahmen nur nach Anhörung der Straßenbaubehörde und der Polizei aufheben oder ändern. Ist von vornherein mit Beschränkungen oder Verboten von mehr als drei Monaten Dauer zu rechnen, so haben die Straßenbaubehörden die Entscheidung der Straßenverkehrsbehörden über die in einem Verkehrszeichenplan vorgesehenen Maßnahmen einzuholen.

VwV-StVO
zu § 45
Verkehrszeichen
und Verkehrs-
einrichtungen

II. Schutz gefährdeter Straßen

47 1. Straßenbau- und Straßenverkehrsbehörden und die Polizei haben ihr Augenmerk darauf zu richten, dass frostgefährdete, hitzegefährdete und abgenutzte Straßen nicht in ihrem Bestand bedroht werden.

48 2. Für Verkehrsbeschränkungen und Verkehrsverbote, welche die Straßenbaubehörde zum Schutz der Straße außer wegen Frost- oder Hitzgefährdung erlassen hat, gilt Nummer I entsprechend. Die Straßenverkehrsbehörde darf Verkehrsbeschränkungen und Verkehrsverbote, welche die Straßenbaubehörde zum Schutz der Straße erlassen hat, nur mit Zustimmung der höheren Verwaltungsbehörde aufheben oder einschränken. Ausnahmegenehmigungen bedürfen der Anhörung der Straßenbaubehörde.

49 3. Als vorbeugende Maßnahmen kommen in der Regel Geschwindigkeitsbeschränkungen (Zeichen 274) und beschränkte Verkehrsverbote (z. B. Zeichen 262) in Betracht. Das Zeichen 274 ist in angemessenen Abständen zu wiederholen. Die Umleitung der betroffenen Fahrzeuge ist auf Straßen mit schnellerem oder stärkerem Verkehr in der Regel 400 m vor dieser durch einen Vorwegweiser, je mit einem Zusatzzeichen, das die Entfernung, und einem zweiten, das die betroffenen Fahrzeugarten angibt, anzukündigen. Auf Straßen, auf denen nicht schneller als 50 km/h gefahren wird, genügt der Vorwegweiser; auf Straßen von geringerer Verkehrsbedeutung entfällt auch er.

50 4. Für frostgefährdete Straßen stellt die Straßenbaubehörde alljährlich frühzeitig im Zusammenwirken mit der Straßenverkehrsbehörde und der Polizei einen Verkehrszeichenplan auf. Dabei sind auch Vertreter der betroffenen Straßenbenutzer zu hören. Auch die technischen Maßnahmen zur Durchführung sind rechtzeitig vorzubereiten. Die Straßenbaubehörde bestimmt bei eintretender Frostgefahr möglichst drei Tage zuvor den Tag des Beginns und der Beendigung dieser Maßnahmen, sorgt für rechtzeitige Beschilderung, teilt die Daten der Straßenverkehrsbehörde und der Polizei mit und unterrichtet die Öffentlichkeit.

7.4 Verkehrszeichen an Fahrzeugen

Verkehrszeichen und Verkehrseinrichtungen können grundsätzlich auch an fahrenden oder stehenden Fahrzeugen angebracht werden. Auch dann müssen sie angeordnet werden, wenn sie regelnde und nicht nur warnende Bedeutung haben (siehe Abschnitt 2.3.4).

Hier zu nennen sind insbesondere

- Begleitfahrzeuge von Großraum- und Schwertransporten,
- Fahrzeuge, die dem Bau, der Unterhaltung oder Reinigung der Straßen und Anlagen dienen,
- fahrbare Absperrtafeln (siehe Abschnitt 7.2),
- auf der Fahrbahn abgestellte Fahrzeuge und Gegenstände (siehe Abschnitt 7.5).

An Fahrzeugen angebrachte Verkehrszeichen gehen den ortsfest angebrachten vor.

Begleitfahrzeuge für Großraum- und Schwertransporte sollen nach einem Erlass des für den Verkehr zuständigen Bundesministeriums mit Wechselverkehrszeichen ausgestattet sein. Die Ausrüstung der Fahrzeuge im Einzelnen und die vorgeschriebene Schulung der Fahrer regelt das mit BMV-Erlass vom 24. April 1992 bekanntgegebene „Merkblatt über die Ausrüstung von privaten Begleitfahrzeugen zur Absicherung von Großraum- und Schwertransporten" (VkBl. 1992 S. 218).

Zu Abschnitt 7.4

VwV-StVO
zu § 29
Übermäßige
Straßenbenutzung

Zu Absatz 3

Großraum- und Schwerverkehr

124 c) Die Auflage, das Fahrzeug oder die Fahrzeugkombination besonders kenntlich zu machen, ist häufig geboten, etwa durch die Verwendung von Kennleuchten mit gelbem Blinklicht (§ 38 Abs. 3) oder durch Anbringung weiß-rot-weißer Warnfahnen oder weiß-rot-weißer Warntafeln am Fahrzeug oder an der Fahrzeugkombination selbst oder an einem begleitenden Fahrzeug. Auf die „Richtlinien für die Kenntlichmachung überbreiter und überlanger Straßenfahrzeuge sowie bestimmter hinausragender Ladungen" (VkBl. 1974 S. 2) wird verwiesen.

...

127 7. Es kann geboten sein, einen Beifahrer, weiteres Begleitpersonal und private Begleitfahrzeuge mit oder ohne Wechselverkehrszeichen-Anlage vorzuschreiben. Begleitfahrzeuge mit Wechselverkehrszeichen-Anlage sind gemäß „Merkblatt über die Ausrüstung eines privaten Begleitfahrzeuges" auszurüsten. Ein Begleitfahrzeug mit Wechselverkehrszeichen-Anlage darf nur vorgeschrieben werden, wenn wegen besonderer Umstände das Zeigen von Verkehrszeichen durch die Straßenverkehrsbehörde anzuordnen ist. Diese Voraussetzung liegt bei einem Großraumtransport insbesondere vor, wenn bei einem Transport ...

StVO
§ 35
Sonderrechte

(6) Fahrzeuge, die dem Bau, der Unterhaltung oder Reinigung der Straßen und Anlagen im Straßenraum oder der Müllabfuhr dienen und durch weiß-rot-weiße Warneinrichtungen gekennzeichnet sind, dürfen auf allen Straßen und Straßenteilen und auf jeder Straßenseite in jeder Richtung zu allen Zeiten fahren und halten, soweit ihr Einsatz dies erfordert, zur Reinigung der Gehwege jedoch nur, wenn die zulässige Gesamtmasse bis zu 2,8 t beträgt. Dasselbe gilt auch für Fahrzeuge zur Reinigung der Gehwege, deren zulässige Gesamtmasse 3,5 t nicht übersteigt und deren Reifeninnendruck nicht mehr als 3 bar beträgt. Dabei ist sicherzustellen, dass keine Beschädigung der Gehwege und der darunter liegenden Versorgungsleitungen erfolgen kann. Personen, die hierbei eingesetzt sind oder Straßen oder in deren Raum befindliche Anlagen zu beaufsichtigen haben, müssen bei ihrer Arbeit außerhalb von Gehwegen und Absperrungen auffällige Warnkleidung tragen.

VwV-StVO
zu § 35
Sonderrechte

Zu Absatz 6

13 I. Satz 1 gilt auch für Fahrzeuge des Straßenwinterdienstes, die zum Schneeräumen, Streuen usw. eingesetzt sind.

14 II. Die Fahrzeuge sind nach DIN 30710 zu kennzeichnen.

VwV-StVO
zu § 35
Sonderrechte

15   III. Nicht gekennzeichnete Fahrzeuge dürfen die Sonderrechte nicht in Anspruch nehmen.

16   IV. Die Warnkleidung muss der EN 471 entsprechen. Folgende Anforderungsmerkmale der EN 471 müssen hierbei eingehalten werden:

17   1. Warnkleidungsausführung (Absatz 4.1) mindestens die Klasse 2 gemäß Tabelle 1,

18   2. Farbe (Absatz 5.1) fluoreszierendes Orange-Rot oder fluoreszierendes Gelb gemäß Tabelle 2,

19   3. Mindestrückstrahlwerte (Absatz 6.1) die Klasse 2 gemäß Tabelle 5.

20   Warnkleidung, deren Warnwirkung durch Verschmutzung, Alterung oder Abnahme der Leuchtkraft der verwendeten Materialien nicht mehr ausreicht, darf nicht verwendet werden.

StVO
§ 38
Blaues Blinklicht
und gelbes Blinklicht

(3) Gelbes Blinklicht warnt vor Gefahren. Es kann ortsfest oder von Fahrzeugen aus verwendet werden. Die Verwendung von Fahrzeugen aus ist nur zulässig, um vor Arbeits- oder Unfallstellen, vor ungewöhnlich langsam fahrenden Fahrzeugen oder vor Fahrzeugen mit ungewöhnlicher Breite oder Länge oder mit ungewöhnlich breiter oder langer Ladung zu warnen.

VwV-StVO
zu § 38
Blaues Blinklicht
und gelbes Blinklicht

Zu Absatz 3

2   I. Gelbes Blinklicht darf auf der Fahrt zur Arbeits- oder Unfallstelle nicht verwendet werden, während des Abschleppens nur, wenn der Zug ungewöhnlich langsam fahren muss oder das abgeschleppte Fahrzeug oder seine Ladung genehmigungspflichtige Übermaße hat. Fahrzeuge des Straßendienstes der öffentlichen Verwaltung dürfen gelbes Blinklicht verwenden, wenn sie Sonderrechte (§ 35 Abs. 6) beanspruchen oder vorgebaute oder angehängte Räum- oder Streugeräte mitführen.

…

4   III. Fahrzeuge und Ladungen sind als ungewöhnlich breit anzusehen, wenn sie die gesetzlich zugelassenen Breiten überschreiten (§ 32 Abs. 1 StVZO und § 22 Abs. 2).

StVO
§ 39
Verkehrszeichen

(6) Verkehrszeichen können an einem Fahrzeug angebracht sein. Sie gelten auch, während das Fahrzeug sich bewegt. Sie gehen den Anordnungen der ortsfest angebrachten Verkehrszeichen vor.

VwV-StVO
zu § 46
Ausnahme-
genehmigung
und Erlaubnis

Zu Nummer 5

61   c) Die Auflage, das Fahrzeug, die Fahrzeugkombination oder die Ladung besonders kenntlich zu machen, ist häufig geboten, etwa durch Verwendung von Kennleuchten mit gelbem Blinklicht oder durch Anbringung weiß-roter Warnfahnen oder weiß-roter Warntafeln am Fahrzeug oder Zug selbst oder an einem begleitenden Fahrzeug oder an der Ladung. Auf die „Richtlinien für die Kenntlichmachung überbreiter und überlanger Straßenfahrzeuge sowie bestimmter hinausragender Ladungen" wird verwiesen.

…

70   9. Es kann geboten sein, einen Beifahrer, weiteres Begleitpersonal und private Begleitfahrzeuge mit oder ohne Wechselverkehrszeichen-Anlage vorzuschreiben. Begleitfahrzeuge mit Wechselverkehrszeichen-Anlage sind gemäß „Merkblatt über die Ausrüstung eines privaten Begleitfahrzeuges" auszurüsten. Ein Begleitfahrzeug mit Wechselverkehrszeichen-Anlage darf nur vorgeschrieben werden, wenn wegen besonderer Umstände das Zeigen von Verkehrszeichen durch die Straßenverkehrsbehörde anzuordnen ist. Diese Voraussetzung liegt bei einem Großraumtransport insbesondere vor, wenn bei einem Transport …

7.5 Sonstige Kennzeichnung von Fahrzeugen und Gegenständen

StVO Anlage 4 Verkehrseinrichtungen (zu § 43 Absatz 3)
Abschnitt 4 Warntafel zur Kennzeichnung von Fahrzeugen und Anhängern bei Dunkelheit

12	Zeichen 630	
	Parkwarntafel	

Fahrzeuge und Gegenstände, die im Verkehrsraum abgestellt werden, müssen so gekennzeichnet werden, dass sie für die Verkehrsteilnehmer rechtzeitig und sicher erkennbar sind.

Die Parkwarntafeln (Zeichen 630) sichern innerhalb geschlossener Ortschaften ein auf der Fahrbahn haltendes Fahrzeug mit einer zulässigen Gesamtmasse von mehr als 3,5 t oder einen Anhänger vorn und hinten.

Die Kennzeichnung (mit Ausnahmegenehmigung) von im öffentlichen Verkehrsraum abgestellten Containern und Wechselbehältern hat das für den Verkehr zuständige Bundesministerium mit Erlass vom 28. April 1982 (VkBl. 1982 S. 186, Ergänzung VkBl. 1984 S. 23) dahingehend geregelt, dass die Sicherheitskennzeichnung durch retroreflektierende Folien des Typs 2 erfolgen soll.

Auf die Kennzeichnung von Sondertransporten oder anderen besonderen Fahrzeugen wird im Rahmen der HAV nicht eingegangen. Nähere Informationen sind zu finden in Schurig: Kommentar zur Straßenverkehrs-Ordnung mit VwV-StVO, Kirschbaum Verlag.

Zu Abschnitt 7.5

StVO
§ 17
Beleuchtung

(4) Haltende Fahrzeuge sind außerhalb geschlossener Ortschaften mit eigener Lichtquelle zu beleuchten. Innerhalb geschlossener Ortschaften genügt es, nur die der Fahrbahn zugewandte Fahrzeugseite durch Parkleuchten oder auf andere zugelassene Weise kenntlich zu machen; eigene Beleuchtung ist entbehrlich, wenn die Straßenbeleuchtung das Fahrzeug auf ausreichende Entfernung deutlich sichtbar macht. Auf der Fahrbahn haltende Fahrzeuge, ausgenommen Personenkraftwagen, mit einer zulässigen Gesamtmasse von mehr als 3,5 t und Anhänger sind innerhalb geschlossener Ortschaften stets mit eigener Lichtquelle zu beleuchten oder durch andere zugelassene lichttechnische Einrichtungen kenntlich zu machen. Fahrzeuge, die ohne Schwierigkeiten von der Fahrbahn entfernt werden können, wie Krafträder, Fahrräder mit Hilfsmotor, Fahrräder, Krankenfahrstühle, einachsige Zugmaschinen, einachsige Anhänger, Handfahrzeuge oder unbespannte Fuhrwerke dürfen bei Dunkelheit dort nicht unbeleuchtet stehen gelassen werden.

(4a) Soweit bei Militärfahrzeugen von den allgemeinen Beleuchtungsvorschriften abgewichen wird, sind gelb-rote retroreflektierende Warntafeln oder gleichwertige Absicherungsmittel zu verwenden. Im Übrigen können sie an diesen Fahrzeugen zusätzlich verwendet werden.

VwV-StVO
zu § 17
Beleuchtung

Zu Absatz 4

8 Andere zugelassene lichttechnische Einrichtungen zur Kennzeichnung sind Park-Warntafeln nach Anlage 4 Abschnitt 4. Einzelheiten über die Verwendung ergeben sich aus § 51c Abs. 5 StVZO. Die Park-Warntafeln unterliegen einer Bauartgenehmigung nach § 22a StVZO.

VwV-StVO
zu § 17
Beleuchtung

Zu Absatz 4a

9   Machen Militärfahrzeuge, insbesondere Panzer, von den Sonderrechten nach § 35 Gebrauch und fahren ohne Beleuchtung, so sind sie mit gelb-roten retroreflektierenden Warntafeln oder gleichwertigen Absicherungsmitteln zu kennzeichnen.

StVO
§ 32
Verkehrshindernisse

(1) Es ist verboten, die Straße zu beschmutzen oder zu benetzen oder Gegenstände auf Straßen zu bringen oder dort liegen zu lassen, wenn dadurch der Verkehr gefährdet oder erschwert werden kann. Wer für solche verkehrswidrigen Zustände verantwortlich ist, hat diese unverzüglich zu beseitigen und diese bis dahin ausreichend kenntlich zu machen. Verkehrshindernisse sind, wenn nötig (§ 17 Absatz 1), mit eigener Lichtquelle zu beleuchten oder durch andere zugelassene lichttechnische Einrichtungen kenntlich zu machen.

VwV-StVO
zu § 32
Verkehrshindernisse

Zu Absatz 1

III. Kennzeichnung von Containern und Wechselbehältern

3   Die Aufstellung von Containern und Wechselbehältern im öffentlichen Verkehrsraum bedarf der Ausnahmegenehmigung durch die zuständige Straßenverkehrsbehörde.

4   Als „Mindestvoraussetzung" für eine Genehmigung ist die sachgerechte Kennzeichnung von Containern und Wechselbehältern erforderlich.

5   Einzelheiten hierzu gibt das Bundesministerium für Verkehr im Einvernehmen mit den zuständigen obersten Landesbehörden im Verkehrsblatt bekannt.

VwV-StVO
zu § 43
Verkehrseinrichtungen
(Anlage 4)

Zu Anlage 4 Abschnitt 4

9   Die Park-Warntafeln müssen nach § 22a StVZO bauartgenehmigt und mit dem nationalen Prüfzeichen nach der Fahrzeugteileverordnung gekennzeichnet sein.

7.6 Umleitungen

Soweit wegen vorübergehender Verkehrsbeschränkungen Umleitungen erforderlich werden, sind diese nach einheitlichem Muster anzukündigen und zu beschildern. Siehe dazu Abschnitt 8.4.

Weg-
weisung und
sonstige
Informationen

8

8.1 Allgemeines

In Abschnitt 8 wird beschrieben, wie den Verkehrsteilnehmern die Informationen zweckmäßig dargeboten werden, die sie zu ihrer Orientierung benötigen. Dazu gehören insbesondere die Wegweisungsinformationen.

Auch wenn Wegweisungsinformationen nicht unbedingt direkte Handlungsanweisungen enthalten, so ist es sinnvoll, zumindest ihre Grundzüge in der StVO zu regeln. Zum einen können sie tatsächlich Handlungsanweisungen enthalten. Zum anderen ist es notwendig, auf eine einheitliche Gestaltung hinzuwirken und übermäßige Konkurrenz mit anderen ablenkenden Informationsangeboten zu vermeiden, was durch die Behandlung in der StVO ermöglicht oder zumindest erleichtert wird.

Um die gewünschte Verbesserung der Sicherheit und Leichtigkeit des Verkehrs zu erreichen, ist es nicht nur erforderlich, dass die Information überhaupt angeboten wird, sondern auch, dass sie unter Berücksichtigung der Besonderheiten der menschlichen Informationsaufnahme sauber strukturiert und einheitlich dargeboten wird.

Wegen ihrer Bedeutung wird die Wegweisung für den Fahrzeugverkehr nachfolgend in mehreren Abschnitten behandelt. Abschnitt 8.2 erläutert die Grundlagen und Prinzipien der strukturierten Wegweisung und geht dazu auch auf durch die menschlichen Fähigkeiten vorgegebene Beschränkungen ein. Abschnitt 8.3 ist der Grundwegweisung gewidmet, die mit Farbsystemen, Nummerierungen und systematischer Zielauswahl ein Grundgerüst für die Orientierung aufspannt. Abschnitt 8.4 befasst sich dann mit den temporären oder Teile des Verkehrs betreffenden Umleitungen. In Abschnitt 8.5 wird die ergänzende Wegweisung behandelt, die Informationen für Touristen, zu Rastanlagen und zu temporären Großveranstaltungen gibt und die Grundwegweisung ergänzt und auf ihr aufbaut. In Abschnitt 8.6 werden schließlich weitere Wegweisungssysteme (z. B. Radverkehrswegweisung) und sonstige Orientierungsinformationen (z. B. zum Auffinden von Notfallhilfen oder Informationspunkten) sowie sonstige Informationen, z. B. zu Mautstraßen, erläutert.

8.2 Prinzipien der Wegweisung

8.2.1 Einführung

Die Wegweisung hilft vor allem dem ortsunkundigen Verkehrsteilnehmer, sich zu orientieren:

– „Wo bin ich?"
– „Wie komme ich weiter?"
– „Wie soll ich mich im kommenden Knotenpunkt bei Annäherung und Durchfahrt verhalten?"

Im Gesamtsystem Straße erleichtert die Wegweisung die sichere und flüssige Abwicklung des Verkehrs innerhalb und im Annäherungsbereich der Knoten. So hilft sie Stockungen durch sich orientierende Verkehrsteilnehmer und unerwartete und übermäßige Reaktionen durch zu späte Orientierung zu vermeiden. Außerdem ermöglicht sie eine zweckmäßige Verteilung der Verkehrsströme im Netz, z. B. wenn Überlastungen auf bestimmten Streckenabschnitten durch eine Umlenkung der der Wegweisung folgenden Verkehrsteilnehmer auf nahezu gleichwertige Routen vermieden werden können.

Zusätzlich warnen die Verkehrszeichen der Wegweisung, vor allem die Ankündigungstafeln und Vorwegweiser (siehe Abschnitte 8.3.4 und 8.3.5), vor den Gefahren aus dem Knotenpunkt. Durch ihre besondere Größe und Farbe lassen sie schon von weitem erkennen, dass sich die Verkehrsteilnehmer einem Knotenpunkt nähern, an dem sie unter Umständen erhöhte Aufmerksamkeit benötigen, um sich zu orientieren. Auf der untergeordneten Straße kündigen sie an, dass die Vorfahrt zu beachten ist, auf der übergeordneten Straße mahnen sie zumindest zu vorsichtigem Fahrverhalten, wenn mit ein- und abbiegenden oder querenden Fahrzeugen, unter Umständen auch mit querenden Fußgängern und Radfahrern zu rechnen ist.

Die Informationsaufnahme setzt besondere Aufmerksamkeit durch die Kraftfahrer und somit eine aktive und bewusste Zuwendung voraus (im Gegensatz zu vielen anderen Teilbereichen des Fahrerhandelns, die mit den wesentlich schnelleren und für größere Informationsmengen geeigneten Automatismen erledigt werden können). Die bewusste Informationsverarbeitung läuft wesentlich langsamer ab. Daher ist es nötig, den Prozess aufbauend auf den menschlichen Fähigkeiten möglichst effizient zu gestalten. Entsprechend widmet sich Abschnitt 8.2.2 den relevanten menschlichen Fähigkeiten und die darauffolgenden Abschnitte den Gestaltungselementen, die sich unter Berücksichtigung dieser Beschränkungen als sinnvoll erwiesen haben. In Abschnitt 8.2.6 werden die Prinzipien dann als Anwendungsregeln zusammengefasst.

Zu Abschnitt 8.2.1

VwV-StVO
zu § 42
Richtzeichen

Zu Anlage 3 Abschnitt 10 Wegweisung

1   I. Die Wegweisung soll den ortsunkundigen Verkehrsteilnehmer über ausreichend leistungsfähige Straßen zügig, sicher und kontinuierlich leiten. Hierbei sind die tatsächlichen Verkehrsbedürfnisse und die Bedeutungen der Straßen zu beachten. Eine Zweckentfremdung der Wegweisung aus Gründen der Werbung ist unzulässig.

2   II. Die Ausgestaltung und Aufstellung der wegweisenden Zeichen richten sich nach den Richtlinien für wegweisende Beschilderung außerhalb von Autobahnen (RWB) und den Richtlinien für wegweisende Beschilderung auf Autobahnen (RWBA). Das für Verkehr zuständige Bundesministerium gibt die RWB und RWBA im Einvernehmen mit den zuständigen obersten Landesbehörden im Verkehrsblatt bekannt.

8.2.2 Berücksichtigung der menschlichen Fähigkeiten

„Der Fahrer fährt mit dem Auge voraus" (Viktor von Ranke): Das vorausschauende Auge ist die dominante Quelle für die Informationen, die die Verkehrsteilnehmer benötigen. In Knotenpunktbereichen wird ein wesentlicher Teil dieser Informationen über die Wegweisung vermittelt. Wegweisung muss daher von den Verkehrsteilnehmern auch unter ungünstigen Randbedingungen, also z. B. auch in der Nacht, bei Regen oder von älteren Verkehrsteilnehmern,

– rechtzeitig erkannt,
– optisch klar wahrgenommen,
– inhaltlich sicher erfasst und
– für die Fahraufgabe verwertet werden.

Die Menge der von den Verkehrsteilnehmern verwertbaren Informationen hängt wesentlich ab von

– der geschwindigkeitsabhängig zur Verfügung stehenden Verarbeitungszeit,
– den Eigenheiten des Übertragungsweges sowie
– der inhaltlichen und grafischen Art der Darbietung.

Alle diese Komponenten müssen daher unter Berücksichtigung der menschlichen Leistungsfähigkeit aufeinander abgestimmt sein. Eine effektive Gestaltung der Wegweisung setzt voraus, dass man sich mit den Möglichkeiten und Grenzen der menschlichen Wahrnehmung auseinandersetzt.

Dazu muss der gesamte Signal- und Informationsfluss von der Lichtquelle bis zur „Verwertung" berücksichtigt werden:

– Optische Signalausbreitung
    – Beleuchtungsquelle mit Lichtausbreitung
    – Rückstrahleigenschaften mit Lichtausbreitung
– Umwandlung in Nervenreize
    – Optisches System des Auges
    – Umwandlung in interne Reize durch Rezeptoren (Auflösung, Empfindlichkeit, Trägheit, Farben, Verteilung)
– Automatische Informationsweiterleitung und Filterung
    – Blickzuwendung, Auffälligkeitskonkurrenz
    – Interne Filterung in den Nervenbahnen
– Interpretation
    – Reduktion zu Mustern (Bekanntheitsgrad)
    – Zuordnung von Bedeutung
    – Handlungsanreize.

Soweit diese Fragen für alle Verkehrzeichen maßgebend sind, sind sie in den Abschnitten 2.2.5 und 2.2.6 behandelt. Die nachstehenden Ausführungen konzentrieren sich auf die Besonderheiten bei der Wahrnehmung von Wegweisungsinformationen. Dabei sind im Wesentlichen folgende Aspekte zu berücksichtigen:

– Die Interpretation der dargebotenen Informationen verläuft um so schneller und zuverlässiger, je „bekannter" die verwendeten Muster, Strukturen und Aufteilungen sind; hilfreich sind auch einfache und klare Formen und Strukturen; insofern ist eine ausgeprägte Typisierung und Schematisierung hilfreich.
– Die Wegweisung erfordert in hohem Maße „bewusste" Verarbeitungskapazität der Verkehrsteilnehmer, während der Großteil der anderen Verkehrzeichen weitgehend „automatisch", also unterhalb der Bewusstseinsebene, verarbeitet wird. Dieser bewusste Wahrnehmungsweg ist aber deutlich weniger leistungsfähig als die automatische Informationsaufnahme (siehe *Bilder 2.1* und *2.2*); innerhalb der zur Verfügung stehenden Verarbeitungszeit (von der „Leseentfernung" bis zum „Verschwindepunkt") kann nur eine äußerst beschränkte Informationsmenge aufgenommen werden.
– Bei der Wegweisung werden umfangreiche textliche Informationen und grafische Symbole verwendet, die mit kleinteiligen Strukturen dargestellt werden; aus dem Auflösungsvermögen der Augen ergeben sich Anforderungen an die Schriftgestaltung, an die Schriftgröße sowie an die Symbolgestaltung.

Das Thema der Informationsaufnahme wurde bereits intensiv erforscht. Der jüngste Bericht dazu ist

– Färber, B.; Färber, Br.; Siegener, W.; Süther, B.: Aufnahme von Wegweisungsinformationen im Straßenverkehr – AWewiS. Reihe Forschung Straßenbau und Straßenverkehrstechnik, Heft 979 (2007).

Für die Informationsdarbietung gilt:

– Die gesamte Informationsmenge, die ein normal befähigter Mensch „auf einen Blick" (nämlich im Vorbeifahren) aufnehmen kann, ist begrenzt. Werden zu viele Informationen angeboten, so verringert sie sich weiter.
– Informationen auf gut und einheitlich gegliederten Wegweisern mit Schrifttypen, die für die Wegweisung geeignet oder sogar speziell entworfen sind, werden zuverlässiger aufgenommen und verarbeitet.

– Aus der gefahrenen Geschwindigkeit und der für die sichere Erfassung benötigten Zeit ergeben sich Mindestentfernungen, ab denen das Schild lesbar sein muss. Damit Schilder ab diesen Entfernungen lesbar sind, sind entsprechend den Abbildungseigenschaften der Augen gewisse Mindestschriftgrößen nötig.

Bei der Auswahl und Präsentation der Informationen ist zu berücksichtigen, dass ein nennenswerter Teil der Verkehrsteilnehmer die deutsche Sprache nicht oder nur als Fremdsprache beherrschen. Für diese Verkehrsteilnehmer ist es deutlich schwieriger, deutschsprachige Ortsnamen und andere Bezeichnungen als „Wort" auf einen Blick zu erfassen. Auch deshalb ist es sinnvoll, konsequent grafische Symbole und Nummernsysteme (siehe Abschnitt 8.3.2) anzubieten. Für eine konsequent zweisprachige Beschilderung (wie z. B. in Griechenland, Japan oder Wales) besteht in Deutschland mit wenigen Ausnahmen (noch) kein Bedarf.

Bei der Gestaltung der Wegweisung ist außerdem zu berücksichtigen, dass die Orientierung von Menschen in sehr unterschiedlicher Weise strukturiert sein kann. Dabei sind insbesondere zwei extreme Ausprägungen zu nennen:

– **Orientierung über grafische Informationen:** Menschen mit dieser Ausprägung machen sich ein inneres kartenähnliches Bild der räumlichen Situation; sie positionieren sich gedanklich in diesem Bild und planen ihre Route entsprechend dieser inneren Abbildung.
– **Orientierung über textliche Informationen:** Menschen mit dieser Ausprägung planen ihre Routen auf der Basis von Beschreibungen und Handlungslisten (z. B.: „zwei Straßen geradeaus, dann an der 3. Ampel rechts, schließlich an der nächsten großen Kreuzung Richtung A-Stadt auf die Bundesstraße fahren") und übereinstimmenden Richtungsangaben.

Die Orientierung der meisten Menschen dürfte zwischen diesen Extremen liegen. Für die Wegweisung bedeutet das, dass sie nach Möglichkeit für alle Orientierungsmuster genügend Informationen bieten sollte.

Bei der Gestaltung sind außerdem zu berücksichtigen:

– **Erkennbarkeit:** Die Verkehrsteilnehmer müssen die wegweisende Beschilderung von weitem erkennen und ihre Aufmerksamkeit auf sie richten; dies ist in der Regel durch die Größe und auffällige Farbe der wegweisenden Beschilderung gewährleistet.

– **Lesbarkeit:** Die Schrift und die Symbole müssen über eine gewisse Zeit scharf und mit ausreichendem Kontrast auf der Netzhaut abgebildet werden; dazu sind in Abhängigkeit von den gefahrenen Geschwindigkeiten ausreichend große und leicht lesbare Schriften sowie ausreichend große und nicht zu fein gegliederte Symbole nötig.
– **Verständlichkeit:** Die erkannten Worte und Symbole müssen inneren Begriffen und Bedeutungen zugeordnet werden; dazu ist die angebotene Informationsmenge zu begrenzen, und die Schilder sind übersichtlich und einheitlich zu gliedern.

Aus diesen Gründen beschränken die derzeitigen Richtlinien für die Wegweisung die Anzahl der Richtungsangaben je Schild und die Anzahl der Richtungsangaben je Richtung. Sie strukturieren die Wegweiser einheitlich nach Farben und in Blöcken. Sie geben Schriftarten und einheitliche Symbole vor. Sie schreiben außerdem in Abhängigkeit vom Straßentyp und den gefahrenen Geschwindigkeiten bestimmte Schriftgrößen vor. Sie regeln, dass die angezeigten Inhalte nach einheitlichem Muster festgelegt und entlang einer Strecke immer wieder im gleichen Muster dargeboten werden.

8.2.3 Hierarchisch strukturiertes Gesamtsystem

Die Wegweisung ist in mehrfacher Hinsicht **strukturiert**.

Zum einen werden verschiedene Wegweisungssysteme vorgehalten:

– **Grundwegweisung** sorgt für die grundsätzliche Orientierung der Verkehrsteilnehmer.
– Die **Umleitungswegweisung** ist notwendig, um mit vertretbarem Aufwand Ausnahmen von der Grundwegweisung (zeitweise Umleitungen, z. B. wegen Arbeitsstellen oder Streckenunterbrechungen, oder aber selektive Umleitungen für bestimmte Verkehrsarten) anzeigen zu können.
– Eine **ergänzende Wegweisung** gibt weitere spezielle verkehrlich erforderliche Orientierungshilfen, insbesondere zum Auffinden touristischer Ziele, der Ankündigung von Tank- und Rastanlagen an Autobahnen oder der Führung zu temporären Großveranstaltungen, ordnet sich aber der Grundwegweisung unter.
– Darüber hinausgehende **weitere Informationen** helfen, wenn vertretbar, bei der weiteren

8.2.3 Hierarchisch strukturiertes Gesamtsystem

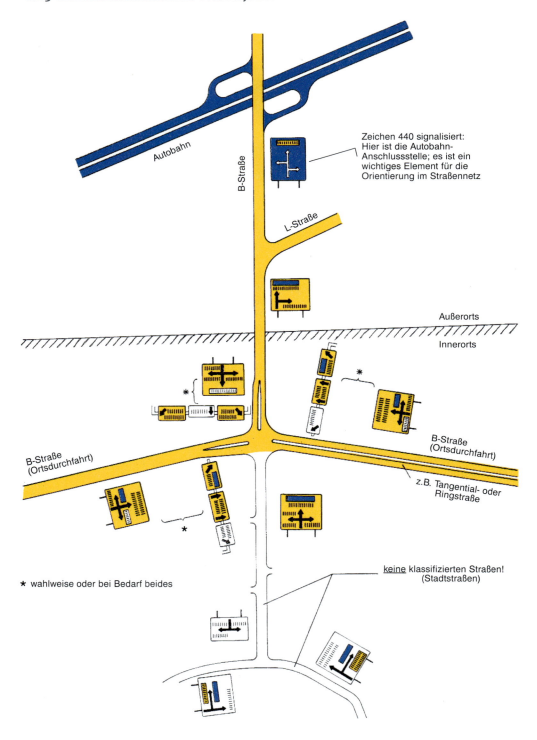

Bild 8.1 Farbliche Struktur der (Grund-)Wegweisung. Wichtig: Das übergeordnete System drückt dem gesamten Knoten seine Farbe auf

8.2.3 Hierarchisch strukturiertes Gesamtsystem

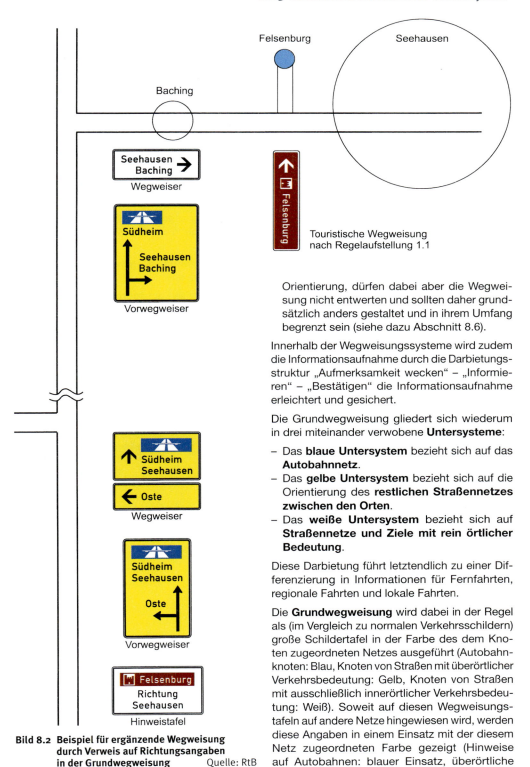

Bild 8.2 Beispiel für ergänzende Wegweisung durch Verweis auf Richtungsangaben in der Grundwegweisung   Quelle: RtB

Orientierung, dürfen dabei aber die Wegweisung nicht entwerten und sollten daher grundsätzlich anders gestaltet und in ihrem Umfang begrenzt sein (siehe dazu Abschnitt 8.6).

Innerhalb der Wegweisungssysteme wird zudem die Informationsaufnahme durch die Darbietungsstruktur „Aufmerksamkeit wecken" – „Informieren" – „Bestätigen" die Informationsaufnahme erleichtert und gesichert.

Die Grundwegweisung gliedert sich wiederum in drei miteinander verwobene **Untersysteme**:

– Das **blaue Untersystem** bezieht sich auf das **Autobahnnetz**.
– Das **gelbe Untersystem** bezieht sich auf die Orientierung des **restlichen Straßennetzes zwischen den Orten**.
– Das **weiße Untersystem** bezieht sich auf **Straßennetze und Ziele mit rein örtlicher Bedeutung**.

Diese Darbietung führt letztendlich zu einer Differenzierung in Informationen für Fernfahrten, regionale Fahrten und lokale Fahrten.

Die **Grundwegweisung** wird dabei in der Regel als (im Vergleich zu normalen Verkehrsschildern) große Schildertafel in der Farbe des dem Knoten zugeordneten Netzes ausgeführt (Autobahnknoten: Blau, Knoten von Straßen mit überörtlicher Verkehrsbedeutung: Gelb, Knoten von Straßen mit ausschließlich innerörtlicher Verkehrsbedeutung: Weiß). Soweit auf diesen Wegweisungstafeln auf andere Netze hingewiesen wird, werden diese Angaben in einem Einsatz mit der diesem Netz zugeordneten Farbe gezeigt (Hinweise auf Autobahnen: blauer Einsatz, überörtliche

459

8.2.3 Hierarchisch strukturiertes Gesamtsystem

Richtungsangaben: gelber Einsatz, innerörtliche Richtungsangaben: weißer Einsatz). Die Grundsätze für die Anwendung der Farben in der Wegweisung sind in *Bild 8.1* schematisch dargestellt.

Teil der Grundwegweisung sind zur Standortbestimmung auch

– die gelben Ortstafeln (über ihre ordnende Wirkung als Markierung der geschlossenen Ortschaft hinaus) Zeichen 310/311 (siehe Abschnitt 6.6.4) und die grünen Ortshinweistafeln Zeichen 385 sowie
– die Straßennamensschilder Zeichen 437,

da sie den Verkehrsteilnehmern ermöglichen, ihren Standort zu bestimmen, sowie zur Orientierung in Knotenpunkten

– entsprechende Verkehrslenkungstafeln mit der Fahrstreifenzuordnung im Knotenpunkt wie z. B. Z 541-11 sowie
– die Ankündigung der Blockumfahrung Zeichen 590.

Die **Umleitungswegweisung** besteht im Wesentlichen aus der Beschilderung

– von **dauerhaften Umleitungsstrecken**, z. B. für die Bedarfsumleitungen der Autobahnen

oder Umleitungen für bestimmte Verkehrsarten, wenn diese im Zuge der „normalen Straße" durch Verkehrsverbote nicht zulässig (siehe Abschnitte 3.2, 3.3 und 3.4) oder unzweckmäßig sind, und
– von **temporären Umleitungsstrecken**, die sich als Folge von Verkehrsbeschränkungen durch Arbeitsstellen ergeben.

Die Umleitungswegweisung wird in der Regel mit kleineren hochkant-rechteckigen Schildertafeln ausgeführt, die im oberen Teil einen Bezug zur Umleitung (Nummer oder Verkehrsartensymbol) und im unteren Teil ein Pfeilsymbol tragen. Sie werden als „Reiter" auf den Tafeln der Grundwegweisung angeordnet. Für die Ankündigung und Bestätigung werden zusätzliche Einzeltafeln gestellt.

Die **ergänzende Wegweisung** besteht im Wesentlichen aus

– den Hinweisen auf **touristische Routen** und **verkehrlich relevante touristische Ziele**,
– den Hinweisen auf **Rast- und Tankmöglichkeiten auf Autobahnen** sowie
– der nichtamtlichen **Wegweisung zu temporären Großveranstaltungen**.

Tabelle 8.1 Räumliche Struktur der Wegweisung

Zweck	Grundwegweisung			Umleitungs-wegweisung	Ergänzende Wegweisung
	auf Autobahnen	außerhalb von Autobahnen			
		normaler-weise	geringe Geschwindigkeit und niedriger Informationsbedarf		
Ankündigung	Ankündigungstafel	Vorwegweiser	Wegweiser (Blockumfahrung, Spurführungstafel)	Planskizze, Vorwegweiser	Ankündigung, in der Regel mit Verweis auf Grundwegweisung
Information	Vorwegweiser				
Orientierung im Knotenpunkt	Wegweiser	Wegweiser (Blockumfahrung, Spurführungstafel)		Wegweiser	(in Ausnahmefällen eigene Wegweiser)
	Baken, Pfeilschild „Ausfahrt"				
Bestätigung	Bestätigungstafel			Ende der Umleitung	

8.2.4 Schilderstruktur und Pfeile

Die ergänzende Wegweisung wird in der Regel mit eigenständigen Tafeln zwischen den Wegweisungstafeln der Grundwegweisung („additive Wegweisung") angeordnet. Darin wird von der ergänzenden Wegweisung auf die Grundwegweisung verwiesen, die dann die weitere Führung übernimmt (siehe *Bild 8.2*). Nur in Ausnahmefällen, wenn ein solcher Verweis nicht möglich ist, werden eigene Wegweiser oder, im Falle der Hinweise auf touristische Ziele, eigene farbige Einsätze in den Tafeln der Grundwegweisung angeordnet.

Für die Aufnahme der komplexen Wegweisungsinformation ist eine **räumliche Strukturierung** notwendig, da diese vor allem auf schneller befahrenen Straßen in der Regel mehrstufig sein muss (*Tabelle 8.1*). Bewährt hat sich die räumliche Strukturierung in

- Ankündigung,
- Vorinformation (Vorwegweisung),
- Information (Wegweisung),
- Hilfe für die Orientierung im Knotenpunkt,
- Bestätigung.

Bei den weniger oder langsamer befahrenen Straßen übernehmen einzelne Elemente der Wegweisung mehrere dieser Aufgaben, bis schließlich im einfachsten Fall nur noch ein Wegweiser angeordnet wird, der alle Aufgaben übernimmt.

8.2.4 Schilderstruktur und Pfeile

Eine wohlüberlegte Flächenaufteilung und die Verwendung von Pfeilen erleichtert das Verständnis der Wegweisungsinformation erheblich.

Wie in den vorhergehenden Abschnitten ausgeführt, müssen durch eine Wegweisungstafel in sehr kurzer Zeit sehr viele Informationen vermittelt werden. Daher ist es hilfreich, den **Tafelinhalt übersichtlich und einheitlich zu strukturieren**.

Dabei haben sich die folgenden Regeln als sinnvoll und hilfreich erwiesen:

- Die Grundfarbe des Schildes gibt das Bezugsstraßennetz an (Blau: Autobahnen; Gelb: überörtliches Straßennetz; Weiß: innerörtliches Straßennetz).
- Die Informationen werden zu Blöcken zusammengefasst. Die Abgrenzung der Blöcke erfolgt durch die grafische Gestaltung (Abstände bei Tafelwegweisern, Linien oder Schildgrenzen bei Tabellen- und Pfeilwegweisern).
- In der Regel wird für jede Richtung (geradeaus, links, rechts) ein Block vorgesehen. Die Blöcke sind intern wiederum einheitlich strukturiert
  - nach Straßennetzen durch Farben (Blau, Gelb, Weiß, ggf. ergänzt durch Braun),
  - nach Straßenzügen (bei Pfeilwegweisern durch eigene Schilder, sonst ohne weitere Kennzeichnung),
  - innerhalb der Straßenzüge nach weiter entfernten (oben aufgeführten) und näher gelegenen (unten aufgeführten) Ortsbezeichnungen: **Umklappregel**,
  - Es werden immer die gleichen Ortsbezeichnungen verwendet und diese auch kontinuierlich: **Kontinuitätsregel**.
- Die Richtungsblöcke werden auf dem Schild vorzugsweise als eine durch Pfeile schematisch strukturierte „Karte" angeordnet, ansonsten immer in der gleichen Reihenfolge (von oben nach unten: geradeaus, links, rechts).

Auf die Farben und die Schildaufteilung wird in den folgenden Abschnitten noch im Detail eingegangen.

Nachfolgend soll die **einheitliche Verwendung der Pfeile** diskutiert werden. Pfeile werden durch den automatischen Bereich der Wahrnehmung verarbeitet, der zwar sehr schnell, aber auch sehr anfällig für falsche Gestaltung ist.

	Demnächst …	Hier …
… geradeaus weiterfahren	↑	↑
… Fahrstreifen wechseln	⤴	↗
… abbiegen	↱	→

Tabelle 8.2
Grundsätzliche Verwendung der Pfeilformen in Deutschland

461

8.2.4 Schilderstruktur und Pfeile

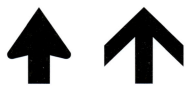

Bild 8.3 Herz-Pfeilspitze (links) und ISO-Pfeilspitze (rechts)

Tabelle 8.2 zeigt die grundsätzliche Verwendung der Pfeilformen in Deutschland. Zu beachten ist, dass die Pfeilform insbesondere auch anzeigt, ob die Richtungswahl unmittelbar vor oder hinter dem Schild („Hier …": Wegweisung) oder erst in einer gewissen Entfernung („Demnächst …": Vorwegweisung) erfolgen soll.

Die Gestaltung der Pfeilspitze hat erheblichen Einfluss auf die Intensität der übermittelten Richtungsinformationen. In Deutschland hat in der Wegweisung die sogenannte Herz-Pfeilspitze (siehe *Bild 8.3* links) Tradition, die teilweise durch die ISO-Pfeilspitze (siehe *Bild 8.3* rechts) ersetzt wurde. Die Herz-Pfeilspitze hat ein gefälligeres Aussehen, die ISO-Pfeilspitze eine größere Richtungswirkung. Daher wird die Herz-Pfeilspitze derzeit nur noch auf den Vorwegweiser-Tafeln und in der Wegweisung der autobahnähnlichen Straßen verwendet, während die restliche Wegweisung (Tabellenvorwegweiser, Tabellenwegweiser) auf die ISO-Pfeilspitze umgestellt wurde.

Zusammen mit der Pfeilform ergibt sich dann die in *Tabelle 8.3* dargestellte Verwendung von Pfeilen in der deutschen Wegweisung. Pfeile können **richtungsbezogen** oder ggf. **fahrstreifenbezogen** verwendet werden:

– **Richtungsbezogen:** Unabhängig von der Einteilung des Querschnitts in Fahrstreifen wird nur ein Pfeil je Richtung gezeigt.
– **Fahrstreifenbezogen:** Je Fahrstreifen wird ein Pfeil gezeigt, bei Schildern über der Fahrbahn jeweils über der Mitte des zugeordneten Fahrstreifens.

Tabelle 8.3 Verwendung der Pfeile in der deutschen Wegweisung

Einsatz der Pfeilsymbole			links	Kombination	geradeaus	Kombination	rechts
außerhalb der autobahnähnlich ausgebauten Straßen	Wegweisung	Pfeilwegweiser	◁ ▥				▥ ▷
		Tabellenwegweiser	←		↑		→
	Vorwegweisung	Tabellenwegweiser	↰		↑		↱
		Tafelwegweiser	↰	⊢↑	↑	↑⊣	↱
auf autobahnähnlich ausgebauten Straßen	Inselspitze (Bestätigung)	an Hauptfahrbahnen					Ausfahrt ▷
		an Verteilerrampen	←		↑		→
	Wegweisung		↖		↑		↗
	Vorwegweisung		↱	↙↑	↑ *	↱↑	↱

* in der Mitte von drei- oder mehrstreifigen Überkopfwegweisern auch Kurzpfeil (wie Wegweisung)

8.2.5 Schriften und grafische Symbole

Dabei ist die komplexere und damit zunächst schwerer verständliche fahrstreifenbezogene Zuordnung dann vorzusehen, wenn die zusätzliche Information für die Verkehrsteilnehmer hilfreich ist (z. B. wenn Fahrstreifen enden oder besondere Abbiegestreifen angezeigt werden sollen). Bei Überkopfwegweisung ist die fahrstreifenbezogene Anordnung leichter verständlich und damit die Regel.

Dabei ist zu beachten, dass die Umklappregel (siehe Abschnitt 8.2.6) konsequent angewandt wird. Auch die fahrstreifenbezogene Wegweisung wird konsequent mit nach oben gerichteten Pfeilen ausgeführt (und nicht wie in vielen anderen Ländern mit nach unten auf den Fahrstreifen gerichteten Pfeilen).

8.2.5 Schriften und grafische Symbole

Die Richtungsangaben selbst werden grundsätzlich erst einmal in Textform dargeboten. Meistens handelt es sich dabei um Orts- oder Landschaftsnamen. Darüber hinaus gibt es auch abstrakte Angaben wie „Zentrum", „Industriegebiet", „Hafen" oder ähnliche.

Maßgebendes Kriterium für die Gestaltung ist wie schon bei der Schilderstruktur, dass die Information schnell und sicher aufgenommen werden kann. Daher gilt:

– Die Textbezeichnungen sollten einheitlich sein (erleichtert die „Mustererkennung"). In der Regel wird es sinnvoll sein, für Ortsnamen einheitlich die amtliche Schreibweise zu wählen und für die übrigen Begriffe die Schreibweise der Rechtschreibung.

– Bei den abstrakten Begriffen sollten anstelle von Textbezeichnungen möglichst einheitliche grafische Symbole verwendet werden, die auch international verständlich sind. Grafische Symbole sind allerdings nur dann sinnvoll, wenn sie schnell erfasst und zugeordnet werden können; sie müssen daher entweder selbsterklärend oder durch einheitliche, häufige Verwendung eingeprägt sein. In Deutschland legen die Wegweisungsrichtlinien und die dazu ergangenen Erlasse daher die grafischen Symbole fest.

Die **verwendete Schrift** soll auf gute Erkennbarkeit aus der Ferne optimiert sein, um die Schriftgröße und damit die Größe der Wegweisertafeln zu begrenzen. Sonstige Gestaltungsgesichtspunkte sind geringer zu gewichten. Die Verwendung einer einheitlichen Schrift erleichtert dabei die Aufnahme der Information. Als Schriftart ist daher in Deutschland die für die gute und schnelle Erkennbarkeit optimierte „Serifenlose Linear-Antiqua; Verkehrsschrift" nach DIN 1451 vorgeschrieben (siehe Abschnitt 12.2.3).

Die Vorteile der schnellen Aufnahme durch eine einheitliche, dafür gestaltete ausreichend große Schrift sollten gerade auch bei der temporären Umleitungsbeschilderung konsequent genutzt werden, auch wenn gerade hier die Versuchung oft groß ist, durch „selbstgebastelte" Tafeln mit leicht erhältlichen Klebebuchstaben Kosten zu sparen. Bei der temporären Umleitungsbeschilderung sind viele Kraftfahrer mit einer neuen, ungewohnten Situation konfrontiert und auf eine schnelle und sichere Übermittlung der zusätzlichen Informationen angewiesen.

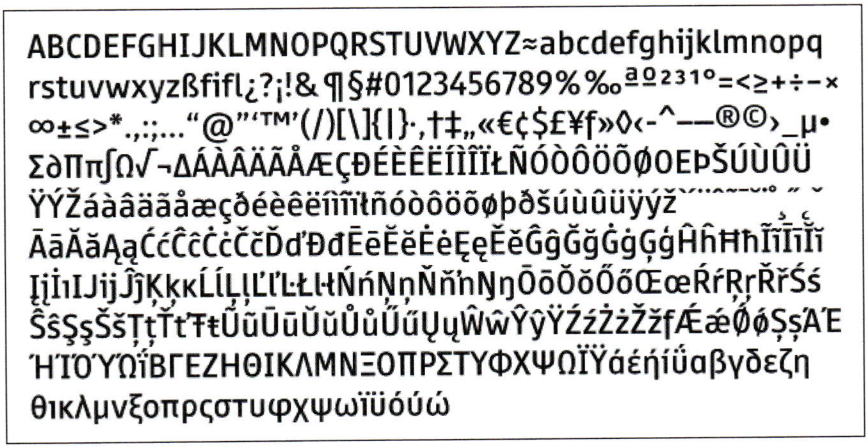

Bild 8.4 Beispiel für die im EU-Projekt „InSafety" (www.insafety-eu.org) entwickelte Schrift „Tern" (gezeigt sind beispielhaft die Teilbereiche latin, greek und eine 24 px-große Schrift für Matrix-Wechselverkehrszeichen)

8.2.5 Schriften und grafische Symbole

Soweit in der Nähe der Landesgrenzen zwingend Buchstaben gezeigt werden müssen, die für die Regelschrift nicht definiert sind, kann es sich empfehlen, (für das ganze Schild) eine andere für Verkehrszwecke optimierte und in ihrem Schriftbild bekannte Schrift zu verwenden, z. B. die im angrenzenden Nachbarland übliche Schrift oder die im EU-Projekt „InSafety" (www.insafety-eu.org) entwickelte und getestete europäische Wegweisungsschrift „Tern" (siehe *Bild 8.4*), nähere Informationen unter www.iiid.net/SOMS/Typeface%20Tern.aspx), die inzwischen in Österreich als Regelschrift verwendet wird.

Bild 8.5 **Drehen der grafischen Symbole mit Richtungsbezug**

Die Schriftgröße ergibt sich aus der Lesbarkeitsentfernung, der Entfernung des Verschwindepunktes und der Bemessungsgeschwindigkeit so, dass bei der Vorbeifahrt noch genügend Zeit für das Erfassen der Information verbleibt. Dabei ist die Entfernung des Verschwindepunkts nur vom Aufstellort (seitlich neben oder über der Fahrbahn) abhängig. Über die Bemessungsgeschwindigkeit, für die in der Regel die zulässige Höchstgeschwindigkeit angesetzt wird, und die benötigte Erfassungs-(Lese-)Zeit ergibt sich dann die Lesbarkeitsentfernung.

Die Schriftgröße ist dann so zu wählen, dass die Texte ab dieser Entfernung gelesen werden können.

Nach diesem Prinzip sind in Deutschland die in *Tabelle 8.4* dargestellten Mindest-Schriftgrößen vorgeschrieben.

Die **grafischen Symbole**, die anstelle abstrakter Ortsbezeichnungen gezeigt werden sollen, sind in Deutschland in den Wegweisungsrichtlinien und den dazu ergangenen Erlassen abschließend aufgezählt (siehe Abschnitt 8.3.3). Das heißt, dass andere grafische Symbole nicht verwendet werden dürfen.

Anzumerken ist, dass gewisse Symbole (z. B. das Flughafen-Symbol) eine sehr starke eigene Pfeilwirkung besitzen. Um Missinterpretationen zu vermeiden, müssen solche Symbole entsprechend der zugeordneten Richtung gedreht werden (*Bild 8.5*).

Tabelle 8.4 **Mindest-Schriftgröße in Abhängigkeit vom Aufstellort und von der gefahrenen Geschwindigkeit**

Regelauswahl nach Aufstellort	Bei zusätzlicher Beschränkung der zulässigen Höchstgeschwindigkeit auf [km/h]	Bei seitlicher Anordnung des Schildes [mm]	Bei Überkopf- Anordnung des Schildes [mm]
	≤ 40	105	(140)
Innerorts $(v_{zul} = 50$ km/h)	**50**	**126**	**175**
	60–70	140	210
Außerorts $(v_{zul} = 100$ km/h)	**80–100**	**175**	**280**
	110–120	210	350
Außerorts* (v > 100 km/h)	**> 120**	**280**	**350**
Autobahnen normalerweise	immer	**350**	**420**
Autobahnen auf Entfernungstafeln	immer	**280**	–

* auf Straßen nach § 3 Abs. 3 Nr. 2 c) Sätze 2 und 3 StVO (v > 100 km/h)

8.2.6 Regeln für die praktische Umsetzung

Zur Umsetzung lassen sich die besprochenen Erkenntnisse in einigen Regeln zusammenfassen. Die Regeln sollen sicherstellen, dass das Wegweisungssystem als Ganzes benutzergerecht gestaltet ist.

Die folgenden Regeln beschreiben grob das den einschlägigen und im Abschnitt 8.3.1 angeführten Wegweisungsrichtlinien (RWB, RWBA) zugrundeliegende Regelkonzept. Im Einzelfall sind diese Richtlinien und die dazu ergangenen Erlasse zu beachten, die in den folgenden Abschnitten detaillierter besprochen werden.

■ Konzeption des Gesamtsystems

– **Einheitlichkeit des Gesamtsystems**: Das Wegweisungssystem ist als ein Gesamtsystem anzusehen, das aus zueinander passenden Untersystemen und Einzelteilen besteht. Jedes willkürliche Ausscheren aus dem Gesamtsystem gefährdet nicht nur das System als Ganzes, sondern auch den Erfolg der Einzelmaßnahme.
– **Kontinuitätsregel**: Jede Richtungsangabe, die einmal im System auftaucht, muss so lange immer wieder auftauchen, bis das durch sie bezeichnete Ziel erreicht ist.

Ein **einheitliches Gesamtsystem** ist eine wesentliche Voraussetzung für die Effizienz der Wegweisung (und damit für ein Maximum an vermittelbaren Informationen). Nur wenn die Nutzer die Informationen immer wieder in der gleichen Form und nach dem gleichen Schema dargeboten bekommen, sind sie in der Lage, die Information schnell und sicher zu erfassen (siehe Abschnitt 8.2.2). Grundsätzlich ist zwar denkbar, Wegweisungssysteme zumindest in Teilbereichen auch anders zu gestalten, Beispiele aus anderen Ländern zeigen das. Aber auch diese Systeme sind für sich gesehen einheitlich gestaltet (und funktionieren aufgrund der angewöhnten Erwartungshaltung der Nutzer). Eine lokale oder willkürliche Mischung von in sich geschlossenen Systemen ist daher zu vermeiden. Sonderlösungen sollten nur angewandt werden, wenn Regellösungen trotz vertiefter Bemühungen nicht geeignet sind und die Wirkung der Sonderlösung nachvollziehbar zu erwarten ist (ggf. nach gezielten Untersuchungen).

Die **Kontinuitätsregel** trägt dem Umstand Rechnung, dass die Verkehrsteilnehmer, wenn sie denn einmal eine „passende" Richtungsangabe für ihre aktuelle Fahrt gefunden haben, bei jedem neuen Wegweiser zunächst einmal wieder nach dieser Richtungsangabe suchen. Ist sie nicht aufgeführt, so kommt ein aufwendiger Prozess in Gang (ganzes Schild absuchen, ob die Angabe nicht doch da ist – Versuch, alle anderen Angaben zu erfassen und einzuordnen, ob sie für die aktuelle Fahraufgabe brauchbar sind – Entscheidung), der – wegen der begrenzten Zeit der Vorbeifahrt mit normaler Geschwindigkeit – unter Umständen zu unerwarteten und heftigen, möglicherweise den Verkehr gefährdenden Fahrmanövern führt.

Aus der Kontinuitätsregel ergibt sich, dass Richtungsangaben nicht willkürlich an einzelnen Knoten geändert werden können – dann wäre mit großer Wahrscheinlichkeit die Kontinuität zu den vorausliegenden oder nachfolgenden Knoten gestört. Eine Änderung der Richtungsangaben macht es in der Regel erforderlich, die Wegweisung entlang eines ganzen Straßenzuges anzupassen. Da es außerdem – wenn überhaupt – nur sehr aufwendig möglich ist, einzelne Richtungsangaben an den Wegweisertafeln zu ändern (siehe Abschnitt 8.3.3), ist das System der Richtungsangaben insgesamt als sehr statisch anzusehen und bedarf daher sorgfältiger Planung und Dokumentation. Für die Bundesfernstraßen hat das für den Verkehr zuständige Bundesministerium daher ein „Zielverzeichnis" herausgegeben, das die an den einzelnen Streckenabschnitten gezeigten Richtungsangaben dokumentiert und festlegt (siehe Abschnitt 8.3.3). Einige Länder und viele Landkreise führen vergleichbare Verzeichnisse für ihre Straßen. Das Führen von solchen Verzeichnissen empfiehlt sich auch für andere Wegweisungssysteme, z. B. für den Rad- oder Fußgängerverkehr.

Zur Überprüfung der Kontinuität bei der Erarbeitung oder Fortführung des Wegweisungssystems ist es hilfreich, Zielpläne und Zielspinnen zu erstellen. Sie vermitteln einen anschaulichen Überblick über die benötigten Richtungsangaben zur Führung des Verkehrs. Außerdem existieren datengestützte Wegweisungsmanagementsysteme, mit denen sich Zielangaben und Entfernungen auf der Basis des Ordnungssystems der Straßendatenbank speichern, fortschreiben und kontrollieren lassen. Eine solche Datenverwaltung erleichtert eine verkehrstechnisch einwandfreie Wegweisungsplanung erheblich.

■ Anordnung der Wegweiser

– **Gezielte Vorbereitung und Bestätigung der Richtungswahl**: Die Wegweisung umfasst mehrere Stufen von der Ankündigung über die

8.2.6 Regeln für die praktische Umsetzung

Information bis zur Bestätigung; dabei sollen hinter dem gewünschten Aktionspunkt nur noch bestätigende Informationen in einer solchen Weise gezeigt werden, dass sie nicht zu adhoc-Handlungen führen.

Die Fahraufgabe ist im Bereich eines Knotenpunktes besonders kompliziert: daher müssen die Verkehrsteilnehmer auf den Knoten vorbereitet, mit den nötigen Informationen im Groben (z. B. links/rechts abbiegen, geradeaus weiterfahren) und Feinen (z. B. linken/mittleren/rechten Fahrstreifen wählen) versorgt und nach Möglichkeit in ihrer Entscheidung bestärkt werden (ja, dies ist die Straße nach …). Die Wegweisung muss daher auch in erheblichem Maße Wechselwirkungen mit der Gesamtgestaltung des Knotenpunktes (Entwurfsziele: Erkennbarkeit des Knotens, Begreifbarkeit des Knotens usw.) berücksichtigen. In der Grundwegweisung wird dem durch die Abfolge mehrerer aufeinander abgestimmter Wegweisungstafeln (Ankündigung, Vorwegweisung, Wegweisung, Bestätigung) Rechnung getragen (siehe Abschnitt 8.3).

■ **Gestaltung der Wegweiser**

– **Informationsbegrenzung („so wenig wie möglich, so viel wie nötig"):** Werden zu viele Informationen angeboten, so wird in der Summe weniger aufgenommen und verarbeitet als bei der optimalen Informationsmenge.

– **Verwenden der vorgeschriebenen einheitlichen Gestaltungselemente (Pfeile, Schriften, Symbole) und Gestaltungsregeln (Umklappregel, Blockung, Reihenfolgen, Proportionen):** Die meisten Gestaltungsregeln wurden in umfangreichen Versuchen optimiert. Die Verkehrsteilnehmer in Deutschland sind auf diese Erscheinungsform geprägt und können sie entsprechend schneller und sicherer aufnehmen als in ungewohnter Form dargebotene Informationen.

Die Gestaltung der Wegweisung wurde in umfangreichen Versuchen optimiert, um den Anforderungen der menschlichen Informationsaufnahme (siehe Abschnitt 2.2.6) zu entsprechen. Die Ergebnisse wurden durch Untersuchungen in jüngerer Zeit bestätigt. Jede Änderung trägt daher die große Gefahr in sich, zu einer Verschlechterung zu führen. Dies gilt insbesondere für die Begrenzung der Informationsmenge auf maximal zehn Richtungsangaben je Schild und darin maximal vier Angaben je Richtung. Das gilt aber auch für die Art und Form der Pfeile, die Art und Größe der Schriften sowie die zugelassenen Symbole. Und das gilt weiterhin für die Anordnung

der Informationen auf dem Schild, insbesondere die Blockung (welche Informationen werden als optisch wirksamer Block zusammengefasst?) sowie deren Anordnung um ein strukturierendes Pfeilschema oder in einer bestimmten Reihenfolge (geradeaus, links, rechts). Dabei wird in Deutschland einheitlich, also auch für die Überkopfbeschilderung, die **Umklappregel** angewandt: Wird das Schild gedanklich nach hinten in die Horizontale geklappt, so gibt es die Situation der Wirklichkeit schematisch wieder. Dies bedeutet insbesondere, dass Geradeauspfeile grundsätzlich nach oben weisen und dass die Richtungsangaben, die sich auf weiter entfernte Ziele beziehen, über denjenigen stehen, die sich auf weniger weit entfernte Ziele beziehen.

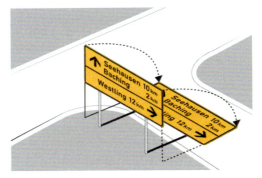

Quelle: RWB 2000

Sofern zum Erstellen von Schilderzeichnungen ein Computerprogramm eingesetzt werden soll, ist darauf zu achten, dass dieses Programm die Festlegungen der RWBA und der RWB enthält und automatisch umsetzt. Das erleichtert die Gestaltungsplanung der Wegweiser erheblich.

■ **Ausführung der Wegweiser**

– **Geeignete Größe („so klein wie möglich, so groß wie nötig"):** Wegweisertafeln benötigen wegen der auf ihnen enthaltenen Informationsmenge und der Beschränkung der menschlichen Informationsaufnahme eine gewisse Größe; um die Auswirkungen auf das Umfeld und die Kosten zu begrenzen, sollten sie aber auch nicht zu groß ausgeführt werden.

– **Geeignete Materialien und optische Eigenschaften:** Wegweiser müssen (wie alle Verkehrszeichen) auch unter ungünstigen Bedingungen (nachts, schlechtes Wetter) sichtbar sein.

Wegweiser sollen gut gelesen werden können, dabei aber möglichst nicht auffallen. Daher wird

8.2.6 Regeln für die praktische Umsetzung

ihre Größe immer wieder diskutiert. Die Richtwerte aus den Wegweisungsrichtlinien berücksichtigen dies. Abweichungen nach oben sind in der Regel unnötig, Abweichungen nach unten sind in der Regel mit einem geringeren verkehrstechnischen Standard verbunden. Das ist gelegentlich hinnehmbar, in Ausnahmefällen sogar erwünscht; es sollte nur in jedem Fall berücksichtigt werden und in die Abwägung Eingang finden. Dabei gehen Vergrößerungen der Abmessungen in die Fläche quadratisch und in die Belastung der Aufstellkonstruktion meist sogar etwa mit der dritten Potenz ein: Eine 20 % größere Schrift führt zu einer 45 % größeren Schildfläche und zu 75 % größeren Momenten in der Aufstelleinrichtung.

Damit die Wegweiser jederzeit ausreichend sichtbar sind, müssen sie gleichmäßig retroreflektierend oder beleuchtet ausgeführt werden. Dies ist vor allem auch bei Reparaturen oder kleinteiligen Änderungen zu beachten, da sonst in der Nacht anstelle von Informationsblöcken nur schwarze Rechtecke zu sehen sind. Sie sind daher auch nur in Ausnahmefällen erfolgversprechend. Aber auch bei „reparatur- und änderungsfreundlichen" Gestaltungsweisen, z. B. bei aufgelösten Tabellenwegweisern, ist auf lichttechnische Einheitlichkeit zu achten, insbesondere wenn neue und wesentlich ältere Elemente miteinander kombiniert werden sollen.

Vorübergehend außer Kraft gesetzte Wegweiser und Vorwegweiser sind durch vorgesetzte rote Holzlatten oder aufgeklebte rote Streifen kenntlich zu machen. Die Ziele sollten aber aus Gründen der Orientierung noch zu lesen sein.

8.3 Grundwegweisung

8.3.1 Allgemeines

Die Grundwegweisung spannt ein Grundgerüst für die Orientierung der Verkehrsteilnehmer auf (siehe Abschnitt 8.2.3). Die Grundwegweisung ist geregelt in den

– „Richtlinien für die wegweisende Beschilderung auf Autobahnen (RWBA 2000)", BMVBW 2000, FGSV Verlag.
– „Richtlinien für die wegweisende Beschilderung außerhalb von Autobahnen (RWB 2000)", BMVBW 2000, FGSV Verlag.

Diese wurden eingeführt mit:

– ARS 26/2000 (S 28/S32/38.60.70-40/100 Va 00) „Wegweisende Beschilderung; Richtlinien für die wegweisende Beschilderung auf Autobahnen (RWBA 2000)" vom 28. Dezember 2000 (VkBl. 2001 S. 39)
– ARS 27/1999 (S 28/38.60.70-50/144 VA 99) „Wegweisende Beschilderung; Richtlinien für die wegweisende Beschilderung außerhalb von Autobahnen (RWB 2000)" vom 15. November 1999 (VkBl. S. 781)

8.3.2 Nummerierung der Straßen und Knoten

StVO Anlage 3 Richtzeichen (zu § 42 Absatz 2)
Abschnitt 10 Wegweisung

		1. Nummernschilder
39	Zeichen 401 **35** Bundesstraßen	
40	Zeichen 405 **48** Autobahnen	
41	Zeichen 406 **26** Knotenpunkte der Autobahnen	**Erläuterung** So sind Knotenpunkte der Autobahnen (Autobahnausfahrten, Autobahnkreuze und Autobahndreiecke) beziffert.
42	Zeichen 410 **E 36** Europastraßen	

Nummern dienen vor allem der eindeutigen Benennung von Straßen. Sie erleichtern das Herstellen von Zusammenhängen für Personen, die die Landessprache nicht beherrschen.

Außerdem ist ein Nummernsystem geeignet, die nummerierten Einheiten (z.B. bestimmte Straßen) aus den nicht nummerierten hervorzuheben.

8.3.3 Auswahl der gezeigten Richtungsangaben

Die Bundesstraßen-Nummern werden seit jeher auch zur hervorhebenden Kennzeichnung von Straßen als Bundesstraßen verwendet. Da nach dem Fernstraßengesetz die Bundesstraßen einem weiträumigen Verkehr dienen, sollten sie für höhere Reisegeschwindigkeiten als das übrige Nicht-Autobahnnetz ausgebaut sein. Die ursprüngliche Bedeutung, dass den so bezeichneten Straßen die Vorfahrt eingeräumt wird, hat die Kennzeichnung mit den Bundesstraßen-Nummern allerdings nicht mehr.

Die Autobahn-Nummern dienen nur der Orientierung, da dem Autobahnnetz mit der Farbe Blau eine eigene Systemfarbe zugeordnet ist und daher keine weitere Hervorhebung mehr nötig ist. Allerdings kann man anhand der Autobahn-Nummer die Bedeutung der befahrenen Strecke erkennen: Fernautobahnen haben 1-stellige, Autobahnen mit überwiegend regionaler Bedeutung (die teilweise auch mit geringeren Trassierungsstandards entworfen werden) 2- oder sogar 3-stellige Nummern.

Die Europastraßen-Nummern sind wiederum auch zur hervorhebenden Kennzeichnung gedacht. In Deutschland werden diese Nummern allerdings vergleichsweise sparsam verwendet (nur auf den Ankündigungs- und Bestätigungstafeln der Autobahnen). Als Grund wird häufig angegeben, dass man die wegweisende Beschilderung nicht überfrachten wolle und das nationale Nummernsystem ausreiche. Allerdings wird damit die durch die Europastraßen-Nummerierung grundsätzlich mögliche und bezweckte Hervorhebung durchgehender transnationaler Routen nicht genutzt. Die Festlegungen über ein internationales E-Straßennetz sind in dem

– „Europäischen Übereinkommen über die Hauptstraßen des internationalen Verkehrs (AGR)" vom 15. November 1975

enthalten.

Die früher nur mit eindeutigen Namen versehenen Autobahnknoten (Autobahnausfahrten und Autobahnverknüpfungen) werden seit 1992 zusätzlich fortlaufend mit Zeichen 406 nummeriert. Diese Knotenpunkt-Nummer wird bei der Ankündigung auf der Ankündigungstafel (Zeichen 448) und kurz vor dem Entscheidungspunkt auf der 300 m-Bake (Zeichen 450) gezeigt. Siehe dazu auch:

– RS (StB 13/38.60.70-40.02) „Neufestlegung der Nummerierung von BAB-Knotenpunkten im Bereich der Autobahnen der Bundesrepublik Deutschland" vom 10. Juli 1992 (VkBl. S. 388)

Bild 8.6 Bundesstraßen- und Autobahn-Nummern auf einem Vorwegweiser einer Anschlussstelle im nachgeordneten Netz

– „Autobahnverzeichnis (AVERZ 2006)"; www.bast.de: Fachthemen/Verkehrstechnik/Autobahnverzeichnis

Die Bundesstraßen-, Autobahn- und Europastraßen-Nummern werden normalerweise auf den Wegweisertafeln ergänzend zu den Richtungsangaben gezeigt (siehe *Bild 8.6*). Sollte Zeichen 401 (Bundesstraßen-Nummer) ausnahmsweise einmal alleine angeordnet werden, so darf dies nur im Verlauf von Vorfahrtstraßen geschehen. Diese Einschränkung ist nötig, da dieses Zeichen früher einmal auch die Vorfahrt angezeigt hat.

Bei Doppelführung von Bundesstraßen werden beide Bundesstraßen-Nummernschilder getrennt (in der Regel übereinander) angebracht. Auch als Einsätze auf Vorwegweisern sollen beide Nummernschilder getrennt dargestellt werden.

Einzelheiten über die Anwendung der Nummernzeichen, insbesondere die Detailgestaltung, enthalten die RWB und die RWBA.

8.3.3 Auswahl der gezeigten Richtungsangaben

Die Ortsangaben auf den Wegweisungstafeln werden in den Richtlinien „Zielangaben" genannt. Aufbauend auf den Erfahrungen, die man bei Diskussionen über die Aufnahme oder Nichtaufnahme von Orten in die Wegweisung gemacht hat, wird im vorliegenden Werk vorzugsweise von „Richtungsangaben" gesprochen. Auch von Laien wird nämlich leichter akzeptiert, dass der von ihnen vorgeschlagenen und vertretene Orte nicht als „Richtungsangabe" tauglich ist (während er als „Ziel" durchaus denkbar ist). Die Bezeichnung „Richtungsangabe" kommt dem beabsichtigten

8.3.3 Auswahl der gezeigten Richtungsangaben

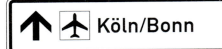

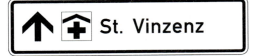

**Bild 8.7 Wegweiser (Zeichen 432 und Z 435)
mit zusätzlichem Sinnbild**

Zweck der Wegweisung auch näher, eine grundsätzliche Orientierung zu ermöglichen.

Für die Bundesfernstraßen legt das für den Verkehr zuständige Bundesministerium mit den Ländern für jeden Straßenabschnitt ein sogenanntes Fernziel (auf Autobahnen ein Haupt- und ein oder mehrere Zwischenfernziele) sowie ein Nahziel (auf Autobahnen der Name der nächsten Ausfahrt) fest und veröffentlicht sie in einem „Bundesverzeichnis" (konsequenterweise wird in den HAV von Fern-Richtungsangaben und Nah-Richtungsangaben gesprochen).

Dieses Verzeichnis ist unter www.bast.de unter Publikationen > Downloads > Berichte > Verkehrstechnik > Bundesstraßenverzeichnis zu finden. Für die übrigen Straßennetze empfiehlt es sich, entsprechende Verzeichnisse zu erstellen und nach ihnen zu verfahren.

Unter Berücksichtigung der Grenzen der menschlichen Aufnahmefähigkeit ist auch die Anzahl der gezeigten Richtungsangaben begrenzt (siehe Abschnitt 8.2.2). Als Faustregel kann angegeben werden:

– maximal 10 Richtungsangaben je Standort,
– maximal 4 Richtungsangaben je Richtung.

Genauere Angaben können den Wegweisungsrichtlinien RWB und RWBA entnommen werden.

Wie in Abschnitt 8.2.5 ausgeführt, sollten möglichst nur die Ortsnamen als Textangaben ausgeführt werden. Für abstrakte Angaben wie „Zentrum", „Industriegebiet" oder „Hafen" sollten einheitliche **grafische Symbole** verwendet werden (*Bild 8.7*).

Die grafischen Symbole, die anstelle abstrakter Ortsbezeichnungen gezeigt werden sollen, sind in Deutschland in den Wegweisungsrichtlinien und den dazu ergangenen Erlassen abschließend aufgezählt. Das heißt, dass andere grafische Symbole nicht verwendet werden dürfen (siehe *Bilder 8.8* bis *8.11*).

Die in den RWB und RWBA aufgeführten grafischen Symbole werden je nach Notwendigkeit mit Verkehrsblatt-Verlautbarungen ergänzt. Derzeit sind gültig:

– VkBl.-Verlautbarung (S 32/7332.4/0-599225) „Ergänzung des Katalogs der grafischen Symbole in Kapitel 5.7 der RWB 2000 um die Piktogramme ‚Freibad' und ‚Hallenbad' " vom 31. Januar 2007 (VkBl. S. 76)

**Bild 8.8
Grafisches Symbol, dass nur in
der Wegweisung von Autobahnen
gezeigt werden darf**

**Bild 8.9 Grafische Symbole, die in der
Wegweisung außerhalb von Autobahnen
und auf Autobahnen gezeigt werden dürfen**

**Bild 8.10 Grafische Symbole, die in der
Wegweisung außerhalb von Autobahnen
in Ausnahmefällen gezeigt werden dürfen**

**Bild 8.11 Grafische Symbole, die nur in der
Wegweisung außerhalb von Autobahnen
gezeigt werden dürfen**

8.3.3 Auswahl der gezeigten Richtungsangaben

Bild 8.12 a
Allgemeine Wegweisung
und Richtungswegweisung
zur Autobahn

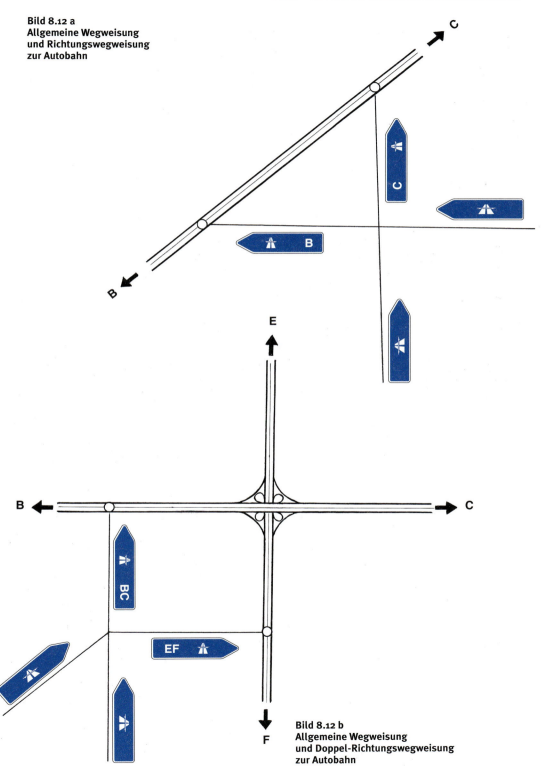

Bild 8.12 b
Allgemeine Wegweisung
und Doppel-Richtungswegweisung
zur Autobahn

471

8.3.3 Auswahl der gezeigten Richtungsangaben

Ziel, Symbol, Nummer

gegenläufige Zielangabe

Symbol, Nummer

Zielangabe für eine Richtung

Symbol

Bild 8.13 Verschiedene Möglichkeiten der Beschriftung von Autobahnwegweisern (Prinzipskizze)

– VkBl.-Verlautbarung (S 32/7332.4/0-654721) „Ergänzung des Katalogs der grafischen Symbole in Kapitel 5.7 der RWB 2000 um das Piktogramm ‚Zentrum'" vom 5. April 2007 (VkBl. S. 245).

Zur Verwendung bestimmter grafischer Symbole auf Autobahnen (siehe *Bilder 8.8* bis *8.11*) ist das nachstehend wiedergegebene

– ARS 9/2001 (S 28/38.62.00/100 Va 2000 II) „Wegweisende Beschilderung; Verwendung von zusätzlichen grafischen Symbolen gemäß den Richtlinien für die wegweisende Beschilderung auf Autobahnen (RWBA 2000)" vom 14. Februar 2001

ergangen.

Zur Wegweisung auf temporäre Großveranstaltungen siehe auch Abschnitt 8.5.4.

Zeichen 430 allein mit dem Sinnbild der Autobahn zu verwenden, ist dann zweckmäßig, wenn

– zunächst ein allgemeiner Hinweis auf die Autobahn gegeben werden soll und erst später eine Trennung nach verschiedenen Zielrichtungen erfolgt (*Bild 8.12 a*),
– wegen der Vielzahl der notwendigen Zielortangaben in Bereichen, die noch weiter von der Anschlussstelle entfernt sind, die Wegweisung unübersichtlich werden würde (*Bild 8.12 b*).

Verschiedene Möglichkeiten der Beschriftung zeigt *Bild 8.13*.

Die innerörtlichen Wegweiser sollen nur innerhalb von Ortschaften oder in der Nähe von Ortschaften angebracht werden und in der Regel auf innerörtliche Ziele – gelegentlich auch auf Ziele, die außerorts liegen, aber einen Bezug zu der betreffenden Ortschaft besitzen (z. B. Flughafen, Schwimmbad) – hinweisen, sofern dafür ein Verkehrsbedürfnis vorliegt.

Solche Richtungsangaben können sein:

– Ortsteile (z. B. Zentrum, Kurviertel)
– öffentliche Anlagen oder öffentliche Gebäude (z. B. Universität, Stadion, Stadtwald)
– andere Ziele, bei denen eine Wegweisung im öffentlichen Interesse liegt (z. B. Autohof, Bahnhof, Flugplatz, TÜV, Zoo).

Eine Wegweisung zu einzelnen Werken, Unternehmungen oder Betrieben unter Angabe von Firmenbezeichnungen hat im Allgemeinen zu unterbleiben. Sie ist nur bei Vorhandensein besonderer Gründe statthaft, z. B. bei starkem auswärtigem Zielverkehr, sofern allgemeine andere Zielangaben nicht ausreichen.

Das Anbringen von Wegweisern zum Zwecke der **reinen Wirtschaftswerbung** bleibt untersagt. Wird jedoch aus verkehrlichen Gründen auf ein touristisches Ziel hingewiesen, so kann dies durch braun-weiße Zeichen erfolgen (siehe auch bei Abschnitt 8.5.2 „Touristische Beschilderung").

Mit dem Sinnbild „i" wird auf Auskunftstellen hingewiesen, die mit Personen besetzt sind, die Auskünfte geben können.

Zur Verwendung bestimmter durch grafische Symbole gezeigter abstrakter Begriffe in der Autobahnwegweisung ist das nachstehend wiedergegebene

– ARS 9/2001 (S 28/38.62.00/100 Va 2000 II) „Wegweisende Beschilderung; Verwendung von zusätzlichen grafischen Symbolen gemäß den Richtlinien für die wegweisende

8.3.3 Auswahl der gezeigten Richtungsangaben

Beschilderung auf Autobahnen (RWBA 2000)" vom 14. Februar 2001

ergangen.

Anmerkung: Für Messen, Ausstellungen und sonstige Großveranstaltungen sind zur besseren Orientierung der Verkehrsteilnehmer und zur

Erleichterung der Verkehrsführung besondere Richtlinien für die Aufstellung privater Wegweiser erlassen worden; siehe Abschnitt 8.5.4.

Bezüglich der Schreibweise von Straßennamen siehe die amtlichen Regelungen der deutschen Rechtschreibung §§ 37, 38 und 50.

Zu Abschnitt 8.3.3

VwV-StVO
zu § 42
Richtzeichen

Zu Zeichen 432 Wegweiser zu Zielen mit erheblicher Verkehrsbedeutung

1 I. Ziele mit erheblicher Verkehrsbedeutung können sein:

– Ortsteile (z. B. Parksiedlung, Zentrum, Kurviertel),
– öffentliche Einrichtungen (z. B. Flughafen, Bahnhof, Rathaus, Messe, Universität, Stadion),
– Industrie- und Gewerbegebiete,
– Erholungs- und Freizeitgebiete oder -einrichtungen.

2 II. Zu anderen Zielen darf nur dann so gewiesen werden, wenn dies wegen besonders starken auswärtigen Zielverkehrs unerlässlich ist und auch nur, wenn allgemeine Hinweise wie „Industriegebiet Nord" nicht ausreichen. Die Verwendung von Logos oder anderen privaten Zusätzen ist nicht zulässig. (Vgl. VwV zu Anlage 3 Abschnitt 10 Wegweisung; Rn. 1.)

3 III. Bei touristisch bedeutsamen Zielen ist vorzugsweise eine Beschilderung mit Zeichen 386.1 vorzunehmen, sofern die Richtlinien für touristische Beschilderung (RtB) dies zulassen.

…

Zu den Zeichen 332, 448, 449 und 453 Wegweiser auf Autobahnen

1 I. 1. Auf Autobahnen darf nur in den Zeichen 332 und 449 auf folgende Ziele hingewiesen werden:

– Flughäfen, Häfen,
– Industrie- und Gewerbegebiete, Plätze für Parken und Reisen (P+R), Güterverkehrszentren,
– Einrichtungen für Großveranstaltungen (z. B. Messe, Stadion, Multifunktionsarena),
– Nationalparks.

2 2. Voraussetzung ist, dass eine Wegweisung zu diesen Zielen aus Gründen der Verkehrslenkung dringend geboten ist.

3 II. Zur Begrenzung der Zielangaben vgl. RWBA.

4 III. Auf autobahnähnlich ausgebauten Straßen sind die Zeichen 332, 448, 449 und ggf. 453 gemäß den Richtlinien für die wegweisende Beschilderung außerhalb von Autobahnen (RWB) auszuführen.

BMVBW
S 28/38.62.00/100
Va 2000 II
14. Februar 2001

Wegweisende Beschilderung; Verwendung von zusätzlichen grafischen Symbolen gemäß den Richtlinien für die wegweisende Beschilderung auf Autobahnen (RWBA 2000)

Die grundsätzlichen Anforderungen an die Wegweisung bedingen häufig einen Kompromiss zwischen einer möglichst umfangreichen Information für die Gesamtheit der Verkehrsteilnehmer und einer systembedingten Beschränkung auf wenige, aber systematische Informationen für den einzelnen Kraftfahrer. Eine Überfrachtung der Wegweisung ist dabei zu vermeiden.

Dieser Notwendigkeit trägt die Allgemeine Verwaltungsvorschrift zur Straßenverkehrs-Ordnung (VwV-StVO) Rechnung, indem unter anderem an Autobahnanschlussstellen die Anzahl der Ausfahrtziele auf maximal 4 begrenzt ist (VwV zu Zeichen 332). Auch die Nummerierung der Autobahnknotenpunkte wurde seinerzeit eingeführt, um Zielangaben, insbesondere Hinweise auf Gewerbegebiete, besondere Einrichtungen usw. durch diese Nummer zu substituieren. Die Auswahl der Ziele erfolgt ausschließlich nach verkehrlichen Erfordernissen, die wegweisende Beschilderung dient nicht der Werbung.

8.3.3 Auswahl der gezeigten Richtungsangaben

BMVBW-Erlass
vom 14.2.2001

Aus verkehrlichen Gründen, d. h. bei hoher Verkehrsstärke mit großem Anteil ortsunkundigen Verkehrs, kann es jedoch notwendig sein, auf Ziele hinzuweisen, die eine besondere überörtliche Verkehrsbedeutung haben oder Verknüpfungspunkte zu anderen Verkehrsträgern darstellen. Hierzu sehen die „Richtlinien für die wegweisende Beschilderung auf Autobahnen (RWBA 2000)" in Ausnahmefällen die Verwendung von zusätzlichen grafischen Symbolen entsprechend Abschnitt 15.4 (Industriegebiet/Gewerbegebiet, Parken und Reisen, Großsportanlage/Stadion, Güterverkehrszentrum) vor. Die Begrenzung der Höchstzahl der Zielangaben ist auch bei der Verwendung von grafischen Symbolen einzuhalten. Sofern diese Symbole einer Zielangabe zugeordnet sind (Symbol mit verbal ausgeschriebener Zielangabe in weißem Einsatz oder einer Zielangabe nachgestelltes Symbol) zählen sie nicht als einzelne Zielangabe.

Im Einvernehmen mit den für den Straßenverkehr und die Verkehrspolizei zuständigen obersten Landesbehörden wurden nachfolgende Bedingungen für die bundeseinheitliche Anwendung der zusätzlichen grafischen Symbole als Nahziele in der wegweisenden Beschilderung auf Autobahnen formuliert, die ich hiermit bekannt gebe. Auf die Einführungserlasse der obersten Straßenverkehrsbehörden weise ich hin.

Grafisches Symbol „Industriegebiet, Gewerbegebiet"

Der Hinweis auf ein Industriegebiet, Gewerbegebiet (auch synonym für Gewerbepark o. ä. Begriffe) kann auf Autobahnen ausnahmsweise dann erfolgen, wenn die Zielführung nicht durch die Angabe eines Ortsnamens möglich ist und eine besondere überörtliche Verkehrsbedeutung besteht. Im nachgeordneten Straßennetz kann die weitere Zielführung erforderlichenfalls gemäß den „Richtlinien für die wegweisende Beschilderung außerhalb von Autobahnen (RWB 2000)" erfolgen. Einzelne Betriebe oder Einrichtungen fallen nicht unter diese Ausnahmeregelung. Verbale Begriffe anstelle des grafischen Symbols sind nicht zulässig. Das grafische Symbol kann aber um eine verbale Bezeichnung ergänzt werden (s. Ausführungsbeispiele Abschnitt 15.4 RWBA), wenn dies bei der Zielführung zu verschiedenen Industrie- bzw. Gewerbegebieten erforderlich ist oder die Verkehrsführung zu einem Industrie- oder Gewerbegebiet eines Ortes über eine andere Anschlussstelle erfolgt (z.B. zur Entlastung von Wohngebieten).

Die grundsätzliche Ergänzung mit individuellen Bezeichnungen, von Industrie- und Gewerbegebieten ist für die wegweisende Beschilderung entbehrlich. Als Ausfahrtziel an Anschlussstellen ist der Name des Ortes in dem ein Industrie- oder Gewerbegebiet liegt, dem grafischen Symbol mit verbaler Ergänzung vorzuziehen.

Grafisches Symbol „Parken und Reisen"

Der Hinweis auf P+R in der wegweisenden Beschilderung von Autobahnanschlussstellen kann ausnahmsweise dann erfolgen, wenn durch einen vorhandenen Parkplatz mit mehr als 500 Stellplätzen (Richtwert) ein großer Anteil des Fernverkehrs auf den ÖPNV umsteigen kann, um dadurch zur Entlastung des über die Autobahn in eine Stadt führenden Verkehres beizutragen. Voraussetzung hierfür ist auch ein hoher Fahrtakt (mindestens alle 10 min.) der angeschlossenen Busse oder Bahnen in den verkehrlichen Spitzenzeiten. Das Symbol ist ohne verbale Ergänzung anzuzeigen (s. Ausführungsbeispiel Abschnitt 15.4 RWBA), sofern keine Unterscheidung zu einer zweiten Einrichtung erforderlich ist.

Grafisches Symbol „Großsportanlage, Stadion"

Der Hinweis auf eine Großsportanlage, Stadion, auf der Autobahn kann ausnahmsweise dann erfolgen, wenn die Zielführung nicht durch die Angabe eines Ortsnamens möglich ist und eine besondere überörtliche Verkehrsbedeutung besteht. Eine überörtliche Verkehrsbedeutung ist nicht vorhanden, wenn die Ortskundigkeit der Verkehrsteilnehmer im Einzugsbereich der Einrichtung unterstellt werden kann. Voraussetzung ist in jedem Fall eine große Anzahl von Zuschauerplätzen (in der Regel mehr als 10000).

Ist bei Großveranstaltungen in einer Großsportanlage bzw. einem Stadion temporär eine besondere Verkehrslenkung erforderlich, sollte die Hinweisbeschilderung mittels Klapptafeln erfolgen. Andere Sinnbilder sind dabei nur für die temporäre Aufstellung von privaten Wegweisern zulässig. Das Symbol ist ohne verbale Ergänzung anzuzeigen, sofern keine Unterscheidung zu einer zweiten Einrichtung erforderlich ist.

Grafisches Symbol „Güterverkehrszentrum"

Der Hinweis auf ein Güterverkehrszentrum kann dann erfolgen, wenn dieses in unmittelbarer Nähe einer Anschlussstelle liegt.

(VkBl. 2001 S. 125)

8.3.4 Ankündigung

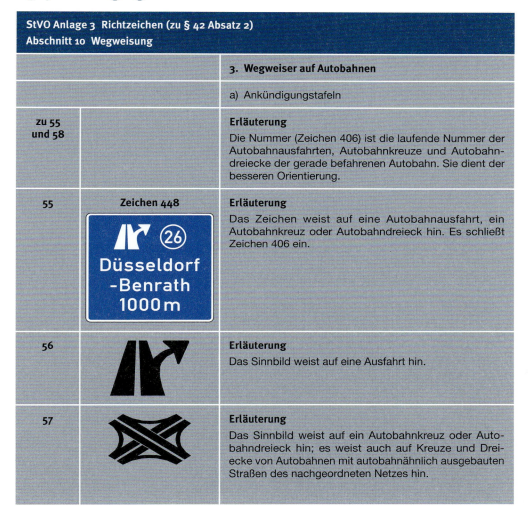

StVO Anlage 3 Richtzeichen (zu § 42 Absatz 2) Abschnitt 10 Wegweisung		
		3. Wegweiser auf Autobahnen
		a) Ankündigungstafeln
zu 55 und 58		**Erläuterung** Die Nummer (Zeichen 406) ist die laufende Nummer der Autobahnausfahrten, Autobahnkreuze und Autobahndreiecke der gerade befahrenen Autobahn. Sie dient der besseren Orientierung.
55	**Zeichen 448** (Düsseldorf-Benrath 1000 m)	**Erläuterung** Das Zeichen weist auf eine Autobahnausfahrt, ein Autobahnkreuz oder Autobahndreieck hin. Es schließt Zeichen 406 ein.
56		**Erläuterung** Das Sinnbild weist auf eine Ausfahrt hin.
57		**Erläuterung** Das Sinnbild weist auf ein Autobahnkreuz oder Autobahndreieck hin; es weist auch auf Kreuze und Dreiecke von Autobahnen mit autobahnähnlich ausgebauten Straßen des nachgeordneten Netzes hin.

Eine ausdrückliche Ankündigung ist in der Grundwegweisung nur auf Autobahnen und bestimmten autobahnähnlich ausgebauten Straßen in Form der Zeichen 448 vorgesehen. Auf den anderen Straßen übernimmt der Vorwegweiser diese Aufgabe. Auf Straßen mit wenig und langsamem Verkehr erfolgt die Ankündigung durch möglichst schon von Weitem sichtbare Wegweiser (und Straßennamensschilder).

Auf autobahnähnlich ausgebauten Straßen werden Knoten in dieser Weise nur angekündigt, wenn ihnen Namen zugeordnet sind. Das kommt aber nur auf längeren Teilstücken mit diesem Ausbaustandard in Frage.

Zeichen 448 zeigt

– ein Symbol, aus dem hervorgeht, ob der angekündigte Knoten eine Autobahnausfahrt oder eine Autobahnverknüpfung ist,
– die Nummer des Knotens,
– die Bezeichnung der Ausfahrt/der Verknüpfung (bei Ausfahrten in der Regel identisch mit der obersten Richtungsangabe im Ausfahrtblock von Vorwegweiser und Wegweiser, bei Autobahnverknüpfungen die Wörter „Kreuz" oder „Dreieck" und der Name der Verknüpfung, in der Regel eine festgelegte geografische Bezeichnung),
– die Entfernung bis zum Entscheidungspunkt (siehe Abschnitt 8.3.6), bei Ausfahrten in der

8.3.4 Ankündigung

Regel „1 000 m", bei Autobahnverknüpfungen „2 000 m".

Zeichen 448 wird auf Autobahnen gemäß der StVO in Blau mit weißer Schrift, auf den autobahnähnlich ausgebauten Straßen gemäß den RWB in Gelb mit schwarzer Schrift für Straßen, die auch überörtlichem Verkehr dienen, und (in Ausnahmefällen auch) in Weiß für Straßen mit rein innerörtlicher Verkehrsbedeutung, ausgeführt.

Zeichen 448 wird in der Regel neben der Fahrbahn angeordnet. Bei unzureichenden Sichtverhältnissen, hohen Verkehrsstärken und starkem Lkw-Verkehr kommt auch eine Anordnung an einem Kragarm in Frage. Dies wird bei Richtungsfahrbahnen mit mehr als zwei Fahrstreifen die Regel sein.

Zu Abschnitt 8.3.4

VwV-StVO
zu § 42
Richtzeichen

Zu den Zeichen 332, 448, 449 und 453 Wegweiser auf Autobahnen

4 III. Auf autobahnähnlich ausgebauten Straßen sind die Zeichen 332, 448, 449 und ggf. 453 gemäß den Richtlinien für die wegweisende Beschilderung außerhalb von Autobahnen (RWB) auszuführen.

RWB 2000

Richtlinien für die wegweisende Beschilderung außerhalb von Autobahnen (RWB), Ausgabe 2000 (Auszug)

8 Beschilderung autobahnähnlich ausgebauter zweibahniger Straßen

(1) Auf autobahnähnlich ausgebauten, zweibahnigen Straßen ist eine Wegweisung in Anlehnung an die RWBA auszuführen. Die Grundfarbe der Beschilderung ist gelb. Die Schriftgrößen richten sich nach Kapitel 5.3.2 der RWB. Auf Bundesstraßen ist an Stelle der Autobahnnummer die Bundesstraßennummer zu setzen. Eine Nummerierung der Knotenpunkte erfolgt nicht.

8.3.5 Vorwegweisung

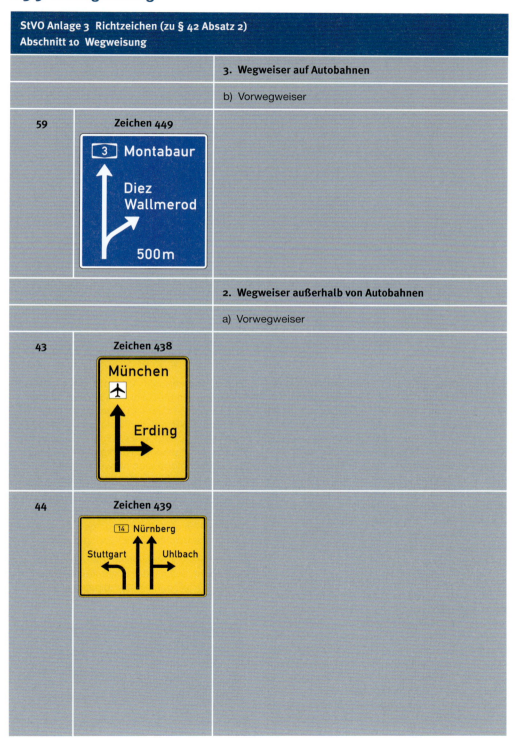

		StVO Anlage 3 Richtzeichen (zu § 42 Absatz 2) **Abschnitt 10 Wegweisung**
		3. Wegweiser auf Autobahnen
		b) Vorwegweiser
59	**Zeichen 449**	
		2. Wegweiser außerhalb von Autobahnen
		a) Vorwegweiser
43	**Zeichen 438**	
44	**Zeichen 439**	

8.3.5 Vorwegweisung

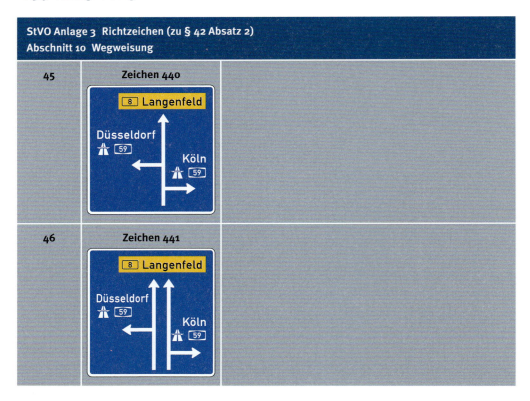

StVO Anlage 3 Richtzeichen (zu § 42 Absatz 2)
Abschnitt 10 Wegweisung

| 45 | Zeichen 440 | |
| 46 | Zeichen 441 | |

Vorwegweiser dienen dazu, bei den Verkehrsteilnehmern den Entscheidungsprozess zur Richtungswahl anzustoßen. Auf Straßen, an denen keine Ankündigungstafeln angebracht sind, dienen sie auch der Ankündigung des Knotenpunktes. Außerdem lassen sie in der Regel die Struktur des Knotenpunktes erkennen (Vorfahrt, Abbiegestreifen), sodass die Verkehrsteilnehmer gewarnt sind und sich mit ihrem Verhalten auf die vor ihnen liegende Situation einstellen können. Eine übertrieben genaue Wiedergabe des Knotenpunktes auf dem Vorwegweiser ist allerdings nicht sinnvoll (siehe auch *Bild 8.15*).

An Autobahnen werden immer Vorwegweiser angeordnet (siehe *Bild 8.14*), vor Autobahnverknüpfungen sogar zwei. Außerhalb der Autobahnen sind Vorwegweiser nötig, wenn z. B. wegen häufigen Rückstaus durch eine Signalanlage ein Fahrstreifenwechsel sonst zu spät möglich wäre oder mehrere Fahrstreifen in eine abbiegende Richtung angeordnet sind. Vor Kreisverkehrsplätzen sind zur Ankündigung dieser Verkehrsregelung immer Vorwegweiser anzuordnen, die gemäß den RWB den Kreisverkehr erkennen lassen.

Sind im Knotenpunkt Abbiegestreifen angeordnet, so werden die Zeichen 439 oder 441, sonst die Zeichen 438 oder 440 angeordnet. Dabei wird nach den RWB auf den Zeichen 439 und 441 nicht (mehr) gezeigt, wie sich die Abbiegestreifen aus den durchgehenden Fahrstreifen entwickeln. Sollte diese Information notwendig sein, so sind nun gesonderte Spurlenkungstafeln anzuordnen.

Auf autobahnähnlich ausgebauten Straßen werden die Vorwegweiser wie die der Autobahnen (Zeichen 449) gestaltet, allerdings in Gelb oder in Weiß (mit schwarzer Schrift) ausgeführt.

Werden die Vorwegweiser über der Fahrbahn angeordnet, so ist jedem Fahrstreifen unter dem Schild ein Pfeil, ggf. ein Kombinationspfeil, zuzuordnen.

Bild 8.14 Beispiel für einen Vorwegweiser vor einem Autobahnkreuz   Quelle RWBA 2000

8.3.5 Vorwegweisung

Vorwegweiser außerhalb von Autobahnen werden gemäß den Farbsystem-Regeln normalerweise mit gelbem Grund ausgeführt (Zeichen 438 und 439). Soweit sie direkt auf die Autobahn leiten, werden sie entsprechend mit blauem Grund ausgeführt (Zeichen 440 und 441; die Autobahn-Anschlussstellen gelten als Knoten der Autobahn; siehe *Bild 8.1*), an Knoten von Straßen mit rein innerstädtischer Funktion mit weißem Grund.

Soweit die Vorwegweiser nicht als fahrstreifenbezogene Überkopfbeschilderung oder ausnahmsweise als Tabellenwegweiser (Zeichen 434) ausgeführt sind, wird die Grundstruktur des Schildinhaltes auf einer schematischen Skizze des Knotenpunkts aufgebaut.

Dabei wird der Knoten möglichst einfach so dargestellt, als befände sich der Verkehrsteilnehmer bereits unmittelbar vor dem Knotenpunkt (d. h. der Verlauf der Straße zwischen dem Vorwegweiser und dem Knoten wird nicht dargestellt).

Um eine schnelle und sichere Erfassung durch den Verkehrsteilnehmer zu ermöglichen, geht

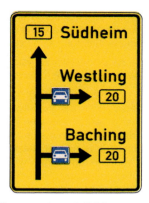

Bild 8.16 Vorwegweiser mit Zeichen 331.1 „Kraftfahrstraße" Quelle: RWB 2000

bei der Darstellung schematische Klarheit vor Detailgenauigkeit (*Bild 8.15*). Nur in notwendigen Ausnahmefällen wird der tatsächliche Verlauf der sich kreuzenden Straßen dargestellt.

Die Richtungsangaben werden auf dem Schild in Blöcken angeordnet, je ein Block für jede angezeigte Fahrtrichtung. Werden die Vorwegweiser ausnahmsweise als Tabellenwegweiser ausgeführt, so wird jedem Richtungsblock eine Tabellenzeile zugeordnet. Die Blöcke werden dann immer von oben nach unten nach den Richtungen geradeaus, links, rechts angeordnet.

Bei Autobahnverknüpfungen werden als Richtungsangaben die Fernziele der Autobahnen gezeigt.

Bei Autobahnausfahrten wird in der Geradeausrichtung der Autobahn die Bezeichnung der nächsten Knoten, in der Abzweigrichtung in der Regel je eine Richtungsangabe zu einem Ziel links und rechts der Autobahn angegeben. Soweit sich die untergeordnete Straße in zwei verkehrswichtige Richtungen verzweigt, können ausnahmsweise auch mehr Richtungsangaben angeordnet werden, maximal aber vier (siehe Abschnitt 8.2.6).

Außerhalb der Autobahnen wird in dem jeweiligen Richtungsblock die Fern-Richtungsangabe, ggf. ergänzt durch eine Nah-Richtungsangabe, gezeigt. Verzweigt sich die Straße in zwei gleichwertige Richtungen, wird/werden die Richtungsangabe(n) für jede Richtung gezeigt, maximal aber vier Angaben je Block (siehe Abschnitt 8.2.6). Soweit die Richtungsangaben auf verkehrswichtige innerörtliche Richtungen verweisen, wird der (Teil-)Block weiß hinterlegt. Für die Wegweisung zu einer Autobahn wird als Richtungsangabe die Nummer der Autobahn als im blauen Block gezeigtes Zeichen 405

Richtig Falsch

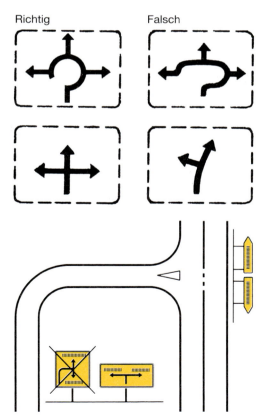

Bild 8.15 Richtige und falsche Darstellung eines Knotenpunktes auf Vorwegweisern

8.3.5 Vorwegweisung

angegeben, ggf. ergänzt durch eine sinnvolle Haupt-Fernrichtungsangabe wenn die Wegweisung nur in dieser Richtung sinnvoll ist.

Details zur Auswahl der Richtungsangaben enthalten die RWB und die RWBA (dort Zielangaben genannt).

Auf den Pfeilschäften der Vorwegweiser können verkleinerte Verkehrszeichen gezeigt werden, wenn dies für das Verhalten am Knotenpunkt hilfreich ist (z. B. um auf Gefahren oder zu erwartende Verkehrsregelungen wie Verbot für Fahrzeuge über einer tatsächlichen Masse, Zeichen 262, oder Kraftfahrstraße, Zeichen 331.1, hinzuweisen (*Bild 8.16*)).

Die Regel, die Vorfahrtregelung am Knotenpunkt in Zeichen 438 durch einen dickeren Pfeilschaft für die übergeordnete und einen dünneren Pfeilschaft für die untergeordneten Straßen darzustellen, wird heute nicht mehr regelmäßig angewandt. Sie ist aber auch heute noch sinnvoll, wenn bei schwierigen Knotenpunktformen für die Verkehrsteilnehmer auf der schnell befahrenen übergeordneten Straße verdeutlicht werden muss, dass ihre Straße nicht gerade über den Knotenpunkt verläuft (z. B. bei baulich problematisch gestalteten Einleitungen von Ortsumgehungen oder unerwarteten abknickenden Vorfahrtregelungen). Dann wird die Breite des untergeordneten Astes im Verhältnis 2 : 3

reduziert. Soweit es ausnahmsweise notwendig ist, in einem untergeordneten Ast warnend auf die Vorfahrtregelung hinzuweisen, kann dies auch durch Einsätze der Zeichen 205 oder 206 in den Pfeilschäften erfolgen. Dies ersetzt nicht die Vorfahrtregelung durch die entsprechenden Verkehrszeichen am Knotenpunkt selbst.

Vorwegweiser werden in der Regel neben der Fahrbahn aufgestellt. Bei unzureichenden Sichtverhältnissen, hohen Verkehrsstärken und starkem Lkw-Verkehr kommt auf zwei- oder mehrstreifigen Strecken auch eine Überkopfanordnung in Frage. Bei Richtungsfahrbahnen mit mehr als zwei Fahrstreifen wird die Überkopfanordnung die Regel sein. Sie sollte auf jeden Fall in Erwägung gezogen werden, wenn im Knoten eine Spursubtraktion erfolgt und der durchgehende Verkehr deshalb gezwungen ist, den Fahrstreifen zu wechseln.

Die Vorwegweiser werden auf Autobahnen und autobahnähnlichen Straßen in einer Entfernung von 500 m (bei Autobahnverknüpfungen 500 m und 1 000 m) vor dem Entscheidungspunkt angeordnet. Außerhalb der Autobahnen werden sie außerorts ca. 250 m bis 100 m, innerorts 150 m bis 50 m vor den Wegweisern, spätestens aber am Beginn der Abbiegefahrstreifen oder bei den ersten knotenbezogenen Richtungspfeilen auf der Fahrbahn angeordnet.

Zu Abschnitt 8.3.5

VwV-StVO
zu § 42
Richtzeichen

Zu den Zeichen 438 bis 441

1 In den Zeichen kann durch Einsätze auf Verkehrszeichen hingewiesen werden, die im weiteren Verlauf der Strecke gelten. Dafür wird das entsprechende Verkehrszeichen verkleinert zentral auf dem jeweiligen Pfeilschaft dargestellt. Die Ausführung entspricht den Vorgaben der RWB.

...

Zu den Zeichen 332, 448, 449 und 453 Wegweiser auf Autobahnen

4 III. Auf autobahnähnlich ausgebauten Straßen sind die Zeichen 332, 448, 449 und ggf. 453 gemäß den Richtlinien für die wegweisende Beschilderung außerhalb von Autobahnen (RWB) auszuführen.

8.3.6 Wegweisung (im engeren Sinne)

StVO Anlage 3 Richtzeichen (zu § 42 Absatz 2) Abschnitt 10 Wegweisung		
		3. Wegweiser auf Autobahnen
		c) Ausfahrttafel
60	Zeichen 332 **Mainz Wiesbaden** ↗	
		2. Wegweiser außerhalb von Autobahnen
		b) Pfeilwegweiser
zu 47 bis 49		**Erläuterung** Das Zusatzzeichen „Nebenstrecke" oder der Zusatz „Nebenstrecke" im Wegweiser weist auf eine Straßenverbindung von untergeordneter Bedeutung hin.
47	Zeichen 415 [233] Dorsten 28 km Bottrop 14 km	**Erläuterung** Pfeilwegweiser auf Bundesstraßen
48	Zeichen 418 Hildesheim 49 km Elze 31 km	**Erläuterung** Pfeilwegweiser auf sonstigen Straßen
49	Zeichen 419 **Eichenbach**	**Erläuterung** Pfeilwegweiser auf sonstigen Straßen mit geringerer Verkehrsbedeutung
50	Zeichen 430 Berlin 🛣 [2]	**Erläuterung** Pfeilwegweiser zur Autobahn
51	Zeichen 432 Bahnhof	**Erläuterung** Pfeilwegweiser zu Zielen mit erheblicher Verkehrsbedeutung

8.3.6 Wegweisung (im engeren Sinne)

StVO Anlage 3 Richtzeichen (zu § 42 Absatz 2)
Abschnitt 10 Wegweisung

		c) Tabellenwegweiser
52	**Zeichen 434**	**Erläuterung**
		Der Tabellenwegweiser kann auch auf einer Tafel zusammengefasst sein. Die Zielangaben in einer Richtung können auch auf separaten Tafeln gezeigt werden.
		d) Ausfahrttafel
53	**Zeichen 332.1**	**Erläuterung**
		Ausfahrt von der Kraftfahrstraße oder einer autobahnähnlich ausgebauten Straße. Das Zeichen kann innerhalb geschlossener Ortschaften auch mit weißem Grund ausgeführt sein.
		e) Straßennamensschilder
54	**Zeichen 437**	**Erläuterung**
		Das Zeichen hat entweder weiße Schrift auf dunklem Grund oder schwarze Schrift auf hellem Grund. Es kann auch an Bauwerken angebracht sein.

Wegweiser helfen am Entscheidungspunkt, die durch die Vorwegweisung vorbereitete Entscheidung über das Verhalten am Knotenpunkt endgültig zu treffen. Soweit keine Bestätigungstafeln (siehe Abschnitt 8.3.8) angeordnet sind, übernehmen die Wegweiser außerdem deren Funktion und geben in diesem Zusammenhang die Entfernungen zu den angegebenen Orten an.

Entscheidungspunkt ist die Stelle, an der der Verkehrsteilnehmer die Abbiegehandlung ausführen oder einleiten muss. Bei einfachen Knotenpunkten ist es die Stelle, an der er abbiegen muss. Bei komplexeren Knoten ist es die Stelle, an der er den Spurwechsel auf den entsprechenden Verzögerungs- oder Abbiegestreifen einleiten soll. Hinter dem Entscheidungspunkt sollten im Knotenpunkt keine Richtungsangaben mehr gezeigt werden, um Unfälle durch Schreckreaktionen zu vermeiden.

Auf Autobahnen und autobahnähnlich ausgebauten Straßen wird als Wegweiser Zei-

8.3.6 Wegweisung (im engeren Sinne)

Die **Pfeilwegweiser** sind die klassische Art der Wegweisung. Sie erlauben, auf unterschwellige Weise sehr viele zusätzliche Informationen zu vermitteln, sind aber wegen ihrer Form schwerer anzubringen und zu unterhalten und können vor allem erst im Knotenpunkt selbst, vorzugsweise hinter der Stelle, an der abgebogen wird, angeordnet werden.

In der Regel wird für jeden Straßenzug ein Pfeilwegweiser angeordnet, der die jeweilige Fern- und Nah-Richtungsangabe zeigt. Verzweigt sich z. B. die nach rechts abbiegende Straße später in zwei annähernd gleich verkehrswichtige Richtungen, so werden zwei Pfeilwegweiser nach rechts angeordnet. Je nach „Qualität" des Straßenzuges werden die Pfeilwegweiser als Zeichen 415, 418 oder 432 ausgeführt. Pfeilwegweiser zu Autobahnen werden als Zeichen 430 ausgeführt, Wegweiser an untergeordneten Knotenpunkten zu abseits gelegenen Einzelzielen als Zeichen 419.

Bild 8.17 Anordnung von Wegweisertafeln unterschiedlicher Farbe und Richtung

chen 332 angeordnet, das auf autobahnähnlich ausgebauten Straßen mit gelbem oder weißem Grund und schwarzer Schrift (Z 332.21) ausgeführt wird. Es wird in der Regel 250 m vor der Inselspitze angeordnet, bei kürzeren Verzögerungsstreifen an dessen Anfang. Der schräg nach rechts oben weisende Pfeil regt die ausfahrenden Verkehrsteilnehmer dazu an, auf den Verzögerungsstreifen zu wechseln.

Werden die Wegweiser über der Fahrbahn angeordnet, so ist jedem Fahrstreifen unter dem Schild ein Pfeil, ggf. ein Kombinationspfeil, zuzuordnen. Die genaue Gestaltung ist den RWBA zu entnehmen.

Auf den sonstigen Straßen werden Pfeilwegweiser (Zeichen 415 bis 432) oder Tabellenwegweiser (Zeichen 434) verwendet.

Beim Anbringen der Wegweiser ist darauf zu achten, dass die blauen Autobahnwegweiser oben, die gelben Wegweiser darunter und die weißen Innerortswegweiser unten angeordnet werden, und zwar richtungsweise zusammengefasst (*Bild 8.17*).

Tabellenwegweiser geben diese zusätzlichen Informationen nicht, sind dafür klarer in ihrer Gestaltung und wegen ihrer rechteckigen Form leichter aufzustellen und zu unterhalten. Sie werden normalerweise so angeordnet, dass unmittelbar hinter ihnen abgebogen oder auf den Abbiegefahrstreifen gewechselt wird. Daher sind sie heute innerorts, insbesondere an Straßen mit Abbiegestreifen, die Regelform. Außerorts sollen Tabellenwegweiser nur in ihrer kompakten Bauform (eine Tafel, je Richtung nur ein Tabellenfeld) verwendet werden, um eine schnelle Erkennbarkeit zu gewährleisten. Innerorts ist die in der StVO

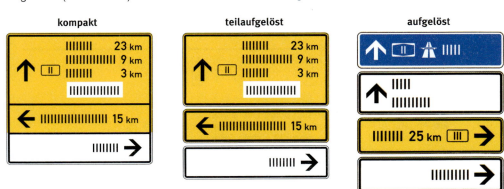

Bild 8.18 Tabellenwegweiser nach Zeichen 434 (Z 435/436)

Quelle: RWB 2000

8.3.6 Wegweisung (im engeren Sinne)

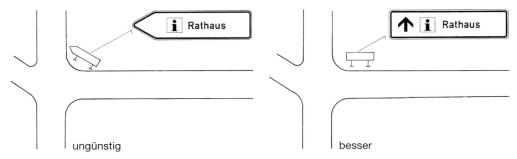

Bild 8.19 Anbringen der „Geradeaus"-Wegweiser

gezeigte Form die Regel, unter Umständen auch mit mehreren Teilschildern für die gleiche Richtung (siehe *Bild 8.18*).

Bei den Tabellenwegweisern werden sich später verzweigende Strecken nur bei aufgelösten Tabellenwegweisern berücksichtigt. Eine Unterscheidung wie zwischen Zeichen 418 und 419 ist nicht vorgesehen. Bei kompakten Tabellenwegweisern übernehmen die Funktion von Zeichen 430 blaue, die von Zeichen 432 weiße Einsätze, bei aufgelösten Tabellenwegweisern werden die jeweiligen Teilschilder in Blau oder Weiß ausgeführt. Bundesstraßen (Zeichen 415) werden durch den Einsatz eines Bundesstraßensymbols (Zeichen 401) in der Nähe des Pfeils gekennzeichnet.

Ein wesentlicher Vorteil der Tabellenwegweiser ist, dass auch die Geradeausrichtung gut sichtbar mit einem senkrecht zur Fahrrichtung angeordneten Pfeil dargestellt werden kann (*Bild 8.19*).

Werden die Wegweiser über der Fahrbahn angeordnet, so ist jedem Fahrstreifen unter dem Schild ein Pfeil, ggf. ein Kombinationspfeil, zuzuordnen. Die genaue Gestaltung ist den RWB und – von dort verwiesen – den RWBA zu entnehmen.

Werden keine Bestätigungstafeln (siehe Abschnitt 8.3.8) angeordnet – und das ist außerhalb der autobahnähnlich ausgebauten Straßen der Normalfall –, werden die Richtungsangaben in der Regel mit Entfernungsangaben in km versehen. Maßgebend ist die Entfernung bis zum jeweiligen Ortsmittelpunkt. Die Angaben sind so aufeinander abzustimmen, dass von Knoten zu Knoten keine unerwarteten Differenzen auftreten. Anhand der in *Bild 8.20* dargestellten Prüfregel kann die Richtigkeit der km-Angaben entlang einer Strecke kontrolliert werden.

Die genaue Gestaltung der Wegweiser ist in den RWB und den RWBA festgelegt, um durch Einheitlichkeit eine sichere und schnelle Erfassbarkeit sicherzustellen (siehe Abschnitt 8.2.6).

Straßennamensschilder sollten innerhalb von Ortschaften an allen Kreuzungen und Einmündungen angebracht werden, wo zur Orientierung eine Unterrichtung über den Straßennamen erforderlich ist.

Das Straßennamensschild ist – abgesehen von dem Hausnummernschild – das letzte Glied in der Kette der Wegweiser. Einzelheiten der Anbringung werden von den stark variierenden örtlichen Gegebenheiten beeinflusst. So ist im Normalfall das Anbringen an der Häuserfront oder Vorgartenmauer weiterhin möglich.

Summenkontrolle
 an jeder Kreuzung zwischen den beiden Nahzielen:
  km-Angabe zu F + km-Angabe zu G = stets Gesamtentfernung F nach G!
  km-Angabe zu N + km-Angabe zu M = stets Teilentfernung N nach M!

Differenzkontrolle
  km-Angabe zu F abzüglich km-Angabe zu N an jeder Kreuzung gleich!
  km-Angabe zu G abzüglich km-Angabe zu M an jeder Kreuzung gleich!
  Entfernung N – M meist in einem Verzeichnis der Fern- und Nahziele festgelegt.

Bild 8.20 Prüfregeln zur Kontrolle der Entfernungsangaben auf Wegweisern

8.3.6 Wegweisung (im engeren Sinne)

Bei breiten Bürgersteigen, bei Baumreihen und bei starkem Fahrverkehr ist das Anbringen an eigenen Pfosten (gemäß StVO-Abbildung) erforderlich. Wegen der besseren Erkennbarkeit und der leichteren Lesbarkeit sind retroreflektierende Straßennamensschilder empfehlenswert. Insbesondere in Tempo 30-Zonen ist zu überlegen, ob die notwendige Warnung vor einmündenden, durch die Rechts-vor-links-Regelung bevorrechtigte Straßen mit von Weitem erkennbaren Straßennamensschildern (günstiger Aufstellort, retroreflektierende Ausführung mit schwarzer Schrift auf weißem Grund, ggf. Übergröße) erreicht werden kann (siehe Abschnitt 4.5.2).

Zu Abschnitt 8.3.6

StVO
§ 18
Autobahnen und
Kraftfahrstraßen

(10) Die Ausfahrt von Autobahnen ist nur an Stellen erlaubt, die durch die Ausfahrttafel (Zeichen 332) und durch das Pfeilzeichen (Zeichen 333) oder durch eins dieser Zeichen gekennzeichnet sind. Die Ausfahrt von Kraftfahrstraßen ist nur an Kreuzungen oder Einmündungen erlaubt.

VwV-StVO
zu § 42
Richtzeichen

Zu Zeichen 332.1 Ausfahrt von der Kraftfahrstraße

1 Vgl. Nummer III VwV zu den Zeichen 332, 448, 449 und 453, Rn. 4.

...

Zu den Zeichen 415 bis 442 Wegweiser außerhalb von Autobahnen

1 Für Bundesstraßen gibt das für Verkehr zuständige Bundesministerium das Bundesstraßenverzeichnis heraus. Es enthält u. a. die Fern- und Nahziele der Bundesstraßen sowie die Entfernungen benachbarter Ziele auf der Bundesstraße. Das Bundesstraßenverzeichnis sowie die entsprechenden Verzeichnisse der obersten Landesbehörden für die übrigen Straßen sind bei der Auswahl der Ziele zu beachten.

...

Zu Zeichen 434

1 In dem Zeichen kann durch Einsätze auf Verkehrszeichen hingewiesen werden, die im weiteren Verlauf der Strecke gelten. Dafür wird das entsprechende Verkehrszeichen verkleinert zentral auf dem jeweiligen Pfeilschaft dargestellt. Die Ausführung entspricht den Vorgaben der RWB.

...

Zu den Zeichen 332, 448, 449 und 453 Wegweiser auf Autobahnen

4 III. Auf autobahnähnlich ausgebauten Straßen sind die Zeichen 332, 448, 449 und ggf. 453 gemäß den Richtlinien für die wegweisende Beschilderung außerhalb von Autobahnen (RWB) auszuführen.

8.3.7 Orientierung im Knotenpunkt

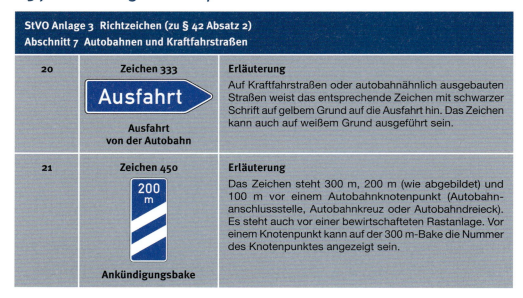

StVO Anlage 3 Richtzeichen (zu § 42 Absatz 2)
Abschnitt 7 Autobahnen und Kraftfahrstraßen

20	Zeichen 333	Erläuterung
	Ausfahrt Ausfahrt von der Autobahn	Auf Kraftfahrstraßen oder autobahnähnlich ausgebauten Straßen weist das entsprechende Zeichen mit schwarzer Schrift auf gelbem Grund auf die Ausfahrt hin. Das Zeichen kann auch auf weißem Grund ausgeführt sein.
21	Zeichen 450 200 m **Ankündigungsbake**	Erläuterung Das Zeichen steht 300 m, 200 m (wie abgebildet) und 100 m vor einem Autobahnknotenpunkt (Autobahn-anschlussstelle, Autobahnkreuz oder Autobahndreieck). Es steht auch vor einer bewirtschafteten Rastanlage. Vor einem Knotenpunkt kann auf der 300 m-Bake die Nummer des Knotenpunktes angezeigt sein.

Die Gestaltungs- und Ausstattungselemente für die Orientierung im Knotenpunkt sollen die Fahrstreifen- und Geschwindigkeitswahl bei der Annäherung an den Knotenpunkt erleichtern sowie den eigentlichen Durchfahr-, Abbiege- oder Einbiegevorgang erleichtern und regeln.

Doch auch schon vor dem Entscheidungspunkt sollen die Gestaltungs- und Ausstattungselemente an die anstehende Notwendigkeit zur Entscheidung erinnern und vorausschauendes Verhalten, z. B. rechtzeitigen Fahrstreifenwechsel, ermöglichen. Hinter dem Entscheidungspunkt sollen sie das Verhalten im Knotenpunkt selbst erleichtern oder regeln.

Vor dem Entscheidungspunkt enthalten die bisher behandelten Elemente der Wegweisung zahlreiche Details, die auch der Orientierung dienen. Dazu gehören insbesondere die fahrstreifenbezogenen Pfeildarstellungen auf den gegliederten Vorwegweisern sowie den über der Fahrbahn angeordneten Vorwegweisern und Wegweisern, aber auch die Ankündigungstafel oder der Vorwegweiser selbst (rechtzeitiger Hinweis auf den Knotenpunkt). Der Orientierung dient außerdem die Knotenpunktnummer auf der Ankündigungstafel.

Bei der Wegweisung auf den autobahnähnlich ausgebauten Straßen werden zusätzlich noch Baken 300 m, 200 m und 100 m vor dem Entscheidungspunkt angeordnet, die auf diesen hinweisen. Die 300 m-Bake zeigt außerdem nochmals die Knotenpunktnummer.

An Knotenpunkten vor allem im Innerortsbereich kann es außerdem notwendig werden, durch Spurlenkungstafeln (Zeichen 500 ff.; siehe *Bild 8.21*) darauf hinzuweisen, wie sich die Abbiegestreifen aus den Fahrstreifen entwickeln, die auf den Knotenpunkt zuführen (diese für das Verhalten im Knotenpunkt wichtige Information wird nach den RWB nicht mehr in den Vorwegweisern dargestellt). Blockumfahrungstafeln (Zeichen 590) zeigen Verkehrsteilnehmern, die sich geografisch orientieren (also z. B. wissen, dass sie demnächst links abbiegen müssen), wie sie in den

Bild 8.21 Spurlenkungstafel, die den Verlauf der Abbiegestreifen verdeutlicht

Zeichen 590

Blockumfahrung

8.3.7 Orientierung im Knotenpunkt

Bild 8.22
Z 626-30 Leitplatte mit von der Mitte beiderseits fallenden Schraffen zur Kennzeichnung von Trenninsel- spitzen, an denen rechts oder links vorbeigefahren werden kann

Knotenpunkten geführt werden (rechts abbiegen, um dann den Block zu umfahren und nach links abzubiegen; siehe Abschnitt 4.2).

Hinter dem Entscheidungspunkt werden Abbiege- oder Ausfahrstreifen durch Breitstrich- Markierungen von den durchgehenden Fahrstrei- fen abgetrennt und damit als solche gekennzeich- net. Außerhalb der Autobahnen können Rich- tungspfeile angeordnet werden (die zusätzlich zur

Orientierung auch ein Richtungsgebot vorgeben und das Parken und Halten beschränken; siehe Abschnitt 4.3).

Auf den Trenninselspitzen werden häufig Leit- platten (Zeichen 626, allerdings mit von der Mitte nach beiden Seiten fallender Schraffur) angeord- net (siehe *Bild 8.22*). An Ausfahrten von auto- bahnähnlich ausgebauten Straßen wird außer- dem Zeichen 333 (Pfeilschild „Ausfahrt" von der Autobahn), auf Straßen mit gelben oder weißen Wegweisern in der jeweiligen Wegweisungsfarbe ausgeführt, angeordnet.

Kurze Fahrbahnmarkierungsstriche (Leitlinien Zeichen 340) können die Orientierung in größe- ren planfreien Knotenpunkten erleichtern (siehe RMS-2 Abschnitt 2.1; *Bild 8.23*).

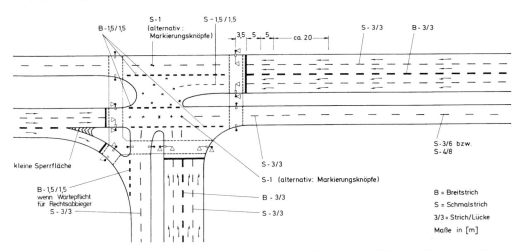

Bild 8.23 Markierung der Knotenpunktbereiche an Knotenpunkten mit doppelten Abbiegestreifen Quelle: RMS-2

Zu Abschnitt 8.3.7

StVO
§ 7a
Abgehende Fahr-
streifen, Einfäde-
lungs- und Ausfäde-
lungsstreifen

(1) Gehen Fahrstreifen, insbesondere auf Autobahnen und Kraftfahrstraßen, von der durchgehenden Fahrbahn ab, darf beim Abbiegen vom Beginn einer breiten Leitlinie (Zeichen 340) rechts von dieser schneller als auf der durchgehenden Fahrbahn gefahren werden.

(2) Auf Autobahnen und anderen Straßen außerhalb geschlossener Ortschaften darf auf Einfädelungsstreifen schneller gefahren werden als auf den durchgehenden Fahrstreifen.

(3) Auf Ausfädelungsstreifen darf nicht schneller gefahren werden als auf den durch- gehenden Fahrstreifen. Stockt oder steht der Verkehr auf den durchgehenden Fahrstreifen, darf auf dem Ausfädelungsstreifen mit mäßiger Geschwindigkeit und besonderer Vorsicht überholt werden.

StVO
§ 18
Autobahnen und
Kraftfahrstraßen

(10) Die Ausfahrt von Autobahnen ist nur an Stellen erlaubt, die durch die Ausfahrttafel (Zeichen 332) und durch das Pfeilzeichen (Zeichen 333) oder durch eins dieser Zeichen gekennzeichnet sind. Die Ausfahrt von Kraftfahrstraßen ist nur an Kreuzungen oder Ein- mündungen erlaubt.

8.3.8 Bestätigung

StVO Anlage 3 Richtzeichen (zu § 42 Absatz 2) Abschnitt 10 Wegweisung		
		3. Wegweiser auf Autobahnen
		d) Entfernungstafel
61	Zeichen 453 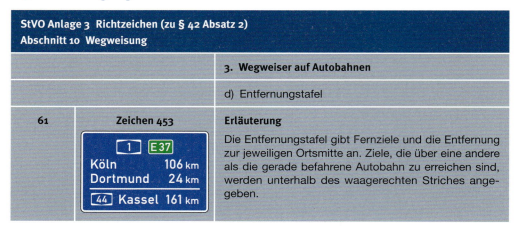	**Erläuterung** Die Entfernungstafel gibt Fernziele und die Entfernung zur jeweiligen Ortsmitte an. Ziele, die über eine andere als die gerade befahrene Autobahn zu erreichen sind, werden unterhalb des waagerechten Striches angegeben.

Die Bestätigung dient dem Verkehrsteilnehmer zur weiteren Orientierung. Sie ermöglicht ihm außerdem, ggf. falsche Entscheidungen im Knoten zu erkennen und diese geeignet zu korrigieren (z. B. an der nächsten Ausfahrt abzufahren und zu wenden).

Auf Autobahnen und autobahnähnlich ausgebauten Straßen dient der Bestätigung die Entfernungstafel (Zeichen 453), die in der jeweiligen Wegweisungsfarbe ausgeführt wird (auf autobahnähnlich ausgebauten Straßen also in Gelb oder Weiß, jeweils mit schwarzer Schrift).

Auf den übrigen Straßen übernehmen die Wegweiser selbst die Bestätigungsfunktion.

Daher sind auf diesen Wegweisern die Richtungsangaben in der Regel auch um Entfernungsangaben ergänzt.

8.3.9 Ortsbestimmung

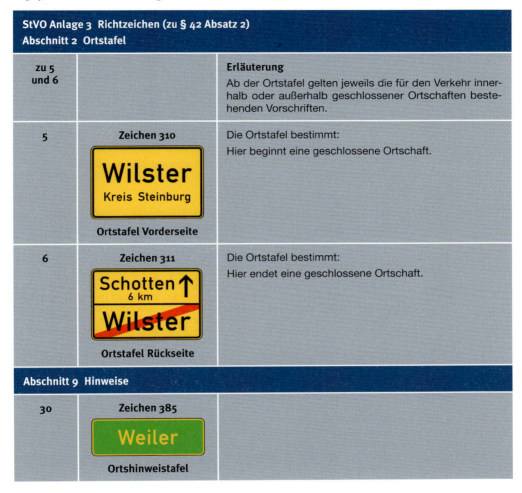

StVO Anlage 3 Richtzeichen (zu § 42 Absatz 2) Abschnitt 2 Ortstafel		
zu 5 und 6		**Erläuterung** Ab der Ortstafel gelten jeweils die für den Verkehr innerhalb oder außerhalb geschlossener Ortschaften bestehenden Vorschriften.
5	**Zeichen 310** Wilster Kreis Steinburg **Ortstafel Vorderseite**	Die Ortstafel bestimmt: Hier beginnt eine geschlossene Ortschaft.
6	**Zeichen 311** Schotten↑ 6 km Wilster **Ortstafel Rückseite**	Die Ortstafel bestimmt: Hier endet eine geschlossene Ortschaft.
Abschnitt 9 Hinweise		
30	**Zeichen 385** Weiler **Ortshinweistafel**	

Ein wesentlicher Teil der Wegweisung ist die Ortsbestimmung: Der Verkehrsteilnehmer muss wissen, wo er sich gerade befindet und – am Ende seiner Fahrt – dass er sein Ziel erreicht hat.

Viele Elemente der Wegweisung helfen auch bei der Ortsbestimmung. Zu nennen sind hier insbesondere die Nummerierung der Straßen und der Autobahnausfahrten oder die konsequente Bezeichnung der Autobahnausfahrten und -knoten, aber auch die Information, dass man an einer bestimmten Stelle zu einem bestimmten Ort abbiegen kann.

Eine besondere Rolle bei der Ortsbestimmung spielen die Ortstafeln (Zeichen 310 und 311), die zusätzlich zu ihrer verkehrsregelnden Funktion

(wegen der sie vertieft auch in Abschnitt 6.6.4 behandelt werden) auch angeben, in welchen Ort man gerade einfährt oder welchen Ort man gerade (in welche Richtung) verlässt. Soll bei kleineren Ansiedlungen eine Information über deren Benennung gegeben werden, ohne die Regelungen der Ortstafeln anzuordnen, so kann man zur Ortsbestimmung Zeichen 385 anordnen.

Auch die Straßennamensschilder (siehe Abschnitt 8.3.6) dienen der Ortsbestimmung. Sie geben nicht nur den Namen der Straße an, die die Verkehrsteilnehmer gerade befahren, sondern mit den Namen der einmündenden Straßen auch die Position entlang der Straße. Dazu dienen auch die Hausnummern. Daher kann es sinnvoll sein, an den Straßennamensschildern die

8.3.9 Ortsbestimmung

Hausnummernbereiche anzugeben, die in der einen oder anderen Richtung erreicht werden können. Allgemeine Nummernschemen, z. B. dass Straßen in der Regel von der Ortsmitte nach außen und Tangentialstraßen meist im Uhrzeigersinn nummeriert werden, oder der Umstand, dass einige wenige Städte wie Berlin oder Mannheim teilweise ein komplett anderes Nummernschema pflegen, sind für die Ortsbestimmung in einer Stadt von Bedeutung, aber im Rahmen der Allgemeinbildung zu vermitteln.

Auf den Autobahnen dienen der Ortsbestimmung auch die Kilometertafeln (siehe *Bild 8.24*), die alle halbe Kilometer angebracht sind.

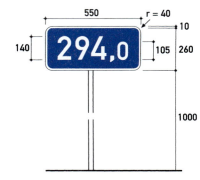

Bild 8.24 Kilometertafel auf Autobahnen
Quelle: RWBA 2000

Zu Abschnitt 8.3.9

VwV-StVO
zu § 42
Richtzeichen

Zu den Zeichen 310 und 311 Ortstafel

4 IV. Das Zeichen 310 nennt den amtlichen Namen der Ortschaft und den Verwaltungsbezirk. Die Zusätze „Stadt", „Kreisstadt", „Landeshauptstadt" sind zulässig. Die Angabe des Verwaltungsbezirks hat zu unterbleiben, wenn dieser den gleichen Namen wie die Ortschaft hat (z. B. Stadtkreis). Ergänzend auch den höheren Verwaltungsbezirk zu nennen, ist nur dann zulässig, wenn dies zur Vermeidung einer Verwechslung nötig ist. Andere Zusätze sind nur zulässig, wenn es sich um Bestandteile des amtlichen Ortsnamens oder Titel handelt, die auf Grund allgemeiner kommunalrechtlicher Vorschriften amtlich verliehen worden sind.

5 V. Das Zeichen 311 nennt auf der unteren Hälfte den Namen der Ortschaft oder des Ortsteils, die oder der verlassen wird. Angaben über den Verwaltungsbezirk sowie die in Nummer IV genannten zusätzlichen Bezeichnungen braucht das Zeichen 311 nicht zu enthalten. Die obere Hälfte des Zeichens 311 nennt den Namen der nächsten Ortschaft bzw. des nächsten Ortsteiles. An Bundesstraßen kann stattdessen das nächste Nahziel nach dem Fern- und Nahzielverzeichnis gewählt werden. Unter dem Namen der nächsten Ortschaft bzw. des nächsten Ziels ist die Entfernung in ganzen Kilometern anzugeben.

6 VI. Durch die Tafel können auch Anfang und Ende eines geschlossenen Ortsteils gekennzeichnet werden. Sie nennt dann am Anfang entweder unter dem Namen der Gemeinde den des Ortsteils in verkleinerter Schrift, z. B. „Stadtteil Pasing", „Ortsteil Parksiedlung" oder den Namen des Ortsteils und darunter in verkleinerter Schrift den der Gemeinde mit dem vorgeschalteten Wort: „Stadt" oder „Gemeinde". Die zweite Fassung ist dann vorzuziehen, wenn zwischen den Ortsteilen einer Gemeinde eine größere Entfernung liegt. Die erste Fassung sollte auch dann, wenn die Straße nicht unmittelbar dorthin führt, nicht gewählt werden.

7 VII. Gehen zwei geschlossene Ortschaften ineinander über und müssen die Verkehrsteilnehmer über deren Namen unterrichtet werden, sind die Ortstafeln für beide etwa auf gleicher Höhe aufzustellen. Deren Rückseiten sind freizuhalten.

8 VIII. Andere Angaben als die hier erwähnten, wie werbende Zusätze, Stadtwappen, sind auf Ortstafeln unzulässig.

…

Zu Zeichen 385 Ortshinweistafel

1 Das Zeichen ist nur dann anzuordnen, wenn der Name der Ortschaft nicht bereits aus der Wegweisung ersichtlich ist.

…

VwV-StVO
zu § 42
Richtzeichen

Zu Zeichen 437 Straßennamensschilder

1 I. Die auf die gezeigte Weise aufgestellten Straßennamensschilder sind beiderseits zu beschriften.

2 II. Die Zeichen sollen für alle Kreuzungen und Einmündungen und müssen für solche mit erheblichem Fahrverkehr angeordnet werden.

8.3.10 Beispiele für Gesamtsysteme an Autobahnen

Zum System der blauen Autobahnwegweisung zählen neben Zeichen 332 und 333 auch die Zeichen 448, 449, 450 und 453 sowie Zeichen 405 und 406, die in Abschnitt 5.6 behandelt sind. Die Grundsätze der Wegweisung für eine Autobahn-Anschlussstelle zeigt *Bild 8.25* auf der folgenden Seite. Alle Zeichen müssen mindestens voll rückstrahlend sein.

Stehen Zeichen 332 und 333 nicht an einer Autobahn, haben sie einen gelben Grund, sind sie Teil der innerstädtischen Wegweisung, haben sie einen weißen Grund.

Das für den Verkehr zuständige Bundesministerium hat die „Richtlinien für die wegweisende Beschilderung auf Bundesautobahnen (RWBA 2000)" herausgegeben. Die Richtlinien behandeln unter anderem

– Aufbau der Wegweisung
– Grundsätze zur Aufstellung der Beschilderung
– Grundsätze zur Gestaltung
– Beschilderung der Knotenpunkte
– Beschilderung der Rastanlagen und Autohöfe
– Beschilderung der Bedarfsumleitungen.

Bild 8.25 zeigt die Regelbeschilderung einer BAB-Anschlussstelle, *Bild 8.26* die Regelbeschilderung einer Richtungsfahrbahn im Bereich eines BAB-Kreuzes.

Die Bundesanstalt für Straßenwesen (BASt) bietet im Auftrag des für den Verkehr zuständigen Bundesministeriums die Autobahnwegweisung als JPEG-Dateien auf CD-ROM (in unterschiedlichen Auflösungen) an. Die Bildersammlung wird kontinuierlich fortgeschrieben. Nähere Informationen sind im Internet unter www.bast.de unter Publikationen > Datenbanken zu erhalten.

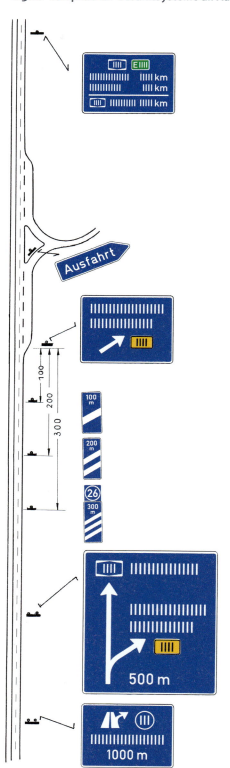

**Bild 8.25 Prinzip für die Anordnung der Weg-
weisungselemente an einer Autobahn-
Anschlussstelle**

Zeichen 453

Entfernungstafel

Zeichen 453 gibt hinter jeder Einfahrt und jedem Autobahnknoten die Ziele mit Entfernungen an (gerechnet bis Ortsmitte). Ziele, die über eine andere als die gerade befahrene Autobahn zu erreichen sind, werden in der Regel unterhalb des waagerechten Striches angegeben.

Zeichen 333

Pfeilschild

Zeichen 332

Ausfahrttafel (Wegweiser)

Zeichen 450, Zeichen 451, Zeichen 452

Baken

Baken stehen bei 300 m (3 Streifen), bei 200 m (2 Streifen) und bei 100 m (1 Streifen) (nur auf der rechten Seite).

Auf der 300-m-Bake steht die Nummer der Ausfahrt (Zeichen 406).

Zeichen 449

Vorwegweiser

Über dem Geradeauspfeil steht der Name der nächsten Anschlussstelle oder des nächsten Autobahnknotens.

Zu den Ausfahrtzielen kann das Bundesstraßen-Nummernschild gesetzt werden.

Zeichen 448

Ankündigungstafel

Sie nennt den Namen der folgenden Anschlussstelle und zeigt das Sinnbild „Autobahnausfahrt" sowie die Knotenpunktnummer (Zeichen 406).

8.3.10 Beispiele für Gesamtsysteme an Autobahnen

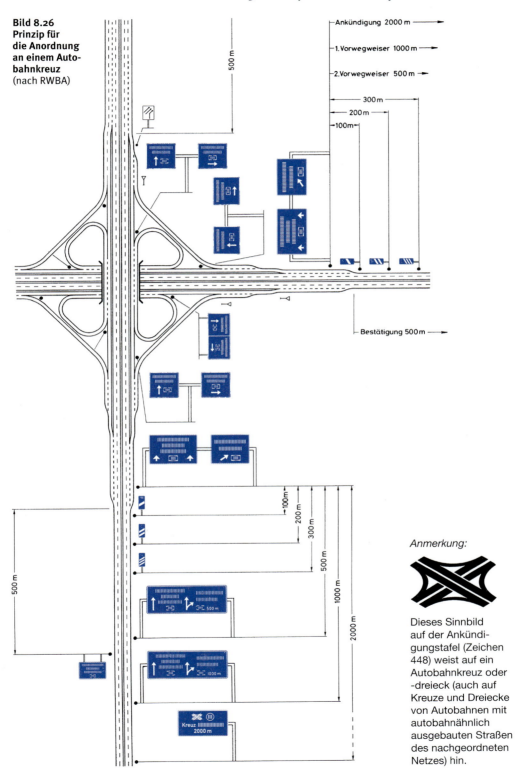

**Bild 8.26
Prinzip für
die Anordnung
an einem Auto-
bahnkreuz**
(nach RWBA)

Anmerkung:

Dieses Sinnbild
auf der Ankündi-
gungstafel (Zeichen
448) weist auf ein
Autobahnkreuz oder
-dreieck (auch auf
Kreuze und Dreiecke
von Autobahnen mit
autobahnähnlich
ausgebauten Straßen
des nachgeordneten
Netzes) hin.

8.4 Umleitungen

8.4.1 Allgemeines

Umleitungsbeschilderungen werden notwendig, wenn Verkehrsteilnehmer regelmäßig (permanente Umleitungsbeschilderungen) oder nur zu bestimmten Zeiten (temporäre Umleitungsbeschilderungen) über eine andere als die normal vorgesehene Strecke geführt werden sollen. Umleitungen können sich an alle oder nur an bestimmte Verkehrsteilnehmer (z. B. schwere Fahrzeuge) richten. Man unterscheidet im Wesentlichen:

– Bedarfsumleitungen für den Autobahnverkehr (permanent beschildert, aber nur temporär genutzt)
– Umleitungen für bestimmte Verkehrsarten (permanent beschildert, permanent, aber selektiv genutzt)
– Umleitungen im Zusammenhang mit Arbeitsstellen oder Veranstaltungen (temporär beschildert und temporär genutzt).

Für Umleitungsbeschilderungen wurden mit

– BMV-VkBl.-Verlautbarung (StV 12/36.42.50-03) „Richtlinien für Umleitungsbeschilderungen (RUB)" vom 24. April 1992 (VkBl. S. 218)

die

– „Richtlinien für Umleitungsbeschilderungen (RUB 1992)", VkBl.-Verlag 1992

bekannt gegeben. Diese Richtlinien wurden inzwischen fortgeschrieben. Es liegt vor

– „Richtlinien für Umleitungsbeschilderungen (RUB)", FGSV Verlag, Entwurf 2005,

der bereits mit den Ländern abgestimmt wurde, wegen der noch ausstehenden Detailabstimmung mit der StVO Ausgabe 2013 derzeit noch nicht eingeführt werden kann.

Die nachstehend wiedergegebenen „Richtlinien für verkehrslenkende Maßnahmen der Straßenverkehrsbehörden, der Straßenbaubehörden und der Polizei (Verkehrslenkungsrichtlinien)" des für den Verkehr zuständigen Bundesministeriums vom 9. Mai 1968 enthalten weitere Hinweise. Obwohl in einigen Punkten überholt, können diese Richtlinien bis zum Vorliegen einer neuen Fassung sinngemäß angewendet werden. Ergänzende Anregungen enthält die nachstehend abgedruckte Anlage zum BMV-Erlass vom 27. September 1973.

Das heute verwendete Umleitungsschema baut auf dem seit Jahrzehnten bewährten System der Bedarfsumleitungen auf Autobahnen auf. Zusätzlich zu der an den Knotenpunkten vorhandenen Grundwegweisung werden hochkant ausgerichtete Rechteckschilder angeordnet, die im oberen Bereich die Umleitung eindeutig bezeichnen und im unteren Bereich durch Pfeilsymbole anzeigen, wie die Umleitungsstrecke am nächsten Knotenpunkt verläuft (*Bild 8.27*).

Auch die Wegweisung für die Umleitungen ist entsprechend Abschnitt 8.2.3 in Ankündigung (8.4.2), Vorwegweisung (8.4.3), Wegweisung (8.4.4) und Bestätigung (8.4.5) strukturiert.

Vor der Umleitungsstrecke angeordnete Planskizzen kündigen die Umleitung an und können die Orientierung erleichtern, wenn sie so einfach gestaltet sind, dass sie von den vorbeifahrenden Kraftfahrern in der Kürze der Zeit sicher verstanden werden können.

Vor allem bei der Beschilderung von Umleitungen ist zu berücksichtigen, dass die Verkehrsteilnehmer vor eine neuartige Situation gestellt werden, die vom Gewohnten abweicht. Bei temporären Umleitungen gilt das auch für die eigentlich ortskundigen Verkehrsteilnehmer. Deshalb ist bei der Anbringung der entsprechenden Zeichen und Absperrungen besondere Aufmerksamkeit auf ihre Erkennbarkeit und Erfassbarkeit, vor allem auch bei schlechten Sichtverhältnissen und bei Dunkelheit, zu richten.

Dabei ist zu beachten, dass jede Umleitungsbeschilderung ein Bestandteil der Gesamtwegweisung ist. Daher sind die Grundregeln der Wegweisung, vor allem die Kontinuitätsregel (siehe Abschnitt 8.2.6), zu beachten.

Für Umleitungsbeschilderungen sollten möglichst im Vorfeld bereits detaillierte Pläne ausgearbeitet werden. Für das Erstellen der Beschilderungspläne sind DV-Programme verfügbar. Zum Festlegen von Umleitungen lassen sich z. B. Straßenpläne einscannen, um die örtlichen Gegebenheiten berücksichtigen zu können.

Für größere und lang andauernde Umleitungen (etwa drei Tage und mehr) ist in der Regel ein Umleitungsplan zu erarbeiten. Dieser Plan sollte

Bild 8.27
Beispiel für eine Bedarfsumleitung für den Autobahnverkehr

mit allen beteiligten Dienststellen (Straßenverkehrsbehörden, Polizei, Straßenbauverwaltung, Baulastträger) abgestimmt werden.

Unter Punkt 2.1 der nachstehend wiedergegebenen Verkehrslenkungsrichtlinien sind die seit 1970 nach der StVO geltenden Zuständigkeiten aufgeführt.

Es ist zu prüfen, ob die für die Unterrichtung der Kraftfahrer geschaffenen Landesmeldestellen und der Verkehrsfunk über die Umleitung zu unterrichten sind.

Das Abstimmungsverfahren, das Herrichten der Umleitungsstrecke und die Übernahme umleitungsbedingter Kosten auf der Grundlage der in den Straßengesetzen getroffenen Regelungen ist für die Bundesfernstraßen geregelt in

– ARS 13/1963 (StE 2/4 – Rum – 251 Vms 63) „Festlegung von Umleitungen bei der Sperrung von Bundesfernstraßen" vom 19. Dezember 1963.

Vorwegweiser und Wegweiser, die wegen einer Umleitung vorübergehend nicht gelten, sollten so außer Kraft gesetzt werden, dass die Ortsnamen erkennbar bleiben, um den Kraftfahrern die Orientierung zu erleichtern. Das Außerkraftsetzen selbst kann in der Weise geschehen, dass auf dem Zeichen ein rotes Balkenkreuz aus Holz, Blech oder auch aus Klebebändern befestigt wird. Die Materialien müssen retroreflektierend sein, um die Sichtbarkeit bei Dunkelheit zu gewährleisten. Bei Klebebändern ist darauf zu achten, dass Produkte verwendet werden, die beim Entfernen die Schilderoberfläche nicht beschädigen.

Zu Abschnitt 8.4.1

FStrG
§ 14
Umleitungen

(1) Bei Sperrung von Bundesfernstraßen wegen vorübergehender Behinderung sind die Träger der Straßenbaulast anderer öffentlicher Straßen verpflichtet, die Umleitung des Verkehrs auf ihren Straßen zu dulden.

(2) Der Träger der Straßenbaulast der Umleitungsstrecke und die Straßenverkehrsbehörden sind vor der Sperrung zu unterrichten.

(3) Im Benehmen mit dem Träger der Straßenbaulast der Umleitungsstrecke ist festzustellen, was notwendig ist, um die Umleitungsstrecke für die Aufnahme des zusätzlichen Verkehrs verkehrssicher zu machen. Die hierfür nötigen Mehraufwendungen sind dem Träger der Straßenbaulast der Umleitungsstrecke zu erstatten. Das gilt auch für Aufwendungen, die der Träger der Straßenbaulast der Umleitungsstrecke zur Beseitigung wesentlicher durch die Umleitung verursachter Schäden machen muss.

(4) Muss die Umleitung ganz oder zum Teil über private Wege geleitet werden, die dem öffentlichen Verkehr dienen, so ist der Eigentümer zur Duldung der Umleitung auf schriftliche Anforderung durch die Straßenbaubehörde verpflichtet. Absatz 3 Satz 1 und 2 gilt entsprechend. Der Träger der Straßenbaulast ist verpflichtet, nach Aufhebung der Umleitung auf Antrag des Eigentümers den früheren Zustand des Weges wiederherzustellen.

(5) Die Absätze 1 bis 4 gelten entsprechend, wenn neue Bundesfernstraßen vorübergehend über andere öffentliche Straßen an das Bundesfernstraßennetz angeschlossen werden müssen.

Anmerkung: Umleitungen von anderen Straßen sind in den Landes-Straßengesetzen vergleichbar geregelt.

VwV-StVO
zu § 42
Richtzeichen

Zu den Zeichen 421, 422, 442 und 454 bis 466 Umleitungsbeschilderung

1 I. Umleitungen, auch nur von Teilen des Fahrverkehrs, und Bedarfsumleitungen sind in der Regel in einem Umleitungsplan festzulegen. Die zuständige Behörde hat sämtliche beteiligten Behörden und die Polizei, gegebenenfalls auch die Bahnunternehmen, Linienverkehrsunternehmen und die Versorgungsunternehmen zur Planung heranzuziehen. Dabei sind die Vorschriften des Straßenrechts, insbesondere des § 14 des Bundesfernstraßengesetzes und die entsprechenden Vorschriften der Landesstraßengesetze zu berücksichtigen. Bei allen in den Verkehrsablauf erheblich eingreifenden Umleitungsplänen empfiehlt es sich, einen Anhörungstermin anzuberaumen.

2 II. Die Ausgestaltung und Aufstellung der Umleitungsbeschilderung richtet sich nach den Richtlinien für Umleitungsbeschilderungen (RUB). Das für Verkehr zuständige Bundesministerium gibt die RUB im Einvernehmen mit den zuständigen obersten Landesbehörden im Verkehrsblatt bekannt.

8.4.1 Allgemeines

BMV – StV
2/StB 4
Nr. 2049 Va/68 II
9. Mai 1968

Richtlinien für verkehrslenkende Maßnahmen der Straßenverkehrsbehörden, der Straßenbaubehörden und der Polizei (Verkehrslenkungsrichtlinien)

Nachstehend gebe ich die mit den obersten Landesbehörden beratenen „Richtlinien für verkehrslenkende Maßnahmen der Straßenverkehrsbehörden, der Straßenbaubehörden und der Polizei" (– Verkehrslenkungsrichtlinien –) bekannt.

Diese Richtlinien treten an die Stelle der „Richtlinien für die Durchführung verkehrslenkender Aufgaben der Straßenverkehrsbehörden" (VkBl. 1964 S. 251 und 1966 S. 310).

Die Herren Verkehrs- und Innenminister der Länder wurden gebeten, die Richtlinien durch Erlass einzuführen.

Über die Einführung für die Straßenbaubehörden folgt ein besonderes Rundschreiben.

Richtlinien für verkehrslenkende Maßnahmen der Straßenverkehrsbehörden, der Straßenbaubehörden und der Polizei (Verkehrslenkungsrichtlinien)

Die zunehmende Verkehrsdichte auf den Straßen zwingt die Straßenverkehrsbehörden, die Straßenbaubehörden und die Polizei, den Fragen des reibungslosen Verkehrsablaufs ihre besondere Aufmerksamkeit zuzuwenden. Besonders während der Reisezeit muss alles getan werden, um den Straßenverkehr flüssig zu halten.

Die in diesen Richtlinien empfohlenen Maßnahmen können nur dann erfolgreich sein, wenn die beteiligten Behörden stets eng zusammenarbeiten.

1. Zustand und Leistungsfähigkeit des Straßennetzes

1.1 Straßenkarte

Die Straßenverkehrsbehörden, die Straßenbaubehörden und die Polizei müssen jederzeit eine Übersicht über den Zustand und die Leistungsfähigkeit der Straßen ihres Bezirkes haben.

Hierzu ist es notwendig, auf einer Straßenkarte mindestens

die Straßen mit überörtlicher Verkehrsbedeutung (BAB, Bundes- und Landstraßen),
die Bedarfsumleitungen für den Autobahnverkehr,
die „Nebenstrecken" und
die Baustellen und
die zugehörigen Umleitungsstrecken besonders kenntlich zu machen.

In der Regel wird es sich empfehlen, folgende Farbkennzeichnung zu verwenden:

Autobahnen	dunkelrot
Bundesstraßen	blau
Landstraßen	grün
Kreisstraßen	braun
„U"-Strecken	durch unterbrochenen violetten Beistrich
„Nebenstrecken"	durch unterbrochenen gelben Beistrich
Baustellenumleitungen	hellrot (ggf. mit Richtungspfeil) und mit Datumsangabe.

Es empfiehlt sich, die Karten unter einer Glasplatte oder einer durchsichtigen Folie anzubringen, damit die sich häufig ändernden Angaben, z. B. über Baustellen mit ihren Umleitungsstrecken, wieder leicht entfernt werden können. Es ist sicherzustellen, dass die Straßenverkehrsbehörden, die Straßenbaubehörden und die Polizei auch einen Überblick über die Straßenverhältnisse in ihrem Nachbarbezirk haben.

1.2 Gegenseitige Unterrichtung über Veränderungen

Soweit eine Anhörung (Zustimmung) nicht bereits in der StVO geregelt ist, unterrichten sich die Straßenverkehrsbehörden, Straßenbaubehörden und die Polizei gegenseitig über

a) Veränderungen des Zustandes und der Leistungsfähigkeit des Straßennetzes
b) **beabsichtigte Arbeiten** im Straßenraum
c) **Straßensperrungen und Umleitungen**
d) Auswertungen von **Verkehrszählungen**,

soweit sie für die Verkehrslenkung von Bedeutung sein können. Die Informationen sollen sobald wie möglich gegeben werden.

2. Vorbereitung verkehrslenkender Maßnahmen

2.1 Zuständigkeiten

Grundsätzlich sind die **Straßenverkehrsbehörden** für die Anordnung verkehrslenkender Maßnahmen zuständig. Bei Straßenbauarbeiten und wenn die Sicherheit des Verkehrs durch den Zustand der Straße gefährdet ist, bestimmen die **Straßenbaubehörden**, wo

8.4.1 Allgemeines

und welche Warnzeichen anzubringen sind, soweit die Straßenverkehrsbehörden keine anderen Anordnungen treffen. Bei Straßenbauarbeiten und zur Verhütung von außerordentlichen Schäden an der Straße, die durch deren baulichen Zustand bedingt sind, können die Straßenbaubehörden auch Geschwindigkeits- oder Gewichtsbeschränkungen, Verkehrsverbote und Verkehrsumleitungen für Fahrzeuge anordnen vorbehaltlich anderer Anordnungen der Straßenverkehrsbehörden (vgl. § 3 Abs. 4 StVO).

Die zur Überwachung des Verkehrsablaufs notwendigen Maßnahmen werden in der Regel durch die Polizei vorbereitet.

2.2 Es kann sich empfehlen, zur Erörterung aller wesentlichen überörtlichen verkehrslenkenden Maßnahmen Koordinierungsstellen zu bilden.

2.3 Vorbereitende Maßnahmen bei vorhersehbaren Verkehrsstörungen

2.3.1 Bei Veranstaltungen

Die erforderlichen Maßnahmen sind in einem **Verkehrslenkungsplan** festzulegen, der durch die **Straßenverkehrsbehörde** in Zusammenarbeit mit Straßenbaubehörde, Polizei und öffentlichen Verkehrsträgern aufzustellen ist.

2.3.1.1 Es ist vor allem darauf zu achten, dass bei Veranstaltungen nicht nur der Veranstaltungsverkehr, sondern auch die Interessen des allgemeinen Verkehrs ausreichend berücksichtigt werden. Aus Gründen der Sicherheit und Leichtigkeit des Verkehrs empfiehlt es sich, beide Verkehrsarten getrennt zu führen. Um im Rahmen der Überwachung des Verkehrs durch die Polizei eine so große Bindung von Einsatzkräften zu vermeiden, können folgende Maßnahmen zweckmäßig sein:

Vorübergehende Vermehrung der Fahrstreifen durch eine behelfsmäßige deutliche Fahrstreifenkennzeichnung,

Einbahnstraßen-Regelung,

Anpassung der Phasenzeiten bei Lichtzeichenanlagen, Einsatz von Verkehrsregelungsposten,

Anordnung zeitlich begrenzter Halte- und Parkverbote und Bereitstellung ausreichenden Parkraums mit getrennten Ab- und Zufahrten,

Änderung der Vorfahrtregelung unter Beachtung besonders sorgfältiger Kennzeichnung der Änderungen.

Auf die einschlägigen Bestimmungen der Vorschrift für den großen und den außergewöhnlichen Sicherheits- und Ordnungsdienst (Vorschrift für die Polizei – VfdP 100) wird hingewiesen.

2.3.2 Bei Baumaßnahmen im Straßenraum

2.3.2.1 Straßenbauarbeiten

Bei Straßenbauarbeiten, die in den Verkehrsablauf erheblich eingreifen, stellen die **Straßenbaubehörden** rechtzeitig einen **Umleitungsplan** in Zusammenarbeit mit Straßenverkehrsbehörden, Polizei und öffentlichen Verkehrsträgern auf.

Umleitungen sind nach Maßgabe des § 3 Abs. 4 StVO und der wegerechtlichen Vorschriften förmlich festzulegen. Die Straßenverkehrsbehörde und die Polizei sind bei der Prüfung des Umleitungsplanes zu beteiligen; die Straßenverkehrsbehörde hat das Recht, die Anordnungen über Umleitungen zu ändern, wenn sie es aus Verkehrsrücksichten für geboten hält (§ 3 Abs. 4 StVO) und das Wegerecht nicht entgegensteht. Die Straßenbaubehörden prüfen vor Beginn einer Umleitung, ob die Umleitungsstrecke auch unter Berücksichtigung des zusätzlichen Verkehrs verkehrssicher ist und ihre Leistungsfähigkeit ausreicht. Näheres ergibt sich aus § 14 des Bundesfernstraßengesetzes und aus den entsprechenden Vorschriften der Landesstraßengesetze (vgl. Allgemeines Rundschreiben Straßenbau Nr. 13/1963 des Bundesverkehrsministeriums an die obersten Straßenbaubehörden der Länder vom 19.12.1963 – StB 2/4 – Rum 251 Vms 63, abgedruckt in VkBl. 1964 S. 125). Der Verkehr darf erst dann umgeleitet werden, wenn auf der Umleitungsstrecke etwa notwendige Maßnahmen durchgeführt sind.

2.3.2.2 Sonstige Arbeitsstellen

Wenn Umleitungen wegen anderer Arbeiten, die sich auf den Verkehrsraum der Straße auswirken, notwendig werden, treffen die **Straßenverkehrsbehörden** nach Anhörung der Straßenbaubehörden und der Polizei die notwendigen Anordnungen. Dabei ist zu prüfen, ob die Leistungsfähigkeit und Verkehrssicherheit der Umleitungsstrecke ausreicht.

8.4.1 Allgemeines

BMV-Erlass
vom 9.5.1968

2.4 Vorbereitende Maßnahmen für nicht vorhersehbare Verkehrsstörungen

Wegen der Gefahr nicht vorhersehbarer Verkehrsstörungen ist es oft ratsam, dass die Straßenverkehrsbehörde im Benehmen mit Straßenbaubehörde und Polizei bestimmte Umleitungsstrecken vorsorglich festlegt.

2.4.1 Bedarfsumleitungen des Autobahnverkehrs

2.4.1.1 Nummerierung

Für den Autobahnverkehr in nördlicher oder östlicher Richtung sind die Bedarfsumleitungen mit ungeraden Nummern und für den Autobahnverkehr in südlicher und westlicher Richtung mit geraden Nummern zu bezeichnen.

Die Nummern sollen so gewählt werden, dass sie in Fahrtrichtung zunehmen. Die Nummern stehen den einzelnen Ländern jeweils von 1 bis 99 zur Verfügung. Dabei sorgen die Länder untereinander für eine sinnvolle Koordinierung.

2.4.1.2 Kennzeichnung der Umleitungsstrecken

Für die Kennzeichnung der Bedarfsumleitungen des Autobahnverkehrs ist das Hinweiszeichen nach Bild 56a der Anlage zur StVO zu verwenden. Die verschiedenen Ausführungsarten des Hinweiszeichens sind den Anlagen 1 bis 7 zu entnehmen.

Ihre Beschaffenheit (z. B. reflektierend oder beleuchtet) richtet sich nach der Beschaffenheit der Verkehrszeichen, mit denen sie zusammenstehen. Die unmissverständliche Erkennbarkeit muss auch bei Dunkelheit gewährleistet sein.

Im Übrigen sind die Zeichen in der Regel wie folgt aufzustellen:

Über dem Wegweiser „Ausfahrt" im Anschlussdreieck, an der Einmündung der Anschlussstelle in das übrige Straßennetz; sofern die Ausfahrt mehrspurig angelegt ist oder an der

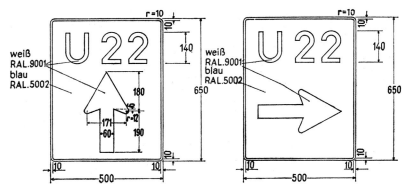

Anlage 1
Muster für Verkehrszeichen Bild 56a

Anlage 2
Muster für Verkehrszeichen Bild 56a

Anlage 3
Muster für Verkehrszeichen Bild 56a

Anlage 4
Muster für Verkehrszeichen Bild 56a

BMV-Erlass
vom 9.5.1968

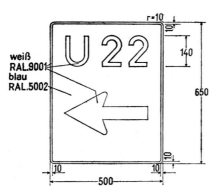

Anlage 5

Muster für Verkehrszeichen Bild 56a

Anlage 6

Muster für Verkehrszeichen Bild 56a

Anlage 7

Muster für Verkehrszeichen Bild 56a

Einmündung in das übrige Straßennetz sich mehrere U-Strecken gabeln, ist die Weiterführung der Bedarfsumleitungen je nach den örtlichen Verhältnissen 50 bis 150 m vor der Gabelungsstelle gegebenenfalls mit Zielangabe anzukündigen, damit ein rechtzeitiges Einordnen möglich ist,

vor jeder verkehrswichtigen Kreuzung oder Einmündung; sofern im Bereich von Kreuzungen oder Einmündungen eine Vorsortierung in mehrere Fahrstreifen vorhanden ist, sind auch am Vorwegweiser oder gegebenenfalls 50 bis 100 m davor oder dahinter Zeichen nach Bild 56a aufzustellen,

an Stellen, an denen Zweifel über die Weiterführung der Umleitungsstrecke bestehen können und

bei der Wiedereinführung der Umleitungsstrecke zur Bundesautobahn auf dem Vorwegweiser und auf dem Wegweiser oder ca. 50 m davor.

2.4.1.3 Beschilderung der Anschlussstellen

Anschlussstellen, an denen erfahrungsgemäß häufig Ableitungen erforderlich werden, sind nach dem Musterplan der Anlage 8a und 8b zu beschildern. Für die Ankündigungstafel ist das Muster nach Anlage 9a bzw. 9b zu verwenden. Bei schnellem und dichtem Verkehr kann zusätzlich 900 m vor der Anschlussstelle ein Verkehrszeichen nach Bild 21 (jetzt Zeichen 274) (100 km/h) angebracht werden. Alle Verkehrszeichen und Tafeln außer Bild 56a sind klappbar auszuführen. Wo infolge der örtlichen Verhältnisse eine andere oder zusätzliche Beschilderung erforderlich wird (z.B. an Autobahnkreuzen), sind in Anlehnung an diese Richtlinien besondere Maßnahmen zu treffen.

2.4.1.4 Weiterführung des Verkehrs über mehrere U-Strecken

Um die Möglichkeit zu schaffen, den abgeleiteten Verkehr über mehrere Bedarfsumleitungen zu leiten, ist vor dem Gabelungspunkt der Umleitungen eine klappbare Tafel nach Muster der Anlage 10 aufzustellen.

8.4.1 Allgemeines

Anlage 8a

Beschilderung einer Anschlussstelle
bei zwangsweiser Ableitung

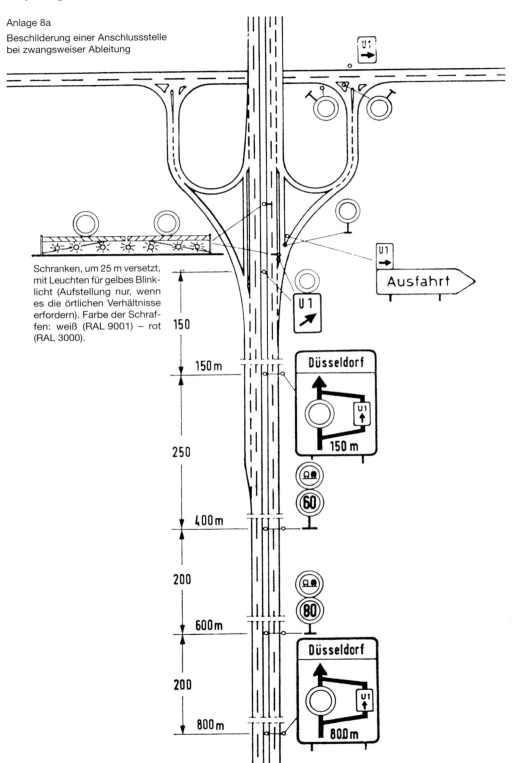

Schranken, um 25 m versetzt, mit Leuchten für gelbes Blinklicht (Aufstellung nur, wenn es die örtlichen Verhältnisse erfordern). Farbe der Schraffen: weiß (RAL 9001) – rot (RAL 3000).

Anlage 8b

Beschilderung einer Anschlussstelle
bei zwangsweiser Ableitung

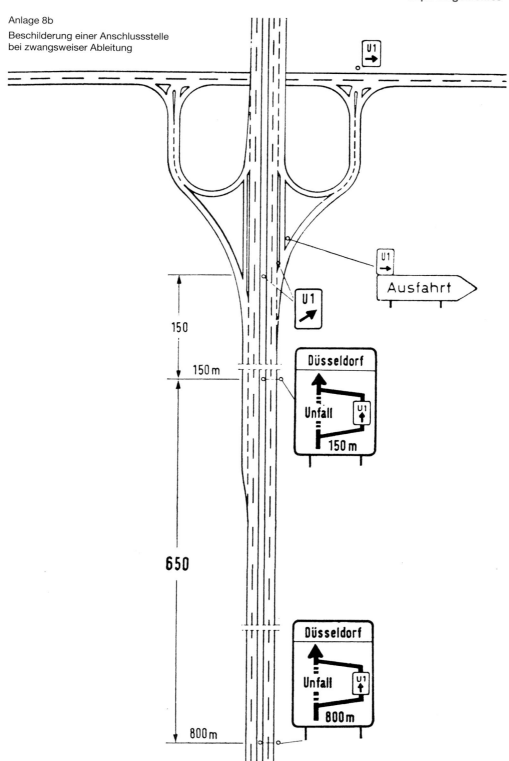

8.4.1 Allgemeines

BMV-Erlass
vom 9.5.1968

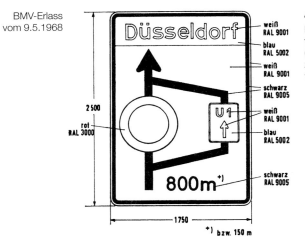

Anlage 9a

Muster einer Ankündigungstafel
für zwangsweise Ableitung
(Hinweis „Unfall" durch Verkehrszeichen Bild 11 – jetzt Zeichen 250 –
verdeckt)

Anlage 9b

Muster einer Ankündigungstafel
für empfohlene Ableitung (Verkehrszeichen Bild 11 – jetzt Zeichen 250 –
durch Hinweis „Unfall" verdeckt)

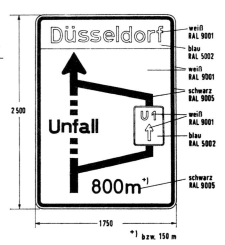

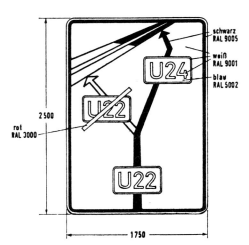

Anlage 10

Muster einer Ankündigungstafel
für die Weiterführung des Verkehrs
über mehrere U-Strecken

BMV-Erlass
vom 9.5.1968

2.4.1.5 Sperrung des zufließenden Verkehrs

Die örtlichen Straßenverkehrsbehörden haben zu prüfen, inwieweit es notwendig ist, den auf die Autobahn zufließenden Verkehr durch klappbare Tafeln rechtzeitig vor Erreichen der gesperrten Anschlussstelle in die Bedarfsumleitungsstrecke oder auf andere Ausweichstrecken zu führen.

2.4.1.6 Anpassung der Lichtzeichen- und Vorfahrtregelungen

Um Verkehrsstauungen auf den Umleitungsstrecken zu vermeiden, ist zu prüfen, ob Lichtzeichen- und Vorfahrtregelungen bei Inanspruchnahme der Bedarfsumleitungen geändert werden müssen.

2.4.2 Nebenstrecken für den Verkehr auf dem übrigen Straßennetz

Wenn sich im übrigen Straßennetz neben zeitweise überlasteten Straßen weitere leistungsfähige Straßenverbindungen anbieten, so sollten diese als „Nebenstrecken" mit Fernzielangaben gekennzeichnet werden. Das kann in der Weise geschehen, dass der Wegweiser nach Bild 42 und eine Zusatztafel (schwarze Schrift auf weißem Grund) mit der Aufschrift „Nebenstrecke" verwendet werden. Diese Wegweiser müssen im Verlauf der Nebenstrecke so lange wiederholt werden, bis entweder das Ziel oder die Hauptstrecke erreicht wird.

2.5 Schutz der Umleitungsstrecken (§ 41b StVO)

2.5.1 Dem Schutz des § 41b StVO unterliegende Straßen

Die Straßen unterliegen dem Schutz des § 41b StVO, soweit sie als Umleitungsstrecke für den Verkehr von anderen Straßen vorgesehen und hierfür gekennzeichnet sind. Es kann sich also um Umleitungsstrecken handeln, die

a) aus vorübergehendem Anlass (z. B. von Bauarbeiten) oder
b) als Bedarfsumleitungen

eingerichtet worden sind.

2.5.2 Grundsätze für das Zustimmungsverfahren bei Baumaßnahmen im Verkehrsraum

Es ist sicherzustellen, dass vorgesehene Umleitungsstrecken vom Zeitpunkt ihrer Kennzeichnung an auch tatsächlich und uneingeschränkt zur Verfügung stehen. Sofern innerhalb einer gekennzeichneten Umleitungsstrecke eine Baumaßnahme erforderlich wird, ist eine geeignete Ersatzstrecke festzulegen und zu kennzeichnen.

Im Zustimmungsverfahren bedarf es stets einer sorgfältigen Abwägung zwischen den Interessen des Straßenverkehrs und den Belangen der Betroffenen, insbesondere der öffentliche Aufgaben erfüllenden Bundespost und der Versorgungsunternehmen. Unter gewissen Voraussetzungen werden die auf beiden Seiten bestehenden Interessen schon dadurch berücksichtigt werden können, dass die Arbeiten außerhalb der Hauptverkehrszeit durchgeführt werden.

Die Straßenverkehrsbehörde kann die Wochenfrist nach § 41b StVO nicht dadurch hemmen, dass sie den Eingang des Antrages lediglich bestätigt. Sie hat gegebenenfalls anzugeben, warum sie für ihre Entscheidung eine längere Frist benötigt und nach Möglichkeit mitzuteilen, in welchem Zeitraum die Entscheidung zu erwarten ist.

2.5.3 Nichtzustimmungsbedürftige Baumaßnahmen

Die laufende Straßenunterhaltung ist nicht in die Zustimmungspflicht einbezogen worden, weil es sich hierbei nur um kleinere Maßnahmen handelt und notfalls schnell für die vorübergehende Einstellung der Arbeiten gesorgt werden kann; darunter fallen z. B. Beseitigung von Schlaglöchern und Unterhaltung der Verkehrssicherungsanlagen einschließlich Fahrbahnmarkierungen. Eine Fahrbahndeckenerneuerung gehört nicht mehr zur Straßenunterhaltung in diesem Sinne. Außerdem werden die Notfälle von der Zustimmungspflicht nicht erfasst, z. B. Wasserrohrbrüche, Kabelschäden oder ähnliche Fälle, die die öffentliche Versorgung stören.

2.6 Unterrichtung der Öffentlichkeit

Die rechtzeitige Unterrichtung der Öffentlichkeit durch die Presse oder auf andere ortsübliche Weise und durch den Verkehrswarnfunk der Polizei ist für den Erfolg der getroffenen Verkehrslenkungsmaßnahmen besonders wichtig. Auf die „Richtlinien für den Verkehrswarnfunk der Polizei" (VkBl. 1967 S. 91) wird verwiesen.

3. Durchführung der Verkehrslenkung

3.1 Bei vorhersehbaren Verkehrsstörungen

3.1.1 Veranstaltungen

Die zuständigen Stellen haben die im Verkehrslenkungsplan vorgesehenen Maßnahmen durchzuführen.

8.4.1 Allgemeines

BMV-Erlass
vom 9.5.1968

3.1.2 Baumaßnahmen im Straßenraum

3.1.2.1 Es ist Aufgabe der Straßenbaubehörden, die vorbereitete Verkehrsführung und Verkehrsumleitung bei Straßenbauarbeiten durchzuführen. Sie können sich dazu der Bauunternehmer bedienen (vgl. § 3 Abs. 3a StVO).

3.1.2.2 Bei sonstigen Arbeitsstellen im Straßenraum sind die Unternehmer für die Durchführung der von der Straßenverkehrsbehörde angeordneten Maßnahmen verantwortlich (vgl. § 3 Abs. 3a Satz 1, 2 und 3 StVO).

3.1.2.3 An Wochenenden, an denen keine Bauarbeiten durchgeführt werden, sollten Baustellen, soweit das verkehrlich notwendig und mit vertretbarem Aufwand möglich ist, für den Verkehr freigeräumt werden.

Im Übrigen ist dafür zu sorgen, dass Verkehrsbeschränkungen gelockert oder aufgehoben werden, wenn dies während der arbeitsfreien Zeit vertretbar erscheint. Die Polizei ist gehalten, hierauf besonders zu achten und gegebenenfalls eine Änderung der bestehenden Verkehrsregelungen zu veranlassen.

3.2 Bei nicht vorhersehbaren Verkehrsstörungen

3.2.1 Grundsätze

Anstelle der örtlich und sachlich zuständigen Behörde trifft die Polizei nach eingetretenen oder bei unmittelbar bevorstehenden Verkehrsstörungen vorläufige Maßnahmen zur Aufrechterhaltung der Leichtigkeit und Sicherheit des Verkehrs (vgl. § 47 Abs. 3 StVO).

An Orten, an denen Verkehrsstörungen häufig auftreten, ist geeignetes Verkehrsgerät durch die zuständigen Stellen nach Möglichkeit bereitzuhalten.

Für die Sicherung, Verkehrslenkung und Verkehrsregelung muss Verkehrsgerät im Streifenwagen der Polizei mitgeführt werden.

Bei Verkehrsunfällen ist die Unfallstelle schnellstens zu räumen, die Störung umgehend zu beseitigen.

Der Zeitaufwand für die Verkehrsunfallaufnahme an der Unfallstelle ist auf das unumgängliche Maß zu beschränken.

3.2.2 Einzelmaßnahmen

Der Umfang der Maßnahmen ist abhängig vom Ort und Ausmaß der Störung. Hierbei sind die örtlichen Verhältnisse, die Witterung, das Verkehrsaufkommen und das Leistungsvermögen von Umleitungsstrecken zu berücksichtigen.

Besonders wichtige Stellen, insbesondere auf Umleitungsstrecken, sind gegebenenfalls durch Verkehrsregelungsbeamte zu besetzen. Durch die Aufstellung von Verkehrsgerät können hierbei geänderte Verkehrsführungen und Sperrungen bestimmter Straßen oder Straßenstellen besonders deutlich gemacht werden.

Weiterhin besteht die Möglichkeit, Kennleuchten für blaues Blinklicht zur Kennzeichnung von Unfall- und Gefahrenstellen zu verwenden (§ 48 Abs. 4 StVO).

Für die Beseitigung von Störungen werden u. a. folgende Maßnahmen empfohlen:

3.2.2.1 Bundesautobahnen

Weiterführung eines Richtungsverkehrs oder bestimmter Verkehrsarten über eingeengte Fahrstreifen.
Führung des Richtungsverkehrs oder bestimmter Verkehrsarten auf der Fahrbahn oder einem Fahrstreifen des Gegenverkehrs mit vollständiger oder teilweiser Ableitung des Gegenverkehrs,
intervallartige Ableitung des Gesamtverkehrs,
eines Richtungsverkehrs oder bestimmter Verkehrsarten,
Umleitung des Gesamtverkehrs, des Richtungsverkehrs oder bestimmter Verkehrsarten über vorhandene Bedarfsumleitungen durch Empfehlung,
zwangsweise Durchführung vorgenannter Maßnahmen, für deren zeitliche Begrenzung die Verkehrslage und Verkehrsentwicklung bestimmend sind.

3.2.2.2 Inanspruchnahme der Bedarfsumleitungen

Bei Verkehrsstörungen auf Autobahnen ist der Verkehr über die Bedarfsumleitungen abzuleiten, wenn das Befahren der Umleitungsstrecke die Kraftfahrer weniger Zeit kosten würde als das Verbleiben auf der Autobahn. Ist die Leistungsfähigkeit der Umleitungsstrecke erschöpft, muss die Ableitung nach Fahrzeugmengen oder Fahrzeuggattungen begrenzt werden.

8.4.1 Allgemeines

BMV-Erlass
vom 9.5.1968

Soll eine Bedarfsumleitung (z. B. wegen eines Unfalls oder wegen Überfüllung eines bestimmten Autobahnabschnitts) in Anspruch genommen werden, so ist der Verkehr – gegebenenfalls unter Zuhilfenahme von Schranken – durch Lichtzeichen, Verkehrszeichen oder Polizeibeamte abzuleiten.

Soll die Ableitung nur empfohlen werden (Musterplan nach Anlage 8b), so kann bei schnellem und dichtem Verkehr zusätzlich 900 m vor der Anschlussstelle ein Verkehrszeichen nach Bild 21 (100 km/h) und 600 m vor der Anschlussstelle ein Verkehrszeichen nach Bild 21 (80 km/h) aufgeklappt werden.

Erfolgt die Ableitung zwangsweise (Musterplan nach Anlage 8a), so kann bei schnellem und dichtem Verkehr zusätzlich 900 m vor der Anschlussstelle ein Verkehrszeichen nach Bild 21 (jetzt Zeichen 274) (100 km/h) aufgestellt werden.

Je nach der Verkehrslage und der den Polizeibeamten zur Verfügung stehenden Zeit können alle oder nur einzelne Schilder aufgeklappt werden.

Der auf die Autobahn zufließende Verkehr ist durch geeignete Maßnahmen rechtzeitig vor Erreichen der gesperrten Anschlussstellen umzuleiten.

Ist es nicht möglich, den abgeleiteten Verkehr bereits an der nächsten Anschlussstelle auf die Bundesautobahn zurückzuführen, und müssen daher mehrere Bedarfsumleitungsstrecken in Anspruch genommen werden, sind verdeckte Schilder nach Muster 10 aufzuklappen.

3.2.2.3 Sonstige Straßen

Sinngemäße Anwendung der Maßnahmen unter Nr. 3.2.2.1, zwangsweise oder zu empfehlende Umleitungen über gekennzeichnete Nebenstrecken,
Inanspruchnahme parallel verlaufender Straßen unter Ableitung des Gesamtverkehrs oder einzelner Verkehrsarten, Schaffung von Einbahnregelungen,
Änderung der Phasenzeiten von Lichtzeichenanlagen bzw. Einschaltung des Blinklichts (Nachtschaltung),
Änderung der Vorfahrtsbeschilderung mit gebotener Sorgfalt.

4. Verkehrswarnfunk der Polizei

Auf die rechtzeitige Bekanntgabe von Verkehrsstörungen und Umleitungen ist besonders zu achten.

Auf die „Richtlinien für den Verkehrswarnfunk der Polizei" (VkBl. 1967 S. 91) wird verwiesen.

(VkBl. 1968 S. 239)

Anlage zum
Schreiben des BMV
– StB 4/StV
4-38.60.80/
4062 St 73 –
27. September 1973

Auszüge aus einem Erfahrungsbericht der Bundesanstalt für Straßenwesen über Absperrschranken zur Ableitung des Verkehrs an Autobahnanschlussstellen auf Bedarfsumleitungen

1. Grundlage der Anordnung von Absperrschranken

In den Richtlinien für verkehrslenkende Maßnahmen der Straßenverkehrsbehörden, der Straßenbaubehörden und der Polizei (Verkehrslenkungsrichtlinien) vom 9. Mai 1968 (StV 2/StB 4 Ir. 2049 Va 68 II) sind in Anlage 8a u. a. drehbare Halbschranken für die Beschilderung einer Anschlussstelle bei zwangsweiser Ableitung mit dem Hinweis „Aufstellung nur, wenn es die örtlichen Verhältnisse erfordern" eingezeichnet und beschrieben. Unter Punkt 3.2.1 Grundsätze wird gefordert: „An Orten, an denen Verkehrsstörungen häufig auftreten, ist geeignetes Verkehrsgerät durch die zuständigen Stellen nach Möglichkeit bereitzuhalten." Unter Punkt 3.2.2.2 Inanspruchnahme der Bedarfsumleitungen wird bestimmt: „Soll eine Bedarfsumleitung (z. B. wegen eines Unfalls oder wegen Überfüllung eines bestimmten Autobahnabschnittes) in Anspruch genommen werden, so ist der Verkehr – gegebenenfalls unter Zuhilfenahme von Schranken durch Lichtzeichen, Verkehrszeichen oder Polizeibeamte abzuleiten."

2. Betätigung der Schranken

Nach den Verkehrslenkungsrichtlinien sowie nach der StVO (§ 44 Abs. 2) ist bei nicht vorhersehbaren Verkehrsstörungen die Polizei gehalten, die vorläufigen Maßnahmen zur Aufrechterhaltung der Sicherheit und Leichtigkeit des Verkehrs zu treffen (3.2.1. Grundsätze) und je nach Verkehrslage und der den Polizeibeamten zur Verfügung stehenden Zeit z. B. alle oder nur einzelne Schilder (der Beschilderung nach den Verkehrslenkungsrichtlinien) aufzuklappen (3.2.2.2 Abs. 5).

Es wurde bei einer Umfrage berichtet, dass hierüber nicht immer Klarheit besteht und die Polizei vereinzelt Bedienstete der Autobahnmeisterei anforderte, um Schranken und Schilder einzusetzen.

505

8.4.1 Allgemeines

Anlage zum
BMV-Erlass
vom 27.9.1973

3. Vorhandene Konstruktionen

Die Absperrschranken sind meist mittelschwere Konstruktionen, die aus einem Tragrohr bestehen, an welchem die Schraffen und Zeichen 250 StVO befestigt sind. Das Tragrohr ist am Fahrbahnrand auf einem drehbaren Pfosten und auf der Fahrbahn auf einem oder mehreren leichten Stützböcken gelagert. Es wurden aber auch schwere Kragarmkonstruktionen für Halbschranken (und auch für beide Fahrstreifen durchgehende Schranken) eingesetzt.

4. Notwendigkeit des Einsatzes von Absperrschranken

Nach den Erfahrungsberichten haben sich Absperrschranken auf Strecken bewährt, auf welchen infolge zeitweiliger Überlastung oder häufiger Unfälle mit starken Verkehrsbehinderungen zu rechnen ist oder aus anderen Gründen von Zeit zu Zeit unerwartet Ableitungen oder Teilableitungen des Verkehrs von der Autobahn erforderlich werden. Es erscheint jedoch nicht sinnvoll, Absperrschranken vorsorglich an allen Anschlussstellen aufzustellen, wenn ihr Einsatz nur in seltenen Fällen erforderlich wird. Auch nach den Verkehrslenkungsrichtlinien ist dies nur dort erforderlich, wo Verkehrsstörungen häufig auftreten. Bei Verkehrsstörungen an anderen Stellen des Autobahnnetzes, wo die Störungen selten eintreten, muss das nach den Verkehrslenkungsrichtlinien in Streifenwagen der Polizei mitzuführende Verkehrsgerät (Gummihüte, Blinkleuchten) i.d.R. ausreichen, erforderlichenfalls durch Gerät der Autobahnmeisterei ergänzt werden.

5. Folgerungen und Empfehlungen

Es ist nicht auszuschließen, dass die Absperrschranken in der derzeitigen Konstruktion bei einem Zusammentreffen ungünstiger Umstände den Ablauf eines Unfalles negativ beeinflussen können und als gefährliche seitliche Hindernisse einzustufen sind, vor denen Schutzplanken aufzustellen wären. Es kann aber nicht empfohlen werden, vor solchen Schranken Schutzplanken aufzustellen, da dieselben in der notwendigen Mindestlänge ebenfalls ein seitliches Hindernis mit noch größerer Ausdehnung darstellen, einen erheblichen Aufwand erfordern und ihr Einbau zudem an den Stellen, an denen die Schranken stehen müssten, auf Schwierigkeiten stößt.

Weitere Nachteile der bisher üblichen Konstruktionen sind darin zu sehen, dass

eine der beiden Schranken auf dem Mittelstreifen steht, so dass bei Wartungsarbeiten oder bei Absperrungen die Fahrbahn überquert werden muss,
nicht immer sichergestellt ist, dass die Schranken nach Gebrauch wieder richtig eingeklappt und verriegelt werden,
der Ort der Aufstellung der Schranke festliegt und deshalb wechselnden Verkehrssituationen nicht angepasst werden kann.

Die BASt schlägt deshalb vor, von den bisher üblichen drehbaren Schranken abzugehen und im Bereich der Anschlussstellen einfache Absperrschranken, wie sie auf Baustellen eingesetzt werden, jedoch evtl. mit besonders breiten Schraffen vorzuhalten. Diese würden auch einen weit geringeren Aufwand als die bisher verwendeten Konstruktionen erfordern.

Inwieweit neuere Vorschläge für Schranken für eine Absperrung besser geeignet sind als die bisher verwendeten Konstruktionen, muss nach Vorliegen weiterer Unterlagen noch geprüft werden. Die BASt wird dieser Aufgabe in Zusammenarbeit mit den Ländern und der einschlägigen Industrie nachkommen.

Zunächst könnten einfache Absperrschranken in sicherer Entfernung vom Fahrbahnrand auf der Dreiecksinsel der Ausfahrt aufgestellt werden. Gegen Diebstahl und unbefugte Benutzung wäre evtl. eine Sicherung erforderlich.

Diese Schranken könnten von der Polizei leicht auf die Fahrbahn getragen und dann so aufgestellt werden, wie es die Verkehrslage erfordert, also als halbseitige Sperrung, Sperrung mit Durchfahrtmöglichkeit oder totale Absperrung. Die Schranken sollten – auch wenn sie nicht gebraucht werden – auf der Insel aufgestellt sein, damit sie im Gegensatz zu niedergelegten Schranken auch bei schlechter Sicht sofort aufgefunden werden können und ihr Vorhandensein bei Kontrollfahrten auf einen Blick zu überprüfen ist.

Diese einfache Lösung ist jedoch nur möglich, wenn sichergestellt ist, dass die Polizei auch bereit ist oder entsprechende Anweisungen erhält, die Schranken auf die Fahrbahn zu tragen.

8.4.2 Ankündigung

StVO Anlage 3 Richtzeichen (zu § 42 Absatz 2) Abschnitt 11 Umleitungsbeschilderung		
		1. Umleitung außerhalb von Autobahnen
		b) Temporäre Umleitungen (z. B. infolge von Baumaßnahmen)
68		**Erläuterung** Die temporäre Umleitung kann angekündigt sein durch Zeichen 455.1 oder
69	**Zeichen 457.1** Umleitung	**Erläuterung** Umleitungsankündigung
70		**Erläuterung** jedoch nur mit Entfernungsangabe auf einem Zusatzzeichen und bei Bedarf mit Zielangabe auf einem zusätzlichen Schild über dem Zeichen.
71		**Erläuterung** Die Ankündigung kann auch erfolgen durch
72	**Zeichen 458** Stuttgart A-Dorf B-Dorf 80m	**Erläuterung** eine Planskizze

8.4.2 Ankündigung

StVO Anlage 3 Richtzeichen (zu § 42 Absatz 2)
Abschnitt 11 Umleitungsbeschilderung

2. Bedarfsumleitung für den Autobahnverkehr

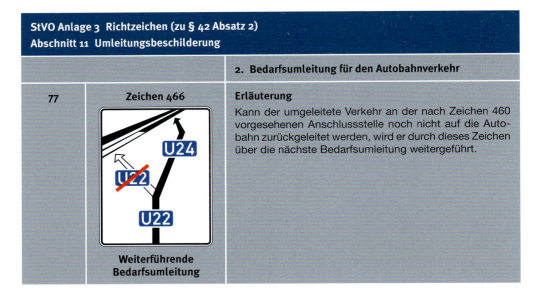

77 Zeichen 466

Weiterführende
Bedarfsumleitung

Erläuterung
Kann der umgeleitete Verkehr an der nach Zeichen 460 vorgesehenen Anschlussstelle noch nicht auf die Autobahn zurückgeleitet werden, wird er durch dieses Zeichen über die nächste Bedarfsumleitung weitergeführt.

Durch die Ankündigung werden die Verkehrsteilnehmer auf die für sie unerwartete Umleitung vorbereitet. Sie muss daher Aufmerksamkeit wecken und in aller Kürze die notwendigen Informationen zu Betroffenheit und zweckmäßigem Verhalten vermitteln.

Die Aufmerksamkeit wird bei temporären Umleitungen in der Regel durch Zeichen 457.1 geweckt. Bei kleinräumigen Umleitungen und beengten räumlichen Verhältnissen kann es ausreichen, einen Vorwegweiser (Zeichen 455.1; siehe Abschnitt 8.4.3) mit einer Entfernungsangabe (auf einem darunter angebrachten Zusatzzeichen) zu ergänzen. Soll die temporäre Umleitung nur für eine bestimmte Verkehrsart gelten, so wird diese Verkehrsart auf einem Zusatzzeichen über Zeichen 455.1 angegeben. Bei permanenten Umleitungen für eine bestimmte Verkehrsart wird für die Ankündigung normalerweise der Vorwegweiser Zeichen 442 mit einer Entfernungsangabe verwendet. Darauf können auch mehrere Sinnbilder gezeigt werden (z. B. Fahrrad und Mofa).

Zur Orientierung der Verkehrsteilnehmer ist es vor allem bei großräumigeren Umleitungen oder Umleitungen, die wegen einer weiter entfernten Sperrung erforderlich werden, allerdings notwendig, die Ankündigung der Umleitung durch eine Planskizze (Zeichen 458) vorzunehmen (oder zu ergänzen). Bei der Gestaltung der Planskizze ist darauf zu achten, dass sie möglichst einfach gehalten wird. Eine zu differenzierte Gestaltung ist in der Kürze der Vorbeifahrt nicht erfassbar und irritiert mehr, als dass sie informiert. In der Regel

wird die in der StVO mit Zeichen 458 vorgegebene schematische und rechtwinklige Grundgestaltung ausreichen. Ihr ist z. B. zu entnehmen,

– dass die durchgehende Straße (im Muster der StVO: Richtung „Stuttgart") gesperrt ist (ggf. ist das im Muster vorgesehene Zeichen 250 durch ein der Sperrung entsprechendes, z. B. Zeichen 253, zu ersetzen) und

– auf welcher Seite die Sperrung umfahren wird (im Muster auf der linken Seite über „B-Dorf" und „A-Dorf"),

– ggf. durch eine weitere Ortsangabe in der Darstellung des gesperrten Astes, ob die Sperrung erst in oder hinter diesem Ort erfolgt (z. B. damit der Verkehrsteilnehmer entscheiden kann, ob er sein Ziel durch Weiterfahrt in Richtung der Sperrung oder durch Umfahrung der Sperrung und Rückfahrt auf der gesperrten Straße erreichen kann).

Mehr Informationen sollten in der Planskizze nicht dargestellt werden. Für den Ausnahmefall, dass das dargestellte Schema der tatsächlichen Lage nicht entspricht, z. B. weil die durchgehende Straße am Umleitungsbeginn nicht die geradeaus weiterführende ist, sind im erwähnten Entwurf der RUB Beispiele für andere, ähnlich einfache und schnell aufzunehmende schematische Darstellungen zu finden.

Bei den Bedarfsumleitungen für den Autobahnverkehr ist in der Regel keine Ankündigung erforderlich, da sie in der Regel von einer Anschlussstelle zur nächsten führen und systematisch

8.4.2 Ankündigung

durchnummeriert sind. Ist es erforderlich, den Verkehr von einer Bedarfsumleitung auf die nächste (in der Regel dann zur übernächsten Anschlussstelle) zu führen, so kann Zeichen 466 angeordnet werden.

Besondere Beschilderungsvorkehrungen sind zu treffen, wenn eine Anschlussstelle gesperrt werden muss. Regelpläne für solche Fälle enthalten die RSA (siehe auch das Beispiel in Abschnitt 8.4.6).

Zu Abschnitt 8.4.2

VwV-StVO
zu § 42
Richtzeichen

Zu Zeichen 442 Vorwegweiser für bestimmte Verkehrsarten

1 Das Zeichen 442 kann mit Entfernungsangabe auf einem Zusatzzeichen auch den Beginn einer Umleitung kennzeichnen.

…

Zu den Zeichen 454 und 455.1

5 V. Zum Einsatz als Ankündigung einer Umleitung siehe VwV zu Zeichen 457.1 und 458.

…

Zu den Zeichen 457.1 und 458

1 I. Größere Umleitungen sollten immer angekündigt werden, und zwar in der Regel durch die Planskizze.

2 II. Kleinere Umleitungen auf Straßen mit geringer Verkehrsbedeutung bedürfen der Ankündigung nur, wenn das Zeichen 454 oder 455.1 nicht rechtzeitig gesehen wird.

3 III. Bei Umleitungen für eine bestimmte Verkehrsart ist in Zeichen 458 das entsprechende Verkehrszeichen nach § 41 Abs. 1 (Anlage 2) anstatt Zeichen 250 anzuzeigen.

8.4.3 Vorwegweisung

StVO Anlage 3 Richtzeichen (zu § 42 Absatz 2)
Abschnitt 11 Umleitungsbeschilderung

		1. Umleitung außerhalb von Autobahnen
		a) Umleitungen für bestimmte Verkehrsarten
62	**Zeichen 442** **Vorwegweiser**	**Erläuterung** Vorwegweiser für bestimmte Verkehrsarten
		b) Temporäre Umleitungen (z. B. infolge von Baumaßnahmen)
67	**Zeichen 455.1**	**Erläuterung** Fortsetzung der Umleitung
zu 66 und 67		**Erläuterung** Die Zeichen 454 und 455.1 können durch eine Zielangabe auf einem Schild über den Zeichen ergänzt sein. Werden nur bestimmte Verkehrsarten umgeleitet, sind diese auf einem Zusatzzeichen über dem Zeichen angegeben.
		2. Bedarfsumleitung für den Autobahnverkehr
76	**Zeichen 460** U 22 **Bedarfsumleitung**	**Erläuterung** Das Zeichen kennzeichnet eine alternative Streckenführung im nachgeordneten Straßennetz zwischen Autobahnanschlussstellen.

8.4.3 Vorwegweisung

Für die Vorwegweisung der Umleitung werden die Zeichen 442, 455.1 und 460 mit gebogenen Pfeilen verwendet (für die Geradeausrichtung besteht kein Unterschied zu den Wegweisern; siehe auch Abschnitt 8.2.4 insbesondere *Tabelle 8.3*).

Je nach Art der Umleitung enthalten die Zeichen in ihrem oberen Teil zusätzliche Informationen wie Zielgruppe oder Zielort (*Bild 8.28*).

Die Vorwegweiser werden bei permanenten Umleitungen als „Reiter" über den Vorwegweisern der Grundwegweiser angeordnet (links oder rechts weisend bündig mit dem linken oder rechten Rand des Vorwegweisers, geradeaus weisend über dem Geradeaus-Pfeil des Vorwegweisers). Bei temporären Umleitungen werden die Vorwegweiser der Umleitung entweder getrennt etwa 20–40 m vor dem Vorwegweiser oder wie bei einer permanenten Umleitungsbeschilderung ebenfalls am Vorwegweiser angeordnet. Für Sonderfälle, z. B. wenn an einer Stelle mehrere Umleitungen zu berücksichtigen sind, sind nähere Anweisungen im erwähnten Entwurf der RUB zu finden.

Bild 8.28 Möglichkeiten der Umleitungsschilder mit gelben Farbeinsätzen

Quelle: RUB 1992

Zu Abschnitt 8.4.3

VwV-StVO
zu § 42
Richtzeichen

Zu den Zeichen 454 und 455.1

1 I. Das Zeichen 454 oder 455.1 muss im Verlauf der Umleitungsstrecke an jeder Kreuzung und Einmündung angeordnet werden, wo Zweifel über den weiteren Verlauf entstehen können.

2 II. Zusätzliche Zielangaben sind nur anzuordnen, wo Zweifel entstehen können, zu welchem Ziel die Umleitung hinführt.

...

4 IV. Das Zeichen 455.1 kann als Vorwegweiser wie auch als Wegweiser eingesetzt werden.

8.4.4 Wegweisung

StVO Anlage 3 Richtzeichen (zu § 42 Absatz 2)		
Abschnitt 11 Umleitungsbeschilderung		
		1. Umleitung außerhalb von Autobahnen
		a) Umleitungen für bestimmte Verkehrsarten
63	Zeichen 421	**Erläuterung** Pfeilwegweiser für bestimmte Verkehrsarten
64	Zeichen 422	**Erläuterung** Wegweiser für bestimmte Verkehrsarten
		b) Temporäre Umleitungen (z. B. infolge von Baumaßnahmen)
65		**Erläuterung** Der Verlauf der Umleitungsstrecke kann gekennzeichnet werden durch
66	Zeichen 454	**Erläuterung** Umleitungswegweiser oder
67	Zeichen 455.1	**Erläuterung** Fortsetzung der Umleitung
zu 66 und 67		**Erläuterung** Die Zeichen 454 und 455.1 können durch eine Zielangabe auf einem Schild über den Zeichen ergänzt sein. Werden nur bestimmte Verkehrsarten umgeleitet, sind diese auf einem Zusatzzeichen über dem Zeichen angegeben.

Anmerkung: Aus der Logik heraus handelt es sich bei Zeichen 421 um einen Pfeilwegweiser für bestimmte Verkehrsarten.

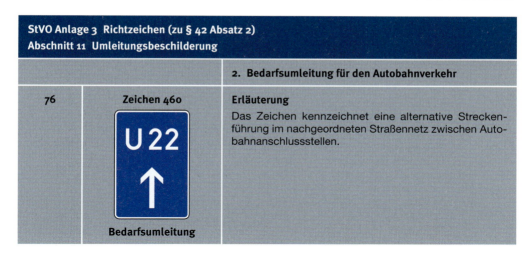

StVO Anlage 3 Richtzeichen (zu § 42 Absatz 2)
Abschnitt 11 Umleitungsbeschilderung

		2. Bedarfsumleitung für den Autobahnverkehr
76	Zeichen 460 U 22 ↑ Bedarfsumleitung	**Erläuterung** Das Zeichen kennzeichnet eine alternative Streckenführung im nachgeordneten Straßennetz zwischen Autobahnanschlussstellen.

Für die Wegweisung der Umleitung werden die Zeichen 422, 455.1, und 460 mit Querpfeilen (für die Geradeausrichtung besteht kein Unterschied zu den Vorwegweisern; siehe auch Abschnitt 8.2.4) oder die Zeichen 421 und 454 verwendet.

Als Wegweiser werden in der Regel die Zeichen 422, 455.1 und 460 verwendet. Sie werden bei permanenten Umleitungen als „Reiter" über den Tabellenwegweisern der Grundwegweisung angeordnet (links oder rechts weisend bündig mit dem linken oder rechten Rand des Vorwegweisers, geradeaus weisend über dem Geradeaus-Pfeil des Vorwegweisers). Bei temporären Umleitungen werden die Vorwegweiser der Umleitung entweder getrennt etwa 20–40 m vor dem Wegweiser oder wie bei einer permanenten Umleitungsbeschilderung ebenfalls am Wegweiser angeordnet. In Ausnahmefällen können auch die Pfeilwegweiser (Zeichen 421 und 454) verwendet werden.

Sie werden nach den für die Pfeilwegweiser der Grundwegweisung geltenden Regeln angeordnet. Für Sonderfälle, z. B. wenn an einer Stelle mehrere Umleitungen zu berücksichtigen sind, sind nähere Anweisungen im erwähnten Entwurf der RUB zu finden.

Zu beachten ist, dass Zeichen 421 als Bestandteil der Wegweisung nur einen **Hinweis**, nicht aber ein **Gebot** darstellt. Soll ein Gebot für das Abbiegen z. B. des Lkw-Verkehrs ausgesprochen werden, dann muss dies beispielsweise durch Zeichen 209 (Vorgeschriebene Fahrtrichtung „Rechts") mit einer Zusatztafel, die das Sinnbild eines Lastkraftwagens zeigt, geschehen (siehe Abschnitt 4.2).

Zu Abschnitt 8.4.4

VwV-StVO
zu § 42
Richtzeichen

Zu den Zeichen 454 und 455.1

1 I. Das Zeichen 454 oder 455.1 muss im Verlauf der Umleitungsstrecke an jeder Kreuzung und Einmündung angeordnet werden, wo Zweifel über den weiteren Verlauf entstehen können.

2 II. Zusätzliche Zielangaben sind nur anzuordnen, wo Zweifel entstehen können, zu welchem Ziel die Umleitung hinführt.

3 III. Das Zeichen 455.1 kann im Verlauf der Umleitungsstrecke anstelle von Zeichen 454 angeordnet werden. Wo eine Unterscheidung mehrerer Umleitungsstrecken erforderlich ist, kann es mit einer Nummerierung versehen werden.

4 IV. Das Zeichen 455.1 kann als Vorwegweiser wie auch als Wegweiser eingesetzt werden.

8.4.5 Bestätigung

StVO Anlage 3 Richtzeichen (zu § 42 Absatz 2) Abschnitt 11 Umleitungsbeschilderung		
		1. Umleitung außerhalb von Autobahnen
		b) Temporäre Umleitungen (z. B. infolge von Baumaßnahmen)
73		**Erläuterung** Das Ende der Umleitung kann angezeigt werden durch
74	**Zeichen 457.2** Umleitung	**Erläuterung** Ende der Umleitung oder
75	**Zeichen 455.2** U	**Erläuterung** Ende der Umleitung

Durch die Bestätigung, dass das Umleitungsende erreicht ist, wird den Verkehrsteilnehmern angezeigt, dass die erhöhte Aufmerksamkeit für das Folgen der Umleitungsstrecke nun nicht mehr erforderlich ist.

8.4.6 Beispiele für Gesamtsysteme

1. Beispiel für eine temporäre Innerortsumleitung (z. B. wegen einer Arbeitsstelle)

Hinweis: Aus Gründen der Übersichtlichkeit werden in dem Beschilderungsplan die Umleitungen nur aus den Zufahrten 1 und 2 dargestellt.

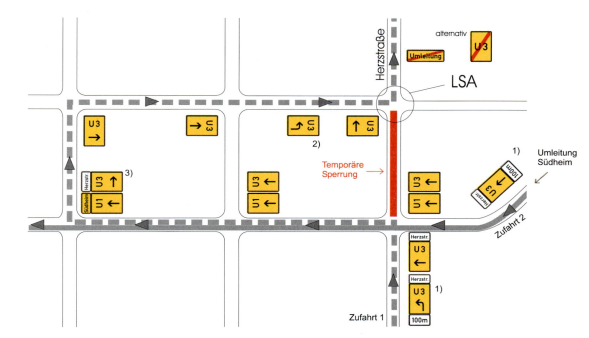

Erläuterungen

1) Es wird aufgrund von beengten räumlichen Verhältnissen das Zeichen 455.1 StVO anstatt das Zeichen 457.1 StVO gewählt. Bei Umleitungen, die sich mit anderen Umleitungsstrecken überlagern, ist eine Unterscheidung der Streckenführung über eine kennzeichnende Nummerierung notwendig.

2) Umleitungs-Vorwegweiser ist notwendig, da Rückstau durch LSA (Lichtsignalanlage) möglich.

3) Am Beginn der Umleitungsstrecke U1 ist das Fernziel „Südheim" ebenfalls anzugeben, um bei der Trennung die verschiedenen Richtungen anzeigen zu können (der Beginn der U1 ist nicht im Plan ersichtlich).

Bild 8.29 Regelplan für eine temporäre Umleitung innerorts

Quelle: RUB (Entwurf 2005)

8.4.6 Beispiele für Gesamtsysteme

2. Beispiel für eine temporäre Außerortsumleitung

Hinweis: In der Regelaufstellung ist nur die Umleitungsbeschilderung am Beginn der Umleitungsstrecke und nicht die Beschilderung in deren weiterem Verlauf dargestellt (Zufahrten 1–3).

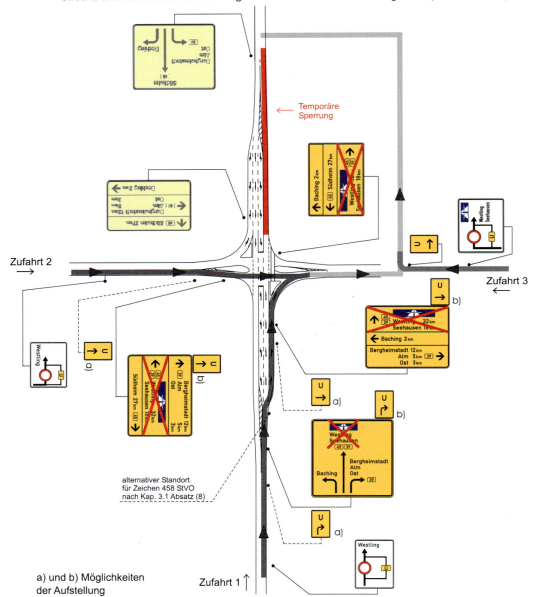

Bild 8.30 Regelplan für eine temporäre Umleitung außerorts — Quelle: RUB (Entwurf 2005)

Erläuterungen

1) Die Gestaltung der Planskizzen nach Zeichen 458 StVO richtet sich nach der Lage der Zufahrt in Bezug auf die gesperrte Strecke.

2) Die Zeichen 455.1 StVO können bei temporären Maßnahmen getrennt (a) aufgestellt oder an die vorhandene Wegweisung (b) angebracht werden.

8.4.6 Beispiele für Gesamtsysteme

3. Beispiele für Umleitungen wegen Beschränkung der Fahrzeugmasse

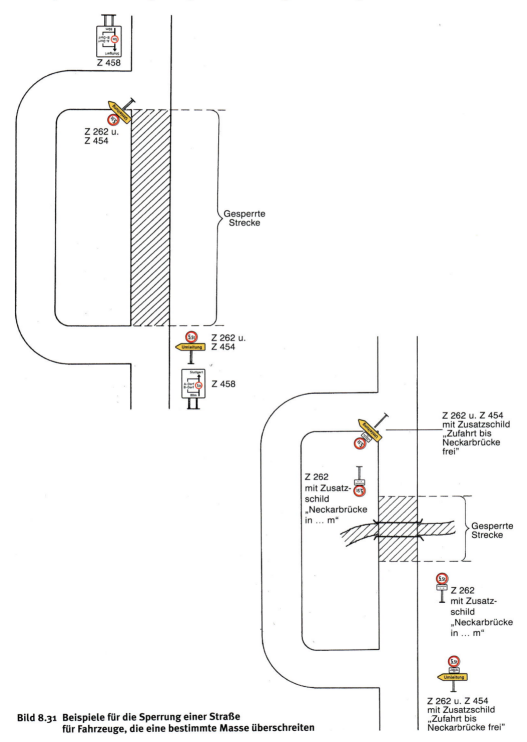

Bild 8.31 Beispiele für die Sperrung einer Straße für Fahrzeuge, die eine bestimmte Masse überschreiten

4. Beispiel für die Umleitungsbeschilderung bei der Sperrung einer Autobahn-Anschlussstelle

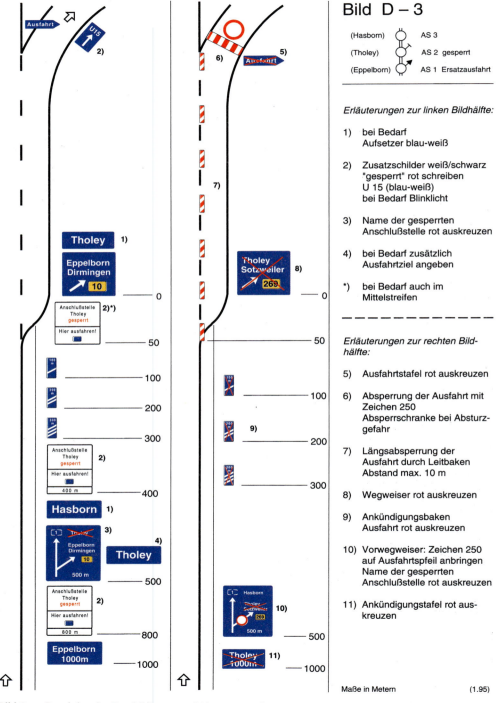

Bild D – 3

(Hasborn) — AS 3
(Tholey) — AS 2 gesperrt
(Eppelborn) — AS 1 Ersatzausfahrt

Erläuterungen zur linken Bildhälfte:

1) bei Bedarf
   Aufsetzer blau-weiß

2) Zusatzschilder weiß/schwarz
   "gesperrt" rot schreiben
   U 15 (blau-weiß)
   bei Bedarf Blinklicht

3) Name der gesperrten
   Anschlußstelle rot auskreuzen

4) bei Bedarf zusätzlich
   Ausfahrtziel angeben

*) bei Bedarf auch im
   Mittelstreifen

Erläuterungen zur rechten Bildhälfte:

5) Ausfahrtstafel rot auskreuzen

6) Absperrung der Ausfahrt mit
   Zeichen 250
   Absperrschranke bei Absturz-
   gefahr

7) Längsabsperrung der
   Ausfahrt durch Leitbaken
   Abstand max. 10 m

8) Wegweiser rot auskreuzen

9) Ankündigungsbaken
   Ausfahrt rot auskreuzen

10) Vorwegweiser: Zeichen 250
    auf Ausfahrtspfeil anbringen
    Name der gesperrten
    Anschlußstelle rot auskreuzen

11) Ankündigungstafel rot aus-
    kreuzen

Maße in Metern   (1.95)

Bild 8.32 Regelplan der Beschilderung und Absperrung einer gesperrten Anschlussstelle (rechts) und der letzten Anschlussstelle davor (links)

Quelle: RSA

8.5 Ergänzende Wegweisung

8.5.1 Allgemeines

Als „ergänzende Wegweisung" werden in diesem Abschnitt behandelt

– die Wegweisung auf touristische Ziele und von touristischen Routen (Abschnitt 8.5.2),
– die Wegweisung zu Einrichtungen zur Versorgung der Reisenden (Tankstellen, Raststätten; Abschnitt 8.5.3), die den Straßen in besonderer Weise zugeordnet sind, sowie
– die Wegweisung zu Messen und anderen temporären Großveranstaltungen (Abschnitt 8.5.4).

Diese Art der Wegweisung wird als „ergänzend" bezeichnet, da sie eng mit der Grundwegweisung verknüpft ist, sich ihr aber gleichzeitig deutlich unterordnet.

Sie ist mit ihr verknüpft, indem sie in vieler Hinsicht den gleichen Gestaltungsgrundsätzen folgt oder sich inhaltlich auf die Grundwegweisung bezieht.

Sie ordnet sich unter, indem sie teilweise andere Farben verwendet und teilweise an Standorten angeordnet wird, die sich auf die Standorte der Grundwegweisung beziehen.

8.5.2 Touristische Beschilderung

StVO Anlage 3 Richtzeichen (zu § 42 Absatz 2) Abschnitt 9 Hinweise		
zu 31 und 32		**Erläuterung** Die Zeichen stehen außerhalb von Autobahnen. Sie dienen dem Hinweis auf touristisch bedeutsame Ziele und der Kennzeichnung des Verlaufs touristischer Routen. Sie können auch als Wegweiser ausgeführt sein.
31	**Zeichen 386.1** Burg Eltz **Touristischer Hinweis**	
32	**Zeichen 386.2** Deutsche Weinstraße **Touristische Route**	
33	**Zeichen 386.3** Rheinland **Touristische Unterrichtungstafel**	**Erläuterung** Das Zeichen steht an der Autobahn. Es dient der Unterrichtung über touristisch bedeutsame Ziele.

Die Zeichen 386.1 und 386.2 dienen außerhalb der Autobahnen dem Hinweis auf touristisch bedeutsame Ziele und der Kennzeichnung von Touristikstraßen. Zeichen 386.3 dient an Autobahnen der Unterrichtung über Landschaften und Sehenswürdigkeiten.

8.5.2 Touristische Beschilderung

Durch die touristische Wegweisung werden touristisch bedeutsame Ziele und touristische Routen gekennzeichnet. Diese Beschilderung richtet sich insbesondere an den touristischen Kfz-Verkehr auf öffentlichen Straßen. Touristischer Verkehr wird von Personen durchgeführt, die sich nur vorübergehend in der Gegend aufhalten. Diese Personen sind häufig an den Besonderheiten dieser Gegend interessiert, kennen sich dort aber nicht besonders gut aus.

Die touristische Beschilderung soll in erster Linie den Besuchern einer Gegend das Auffinden der touristischen Ziele ermöglichen. Das Ziel, auf ihnen noch nicht bekannte touristische Besonderheiten hinzuweisen, tritt demgegenüber zurück.

Der Umfang der touristischen Beschilderung muss so begrenzt werden, dass die Grundwegweisung in ihrer Wirksamkeit nicht entwertet, sondern nur ergänzt wird. Insbesondere müssen die notwendigen Richtungsangaben der Grundwegweisung gezeigt werden, ohne insgesamt, d.h. zusammen mit den Zielangaben der touristischen Wegweisung, die Maximalzahl der vertretbaren Richtungsangaben zu überschreiten (siehe Abschnitt 8.2.6). Es gelten die

– „Richtlinien für die touristische Beschilderung (RtB)", FGSV Verlag, Ausgabe 2008.

Zeichen 386.1 mit Bezugsziel
(als Hinweistafel Variante 1 „in")

Zeichen 386.1 mit Bezugsziel
(als Hinweistafel Variante 2 „via")

Zeichen 386.1 mit Bezugsziel
(als Hinweistafel Variante 3 „Richtung")

Bild 8.33 Verknüpfung der touristischen Beschilderung mit der Grundwegweisung Quelle: RtB

Der Einführungserlass der RtB 2008 ist nachstehend abgedruckt.

Die RtB bauen auf den Vorgaben der StVO und ihrer Verwaltungsvorschrift ein die Grundwegweisung ergänzendes Wegweisungssystem in der Grundfarbe Braun auf.

Die RtB lösen das Problem der begrenzten Zielanzahl, indem sie als Regellösung die touristischen Ziele mit den Richtungsangaben der Grundwegweisung verknüpfen, z.B. durch Verweise wie „Richtung …", „via …" oder „in …" (Bild 8.33). Erst in unmittelbarer Nähe eines touristischen Ziels wird mit Zeichen 386.1 direkt auf das Ziel selbst hingewiesen.

Als Beschilderung werden der „Touristische Hinweis", die „Touristische Route" und die „Touristische Unterrichtungstafel" (Zeichen 386.1, 386.2 und 386.3) verwendet.

Die Zeichen der touristischen Wegweisung sind äußerst sparsam einzusetzen und so anzuordnen, dass sie die Wirkung anderer Verkehrszeichen nicht beeinträchtigen.

■ **Touristische Hinweiszeichen**

Mit touristischen Hinweiszeichen (Zeichen 386.1) wird das Auffinden touristisch bedeutsamer Ziele erleichtert. Solche Ziele können nach den RtB beispielsweise sein:

– Kultur-, Bau- und Bodendenkmäler
– Welterbestätten der UNESCO
– sonstige Anlagen oder Einrichtungen von kultureller, geschichtlicher oder kulturhistorischer Bedeutung
– Stadtbereiche oder städtebauliche Ensembles von baugeschichtlicher Bedeutung oder städtebauliche Besonderheiten, wie z. B. historischer Stadtkern
– Naturdenkmäler (gemäß BNatSchG)
– Naturschutz- oder Landschaftsschutzgebiete, National- oder Naturparks (gemäß BNatSchG), soweit es der Schutzzweck erlaubt
– sonstige zur Erholung dienende Landschaften oder Landschaftsparks
– Gärten
– Erholungs- und Freizeitgebiete oder -einrichtungen (z. B. Freizeitparks oder Wildparks), soweit sie überwiegend von touristischer Bedeutung sind und nicht aus verkehrlichen Gründen mit Zeichen 432 (schwarz auf weiß) in die Grundwegweisung aufgenommen werden müssen.

Müssen die **Hinweiszeichen** auf touristisch bedeutsame Ziele ausnahmsweise eine

8.5.2 Touristische Beschilderung

wegweisende Funktion übernehmen, z. B. bei weithin bekannten, aber abseits bekannter Orte liegenden touristischen Zielen mit großem Zielverkehrsaufkommen oder im Nahbereich touristischer Ziele, dann wird Zeichen 386.1 je nach Art der am Knoten angeordneten Wegweisung entweder

– als brauner Einsatz im Vorwegweiser oder Wegweiser,
– durch einen Pfeil ergänzt, und/oder als selbständige Tafel eines aufgelösten Tabellenwegweisers oder
– als Pfeilwegweiser

ausgeführt. Die RtB regeln das im Einzelnen. Hier sind auch Symbole aufgeführt (Kirche, Museum, Burg, Schloss und Kriegsgräberstätte), die zur Unterstützung der Textangabe verwendet werden dürfen.

■ Touristische Route

Zeichen 386.2 kennzeichnet einen Straßenverlauf als touristische Route. Dazu erhält die Straße über einen längeren Verlauf einen Namen. Regeln zur Auswahl solcher Routen sind in den RtB zu finden.

Nach Möglichkeit erfolgt die Beschilderung durch Bezug auf Richtungsangaben der Grundwegweisung. Dazu wird am Anfang der touristischen Route, vor Knotenpunkten, an denen die Route von der durchgehenden Straße abzweigt, und immer, wenn sich das Bezugsziel ändert, der Bezug zu einer Richtungsangabe der Grundwegweisung hergestellt (*Bild 8.33*). Außerdem wird Zeichen 386.2 hinter wichtigen Knotenpunkten als Bestätigung angeordnet.

Ist es in Ausnahmefällen nicht möglich, den Bezug zur Grundwegweisung herzustellen, so kann Zeichen 386.2 durch ein Pfeilsymbol ergänzt und wie ein Teilschild eines aufgelösten Tabellen(vor)wegweisers als additiver Vorwegweiser ca. 50–100 m vor dem Wegweiser der Grundwegweisung angeordnet werden (siehe *Bild 8.34*).

Bild 8.34 Wegweiser im Verlauf von touristischen Routen
Quelle: RtB

■ Touristische Unterrichtungstafel

Touristische Unterrichtungstafeln (Zeichen 386.3) dienen an Autobahnen entweder als Hinweis auf ein von der Autobahn aus sichtbares Ziel oder auf eine in der Nähe der Autobahn gelegene touristisch bedeutsame Besonderheit.

Unterrichtungstafeln sollen einheitlich gestaltet werden und erkennbar einer „Schilderfamilie" angehören. Dazu ist es wichtig, eine Geschlossenheit im Erscheinungsbild durch Größe und Darstellung sicherzustellen. Innerhalb dieses Gestaltungsrahmens soll jede Unterrichtungstafel ein eigenständiges Erscheinungsbild aufweisen.

Die Tafeln haben eine braune Grundfarbe mit weißer Schrift und weißem Einsatz. Das Motiv setzt sich aus Braun und Weiß zusammen. Flächenhafte Rasterungen aus Braun und Weiß zum Erzielen hellerer Brauntöne sind nur bis zu 30 % der Schildfläche erlaubt. Der Rest ist entweder vollflächig braun oder weiß. Der Rahmen ist vollflächig braun zu gestalten. Andere Farben sind in der Tafel nicht zulässig.

Unterrichtungstafeln dürfen nicht mit anderen Verkehrszeichen kombiniert oder mit diesen am gleichen Standort aufgestellt werden. Sie dürfen nicht im unmittelbaren Bereich eines Autobahnknotens (Autobahnkreuz oder -dreieck, Anschlussstelle) und der ihm zugeordneten Beschilderung angeordnet werden. Zwischen zwei Knoten sollen höchstens zwei Unterrichtungstafeln angeordnet werden.

Alle touristischen Hinweisschilder (Zeichen 386.1 bis 386.3) werden von Interessenvertretern des Tourismus oder anderen interessierten Verbänden (Träger) initiiert und getragen, müssen als Verkehrszeichen aber von der Verkehrsbehörde angeordnet und von der Straßenbaubehörde (gegen Kostenersatz) aufgestellt werden.

Der Antrag zur Aufstellung touristischer Beschilderung ist an die zuständige Straßenverkehrsbehörde zu richten. Die touristische Beschilderung soll unter Beteiligung der Interessenvertreter des Tourismus und der interessierten Verbände unter Beteiligung der betroffenen Behörden (Straßenbaubehörde, Denkmalbehörde, Forstbehörde usw.) von der Straßenverkehrsbehörde festgelegt werden (siehe VwV-StVO zu Zeichen 386.1 bis 386.3).

Die Kosten für die Aufstellung, den Betrieb (Folgepflicht) und die abschließende Beseitigung der Zeichen trägt abweichend von § 5b Abs. 1 des Straßenverkehrsgesetzes derjenige, der die Aufstellung dieser Zeichen beantragt hat (Träger). Dazu wird eine Vereinbarung zwischen dem Träger und der Straßenbauverwaltung geschlossen.

8.5.2 Touristische Beschilderung

Zu Abschnitt 8.5.2

VwV-StVO
zu § 42
Richtzeichen

Zu Zeichen 386.1, 386.2 und 386.3 Touristischer Hinweis, touristische Route und touristische Unterrichtungstafel

1 I. Touristische Beschilderungen mit den Zeichen 386.1 bis 386.3 dürfen nur äußerst sparsam angeordnet werden. Durch sie darf die Auffälligkeit, Erkennbarkeit und Lesbarkeit anderer Verkehrszeichen nicht beeinträchtigt werden. Die Zeichen 386.2 und 386.3 dürfen nicht zusammen mit anderen Verkehrszeichen aufgestellt werden.

2 II. Die Zeichen 386.1 und 386.2 können neben einer kennzeichnenden auch eine wegweisende Funktion erfüllen. Als Wegweiser soll Zeichen 386.2 nur dazu eingesetzt werden, den Verlauf touristischer Routen zu kennzeichnen, dem Prinzip von Umleitungsbeschilderungen entsprechend.

3 III. Im Hinblick auf die Anordnung touristischer Beschilderung sollen die touristisch bedeutsamen Ziele und touristischen Routen unter Beteiligung von Interessenvertretern des Tourismus und anderen interessierten Verbänden von der Straßenverkehrsbehörde festgelegt werden. Zu beteiligen sind von Seiten der Behörden vor allem die Straßenbaubehörde, die für den Tourismus zuständige Behörde, die Denkmalbehörde, die Forstbehörde.

4 IV. Die Ausgestaltung und Aufstellung der Zeichen richtet sich nach den Richtlinien für touristische Beschilderung (RtB). Die Fundstelle gibt das zuständige Bundesministerium bekannt.

StVO
§ 51
Besondere
Kostenregelung

Die Kosten der Zeichen 386.1, 386.2 und 386.3 trägt abweichend von § 5b Absatz 1 des Straßenverkehrsgesetzes derjenige, der die Aufstellung dieses Zeichens beantragt.

BMVBS
S 32/7332.4/
1-1001079
11. März 2009

Richtlinien für die touristische Beschilderung – Ausgabe 2008

Von der Forschungsgesellschaft für Straßen- und Verkehrswesen (FGSV e. V.) in Köln sind am 15. Januar 2009 die Richtlinien für die touristische Beschilderung (RtB) – Ausgabe 2008 – veröffentlicht worden. Sie können beim FGSV Verlag GmbH in 50999 Köln, Wesselinger Straße 17, unter der Bestell-Nr. FGSV 328 käuflich erworben werden.

Es wird darauf hingewiesen, dass die RtB 2008 bereits Bezüge auf die derzeit im Bundesrat eingebrachte 46. Verordnung zur Änderung straßenverkehrsrechtlicher Vorschriften und die sie begleitende Allgemeine Verwaltungsvorschrift zur Änderung der Allgemeinen Verwaltungsvorschrift zur StVO enthalten. Die materiell-rechtlichen Bestimmungen der RtB 2008 können im Vorgriff auf die zu erwartenden Rechtsänderungen bereits angewendet werden.

Die Richtlinien für Touristische Hinweise an Straßen – RtH 1988 (geändert 2003) (VkBl. 2003 S. 198) – werden hiermit aufgehoben.

(VkBl. 2009 S. 228)

8.5.3 Versorgung der Reisenden

StVO Anlage 3 Richtzeichen (zu § 42 Absatz 2)
Abschnitt 10 Wegweisung

		3. Wegweiser auf Autobahnen
		a) Ankündigungstafeln
58	**Zeichen 448.1** **Autohof**	**Erläuterung** 1. Mit dem Zeichen wird ein Autohof in unmittelbarer Nähe einer Autobahnausfahrt angekündigt. 2. Der Autohof wird einmal am rechten Fahrbahnrand 500 bis 1 000 m vor dem Zeichen 448 angekündigt. Auf einem Zusatzzeichen wird durch grafische Symbole der Leistungsumfang des Autohofs dargestellt.

Abschnitt 9 Hinweise

zu 28 und 29		**Erläuterung** 1. Durch solche Zeichen mit entsprechenden Sinnbildern können auch andere Hinweise gegeben werden, wie auf Fußgängerunter- oder -überführung, Fernsprecher, Notrufsäule, Pannenhilfe, Tankstellen, Zelt- und Wohnwagenplätze, Autobahnhotel, Autobahngasthaus, Autobahnkiosk. 2. Auf Hotels, Gasthäuser und Kioske wird nur auf Autobahnen und nur dann hingewiesen, wenn es sich um Autobahnanlagen oder Autohöfe handelt.
28	**Zeichen 358** **Erste Hilfe**	
29	**Zeichen 363** **Polizei** **Polizei**	

Anmerkung: Die Behandlung der Zeichen 358 und 363 selbst erfolgt in Abschnitt 8.6.3.

8.5.3 Versorgung der Reisenden

Auf Straßen, die regelmäßig von Verkehrsteilnehmern mit längeren Gesamtreisezeiten befahren werden, ist es notwendig und sinnvoll, auf Serviceeinrichtungen zu deren Versorgung systematisch und so hinzuweisen, dass die Reisenden sie ohne Probleme erreichen können.

Angesichts der genannten Reisedauern wird eine solche Wegweisung in der Regel nur auf Fernverkehrsautobahnen, in Ausnahmefällen auch auf Bundesstraßen mit ausgeprägter Fernverkehrsfunktion anzuordnen sein.

Die Service-Einrichtungen, auf die hingewiesen wird, müssen in Anlage und Betrieb auf die Versorgung von Fernreisenden ausgelegt sein. Insbesondere sind ausreichende Stellplätze (auch für Lkw und Busse), lange Öffnungszeiten (in der Regel rund um die Uhr) und ein ausgewogenes, breites Sortiment an geeigneten Produkten für Fernreisende erforderlich.

Man unterscheidet hierbei

– „Tank- und Rastanlagen" als Bestandteil der Bundesautobahnen,
– „Autohöfe" in unmittelbarer Nähe der Bundesautobahnen,
– sonstige speziell zur Versorgung der Reisenden vorgesehene Service-Einrichtungen abseits des Autobahnnetzes.

■ **Tank und Rastanlagen der Bundesautobahnen**

Die Tank- und Rastanlagen der Bundesautobahnen sind als sogenannte Nebenbetriebe auch rechtlich Bestandteil der Bundesautobahnen (§ 1 Abs. 4 Nr. 5 und § 15 FStrG).

Daher hat das für den Verkehr zuständige Bundesministerium mit

– ARS 2/2011 (StB 11/7437.2/3-05/1371916) „Empfehlungen für Rastanlagen an Straßen" vom 2.3.2011 (VkBl. S. 340)

die

– „Empfehlungen für Rastanlagen an Straßen (ERS)", FGSV Verlag, Ausgabe 2011,

die insbesondere in den Abschnitten 6, 7 und 9 auch Aussagen zu Verkehrszeichen und Verkehrseinrichtungen machen, bekannt geben.

Diese ERS legen als Regelabstände zwischen unbewirtschafteten Rastanlagen 15–20 km, bei schwachem Fernverkehr 20–25 km fest. Etwa jede dritte Rastanlage soll bewirtschaftet sein, sodass sich dazwischen Regelabstände von 50–60 km (bei schwachem Fernverkehr bis zu 80 km) ergeben.

Die „Richtlinien für die wegweisende Beschilderung auf Autobahnen (RWBA)" (siehe Abschnitt 8.3.1) behandeln auch die wegweisende Beschilderung zu und innerhalb der Rastanlagen.

Dabei orientiert sich die wegweisende Beschilderung zu den bewirtschafteten Rastanlagen an der wegweisenden Beschilderung, mit der auf Anschlussstellen hingewiesen wird. Statt des Vorwegweisers und zusätzlich 5 km vor dem Bezugspunkt werden jedoch weitere Ankündigungstafeln angeordnet. Diese enthalten unter dem Namen der Rastanlage Symbole, aus denen der Umfang des Angebots hervorgeht (in der Regel ein Tankstellen- und ein Raststättensymbol) sowie die Entfernung zum Bezugspunkt (in der Regel „5 km", „1000 m" und „500 m") (*Bild 8.35*). Die Rastanlagen werden bei der Nummerierung der Anschlussstellen nicht berücksichtigt. Auf der Trenninselspitze wird nur die symmetrische Leitplatte angeordnet, kein Pfeilwegweiser „Ausfahrt".

Zur besonderen Beschilderung von Gastankstellen siehe

– BMV-VkBl.-Verlautbarung (StV 12/36.42.42/33 Va 2006) „Einführung von Verkehrszeichen für Gastankstellen" vom 27. Juli 2006 (VkBl. S. 633).

Bild 8.35 Beispiel für die Ankündigung einer bewirtschafteten Rastanlage an einer Autobahn
Quelle: RWBA 2000

8.5.3 Versorgung der Reisenden

Bild 8.36 Nächste Tankstelle liegt im Ausland

Auf Zusatzzeichen unter den Ankündigungstafeln wird die Entfernung zur übernächsten Tankstelle angegeben. Liegt im Grenzbereich die nächste Tankmöglichkeit bereits im Ausland, dann kann dies, unter Verwendung des Nationalitätszeichens für Kraftfahrzeuge, so angezeigt werden, wie in *Bild 8.36* dargestellt.

Nach dem

– ARS 6/2006 (S 15/7165.8/3-2/489929) „Zusätzliche Hinweise auf das Dienstleistungsangebot an Autobahnrastanlagen und Autohöfen" vom 27. April 2006 (VkBl. S. 115)

kann auf den Ankündigungstafeln und dem Wegweiser über die Anbieter der Serviceleistungen nach vorgegebenem Muster durch von diesen zu finanzierenden Zusatzzeichen mit ihren Logos informiert werden.

Als wegweisende Beschilderung zu den unbewirtschafteten Rastanlagen dienen das blaue Parkplatzzeichen (Zeichen 314), ggf. ergänzt mit weiteren weißgrundigen Serviceleistungssymbolen (z. B. WC, Fernsprecher), darunter der Name der Rastanlage sowie die Entfernung zum Bezugspunkt. Die zusätzliche Ankündigung 5 km vor der Rastanlage entfällt.

Innerhalb der Rastanlagen wird der Verkehr mit blauen Tabellenwegweisern entsprechend Zeichen 434 (siehe Abschnitt 8.3.6) geführt, die als Richtungsangaben weißgrundige Symbole für die angebotenen Serviceleistungsbereiche (in der Regel das Tankstellen-, Raststätten- oder Bettensymbol) oder die Fahrzeugarten (in der Regel das Lkw-, Bus-, Pkw- oder Motorradsymbol) zeigen (*Bild 8.37*). Für die Zufahrt zurück zur Autobahn enthalten sie die Autobahnnummer und die Fern-Richtungsangabe. Die Parkbereiche selbst werden durch Parkplatzzeichen (Zeichen 314, siehe Abschnitt 3.6.2) gekennzeichnet, die mit entsprechenden Zusatzzeichen die jeweils vorgesehenen Fahrzeugarten angeben.

Die ERS geben im Abschnitt 7.1.2 Empfehlungen zur informativen Beschilderung im Tankstellenbereich. Sie empfehlen im Tankstellenbereich durch Piktogramme an den Attiken der Tankstellendächer anzuzeigen, wo der einfahrende

Bild 8.37 Beispiel für einen Tabellenwegweiser innerhalb einer Rastanlage einer Autobahn
Quelle: RWBA 2000

Verkehrsteilnehmer den Tankbereich für sein Fahrzeug findet (z. B. Pkw, Lkw, Bus).

Zum Aufstellen von Hinweisschildern auf Kraftstofffirmen bei Tankstellen an Autobahnen siehe

– BMV-RS (StB 8 – BS – 4299 Vms 66) „Aufstellung privater Hinweisschilder auf Kraftstofffirmen bei den Tankstellen an den Bundesautobahnen" vom 5. Januar 1967 (VkBl. S. 55),
– BMV-RS (StB 27/38.72.60/3 E 88) „Technische Bestimmungen für Hinweisschilder auf Kraftstofffirmen bei den Tankstellen an den Bundesautobahnen; Änderung" vom 25. August 1988,
– ARS 46/1992 (StB 18/38.72.00/36 Va 92) „Tankstellen an Bundesautobahnen; Beliefererfarben, -namen und -zeichen" vom 30. November 1992 (VkBl. S. 710),
– ARS 6/2006 (S 15/7165.8/3-2/489929) „Zusätzliche Hinweise auf das Dienstleistungsangebot an Autobahnrastanlagen und Autohöfen" vom 27. April 2006 (VkBl. S. 115).

Private Hinweisschilder im Bereich von Autobahntankstellen, die auf Kreditorganisationen (z. B. UTA, DKV) hinweisen, dürfen laut BMV-Erlass vom 7. August 1975 StB 8/38.60.70 – 00/8038 N 75 nicht größer als 40 x 40 cm und von der durchgehenden Fahrbahn aus nicht sichtbar sein.

Bezüglich des Einrichtens von Frauenparkplätzen an bewirtschafteten Rastanlagen der

Frauenparkplatz
bitte 3 Plätze
freihalten →

Bild 8.38 Hinweisschild auf Frauenparkplatz

8.5.3 Versorgung der Reisenden

Bundesautobahnen siehe Abschnitt 6.2.4 der ERS. Darin ist festgelegt, wie Frauenparkplätze zu markieren und zu beschildern sind (*Bild 8.38*). Das Schild muss so ausgeführt werden (z. B. durch eine hinterleuchtbare Transparentkonstruktion), dass die Beschriftung nur nachts erkennbar ist.

Zu behindertengerechten WC-Anlagen siehe auch DIN 18024, Teil 1 „Barrierefreies Bauen – Straßen, Plätze, Wege, öffentliche Verkehrs- und Grünanlagen sowie Spielplätze, Planungsgrundlagen".

Die ERS geben auch Hinweise zur Beleuchtung von Verkehrsanlagen der bewirtschafteten Nebenbetriebe.

■ Autohöfe

Autohöfe sind private Einrichtungen, die entsprechende Serviceleistungen vor allem für den Berufskraftverkehr anbieten und über Anschlussstellen leicht von Autobahnen erreicht werden können. Kriterien für Autohöfe können der

– BMV-VkBl.-Verlautbarung (StV 12/36.42.42-450) „Hinweisschilder auf Autohöfe an Autobahnen" vom 24. Oktober 1994 (VkBl. S. 699)

entnommen werden.

Als private Einrichtungen sind die Autohöfe nicht Bestandteil der Bundesautobahnen. Es besteht jedoch ein erhebliches öffentliches Interesse an ihrem Betrieb, vor allem, um den Berufskraftfahrern genügend Möglichkeiten zur Einhaltung ihrer Ruhezeiten zu bieten.

Daher kann auf der Autobahn durch Zeichen 448.1 auf Autohöfe hingewiesen werden, wenn und solange sie die genannten Kriterien erfüllen.

Nach den RWBA wird Zeichen 448.1 500 – 1 000 m vor der Ankündigungstafel der Anschlussstelle angeordnet, über die der Autohof erreicht werden kann. Die RWBA sehen außerdem vor, dass das Serviceleistungsangebot am Autohof auf einem Zusatzzeichen mit Symbolen gezeigt werden kann. Gemäß dem

– ARS 6/2006 (S 15/7165.8/3-2/489929) „Zusätzliche Hinweise auf das Dienstleistungsangebot an Autobahnrastanlagen und Autohöfen" vom 27. April 2006 (VkBl. S. 115)

können auf einem weiteren Zusatzzeichen wie bei den Autobahnrasthöfen (siehe dort) die Logos der Anbieterfirmen gezeigt werden.

■ Serviceeinrichtungen abseits des Autobahnnetzes

Nach der lfd. Nr. „zu 28 und 29" in Anlage 3 (zu § 42 Abs. 2) der StVO kann mit blaugrundigen quadratischen Zeichen, die wie Zeichen 358 ein weißgrundiges Symbol zeigen, auf bestimmte Serviceeinrichtungen auch auf Straßen außerhalb des Autobahnnetzes hingewiesen werden. Zulässig sind z. B. Hinweise auf Notrufeinrichtungen, Pannenhilfe-Stationen oder Tankstellen, nicht jedoch Hotels, Gasthäuser oder Kioske (die hier nur für die Wegweisung zu Autohöfen zulässig sind). Diese Zeichen waren früher in der StVO aufgeführt. Da sie jedoch keine verbindliche Verhaltensanweisung für den Verkehrsteilnehmer enthalten, werden sie nun in der StVO nur erwähnt und im Verkehrszeichen-Katalog (VzKat) als Z 361-50, Z 365-53 und Z 365-54 aufgeführt (*Bild 8.39*).

Zur Kennzeichnung von Tankstellen (auch) außerhalb von Autobahnen sind außerdem zu beachten:

– ARS 5/1977 (StB 4/813/38.32.52/4040 Vms 77) „Richtlinien für die Anlage von Tankstellen an Straßen – RAT – Ausgabe 1977" vom 30. April 1977 (VkBl. S. 363),
– ARS 5/1985 (StB 13/16/38.32.52/14 Vm 85) „Richtlinien für die Anlage von Tankstellen an Straßen – RAT – Ausgabe 1977; Neufassung der Ziffer 3, Kennzeichnung und Vorankündigung" vom 1. April 1985 (VkBl. S. 284),
– „Richtlinien für die Anlage von Tankstellen an Straßen (RAT)", FGSV Verlag, Ausgabe 1977/1985,
– BMV-VkBl.-Verlautbarung (StV 12/36.42.42/33 Va 2006) „Einführung von Verkehrszeichen für Gastankstellen" vom 27. Juli 2006 (VkBl. S. 633).

Die Vorankündigung und die Kennzeichnung von Tankstellen ist nur dann und nur in dem Maße angebracht und zulässig, wenn und wie sie die Sicherheit und Leichtigkeit des Verkehrs fördert. Es muss also ein sich aus dem Verkehr ergebendes Bedürfnis bestehen, durch die Vorankündigung und die Kennzeichnung die Verkehrsabläufe zu verbessern.

Z 359	Z 361-50	Z 365-53	Z 365-54

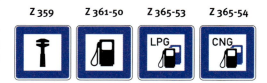

Bild 8.39 Beispiele für Hinweiszeichen zur Versorgung von Reisenden abseits der Autobahnen

8.5.3 Versorgung der Reisenden

Eine Vorankündigung sollte nur erfolgen, wenn die Tankstelle oder ihre Kennzeichnung am Ort der Leistung bei Tageslicht vom Kraftfahrer auf der freien Strecke auf eine Entfernung von 200 m, innerhalb von Ortschaften auf eine Entfernung von 100 m nicht erkennbar sind. Außerdem müssen außerhalb der geschlossenen Ortslage verkehrliche Gründe nicht entgegenstehen und innerhalb einer Ortschaft eine Vorankündigung im Interesse des fließenden Verkehrs liegen.

Das Vorankündigungszeichen ist grundsätzlich 200 m (freie Strecke) bzw. 100 m (Ortsdurchfahrt) vor der Tankstelle aufzustellen, soweit nicht örtliche Verhältnisse eine abweichende Anordnung erforderlich machen.

In einigen Fällen kann das Anbringen eines Richtungspfeiles unter dem Hinweiszeichen zweckmäßig sein (*Bild 8.40*).

Für eventuell erforderliche Beschilderungsmaßnahmen im Bereich der Tankstelle ist zu beachten, dass aufgrund der Rechtsprechung Tankstellen zum öffentlichen Verkehrsraum gehören, weil der Personenkreis, der einfahren will, nicht ausdrücklich oder stillschweigend beschränkt ist.

Tankstelle

Tankstellenvorankündigung mit Zusatzzeichen

Bild 8.40 Tankstellenvorankündigung auf der freien Strecke (ohne Markenzeichen)

Zu Abschnitt 8.5.3

StVO
§ 33
Verkehrs-
beeinträchtigungen

(1) Verboten ist

1. der Betrieb von Lautsprechern,

2. das Anbieten von Waren und Leistungen aller Art auf der Straße,

3. außerhalb geschlossener Ortschaften jede Werbung und Propaganda durch Bild, Schrift, Licht oder Ton,

wenn dadurch am Verkehr Teilnehmende in einer den Verkehr gefährdenden oder erschwerenden Weise abgelenkt oder belästigt werden können. Auch durch innerörtliche Werbung und Propaganda darf der Verkehr außerhalb geschlossener Ortschaften nicht in solcher Weise gestört werden.

(2) Einrichtungen, die Zeichen oder Verkehrseinrichtungen (§§ 36 bis 43 in Verbindung mit den Anlagen 1 bis 4) gleichen, mit ihnen verwechselt werden können oder deren Wirkung beeinträchtigen können, dürfen dort nicht angebracht oder sonst verwendet werden, wo sie sich auf den Verkehr auswirken können. Werbung und Propaganda in Verbindung mit Verkehrszeichen und Verkehrseinrichtungen sind unzulässig.

(3) Ausgenommen von den Verboten des Absatzes 1 Satz 1 Nummer 3 und des Absatzes 2 Satz 2 sind in der Hinweisbeschilderung für Nebenbetriebe an den Bundesautobahnen und für Autohöfe die Hinweise auf Dienstleistungen, die unmittelbar den Belangen der am Verkehr Teilnehmenden auf den Bundesautobahnen dienen.

VwV-StVO
zu § 33
Verkehrs-
beeinträchtigungen

Zu Absatz 2

3 I. Schon bei nur oberflächlicher Betrachtung darf eine Einrichtung nicht den Eindruck erwecken, dass es sich um ein amtliches oder sonstiges zugelassenes Verkehrszeichen oder eine amtliche Verkehrseinrichtung handelt. Verwechselbar ist eine Einrichtung auch dann, wenn (nur) andere Farben gewählt werden.

8.5.3 Versorgung der Reisenden

VwV-StVO
zu § 33
Verkehrs-
beeinträchtigungen

4 II. Auch Beleuchtung im Umfeld der Straße darf die Wirkung der Verkehrszeichen und Verkehrseinrichtungen nicht beeinträchtigen.

5 III. Wenn auf Grundstücken, auf denen kein öffentlicher Verkehr stattfindet, z. B. auf Fabrik- oder Kasernenhöfen, zur Regelung des dortigen Verkehrs den Verkehrszeichen oder Verkehrseinrichtungen gleiche Einrichtungen aufgestellt sind, darf das auch dann nicht beanstandet werden, wenn diese Einrichtungen von einer Straße aus sichtbar sind. Denn es ist wünschenswert, wenn auf nichtöffentlichem Raum sich der Verkehr ebenso abwickelt wie auf öffentlichen Straßen.

Zu Absatz 3

6 I. Die Hinweise auf Dienstleistungen erfolgen durch Firmenlogos der Anbieter von Serviceleistungen. Sie sind durch § 33 Absatz 3 straßenverkehrsrechtlich zugelassen und werden von der Straßenbaubehörde als Zusätze zu den amtlichen Hinweisschildern angebracht.

7 II. Hinsichtlich der Beschaffenheit, Gestaltung und Anbringung solcher Zusätze sind die Vorschriften der Richtlinien für die wegweisende Beschilderung auf Autobahnen (RWBA) entsprechend zu beachten. Die Schilder richten sich nach der Breite der Ankündigungstafel und haben eine Höhe von 800 mm.

8 III. Hinsichtlich der Größe und Anzahl der auf dem Schild erscheinenden Firmenlogos gelten die Vorschriften der Richtlinie für die wegweisende Beschilderung auf Autobahnen (RWBA) für graphische Symbole entsprechend.

VwV-StVO
zu § 42
Richtzeichen

Zu Zeichen 448.1 Autohof

1 I. Die Abmessung des Zeichens beträgt 2,0 m x 2,8 m.

II. Zeichen 448.1 ist nur anzuordnen, wenn folgende Voraussetzungen erfüllt sind:

2 1. Der Autohof ist höchstens 1 km von der Anschlussstelle entfernt.

3 2. Die Straßenverbindung ist für den Schwerverkehr baulich und unter Berücksichtigung der Anliegerinteressen Dritter geeignet.

4 3. Der Autohof ist ganzjährig und ganztägig (24 h) geöffnet.

5 4. Es sind mindestens 50 Lkw-Stellplätze an schwach frequentierten (DTV bis 50 000 Kfz) und 100 Lkw-Stellplätze an stärker frequentierten Autobahnen vorhanden. Pkw-Stellplätze sind davon getrennt ausgewiesen.

6 5. Tankmöglichkeit besteht rund um die Uhr; für Fahrzeugreparaturen werden wenigstens Fachwerkstätten und Servicedienste vermittelt.

7 6. Von 11 bis 22 Uhr wird ein umfassendes Speiseangebot, außerhalb dieser Zeit werden Getränke und Imbiss angeboten.

8 7. Sanitäre Einrichtungen sind sowohl für Behinderte als auch für die besonderen Bedürfnisse des Fahrpersonals vorhanden.

9 III. Die Abmessung des Zusatzzeichens beträgt 0,8 m x 2,8 m, die der in einer Reihe anzuordnenden grafischen Symbole 0,52 m x 0,52 m. Sollen mehr als 4 (maximal 6) Symbole gezeigt werden, sind diese entsprechend zu verkleinern.

10 IV. Das Zusatzzeichen enthält nur grafische Symbole für rund um die Uhr angebotene Leistungen. Es dürfen die Symbole verwendet werden, die auch das Leistungsangebot von bewirtschafteten Rastanlagen beschreiben (vgl. RWBA 2000, Kap. 8.1.2). Zusätzlich kann auch das Symbol „Autobahnkapelle" verwendet werden, wenn ein jederzeit zugänglicher Andachtsraum vorhanden ist. Zur Verwendung des Symbols „Werkstatt" vgl. RWBA 2000, Kap. 15.1 (5).

11 V. Die Autohof-Hinweiszeichen, deren Aufstellung vor der Aufnahme des Zeichens 448.1 (Autohof) in die StVO erfolgte und deren Maße nicht den Vorgaben (2,0 m x 2,8 m) entsprechen, sind bis zum 1. Januar 2006 gegen die entsprechenden Zeichen auszutauschen.

8.5.3 Versorgung der Reisenden

BMV – StV
12/36.42.42-450
24. Oktober 1994

Hinweisschilder auf Autohöfe an Autobahnen

Im Einvernehmen mit den für die Straßenverkehrs-Ordnung und die Verkehrspolizei zuständigen obersten Landesbehörden gebe ich nachstehende **„Kriterien für die Aufstellung von Hinweiszeichen auf Autohöfe an Autobahnen"** nebst den dazugehörigen Darstellungen über die Ausführung der Hinweise bekannt.

Kriterien für die Aufstellung von Hinweiszeichen auf Autohöfe an Autobahnen

Vorbemerkung

Die Verordnung (EWG) Nr. 3820/85 des Rates vom 20. Dezember 1985 über die Harmonisierung bestimmter Sozialvorschriften schreibt für den Berufskraftverkehr verbindlich die Einhaltung bestimmter Lenk- und Ruhezeiten vor. Aus Gründen der Verkehrssicherheit besteht generell ein Interesse daran, den Lkw-Verkehr auf der Autobahn zu halten und Auf- und Abfahrten sowie Fahrten im nachgeordneten Straßennetz auf das notwendige Maß zu beschränken. Die auf den Rastanlagen der Bundesautobahnen vorhandenen Lkw-Parkplätze reichen jedoch nicht aus, um den Lkw-Fahrern die Einhaltung der vorgeschriebenen Ruhezeiten zu ermöglichen; dies gilt insbesondere für längere Ruhepausen.

Durch den für die nächsten Jahre prognostizierten, zweistelligen Zuwachs im europäischen Straßenverkehr werden sich die Defizite im Lkw-Parkraum-Angebot noch verschärfen.

Autohöfe in der Nähe von Bundesautobahnen bieten bereits eine bedeutende Anzahl von Lkw-Parkplätzen und vielfältige Versorgungsleistungen an. Ihr komplettes Serviceangebot, wie

– gastronomische Versorgung,
– technische Versorgung,
– sanitäre Versorgung (z. B. Duschen für weibliche Trucker),
– Service rund um die Uhr,
– sonstige Dienstleistungen (z. B. Reifen- und Pannendienst),

ist auf individuelle Bedürfnisse des Berufskraftverkehrs zugeschnitten.

Daher kann die Aufstellung von Hinweiszeichen auf Autohöfe in der Nähe von Bundesautobahnen notwendig sein. Im Bedarfsfall ist nach den nachfolgenden Kriterien zu verfahren:

1. Lage/Anbindung zur Autobahn

Die Autohöfe sollen im unmittelbaren Einzugsgebiet der Autobahn liegen. Die Entfernung des Autohofes von der Autobahn soll 1 Kilometer nicht überschreiten. Behelfsausfahrten dürfen nicht herangezogen werden.

2. Straßenqualität

Die Straßenverbindung zwischen der Anschlussstelle und dem Autohof muss für den Schwerlastverkehr geeignet, gut ausgebaut, mindestens zweistreifig und je Spur mindestens 3,5 m breit sein. Sie dürfen weder gewichts- noch höhenbeschränkt sein oder sonstige Lkw-betreffende Durchfahrtsbeschränkungen (z. B. Zeichen 269 StVO) aufweisen.

3. Schneller Zugang

Die Zufahrt darf nicht durch Wohn-, Kur- und Erholungsgebiete sowie durch Gebiete führen, in denen sich Krankenhäuser, Altenheime, Sanatorien, Schulen etc. befinden. Auch sollen keine Straßen mit hoher Verkehrsbelastung (in Relation zur Leistungsfähigkeit) benutzt werden. Nach Möglichkeit sollen die Zufahrtstraßen anbaufrei und ohne Kreuzungen sein. Notwendige zusätzliche bauliche und verkehrslenkende Maßnahmen, wie beispielsweise Linksabbiegespuren oder Einfädelungsspuren, sind zu Lasten des Autohofbetreibers anzulegen.

4. Parkplätze

4.1 Lkw-Parkplätze

Je nach der Lage des Autohofes sind mindestens 50 Plätze an schwach und 100 Plätze an stark frequentierten Autobahnen anzubieten. Das Angebot anderer Autohöfe oder Autobahnnebenbetriebe in diesem Streckenabschnitt soll in die Bewertung mit einbezogen werden.

4.2 Pkw-Parkplätze

Je nach Lage des Autohofes sollen zusätzlich zu den Lkw-Parkplätzen ausreichend Pkw-Parkplätze angeboten werden.

8.5.3 Versorgung der Reisenden

BMV-Erlass
vom 24.10.1994

4.3 Gestaltung Parkplätze/Zugänge

– Lkw-Stellplätze sollten von Pkw-Stellplätzen räumlich getrennt werden.
– Aus Sicherheitsgründen sind die Zugänge zum Restaurant/Shop als Gehwege anzulegen; Stellplätze und Zugänge sind ausreichend zu beleuchten.

5. Öffnung/Ausstattung der Autohöfe

Die Autohöfe müssen das ganze Jahr hindurch 24 Stunden am Tag geöffnet haben und zumindest für die Grundversorgung ständig Personal bereitstellen.

Die Grundversorgung gliedert sich hierbei in folgende Bereiche:

5.1 Tankbetrieb

Eine ausreichende Versorgung mit allen gängigen Kraftstoffen und Schmiermitteln muss gewährleistet sein.

Angepasste Hinweisbeschilderung auf Autohöfe nach RWBA 2000

5.2 Reparaturdienst

Zur Durchführung von größeren Reparaturen an Lkw werden zu den normalen Öffnungszeiten Werkstätten im Rahmen von Kooperationsverträgen regionaler Unternehmer bzw. durch DKR vermittelt. Außerhalb dieser Zeiten werden für kleinere Reparaturen Service-Betriebe vermittelt.

5.3 Entsorgung

Sofern die Kapazitäten der regionalen Kläranlagen dies zulassen, sollten Autohöfe die Möglichkeit bieten, dass Busse und Wohnmobile ihr Bord-WC (kostenpflichtig) entsorgen können.

5.4 Versorgung

5.4.1 Shop

Es können Zubehörteile wie Keilriemen, Scheibenwischer, Sicherungen usw. für kleine Reparaturen sowie Getränke, Lebensmittel, Snacks, Zeitschriften usw. gekauft werden.

5.4.2 Restaurant

Ein umfassendes Speiseangebot wird zu den normalen Öffnungszeiten (11 Uhr bis 22 Uhr) angeboten. Die Anzahl der hierfür zur Verfügung stehenden Sitzplätze, in der Regel 100 bis 150, hängt davon ab, ob der betroffene Autohof in der Nähe einer stark oder eher schwach befahrenen Autobahn liegt. Warme Getränke, Erfrischungsgetränke und Imbisse sind rund um die Uhr anzubieten. Die Eingänge sind behindertengerecht zu gestalten.

6. Sanitäre Einrichtungen

Neben den Toilettenanlagen für Männer, Frauen und Behinderte müssen Dusch- und Waschräume für Frauen und Männer vorhanden sein.

7. Telekommunikationsdienste

Der Autohof muss mit Telefon, Telefax und nach Möglichkeit Kopiergerät ausgestattet sein. Die Kommunikationsmittel müssen allgemein zugänglich und rund um die Uhr benutzbar sein. Zweckmäßig ist auch die Einrichtung eines Geldautomaten.

Hinweis:

Der Antrag auf Aufstellung der Hinweiszeichen an Autobahnen kann erst dann gestellt werden, wenn alle erforderlichen öffentlich-rechtlichen Genehmigungen für den Bau des Autohofes vorliegen. Die Hinweiszeichen an Autobahnen werden wieder entfernt, wenn die Kriterien für deren Aufstellung in wesentlichen Punkten nicht mehr erfüllt werden.

(VkBl. 1994 S. 699)

8.5.3 Versorgung der Reisenden

BMV – StB
13/16/38.32.52/14
Vm 85
1. April 1985

Richtlinien für die Anlage von Tankstellen an Straßen – RAT – Ausgabe 1977

Neufassung der Ziffer 3 „Kennzeichnung und Vorankündigung"

3. Kennzeichnung und Werbung an Tankstellen

3.1 Sachliche Abgrenzung

„Kennzeichnung": Sie informiert den Verkehrsteilnehmer auf der Suche nach einem bestimmten von ihm angestrebten Ziel.

„Werbung": Sie spricht einen uninteressierten oder unentschlossenen – vielleicht sogar zu einem anderen Produkt neigenden – Kunden gezielt an und versucht, ihn zum Kauf zu veranlassen.

3.2 Räumliche Abgrenzung

Für die Kennzeichnung und Werbung gelten innerhalb und außerhalb geschlossener Ortslagen unterschiedliche Rechtsvorschriften. Innerhalb geschlossener Ortslagen werden Kennzeichnung und Werbung abschließend in den Bauordnungen der Länder sowie den örtlichen Satzungen geregelt. Außerhalb geschlossener Ortslagen[10] ergeben sich aus verkehrlichen Gründen auf Grund gesetzlicher Bestimmungen besondere Anforderungen.

3.3 Kennzeichnung

3.3.1 Anforderungen

Eine Kennzeichnung soll vor allem die Sicherheit und Leichtigkeit des Verkehrs fördern. Die Kennzeichnung muss von der Aussage her leicht begreifbar und schnell erfassbar sein. Eine Häufung von Aussagen innerhalb eines Kennzeichens kann die individuelle Wahrnehmungskraft überschreiten. Beschriftungen sollen für den heranfahrenden Kraftfahrer deutlich lesbar, Sinnbilder zweifelsfrei verständlich sein.

Die Kennzeichnung muss rechtzeitig erkennbar sein. Je nach den örtlichen Sichtverhältnissen sind daher Standort und angemessene Anbringungshöhe zu wählen.

Die Kennzeichnung darf mit amtlichen Verkehrszeichen nicht zu verwechseln sein. Die Verwendung von farbigem Licht darf die Wirksamkeit von Verkehrssignalanlagen nicht beeinträchtigen.

3.3.2 Arten der Kennzeichnung

Vorankündigung
Firmenzeichen (Mastenschild)
Preisauszeichnung
Zufahrtshinweis
Hinweis auf Selbstbedienung/Bedienung
Hinweis auf Versorgung mit Dieselkraftstoffen
Hinweis auf Versorgung mit Autogas
Hinweis auf Versorgung mit bleifreiem Benzin
Hinweis auf besondere Tankdienste (z. B. Münzdienst, Nachtdienst, außergewöhnliche Öffnungszeiten).

3.3.3 Anwendung der Kennzeichnung

3.3.3.1 Vorankündigung

Innerhalb geschlossener Ortslage ist eine Vorankündigung im Allgemeinen nicht erforderlich. Außerhalb geschlossener Ortslagen sollten Tankstellen dann eine Vorankündigung nach Zeichen 361 StVO erhalten, wenn sie oder ihre Kennzeichnung bei Tageslicht vom Kraftfahrer auf eine Entfernung von etwa 200 m nicht erkennbar sind und wenn verkehrliche Gründe dem nicht entgegenstehen. Das Hinweiszeichen soll die Entfernungsangabe und ggf. ein Zusatzschild, z. B. „Diesel", enthalten.

3.3.3.2 Firmenzeichen (Mastenschild)

Aus verkehrlichen Gründen ist es erwünscht, dass Tankstellen für den Kraftfahrer rechtzeitig erkennbar sind. Zur Kennzeichnung sind Mastenschilder (Firmenzeichen) geeignet. Höchstzulässige Größe für Mastenschilder ist ein Maß von 2 m² einschließlich Umrahmung. Das Schild soll feststehend sein und nur das farbige Kraftstoffmarkenzeichen enthalten. Es kann bei Dunkelheit während der Betriebszeit blendungsfrei beleuchtet sein. Mastenschilder dürfen nicht in den lichten Raum[11] der Straße hineinragen.

---

10) Bei Bundesstraßen außerhalb des Erschließungsbereiches der Ortsdurchfahrt
11) Vgl. Richtlinien für die Anlage von Straßen (RAS), Teil: Querschnitte (RAS-Q), Ausgabe 1982

BMV-Erlass
vom 1.4.1985

3.3.3.3 Preisauszeichnung

Im Interesse der Verkehrsteilnehmer kann es sinnvoll sein, dass auch an der freien Strecke die Kraftstoffpreise einer Tankstelle für den herannahenden Kraftfahrer rechtzeitig erkennbar sind. Wenn die Sicherheit oder Leichtigkeit des Verkehrs dadurch nicht beeinträchtigt wird, geschieht das zweckmäßigerweise durch Preisschilder an geeigneter Stelle auf dem Tankstellengelände[12]). Welche Preise den verschiedenen Kraftstoffen zugeordnet werden, muss der Kraftfahrer zweifelsfrei erkennen können. Aus diesem Grunde sollen die Preisangaben in der einprägsamen Reihenfolge Super – Benzin – Diesel – Gas geordnet werden.

Ferner müssen die Ziffern mindestens 25 cm hoch sein (ausgenommen Pfennigbruchteile [*Anmerkung:* gilt jetzt für Centbeträge]). Ihre Höhe sollte möglichst 50 cm nicht überschreiten. Das Schriftbild sollte gut lesbar sein. Preisschilder oder -transparente dürfen ebenso wie die Mastenschilder nicht in den lichten Raum der Straße hineinragen.

3.3.3.4 Zufahrtshinweis

Zum besseren Erkennen der Tankstellenzufahrt kann ein Zufahrtshinweis hilfreich sein (z. B. Pfeilschild, Poller u. a.). Dieser Hinweis darf nicht sichtbehindernd sein und nicht zu Verwechslungen mit amtlichen Verkehrszeichen führen. Er kann blendfrei beleuchtet werden.

3.3.3.5 Hinweis auf Selbstbedienung/Bedienung

Im Interesse der Verkehrsteilnehmer kann es notwendig sein, den heranfahrenden Kraftfahrer frühzeitig auf Selbstbedienung/Bedienung (ohne werbende Zusätze) hinzuweisen. Einprägsame Abkürzungen oder Sinnbilder werden erfahrungsgemäß vom Kraftfahrer leicht erfasst. Ein solcher Hinweis ist im Tankstellenbereich unterzubringen und kann blendfrei beleuchtet werden.

3.3.3.6 Hinweis auf Versorgung mit Dieselkraftstoff und Hinweise auf besondere Tankdienste

Ziffer 3.3.3.5 gilt sinngemäß.

3.4 Werbung

Die Werbung an der freien Strecke unterliegt – im Gegensatz zur geschlossenen Ortslage – den besonderen Anforderungen einschlägiger Bundes- und Landesgesetze[13]).

Sofern danach Werbung an der Stätte der Leistung zugelassen werden kann, ist sie auf das Tankstellengrundstück zu beschränken und soll den durchgehenden Verkehr auf der freien Strecke nicht ansprechen. Der reibungslose Verkehrsablauf auf den Zu- und Abfahrten der Tankstelle darf dadurch nicht behindert werden.

(VkBl. 1985 S. 284)

BMV – StB
8 – Bs – 4299
Vms 66
5. Januar 1967

Aufstellung privater Hinweisschilder auf Kraftstofffirmen bei den Tankstellen an den Bundesautobahnen

In § 6 Abs. 3 des sog. Belieferungsvertrages, den die Gesellschaft für Nebenbetriebe der Bundesautobahnen mbH mit Kraftstofffirmen für die Belieferung von Tankstellen abschließt, wird den Kraftstofffirmen gestattet, „an oder in nächster Nähe der von ihr zu beliefernden Tankstelle im Benehmen mit der Gesellschaft für Nebenbetriebe der Bundesautobahnen mbH (GfN) das für ihre Organisation typische Kennzeichen aufzustellen", um den Verkehrsteilnehmer schon von weitem darüber zu unterrichten, welche Kraftstoffmarke an der durch die Hinweisschilderung angekündigten Tankstelle abgegeben wird.

In den Fällen, in denen das Schild innerhalb der Tank- und Rastanlage im Zuständigkeitsbereich der GfN stehen soll, bedarf es neben dem Belieferungsvertrag keiner weiteren Vereinbarung mit der Kraftstofffirma.

In der Mehrzahl der Fälle sollen die Hinweisschilder jedoch außerhalb des für die GfN ausgewiesenen Bereiches der Tank- und Rastanlage aufgestellt werden. In diesen Fällen handelt es sich um eine „sonstige Rastanlage" (§ 8 Abs. 10 FStrG) im Sinne von Abschnitt IV der „Richtlinien über Nutzungen an Bundesfernstraßen in der Baulast des Bundes" (VkBl. 1961 S. 628). Deshalb ist eine schriftliche Vereinbarung zwischen der Straßenbauverwaltung und der Kraftstofffirma, die als Belieferer der Tankstellen den Antrag auf Errichtung eines Hinweisschildes gestellt hat, abzuschließen. Für die Vereinbarung bitte ich das „Muster

---

12) Vgl. die Mindestanforderungen der Verordnung über Preisangaben vom 10.5.1973, BGBl. I, S. 461
13) Z. B. Bundesfernstraßengesetz, Straßenverkehrs-Ordnung, Straßengesetze und Bauordnungen der Länder

8.5.3 Versorgung der Reisenden

BMV-Erlass
vom 5.1.1967

eines Nutzungsvertrages" anzuwenden, das als Anlage 3 den vorbezeichneten Richtlinien beigegeben wurde. Die in dem Mustervertrag erwähnten „Technischen Bestimmungen", die bei der Aufstellung der Hinweisschilder zu beachten sind, befinden sich in der Anlage.

Bei künftigen Verträgen bitte ich eine Kündigungsfrist von 3 Monaten zu vereinbaren. Durch einen entsprechenden Zusatz bei Ziffer 6 des Antragsmusters ist ferner sicherzustellen, dass die Vereinbarung auch ohne Kündigung mit der Beendigung des zwischen der GfN und der Kraftstofffirma abgeschlossenen Belieferungsvertrages aufgelöst wird.

Der Abschluss der Vereinbarungen soll im Benehmen mit der GfN erfolgen. Die GfN wird zu diesem Zweck sicherstellen, dass Anträge von Kraftstofffirmen auf Genehmigung von Hinweisschildern über die GfN an die Straßenbauverwaltung gerichtet werden. Ich bitte, andererseits die Bescheide der Straßenbauverwaltung an die Antragsteller über die GfN zu leiten.

Vorhandene Hinweisschilder, die den beigefügten „Technischen Bestimmungen" nicht entsprechen, sind zum frühestmöglichen Zeitpunkt im Benehmen mit der GfN unter Berücksichtigung der Gestattungsverträge zu beseitigen.

Anlage zum
Rundschreiben des
BMV vom
5. Januar 1967

Technische Bestimmungen für Hinweisschilder auf Kraftstofffirmen bei den Tankstellen an den Bundesautobahnen

(Ergänzt durch Erlass vom 9. Juni 1969 – StB 8 – Bs – 4031 St 69 und geändert durch Erlass vom 25. August 1988, StB 27/38.72.60/3 E 88)

1. Das Hinweisschild darf nur auf der Trenninsel zwischen der Hauptfahrbahn der Bundesautobahn und der Nebenfahrbahn aufgestellt werden.

2. Das Hinweisschild soll – in Fahrtrichtung gesehen – etwa 40 m hinter der Inselspitze der Trenninsel stehen.

3. Das Hinweisschild ist so aufzustellen, dass der Verkehr nicht behindert oder gefährdet wird. Es ist als Einzelschild an einem senkrecht stehenden Einzelmast anzubringen, der außerhalb des Lichtraumprofils der Straße stehen muss. Die Höhe der Schildunterkante über der Fahrbahn darf 4,5 m nicht unterschreiten.

4. Das Hinweisschild, ohne eine etwaige Rahmeneinfassung, darf nicht größer als zwei Quadratmeter sein. Das Verhältnis von Höhe und Breite des Schildes soll in den Grenzen von 1:2 bis 2:1 liegen. Bei Schildern, die von der rechteckigen Form abweichen, gelten für Höhe und Breite sinngemäß die vertikalen und horizontalen Begrenzungen des Schildes.

5. Das Schild darf außer dem Kraftstoffmarkenzeichen keine weiteren Angaben enthalten. Anstelle des Markenzeichens oder zusätzlich kann ein Verbandszeichen, jedoch nur innerhalb der angegebenen Schildgröße, gezeigt werden. Mit diesem Zusatz werden keine Rechte des genannten Verbandes gegenüber dem Bund und der GfN begründet.

6. Das Schild darf nicht beweglich oder rückstrahlend ausgeführt sein. Die Farbe Signalrot soll nach Möglichkeit nicht verwendet werden. Zur besseren Erkennbarkeit bei Nacht können die Schilder beleuchtet werden. Die Beleuchtung muss blendungsfrei sein.

Um dies zu erreichen, soll die mittlere Leuchtdichte L_m des innenbeleuchteten Schildes einen Wert von 150 cd/m^2 besitzen, der um 60 cd/m^2 über- oder unterschritten werden darf.

(VkBl. 1967 S. 55)

BMVBS
S 32/36.42.42/33
Va 2006
27. Juni 2006

Einführung von Verkehrszeichen für Gastankstellen

Aufgrund des erklärten politischen Willens, alternative Energien zu fördern, des zu erwartenden Anstiegs der Zulassungszahlen von gasbetriebenen Kraftfahrzeugen sowie der internationalen Aktivitäten ist eine eindeutige Beschilderung für Autogas-/Erdgastankstellen erforderlich. Die Harmonisierungsbestrebungen bei der Europäischen Wirtschaftskommission der Vereinten Nationen in Zusammenhang mit einer einheitlichen Handhabe für Hinweise auf Gastankstellen machen es erforderlich, neue Verkehrszeichen für Gastankstellen einzuführen. Die Gassymbole (blaue Zapfsäule als Schatten) dienen der Hinweisbeschilderung zu Autogastankstellen (LPG: Liquid Petroleum Gas) und Erdgastankstellen (CNG: Compressed Natural Gas). Sie werden als Verkehrszeichen mit den Nummern „365-53" und „365-54" in den Katalog der Verkehrszeichen (VzKat) aufgenommen. Im Bedarfsfall kann die deutsche Bezeichnung in einem Zusatzzeichen ergänzt werden.

Auf Autobahnen wird mit den dargestellten Gassymbolen nur im Rahmen der Beschilderung von bewirtschafteten Rastanlagen und Autohöfen (Kapitel 8 und 15.1 der RWBA 2000)

8.5.3 Versorgung der Reisenden

BMVBS-Erlass
vom 27.6.2006

auf die dort vorhandenen Autogas-/Erdgastankstellen hingewiesen. Außerhalb von Autobahnen ist eine Beschilderung mit den Verkehrszeichen 365-53 und 365-54 grundsätzlich nur am Ort der Leistung, d.h. an der Gastankstelle, zulässig. In Ausnahmefällen kann auch eine wegweisende Beschilderung (mit Zusatzzeichen 1000) im Nahbereich einer abseits gelegenen Gastankstelle erfolgen.

Nach Anhörung der für den Straßenverkehr und die Verkehrspolizei zuständigen obersten Landesbehörden gebe ich hiermit die nachstehend abgebildeten Verkehrszeichen „Autogastankstelle" und „Erdgastankstelle" bekannt.

Zeichen 365-53   Zeichen 365-54

Autogastankstelle   Erdgastankstelle

(VkBl. 2006 S. 633)

8.5.4 Messen, Ausstellungen, sportliche und ähnliche temporäre Großveranstaltungen

Auf Veranstaltungsorte wie Messegelände, Stadien oder ähnliche Orte wird wegen ihrer Verkehrsbedeutung häufig bereits in der Grundwegweisung gemäß RWBA oder RWB durch weißgrundige Symbole oder den entsprechenden weißgrundigen Wortlaut, z. B. „Messe", hingewiesen.

Ergibt sich für bestimmte Einzelveranstaltungen ein besonderes Hinweisbedürfnis, z. B. weil ein Übermaß an ortsfremden Verkehrsteilnehmern zu führen ist oder weil die Verkehrsströme für verschiedene gleichzeitig stattfindende Veranstaltungen getrennt zu führen sind, kann die Grundwegweisung ausnahmsweise durch private Hinweisschilder nach vorgegebenen Mustern ergänzt werden.

Verfahrensweise und Gestaltung dieser Muster sind geregelt in den Richtlinien, die dem

– ARS 17/2010 (StB 15/7163.1/4/01261223) „Richtlinien für die Aufstellung von nichtamtlichen Wegweisern für Messen, Ausstellungen, sportliche und ähnliche temporäre Großveranstaltungen" vom 10. August 2010

beigefügt (und nachstehend abgedruckt) sind.

Die weißgrundigen Schilder zeigen in einheitlicher Weise oben in schwarzer Schrift die Bezeichnung des Veranstaltungsortes (z. B. „Kongresshalle" oder „Messe Osting"), in der Mitte die Bezeichnung der Veranstaltung, ggf. mit einem erklärenden (auch farbigen) Logo, und unten Hinweise zum Verhalten an dem oder den weiteren Knotenpunkten.

Dabei wird auf Autobahnen in der Regel auf die Nummer der entsprechenden Ausfahrt oder auf eine Richtungsangabe der Grundwegweisung verwiesen. Außerhalb der Autobahnen können auch direkt Pfeilsymbole (gebogene Pfeile bei Vorwegweisern, gerade Pfeile bei Wegweisern; siehe Abschnitt 8.2.4) gezeigt werden.

Die Wegweiser dürfen dabei nur so lange sichtbar sein, wie es die Veranstaltung erfordert.

Sie werden auf Autobahnen als additive Wegweiser an Anschlussstellen in der Regel etwa 300–500 m vor der Ankündigungstafel, an Autobahnknoten zwischen der Ankündigungstafel und dem ersten Vorwegweiser mit Bezug auf Angaben in der Grundwegweisung angeordnet, außerhalb der Autobahnen in der Regel mindestens 50 m (innerorts)/100 m (außerorts) vor dem ersten amtlichen Wegweiser als Vorwegweiser.

Da die Wegweiser nicht als amtliche Verkehrszeichen, sondern als private Hinweisschilder angesehen werden, sind die Kosten vom Veranstalter zu übernehmen und entsprechende Gestattungsverträge abzuschließen.

Die nach dem

– BMV-RS (StB 2/4/StV 2 – BBsw – 4061 Vm 60) „Richtlinien für die Aufstellung von privaten Wegweisern für Messen, Ausstellungen, sportlichen und ähnlichen Veranstaltungen" vom 27. Januar 1961 (VkBl. S. 92)

abgeschlossenen Gestattungsverträge genießen bis auf Weiteres Bestandsschutz. Bei Verlängerung oder Neuabschluss sind die neuen Regelungen zu beachten.

Zu Abschnitt 8.5.4

VwV-StVO
zu § 42
Richtzeichen

Zu Zeichen 432 Wegweiser zu Zielen mit erheblicher Verkehrsbedeutung

1 I. Ziele mit erheblicher Verkehrsbedeutung können sein:
   – Ortsteile (z. B. Parksiedlung, Zentrum, Kurviertel),
   – öffentliche Einrichtungen
     (z. B. Flughafen, Bahnhof, Rathaus, Messe, Universität, Stadion),
   – Industrie- und Gewerbegebiete,
   – Erholungs- und Freizeitgebiete oder -einrichtungen.

2 II. Zu anderen Zielen darf nur dann so gewiesen werden, wenn dies wegen besonders starken auswärtigen Zielverkehrs unerlässlich ist und auch nur, wenn allgemeine Hinweise wie „Industriegebiet Nord" nicht ausreichen. Die Verwendung von Logos oder anderen privaten Zusätzen ist nicht zulässig. (Vgl. VwV zu Anlage 3 Abschnitt 10 Wegweisung; Rn. 1.)

3 III. Bei touristisch bedeutsamen Zielen ist vorzugsweise eine Beschilderung mit Zeichen 386.1 vorzunehmen, sofern die Richtlinien für touristische Beschilderung (RtB) dies zulassen.

8.5.4 Messen, Ausstellungen, sportliche und ähnliche temporäre Großveranstaltungen

BMVBS – StB
15/7163.1/4/
01261223
10. August 2010

Richtlinien für die Aufstellung von nichtamtlichen Wegweisern für Messen, Ausstellungen, sportliche und ähnliche temporäre Großveranstaltungen

I. Das Rundschreiben zu den Richtlinien für die Aufstellung von privaten Wegweisern für Messen, Ausstellungen, sportliche und ähnliche Veranstaltungen vom 27.1.1961 (VkBl. 1961, S. 92) wird aufgehoben und durch die anliegenden Richtlinien für die Aufstellung von nichtamtlichen Wegweisern für Messen, Ausstellungen, sportliche und ähnliche temporäre Großveranstaltungen ersetzt.

Die neuen Richtlinien enthalten insbesondere gegenüber der Vorgängerregelung aktualisierte Vorgaben zum Standort und der Gestaltung der Wegweiser. Diese lehnen sich nun weitgehend an die für die amtliche Verkehrsbeschilderung geltenden Regelungen der Straßenverkehrs-Ordnung, der Allgemeinen Verwaltungsvorschrift zur Straßenverkehrs-Ordnung, der Richtlinien für die wegweisende Beschilderung an Bundesautobahnen und der Richtlinien für die wegweisende Beschilderung außerhalb von Bundesautobahnen an. Hinsichtlich des Standorts wird zwischen der Aufstellung von Wegweisern auf den Bundesautobahnen und der Aufstellung von Wegweisern auf den Bundesstraßen unterschieden. Farblich sind die Wegweiser in schwarzer Schrift auf weißer Grundfarbe gestaltet. Bei Bedarf können die Wegweiser auch ein veranstaltungsbezogenes Logo enthalten.

II. In Angrenzung zu § 42 Zeichen 432 der Straßenverkehrs-Ordnung ist die Aufstellung der Wegweiser nur bei temporären Großveranstaltungen von besonderer überörtlicher Bedeutung, die einen erheblichen zusätzlichen Verkehr mit besonderem veranstaltungsbezogenem Verkehrslenkungsbedürfnis erwarten lassen, zulässig. Bei Örtlichkeiten mit häufigem Bedarf für eine Wegweisung kann die Aufstellung eines dauerhaft angebrachten Wegweisers in Betracht kommen, der in Zeiten ohne Veranstaltung unkenntlich zu machen ist.

Für die Benutzung des Straßengrundstücks ist wie bisher ein Sondernutzungsvertrag nach § 8 Absatz 10 Bundesfernstraßengesetz abzuschließen. Die Kosten für die Beschaffung, Aufstellung etc. der Wegweiser trägt der Veranstalter. Ein Nutzungsentgelt wird nicht erhoben, da die Wegweiser auch der Verkehrsführung dienen.

III. Ich bitte, die Richtlinien für die Aufstellung von nichtamtlichen Wegweisern für Messen, Ausstellungen, sportliche und ähnliche temporäre Großveranstaltungen im Bereich der Auftragsverwaltung für Bundesfernstraßen anzuwenden und erbitte die Übersendung eines entsprechenden Einführungserlasses. Ich empfehle ihre Anwendung auch für andere Straßen, soweit das Landesrecht mit dem Bundesrecht übereinstimmt. Die Bundesvereinigung der kommunalen Spitzenverbände bitte ich um Unterrichtung der Städte, Kreise und Gemeinden und um Berücksichtigung der Grundsätze im Baugenehmigungsverfahren.

Das Rundschreiben zu den Richtlinien für die Aufstellung von privaten Wegweisern für Messen, Ausstellungen, sportliche und ähnliche Veranstaltungen vom 27.1.1961 – StB 2/4/StV 2 – Bsw – 4061 Vm 60 – (VkBl. 1961, S. 92) hebe ich hiermit auf.

IV. Ebenfalls aufgehoben werden das Rundschreiben zu den Richtlinien für die Aufstellung privater Hinweisschilder auf Kraftfahrzeughilfsdienste (Autohilfen) an Bundesautobahnen vom 18.12.1955 – StB 2/4 – Bh – 519 Vms 55 – (VkBl. 1956, S. 45), das Rundschreiben zu den Richtlinien für die Aufstellung privater Hinweisschilder auf Hotels, Gasthöfe und sonstige Übernachtungsmöglichkeiten vom 12.1.1961 – StB 2/4 – Bh – 170 BW 60 – (VkBl. 1961, S. 49) und das Rundschreiben betreffend die Richtlinien für Informationsschilder auf Rastplätzen der Bundesautobahnen vom 31.1.1968 – StB 8/2 – Bs – 4226 Vms 67 (VkBl. 1968, S. 87).

Die Richtlinien für die Aufstellung privater Hinweisschilder auf Hotels, Gasthöfe und sonstige Übernachtungsmöglichkeiten sind inzwischen überholt, wie die Länderfachgruppe Straßenrecht in ihrer 120. Sitzung am 2./3. Juli 2008 in München festgestellt hat. Entsprechendes gilt auch für die Richtlinien für die Aufstellung privater Hinweisschilder auf Kraftfahrzeughilfsdienste (Autohilfen) und die Richtlinien für Informationsschilder auf Rastplätzen der Bundesautobahnen. Aufgrund der flächendeckenden Verbreitung von Notrufsäulen auf den Bundesautobahnen sowie der Tatsache, dass in Folge der grundsätzlich durchgehenden Öffnungszeiten in den Nebenbetrieben der Bundesautobahnen zeitlich unbegrenzt Ansprechpartner und Ansprechpartnerinnen zur Verfügung stehen, sind spezielle Informationsschilder an den Rastplätzen über Autohilfen, Versorgungsmöglichkeiten bei Unfällen (Arzt, Erste Hilfe, Krankenhäuser), Polizeistationen oder Unterkünfte abseits der Bundesautobahnen nicht mehr erforderlich. Hinsichtlich der Autohilfen wird zudem auf den von den Automobilclubs angebotenen Pannenservice sowie auf § 42 Zeichen 359 (Pannenhilfe) der Straßenverkehrs-Ordnung hingewiesen, bezüglich der Information über Erste Hilfe und Polizeistationen auf die Zeichen 358 (Erste Hilfe) und 363 (Polizei) der Straßenverkehrs-Ordnung. Die Unterrichtung über (touristische) Sehenswürdigkeiten wird entsprechend der Richtlinie für touristische Hinweise an Straßen bereits durch § 42 Zeichen 398 der Straßenverkehrs-Ordnung sicher gestellt.

8.5.4 Messen, Ausstellungen, sportliche und ähnliche temporäre Großveranstaltungen

Anlage zum
Rundschreiben des
BMVBS
10. August 2010

Richtlinien für die Aufstellung von nichtamtlichen Wegweisern für Messen, Ausstellungen, sportliche und ähnliche temporäre Großveranstaltungen

Bei Messen, Ausstellungen, sportlichen und ähnlichen temporären Großveranstaltungen können zur besseren Orientierung der Verkehrsteilnehmer und damit zur Erleichterung der Verkehrsführung besondere Wegweiser aufgestellt werden. Voraussetzung ist, dass es sich um Großveranstaltungen von besonderer überörtlicher Bedeutung handelt, die einen erheblichen zusätzlichen Verkehr mit besonderem veranstaltungsbezogenem Verkehrslenkungsbedürfnis erwarten lassen und für die keine Zielführung im Rahmen der amtlichen Wegweisung vorhanden ist. Die Wegweiser im Sinne dieser Richtlinie sind keine amtlichen Verkehrszeichen, sondern private Hinweisschilder. Durch sie darf die Sicherheit oder Leichtigkeit des Verkehrs und der Gemeingebrauch der Straße nicht beeinträchtigt werden.

Für die Aufstellung und Ausführung der nichtamtlichen Wegweisung gelten die Straßenverkehrs-Ordnung (StVO), die Allgemeine Verwaltungsvorschrift zur Straßenverkehrs-Ordnung (VwV-StVO), die Richtlinien für die wegweisende Beschilderung an Bundesautobahnen (RWBA) und die Richtlinien für die wegweisende Beschilderung außerhalb von Bundesautobahnen (RWB) entsprechend.

1. Standorte

- Die Wegweiser werden räumlich getrennt (additiv) zur amtlichen Wegweisung nach RWBA oder RWB aufgestellt.
- Die Anzahl und der Inhalt der Wegweiser sind auf das für die Verkehrsführung notwendige Maß zu beschränken.
- Auf Bundesautobahnen stehen die Wegweiser in der Regel 300 bis 500 m vor der Ankündigung (Zeichen 448) der Anschlussstelle (siehe Anhang Beispiele 1 und 2).
- Bei einer Zielführung über einen komplexen Verkehrsknoten (zum Beispiel Bundesautobahnkreuz oder -dreieck) stehen die Wegweiser in der Regel zwischen Ankündigung und erstem Vorwegweiser (siehe Anhang Beispiel 3).
- Außerhalb von Bundesautobahnen werden die Wegweiser vor einer Kreuzung oder Einmündung innerorts in der Regel mindestens 50 m und außerorts mindestens 100 m vor dem ersten amtlichen Wegweiser in der Funktion des Vorwegweisers platziert (siehe Anhang Beispiel 4). Bei beengten räumlichen Verhältnissen kann stattdessen der Wegweiser zwischen Vorwegweiser und Wegweiser in der Funktion des Wegweisers aufgestellt werden (siehe Anhang Beispiel 5).
- Der genaue Aufstellort für die Wegweiser ist nach verkehrstechnischen Kriterien in Abhängigkeit von den örtlichen Gegebenheiten und bereits bestehender Beschilderung festzulegen. Insbesondere dürfen die Wegweiser amtliche Verkehrszeichen nicht verdecken oder die Sicht darauf beeinträchtigen.

2. Gestaltung

- Soweit in den Richtlinien nichts anderes ausgeführt ist, sind die Wegweiser in entsprechender Anwendung der RWB und der einschlägigen Vorgaben für amtliche Verkehrszeichen auszuführen und zu gestalten.
- Die Wegweiser haben eine weiße Grundfarbe und einen weißen Kontraststreifen. Die Schrift, der Rand und die Richtungspfeile sind schwarz. Andere wegweisende Elemente wie zum Beispiel die Knotenpunktnummer (Zeichen 406) oder das Sinnbild für eine Bundesautobahnausfahrt sind ebenfalls schwarz. Andere Farben sind nur in Verbindung mit einem veranstaltungsbezogenen Logo oder Signet zulässig. Firmenlogos sind nicht zulässig.
- Die Schrift ist nach der DIN 1451 auszuführen. Im Regelfall ist die Mittelschrift zu verwenden.
- Die Wegweiser sollen nicht mehr als drei Textzeilen umfassen. In der obersten Zeile steht der Veranstaltungsort. Die zweite und ggf. dritte Zeile enthalten eine geeignete Bezeichnung der Veranstaltung. In das „Veranstaltungsfeld" kann bei Bedarf ein Logo oder Signet integriert sein, das den Bezug zur Veranstaltung herstellt.
- Die Schrifthöhe für Wegweiser auf Bundesautobahnen beträgt 280 mm. Außerhalb von Bundesautobahnen finden die RWB entsprechende Anwendung. Für den Text im Veranstaltungsfeld kann jeweils die nächst kleinere Schrifthöhe verwendet werden, auf Bundesautobahnen eine Schrifthöhe von 210 mm.

3. Sichtbarkeit

Die Wegweiser dürfen grundsätzlich nur so lange aufgestellt werden, wie es die Veranstaltung erfordert. Bei Örtlichkeiten mit häufigem Bedarf für eine Wegweisung kann die Aufstellung eines dauerhaft angebrachten Wegweisers in Betracht kommen. Das

8.5.4 Messen, Ausstellungen, sportliche und ähnliche temporäre Großveranstaltungen

Anlage zum BMVBS-Erlass vom 10.8.2010

„Veranstaltungsfeld" kann in diesem Fall als austauschbares Element ausgeführt werden, das nach dem Ende der Veranstaltung entfernt beziehungsweise – soweit die Voraussetzungen nach dieser Richtlinie hierfür erfüllt sind – gegen den Inhalt für eine andere Veranstaltung ausgetauscht werden kann. In Zeiten ohne Veranstaltung ist der Wegweiser unkenntlich zu machen.

4. Sonstige technische Ausführungsbestimmungen

Hinsichtlich Material, Aufstellvorrichtung und sonstiger technischer Vorkehrungen wie zum Beispiel Schutzeinrichtungen gelten die einschlägigen Vorschriften für amtliche Verkehrszeichen entsprechend.

5. Verfahren

Über die Aufstellung, die Standorte und die Inhalte der Wegweiser entscheidet die örtlich zuständige Straßenbaubehörde, in Ortsdurchfahrten die Gemeinde – soweit sie nicht Trägerin der Straßenbaulast ist mit Zustimmung der Straßenbaubehörde –, unter Beteiligung der zuständigen Straßenverkehrsbehörde auf Grundlage der vom Veranstalter beizubringenden entscheidungserheblichen Angaben.

Die Wegweiser sind auf dem Straßengrundstück aufzustellen. Für die Benutzung des Straßengrundstücks ist mit dem Veranstalter ein Nutzungsvertrag gemäß § 8 Absatz 10 Bundesfernstraßengesetz zu schließen. Teil C sowie Anlage C 1 der Richtlinien über die Benutzung der Bundesfernstraßen in der Baulast des Bundes – Nutzungsrichtlinien – (Allgemeines Rundschreiben Straßenbau 5/2009) sind anzuwenden mit Ausnahme der Regelungen über das Nutzungsentgelt.

Durch den Abschluss der Vereinbarung werden andere etwa erforderliche öffentlichrechtliche oder privat-rechtliche Entscheidungen, wie zum Beispiel öffentlich-rechtliche Genehmigungen, Erlaubnisse, Bewilligungen und Zustimmungen, nicht ersetzt. Diese sind, soweit erforderlich, vom Veranstalter einzuholen.

6. Kosten/Entgelte/Haftung

Der Veranstalter trägt die Kosten für die Beschaffung, Aufstellung, Instandsetzung, Unterhaltung, Umsetzung und Beseitigung der Wegweiser und ersetzt der Straßenbauverwaltung alle sich im Zusammenhang mit der Aufstellung und dem Bestand der Wegweisung ergebenden Mehraufwendungen und Schäden.

Der Veranstalter stellt die Straßenbauverwaltung von Ansprüchen Dritter frei, die ihre Ursache in dem Vorhandensein der Wegweisung haben.

Bei Sperrung, Änderung oder Einziehung der Straße besteht kein Ersatzanspruch gegen die Straßenbauverwaltung.

Ein Nutzungsentgelt für die Inanspruchnahme des Straßengrundes wird nicht erhoben, da die Wegweiser auch der Verkehrsführung dienen.

7. Bestandsschutz

Bereits bestehende Hinweisschilder für Messen, Ausstellungen, sportliche und ähnliche Veranstaltungen werden durch die Neuregelung nicht berührt, solange der zugrunde liegende Nutzungsvertrag wirksam ist. Im Falle einer Verlängerung oder dem Neuabschluss eines solchen Nutzungsvertrags sind die vorliegenden Richtlinien zu beachten.

8.5.4 Messen, Ausstellungen, sportliche und ähnliche temporäre Großveranstaltungen

Anlage zum
BMVBS-Erlass
vom 10.8.2010

Anhang: Konstruktionszeichnungen

Beispiele nichtamtlicher Wegweiser auf Bundesautobahnen

Beispiel 1: Ankündigung (Veranstaltungsfeld zweizeilig)

Beispiel 2: Ankündigung (Veranstaltungsfeld einzeilig)

Beispiel 3: Vorankündigung bei komplexer Zielführung

8.5.4 Messen, Ausstellungen, sportliche und ähnliche temporäre Großveranstaltungen

Anlage zum
BMVBS-Erlass
vom 10.8.2010

Beispiele nichtamtlicher Wegweiser außerhalb von Bundesautobahnen

Beispiel 4: Vorwegweiser (Veranstaltungsfeld zweizeilig)

Beispiel 5: Tabellenwegweiser (Veranstaltungsfeld zweizeilig)

(VkBl. 2010 S. 378)

8.6.2 Wegweisung für Radfahrer und Fußgänger

8.6 Weitere Wegweisungs-systeme und sonstige Informationen

8.6.1 Allgemeines

Über die Wegweisung für den Kraftfahrverkehr hinaus benötigen Verkehrsteilnehmer gelegentlich Informationen, die ihnen durch weitere Wegweisungssysteme und Informationen dargeboten werden können.

Diese weiteren Informationen sind normalerweise nur für Teilmengen aller Verkehrsteilnehmer wichtig. Soweit die Hinweisschilder nicht als Zeichen der StVO vorgesehen sind, sollen sie sich daher in Aufstellort, Gestaltung und Inhalt deutlich den anderen Zeichen der StVO unterordnen, um deren Wirkung nicht zu gefährden (siehe auch § 33 Absatz 2 StVO).

Um die Aufstellung der Hinweiszeichen überhaupt zu rechtfertigen, müssen die vermittelten Informationen für diese Verkehrsteilnehmer von hoher Relevanz sein. Denn durch ein Übermaß an Informationen werden letztlich indirekt die Sicherheit und Leichtigkeit des Verkehrs beeinträchtigt (siehe Abschnitt 8.2.2). Konkrete Beschränkungen ergeben sich insbesondere aus den durch § 33 StVO vorgegebenen Einschränkungen, aus Gestaltungssatzungen der Gemeinden sowie aus der Pflicht, sich die Aufstellung von Zeichen auf

Straßengrund durch den Straßenbaulastträger als Sondernutzung allgemein oder im Einzelfall gestatten zu lassen oder sie als sonstige Nutzung vertraglich zu vereinbaren (siehe die Straßengesetze des Bundes (FStrG) und der Länder sowie die dazu ergangenen Richtlinien).

Die Kosten für die meisten Hinweisschilder, ihre Aufstellung und ihr Betrieb, die sonstigen dem Straßenbaulastträger durch die Hinweisschilder entstehenden Mehrkosten sowie eventuelle Gebühren für die Nutzung sind vom Veranlasser zu tragen.

Die folgenden Abschnitte sind sehr vielfältig. In Abschnitt 8.6.2 wird auf die Wegweisung für Radfahrer und Fußgänger eingegangen. Informationen für Notfälle werden in Abschnitt 8.6.3, ergänzende Informationen für den Tourismus in Abschnitt 8.6.4 behandelt. Abschnitt 8.6.5 befasst sich mit Mautstrecken, 8.6.6 mit Grenz- und Zollstellen. In Abschnitt 8.6.7 werden Hinweise auf private und gewerbliche Ziele und in Abschnitt 8.6.8 sonstige Hinweise behandelt.

8.6.2 Wegweisung für Radfahrer und Fußgänger

Für den Fahrrad- und Fußgängerverkehr kann es sinnvoll sein, eigene Wegweisungssysteme einzurichten. Vor allem in größeren Städten und in von Tourismus geprägten Gegenden können dann auch ortsfremde Radfahrer und

Wegweiser mit Zielangabe	Typ	Standort	Vorteile	Nachteile
Einsatz: – Verzweigung von Fahrradrouten – Querung und Einmündung wichtiger Straßen mit Radverkehr **Inhalte:** – Zielangabe – Entfernungsangabe – Richtungsangabe – Fahrradpiktogramm	Tabellenwegweiser MS-Centrum 1,4 Jugendherberge 0,8 Albachten 7,0 Mecklenbeck 3,0	vor den Knoten an allen relevanten Zuläufen	– geringer lichter Raum erforderlich – an großen Knoten verwendbar	– bis zu vier Standorte je Knoten erforderlich – Zusatzplaketten sind nicht direkt den Richtungspfeilen zuzuordnen
	Pfeilwegweiser MS-Centrum 9,0 Albachten 5,6	im Knoten von allen Straßen sichtbar	– ein Standort für einen Knoten ausreichend – große, gut sichtbare Wegweiser verwendbar – Routenpiktogramme können als Plaketten eingehängt werden	– höherer Lichtraum erforderlich – Geradeaus-Richtung mitunter schlecht zu erkennen
Zwischenwegweiser **Einsatz:** – Versatz einer Fahrdroute – zur Bestätigung auf einer Fahrdroute **Inhalte:** – Richtungsangabe – Fahrradpiktogramm	Zwischenwegweiser	vor dem Versatz auch in Einzelfällen im Knoten	– flexibel, d. h. gut auf vorhandenem Pfosten unterzubringen – standardisierbar – Darstellung versetzter Wegführung möglich	– weniger auffällig, müssen daher stets in Augenhöhe angebracht werden

Bild 8.41 Verschiedene Wegweisertypen für den Fahrradverkehr und ihre Anwendung
Quelle: Merkblatt zur wegweisenden Beschilderung für den Radverkehr

8.6.2 Wegweisung für Radfahrer und Fußgänger

Fußgänger auf für sie angenehmeren, auch abseits des motorisierten Fahrzeugverkehrs liegenden Routen geführt werden.

Nähere Informationen enthält das

– „Merkblatt zur wegweisenden Beschilderung für den Radverkehr", FGSV Verlag, Ausgabe 1998,
– „Merkblatt zur wegweisenden Beschilderung für den Fußgängerverkehr (M WBF)", FGSV Verlag, Ausgabe 2007.

Diese Wegweisungssysteme sollten – ebenso wie die Wegweisungssysteme für den motorisierten Verkehr – ein in sich geschlossenes System bilden, in dem die wesentlichen in Abschnitt 8.2.6 besprochenen Grundregeln, insbesondere die Kontinuitätsregel, eingehalten sind (*Bild 8.41*).

Soweit Radfahrer um eine für sie ungeeignete oder gesperrte Wegstrecke herumgeleitet werden müssen, gelten die Ausführungen des Abschnitts 8.4 zu den Umleitungen für bestimmte Verkehrsarten. Auf den Zeichen 421, 422 oder 442 wird dann das Symbol eines Fahrrads gezeigt. Diese Zeichen sollten vor allem dann angeordnet werden, wenn die sinnvolle Umleitung schon weit vor der eigentlich ungeeigneten oder gesperrten Wegstrecke beginnt.

Grundsätzlich wäre so eine Umleitung auch für den Fußgängerverkehr denkbar. Da so großräumige Umleitungen für den Fußgängerverkehr aber eher selten sind, wird man meist Textschilder wie „Fußgänger bitte andere Straßenseite benutzen" anordnen.

8.6.3 Informationen für Notfälle

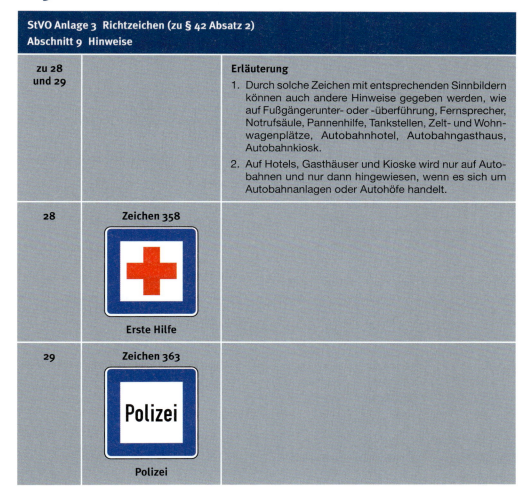

StVO Anlage 3 Richtzeichen (zu § 42 Absatz 2) Abschnitt 9 Hinweise		
zu 28 und 29		**Erläuterung** 1. Durch solche Zeichen mit entsprechenden Sinnbildern können auch andere Hinweise gegeben werden, wie auf Fußgängerunter- oder -überführung, Fernsprecher, Notrufsäule, Pannenhilfe, Tankstellen, Zelt- und Wohnwagenplätze, Autobahnhotel, Autobahngasthaus, Autobahnkiosk. 2. Auf Hotels, Gasthäuser und Kioske wird nur auf Autobahnen und nur dann hingewiesen, wenn es sich um Autobahnanlagen oder Autohöfe handelt.
28	**Zeichen 358** **Erste Hilfe**	
29	**Zeichen 363** **Polizei** **Polizei**	

Die Zeichen 358 und 363 (und ähnlich gestaltete Hinweise auf helfende Einrichtungen) sollen ortsunkundigen Verkehrsteilnehmern die Suche nach schneller Hilfe erleichtern, insbesondere wenn die helfenden Einrichtungen an Stellen gelegen sind, an denen sie üblicherweise nicht vermutet werden, oder ihre Existenz allgemein nicht bekannt ist, z. B. bei helfenden Einrichtungen an stark befahrenen Straßen, bei Großveranstaltungen oder aus besonderen Anlässen.

Die entsprechenden Posten müssen regelmäßig besetzt sein, im Fall der Polizeidienststellen sogar rund um die Uhr.

In Zeichen 358 ist das rote Kreuz als Sinnbild für medizinische Hilfe und nicht als Signet des „Roten Kreuzes" anzusehen. Daher soll in Zeichen 358 immer nur das rote Kreuz erscheinen, nicht das Signet einer anderen Vereinigung. Es bestehen keine Bedenken, wenn amtlich anerkannte Hilfsverbände durch eine nicht amtliche, also private Zusatztafel, die unterhalb des Zeichens anzubringen ist, auf ihren Verband hinweisen (z. B. Malteser-Hilfsdienst, Johanniter-Unfall-Hilfe, Arbeiter-Samariter-Bund; siehe dazu *Bild 8.42*). Die Zusatztafel darf höchstens 30 × 30 cm groß sein und muss mindestens 30 cm vom unteren Rand des Zeichens 358 entfernt sein (vgl. auch BMV-Erlass vom 13. März 1967, VkBl. S. 225).

Mit ähnlichen Zeichen aus dem Katalog der Verkehrszeichen, die anstelle des roten Kreuzes

8.6.3 Informationen für Notfälle

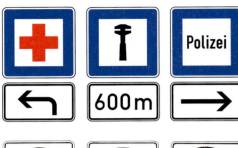

Bild 8.42 Nähere Angaben zu den Zeichen 358, Z 359 und Zeichen 363 mittels Zusatzzeichen und Zusatztafeln für Trägervereinigungen

andere Sinnbilder tragen, kann auch auf andere helfende Einrichtungen (Pannenhilfsstationen, Fernsprecher oder Notrufsäulen) hingewiesen werden (*Bild 8.43*). Auch hier gilt, dass auf die Einrichtungen nur hingewiesen wird, wenn sie nicht üblicherweise dort vermutet werden können und wenn sie regelmäßig verfügbar sind.

Z 359	Z 360-50	Z 365-51
Pannenhilfe	(öffentlicher) Fernsprecher	Notrufsäule

Bild 8.43 Hinweiszeichen auf andere helfende Einrichtungen

Zum leichteren Auffinden des Hilfspostens kann, sofern erforderlich, zur besseren Orientierung ein weißes Zusatzschild mit schwarzem Pfeil und Entfernungsangaben verwendet werden. Entfernungsangaben sollten auf 50 m abgerundet werden (z. B. 150 m, 200 m, 250 m); siehe Beispiele in *Bild 8.42*.

Bezüglich der Hinweise zu Notrufmeldern vergleiche die nachstehend abgedruckten Erlasse des für den Verkehr zuständigen Bundesministeriums vom 21.12.1971 und vom 29.10.1979.

An Autobahnanschlussstellen wird Zeichen 363 zwischen der ein- und der zweistreifigen Bake

(siehe Abschnitt 8.3.7) mit dem Zusatzzeichen „150 m" und auf dem „Ausfahrt"-Pfeilschild als Reiter angeordnet (siehe RWBA). An unbewirtschafteten Rastanlagen der Autobahnen können Symbole der Hilfe spendenden Einrichtungen in die Ausfahrtbeschilderung aufgenommen werden (siehe Abschnitt 8.3.7).

Auf die Notrufsäulen an den Autobahnen wird nicht durch solche Zeichen, sondern durch Pfeilzeichen auf den Leitpfosten hingewiesen (siehe *Bild 8.44*).

Bezüglich der Kennzeichnung der Notrufstationen in Tunneln durch Z 365-51 siehe die „Richtlinien für die Ausstattung und den Betrieb von Straßentunneln (RABT)", FGSV Verlag, Ausgabe 2006.

Der Hinweis auf die Pannenhilfe soll nur dann verwendet werden, wenn die entsprechende Werkstatt nicht oder nicht rechtzeitig wahrgenommen werden kann oder nicht an der jeweiligen Straße liegt.

Es besteht kein Rechtsanspruch, wonach eine Werkstatt einen Hinweis verlangen kann. Insbesondere innerhalb von Ortschaften ist das Aufstellen von Z 359 nicht erforderlich, weil die Möglichkeit besteht, durch eine kurze Auskunft die nächste Werkstatt ausfindig zu machen.

Das Zeichen kann aber z. B. dann zweckmäßig sein, wenn sich außerhalb von Ortschaften eine Werkstatt seitab der Straße befindet, an der Straße selbst aber auf größere Entfernung keine Werkstatt gelegen ist.

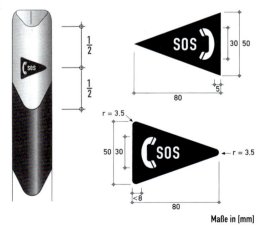

Bild 8.44 Richtungspfeile (mit spitzen oder runden Ecken) auf den Leitpfosten der Autobahnen, die zur nächsten Notrufsäule führen
Quelle: RWBA 2000

Zu Abschnitt 8.6.3

VwV-StVO
zu § 42
Richtzeichen

Zu Zeichen 358 Erste Hilfe

1 I. Das Zeichen zeigt stets das rote Kreuz ohne Rücksicht darauf, wer den Hilfsposten eingerichtet hat.

2 II. Es darf nur verwendet werden zum Hinweis auf regelmäßig besetzte Posten.

Zu Zeichen 363 Polizei

1 Das Zeichen darf nur für Straßen mit einem erheblichen Anteil ortsfremden Verkehrs und nur dann angeordnet werden, wenn die Polizeidienststelle täglich über 24 Stunden besetzt oder eine Sprechmöglichkeit vorhanden ist.

BMV – StB
13/4/8/08.33/
13020 Vms 71
21. Dezember 1971

Ausstattung von Bundesstraßen mit Notrufmeldern aus Mitteln der Rettungsdienststiftung Björn Steiger e.V.

Bei der 38. Sitzung des Länderfachausschusses Straßenbaurecht wurde das Aufstellen von Notrufmeldern an Bundesstraßen behandelt, die mit Mitteln der Rettungsdienststiftung Björn Steiger e.V. beschafft und von den Trägern des Rettungsdienstes (z.B. Deutsches Rotes Kreuz) aufgestellt und unterhalten werden. Dabei ging es insbesondere um die Folgekostenregelung und um die Ankündigung der Notrufmelder. Hierauf beziehen sich auch die o.a. Schreiben.

Da davon ausgegangen werden kann, dass durch das Aufstellen der Notrufmelder auf Straßengrund der Gemeingebrauch nicht beeinträchtigt wird, kommt hier der Abschluss eines Nutzungsvertrages in Betracht. Im Interesse der Sache bin ich damit einverstanden, dass in den Nutzungsverträgen von einer Folgekostenregelung zu Gunsten des Bundes abgesehen wird, wenn eine Notrufanlage aus Gründen des Straßenbaues verlegt werden muss. Ich bitte, darauf hinzuwirken, dass die Standorte für die einzelnen Notrufmelder so gewählt werden, dass dort Fahrzeuge ohne Beeinträchtigung der Verkehrssicherheit halten können.

Die Ankündigung der Notrufmelder soll durch ein Schild entsprechend dem Zeichen 358 mit dem Sinnbild eines Telefonhörers erfolgen. Es ist beabsichtigt, das Sinnbild demnächst durch eine Verlautbarung im Verkehrsblatt einzuführen. Zusätzlich ist auf dem Schild die Entfernung anzugeben. In der Regel werden 3 Schilder für die Ankündigung der Unfallmelder in Betracht kommen, und zwar je ein Schild aus beiden Fahrtrichtungen in einer Entfernung von 300 m vor einem Unfallmelder sowie ein weiteres Schild gegenüber dem Unfallmelder auf der anderen Straßenseite mit Hinweispfeil. Diese Zeichen gehen zu Lasten der Straßenbauverwaltung. Darüber hinaus bestehen keine Bedenken, wenn an den Leitpfosten in Richtung eines Notrufmelders schwarze Dreieckspfeile entsprechend meinem Schreiben vom 9.1.1967 – StB 8 F – Bvsi – 4385 Vms 66 – angebracht werden.

Entsprechend kann verfahren werden, wenn von Rettungsdiensten im Landesbereich Notrufmelder an Bundesstraßen aufgestellt werden.

BMV – StB
13/16/27/
36.70.01-20/13183
Va 79
29. Oktober 1979

Hinweis auf Notrufmöglichkeiten an Bundesstraßen

Im Zusammenhang mit der Aufstellung von Notrufmeldern auf Straßengrund durch private Einrichtungen habe ich seinerzeit auch Ausführungen über die Ankündigung der Notrufmelder gemacht, die ich hiermit in Erinnerung bringen möchte.

Die Ankündigung der Notrufmelder soll durch das Zeichen 360 StVO erfolgen. Grundsätzlich ist auf dem Schild die Entfernung anzugeben. In der Regel werden 3 Schilder für die Ankündigung der Unfallmelder in Betracht kommen, und zwar je ein Schild aus beiden Fahrtrichtungen in einer Entfernung von 300 m vor einem Unfallmelder sowie ein weiteres Schild gegenüber dem Unfallmelder auf der anderen Straßenseite mit Hinweispfeil. Diese Zeichen gehen zu Lasten der Straßenbauverwaltungen. Darüber hinaus können an den Leitpfosten in Richtung eines Notrufmelders die gleichen schwarzen Dreieckspfeile Verwendung finden, die auch auf Bundesautobahnen für die Ankündigung der Notrufmelder angebracht sind.

In gleicher Weise kann auch auf öffentliche Fernsprecher oder Polizeimelder hingewiesen werden. Hierzu verweise ich auf mein Schreiben vom 19. Dezember 1978 – BMV/StB 13/36.70.01-20/13014 SH 78.

Es muss davon ausgegangen werden, dass jeder Hinweis auf eine Notrufmöglichkeit die Zeitspanne bis zur Hilfeleistung verkürzt, was im Interesse der Lebenserhaltung von Unfallopfern wichtig ist.

8.6.4 Weitere Informationen für den Tourismus

Als Orientierungshilfe für ortsfremde Personen kann es sinnvoll sein, über die bisher besprochenen Wegweisungen und Hinweise hinaus, insbesondere die Grundwegweisung (Abschnitt 8.3) und die touristische Wegweisung (Abschnitt 8.5.2), zusätzliche Hinweise anzuordnen.

Bild 8.45 Hinweis auf ein Fremdenverkehrsbüro oder eine Auskunftsstelle

Sinnvoll sein können vor allem Hinweise zum Auffinden von

– Informationsstellen (Touristeninformationen, Infostellen mit Stadtplänen und anderen Orientierungshilfen),
– Hotels (in von Fremdenverkehr geprägten Orten oder Kurorten, in denen regelmäßig starker Hotelsuchverkehr zu beobachten ist),
– abgelegenen Zelt- und Wohnwagenplätzen (insbesondere außerorts).

Bild 8.46 Hinweis auf einen abseits der Straße gelegenen Zelt- und Wohnwagenplatz

Auch für solche Hinweise gilt, dass sie verkehrlich notwendig sein müssen. Verkehrszeichen dienen nicht der kommerziellen Werbung.

Die **Informationsstellen** sollen es den ortsunkundigen Reisenden ermöglichen, sich innerhalb einer Ortschaft, eines Stadtteils oder einer touristischen Region einen ersten orientierenden Überblick zu verschaffen. Soweit auf sie aus dem fließenden Verkehr hingewiesen wird, sollten genügend Stellplätze vorhanden sein, damit die Auskünfte eingeholt werden können, ohne den fließenden Verkehr zu behindern. Es kann sinnvoll sein, die Zeichen mit einem die Entfernung anzeigenden Zusatzzeichen (siehe *Bild 8.42*) so rechtzeitig vor dem Entscheidungspunkt aufzustellen, dass ein Anhalten oder Abbiegen ohne Verkehrsgefährdung möglich ist. Das Zeichen kann auch in rein fußläufigen Bereichen zur Orientierung der Fußgänger benutzt werden (*Bild 8.45*).

Für die **Hotelsuche** kann es insbesondere in von Fremdenverkehr geprägten Orten oder Kurorten, in denen zahlreiche Hotels zu finden sind und regelmäßig starker Suchverkehr zu beobachten ist, notwendig sein, ein eigenes, in sich einheitliches Orientierungssystem einzurichten.

Bewährt haben sich sogenannte Hotelrouten, von denen aus auf die einzelnen Häuser verwiesen wird. Die verwendeten Schilder müssen sich von denen der eingeführten Wegweisungstypen ausreichend unterscheiden, um Verwechslungen auch auf flüchtigen Blick hin zu vermeiden. Außerdem sollte dieses Orientierungssystem mit dem restlichen touristischen Informationsmaterial abgestimmt sein (Hotelverzeichnisse, Briefbögen und Prospekte der einzelnen Häuser und sonstige Informationen).

Ansonsten wird auf Gaststätten und Hotels nur im Zusammenhang mit Autobahnrastanlagen und Autohöfen hingewiesen (siehe Abschnitt 8.5.3).

Auf abseits der Straße gelegene **Zelt- und Wohnwagenplätze** kann insbesondere außerorts mit Z 366 (*Bild 8.46*) hingewiesen werden.

Die im Katalog der Verkehrszeichen vorgesehenen Zeichen für die Hinweise auf die Informationsstellen und die abgelegenen Zelt- und Wohnwagenplätze wurden aus den Zeichen 358 und 363 abgeleitet (siehe Abschnitt 8.6.3). Ein eventuelles Wegweisungssystem für die Hotelsuche muss sich deutlich von den anderen eingeführten Wegweisungssystemen für den Fahrzeug-, Rad- und Fußgängerverkehr unterscheiden.

8.6.5 Informationen über Mautstrecken

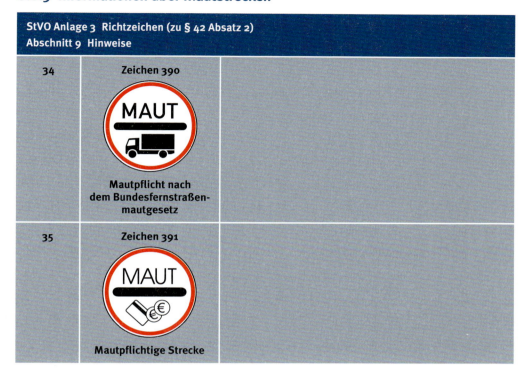

StVO Anlage 3 Richtzeichen (zu § 42 Absatz 2) Abschnitt 9 Hinweise		
34	Zeichen 390 **MAUT** **Mautpflicht nach dem Bundesfernstraßen- mautgesetz**	
35	Zeichen 391 **MAUT** **Mautpflichtige Strecke**	

Die Strecken, für die eine spezielle Gebühr (Maut) zu entrichten ist, müssen für die Verkehrsteilnehmer zweifelsfrei erkennbar sein. Dazu dienen neben dem Zeichen 330.1 „Autobahn" (Abschnitt 6.6.2) das Zeichen 390 „Mautpflicht nach dem Bundesfernstraßen- mautgesetz" sowie das Zeichen 391 „Maut- pflichtige Strecke".

Bei der Maut müssen zwei Fälle unterschieden werden:

– Nach dem „Gesetz über die Erhebung von stre- ckenbezogenen Gebühren über die Benutzung von Bundesautobahnen und Bundesstraßen (Bundesfernstraßenmautgesetz – BFStrMG) wird für Fahrzeuge mit einer zulässigen Gesamtmasse von mehr als 12 Tonnen, die ausschließlich für den Güterverkehr bestimmt sind oder eingesetzt werden, auf den Bundes- autobahnen und Bundesstraßen oder Abschnit- ten von Bundesstraßen eine **Autobahnmaut** erhoben. Diese Maut gilt seit der Änderung des BFStrMG vom 22.12.2011 auf bestimmten (autobahnähnlich ausgebauten und mit dem Autobahnnetz verbundenen) Bundesstraßen und kann durch Rechtsverordnung auch auf

bestimmte Streckenabschnitte von Bundes- straßen ausgedehnt werden, die offensichtlich benutzt werden, um die Autobahnmautpflicht zu umgehen (Mautausweichverkehr), wenn dieser Ausweichverkehr zu verkehrlichen oder Sicherheitsproblemen führt.

– Nach dem „Gesetz über den Bau und die Finan- zierung von Bundesfernstraßen durch Private (Fernstraßenbauprivatfinanzierungsgesetz – FStrPrivFinG)" kann der Bau, die Erhaltung, der Betrieb und die Finanzierung von Bundesfern- straßen Privaten zur Ausführung übertragen werden, die für die Benutzung dieser Straßen Gebühren erheben oder Entgelte (**allgemeine Maut**) verlangen können.

Der Hinweis auf die Mautpflicht nach dem Bun- desfernstraßenmautgesetz (BFStrMG) erfolgt im Wesentlichen durch die ohnehin vorhandene Beschilderung, insbesondere durch das blaue Wegweisungssystem (siehe Abschnitt 8.2.3) und Zeichen 330.1 (siehe Abschnitt 6.6.2).

Mit Zeichen 390 wird nur dort auf die Mautpflicht hingewiesen, wo die Strecken durch eine sol- che Beschilderung für die Verkehrsteilnehmer nicht erkennbar sind, entweder weil sie (trotz

8.6.5 Informationen über Mautstrecken

ihres straßenrechtlichen Status als Autobahn) mit gelber Wegweisung versehen und nicht mit Zeichen 330.1 gekennzeichnet sind oder weil es sich um Bundesstraßen handelt, die gemäß § 1 Abs. 4 BFStrMG zu den Bundesstraßen gehören, die ausnahmsweise autobahnmautpflichtig sind (soweit diese Bundesstraßen nicht in einem öffentlich zugänglichen Verzeichnis allgemein bekannt gemacht werden).

Mit Zeichen 391 wird auf mautpflichtige Strecken nach dem Fernstraßenbauprivatfinanzierungsgesetz (FStrPrivFinG) hingewiesen. Dieses Zeichen ist auf der Grundlage eines vom Konzessionsnehmer vorzulegenden Verkehrszeichenplans anzuordnen. Der Konzessionsnehmer trägt die Kosten für Aufstellung und Betrieb.

Die Einzelheiten regelt die Verwaltungsvorschrift zur StVO.

Straßenverkehrsrechtlich sind die Zeichen 390 und 391 als Hinweiszeichen anzusehen. Sie geben danach keine unmittelbaren Handlungsanweisungen, sondern weisen nur auf den Status der Strecken hin. Die Festlegung des Status und die sich daraus ergebenden Verpflichtungen werden durch die oben angeführten Rechtsgrundlagen geregelt. Das bedeutet zugleich, dass in der straßenverkehrsrechtlichen Anordnung nicht über die Mautpflicht selber, sondern nur darüber zu entscheiden ist, wie auf diese Strecken hinzuweisen ist.

Soweit bei einer Straße Probleme durch Mautausweichverkehr auftreten, die Maßnahmen notwendig erscheinen lassen, ist zu entscheiden, ob diese Probleme zweckmäßiger durch verkehrsrechtliche Maßnahmen (z.B. ein widmungskonformes Durchfahrtverbot für Fahrzeuge mit mehr als 12 t zulässiger Gesamtmasse; siehe Abschnitt 3.2.2) oder durch die Aufnahme der Strecke in die Rechtsverordnung der mautpflichtigen Bundesstraßen nach § 1 Abs. 4 BFStrMG bewältigt werden kann.

Die Zeichen 390 und 391 sind am Beginn der mautpflichtigen Strecke und zusätzlich in einer Entfernung von etwa 750 m vor der letzten Ausfahrt vor Beginn der mautpflichtigen Strecke (dort mit Zusatzzeichen 1004 unter Angabe der Entfernung bis zum Beginn der mautpflichtigen Strecke) beidseitig anzuordnen. Zweigt die mautpflichtige Straße ab, so kann dies durch Zusatzzeichen 1000 kenntlich gemacht werden. Auch eine verkleinerte Anordnung in der wegweisenden Beschilderung kann sinnvoll sein.

Zu Abschnitt 8.6.5

BFStrMG
23. Juli 2013

Gesetz über die Erhebung von streckenbezogenen Gebühren für die Benutzung von Bundesautobahnen und Bundesstraßen (Bundesfernstraßenmautgesetz – BFStrMG) Artikel 1 G i. d. F. vom 23. Juli 2013 (Auszug)

§ 1 Autobahn- und Bundesstraßenmaut

(1) Für die Benutzung

1. der Bundesautobahnen und

2. der Bundesstraßen oder Abschnitte von Bundesstraßen,

   a) für die nach § 5 Absatz 1 des Bundesfernstraßengesetzes der Bund Träger der Baulast ist,

   b) die keine Ortsdurchfahrten im Sinne des § 5 Absatz 4 des Bundesfernstraßengesetzes sind,

   c) die mit zwei oder mehr Fahrstreifen je Fahrtrichtung ausgebaut sind,

   d) die durch Mittelstreifen oder sonstige bauliche Einrichtungen durchgehend getrennte Fahrbahnen für den Richtungsverkehr haben,

   e) die eine Mindestlänge von 4 Kilometern aufweisen und

   f) die jeweils unmittelbar an eine Bundesautobahn angebunden sind,

mit Fahrzeugen im Sinne des Satzes 2 ist eine Gebühr im Sinne des Artikels 2 Buchstabe b der Richtlinie 1999/62/EG des Europäischen Parlaments und des Rates vom 17. Juni 1999 über die Erhebung von Gebühren für die Benutzung bestimmter Verkehrswege durch schwere Nutzfahrzeuge (ABl. L 187 vom 20.7.1999, S. 42), die zuletzt durch Richtlinie 2011/76/EU (ABl. L 269 vom 14.10.2011, S. 1) geändert worden ist, zu entrichten (Maut). Fahrzeuge sind Kraftfahrzeuge oder Fahrzeugkombinationen,

1. die ausschließlich für den Güterkraftverkehr bestimmt sind oder eingesetzt werden und

2. deren zulässiges Gesamtgewicht mindestens 12 Tonnen beträgt.

8.6.5 Informationen über Mautstrecken

BFStrMG
vom 23.7.2013

(2) Die Maut nach Absatz 1 ist nicht zu entrichten bei Verwendung der folgenden Fahrzeuge:

1. Kraftomnibusse,

2. Fahrzeuge der Streitkräfte, der Polizeibehörden, des Zivil- und Katastrophenschutzes, der Feuerwehr und anderer Notdienste sowie Fahrzeuge des Bundes,

3. Fahrzeuge, die ausschließlich für den Straßenunterhaltungs- und Straßenbetriebsdienst einschließlich Straßenreinigung und Winterdienst genutzt werden,

4. Fahrzeuge, die ausschließlich für Zwecke des Schausteller- und Zirkusgewerbes eingesetzt werden,

5. Fahrzeuge, die von gemeinnützigen oder mildtätigen Organisationen für den Transport von humanitären Hilfsgütern, die zur Linderung einer Notlage dienen, eingesetzt werden.

Voraussetzung für die Mautbefreiung nach Satz 1 Nummer 2 bis 4 ist, dass die Fahrzeuge als für die dort genannten Zwecke bestimmt erkennbar sind. Im Fall von Fahrzeugkombinationen ist das Motorfahrzeug für die Mautbefreiung der Kombination maßgebend.

…

(4) Das Bundesministerium für Verkehr, Bau und Stadtentwicklung wird ermächtigt, durch Rechtsverordnung mit Zustimmung des Bundesrates die Mautpflicht auf genau bezeichnete Abschnitte von anderen als den in Absatz 1 Satz 1 Nummer 2 bezeichneten Bundesstraßen auszudehnen, wenn dies zur Vermeidung von Mautausweichverkehren oder aus Gründen der Sicherheit des Verkehrs gerechtfertigt ist.

(5) Soweit die Pflicht zur Entrichtung der Maut nur auf Abschnitten von Bundesstraßen besteht, ist in geeigneter Weise auf die Mautpflicht des jeweiligen mautpflichtigen Abschnitts hinzuweisen. Der Hinweispflicht nach Satz 1 wird durch die Veröffentlichung einer Aufstellung mautpflichtiger Abschnitte von Bundesstraßen im [elektronischen] Bundesanzeiger [Amtlicher Hinweis: www.ebundesanzeiger.de] (Mauttabelle) genügt.

FStrPrivFinG
6. Januar 2006

Gesetz über den Bau und die Finanzierung von Bundesfernstraßen durch Private (Fernstraßenbauprivatfinanzierungsgesetz – FStrPrivFinG) i. d. F. vom 6. Januar 2006 (BGBl. I S. 49) (Auszug)

§ 1 Bau und Finanzierung durch Private

(1) Zur Verstärkung von Investitionen in das Bundesfernstraßennetz können Private Aufgaben des Neu- und Ausbaus von Bundesfernstraßen auf der Grundlage einer Mautgebührenfinanzierung wahrnehmen.

(2) Hierzu kann der Bau, die Erhaltung, der Betrieb und die Finanzierung von Bundesfernstraßen Privaten zur Ausführung übertragen werden.

(3) Der Private hat die Rechte und Pflichten des Trägers der Straßenbaulast nach den §§ 7a, 16a Abs. 3, §§ 18f, 19 und 19a des Bundesfernstraßengesetzes.

(4) Hoheitliche Befugnisse gehen auf den Privaten nicht über, soweit dieses Gesetz nichts anderes bestimmt.

(5) Mautgebühren im Sinne dieses Gesetzes sind öffentlich-rechtliche Gebühren (Gebühren) oder privatrechtliche Entgelte (Entgelte).

§ 2 Mautgebührenerhebung durch Private

(1) Die Landesregierungen werden ermächtigt, einen Privaten, der sich vertraglich zur Übernahme von Aufgaben nach § 1 Abs. 2 für ein in der Rechtsverordnung nach § 3 Abs. 1 Satz 2 festgelegtes Fernstraßenprojekt verpflichtet, durch Rechtsverordnung mit den Befugnissen, die für den Bau, den Betrieb und die Unterhaltung des nach § 3 Abs. 1 Satz 2 bestimmten Bundesfernstraßenabschnitts erforderlich sind, insbesondere mit dem Recht zur Erhebung einer Mautgebühr und dem Betreiben der Verkehrszeichen und Verkehrseinrichtungen nach Maßgabe der Absätze 3 bis 5, zu beleihen. Sie können diese Ermächtigung durch Rechtsverordnung auf die oberste Landesstraßenbaubehörde übertragen. Die Mautgebühr dient der Refinanzierung der dem Privaten im Zusammenhang mit der Erfüllung der nach § 1 Abs. 2 übernommen Aufgaben entstehenden Aufwendungen zuzüglich eines projektangemessenen Unternehmergewinns. Die Mautgebühr wird vom Privaten nach Maßgabe der Absätze 2 bis 4 als Gebühr auf der Grundlage einer Rechtsverordnung nach § 5 Abs. 1 Satz 1 oder als Entgelt auf der Grundlage einer Genehmigung nach § 6 Abs. 1 erhoben. Das Mautgebührenaufkommen steht dem Privaten zu. Der Private untersteht der Aufsicht der jeweils zuständigen obersten Landesstraßenbaubehörde. Diese ist ermächtigt, ihre Aufsichtsbefugnisse auf nachgeordnete Behörden zu übertragen.

…

8.6.5 Informationen über Mautstrecken

FStrPrivFinG
vom 6.1.2006

(5) Der Private ist zur Beschaffung, Anbringung, Unterhaltung und Entfernung aller für den Betrieb der Strecke erforderlichen Verkehrszeichen und Verkehrseinrichtungen verpflichtet. Er hat deren Anordnung spätestens vier Monate vor der Indienststellung der Strecke bei der zuständigen Straßenverkehrsbehörde unter Vorlage eines Verkehrszeichenplans zu beantragen. Später notwendige Änderungen sind unverzüglich zu beantragen. Der Private untersteht insoweit der Aufsicht der Straßenverkehrsbehörde; deren Anordnungen und Weisungen ist Folge zu leisten.

(6) Der Private ist berechtigt, die zur Durchführung der Mautgebührenerhebung erforderlichen Verkehrszeichen und Verkehrseinrichtungen nach Maßgabe des von den Straßenverkehrsbehörden genehmigten Verkehrszeichenplans zu betreiben.

(7) Der Private ist verpflichtet, die jeweils geltenden Mautgebühren für den Verkehrsteilnehmer deutlich sichtbar und gut lesbar auszuhängen.

§ 3 Mautgebühren

(1) Mautgebühren nach § 2 können erhoben werden für die Benutzung von nach Maßgabe dieses Gesetzes errichteten

1. Brücken, Tunneln und Gebirgspässen im Zuge von Bundesautobahnen und Bundesstraßen mit Fahrzeugen,
2. mehrstreifigen Bundesstraßen mit getrennten Fahrbahnen für den Richtungsverkehr mit Kraftfahrzeugen.

Das Bundesministerium für Verkehr, Bau und Stadtentwicklung wird ermächtigt, durch Rechtsverordnung im Einvernehmen mit den betroffenen Landesregierungen und ohne Zustimmung des Bundesrates die Strecken festzulegen, die nach Maßgabe dieses Gesetzes und der hierzu ergangenen Rechtsverordnungen gebaut, erhalten, betrieben und finanziert werden sollen.

…

VwV-StVO
zu § 42
Richtzeichen

Zu Zeichen 390 Mautpflicht nach dem Autobahnmautgesetz

Die Anordnung des Verkehrszeichens ist an den Straßenabschnitten erforderlich, wo nicht schon durch Zeichen 330.1 die Widmung zur Bundesautobahn für den Verkehrsteilnehmer erkennbar ist und nach dem Autobahnmautgesetz eine Mautpflicht besteht.

1 I. Das Zeichen ist beiderseitig am Beginn der mautpflichtigen Strecke und zusätzlich ca. 750 m vor der letzten Ausfahrt vor Beginn der mautpflichtigen Strecke mit dem Zusatzzeichen 1004 unter Angabe der Entfernung bis zum Beginn der mautpflichtigen Strecke anzuordnen.

Die Anordnung an einmündenden oder kreuzenden Straßen kann zusätzlich mit der entsprechenden Richtungsangabe durch Zusatzzeichen 1000 versehen werden. Das Zusatzzeichen 1004 gibt dann die Entfernung bis zum Entscheidungspunkt an.

2 II. Zur besseren Orientierung bei der Annäherung an den Beginn einer mautpflichtigen Strecke kann das Zeichen in verkleinerter Form in den Pfeilen der Vorwegweiser Zeichen 438, 439 oder Zeichen 440, 449 dargestellt werden. Dabei richtet sich die Ausführung auch für Zeichen 440, 449 nach den RWB.

Zu Zeichen 391 Mautpflichtige Strecke

1 I. Es wird auf die VwV zu Zeichen 390 Mautpflicht nach dem Autobahnmautgesetz verwiesen.

2 II. Die Kosten für die Beschaffung, Anbringung, Unterhaltung und Entfernung der Zeichen trägt der Betreiber der mautpflichtigen Strecke (vgl. § 2 Abs. 2 Satz 1 FStrPriv-FinÄndG).

8.6.6 Informationen an Grenz- und Zollstellen

36	**Zeichen 392** ZOLL DOUANE **Zollstelle**	
37	**Zeichen 393** D 50 100 130 **Informationstafel an Grenzübergangsstellen**	

StVO Anlage 3 Richtzeichen (zu § 42 Absatz 2)
Abschnitt 9 Hinweise

Bei der Annäherung an Zollstellen müssen sich die Verkehrsteilnehmer besonders vorsichtig verhalten, da sie unter Umständen zu Kontrollen angehalten werden können und durch die Kontrollen Rückstauungen entstehen können.

Daher kann mit Zeichen 392 auf Zollstellen, insbesondere auf Zollabfertigungsstellen an Grenzübergängen, hingewiesen werden. Die Entfernung, in der Zeichen 392 von der Zollabfertigungsstelle aufgestellt wird, richtet sich nach den örtlichen Verhältnissen. Im Allgemeinen wird zu empfehlen sein, Zeichen 392 etwa 150 bis 200 m, auf Autobahnen 250 bis 300 m, vor der Stelle anzubringen, an der die Kraftfahrzeuge anhalten müssen.

Mit Zeichen 393 werden die nach Deutschland einfahrenden Verkehrsteilnehmer über die wichtigsten allgemeinen Geschwindigkeitsregelungen informiert.

Das Zeichen sollte hinter dem Grenzübergang neben der Fahrbahn angeordnet werden, sodass die Tafel möglichst von den Verkehrsteilnehmern, die abgefertigt werden oder die Kontrollstelle langsam passieren, aus dem haltenden oder langsam fahrenden Fahrzeug gelesen werden kann. Ein zweites Zeichen (Wiederholung) sollte etwa 200 bis 500 m von der Stelle entfernt stehen, an der nach dem Grenzübergang der Querschnitt der durchgehenden Strecke beginnt. An weniger verkehrsbedeutenden Straßen kann es ausreichen, nur eine Tafel aufzustellen. Auf Autobahnen sollte die Wiederholungstafel einheitlich 500 m nach dem Beginn des Querschnittes der durchgehenden Strecke stehen.

Zu Abschnitt 8.6.6

VwV-StVO
zu § 42
Richtzeichen

Zu Zeichen 392 Zollstelle

1 Das Zeichen sollte in der Regel 150 bis 250 m vor der Zollstelle aufgestellt werden. Die Zollbehörden sind zu hören.

8.6.7 Hinweise auf private und gewerbliche Ziele

Eine Wegweisung auf private Ziele ist grundsätzlich nicht vorgesehen.

Soweit aus verkehrlichen Gründen auf ein privates Ziel hinzuweisen ist, z. B. weil es regelmäßig von einer größeren Zahl ortsunkundiger Verkehrsteilnehmer aufgesucht wird, die auf einen solchen Hinweis angewiesen sind, so ist vorrangig zu prüfen, ob nicht eine innerörtliche Wegweisung auf das Gebiet oder die Straße ausreicht, in der sich das private Ziel befindet (z. B. „Gewerbegebiet Ost" oder „Industriestraße"); siehe dazu Abschnitt 8.3.3.

Der Betreiber der privaten Einrichtung sollte dann angehalten werden, durch Hinweise auf diese in der Wegweisung verwendete Richtungsangabe in seinen Briefbögen und Werbematerialen, ggf. auch durch die Beigabe erläuternder Skizzen, bei der Orientierung der Verkehrsteilnehmer mitzuwirken.

Ergänzend dazu kann es sinnvoll sein, im Einfahrtsbereich von Gemeinden oder Industriegebieten Parkplätze mit Orientierungstafeln anzuordnen, die es den ortsfremden Kraftfahrern ermöglichen, sich zu orientieren. Dort kann auch über die Systematik der Wegweisung in der jeweiligen Gemeinde informiert werden (z. B. nach welchem Schema die Gewerbegebiete benannt sind). Vor großen Städten kann auch erwogen werden, besetzte Auskunftsstellen einzurichten.

Dieses Vorgehen ist deshalb sinnvoll und unumgänglich, weil eine Wegweisung auf einzelne private Ziele wegen der notwendigen Gleichbehandlung über kurz oder lang zu einer so großen Anzahl von Hinweisen führen würde, dass regelmäßig Probleme mit der Sicherheit und Leichtigkeit des Verkehrs zu befürchten wären (siehe Abschnitt 2.2.1).

Außerdem würde eine solche Vielzahl von Hinweisen letztendlich dazu führen, dass wegen der Übermenge an Informationen keines der Ziele mehr zuverlässig erkannt werden kann (siehe Abschnitt 8.2.2).

Neuere wissenschaftliche Erkenntnisse zur Wahrnehmungskonkurrenz zwischen Verkehrszeichen und anderen aufmerksamkeitsheischenden Zeichen (z. B. Werbetafeln am „Ort der Handlung") lassen erkennen, dass der Verdacht der Ablenkung nicht unbegründet ist.

Die komplexe Problematik ist in ihrer Gesamtheit sehr gut dargestellt im

– ARS 32/2001 (S 15/S 32/38.02-01/105 Va 01) „Richtlinien zur Werbung an (Bundes-)Autobahnen aus straßenverkehrs- und straßenrechtlicher Sicht" vom 17. September 2001,

das nachfolgend wiedergegeben ist. Die dort aufgeführten Rechtsgrundlagen, Urteile und Grundsätze gelten grundsätzlich größtenteils auch für das nachrangige Straßennetz (Bundesstraßen, Landesstraßen, Kreisstraßen, ...), teilweise sogar innerhalb der Ortsdurchfahrten.

Inwieweit sie dort durch (fehlerhafte?) Einzelentscheidungen „aufgeweicht" wurden und diese Praxis nach dem Gleichbehandlungsgrundsatz fortgeführt werden muss, oder ob – vielleicht bedingt durch offensichtliche Probleme mit der Sicherheit und Leichtigkeit des Verkehrs auf diesen Straßen – (wieder) ein strikteres Vorgehen notwendig ist, muss in Abstimmung von Straßenverkehrsbehörden, Straßenbaubehörden (und Polizei) jeweils im Einzelfall entschieden werden.

Besonders hinzuweisen ist auf die Ausführungen in Abschnitt 2.3 der Richtlinien, wonach gemäß der Rechtsprechung des Bundesverfassungsgerichts nicht der Nachweis einer konkreten Gefährdung geführt werden muss, sondern die abstrakte Gefahr einer Gefährdung ausreicht, sowie auf die Ausführungen in den Abschnitten 3.3 und 3.4 der Richtlinien zur Gestaltung von Werbemaßnahmen an Betriebsgebäuden (Ort der Leistung).

Die Rundschreiben zu

– der Aufstellung privater Hinweisschilder auf Kraftfahrzeugshilfsdienste (Autohilfen) an Bundesautobahnen vom 18.12.1955,
– den Richtlinien für das Aufstellen privater Hinweisschilder auf Hotels, Gasthöfe und sonstige Übernachtungsmöglichkeiten vom 12.1.1961 und
– den Richtlinien für Informationsschilder an Rastplätzen der Bundesautobahnen vom 31.1.1968,

werden durch das ARS 17/2010 (StB 15/7163.1/4/ 01261223) „Richtlinien für die Aufstellung von nichtamtlichen Wegweisern für Messen, Ausstellungen, sportliche und ähnliche temporäre Großveranstaltungen" vom 10. August 2010 aufgehoben (siehe Abschnitt 8.5.4), da für solche Hinweisschilder keine weitere Notwendigkeit mehr gesehen wird.

Zu Abschnitt 8.6.7

StVO
§ 33
Verkehrsbeein-
trächtigungen

(1) Verboten ist

1. der Betrieb von Lautsprechern,
2. das Anbieten von Waren und Leistungen aller Art auf der Straße,
3. außerhalb geschlossener Ortschaften jede Werbung und Propaganda durch Bild, Schrift, Licht oder Ton,

wenn dadurch am Verkehr Teilnehmende in einer den Verkehr gefährdenden oder erschwerenden Weise abgelenkt oder belästigt werden können. Auch durch innerörtliche Werbung und Propaganda darf der Verkehr außerhalb geschlossener Ortschaften nicht in solcher Weise gestört werden.

(2) Einrichtungen, die Zeichen oder Verkehrseinrichtungen (§§ 36 bis 43 in Verbindung mit den Anlagen 1 bis 4) gleichen, mit ihnen verwechselt werden können oder deren Wirkung beeinträchtigen können, dürfen dort nicht angebracht oder sonst verwendet werden, wo sie sich auf den Verkehr auswirken können. Werbung und Propaganda in Verbindung mit Verkehrszeichen und Verkehrseinrichtungen sind unzulässig.

(3) Ausgenommen von den Verboten des Absatzes 1 Satz 1 Nummer 3 und des Absatzes 2 Satz 2 sind in der Hinweisbeschilderung für Nebenbetriebe an den Bundesautobahnen und für Autohöfe die Hinweise auf Dienstleistungen, die unmittelbar den Belangen der am Verkehr Teilnehmenden auf den Bundesautobahnen dienen.

VwV-StVO
zu § 33
Verkehrsbeein-
trächtigungen

Zu Absatz 2

3 I. Schon bei nur oberflächlicher Betrachtung darf eine Einrichtung nicht den Eindruck erwecken, dass es sich um ein amtliches oder sonstiges zugelassenes Verkehrszeichen oder eine amtliche Verkehrseinrichtung handelt. Verwechselbar ist eine Einrichtung auch dann, wenn (nur) andere Farben gewählt werden.

4 II. Auch Beleuchtung im Umfeld der Straße darf die Wirkung der Verkehrszeichen und Verkehrseinrichtungen nicht beeinträchtigen.

5 III. Wenn auf Grundstücken, auf denen kein öffentlicher Verkehr stattfindet, z. B. auf Fabrik- oder Kasernenhöfen, zur Regelung des dortigen Verkehrs den Verkehrszeichen oder Verkehrseinrichtungen gleiche Einrichtungen aufgestellt sind, darf das auch dann nicht beanstandet werden, wenn diese Einrichtungen von einer Straße aus sichtbar sind. Denn es ist wünschenswert, wenn auf nichtöffentlichem Raum sich der Verkehr ebenso abwickelt wie auf öffentlichen Straßen.

VwV-StVO
zu § 42
Richtzeichen

Zu Anlage 3 Abschnitt 10 Wegweisung

1 I. Die Wegweisung soll den ortsunkundigen Verkehrsteilnehmer über ausreichend leistungsfähige Straßen zügig, sicher und kontinuierlich leiten. Hierbei sind die tatsächlichen Verkehrsbedürfnisse und die Bedeutungen der Straßen zu beachten. Eine Zweckentfremdung der Wegweisung aus Gründen der Werbung ist unzulässig.

…

Zu Zeichen 432 Wegweiser zu Zielen mit erheblicher Verkehrsbedeutung

1 I. Ziele mit erheblicher Verkehrsbedeutung können sein:

– Ortsteile (z. B. Parksiedlung, Zentrum, Kurviertel),
– öffentliche Einrichtungen (z. B. Flughafen, Bahnhof, Rathaus, Messe, Universität, Stadion),
– Industrie- und Gewerbegebiete,
– Erholungs- und Freizeitgebiete oder -einrichtungen.

2 II. Zu anderen Zielen darf nur dann so gewiesen werden, wenn dies wegen besonders starken auswärtigen Zielverkehrs unerlässlich ist und auch nur, wenn allgemeine Hinweise wie „Industriegebiet Nord" nicht ausreichen. Die Verwendung von Logos oder anderen privaten Zusätzen ist nicht zulässig. (Vgl. VwV zu Anlage 3 Abschnitt 10 Wegweisung; Rn. 1.)

3 III. Bei touristisch bedeutsamen Zielen ist vorzugsweise eine Beschilderung mit Zeichen 386.1 vorzunehmen, sofern die Richtlinien für touristische Beschilderung an Straßen (RtB) dies zulassen.

8.6.7 Hinweise auf private und gewerbliche Ziele

BMVBW
S 15/S 32/38.02.02-
01/105 Va 01
17. September 2001

Richtlinien zur Werbung an (Bundes-)Autobahnen aus straßenverkehrs- und straßenrechtlicher Sicht

Trotz des grundsätzlichen Verbots der Werbung an Straßen außerhalb der geschlossenen Ortschaften wird von interessierten Kreisen immer wieder die Zulassung von Werbeanlagen auch entlang von (Bundes-)Autobahnen gefordert. Da das Straßenverkehrs- und Straßenrecht keine absoluten Werbe- und Anbauverbote enthalten, wirft die von der Wirtschaft gewünschte Zulassung von Werbeschildern im Einzelfall erhebliche Abwägungsprobleme für die zuständige Behörde auf. Das gemeinsam mit den Ländern erarbeitete und abgestimmte sogenannte „Werbepapier" konkretisiert die gesetzlichen Vorgaben der Werbe- und Anbauverbote. Es stellt Grundsätze für die straßenverkehrs- und straßenrechtliche Beurteilung von Werbeanlagen auf und dient damit der Entscheidung im Einzelfall.

Ich bitte die obersten Landesbehörden dafür Sorge zu tragen, dass nach den Grundsätzen verfahren wird. Die Bundesvereinigung der kommunalen Spitzenverbände bitte ich um Unterrichtung der Städte, Kreise und Gemeinden und um Berücksichtigung der Grundsätze im Baugenehmigungsverfahren.

Anlage
zum BMVBW-Erlass
17. September 2001

Werbung an (Bundes-)Autobahnen aus straßenverkehrs- und straßenrechtlicher Sicht

1. Vorbemerkung

Von (gewerblicher und öffentlicher Image-)Werbung zu unterscheiden – und daher nicht den nachfolgenden Grundsätzen unterliegend – sind die nicht amtliche Verkehrsbeschilderung und Verkehrssicherheitsplakate des DVR, der BG und des BMVBW sowie landesweite Verkehrssicherheitsaktionen und verkehrssicherheitsfördernde Hinweise ohne Zusätze gewerblicher Werbung.

Die nachstehenden Grundsätze erstrecken sich ebenfalls nicht auf die Nebenbetriebe an Bundesautobahnen (§§ 1 Abs. 4 Nr. 5, 15 FStrG) und damit im Zusammenhang stehenden Verkehrsanlagen. Diese sind Bestandteil der Bundesautobahnen und bedürfen daher einer besonderen Betrachtung.

2. Ausgangslage

2.1 Problemlage

Trotz des grundsätzlichen Verbots der Werbung an Straßen außerhalb geschlossener Ortschaften wird seitens der Wirtschaft immer wieder die Zulassung neuer oder die nachträgliche Legalisierung bestehender Werbeanlagen und -einrichtungen entlang dieser Straßen gefordert. Da das Straßenverkehrs- und das Straßenrecht keine absoluten Werbe- oder Anbauverbote regeln, wirft die Frage der Entscheidung bei jedem Einzelfall erhebliche Abwägungsprobleme für die zuständige Behörde auf. Seitens der werbenden Wirtschaft wird oft reklamiert, gerade die fragliche Anlage/Einrichtung stelle keine Beeinträchtigung der Verkehrssicherheit dar, weil eine konkrete Beeinträchtigung der Verkehrssicherheit im Einzelfall nicht nachweisbar sei. Außerdem wird häufig mit dem Argument „Schaffung oder Erhaltung von Arbeitsplätzen" operiert. Letztlich muss auch festgestellt werden, dass gerade die für die Einhaltung des Werbeverbotes nach § 33 StVO zuständigen Behörden an der konkreten Entscheidung nicht immer beteiligt werden.

2.2 Rechtsrahmen

Bei der Beurteilung der Zulässigkeit von Werbeanlagen entlang der Bundesautobahnen sind sowohl straßenverkehrsrechtliche als auch straßenrechtliche Vorschriften zu beachten. Unberührt bleiben im Folgenden die formellen und materiellen Vorschriften anderer Rechtsgebiete, insbesondere des Baurechts, des Naturschutz-, des Sicherheits- und Ordnungsrechts sowie der Flugsicherheit.

2.2.1 Straßenverkehrsrecht

§ 33 Abs. 1 Satz 1 Nr. 3 StVO verbietet außerhalb geschlossener Ortschaften jede Werbung und Propaganda durch Bild, Schrift, Licht und Ton, wenn dadurch Verkehrsteilnehmer in einer den Verkehr gefährdenden oder erschwerenden Weise abgelenkt oder belästigt werden können. Auch durch innerörtliche Werbung darf der Verkehr außerhalb geschlossener Ortschaften nicht in solcher Weise gestört werden (§ 33 Abs. 1 Satz 2 StVO). Ferner dürfen durch Werbeeinrichtungen Zeichen und Verkehrseinrichtungen in ihrer Wirkung nicht beeinträchtigt werden; Werbung in Verbindung mit Zeichen oder Einrichtungen ist unzulässig (§ 33 Abs. 2 StVO).

8.6.7 Hinweise auf private und gewerbliche Ziele

Anlage
zum BMVBW-Erlass
vom 17.9.2001

2.2.2 Straßenrecht

Straßenrechtlich bestimmt das Bundesfernstraßengesetz in § 9 Abs. 6, dass an Brücken über Bundesfernstraßen außerhalb der zur Erschließung der anliegenden Grundstücke bestimmten Teile der Ortsdurchfahrten keine Anlagen der Außenwerbung angebracht werden dürfen, und in § 9 Abs. 1 Nr. 1 i. V. m. Abs. 6, dass längs der Bundesautobahnen in einer Entfernung bis zu 40 m (gemessen vom äußeren befestigten Rand der Fahrbahn) keine Anlagen der Außenwerbung errichtet werden dürfen. In einer Entfernung von mehr als 40 m bis 100 m dürfen Anlagen an Bundesautobahnen nach § 9 Abs. 2 FStrG der Zustimmung der Straßenbaubehörde zu der ggf. erforderlichen Baugenehmigung oder einer nach anderen Vorschriften erforderlichen Genehmigung. Dies gilt entsprechend für bauliche Anlagen, die nach Landesrecht anzeigepflichtig sind. Soweit eine Genehmigung durch andere Behörden nicht erforderlich ist, bedarf die Anlage nach § 9 Abs. 5 einer eigenständigen Genehmigung der Straßenbaubehörde. Die Zustimmung oder Genehmigung darf nach § 9 Abs. 3 nur versagt werden, wenn dies wegen der Sicherheit und Leichtigkeit des Verkehrs, der Ausbauabsichten oder der Straßenbaugestaltung nötig ist. Werbeanlagen, die unmittelbar auf Autobahngrundstücken errichtet werden sollen (z. B. auf begrünten Randstreifen oder an Böschungen), stellen Sondernutzungen i. S. d. § 8 Abs. 1 FStrG bzw. sonstige Nutzungen i. S. d. § 8 Abs. 10 FStrG dar. Sie bedürfen der Erteilung einer Sondernutzungserlaubnis bzw. einer zivilrechtlichen Gestattung.

2.2.3 Ausnahmegenehmigung im Einzelfall

Sowohl das straßenverkehrsrechtliche Werbeverbot als auch das straßenrechtliche Anbauverbot sind der Ausnahmegenehmigung im Einzelfall zugänglich (§ 46 Abs. 2 StVO, § 9 Abs. 8 FStrG). § 9 Abs. 8 FStrG stellt darauf ab, ob die Versagung der Genehmigung im Einzelfall zu einer offenbar nicht beabsichtigten Härte führen würde *und* die Abweichung mit den öffentlichen Belangen vereinbar ist oder ob Gründe des Wohls der Allgemeinheit die Abweichung erfordern. Zu den öffentlichen Belangen im Sinne dieser Vorschrift gehört u. a. die Sicherheit und Leichtigkeit des Verkehrs. Für die Ausnahmegenehmigung von den Vorschriften des § 33 StVO gelten § 46 Abs. 1 Nr. 9 und 10 und § 46 Abs. 2 StVO.

2.3 Rechtsprechung zum straßenrechtlichen und straßenverkehrsrechtlichen Werbeverbot

Nach gefestigter Rechtsprechung bedarf es für das Kriterium „gefährdende oder erschwerende Weise" des § 33 StVO nicht des Nachweises einer konkreten Gefährdung. Die abstrakte Gefahr einer Beeinträchtigung reicht aus. So hat das Bundesverfassungsgericht mit Beschluss vom 9. Februar 1972 (NJW, S. 859) festgestellt, dass Werbeanlagen an der freien Strecke, die sich an den Verkehrsteilnehmer auf der betreffenden Straße wenden und den Zweck haben, seine Aufmerksamkeit auf sich zu ziehen, regelmäßig geeignet sind, die bestehenden Gefahrensituationen zu erhöhen. An anderer Stelle (BVerfG NJW 1976, S. 559) hat es ausgeführt: Werbung ist ihrem Wesen nach darauf gerichtet, die Aufmerksamkeit auf sich zu lenken. Dies bedeutet zugleich eine Ablenkung vom Verkehrsgeschehen. Bei der potenziellen Gefährlichkeit des modernen Straßenverkehrs für Teilnehmer und Dritte können zusätzliche den Verkehrsablauf beeinflussende Vorgänge zu einer Erhöhung der an sich bereits bestehenden Gefahrenlage führen, zudem kann darüber hinaus die Flüssigkeit des Verkehrs beeinträchtigt werden. Nach der Rechtsprechung des Bundesverwaltungsgerichts (NZV 1994, S. 126) ist der Nachweis konkret entstandener Verkehrsgefahren oder -unfälle nicht erforderlich, weil das mit Art. 12 GG vereinbare Verbot bereits dann eingreift, wenn Verkehrsteilnehmer in einer den Verkehr gefährdenden oder erschwerenden Weise abgelenkt oder belästigt werden *können*.

Die Rechtsprechung bestätigt mithin das Verbot der Werbung an Straßen außerhalb geschlossener Ortschaften, ohne den Nachweis einer konkreten Gefährdung oder Erschwerung zu fordern. Dies gilt in Sonderheit für die dem schnellen Verkehr gewidmeten Autobahnen.

Auch der Sinn der Anbauvorschriften des § 9 FStrG liegt nach der gefestigten Rechtsprechung (Grundsatzurteil des BVerwG vom 3.9.1963, BVerwGE 16, 301 ff.) darin, alle für den Verkehrsablauf nachteiligen Umstände, die von außen auf den Verkehr einwirken können, auf das Mindestmaß herabzusetzen. In der Anbauverbotszone bis 40 m führt jeder Hochbau oder die entsprechende Werbeanlage zu einer Erhöhung der bereits im motorisierten Verkehr bestehenden Gefahrensituation und rechtfertigt daher ein allgemeines Bauverbot. Nur außergewöhnliche Umstände können daher die Annahme widerlegen, dass Werbeanlagen in unmittelbarer Nähe zur Fahrbahn grundsätzlich geeignet sind, die Sicherheit und Leichtigkeit des Verkehrs zu beeinträchtigen, und damit eine Befreiung nach § 9 Abs. 8 FStrG rechtfertigen. In der Anbaubeschränkungszone von 40 bis 100 m kommt es dagegen auf die konkreten Umstände an, nämlich ob das einzelne Vorhaben nach seiner Lage, Größe

8.6.7 Hinweise auf private und gewerbliche Ziele

Anlage
zum BMVBW-Erlass
vom 17.9.2001

und Art geeignet ist, die Sicherheit und Leichtigkeit des Verkehrs zu beeinträchtigen. Dabei stellt das Bundesverwaltungsgericht auf die erkennbare Möglichkeit und nicht auf die unbedingte Gewissheit ab, dass das Vorhaben den Verkehrsablauf auf der Bundesautobahn beeinträchtigt oder gefährdet. Bei Werbeanlagen ist dabei ihr Ziel, den Blick auf sich zu ziehen, besonders zu berücksichtigen. Ob diese beabsichtigte Ablenkung die Sicherheit oder Leichtigkeit des Verkehrs auf der freien Strecke beeinträchtigt, hängt einerseits vom Grad der Wirkung auf den Verkehrsteilnehmer und von der Intensität der Ablenkung und andererseits von den bestehenden verkehrsmäßigen Verhältnissen ab.

3. Abgrenzungskriterien für die Straßen- und straßenverkehrsrechtliche Zulässigkeit von Werbeanlagen

Die nachfolgenden Grundsätze sind für die Beurteilung nach § 33 StVO auch für verkehrsrechtlich als Autobahn (Zeichen 330) gekennzeichnete (autobahnähnlich ausgebaute) Bundesstraßen anzuwenden, unbeschadet der Tatsache, dass die straßenrechtliche Anbauverbotszone hier nur 20 m breit ist.

3.1 Sondernutzung

Unbeschadet der Regelung in 3.3 kann eine für Werbeanlagen unmittelbar auf Autobahngrundstücken erforderliche Sondernutzungserlaubnis bzw. zivilrechtliche Gestattung wegen der engen räumlichen Nähe und des Einwirkens auf den Verkehrsraum nicht erteilt werden, wenn die Werbung an den Verkehrsteilnehmer der Autobahn gerichtet ist.

3.2 Werbung an und auf Brücken

An und auf Brücken ist die Anbringung von Werbeanlagen, die auf den Autobahnverkehr einwirken können, unzulässig. Die Ausnahmevoraussetzungen des § 9 Abs. 8 FStrG liegen bei Werbung regelmäßig nicht vor.

3.3 Werbung in der Anbauverbotszone

In der Anbauverbotszone (bis zu 40 m entlang der Autobahn) ist Werbung an Autobahnen straßenrechtlich unzulässig. Sie ist dort auch straßenverkehrsrechtlich unzulässig, wenn sie auf den Autobahnverkehr gerichtet ist und auf ihn einwirkt. Auf den Autobahnverkehr einwirkende Werbeanlagen und -einrichtungen sind jedoch bei diesem geringen Abstand von der Fahrbahn stets geeignet zur verkehrsgefährdenden oder -erschwerenden Ablenkung. Dies gilt auch für auf den Autobahnverkehr einwirkende Werbemaßnahmen an einem Betriebsgebäude (Ort der Leistung) wegen der von ihnen ausgehenden abstrakten Verkehrsgefährdung oder -erschwerung. Allenfalls für Betriebe, die zunächst außerhalb der Verbotszone lagen und durch spätere Aufstufung einer Bundesstraße zu einer Autobahn oder eine Ausbaumaßnahme von der Anbauverbotszone erfasst wurden, können unter engen Bedingungen (vgl. 3.4) und zur Vermeidung nicht beabsichtigter Härten (Bestandsschutz) Ausnahmen in Betracht kommen.

Für die Errichtung von Werbeanlagen folgt daraus: Eine Ausnahme vom Anbauverbot des § 9 Abs. 1 FStrG (40 m-Zone) ist mit öffentlichen Belangen nicht vereinbar und daher auch nicht aus Gemeinwohlgründen veranlasst, § 9 Abs. 8 FStrG.

Untersagt ist ebenfalls jede Werbung mit mobilen Werbeträgern wie Anhänger mit Werbeplakaten, folienumwickelte Strohballen, luftgefüllte Werbepuppen usw. ...

Wegen der Präzedenzwirkung jeder einzelnen Anlage muss das Verbot solcher Werbung innerhalb der 40 m-Zone strikt eingehalten und durchgesetzt werden.

3.4 Werbung jenseits der Anbauverbotszone (40 m-Zone),die auf den Autobahnverkehr einwirkt

3.4.1 Grundsätze der Beurteilung

Für die Beurteilung von Werbung jenseits der 40 m-Zone, die auf den Autobahnverkehr einwirkt, unterscheiden sich im Hinblick auf das Kriterium der Verkehrssicherheit die für einen Verstoß gegen § 33 StVO genügende abstrakte Gefährlichkeit einer Werbeanlage und die von § 9 Abs. 3 FStrG geforderte erkennbare Möglichkeit der Gefährdung in der konkreten Situation allenfalls graduell. In beiden Rechtsgebieten wird auf den Zweck und die Wirkung der Werbeanlage abgestellt. Erhöhte Anforderungen an die Gefährlichkeit für den Verkehrsablauf werden nicht gestellt. Deshalb muss jede Werbung unterbunden werden, die den Verkehrsteilnehmer zu verkehrssicherheitsgefährdenden oder verkehrserschwerenden Fahrmanövern veranlassen könnte. Über die Anbaubeschränkungszone des FStrG hinaus, d.h. auch in einem Abstand von mehr als 100 m vom Rand der Fahrbahn, kann eine Werbeanlage nach der straßenverkehrsrechtlichen Vorschrift des § 33 StVO (z.B. Pylon mit einer Höhe von über 20 m und beweglicher Werbung) unzulässig sein.

8.6.7 Hinweise auf private und gewerbliche Ziele

Anlage
zum BMVBW-Erlass
vom 17.9.2001

Zulässig ist Werbung jenseits der 40 m-Zone nur unter folgenden einschränkenden Bedingungen:

a) Die Werbung darf nur am Ort der Leistung (Betriebsstätte) angebracht sein, isoliert zu Werbezwecken errichtete oder aufgestellte Anlagen oder Werbeträger (auch Fahrzeuge, Anhänger, Heuballen etc.) sind unzulässig.

b) Diese Werbung am Ort der Leistung muss so gestaltet sein, dass eine längere Blickabwendung des Fahrzeugführers nach aller Erfahrung nicht erforderlich ist; das bedeutet insbesondere:
   – nicht überdimensioniert,
   – blendfrei,
   – nicht beweglich,
   – in Sekundenbruchteilen erfassbar oder zur nur unterschwelligen Wahrnehmung geeignet.

c) Die amtliche Beschilderung darf nicht beeinträchtigt werden.

d) Eine Häufung von Werbeanlagen ist unzulässig.

Diese Anforderungen sind dann erfüllt, wenn *nur der Firmenname* in unaufdringlicher Farbgebung, auch von außen beleuchtet oder selbstleuchtend, an der Gebäudewand aufgebracht oder als Dachträger angebracht ist und die Größe das nach der Verkehrsanschauung übliche Maß eines Firmennamens am Betriebsgebäude nicht übersteigt. Solche Werbung erfüllt nicht den Tatbestand des § 33 StVO und ist nach § 9 Abs. 3 FStrG unter dem Gesichtspunkt Sicherheit und Leichtigkeit des Verkehrs zustimmungsfähig.

Jedoch ist es an Streckenabschnitten, die eine erhöhte Aufmerksamkeit des Verkehrsteilnehmers erfordern (z. B. Verflechtungsbereiche an Abzweigungen, schwierig zu überblickendes Gelände, bekannte unfallauffällige Streckenabschnitte), insbesondere wenn der Abstand von der Autobahn 40 m nur unwesentlich übersteigt, angezeigt, ausschließlich den unbeleuchteten Farbauftrag des Firmennamens an der Außenwand des Firmengebäudes zuzulassen.

3.4.2 Unzulässigkeit besonderer Werbeanlagen und Werbemaßnahmen

Unzulässig sind auch am Ort der Leistung (Betriebsstätte) insbesondere folgende auf den Autobahnverkehr einwirkende Werbeanlagen und Werbemaßnahmen:

– Prismenwendeanlagen,
– Lauflichtbänder,
– Rollbänder,
– Filmwände,
– statische Lichtstrahler, Licht- und Laserkanonen und vergleichbare Einrichtungen,
– Werbung mit Botschaften (Satzaussagen, Preisangaben, Adressen, Telefonnummern u. Ä.),
– akustische Werbung,
– luft- oder gasgefüllte Werbepuppen oder -ballons.

3.4.3 Pylone

An Pylonen angebrachte Werbung ist nur am Ort der Leistung (Betriebsstätte) und nur dann zulässig, wenn sie den Anforderungen nach 3.4.1 entspricht. Insbesondere Werbemaßnahmen nach 3.4.2 sind auch an Pylonen unzulässig.

Zur Höhe des Pylons gilt unter dem Gesichtspunkt der Verkehrssicherheit: Je näher an der 40 m-Zone, desto niedriger ist die zulässige Höhe; auch in größerer Entfernung soll die Höhe 20 m nicht übersteigen.

3.4.4 Werbung für Beherbergungsbetriebe, Gaststätten, Tankstellen und Reparaturservicebetriebe

Auch für diese Betriebe ist Werbung im Sinne der Sondernutzung (vgl. 3.1), an und auf Brücken (vgl. 3.2) und in der Anbauverbotszone (vgl. 3.3) unzulässig. Für Werbung jenseits der Anbauverbotszone gelten die Grundsätze der Abschnitte 3.4.1 bis 3.4.3 mit folgenden Maßgaben:

Ausschließlich am Ort der Leistung (Betriebsstätte) darf eine einzelne Werbemaßnahme größer dimensioniert und stärker wahrnehmbar gestaltet sein. Dies gilt jedoch nur für:

a) von innen oder außen beleuchtete Symbole, die den Sinnbildern der StVO-Zeichen 359, 361, 375–377 nachgebildet sind oder „T" für Tankstelle und „R" für Gaststätte oder

b) statt eines Symbols nach a) für Firmenlogos, die nach der Verkehrsanschauung eindeutig auf das Leistungsangebot hinweisen (Beispiel: Logos von Mineralölfirmen oder Imbissketten),

8.6.7 Hinweise auf private und gewerbliche Ziele

Anlage
zum BMVBW-Erlass
vom 17.9.2001

wobei Symbol oder Logo auch an einem Pylon angebracht sein können (zur Höhe vgl. 3.2), und unter folgenden Bedingungen:

aa) Symbol oder Logo muss so rechtzeitig vor einer Ausfahrt wahrgenommen werden können, dass von einer Entscheidung, den Ort der Leistung anzufahren, nach aller Erfahrung keine Gefährdung des Verkehrs ausgehen kann;

bb) der Ort der Leistung darf nicht mehr als 1 000 m (bezogen auf die Fahrstrecke im nachgeordneten Netz) von der nächsten folgenden Abfahrt entfernt sein;

cc) das Angebot des jeweiligen Betriebes muss grundsätzlich auch für den Lkw-Verkehr geeignet sein (z. B. Abstellmöglichkeiten in zumutbarer Entfernung);

dd) Symbol oder Logo dürfen nur während der Öffnungszeit des Betriebes von innen oder außen beleuchtet sein.

Bei mehreren benachbarten Betrieben (Beherbergungsbetriebe, Gaststätten, Tankstellen, Reparaturservicebetriebe) soll die Errichtung mehrerer Pylone in unmittelbarer Nähe vermieden werden.

Auch bei der Zulässigkeit solcher Werbeanlagen ist regelmäßig eine besonders restriktive Beurteilung erforderlich, wenn der Ort der Leistung an einem unfallauffälligen Streckenabschnitt liegt.

Diese Abweichung von den Maßgaben nach 3.4.1 bis 3.4.3 trägt dem Umstand Rechnung, dass einzelnen Bedürfnissen, wie z. B. dem Bedarf nach einem Reparaturservice, auf Autobahnen nicht entsprochen wird und auch nicht entsprochen werden kann. Zugleich kann damit im Interesse der Verkehrssicherheit eine rechtzeitige Orientierung vor den Anschlussstellen für die Verkehrsteilnehmer erreicht werden, die eine Präferenz für besondere Angebote des Tankens und Rastens haben.

(VkBl. 2001 S. 463)

8.6.8 Sonstige Hinweise

■ **Hinweisschilder auf Gottesdienste oder sonstige regelmäßige religiöse Veranstaltungen**

Nach langem Herkommen wird an den Ortseingängen durch Informationsschilder auf Gottesdienste hingewiesen. Die bisher gültigen Rundschreiben aus den Jahren 1960 und 1961 wurden 2008 ersetzt durch das

– ARS 15/2008 (S 15/7162.2/9/899400) „Richtlinie für das Aufstellen von Hinweisschildern auf Gottesdienste und sonstige regelmäßige religiöse Veranstaltungen von Kirchen und sonstigen Religionsgemeinschaften" vom 11. August 2008 (VkBl. S. 461).

Die bisher auf der Grundlage der alten Rundschreiben errichteten Hinweisschilder auf Gottesdienste genießen Bestandsschutz.

Die neue Richtlinie ist insbesondere nicht mehr auf die Veranstaltungen der katholischen und evangelischen Kirche beschränkt und berücksichtigt damit die Anforderungen aus den Grundrechten der Gleichbehandlung und Glaubensfreiheit. Sie regelt Aufstellort, Ausführung und Verfahren. Auf der Grundlage der bisher gültigen Rundschreiben errichtete Hinweisschilder genießen Bestandsschutz. Die *Bilder 8.47* bis *8.49* zeigen Beispiele für Hinweisschilder auf Gottesdienste.

Bild 8.47 Beispiel für Hinweisschild auf Gottesdienste oder sonstige regelmäßige religiöse Veranstaltungen (hier: auf katholischen Gottesdienst)

Bild 8.48 Beispiel für Hinweisschild auf Gottesdienste oder sonstige regelmäßige religiöse Veranstaltungen (hier: auf evangelischen Gottesdienst)

St. Jakobus

Bild 8.49 Zusatzschild mit Namen der Kirche

Zu Abschnitt 8.6.8

BMVBS
S 15/7162.2/9/
899400
11. August 2008

Richtlinie für das Aufstellen von Hinweisschildern auf Gottesdienste und sonstige regelmäßige religiöse Veranstaltungen von Kirchen und sonstigen Religionsgemeinschaften

I. Das Rundschreiben vom 19.7.1960 (VkBl. 1960 S. 333) zu Hinweisschildern auf Gottesdienste wird aufgehoben und durch anliegende „Richtlinie für das Aufstellen von Hinweisschildern auf Gottesdienste und sonstige regelmäßige religiöse Veranstaltungen von Kirchen und sonstigen Religionsgemeinschaften" ersetzt.

Die neue Richtlinie beschränkt Hinweisschilder nicht mehr auf religiöse Veranstaltungen der katholischen und evangelischen Kirche. Vielmehr sind künftig Anträge aller Kirchen und sonstigen Religionsgemeinschaften zulassungsfähig, soweit diese nicht bekanntermaßen oder erkennbar verfassungsfeindliche Ziele vertreten. Hiermit wird den Grundrechten auf Gleichbehandlung und Glaubensfreiheit aus Art. 3 Abs. 1 und 3 sowie Art. 4 Abs. 1 GG Rechnung getragen.

II. Um den Eindruck einer Werbung für eine bestimmte Glaubens- und Weltanschauungsrichtung zu vermeiden und zugleich dem Orientierungsbedürfnis für eine bestimmte Glaubens- und Weltanschauungsrichtung der Verkehrsteilnehmer und Verkehrsteilnehmerinnen Rechnung zu tragen, sollen die Hinweisschilder ausschließlich die Bezeichnung der jeweiligen Kirche bzw. des religiösen Veranstaltungsgebäudes und den jeweiligen Zeitpunkt der regelmäßigen religiösen Veranstaltung angeben.

Aus Gründen der Sicherheit und Leichtigkeit des Verkehrs sind Hinweisschilder nur noch im Zuge von Bundesstraßen an Ortseingängen zulässig, nicht aber auf freier Strecke.

8.6.8 Sonstige Hinweise

BMVBS-Erlass
vom 11.8.2008

III. Ich bitte, die Richtlinie für das Aufstellen von Hinweisschildern auf Gottesdienste und sonstige regelmäßige religiöse Veranstaltungen von Kirchen und sonstigen Religionsgemeinschaften im Bereich der Auftragsverwaltung für die Bundesfernstraßen anzuwenden und erbitte die Übersendung eines entsprechenden Einführungserlasses. Ich empfehle ihre Anwendung auch für andere Straßen, soweit das Landesrecht mit dem Bundesrecht übereinstimmt. Die Bundesvereinigung der kommunalen Spitzenverbände bitte ich um Unterrichtung der Städte, Kreise und Gemeinden und um Berücksichtigung der Grundsätze im Baugenehmigungsverfahren.

Das Rundschreiben Hinweisschilder auf Gottesdienste vom 19. Juli 1960 – StB 2/4 – BH – 41 K 60 – (VkBl. 1960 S. 333) hebe ich hiermit auf.

Anlage
zum BMVBS-Erlass
11. August 2008

Richtlinie für das Aufstellen von Hinweisschildern auf Gottesdienste und sonstige regelmäßige religiöse Veranstaltungen von Kirchen und sonstigen Religionsgemeinschaften

1. Räumlicher und inhaltlicher Anwendungsbereich

Hinweisschilder auf Gottesdienste und sonstige regelmäßige religiöse Veranstaltungen von Kirchen und sonstigen Religionsgemeinschaften sind keine amtlichen Hinweiszeichen im Sinne der Straßenverkehrs-Ordnung. Sie können im Zuge von Bundesstraßen an Ortseingängen hinter den gelben Ortstafeln sowie innerhalb der Orte aufgestellt werden, sofern hierdurch der Gemeingebrauch nicht beeinträchtigt wird. Auf den freien Strecken der Bundesfernstraßen muss aus Gründen der Sicherheit und Leichtigkeit des Verkehrs vom Aufstellen dieser Hinweisschilder abgesehen werden.

Die Hinweisschilder geben ausschließlich an

– die Bezeichnung der jeweiligen Kirche oder sonstigen Religionsgemeinschaft und
– den jeweiligen Zeitpunkt des Gottesdienstes oder der sonstigen regelmäßigen religiösen Veranstaltung.

Der Hinweis auf den Gottesdienst oder die sonstige regelmäßige religiöse Veranstaltung soll ausschließlich den Interessen der Verkehrsteilnehmer und Verkehrsteilnehmerinnen dienen und ihnen eine Entscheidung über die Wahrnehmung der Angebote der Kirchen oder sonstigen Religionsgemeinschaften ermöglichen. Deshalb dürfen die Hinweisschilder keine darüber hinausgehenden Angaben enthalten; sie sind keine Werbeanlagen.

2. Gestaltung der Hinweisschilder

Die Hinweisschilder auf Gottesdienste und sonstige regelmäßige religiöse Veranstaltungen von Kirchen und sonstigen Religionsgemeinschaften sind so zu gestalten, dass die Information für die Verkehrsteilnehmer und Verkehrsteilnehmerinnen erfassbar ist.

Die Schrift soll nach DIN 1451 (fette Mittelschrift) ausgeführt werden. Das Schild hat eine Größe von 75 × 75 Zentimetern. Ein bestimmtes Piktogramm ist grundsätzlich zulässig, wird den verschiedenen Kirchen und sonstigen Religionsgemeinschaften aber nicht vorgegeben. Unter dem Hinweisschild kann noch ein Zusatzschild mit dem konkreten Namen des jeweiligen Kirchen- oder sonstigen Gebäudes der regelmäßigen religiösen Veranstaltung (z. B. Sankt Anna) angebracht werden. Dieses Zusatzschild hat eine Größe von 75 × 20 Zentimetern.

Eine unüberschaubare Häufung von Hinweisschildern ist auszuschließen. Auf Sammelhinweisschilder ist hinzuwirken.

3. Verfahren

Liegt keine Beeinträchtigung des Gemeingebrauchs vor, schließt die zuständige Straßenbaubehörde mit der den Antrag stellenden Kirche oder sonstigen Religionsgemeinschaft eine Vereinbarung nach § 8 Abs. 10 Bundesfernstraßengesetz (FStrG) für das Aufstellen von Hinweisschildern auf regelmäßige religiöse Veranstaltungen von Kirchen und sonstigen Religionsgemeinschaften ab. Hierin ist insbesondere festzulegen, dass das Hinweisschild von der den Antrag stellenden Kirche oder sonstigen Religionsgemeinschaft ordnungsgemäß zu unterhalten ist. Die Straßenbauverwaltung ist von Haftungsansprüchen Dritter freizustellen. Für das Aufstellen der Hinweisschilder wird kein Entgelt erhoben. Durch den Abschluss dieser Vereinbarung werden sonstige erforderliche Genehmigungen und Erlaubnisse nicht ersetzt.

Ein Rechtsanspruch auf die Benutzung eines Straßengrundstücks über den Gemeingebrauch hinaus besteht nicht.

8.6.8 Sonstige Hinweise

Anlage
zum BMVBS-Erlass
vom 11.8.2008

Die zuständige Straßenbaubehörde handelt jedoch auch beim Abschluss bürgerlich-rechtlicher Nutzungsverträge im Sinne von § 8 Abs. 10 FStrG als öffentliche Verwaltung und ist daher auch in diesem Verwaltungsbereich den besonderen Beurteilungsnormen des Verwaltungshandelns gemäß Art. 20 Abs. 3 GG unterworfen. Sie trifft ihre Zulassungsent-scheidung unter Berücksichtigung höherrangigen Rechts, insbesondere der Grundrechte (Art. 3 Abs. 1 und 3 i.V.m. Art. 4 Abs. 1 GG). Folglich ist grundsätzlich allen Kirchen und sonstigen Religionsgemeinschaften, soweit straßenrechtliche Gründe nicht entgegen-stehen, die Möglichkeit einzuräumen, unter gleichen Bedingungen durch ein Hinweisschild auf ihre Gottesdienste bzw. sonstigen regelmäßigen religiösen Veranstaltungen hinzu-weisen. Die Bindung der öffentlichen Verwaltung an Recht und Gesetz lässt jedoch den Ausschluss von Kirchen und sonstigen Religionsgemeinschaften mit verfassungswidrigen Bestrebungen stets zu.

4. Bestandsschutz

Die bisher auf der Grundlage des Allgemeinen Rundschreibens vom 19.7.1960 errichteten Hinweisschilder auf Gottesdienste genießen Bestandsschutz.

(VkBl. 2008 S. 461)

561

Dynamische Verkehrs-zeichen

9.1 Allgemeines

In Abschnitt 9 werden dynamische Verkehrszeichen und Verkehrseinrichtungen behandelt. Diese sind als Lichtsignalanlagen (techn.), Lichtzeichenanlagen (jur.), Verkehrsbeeinflussungsanlagen (techn.), Wechselverkehrszeichenanlagen (jur.), Parkleitsysteme usw. bekannt.

Sie ermöglichen, die durch Verkehrszeichen gegebenen Anordnungen und durch Verkehrseinrichtungen mögliche Beeinflussung des Verkehrsablaufs flexibel den jeweiligen Randbedingungen, insbesondere den Schwankungen der zu bewältigenden Verkehrsmengen, anzupassen. Dadurch können vor allem

– die Ressourcen in hochbelasteten Straßenbereichen dem jeweiligen Bedarf angepasst zugeteilt werden, wodurch möglicherweise mehr oder weniger große Kapazitätserhöhungen möglich werden, und
– durch eindeutige Regelung und Vergleichmäßigung die Sicherheit erhöht werden.

Eine Anlage umfasst alle dazu notwendigen Betriebseinrichtungen, insbesondere die Detektion, Kommunikation, Datenverarbeitung, Anzeige und Überwachung.

Lichtsignalanlagen (LSA), in der StVO Lichtzeichenanlagen genannt, sind Anlagen, mit denen (Licht-)Signalgeber (siehe Abschnitt 9.3.3) so angesteuert werden, dass Fahrzeugströme wechselweise freigegeben oder angehalten werden. Die StVO unterscheidet Wechsellichtzeichenanlagen, womit im Wesentlichen die vorfahrtregelnden Lichtsignalanlagen an Kreuzungen und Engstellen gemeint sind, und Dauerlichtzeichenanlagen, die die Lichtsignalanlagen zur dynamischen Zuordnung von Fahrstreifen (Fahrstreifensignalisierung) bezeichnen. Mit Lichtsignalanlagen können knappe Ressourcen (Konfliktflächen an Knotenpunkten, Fahrstreifen bei Fahrstreifensignalisierung) eindeutig, aber auch wechselweise verschiedenen Verkehrsströmen zur Nutzung zugewiesen werden, was sowohl die Sicherheit als auch in der Regel die Leichtigkeit des Verkehrs erhöht. Lichtsignalanlagen sind Verkehrseinrichtungen im Sinne der StVO.

Verkehrsbeeinflussungsanlagen (VBA), auch Wechselverkehrszeichenanlagen (WVA) genannt, sind Anlagen, mit denen Wechselverkehrszeichen (WVZ) angesteuert werden. Über Verkehrsbeeinflussungsanlagen können insbesondere Streckenverbote ausgesprochen (Beschränkung der zulässigen Höchstgeschwindigkeit, Überholverbot), Warnungen angezeigt (z. B. vor Stau, Nebel

oder Baustellen), Spurzuteilungen vorgenommen (Fahrstreifensignalisierung, Standstreifennutzung) oder Verkehrsströme umgeleitet (Wechselwegweisung) werden. Mit Hilfe von Verkehrsbeeinflussungsanlagen ist es möglich, über Warnungen und eine Vergleichmäßigung des Verkehrsablaufs Gefährdungen, z. B. als Folge von Stauungen, zu verringern, vorhandene Straßenanlagen besser zu nutzen und damit auch Energie einzusparen. Man unterscheidet im Wesentlichen

– Knotenbeeinflussungsanlagen (KBA)
– Streckenbeeinflussungsanlagen (SBA)
– Netzbeeinflussungsanlagen (NBA).

Der **Betrieb** von dynamischen Verkehrszeichen und Verkehrseinrichtungen erfolgt in Deutschland in der Regel automatisch (siehe Abschnitt 9.3.2). Gemäß der in StVO § 45 vorgegebenen Aufgabenteilung werden die Anlagen von der zuständigen Verkehrsbehörde angeordnet und vom Straßenbaulastträger betrieben. Wegen der nötigen Eindeutigkeit der Anordnung sind vor allem auch die Schaltprogramme anzuordnen. Die Anlagenplanung und die Erarbeitung der Schaltprogramme übernimmt angesichts ihrer verkehrstechnischen Kompetenz in der Regel die Straßenbaubehörde.

In den folgenden Abschnitten werden die verschiedenen Anlagentypen, ihre Konzeption, Steuerung und die sie behandelnden allgemeinen Regelwerke ausführlicher beschrieben.

Einzelheiten für Lichtsignalanlagen enthalten die von der Forschungsgesellschaft für Straßen- und Verkehrswesen (FGSV) herausgegebenen

– „Richtlinien für Lichtsignalanlagen (RiLSA) – Lichtzeichenanlagen für den Straßenverkehr", FGSV Verlag, Ausgabe 2010,

die gemäß dem BMV-ARS 4/04 vom 12. März 2004 und dem BMV-Erlass vom 24. Juni 1992 (VkBl. S. 356) der Planung und Ausführung von Lichtsignalanlagen zugrunde gelegt werden sollen.

Einzelheiten für Verkehrsbeeinflussungsanlagen enthalten die von der FGSV herausgegebenen

– „Richtlinien für Wechselverkehrszeichen an Bundesfernstraßen (RWVZ)", Ausgabe 1997, eingeführt durch BMV-Erlass vom 18. April 1997 (VkBl. S. 520),
– „Richtlinien für Wechselverkehrszeichenanlagen an Bundesfernstraßen (RWVA)", Ausgabe 1997, eingeführt durch BMV-Erlass vom 18. April 1997 (VkBl. S. 521) und
– von der BASt erstellte und vom für den Verkehr zuständige Bundesministerium heraus-

gegebene ARS 20/2004 (S 28/16.57.10-3.5/54 BASt 04) „Dynamische Wegweiser mit integrierten Stauinformationen (dWiSta) – Hinweise für die einheitliche Gestaltung und Anwendung an Bundesfernstraßen, Ausgabe 2004" (VkBl. S. 479).

Die in diesen Richtlinien festgelegten Grundsätze sollten auch bei Projekten außerhalb der Bundesfernstraßen beachtet werden. Für die Bundesautobahnen ist der Ausbau eines umfassenden Verkehrsbeeinflussungssystems im Gange, das den verstärkten Einsatz von Wechselverkehrszeichen vorsieht.

Wegen der wachsenden Zahl von Verkehrsbeeinflussungsanlagen mit Anwendung von Wechselverkehrszeichen hat das für den Verkehr zuständige Bundesministerium mit Erlass vom 3. Februar 1993 außerdem einen

– „Muster-RE-Entwurf für Verkehrsbeeinflussungsanlagen", Ausgabe 1993, eingeführt (VkBl. S. 559),

der beim Verkehrsblatt-Verlag bezogen werden kann.

9.2 Sicherheit

Die die dynamischen Verkehrszeichen und Verkehrseinrichtungen ansteuernden Anlagen können als ganze Anlage oder in Teilkomponenten sicherheitsrelevant sein.

Zu unterscheiden sind vor allem:

– Ausfallsicherheit
– Schutz vor schädlichen Wirkungen des Stroms
– Abschalten bei Teilausfall
– Überwachung und Verriegelung kritischer Schaltzustände.

Ausfallsicherheit ist notwendig, um eine hohe Verfügbarkeit und – da diese Anlagen in der Regel dafür installiert wurden – entsprechende Sicherheit und Leichtigkeit des Verkehrs zu gewährleisten. Ausfallsicherheit wird erreicht durch besonders zuverlässige Komponenten (z. B. spezielle Signallampen), durch regelmäßigen Tausch (z. B. Lampen von Signalgebern) oder durch Redundanz, d. h. mehrfaches Vorhalten mit Parallelbetrieb oder automatischem Umschalten (z. B. Ersatzlampen oder Doppelfadenlampen).

Durch den **Schutz vor schädlichen Wirkungen des Stroms** soll verhindert werden, dass Nutzer oder Bediener Schaden durch Stromschlag erleiden, z. B. bei einem Unfall, bei dem Kabel verletzt

werden oder auch einfach nur durch mangelhafte Isolierung. Dazu sind verschiedene Maßnahmen denkbar, insbesondere die Verwendung niederer Spannung oder der Einsatz von Fehlstromschutzschaltern.

Mit dem **Abschalten bei Teilausfall** sollen kritische Zustände vermieden werden, z. B. wenn in einer Zufahrt zu einer lichtsignalgeregelten Kreuzung alle Rotlampen ausgefallen sind, in der anderen aber die grünen Signalgeber den Ausfall nicht erkennen lassen, oder wenn Teile eines selbstleuchtenden Wechselverkehrszeichens leuchten und andere nicht und dadurch ein irreführendes Signalbild entstehen würde. Das Abschalten bei Teilausfall setzt voraus, dass zumindest die Schaltzustände der kritischen Komponenten zuverlässig überwacht werden und eine Überwachungsschaltung die Abschaltung veranlassen kann.

Die **Überwachung und Verriegelung kritischer Schaltzustände** soll vermeiden, dass durch Programm- oder Gerätefehler gefährliche Zustände, z. B. Grün für zwei nicht kompatible Zufahrten (feindliches Grün), entstehen können.

Die RiLSA enthalten in Abschnitt 7.3.4 nähere Informationen zur Signalsicherung, die RWVA in Abschnitt 4.3 nähere Informationen zur gegenseitigen Verriegelung von Wechselverkehrszeichen. Die elektrotechnischen Vorschriften zur Gewährleistung der Sicherheit enthalten die „VDE-Bestimmungen für Straßenverkehrs-Signalanlagen" (DIN VDE 0832). Darin wird u. a. vorgeschrieben, wie die Anlagen elektrotechnisch auszuführen sind und unter welchen Bedingungen und in welcher Zeit die Sicherheitsabschaltungen erfolgen müssen.

9.3 Anlagen

9.3.1 Überblick

Um zu gewährleisten, dass die Anlagen ihren Zweck erfüllen, sind vor dem Einbau eingehende Untersuchungen erforderlich. In der Regel sollten für die Entwurfsbearbeitung folgende Unterlagen vorliegen:

– Querschnittsbelastungen an charakteristischen Stellen (Spitzenbelastung, zeitliche Verkehrsverteilung, Verkehrszusammensetzung), an Knotenpunkten für alle zu- und abführenden Fahrbahnen
– an Knotenpunkten Übersicht über die einzelnen Verkehrsströme

9.3.2 Steuerung

- Analyse der Verkehrsunfälle (Kollisionsdiagramm)
- Ergebnisse von Verkehrsbeobachtungen und Ortsbesichtigungen
- Lagepläne (bei LSA zu empfehlender Maßstab 1 : 500).

9.3.2 Steuerung

Die Ansteuerung von dynamischen Verkehrszeichen und Verkehrseinrichtungen kann manuell oder automatisch erfolgen, jeweils lokal bedient/gesteuert, im Verbund abgestimmt oder von einer Zentrale koordiniert. In jedem Fall, auch bei manueller Ansteuerung, muss gewährleistet sein, dass keine widersprüchlichen oder gefährdenden Signale gezeigt werden.

In Deutschland ist wie eingangs erwähnt die automatische Ansteuerung die Regel. Die Anlagen erfassen den Verkehrszustand über geeignete Detektoren, ermitteln über ein geeignetes Schaltprogramm, in das auch Erfahrungswerte und statistische Auswertungen eingehen können, einen sinnvollen Schaltzustand und steuern entsprechend die Wechselverkehrszeichengeber und Signalgeber, in jüngerer Zeit auch dynamische Markierungen an. Unter bestimmten Voraussetzungen, insbesondere wenn sich die Verkehrszustände im Jahres-, Wochen- und Tagesrhythmus ausreichend ähnlich wiederholen, kann es ausreichen, auf die Detektoren zu verzichten und die Anlagen mit einem oder mehreren zeitabhängigen festen Programmen zu betreiben. Auch eine manuelle Steuerung ist grundsätzlich möglich, hat sich jedoch in der Regel sowohl hinsichtlich der Betriebskosten als auch der Regelungsgüte als nicht vorteilhaft erwiesen.

Soweit mehrere Anlagen im räumlichen Zusammenhang betrieben werden, bei Lichtsignalanlagen z. B. Grüne Welle, bei Verkehrsbeeinflussungsanlagen Überlagerungen von Knotenbeeinflussung, Streckenbeeinflussung und Netzbeeinflussung, ggf. auch Abstimmung mit Lichtsignalanlagen an Anschlussstellen, ist es sinnvoll, verschiedene Anlagen miteinander zu koordinieren. Das kann von Anlage zu Anlage im Verbund oder über eine Zentrale erfolgen.

Zur Ansteuerung gehört auch die Überwachung des Anlagenzustands und die entsprechend notwendigen Aktionen, z. B. Abschaltung und ggf. Information des Wartungsdienstes. Bei größeren Einheiten (z. B. Verkehrsrechnerzentrale eines Bundeslandes) oder Anlagen mit großer Sicherheitsrelevanz (Anlagen in großen Tunneln) kann es sinnvoll und notwendig sein, in den Zentralen eine personelle Besetzung, ggf. sogar mit 24 Std.-Schichtbetrieb einzurichten. Eine schwächere Besetzung in den Schwachlastzeiten oder elektrische Zusammenschaltung mehrerer Zentralen ist möglich. Die Datenverarbeitungstechnik ermöglicht heute außerdem Rufbereitschaftsdiensten, über allgemein zugängliche Datenwege (ISDN, DSL) gewisse Überwachungs- und Steuerungsaufgaben in Notfällen auch von zu Hause vorzunehmen. Dabei sind allerdings die Zugangspunkte und Übertragungswege (in der Regel sogenannte VPN (Virtual Private Network)-„Tunnel") durch entsprechende Authentifizierungsverfahren (z. B. Chipkarte) und Verschlüsselungsmethoden besonders zu sichern.

In besonders sicherheitsrelevanten Bereichen (z. B. längere Tunnel) kann der Einsatz von besonders zuverlässiger Stromversorgung (zweiseitige Einspeisung, Pufferbatterien, Notstromaggregate) nötig sein.

Bei Planung, Ausschreibung, Bau und Betrieb von Lichtsignalanlagen sind zu beachten:

- „Hinweise zu Verkehrsrechnern als Bestandteil der innerörtlichen Lichtsignalsteuerung", FGSV Verlag, Ausgabe 2001.

Bei Planung, Ausschreibung, Bau und Betrieb von Verkehrsbeeinflussungsanlagen sind zu beachten:

- „Hinweise zu variablen Fahrstreifenzuteilungen – Anwendungsbeispiele und Einsatzmöglichkeiten", FGSV Verlag, Ausgabe 2003
- „Hinweise für Steuerungsmodelle von Wechselverkehrszeichenanlagen in Außerortsbereichen", FGSV Verlag, Ausgabe 1992
- „Hinweise zur Verkehrsflussanalyse, Störfallentdeckung und Verkehrsflussprognose für die Verkehrsbeeinflussung in Außerortsbereichen", FGSV Verlag, Ausgabe 1992
- „Hinweise für neue Verfahren zur Verkehrsbeeinflussung auf Außerortsstraßen", FGSV Verlag, Ausgabe 2000
- „Hinweise für Planung und Einsatz von Geschwindigkeitswarnanlagen", FGSV Verlag, Ausgabe 2001.
- „Hinweise zur Wirksamkeitsschätzung und Wirksamkeitsberechnung von Verkehrsbeeinflussungsanlagen", FGSV Verlag, Ausgabe 2007.

Derzeit werden diese Papiere von der FGSV überarbeitet und in einem Hinweispapier zusammengefasst, das als Kapitel „Steuerung" in das geplante integrierte Regelwerk für Verkehrsbeeinflussungsanlagen übernommen werden soll.

Zu Abschnitt 9.3.2

VwV-StVO
zu § 37
Wechsellichtzeichen,
Dauerlichtzeichen
und Grünpfeil

Zu den Nummern 1 und 2

12 IV. Sind im Zuge einer Straße mehrere Lichtzeichenanlagen eingerichtet, so empfiehlt es sich in der Regel, sie aufeinander abzustimmen (z. B. auf eine Grüne Welle). Jedenfalls sollte dafür gesorgt werden, dass bei dicht benachbarten Kreuzungen der Verkehr, der eine Kreuzung noch bei „Grün" durchfahren konnte, auch an der nächsten Kreuzung „Grün" vorfindet.

13 V. Häufig kann es sich empfehlen, Lichtzeichenanlagen verkehrsabhängig so zu schalten, dass die Stärke des Verkehrs die Länge der jeweiligen Grünphase bestimmt. An Kreuzungen und Einmündungen, an denen der Querverkehr schwach ist, kann sogar erwogen werden, der Hauptrichtung ständig Grün zu geben, das von Fahrzeugen und Fußgängern aus der Querrichtung erforderlichenfalls unterbrochen werden kann.

VwV-StVO
zu den §§ 39 bis 43
Allgemeines über
Verkehrszeichen
und Verkehrs-
einrichtungen

4 1. Beim Einsatz moderner Mittel zur Regelung und Lenkung des Verkehrs ist auf die Sicherheit besonders Bedacht zu nehmen.

Verkehrszeichen, Markierungen, Verkehrseinrichtungen sollen den Verkehr sinnvoll lenken, einander nicht widersprechen und so den Verkehr sicher führen.

Die Wahrnehmbarkeit darf nicht durch Häufung von Verkehrszeichen beeinträchtigt werden.

9.3.3 Lichtsignalanlagen an Knotenpunkten, Engstellen und Fußgängerüberwegen

Lichtsignalanlagen an Knoten und Engstellen regeln die Vorfahrt dynamisch und erhöhen damit durch die klare, aber doch wechselseitige Zuordnung der Knotenpunktfläche in der Regel sowohl die Sicherheit als auch die Leichtigkeit des Verkehrs. Lichtsignalanlagen an Fußgängerüberwegen (Fußgängerschutzanlagen (FSA)) ermöglichen dem Fußgängerverkehr, Fahrbahnen gesichert zu überschreiten, ohne den Kraftfahrverkehr dauerhaft unterzuordnen (siehe Abschnitt 5.3.5 zu Zeichen 293).

Fahrstreifenzuteilungen werden mit den Streckenbeeinflussungsanlagen in Abschnitt 9.3.5, Lichtsignalanlagen zur Regelung besonderer Fälle (z. B. Baustellen, Feuerwehrausfahrten) in Abschnitt 9.3.9 behandelt.

Bei der Entwurfsbearbeitung ist zu prüfen, ob mit dem Errichten einer Signalanlage bauliche oder verkehrsmäßige Änderungen erforderlich sind (z. B. Einbau einer Insel, Abbiegeverbot); oft ist dies die Voraussetzung für ein reibungsloses Funktionieren der Signalregelung.

Zur Regelung des Fahrzeugverkehrs durch Signalanlagen wird einheitlich die **Lichtzeichenfolge** Grün – Gelb – Rot – Rot/Gelb – Grün verwendet (*Bild 9.1*). Es dürfen auch Signalanlagen, welche nur die Farbfolge Gelb-Rot verwenden, ange-

ordnet werden (auf Gelb folgt Rot), z. B. wenn an Bahnübergängen oder Feuerwehrausfahrten die Signalanlagen nur in größeren zeitlichen Abständen in Betrieb gesetzt werden.

Die Zeit, in der einem Verkehrsstrom Rot „Halt vor der Kreuzung" gezeigt wird, heißt Sperrzeit, die Zeit, in der einem Verkehrsstrom Grün „Der Verkehr ist freigegeben" gezeigt wird, Freigabezeit. Die Freigabezeit sollte mindestens 10 s, in den Hauptrichtungen 15 s betragen. Je Pkw müssen 2,0–2,5 s angesetzt werden, in Großstädten auch weniger, bei engen Abbiegebeziehungen auch mehr.

Die Übergangszeit von Rot nach Grün (Rot und Gelb werden angezeigt) beträgt in der Regel $t_{RG} = 1$ s und dient dazu, die Freigabezeit anzukündigen.

Die Übergangszeit von Grün nach Rot (Gelb wird angezeigt) erlaubt, entweder noch anzuhalten oder vor Rotbeginn in die Kreuzung einzufahren. Sie richtet sich nach der auf der Straße zugelassenen Höchstgeschwindigkeit und beträgt in der Regel bei zulässigen Geschwindigkeiten

bis 50 km/h	$t_G = 3$ s
51 bis 60 km/h	$t_G = 4$ s
61 bis 70 km/h	$t_G = 5$ s.

Diese Zeiten wurden so ermittelt, dass ein mit der jeweilig zulässigen Geschwindigkeit herannahender Kraftfahrer, unter Berücksichtigung normaler Reaktionszeiten und normalem

567

9.3.3 Lichtsignalanlagen an Knotenpunkten, Engstellen und Fußgängerüberwegen

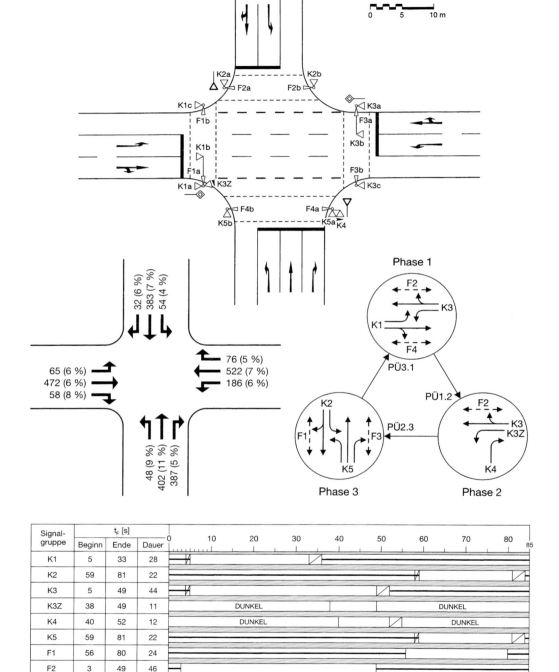

Bild 9.1 Signalanlage an einer Kreuzung mit Zuordnung der Signalgeber und Signalzeitenplan
Quelle: RiLSA-Beispielsammlung

9.3.3 Lichtsignalanlagen an Knotenpunkten, Engstellen und Fußgängerüberwegen

Bremsvermögens, entweder sicher vor der Haltlinie anhalten oder sie noch vor Rotbeginn überfahren kann. In der Zufahrt zu einer Lichtsignalanlage muss die Geschwindigkeit notfalls auf max. 70 km/h beschränkt werden, da bei höheren Geschwindigkeiten die Gelbzeiten zu lang sein müssten (siehe Abschnitt 6.4.1).

Miteinander verträgliche Verkehrsströme können (und sollten) miteinander freigegeben werden, nichtverträgliche dürfen nicht miteinander freigegeben werden. Die Mindest-Zwischenzeit t_z zwischen einer endenden Freigabezeit und einer beginnenden Freigabezeit eines nichtverträglichen Verkehrsstroms ergibt sich aus der Überfahrzeit $t_ü$ und der Räumzeit t_r des endenden Stroms und der Einfahrzeit t_e des beginnenden Stroms zu $t_z = t_ü + t_r - t_e$. Je nach Fahrgeschwindigkeiten und Beschleunigungsvermögen der Ströme ergeben sich unterschiedliche Zeiten. Die ungünstigste Kombination ist maßgebend.

Grundsätzlich ähnliche Signalisierungszustände werden als **Phasen** bezeichnet, auch wenn die Freigabezeiten nicht exakt zur gleichen Zeit beginnen oder enden. Je nachdem, ob bedingt verträgliche Ströme gemeinsam oder getrennt freigegeben werden, benötigt man bei normalen Kreuzungen mindestens 2, maximal 4 (oder mit getrennter Fußgängerfreigabe auch 5) Phasen. Mehrphasige Signalprogramme sind in der Regel sicherer, aber weniger leistungsfähig. Starke bedingt verträgliche Ströme sollten getrennt freigegeben werden (*Bild 9.1*).

Die Zeit, bis ein bestimmter Signalisierungszustand wieder erreicht wird, bezeichnet man als **Umlaufzeit** t_U. Sie sollte 75 s, maximal 90 s nicht überschreiten. Sie setzt sich zusammen aus den Freigabezeiten und den Zwischenzeiten der kritischen Stromkombinationen. Grundsätzlich gilt, dass eine höhere Umlaufzeit zu einer höheren Kapazität führt, da wegen der konstanten Zwischenzeiten der Anteil der Freigabezeiten an der Umlaufzeit steigt. In Ausnahmefällen, insbesondere wenn die Aufstellstreifen vor der LSA nicht lang genug sind oder wegen regionaler Besonderheiten die Zeitlücken zwischen den Fahrzeugen bei längeren Grünzeiten überdurchschnittlich länger werden, gilt diese Regel allerdings nicht. Um in verkehrsstarken Zeiten genügend Kapazität anbieten zu können, andererseits in verkehrsschwachen Zeiten keine zu langen Wartezeiten zu erzeugen, wird man in den Spitzenstunden eher längere, in den Schwachlaststunden eher kürzere Umlaufzeiten anstreben.

Grüne **Pfeile** (auf dunklem Grund) geben den Verkehr nur in der Richtung des Pfeils frei (z. B. Pfeil senkrecht nach oben zeigend bedeutet „Geradeaus frei!" Umklappregel). Wird einem Verkehrsstrom ein grüner Pfeil gezeigt, dann darf es für diesen Strom zu keinem Konflikt mit einem anderen Verkehrsstrom kommen, der auch Grün hat. Der durch einen grünen Pfeil gelenkte Verkehrsstrom darf auch nicht einen in der Nähe befindlichen Zebrastreifen (Zeichen 293) kreuzen.

Wird ein grüner Pfeil (auf dunklem Grund) in einer dreifeldigen Lichtzeichenanlage angezeigt, dann müssen im gelben und roten Lichtfeld ebenfalls Pfeile erscheinen, und zwar schwarze Pfeile auf farbigem Grund, die in die gleiche Richtung weisen. Diese Pfeile beschränken die Bedeutung des Gelbs und des Rots auf die Richtung des Pfeils.

Wo der Gegenverkehr durch Rot angehalten wird, um Linksabbiegern in der Kreuzung das Räumen zu ermöglichen, empfiehlt es sich, diesen Linksabbiegern einen nach links weisenden grünen Pfeil in einem einfeldigen Signalgeber zu zeigen, der links hinter der Kreuzung anzubringen ist (Diagonalsignal).

In besonderen Fällen, wo z. B. starke Verkehrsbelastungen es erfordern und Kollisionen mit Fußgängern durch entsprechende Fußgängerregelungen ausgeschlossen sind, kann den rechtsabbiegenden Fahrzeugen eine Vorgabezeit eingeräumt werden, die durch einen einfeldigen Signalgeber und Grünpfeil bei gleichzeitigem Rot für die Geradeausrichtung angezeigt wird.

Neben Signalgebern angebrachte **grüne Pfeilschilder** (*Bild 9.2*), die bei Rot Fahrzeugen das

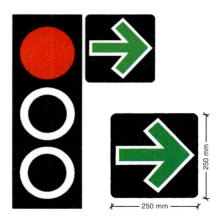

Bild 9.2 Grünes Pfeilschild, das Fahrzeugen bei Rot nach kurzem Anhalten ein Abbiegen nach rechts erlaubt

(Ausführung nach VkBl. 1994 s. 294)

9.3.3 Lichtsignalanlagen an Knotenpunkten, Engstellen und Fußgängerüberwegen

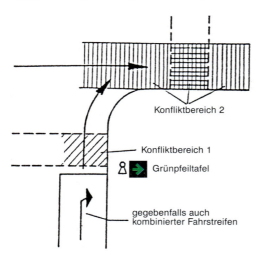

Bild 9.3 Konfliktbereiche bei Grünpfeil-Anwendung
Quelle: BASt

Abbiegen nach rechts erlauben, können eingesetzt werden, wenn die in der VwV-StVO zu § 37 unter XI (Rn. 27 bis 37) angegebenen Bedingungen erfüllt werden. Dort ist auch aufgezählt, wann der Grünpfeil nicht verwendet werden darf (siehe auch „Zu Abschnitt 9.3.3").

Der durch den Grünpfeil erreichbaren Verbesserung der Flüssigkeit des Verkehrs ist eine mögliche Gefahrenerhöhung abwägend gegenüberzustellen. Von Grünpfeilschildern sollte daher zurückhaltend Gebrauch gemacht werden. Auf sie ist zu verzichten, wenn kein besonderer Rechtsabbiegestreifen vorhanden ist oder auf der Straße, in die eingebogen wird, eine höhere Geschwindigkeit als 50 km/h erlaubt ist. Bezüglich der Konfliktbereiche der Grünpfeil-Anwendung siehe Bild 9.3. Der Grünpfeil ist zu entfernen, wenn es im Konfliktbereich des nach rechts abbiegenden Verkehrs zu Unfallhäufungen kommt. Die Anordnung eines Grünpfeils bedarf der Zustimmung der obersten Landesbehörde oder der von ihr beauftragten Stelle. Die Gestalt des Grünpfeil-Schildes hat das für den Verkehr zuständige Bundesministerium mit Erlass vom 10. März 1994 (VkBl. S. 294) geregelt. Er darf in keinem Fall retroreflektierend ausgeführt werden, um Verwechslungen mit dem aktiv leuchtenden Grünpfeil (mit völlig anderer Bedeutung) zu vermeiden.

Nach dem Anbringen von grünen Pfeilschildern ist das Unfallgeschehen regelmäßig auszuwerten.

Der **Fußgängerverkehr** wird in der Regel durch eigene Signalgeber geregelt. Häufig sind dessen lange Räumzeiten signalprogrammgestaltend. Dort, wo abbiegende Fahrzeuge keine gesonderte Abbiegephase bekommen und der gleichgerichtete Fußgängerverkehr zur gleichen Zeit die Fahrbahn überqueren darf, ist nach Möglichkeit durch einen Vorlauf für das Fußgänger-Grün von etwa 2 s dafür Sorge zu tragen, dass die Fußgänger bereits auf der Fahrbahn sind, bevor abbiegende Fahrzeuge die Fußgängerfurt erreicht haben.

Radfahrer sollen nach Abschnitt 2.3.1.6 der RiLSA entweder gemeinsam mit dem Kraftfahrzeugverkehr, gemeinsam mit dem Fußgängerverkehr oder gesondert signalisiert werden. Die Einsatzgrenzen sind in der RiLSA beschrieben. Wird der Radverkehr gemeinsam mit dem Kraftfahrzeugverkehr signalisiert, so sollten der Signalgeber rechts der Radverkehrsführung für geradeaus fahrende Radfahrer stehen und eine Haltlinie markiert werden. Bei der gemeinsamen Signalisierung mit dem Fußgängerverkehr werden normalerweise gemeinsame Fußgänger- und Radfahrer-Sinnbilder in einem Signalgeber gezeigt (siehe Bild 9.4).

Zusätzliche Hinweise sind in der Regel entbehrlich. Die gesonderte Signalisierung ist die aufwendigste, erlaubt aber vor allem, die unterschiedlichen Räumzeiten von Kraftverkehr, Radfahrern und Fußgängern angemessen zu berücksichtigen. Sie kann allerdings vor allem dann nicht gewählt werden, wenn der Radverkehr gemischt mit anderen Verkehrsarten geführt wird. Für die gesonderte Signalisierung werden dreifeldrige Signalgeber mit Fahrradsinnbildern (ggf. mit Richtungspfeil) verwendet und Haltlinien markiert.

Spezielle Signale für den **Straßenbahnverkehr und für Linienbusse** können, wo sinnvoll oder notwendig, über gesonderte Signalgeber gegeben werden. Diese sind entsprechend den Bestimmungen der „Bau- und Betriebsordnung für Straßenbahnen" (BOStrab) als drei- oder mehrfeldrige Signalgeber mit weißen Symbolen auf schwarzem Grund auszuführen (siehe Bild 12.18). Eine klare Abgrenzung zu den Fahrzeugsignalen ist damit gegeben und so eine Verwechslungsgefahr ausgeschlossen. Durch Schienen- oder Fahrdrahtkontakte und inzwischen vor allem auch durch Infrarot- oder Funkbaken kann dabei eine verkehrsabhängige Steuerung der Signalanlagen erfolgen.

Geschwindigkeitssignale werden verwendet, um die Kraftfahrer im Zusammenhang mit der Schaltung von Grünen Wellen oder bei Annäherung an allein stehende Lichtsignalanlagen über die Geschwindigkeit zu informieren, mit der sie die

9.3.3 Lichtsignalanlagen an Knotenpunkten, Engstellen und Fußgängerüberwegen

Grünphase der vor ihnen liegenden Signalanlage optimal erreichen können (siehe *Bild 12.20*).

Bei bestimmten Randbedingungen können für Signalanlagen **Alles-Rot-/Sofort-Grün-Schaltungen** eingerichtet werden, und zwar nicht nur für Fußgängeranlagen, sondern auch für Anlagen an Knotenpunkten, die den Kraftfahrzeugverkehr regeln. Bei dieser Schaltart ist die Grundstellung aller Signale „Rot" („Alles-Rot"); eine Anforderung für eine Verkehrsrichtung bewirkt, dass – nach Einhalten einer Mindestsperrzeit – die entsprechende Phase sofort auf „Grün" („Sofort-Grün") geschaltet wird. Um zu verhindern, dass sich Verkehrsteilnehmer vor der „Alles-Rot" anzeigenden Signalanlage anhalten müssen, erfolgt die Anforderung für Fahrzeuge durch Detektoren, die in ausreichender Entfernung vor der Anlage installiert sind (Anmelde-Detektor). Um auch Fahrzeuge, die von diesen Anmelde-Detektoren nicht erfasst werden (z. B. Anlieger), zu entdecken, ist ca. 5 m vor der jeweiligen Haltlinie ein zweiter Detektor erforderlich. Für die Platzierung der weiter entfernt installierten Anmelde-Detektoren sollten in Abhängigkeit von den zulässigen Höchstgeschwindigkeiten folgende Abstände eingehalten werden:

zulässige Geschwindigkeit 50 km/h
Abstand 55 m
zulässige Geschwindigkeit 60 km/h
Abstand 75 m
zulässige Geschwindigkeit 70 km/h
Abstand 90 m.

Dieses Steuerungsverfahren eignet sich vor allem für solche Knotenpunktanlagen, an denen nicht ständig alle Richtungen angefordert werden oder an denen die einzelnen Einfahrten unterschiedlich stark belastet sind. Einzelheiten siehe RiLSA sowie Heft 31 der Schriftenreihe des Hessischen

Bild 9.4 Kombinierte Fußgänger- und Radfahrersinnbilder in einem Signalgeber   Quelle: RiLSA

Landesamtes für Straßenbau „Alles-Rot-/Sofort-Grün-Schaltungen an Lichtsignalanlagen".

Bezüglich des Einsatzes von **Umweltampeln** – das sind Ampeln, die bei Rot durch entsprechende Anzeige die wartenden Kraftfahrer zum Abschalten des Motors veranlassen sollen – empfiehlt das für den Verkehr zuständige Bundesministerium nach eingehenden Untersuchungen, solche Ampeln nicht flächendeckend, sondern allenfalls nur in speziellen Einzelfällen einzusetzen. Sowohl die Einsparungen an Energie als auch die Reduzierung der Emissionen sind so gering, dass die erheblichen Mehrkosten für Umweltampeln nicht gerechtfertigt sind. Es ist grundsätzlich zweckmäßiger, vorhandene festzeitgesteuerte Signalanlagen auf verkehrsabhängige Anlagen umzustellen.

Lichtsignalanlagen zur Regelung des Fußgängerverkehrs, die außerhalb von Knotenpunkten errichtet sind, werden in der Regel verkehrsabhängig betrieben. Die Fußgänger fordern durch Knopfdruck das „Grün für Fußgänger" an. Durch eine Leuchttafel mit der Schrift z. B. „Grün kommt" können die Fußgänger dann unterrichtet werden, wenn zwischen Knopfdruck und Fußgänger-Grün eine gewisse Wartezeit besteht. Die Signalprogramme von Fußgängeranlagen müssen einer vorhandenen Koordinierung (z. B. Grüne Welle) angepasst werden.

Zu Abschnitt 9.3.3

StVO
§ 37
Wechsellichtzeichen,
Dauerlichtzeichen
und Grünpfeil

(1) Lichtzeichen gehen Vorrangregeln und Vorrang regelnden Verkehrszeichen vor. Wer ein Fahrzeug führt, darf bis zu 10 m vor einem Lichtzeichen nicht halten, wenn es dadurch verdeckt wird.

(2) Wechsellichtzeichen haben die Farbfolge Grün – Gelb – Rot – Rot und Gelb (gleichzeitig) – Grün. Rot ist oben, Gelb in der Mitte und Grün unten.

1. An Kreuzungen bedeuten:

Grün: „Der Verkehr ist freigegeben".

Er kann nach den Regeln des § 9 abbiegen, nach links jedoch nur, wenn er Schienenfahrzeuge dadurch nicht behindert.

Grüner Pfeil: „Nur in Richtung des Pfeils ist der Verkehr freigegeben".

9.3.3 Lichtsignalanlagen an Knotenpunkten, Engstellen und Fußgängerüberwegen

StVO
§ 37
Wechsellichtzeichen,
Dauerlichtzeichen
und Grünpfeil

Ein grüner Pfeil links hinter der Kreuzung zeigt an, dass der Gegenverkehr durch Rotlicht angehalten ist und dass, wer links abbiegt, die Kreuzung in Richtung des grünen Pfeils ungehindert befahren und räumen kann.

Gelb ordnet an: ,,Vor der Kreuzung auf das nächste Zeichen warten".

Keines dieser Zeichen entbindet von der Sorgfaltspflicht.

Rot ordnet an: „Halt vor der Kreuzung".

Nach dem Anhalten ist das Abbiegen nach rechts auch bei Rot erlaubt, wenn rechts neben dem Lichtzeichen Rot ein Schild mit grünem Pfeil auf schwarzem Grund (Grünpfeil) angebracht ist. Wer ein Fahrzeug führt, darf nur aus dem rechten Fahrstreifen abbiegen. Dabei muss man sich so verhalten, dass eine Behinderung oder Gefährdung anderer Verkehrsteilnehmer, insbesondere des Fußgänger- und Fahrzeugverkehrs der freigegebenen Verkehrsrichtung, ausgeschlossen ist.

Schwarzer Pfeil auf Rot ordnet das Halten, schwarzer Pfeil auf Gelb das Warten nur für die angegebene Richtung an.

Ein einfeldiger Signalgeber mit Grünpfeil zeigt an, dass bei Rot für die Geradeaus-Richtung nach rechts abgebogen werden darf.

2. An anderen Straßenstellen, wie an Einmündungen und an Markierungen für den Fußgängerverkehr, haben die Lichtzeichen entsprechende Bedeutung.

3. Lichtzeichenanlagen können auf die Farbfolge Gelb – Rot beschränkt sein.

4. Für jeden von mehreren markierten Fahrstreifen (Zeichen 295, 296 oder 340) kann ein eigenes Lichtzeichen gegeben werden. Für Schienenbahnen können besondere Zeichen, auch in abweichenden Phasen, gegeben werden; das gilt auch für Omnibusse des Linienverkehrs und nach dem Personenbeförderungsrecht mit dem Schulbus-Zeichen zu kennzeichnende Fahrzeuge des Schüler- und Behindertenverkehrs, wenn diese einen vom übrigen Verkehr freigehaltenen Verkehrsraum benutzen; dies gilt zudem für Krankenfahrzeuge, Fahrräder, Taxen und Busse im Gelegenheitsverkehr, soweit diese durch Zusatzzeichen dort ebenfalls zugelassen sind.

5. Gelten die Lichtzeichen nur für zu Fuß Gehende oder nur für Rad Fahrende, wird das durch das Sinnbild „Fußgänger" oder „Radverkehr" angezeigt. Für zu Fuß Gehende ist die Farbfolge Grün – Rot – Grün; für Rad Fahrende kann sie so sein. Wechselt Grün auf Rot, während zu Fuß Gehende die Fahrbahn überschreiten, haben sie ihren Weg zügig fortzusetzen.

6. Wer ein Rad fährt, hat die Lichtzeichen für den Fahrverkehr zu beachten. Davon abweichend sind auf Radverkehrsführungen die besonderen Lichtzeichen für den Radverkehr zu beachten. An Lichtzeichenanlagen mit Radverkehrsführungen ohne besondere Lichtzeichen für Rad Fahrende müssen Rad Fahrende bis zum 31. Dezember 2016 weiterhin die Lichtzeichen für zu Fuß Gehende beachten, soweit eine Radfahrerfurt an eine Fußgängerfurt grenzt.

(3) Dauerlichtzeichen über einem Fahrstreifen sperren ihn oder geben ihn zum Befahren frei.

Rote gekreuzte Schrägbalken ordnen an:

„Der Fahrstreifen darf nicht benutzt werden".

Ein grüner, nach unten gerichteter Pfeil bedeutet:

„Der Verkehr auf dem Fahrstreifen ist freigegeben".

Ein gelb blinkender, schräg nach unten gerichteter Pfeil ordnet an:

„Fahrstreifen in Pfeilrichtung wechseln".

(4) Wo Lichtzeichen den Verkehr regeln, darf nebeneinander gefahren werden, auch wenn die Verkehrsdichte das nicht rechtfertigt.

(5) Wer ein Fahrzeug führt, darf auf Fahrstreifen mit Dauerlichtzeichen nicht halten.

VwV-StVO
zu § 37
Wechsellichtzeichen,
Dauerlichtzeichen
und Grünpfeil

Zu Absatz 1

2 So bleiben z. B. die Zeichen 209 ff. „Vorgeschriebene Fahrtrichtung" neben Lichtzeichen gültig, ebenso die die Benutzung von Fahrstreifen regelnden Längsmarkierungen (Zeichen 295, 296, 297, 340).

9.3.3 Lichtsignalanlagen an Knotenpunkten, Engstellen und Fußgängerüberwegen

VwV-StVO
zu § 37
Wechsellichtzeichen,
Dauerlichtzeichen
und Grünpfeil

Zu Absatz 2

3   I. Die Regelung des Verkehrs durch Lichtzeichen setzt eine genaue Prüfung der örtlichen Gegebenheiten baulicher und verkehrlicher Art voraus und trägt auch nur dann zu einer Verbesserung des Verkehrsablaufs bei, wenn die Regelung unter Berücksichtigung der Einflüsse und Auswirkungen im Gesamtstraßennetz sachgerecht geplant wird. Die danach erforderlichen Untersuchungen müssen von Sachverständigen durchgeführt werden.

  …

6   IV. Die Haltlinie (Zeichen 294) sollte nur so weit vor der Lichtzeichenanlage angebracht werden, dass die Lichtzeichen aus einem vor ihr wartenden Personenkraftwagen noch ohne Schwierigkeit beobachtet werden können (vgl. aber Nummer III 3 zu § 25; Rn. 5). Befindet sich z. B. die Unterkante des grünen Lichtzeichens 2,10 m über einem Gehweg, so sollte der Abstand zur Haltlinie 3,50 m betragen, jedenfalls über 2,50 m. Sind die Lichtzeichen wesentlich höher angebracht oder muss die Haltlinie in geringerem Abstand markiert werden, so empfiehlt es sich, die Lichtzeichen verkleinert weiter unten am gleichen Pfosten zu wiederholen.

Zu den Nummern 1 und 2

7   I. An Kreuzungen und Einmündungen sind Lichtzeichenanlagen für den Fahrverkehr erforderlich,

  1. wo es wegen fehlender Übersicht immer wieder zu Unfällen kommt und es nicht möglich ist, die Sichtverhältnisse zu verbessern oder den kreuzenden oder einmündenden Verkehr zu verbieten,

8   2. wo immer wieder die Vorfahrt verletzt wird, ohne dass dies mit schlechter Erkennbarkeit der Kreuzung oder mangelnder Verständlichkeit der Vorfahrtregelung zusammenhängt, was jeweils durch Unfalluntersuchungen zu klären ist,

9   3. wo auf einer der Straßen, sei es auch nur während der Spitzenstunden, der Verkehr so stark ist, dass sich in den wartepflichtigen Kreuzungszufahrten ein großer Rückstau bildet oder einzelne Wartepflichtige unzumutbar lange warten müssen.

10   II. Auf Straßenabschnitten, die mit mehr als 70 km/h befahren werden dürfen, sollen Lichtzeichenanlagen nicht eingerichtet werden; sonst ist die Geschwindigkeit durch Zeichen 274 in ausreichender Entfernung zu beschränken.

  …

15   VII. Bei der Errichtung von Lichtzeichenanlagen an bestehenden Kreuzungen und Einmündungen muss immer geprüft werden, ob neue Markierungen (z. B. Abbiegestreifen) anzubringen sind oder alte Markierungen (z. B. Fußgängerüberwege) verlegt oder aufgehoben werden müssen, ob Verkehrseinrichtungen (z. B. Geländer für Fußgänger) anzubringen oder ob bei der Straßenbaubehörde anzuregende bauliche Maßnahmen (Verbreiterung der Straßen zur Schaffung von Stauraum) erforderlich sind.

16   VIII. Die Schaltung von Lichtzeichenanlagen bedarf stets gründlicher Prüfung. Dabei ist auch besonders auf die sichere Führung der Abbieger zu achten.

17   IX. Besonders sorgfältig sind die Zeiten zu bestimmen, die zwischen dem Ende der Grünphase für die eine Verkehrsrichtung und dem Beginn der Grünphase für die andere kreuzende Verkehrsrichtung liegen. Die Zeiten für Gelb und Rot-Gelb sind unabhängig von dieser Zwischenzeit festzulegen. Die Übergangszeit Rot und Gelb (gleichzeitig) soll für Kraftfahrzeugströme eine Sekunde dauern, darf aber nicht länger als zwei Sekunden sein. Die Übergangszeit Gelb richtet sich bei Kraftfahrzeugströmen nach der zulässigen Höchstgeschwindigkeit in der Zufahrt. In der Regel beträgt die Gelbzeit 3 s bei zul. V = 50 km/h, 4 s bei zul. V = 60 km/h und 5 s bei zul. V = 70 km/h. Bei Lichtzeichenanlagen, die im Rahmen einer Zuflussregelungsanlage aufgestellt werden, sind abweichend hiervon für Rot mindestens 2 s und für die Übergangssignale Rot und Gelb (gleichzeitig) bzw. Gelb mindestens 1 s zu wählen. Bei verkehrsabhängigen Lichtzeichenanlagen ist beim Rücksprung in die gleiche Phase eine Alles-Rot-Zeit von mindestens 1 s einzuhalten, ebenso bei Fußgänger-Lichtzeichenanlagen mit der Grundstellung Dunkel für den Fahrzeugverkehr. Bei Fußgänger-Lichtzeichenanlagen soll die Ausführung eines Rücksprungs in die gleiche Fahrzeugphase die Mindestsperrzeit für den Fahrzeugverkehr 4 s betragen.

  X. Pfeile in Lichtzeichen

18   1. Solange ein grüner Pfeil gezeigt wird, darf kein anderer Verkehrsstrom Grün haben, der den durch den Pfeil gelenkten kreuzt; auch darf Fußgängern, die in der Nähe den

573

9.3.3 Lichtsignalanlagen an Knotenpunkten, Engstellen und Fußgängerüberwegen

VwV-StVO
zu § 37
Wechsellichtzeichen,
Dauerlichtzeichen
und Grünpfeil

gelenkten Verkehrsstrom kreuzen, nicht durch Markierung eines Fußgängerüberwegs Vorrang gegeben werden. Schwarze Pfeile auf Grün dürfen nicht verwendet werden.

19 2. Wenn in einem von drei Leuchtfeldern ein Pfeil erscheint, müssen auch in den anderen Feldern Pfeile gezeigt werden, die in die gleiche Richtung weisen. Vgl. Nummer X 6.

20 3. Darf aus einer Kreuzungszufahrt, die durch ein Lichtzeichen geregelt ist, nicht in allen Richtungen weitergefahren werden, so ist die Fahrtrichtung durch die Zeichen 209 bis 214 vorzuschreiben. Vgl. dazu Nr. III. zu den Zeichen 209 bis 214 (Rn. 3). Dort, wo Missverständnisse sich auf andere Weise nicht beheben lassen, kann es sich empfehlen, zusätzlich durch Pfeile in den Lichtzeichen die vorgeschriebene Fahrtrichtung zum Ausdruck zu bringen; dabei sind schwarze Pfeile auf Rot und Gelb zu verwenden.

21 4. Pfeile in Lichtzeichen dürfen nicht in Richtungen weisen, die durch die Zeichen 209 bis 214 verboten sind.

22 5. Werden nicht alle Fahrstreifen einer Kreuzungszufahrt zur gleichen Zeit durch Lichtzeichen freigegeben, so kann auf Pfeile in den Lichtzeichen dann verzichtet werden, wenn die in die verschiedenen Richtungen weiterführenden Fahrstreifen baulich so getrennt sind, dass zweifelsfrei erkennbar ist, für welche Richtung die verschiedenen Lichtzeichen gelten. Sonst ist die Richtung, für die die Lichtzeichen gelten, durch Pfeile in den Lichtzeichen zum Ausdruck zu bringen.

23 Hierbei sind Pfeile in allen Lichtzeichen nicht immer erforderlich. Hat z. B. eine Kreuzungszufahrt mit Abbiegestreifen ohne bauliche Trennung ein besonderes Lichtzeichen für den Abbiegeverkehr, so genügen in der Regel Pfeile in diesen Lichtzeichen. Für den anderen Verkehr sollten Lichtzeichen ohne Pfeile gezeigt werden. Werden kombinierte Pfeile in solchen Lichtzeichen verwendet, dann darf in keinem Fall gleichzeitig der zur Hauptrichtung parallel gehende Fußgängerverkehr freigegeben werden (vgl. Nummer XI; Rn. 27 ff.).

24 6. Wo für verschiedene Fahrstreifen besondere Lichtzeichen gegeben werden sollen, ist die Anbringung der Lichtzeichen besonders sorgfältig zu prüfen (z. B. Lichtzeichenbrücken, Peitschenmaste, Wiederholung am linken Fahrbahnrand). Wo der links abbiegende Verkehr vom übrigen Verkehr getrennt geregelt ist, sollte das Lichtzeichen für den Linksabbieger nach Möglichkeit zusätzlich über der Fahrbahn angebracht werden; eine Anbringung allein links ist in der Regel nur bei Fahrbahnen für eine Richtung möglich, wenn es für Linksabbieger lediglich einen Fahrstreifen gibt.

25 7. Wo der Gegenverkehr durch Rotlicht aufgehalten wird, um Linksabbiegern, die sich bereits auf der Kreuzung oder Einmündung befinden, die Räumung zu ermöglichen, kann das diesen durch einen nach links gerichteten grünen Pfeil, der links hinter der Kreuzung angebracht ist, angezeigt werden. Gelbes Licht darf zu diesem Zweck nicht verwendet werden.

26 8. Eine getrennte Regelung des abbiegenden Verkehrs setzt in der Regel voraus, dass für ihn auf der Fahrbahn ein besonderer Fahrstreifen mit Richtungspfeilen markiert ist (Zeichen 297).

XI. Grünpfeil

27 1. Der Einsatz des Schildes mit grünem Pfeil auf schwarzem Grund (Grünpfeil) kommt nur in Betracht, wenn der Rechtsabbieger Fußgänger- und Fahrzeugverkehr der freigegebenen Verkehrsrichtungen ausreichend einsehen kann, um die ihm auferlegten Sorgfaltspflichten zu erfüllen. Es darf nicht verwendet werden, wenn

28 a) dem entgegenkommenden Verkehr ein konfliktfreies Abbiegen nach links signalisiert wird,

29 b) für den entgegenkommenden Linksabbieger der grüne Pfeil gemäß § 37 Abs. 2 Nr. 1 Satz 4 verwendet wird,

30 c) Pfeile in den für den Rechtsabbieger gültigen Lichtzeichen die Fahrtrichtung vorschreiben,

31 d) beim Rechtsabbiegen Gleise von Schienenfahrzeugen gekreuzt oder befahren werden müssen,

32 e) der freigegebene Fahrradverkehr auf dem zu kreuzenden Radweg für beide Richtungen zugelassen ist oder der Fahrradverkehr trotz Verbotes in der Gegenrichtung in erheblichem Umfang stattfindet und durch geeignete Maßnahmen nicht ausreichend eingeschränkt werden kann,

9.3.3 Lichtsignalanlagen an Knotenpunkten, Engstellen und Fußgängerüberwegen

VwV-StVO
zu § 37
Wechsellichtzeichen,
Dauerlichtzeichen
und Grünpfeil

33 f) für das Rechtsabbiegen mehrere markierte Fahrstreifen zur Verfügung stehen oder

34 g) die Lichtzeichenanlage überwiegend der Schulwegsicherung dient.

35 2. An Kreuzungen und Einmündungen, die häufig von seh- oder gehbehinderten Personen überquert werden, soll die Grünpfeil-Regelung nicht angewandt werden. Ist sie ausnahmsweise an Kreuzungen oder Einmündungen erforderlich, die häufig von Blinden oder Sehbehinderten überquert werden, so sind Lichtzeichenanlagen dort mit akustischen oder anderen geeigneten Zusatzeinrichtungen auszustatten.

36 3. Für Knotenpunktzufahrten mit Grünpfeil ist das Unfallgeschehen regelmäßig mindestens anhand von Unfallsteckkarten auszuwerten. Im Falle einer Häufung von Unfällen, bei denen der Grünpfeil ein unfallbegünstigender Faktor war, ist der Grünpfeil zu entfernen, soweit nicht verkehrstechnische Verbesserungen möglich sind. Eine Unfallhäufung liegt in der Regel vor, wenn in einem Zeitraum von drei Jahren zwei oder mehr Unfälle mit Personenschaden, drei Unfälle mit schwerwiegendem oder fünf Unfälle mit geringfügigem Verkehrsverstoß geschehen sind.

37 4. Der auf schwarzem Grund ausgeführte grüne Pfeil darf nicht leuchten, nicht beleuchtet sein und nicht retroreflektieren. Das Schild hat eine Breite von 250 mm und eine Höhe von 250 mm.

...

Zu Nummer 3

39 Die Farbfolge Gelb-Rot darf lediglich dort verwendet werden, wo Lichtzeichenanlagen nur in größeren zeitlichen Abständen in Betrieb gesetzt werden müssen, z. B. an Bahnübergängen, an Ausfahrten aus Feuerwehr- und Straßenbahnhallen und Kasernen. Diese Farbfolge empfiehlt sich häufig auch an Wendeschleifen von Straßenbahnen und Oberleitungsomnibussen. Auch an Haltebuchten von Oberleitungsomnibussen und anderen Linienomnibussen ist ihre Anbringung zu erwägen, wenn auf der Straße starker Verkehr herrscht. Sie oder Lichtzeichenanlagen mit drei Farben sollten in der Regel da nicht fehlen, wo Straßenbahnen in eine andere Straße abbiegen.

Zu Nummer 4

40 I. Vgl. Nummer X 6 bis 8 zu den Nummern 1 und 2; Rn. 24 bis 26.

41 II. Besondere Zeichen sind die in der Anlage 4 der Straßenbahn-Bau- und Betriebsordnung aufgeführten. Zur Markierung vorbehaltener Fahrstreifen vgl. zu Zeichen 245.

Zu Nummer 5

42 I. Im Lichtzeichen für Fußgänger muss das rote Sinnbild einen stehenden, das grüne einen schreitenden Fußgänger zeigen.

43 II. Lichtzeichen für Radfahrer sollten in der Regel das Sinnbild eines Fahrrades zeigen. Besondere Lichtzeichen für Radfahrer, die vor der kreuzenden Straße angebracht werden, sollten in der Regel auch Gelb sowie Rot und Gelb (gleichzeitig) zeigen. Sind solche Lichtzeichen für einen abbiegenden Radfahrverkehr bestimmt, kann entweder in den Lichtzeichen zusätzlich zu dem farbigen Sinnbild des Fahrrades ein farbiger Pfeil oder über den Lichtzeichen das leuchtende Sinnbild eines Fahrrades und in den Lichtzeichen ein farbiger Pfeil gezeigt werden.

Zu Nummer 6

44 ... Vgl. im Übrigen zur Signalisierung für den Radverkehr die Richtlinien für Lichtsignalanlagen (RiLSA).

VwV-StVO
zu § 41
Vorschriftzeichen

Zu Zeichen 274 Zulässige Höchstgeschwindigkeit

5 III. Außerhalb geschlossener Ortschaften ist die zulässige Höchstgeschwindigkeit vor Lichtzeichenanlagen auf 70 km/h zu beschränken.

9.3.4 Knotenbeeinflussungsanlagen

Knotenbeeinflussungsanlagen (KBA) sind Verkehrsbeeinflussungsanlagen im Bereich von (meist planfreien) Knotenpunkten, die den Verkehrsablauf im Knotenbereich – meist vor Ausfahrten und hinter Einfahrten – durch geeignete Beschränkungen und Spurzuteilungen in Abhängigkeit vom aktuellen Verkehrsgeschehen so beeinflussen, dass er flüssiger und sicherer wird. Werden im Bereich von Ausfahrten die Fahrstreifen dynamisch bestimmten Richtungen zugewiesen, so müssen auch die (Vor-)Wegweiser entsprechend dynamisch ausgebildet werden. Wird im Zulauf von Einfahrten der rechte Fahrstreifen mit dem roten Diagonalkreuz gesperrt, um den einfahrenden Fahrzeugen einen Fahrstreifen mehr zur ungehinderten Einfahrt zur Verfügung zu stellen, kann es sinnvoll sein, diese Sperrung nach genügender Vorwarnung mit Wechselverkehrszeichen durch entsprechende dynamische Markierungen und Schranken zu unterstützen.

Zu den Knotenbeeinflussungsanlagen werden auch Anlagen zur Zufahrtregelung gerechnet. Durch sie wird, z. B. im Zusammenhang mit dem Abfluss von Großveranstaltungen (Messen, Sportveranstaltungen), erreicht, dass der Zufluss so dosiert und gleichmäßig erfolgt, dass der Verkehr im Abflussbereich der Einfahrt nicht ins Stocken gerät. Dadurch wird trotz kurzfristiger Behinderung mittel- und langfristig ein größerer Abfluss auf der Zufahrtsrampe erreicht. Diese Anlagen sind in enger Abstimmung aller Beteiligten, auch aus dem untergeordneten Netz und eventueller Ausweichrouten, zu planen, zu realisieren und zu betreiben.

Nähere Informationen geben die

– „Hinweise für Zuflussregelungsanlagen“ (HZRA), FGSV Verlag, Ausgabe 2008.

9.3.5 Streckenbeeinflussungsanlagen

Streckenbeeinflussungsanlagen (SBA) sind Verkehrsbeeinflussungsanlagen, die den Verkehrsablauf entlang einer Strecke durch Warnungen oder Beschränkungen beeinflussen (*Bild 9.5*). Typische Warnungen sind Stau und Nebel, typische Beschränkungen solche der zulässigen Höchstgeschwindigkeit und Überholverbote. Mit den verkehrsabhängigen Beschränkungen soll in erster Linie der Verkehr in Längs- und Querrichtung vergleichmäßigt und die Pulkbildung eingeschränkt werden. Daher ist es wichtig, den momentanen Verkehrszustand ausreichend

genau zu erfassen. Wenn keine besonderen Gefahren vorliegen, sollte die Anlage dann die zulässige Höchstgeschwindigkeit so wählen, dass ein Großteil der Fahrer in ihrem Verhalten bestätigt werden, die anderen aber motiviert, sich diesem Großteil anzupassen. Zur Detektion besonderer Gefahren wie Nebel oder Nässe sind besondere Detektoren, möglichst an kritischen Punkten, erforderlich.

Die Anlagen werden zweckmäßigerweise so realisiert, dass das Erkennen schaltungswürdiger Zustände (z. B. lokaler Abfall der Geschwindigkeiten, lokale Zunahme der Verkehrsdichte, Nebel) zu einem ersten lokal begrenzten Schaltvorschlag führt, der von der Steuerung mit den aus anderen Ursachen gefundenen und gleichzeitig zur Anzeige notwendig erscheinenden überlagert wird. Sodann wird ein Längs- und Querabgleich durchgeführt, um ein plausibles Gesamtschaltbild zu erreichen. Um ein angemessenes Reagieren auf die sich verändernden Verkehrsverhältnisse zu erreichen, ist auf eine ausreichende, aber nicht zu große Dämpfung des Regelalgorithmus zu achten.

Beim Einrichten von Tagesbaustellen im Bereich von Streckenbeeinflussungsanlagen können diese so geschaltet werden, dass sie unterstützend wirken, z. B. durch Warnung vor der Baustelle, durch Begrenzung der zulässigen Höchstgeschwindigkeit und durch das Sperren einzelner Fahrstreifen. Wegen der im Allgemeinen (noch) vergleichsweise großen Abstände zwischen den Anzeigequerschnitten sind hier allerdings in der Regel auch noch die normalen Warneinrichtungen nach den RSA erforderlich. In jedem Fall ist durch organisatorische Maßnahmen sicherzustellen, dass keine Widersprüche zwischen VBA und örtlicher Beschilderung auftreten.

Vor Arbeitsstellen längerer Dauer, bei denen mit Staus zu rechnen ist, sollen nach dem in Abschnitt 7.2.2 genanten Leitfaden umsetzbare Stauwarnanlagen eingerichtet werden. Nähere Informationen enthalten die

– „Hinweise für umsetzbare Stauwarnanlagen (HUS)“, Bundesanstalt für Straßenwesen, Ausgabe 1999,

deren Anwendung mit

– BMV-RS S 28/38.58.60-38/70 BASt 99 „Hinweise für umsetzbare Stauwarnanlagen (HUS); – Ausgabe 1999“ vom 24. September 1999

empfohlen wurde.

Zu den Streckenbeeinflussungsanlagen im Sinne der hier gewählten Systematik zählen auch die

9.3.5 Streckenbeeinflussungsanlagen

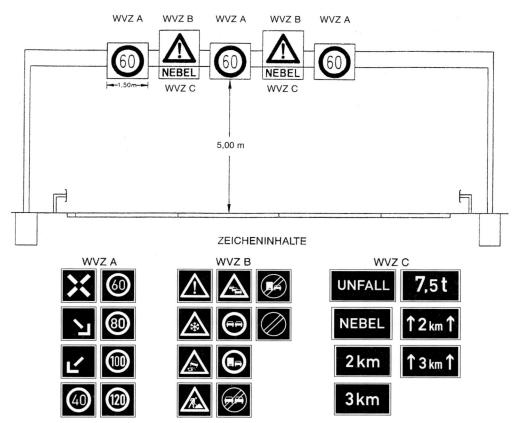

Bild 9.5 Beispiel einer Verkehrszeichenbrücke mit Wechselverkehrszeichen und deren Anzeigemöglichkeiten
Quelle: Muster RE-Entwurf, BMV, RWVZ, FGSV

Fahrstreifenzuteilungen. Diese Anlagen erlauben es mit den sogenannten Dauerlichtzeichen, vor allem an Ein-/Ausfallstraßen oder in Baustellenbereichen die Fahrstreifen dynamisch der einen oder anderen Richtung zuzuteilen.

Vor besonderen Gefahrenpunkten, z. B. unerwartet engen Kurven oder unter Berücksichtigung psychologischer Erkenntnisse bei schlecht gestalteten Ortsdurchfahrten, können punktuell

wirkende Anlagen, meist nur ein Erfassungsquerschnitt und ein seitlich angeordneter Mast mit Wechselverkehrszeichen, sinnvoll sein.

Das Wechselverkehrszeichen leuchtet z. B. nur auf, wenn das annähernde Fahrzeug zu schnell ist, was es auffälliger erscheinen lässt (siehe „Hinweise für Planung und Einsatz von Geschwindigkeitswarnanlagen", FGSV Verlag, Ausgabe 2001).

Zu den Abschnitten 9.3.4 und 9.3.5

VwV-StVO
§ 37
Wechsellichtzeichen,
Dauerlichtzeichen
und Grünpfeil

Zu Absatz 3

45 I. Dauerlichtzeichen dürfen nur über markierten Fahrstreifen (Zeichen 295, 296, 340) gezeigt werden. Ist durch Zeichen 223.1 das Befahren eines Seitenstreifens angeordnet, können Dauerlichtzeichen diese Anordnung und die Anordnungen durch Zeichen 223.2 und Zeichen 223.3 unterstützen, aber nicht ersetzen (vgl. Nummer V zu den Zeichen 223.1 bis 223.3; Rn. 5).

...

9.3.5 Streckenbeeinflussungsanlagen

VwV-StVO
§ 37
Wechsellichtzeichen,
Dauerlichtzeichen
und Grünpfeil

IV. Umkehrstreifen im Besonderen

48 Wird ein Fahrstreifen wechselweise dem Verkehr der einen oder der anderen Fahrtrichtung zugewiesen, müssen die Dauerlichtzeichen für beide Fahrtrichtungen über allen Fahrstreifen gezeigt werden. Bevor die Fahrstreifenzuweisung umgestellt wird, muss für eine zur Räumung des Fahrstreifens ausreichende Zeit das Zeichen gekreuzte rote Balken für beide Richtungen gezeigt werden.

VwV-StVO
zu § 41
Vorschriftzeichen

Zu Zeichen 274 Zulässige Höchstgeschwindigkeit

1 I. Geschwindigkeitsbeschränkungen aus Sicherheitsgründen sollen auf bestehenden Straßen angeordnet werden, wenn Unfalluntersuchungen ergeben haben, dass häufig geschwindigkeitsbedingte Unfälle aufgetreten sind. Dies gilt jedoch nur dann, wenn festgestellt worden ist, dass die geltende Höchstgeschwindigkeit von der Mehrheit der Kraftfahrer eingehalten wird. Im anderen Fall muss die geltende zulässige Höchstgeschwindigkeit durchgesetzt werden. Geschwindigkeitsbeschränkungen können sich im Einzelfall schon dann empfehlen, wenn aufgrund unangemessener Geschwindigkeiten häufig gefährliche Verkehrssituationen festgestellt werden.

II. Außerhalb geschlossener Ortschaften können Geschwindigkeitsbeschränkungen nach Maßgabe der Nr. I erforderlich sein,

2 1. wo Fahrzeugführer insbesondere in Kurven, auf Gefällstrecken und an Stellen mit besonders unebener Fahrbahn (vgl. aber Nr. I zu § 40; Rn. 1), ihre Geschwindigkeit nicht den Straßenverhältnissen anpassen; die zulässige Höchstgeschwindigkeit soll dann auf diejenige Geschwindigkeit festgelegt werden, die vorher von 85 % der Fahrzeugführer von sich aus ohne Geschwindigkeitsbeschränkung, ohne überwachende Polizeibeamte und ohne Behinderung durch andere Fahrzeuge eingehalten wurde,

3 2. wo insbesondere auf Steigungs- und Gefällstrecken, eine Verminderung der Geschwindigkeitsunterschiede geboten ist; die zulässige Höchstgeschwindigkeit soll dann auf diejenige Geschwindigkeit festgelegt werden, die vorher von 85 % der Fahrzeugführer von sich aus ohne Geschwindigkeitsbeschränkung, ohne überwachende Polizeibeamte und ohne Behinderung durch andere Fahrzeuge eingehalten wurde,

4 3. wo Fußgänger oder Radfahrer im Längs- oder Querverkehr in besonderer Weise gefährdet sind; die zulässige Höchstgeschwindigkeit soll auf diesen Abschnitten in der Regel 70 km/h nicht übersteigen.

5 III. Außerhalb geschlossener Ortschaften ist die zulässige Höchstgeschwindigkeit vor Lichtzeichenanlagen auf 70 km/h zu beschränken.

6 IV. Das Zeichen soll so weit vor der Gefahrstelle aufgestellt werden, dass eine Gefährdung auch bei ungünstigen Sichtverhältnissen ausgeschlossen ist. Innerhalb geschlossener Ortschaften sind im Allgemeinen 30 bis 50 m, außerhalb geschlossener Ortschaften 50 bis 100 m und auf Autobahnen und autobahnähnlichen Straßen 200 m ausreichend.

7 V. Vor dem Beginn geschlossener Ortschaften dürfen Geschwindigkeitsbeschränkungen zur stufenweisen Anpassung an die innerorts zulässige Geschwindigkeit nur angeordnet werden, wenn die Ortstafel (Zeichen 310) nicht rechtzeitig, im Regelfall auf eine Entfernung von mindestens 100 m, erkennbar ist.

8 VI. Auf Autobahnen und autobahnähnlichen Straßen dürfen nicht mehr als 130 km/h angeordnet werden. Nur dort darf die Geschwindigkeit stufenweise herabgesetzt werden. Eine Geschwindigkeitsstufe soll höchstens 40 km/h betragen. Der Mindestabstand in Metern zwischen den unterschiedlichen Höchstgeschwindigkeiten soll das 10-fache der Geschwindigkeitsdifferenz in km/h betragen. Nach Streckenabschnitten ohne Beschränkung soll in der Regel als erste zulässige Höchstgeschwindigkeit 100 km/h angeordnet werden.

9 VII. Das Zeichen 274 mit Zusatzzeichen „bei Nässe" soll statt des Zeichens 114 dort angeordnet werden, wo das Gefahrzeichen als Warnung nicht ausreicht.

10 VIII. Innerhalb geschlossener Ortschaften kommt eine Anhebung der zulässigen Höchstgeschwindigkeit auf höchstens 70 km/h grundsätzlich nur auf Vorfahrtstraßen (Zeichen 306) in Betracht, auf denen benutzungspflichtige Radwege vorhanden sind und der Fußgängerquerverkehr durch Lichtzeichenanlagen sicher geführt wird. Für Linksabbieger sind Abbiegestreifen erforderlich.

9.3.5 Streckenbeeinflussungsanlagen

11 IX. Zur Verwendung des Zeichens an Bahnübergängen vgl. Nummer IV 2 zu Zeichen 201; Rn. 5 und an Arbeitsstellen vgl. die Richtlinien für die Sicherung von Arbeitsstellen an Straßen (RSA), die das für Verkehr zuständige Bundesministerium im Einvernehmen mit den obersten Landesbehörden im Verkehrsblatt bekannt gibt.

12 X. Geschwindigkeitsbeschränkungen aus Gründen des Lärmschutzes dürfen nur nach Maßgabe der Richtlinien für straßenverkehrsrechtliche Maßnahmen zum Schutz der Bevölkerung vor Lärm (Lärmschutz-Richtlinien-StV) angeordnet werden. Zur Lärmaktions- und Luftreinhalteplanung siehe Bundes-Immissionsschutzgesetz.

...

Zu Zeichen 276 Überholverbot

1 I. Das Zeichen ist nur dort anzuordnen, wo die Gefährlichkeit des Überholens für den Fahrzeugführer nicht ausreichend erkennbar ist.

2 II. Wo das Überholen bereits durch Zeichen 295 unterbunden ist, darf das Zeichen nicht angeordnet werden.

3 III. Außerhalb geschlossener Ortschaften ist das Zeichen in der Regel auf beiden Straßenseiten aufzustellen.

4 IV. Zur Verwendung des Zeichens an Gefahrstellen vgl. Nummer I zu § 40; Rn. 1.

Zu Zeichen 277 Überholverbot für Kraftfahrzeuge über 3,5 t

1 I. Das Zeichen soll nur auf Straßen mit erheblichem und schnellem Fahrverkehr angeordnet werden, wo der reibungslose Verkehrsablauf dies erfordert. Das kommt z. B. an Steigungs- und Gefällstrecken in Frage, auf denen Lastkraftwagen nicht mehr zügig überholen können; dabei ist maßgeblich die Stärke und Länge der Steigung oder des Gefälles; Berechnungen durch Sachverständige empfehlen sich.

II. Bei Anordnung von Lkw-Überholverboten auf Autobahnen und autobahnähnlich ausgebauten Straßen ist ergänzend Folgendes zu beachten:

2 1. Bei Anordnung von Lkw-Überholverboten auf Landesgrenzen überschreitenden Autobahnen müssen die Auswirkungen auf den im anderen Bundesland angrenzenden Streckenabschnitt berücksichtigt werden.

3 2. Auf Autobahnen empfehlen sich Lkw-Überholverbote an unfallträchtigen Streckenabschnitten (z. B. an Steigungs- oder Gefällstrecken, Ein- und Ausfahrten oder vor Fahrstreifeneinziehung von links).

4 3. Auf zweistreifigen Autobahnen können darüber hinaus Überholverbote – auch z. B. auf längeren Strecken – in Betracht kommen, wenn bei hohem Verkehrsaufkommen durch häufiges Überholen von Lkw die Geschwindigkeit auf dem Überholstreifen deutlich vermindert wird und es dadurch zu einem stark gestörten Verkehrsfluss kommt, durch den die Verkehrssicherheit beeinträchtigt werden kann.

5 4. Unter Beachtung des Grundsatzes der Verhältnismäßigkeit kann das Überholverbot auf Fahrzeuge mit einem höheren zulässigen Gesamtgewicht als 3,5 t beschränkt werden, insbesondere an Steigungsstrecken. Wenn das Verkehrsaufkommen und die Fahrzeugzusammensetzung kein ganztägiges Überholverbot erfordern, kommt eine Beschränkung des Überholverbots auf bestimmte Tageszeiten in Betracht.

6 III. Aufgrund der bei Überholmanövern in Tunneln von Lkw ausgehenden Gefahr sollte in Tunneln mit mehr als einem Fahrstreifen in jeder Richtung ein Lkw-Überholverbot angeordnet werden. Von einer Anordnung des Zeichens kann abgesehen werden, wenn nachgewiesen wird, dass hiervon keine negativen Auswirkungen auf die Verkehrssicherheit ausgehen.

9.3.6 Anlagen zur Standstreifenfreigabe

StVO Anlage 2 Vorschriftzeichen (zu § 41 Absatz 1)

Abschnitt 4 Seitenstreifen als Fahrstreifen, Haltestellen und Taxenstände

zu 11 bis 13		**Erläuterung** Wird das Zeichen 223.1, 223.2 oder 223.3 für eine Fahrbahn mit mehr als zwei Fahrstreifen angeordnet, zeigen die Zeichen die entsprechende Anzahl der Pfeile.
11	**Zeichen 223.1** **Seitenstreifen befahren**	**Ge- oder Verbot** Das Zeichen gibt den Seitenstreifen als Fahrstreifen frei; dieser ist wie ein rechter Fahrstreifen zu befahren.
11.1	Ende in .... m	**Erläuterung** Das Zeichen 223.1 mit dem Zusatzzeichen kündigt die Aufhebung der Anordnung an.
12	**Zeichen 223.2** **Seitenstreifen nicht mehr befahren**	**Ge- oder Verbot** Das Zeichen hebt die Freigabe des Seitenstreifens als Fahrstreifen auf.
13	**Zeichen 223.3** **Seitenstreifen räumen**	**Ge- oder Verbot** Das Zeichen ordnet die Räumung des Seitenstreifens an.

Eine erweiterte Form von Streckenbeeinflussungsanlagen erlaubt es, mit Hilfe der Zeichen 223.1 bis 223.3 zeitweise die Standstreifen als (rechte) Fahrstreifen zu nutzen.

Standstreifen sind eine grundlegende Voraussetzung für den sicheren Betrieb von Autobahnen (darauf wurde auch schon in der Begründung des Bundesrats zur Einführung ausdrücklich hingewiesen). Die – auch nur zeitweise – Nutzung des Standstreifens führt diesbezüglich zu Einschränkungen.

Gleichwohl kann sie in der Gesamtabwägung sinnvoll sein, um die Zeit bis zu einem bedarfsgerechten Ausbau zu überbrücken.

9.3.6 Anlagen zur Standstreifenfreigabe

Wesentliche Eingangsgröße dieser Gesamtabwägung ist, dass die Regelung nur zu den Zeiten gültig ist, an denen tatsächlich hohes Verkehrsaufkommen herrscht. Dann können die Vorteile der mehrstreifigen Verkehrsführung (z. B. weniger Unfälle durch Stauungen) die Nachteile des fehlenden Standstreifens (z. B. Unfälle im Zusammenhang mit liegengebliebenen oder Betriebsdienst-Fahrzeugen) überwiegen. Ob und zu welchen Zeiten dies tatsächlich der Fall sein wird oder ist, ist vor der Anordnung und während des Betriebs fortlaufend zu prüfen. Weitere Voraussetzung ist, dass der Standstreifen baulich geeignet ist, dauerhaft den Schwerverkehr des rechten Fahrstreifens aufzunehmen.

Der provisorische und zeitlich eingeschränkte Charakter der Standstreifennutzung wird dadurch unterstrichen, dass die Markierung zwischen Hauptfahrbahn und Standstreifen als Breitstrich Zeichen 295 „Fahrbahnbegrenzungslinie" unverändert erhalten bleibt und durch die Erläuterung 2. b) zu Zeichen 295 (siehe Anlage 2 der StVO) lediglich während der durch Zeichen 223.1 angeordneten Standstreifenbenutzung erlaubt wird, diese zu überfahren.

Die Zeichen 223.1 bis 223.3 werden nur während der Zeit gezeigt, in der der Standstreifen genutzt werden kann und soll. Sie sind daher als Wechselverkehrszeichen auszubilden. Eine Unterstützung durch Dauerlichtzeichen, vor allem im Endbereich der Regelung, erscheint sinnvoll. Auch die Wegweisung, die im Bereich der Standstreifennutzung zur Verdeutlichung der Regelung fahrstreifenbezogen erfolgen soll, ist dann mit Wechselverkehrszeichen auszuführen. Zu den Zeiten der Standstreifenbenutzung ist außerdem die zulässige Höchstgeschwindigkeit in diesem Abschnitt auf höchstens 100 km/h zu begrenzen. Bei starkem Lkw-Verkehr kann auch ein Lkw-Überholverbot sinnvoll sein. Daher wird die

Integration in eine Streckenbeeinflussungsanlage (siehe Abschnitt 9.3.5) die Regel sein.

Vor und regelmäßig während der Freigabe ist zu prüfen, ob der Standstreifen frei von liegengebliebenen Fahrzeugen ist. Dazu ist derzeit noch notwendig, die Strecke prüfend abzufahren. Automatische Systeme (Video, Detektoren) befinden sich in der Entwicklung, sind aber noch nicht so ausgereift, dass sie zur allgemeinen Anwendung empfohlen werden können.

Die Zeichen 223.1 bis 223.3 werden generell beidseitig aufgestellt. Am Beginn der Benutzungsstrecke gibt Zeichen 223.1 den Standstreifen zu Benutzung frei. Es soll (zumindest für die Anfangszeit) durch ein Zusatzzeichen „Seitenstreifen befahren" erläuternd unterstützt werden. Zeichen 223.1 sollte in Abständen von 1 000 bis 2 000 m wiederholt werden, bei der Integration in eine Verkehrsbeeinflussungsanlage (wegen der dann fahrstreifenbezogenen Anzeige von mindestens Zeichen 274) auch in größeren Abständen.

Am Ende der Benutzungsstrecke sind zu unterscheiden: Geht der benutzbare Standstreifen in den Ausfädelungsstreifen einer Ausfahrt oder eines Autobahnknotens oder in einen regulären Fahrstreifen über (was aus Gründen der Kapazität die Regel sein sollte), so ist dies wenigstens 400 m vor dem Ende durch Zeichen 223.1 mit dem Zusatzzeichen „Ende in … m" anzukündigen. Auf die Notwendigkeit, die Wegweisung fahrstreifenbezogen als Wechselverkehrszeichen auszuführen, wurde bereits hingewiesen. Endet die benutzbare Strecke des Standstreifens und stehen dann nur noch die regulären Fahrstreifen zur Verfügung, so wird dies durch Zeichen 223.2 angeordnet. Zeichen 223.2 ist wenigstens 400 m vorher durch Zeichen 223.3 mit dem Zusatzzeichen „Seitenstreifen räumen" anzukündigen. In diesem Fall empfiehlt sich die Unterstützung durch Dauerlichtzeichen.

Zu Abschnitt 9.3.6

VwV-StVO
zu § 41
Vorschriftzeichen

1

Zu den Zeichen 223.1 bis 223.3 Befahren eines Seitenstreifens als Fahrstreifen

I. Die Zeichen dürfen nur für die Tageszeiten angeordnet werden, zu denen auf Grund der Verkehrsbelastung eine erhebliche Beeinträchtigung des Verkehrsablaufs zu erwarten ist. Sie sind deshalb als Wechselverkehrszeichen auszubilden. Die Anordnung darf nur erfolgen, wenn der Seitenstreifen von den baulichen Voraussetzungen her wie ein Fahrstreifen (vgl. § 7 Abs. 1 Satz 2 StVO) befahrbar ist. Vor jeder Anordnung ist zu prüfen, ob der Seitenstreifen frei von Hindernissen ist. Während der Dauer der Anordnung ist die Prüfung regelmäßig zu wiederholen.

9.3.6 Anlagen zur Standstreifenfreigabe

VwV-StVO
zu § 41
Vorschriftzeichen

2 II. Die Zeichen sind beidseitig anzuordnen. Die Abmessung der Zeichen beträgt 2,25 m x 2,25 m.

3 III. Das Zeichen 223.1 soll durch ein Zusatzzeichen „Seitenstreifen befahren" unterstützt werden. Das Zusatzzeichen soll dann zu jedem Zeichen angeordnet werden.

4 IV. Das Zeichen 223.1 darf nur in Kombination mit einer Beschränkung der zulässigen Höchstgeschwindigkeit (Zeichen 274) auf nicht mehr als 100 km/h angeordnet werden. Zusätzlich empfiehlt sich bei starkem Lkw-Verkehr die Anordnung von Zeichen 277.

5 V. Das Zeichen 223.1 ist je nach örtlicher Situation in Abständen von etwa 1 000 bis 2 000 m aufzustellen. Die Standorte sind mit einer Verkehrsbeeinflussungsanlage abzustimmen. Im Bereich einer Verkehrsbeeinflussungsanlage können die Abstände zwischen zwei Zeichen vergrößert werden.

6 VI. Das Zeichen 223.2 ist in der Regel im Bereich einer Anschlussstelle anzuordnen. Wenigstens 400 m vorher ist entweder Zeichen 223.3 oder 223.1 mit dem Zusatz „Ende in … m" anzuordnen. Die Anordnung von Zeichen 223.1 mit dem Zusatz „Ende in … m" empfiehlt sich nur, wenn der befahrene Seitenstreifen in einer Anschlussstelle in den Ausfädelungsstreifen übergeht und nur noch vom ausfahrenden Verkehr benutzt werden kann. Zeichen 223.3 soll durch ein Zusatzzeichen „Seitenstreifen räumen" unterstützt werden.

7 VII. Im Bereich von Ausfahrten ist die Nutzung des Seitenstreifens als Fahrstreifen in der Wegweisung zu berücksichtigen. Vorwegweiser und Wegweiser sind dann fahrstreifenbezogen als Wechselwegweiser auszuführen.

8 VIII. Zur Markierung vgl. zu Zeichen 295 Nummer 2 (lfd. Nummer 68 der Anlage 2); Rn. 9.

9 IX. Die Zeichen können durch Dauerlichtzeichen unterstützt werden. Dies empfiehlt sich besonders für Zeichen 223.2; vgl. Nummer I zu § 37 Abs. 3; Rn. 45.

9.3.7 Netzbeeinflussungsanlagen

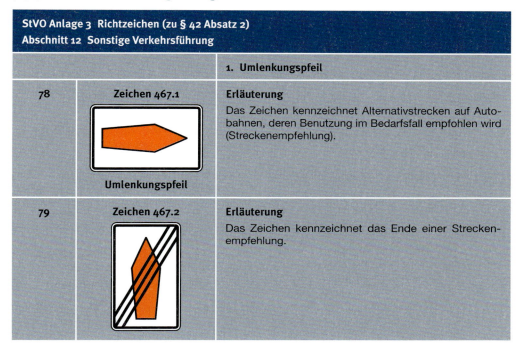

StVO Anlage 3 Richtzeichen (zu § 42 Absatz 2) Abschnitt 12 Sonstige Verkehrsführung		
	1. Umlenkungspfeil	
78	**Zeichen 467.1** **Umlenkungspfeil**	**Erläuterung** Das Zeichen kennzeichnet Alternativstrecken auf Autobahnen, deren Benutzung im Bedarfsfall empfohlen wird (Streckenempfehlung).
79	**Zeichen 467.2**	**Erläuterung** Das Zeichen kennzeichnet das Ende einer Streckenempfehlung.

Netzbeeinflussungsanlagen (NBA) sind Verkehrsbeeinflussungsanlagen, bei denen Verkehrsströme bei Bedarf mit dynamischen Wegweisern von der Stammstrecke auf benachbarte Netzmaschen (Umleitungsstrecke) umgeleitet werden. Oft reicht es schon aus, wenn nur ein kleiner Prozentsatz der umleitungsfähigen Fahrzeuge die neue Führung akzeptiert, um Stauungen und damit größere Zeitverluste auf der Stammstrecke zu vermeiden.

Die Umleitungsstrecken sollten – jeweils unter Berücksichtigung der aktuellen Geschwindigkeits-/Stausituation – keine (wesentlich) längeren Fahrzeiten erfordern. Netzbeeinflussungsanlagen bieten sich vor allem dort an, wo genügend dichte Netzmaschen vorliegen, die so ungleichmäßig ausgelastet sind, dass die Umleitungsstrecke den zusätzlichen Verkehr auch in Spitzenzeiten aufnehmen kann.

Für die Wegweisung ist das substitutive und das additive Prinzip möglich. Beim substitutiven Prinzip (*Bild 9.6*) werden einzelne Ziele in Wegweisern ausgetauscht. Beim additiven Prinzip (*Bild 9.7*) werden durch zusätzliche, normalerweise weiße Tafeln Umleitungshinweise gegeben. Die Umleitungsstrecke selbst wird beim additiven Prinzip durch den aus Frankreich übernommen „Flèche" (frz. flèche = Pfeil, Zeichen 467) gekennzeichnt.

Beim substitutiven Prinzip ist die Tatsache, dass eine vom normalen Zustand abweichende Zielführung angezeigt wird, nicht ohne Weiteres zu erkennen. Die Akzeptanz ist in der Regel höher als beim additiven Prinzip. Das substitutive Prinzip sollte aber auch nur dort gewählt werden, wo sich Normal- und Umleitungsroute nicht zu sehr unterscheiden und die Gefahr von Fehlleitungen für Nutzer, die auf dem Weg zum angezeigten Ziel liegende Zwischenziele dann nicht mehr erreichen würden, gering ist.

Beim additiven Prinzip ist die Veränderung der Zielführung eindeutig erkennbar. Die Angabe von Ort und Art der Verkehrsstörung ermöglicht es den Nutzern, ihre Entscheidung in Abhängigkeit von ihrem Fahrziel und ihren persönlichen Präferenzen zu wählen. Die Akzeptanz ist beim additiven Prinzip geringer.

Soweit sich Stammstrecke und Umleitungsstrecke (ganz oder in Teilen) in unterschiedlichen Zuständigkeiten straßenrechtlicher und straßenverkehrsrechtlicher Art befinden, sind entsprechende vorherige einvernehmliche Regelungen notwendig.

9.3.7 Netzbeeinflussungsanlagen

Grundzustand

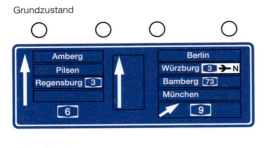

Aktive Schaltung

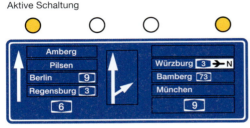

Bild 9.6 Beispiel für einen Wechselwegweiser nach dem substitutiven Prinzip

Weitere Hinweise geben die

– „Hinweise zu Planung und Betrieb von betreiberübergreifenden Netzsteuerungen in der Verkehrsbeeinflussung", FGSV Verlag, Ausgabe 2008.

Wesentlich für ein gutes Funktionieren von Netzbeeinflussungsanlagen ist eine ausreichend genaue Detektion des Verkehrszustandes auf Stamm- und Umleitungsstrecke sowie eine ausreichend genaue Prognose dieses Zustands zumindest für die Durchfahrtszeit.

Zur Gestaltung der Wegweisung nach dem additiven Prinzip hat das für den Verkehr zuständige Bundesministerium mit

– ARS 20/2004 „Dynamische Wegweiser mit integrierten Stauinformationen (dWiSta) – Hinweise für die einheitliche Gestaltung und Anwendung an Bundesfernstraßen", Ausgabe 2004 (dWiSta-Hinweise 2004),

auf der Basis der Ergebnisse einer Forschungsarbeit ausführliche Hinweise für die Anordnung und Gestaltung der Wegweiser gegeben.

Die dWiSta-Hinweise 2004 versuchen, dem Kraftfahrer die nötigen Informationen darzubieten, ohne seine aus physiologischen und psychologischen Gründen beschränkte Aufnahmefähigkeit zu überfordern. Die wesentlichen Aussagen sind:

– Es ist sinnvoll, mit einem fixen grafischen Grundschema (einschließlich Pfeilen) zu arbeiten, das an die Gestaltung der normalen Wegweiser angelehnt ist. Das erleichtert, eine innere Vorstellung der Netzstruktur aufzubauen, auf deren Basis die individuellen Routenentscheidungen getroffen werden.
– Die Verwendung von Symbolen erleichtert die Aufnahme der Informationen.
– Umleitungsempfehlungen sollten nur gegeben werden, wenn die Umleitungsroute ausreichend aufnahmefähig ist.
– Der Grund für die Umleitungsempfehlung sollte nach Art und Ort angeben werden; insbesondere der Ort ist wichtig für Kraftfahrer, die den gestörten Ast der Autobahn ohnehin nur teilweise befahren wollen.
– Die angezeigten Informationen dürfen nur unmittelbar der aktuellen Wegweisung und Stauinformation dienen; präventive Hinweise auf Veranstaltungen, Hinweise auf Verhaltensänderungen oder gar Werbung dürfen nicht angezeigt werden.

Um Missbrauch zu vermeiden, sind die anzuzeigenden Texte bei der Projektierung der Anlage zwischen Straßenbau- und Straßenverkehrsbehörde abzustimmen, als Bestandteil der Anlage anzuordnen und fest zu programmieren (d. h. die jeweiligen Operatoren können nur aus den programmierten Texten auswählen).

Die dWiSta-Hinweise 2004 sehen auf Autobahnen als Standorte vor:

– an Autobahnkreuzen und Dreiecken (Regelfall): 500 m vor dem ersten Vorwegweiser, ggf. 250 m nach dem ersten Vorwegweiser wiederholt;
– an Autobahnausfahrten (Ausnahme): 250 m vor dem ersten Vorwegweiser (seitliche Aufstellung).

Umlenkung mittels Zwischenziel

Umlenkung mittels Zeichen 467 StVO

Bild 9.7 Beispiele für Wechselwegweiser nach dem additiven Prinzip
Quelle: dWiSta-Hinweise 2004

9.3.7 Netzbeeinflussungsanlagen

Zu Abschnitt 9.3.7

VwV-StVO
zu § 42
Richtzeichen

Zu Zeichen 467.1 Umlenkungspfeil

1 I. Das Zeichen wird entweder zusätzlich oder in den Schildern gezeigt, die der Ankündigung, Vorwegweisung, Wegweisung und Bestätigung einer empfohlenen Umleitungsstrecke dienen. Sie sind zusätzlich zur blauen Autobahnwegweisung aufgestellt.

2 II. Die Umlenkungsbeschilderung zeigt den Umlenkungspfeil und etwaige schwarze Symbole und Aufschriften auf weißem Grund.

3 III. Der umzulenkende Verkehr wird am Beginn der Umlenkung durch entsprechende Ziele und den orangefarbenen Umlenkungspfeil geführt. In Verlauf der Umlenkungsroute brauchen die Ziele nicht erneut ausgeschildert zu werden. Der Umlenkungspfeil als Leitsymbol übernimmt die weitere Wegführung.

4 IV. Bei Überschneidungen von umgelenkten Routen kann es zweckmäßig sein, die Routen regional zu nummerieren. Die Nummer kann in schwarzer Schrift in dem Pfeilzeichen eingesetzt werden.

5 V. Einzelheiten werden in den „Richtlinien für Wechselverkehrszeichen an Bundesfernstraßen (RWVZ)" festgelegt, die das Bundesministerium für Verkehr im Einvernehmen mit den zuständigen obersten Landesbehörden im Verkehrsblatt bekanntgibt.

BMVBW
S 28/16.57.10-3.5/54
17. August 2004

Dynamische Wegweiser mit integrierten Stauinformationen (dWiSta)

Hinweise für die einheitliche Gestaltung und Anwendung an Bundesfernstraßen, Ausgabe 2004 (dWiSta-Hinweise 2004)

I. Erkennbare technische Weiterentwicklungen und das zunehmende Anwendungsinteresse für flexible (dynamische) Verkehrsbeeinflussungs- und Informationssysteme auf Autobahnen, aber auch die im Zusammenhang mit Maßnahmevorschlägen zu „Verkehrsinformationstafeln" deutlich werdenden offenen Fragen hatte ich zum Anlass genommen, weitergehende Untersuchungen durchführen zulassen.

Unter aktiver fachlicher Mitarbeit von Ländervertretern und der Forschungsgesellschaft für Straßen- und Verkehrswesen (FGSV) sowie der Federführung der Bundesanstalt für Straßenwesen (BASt) haben darauf hin externe Forschungsnehmer unterschiedliche Anzeigesysteme unter Einbeziehung praktischer Wegweisungserfordernisse wahrnehmungspsychologisch untersucht und optimiert.

Die auf Basis aktueller Forschungsergebnisse erarbeiteten und Ihnen mit Bezugsschreiben 1. im Entwurf übersandten damaligen „Empfehlungen zum Einsatz und zur Gestaltung von dynamischen Wegweisern mit integrierten Stauinformationen (dWiSta)" wurden von der BASt unter Berücksichtigung Ihrer eingegangenen Stellungnahmen weiterentwickelt und ergänzt.

Die zwischenzeitlich im BLFA-StVO erörterte Option der Anzeige von Verkehrszeichen in dWiSta zu Informationszwecken (z. B. des in anderen europäischen Ländern neben der Gefahrenwarnung am unmittelbaren Gefahrenort auch zur reinen Stauinformation verwendeten Z. 124 StVO) wurde auf Grund dort geäußerter straßenverkehrsrechtlicher Bedenken nicht vorgesehen.

Ich bitte Sie, die nun zu dWiSta vorliegenden „Hinweise für die einheitliche Gestaltung und Anwendung an Bundesfernstraßen, Ausgabe 2004 (dWiSta-Hinweise 2004)" bei der Planung und Durchführung von Netzbeeinflussungsmaßnahmen sowie dem Betrieb derartiger neuer Anzeigesysteme an Bundesfernstraßen anzuwenden.

II. Im Zusammenhang mit den dWiSta-Hinweisen 2004 (s. Anlage), die die einheitliche Gestaltung und Anwendung der neuen Anzeigesysteme regeln, bitte ich Folgendes zu beachten:

dWiSta sollen bei zukünftigen Netzbeeinflussungsmaßnahmen an Bundesfernstraßen als technisch moderne Variante der bisher im Technischen Regelwerk vorgesehenen additiven Wechselwegweiser mit drehbaren Prismen zum Einsatz kommen. Ein weiteres Anwendungsfeld kann im Einzelfall auch die Unterstützung vorhandener substitutiver Netzbeeinflussungssysteme sein.

Voraussetzung für den Einsatz von dWiSta ist der Nachweis eines nachhaltigen Nutzens zur situationsangepassten und kapazitätsabhängigen Steuerung von Verkehrsströmen im Bundesfernstraßennetz. Auf Grund dieses aus den Forschungserkenntnissen abgeleiteten

9.3.7 Netzbeeinflussungsanlagen

BMVBW-Erlass
vom 17.8.2004

Haupteinsatzzwecks und der notwendigen Einsatzvoraussetzungen für Netzbeeinflussungsanlagen (s. hierzu auch RWVA, Kap. 2.3.1) werden insbesondere Autobahnkreuze bzw. -dreiecke vor hochbelasteten Netzmaschen für einen wirtschaftlichen Einsatz teurer dWiSta in Frage kommen.

Die Finanzierung nachhaltig nutzbringender Netzbeeinflussungsmaßnahmen mittels dWiSta erfolgt – unter Berücksichtigung der im laufenden Verkehrsbeeinflussungsprogramm des Bundes verabredeten Prioritäten und der Vorlage entsprechender RE-Entwürfe – aus den dafür vorgesehenen Titeln im Bundeshaushalt. Bei dWiSta-Maßnahmen, die nicht ausschließlich der Verkehrsbeeinflussung im Bundesfernstraßennetz (Baulast Bund) dienen, wird ggf. eine Kostenbeteiligung Dritter zu prüfen sein.

Die neuentwickelten dWiSta und die Vorgaben zu einheitlichen Anzeigeinhalten stellen – unter Beachtung verkehrsrechtlicher Rahmenbedingungen – einen Kompromiss zwischen Verkehrsregelungs- und Informationsbedürfnissen bzw. der Aufnahmefähigkeit der Autofahrer dar. Auf Grund der notwendigen leichten Verständlichkeit für die Autofahrer ist es in der Praxis geboten, die theoretische Bandbreite von dWiSta-Schaltbildern auf verkehrlich erforderliche Anzeigen zu beschränken. Andere Nutzungen sind daher auszuschließen.

Unter Beachtung der zu dWiSta-Inhalten getroffenen Festlegungen bitte ich, vorgesehene Schaltbilder deshalb – in Verbindung mit den verkehrlichen Rahmenbedingungen, die derartige Anzeigen zweckmäßig erscheinen lassen – bereits in der Planungsphase fest zu definieren.

Die Vorlage zwischen Straßenbau- und Verkehrsbehörden abgestimmter Schaltbilder für potenzielle Stausituationen im Netz wird als notwendiger Bestandteil maßnahmebegründender dWiSta-Entwurfsunterlagen angesehen.

In RE-Entwürfen zu dWiSta bitte ich auch, die Gründe für die im jeweiligen Anwendungsfall vorgeschlagene Umlenkungsvariante (Zwischenzielprinzip oder Z. 467 StVO) darzustellen.

Dies umfasst sowohl Standorte und Inhalte vorhandener statischer Wegweiser als auch eine vergleichende Darstellung der mit den möglichen unterschiedlichen Umlenkungsprinzipien verbundenen Maßnahmen sowie deren Kosten (z. B. Anpassung statischer Wegweiser im Verlauf von Alternativrouten).

Die BASt ist als Prüf- und Zertifizierungsstelle auch für neue freiprogrammierbare Anzeigesysteme dWiSta vorgesehen. Lichttechnische Detailfragen sowie zweckmäßige Anforderungen an dWiSta bitte ich, mit der BASt abzustimmen.

III. Ich bitte Sie, die mit den dWiSta-Hinweisen 2004 zu Anzeigeinhalten getroffenen Regelungen sinngemäß auch bei den wenigen zu Pilotzwecken an Bundesautobahnen bereits in Betrieb befindlichen freiprogrammierbaren Anzeigesystemen anzuwenden.

Im Sinne einer einheitlichen Regelung würde ich es begrüßen, wenn Sie hinsichtlich etwaiger in Ihrem Zuständigkeitsbereich befindlicher dynamischer Anzeigesysteme ähnlich verfahren. Im Rahmen Ihrer Zuständigkeiten und Möglichkeiten rege ich zudem an, dass Sie – inbesondere bei zuständigkeitsübergreifenden Verkehrsmanagementmaßnahmen – auch auf die sinngemäße Übertragung der einheitlichen dWiSta-Anzeigemethodik bei innerstädtischen Anzeigesystemen hinwirken.

Soweit dieses Allgemeine Rundschreiben und die für dWiSta geltenden „Hinweise für die einheitliche Gestaltung und Anwendung an Bundesfernstraßen, Ausgabe 2004" keine abweichenden Regelungen enthalten, haben die sonstigen Regelwerke (Bezug 2.) in unveränderter Form Bestand.

Anlage zum
BMVBW-Erlass
17. August 2004

Dynamische Wegweiser mit integrierten Stauinformationen (dWiSta)

Hinweise für die einheitliche Gestaltung und Anwendung an Bundesfernstraßen, Ausgabe 2004

1. Grundlagen

Ziel

Im Zuge der angestrebten Verbesserung derzeitig gebräuchlicher Netzbeeinflussungssysteme (Wechselwegweisung) auf Autobahnen ist vorgesehen, neben alternativen Routenempfehlungen auch zusätzliche unmittelbar entscheidungsrelevante Verkehrsinformationen an die Kraftfahrer zu übermitteln.

Neue Anzeigesysteme mit flexiblen (freiprogrammierbaren) Inhalten sollen eine situationsgerechte Routenwahl unterstützen.

9.3.7 Netzbeeinflussungsanlagen

Anlage zum
BMVBW-Erlass
vom 17.8.2004

Randbedingungen

Verkehrszeichen mit Sinnbildern (Piktogramme) sind einprägsamer als Zeichen ohne Sinnbilder. Werden in Verkehrszeichen nicht nur Sinnbilder, sondern auch Texte verwandt, steigt die Blickzuwendungszeit erheblich.

Auf Grund der hohen Verkehrsdichte und Geschwindigkeit müssen Verkehrsteilnehmer insbesondere auf Autobahnen in hohem Maße auf die Fahraufgabe konzentriert sein. Sie benötigen dazu die gesamte Kapazität ihrer optischen Sinnesorgane.

Die Summe der auf den verkehrsteilnehmer einwirkenden Informationen ist schon heute tendenziell zu hoch. Zusätzliche straßenseitige Informationen sind deshalb auf solche zu beschränken, die für einen großen Anteil der Verkehrsteilnehmer von hoher Relevanz sind. Denn anders als bei individuellen Informationsquellen (z. B. Verkehrsfunk, RDS-TMC, Navigationsgeräte) können sich die Verkehrsteilnehmer den optischen Anzeigen der kollektiven Informationssysteme nicht entziehen.

Der Wunsch, Verkehrsteilnehmern zur Erhöhung der Sicherheit und Leichtigkeit des Verkehrs möglichst viel Informationen zur Verfügung zu stellen, stößt schnell an die Grenzen der visuellen Informationsverarbeitungskapazität. Deshalb muss das Informationsangebot neuer kollektiver Anzeigesysteme unter Einbeziehung physiologischer, psychologischer, optischer, lichttechnischer und verkehrstechnischer Aspekte sowie der bekannten Grundregeln der Wegweisung sinnvoll begrenzt werden.

Neben o. g. Grundvoraussetzung werden Planungsüberlegungen und Investitionsentscheidungen zu straßenseitigen kollektiven Informationssystemen außerdem auch die Entwicklung der den Verkehrsteilnehmern in zunehmendem Maße zur Verfügung stehenden individuellen Informationssysteme (z. B. moderne Navigationsgeräte) einbeziehen müssen.

2. Neue Erkenntnisse

In einer wissenschaftlichen Untersuchung[1] wurde u. a. geklärt:

– Welche Informationen benötigt der Fahrer?
– Wie beeinflusst die Ortskundigkeit den Informationsbedarf?
– Welche Angaben bevorzugt der Fahrer auf zusätzlichen Anzeigen?
– Unter welchen Voraussetzungen verlässt er im Falle eines Staus die Autobahn?

Die Ergebnisse wurden unter Berücksichtigung der geltenden Vorschriften und wahrnehmungspsychologischer Erkenntnisse in Anwendungshinweise für moderne neue Wegweisungs- und Informationsanzeigen umgesetzt (siehe Kap. 3).

Umlenkungsempfehlung und Information

Offen war bisher, ob Informationen über Störungen im Netz regelmäßig mit Umlenkungsempfehlungen kombiniert werden sollen. Die Untersuchung hat gezeigt, dass Kraftfahrer mit einer alleinigen Information über Störungen im Autobahnnetz unzufrieden sind und dass selbst Ortskundige eine Handlungsempfehlung (z. B. für eine Alternativroute) wünschen.

Die Bereitschaft zum Verlassen der Normalroute im Falle eines Staus ist auch ohne Umleitungsempfehlung sehr groß. Da unter bestimmten Voraussetzungen bewusst auf eine Umlenkungsempfehlung verzichtet werden muss (z. B. wenn das Alternativnetz nicht aufnahmefähig ist), können reine Informationen ohne gleichzeitige Handlungsempfehlung unerwünschte Verlagerungseffekte verstärken. Sie sollen deshalb nur in Sonderfällen zur Anwendung kommen (siehe Kap. 3 Punkt f)).

Zweckmäßiger ist vielmehr, aktuelle Stauinformationen mit der Benennung einer Alternativroute (Umlenkungsempfehlung) zu verknüpfen. Empfehlungen dieser Art sollten jedoch nur angezeigt werden, wenn die Kapazitäten auf der Alternativroute oder im Alternativroutennetz ausreichend sind und keine unerwünschten Verlagerungseffekte zu erwarten sind.

Der Nutzen von Richtungspfeilen

Die wahrnehmungspsychologischen Untersuchungen haben gezeigt, dass Wegweisungs- und Informationsanzeigen mit Richtungspfeilen und nebeneinander angeordneten Textblöcken Vorteile gegenüber einer inhaltsgleichen Darstellung ohne Pfeile haben.

Das gilt vor allem für den Regelfall, bei dem die Information mit einer Umlenkungsempfehlung verknüpft wird. In diesem Fall werden bei Tafeln mit Pfeilen signifikant häufiger Entscheidungen zur Wahl der empfohlenen Alternativroute getroffen. Zudem erleichtern die Pfeile dem Fahrer die Feststellung, ob er von der angezeigten Störung betroffen ist oder nicht. Dies gilt sowohl für Ortskundige als auch für Personen mit geringer Ortskenntnis.

---

1 Siegener, Färber; Dynamische Verkehrsinformationstafeln; Forschungsarbeit im Auftrag des Bundesministeriums für Verkehr, Bauen und Wohnen (FE 03.352); 2004.

9.3.7 Netzbeeinflussungsanlagen

Anlage zum
BMVBW-Erlass
vom 17.8.2004

Gestaltung neuer dynamischer Wegweiser mit integrierten Stauinformationen (dWiSta)

Die auf Basis der Forschungserkenntnisse entwickelten neuen Anzeigesysteme erhalten die Bezeichnung „Dynamische Wegweiser mit integrierten Stauinformationen (dWiSta)".

dWiSta bestehen aus einem statischen Teil, der die Richtungspfeile und BAB-Nummern beinhaltet (die ansonsten auf Wegweisern übliche Abstandsangabe kann hier entfallen), und zwei freiprogrammierbaren, lichttechnischen Anzeigefeldern (Symbol- und Textfeld), die je nach Bedarf das Sinnbild „Stau" (nicht Zeichen 124 StVO „Stau"), den Umlenkungspfeil (Zeichen 467 StVO) sowie weitere verkehrlich unmittelbar erforderliche Informationen oder gar nichts (Normalfall = keine Umlenkungs- bzw. Stauanzeige erforderlich) zeigen (siehe Abb. 1).

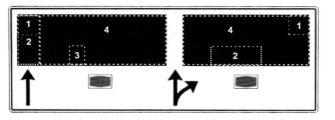

Frei-programmierbares Anzeigefeld

Feld 1: Stausymbol

Feld 2: Umlenkungspfeil

Feld 3: kleiner U-Pfeil

Feld 4: Textfeld (3-zeilig)

Abb. 1: Grundgerüst von dWiSta

Sofern eine Umlenkung mittels Umlenkungspfeil auch zukünftig nicht vorgesehen oder zweckmäßig ist, kann auf die farbigen Symbolfelder 2 und 3 (vgl. Abb.1) verzichtet werden.

Inhalt und Wirkung von dWiSta

dWiSta zeigen neben Ausmaß und Ort einer Störung im BAB-Netz (… km Stau hinter …) i.d.R. eine Empfehlung für eine alternative Route im BAB-Netz (im Einzelfall auch im nachgeordneten Netz). dWiSta sind somit in erster Linie informationsgestützte Verkehrsbeeinflussungsanlagen und auf Grund ihrer Flexibilität eine moderne verbesserte Form der klassischen additiven Wechselwegweisung.

Sie bieten zudem – angepasst an vorhandene substitutive Wechselwegweiser – die Chance zur Erweiterung und Effizienzsteigerung netzbeeinflussender Maßnahmen mit Hilfe zusätzlicher Informationen. dWiSta sollen aktuelle und präzise Informationen über Störungen im Netz geben und den Verkehrsteilnehmern somit verbesserte Begründungen für alternative Routenempfehlungen liefern.

Die Anzeige von nicht der unmittelbaren aktuellen Wegweisung und Stauinformation dienenden Inhalten (z.B. präventive Hinweise auf Veranstaltungen, auf vermutete Verkehrsstörungen oder zur Beeinflussung der Verkehrsmittelwahl bzw. des Fahrverhaltens etc.) ist im Zuge von Autobahnen nicht vorgesehen. Jede Form der Werbung ist unzulässig.

Platzierung von dWiSta im Netz

dWiSta sind nur dort zweckmäßig, wo im Bedarfsfall eine alternative Zielführung gezeigt werden kann. Sie sollen deshalb, einen nachhaltigen Nutzen vorausgesetzt, in angemessener Entfernung vor wichtigen Entscheidungspunkten wie Autobahnkreuzen oder -dreiecken stehen. Nur in besonderen Fällen können sie auch vor BAB-Anschlussstellen sinnvoll sein (siehe Kap. 3 Punkte h) und s)).

Voraussetzung für den Einsatz von dWiSta ist eine ausreichende Erfassung der Verkehrsdaten in den steuerungsrelevanten Netzabschnitten. Bei komplexen Wegweisungsmaßnahmen kann im Bereich von Entscheidungspunkten mit dWiSta die Anordnung von Geschwindigkeitsbeschränkungen zweckmäßig sein.

Darstellung von Umlenkungsempfehlungen mit dWiSta

Die Untersuchungen haben ergeben, dass bei netzbeeinflussenden Maßnahmen mit dWiSta – alternativ zum bekannten Wechselwegweisungsprinzip mittels Zeichen 467 StVO (siehe Abb. 3) – die Umlenkung via Zwischenziel empfehlenswert sein kann (siehe Abb. 2).

Durchgeführte Konzeptstudien im BAB-Netz haben gezeigt, dass die in Abb. 2 beispielhaft dargestellte Idee der kontinuierlichen Führung über Zwischenziele i.d.R. mit relativ geringen Änderungen der statischen Wegweisung auf den Alternativrouten erreicht werden kann. Dies gilt insbesondere in den häufigen Fällen, dass nicht alle Ziele der statischen Weg-

9.3.7 Netzbeeinflussungsanlagen

Anlage zum
BMVBW-Erlass
vom 17.8.2004

weisung über die Alternativroute gelenkt werden. Hinzu kommt ggf. der positive Effekt, dass bei Verwendung von Zwischenzielen (anstatt Zeichen 467 StVO) evtl. Irritationen der Verkehrsteilnehmer durch sich überlagernde statische Umlenkungswegweiser und Bestätigungszeichen ausgeschlossen werden können, was gerade in vermaschten Netzen von Vorteil sein kann.

Wo erforderlich, ist jedoch auch bei der Anwendung des Zwischenziel-Prinzips in dWiSta die Wegweisung im Verlauf der Alternativroute an wesentlichen Entscheidungspunkten durch geeignete Maßnahmen zu ergänzen.

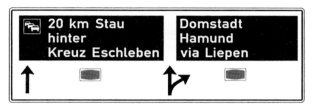

Abb. 2: Umlenkung mittels Zwischenziel

Abb. 3: Umlenkung mittels Zeichen 467 StVO

3. Anwendungshinweise

Generelles

a) Einsatz und Gestaltung von dWiSta erfolgen nach einheitlichen Grundregeln unter Beachtung der Straßenverkehrs-Ordnung und der zugehörigen Verwaltungsvorschrift und – soweit die vorliegenden Hinweise keine abweichenden Regelungen enthalten – unter Berücksichtigung des geltenden Technischen Regelwerkes (z. B. RWBA, RWVA, RWVZ, prEN 12966, TLS).

b) Unabdingbare Voraussetzungen für dWiSta vor wichtigen BAB-Entscheidungspunkten (wie Autobahnkreuzen oder -dreiecken) sind häufige Netzüberlastungen bei gleichzeitig vorhandenen leistungsfähigen Alternativrouten.

c) Umlenkungsempfehlungen dürfen nur dann angezeigt werden, wenn die Kapazitäten auf der Alternativroute oder im Alternativroutennetz ausreichend sind. Dies ist vor einer entsprechenden Schaltung zu überprüfen.

Einsatzzwecke

d) Haupteinsatzzweck von dWiSta ist die situationsangepasste (verkehrsabhängige) Wechselwegweisung/Alternativroutenführung im BAB-Netz. Darüber hinaus ist die Information der Verkehrsteilnehmer über Ausmaß und Ort von längeren Staus (ggf. auch Vollsperrung) auf unmittelbar vor ihnen befindlichen Netzmaschen oder auf einem weiter entfernt liegenden BAB-Netzabschnitt in einem vermaschten Netz möglich (siehe Anhang, Abb. 8).

Nur im Einzelfall wird eine Alternativroutenführung über das nachgeordnete Netz in Frage kommen. Dabei gilt es zu berücksichtigen, dass dem BAB-Netz nachgeordnete Netzabschnitte im Fall von Umlenkungen i.d.R. schnell an ihre Kapazitätsgrenzen stoßen. Eine ausreichende Leistungsfähigkeit ist dort in jedem Fall nachzuweisen.

e) Jede Umlenkungsempfehlung für Alternativrouten ist aus Akzeptanzgründen mit entscheidungsrelevanten Informationen zu Staulänge und -ort im Verlauf der Hauptroute zu verknüpfen. Die Einschaltzeitpunkte sind abhängig von den örtlichen Gegebenheiten (z. B. BAB-Netzdichte oder Leistungsfähigkeit der Alternativroute, Ursache der Störung) festzulegen.

9.3.7 Netzbeeinflussungsanlagen

Anlage zum
BMVBW-Erlass
vom 17.8.2004

f) Eine reine Stauinformation ohne Umlenkungsempfehlung (für eine, ggf. auch beide Netzmaschen) ist den Sonderfällen signifikanter Verkehrsstörungen (Orientierungswert: ≥ 4 km Staulänge bzw. ≥ 20 min Zeitverlust) und gleichzeitig nicht zweckmäßiger Alternativroutenführung vorbehalten. (Die Orientierungswerte sind Ergebnisse der in Kap. 2 erwähnten wissenschaftlichen Untersuchung. Danach möchten jeweils über 50 % der Befragten einen Stau umfahren, wenn er länger als 4 km ist bzw. einen zeitlichen Verlust von mehr als 20 min bedeutet.)

g) Aus Gründen der nachhaltigen Verkehrslenkung im Nahbereich von Großstädten auf BAB erforderliche und vorhandene dWiSta können im Falle aktueller Netzüberlastungen auch dazu genutzt werden, den Verkehr zu ansonsten statisch beschilderten innerstädtischen Zielen mit herausragender regelmäßiger Verkehrsbedeutung über alternative, leistungsfähige Anschlussstellen umzulenken (zu Anzeigeinhalten siehe Punkt o) sowie Anhang, Abb. 9).

h) Auf Grund ihrer Zweckbestimmung und den geringeren überörtlichen Umlenkungsmöglichkeiten ist der Einsatz von dWiSta an Anschlussstellen i. d. R. nicht vorgesehen. Nur in den besonderen Ausnahmefällen, in denen ein nachhaltiger Nutzen einer dynamischen Alternativroutenführung nachgewiesen wird (d. h., ein Umlenkungserfordernis für ein Ziel mit herausragender Verkehrsbedeutung auf Grund häufiger Netzüberlastungen besteht), kann ein dWiSta-Standort vor der Anschlussstelle in Frage kommen, an der das Ziel zum ersten Mal in der blauen Wegweisung ausgewiesen ist. Mittels dieses einen dWiSta-Standortes kann bei Bedarf die aktuell zur Zielführung geeignete Anschlussstelle angezeigt und empfohlen werden (siehe Anhang, Abb. 11). Ggf. ist hierzu die statische Wegweisung anzupassen.

Darstellung der Umlenkungsempfehlung

i) Die Darstellung einer Umlenkungsempfehlung im BAB-Netz erfolgt entweder mit Hilfe eines in der blauen Wegweisung bereits enthaltenen oder aufzunehmenden Zwischenziels (siehe Abb. 2 und Punkt j) oder mittels des Umlenkungspfeils/Zeichen 467 StVO (siehe Abb. 3). Davor ist jeweils das Wort „via" anzuzeigen.

j) Für die Umlenkung mittels Zwischenziel ist eine der folgenden drei Varianten zu wählen (siehe Anhang, Abb. 4 bis 6):

1. via BAB-Nummer(n), bei Bedarf mit zu folgendem Fernziel oder Autobahnknoten (zweckmäßig sind nicht mehr als zwei aufeinanderfolgende BAB-Nr.'n)
2. via Autobahnknoten (Kreuz, Dreieck, Anschlussstelle)
3. via Ortsbezeichnung (im Verlauf oder nahe der Alternativroute).

Die Auswahl der im jeweiligen Anwendungsfall zweckmäßigsten Umlenkungsvariante erfordert die vorherige eingehende Prüfung der verkehrlichen Rahmenbedingungen. Vorhandene Wegweiser sowie wirtschaftliche Aspekte sind dabei einzubeziehen. Die Eindeutigkeit der Zielführung in den Autobahnknoten ist zu gewährleisten.

k) Damit eine eindeutige und kontinuierliche Zielführung entlang der gesamten Alternativroute gegeben ist, müssen sich mit dWiSta umgelenkte Ziele spätestens mit Erreichen des Zwischenziels wieder in der Wegweisung finden. Bei der Führung mittels eines Umlenkungspfeils ist dieser so lange auf der Alternativroute zu zeigen, bis die umgelenkten Ziele wieder in der blauen Wegweisung zu finden sind.

Ausführung; Informationsinhalte

l) Die statischen Elemente der dWiSta sind als additive weiße Wegweisungstafeln mit unveränderlichen, schwarzen Richtungspfeilen (Form und Größe angepasst an vorhandene Vorwegweiser, kleinere Abweichungen zu RWBA möglich) und BAB-Nummern auszubilden.

m) Die integrierten und in Lichttechnik auszuführenden freiprogrammierbaren dWiSta-Anzeigefelder für Haupt- bzw. Alternativroute bestehen – unter Berücksichtigung europäischer Rahmenvereinbarungen zur Verkehrsbeeinflussung – aus Symbolfeldern und einem 3-zeiligen Textfeld (siehe Abb. 1).

n) Symbolfeld 1 ist für die Anzeige des Stau-Symbols (im begründeten Einzelfall ggf. auch weiterer Zielführungssymbole gem. RWBA) und Symbolfeld 2 für die Anzeige des Umlenkungspfeils (Zeichen 467 StVO) vorgesehen.

o) Im Textfeld ist eine nach DIN 1451 Teil 2 angelehnte Schriftart zu wählen. Die Schriftgröße beträgt für Überkopfbeschilderung 350 mm. Bei Seitenaufstellung ist eine Schrifthöhe von 280 mm zu wählen.

Die Inhalte des freiprogrammierbaren Text-(Anzeige-)Feldes sind linksbündig gemäß folgender Systematik darzustellen (Prinzipskizzen für dWiSta vor AK, nicht maßstabgerecht):

9.3.7 Netzbeeinflussungsanlagen

Anlage zum
BMVBW-Erlass
vom 17.8.2004

Regelfall (siehe Anhang Abb. 4–7):

Hauptroute

1) Staulänge
2) AS-Nr. mit AS-Name bzw. Autobahnkreuz oder -dreieck

Alternativroute

3) umgelenktes Ziel oder umgelenkte Ziele
4) ggf. weitere umgelenkte Ziele
5) Zwischenziel bzw. Zeichen 467 StVO

Anmerkungen:

Die Seiten sind austauschbar, die anzuzeigende Störung auf der Hauptroute kann auch im rechten Anzeigefeld stehen und die Alternativroute im linken Feld.

Kommt das Zeichen 467 StVO auf dem linken Anzeigefeld zum Einsatz, so soll aus Gründen der Verständlichkeit und besseren Lesbarkeit des Textes rechts neben dem Wort „via" ein verkleinertes Zeichen 467 StVO gezeigt werden (siehe Anhang, Abb. 7a).

Sofern eine Zeile für die Angabe der umgelenkten Ziele ausreicht und über Zeichen 467 StVO gelenkt werden soll, bleibt die 1. Zeile leer (siehe Anhang, Abb. 7b).

Sofern die AS-Nr. oder die BAB-Nr. gezeigt werden soll, sind diese gemäß StVO (u. a. § 39 ff.) auszuführen.

Störung auf entferntem BAB-Netzabschnitt (siehe Anhang, Abb. 8):

Hauptroute

11) Staulänge
12) BAB-Nr.
13) AS-Nr. mit AS-Name bzw. Autobahnkreuz oder -dreieck

Alternativroute

14) umgelenktes Ziel oder umgelenkte Ziele
15) BAB-Nr. bei Bedarf mit Fernziel
16) ggf. weitere BAB-Nr. bei Bedarf mit Fernziel

9.3.7 Netzbeeinflussungsanlagen

Anlage zum
BMVBW-Erlass
vom 17.8.2004

Störung im nachgeordneten Netz (siehe Punkte d), g) und Anhang, Abb. 9 und Abb. 11)

Hauptroute

6) Staulänge
7) **auf** bzw. **vor** bzw. **nach Ausfahrt**
8) Straßenname bzw. Zielangabe bzw. AS-Nr. mit AS-Name

Alternativroute

9) umgelenktes Ziel im nachgeordneten Netz
10) AS-Nr. mit AS-Name

p) Andere als der aktuellen dynamischen Wegweisung und Stauinformation gemäß o. g. Systematik dienende Anzeigeinhalte (z. B. präventive Hinweise auf vermutete Verkehrsstörungen infolge von Veranstaltungen oder Baustellen oder zur Beeinflussung der Verkehrsmittelwahl bzw. des Fahrverhaltens) sind auf Bundesfernstraßen nicht vorgesehen. Die Angabe der jeweiligen Stauursache ist – im Sinne der zielgerichteten, einheitlichen und für die Routenwahl vordringlichen Information der Verkehrsteilnehmer – nicht erforderlich. Jede Form der Werbung ist unzulässig.

Auf den besonderen Fall einer aktuellen Vollsperrung kann dadurch hingewiesen werden, dass anstelle der Stauinformation in der 1. Zeile das Wort „Vollsperrung" angezeigt wird.

q) Bei störungsfreiem Verkehr bleiben die freiprogrammierbaren dWiSta-Anzeigefelder dunkel, d.h. es werden keine Inhalte angezeigt (Neutralstellung).

Standorte

r) Abweichend von den bisherigen Regelungen zu additiven Wechselwegweisern (z. B. RWVA, RWVZ) sind dWiSta an BAB-Kreuzen bzw. -Dreiecken 500 m vor dem ersten Vorwegweiser aufzustellen. Zur Wiederholung ist i. d. R. ein zweiter dWiSta-Standort 250 m nach dem ersten Vorwegweiser zweckmäßig.

s) dWiSta an BAB-Kreuzen bzw. -Dreiecken werden i. d. R. als Überkopfbeschilderung ausgebildet. Bei Einsatz im Zuge von zweistreifigen Richtungsfahrbahnen kann eine seitliche Aufstellung in Betracht kommen (siehe Anhang, Abb. 10). Geeignete Standorte für dWiSta in seitlicher Aufstellung vor Autobahnkreuzen bzw. -dreiecken sind dann 250 m vor sowie ggf. auch nach dem ersten Vorwegweiser.

Im Sonderfall von dWiSta an Anschlussstellen (siehe Punkt h)) kommt grundsätzlich nur *ein* Standort – bei seitlicher Aufstellung 250 m vor dem ersten Vorwegweiser – in Betracht.

t) Im Bereich von dWiSta ist eine Geschwindigkeitsbeschränkung auf max. 120 km/h mittels statischer Beschilderung zu erwägen.

Prüf- und Zertifizierungsstelle

u) Die Bundesanstalt für Straßenwesen (BASt) ist Prüf- und Zertifizierungsstelle für dWiSta.

9.3.7 Netzbeeinflussungsanlagen

Anlage zum
BMVBW-Erlass
vom 17.8.2004

Anhang mit Abbildungen

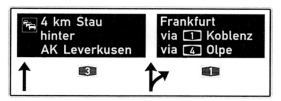

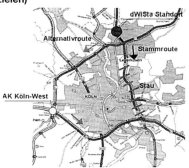

Abb. 4: Zwischenzielprinzip – Umlenkung
via BAB-Nummern (hier mit folgenden Fernzielen)

Abb. 5: Zwischenzielprinzip – Umlenkung
via Autobahnknoten

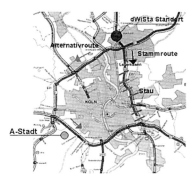

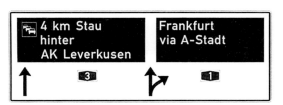

Abb. 6: Zwischenzielprinzip – Umlenkung
via Ortsbezeichnung

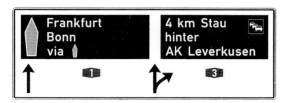

Abb. 7a: Umlenkung via Zeichen 467 StVO

593

9.3.7 Netzbeeinflussungsanlagen

Anlage zum
BMVBW-Erlass
vom 17.8.2004

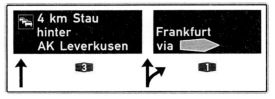

Abb. 7b: Umlenkung via Zeichen 467 StVO

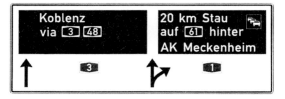

**Abb. 8: Umlenkung aufgrund einer Störung
auf entferntem BAB-Netzabschnitt**

**Abb. 9: Umlenkung aufgrund einer Störung
im nachgeordneten Netz**

9.3.7 Netzbeeinflussungsanlagen

Anlage zum
BMVBW-Erlass
vom 17.8.2004

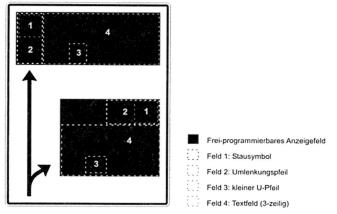

■ Frei-programmierbares Anzeigefeld

⌐ ⌐ Feld 1: Stausymbol

⌐ ⌐ Feld 2: Umlenkungspfeil

⌐ ⌐ Feld 3: kleiner U-Pfeil

⌐ ⌐ Feld 4: Textfeld (3-zeilig)

Abb. 10: Grundgerüst von dWiSta in seitlicher Aufstellung (Bodenschild)

Abb. 11: Umlenkung aufgrund einer Störung im nachgeordneten Netz

595

9.3.7 Netzbeeinflussungsanlagen

Anlage zum
BMVBW-Erlass
vom 17.8.2004

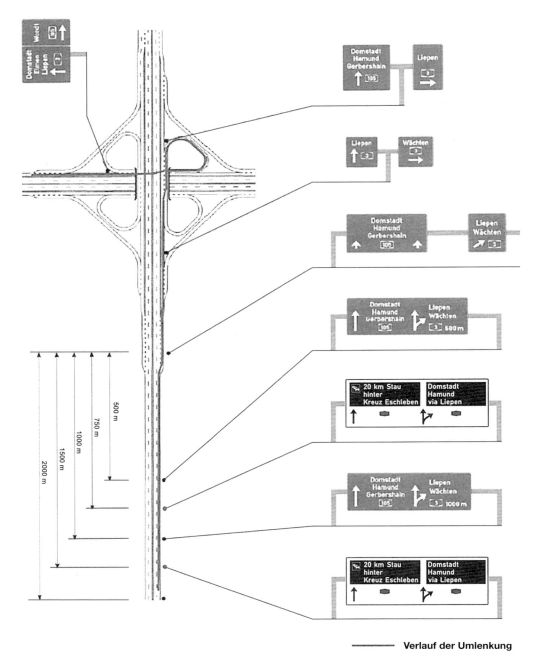

Verlauf der Umlenkung

Abb. 12: dWiSta-Standorte an 2-streifiger Richtungsfahrbahn vor AK; Umlenkung gemäß Zwischenzielprinzip (Prinzipskizze)

9.3.7 Netzbeeinflussungsanlagen

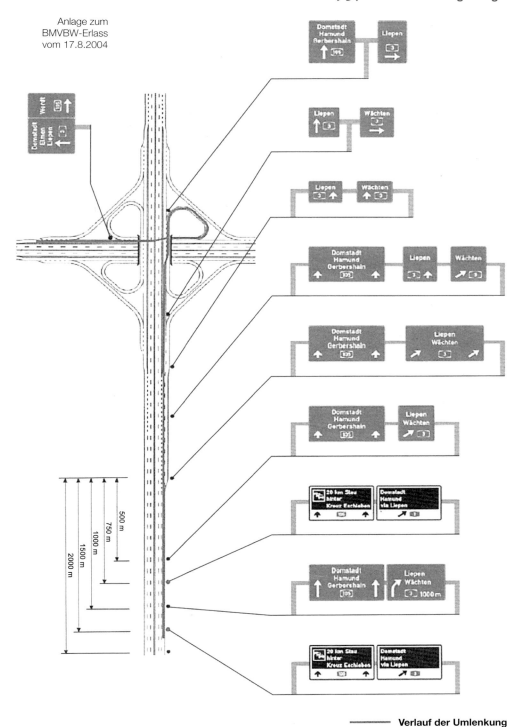

Anlage zum
BMVBW-Erlass
vom 17.8.2004

——— **Verlauf der Umlenkung**

**Abb. 13: dWiSta-Standorte an 3-streifiger Richtungsfahrbahn mit Fahrstreifen-
reduktion vor AK; Umlenkung gemäß Zwischenzielprinzip (Prinzipskizze)**

597

9.3.7 Netzbeeinflussungsanlagen

Anlage zum
BMVBW-Erlass
vom 17.8.2004

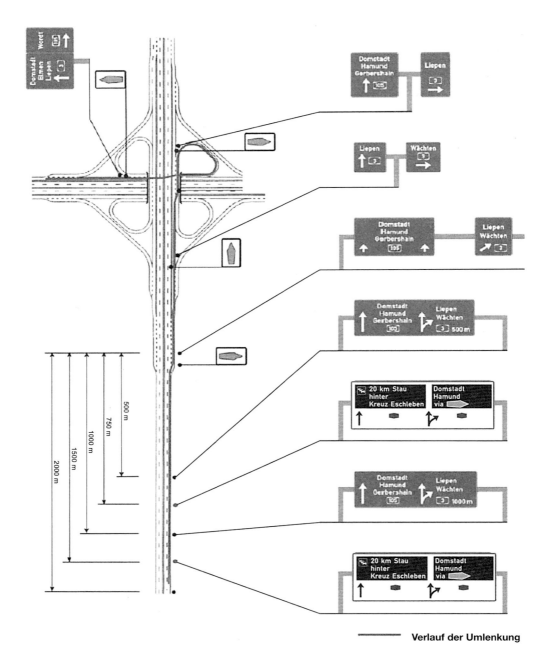

——— **Verlauf der Umlenkung**

Abb. 14: dWiSta-Standorte an 2-streifiger Richtungsfahrbahn vor AK; Umlenkung via Zeichen 467 StVO (Prinzipskizze)

(VkBl. 2004 S. 479)

9.3.8 Parkleitsysteme

In Städten und im Zusammenhang mit Großveranstaltungen (z. B. Messen oder Sportveranstaltungen) können Parkleitsysteme sinnvoll sein, mit denen Parksuchverkehr vermieden wird.

Da hier in der Regel unterschiedliche Zuständigkeiten gegeben sind, ist ein abgestimmtes Vorgehen bei Bau und Betrieb unerlässlich.

Nähere Informationen geben die:

– „Hinweise zu Parkleitsystemen – Konzeption und Steuerung", FGSV Verlag, Ausgabe 1996.

9.3.9 Sonstige Telematikanlagen

Wenn im Bereich eines **schienengleichen Bahnüberganges** Signalanlagen erstellt werden müssen oder aber zur Sicherung des Bahnüberganges eine Straßenverkehrssignalanlage notwendig wird, dann muss die Steuerung Eingriffsmöglichkeiten bei Zugfahrten enthalten. Solche Anlagen sind stets im Einvernehmen mit dem zuständigen Bahnunternehmen und der für die technische Bahnaufsicht verantwortlichen Behörde zu erstellen. Einzelheiten hierzu enthalten die „Richtlinien über Abhängigkeiten zwischen der technischen Sicherung von Bahnübergängen und der Verkehrsregelung an benachbarten Straßenkreuzungen (BÜSTRA)".

Im Zusammenhang mit **öffentlichen Verkehrsmitteln** wird es vor allem in Städten in der Regel sinnvoll sein, die dynamischen Verkehrszeichen und Verkehrseinrichtungen in Abstimmung mit den öffentlichen Verkehrsmitteln zu schalten. Meist wird es sogar sinnvoll sein, unter Berücksichtigung der Anzahl der beförderten Personen oder allgemeiner verkehrlicher Ziele die öffentlichen Verkehrsmittel zu bevorzugen. Siehe dazu die

– „Hinweise zur Bevorrechtigung des öffentlichen Personennahverkehrs bei der Lichtsignalsteuerung", FGSV Verlag, Ausgabe 1993.

Die Bevorzugung kann von Randbedingungen, z. B. von den befahrenen Linien, eventuellen Verspätungen oder Besetzungsgraden abhängig gemacht werden, wenn die eingesetzten Detektoren oder die Verbindung zwischen Verkehrsrechner des Straßennetzes und Betriebsleitrechner des öffentlichen Verkehrsmittels diese Informationen zur Verfügung stellen.

Die Bevorzugung der öffentlichen Verkehrsmittel kann sich auch positiv auf den Individualverkehr auswirken, insbesondere wenn Phasen für die öffentlichen Verkehrsmittel dann nicht mehr regelmäßig, sondern nur noch in den Umläufen mit Bedarf geschaltet werden. Die eingesparte, sonst nicht genutzte Freigabezeit kann dann an die Kfz-Ströme verteilt werden.

Transportable Lichtsignalanlagen können vor allem in Bereichen von Arbeitsstellen mit Vorteil genutzt werden. Ihre Signalgeber dürfen sich in Größe und Farbe nicht von solchen ortsfester Anlagen unterscheiden. Transportable Lichtsignalanlagen werden in der Regel an der rechten Fahrbahnseite dort aufgestellt, wo das erste Fahrzeug zum Halten kommen soll (*Bild 9.8*). Einzelheiten siehe auch Abschnitt 5.2 der RiLSA sowie die

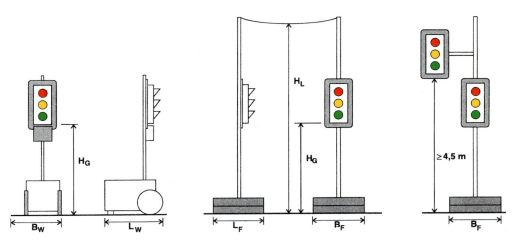

Bild 9.8 Fahrbare und vorübergehend stationäre Lichtsignalanlage
Quelle: TL-Transportable Lichtsignalanlagen

9.3.9 Sonstige Telematikanlagen

– „Technischen Lieferbedingungen für transportable Lichtsignalanlagen", eingeführt mit BMV-ARS 35/97 vom 12. August 1997 StB 13/38.59.10-02/84 BASt 97.

Auch transportable Lichtsignalanlagen sind in der Regel automatisch zu betreiben, bevorzugt verkehrsabhängig (mit Radar oder Infrarotdetektoren an den Signalgebern). Wegen der langen Räumzeiten sind gelegentlich Umlaufzeiten bis zu mehreren Minuten nötig. Wegen der nötigen Eindeutigkeit sind in der verkehrsrechtlichen Anordnung, die die transportable Lichtsignalanlage zum Inhalt hat, alle maßgebenden Zeiten, insbesondere neben den jeweiligen Grünzeiten die sicherheitsrelevanten Sperrzeiten, festzulegen. Abschnitt 5.2 der RiLSA gibt dazu Hinweise. Auf Straßen mit starkem Pendlerverkehr bietet es sich an, unterschiedliche Zahlen für Schwachlastzeit (Nacht, Wochenende), Verkehrsspitze in der einen (Morgen), Verkehrsspitze in der anderen Richtung (Abend), normales Tagesverhältnis (Tag) festzulegen. Können mit vertretbarem Aufwand außerhalb der Arbeitszeit beide Fahrstreifen freigegeben werden, so ist anzuordnen, die Anlage in diesen Zeiten abzuschalten. Auch die Sperrung beider Fahrtrichtungen durch manuelle Schaltung, z. B. zur Versorgung der Baustelle, ist auf einen bestimmten Zeitraum zu begrenzen. Ansonsten sollte durch die Bauart sichergestellt werden, dass die verkehrstechnisch und sicherheitsrelevanten Parameter nicht beliebig durch Baustellenpersonal verändert werden können.

Für Arbeitsstellen in Knotenpunktbereichen sind auch transportable Lichtsignalanlagen mit mehreren Zufahrtsrichtungen möglich.

Auch zur Sicherung des Verkehrsablaufs in **Straßentunneln** wird zunehmend auf Wechselverkehrszeichen zurückgegriffen.

Feuerwehranlagen werden dort eingesetzt, wo das häufige Einfahren von Hilfsdiensten in stark oder schnell befahrene Straßen zur Sicherung der Einsatzfahrzeuge oder des fließenden Verkehrs notwendig ist.

Solche Anlagen werden in der Regel mit zweifeldrigen Signalgebern (Gelb-Rot) ausgeführt. Durch geeignete Maßnahmen sollte sichergestellt werden, dass die Inanspruchnahme auf die notwendigen Fälle beschränkt wird. Zur Beschleunigung der Fahrt zum Einsatzort kann es insbesondere bei Hilfsdiensten, die regelmäßig zugweise ausrücken (wie z. B. die Feuerwehr), sinnvoll sein, in der zentralen Steuerung besondere Programme vorzusehen, die auf den Fahrtrouten der Hilfsfahrzeuge die Lichtsignalanlagen so schalten, dass sich eventuelle Stauungen auflösen können und die Fahrzeuge durch die Signalanlage gesichert die Kreuzungen queren können.

Durch geeignete An- und Abmeldung sollte dafür gesorgt werden, dass die Beeinträchtigung für den Querverkehr auf das notwendige Minimum beschränkt bleibt.

Die Verwendung der aus den Anlagen verfügbaren Daten für **Informationsdienste** ist möglich und sinnvoll. Derzeit werden aus vielen Anlagen automatisch Mitteilungen für den RDS-TMC-Dienst (Radio Data System – Traffic Message Channel) der Rundfunkanstalten erzeugt. Auch eine Einspeisung in private Dienste erscheint grundsätzlich möglich.

In jüngerer Zeit werden zur Erfassung des Verkehrsablaufs auch **private Telematikanlagen installiert**. Diese meist an Brücken befestigten Detektoren werden von batteriegestützten Solarpaneelen mit Strom versorgt und übertragen ihre Daten ereignisgesteuert mit Hilfe der GSM-Mobilfunktechnik. Sie sind dadurch unabhängig von Kabelverbindungen.

Die Ergebnisse werden derzeit gesammelt, ausgewertet und als Mehrwertdienste, meist im Zusammenhang mit Mobilfunkdienstleistern, angeboten. Bei den Geräten ist sicherzustellen, dass auch bei der Montage/Reparatur keine Teile auf die Fahrbahn fallen können.

Zu Abschnitt 9.3.9

VwV-StVO zu § 37 Wechsellichtzeichen, Dauerlichtzeichen und Grünpfeil	**Zu Nummer 2** **38** Vgl. für verengte Fahrbahn Nummer II zu Zeichen 208 (Rn. 2); bei Festlegung der Phasen ist sicherzustellen, dass auch langsamer Fahrverkehr das Ende der Engstelle erreicht hat, bevor der Gegenverkehr freigegeben wird.

9.3.9 Sonstige Telematikanlagen

Zu Nummer 3

39 Die Farbfolge Gelb-Rot darf lediglich dort verwendet werden, wo Lichtzeichenanlagen nur in größeren zeitlichen Abständen in Betrieb gesetzt werden müssen, z. B. an Bahnübergängen, an Ausfahrten aus Feuerwehr- und Straßenbahnhallen und Kasernen. Diese Farbfolge empfiehlt sich häufig auch an Wendeschleifen von Straßenbahnen und Oberleitungsomnibussen. Auch an Haltebuchten von Oberleitungsomnibussen und anderen Linienomnibussen ist ihre Anbringung zu erwägen, wenn auf der Straße starker Verkehr herrscht. Sie oder Lichtzeichenanlagen mit drei Farben sollten in der Regel da nicht fehlen, wo Straßenbahnen in eine andere Straße abbiegen.

VwV-StVO
zu §§ 39 bis 43
Allgemeines über
Verkehrszeichen
und Verkehrs-
einrichtungen

5 2. Die Flüssigkeit des Verkehrs ist mit den zur Verfügung stehenden Mitteln zu erhalten. Dabei geht die Verkehrssicherheit aller Verkehrsteilnehmer der Flüssigkeit des Verkehrs vor. Der Förderung der öffentlichen Verkehrsmittel ist besondere Aufmerksamkeit zu widmen.

Fahrzeug-
Rückhalte-
systeme

10

10.1 Allgemeines

In Abschnitt 10 werden Fahrzeug-Rückhaltesysteme, früher „passive Schutzeinrichtungen" genannt, behandelt. Sie dienen dazu, von der Fahrbahn abkommende Fahrzeuge aufzufangen oder umzulenken, um so die Unfallfolgen zu mildern.

Fahrzeug-Rückhaltesysteme sind keine Verkehrseinrichtungen im Sinne der StVO. Wo und wie sie anzubringen sind, bestimmt die Straßenbaubehörde allein. Selbstverständlich ist eine Zusammenarbeit mit Verkehrsbehörden und Polizei anzustreben und empfehlenswert.

Fahrzeug-Rückhaltesysteme werden dort angebracht, wo für Fahrzeuge eine **erhöhte Wahrscheinlichkeit** besteht, von der Fahrbahn abzukommen, **und** das Abkommen von der Fahrbahn für die Insassen eines Fahrzeuges oder für außerhalb der Fahrbahn befindliche Personen voraussichtlich **schwerere Folgen** haben würde als der Anprall an die Rückhaltesysteme.

Die einheitliche Anwendung von Fahrzeug-Rückhaltesystemen ist in den

– „Richtlinien für passiven Schutz an Straßen durch Fahrzeug-Rückhaltesysteme (RPS)", FGSV Verlag, Ausgabe 2009,

beschrieben. Diese Richtlinien behandeln Fahrzeug-Rückhaltesysteme an Straßen, auf Brücken und im Bereich anderer Ingenieurbauwerke. Sie waren inhaltlich bereits im Jahre 2000 weitgehend fertiggestellt. Wegen unterschiedlicher Auffassungen zwischen dem für die Bundesfernstraßen und dem für die Umwelt zuständigen Bundesministerium zum Schutz von Bäumen, die nahe an der Fahrbahn stehen, konnten sie jedoch lange Zeit nicht eingeführt bzw. zur Anwendung empfohlen werden.

Nach dem

– ARS 28/2010 (StB 11/7123.11/2-02-1312656) „Richtlinien für passiven Schutz an Straßen für Fahrzeug-Rückhaltesysteme (RPS 2009) und Einsatzfreigabeverfahren für Fahrzeug-Rückhaltesysteme" vom 20. Dezember 2010 (VkBl. 2011 S. 44)

mit beigefügtem

– RS (S 11/7123.11/3-1052612) „Richtlinien für passiven Schutz an Straßen durch Fahrzeug-Rückhaltesysteme (RPS 2009) – Einsatzempfehlungen für Fahrzeug-Rückhaltesysteme", Stand 06/2009 vom 15. Juli 2009 (fortgeschrie-

ben 11/2009; www.bast.de: Fachthemen > Verkehrstechnik > Schutzeinrichtungen),

können die Anforderungen der RPS 2009, gerade noch rechtzeitig zum Ende der Übergangsperiode der DIN EN 1317 am 31. Dezember 2010, „bei der Planung von Bundesfernstraßen bzw. im Rahmen von Unterhaltungsmaßnahmen" berücksichtigt werden. Die beigefügten „Einsatzempfehlungen" helfen dabei, die Anforderungen der RPS 2009 und der europäischen Ausschreibungspraxis zu berücksichtigen. Diese sehen eine Öffnung für weitere Systeme vor und verpflichten und berechtigen die Hersteller dazu, den Nachweis für die Sicherheit und die Gebrauchstauglichkeit der Systeme zu führen.

Zur Umstellung auf die Europäische Normung siehe Abschnitt 12.11.3.

In die RPS 2009 sind insbesondere die Anforderungen aus den inzwischen erschienenen DIN EN 1317 in Form von Aufhaltestufen (Energiebetrachtungen), Wirkungsbereichsklassen (Deformationen) und Anprallheftigkeitsstufen (auf den Kopf der Insassen wirkende Beschleunigungen) eingearbeitet. Es werden kritische Abstände von Hindernissen zum Fahrbahnrand in Abhängigkeit von der Geschwindigkeit definiert und vier Gefährdungsstufen unterschieden. Ein kurzes Kapitel behandelt den Schutz von Zweiradfahrern.

Zur Zulassung und Gütesicherung der passiven Schutzeinrichtungen sind in der DIN EN 1317 in den Teilen 1 bis 4 allgemeine Prüfkriterien sowie Leistungsklassen und Abnahmekriterien für die Prüfung der Schutzelemente definiert. Darin werden unterschiedliche Rückhaltesysteme bzw. deren End- und Übergangskonstruktionen verschiedenen Anprallszenarien ausgesetzt und nach Aufhaltestufe, Wirkungsbereich und Anprallheftigkeitsstufe (bei Schutzeinrichtungen) bzw. Leistungsstufe, seitlicher Verschiebung, Zurückleitungsbereich und Anprallheftigkeitsstufe (bei Anpralldämpfern) klassifiziert.

Die Einsatzempfehlungen erleichtern den Straßenbaubehörden die Auswahl der auf dem Markt angebotenen Fahrzeug-Rückhaltesystemen und die Bewertung als Gesamtsystem. Mit der Einsatzempfehlung soll erreicht werden, dass das sicherheitsrelevante Gesamtsystem in Bezug auf Verfügbarkeit, Qualität, Fertigung, Reparatur und Ersatz sowie Ausschreibung und Vergabe für alle Beteiligten beherrschbar bleibt, ohne seine Vielfalt unsinnig einzuschränken und den europaweiten Wettbewerb unzulässig zu behindern. So wird z. B. sichergestellt, dass ein auf einer Brücke verwendetes System auf der anschließenden Strecke als gerammtes System fortgeführt oder mittels einer für diesen Übergang geprüften Übergangskonstruktion an das auf der Strecke verwendete System angeschlossen werden kann.

Das im Auftrag des für den Verkehr zuständigen Bundesministeriums von der BASt entwickelte Einsatzfreigabeverfahren ist in den „Erläuterungen zum Einsatzfreigabeverfahren für Fahrzeug-Rückhaltesysteme in Deutschland" (BASt V4m-II (BMVBS) vom 1.10.2009 (www.bast.de: Fachthemen > Verkehrstechnik > Schutzeinrichtungen)) beschrieben. Die dort genannte „Einsatzfreigabeliste" wird laufend fortgeschrieben.

Der Vereinheitlichung und Präzisierung von Bauverträgen im Zusammenhang mit passiven Schutzeinrichtungen dienen die

– „Zusätzlichen Technischen Vertragsbedingungen und Richtlinien für passive Schutzeinrichtungen (ZTV-PS 98)", FGSV Verlag, Ausgabe 1998.

Nach den noch nicht aufgehobenen Erlassen

– ARS 19/1998 (StB 13/38.62.00/142 BASt 98) „Zusätzliche Technische Vertragsbedingungen und Richtlinien für passive Schutzeinrichtungen (ZTV-PS 98)" vom 13. Juli 1998 und
– ARS 49/2001 (S 28/38.62.00/133 Va 01) „Passive Schutzeinrichtungen – Zusätzliche Technische Vertragsbedingungen und Richtlinien für passive Schutzeinrichtungen (ZTV-PS 98)" vom 8. Januar 2002

sind sie grundsätzlich noch gültig. Da sie aber noch auf die RPS 89 abgestimmt sind und daher nicht mehr dem aktuellen Stand entsprechen, sind sie nur sinngemäß anwendbar und notfalls durch Regelungen im Leistungsverzeichnis oder den Besonderen Vertragsbedingungen zu überdecken. Mit der Veröffentlichung einer ZTV FRS (Fahrzeug-Rückhaltesysteme) ist in Kürze zu rechnen.

10.2 Abweisende Fahrzeug-Rückhaltesysteme

Mit abweisenden Fahrzeug-Rückhaltesystemen, in den RPS 2009 „Schutzeinrichtungen" genannt, werden von der Fahrbahn abkommende Fahrzeuge so umgelenkt, dass sie an der Schutzeinrichtung entlanggleiten und zum Stehen kommen. Die notwendige Aufhaltestufe wird nach Bild 7 der RPS 2009 (siehe *Bild 10.1*) in Abhängigkeit von der Gefährdungsstufe, der zulässigen Höchstgeschwindigkeit, der Abkommenswahrscheinlichkeit und der Verkehrsstärke ermittelt.

Schutzeinrichtungen werden meist als Stahlschutzplanken oder Betonschutzwände ausgeführt. In einigen europäischen Ländern haben sich auch Seilsysteme bewährt.

Dabei ist für **sich verformende Systeme** (meist aus Stahl gefertigt) charakteristisch, dass sie durch die Verformung Energie aufnehmen und dadurch das anprallende Fahrzeug verlangsamen und in der Regel nicht in den Verkehrsraum zurückprallen lassen. Außerdem werden durch die Verformung kleinere Anprallheftigkeitsstufen erreicht. Allerdings sind schon bei leichten Anprallvorgängen sowohl Fahrzeug als auch Schutzeinrichtung in der Regel nicht unerheblich beschädigt und müssen repariert werden. **Starre Systeme** überstehen häufig auch mittlere oder stärkere Anprallvorgänge unbeschädigt, führen aber zu größeren Anprallheftigkeitsstufen. Bei der Entscheidung für ein System ist daher vor allem bei hoch belasteten Straßen die Gefährdung des Verkehrs durch die für eine Reparatur notwendige Tagesbaustelle abzuwägen gegen die Gefährdung der Insassen des anprallenden Fahrzeugs durch die Anprallheftigkeit vor allem bei größeren zu erwartenden Anprallwinkeln.

Ein gutes System ist dabei so konzipiert, dass es die anprallenden Fahrzeuge möglichst gleichmäßig umlenkt, sodass gefährliche Beschleunigungsspitzen vermieden werden. Es muss schwere Fahrzeuge (Lkw) sicher so abfangen, dass der angegebene Wirkungsbereich nicht überschritten, aber auch möglichst ausgenutzt wird (größere Auslenkungen führen zu kleineren Beschleunigungen). Gleichzeitig muss es aber so nachgiebig sein, dass es auch durch leichte Fahrzeuge (Pkw) verformt werden kann, da hier sonst die Beschleunigungen zu hoch werden. Viele Systeme für hohe Aufhaltestufen sehen daher Verformungselemente für leichte Fahrzeuge anstelle von relativ starren Grundkonstruktionen vor.

Unter den **Stahlschutzplanken** wurden in Deutschland bisher vier Arten von Schutzplanken eingesetzt:

– Einfache Schutzplanken
– Doppelte Schutzplanken
– Einfache Distanzschutzplanken
– Doppelte Distanzschutzplanken.

Diese erfüllten die Anforderungen der Klasse H2. Vor allem in Mittelstreifen und auf Brücken wurden allerdings seit der Verfügbarkeit der DIN EN 1317

605

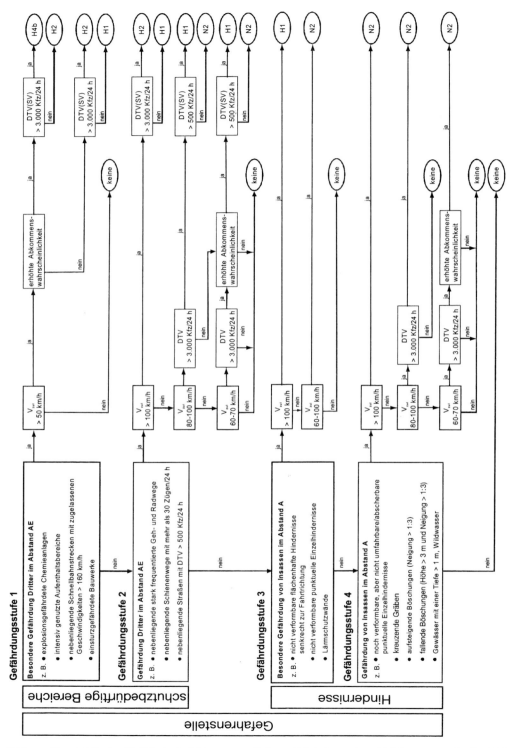

Bild 10.1 Einsatzkriterien für Schutzeinrichtungen am äußeren Fahrbahnrand nach RPS 2009 Quelle: RPS

auch Systeme höherer Rückhaltestufen eingesetzt, um Mittelstreifenunfälle mit Plankendurchbrüchen und Abstürze von Brücken zu vermeiden.

Der Vereinheitlichung und Präzisierung von Bauverträgen im Zusammenhang mit Stahlschutzplanken dienen die

– „Technischen Lieferbedingungen für Stahlschutzplanken (TL-SP 99)", FGSV Verlag, Ausgabe 1999.

Nach dem noch nicht aufgehobenen Erlass

– ARS 08/1999 (S 28/38.62.00/142 BASt 98) „Passive Schutzeinrichtungen – Technische Lieferbedingungen für Stahlschutzplanken (TL-SP 99)" vom 1. Dezember 1999

sind sie grundsätzlich noch gültig. Da sie aber noch auf die RPS 89 abgestimmt sind und daher nicht mehr dem aktuellen Stand entsprechen, sind sie nur sinngemäß anwendbar und notfalls durch Regelungen im Leistungsverzeichnis oder den Besonderen Vertragsbedingungen zu überdecken.

Für die Reperatur gilt das

– ARS 11/2013 (StB 11/7123.11/2-03-1984831) „Richtlinien für passiven Schutz an Straßen durch Fahrzeug-Rückhaltesysteme (RPS) – Reparatur" vom 1. Juli 2013.

Betonschutzwände sind starre abweisende Schutzeinrichtungen, die sich von der konstruktiven Konzeption her bei der Aufnahme der Anprallenergie nicht verformen. Die Anprallenergie wird vor allem durch die Reibung der Räder und der Karosserie an der Schutzwand umgewandelt.

Betonschutzwände können als durchgehende Wand in Gleitschalungsbauweise, aber auch aus einzelnen Fertigteilen und Einzelelementen gebildet werden.

Der Vereinheitlichung und Präzisierung von Bauverträgen im Zusammenhang mit Betonschutzwand-Fertigteilen dienen die

– „Technischen Lieferbedingungen für Betonschutzwand-Fertigteile (TL BSWF 96)", FGSV Verlag, Ausgabe 1996.

Nach dem noch nicht aufgehobenen Erlass

– ARS 03/1996 (StB 13/38.62.20/79 BASt 95) „Technische Lieferbedingungen für Betonschutzwand-Fertigteile, Ausgabe 1996 (TL-BSWF 96)" vom 30. April 1996

sind sie grundsätzlich noch gültig. Da sie aber noch auf die RPS 89 abgestimmt sind und daher nicht mehr dem aktuellen Stand entsprechen, sind sie nur sinngemäß anwendbar und notfalls

durch Regelungen im Leistungsverzeichnis oder den Besonderen Vertragsbedingungen zu überdecken.

Soweit Betonschutzwände aus Ortbeton erstellt werden sollen, gilt das

– ARS 18/2013 (StB 11/7123.11/2-03-2050362) „Anforderungen an den Nachweis der Leistungsfähigkeit von Betonschutzwänden in Ortbetonbauweise – Vergleichsverfahren BSW Ortbeton (VGVF BSW O 2013)" vom 5. September 2013.

Um **eine einheitliche Gestaltung auf Brücken** – insbesondere hinsichtlich der Systembefestigung auf der Kappe sowie der Anschlussstrecken vor und hinter der Brücke – zu gewährleisten, wurden entsprechende Richtzeichnungen erstellt. Diese sind im

– „Verzeichnis der gültigen Richtzeichnungen und Richtlinien für Brücken- und andere Ingenieurbauwerke"

beschrieben, das von dem für den Verkehr zuständigen Bundesministerium herausgegeben, ständig ergänzt und fortgeschrieben wird (www.bmvi.de: Verkehr > Straße > Straßenbau > Richtzeichnungen).

Als **Schutz motorisierter Zweiradfahrer** können spezielle Pfosten an für Zweiradfahrer besonders gefährlichen Stellen eingesetzt werden oder mit einer den Anprall dämpfenden Ummantelung versehen werden.

Für das Ausrüsten bereits vorhandener Schutzplankenpfosten wurden im

– ARS 22/97 (StB 13/38.62.00/60 BASt 97) „Einsatz von Schutzplankenpfostenummantelungen (SPU) an Bundesfernstraßen" vom 16. Mai 1997

Kriterien definiert.

Der Vereinheitlichung und Präzisierung von Bauverträgen im Zusammenhang mit Schutzplankenpfostenummantelungen dienen die

– „Technischen Lieferbedingungen für Schutzplankenpfostenummantelungen (TL-SPU 93)", FGSV Verlag, Ausgabe 1993.

Nach den noch nicht aufgehobenen Erlassen

– ARS 08/1993 (StB 13/38.62.00/3 BASt 93) „Technische Lieferbedingungen für Schutzplankenpfostenummantelungen (TL-SPU 93)" vom 15. April 1993 und

– ARS 20/1996 (StB 13/38.62.00/91 BASt 96) „Technische Lieferbedingungen für Schutzplankenpfostenummantelungen (TL-SPU 93)", Änderung der Prüfung an Schutzplanken-pfostenummantelungen (SPU)" vom 25. Juli 1996

sind sie grundsätzlich noch gültig. Da sie aber noch auf die RPS 89 abgestimmt sind und daher nicht mehr dem aktuellen Stand entsprechen, sind sie nur sinngemäß anwendbar und notfalls durch Regelungen im Leistungsverzeichnis oder

den Besonderen Vertragsbedingungen zu überdecken.

Darüber hinaus kann das

– „Merkblatt zur Verbesserung der Verkehrssicherheit auf Motorradstrecken (MVMot)", FGSV Verlag, Ausgabe 2007

Anregungen zur Verbesserung der Motorradsicherheit geben.

Zu Abschnitt 10.2

BMV – StB
13/38.62.00/60
BASt 97
16. Mai 1997

Einsatz von Schutzplankenpfostenummantelungen (SPU) an Bundesfernstraßen

Zur Minderung von Unfallfolgen beim Anprall von Motorradfahrern an Schutzplanken können die Pfosten mit Schutzplankenpfostenummantelungen (SPU) nachgerüstet werden. Hierfür sind nur die durch die Bundesanstalt für Straßenwesen nach den TL-SPU geprüften Produkte zu verwenden.

Bei der Ausstattung von Strecken ist es erforderlich, nach objektiven Kriterien vorzugehen, die das Unfallgeschehen sowie die örtlichen Besonderheiten der jeweiligen Straßenabschnitte berücksichtigen. Die zuständigen Straßenbauverwaltungen sollen daher künftig in Abstimmung mit den Straßenverkehrsbehörden und der Polizei sowie in Zusammenarbeit mit den Motorradverbänden auf lokaler Ebene jene Streckenabschnitte festlegen, die im Rahmen eines eigens dafür aufzustellenden Programmes mit SPU ausgerüstet werden sollen.

In Ergänzung zu den Regelungen der Richtlinien für passive Schutzeinrichtungen an Straßen, Ausgabe 89 – RPS 89 (Bezugsschreiben) bitte ich die folgenden Kriterien für die Ausrüstung vorhandener Schutzplanken mit SPU auf außerörtlichen Bundesstraßen zugrunde zu legen:

SPU sollen angebracht werden,

– wenn an den unten genannten, charakteristischen Streckenabschnitten ein auffälliges Unfallgeschehen nachgewiesen wird oder
– wenn sich nach polizeilichen Erkenntnissen ein Unfallschwerpunkt mit Motorradfahrerbeteiligung abzeichnet.

Bevor eine vorhandene Schutzplanke mit SPU nachgerüstet wird, ist zu prüfen, ob gemäß den RPS 89 an der jeweiligen Stelle tatsächlich eine Schutzplanke erforderlich ist. Entbehrliche Schutzplanken sind gegebenenfalls zu entfernen. Sofern Schutzplanken mit einem zusätzlichen unteren Holm ausgerüstet wurden, um Folgen von Motorradunfällen zu mindern, kommt der Einsatz von SPU nicht in Betracht.

Mögliche, besondere Unfallgefahren für Motorradfahrer können auf Streckenabschnitten gegeben sein mit

– unstetiger Linienführung (Qualität der Radienrelation außerhalb des brauchbaren Bereiches gemäß RAS-L 1995),
– nicht richtliniengerechten Kurven (z. B. Radien unterhalb R_{min}),
– ungünstigem Kurvenverlauf („Hundekurven", d. h. Eilinien bzw. Korbbögen),
– Kurven ohne richtliniengerechte Querneigung,
– sehr hoher Kurvigkeit (KU > 300 gon/km),
– hoher Kurvigkeit in Kombination mit hoher Längsneigung KU > 150 gon/km und s > 4 %,
– Kehren,
– besonderen Gefahren bzgl. der Griffigkeit bei Nässe (z. B. Pflasterstrecken) oder
– abschnittsweiser nicht vorhersehbarer Feuchtigkeitsbildung (z. B. durch schattige Waldlage).

Besondere Unfallgefahren für die Motorradfahrer können auch in Verbindungsrampen von Autobahnknotenpunkten mit nicht richtliniengerechten Trassierungselementen auftreten.

BMV-Erlass
vom 16.5.1997

Die Zuständigkeit für die Ausstattung der Bundesfernstraßen mit passiven Schutzeinrichtungen liegt alleine bei den Straßenbaubehörden. An zusätzlichen Streckenabschnitten, für die nach den aufgeführten Kriterien keine besonderen Unfallgefahren für Motorradfahrer gegeben sind, sollte eine Ausrüstung mit SPU auch bei Kostenübernahme durch Dritte nicht erfolgen.

Das nach den genannten Kriterien aufgestellte Ausrüstungsprogramm bitte ich im Rahmen der zur Verfügung stehenden Haushaltsmittel zügig umzusetzen. Die Instandhaltung und Reparatur der vorhandenen und neuen SPU sollte im Rahmen Ihrer Erhaltungsmaßnahmen besonders berücksichtigt werden.

Im Interesse der Verkehrssicherheit und einer einheitlichen Straßenausstattung empfehle ich, die Vorgehensweise für die nachträgliche Ausrüstung der Schutzplanken mit SPU auch für die Straßen in Ihrer Zuständigkeit einzuführen.

(VkBl. 1997 S. 424)

10.3 Auffangende Fahrzeug-Rückhaltesysteme

Auffangende Schutzeinrichtungen (nach RPS 2009 „Anpralldämpfer") werden dort angeordnet, wo vor gefährlichen Hindernissen abweisende Schutzeinrichtungen nicht angeordnet werden können, z. B. vor Wegweisungsmasten hinter Trenninselspitzen. Bei den auffangenden Schutzeinrichtungen muss beim Anprall die gesamte kinetische Anprallenergie in Formänderungsarbeit umgewandelt werden.

In den DIN EN 1317, Teile 1 und 3, werden unterschiedliche Anprallszenarien definiert und anhand der auftretenden Deformation und Verrückung in Aufhaltestufen unterteilt.

Auffangende Schutzeinrichtungen findet man in unterschiedlicher Form. Man unterscheidet:

– Trägheits-Anpralldämpfer (z. B. mit Wasser oder Sand gefüllte Behälter),
– zusammenpressbare Anpralldämpfer (z. B. zusammenpressbare Stahlblechtonnen bestimmter Konstruktion),
– energieabsorbierende Schutzplankenendstücke (z. B. an Schutzplankenstrecken anschließende Konstruktionen, die sich teleskopartig zusammenschieben lassen).

Sie werden dort eingesetzt, wo einzeln stehende gefährliche Hindernisse (z. B. Brückenpfeiler, Hindernisse in Trenninselspitzen) gesichert oder der Beginn einer Schutzplankenstrecke oder einer Betongleitwand entschärft werden müssen.

Sonstige Zeichen und Einrichtungen an Straßen

11

11.1 Allgemeines

In Abschnitt 11 werden weitere Elemente der Straßenausstattung behandelt, die den Verkehrszeichen und Verkehrseinrichtungen (siehe Abschnitte 3 bis 9) sehr ähnlich sind, aber keinen ordnungsrechtlichen Einfluss auf das Verkehrsverhalten haben, und die keine Fahrzeug-Rückhaltesysteme (siehe Abschnitt 10) sind. Diese weiteren Elemente der Straßenausstattung sind alleine nach Straßenrecht, also im Zusammenhang mit der Straßenbaulast oder der Eigentümereigenschaft an der Straße, zu beurteilen. Entsprechend trifft die Entscheidung, ob solche Zeichen und Einrichtungen angeordnet werden, die Straßenbaubehörde alleine, ggf. nach Anhörung der sonstigen Träger öffentlicher und privater Belange (dazu werden allerdings in der Regel auch die Verkehrsbehörden und die Polizei gehören). Daher hat sich auch hier die vertrauensvolle Zusammenarbeit bewährt.

Wegen der Ähnlichkeit mit den Verkehrszeichen und Verkehrseinrichtungen werden sie im Rahmen der HAV behandelt, allerdings in diesem besonderen Abschnitt.

Zu Abschnitt 11.1

StVO
§ 43
Verkehrs-
einrichtungen

(1) Verkehrseinrichtungen sind Schranken, Sperrpfosten, Absperrgeräte sowie Leiteinrichtungen, die bis auf Leitpfosten, Leitschwellen und Leitborde rot-weiß gestreift sind. Leitschwellen und Leitborde haben die Funktion einer vorübergehend gültigen Markierung und sind gelb. Verkehrseinrichtungen sind außerdem Absperrgeländer, Parkuhren, Parkscheinautomaten, Blinklicht- und Lichtzeichenanlagen sowie Verkehrsbeeinflussungsanlagen. § 39 Absatz 1 gilt entsprechend.

(2) Regelungen durch Verkehrseinrichtungen gehen den allgemeinen Verkehrsregeln vor.

(3) Verkehrseinrichtungen nach Absatz 1 Satz 1 ergeben sich aus Anlage 4. Die durch Verkehrseinrichtungen (Anlage 4 Nummer 1 bis 7) gekennzeichneten Straßenflächen darf der Verkehrsteilnehmer nicht befahren.

11.2 Wildschutzzäune

Zum Schutz des Verkehrs vor wild lebenden Tieren, die über die Fahrbahn wechseln, können entlang einzelner Straßenzüge Schutzzäune errichtet werden.

Mit den

- ARS 11/1985 (StB 13/38.68.00/121 Va 85) „Richtlinien für Wildschutzzäune an Bundesfernstraßen (Wildschutzzaun-Richtlinien – WSchuZR) – Einführung" vom 10. Juli 1985 (VkBl. S. 453),
- ARS 13/1992 (StB 13/38.68.00/29 Va 92) „Richtlinien für Wildschutzzäune an Bundesfernstraßen (Wildschutzzaun-Richtlinien – WSchuZR) – Zustimmung des BMV" vom 28. Februar 1992 (VkBl. S. 147) und
- ARS 11/2005 (S 11/38.68.00/139 Vma 04 II) „Richtlinien für Wildschutzzäune an Bundesfernstraßen (Wildschutzzaun-Richtlinien – WSchuZR) – Fortschreibung" vom 4. April 2005 (VkBl. S. 354)

hat das für den Verkehr zuständige Bundesministerium 1985 für die Bundesfernstraßen die „Richtlinien für Wildschutzzäune an Bundesfernstraßen" (WSchuZR) eingeführt und dann im Lauf der Zeit fortgeschrieben. Die Änderungen betreffen im Wesentlichen die interne Vorgehensweise (Genehmigungsvorbehalte, Berichtspflichten).

Nach diesen Richtlinien sollen Wildschutzzäune nur an Streckenabschnitten anbaufreier Straßen mit planfreien Knoten und ohne sonstige Zufahrten errichtet werden, an denen erhebliche Gefahren durch Unfälle mit Wild zu erwarten sind. In Frage kommen vor allem zweibahnige Straßen, da durch deren größere Querschnittsbreiten mit größeren Verweilzeiten des Wildes und Orientierungsproblemen des Wildes zu rechnen ist und außerdem in der Regel höhere Geschwindigkeiten zu erwarten sind. Planfreie Knoten oder sonstige Zufahrten vertragen sich nicht mit Wildschutzzäunen, da sie zu Unterbrechungen der Zäune führen und damit die Gefahr besteht, dass Wild in den Straßenraum gelangt und dann vom Zaun dort gefangen ist.

Die Richtlinien berücksichtigen die Auswahl der Zaunabschnitte, deren Entwurf, die zweckmäßige Ausführung (in Abhängigkeit von den vorherrschenden Wildarten), die Kontrolle und die Unterhaltung.

Soweit die Zäune angeordnet werden, um die Gefährdung des Verkehrs zu verringern, kann und soll der Straßenbaulastträger die Kosten für die Errichtung und Erhaltung tragen. Die Kontrolle der Schutzzäune soll in der Regel unentgeltlich durch die Forsteigentümer, Forstbehörden oder Jagdgenossenschaften erfolgen. Dazu sind (möglichst vor der Errichtung des Zaunes) entsprechende Vereinbarungen zu schließen.

Alte Verträge über das Errichten und Unterhalten von Wildsperrzäunen nach den früher praktizierten „Vorläufigen Richtlinien für die Anordnung von Wildsperrzäunen an Bundesfernstraßen" sind zu halten. Nur Besonderheiten des Einzelfalles können ausnahmsweise eine abweichende Behandlung rechtfertigen; in der Regel ist ein Festhalten an den abgeschlossenen Verträgen als für die Jagdseite zumutbar anzusehen.

Schutzzäune sind ein zusätzlicher Beitrag des Trägers der Straßenbaulast, um Behinderungen des Verkehrs zu minimieren. Die Verkehrssicherungspflicht allein jedoch wird bereits mit dem Aufstellen von Zeichen 142 „Wildwechsel" erfüllt. Das Errichten und Unterhalten von Wildschutzzäunen kann dem Träger der Straßenbaulast im Planfeststellungsbeschluss in der Regel nicht auferlegt werden (Planfeststellungsrichtlinien 2007 – PlafeR 07, VkBl. 2008 S. 30 Nr. 32 Abs. 4).

Begleitende Maßnahmen zur Entschärfung von Unfallpunkten mit Wildunfällen sind in Zusammenarbeit mit Jagdbehörde und Jägerschaft festzulegen. Hierzu zählen neben dem Aufstellen von Zeichen 142 „Wildwechsel" das Anlegen von Wildäckern und Duftzäunen sowie das Anbringen von Wildwarnreflektoren. Eine systematische Beobachtung der weiteren Unfallentwicklung ist erforderlich.

Über die Wirksamkeit von Wildwarnreflektoren hat eine im Auftrag des für den Verkehr zuständigen Bundesministeriums erfolgte wissenschaftliche Untersuchung ergeben, dass ein statistisch abgesicherter Beweis ihrer Wirksamkeit unter den bei uns gegebenen Freilandbedingungen nicht zu erbringen war. Beim Installieren von Wildwarnreflektoren an Bundesfernstraßen übernimmt der Bund hierfür nicht die Kosten.

Zu Abschnitt 11.2

PlafeR 07 **32. Im Planfeststellungsbeschluss nicht zu treffende Entscheidungen**

(4) Die Errichtung und Unterhaltung von Wildschutzzäunen (siehe Wildschutzzaun-Richtlinien) können dem Träger der Straßenbaulast im Planfeststellungsbeschluss in der Regel nicht auferlegt werden. Ausnahmen sind möglich, wenn sich die Errichtung z. B. nach der objektiven Gefahrenlage und im Hinblick auf den vorhandenen Wildbestand oder aus naturschutzfachlichen Gründen (z. B. Minimierungsmaßnahme in FFH-Gebieten) als notwendig erweist.

11.3 Blendschutzzäune

Auf freien Strecken von Straßen mit ausreichend breitem Mittelstreifen kann durch das Anbringen von Blendschutzzäunen eine Verbesserung der Sichtverhältnisse bei Nacht erzielt werden. Ferner ist es möglich, mithilfe von Blendschutzzäunen bei parallel laufenden Verkehrswegen (z. B. Straße und Eisenbahnstrecke) die Gefahr gegenseitiger Blendung zu verringern.

Blendschutzzäune auf dem Mittelstreifen von Straßen mit Richtungstrennung kommen in Frage, wenn

- die Unfallquote bei Dunkelheit besonders hoch ist,
- die nächtliche Verkehrsbelastung besonders stark ist, vor allem, wenn bei Dunkelheit häufig Spitzenbelastungen auftreten und Stauungen die Folge sind,
- besonders ungünstige topografische Verhältnisse vorliegen, die zu einer starken Blendstörung führen. Um dies festzustellen, empfiehlt es sich, die Strecke mehrfach bei Dunkelheit zu befahren und Aufzeichnungen über die Häufigkeit von Blendstörungen an bestimmten Stellen zu fertigen.

Kurze Unterbrechungen des Blendschutzzaunes im Verlauf längerer Blendschutzstrecken sollten vermieden werden.

11.4 Verkehrsspiegel

Verkehrsspiegel können an unübersichtlichen Straßenstellen (z. B. Einfahrten) wertvoll für die Verkehrssicherheit sein, weil sie den Einblick bei schwierigen Sichtverhältnissen verbessern.

Obwohl es Stellen gibt, an denen die spiegelbildliche Wiedergabe des Verkehrsgeschehens die Verkehrsteilnehmer irritieren kann, hat im Allgemeinen die gezielte, verkehrstechnisch richtige Anwendung von Verkehrsspiegeln einen positiven Effekt gezeigt.

Verkehrsspiegel sind jedoch keine Verkehrseinrichtung im Sinne des § 43 StVO, sondern lediglich Teil der Straßenausstattung. Soweit ihr Wert für die Verkehrssicherheit zu bejahen ist und Straßenbaubehörde und Polizei nicht widersprechen, kann man in Anlehnung an ein Schreiben des für den Verkehr zuständigen Bundesministeriums vom 12. Oktober 1976, StV 4/36.32.43/4049 M 46, die Auffassung vertreten, dass ein von der Straßenverkehrsbehörde angeregter Verkehrsspiegel mit unter die Kostenregelung des § 5b Abs. 1 StVG fällt.

11.5 Beschilderung für den Militärverkehr

Als Beschilderung für den Militärverkehr dienen alle Symbol- und Schrifttafeln, die für Zwecke des Militärverkehrs bestimmt sind und für den öffentlichen Verkehr keine Gültigkeit haben.

Dazu gehören vor allem Zeichen, die an Brücken die Einstufung in militärische Lastklassen anzeigen.

Nach der mit

- RS (StB 8 – Isvin – 4127 V 60) „Mustervereinbarung für die militärische Einstufung von Straßenbrücken und für die militärische Beschilderung von Straßen und Brücken" vom 6. August 1960

bekannt gemachten Mustervereinbarung dulden die Straßenbauverwaltungen die militärischen Zeichen, soweit sie die Beschilderung nach der StVO nicht beeinträchtigen. Außerdem übernehmen sie gegen Kostenersatz die Aufgabe, die Zeichen aufzustellen, zu ändern, zu beseitigen, zu unterhalten und zu erneuern.

Die Kosten für die militärische Beschilderung mit ihren Aufstelleinrichtungen gehen zu Lasten der Bundeswehr. Diese haftet auch für auftretende Schäden.

Wird, z. B. für Manöver und Übungen, temporäre militärische Beschilderung notwendig, nimmt das Militär unter Duldung der Straßenbauverwaltung die Aufstellung, Unterhaltung und Beseitigung selbst vor.

Beschaffen, Aufstellen, Erhalten

12

12.1 Allgemeines

In Abschnitt 12 werden das Beschaffen, die Anbringung, den Betrieb, die Erhaltung und ggf. die Beseitigung der Verkehrszeichen und Verkehrseinrichtungen behandelt.

Dieser Bereich fällt zu einem großen Teil unter die europäischen Beschaffungs- und Vergaberegelungen und wurde dementsprechend in den letzten Jahren in weiten Bereichen in die europäische Normung übergeführt. Die Notwendigkeit, solche europäischen Normen in die vielfältigen europäischen Amtssprachen zu übersetzen, führt dazu, dass in die Normen sprachlich einfachere, eher beschreibende Bezeichnungen aufgenommen werden. Daher werden in den Normen

– Verkehrsschilder als vertikale Verkehrszeichen und
– Fahrbahnmarkierungen als horizontale Verkehrszeichen

bezeichnet. In diesem Buch werden aus sprachlichen Gründen bewusst auch weiterhin die Bezeichnungen „Verkehrsschilder" und „(Fahrbahn-)Markierung" als Stellvertreter für „vertikale Verkehrszeichen" und „horizontale Verkehrszeichen" verwendet.

Zu behandeln sind insbesondere:

– rechtliche Grundlagen, insbesondere die Zuständigkeit für Beschaffung, Anbringung, Betrieb, Erhaltung und Beseitigung,
– technische Ausgestaltung,
– vergaberechtliche Besonderheiten,
– organisatorische Besonderheiten.

Die rechtlichen Grundlagen werden in Abschnitt 12.2 vorgestellt. Danach obliegen Beschaffung, Anbringung, Betrieb, Erhaltung und ggf. Beseitigung in der Regel dem Straßenbaulastträger. Abschnitt 12 befasst sich weitgehend mit diesen Baulastträgerpflichten.

Die technische Ausgestaltung für die verschiedenen Elemente der Straßenausstattung wird in den Abschnitten 12.3 bis 12.9 behandelt. Sie umfasst insbesondere:

– die genaue Festlegung der geometrischen Form (auf der Grundlage der StVO, der dazu ergangenen Verwaltungsvorschriften und der Anordnung),
– die Entscheidung für eine grundsätzliche Bauart,
– die Wahl des Materials,
– die Wahl der Anbringung (Aufstellung, Applikation usw.).

Die finanziellen und vergaberechtlichen Besonderheiten werden in den Abschnitten 12.10 und 12.12 behandelt. Bei der Beschaffung sind auch die Anforderungen des öffentlichen Vergaberechts zu beachten. Die Aufstellung von Verkehrszeichen und Verkehrseinrichtungen zählt zu den Bauleistungen. Daher sind in der Regel die VOB und die dazu ergangenen Verwaltungsvorschriften zu beachten. Wegen der sogenannten Koordinierungsrichtlinie ergeben sich weitere Anforderungen aus EU-Regelungen, mit denen die Herstellung eines einheitlichen europäischen Marktes erreicht werden soll. Dazu gehört insbesondere die Anwendung europäischer Normen, die Anwendung europäischer Zulassungsverfahren und die Notifizierungspflicht für neue Regelungen. Insbesondere bei größeren Maßnahmen ist es nötig, die Maßnahmen durch entsprechende Planungen und Entwürfe vorzubereiten.

Die organisatorischen Besonderheiten werden in Abschnitt 12.12 angesprochen. Es obliegt dem Baulastträger auch, die Verkehrszeichen und Verkehrseinrichtungen „in einem dem gewöhnlichen Verkehrsbedürfnis genügenden Zustand … zu unterhalten, zu erweitern oder sonst zu verbessern". Um entsprechende Maßnahmen ableiten zu können, ist es nötig, den Soll- und den Ist-Zustand regelmäßig zu überwachen, zu dokumentieren und wertend zu vergleichen.

Zu Abschnitt 12.1

VwV-StVO zu den §§ 39 bis 43 Allgemeines über Verkehrszeichen und Verkehrseinrichtungen	**6** II. Soweit die StVO und diese Allgemeine Verwaltungsvorschrift für die Ausgestaltung und Beschaffenheit, für den Ort und die Art der Anbringung von Verkehrszeichen und Verkehrseinrichtungen nur Rahmenvorschriften geben, soll im Einzelnen nach dem jeweiligen Stand der Wissenschaft und Technik verfahren werden, den das für Verkehr zuständige Bundesministerium nach Anhörung der zuständigen obersten Landesbehörden im Verkehrsblatt erforderlichenfalls bekannt gibt.

12.2 Rechtliche Grundlagen

Das Beschaffen, Anbringen, Unterhalten und Entfernen der Verkehrszeichen und Verkehrseinrichtungen obliegt nach § 5 StVG in der Regel dem Träger der Straßenbaulast für diejenige Straße, in deren Verlauf die Verkehrszeichen oder Verkehrseinrichtungen anzubringen sind, sonst dem Eigentümer der Straße. In einigen wenigen Ausnahmefällen obliegt sie für bestimmte Verkehrszeichen und Verkehrseinrichtungen auch anderen Institutionen, die daran ein besonderes Interesse haben. Dies gilt insbesondere für Bahnübergänge (siehe Abschnitt 5.4), Arbeitsstellen (siehe Abschnitt 7) und touristische Wegweisung (siehe Abschnitt 8.5.2).

Die StVO greift die Regelungen des Gesetzes auf und präzisiert sie, zunächst grundsätzlich in § 45 Abs. 5 und den dazu ergangenen Verwaltungsvorschriften. § 45 Abs. 3 und die dazu ergangenen Verwaltungsvorschriften legen dann fest, dass die Straßenbaubehörden in der Regel die Anbringung sowie die Ausgestaltung bestimmen. Sie sind außerdem bei der Ausarbeitung der Anordnung zu hören, nicht zuletzt damit dabei auch die sich aus der Umsetzung ergebenden Belange berücksichtigt werden können. In der Regel werden diese Entscheidungen wegen ihrer vielen gegenseitigen Abhängigkeiten jedoch einvernehmlich getroffen.

Die **Unterhaltung** umfasst alle notwendigen Aufgaben während der Nutzungsdauer, insbesondere Reinigung, Reparaturen und Ersatz, aber auch Betrieb und Beleuchtung (einschl. Beleuchtung von Fußgängerüberwegen) sowie das Reinigen und Beseitigen sichtbehindernden Bewuchses.

Die Verkehrszeichen und Verkehrseinrichtungen, zumindest wenn sie „der Sicherheit oder Leichtigkeit des Straßenverkehrs oder dem Schutz der Anlieger dienen", sind zusammen mit der Bepflanzung als sogenanntes „Zubehör" nach den Straßengesetzen ausdrücklich Bestandteil der Straße (siehe § 1 Abs. 4 FStrG für die Bundesstraßen stellvertretend für die ähnlich angelegten Landesstraßengesetze). Sie unterliegen damit der Straßenbaulast und sind vom Träger der Straßenbaulast nach § 3 FStrG (und den entsprechenden Regelungen der Ländergesetze „in einem dem regelmäßigen Verkehrsbedürfnis genügenden Zustand zu bauen, zu unterhalten, zu erweitern oder sonst zu verbessern". **Die Straßenbaulastträger sind somit verantwortlich für eine ausreichende Qualität der Verkehrszeichen**

während der gesamten Gebrauchsdauer, also im Neu- und im Gebrauchszustand (siehe dazu auch Kommentare zum Straßenrecht, z. B. Kodal; Krämer; Rinke; u. a.: Straßenrecht für das Bundesfernstraßengesetz).

Im Spannungsfeld zwischen dem Straßenverkehrs- und dem Straßen(bau)recht lässt sich damit zusammenfassen:

– Die Straßenverkehrsbehörden als Vollzugsorgan des Straßenverkehrsrechts und die Straßenbaubehörden als Verkehrsbehörden müssen (auch mit der Polizei als Überwachungsorgan) eng zusammenarbeiten, was zu vielfältigen gegenseitigen Kooperations- und Informationspflichten führt.
– Die Straßenverkehrsbehörden verantworten federführend den inhaltlichen Zustand der Verkehrszeichen und Verkehrseinrichtungen.
– Die Straßenbaubehörden verantworten federführend den materiellen Zustand der Verkehrszeichen und Verkehrseinrichtungen.

Entsprechend sind auch unterschiedliche **Kontrollinstrumente** vorgesehen. Die Straßenverkehrsbehörden werden innerdienstlich durch die VwV-StVO zu § 45 zu Absatz 3 verpflichtet, den inhaltlichen Zustand durch regelmäßige Verkehrsschauen (Zeitraster zwei Jahre) zu überprüfen (nähere Diskussion siehe Abschnitt 2.9.2). Die Straßenbaubehörden überprüfen den materiellen Zustand im Rahmen der im Rhythmus von wenigen Tagen fälligen Streckenkontrollen (nähere Diskussion siehe Abschnitt 12.12.3).

Zusammenfassend ergibt sich für die Straßenbaulastträger die Verpflichtung, die Verkehrszeichen in einem dem regelmäßigen Verkehrsbedürfnis genügenden Zustand zu betreiben. Er muss sie entsprechend beschaffen, aufstellen, kontrollieren sowie reparieren und notfalls ersetzen.

Von den Verkehrszeichen und Verkehrseinrichtungen dürfen keine übermäßigen Gefahren für die Verkehrsteilnehmer und unbeteiligte Dritte ausgehen. Auch dies ist von den Straßenbaulastträgern in eigener Verantwortung zu beachten. Die meisten Straßenbaugesetze verpflichten die Straßenbaulastträger, dafür einzustehen, dass ihre Bauten allen Anforderungen der Sicherheit und Ordnung genügen (z. B. § 4 FStrG). Teilweise sind diese Anforderungen in Regelwerken direkt kodifiziert, teilweise müssen sie indirekt aus der allgemeinen Verpflichtung hergeleitet werden (wofür eine entsprechende Verwaltungsausbildung hilfreich ist).

Konkret geht es dabei z. B. darum, die Standsicherheit zu gewährleisten, die Schilderkanten so auszubilden, dass keine übermäßige Verletzungsgefahr besteht oder die Aufprallsicherheit der Aufstelleinrichtungen zu gewährleisten. Manchmal können Verkehrszeichen oder Verkehrseinrichtungen aus technischen Gründen oder wegen der Sicherheit und Leichtigkeit des Verkehrs nicht auf Straßengrund angebracht werden. Dann müssen die Eigentümer der Anliegergrundstücke nach § 5b Abs. 6 StVG die Anbringung in ihren Grundstücken gegen angemessene Entschädigung in Geld dulden.

Zu Abschnitt 12.2

FStrG
§ 1
Einteilung
der Bundesstraßen
des Fernverkehrs

(4) Zu den Bundesfernstraßen gehören

1. der Straßenkörper; das sind besonders der Straßengrund, der Straßenunterbau, die Straßendecke, die Brücken, Tunnel, Durchlässe, Dämme, Gräben, Entwässerungsanlagen, Böschungen, Stützmauern, Lärmschutzanlagen, Trenn-, Seiten-, Rand- und Sicherheitsstreifen;
2. der Luftraum über dem Straßenkörper;
3. das Zubehör; das sind die Verkehrszeichen, die Verkehrseinrichtungen und -anlagen aller Art, die der Sicherheit oder Leichtigkeit des Straßenverkehrs oder dem Schutz der Anlieger dienen, und die Bepflanzung;
3a. Einrichtungen zur Erhebung von Maut und zur Kontrolle der Einhaltung der Mautpflicht;
4. die Nebenanlagen; das sind solche Anlagen, die überwiegend den Aufgaben der Straßenbauverwaltung der Bundesfernstraßen dienen, z. B. Straßenmeistereien, Gerätehöfe, Lager, Lagerplätze, Entnahmestellen, Hilfsbetriebe und -einrichtungen;
5. die Nebenbetriebe an den Bundesautobahnen (§ 15 Abs. 1).

…

FStrG
§ 3
Straßenbaulast

(1) Die Straßenbaulast umfasst alle mit dem Bau und der Unterhaltung der Bundesfernstraßen zusammenhängenden Aufgaben. Die Träger der Straßenbaulast haben nach ihrer Leistungsfähigkeit die Bundesfernstraßen in einem dem regelmäßigen Verkehrsbedürfnis genügenden Zustand zu bauen, zu unterhalten, zu erweitern oder sonst zu verbessern; dabei sind die sonstigen öffentlichen Belange einschließlich des Umweltschutzes sowie behinderter und anderer Menschen mit Mobilitätsbeeinträchtigung mit dem Ziel, möglichst weitreichende Barrierefreiheit zu erreichen, zu berücksichtigen.

(2) Soweit die Träger der Straßenbaulast unter Berücksichtigung ihrer Leistungsfähigkeit zur Durchführung von Maßnahmen nach Absatz 1 Satz 2 außerstande sind, haben sie auf einen nicht verkehrssicheren Zustand durch Verkehrszeichen hinzuweisen. Diese hat die Straßenbaubehörde vorbehaltlich anderweitiger Maßnahmen der Straßenverkehrsbehörde aufzustellen.

…

FStrG
§ 4
Sicherheitsvorschriften

Die Träger der Straßenbaulast haben dafür einzustehen, dass ihre Bauten allen Anforderungen der Sicherheit und Ordnung genügen. Behördlicher Genehmigungen, Erlaubnisse und Abnahmen durch andere als die Straßenbaubehörden bedarf es nicht. Für Baudenkmäler gilt Satz 2 nur, soweit ein Planfeststellungsverfahren durchgeführt worden ist.

StVG
§ 5b
Unterhaltung der
Verkehrszeichen

(1) Die Kosten der Beschaffung, Anbringung, Entfernung, Unterhaltung und des Betriebs der amtlichen Verkehrszeichen und -einrichtungen sowie der sonstigen vom Bundesministerium für Verkehr, Bau und Stadtentwicklung zugelassenen Verkehrszeichen und -einrichtungen trägt der Träger der Straßenbaulast für diejenige Straße, in deren Verlauf sie angebracht werden oder angebracht worden sind, bei geteilter Straßenbaulast der für die durchgehende Fahrbahn zuständige Träger der Straßenbaulast. Ist ein Träger der Straßenbaulast nicht vorhanden, so trägt der Eigentümer der Straße die Kosten.

(2) Diese Kosten tragen abweichend vom Absatz 1

a) die Unternehmer der Schienenbahnen für Andreaskreuze, Schranken, Blinklichter mit oder ohne Halbschranken;

b) die Unternehmer im Sinne des Personenbeförderungsgesetzes für Haltestellenzeichen;

StVG
§ 5b
Unterhaltung der
Verkehrszeichen

c) die Gemeinden in der Ortsdurchfahrt für Parkuhren und andere Vorrichtungen oder Einrichtungen zur Überwachung der Parkzeit, Straßenschilder, Geländer, Wegweiser zu innerörtlichen Zielen und Verkehrszeichen für Laternen, die nicht die ganze Nacht brennen;
d) die Bauunternehmer und die sonstigen Unternehmer von Arbeiten auf und neben der Straße für Verkehrszeichen und -einrichtungen, die durch diese Arbeiten erforderlich werden;
e) die Unternehmer von Werkstätten, Tankstellen sowie sonstigen Anlagen und Veranstaltungen für die entsprechenden amtlichen oder zugelassenen Hinweiszeichen;
f) die Träger der Straßenbaulast der Straßen, von denen der Verkehr umgeleitet werden soll, für Wegweiser für Bedarfsumleitungen.

(3) Das Bundesministerium für Verkehr, Bau und Stadtentwicklung wird ermächtigt, durch Rechtsverordnung mit Zustimmung des Bundesrates bei der Einführung neuer amtlicher Verkehrszeichen und -einrichtungen zu bestimmen, dass abweichend von Absatz 1 die Kosten entsprechend den Regelungen des Absatzes 2 ein anderer zu tragen hat.

(4) Kostenregelungen aufgrund kreuzungsrechtlicher Vorschriften nach Bundes- und Landesrecht bleiben unberührt.

(5) Diese Kostenregelung umfasst auch die Kosten für Verkehrszählungen, Lärmmessungen, Lärmberechnungen und Abgasmessungen.

(6) Können Verkehrszeichen oder Verkehrseinrichtungen aus technischen Gründen oder wegen der Sicherheit und Leichtigkeit des Straßenverkehrs nicht auf der Straße angebracht werden, haben die Eigentümer der Anliegergrundstücke das Anbringen zu dulden. Schäden, die durch das Anbringen oder Entfernen der Verkehrszeichen oder Verkehrseinrichtungen entstehen, sind zu beseitigen. Wird die Benutzung eines Grundstücks oder sein Wert durch die Verkehrszeichen oder Verkehrseinrichtungen nicht unerheblich beeinträchtigt oder können Schäden, die durch das Anbringen oder Entfernen der Verkehrszeichen oder Verkehrseinrichtungen entstanden sind, nicht beseitigt werden, so ist eine angemessene Entschädigung in Geld zu leisten. Zur Schadensbeseitigung und zur Entschädigungsleistung ist derjenige verpflichtet, der die Kosten für die Verkehrszeichen und Verkehrseinrichtungen zu tragen hat. Kommt eine Einigung nicht zustande, so entscheidet die höhere Verwaltungsbehörde. Vor der Entscheidung sind die Beteiligten zu hören. Die Landesregierungen werden ermächtigt, durch Rechtsverordnung die zuständige Behörde abweichend von Satz 5 zu bestimmen. Sie können diese Ermächtigung auf oberste Landesbehörden übertragen.

StVO
§ 45
Verkehrszeichen
und Verkehrs-
einrichtungen

(3) Im Übrigen bestimmen die Straßenverkehrsbehörden, wo und welche Verkehrszeichen und Verkehrseinrichtungen anzubringen und zu entfernen sind, bei Straßennamensschildern nur darüber, wo diese so anzubringen sind, wie Zeichen 437 zeigt. Die Straßenbaubehörden legen – vorbehaltlich anderer Anordnungen der Straßenverkehrsbehörden – die Art der Anbringung und der Ausgestaltung, wie Übergröße, Beleuchtung fest; ob Leitpfosten anzubringen sind, bestimmen sie allein. Sie können auch – vorbehaltlich anderer Maßnahmen der Straßenverkehrsbehörden – Gefahrzeichen anbringen, wenn die Sicherheit des Verkehrs durch den Zustand der Straße gefährdet wird.
…

(5) Zur Beschaffung, Anbringung, Unterhaltung und Entfernung der Verkehrszeichen und Verkehrseinrichtungen und zu deren Betrieb einschließlich ihrer Beleuchtung ist der Baulastträger verpflichtet, sonst der Eigentümer der Straße. Das gilt auch für die von der Straßenverkehrsbehörde angeordnete Beleuchtung von Fußgängerüberwegen.

VwV-StVO
zu § 45
Verkehrszeichen
und Verkehrs-
einrichtungen

Zu Absatz 3

54 II. Vor der Entscheidung über die Anbringung oder Entfernung jedes Verkehrszeichens und jeder Verkehrseinrichtung sind die Straßenbaubehörden und die Polizei zu hören, in Zweifelsfällen auch andere Sachverständige. Ist nach § 5b StVG ein Dritter Kostenträger, so soll auch er gehört werden.
…

Zu Absatz 5

62 Wer zur Unterhaltung der Verkehrszeichen und Verkehrseinrichtungen verpflichtet ist, hat auch dafür zu sorgen, dass diese jederzeit deutlich sichtbar sind (z. B. durch Reinigung, durch Beschneiden oder Beseitigung von Hecken und Bäumen).

12.3 Ausführung – Allgemeines

12.3.1 Allgemeines

Die Ausführung, also die genaue geometrische Gestalt, die Materialwahl und die Art der Herstellung sind grundlegend in § 39 StVO und den dazu ergangenen Verwaltungsvorschriften geregelt. In der StVO selbst sind im Wesentlichen nur die Dinge geregelt, die für die rechtliche Wirkung der Verkehrszeichen und Verkehrseinrichtungen erforderlich sind, z. B. dass Fahrbahnmarkierungen in der Regel weiß sind und dass gelbe Markierungen als vorübergehende Markierungen die weißen Markierungen aufheben. In der VwV-StVO sind die Dinge geregelt, die wegen der Einheitlichkeit innerhalb des Geltungsbereichs der StVO geregelt werden müssen. Sie werden durch sogenannte „Verkehrsblatt-Verlautbarungen" und den Verkehrszeichen-Katalog (VzKat) (BAnz Nr. 66 vom 19. März 1992, Anlage 66a) ergänzt. Diese Regelungen sind, da Ausfluss eines Bundesgesetzes, auch beim Vollzug durch die Länder und die von ihnen beauftragten Behörden bindend. Sie regeln allerdings nur die grundsätzlichen Fragen von Größe, Form, Inhalt und Sichtbarkeit.

Darüber hinaus bleibt es den einzelnen Straßenbaulastträgern unbenommen, die Art der Ausführung und Aufstellung selbst zu bestimmen. Sie haben dabei aber wie bei allen Baulastträgerentscheidungen die Anforderungen

- aus der Sicherheit und Leichtigkeit des Verkehrs,
- aus der Wirtschaftlichkeit und Sparsamkeit im Umgang mit öffentlichen Mitteln,
- aus den anderen gesetzlichen Vorgaben, insbesondere zum Schutz des Umfeldes,
- und ggf. andere Anforderungen aus dem öffentlichen und privaten Raum

zu beachten und – soweit widersprüchlich – gegeneinander abzuwägen.

In den folgenden Abschnitten wird besprochen, nach welchen Kriterien die Baulastträger Größe, Form und Inhalt, lichttechnische Eigenschaften sowie die detaillierte Ausführung (Bauart) der Verkehrsschilder und Markierungen wählen sollten.

Die meisten der dort getroffenen Festlegungen, insbesondere zu Größe, Form und lichttechnischen Eigenschaften, basieren auf umfangreichen Untersuchungen zu den Eigenarten der menschlichen Wahrnehmung, vor allem im Verkehrsumfeld. Von diesen Festlegungen sollte nur

abgewichen werden, wenn triftige Gründe vorliegen und die entsprechenden Untersuchungen bei der Abwägung berücksichtigt wurden.

12.3.2 Form und Inhalt

Verkehrszeichen dürfen nur so gestaltet sein, wie es die StVO, die VwV-StVO und die dazu ergangenen Verkehrsblatt-Verlautbarungen vorgeben. Diese Vorschrift ist sehr eng gefasst.

Die Verkehrszeichen und Verkehrseinrichtungen, insbesondere deren genaue Größenverhältnisse und Signalbilder, sind daher nach dem

- Katalog der Verkehrszeichen (VzKat), Anlage zur Allgemeinen Verwaltungsvorschrift zur Straßenverkehrsordnung (VwV-StVO) vom 19.3.1992 (BAnz. Nr. 66a), zuletzt geändert durch VwV am 7.8.1997 (BAnz. Nr. 151, S. 10398)

zu gestalten, der als Anlage der VwV-StVO von dem für den Verkehr zuständigen Bundesministerium erstellt und herausgegeben wird. Die zum Zeitpunkt der Drucklegung aktuelle Ausgabe datiert von 1992. Sie wird durch bei der BASt erhältliche Dokumente ergänzt und derzeit überarbeitet. Mit einer Neuauflage ist demnächst zu rechnen.

Im VzKat sind fast alle Gestaltungsvarianten der Verkehrszeichen aufgeführt und mit einer eindeutigen Nummer versehen, die sich aus der Nummer des StVO-Zeichens, meist durch Hinzufügen von Unternummern, ergibt. Zur Vermeidung von Fehlern empfiehlt es sich, diese VzKat-Nummern generell als Referenz, also z. B. auch für Anordnungen und Bestellvorgänge zu verwenden.

Um ein stets gleiches Erscheinungsbild der Verkehrszeichen zu gewährleisten, kann für das Darstellen der Zeichen auf die Bilddatenbank der Bundesanstalt für Straßenwesen (BASt) zurückgegriffen werden. Ferner existieren Digitaldaten der Verkehrszeichen sowie Grafikprogramme für rechnergestütztes Zeichnen, die gegen Kostenerstattung angefordert werden können. Nähere Informationen unter www.bast.de > Fachthemen > Verkehrstechnik > Verkehrszeichen und Symbole und in der

- BMV-VkBl.-Verlautbarung (StV 12/36.42.39) „Verkehrszeichen der Straßenverkehrs-Ordnung (StVO)" vom 7. März 1988 (VkBl. S. 184).

Entwurfsgrundsätze für Verkehrszeichen sind auch in den „Richtlinien für die wegweisende Beschilderung außerhalb der Autobahnen (RWB 2000)" sowie in den „Richtlinien für wegweisende

Mittelschrift nach DIN 1451, Teil 2, Ausgabe 2/86 (Schriftform B)

ÄBCDEFGHIJKLMN
ÖPQRSTÜVWXYZ
äbcdefghijklmnöp
qrstüvwxyzß ?!/)%
1234567890 -".,:;><

Engschrift nach DIN 1451, Teil 2, Ausgabe 2/86 (Schriftform A)

ÄBCDEFGHIJKLMN
ÖPQRSTÜVWXYZ
äbcdefghijklmnöp
qrstüvwxyzß ?!/)%
1234567890 -".,:;><

Bild 12.1 Schrift nach DIN 1451, Teil 2 „Schrift für den Straßenverkehr", Mittelschrift, Engschrift

12.3.2 Form und Inhalt

Beschilderung auf Bundesautobahnen (RWBA 2000)" zu finden (siehe Abschnitte 8.2 und 8.3).

Geringfügige Abweichungen von den vorgeschriebenen Maßen sind, wenn dies keine auffällige Veränderung des Zeichens zur Folge hat, aus besonderen Gründen zulässig, z. B. amtliche Verkehrszeichen, die auf Vorwegweisern 438, 439, 440 aufgesetzt sind.

Für Verkehrszeichen und Zusatzschilder ist die im Normblatt DIN 1451, Teil 2 festgelegte Schrift zu verwenden (*Bild 12.1*).Diese Schrift wurde speziell für eine sichere Erkennbarkeit aus großer Entfernung und aus der Bewegung heraus gestaltet. Dies lässt sich z. B. an der Gestaltung der Zeichen „6", „8" und „9" im Vergleich zu anderen Schriften erkennen (siehe auch Abschnitt 8.2.5).

Größe und Art (Engschrift, Mittelschrift) der Schrift richten sich danach, aus welcher Entfernung die Schrift zu lesen sein soll. In der Regel kommt die Mittelschrift zur Anwendung.

Die erforderliche Lesbarkeitsentfernung einer Schilderschrift hängt von der Lesezeit ab. Die Lesbarkeitsentfernung, also die Entfernung, aus der eine Schrift gelesen werden kann, lässt sich überschlägig anhand folgender Formel ermitteln:

Lesbarkeitsentfernung in m = Schrifthöhe in cm × Sichtweitenfaktor

Der Sichtweitenfaktor beträgt bei mittleren Lichtverhältnissen ohne Blendung für einen Beobachter mit normalem Sehvermögen bei Tageslicht

	aus fahrendem Fahrzeug	aus haltendem Fahrzeug
Engschrift	2,6	3,1
Mittelschrift	3,0	3,7

Angenommen sei eine Mittelschrift mit einer Schrifthöhe von 28 cm, d. h. die Höhe der großen Buchstaben beträgt 28 cm. Dann kann diese Schrift aus einem in Fahrt befindlichen Fahrzeug aus einer Entfernung von etwa 28 × 3,0 = 84 m gelesen werden. Andererseits muss eine Mittelschrift, die aus 84 m Entfernung gelesen werden soll, 84 : 3,0 = 28 cm hoch sein.

Hinsichtlich Buchstabenbreiten und deren Abständen zueinander siehe die in der DIN 1451, Teil 2 enthaltenen Tabellen. Bei Ausführung der Beschilderung sind die Festlegungen der DIN zu beachten und den entsprechenden Ausschreibungen zugrunde zu legen.

Zu Abschnitt 12.3.2

VwV-StVO
zu den §§ 39 bis 43
Allgemeines über
Verkehrszeichen
und Verkehrs-
einrichtungen

III. Allgemeines über Verkehrszeichen

7 1. Es dürfen nur die in der StVO abgebildeten Verkehrszeichen verwendet werden oder solche, die das für Verkehr zuständige Bundesministerium nach Anhörung der zuständigen obersten Landesbehörden durch Verlautbarung im Verkehrsblatt zulässt.

Die Formen der Verkehrszeichen müssen den Mustern der StVO entsprechen.

Mehrere Verkehrszeichen oder ein Verkehrszeichen mit wenigstens einem Zusatzzeichen dürfen gemeinsam auf einer weißen Trägertafel aufgebracht werden. Die Trägertafel hat einen schwarzen Rand und einen weißen Kontraststreifen. Zusatzzeichen werden jeweils von einem zusätzlichen schwarzen Rand gefasst. Einzelne Verkehrszeichen dürfen nur auf einer Trägertafel aufgebracht sein, wenn wegen ungünstiger Umfeldbedingungen eine verbesserte Wahrnehmbarkeit erreicht werden soll.

8 2. Allgemeine Regeln zur Ausführung der Gestaltung von Verkehrszeichen sind als Anlage zu dieser Verwaltungsvorschrift im Katalog der Verkehrszeichen in der aktuellen Ausgabe (VzKat) ausgeführt.

9 Gefahrzeichen können spiegelbildlich dargestellt werden (die einzelnen Varianten ergeben sich aus dem VzKat),

10 a) wenn dadurch verdeutlicht wird, wo die Gefahr zu erwarten ist (Zeichen 103, 105, 117, 121) oder

11 b) wenn sie auf der linken Fahrbahnseite wiederholt werden (Zeichen 117, 133 bis 142); die Anordnung von Gefahrzeichen für beide Fahrbahnseiten ist jedoch nur zulässig, wenn nach den örtlichen Gegebenheiten nicht ausgeschlossen werden kann, dass Verkehrsteilnehmer das nur rechts befindliche Gefahrzeichen nicht oder nicht rechtzeitig erkennen können.

...

VwV-StVO
zu den §§ 39 bis 43
Allgemeines über
Verkehrszeichen
und Verkehrs-
einrichtungen

19 5. Als Schrift ist die Schrift für den Straßenverkehr DIN 1451, Teil 2 zu verwenden.

…

V. Allgemeines über Verkehrseinrichtungen

57 Für Verkehrseinrichtungen gelten die Vorschriften der Nummern I, III 1, 2, 4, 5, 6, 10 und 13 sinngemäß.

BMV – StV
12/36.42.39
7. März 1988

Verkehrszeichen der Straßenverkehrs-Ordnung (StVO)

Verkehrszeichen der Straßenverkehrs-Ordnung (StVO) müssen nach den geltenden Vorschriften gestaltet und ausgeführt sein, damit ein einheitliches Erscheinungsbild gewährleistet ist. Es muss daher auf entsprechend einheitliches Bildmaterial als Ausgang für die Reprotechnik bei den Verkehrszeichenherstellern, Druckereien usw. zurückgegriffen werden können. Die

Bundesanstalt für Straßenwesen (BASt)
Fachgruppe V 3.1
Brüderstr. 53, 51427 Bergisch Gladbach

hat eine Bildbank mit solchem einheitlichen Urbildmaterial (Belegbilder) erstellt. In diesen sind die folgenden gültigen

– StVO-Verkehrszeichen (Haupt- und Zusatzzeichen)
– Schriftzeichen nach DIN 1451 Teil II einschließlich der Markierungszeichen
– Grafischen Symbole für StVO-Verkehrszeichen einschließlich der zugehörigen Varianten
– Grafischen Symbole für Lichtzeichenanlagen und
– die wichtigsten Verkehrslenkungstafeln (wird derzeit vervollständigt)

enthalten. Für diese Verkehrszeichen existieren Digitaldaten für rechnergestütztes Zeichnen, Konstruieren, Fertigen und anderes mehr, die auf Magnetbänder oder Disketten gespeichert sind.

Die BASt kann gegen Kostenerstattung Arbeitsunterlagen zu den o. g. Zeichen zur Verfügung stellen. Da auf dieser Grundlage eine einheitliche Darstellung der amtlichen Zeichen sichergestellt werden kann, sollten Ämter, Verkehrszeichenhersteller, Druckereien usw. das Angebot der BASt nutzen.

(VkBl. 1988 S. 184)

Anmerkung: Weitere Informationen und Online-Update unter www.bast.de > Fachthemen > Verkehrstechnik > Verkehrszeichen und Symbole

12.3.3 Lichttechnische Eigenschaften

Verkehrszeichen müssen unter möglichst allen Bedingungen in vergleichbarer Weise sichtbar sein.

Dafür müssen sie bestimmte lichttechnische Eigenschaften aufweisen. Für den Sichtbarkeitsprozess maßgebend ist die Lichtmenge, die beim Verkehrsteilnehmer ankommt. Maßgebend für den Erkennungsprozess ist der Helligkeits- und/oder Farbkontrast (Unterschied der Lichtmenge), der zwischen den einzelnen Informationsträgern der Verkehrszeichen untereinander und zur Umgebung des Schildes besteht. Dabei sind auch immer die besonderen Eigenschaften des menschlichen Wahrnehmungsapparates zu berücksichtigen, der sich zwar in einem weiten Bereich anpassen (adaptieren) kann, zu einem bestimmten Zeitpunkt aber immer nur einen gewissen Helligkeitsbereich verarbeiten kann (dieser wird in der Regel vom hellsten Punkt im Blickfeld bestimmt; „Blendung").

In den folgenden Absätzen wird versucht, eine allgemein verständliche Darstellung der Zusammenhänge zu geben, die es auch Laien auf dem Gebiet der Lichttechnik erlaubt, die wesentlichen Zusammenhänge nachzuvollziehen und bei ihren Entscheidungen zu berücksichtigen. Für die zahlen- und formelmäßigen Zusammenhänge wird auf die lichttechnische Fachliteratur verwiesen.

Licht ist eine Form von Energie. Da der menschliche Wahrnehmungsapparat aber nur in einem bestimmten Frequenzbereich empfindlich ist, berücksichtigen die lichttechnischen Größen diese Empfindlichkeit (V_{lambda}-Korrektur). Anzumerken ist, dass das menschliche Auge unter Tageslichtbedingungen anders empfindlich ist als bei Dunkelheit, was durch unterschiedliche Korrekturwerte berücksichtigt wird.

Die von einem durchschnittlichen Menschen wahrgenommene Licht-Energie wird **Lichtstrom Φ_v** genannt und in Lumen [lm] angegeben (der Index v steht dabei für „visuell"). Summiert

12.3.3 Lichttechnische Eigenschaften

man den in alle Richtungen abgestrahlten Lichtstrom auf, so erhält man den Gesamtlichtstrom der Beleuchtungsquelle (siehe *Bild 12.2 ①*).

Will man abstrakt angeben, wie groß die Lichtenergie in einer bestimmten Richtung ist, so bezieht man den Lichtstrom in dieser Richtung auf einen (gedanklich kleinen) Raumwinkel und erhält die **Lichtstärke I$_v$** (siehe *Bild 12.2 ②*), die in Candela [cd] angegeben wird. Diese abstrakte Lichtstärke einer Lichtquelle ist in der Regel abhängig von der Ausstrahlrichtung, aber unabhängig von der Entfernung.

Der auf eine Fläche gerichtete Lichtstrom (siehe *Bild 12.2 ③*) ergibt sich aus der Lichtstärke und dem Raumwinkel der Fläche aus Sicht der Lichtquelle. Um die **Beleuchtungsstärke E$_v$** (siehe *Bild 12.2 ④*) der angestrahlten Fläche A zu ermitteln, wird dieser Lichtstrom auf die Größe der Fläche bezogen, in Abhängigkeit vom Einstrahlwinkel β_E (zwischen Einstrahlrichtung und Flächennormale) um den Faktor $\cos(\beta_E)$ reduziert und in Lux [lx] angegeben. Die Reduktion um den Faktor $\cos(\beta_E)$

berücksichtigt, dass sich der schräg auftreffende Lichtstrom auf eine größere Fläche verteilt. Je weiter die beleuchtete Fläche von der Lichtquelle entfernt ist, desto kleiner ist der Raumwinkel, damit der auf die Fläche gerichtete Lichtstrom und davon abhängig die Beleuchtungsstärke. Bei einer Punktlichtquelle nimmt die Beleuchtungsstärke quadratisch mit der Entfernung ab.

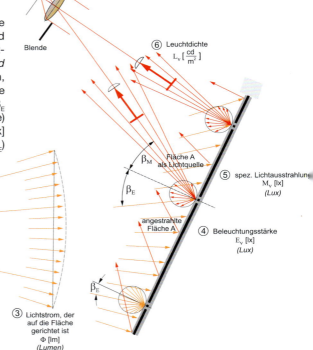

Bild 12.2 Veranschaulichung lichttechnischer Größen

Nr.	Bezeichnung	Einheit	Formel-zeichen	Definition
	Raumwinkel	Steradiant [sr; –]	Ω	$\Omega = \dfrac{A_{\text{Kugelflächenanschnitt}}}{r^2}$
1	Lichtstrom	Lumen [lm]	Φ_v	$\Phi_v = V(\lambda) \cdot P_\Phi$
2	Lichtstärke	Candela [cd; $\frac{\text{lm}}{\text{sr}}$]	I_v	$I_v = \dfrac{d\,\Phi_v}{d\Omega}$
3	auf eine Fläche ger. Lichtstrom	Lumen [lm]	Φ_v	$\Phi_{v,A} = I_v \cdot \dfrac{\cos \beta_E}{r^2}$
4	Beleuchtungs-stärke	Lux [lx; $\frac{\text{lm} \cdot \text{sr}}{\text{m}^2}$]	E_v	$E_v = \dfrac{\Phi_{v,A}}{A} = I_v \cdot \dfrac{\cos \beta_E}{r^2}$
5	spez. Licht-ausstrahlung	Lux [lx]	M_v	$M_v = f(\text{Material}) \cdot E_v$
6	Leuchtdichte	$[\frac{\text{cd}}{\text{m}^2}]$	L_v	$L_v = \dfrac{d\,I_{v,M}}{dA \cdot \cos \beta_M} = \dfrac{d^2\,I_{v,M}}{d\Omega \cdot dA \cdot \cos \beta_M}$

12.3.3 Lichttechnische Eigenschaften

Die auftreffende Energie wird in Wärme umgewandelt oder wieder als Licht abgestrahlt. Wie, hängt von den lichttechnischen Eigenschaften der Fläche ab (siehe nachfolgend). Wird ein Teil der Energie wieder als Licht abgestrahlt, so wird die beleuchtete Fläche selbst wieder zu einer Leuchtquelle und damit Ausgangspunkt von Lichtstrom und Lichtstärke. Die **spezifische Lichtausstrahlung M**$_v$ (siehe *Bild 12.2* ⑤) ergibt sich aus der Beleuchtungsstärke und den lichttechnischen Eigenschaften der Fläche und wird wie die Beleuchtungsstärke in Lux [lx] gemessen.

Das dadurch erzeugte richtungsabhängige Lichtfeld kann durch die **Leuchtdichte L**$_v$ (siehe *Bild 12.2* ⑥) beschrieben werden, indem die Lichtausstrahlung in eine bestimmte Richtung auf den jeweiligen (gedanklich kleinen) Raumwinkel und die um den Faktor $\cos(\beta_M)$ (für den Abstrahlwinkel zwischen Abstrahlrichtung und Flächennormale) abgeminderte abstrahlende Fläche bezogen wird. Die Einheit ist cd/m². Wie die Lichtstärke ist die Leuchtdichte unabhängig von der Entfernung zur Leuchtquelle, aber abhängig von der Richtung.

Die Leuchtdichte entspricht dem Helligkeitseindruck, den ein Betrachter von einer Fläche hat. Dies lässt sich einfach herleiten. Aus der Fläche der Blendenöffnung ergibt sich der Raumwinkel, aus der Fläche des Sensorelementes (Sehzelle, Filmkorn) über den Maßstabsfaktor die Fläche des Leuchtelements, die das Sensorelement bestrahlt. Durch Multiplikation der (richtungsbezogenen) Leuchtdichte mit dem Raumwinkel und der relevanten Leuchtelementfläche kann dann der Lichtstrom (die Lichtenergie) berechnet werden, die auf das Sensorelement auftrifft. Vergrößert man den Abstand um den Faktor f, so verkleinert sich der Raumwinkel auf 1/f², während sich die relevante Leuchtelementfläche um den Faktor f² vergrößert. Die beiden Veränderungen heben sich auf, sodass die auf das Sensorelement auftreffende Lichtenergie (der Lichtstrom), die letztlich den Helligkeitseindruck auslöst, auch bei veränderter Entfernung gleich bleibt.

Lichttechnisch lässt sich eine Oberfläche nun danach charakterisieren, wie sie die auftreffende Lichtenergie verteilt. Grundsätzlich sind mehrere Möglichkeiten denkbar, die in der Regel gemischt auftreten (siehe *Bild 12.3*):

- **Absorption:** Die Energie wird in Wärme umgewandelt.
- **Spiegelnde Reflexion:** Die Energie wird wieder als Lichtenergie abgegeben, und zwar nach der Regel Einfallswinkel = Ausfallswinkel.

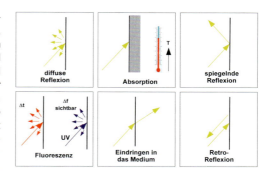

Bild 12.3 Schematische Darstellung der lichttechnischen Eigenschaften einer Oberfläche

- **Retroreflexion:** Die Energie wird wieder als Lichtenergie abgegeben, und zwar entgegen der Richtung, aus der der Lichtstrahl auf die Oberfläche aufgetroffen ist.
- **Diffuse Reflexion:** Die Energie wird wieder als Lichtenergie abgegeben, und zwar in alle möglichen Richtungen.
- **Eindringen in das Medium:** Bei durchsichtigen Medien setzt das Licht seinen Weg im Medium fort (nach den Brechungsgesetzen in verändertem Winkel).
- **Farbverschiebung (Fluoreszenz):** Die Energie wird wieder als Lichtenergie abgegeben, aber mit Lichtquanten niedriger Energie, damit mit einer höheren Wellenlänge (in der Regel vom ultravioletten in den sichtbaren Bereich verschoben); der Energieverlust wird in der Regel absorbiert (siehe oben).
- **Zeitverschiebung (Phosporeszenz, Nachleuchten):** Die Energie wird wieder als Lichtenergie abgegeben, aber mit zeitlicher Verzögerung.

In der Regel treten die verschiedenen Reflexionsformen gemischt auf. So wird auch bei einer „normalen" diffusen Reflexion meist ein gewisser Anteil der Energie absorbiert. Gegenstände erscheinen farbig, weil nur das Licht der entsprechenden Farbe reflektiert wird, das Licht der anderen Farben aber absorbiert. Lediglich bei der sogenannten Totalreflexion wird die gesamte Energie reflektiert. Da diese physikalisch bedingt nur an Grenzflächen von dichteren zu weniger dichten Materialien auftritt, treten bei der technischen Nutzung aber im Gesamtsystem meist doch Verluste auf, nämlich beim Übergang des Lichtes in das dichte Medium und aus ihm heraus.

Für die Tagessichtbarkeit von Verkehrszeichen wird die diffuse Reflexion benötigt, für die Nachtsichtbarkeit die Retroreflexion. Die optisch wirksamen Materialien und Beschichtungen sind daher so konzipiert, dass sie sowohl diffus reflektierend als auch retroreflektierend wirken (und, bei farbigen Materialien, auch absorbierend, um nur das Licht der jeweiligen Farbe zu reflektieren). Da das Material aber letztlich nur die eintreffende Energie verteilen kann, wirken hoch retroreflektierende Ausführungen am Tag dunkler. Denn ein größerer Teil des Sonnenlichtes wird nicht diffus zu den Beobachtern reflektiert, sondern in den Himmel retroreflektiert. Durch den Einbau fluoreszierender Farbstoffe kann dieser Effekt in gewissem Maße kompensiert werden, indem ultraviolettes Licht in sichtbares Licht umgewandelt wird. Das ist vor allem bei diesigem Wetter vorteilhaft, bei dem ultraviolettes Licht verfügbar und Helligkeit benötigt wird.

Die Retroreflexion sollte das Licht möglichst genau in die Richtung zurückwerfen, aus der es kommt, damit die auftreffende Energie, z. B. aus dem Streulicht der Scheinwerfer, möglichst gut ausgenutzt werden kann. Umgekehrt ist es notwendig, das zurückgestrahlte Licht auch ein wenig zu streuen, damit das Licht nicht nur in die Scheinwerfer, sondern auch zu den etwas höher sitzenden Fahreraugen zurückgestrahlt wird. Der hier benötigte Winkelbereich wird umso größer, je weiter die Augen des Fahrers von den Scheinwerfern entfernt sind (z. B. Lkw) und je näher sich das Fahrzeug am Schild befindet.

Diese erwünschten Eigenschaften führen zu Mindestanforderungen, die an die retroreflektierenden Materialien gestellt werden, aus denen die lichttechnisch wirksame Oberfläche von Verkehrszeichen gebildet wird:

- Für die **Tagsichtbarkeit** werden bestimmte Leuchtdichtefaktoren gefordert (Verhältnis der Leuchtdichte des Materials zu der Leuchtdichte einer ideal weißen Oberfläche).
- Für die **Nachtsichtbarkeit** werden gefordert
  - für beleuchtete Verkehrszeichen Mindestleuchtdichten;
  - für retroreflektierende Verkehrszeichen spezifische Rückstrahlwerte (Leuchtdichtewerte bezogen auf die Beleuchtungsstärke (des Verkehrszeichens); bei Verkehrsschildern eingeteilt in drei Leistungsklassen RA1 (niedrigste Anforderungen), RA2 und RA3 (höchste Anforderungen)).
- Für die **Farbechtheit** werden entsprechende Farbkoordinaten im CIE-Farbraum gefordert.

Zu den konkreten Anforderungen siehe Abschnitt 12.4.3.

12.3.4 Baupolizeiliche Gesichtspunkte

Wie in Abschnitt 12.2 ausgeführt, haben die Straßenbaulastträger die alleinige Verantwortung dafür, „dass ihre Bauten allen Anforderungen der Sicherheit und Ordnung genügen". Dies gilt auch für die baupolizeilichen Anforderungen an die Anlagen der Straßenausstattung.

Hier sind zu nennen z. B. die Standfestigkeit der Aufstelleinrichtungen vom einfachen Schildermast bis zur Schilderbrücke, die Rutschsicherheit der Markierungen, die Absturzsicherung bei großen Höhenunterschieden, die Anprallsicherheit von festen oder transportablen Aufstelleinrichtungen oder der Berührschutz bei elektrisch betriebenen Anlagen.

Viele dieser Anforderungen sind im technischen Regelwerk berücksichtigt. Bei der Anwendung ist sicherzustellen, dass auch diese Anforderungen beim Abwägen mit anderen Gestaltungsanforderungen mit dem nötigen Gewicht eingehen.

Für die Sicherstellung gewisser Eigenschaften, z. B. der Anprallsicherheit von transportablen Aufstelleinrichtungen, sind umfangreiche Versuche notwendig. Bei eventuell vorgesehenen Abweichungen von der Standardausführung ist zu bedenken, dass auch kleine Änderungen große Auswirkungen haben können. Insofern sollten Standardausführungen sicherheitsrelevanter Einrichtungen nur mit äußerster Vorsicht und unter Berücksichtigung der möglichen Sicherheitsauswirkungen modifiziert werden.

12.3.5 Systematik des Regelwerks

Die Verkehrszeichen und Verkehrseinrichtungen unterliegen als Bestandteil des Bauwerks Straße der Bauproduktenverordnung der Europäischen Union (EU-BauPVO; http://www.dibt.de/de/zulassungen/eta-rechtsgrundlagen.html) aus dem Jahr 1988. Diese Richtlinie soll den freien Handel mit Bauprodukten erleichtern, ohne die gewohnten nationalen Anforderungen in Bezug auf Sicherheit und Gebrauchstauglichkeit in Frage zu stellen. **Dazu wurde ein einheitliches europäisches Zulassungsverfahren geschaffen, das auf einer Sammlung sogenannter „harmonisierter Normen" aufbaut.**

Um den unterschiedlichen Anforderungen in den Mitgliedstaaten Rechnung zu tragen, anderseits aber doch schrittweise zu einer Vereinheitlichung

12.3.5 Systematik des Regelwerks

zu gelangen, wurde folgende Strategie angewandt:

– Europäische Normen regeln nicht mehr wie „alte Normen" vordergründig, wie gewisse Bauteile beschaffen sein müssen, sondern schaffen für die verschiedenen maßgebenden Eigenschaften ein einheitliches Klassifikationssystem mit unterschiedlichen Anforderungsniveaus; der Anwender muss dann für jede Eigenschaft festlegen, welches Anforderungsniveau die von ihm gewünschte Ware erfüllen muss.

– Die Einteilung der Leistungsklassen wird so gewählt, dass sich alle bisherigen nationalen Anforderungen durch entsprechende Kombinationen von Leistungsklassen abbilden lassen.

– Durch nationale Umsetzungsdokumente können dann die bisherigen Anforderungen im neuen Normensystem gestellt werden.

Inhaltlich ändert sich damit zunächst nicht sehr viel; die bisherigen Anforderungen an Bauprodukte können unverändert weitergeführt werden. Da die einzelnen Eigenschaften aber nach einheitlichen Normen spezifiziert (und geprüft) werden, reicht eine einheitliche europäische Zulassung aus. Die Anbieter müssen ihre Produkte also nicht mehr in allen Mitgliedstaaten zulassen. Außerdem werden die Anforderungen über das einheitliche Klassensystem vergleichbar.

Da außerdem zumindest die öffentlichen Auftraggeber der Mitgliedstaaten verpflichtet sind, im mandatierten Bereich auf die Leistungsklassen der mandatierten Normen zurückzugreifen (und in diesem Bereich keine zusätzlichen Forderungen stellen dürfen), werden europaweit auch weniger unterschiedliche Anforderungen gestellt.

Das einheitliche Verfahren lässt einfache Vergleiche der Anforderungen und Möglichkeiten zu. Das führt mittelfristig auch zu einer Vereinheitlichung der Anforderungen.

Mit Regelungen nach der Bauproduktenrichtline dürfen allerdings nur die Eigenschaften angesprochen werden, für die die Mitgliedstaaten in den Europäischen Verträgen ihre Hoheit nicht aufgegeben haben. Bei den meisten Bauprodukten trifft das auf alle Eigenschaften zu. Bei den Verkehrszeichen und Verkehrseinrichtungen sind jedoch einige Eigenschaften, z.B. die genaue Formgebung des Signalbildes oder die Art der Anwendung, in der Hoheit der Mitgliedstaaten verblieben. Konkret bedeutet das, dass bei öffentlichen Ausschreibungen gewisse Anforderungen an Verkehrsschilder in Übereinstimmung mit sogenannten harmonisierten

europäischen Normen gefordert werden müssen, andere Anforderungen dagegen national festgelegt werden. Insofern hat in diesem Bereich die Forderung nach dem „Erfüllen anerkannter Gütebedingungen" immer noch ihre Berechtigung; die von den harmonisierten Normen geforderten Eigenschaften werden über das CE-Zeichen, die restlichen Eigenschaften über das Güteschutz-Verfahren abgedeckt.

Wie in Abschnitt 12.11 noch vertieft besprochen wird, handelt es sich bei den meisten Verträgen zur Herstellung von Straßeninfrastruktur um Werkverträge, die die Lieferung der verwendeten Bau- und Hilfsstoffe einschließen.

Im Bereich des Straßenwesens werden diese Verträge normalerweise aufbauend auf den VOB/B und VOB/C formuliert. Dieses System sieht auch eventuelle

– „Zusätzliche Technische Vertragsbedingungen (ZTV)"

vor, also Vertragsbedingungen, die detaillierter oder spezifischer als die VOB/C sind, aber doch nicht nur für ein, sondern für eine Vielzahl von Baumaßnahmen geeignet sind.

Diese ZTV regeln im Wesentlichen die Erstellung des Werkes. Für die Lieferkomponente beziehen sie in der Regel

– „Technische Lieferbedingungen (TL)" und
– „Technische Prüfbedingungen (TP)"

(oft auch gemeinsam als „Technische Liefer- und Prüfbedingungen (TLP)" erstellt) ein, die sich wiederum auf die entsprechenden

– harmonisierten Europäischen Normen (in der Regel als „DIN EN" veröffentlicht)

beziehen.

Für den Bereich der Bundesfernstraßen lässt das für den Verkehr zuständige Bundesministerium solche ZTV, TL und TP in der Regel von den Ausschüssen der Forschungsgesellschaft für Straßen- und Verkehrswesen (FGSV) ausarbeiten. Diese Ausschüsse arbeiten auch bei der europäischen Normung mit.

Die so ausgearbeiteten ZTV, TL und TP tragen häufig den Zusatz „-StB" (Straßenbau) und sind wie die VOB/C meist Kombinationsdokumente, die aus Vertragsbedingungen (in gerader Schrift und mit Randstrich) sowie aus Richtlinien zu ihrer Anwendung (in kursiver Schrift ohne Randstrich) bestehen und dann „Zusätzliche Technische … bedingungen und Richtlinien" genannt werden.

12.3.6 Sonstige Qualitätsanforderungen

Das für den Verkehr zuständige Bundesministerium bittet die obersten Straßenbaubehörden der Länder, die nach dem Grundgesetz für die Verwaltung der Bundesstraßen „im Auftrage des Bundes" („Auftragsverwaltung") zuständig sind, diese Regelwerke für den Bereich der Bundesstraßen anzuwenden. Außerdem empfiehlt er den Ländern, diese Regelwerke auch im Bereich ihrer eigenen Straßen anzuwenden.

12.3.6 Sonstige Qualitätsanforderungen (z. B. Güteanforderungen)

Im Zusammenhang mit der Umstellung auf einheitliche europäische Spezifikationen (siehe Abschnitt 12.11.3) ergibt sich auch eine Änderung beim Nachweis, ob die geforderten Eigenschaften erfüllt sind. Im mandatierten Bereich, d.h. dem Bereich von Eigenschaften, die der europäischen Normung unterliegen, wird dieser Nachweis grundsätzlich durch das CE-Zeichen erbracht. Öffentliche Vergabestellen dürfen grundsätzlich auch keine weiteren Nachweise fordern, wobei ihnen Eingangskontrollen unbenommen bleiben.

Das CE-Zeichen ist eine Eigenerklärung derjenigen Institution, die das Produkt in den Warenverkehr bringt, also des Herstellers, Importeurs o. ä. Je nach Gefährdung der Bevölkerung sehen die Mandate vor, dass diese Eigenerklärung mehr oder weniger durch externe Prüf-, Überwachungs- und Zertifizierungs- (PÜZ-) Stellen überwacht werden. Insofern unterscheidet sich das Vorgehen nach den europäischen Regelungen von der bisher in Deutschland in weiten Bereichen üblichen Praxis, eine öffentlich kontrollierte Güteüberwachung zu etablieren, sei es durch Systeme der öffentlichen Hand oder durch privat organisierte Systeme (Güteschutzgemeinschaften, RAL-Gütezeichen). Die mit der Einführung des CE-Zeichens einhergehende Übertragung der Produktverantwortung auf den Vertreiber ist eine politisch gewollte Veränderung und wird durch entsprechende Gesetzgebung zur Produkthaftung (Produkthaftungsgesetz – ProdHaftG) unterstützt.

Für die nicht mandatierten Eigenschaften bleibt es den Bestellern unbenommen, andere Arten der Qualitätssicherung zu fordern. Allerdings sind den öffentlichen Auftraggebern auch hier Schranken gesetzt, um Diskriminierung von Wettbewerbern zu vermeiden. So müssen z.B. grundsätzlich auch Nachweise aus anderen Mitgliedstaaten anerkannt werden, soweit aus ihnen die Gleichwertigkeit für die Verwendung abgeleitet werden kann. Hinsichtlich der Gütebedingungen kann nur gefordert werden, dass „die Ausführung der Verkehrszeichen ... nicht unter den Anforderungen anerkannter Gütebedingungen liegen" darf, nicht jedoch, dass das Produkt das Gütezeichen tragen muss. Allerdings ist ein entsprechendes Gütezeichen ein geeigneter Weg, die Einhaltung der Gütebedingungen nachzuweisen.

Verkehrszeichen und Verkehrseinrichtungen haben den „Anforderungen anerkannter Gütebedingungen" zu entsprechen (VwV-StVO zu den §§ 39 bis 43, III 4).

Als Gütebedingungen liegen vor die

– RAL-RG 628 „Verkehrszeichen – Gütesicherung", 1995,

die von der Güteschutzgemeinschaft Verkehrszeichen und Verkehrseinrichtungen e.V. als Grundlage für das RAL-Gütezeichen „Verkehrszeichen und Verkehrseinrichtungen" verwendet werden.

Die Förderung der Qualität von Markierungsarbeiten hat sich die „Deutsche Studiengesellschaft für Straßenmarkierungen e.V. (DSGS)" zum Ziel gesetzt.

Mit Fragen der Güte und Weiterentwicklung der Schutzplanken befassen sich die „Studiengesellschaft für Stahlschutzplanken" und die „Gütegemeinschaft Stahlschutzplanken e.V.".

Zu Abschnitt 12.3.6

| VwV-StVO zu den §§ 39 bis 43 Allgemeines über Verkehrszeichen und Verkehrseinrichtungen | **18** | 4. Die Ausführung der Verkehrszeichen darf nicht unter den Anforderungen anerkannter Gütebedingungen liegen. |

12.4 Ausführung – ortsfeste Verkehrsschilder und Leiteinrichtungen

12.4.1 Allgemeines

In diesem Abschnitt wird behandelt, wie die Verkehrsschilder so hergestellt und aufgestellt werden müssen, dass den Verkehrsteilnehmern das festgelegte Signalbild mit den gewünschten lichttechnischen Eigenschaften dargeboten wird.

Die grundsätzlichen Schilderinhalte wurden in den Abschnitten 3 bis 9, die grundsätzlichen Anforderungen an die Sichtbarkeit in den Abschnitten 2.6 und 12.3.3 besprochen.

Zunächst ist festzulegen:

- die geometrische Ausgestaltung (Abschnitt 12.4.2):
  - Größe des Schildes
  - Form und Größe der verschiedenfarbigen Signalflächen und Symbole.

Die folgende Entscheidung für eine bestimmte Ausführungsart (Realisierung) wurde früher als „Wahl der ‚Bauart‘„ zusammengefasst. Die derzeitigen Richtlinien untergliedern diesen Prozess in mehrere Phasen:

- die Entscheidung für eine grundsätzliche Bauart (Abschnitt 12.4.3):
  - konventionell beschichtet
  - retroreflektierend
  - innen- oder außenbeleuchtet
- die mechanische Konstruktion (Abschnitt 12.4.4):
  - Trägermaterial mit seiner Ausformung und Befestigung
  - ggf. Beleuchtungseinrichtungen
- die Wahl der lichttechnisch wirksamen Baustoffe (Abschnitt 12.4.5).

Harmonisierte Norm für Verkehrsschilder (im europäischen Kontext „vertikale Verkehrszeichen" genannt) ist die

- DIN EN 12899-1 „Ortsfeste, vertikale Straßenverkehrszeichen, Teil 1: Ortsfeste Verkehrszeichen", 2007.

Die Umsetzung in Deutschland erfolgt mit

- „Zusätzliche Technische Vertragsbedingungen und Richtlinien für vertikale Verkehrszeichen (ZTV VZ)", FGSV Verlag, Ausgabe 2011,

- „Technische Liefer- und Prüfbedingungen für vertikale Verkehrzeichen (TLP VZ)", FGSV Verlag, Ausgabe 2011.

Die Einführung für die Bundesfernstraßen (und der Anregung, die Regelwerke auch im Zuständigkeitsbereich der Länder zu verwenden) erfolgte mit

- ARS 9/2011 (StB 11/7122.3/4/1448158) „Technische Liefer- und Prüfbedingungen für vertikale Verkehrszeichen (TLP VZ); Zusätzliche Technische Vertragsbedingungen und Richtlinien für vertikale Verkehrszeichen (ZTV VZ); Merkblatt für die Wahl der lichttechnischen Leistungsklasse von vertikalen Verkehrszeichen und Verkehrseinrichtungen (M LV)" vom 21. Juli 2011.

In der DIN EN 12899-1 werden bei Materialien, bei denen die Rückstrahlwirkung auf Glasperlen beruht, für die Tagessichtbarkeit Werte für die Farbechtheit (x-, y-Koordinaten in der CIE-Normfarbtafel) und Mindestwerte für den sogenannten Leuchtdichtefaktor β, ein Maß für das Energieverhältnis der diffusen Reflexion, gefordert.

Für die Retroreflexion werden entsprechend Mindestwerte für den spezifischen Rückstrahlwert R_A gefordert, aus den in Abschnitt 12.3.3 angesprochenen Gründen für verschiedene Winkel β außerhalb der exakten Rückstrahlrichtung.

Für Materialien, bei denen die Rückstrahlwirkung auf der Wirkung von (Mikro-)Prismen beruht, ist eine Europäische Einzelzulassung erforderlich, in der ähnliche Eigenschaften geprüft werden.

Die für Verkehrszeichen und Verkehrseinrichtungen verwendeten Farben müssen den Bestimmungen des Normblattes

- DIN 6171-1 „Aufsichtfarben für Verkehrszeichen und Verkehrseinrichtungen, Teil 1: Farbbereiche bei Beleuchtung mit Tageslicht, 2011-11

entsprechen.

Für eine schnelle visuelle Prüfung der Farben können Farbkarten verwendet werden. Ein solcher Farbenvergleich kann nicht den Anspruch erheben, physikalisch exakt zu sein, reicht aber häufig für die Zwecke der Praxis.

12.4.2 Größe und Geometrie

Die Abmessungen (Größe) der Schilder und Verkehrseinrichtungen ist in der VwV-StVO zu den §§ 39 bis 43 und in Abschnitt 1.3 des VzKat 1992 geregelt. Sie richtet sich in erster Linie nach den zu erwartenden Geschwindigkeiten: Um eine gewisse Zeit der Sichtbarkeit zu gewährleisten, muss das Schild größer sein, wenn schneller gefahren wird. Die Ausführungen in den Abschnitten 2.8 und 8.2.5 gelten entsprechend.

Auf Autobahnen und autobahnähnlichen Straßen ohne Geschwindigkeitsbeschränkung können Wiederholungen auf zweistreifigen Fahrbahnen auch kleiner, nämlich in der Größe 2 statt der dort sonst notwendigen Größe 3 ausgeführt werden. Zeichen, die sich nur an den Fußgänger- und Radverkehr richten oder das Halten und Parken regeln, können ausnahmsweise auch kleiner, sogar kleiner als die Größe 1 ausgeführt werden, wenn dies, z. B. aus gestalterischen Erwägungen, dringend geboten erscheint und die Schilder auch dann noch für ihre Zielgruppe ausreichend erkennbar und lesbar sind. Auch in gestalterisch sensiblen Gebieten kann es in Ausnahmefällen sinnvoll sein, kleinere Schilder einzusetzen; dann ist aber immer zu prüfen, ob die Schilder noch rechtzeitig und zuverlässig wahrgenommen und erkannt werden können.

Die Festlegungen berücksichtigen, dass die Verkehrszeichen rechtzeitig wahrgenommen werden können und bei der Vorbeifahrt genügend Zeit verbleibt, den Schilderinhalt aufzunehmen, zu verarbeiten und entsprechend zu reagieren.

Sie stellen außerdem sicher, dass die verschiedenen Verkehrszeichen in einem ausgewogenen Größenverhältnis zueinander stehen.

Formal obliegt die Festlegung der angemessenen Größe nach § 45 Abs. 3 StVO in der Regel den Straßenbaubehörden. Nur in Ausnahmefällen können und sollen die Straßenverkehrsbehörden Anordnungen zur Über- oder Untergröße treffen. In der Praxis wird man solche Festlegungen meist gemeinsam treffen.

Die Details der geometrischen Form ergeben sich aus dem Verkehrszeichenkatalog und den bei der Bundesanstalt für Straßenwesen (www.bast.de) erhältlichen Konstruktionszeichnungen.

Zu Abschnitt 12.4.2

Vwv-StVO zu den §§ 39 bis 43 Allgemeines über Verkehrszeichen und Verkehrs- einrichtungen		

III. Allgemeines über Verkehrszeichen

7 1. Es dürfen nur die in der StVO abgebildeten Verkehrszeichen verwendet werden oder solche, die das für Verkehr zuständige Bundesministerium nach Anhörung der zuständigen obersten Landesbehörden durch Verlautbarung im Verkehrsblatt zulässt.

Die Formen der Verkehrszeichen müssen den Mustern der StVO entsprechen.

Mehrere Verkehrszeichen oder ein Verkehrszeichen mit wenigstens einem Zusatzzeichen dürfen gemeinsam auf einer weißen Trägertafel aufgebracht werden. Die Trägertafel hat einen schwarzen Rand und einen weißen Kontraststreifen. Zusatzzeichen werden jeweils von einem zusätzlichen schwarzen Rand gefasst. Einzelne Verkehrszeichen dürfen nur auf einer Trägertafel aufgebracht sein, wenn wegen ungünstiger Umfeldbedingungen eine verbesserte Wahrnehmbarkeit erreicht werden soll.

8 2. Allgemeine Regeln zur Ausführung der Gestaltung von Verkehrszeichen sind als Anlage zu dieser Verwaltungsvorschrift im Katalog der Verkehrszeichen in der aktuellen Ausgabe (VzKat) ausgeführt.

9 Gefahrzeichen können spiegelbildlich dargestellt werden (die einzelnen Varianten ergeben sich aus dem VzKat),

10 a) wenn dadurch verdeutlicht wird, wo die Gefahr zu erwarten ist (Zeichen 103, 105, 117, 121) oder

11 b) wenn sie auf der linken Fahrbahnseite wiederholt werden (Zeichen 117, 133 bis 142); die Anordnung von Gefahrzeichen für beide Fahrbahnseiten ist jedoch nur zulässig, wenn nach den örtlichen Gegebenheiten nicht ausgeschlossen werden kann, dass Verkehrsteilnehmer das nur rechts befindliche Gefahrzeichen nicht oder nicht rechtzeitig erkennen können.

12.4.2 Größe und Geometrie

Vwv-StVO
zu den §§ 39 bis 43
Allgemeines über
Verkehrszeichen
und Verkehrs-
einrichtungen

3. Größe der Verkehrszeichen

12 a) Die Ausführung der Verkehrszeichen und Verkehrseinrichtungen ist auf das tatsächliche Erfordernis zu begrenzen; unnötig groß dimensionierte Zeichen sind zu vermeiden.

13 b) Sofern in dieser Vorschrift nichts anderes bestimmt wird, erfolgt die Wahl der benötigten Verkehrszeichengröße – vor dem Hintergrund einer sorgfältigen Abwägung – anhand folgender Tabellen:

Verkehrszeichen	Größe 1 (70 %)	Größe 2 (100 %)	Größe 3 (125 bzw. 140 %)
Ronde (Ø)	420	600	750 (125 %)
Dreieck (Seitenl.)	630	900	1 260 (140 %)
Quadrat (Seitenl.)	420	600	840 (140 %)
Rechteck (H × B)	630 × 420	900 × 600	1 260 × 840 (140 %)

Maße in mm

Zusatzzeichen	Größe 1 (70 %)	Größe 2 (100 %)	Größe 3 (125 %)
Höhe 1	231 × 420	330 × 600	412 × 750
Höhe 2	315 × 420	450 × 600	562 × 750
Höhe 3	420 × 420	600 × 600	750 × 750

Maße der Zusatzzeichen in mm

14 c) Größenangaben für Sonderformen (z. B. Zeichen 201 „Andreaskreuz"), die in dieser Vorschrift nicht ausgeführt werden, sind im VzKat festgelegt.

15 d) In der Regel richtet sich die Größe nach der am Aufstellungsort geltenden zulässigen Höchstgeschwindigkeit:

Größen der Verkehrszeichen für Dreiecke, Quadrate und Rechtecke

Geschwindigkeitsbereich (km/h)	Größe
20 bis weniger als 50	1
50 bis 100	2
mehr als 100	3

Größen der Verkehrszeichen für Ronden

Geschwindigkeitsbereich (km/h)	Größe
0 bis 20	1
mehr als 20 bis 80	2
mehr als 80	3

16 e) Auf Autobahnen und autobahnähnlich ausgebauten Straßen ohne Geschwindigkeitsbeschränkung werden Verbote und vergleichbare Anordnungen zunächst durch Verkehrszeichen der Größe 3 nach den Vorgaben des VzKat angekündigt, Wiederholungen erfolgen bei zweistreifigen Fahrbahnen in der Regel in der Größe 2.

17 f) Kleinere Ausführungen als Größe 1 kommen unter Berücksichtigung des Sichtbarkeitsgrundsatzes nur für den Fußgänger- und Radverkehr sowie die Regelungen des Haltens und Parkens in Betracht. Das Verhältnis der vorgeschriebenen Maße soll auch dann gegeben sein. Im Übrigen sind bei allen Verkehrszeichen kleine Abweichungen von den Maßen zulässig, wenn dies aus besonderen Gründen notwendig ist und die Wahrnehmbarkeit und Lesbarkeit der Zeichen nicht beeinträchtigt.

…

12.4.2 Größe und Geometrie

<table>
<tr><td>

Vwv-StVO
zu den §§ 39 bis 43
Allgemeines über
Verkehrszeichen
und Verkehrs-
einrichtungen

</td><td>

19 5. Als Schrift ist die Schrift für den Straßenverkehr DIN 1451, Teil 2 zu verwenden.

20 6. Die Farben müssen den Bestimmungen und Abgrenzungen des Normblattes „Aufsichtsfarben für Verkehrszeichen – Farben und Farbgrenzen" (DIN 6171) entsprechen.

...

44 14. Sollen Verkehrszeichen nur zu gewissen Zeiten gelten, dürfen sie sonst nicht sichtbar sein. Nur die Geltung der Zeichen 224, 229, 245, 250, 251, 253, 255, 260, 261, 270.1, 274, 276, 277, 283, 286, 290.1, 314, 314.1 und 315 darf stattdessen auf einem Zusatzzeichen, z. B. „8–16 h", zeitlich beschränkt werden. Vorfahrtregelnde Zeichen vertragen keinerlei zeitliche Beschränkungen.

...

46 a) Sie sollten, wenn irgend möglich, nicht beschriftet sein, sondern nur Sinnbilder zeigen. Wie Zusatzzeichen auszugestalten sind, die in der StVO oder in dieser Vorschrift nicht erwähnt, aber häufig notwendig sind, gibt das für Verkehr zuständige Bundesministerium nach Anhörung der zuständigen obersten Landesbehörden im amtlichen Katalog der Verkehrszeichen (VzKat) im Verkehrsblatt bekannt. Abweichungen von dem in diesem Verzeichnis aufgeführten Zusatzzeichen sind nicht zulässig; andere Zusatzzeichen bedürfen der Zustimmung der zuständigen obersten Landesbehörde oder der von ihr bestimmten Stelle.

...

48 c) Entfernungs- und Längenangaben sind auf- oder abzurunden. Anzugeben sind z. B. 60 m statt 63 m, 80 m statt 75 m, 250 m statt 268 m, 800 m statt 750 m, 1,2 km statt 1235 m.

...

57 Für Verkehrseinrichtungen gelten die Vorschriften der Nummern I, III 1, 2, 4, 5, 6, 10 und 13 sinngemäß.

</td></tr>
<tr><td>

StVO
§ 45
Verkehrszeichen
und Verkehrs-
einrichtungen

</td><td>

(3) ... Die Straßenbaubehörden legen – vorbehaltlich anderer Anordnungen der Straßenverkehrsbehörden – die Art der Anbringung und der Ausgestaltung, wie Übergröße, Beleuchtung fest; ob Leitpfosten anzubringen sind, bestimmen sie allein. ...

</td></tr>
<tr><td>

Katalog
der Verkehrszeichen
(VzKat) 1992

</td><td>

Teil 1: Allgemeines

1.1 Grundlagen

(1) Der Katalog der StVO-Verkehrszeichen enthält die amtlichen Verkehrszeichen mit ihren Abmessungen. Er wird auf der Grundlage der Vorschriften zu den §§ 39 bis 43 Allgemeines über Verkehrszeichen und Verkehrseinrichtungen Randnummern 1 bis 57 VwV-StVO bekanntgegeben.

(2) Im Sinne der Einheitlichkeit und Verständlichkeit für den nationalen sowie internationalen Verkehr auf den Straßen sind besonders die Vorschriften in III 1 zu den §§ 39 bis 43 VwV-StVO zu beachten, wonach nur die in der StVO genannten oder die vom Bundesminister für Verkehr im Verkehrsblatt zugelassenen Verkehrszeichen verwendet werden dürfen.

(3) Bei den Verkehrszeichen mit variablen Inhalten (Wegweisung, besondere Hinweisschilder, Umleitungsbeschilderung) können in dem Katalog nur die in der StVO aufgeführten Beispiele und einige bedeutsame Varianten wiedergegeben werden. Die mögliche Ausführung solcher Zeichen wird in Richtlinien näher behandelt. Bei den Zeichen dieses Katalogs sind entsprechende Hinweise unter Verwendung folgender Abkürzungen vermerkt:

RWB   Richtlinien für wegweisende Beschilderung außerhalb der Autobahnen
RWBA   Richtlinien für wegweisende Beschilderung auf Autobahnen
RWVZ   Richtlinien für Wechselverkehrszeichen an Bundesfernstraßen
RWVA   Richtlinien für Wechselverkehrszeichenanlagen an Bundesfernstraßen
RUB   Richtlinien für Umleitungsbeschilderungen
RtB   Richtlinien für touristische Beschilderung
       Richtlinien für die Anordnung von verkehrsregelnden Maßnahmen an Straßen für den Transport gefährlicher Güter auf Straßen

</td></tr>
</table>

12.4.2 Größe und Geometrie

Katalog
der Verkehrszeichen
(VzKat) 1992

Damit ein stets gleiches Erscheinungsbild der Verkehrszeichen ausgeführt wird, muss auf einheitliches Bildmaterial als Ausgang für die Reprotechnik bei den Verkehrszeichenherstellern, Druckereien usw. zurückgegriffen werden können. Hierfür hat die

Bundesanstalt für Straßenwesen (BASt)
Brüderstraße 53, 51427 Bergisch Gladbach

eine Bildbank mit dem Urbildmaterial (Belegbilder) der Verkehrszeichen erstellt. Ferner existieren von den Verkehrszeichen Digitaldaten bzw. Grafikprogramme für rechnergestütztes Zeichnen, Konstruieren, Fertigen usw. (vgl. VkBl Heft 6 – 1988 – Nr. 56 S. 184).

Die BASt stellt die Arbeitsunterlagen zur Darstellung oder Herstellung der Verkehrszeichen gegen Kostenerstattung zur Verfügung.

…

1.3 Größen der Verkehrszeichen

(1) Die Ausführung der Verkehrszeichen und Verkehrseinrichtungen ist auf das tatsächliche, individuelle Erfordernis zu begrenzen, unnötig groß dimensionierte Zeichen sind zu vermeiden.

(2) Sofern die Größe eines Verkehrszeichens nicht bereits durch StVO, VwV-StVO oder andere amtliche Vorschriften im Einzelfall festgelegt ist, erfolgt die Wahl der benötigten Verkehrszeichengröße – auf dem Hintergrund einer sorgfältigen Abwägung – anhand der nachstehenden Tabelle:

Tabelle der Schildergrößen von Verkehrszeichen mit festen Inhalten:
Ronden, Dreiecke*) und Quadrate/Rechtecke*)　　　　　　　　Maße in [mm]

	Größe 1 (70 %)	Größe 2 (100 %)	Größe 3 (125 bzw. 140 %)
Ronde [Durchmesser]	420	600	750 (125 %)
Dreieck [Seitenlänge]	630	900	1 260 (140 %)
Quadrat [Seitenlänge]	420	600	840 (140 %)
Rechteck [H × B]	630 × 420	900 × 600	1 260 × 840 (140 %)

Tabelle der Schildergrößen von Zusatzzeichen*)　　　Maße der Zusatzzeichen H × B in [mm]

	Größe 1 (70 %)	Größe 2 (100 %)	Größe 3 (125 %)
Höhe 1	231 × 420	330 × 600	412 × 750
Höhe 2	315 × 420	450 × 600	562 × 750
Höhe 3	420 × 420	600 × 600	750 × 750

(3) Größenangaben für Sonderformen, wie z. B. des Zeichens 201 StVO „Andreaskreuz", sind zu den entsprechenden Zeichen in den Teilen 2 bis 7 dieses Katalogs vermerkt.

(4) In der Regel können die Größen der Verkehrszeichen folgenden Geschwindigkeitsbereichen zugeordnet werden:

Größen der Verkehrszeichen für Dreiecke, Quadrate und Rechtecke

Geschwindigkeitsbereich [km/h]	Größe
20 bis weniger als 50	1 (= 70 % von Größe 2)
50 bis 100	2 (= 100 %)
mehr als 100	3 (= 140 % von Größe 2)

Größen der Verkehrszeichen für Ronden

Geschwindigkeitsbereich [km/h]	Größe
0 bis 20	1 (= 70 % von Größe 2)
mehr als 20 bis 80	2 (= 100 %)
mehr als 80	3 (= 125 % von Größe 2)

(5) Auf Autobahnen und autobahnähnlich ausgebauten Straßen ohne Geschwindigkeitsbeschränkung werden Verbote und vergleichbare Anordnungen zunächst durch Verkehrszeichen der Reihe der Größe 3 (140 %) angekündigt, Wiederholungen erfolgen bei zweistreifigen Fahrbahnen in der Regel in der Größe 2.

---

*) Aus Gründen der Verletzungsgefahr u. a. werden die Ecken der Schilder gerundet. Der Eckradius beträgt 40 mm bei der Größe 2; bei der Größe 1 und bei der Größe 3 ergibt er sich durch lineare Verkleinerung bzw. Vergrößerung.

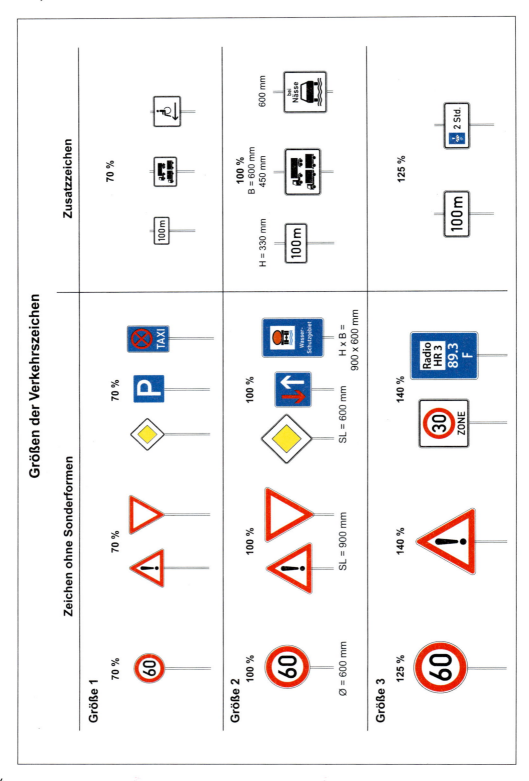

12.4.3 Grundsätzliche Bauart

Um eine ausreichende Sichtbarkeit bei Nacht zu gewährleisten, müssen Verkehrszeichen rückstrahlend sein oder beleuchtet werden.

Ausgenommen sind die Verkehrszeichen für den ruhenden Verkehr, insbesondere also Zeichen 283 „Haltverbot" und 286 „Eingeschränktes Haltverbot". Allerdings wird auch bei diesen die retroreflektierende Ausführung empfohlen, vor allem, wenn sie am gleichen Pfosten wie andere Verkehrszeichen angebracht werden. Soweit die Zeichen zwar den ruhenden Verkehr regeln, sich aber an den fahrenden Verkehr wenden (z. B. Wegweiser zu Parkeinrichtungen), sollten sie wie Verkehrszeichen für den fahrenden Verkehr behandelt werden.

Heute werden allerdings meist auch die für den ruhenden Verkehr und die beleuchteten retroreflektierend ausgebildet. Für vergleichweise geringe Mehrkosten erhält man eine deutlich bessere Erkennbarkeit in der Nacht oder eine Rückfallebene bei Ausfall der Beleuchtung.

Ein Verkehrszeichen gilt nur dann als von außen beleuchtet, wenn es von einer eigenen Lichtquelle angestrahlt wird.

Alleine über der Fahrbahn angebrachte Vorschriftzeichen müssen sehr stark retroreflektieren, um auch bei Abblendlicht, von dem über der Fahrbahn nur sehr wenig Streulicht ankommt, sicher erkennbar zu sein. Sie können auch von innen oder außen beleuchtet werden oder selbstleuchtend als Wechselverkehrszeichen ausgeführt sein.

Sind die Hauptzeichen retroreflektierend oder leuchtend, dann müssen die Zusatzzeichen in gleicher Art ausgeführt sein.

Bei Zeichen, bei denen die Erkennbarkeit in besonderer Weise gewährleistet sein muss, z. B. bei Zeichen 206 „Halt. Vorfahrt gewähren.", empfiehlt es sich, bei beleuchteten Zeichen eine Bauart zu wählen, die bei Ausfall der Beleuchtung auch retroreflektiert.

Konkrete Vorschläge dafür, unter welchen Bedingungen welche Sichtbarkeitsqualitäten sinnvoll sind, gibt das

– „Merkblatt für die Wahl der lichttechnischen Leistungsklasse von vertikalen Verkehrszeichen und Verkehreinrichtungen (M LV), FGSV Verlag, Ausgabe 2011

sowie die einleitenden Bemerkungen des VzKat.

Tabelle 12.1 gibt die Tabelle 1 M LV 2011 wieder.

Tabelle 12.1 Wahl der Leistungsklasse bezüglich der Retroreflexion und/oder Leuchtdichte (Verkehrszeichen bei Dunkelheit)

Zeichen nach § 39 bis § 43 StVO		normales Umfeld			hell erleuchtetes Umfeld und/oder viele externe Lichtquellen		
		Autobahn	außerorts	innerorts	Autobahn	außerorts	innerorts
alle Zeichen außer den nachstehend aufgeführten*)	Aufstellort: **rechts**	RA2	RA1/RA2	RA2	RA2/RA3	RA2	RA3/be
	Aufstellort: **hoch/links**	RA2	RA2	RA2	RA3	RA2/RA3	RA3/be
Warte- und Haltegebote an Bahnübergängen		–	RA2/RA3	RA2/RA3	–	RA3	RA3
Warte- und Haltgebote an Kreuzungen, Einmündungen und bei verengter Fahrbahn; Zeichen für vorgeschriebene Fahrtrichtung und vorgeschriebene Vorbeifahrt		RA2/RA3	RA2	RA2/RA3	RA3	RA3	RA3/be
Zeichen in Arbeitsstellen		RA2	RA2	RA2**)	RA2/RA3	RA2	RA2
Sonderwege, Haltverbote und Parken; touristische Unterrichtungstafeln gemäß Z 386 StVO und VwV-StVO zu Zeichen 386***)		RA1					

*) Sofern für diese nicht in gesonderten Regelwerken Festlegungen getroffen werden (z. B. Zeichen 350 in den R-FGÜ).
**) Vorhandene Bestände an Materialien der Retroreflexions-Klasse 1 (RA1) können aufgebraucht werden.
***) Sofern nicht in Form eines braunen Farbeinsatzes in einem Wegweiser nach RWB integriert.

Erläuterungen zur Tabelle 1:
RA1: Retroreflexions-Klasse 1 (früher „Typ 1")
RA2: Retroreflexions-Klasse 2 (früher „Typ 2")
RA3: Retroreflexions-Klasse 3 (früher „Typ 3")
be: von innen oder außen beleuchtet
/: Auswahl nach Randbedingungen
links: wenn das Zeichen nur links steht, wird eine höherwertige Leistungsklasse gegenüber der Rechtsaufstellung („**rechts**") empfohlen

Quelle: M LV

12.4.3 Grundsätzliche Bauart

Für die Herstellung von Verkehrsschildern wird in der Regel eine retroreflektierende Folie auf einen einfachen Bildträger aufgebracht (nachfolgend wiedergegeben). Bei innenbeleuchteten Schildern muss die Folie ausreichend transparent sein, um die Beleuchtungswirkung zu ermöglichen.

Bei den deutlich besser erkennbaren beleuchteten Schildern unterscheidet man innenbeleuchtete Ausführungen (mit bei Beleuchtung durchscheinendem Signalbild) und außenbeleuchtete Ausführungen. Die Beleuchtung ist jedoch mit hohen investiven Kosten (Ausführung, Kabelzuführung) und Betriebskosten (Energie, Wartung) verbunden. Beleuchtete Schilder werden daher – wenn überhaupt – meist nur innerörtlich verwendet, wo wegen der hellen Umgebung auch hohe Leuchtdichten benötigt werden, auf der anderen Seite keine langen Stromzuführungen eingerichtet werden müssen und die Wartungskosten durch Synergien mit anderen technischen Einrichtungen (Straßenbeleuchtung, Lichtsignalanlagen) reduziert werden können. Der Verzicht auf beleuchtete Beschilderung außerorts wurde möglich mit der Einführung hoch retroreflektierender Folien, die auch bei Überkopf-Beschilderung, die nur vom Streulicht der Scheinwerfer erreicht werden, ausreichend hohe Leuchtdichten für eine sichere Erkennbarkeit ermöglichen.

In der Regel wird man die lichttechnisch wirksame Schicht auch bei beleuchteten Schildern retroreflektierend ausführen, da die Mehrkosten nicht erheblich sind und für den Fall des Beleuchtungsausfalls immer noch eine gewisse Nachtsichtbarkeit gewährleistet werden kann. Dabei ist zu berücksichtigen, dass bei innenbeleuchteten Schildern durchscheinende lichttechnisch wirksame Beschichtungen verwendet werden müssen (und damit Teilüberklebungen für Änderungen und Reparaturen in der Regel nicht möglich sind) und dass bei außenbeleuchteten Schildern möglicherweise geringfügig höhere Beleuchtungsstärken nötig sind, da gewisse Anteile der anstrahlenden Lichtmenge zur Beleuchtungsquelle zurückgestrahlt werden.

In Ausnahmefällen kann es zur Erhöhung der Aufmerksamkeit sinnvoll sein, Verkehrszeichen lichttechnisch erzeugt als Wechselverkehrszeichen auszubilden, auch wenn immer nur ein Begriff gezeigt wird. Dabei ist zu berücksichtigen, dass das Zeichen bei Ausfall der Stromversorgung überhaupt nicht gezeigt wird. Diese Option darf daher nur bei solchen Zeichen gewählt werden, die die Verkehrsteilnehmer bei ihren Aufgaben unterstützen, nicht jedoch dort, wo der Ausfall zu widersprüchlichen Situationen führen kann wie z. B. bei vorfahrtregelnden Zeichen.

Zu Abschnitt 12.4.3

Vwv-StVO
zu den §§ 39 bis 43
Allgemeines über
Verkehrszeichen
und Verkehrs-
einrichtungen

III. Allgemeines über Verkehrszeichen

21 7. Verkehrszeichen, ausgenommen solche für den ruhenden Verkehr, müssen rückstrahlend oder von außen oder innen beleuchtet sein. Das gilt auch für Verkehrseinrichtungen nach § 43 Abs. 3 Anlage 4 und für Zusatzzeichen. Werden Zusatzzeichen verwendet, müssen sie wie die Verkehrszeichen rückstrahlend oder von außen oder innen beleuchtet sein. Hinsichtlich lichttechnischer Anforderungen wird auf die EN 12899-1 „Ortsfeste, vertikale Straßenverkehrszeichen" sowie die einschlägigen Regelwerke der Forschungsgesellschaft für Straßen- und Verkehrswesen (FGSV) verwiesen.

22 Ein Verkehrszeichen ist nur dann von außen beleuchtet, wenn es von einer eigenen Lichtquelle angeleuchtet wird.

23 Verkehrszeichen können auch lichttechnisch erzeugt als Wechselverkehrszeichen in Wechselverkehrszeichengebern dargestellt werden. Einzelheiten enthalten die „Richtlinien für Wechselverkehrszeichen an Bundesfernstraßen (RWVZ)" und die „Richtlinien für Wechselverkehrszeichenanlagen an Bundesfernstraßen (RWVA)", die das für Verkehr zuständige Bundesministerium im Einvernehmen mit den zuständigen obersten Landesbehörden im Verkehrsblatt bekannt gibt.

...

29 a) Links allein oder über der Straße allein dürfen sie nur angebracht werden, wenn Missverständnisse darüber, dass sie für den gesamten Verkehr in einer Richtung gelten, nicht entstehen können und wenn sichergestellt ist, dass sie auch bei Dunkelheit auf ausreichende Entfernung deutlich sichtbar sind.

12.4.3 Grundsätzliche Bauart

Katalog
der Verkehrszeichen
(VzKat) 1992

Teil 1: Allgemeines

1.4 Materialien

(1) Das verwendete Material für Verkehrszeichen muss dem Orientierungs- und Regelungsbedürfnis gerecht werden; die Haltbarkeit des Materials muss eine langzeitige, volle Funktionsfähigkeit der Verkehrszeichen garantieren.

...

(6) Die höchsten Leuchtdichten können mit innenbeleuchteten Schildern erreicht werden. Leuchtdichten auf der Basis von Reflexstoffen können jedoch in einem großen Bereich variieren. Unter günstigen Voraussetzungen erreichen sie Werte, die nahezu denen von innenbeleuchteten Schildern entsprechen.

(7) Für die Ausführung der Beschilderung ist es notwendig, von Fall zu Fall die richtige Bauart auszuwählen. Hierbei ist zu bemerken, dass sich eine zu helle Beschilderung ebenso ungünstig auf die Erkennbarkeit auswirkt (z. B. durch Blendung), wie ein zu dunkles Schild. In diesem Zusammenhang ist auch die zunehmende Anzahl der älteren Verkehrsteilnehmer von Bedeutung.

(8) Ist an einer Kreuzung oder Einmündung ein beleuchtetes oder ein retroreflektierendes wegweisendes Schild angebracht, so muss geprüft werden, ob nicht auch alle übrige wegweisende Beschilderung an dieser Stelle so auszuführen ist.

(9) Die Sichtbarkeit (Wahrnehmbarkeit, Erkennbarkeit, Lesbarkeit) von Verkehrszeichen ist vielschichtig und wird von vielen Faktoren beeinflusst, wie z. B. durch Alterung der Materialien, durch Umwelteinflüsse (Luftschadstoffe, UV-Strahlung, mit Schadstoffen belasteter Niederschlag, Frost, Tau, Hitze usw.), durch Aufstellung und Anbringung der Beschilderung, durch Ausführung und Gestaltung der Schilderinhalte, durch Umfang, Relevanz und Verständlichkeit der visuellen Informationen, durch Störungen des Umfeldes von Beschilderungen (Bauwerke, Bewuchs, Werbung, blendende Beleuchtung durch Reklame und andere Lichtquellen) usw. Daher ist es unbedingt erforderlich, dass die visuelle Qualität der Beschilderung regelmäßig erfasst und überprüft wird.

BMVBS – StB
11/7122.3/4-1448158
21. Juli 2011

Merkblatt für die Wahl der lichttechnischen Leistungsklasse von vertikalen Verkehrszeichen und Verkehrseinrichtungen (M LV)

Die Forschungsgesellschaft für Straßen- und Verkehrswesen hat in Zusammenarbeit mit der Bundesanstalt für Straßenwesen die „Technischen Liefer- und Prüfbedingungen für vertikale Verkehrszeichen" (TLP VZ), Ausgabe 2011, die „Zusätzlichen technischen Vertragsbedingungen und Richtlinien für vertikale Verkehrszeichen" (ZTV VZ), Ausgabe 2011 und das „Merkblatt für die Wahl der lichttechnischen Leistungsklasse von vertikalen Verkehrszeichen und Verkehrseinrichtungen" (M LV), Ausgabe 2011, aufgestellt und Ihnen sowie den maßgeblichen Verbänden zur Stellungnahme übersandt. Die TLP VZ wurde nach Übermittlung Ihrer Stellungnahmen aus den ursprünglichen TL VZ und TP VZ zusammengeführt. In den aktuellen Regelwerken sind die Stellungnahmen weitestgehend berücksichtigt.

Für den Bereich der Bundesfernstraßen bitte ich die „Technischen Liefer- und Prüfbedingungen für vertikale Verkehrszeichen" (TLP VZ), Ausgabe 2011, die „Zusätzlichen technischen Vertragsbedingungen und Richtlinien für vertikale Verkehrszeichen" (ZTV VZ), Ausgabe 2011 sowie die Tabelle 1 des „Merkblatt für die Wahl der lichttechnischen Leistungsklasse von vertikalen Verkehrszeichen und Verkehrseinrichtungen" (M LV), Ausgabe 2011, anzuwenden.

Gemäß Kapitel 6.1.3 der ZTV VZ dürfen nur zugelassene Signalbild-Materialien und zertifizierte Materialkombinationen nach TLP VZ verwendet werden. Die Bewertung der Konformität mit den für Deutschland ausgewählten Klassen erfolgt durch die Bundesanstalt für Straßenwesen. Über die für Deutschland freigegebenen Signalbild-Materialien wird bei der BASt eine Liste geführt und diese in regelmäßigen Abständen veröffentlicht.

In Ergänzung zu Kapitel 7.3 der ZTV VZ und Punkt 8 der Grundsätze für die Aufstellung von Verkehrszeichen an Bundesstraßen (ARS 21/2000) sind gemäß RPS 2009 (ARS 28/2010) passive Schutzeinrichtungen vor Schildkonstruktionen auf Gabelständern oder Trimasten vorzusehen, sofern nicht die passive Sicherheit der Schildkonstruktion nach DIN EN 12767 nachgewiesen wurde.

Bei der Wahl der lichttechnischen Leistungsklasse von vertikalen Verkehrszeichen und Verkehrseinrichtungen beziehungsweise der Anwendung der Tabelle 1 des M LV bitte ich Folgendes zu berücksichtigen:

12.4.4 Mechanische Konstruktion

BMVBS-Erlass
vom 21.7.2011

– Eine Umrüstung vorhandener Verkehrszeichen und Verkehrseinrichtungen ist nicht erforderlich.
– Die Tabelle 1 des M LV enthält keine Vorgaben über den zu verwendenden Reflexfolien-Aufbau. Es kann Gründe geben, den Reflexfolien-Aufbau bei der Ausschreibung gesondert vorzugeben.
– Auf eine Kombination von Reflexfolien verschiedener Retroreflexions-Klassen und/oder Reflexfolien-Aufbauten innerhalb eines Verkehrszeichens oder einer Verkehrseinrichtung (z. B. RA3 auf RA2 und/oder Reflexfolien-Aufbau C auf Reflexfolien-Aufbau B) ist zu verzichten.
– Im Außerortsbereich sind von außen oder von innen beleuchtete Verkehrszeichen an Bundesfernstraßen nur in begründeten Ausnahmefällen zu verwenden. Streckenabschnitte mit solchen Anlagen bitte ich mir regelmäßig im Rahmen der Bund-Länder Dienstbesprechung vkt mit Angabe der Investitions- und Betriebskosten zu benennen.

Im Interesse einer einheitlichen Gestaltung der Straßenausstattung empfehle ich, die TLP VZ, die ZTV VZ sowie die Tabelle 1 des M LV auch für die in Ihren Zuständigkeitsbereich liegenden Straßen einzuführen.

Ich bitte, mir einen Abdruck Ihres Einführungserlasses zu übersenden.

Die Allgemeinen Rundschreiben Straßenbau Nr. 33/2001 – S 28/ 38.60.70/43 F 2001 vom 8.10.2001 (HWBV), ARS-Nr. 28/1999 – S 28/38.60.65-30/31 BASt 99 vom 3.12.1999 und ARS-Nr. 40/1997 – StB 13/38.60.65-30/101 Va 97 vom 29.10.1997 hebe ich hiermit auf.

(VkBl. 2012 S. 42)

12.4.4 Mechanische Konstruktion

Verkehrszeichen bestehen in der Regel aus einem Bildträger aus Aluminium, der auf der Rückseite grau beschichtet ist und auf der Vorderseite mit einer retroreflektierenden Folie beklebt wird, die ggf. durch Druck oder Überkleben mit weiteren Folien das Signalbild darstellt.

Material und Konstruktion müssen entsprechend der europäischen Bauproduktenrichtlinie und deren nationaler Umsetzung den in Abschnitt 12.4.1 erwähnten ZTV, TLP und den europaweit einheitlichen DIN EN entsprechen. Um auch die nationalen Anforderungen, z. B. an Form und Inhalt, zu gewährleisten, wird in der VwV-StVO außerdem gefordert, dass die Ausführung nicht unter den Anforderungen anerkannter Gütebedingungen liegen darf (siehe Abschnitt 12.3.6).

Bei den Bildträgern unterscheidet man im Wesentlichen zwischen drei verschiedenen Ausführungen:

■ Flache Bildträger

Planebene, flache Bildträger, deren Blechdicke je nach Größe zwischen 2 und 3 mm variiert. Das Flachschild muss durchbohrt werden, um mit Schellen an Rohrpfosten oder anderen Befestigungsmöglichkeiten angebracht werden zu können.

■ Randverformte Bildträger

Bildträger dieser Ausführung besitzen einen geformten Rand. Durch ein „Umbördeln" des Randes wird eine erhebliche Versteifung des Schildkörpers erreicht. Der Rand schützt durch seine Rundung beim Anprall gegen Schnittverletzungen und dient zugleich zur Aufnahme der Schellenbefestigung. Mit geeigneten Klemmen kann der Bildträger an Rohrpfosten oder anderen Aufstellvorrichtungen befestigt werden, ohne dass ein Durchbohren des Schildes und damit eine Verletzung der Folien erforderlich wird.

■ Profilverstärkte Bildträger

Bildträger, bei denen der Rand mit einem speziellen umlaufenden Profil verstärkt ist. Durch dieses Profil gewinnt das Schild mehr Stabilität. Auch hier ist ein Durchbohren der Schildoberfläche beim Befestigen an den Aufstellvorrichtungen nicht erforderlich. Weil das Randprofil nicht aufgeschweißt, sondern nur durch Anpressen mit dem Blech verbunden ist, muss auf der Vorderseite des Schildes ein Teil des Randprofils überstehen, um das Schild zu fassen.

Die Rückseite der Schilder ist in einer neutralen Farbe zu beschichten, um die Verkehrsteilnehmer möglichst wenig abzulenken. Die TLP VZ sehen die Farbe Grau vor.

Die von der VwV-StVO grundsätzlich erlaubte gewölbte Ausführung der Verkehrsschilder (um ggf. ihre seitliche Erkennbarkeit zu verbessern)

12.4.4 Mechanische Konstruktion

wird in Deutschland in der Regel nicht ausgeführt und ist in den Vertragstexten auch nicht mehr vorgesehen. Die Schellensysteme oder sonstigen Befestigungseinrichtungen, mit denen das Schild an der Aufstellvorrichtung befestigt wird, sind nach der Systematik der Norm noch Teil des Verkehrsschildes (da es seine Verformung maßgebend beeinflusst).

Zu Abschnitt 12.4.4

VwV-StVO
zu den §§ 39 bis 43
Allgemeines über
Verkehrszeichen
und Verkehrs-
einrichtungen

31 c) Verkehrszeichen können so gewölbt sein, dass sie auch seitlich erkennbar sind, wenn dies nach ihrer Zweckbestimmung geboten erscheint und ihre Sichtbarkeit von vorn dadurch nicht beeinträchtigt wird. Dies gilt insbesondere für die Zeichen 250 bis 267, nicht jedoch für vorfahrtregelnde Zeichen.

ZTV VZ
Ausgabe 2011

6.1.2 Auswahl der Bildträgerkonstruktionen

(1) Flache Bildträger (Aluminiumblech der Stärke 2 mm oder 3 mm) sind für Standorte zu wählen, wo keine Verletzungsgefahr von den Kanten des flachen Bildträgers ausgehen kann. Insbesondere sind sie im Bereich von Geh- und Radwegen weder in Kopfhöhe noch in Tiefaufstellung zu verwenden.

Erfüllen sie aufgrund der notwendigen Abmessung nicht die Anforderungen an die maximal zulässige Verformung nach TLP VZ, Abschnitt 3.1.3, sind randverformte oder profilverstärkte Bildträger anzuordnen.

Anmerkung: Zur Befestigung flacher Bildträger muss das Signalbild durchbohrt werden, wodurch Faltenbildung entstehen kann und Folienkorrosion zu erwarten ist.

(2) Randverformte Bildträger sind für Standorte zu wählen, wo von den Kanten eines flachen Bildträgers eine Verletzungsgefahr insbesondere für Fußgänger und/oder Radfahrer ausgehen kann.

Erfüllen sie aufgrund der notwendigen Abmessung nicht die Anforderungen an die maximal zulässige Verformung nach TLP VZ, Abschnitt 3.1.3, sind profilverstärkte Bildträger anzuordnen.

Anmerkung: Randverformte Bildträger sind eine Alternative zu profilverstärkten Verkehrs-zeichen und brauchen zur Befestigung nicht durchbohrt zu werden. Allerdings sind die Signalbildränder wie bei den flachen Verkehrszeichen ungeschützt und können korrodieren. Die passive Sicherheit ist gegenüber dem flachen Bildträger verbessert, eine Verletzungs-gefahr im Bereich der Eckradien ist immer noch gegeben.

(3) Profilverstärkte Bildträger sind für Standorte zu wählen, wo von den Kanten eines flachen oder randverformten Bildträgers eine Verletzungsgefahr insbesondere für Fußgänger und/ oder Radfahrer ausgehen können.

Sie sind außerdem zu wählen, wenn erhöhte Anforderungen an den Verformungswiderstand zu berücksichtigen sind. Regional anzuwendende Windlasten, Vandalismus und erhöhte Belastungen aus Schneeräumung können diese Anforderungen begründen.

Anmerkung: Profilverstärkte Bildträger widerstehen durch ihre Steifigkeit selbst Anpralllasten aus Schneeräumung. Bei einem Unfall geht von ihnen eine geringere Verletzungsgefahr aus. Sie sollen nicht für die Größe 1 verwendet werden, da konstruktionsbedingt der retro-reflektierende Kontraststreifen bei Verkehrszeichen in Untergröße stark eingeschränkt wird. Allerdings werden Untergrößen überwiegend in Bereichen mit geringer zulässiger Höchst-geschwindigkeit (v < 50 km/h) eingesetzt, so dass die Anforderungen an Kontraststreifen unbedeutend sind.

12.4.5 Herstellen des Signalbildes

Zur Herstellung des Signalbildes werden heute als lichttechnisch wirksame Schicht in der Regel selbstklebende retroreflektierende Kunststofffolien verwendet, die großtechnisch hergestellt werden.

Diese Folien retroreflektieren zunächst das gesamte Lichtspektrum, wirken also weiß. Durch geeignete Beschichtungen direkt beim Herstellungsprozess, durch späteren Farbauftrag (z. B. Siebdruck oder mit Hilfe von großflächigen Tintenstrahldruckern) oder durch zusätzliches Aufbringen farbiger Folien können farbige Wirkungen erzielt werden.

Technisch haben sich drei verschiedene Konstruktionsprinzipien solcher Folien etabliert (*Bild 12.4*):

- Der **Aufbau-Typ A** (eingebundene Mikroglaskugeln) nutzt die retroreflektierende Wirkung von Glaskugeln.
- Der **Aufbau-Typ B** (eingekapselte Mikroglaskugeln) nutzt ebenfalls die retroreflektierende Wirkung von Glaskugeln, ist aber gegenüber dem Aufbau-Typ A optimiert.
- Der **Aufbau-Typ C** (Mikroprismen) nutzt die retroreflektierende Wirkung von drei senkrecht aufeinander stehenden Spiegeln, die technisch in der Regel über totalreflektierende oder spiegelnd beschichtete, durchleuchtete Prismen hergestellt werden.

Aufbau-Typ B weist gegenüber dem Aufbau-Typ A bessere Retroreflexions-Eigenschaften (etwa 3-fache Rückstrahlwerte) auf, ist aber wegen des komplexeren Herstellungsverfahrens geringfügig teurer. Aufbau-Typ C weist gegenüber den Aufbau-Typen B und C nochmals (etwa 3-fach) höhere Rückstrahlwerte auf, allerdings auf Kosten einer engeren Ausrichtung, was sich bei geringen Betrachtungsentfernungen und großen Abständen zwischen Scheinwerfer und Fahrerauge (z. B. bei Lastkraftwagen) bemerkbar machen kann. Aufbau-Typ C hat sich außerdem als weniger alterungsanfällig gezeigt.

Je nach der in den M LV für die spezifische Aufstellsituation gesehenen „Lichttechnischen Leistungsklasse" RA 1, RA 2 oder RA 3 (siehe Abschnitt 12.4.3) müssen retroreflektierende Schilder nach den ZTV VZ bei der Abnahme und beim Ende der Verjährungsfrist gewisse Mindestrückstrahlwerte aufweisen. Für beleuchtete Verkehrszeichen sind entsprechend mittlere Mindestleuchtdichten vorgegeben.

Für die Herstellung der Farbwirkung werden entweder die Deckschichten der Folien schon beim Herstellungsprozess eingefärbt, oder es werden einfarbige, in der Regel weiße Folien (meist im Siebdruckverfahren, neuerdings vor allem für Wegweiser auch mit speziellen Tinten für Tintenstrahldrucker) eingefärbt oder mit farbig durchscheinenden Folien überklebt. Dabei ist zu berücksichtigen, dass die Einfärbung zu Verringerungen der spezifischen Rückstrahlwerte führt (daher sind für farbige Folien auch geringere Vorgaben vorgesehen).

Über die nach Kapitel 6.1.3 der ZTV VZ zugelassenen Signalbild-Materialien und zertifizierte Materialkombinationen nach TLP VZ, die mit den für Deutschland ausgewählten Klassen konform sind, führt die Bundesanstalt für Straßenwesen (www.bast.de) eine Liste.

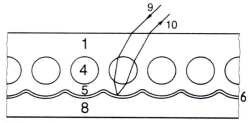

Reflexstoffe mit eingebundenen Mikroglaskugeln, Aufbau-Typ A

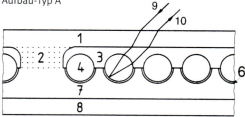

Reflexstoffe mit eingekapselten Mikroglaskugeln, Aufbau-Typ B

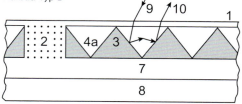

Reflexstoffe auf der Basis von Mikroprismen, Aufbau-Typ C

1 Deckschicht	7 Trägerschicht
2 Verschweißung	8 Kleber
3 Luftschicht	9 auftreffender Lichtstrahl
4 Mikroglaskugeln	
4a Mikroprismen	10 reflektierender Lichtstrahl
5 Abstandsschicht	
6 Reflexschicht	

Bild 12.4 Konstruktion und Wirkungsweise der Folien-Aufbau-Typen A, B, C

Quelle: nach BMV – Forschung Straßenbau und Straßenverkehrstechnik, Heft 713

Zu Abschnitt 12.4.5

Katalog
der Verkehrszeichen
(VzKat) 1992

Teil 1: Allgemeines

1.4 Materialien

(1) Das verwendete Material für Verkehrszeichen muss dem Orientierungs- und Regelungsbedürfnis gerecht werden; die Haltbarkeit des Materials muss eine langzeitige, volle Funktionsfähigkeit der Verkehrszeichen garantieren.

(2) Durch ungeeignete, zu kurzlebige Materialien können Farben vorzeitig verblassen, Kontraste verschwinden, Oberflächen korrodieren, reißen oder stumpf werden; Reflexionswirkungen können nachlassen oder sich verändern. Hierdurch nimmt die Sichtbarkeit der Verkehrszeichen ab. In der Regel wirkt sich eine nachlassende Sichtbarkeit der Verkehrszeichen durch einen schlechteren Helligkeits-, Farben- und Formenkontrast zum Umfeld hin aus, vor allem und am deutlichsten bei Dunkelheit. Dies kann soweit führen, dass die Beschilderung selbst im Scheinwerferlicht nicht mehr zu erkennen, beziehungsweise nicht mehr zu lesen ist. Dieser Zustand beeinträchtigt die Verkehrssicherheit in erheblichem Maße. Nicht selten dürften hier Ansätze für unangepasstes Verhalten bis hin zu Fehlfahrten und Falschfahrten zu finden sein. Diese Fakten müssen bereits bei der Auswahl der Materialien für die Beschilderung berücksichtigt werden.

(3) Auf Bundesautobahnen müssen die Verkehrszeichen mindestens retroreflektierend ausgeführt sein; eine solche Ausführung sollte auch auf autobahnähnlichen Straßen angewendet werden. Die Verkehrszeichen dürfen nicht unter den Anforderungen anerkannter Gütebedingungen liegen.

(4) Die zum Wahrnehmen, Erkennen und Lesen der Beschilderung notwendige Leuchtdichte sowie der notwendige Kontrast sind von den lichttechnischen Umfeldbedingungen des Verkehrsraums abhängig. Grundsätzlich gilt: Je heller das Umfeld (z. B. durch ortsfeste Beleuchtung) und je größer die Störeinflüsse (z. B. durch Blendung), desto höher muss die notwendige Leuchtdichte der Beschilderung und der Kontrast des Schilderinhaltes sein.

(5) Um die notwendigen Leuchtdichten und Kontraste für die Beschilderung zu erreichen, stehen im wesentlichen folgende Bauarten für die Beschilderung zur Verfügung:
– Schilder mit Reflexfolien nach Typ 1 oder Typ 2 (DIN 67520)
– retroreflektierende von außen beleuchtete Beschilderungen
– innenbeleuchtete Schilder.

(6) Die höchsten Leuchtdichten können mit innenbeleuchteten Schildern erreicht werden. Leuchtdichten auf der Basis von Reflexstoffen können jedoch in einem großen Bereich variieren. Unter günstigen Voraussetzungen erreichen sie Werte, die nahezu denen von innenbeleuchteten Schildern entsprechen.

(7) Für die Ausführung der Beschilderung ist es notwendig, von Fall zu Fall die richtige Bauart auszuwählen. Hierbei ist zu bemerken, dass sich eine zu helle Beschilderung ebenso ungünstig auf die Erkennbarkeit auswirkt (z. B. durch Blendung), wie ein zu dunkles Schild. In diesem Zusammenhang ist auch die zunehmende Anzahl der älteren Verkehrsteilnehmer von Bedeutung.

(8) Ist an einer Kreuzung oder Einmündung ein beleuchtetes oder ein retroreflektierendes wegweisendes Schild angebracht, so muss geprüft werden, ob nicht auch alle übrige wegweisende Beschilderung an dieser Stelle so auszuführen ist.

(9) Die Sichtbarkeit (Wahrnehmbarkeit, Erkennbarkeit, Lesbarkeit) von Verkehrszeichen ist vielschichtig und wird von vielen Faktoren beeinflusst, wie z. B. durch Alterung der Materialien, durch Umwelteinflüsse (Luftschadstoffe, UV-Strahlung, mit Schadstoffen belasteter Niederschlag, Frost, Tau, Hitze usw.), durch Aufstellung und Anbringung der Beschilderung, durch Ausführung und Gestaltung der Schilderinhalte, durch Umfang, Relevanz und Verständlichkeit der visuellen Informationen, durch Störungen des Umfeldes von Beschilderungen (Bauwerke, Bewuchs, Werbung, blendende Beleuchtung durch Reklame und andere Lichtquellen) usw. Daher ist es unbedingt erforderlich, dass die visuelle Qualität der Beschilderung regelmäßig erfasst und überprüft wird.

12.4.6 Sonstige Ausstattung der Schilder

Darüber hinaus ist es möglich, die Oberflächeneigenschaften von Verkehrszeichen durch spezielle Schutzfolien (z. B. Laminate mit Anti-Graffiti- oder Anti-Tau-Wirkung) zu verbessern. Dabei ist immer zu berücksichtigen, dass diese Laminate den spezifischen Rückstrahlwert verändern (in der Regel verkleinern). Sie müssen daher als System mit den Grundfolien zugelassen sein.

„Anti-Graffiti-Laminate" haben eine Oberflächenstruktur, die die Haftung üblicher Sprühfarben verringert und damit die Schilder weniger attraktiv für Sprühaktionen macht oder deren Entfernung erleichtert.

„Anti-Tau-Laminate" verändern die Oberfläche so, dass die Tautropfen zu einem dünnen Wasserfilm zerlaufen. Auftreffende Lichtstrahlen werden zwar durch den Wasserfilm gebrochen, reflektieren aber wieder parallel. Die durch die Tautropfen sonst bewirkte wilde Streuung und damit Minderung der Retroreflektivität (dunkle Stellen auf den Schildern) tritt nicht ein.

Weil die Anti-Tau-Folie einen hohen Selbstreinigungseffekt besitzt, können auch Einsparungen in der Unterhaltung erwartet werden.

Zu Abschnitt 12.4.6

Katalog der Verkehrszeichen (VzKat) 1992

Teil 1: Allgemeines

1.4 Materialien

(1) Das verwendete Material für Verkehrszeichen muss dem Orientierungs- und Regelungsbedürfnis gerecht werden; die Haltbarkeit des Materials muss eine langzeitige, volle Funktionsfähigkeit der Verkehrszeichen garantieren.

(2) Durch ungeeignete, zu kurzlebige Materialien können Farben vorzeitig verblassen, Kontraste verschwinden, Oberflächen korrodieren, reißen oder stumpf werden; Reflexionswirkungen können nachlassen oder sich verändern. Hierdurch nimmt die Sichtbarkeit der Verkehrszeichen ab. In der Regel wirkt sich eine nachlassende Sichtbarkeit der Verkehrszeichen durch einen schlechteren Helligkeits-, Farben- und Formenkontrast zum Umfeld hin aus, vor allem und am deutlichsten bei Dunkelheit. Dies kann soweit führen, dass die Beschilderung selbst im Scheinwerferlicht nicht mehr zu erkennen, beziehungsweise nicht mehr zu lesen ist. Dieser Zustand beeinträchtigt die Verkehrssicherheit in erheblichem Maße. Nicht selten dürften hier Ansätze für unangepasstes Verhalten bis hin zu Fehlfahrten und Falschfahrten zu finden sein. Diese Fakten müssen bereits bei der Auswahl der Materialien für die Beschilderung berücksichtigt werden.

(3) Auf Bundesautobahnen müssen die Verkehrszeichen mindestens retroreflektierend ausgeführt sein; eine solche Ausführung sollte auch auf autobahnähnlichen Straßen angewendet werden. Die Verkehrszeichen dürfen nicht unter den Anforderungen anerkannter Gütebedingungen liegen.

(4) Die zum Wahrnehmen, Erkennen und Lesen der Beschilderung notwendige Leuchtdichte sowie der notwendige Kontrast sind von den lichttechnischen Umfeldbedingungen des Verkehrsraums abhängig. Grundsätzlich gilt: Je heller das Umfeld (z. B. durch ortsfeste Beleuchtung) und je größer die Störeinflüsse (z. B. durch Blendung), desto höher muss die notwendige Leuchtdichte der Beschilderung und der Kontrast des Schilderinhaltes sein.

(5) Um die notwendigen Leuchtdichten und Kontraste für die Beschilderung zu erreichen, stehen im wesentlichen folgende Bauarten für die Beschilderung zur Verfügung:

– Schilder mit Reflexfolien nach Typ 1 oder Typ 2 (DIN 67520)
– retroreflektierende von außen beleuchtete Beschilderungen
– innenbeleuchtete Schilder.

12.4.7 Wahl des Aufstellorts und der Aufstellgeometrie

In der Regel ist in der verkehrsrechtlichen Anordnung (siehe Abschnitt 2) nur grob bestimmt, wo die Verkehrsschilder anzubringen sind. Es obliegt den Straßenbaubehörden, die Art der Aufstellung und im Zusammenhang damit den genauen Ort und die sonstigen geometrischen Größen (z. B. Ausrichtung) festzulegen.

Um eine gute Sichtbarkeit zu gewährleisten, sind die Schilder in der Regel möglichst nahe an der Straße und auf die sich annähernden Verkehrsteilnehmer hin ausgerichtet aufzustellen; nur bei manchen Schildern, z. B. Zeichen 283/286 ("Haltverbot") mit Pfeilmarkierungen oder Zeichen 220 ("Einbahnstraße"), kann es sich empfehlen, sie zu einem gewissen Grad oder ganz längs der Straße auszurichten, um sie auch von hinten erkennbar zu machen oder den Richtungsbezug zu verdeutlichen.

Bei der Wahl des Aufstellortes sind die lichten Höhen und Abstände zu beachten, die sich aus den Regelungen zum "lichten Raum" (das ist der um den "Sicherheitsraum" erweiterte Verkehrsraum) ergeben (z. B. Kapitel 4.2.3 der RAL 2012). Der lichte Raum ist von festen Hindernissen freizuhalten. Pfosten Ø ≤ 76 mm dürfen

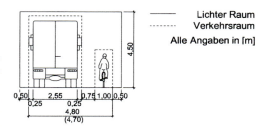

Bild 12.6 Mindestbreite zum Nebeneinanderfahren von Nutzfahrzeugen und Radfahrern
Quelle: RASt 06

auf der Grenze des lichten Raums vorgesehen, leicht verformbare Teile von Verkehrseinrichtungen (z. B. Standardverkehrsschilder) dürfen in den Sicherheitsraum hineinragen, aber nicht näher als 0,50 m an den Verkehrsraum.

Soweit zu den einzelnen Verkehrszeichen nichts anderes gesagt ist, sind folgende Maße zu beachten:

Die Unterkante von Schildern soll in der Regel 2,00 m, auf Inseln und Verkehrsteilern 0,6 m vom Boden entfernt sein. Beim Anbringen über der Fahrbahn darf das Maß von 4,50 m nicht unterschritten werden (Bild 12.5).

Die Mindestbreite beim Nebeneinanderfahren von Nutzfahrzeugen und Radfahrern beträgt 4,70 m (Bild 12.6).

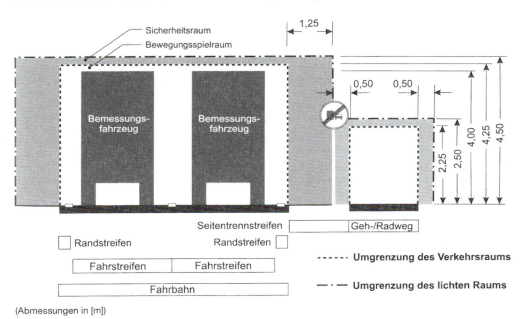

(Abmessungen in [m])

Bild 12.5 Bestandteile des Straßenquerschnitts mit Abgrenzung des lichten Raumes und des Verkehrsraumes
Quelle: RAL 2012

12.4.7 Wahl des Aufstellorts und der Aufstellgeometrie

Bei Verkehrszeichen, die über einem Fuß- oder Radweg angebracht sind, sollte der Abstand zur Unterkante des Schildes 2,20 m betragen. Bei Verkehrszeichen, die seitlich nur wenig in den Raum eines Fußweges hineinragen, kann dieses Maß geringfügig (etwa 15 cm) unterschritten werden.

Der Abstand vom Rand der Fahrbahn bis zum äußeren Rand des Zeichens soll in der Regel außerhalb geschlossener Ortschaften 1,5 m, innerorts 0,50 m, in Ausnahmefällen 0,30 m betragen. Bei beengten Verhältnissen können möglicherweise durch leichtes Schrägstellen der Zeichen die geforderten Randabstände eingehalten werden.

Ist der Raum zu schmal, um auf einem Fußweg, einem Radweg oder neben der Fahrbahn Pfosten aufzustellen, empfiehlt sich das Anbringen mittels Mauerarm oder Galgen (siehe auch *Bild 12.7*).

Hinweise für die Aufstellung an Autobahnen und autobahnähnliche Straßen gibt *Bild 12.8*.

Um Spiegelungen auf großflächigen Zeichen zu vermeiden, sollten bei deren Aufstellung die folgenden Regelungen beachtet werden (siehe auch *Bild 12.9*):

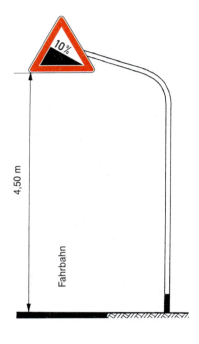

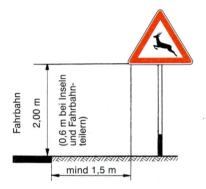

Anbringung neben der Fahrbahn außerhalb von Ortschaften. Die Höhenangaben gelten auch für innerorts

Anbringung über der Fahrbahn (4,70 m, wenn Erneuerung des Oberbaues durch Hocheinbau zu erwarten ist oder entlang wichtiger Strecken für Großraumtransporte, RAL 2012), ggf. Anfahrschutz gemäß RPS berücksichtigen

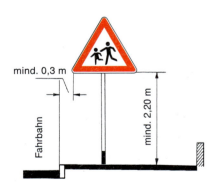

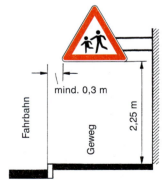

Anbringung über einem Rad- oder Gehweg. Innerhalb von Ortschaften dürfen die Seitenabstände 0,50 m, keinesfalls aber weniger als 0,30 m betragen, außerhalb 1,5 m

Anbringung über einem Gehweg bei beengten Verhältnissen. Innerhalb von Ortschaften dürfen die Seitenabstände 0,50 m, keinesfalls aber weniger als 0,30 m betragen, außerhalb 1,5 m

Bild 12.7 Platzierung der Verkehrszeichen im Straßenraum

12.4.7 Wahl des Aufstellorts und der Aufstellgeometrie

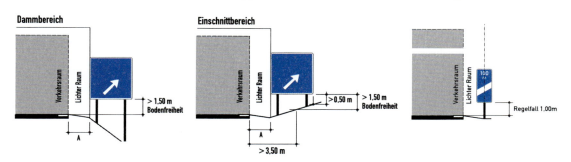

Dammbereich

Einschnittbereich

A = 1,50 m im Regelfall
A = 1,00 m bei beengten Verhältnissen

Bild 12.8 Platzierung der Verkehrszeichen im Bereich von Autobahnen und autobahnähnlichen Straßen
Quelle: RWBA 2000

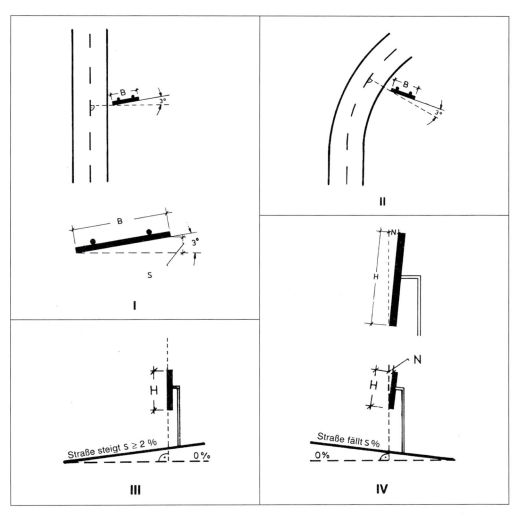

Bild 12.9 Montage retroreflektierender, großflächiger Verkehrsschilder beim Anbringen neben (I, II) und über der Fahrbahn (III, IV)

12.4.7 Wahl des Aufstellorts und der Aufstellgeometrie

I. Schilder neben gerade verlaufenden Fahrbahnen sind um etwa 3° von der Fahrbahn wegzudrehen.

II. Schilder neben gekrümmt verlaufenden Fahrbahnen sind ebenfalls um 3° von der Fahrbahn wegzudrehen (der Winkel wird gebildet von der Senkrechten zur Kurventangente und der Schildfläche).

III. Schilder über der Fahrbahn von Straßen, die mehr als 2 % steigen, sind senkrecht zu montieren.

IV. Schilder über der Fahrbahn von abfallenden, waagerechten oder bis +2 % steigenden Straßen sind nach hinten zu neigen. Die Neigung des Schildes beträgt $(2 - (\pm s))$ %, wobei s die Neigung der Straße in % ist; +s % bedeutet, die Straße steigt, –s % die Straße fällt.

Bei der abschließenden Wahl des Aufstellortes sind auch ggf. im Boden verlegte Leitungen (Entwässerung, Fernmeldekabel, andere Versorgungsleitungen) zu berücksichtigen.

Zu Abschnitt 12.4.7

VwV-StVO
zu den §§ 39 bis 43
Allgemeines über
Verkehrszeichen
und Verkehrs-
einrichtungen

III. Allgemeines über Verkehrszeichen

25 Strecken- und Verkehrsverbote für einzelne Fahrstreifen sind in der Regel so über den einzelnen Fahrstreifen anzubringen, dass sie dem betreffenden Fahrstreifen zweifelsfrei zugeordnet werden können (Verkehrszeichenbrücken oder Auslegermaste).

26 Muss von einer solchen Anbringung abgesehen werden oder sind die Zeichen nur vorübergehend angeordnet, z. B. bei Arbeitsstellen, sind die Ge- oder Verbotszeichen auf einer Verkehrslenkungstafel (Zeichen 501 ff.) am rechten Fahrbahnrand anzuzeigen (vgl. VwV zu den Zeichen 501 bis 546 Verkehrslenkungstafeln, Rn. 7). Insbesondere außerhalb geschlossener Ortschaften sollen die angeordneten Ge- oder Verbotszeichen durch eine gleiche Verkehrslenkungstafel mit Entfernungsangabe auf einem Zusatzzeichen angekündigt werden.

27 Bei den Zeichen 209 bis 214 und 245 reicht eine Aufstellung rechts neben dem Fahrstreifen, für den sie gelten, aus.

28 9. Verkehrszeichen sind gut sichtbar in etwa rechtem Winkel zur Fahrbahn rechts daneben anzubringen, soweit nicht in dieser Verwaltungsvorschrift anderes gesagt ist.

29 a) Links allein oder über der Straße allein dürfen sie nur angebracht werden, wenn Missverständnisse darüber, dass sie für den gesamten Verkehr in einer Richtung gelten, nicht entstehen können und wenn sichergestellt ist, dass sie auch bei Dunkelheit auf ausreichende Entfernung deutlich sichtbar sind.

30 b) Wo nötig, vor allem an besonders gefährlichen Straßenstellen, können die Verkehrszeichen auf beiden Straßenseiten, bei getrennten Fahrbahnen auf beiden Fahrbahnseiten aufgestellt werden.

31 c) Verkehrszeichen können so gewölbt sein, dass sie auch seitlich erkennbar sind, wenn dies nach ihrer Zweckbestimmung geboten erscheint und ihre Sichtbarkeit von vorn dadurch nicht beeinträchtigt wird. Dies gilt insbesondere für die Zeichen 250 bis 267, nicht jedoch für vorfahrtregelnde Zeichen.

32 10. Es ist darauf zu achten, dass Verkehrszeichen nicht die Sicht behindern, insbesondere auch nicht die Sicht auf andere Verkehrszeichen oder auf Blinklicht- oder Lichtzeichenanlagen verdecken.

…

34 Sind dennoch an einer Stelle oder kurz hintereinander mehrere Verkehrszeichen unvermeidlich, muss dafür gesorgt werden, dass die für den fließenden Verkehr wichtigen besonders auffallen. Kann dies nicht realisiert werden oder wird ein für den fließenden Verkehr bedeutsames Verkehrszeichen an der betreffenden Stelle nicht erwartet, ist jene Wirkung auf andere Weise zu erzielen (z. B. durch Übergröße oder gelbes Blinklicht).

35 a) Am gleichen Pfosten oder sonst unmittelbar über- oder nebeneinander dürfen nicht mehr als drei Verkehrszeichen angebracht werden; bei Verkehrszeichen für den ruhenden Verkehr kann bei besonderem Bedarf abgewichen werden.

12.4.7 Wahl des Aufstellorts und der Aufstellgeometrie

36 aa) Gefahrzeichen stehen grundsätzlich allein (vgl. Nummer I zu § 40; Rn. 1).

37 bb) Mehr als zwei Vorschriftzeichen sollen an einem Pfosten nicht angebracht werden. Sind ausnahmsweise drei solcher Verkehrszeichen an einem Pfosten vereinigt, dann darf sich nur eins davon an den fließenden Verkehr wenden.

38 cc) Vorschriftzeichen für den fließenden Verkehr dürfen in der Regel nur dann kombiniert werden, wenn sie sich an die gleichen Verkehrsarten wenden und wenn sie die gleiche Strecke oder den gleichen Punkt betreffen.

39 dd) Verkehrszeichen, durch die eine Wartepflicht angeordnet oder angekündigt wird, dürfen nur dann an einem Pfosten mit anderen Verkehrszeichen angebracht werden, wenn jene wichtigen Zeichen besonders auffallen.

40 b) Dicht hintereinander sollen Verkehrszeichen für den fließenden Verkehr nicht folgen. Zwischen Pfosten, an denen solche Verkehrszeichen gezeigt werden, sollte vielmehr ein so großer Abstand bestehen, dass der Verkehrsteilnehmer bei der dort gefahrenen Geschwindigkeit Gelegenheit hat, die Bedeutung der Verkehrszeichen nacheinander zu erfassen.

41 12. An spitzwinkligen Einmündungen ist bei der Aufstellung der Verkehrszeichen dafür zu sorgen, dass Benutzer der anderen Straße sie nicht auf sich beziehen, auch nicht bei der Annäherung; erforderlichenfalls sind Sichtblenden oder ähnliche Vorrichtungen anzubringen.

42 13. a) Die Unterkante der Verkehrszeichen sollte sich, soweit nicht bei einzelnen Zeichen anderes gesagt ist, in der Regel 2 m über Straßenniveau befinden, über Radwegen 2,20 m, an Schilderbrücken 4,50 m, auf Inseln und an Verkehrsteilern 0,60 m.

43 b) Verkehrszeichen dürfen nicht innerhalb der Fahrbahn aufgestellt werden. In der Regel sollte der Seitenabstand von ihr innerhalb geschlossener Ortschaften 0,50 m, keinesfalls weniger als 0,30 m betragen, außerhalb geschlossener Ortschaften 1,50 m.

44 14. Sollen Verkehrszeichen nur zu gewissen Zeiten gelten, dürfen sie sonst nicht sichtbar sein. Nur die Geltung der Zeichen 224, 229, 245, 250, 251, 253, 255, 260, 261, 270.1, 274, 276, 277, 283, 286, 290.1, 314, 314.1 und 315 darf stattdessen auf einem Zusatzzeichen, z. B. „8–16 h", zeitlich beschränkt werden. Vorfahrtregelnde Zeichen vertragen keinerlei zeitliche Beschränkungen.

45 15. Besteht bei Verkehrszeichen an einem Pfosten kein unmittelbarer Bezug, ist dies durch eine Abstand von etwa 10 cm zu verdeutlichen.

...

47 b) Mehr als zwei Zusatzzeichen sollten an einem Pfosten, auch zu verschiedenen Verkehrszeichen, nicht angebracht werden. Die Zuordnung der Zusatzzeichen zu den Verkehrszeichen muss eindeutig erkennbar sein (§ 39 Abs. 3 Satz 3).

12.4.8 Aufstellvorrichtungen – Allgemein

Aufstellvorrichtungen werden benötigt, um Verkehrsschilder an der gewünschten Stelle zu montieren, ohne dass von ihnen übermäßige Gefährdung für die Verkehrsteilnehmer oder Dritte ausgehen.

Verkehrsschilder sind mit wenigen Ausnahmen (z. B. Beschilderung von Arbeitsstellen nach Abschnitt 7.2, Schilder an fahrenden Fahrzeugen nach Abschnitten 7.4) fest aufzustellen, um sie dauerhaft sichtbar zu halten.

Kriterien für die Auswahl von Aufstellvorrichtungen sind insbesondere

– Standfestigkeit (auch gegenüber Windlasten auch aus vorbeifahrendem Verkehr) und Anprallsicherheit,

– Wirtschaftlichkeit (z. B. Beschaffungskosten, Lebensdauer, Wartungsaufwand, Reparaturaufwand),

– externe Anforderungen (z. B. Umweltverträglichkeit der Rohstoffe und Herstellmethoden).

Verkehrsschilder und Aufstellvorrichtung bilden normalerweise ein System, das einheitlich nach DIN 12899 geprüft und mit einem CE-Kennzeichen versehen werden muss. Damit werden die Kriterien der Sicherheit und Dauerhaftigkeit (im Rahmen des Normenmandats) abgedeckt.

Aus wirtschaftlichen Gründen, insbesondere über die Vereinfachung der Lagerhaltung im Zusammenhang mit Reparaturen, kann es sich empfehlen, eine Vereinheitlichung der Aufstellvorrichtungen und des Befestigungsmaterials anzustreben. Das gilt vor allem für Verkehrsschilder gängiger Größen.

Aufstellvorrichtungen können sehr unterschiedlich ausgeführt sein. Für kleinere Verkehrsschilder verwendet man in der Regel Rohrpfosten in einfachen Fundamenten, für größere Verkehrsschilder spezielle „Gabelständer".

Für sehr große Überkopf-Wegweiser (siehe Abschnitt 8) und andere Verkehrsschilder (insbesondere Telematik-Anlagen, siehe Abschnitt 9) können auch „Verkehrszeichenbrücken" erforderlich werden.

Über die erwähnten DIN 12899, TLP VZ und ZTV VZ hinaus hat das für den Verkehr zuständige Bundesministerium mit

– ARS 21/2000 (S 28/38.60.20-23/96 BASt 1998) „Verkehrszeichen; Grundsätze für die Aufstellung von Verkehrsschildern an Bundesfernstraßen" vom 21. August 2000 (VkBl. S. 511)

die

– „Grundsätze für die Aufstellung von Verkehrsschildern an Bundesfernstraßen", BMVBW 2000 (VkBl. S. 512)

bekannt gegeben, in denen genauere Vorgaben insbesondere auch zur Bemessung der Aufstellvorrichtungen von Verkehrsschildern an Bundesfernstraßen enthalten sind.

Zu Abschnitt 12.4.8

VwV-StVO zu den §§ 39 bis 43 Allgemeines über Verkehrszeichen und Verkehrseinrichtungen		
		III. Allgemeines über Verkehrszeichen
	24	8. Die Verkehrszeichen müssen fest eingebaut sein, soweit sie nicht nur vorübergehend aufgestellt werden. Pfosten, Rahmen und Schilderrückseiten sollen grau sein.
		...
	28	9. Verkehrszeichen sind gut sichtbar in etwa rechtem Winkel zur Fahrbahn rechts daneben anzubringen, soweit nicht in dieser Verwaltungsvorschrift anderes gesagt ist.
		...
	32	10. Es ist darauf zu achten, dass Verkehrszeichen nicht die Sicht behindern, insbesondere auch nicht die Sicht auf andere Verkehrszeichen oder auf Blinklicht- oder Lichtzeichenanlagen verdecken.

BMVBW
S 28/38.60.20-23/96
BASt 1998
21. August 2000

Verkehrszeichen; – Grundsätze für die Aufstellung von Verkehrsschildern an Bundesfernstraßen

Die 1978 eingeführten „Grundsätze für die Aufstellung von großen Verkehrsschildern an Bundesfernstraßen" wurden von der Bundesanstalt für Straßenwesen (BASt) in Abstimmung mit den Fachleuten der Länder und der Industrie überarbeitet.

12.4.8 Aufstellvorrichtungen – Allgemein

BMVBW-Erlass
vom 21.8.2000

Die „Grundsätze für die Aufstellung von Verkehrsschildern an Bundesfernstraßen", Ausgabe 2000, führe ich für den Bereich der Bundesfernstraßen ein und bitte diese künftig anzuwenden. Eine Umrüstung vorhandener Aufstellvorrichtungen ist grundsätzlich nicht erforderlich.

Im Interesse einer einheitlichen Gestaltung und Aufstellung von Verkehrsschildern empfehle ich, die Grundsätze auch für die in Ihrem Zuständigkeitsbereich liegenden Straßen einzuführen.

Das Allgemeine Rundschreiben Straßenbau Nr. 12/1978 vom 20. September 1978 hebe ich hiermit auf.

Grundsätze für die Aufstellung von Verkehrsschildern an Bundesfernstraßen, Ausgabe 2000

1 Allgemeines

Bei einem großen Teil der Straßenverkehrsunfälle außerorts handelt es sich um solche, bei denen Fahrzeuge von der Fahrbahn abkommen und gegen seitliche Hindernisse fahren. Gegenstände der Straßenausstattung nahe der Fahrbahn sollten deshalb nach Möglichkeit verformbar (umfahrbar) gestaltet werden. Andernfalls sind sie mit geeigneten Schutzeinrichtungen abzusichern.

Die nachstehenden Grundsätze gelten für Verkehrsschilder an Bundesfernstraßen außerorts.

2 Begriffsbestimmungen

Kleine Verkehrsschilder sind dadurch gekennzeichnet, dass ihre Aufstellung mit nur einem vertikalen Rohr mit maximal 76,1 mm Durchmesser bei 2,9 mm Wanddicke aus Stahl bzw. mit 76,0 mm Durchmesser bei 3,0 mm Wanddicke aus Aluminium erfolgen kann.

Mittelgroße Verkehrsschilder sind dadurch gekennzeichnet, dass sie mehrere und/oder dickere Rohrpfosten als kleine Verkehrsschilder erfordern.

Große Verkehrsschilder sind dadurch gekennzeichnet, dass sie ein oder mehrere Tragkonstruktionen erfordern.

3 Werkstoffe

Stahl: Es sind Stahlrohre mindestens der Qualität S235JR entsprechend DIN EN 10025 (früher St 37-2 entsprechend DIN 17100) zu verwenden. Für die Auswahl der Stahlsorte und die ggf. erforderliche Bemessung gilt DIN 18800-1.

Aluminium: Der Werkstoff muss zu der Gruppe der meerwasserbeständigen Legierungen nach DIN EN 573-3 gehören.

4 Bemessung

4.1 Kleine Verkehrsschilder

Für kleine Verkehrsschilder ist keine Bemessung der Aufstellvorrichtung erforderlich, wenn die Schildgrößen und Bodenfreiheiten der Tabelle 1 eingehalten werden.

4.2 Mittelgroße Verkehrsschilder

Für mittelgroße Verkehrsschilder ist keine Bemessung der Aufstellvorrichtung erforderlich, wenn die Schildgrößen und Bodenfreiheiten der Tabelle 2 eingehalten werden.

4.3 Große Verkehrsschilder

Tragkonstruktionen für große Schilder müssen statisch bemessen werden; es sind die Windlasten der „Zusätzlichen Technischen Vertragsbedingungen und Richtlinien für Verkehrszeichenbrücken (ZTV-VZB)"*) zu verwenden. Für die Nachweise der Tragkonstruktionen aus Stahl ist DIN 18800-1 bis -3 anzuwenden; allerdings darf beim statischen Nachweis ein reduzierter Teilsicherheitsbeiwert $\gamma_F = 1,2$ für den Grenzzustand der Tragfähigkeit verwendet werden (s. ENV 1991-1, Abs. 2.2 (3)). Für Tragkonstruktionen aus Aluminium gilt DIN 4113-1 und DIN 4113-2 (Entwurf) in Verbindung mit DIN 4114.

Bei Fachwerkständern sind auch die Ständerrohre und die unterste unter 45° geneigte Diagonale nachzuweisen. Der Abstand des untersten horizontalen Rohres vom Fundament darf nur wenige Zentimeter betragen.

*) s. Verkehrszeichenbrücken – ZTV-VZB

12.4.8 Aufstellvorrichtungen – Allgemein

BMVBW-Erlass
vom 21.8.2000

Tabelle 1

| Schildgröße [m²] | Bodenfreiheit [m] | Maximal notwendiger Rohrquerschnitt Durchmesser [mm] / Wanddicke [mm] | |
		Stahlpfosten	Aluminiumpfosten
≤ 0,4 ≤ 1,0	≤ 0,6	– 60,3/2,0	60,0/2,5 76,0/3,0
≤ 0,4 ≤ 0,5 ≤ 1,0 ≤ 1,4	≤ 1,25	– 60,3/2,0 76,1/2,0 76,1/2,9	60,0/2,5 – 76,0/3,0 –
≤ 0,45 ≤ 0,55 ≤ 0,85 ≤ 1,15	≤ 2,00	– 60,3/2,0 76,1/2,0 76,1/2,9	60,0/2,5 – 76,0/3,0 –
≤ 0,4 ≤ 0,5 ≤ 0,8 ≤ 1,1	≤ 2,25	– 60,3/2,0 76,1/2,0 76,1/2,9	60,0/2,5 – 76,0/3,0 –

Tabelle 2

| Schildgröße [m²] | Bodenfreiheit [m] | Maximal notwendiger Rohrquerschnitt Durchmesser [mm] / Wanddicke [mm] | | | |
		1 Stahl-pfosten	2 Stahl-pfosten	1 Aluminium-pfosten	2 Aluminium-pfosten
≤ 0,8 ≤ 2,0	≤ 0,6	– –	– 60,3/2,0	– –	60,0/2,5 76,0/3,0
≤ 0,8 ≤ 1,0 ≤ 2,0 ≤ 2,8	≤ 1,25	– – – –	– 60,3/2,0 76,1/2,0 76,1/2,9	– – – –	60,0/2,5 – 76,0/3,0 –
≤ 0,9 ≤ 1,1 ≤ 1,55 ≤ 1,7 ≤ 2,3	≤ 2,00	– – 88,9/3,2[1)] – –	– 60,3/2,0 – 76,1/2,0 76,1/2,9	– 108,0/4,0[1)] – – –	60,0/2,5 – 76,0/3,0 –
≤ 0,8 ≤ 1,0 ≤ 1,6 ≤ 2,2	≤ 2,25	– – 89,9/3,2[1)] –	– 60,3/2,0 76,1/2,0 76,1/2,9	– 108,0/4,0[1)] – –	60,0/2,5 – 76,0/3,0 –

1) Absicherung mit Schutzeinrichtung ist in der Regel erforderlich

5 Tragkonstruktionen aus Profilträgern

Tragkonstruktionen aus Profilträgern können selbst bei kleinstmöglichen Abmessungen nicht als umfahrbare Gegenstände angesehen werden. Insbesondere bei hohen Anprall-geschwindigkeiten treten für Insassen von Fahrzeugen gefährliche Verzögerungen auf; an den Fahrzeugen entstehen erhebliche Schäden.

Tragkonstruktionen in Rohrkonstruktion und Gabelform (Gabelständer Bild 1) können bei geeigneter Ausführung als umfahrbare Gegenstände angesehen werden.

Bedingt durch die Fachwerkkonstruktion können die Rohre dieser Ständer verhältnismäßig klein und leicht gehalten werden.

12.4.8 Aufstellvorrichtungen – Allgemein

BMVBW-Erlass
vom 21.8.2000

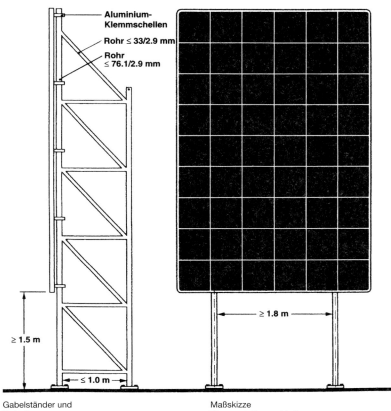

Gabelständer und
Befestigung gem.
stat. Erfordernissen

Maßskizze
Die angegebenen Maße
sind einzuhalten

Bild 1: Gabelständer

Die Befestigung der Schildertafeln an den Ständern soll so sein, dass angefahrene Ständer leicht abgerissen werden können. Dies kann durch die Verwendung von Aluminium-Klemmschellen an den Rohrpfosten von Gabelständern bzw. mit Klemmschellen und Stahlbolzen an Profilträgern sichergestellt werden.

Bei einer lichten Höhe der Schilderunterkante von 1,5 m über dem Gelände können anprallende Personenkraftwagen nach Abreißen der Ständer das Schild unterqueren.

5.1 Konstruktive Einzelheiten

Es sind möglichst leicht verformbare Konstruktionen zu wählen. Als leicht verformbar werden Rohrpfosten und Gabelständer aus Rohren bis 76,1 mm Außendurchmesser mit einer Wanddicke bis zu 2,9 mm aus Stahl und bis 76,0 mm Außendurchmesser mit einer Wanddicke bis zu 3,0 mm aus Aluminium angesehen.

Für Gabelständer sollen möglichst Rohre mit 60 mm Außendurchmesser gewählt werden. Rohre mit 76 mm Außendurchmesser sollen erst dann eingesetzt werden, wenn bei der Wahl von 60 mm-Rohren eine zu große Spreizung der Gabel erforderlich würde. Eine zu große Spreizung ist z. B. dann gegeben, wenn die Diagonalen wegen größerer Knicklängen auch größere Abmessungen als 33/2,9 mm (Außendurchmesser/Wanddicke) erhalten müssen. Daher wird als Richtwert für die Spreizung 1,0 m festgelegt.

Die Abmessungen der Ständerkonstruktion sollen entsprechend DIN 18801 und DIN 18808 vorgesehen werden. Abweichend von DIN 18808 darf bei Erfüllung der statischen Anforderungen eine Mindestschweißnahtdicke von a = 2 mm verwendet werden.

Für die Ausführung von geschweißten Aufstellvorrichtungen ist DIN 18800-7 von 1983 zu beachten. Der Fertigungsbetrieb muss über den kleinen Eignungsnachweis zum Schweißen verfügen.

12.4.8 Aufstellvorrichtungen – Allgemein

BMVBW-Erlass
vom 21.8.2000

Bei einer Aufstellvorrichtung sollen die Gabelständer einen gegenseitigen Abstand von mindestens 1,80 m haben, weil dann von der Fahrbahn abkommende Pkw in der Regel nur gegen einen Ständer prallen. Windverbände zwischen den einzelnen Ständern eines Verkehrsschildes sind nicht vorzusehen.

5.2 Befestigung der Schildertafeln

Die Schildertafeln sind möglichst mit einer lichten Höhe von 1,50 m über dem Gelände anzubringen. Eine gegebenenfalls erforderliche stärkere Dimensionierung der Ständer ist in Kauf zu nehmen.

Die Befestigung der Schildertafeln an den Rohrpfosten von Gabelständern kann mit Aluminium-Klemmschellen bzw. mit Klemmschellen und Stahlbolzen an Profilträgern erfolgen.

5.3 Aufstellvorrichtung und Fundamente

Um die Umfahrbarkeit sicherzustellen, sind die Rohre der Gabelständer und kleinere Rohrpfosten stets nur mit einer Rundschweißnaht an entsprechend dimensionierte Fußplatten anzuschließen. Die Schweißnaht soll nicht stärker als statisch erforderlich ausgebildet werden, wobei jedoch die geringste Mindestschweißnahtdicke von a = 2 mm verwendet wird (siehe auch 5.1).

6 Korrosionsschutz

Soweit Stahl für Tragkonstruktionen verwendet wird, genügt eine Feuerverzinkung entsprechend DIN EN ISO 1461. Bei einer Nutzungsdauer der Tragkonstruktionen von mehr als 15 Jahren ist ein Korrosionsschutz entsprechend ZTV-KOR 92*), Beiblatt 1 wie für Geländer notwendig.

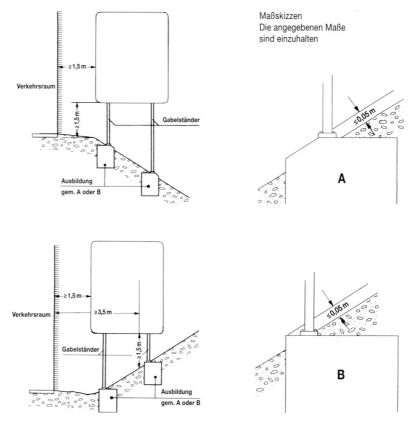

Bild 2: Fundamentierung der Gabelständer

*) s. Verkehrszeichenbrücken – ZTV-VZB

BMVBW-Erlass
vom 21.8.2000

7 Fundamentierung

Fundamente von Schilderpfosten und Aufstellvorrichtungen dürfen an keiner Stelle mehr als 0,05 m aus dem umgebenden Boden herausragen (siehe auch Bild 2). Zu diesem Zweck muss bei der Aufstellung von Verkehrsschildern im Böschungsbereich das Fundament gegebenenfalls in die Böschung hinein verschoben und die Aufständerung des Schildes gegebenenfalls asymmetrisch vorgenommen werden. Die von den Schilderpfosten und Tragkonstruktionen übertragenen Kräfte müssen vom Fundament aufgenommen werden können.

8 Schutzeinrichtungen

Bei Aufstellung der Verkehrsschilder entsprechend den Abschnitten 4 und 5 kann auf die Anordnung von Schutzeinrichtungen verzichtet werden, soweit dabei Stahlrohre mit einem Außendurchmesser von nicht mehr als 76,1 mm Durchmesser und 2,9 mm Wanddicke bzw. Aluminiumrohre von nicht mehr als 76,0 mm Durchmesser und 3,0 mm Wanddicke verwendet werden. Derartigen Konstruktionen können als leicht umfahrbare bzw. leicht verformbare Konstruktionen behandelt werden.

Einzelständer aus Profilträgern oder aus Rohren mit größeren Abmessungen sowie Gabelständer aus entsprechenden Rohren können nicht mehr als leicht verformbare Gegenstände angesehen werden. Vor derartigen Konstruktionen sind geeignete Schutzeinrichtungen anzuordnen.

(VkBl. 2000 S. 511)

12.4.9 Aufstellvorrichtungen – Standardverkehrsschilder und kleinere Wegweiser

Für Standardverkehrsschilder und kleinere Wegweiser verwendet man meist einfache und einheitliche Aufstellvorrichtungen, z.B. Rohrpfosten in einfachen Fundamenten, an denen die Schilder mit Schellen befestigt werden, oder auch mehr oder weniger einheitliche Rohrrahmen.

Eine Möglichkeit dieser Vereinheitlichung besteht darin, die IVZ-Norm „Industrie-Norm für Aufstellvorrichtungen von Verkehrszeichen" anzuwenden. Die in der IVZ-Norm enthaltenen Anforderungen an Aufstellvorrichtungen von Verkehrszeichen sind von der Güteschutzgemeinschaft Verkehrszeichen und Verkehrseinrichtungen e.V. überarbeitet und dem Stand der technischen Entwicklung angepasst worden. Die als IVZ-Norm 2007 veröffentlichte Fassung ist in Anlage 4 abgedruckt. Die Hersteller unterwerfen sich den umfangreichen Eignungsprüfungen und Fertigungskontrollen, um die gestellten Anforderungen zu erfüllen. Diese Firmen können beim Erfüllen der Normen ihre Konstruktionen als **normengerecht** kennzeichnen.

12.4.10 Aufstellvorrichtungen – Größere Wegweiser und andere große Verkehrsschilder

Größere Wegweiser und andere große Verkehrsschilder erfordern in der Regel besondere Überlegungen zur Wahl der Aufstelleinrichtungen.

Bei seitlich der Fahrbahn aufgestellten großen Verkehrsschildern wird man in der Regel versuchen, die in

– „Grundsätze für die Aufstellung von Verkehrsschildern an Bundesfernstraßen", BMVBW 2000 (VkBl. S. 512)

(siehe Abschnitt 12.4.8) näher beschriebenen Gabelständer zu verwenden, die bei richtiger Verwendung keinen speziellen Anprallschutz benötigen.

Für große Verkehrsschilder sind für eine Aufstellung über der Fahrbahn, sei es seitlich mit Hilfe eines Kragarms oder über der gesamten Fahrbahn mit Hilfe von Verkehrszeichenbrücken, in der Regel massivere Konstruktionen erforderlich, die dann auch mit passiven Schutzeinrichtungen gegen Aufprall von Fahrzeugen geschützt werden müssen.

Für die konstruktive Gestaltung von **Verkehrszeichenbrücken** gelten die

– „Zusätzlichen Technischen Vertragsbedingungen und Richtlinien für Ingenieurbauten (ZTV-ING), Teil 9 Bauwerke, Abschnitt 1 Verkehrszeichenbrücken", BMVBS 2010,

auf die zuletzt hingewiesen wurde mit

– ARS 13/2012 (StB 17/7192.70/11-1777782) „Fortschreibung der Zusätzlichen Technischen Vertragsbedingungen und Richtlinien für Ingenieurbauten (ZTV-ING)" vom 15.10.2012, VkBl. S. 732.

12.4.11 Beleuchtung

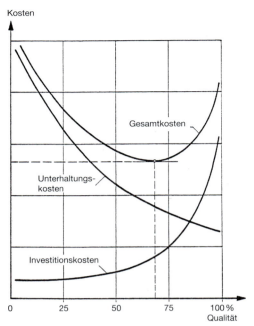

Bild 12.10 Relative Abhängigkeit der Investitions-, Unterhaltungs- und Gesamtkosten vom Grad der Qualität

Diese ZTV enthalten auch Vorgaben für die Bemessung und die Materialwahl. Als Baustoffe für die Tragkonstruktion von Verkehrszeichenbrücken sind Stahl oder Aluminium zugelassen. Die Teile der Tragkonstruktion müssen auswechselbar sein; es sind Hohlprofile oder Bauteile mit Hohlquerschnitt zu verwenden. Auf einfache Erhaltung und auf gute Zugänglichkeit bei Bauwerksprüfungen und Wartungsarbeiten ist zu achten.

Bei der Wahl des Baustoffes sollte geprüft werden, welcher Baustoff je nach Standort und zu erwartender Standzeit einer Verkehrszeichenbrücke am wirtschaftlichsten ist. Hierbei ist eine Gesamtbetrachtung der Investitionskosten und der zu erwartenden Unterhaltungskosten (z. B. Inspektionen, Beschichtungen, Sanierungen infolge Abtrag des Zinküberzuges,einschließlich Kosten damit zusammenhängender Verkehrsbehinderungen) anzustellen (*Bild 12.10*). Auch die Kosten einer möglichen Entsorgung, wie auch die Umweltauswirkung der Entsorgung von Konstruktion und Sanierungsabfall sind in die Überlegungen für die Baustoffwahl einzubeziehen.

Bei großflächigen Verkehrszeichen ist die Verstrebung auf der Rückseite so auszuführen, dass sie nicht als Kältespeicher wirkt und dadurch das Zeichen an diesen Stellen vorzeitig beschlägt.

12.4.11 Beleuchtung

Die erforderlichen Leuchtdichten für außenbeleuchtete, retroreflektierende Verkehrsschilder sind zu finden in

– „Zusätzliche Technische Vertragsbedingungen und Richtlinien für vertikale Verkehrszeichen (ZTV VZ)", FGSV Verlag, Ausgabe 2011,

die für innenbeleuchtete in

– „Technische Liefer- und Prüfbedingungen für vertikale Verkehrszeichen (TLP VZ)", FGSV Verlag, Ausgabe 2011.

Für innenbeleuchtete Verkehrszeichen ersetzt diese damit weitgehend das

– BMV-RS (StB 4-38.60.70/4074 St 72) „Vorläufige Richtlinien für innenbeleuchtete, übergroße Verkehrszeichen an Bundesfernstraßen" vom 7. November 1972.

Bei der Konzeption der Beleuchtung ist zu beachten, dass keine störenden Spiegelungen

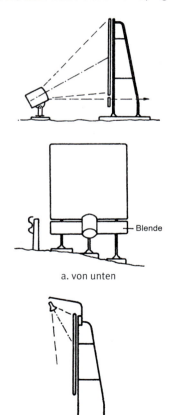

a. von unten

b. von oben

Bild 12.11 Anstrahlen von Verkehrszeichen

12.4.11 Beleuchtung

entstehen, dass die Fahrbahn möglichst nicht erleuchtet wird und dass der Gegenverkehr nicht durch am Schild vorbeistrahlendes Licht geblendet wird (siehe *Bild 12.11*). Bei Anstrahlung von oben, die sich vor allem in der Nähe von von Fußgängern begangenen Flächen empfiehlt, sollte eventueller Schattenwurf bedacht werden. Die Leuchten müssen feuchtigkeitsfest konstruiert sein und den VDE-Bestimmungen genügen. Ein Anstrahlen der Verkehrsschilder durch die Straßenbeleuchtung gilt nicht als Außenbeleuchtung.

Zu Abschnitt 12.4.11

VwV-StVO
zu den §§ 39 bis 43
Allgemeines über
Verkehrszeichen
und Verkehrs-
einrichtungen

III. Allgemeines über Verkehrszeichen

22 Ein Verkehrszeichen ist nur dann von außen beleuchtet, wenn es von einer eigenen Lichtquelle angeleuchtet wird.

12.4.12 Beispiele für die Ermittlung des Aufstellortes für Verkehrszeichen

■ **In welcher Entfernung von der Kreuzung ist ein Vorwegweiser (Zeichen 438) aufzustellen?**

Die Entscheidungszeit des Kraftfahrers über seinen weiteren Fahrweg (geradeaus oder rechts abbiegen) soll, nachdem er den Vorwegweiser gelesen und sich orientiert hat, nach den Ausführungen unter Abschnitt 2.2.6 1,0 sec. betragen (*Bild 12.12*).

Bild 12.12 Vorwegweiser nach Zeichen 438

Es kann angenommen werden, dass an dem Punkt, an dem das Zeichen unter 45° zu sehen ist, der Kraftfahrer den Inhalt des Zeichens vermittelt bekommen hat. Von da ab soll die Entscheidungszeit gelten. Nach Ablauf der Entscheidungszeit beginnt der Bremsvorgang für Fahrzeuge, die nach rechts abbiegen wollen (*Bild 12.13*).

Annahmen

Annäherungsgeschwindigkeit: von 85 % aller Kraftfahrer erreicht, aber nicht überschritten, V_1 (85 %) = ca. 80 km/h

Abbiegegeschwindigkeit: V_2 = 50 km/h

Deckenart: Beton

Bremsverzögerung: 2,0 m/sec^2 für ein sicheres und langsames Bremsen

Merke: Der Reibungskoeffizient μ für schlüpfrige Betondecken beträgt 0,30 (Anlage 3, Tabelle 3), ist also größer als der zur Bremsverzögerung von 2,0 m/sec^2 gehörende Reibungskoeffizient von μ = 0,20. Der kleinere Reibungskoeffizient ist stets maßgebend.

Zurückgelegter Weg in der
Entscheidungszeit von 1,0 sec   = 22,2 m
minus Entfernung bis zum Schild = 6,0 m
                                 ─────────
                                   16,2 m

Geschwindigkeit: V_1 (85 %) = 80 km/h
                    V_2 = 50 km/h

Bremsverzögerung: 2,0 m/sec^2

Bremsweg: s_1 = 125 m
                    s_2 =   45 m
                    $s = s_1 - s_2$ = 80 m

(siehe Anlage 3, Tabelle 2)

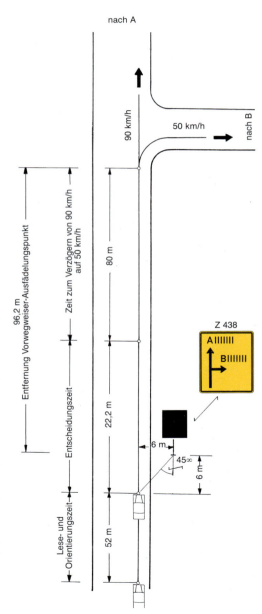

Bild 12.13 Ermittlung des Aufstellortes für einen Vorwegweiser

12.4.12 Beispiele für die Ermittlung des Aufstellortes für Verkehrszeichen

Entfernung Vorwegweiser bis zu der Stelle, an der abgebogen wird: 80 + 16,2 = 96,2 m
rd. 100 m

Das Zeichen ist also mindestens 100 m von der Kreuzung entfernt aufzustellen (*Bild 12.13*), um ein gefahrloses Abbremsen auf die erforderliche Abbiegegeschwindigkeit zu ermöglichen.

■ **In welcher Entfernung von der Abzweigung ist Zeichen 209 „Vorgeschriebene Fahrtrichtung: Rechts" aufzustellen?** *(Bild 12.14)*

Annahmen

Annäherungsgeschwindigkeit: von 85 % aller Kraftfahrer erreicht, aber nicht überschritten, V_1 (85 %) = ca. 60 km/h

Reaktionszeit: Aus Sicherheitsgründen wird hier für einen Durchschnittsfahrer der hohe Wert von 2,0 sec gewählt.

Abbiegegeschwindigkeit: V_2 = 20 km/h

Deckenart: Beton

Bremsverzögerung: Da es sich um Stadtverkehr mit dichtem Verkehr handeln soll, wo scharfes Bremsen die Gefahr des Auffahrens mit sich bringen kann, wird eine niedrige Bremsverzögerung von 2,0 m/sec² angenommen.

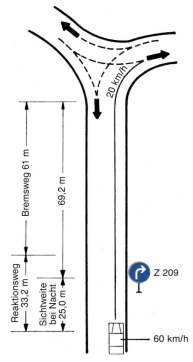

Bild 12.14 Aufstellort für Zeichen 209
„Vorgeschriebene Fahrtrichtung: Rechts"

Merke: Der Reibungskoeffizient μ für schlüpfrige Betondecke beträgt 0,30, ist also größer als der zur Bremsverzögerung von 2,0 m/sec² gehörende Reibungskoeffizient von μ = 0,20. Der kleinere Reibungskoeffizient ist stets maßgebend.

Weiter kann davon ausgegangen werden, dass des Nachts Zeichen bei abgeblendetem Licht auf etwa 25 m zu erkennen sind.

Die gesuchte Entfernung ermittelt sich zu:

Zurückgelegter Weg in der
Reaktionszeit von 2,0 sec   2 x 16,6 = 33,2 m
minus Sichtweite bei Nacht   25,0 m
                                                                 _____
                                                                      8,2 m

Geschwindigkeit: V_1 (85 %) = 60 km/h
                                  V_2 = 20 km/h

Bremsverzögerung: 2,0 m/sec²

Bremsweg: s_1 = ca. 69 m
                              s_2 = ca. 8 m
                              $s = s_1 - s_2$ = ca. 61 m

Entfernung bis zu der Stelle, an der abgebogen wird:

8,2 + 61   =   69,2 m
rd. 70,0 m

Das Zeichen ist somit mindestens 70 m von der Stelle entfernt aufzustellen, an der abgebogen werden muss. Innerhalb dieser 70 m ist ein gefahrloses Abbremsen auf die erforderliche Abbiegegeschwindigkeit möglich.

Es ist zu beachten, dass bei diesem Beispiel keine Lese- und Orientierungszeit und auch keine Entscheidungszeit zu berücksichtigen ist, es geht lediglich die Reaktionszeit (optischer Reiz durch das Wahrnehmen des Zeichens 209) in die Rechnung ein.

In ähnlicher Form lassen sich die Abstände für andere Verhältnisse ermitteln. Die Reaktionszeit und die Sichtweite bei Nacht können als unveränderliche Größen beibehalten werden.

■ **In welcher Mindestentfernung von einer Schranke muss Zeichen 150 „Bahnübergang mit Schranken oder Halbschranken" aufgestellt werden?**

Annahmen

Annäherungsgeschwindigkeit: von 85 % der Verkehrsteilnehmer erreicht, aber nicht überschritten, V_1 (85 %) = ca. 90 km/h

Reaktionszeit: 2,0 sec für einen Durchschnittsfahrer

Deckenart: Schwarzdecke, rau

12.4.12 Beispiele für die Ermittlung des Aufstellortes für Verkehrszeichen

Bremsverzögerung: sicheres Bremsen noch möglich bei 3,5 m/sec^2

Sichtweite: 25,0 m bei Nacht und abgeblendetem Licht

Merke: Der Reibungskoeffizient μ für schlüpfrige Schwarzdecke, rau, beträgt 0,30, ist kleiner als der zur Bremsverzögerung von 3,5 m/sec^2 gehörende Koeffizient von μ = 0,35. Bei nasser Fahrbahn sind die Geschwindigkeiten im Allgemeinen um 10 % geringer, man befindet sich also auf der sicheren Seite.

Zurückgelegter Weg in der

Reaktionszeit von 2,0 sec	2 x 25,0 = 50,0 m
minus Sichtweite bei Nacht	25,0 m
	25,0 m

Aus der Bremswegtabelle erhält man:

Bremsverzögerung:	b	=	3,0 m/sec^2
Geschwindigkeit:	V_1 (85 %)	=	90 km/h
Bremsweg:	s	=	105 m

Damit ergibt sich die Entfernung zu 25 + 105 = 130 m.

Mindestentfernung: 130 m

Merke: Die maximal zulässige Entfernung, in der ein Gefahrzeichen aufgestellt wird, sollte das Doppelte der Mindestentfernung nicht überschreiten, weil sonst die Wirkung der Warnung abklingt.

■ **In welcher Mindestentfernung von einer Schranke muss Zeichen 150 aufgestellt werden, wenn die Straße in Richtung auf die Bahnschranke mit 4 % fällt?**

Gleiche Annahmen wie vorstehend.

Es gilt die Formel

$$s = \frac{V^2}{2,6 \cdot (10\,b \pm p)} \ [m]$$

Dabei bedeuten

s = Entfernung in m
V = Geschwindigkeit in km/h
b = Bremsverzögerung in m/sec^2
p = Neigung der Straße in %

Merke: – p bei Gefälle
+ p bei Steigung

Man erhält:

V_1 (85 %) = 90 km/h
b   = 3,0 m/sec^2
p   = 4 %

$$s = \frac{90^2}{2,6 \cdot (30 - 4)} = 119,8\ m$$

Zeichen 150 ist mindestens 25 + 120 = 145 m vor der Schranke aufzustellen.

■ **In welcher Mindestentfernung von der Gefahrstelle muss Zeichen 114 „Schleuder- oder Rutschgefahr" aufgestellt werden? Der Beginn der Gefahrstelle soll dort liegen, wo nach griffigem Pflaster ein Blaubasaltpflaster folgt.**

Annahmen

Annäherungsgeschwindigkeit: von 85 % der Verkehrsteilnehmer erreicht, aber nicht überschritten,

V_1 (85 %) = ca. 75 km/h

Reaktionszeit: 2,0 sec für einen Durchschnittsfahrer

Deckenart: Granit (es folgt anschließend Basalt)

Bremsverzögerung: sicheres Bremsen noch möglich bei 3,5 m/sec^2

Sichtweite: 25,0 m bei Nacht und abgeblendetem Licht

Merke: Der Reibungskoeffizient für schlüpfrigen Granit beträgt μ = 0,25 (ungünstigster Fall). Zu der Bremsverzögerung 3,5 m/sec^2 gehört der Reibungskoeffizient μ = 0,35. Der kleinere Reibungskoeffizient ist maßgebend. In diesem Falle braucht nicht angehalten zu werden, sondern es genügt, die Geschwindigkeit auf ca. 30 km/h herabzusetzen. 30 km/h können in dem vorgegebenen Fall durchaus als sichere Geschwindigkeit angesehen werden.

Zurückgelegter Weg in der

Reaktionszeit von 2,0 sec	2 x 21,5 = 43,0 m
minus Sichtweite bei Nacht	25,0 m
	18,0 m

Aus der Bremswegtabelle (Anlage 3, Tabelle 2) ergibt sich:

Geschwindigkeit:	V_1 (85 %)	=	75 km/h
	V_2	=	30 km/h
Bremswegverzögerung:	2,5 m/sec^2		
Bremsweg:	s_1	=	87 m
	s_2	=	14 m
	$s = s_1 - s_2$	=	73 m

Entfernung bis zur Gefahrstelle:	18 + 73	=	91 m

Zeichen 114 muss mindestens 100 m von der Stelle entfernt aufgestellt werden, an der das Granitpflaster in Basaltpflaster übergeht.

12.5 Ausführung – Fahrbahnmarkierungen

12.5.1 Allgemeines

In diesem Abschnitt wird behandelt, wie Markierungen konzipiert und appliziert werden müssen, damit den Verkehrsteilnehmern das festgelegte Signalbild mit den gewünschten lichttechnischen Eigenschaften dargeboten wird.

Die grundsätzlichen Fragen der Markierungen mit ihrer Geometrie wurden in den Abschnitten 3 bis 9, die Anforderungen an die Sichtbarkeit in den Abschnitten 2.6 und 12.3.3 besprochen.

Dabei ist festzulegen

- die geometrische Ausgestaltung
  - Breite und Länge der Strichmuster
  - Form und Größe der verschiedenfarbigen Signalflächen und Symbole
  - Lage auf der Straße
- die Ausführung
  - Typ I oder Typ II (verbesserte Nachtsichtbarkeit bei Nässe)
  - eingelegte oder aufgelegte Markierung
- das Markierungsmaterial.

Harmonisierte Normen für Fahrbahnmarkierungen (im europäischen Kontext „Straßenmarkierungen" genannt) sind

- DIN EN 1436 „Straßenmarkierungsmaterialien; Anforderungen an Markierungen auf Straßen", 2009
- DIN EN 1790 „Straßenmarkierungsmaterialien; vorgefertigte Markierungen", 1998/2008 (prEN).

Die Umsetzung in Deutschland erfolgt mit

- „Zusätzliche technische Vertragsbedingungen und Richtlinien für Markierungen auf Straßen (ZTV M 02)", FGSV Verlag, Ausgabe 2002
- „Technische Lieferbedingungen für Markierungsmaterialien (TL M 06)", FGSV Verlag, Ausgabe 2006.

Die ZTV M werden derzeit überarbeitet. Die TP M sind noch nicht eingeführt; derzeit sind noch Teile der TL M 97 aktuell.

Die Einführung für die Bundesfernstraßen (und die Anregung, die Regelwerke auch im Zuständigkeitsbereich der Länder zu verwenden) erfolgte mit

- ARS 3/2002 (S 28/38.61.30/5 Va 2002) „Zusätzliche Technische Vertragsbedingungen und Richtlinien für Markierungen auf Straßen (ZTV M 02)" vom 8. Februar 2002 (VkBl. S. 475)
- ARS 23/2004 (S 28/38.61.30/10 Va 04) „Zusätzliche Technische Vertragsbedingungen und Richtlinien für Markierungen auf Straßen (ZTV M 02)" vom 5. Oktober 2004 (VkBl. S. 569)
- ARS 18/2006 (S 11/7123.12/2-519306) „Technische Lieferbedingungen für Markierungsmaterialien (TL M 06)" vom 17. Juli 2006 (VkBl. S. 754).

12.5.2 Geometrische Gestalt

Die geometrische Gestalt der Fahrbahnmarkierung wird in den RMS (Richtlinien für die Markierung von Straßen) geregelt. Derzeit noch aktuell, aber in der Überarbeitung sind die

- „Richtlinien für die Markierung von Straßen. Teil 1: Abmessungen und geometrische Anordnung von Markierungszeichen (RMS-1)", FGSV Verlag, Ausgabe 1993,
- „Richtlinien für die Markierung von Straßen. Teil 2: Anwendung von Fahrbahnmarkierungen (RMS-2)", FGSV Verlag, Ausgabe 1980, Berichtigter Nachdruck 1995,

die (wegen ihrer StVO-Relevanz) bekannt gegeben wurden mit

- BMV-VkBl.-Verlautbarung (StV 12/StB 13/36.42/50-12) „Richtlinien für die Markierung von Straßen (RMS). Teil 1: Abmessungen und geometrische Anordnung von Markierungszeichen (RMS-1)" vom 23. August 1993 (VkBl. S. 667)

und zusätzlich für die Straßenbaubehörden eingeführt wurden mit

- ARS 33/1993 (StB 13/StV 12/38.61.30/144 Va93) „Richtlinien für die Markierung von Straßen, Teil 1: Abmessungen und geometrische Anordnung von Markierungszeichen (RMS-1)", Ausgabe 1993, vom 29. September 1993 (VkBl. S. 728)

Die RMS sind in zwei Teile gegliedert. Der erste Teil (RMS-1) behandelt die Abmessungen und die geometrische Anordnung von Markierungszeichen, der zweite (RMS-2) die Anwendung der Fahrbahnmarkierungen. Als Beispiel für Teil 1 dient *Bild 12.15.*

Die Breite der Schmalstriche beträgt 0,12 m (auf Autobahnen 0,15 m), die der Breitstriche 0,25 m (auf Autobahnen 0,30 m). Die Strichlänge der unterbrochenen Linien (z. B. Leitlinien) beträgt

12.5.2 Geometrische Gestalt

Benennung	Grundformen (m)	Markierungszeichen
durchgehender Schmalstrich (S)	▬▬▬▬▬▬▬▬▬▬	Fahrstreifenbegrenzung Fahrbahnbegrenzung Radfahrstreifenbegrenzung Parkflächenbegrenzung
unterbrochener Schmalstrich 1:2 außerhalb von Knotenpunkten (S)	▬ ▬ ▬ ▬ 1 : 2 : 1	Leitlinie
unterbrochener Schmalstrich 1:1 innerhalb von Knotenpunkten (S)	▬ ▬ ▬ ▬ 1 : 1 : 1	Leitlinie
unterbrochener Schmalstrich 2:1 (S)	▬▬ ▬▬ ▬▬ 2 : 1 : 2	Warnlinie
durchgehender Breitstrich (B)	███████████	Fahrbahnbegrenzung Sonderfahrstreifenbegrenzung Radfahrstreifenbegrenzung
unterbrochener Breitstrich 1:1 (B)	██ ██ ██ ██ 1 : 1 : 1	unterbrochene Fahrbahnbegrenzung
unterbrochener Breitstrich 2:1 (B)	███ ██ ███ 2 : 1 : 2	unterbrochene Sonderfahrstreifenbegrenzung
Doppelstrich aus einem durchgehenden und einem unter- 1:2 brochenen Schmalstrich (S)	▬ ▬ ▬ ▬ ▬▬▬▬▬▬ ⟂ 0,12/0,15 1 : 2 : 1	einseitige Fahrstreifenbegrenzung
Doppelstrich aus zwei durchgehenden Schmalstrichen (S)	▬▬▬▬▬▬▬▬ ⟂ 0,12/0,15	Fahrstreifenbegrenzung
Doppelstrich aus zwei unter- brochenen 2:1 Schmalstrichen (S)	▬▬ ▬ ▬▬ ▬▬▬▬▬ ⟂ 0,12/0,15 2 : 1 : 2	Fahrstreifenmarkierung für den Richtungswechselbetrieb/ Wechselfahrstreifen

Bild 12.15
Markierungszeichen
Quelle: RMS-1 1993

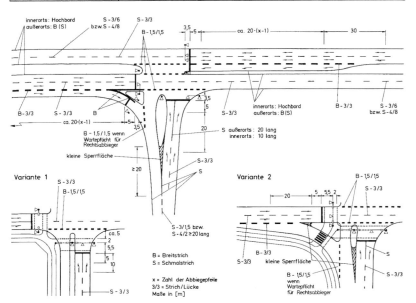

Bild 12.16
Beispiel aus den RMS-2 für die Markierung eines Knotenpunktbereichs
Quelle: RMS-2 1980/1995

12.5.3 Ausführungs- und Materialwahl

Bild 12.17
Grundkonstruktion
der Sperrflächen
Quelle: RMS-1 1993

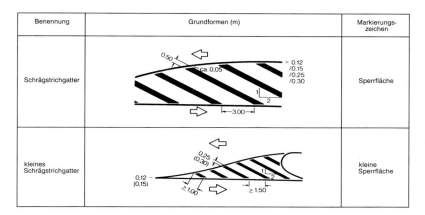

Benennung	Grundformen (m)	Markierungs-zeichen
Schrägstrichgatter		Sperrfläche
kleines Schrägstrichgatter		kleine Sperrfläche

außerhalb von Knotenpunkten innerorts 3 m, außerorts 4 m und auf Autobahnen 6 m.

Die RMS-2 (1980/1995) geben Anwendungsbeispiele für die freie Strecke und die Knotenpunkte (z. B. *Bild 12.16*).

Die Vorgaben der RMS sind sehr detailliert. Die Zeichnungen können mit nur kleinen Anpassungen oder Ergänzungen als Konstruktionszeichnungen verwendet werden (siehe z. B.

Bild 12.17). Die grundsätzliche Lage der Markierung ist allerdings in jedem Einzelfall nachvollziehbar festzulegen.

Für die Detailkonstruktion der Pfeile und Symbole wurden Konstruktionszeichnungen ausgearbeitet, die bei der FGSV auszuleihen sind

– „Richtlinien für die Markierung von Straßen (RMS) – Konstruktionszeichnungen", FGSV Verlag, Ausgabe 1981.

Zu Abschnitt 12.5.2

VwV-StVO
zu den §§ 39 bis 43
Allgemeines über
Verkehrszeichen
und Verkehrs-
einrichtungen

49 IV. Allgemeines über Markierungen

1. Markierungen sind nach den Richtlinien für die Markierung von Straßen (RMS) auszuführen. Das für Verkehr zuständige Bundesministerium gibt die RMS im Einvernehmen mit den zuständigen obersten Landesbehörden im Verkehrsblatt bekannt.

12.5.3 Ausführungs- und Materialwahl

Die wesentliche Eigenschaft von Fahrbahnmarkierungen ist ihre Sichtbarkeit. Sie sollen bei Tag und Nacht gleichermaßen sichtbar sein und daher gewisse lichttechnische Eigenschaften erfüllen.

Für die Tagessichtbarkeit wird das erreicht duch eine „helle" Farbgebung, die auch auf hellen Fahrbahnoberflächen noch genügend Kontrast zeigt (Versuche aus der Anfangszeit der Markierungen, bei denen die Markierung auf hellen Betonoberflächen mit schwarzer Farbe ausgeführt worden waren, haben zu keinen überzeugenden Ergebnissen geführt).

Für die Nachtsichtbarkeit werden retroreflektierende Materialien (in der Regel sehr kleine Glaskügelchen) so in das Material eingearbeitet, dass sie das Scheinwerferlicht retroreflektieren (siehe Abschnitt 12.3.3). Nicht eingefärbte Markierung erscheint aus der Sicht des Fahrers in der Scheinwerferfarbe und wird als weiß wahrgenommen. Die retroreflektierende Ausführung ist in der VwV-StVO für Fahrbahnmarkierungen, die sich auf den fließenden Verkehr beziehen, vorgeschrieben.

Fahrbahnmarkierungen werden, wie der Name schon sagt, auf die Fahrbahn aufgebracht. Dort unterliegen sie den direkten mechanischen Beanspruchungen durch den Verkehr und last- oder temperaturbedingten Verformungen des

12.5.3 Ausführungs- und Materialwahl

Fahrbahnbelags. Daraus ergeben sich bestimmte mechanische Anforderungen an das Material und seine Verbindung mit der Fahrbahnoberfläche, die im Folgenden diskutiert werden.

Fahrbahnmarkierungen werden schließlich regelmäßig auch be- und überfahren. Daraus ergeben sich Anforderungen an minimale Höhenunterschiede zwischen der Markierungsoberfläche und der nicht markierten Fahrbahnfläche sowie an die Oberflächenrauheit, um die nötige Griffigkeit zu gewährleisten.

Die verschiedenen Anforderungen lassen sich mit sehr unterschiedlichen Materialien und Materialkombinationen erreichen, die alle ihre spezifischen Vor- und Nachteile haben.

Die Ausführungsarten lassen sich zunächst einmal grob in zwei Typen einteilen.

Typ I-Markierungen sind die althergebrachten Markierungen, bei denen die sichtbare Oberfläche relativ glatt und parallel zu Straßenebene ist. Dieser Markierungstyp lässt sich vergleichsweise leicht herstellen, ist mechanisch recht stabil, da er wenig Angriffspunkte für mechanischen Angriff (z. B. Schneepflug) bietet und verschmutzt nicht zu schnell.

Bei der Nachtsichtbarkeit, insbesondere bei Nässe, kommt es jedoch zu Problemen. Generell ist es bei Markierungen technisch schwierig, die Retroreflexion herzustellen, da sowohl die Beleuchtungs- wie auch die Beobachtungs-Lichtstrahlen nur in kleinen Winkeln zur Oberfläche einstrahlen bzw. abgestrahlt werden müssen (im Gegensatz zu den Verkehrsschildern, wo sie nahezu senkrecht auftreffen bzw. abgestrahlt werden). Dies erfordert, dass die rückstrahlenden Glasperlen nicht zu weit ins Markierungsmaterial eingebettet sein dürfen, da sie dann lichttechnisch nicht mehr wirksam sind. Sie dürfen aber auch nicht zu weit herausragen, weil sie dann einem stärkeren mechanischen Angriff unterliegen und gleichzeitig weniger im Material verankert sind. Bei Nässe ist die Retroreflexion dadurch gefährdet, dass schon relativ kleine Wasserfilme die Glasperlen überfluten; dann wird das Scheinwerferlicht an der Wasseroberfläche spiegelnd reflektiert und erreicht die retroreflektierenden Perlen gar nicht mehr; die Markierung ist nachts bei Nässe nahezu nicht mehr zu sehen.

Typ II-Markierungen versuchen dieses Problem dadurch zu umgehen, dass sie in ihrer Höhe so gestaltet werden, dass stark geneigte Flächen entstehen, die aus einem möglichen Wasserfilm herausragen. Diese Flächen wirken auch bei Nässe retroreflektierend. Allerdings sind die so geformten Markierungen wesentlich anfälliger gegen mechanischen Angriff. Außerdem führt ihr Befahren zu größerer Geräuschentwicklung, insbesondere wenn die Gesamtstruktur grob und regelmäßig ist.

Die **Struktur von Typ II-Markierungen** kann durch Formen des Markierungsmaterials oder durch verteiltes, also nicht vollflächiges Aufbringen des Markierungsmaterials (Agglomeratmarkierung) hergestellt werden.

Nähere Informationen zu Agglomeratmarkierungen sind zu finden im

– „Merkblatt für Agglomeratmarkierungen", FGSV Verlag, Ausgabe 2006.

Verkehrsfreigabemarkierungen können notwendig werden, wenn die Fahrbahnoberfläche unmittelbar nach der Herstellung noch nicht geeignet ist, einen dauerhaften Verbund mit einer endgültigen Markierung sicherzustellen, andererseits aus Gründen der Sicherheit und Leichtigkeit des Verkehrs eine Markierung sinnvoll erscheint.

Auch die für Fahrbahnmarkierungen **verwendeten Materialien** sind sehr unterschiedlich, von dünnen Farben über beschichtete Folien bis hin zu dicken Massen. Sie müssen bei der Applikation verarbeitbar sein, sich während der Nutzung aber möglichst stabil verhalten. Das lässt sich erreichen z. B. bei Farben durch Lösungsmittel oder Dispersionsprozesse oder bei Massen durch Erwärmung/Abkühlung (Thermoplaste) oder durch chemische Prozesse (Zwei- oder Mehrkomponenten-Materialien oder strahlungsindizierte Erhärtungsreaktionen). Folien werden zur Applikation auf die Straßenoberfläche geklebt. Bei allen Materialien ist zu beachten, dass die Umwelt z. B. durch Lösungsmittel oder Reaktionsstoffe nicht übermäßig beeinträchtigt wird.

Die Markierungen werden in der Regel auf die Straßenoberfläche aufgelegt (aufgelegte Markierungen). Dann dürfen sie eine bestimmte Dicke (i. d. R. wenige Millimeter) nicht überschreiten, um fahrdynamische Effekte zu vermeiden und um den Wasserabfluss nicht übermäßig zu behindern. Bei besonderen Anforderungen an die Haltbarkeit kann es sinnvoll sein, die Markierungen dicker auszuführen; dann müssen sie in gefräste Vertiefungen eingelegt werden (eingelegte Markierungen). Auch dann darf die Oberfläche der Markierungen nur wenig über die Straßenoberfläche ragen.

Vor allem bei kompliziert geformten Pfeilen, Schriftzeichen oder Sinnbildern kann es

12.5.3 Ausführungs- und Materialwahl

sinnvoll sein, Markierungen als Folien oder aus Markierungsmassen in Werken vorzufertigen und vor Ort dann nur noch dauerhaft mit der Straßenoberfläche zu verbinden.

Allen Markierungsstoffen ist gemeinsam, dass sie Reflexstoffe (für die retroreflektiven Eigenschaften) und Griffigkeitsmittel (zur Gewährleistung der Griffigkeit) enthalten oder dass diese Stoffe bei der Applikation fest mit der Oberfläche verbunden werden.

Um mit dieser Vielfalt effizient umgehen zu können, werden die verschiedenen Materialien und Systeme von der Bundesanstalt für Straßenwesen auf ihre **Anwendbarkeit für das deutsche Fernstraßennetz** bewertet und darüber eine Liste geführt (www.bast.de > Qualitätsbewertung > Listen > Straßenausstattung).

Markierungen können ausnahmsweise auch aus aufeinanderfolgenden, zusammenhängend wirkenden **Markierungsknöpfen** hergestellt werden. Dies kann z. B. auf Pflasterdecken sinnvoll sein. Ansonsten kann es gelegentlich sinnvoll sein, die Sichtbarkeit und Wirkung der Markierung durch zusätzlich angebrachte Markierungsknöpfe zu unterstützen.

In verkehrsberuhigten Geschäftsbereichen kann es gestalterisch sinnvoll sein und ist es angesichts der geringen gefahrenen Geschwindigkeiten vertretbar, Markierungen auch durch **unterschiedliche Materialwahl der Straßenoberfläche** auszubilden, soweit die verwendeten Materialien unter allen Beleuchtungsverhältnissen ausreichenden Kontrast zueinander haben und als Markierung zu erkennen sind.

Tabelle 12.2 Verkehrsklassen P (nach DIN EN 13197) und ihre Anwendung nach ZTV M 02

Verkehrsklasse P (nach DIN EN 13197)	Anzahl der Radüberrollungen in Mio.	Anwendung nach ZTV M 02
P 0	nicht definiert oder untypisch	
P 1	0,05	
P 2	0,1	
P 3	0,2	
P 4	0,5	Selten überfahrene Markierungen – linke Fahrbahnbegrenzung mehrbahniger Straßen – Fahrbahnbegrenzung einbahniger Straßen – Schrägstrichgatter der Sperrflächen – vorübergehend befahrene Verkehrsflächen (aber P 6 bei Typ II-Markierung)
P 5	1	Häufig überfahrene Markierungen (bei Farben) – rechte Fahrbahnbegrenzung mehrbahniger Straßen – Fahrstreifenbegrenzungen – Leitlinien sowie Warnlinien – Umrandungen von Sperrflächen
P 6	2	Häufig überfahrene Markierungen (nicht bei Farben) – rechte Fahrbahnbegrenzung mehrbahniger Straßen – Fahrstreifenbegrenzungen – Leitlinien sowie Warnlinien – Umrandungen von Sperrflächen
P 7	> 22	Ständig überfahrene Markierungen – unterbrochene Fahrbahnbegrenzungen – Quermarkierungen – Pfeile, Buchstaben und Ziffern, sonstige Markierungszeichen

12.5.3 Ausführungs- und Materialwahl

Die wesentlichen Eigenschaften von Straßenmarkierungen sind (siehe ZTV M, TL M, DIN EN):

■ Lichttechnische Eigenschaften

Sie werden charakterisiert:

– für die Sichtbarkeit bei Tag durch die Helligkeit bei Normbedingungen (Leuchtdichtekoeffizient bei diffuser Beleuchtung) und durch den „Farbort", also die lichttechnische Beschreibung der Farbe als Bereich im CIE-Farbraum,

– für die Sichtbarkeit in der Nacht durch Retroreflexions-Eigenschaften (Leuchtdichtekoeffizient bei Retroreflexion).

Dabei müssen die geometrischen Vorgaben der Zeichen mit gewissen Toleranzen eingehalten werden. Die Markierungen müssen tags und nachts vollflächig wirken; das heißt, dass die Markierungen (z.B. bestimmte Kaltspritzplastiken) zwar bei näherer Betrachtung durchaus nur aus einzelnen kleinen markierten Bereichen bestehen dürfen. Aus der Fahrerperspektive, d.h. unter flachen Winkeln mit einer bestimmten Entfernung, dürfen die Unterbrechungen jedoch nicht erkennbar sein.

■ Verschleißfestigkeit

DIN EN und ZTV ordnen den Einsatzbereichen von Markierungen verschiedene Verkehrsklassen P zu (*Tabelle 12.2*). Die Verschleißfestigkeit wird in Rundlauf-Prüfanlagen an Mustern bestimmt. Maßstab ist dabei, dass nach einer gewissen Anzahl von Überrollungen ca. 90 % der Markierung unbeschädigt sind.

■ Griffigkeit

Charakterisiert durch den sogenannten SRT-Wert (Skid Resistance Tester; Messung mit dem Pendelgerät) oder mit entsprechenden Werten anderer Messgeräte, die nachweisbar gleichwertige und übertragbare Messwerte ermitteln.

■ Weitere Eigenschaften

So darf die Markierung nicht zur Rissbildung in der Fahrbahnoberfläche führen.

Zur Prüfung von Markierung siehe auch:

– „Merkblatt für die Anerkennung als Prüfstelle zur Messung verkehrstechnischer und anderer Eigenschaften von Fahrbahnmarkierungen gemäß ZTV M 02", BASt, Stand November 2004/Dezember 2008 (www.bast.de > Qualitätsbewertung > Anerkennung > Straßenausstattung).

– „Liste der anerkannten Prüfstellen für Fahrbahnmarkierungen", Stand Juli 2009 (www.bast.de > Qualitätsbewertung > Anerkennung > Straßenausstattung).

Zu Abschnitt 12.5.3

StVO § 39 Verkehrszeichen	(5) Auch Markierungen und Radverkehrsführungsmarkierungen sind Verkehrszeichen. Sie sind grundsätzlich weiß. Nur als vorübergehend gültige Markierungen sind sie gelb; dann heben sie die weißen Markierungen auf. Gelbe Markierungen können auch in Form von Markierungsknopfreihen, Markierungsleuchtknopfreihen oder als Leitschwellen oder Leitborde ausgeführt sein. Leuchtknopfreihen gelten nur, wenn sie eingeschaltet sind. Alle Linien können durch gleichmäßig dichte Markierungsknopfreihen ersetzt werden. In verkehrsberuhigten Geschäftsbereichen (§ 45 Absatz 1d) können Fahrbahnbegrenzungen auch mit anderen Mitteln, insbesondere durch Pflasterlinien, ausgeführt sein. Schriftzeichen und die Wiedergabe von Verkehrszeichen auf der Fahrbahn dienen dem Hinweis auf ein angebrachtes Verkehrszeichen.
VwV-StVO zu den §§ 39 bis 43 Allgemeines über Verkehrszeichen und Verkehrs- einrichtungen	IV. Allgemeines über Markierungen **50** 2. Die auf den fließenden Verkehr bezogenen Markierungen sind retroreflektierend auszuführen. **51** 3. Markierungsknöpfe sollen nur dann anstelle der Markierungslinien verwendet werden, wenn dies aus technischen Gründen zweckmäßig ist, z.B. auf Pflasterdecken. **52** 4. Dagegen können Markierungen aller Art durch das zusätzliche Anbringen von Markierungsknöpfen in ihrer Wirkung unterstützt werden; geschieht dies an einer ununterbrochenen Linie, dürfen die Markierungsknöpfe nicht gruppenweise gesetzt werden. Zur Kennzeichnung gefährlicher Kurven und zur Verdeutlichung des Straßenverlaufs an anderen unübersichtlichen Stellen kann das zusätzliche Anbringen von Markierungsknöpfen auf Fahrstreifenbegrenzungen, auf Fahrbahnbegrenzungen und auf Leitlinien nützlich sein.

VwV-StVO
zu den §§ 39 bis 43
Allgemeines über
Verkehrszeichen
und Verkehrs-
einrichtungen

53 5. Markierungsknöpfe müssen in Grund und Aufriss eine abgerundete Form haben. Der Durchmesser soll nicht kleiner als 120 mm und nicht größer als 150 mm sein. Die Markierungsknöpfe dürfen nicht mehr als 25 mm aus der Fahrbahn herausragen.

54 6. Nach Erneuerung oder Änderung einer dauerhaften Markierung darf die alte Markierung nicht mehr sichtbar sein, wenn dadurch Zweifel über die Verkehrsregelung entstehen könnten.

55 7. Durch Schriftzeichen, Sinnbilder oder die Wiedergabe eines Verkehrszeichens auf der Fahrbahn kann der Fahrzeugverkehr lediglich zusätzlich auf eine besondere Verkehrssituation aufmerksam gemacht werden. Von dieser Möglichkeit ist nur sparsam Gebrauch zu machen. Sofern dies dennoch in Einzelfällen erforderlich sein sollte, sind die Darstellungen ebenfalls nach den RMS auszuführen.

56 8. Pflasterlinien in verkehrsberuhigten Geschäftsbereichen (vgl. § 39 Abs. 5 letzter Satz) müssen ausreichend breit sein, in der Regel mindestens 10 cm, und einen deutlichen Kontrast zur Fahrbahn aufweisen.

12.5.4 Applikation

Für das Aufbringen der Markierung auf die Fahrbahnoberfläche („Applikation") muss die Fahrbahnoberfläche geeignet, insbesondere beständig sein und ggf. zur Verbesserung der Hafteigenschaften z. B. durch Primer vorbereitet sein.

Bei eingelegten Markierungen ist die Fahrbahnoberfläche vor der Applikation etwas schmaler als die Breite der Markierung und in der vorgeschriebenen Tiefe auszufräsen. Die ausgefräste Fläche ist von losem Material zu reinigen und ggf. entsprechend der Zulassung vorzubereiten.

Die Vorgehensweise bei Applikation muss der der Zulassungsprüfung entsprechen.

Um die richtige geometrische Lage sicherzustellen, wird in der Regel eine Vormarkierung mit Punkten oder schmalen Linien aus nur kurzfristig sichtbaren Farben durchgeführt, an der sich das Applikationspersonal orientieren kann.

Die Applikation selber erfolgt in der Regel maschinell durch Spritzen (z. B. Farbe, reaktive Plastiken), mit Hilfe eines Ziehschuhs (flüssige Massen), durch Extrusion (plastische Massen) oder durch Aufkleben/Aufrollen (vorgefertigte Markierungen wie Folien oder vorgefertigte Massen) in der vorgeschriebenen Zusammensetzung und Menge. Dabei ist sicherzustellen, dass kein Markierungsmaterial vertragen wird (z. B. durch überrollende Fahrzeuge oder Regen bei wasserlöslichen Materialien).

Soweit die Beistoffe zur Gewährleistung von Retroreflexion und Griffigkeit nicht Bestandteil der Markierungsstoffe sind, sind sie am Ende der Applikation gleichmäßig, in der Regel maschinell, so rechtzeitig aufzubringen, dass sie sich dauerhaft mit dem Markierungsstoff verbinden.

12.6.3 Signalgeber

12.6 Ausführung – dynamische Verkehrszeichen und Verkehrseinrichtungen

12.6.1 Allgemeines

In diesem Abschnitt werden die für dynamische Verkehrszeichen und Verkehrseinrichtungen nötigen Außenanlagen, insbesondere die Detektoren, Anzeigevorrichtungen, Kommunikationswege und Schalteinrichtungen behandelt. Er gibt außerdem Hinweise für ihre Ausschreibung und Vergabe, ihre Wartung und ihren Betrieb.

Die Anlagen selber, ihre Konzeption, Steuerung und die sie behandelnden allgemeinen Regelwerke sind in Abschnitt 9 beschrieben.

Lichtsignalanlagen wurden in der Vergangenheit meist als gerätetechnische Einheit erstellt und betrieben. Hier bahnt sich derzeit ein Umbruch an. Bei den Verkehrsbeeinflussungsanlagen wird – nicht zuletzt gefördert durch die „Technischen Lieferbedingungen für Streckenstationen" (TLS; siehe Abschnitt 12.8.8) – ein modularer, allgemein genormter Aufbau angestrebt, der grundsätzlich einen gemischten Betrieb von Anlagenteilen unterschiedlicher Hersteller erlaubt.

Zu den Wechselverkehrszeichen im Sinne dieses Abschnittes sollen keine solchen Verkehrsschilder zählen, die durch manuelle Handlungen vor Ort z. B. auf- und zugeklappt werden. Allerdings werden in jüngerer Zeit anstelle solcher Klappschilder immer öfter ferngesteuerte Wechselverkehrszeichen verwendet, z. B. um das Überqueren der Fahrbahn zu den Klappschildern auf dem Mittelstreifen beim Einrichten von Kontrollstellen des Bundesamtes für Güterverkehr (BAG) zu vermeiden. Damit können die nur während der Kontrolle notwendigen Schilder auf dem Mittelstreifen als Wechselverkehrszeichen vom rechten Fahrbahnrand aus durch Fernbedienung aktiviert bzw. deaktiviert werden.

12.6.2 Detektoren

Als Detektoren werden in der Regel Induktionsschleifen mit entsprechenden Auswerteschaltungen, innerorts häufig auch Infrarot-Detektoren, außerorts häufig auch Radar-Detektoren verwendet. Je nach Verwendungszweck (Vorbeifahrterkennung, Rückstauerkennung, Geschwindigkeitsmessung,

Fahrzeugklassifikation, Empfindlichkeit) eignen sich die verschiedenen Bauformen unterschiedlich und können auch dem jeweiligen Verwendungszweck angepasst ausgebildet werden. Nähere Informationen enthalten vor allem für Anwendungen innerorts und an Lichtsignalanlagen das

– „Merkblatt über Detektoren für den Straßenverkehr", FGSV Verlag, Ausgabe 1991

und vor allem für Anwendungen an Verkehrsbeeinflussungsanlagen außerorts die

– „Technischen Lieferbedingungen für Streckenstationen (TLS)", BASt, Ausgabe 2012 (siehe Abschnitt 12.8.8).

Der alleinige Einsatz von Videoanlagen mit automatischer Bildauswertung kann derzeit trotz weltweiter Bemühungen noch nicht empfohlen werden. Auch für die Freimeldung an Anlagen zur Standstreifenmitbenutzung ist diese Technik nur als Unterstützung der Operatoren, nicht jedoch zur automatischen Detektion verwendbar.

Zur Erfassung besonderer Gefahren, z. B. Nebel, Nässe oder Glatteis (Glatteismeldeanlagen), werden besondere Detektoren, teilweise in der Fahrbahn, angeordnet.

Fahrzeuge des öffentlichen Linienverkehrs sind in der Regel mit interaktiven Meldesystemen (Infrarot, Funk, Transponder) ausgestattet, die mit entsprechenden (elektronischen) „Baken" am Fahrbahnrand kommunizieren können. Diese Systeme erlauben häufig nicht nur die Anwesenheitsmeldung, sondern auch Datenübertragung, z. B. befahrene Linie, Verspätung, Besetzungsgrad.

12.6.3 Signalgeber

Lichtsignalgeber (kurz: Signalgeber) sind Geräte, die – meist als Bestandteile von Lichtsignalanlagen (siehe Abschnitt 9) – über Leuchtfelder Lichtsignale geben; es werden ein- und mehrfeldige Signalgeber verwendet. Einzelheiten sind zu finden in Abschnitt 6.2 der

– „Richtlinien für Lichtsignalanlagen (RiLSA) – Lichtzeichenanlagen für den Straßenverkehr", FGSV Verlag, Ausgabe 2010.

Als **Signalgeber für Kraftfahrzeuge** (*Bild 12.18, links*) werden Signalgeber mit runden, farbigen Leuchtfeldern (in der Regel Ø 20 cm) verwendet. In besonderen Fällen – vor allem dann, wenn eine Lichtzeichenanlage schon aus größerer Entfernung wahrzunehmen sein soll – sind Signalgeber mit Leuchtfeldern Ø 30 cm erforderlich. Sind keine Signale für besondere Verkehrsarten

12.6.3 Signalgeber

Bild 12.18 Beispiele für Signalgeber an Lichtsignalanlagen

vorhanden, dann gelten die Lichtzeichen für alle Verkehrsteilnehmer. Die Leuchtfelder müssen übereinander angeordnet sein, von oben nach unten: rot, gelb, grün.

Signalgeber für den Straßenbahnverkehr und für Linienbusse (*Bild 12.18, rechts*) sind drei- oder mehrfeldig und zeigen nach den Bestimmungen der „Bau- und Betriebsordnung für Straßenbahnen (BOStrab)" weißleuchtende Symbole auf schwarzem Grund, z. B. quer, senkrecht oder schräg gerichteten Strich, Punkt, Dreieck. Die besonderen „Richtlinien des Verbandes öffentlicher Verkehrsbetriebe (VÖV)" sind zu beachten.

Der Fußgängerverkehr wird i. d. R. durch **Signalgeber für Fußgänger und Radfahrer** (*Bild 12.18, Mitte*) geregelt. Es werden meist Signalgeber mit 2 Leuchtfeldern (rot/grün) verwendet, für den Radverkehr auch dreifeldige (rot/gelb/grün). In manchen Städten werden auch die Signalgeber für die Fußgänger dreifeldig, allerdings mit doppeltem roten Feld ausgebildet. Die Signalgeber für Fußgänger zeigen das rote Symbol eines stehenden oder das grüne Symbol eines gehenden Fußgängers, die Signalgeber für die Radfahrer das Symbol eines Fahrrads in der jeweiligen Farbe, alle auf schwarzem Grund. Einzelheiten siehe VwV-StVO zu § 37 zu Satz 2 zu Nr. 5, II (Rn. 43).

Fahrstreifen-Signalgeber für Wechselfahrstreifen sind paarweise angeordnete einfeldige

Bild 12.19 Fahrstreifensignale für Wechselfahrstreifen
Quelle: RiLSA 2010

Signalgeber, die über markierten Fahrstreifen angebracht sind und entweder einen nach unten gerichteten grünen Pfeil („Der Verkehr auf dem Fahrstreifen ist freigegeben") oder rote, gekreuzte Schrägbalken („Der Fahrstreifen darf nicht benutzt werden, davor darf nicht gehalten werden") zeigen (*Bild 12.19*). Sie ermöglichen es, einzelne Fahrstreifen nur in der einen oder der anderen Richtung befahren zu lassen (z. B. morgens stadteinwärts, abends stadtauswärts). Der Signalgeber mit dem grünen nach unten gerichteten Pfeil ist in der Regel rechts anzuordnen. Die Signalgeber müssen so über den Fahrstreifen angebracht sein, dass eine eindeutige Zuordnung zu den Fahrstreifen gegeben ist.

Als Fahrstreifensignale sind ferner auch einfeldige Signalgeber in der Bauweise von Matrixzeichen zulässig. Beim Einsatz in Verkehrsbeeinflussungsanlagen ist diese Bauform die Regel (siehe Abschnitt 12.6.4).

Weiße Ziffern auf schwarzem Grund

Bild 12.20 Geschwindigkeitssignale (Lampenausführung) Quelle: RiLSA 2010

Als **Geschwindigkeitssignalgeber** (*Bild 12.20*) werden entweder normale Signalgeber verwendet, die mit weißen leuchtenden Ziffern die jeweils empfohlene Geschwindigkeit anzeigen, wobei das oberste Signalfeld die höchste Geschwindigkeit anzeigt, oder aber Signalgeber, bei denen die Ziffern aus Leuchtpunkten zusammengesetzt sind, sogenannte Rasterausführung oder Matrixzeichen.

Signalgeber bestehen in der Regel aus Gehäuse, Optik und Befestigungseinrichtung. Gehäuse und Befestigungseinrichtung sind so konzipiert, dass die Zuleitungskabel aus dem Mast verdeckt eingeführt werden können. Die Optik besteht in der

12.6.3 Signalgeber

Regel noch aus Lampe, Reflektor, ggf. Phantomlichtschutz und Streuscheibe. Sollen Pfeile oder Symbole gezeigt werden, werden diese durch innerhalb der Streuscheibe angeordnete Schablonen erzeugt (außer bei LED-Signalgebern, siehe Abschnitt 12.6.4)

Standardbetriebspannung für die Signalleuchten neuer Signalanlagen ist 40 V, für die auch die Schnittstelle standardisiert ist (ältere Anlagen sind für 220 V und 10 V konzipiert und verwenden klassische Signallampen).

Zunehmend werden statt Lampen mit Reflektor LED-Panels eingesetzt, was zu Vereinfachungen bei der Wartung führen kann, aber auch andere Bauformen der Lampenüberwachung bedingt. Abschnitt 9 der RiLSA verweist auf die gültigen Normen, insbesondere auf die inzwischen gültigen harmonisierten europäischen Normen.

Zu Abschnitt 12.6.3

StVO
§ 37
Wechsellichtzeichen,
Dauerlichtzeichen
und Grünpfeil

(1) Lichtzeichen gehen Vorrangregeln und Vorrang regelnden Verkehrszeichen vor. Wer ein Fahrzeug führt, darf bis zu 10 m vor einem Lichtzeichen nicht halten, wenn es dadurch verdeckt wird.

(2) Wechsellichtzeichen haben die Farbfolge Grün – Gelb – Rot – Rot und Gelb (gleichzeitig) – Grün. Rot ist oben, Gelb in der Mitte und Grün unten.

1. An Kreuzungen bedeuten:

   Grün: „Der Verkehr ist freigegeben".

   Er kann nach den Regeln des § 9 abbiegen, nach links jedoch nur, wenn er Schienenfahrzeuge dadurch nicht behindert.

   Grüner Pfeil: „Nur in Richtung des Pfeils ist der Verkehr freigegeben".

   Ein grüner Pfeil links hinter der Kreuzung zeigt an, dass der Gegenverkehr durch Rotlicht angehalten ist und dass, wer links abbiegt, die Kreuzung in Richtung des grünen Pfeils ungehindert befahren und räumen kann.

   Gelb ordnet an: „Vor der Kreuzung auf das nächste Zeichen warten".

   Keines dieser Zeichen entbindet von der Sorgfaltspflicht.

   Rot ordnet an: „Halt vor der Kreuzung".

   Nach dem Anhalten ist das Abbiegen nach rechts auch bei Rot erlaubt, wenn rechts neben dem Lichtzeichen Rot ein Schild mit grünem Pfeil auf schwarzem Grund (Grünpfeil) angebracht ist. Wer ein Fahrzeug führt, darf nur aus dem rechten Fahrstreifen abbiegen. Dabei muss man sich so verhalten, dass eine Behinderung oder Gefährdung anderer Verkehrsteilnehmer, insbesondere des Fußgänger- und Fahrzeugverkehrs der freigegebenen Verkehrsrichtung, ausgeschlossen ist.

   Schwarzer Pfeil auf Rot ordnet das Halten, schwarzer Pfeil auf Gelb das Warten nur für die angegebene Richtung an.

   Ein einfeldiger Signalgeber mit Grünpfeil zeigt an, dass bei Rot für die Geradeaus-Richtung nach rechts abgebogen werden darf.

2. An anderen Straßenstellen, wie an Einmündungen und an Markierungen für den Fußgängerverkehr, haben die Lichtzeichen entsprechende Bedeutung.

3. Lichtzeichenanlagen können auf die Farbfolge Gelb – Rot beschränkt sein.

4. Für jeden von mehreren markierten Fahrstreifen (Zeichen 295, 296 oder 340) kann ein eigenes Lichtzeichen gegeben werden. Für Schienenbahnen können besondere Zeichen, auch in abweichenden Phasen, gegeben werden; das gilt auch für Omnibusse des Linienverkehrs und nach dem Personenbeförderungsrecht mit dem Schulbus-Zeichen zu kennzeichnende Fahrzeuge des Schüler- und Behindertenverkehrs, wenn diese einen vom übrigen Verkehr freigehaltenen Verkehrsraum benutzen; dies gilt zudem für Krankenfahrzeuge, Fahrräder, Taxen und Busse im Gelegenheitsverkehr, soweit diese durch Zusatzzeichen dort ebenfalls zugelassen sind.

5. Gelten die Lichtzeichen nur für zu Fuß Gehende oder nur für Rad Fahrende, wird das durch das Sinnbild „Fußgänger" oder „Radverkehr" angezeigt. Für zu Fuß Gehende ist die Farbfolge Grün – Rot – Grün; für Rad Fahrende kann sie so sein. Wechselt Grün auf Rot, während zu Fuß Gehende die Fahrbahn überschreiten, haben sie ihren Weg zügig fortzusetzen.

12.6.3 Signalgeber

StVO
§ 37
Wechsellichtzeichen,
Dauerlichtzeichen
und Grünpfeil

6. Wer ein Rad fährt, hat die Lichtzeichen für den Fahrverkehr zu beachten. Davon abweichend sind auf Radverkehrsführungen die besonderen Lichtzeichen für den Radverkehr zu beachten. An Lichtzeichenanlagen mit Radverkehrsführungen ohne besondere Lichtzeichen für Rad Fahrende müssen Rad Fahrende bis zum 31. Dezember 2016 weiterhin die Lichtzeichen für zu Fuß Gehende beachten, soweit eine Radfahrerfurt an eine Fußgängerfurt grenzt.

(3) Dauerlichtzeichen über einem Fahrstreifen sperren ihn oder geben ihn zum Befahren frei.

Rote gekreuzte Schrägbalken ordnen an:
„Der Fahrstreifen darf nicht benutzt werden".

Ein grüner, nach unten gerichteter Pfeil bedeutet:
„Der Verkehr auf dem Fahrstreifen ist freigegeben".

Ein gelb blinkender, schräg nach unten gerichteter Pfeil ordnet an:
„Fahrstreifen in Pfeilrichtung wechseln".

(4) Wo Lichtzeichen den Verkehr regeln, darf nebeneinander gefahren werden, auch wenn die Verkehrsdichte das nicht rechtfertigt.

VwV-StVO
zu § 37
Wechsellichtzeichen,
Dauerlichtzeichen
und Grünpfeil

1 Die Gleichungen der Farbgrenzlinien in der Farbtafel nach DIN 6163 Blatt 5 sind einzuhalten.

Zu Absatz 1

2 So bleiben z. B. die Zeichen 209 ff. „Vorgeschriebene Fahrtrichtung" neben Lichtzeichen gültig, ebenso die die Benutzung von Fahrstreifen regelnden Längsmarkierungen (Zeichen 295, 296, 297, 340).

Zu Absatz 2

3 I. Die Regelung des Verkehrs durch Lichtzeichen setzt eine genaue Prüfung der örtlichen Gegebenheiten baulicher und verkehrlicher Art voraus und trägt auch nur dann zu einer Verbesserung des Verkehrsablaufs bei, wenn die Regelung unter Berücksichtigung der Einflüsse und Auswirkungen im Gesamtstraßennetz sachgerecht geplant wird. Die danach erforderlichen Untersuchungen müssen von Sachverständigen durchgeführt werden.

4 II. Wechsellichtzeichen dürfen nicht blinken, auch nicht vor Farbwechsel.

5 III. Die Lichtzeichen sind rund, soweit sie nicht Pfeile oder Sinnbilder darstellen. Die Unterkante der Lichtzeichen soll in der Regel 2,10 m und, wenn die Lichtzeichen über der Fahrbahn angebracht sind, 4,50 m vom Boden entfernt sein.

6 IV. Die Haltlinie (Zeichen 294) sollte nur so weit vor der Lichtzeichenanlage angebracht werden, dass die Lichtzeichen aus einem vor ihr wartenden Personenkraftwagen noch ohne Schwierigkeit beobachtet werden können (vgl. aber Nummer III 3 zu § 25; Rn. 5). Befindet sich z. B. die Unterkante des grünen Lichtzeichens 2,10 m über einem Gehweg, so sollte der Abstand zur Haltlinie 3,50 m betragen, jedenfalls über 2,50 m. Sind die Lichtzeichen wesentlich höher angebracht oder muss die Haltlinie in geringerem Abstand markiert werden, so empfiehlt es sich, die Lichtzeichen verkleinert weiter unten am gleichen Pfosten zu wiederholen.

Zu den Nummern 1 und 2

...

X. Pfeile in Lichtzeichen

24 6. Wo für verschiedene Fahrstreifen besondere Lichtzeichen gegeben werden sollen, ist die Anbringung der Lichtzeichen besonders sorgfältig zu prüfen (z. B. Lichtzeichenbrücken, Peitschenmaste, Wiederholung am linken Fahrbahnrand). Wo der links abbiegende Verkehr vom übrigen Verkehr getrennt geregelt ist, sollte das Lichtzeichen für den Linksabbieger nach Möglichkeit zusätzlich über der Fahrbahn angebracht werden; eine Anbringung allein links ist in der Regel nur bei Fahrbahnen für eine Richtung möglich, wenn es für Linksabbieger lediglich einen Fahrstreifen gibt.

...

Zu Nummer 5

42 I. Im Lichtzeichen für Fußgänger muss das rote Sinnbild einen stehenden, das grüne einen schreitenden Fußgänger zeigen.

12.6.4 Wechselverkehrszeichengeber

VwV-StVO zu § 37 Wechsellichtzeichen, Dauerlichtzeichen und Grünpfeil	**43** II. Lichtzeichen für Radfahrer sollten in der Regel das Sinnbild eines Fahrrades zeigen. Besondere Lichtzeichen für Radfahrer, die vor der kreuzenden Straße angebracht werden, sollten in der Regel auch Gelb sowie Rot und Gelb (gleichzeitig) zeigen. Sind solche Lichtzeichen für einen abbiegenden Radfahrverkehr bestimmt, kann entweder in den Lichtzeichen zusätzlich zu dem farbigen Sinnbild des Fahrrades ein farbiger Pfeil oder über den Lichtzeichen das leuchtende Sinnbild eines Fahrrades und in den Lichtzeichen ein farbiger Pfeil gezeigt werden.

12.6.4 Wechselverkehrszeichengeber

Wechselverkehrszeichengeber WZG (techn.)/ Wechselzeichengeber (jur.) sind Geräte, mit denen Verkehrszeichen bei Bedarf gezeigt, geändert oder aufgehoben werden können. Sie dürfen sich grundsätzlich nicht von Standardverkehrszeichen nach StVO unterscheiden. Bei leuchtenden Zeichen ist aber eine Schwarz-Weiß-Umkehrung möglich: schwarze Zeichenanteile werden weißleuchtend, weiße Anteile dunkel dargestellt.

Zeichen zur temporären Nutzung des Standstreifens (Zeichen 223.1–223.3) sind in der Regel als Wechselverkehrszeichen auszubilden.

Um die Auffälligkeit zu erhöhen, können Wechselverkehrszeichen mit zusätzlichem gelben Blinklicht ausgestattet sein. Dort, wo sich Lichtsignalanlagen befinden, sollte jedoch auf die Verwendung gelber Blinklichter im Zusammenhang mit Wechselverkehrszeichen verzichtet werden.

Wechselverkehrszeichen können so konstruiert sein, dass der Bildwechsel mechanisch erfolgt (z.B. durch Band, Schlitzscheibe, breite oder schmale Prismen) oder dass die unterschiedlichen Zeichen durch Leuchttechnik erzeugt werden (z.B. durch Glasfaserbündel, durch Lichtemittierende Dioden (LED) oder mit hinterstrahlten Flüssigkristallanzeigen (Liquid Cristal Display LCD). In jedem Fall muss es möglich sein, zu überwachen, ob das Zeichen unverstümmelt gezeigt wird. Die Helligkeit aktiv leuchtender Zeichen ist der Umgebungshelligkeit anzupassen (tags heller, nachts dunkler).

Für die Anwendung an Bundesfernstraßen gelten die

– „Richtlinien für Wechselverkehrszeichen an Bundesfernstraßen (RWVZ)", BASt, Ausgabe 1997,

eingeführt mit

– ARS 15/1997 (StB 13/StV 12/38.58.60/169 BASt 96) „Richtlinien für Wechselverkehrszeichen an Bundesfernstraßen (RWVZ) – Ausgabe 1997" vom 18. April 1997 (VkBl. S. 520),

sowie die

– „Richtlinien für Wechselverkehrszeichenanlagen an Bundesfernstraßen (RWVA)", BASt, Ausgabe 1997,

eingeführt mit

– ARS 16/1997 (StB 13/StV 12/38.58.60/169 BASt 96) „Richtlinien für Wechselverkehrszeichenanlagen an Bundesfernstraßen (RWVA) – Ausgabe 1997" vom 18. April 1997 (VkBl. S. 521).

Harmonisierte europäische Norm ist die

– DIN EN 12966-1 „Vertikale Verkehrszeichen; Wechselverkehrszeichen; Teil 1: Produktnorm", 2010-03.

Zu Abschnitt 12.6.4

StVO § 39 Verkehrszeichen	(2) Regelungen durch Verkehrszeichen gehen den allgemeinen Verkehrsregeln vor. Verkehrszeichen sind Gefahrzeichen, Vorschriftzeichen und Richtzeichen. Als Schilder stehen sie regelmäßig rechts. Gelten sie nur für einzelne markierte Fahrstreifen, sind sie in der Regel über diesen angebracht.
VwV-StVO zu den §§ 39 bis 43 Allgemeines über Verkehrszeichen und Verkehrs- einrichtungen	III. Allgemeines über Verkehrszeichen **23** Verkehrszeichen können auch lichttechnisch erzeugt als Wechselverkehrszeichen in Wechselverkehrszeichengebern dargestellt werden. Einzelheiten enthalten die „Richtlinien für Wechselverkehrszeichen an Bundesfernstraßen (RWVZ)" und die „Richtlinien für Wechselverkehrszeichenanlagen an Bundesfernstraßen (RWVA)", die das für Verkehr zuständige Bundesministerium im Einvernehmen mit den zuständigen obersten Landesbehörden im Verkehrsblatt bekannt gibt.

VwV-StVO
zu § 39
Verkehrszeichen

Zu Absatz 2

2 Verkehrszeichen, die als Wechselverkehrszeichen aus einem Lichtraster gebildet werden (sogenannte Matrixzeichen), zeigen die sonst schwarzen Symbole, Schriften und Ziffern durch weiße Lichter an, der sonst weiße Untergrund bleibt als Hintergrund für die Lichtpunkte schwarz. Diese Umkehrung für Weiß und Schwarz ist nur solchen Matrixzeichen vorbehalten.

12.6.5 Markierungsleuchtknöpfe

Zur Ergänzung von verkehrsbeeinflussenden Maßnahmen kann es sinnvoll und wünschenswert sein, auch Fahrstreifenbegrenzungslinien (Zeichen 295) oder Leitlinien (Zeichen 340) dynamisch auszubilden. Dies ist mit Markierungsleuchtknöpfen möglich, die in die Fahrbahn eingelassen sind. Sie sind so konstruiert, dass sie in ausgeschaltetem Zustand möglichst wenig auffallen, in eingeschaltetem Zustand jedoch als

eine Kette aktiv gelb-leuchtender Punkte eine deutlich höhere Führungswirkung besitzen als die normale Markierung. Anforderungen an Markierungsleuchtknöpfe sind enthalten in

– „Anforderungen an Markierungsleuchtknöpfe (MLK)", BASt, Ausgabe 2001 (VkBl. S. 487),

das eingeführt wurde mit

– ARS 36/2001 (S 28/38.58.60/17 Va 01) „Verkehrsbeeinflussung – Markierungsleuchtknöpfe" vom 29. September 2001.

Zu Abschnitt 12.6.5

StVO
§ 39
Verkehrszeichen

Zu Absatz 5

Vorübergehende Markierungen

3 I. Gelbe Markierungsleuchtknöpfe dürfen nur in Kombination mit Dauerlichtzeichen oder Wechselverkehrszeichen (z. B. Verkehrslenkungstafel, Wechselwegweiser) angeordnet werden. Als Fahrstreifenbegrenzung (Zeichen 295) sollte der Abstand der Leuchtknöpfe auf Autobahnen 6 m, auf anderen Straßen außerorts 4 m und innerorts 3 m betragen. Werden gelbe Markierungsleuchtknöpfe als Leitlinie angeordnet, muss der Abstand untereinander deutlich größer sein.

12.6.6 Tragkonstruktionen und Anbringung

Signalgeber für Lichtsignalanlagen, ausgenommen reine Linksabbieger-Signalgeber und Straßenbahn-Signalgeber, sind in der Regel am rechten Rand des Verkehrsweges anzubringen, für den sie gelten. Signalgeber für Straßenbahnen und Linienbusse sind möglichst abgesetzt von den Straßenverkehrs-Signalgebern oder, wenn dies nicht möglich ist, darüber anzubringen. Es kann empfehlenswert sein, jeder Verkehrseinrichtung zwei Signalgeber zuzuordnen. Außer der besseren Erkennbarkeit der Signale kann man dadurch erreichen, dass der Ausfall einer einzigen Rotlampe nicht zum Abschalten der gesamten Anlage führt. Das Anbringen der Signalgeber auf Standrohr- oder Auslegermasten ist anzustreben, jedoch ist, je nach örtlichen Erfordernissen, auch das Aufhängen an Drahtseilen, Wandarmen oder

eine ähnliche Befestigung zulässig. Als zusätzliche Signalgeber, vor allem auch zur besseren Erkennbarkeit der Signale für die an der Haltlinie stehenden Fahrzeuge, dürfen auch kleinere, am gleichen Pfosten weiter unten angebrachte Signalgeber verwendet werden. Einzelheiten sind im Abschnitt 6.4 der RiLSA zu finden. *Bild 12.21* zeigt die mögliche Anordnung von Signalgebern für eine Straße mit vier Fahrstreifen.

Die Signalgeber sind so auszurichten, dass die Lichtsignale gut zu erkennen sind. Folgende Grundregeln haben sich bewährt:

– rechten unteren Signalgeber eher auf Nähe
– linken unteren Signalgeber eher auf Ferne
– hoch montierte Signalgeber stets auf Ferne
– tief angebrachte Signalgeber ganz auf Nähe einstellen.

Die Stelle, an der die Fahrzeuge vor einer „Halt!" zeigenden Signalanlage zu warten haben, ist

12.6.6 Tragkonstruktionen und Anbringung

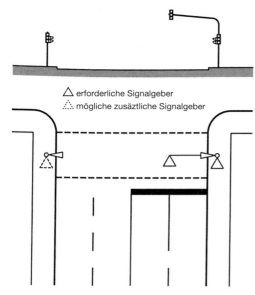

△ erforderliche Signalgeber
⋰⋰ mögliche zusäztliche Signalgeber

Bild 12.21 **Anbringung der Signalgeber bei einer Straße mit 4 Fahrstreifen**   Quelle: RiLSA 2010

durch eine Haltlinie kenntlich zu machen. Die Haltlinie ist dabei so anzubringen, dass die Signalgeber von einem haltenden Pkw aus gut zu erkennen sind.

Bei Signalgebern und **Wechselverkehrszeichengebern**, die sich an Rohrmasten über der Fahrbahn befinden, muss eine lichte Höhe von

4,50 m gewahrt werden (4,70 m, wenn eine Erneuerung des Oberbaues durch Hocheinbau zu erwarten ist). Die Außenkante der Signalgeber auf Rohrmasten soll mindestens 0,50 m von der Bordsteinkante entfernt sein. Auf Gehwegen soll die Unterkante der Signalgeber mindestens 2,10 m über der Gehwegoberkante liegen (*Bild 12.22*).

Bei der Verwendung von Verkehrszeichenbrücken soll der Abstand der Signalgeber zur Fahrbahnoberkante mindestens 5,00 m betragen, die Stiele sind durch passive Schutzeinrichtungen gegen Anfahren zu schützen.

Auf Autobahnen sind die Zeichen so auszurichten, dass sie vom Erkennungspunkt 150 m vor dem Schild in etwa 1,00 m Höhe optimal zu erkennen sind.

Über das Anbringen von Signalgebern in Straßentunneln informieren die

– „Hinweise für die Planung von Verkehrsbeeinflussungseinrichtungen für Straßentunnel, FGSV Verlag, Ausgabe 1997".

Blendschuten sind anzubringen, um die Leuchtfelder gegen einfallendes Fremdlicht abzuschirmen.

Kontrastblenden empfehlen sich, um Signalgeber, die infolge von Besonderheiten des Hintergrundes (z. B. störende Lichtquellen, Sonnenblendung) schlecht erkennbar sind, in

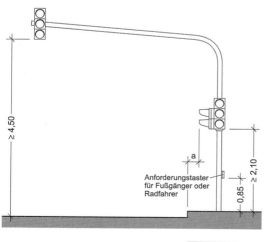

V [km/h]	a [m]
≤ 70	≥ 0,75
≤ 50	≥ 0,50

Bild 12.22 **Mindesthöhen und -abstände für Signalgeber**   Quelle: RiLSA 2010

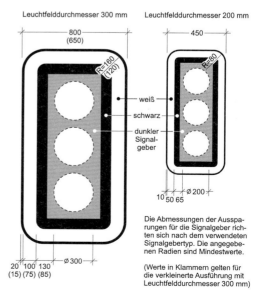

Leuchtfelddurchmesser 300 mm   Leuchtfelddurchmesser 200 mm

weiß
schwarz
dunkler Signalgeber

Die Abmessungen der Aussparungen für die Signalgeber richten sich nach dem verwendeten Signalgebertyp. Die angegebenen Radien sind Mindestwerte.

(Werte in Klammern gelten für die verkleinerte Ausführung mit Leuchtfelddurchmesser 300 mm)

Bild 12.23 **Kontrastblenden an Signalgebern**   Quelle: RiLSA 2010

12.6.6 Tragkonstruktionen und Anbringung

Bild 12.24 Sinnbilder für Hilfssignalgeber
Quelle: RiLSA 2010

ihrer Auffälligkeit besser hervorzuheben. Als Kontrastblenden sind für alle Hintergrundarten weiße Tafeln zu verwenden, die eine abgesetzte schwarze Randlinie besitzen (*Bild 12.23*).

Sichtblenden können in Ausnahmefällen notwendig werden, um Signalgeber nur für bestimmte Fahrtrichtungen, nicht jedoch für andere erkennbar werden zu lassen. Es können Lamellenblenden oder Abschirmblenden (Schuten) verwendet werden.

Ortsfestes gelbes Blinklicht kann zur Warnung vor Gefahren an besonders kritischen Punkten verwendet werden. Durch das gelbe Blinken soll die Aufmerksamkeit der Verkehrsteilnehmer auf ein besonders wichtiges, aufgrund der örtlichen Gegebenheiten wenig auffallendes Verkehrszeichen oder auf eine schlecht erkennbare Gefahrenstelle gelenkt werden. Im gelben Blinklicht dürfen folgende schwarze Sinnbilder gezeigt werden: Straßenbahn, Kraftomnibus, Fahrrad, schreitender Fußgänger, Reiter oder ein schwarzer Pfeil (*Bild 12.24*). Ortsfestes gelbes Blinklicht sollte nur sparsam verwendet werden, um den Warneffekt nicht abzunutzen.

Für **Behinderte und alte Menschen** sollen Anforderungsschalter für Fußgänger nach der DIN 18024, Teil 1, in 0,85 m Höhe angebracht werden. Des Weiteren sollen Fußgängerschutzanlagen in der Nähe von Blinden- und Altersheimen zusätzlich mit akustischen Signalen ausgestattet werden. Es hat sich bewährt, wenn das akustische Signal, welches bei Grün für Fußgänger ertönt, nach einigen Sekunden leiser wird. Einzelheiten über Zusatzeinrichtungen für Sehbehinderte siehe RiLSA, Abschnitt 6.2.8.

Zu Abschnitt 12.6.6

StVO
§ 38
Blaues Blinklicht
und gelbes Blinklicht

(3) Gelbes Blinklicht warnt vor Gefahren. Es kann ortsfest oder von Fahrzeugen aus verwendet werden. Die Verwendung von Fahrzeugen aus ist nur zulässig, um vor Arbeits- oder Unfallstellen, vor ungewöhnlich langsam fahrenden Fahrzeugen oder vor Fahrzeugen mit ungewöhnlicher Breite oder Länge oder mit ungewöhnlich breiter oder langer Ladung zu warnen.

VwV-StVO
zu § 37
Wechsellichtzeichen,
Dauerlichtzeichen
und Grünpfeil

Zu Absatz 2

5   III. Die Lichtzeichen sind rund, soweit sie nicht Pfeile oder Sinnbilder darstellen. Die Unterkante der Lichtzeichen soll in der Regel 2,10 m und, wenn die Lichtzeichen über der Fahrbahn angebracht sind, 4,50 m vom Boden entfernt sein.

6   IV. Die Haltlinie (Zeichen 294) sollte nur so weit vor der Lichtzeichenanlage angebracht werden, dass die Lichtzeichen aus einem vor ihr wartenden Personenkraftwagen noch ohne Schwierigkeit beobachtet werden können (vgl. aber Nummer III 3 zu § 5; Rn. 5).

12.6.6 Tragkonstruktionen und Anbringung

Befindet sich z. B. die Unterkante des grünen Lichtzeichens 2,10 m über einem Gehweg, so sollte der Abstand zur Haltlinie 3,50 m betragen, jedenfalls über 2,50 m. Sind die Lichtzeichen wesentlich höher angebracht oder muss die Haltlinie in geringerem Abstand markiert werden, so empfiehlt es sich, die Lichtzeichen verkleinert weiter unten am gleichen Pfosten zu wiederholen.

...

Zu den Nummern 1 und 2

11 III. Bei Lichtzeichen, vor allem auf Straßen, die mit mehr als 50 km/h befahren werden dürfen, soll geprüft werden, ob es erforderlich ist, durch geeignete Maßnahmen (z. B. Blenden hinter den Lichtzeichen, übergroße oder wiederholte Lichtzeichen, entsprechende Gestaltung der Optik) dafür zu sorgen, dass sie auf ausreichende Entfernung erkennbar sind. Ferner ist die Wiederholung von Lichtzeichen links von der Fahrbahn, auf Inseln oder über der Straße zu erwägen, weil nur rechts stehende Lichtzeichen durch voranfahrende größere Fahrzeuge verdeckt werden können.

...

XI. Grünpfeil

36 3. Für Knotenpunktzufahrten mit Grünpfeil ist das Unfallgeschehen regelmäßig mindestens anhand von Unfallsteckkarten auszuwerten. Im Falle einer Häufung von Unfällen, bei denen der Grünpfeil ein unfallbegünstigender Faktor war, ist der Grünpfeil zu entfernen, soweit nicht verkehrstechnische Verbesserungen möglich sind. Eine Unfallhäufung liegt in der Regel vor, wenn in einem Zeitraum von drei Jahren zwei oder mehr Unfälle mit Personenschaden, drei Unfälle mit schwerwiegendem oder fünf Unfälle mit geringfügigem Verkehrsverstoß geschehen sind.

...

Zu Absatz 3

45 I. Dauerlichtzeichen dürfen nur über markierten Fahrstreifen (Zeichen 295, 296, 340) gezeigt werden. Ist durch Zeichen 223.1 das Befahren eines Seitenstreifens angeordnet, können Dauerlichtzeichen diese Anordnung und die Anordnungen durch Zeichen 223.2 und Zeichen 223.3 unterstützen, aber nicht ersetzen (vgl. Nummer V zu den Zeichen 223.1 bis 223.3; Rn. 5).

46 II. Die Unterkante der Lichtzeichen soll in der Regel 4,50 m vom Boden entfernt sein.

47 III. Die Lichtzeichen sind an jeder Kreuzung und Einmündung und erforderlichenfalls auch sonst in angemessenen Abständen zu wiederholen.

IV. Umkehrstreifen im Besonderen

48 Wird ein Fahrstreifen wechselweise dem Verkehr der einen oder der anderen Fahrtrichtung zugewiesen, müssen die Dauerlichtzeichen für beide Fahrtrichtungen über allen Fahrstreifen gezeigt werden. Bevor die Fahrstreifenzuweisung umgestellt wird, muss für eine zur Räumung des Fahrstreifens ausreichende Zeit das Zeichen gekreuzte rote Balken für beide Richtungen gezeigt werden.

Zu Absatz 3

3 II. Ortsfestes gelbes Blinklicht sollte nur sparsam verwendet werden und nur dann, wenn die erforderliche Warnung auf andere Weise nicht deutlich genug gegeben werden kann. Empfehlenswert ist vor allem, es anzubringen, um den Blick des Kraftfahrers auf Stellen zu lenken, die außerhalb seines Blickfeldes liegen, z. B. auf ein negatives Vorfahrtzeichen (Zeichen 205 und 206), wenn der Kraftfahrer wegen der baulichen Beschaffenheit der Stelle nicht ausreichend klar erkennt, dass er wartepflichtig ist. Aber auch auf eine Kreuzung selbst kann so hingewiesen werden, wenn diese besonders schlecht erkennbar oder aus irgendwelchen Gründen besonders gefährlich ist. Vgl. auch Nummer VI zu § 37 Abs. 2 Nr. 1 und 2; Rn. 14. Im gelben Blinklicht dürfen nur schwarze Sinnbilder für einen schreitenden Fußgänger, ein Fahrrad, eine Straßenbahn, einen Kraftomnibus, einen Reiter oder ein schwarzer Pfeil gezeigt werden.

VwV-StVO
zu den §§ 39 bis 43
Allgemeines über
Verkehrszeichen
und Verkehrs-
einrichtungen

III. Allgemeines über Verkehrszeichen

41 12. An spitzwinkligen Einmündungen ist bei der Aufstellung der Verkehrszeichen dafür zu sorgen, dass Benutzer der anderen Straße sie nicht auf sich beziehen, auch nicht bei der Annäherung; erforderlichenfalls sind Sichtblenden oder ähnliche Vorrichtungen anzubringen.

42 13. a) Die Unterkante der Verkehrszeichen sollte sich, soweit nicht bei einzelnen Zeichen anderes gesagt ist, in der Regel 2 m über Straßenniveau befinden, über Radwegen 2,20 m, an Schilderbrücken 4,50 m, auf Inseln und an Verkehrsteilern 0,60 m.

43 b) Verkehrszeichen dürfen nicht innerhalb der Fahrbahn aufgestellt werden. In der Regel sollte der Seitenabstand von ihr innerhalb geschlossener Ortschaften 0,50 m, keinesfalls weniger als 0,30 m betragen, außerhalb geschlossener Ortschaften 1,50 m.

44 14. Sollen Verkehrszeichen nur zu gewissen Zeiten gelten, dürfen sie sonst nicht sichtbar sein. Nur die Geltung der Zeichen 224, 229, 245, 250, 251, 253, 255, 260, 261, 270.1, 274, 276, 277, 283, 286, 290.1, 314, 314.1 und 315 darf stattdessen auf einem Zusatzzeichen, z.B. „8–16 h", zeitlich beschränkt werden. Vorfahrtregelnde Zeichen vertragen keinerlei zeitliche Beschränkungen.

12.6.7 Energieversorgung

Detektions- und Anzeigevorrichtungen benötigen zum Betrieb elektrische Energie. Die zunächst einfachste Versorgungsmöglichkeit ist der Anschluss an das Stromnetz, was für Anlagen innerorts meist unschwer möglich ist, bei den häufig weit abseits von Ansiedlungen mit ausgebautem Stromnetz liegenden Verkehrsbeeinflussungsanlagen aber zu aufwendigen Zuleitungen und damit zu hohen Kosten führt.

In solchen Fällen sollte geprüft werden, ob nicht eine Stromversorgung über Solarpaneele und Stützbatterie wirtschaftlicher ist. Bei aktiv leuchtenden Zeichen ist das allerdings meist wegen des hohen mittleren Stromverbrauchs nicht möglich.

Signalgeber von Lichtsignalanlagen werden mit 220 V, 40 V oder 10 V betrieben. Aus wirtschaftlichen Gründen sind die niedrigen Spannungen vorzuziehen. Die RiLSA sieht nun 40 V als Standardspannung vor. Für diese Spannung wurden auch Schnittstellen definiert.

Bei Streckenbeeinflussungsanlagen kann es sinnvoll sein, von vornherein zusätzliche Leistung und Kabelwege bereitzuhalten, um später ggf. die Abstände zwischen den Anzeigequerschnitten verdichten zu können.

Auch Kontrolleinrichtungen der Polizei können Strombedarf haben (bis hin zur Heizung von Schalt- oder Aufenthaltsräumen). Es empfiehlt sich, den Bedarf rechtzeitig vor der Planung abzustimmen.

12.6.8 Kommunikationswege

Signalgeber und Wechselverkehrszeichengeber müssen manuell oder von Schaltgeräten angesteuert werden, die verschiedenen Schaltgeräte unter Umständen untereinander oder von Zentralen koordiniert werden. Dazu sind Kommunikationswege nötig.

Nachrichtentechnisch am unkompliziertesten sind Kabelverbindungen. Während früher für jede Schaltüberwachungsfunktion eine eigene Ader benötigt wurde, ist es heute unter Nutzung moderner Elektronik möglich, über wenige Adernpaare ganze Anlagen oder sogar mehrere Anlagen zu steuern. Trotzdem sind Kabelverbindungen in der Regel bautechnisch sehr aufwendig. Je nach Einsatzzweck können daher auch andere Kommunikationswege sinnvoll sein, z.B. Kurzstreckenfunk für Baustellengeräte (Signalanlagen oder Stauwarnanlagen) oder Mobilfunktechnologie für die Übertragung statistischer Daten, z.B. bei Verkehrsdatenerfassungssystemen. Bei Lichtsignalanlagen mit zeitweise gleichen Umlaufzeiten kann eine Koordination auch durch Funkuhr-Synchronisierung erreicht werden.

Bei Lichtsignalanlagen sind die Anlagen wie erwähnt meist als Ganzes von einem Hersteller konzipiert und erstellt, die Kommunikationswege damit in internen Standards spezifiziert. Eine Anlage besteht in der Regel aus mehreren Signalgebern, ggf. auch Detektoren, die mit mehradrigen Leitungen an ein Steuergerät angeschlossen sind. Mehrere Steuergeräte können sich entweder untereinander direkt abstimmen oder – ggf. über Zwischenstufen – von einer Zentrale koordiniert werden.

Bei Verkehrsbeeinflussungsanlagen, deren Einrichtungen in der Regel über viele Kilometer entfernt angeordnet sind, werden einzelne beieinander liegende Detektoren und Anzeigevorrichtungen von sogenannten Streckenstationen angesteuert, die über sogenannte Unterzentralen mit dem eigentlichen Steuerrechner verbunden sind (siehe *Bild 12.25*). Um bei den weit verzweigten und inzwischen an vielen Stellen miteinander verzahnten Anlagen eine weitgehende Hersteller-Unabhängigkeit zu erreichen, hat das für den

12.6.8 Kommunikationswege

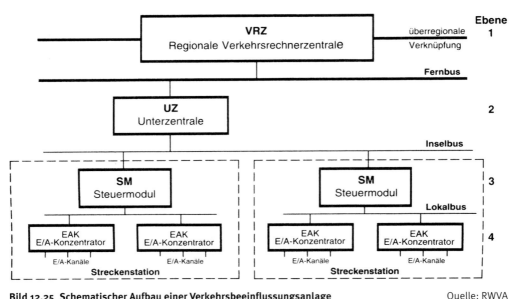

Bild 12.25 Schematischer Aufbau einer Verkehrsbeeinflussungsanlage Quelle: RWVA

Verkehr zuständige Bundesministerium schon 1989 Technische Lieferbedingungen für Streckenstationen herausgegeben und angewandt, die neben dem Aufbau der Streckenstationen selbst vor allem auch die an sie angrenzenden Kommunikationswege definieren. Die aktuelle Ausgabe heißt

– „Technische Lieferbedingungen für Streckenstationen, Ausgabe 2012 (TLS 2012)", BASt

und wurde eingeführt mit

– ARS 2/2013 (StB 12/7123.1/1/1150966 vom 3.1.2013) „Verkehrsbeeinflussung auf Bundesfernstraßen; Technische Lieferbedingungen für Streckenstationen, Ausgabe 2012 (TLS 2012)" vom 3.1.2013 (VkBl. S. 150).

Die TLS beziehen auch den Anschluss von Geräten für Glatteismeldeanlagen, Verkehrszähleinrichtungen und Achslastmessstellen ein und erlauben so die Integration dieser Einrichtungen in ein Gesamtsystem, was die gemeinsame Nutzung der Kommunikationswege und die gemeinsame Auswertung der Daten erlaubt.

Ebenfalls definiert sind Anschlüsse für Geschwindigkeitsüberwachungsanlagen der Polizei. Dazu ist anzumerken, dass eine solche Überwachung in vielen Fällen dem eigentlichen Ziel der Verkehrsbeeinflussungsanlage entgegenläuft, da die gewünschte Vergleichmäßigung durch Bremsmanöver vor den Messquerschnitten ins Gegenteil verkehrt wird. Nachdem die Regelprogramme

auch so konzipiert sein sollen, dass sie nur bei stärkerem Verkehr das Geschwindigkeitsniveau des Großteils der Fahrzeuge anzeigen und die schnelleren Fahrer wegen des starken Verkehrs mehr mäßigen wollen als bremsen können, ist eine solche Überwachung bei einer gut konzipierten Anlage meist nicht notwendig. Sinnvoll kann sie allenfalls dort sein, wo aus guten Gründen das Gesamtniveau der Geschwindigkeit gesenkt werden soll oder wo Spurzuteilungen und Überholverbote überwacht werden sollen. Die Überwachungsquerschnitte sind schon bei der Planung rechtzeitig mit der Polizei abzustimmen.

Da die Streckenstationen wie in *Bild 12.25* erkennbar an maßgebender Stelle im Gesamtsystem platziert sind, wird über die TLS fast die gesamte Struktur und fast der gesamte Datenaustausch von Verkehrsbeeinflussungsanlagen festgelegt.

Nach den TLS werden die Streckenstationen mit den Unterzentralen hardwaremäßig mit einem (für heutige Verhältnisse relativ langsamen und damit inhaltlich leider sehr begrenzten) sogenannten Inselbus untereinander verbunden, der physikalisch als Bus, logisch als Stern im Abfrage-(Polling-)Verfahren betrieben wird. Master ist die Unterzentrale. Die Unterzentralen wurden früher über Modemleitungen, heute häufig über Weitverkehrs-Datennetze (Wide Area Networks WANs) mit den sie steuernden Verkehrsrechnerzentralen verbunden.

12.6.9 Ausschreibung und Vergabe

Für die Ausschreibung von Lichtsignalanlagen liegt der Leistungsbereich LB 132 „Lichtzeichenanlagen" des „Standard-Leistungskatalog (StLK)" vor. Die Texte des StLK liegen auch auf Datenträgern vor.

Für die Ausschreibung von Verkehrsbeeinflussungsanlagen sollten die in Abschnitt 12.6.8 bereits erwähnten „Technischen Lieferbedingungen für Streckenstationen (TLS)" vereinbart werden. Mit den TLS wird das Ziel verfolgt, „Funktionen und Schnittstellen einheitlich festzulegen, so dass die Geräte auch unterschiedlicher Hersteller vom Leistungsumfang her weitgehend identisch und damit auch im Wettbewerb miteinander vergleichbar sind. Außerdem soll ermöglicht werden, bestehende Streckenstationen durch Hinzufügen weiterer Datenerfassungs-/Datenausgabegeräte (z. B. zur Verkehrsdatenerfassung, zur Wechselverkehrszeichensteuerung) zu erweitern bzw. weitere Streckenstationen an eine Unterzentrale anzuschließen, ohne dass hierdurch bereits vorhandene Einrichtungen umgerüstet werden müssen und ohne dass dabei die Straßenbauverwaltung bei der Auftragsvergabe an den Ersteller der bereits vorhandenen Streckenausrüstung gebunden ist."

Um eine möglichst große Flexibilität und Erweiterbarkeit zu gewährleisten, fordern die TLS, auch intern eine modulare Konzeption zu wählen (*Bild 12.25*). Die Schnittstellen zwischen den Modulen, zu den Kommunikationsleitungen, zu den angeschlossenen Detektoren und Zeichengebern sowie für Servicegeräte werden definiert.

Für die Anbieter von Streckenausrüstungen sollen die TLS zur Abgrenzung der anzubietenden Leistungen dienen und so einen freien Wettbewerb ermöglichen.

Die Anwendung der TLS hat seit ihren ersten Versionen zu einer weitgehenden Vereinheitlichung der Verkehrsbeeinflussungsanlagen geführt. Dies führte zu Vorteilen sowohl auf der Herstellerseite (größere Bauserien, weniger Sonderanfertigungen) als auch auf der Bestellerseite (niedrigere Kosten).

Für Lichtsignalanlagen wird über die OCIT-Initiative (www.ocit.org) eine Standardisierung betrieben.

Sowohl bei Lichtsignalanlagen als auch bei Verkehrsbeeinflussungsanlagen empfiehlt es sich, die Wartung (siehe Abschnitt 12.6.10) für einen angemessenen Zeitraum in die Ausschreibung

aufzunehmen. Dadurch kann sichergestellt werden, dass auch die Wartungskosten bei der Wertung der Angebote angemessen berücksichtigt werden können.

12.6.10 Wartung

Fehlerhafte Anlagen können zu Gefährdungen des Verkehrs führen. Daher ist es erforderlich, Signalanlagen sorgfältig zu warten. Dies schließt eine regelmäßige Überprüfung und Reinigung sowie den regelmäßigen Austausch bestimmter Bauteile, z. B. der Signallampen ein.

Sofern die Wartung einer Firma übertragen wird, ist ein Wartungsvertrag abzuschließen. Dabei ist die Frage zu prüfen, ob verkehrstechnisch eine Störbeseitigung an Wochenenden und Feiertagen erforderlich ist. Oftmals ist es bei größeren Schäden gar nicht möglich – selbst wenn eine Störbeseitigung an Feiertagen vereinbart wurde – eine Schadensbeseitigung vorzunehmen (z. B. umgefahrener Signalmast).

Muster-Wartungsverträge beziehen sich in der Regel nur auf die Wartung einfacher Anlagen. Bei zentralgesteuerten Anlagen sowie bei besonderen Gegebenheiten ist festzulegen, welche weiteren Leistungen erforderlich werden.

Es empfiehlt sich, aus organisatorischen Gründen die einzelnen Signalmaste, Ausleger und gegebenenfalls auch die einzelnen Signalgeber zu nummerieren.

Um die Wartungsarbeiten kontrollieren zu können, ist, sofern keine automatischen Aufzeichnungen erfolgen, von der Wartungsfirma für jede Anlage oder Anlagengruppe ein Wartungsbuch zu führen. Eingehende Meldungen von Störungen und ihre Beseitigung sind unabhängig davon vom Betreiber der Anlage in einem Störbuch unter Angabe von Datum und Uhrzeit festzuhalten.

Der Betreiber von Signalanlagen muss sich durch Stichproben von der ordnungsgemäßen Wartung überzeugen.

12.6.11 Betrieb

Über Ein- und Ausschaltzeiten, Programme, Störungen und Reparaturen sollte ein Signalkontrollbuch geführt werden, sofern nicht automatische Aufzeichnungen erfolgen.

Signalanlagen können zeitweise abgeschaltet werden, wenn aufgrund geringen Verkehrsaufkommens eine Verkehrsregelung durch

12.6.11 Betrieb

Signalanlagen nicht mehr notwendig ist oder wenn der Grund für das Betreiben einer Signalanlage vorübergehend entfällt. Bevor darüber entschieden wird, ist zu untersuchen, welche Auswirkungen hierdurch auf die Verkehrssicherheit, auf die Qualität des Verkehrsablaufes und auf Umweltbelange zu erwarten sind.

Eine nächtliche Abschaltung von Signalanlagen hat sich überwiegend als nachteilig hinsichtlich der Verkehrssicherheit erwiesen; andererseits waren keine nennenswerten Vorteile bei Strom- oder Kraftstoffersparnis und auch keine Lärmverminderung festzustellen. Daher sollten solche Abschaltungen in der Regel unterbleiben; schaltet man nachts, aus welchen Gründen auch immer, ab, so sind die Auswirkungen auf die Verkehrssicherheit aufmerksam zu beobachten. Grundlage für die Entscheidung abzuschalten sind insbesondere die Ganglinien der Verkehrsstärken sowie Ergebnisse der Unfalluntersuchungen.

In der Regel sind solche Abschaltungen allerdings problematisch, da Verkehrsanlagen aus Gründen der Verkehrssicherheit für die Regelung mit Lichtsignalanlagen baulich grundlegend anders gestaltet sein sollen als für den Betrieb ohne Lichtsignalanlagen. So sollten z. B. Knotenpunkte, die mit Lichtsignalanlagen geregelt werden, möglichst mehrere Fahrstreifen pro Zufahrt aufweisen, um die Grünzeiten effektiver ausnutzen zu können, solche, die ohne Lichtsignalanlagen betrieben werden, aber möglichst nur einen Fahrstreifen je Zufahrt, um gegenseitige Sichtbehinderungen und unerwartete Vorbeifahrten zu vermeiden.

Werden Lichtsignalanlagen abgeschaltet, so soll entsprechend der VwV-StVO in den wartepflichtigen Knotenpunktzufahrten gelbes Blinklicht gezeigt werden.

Zur Betriebskontrolle von Signalanlagen können Geräte zur Fernüberwachung angebracht werden (z. B. Fernsehkameras, Faseroptik).

Zu Abschnitt 12.6.11

VwV-StVO
zu § 37
Wechsellichtzeichen,
Dauerlichtzeichen
und Grünpfeil

Zu den Nummern 1 und 2

14 VI. Lichtzeichenanlagen sollten in der Regel auch nachts in Betrieb gehalten werden; ist die Verkehrsbelastung nachts schwächer, so empfiehlt es sich, für diese Zeit ein besonderes Lichtzeichenprogramm zu wählen, das alle Verkehrsteilnehmer möglichst nur kurz warten lässt. Nächtliches Ausschalten ist nur dann zu verantworten, wenn eingehend geprüft ist, dass auch ohne Lichtzeichen ein sicherer Verkehr möglich ist. Solange die Lichtzeichenanlagen, die nicht nur ausnahmsweise in Betrieb sind, nachts abgeschaltet sind, soll in den wartepflichtigen Kreuzungszufahrten gelbes Blinklicht gegeben werden. Darüber hinaus kann es sich empfehlen, negative Vorfahrtzeichen (Zeichen 205 und 206) von innen zu beleuchten. Solange Lichtzeichen gegeben werden, dürfen diese Vorfahrtzeichen dagegen nicht beleuchtet sein.

12.7 Ausführung – Rückhaltesysteme

Siehe Abschnitt 10.

12.8 Ausführung – sonstige Verkehrszeichen und Verkehrseinrichtungen

■ **Leitpfosten und sonstige Leiteinrichtungen**

Die Ausführung von Leitpfosten wird derzeit noch geregelt durch das

– RS (StB 4 – Bl – 116 Vms 57) „Anordnung und Ausführung von Leitpfosten und Leitplanken an Bundesfernstraßen" vom 16. März 1957,

mit dem Teile der seinerzeit noch in Bearbeitung befindlichen

– „Hinweise für die Anordnung und Ausführung von senkrechten Leiteinrichtungen an Bundesfernstraßen (HLB 1957)". Auszug Kap. 5 und 7: Straße und Autobahn 8 (1957) 6: S. 219–222

eingeführt wurden.

Für die Ausführung der Leitpfosten existiert inzwischen die europäische Norm

– DIN EN 12899-3 „Ortsfeste, vertikale Straßenverkehrszeichen, Teil 3: Leitpfosten und Retroreflektoren", 2007,

deren Umsetzung in Deutschland (in eine TLP Leitpfosten o.a.) allerdings noch nicht abgeschlossen ist.

Hinweise für die Beurteilung der Ausführung von Leiteinrichtungen, die an Fahrzeug-Rückhaltesystemen angebracht werden sollen, geben die

– „Hinweise zur Nutzung von Fahrzeug-Rückhaltesystemen als Träger von Leiteinrichtungen (H FL)", FGSV Verlag, Ausgabe 2008.

■ **Leitkegel**

Für Leitkegel existiert die

– DIN EN 13422 „Straßenverkehrszeichen (vertikal) – Transportable Straßenverkehrszeichen – Leitkegel und Leitzylinder"; 2004+A1:2009.

Deren Umsetzung in Deutschland erfolgt mit

– „Technische Lieferbedingungen für Leitkegel (TL-Leitkegel)", BMV 1994, FGSV Verlag,

die mit

– ARS 16/1994 (StB 13/38.61.50/80 BASt 93) „Technische Lieferbedingungen für Leitkegel

(TL-Leitkegel)" vom 27. Mai 1994 (VkBl. S. 630)

eingeführt wurden.

Da die TL älter sind als die aktuelle Ausgabe der Produktnorm, sollten die Widersprüche in den Besonderen Vertragsbedingungen (BVB) aufgelöst werden.

12.9 Ausführung – temporäre Verkehrszeichen und Verkehrseinrichtungen

Nicht ortsfeste Verkehrsschilder, wie sie z. B. zur Sicherung von Arbeitsstellen verwendet werden, wurden bisher in Deutschland nach den gleichen Kriterien beschafft und betrieben wie ortsfeste Verkehrsschilder. Die aktuelle europäische Norm DIN EN 12899 (siehe Abschnitt 12.4.1) regelt allerdings ausdrücklich nur ortsfeste Verkehrsschilder. Für die nicht ortsfesten Verkehrsschilder gelten die (überarbeiteten) nationalen Normen weiter, die allerdings vergleichbare Anforderungen stellen wie die europäischen Normen. Ein der ZTV-VZ entsprechendes Regelwerk für nicht ortsfeste Verkehrsschilder wird derzeit erarbeitet.

Zur Ausführung von Sicherungsarbeiten an Straßen existieren die

– „Zusätzliche Technische Vertragsbedingungen und Richtlinien für Sicherungsarbeiten an Arbeitsstellen an Straßen (ZTV-SA)", BMV 1997/2001, FGSV Verlag,

die auch die Beschaffung von Verkehrsschildern, Aufstelleinrichtungen, vorübergehenden Markierungen, Absperrgeräten (mit Straßenbahnschranken), Warneinrichtungen, Transportablen Lichtsignalanlagen, Leitelementen und Transportablen Schutzeinrichtungen regeln. Dazu wurden auch eine Reihe von Technischen Lieferbedingungen aufgestellt, insbesondere

– „Technische Lieferbedingungen für Warnleuchten (TL-Warnleuchten 90)", BMV 1991/1998, FGSV Verlag,
– „Technische Lieferbedingungen für Leitkegel (TL-Leitkegel)", BMV 1994, FGSV Verlag,
– „Technische Lieferbedingungen für transportable Lichtsignalanlagen (TL-Transportable Lichtsignalanlagen 97)", FGSV Verlag, Ausgabe 1997,
– „Technische Lieferbedingungen für transportable Schutzeinrichtungen (TL-Transportable Schutzeinrichtungen 97)", BMV 1997, FGSV Verlag,

12.10.2 Kostentragung und Vereinbarungen

- „Technische Lieferbedingungen für bauliche Leitelemente (TL-Leitelemente 97)", BMV 1997, FGSV Verlag,
- „Technische Lieferbedingungen für Warnbänder bei Arbeitsstellen an Straßen (TL-Warnbänder 97)", BMV 1997, FGSV Verlag,
- „Technische Lieferbedingungen für Aufstellvorrichtungen für Schilder und Verkehrseinrichtungen an Arbeitsstellen (TL-Aufstellvorrichtungen 97)", BMV 1997, FGSV Verlag,
- „Technische Lieferbedingungen für fahrbare Absperrtafeln (TL-Absperrtafeln 97)", BMV 1997, FGSV Verlag,
- „Technische Lieferbedingungen für Leit- und Warnbaken (TL-Leitbaken 97)", BMV 1997, FGSV Verlag,
- „Technische Lieferbedingungen für Absperrschranken (TL-Absperrschranken 97)", BMV 1997, FGSV Verlag,
- „Technische Lieferbedingungen für Markierungsmaterialien (TL M 06)", FGSV Verlag, Ausgabe 2006.

Diese Technischen Lieferbedingungen werden derzeit überarbeitet. Vorgesehen ist, sie dabei in einem Werk zusammenzufassen.

Die zur Beschaffung und Aufstellung führenden Abwägungen führen im Bereich der temporären Verkehrszeichen und Verkehrseinrichtungen teilweise zu anderen Ergebnissen als bei ortsfesten Verkehrszeichen und Verkehrseinrichtungen. Insbesondere sind zu berücksichtigen

- leichte Aufstellbarkeit,
- leichte und rückstandsfreie Entfernbarkeit,
- Betrieb mit lokaler Energieversorgung,
- höhere Anprallwahrscheinlichkeit (da z. B. als Absperreinrichtung bewusst im „normalen" Verkehrsraum angeordnet),
- höherer Verschleiß durch häufige Montage, Demontage und Transport,
- notwendige Zwischenlagerung zwischen Einsätzen.

12.10 Planung und Kostentragung

12.10.1 Allgemeines

Die Beschaffung, Anbringung, Entfernung, Unterhaltung und der Betrieb der amtlichen sowie sonstigen vom für den Verkehr zuständigen Bundesministerium zugelassenen Verkehrszeichen und Verkehrseinrichtungen obliegt nach dem Straßenverkehrsgesetz (StVG), detailliert durch die StVO, in der Regel dem Straßenbaulastträger. Dieser hat in der Regel auch die Kosten zu übernehmen. Gesetz, StVO und ggf. vertragliche Vereinbarungen sehen jedoch auch andere Kostenträger vor (siehe Abschnitt 12.10.2).

Im vorliegenden Abschnitt sollen einige Aspekte diskutiert werden, wie diese Aufgabe zweckmäßig organisiert wird.

Für die Standardbeschilderung hat es sich im Regelfall als zweckmäßig und ausreichend erwiesen, wenn für Arbeitsaufwand und Kosten mit Pauschalansätzen für die Neu- und die Ersatzbeschaffung gearbeitet wird und der Austausch selber auf unteren operationellen Ebenen organisiert wird.

Es empfiehlt sich jedoch, die verwendeten Pauschalansätze regelmäßig anhand von Inventarisierungen (siehe Abschnitt 12.12.2) zu überprüfen und fortzuschreiben.

Sonderereignisse, z. B. größere Austauschaktionen wegen Änderungen von StVO-Regelungen, sind gesondert zu berücksichtigen.

In bestimmten Fällen kann es auch aus wirtschaftlichen Gründen sinnvoll sein, anstelle von vielen einzelnen Reparatur- und Erneuerungsmaßnahmen für bestimmte Streckenabschnitte einen Gesamtaustausch vorzusehen. Dies gilt insbesondere, wenn ein solcher Austausch deutlich effektiver abzuwickeln ist als eine Vielzahl von Einzelmaßnahmen oder wenn mit dem Austausch eine Umstellung auf neue Standards vollzogen werden kann.

Für größere Beschaffungs- und Umbaumaßnahmen, z. B. im Zusammenhang mit dem Neu- oder Umbau von Streckenabschnitten oder Knotenpunkten, bei der Fortschreibung des Wegweisungssystems oder auch bei der Beschaffung einzelner größerer Elemente der Straßenausstattung, sind aus haushaltsrechtlichen Gründen formelle Entwürfe und gesonderte Anforderungen von Haushaltsmitteln erforderlich (siehe Abschnitt 12.10.3).

12.10.2 Kostentragung und Vereinbarungen

§ 5b StVG bürdet die Kosten für Beschaffung, Anbringung, Entfernung, Unterhaltung und Betrieb der Verkehrszeichen und -einrichtungen in der Regel dem Baulastträger der Straße auf, in deren Verlauf sie angebracht sind.

12.10.2 Kostentragung und Vereinbarungen

Das Straßenverkehrsgesetz (StVG) nennt auch Ausnahmen, insbesondere für

– die Unternehmer der Schienenbahnen für Andreaskreuze, Schranken, Blinklichter mit oder ohne Halbschranken;
– die Unternehmer im Sinne des Personenbeförderungsgesetzes für Haltestellenzeichen;
– die Gemeinden in der Ortsdurchfahrt für Parkuhren und andere Vorrichtungen oder Einrichtungen zur Überwachung der Parkzeit, Straßenschilder, Geländer, Wegweiser zu innerörtlichen Zielen und Verkehrszeichen für Laternen, die nicht die ganze Nacht brennen;
– die Bauunternehmer und die sonstigen Unternehmer von Arbeiten auf und neben der Straße für Verkehrszeichen und -einrichtungen, die durch diese Arbeiten erforderlich werden;
– die Unternehmer von Werkstätten, Tankstellen sowie sonstigen Anlagen und Veranstaltungen für die entsprechenden amtlichen oder zugelassenen Hinweiszeichen;
– die Träger der Straßenbaulast der Straßen, von denen der Verkehr umgeleitet werden soll, für Wegweiser für Bedarfsumleitungen.

§ 51 StVO präzisiert außerdem, dass auch die Kosten der Zeichen der touristischen Beschilderung (siehe Abschnitt 8.5.2) vom Veranlasser zu tragen sind. Außerdem sind immer wieder Sonderregelungen dort zu beachten, wo die Zuständigkeitsbereiche mehrerer Baulastträger aneinandergrenzen, insbesondere bei Ortsdurchfahrten, Straßenkreuzungen und Kreuzungen mit anderen Verkehrswegen. Siehe dazu z. B.:

– die Straßen(bau)gesetze von Bund (FStrG) und Ländern mit den dazu ergangenen Verordnungen (z. B. Bundesfernstraßenkreuzungsverordnung (FStrKrV)) oder
– das Eisenbahnkreuzungsgesetz (EBKrG).

Die Einzelfälle werden normalerweise in Vereinbarungen (z. B. Ortsdurchfahrten- oder Kreuzungsvereinbarung) der Beteiligten geregelt, die auch organisatorische Abweichungen der Zuständigkeiten (in der Regel gegen Kostenersatz) vorsehen können, um eine wirtschaftlichere Vorgehensweise zu erreichen.

Im Zuge von Ortsdurchfahrten, für die der Bund Träger der Straßenbaulast ist, tragen die Gemeinden die Kosten für weiße Einsätze in Wegweisern. Es empfiehlt sich, diese Kosten in geeigneter Weise zu pauschalieren.

Ähnliche Regelungen gelten auch für die touristische Wegweisung (siehe Abschnitt 8.5.2) und die Wegweisung zu temporären Großveranstaltungen (siehe Abschnitt 8.5.4). Für die Bundesfernstraßen siehe dazu die dort angegebenen Allgemeinen Rundschreiben Straßenbau des für den Verkehr zuständigen Bundesministeriums.

Die Kosten für die wegweisende Beschilderung für den Radverkehr der Bundesstraße, der über Wirtschafts- und Forstwege oder geeignete Straßen anderer Baulastträger geführt wird, übernimmt der Bund. Auch wenn mehrere Wege ausgeschildert werden, übernimmt der Bund für jeden Abschnitt der Bundesstraße die Kosten nur für einen Weg, in der Regel für den straßenbegleitenden. Siehe dazu

– BMVBS-RS (S 11/7123.10/6-1-891608) „Grundsätze für Bau und Finanzierung von Radwegen im Zuge von Bundesstraßen in der Baulast des Bundes 2008" vom 17. Oktober 2008.

Werden Verkehrsschilder und Verkehrseinrichtungen von Dritten beschädigt (z. B. durch Unfälle), so haben diese die Kosten der Reparatur zu ersetzen. Die Abwicklung richtet sich nach bürgerlichem Recht.

Zu Abschnitt 12.10.2

StVG § 5b Unterhaltung der Verkehrszeichen	(1) Die Kosten der Beschaffung, Anbringung, Entfernung, Unterhaltung und des Betriebs der amtlichen Verkehrszeichen und -einrichtungen sowie der sonstigen vom Bundesministerium für Verkehr, Bau und Stadtentwicklung zugelassenen Verkehrszeichen und -einrichtungen trägt der Träger der Straßenbaulast für diejenige Straße, in deren Verlauf sie angebracht werden oder angebracht worden sind, bei geteilter Straßenbaulast der für die durchgehende Fahrbahn zuständige Träger der Straßenbaulast. Ist ein Träger der Straßenbaulast nicht vorhanden, so trägt der Eigentümer der Straße die Kosten.

(2) Diese Kosten tragen abweichend vom Absatz 1

a die Unternehmer der Schienenbahnen für Andreaskreuze, Schranken, Blinklichter mit oder ohne Halbschranken;

b) die Unternehmer im Sinne des Personenbeförderungsgesetzes für Haltestellenzeichen;

StVG
§ 5b
Unterhaltung der
Verkehrszeichen

c) die Gemeinden in der Ortsdurchfahrt für Parkuhren und andere Vorrichtungen oder Einrichtungen zur Überwachung der Parkzeit, Straßenschilder, Geländer, Wegweiser zu innerörtlichen Zielen und Verkehrszeichen für Laternen, die nicht die ganze Nacht brennen;

d) die Bauunternehmer und die sonstigen Unternehmer von Arbeiten auf und neben der Straße für Verkehrszeichen und -einrichtungen, die durch diese Arbeiten erforderlich werden;

e) die Unternehmer von Werkstätten, Tankstellen sowie sonstigen Anlagen und Veranstaltungen für die entsprechenden amtlichen oder zugelassenen Hinweiszeichen;

f) die Träger der Straßenbaulast der Straßen, von denen der Verkehr umgeleitet werden soll, für Wegweiser für Bedarfsumleitungen.

(3) Das Bundesministerium für Verkehr, Bau und Stadtentwicklung wird ermächtigt, durch Rechtsverordnung mit Zustimmung des Bundesrates bei der Einführung neuer amtlicher Verkehrszeichen und -einrichtungen zu bestimmen, dass abweichend von Absatz 1 die Kosten entsprechend den Regelungen des Absatzes 2 ein anderer zu tragen hat.

(4) Kostenregelungen aufgrund kreuzungsrechtlicher Vorschriften nach Bundes- und Landesrecht bleiben unberührt.

(5) Diese Kostenregelung umfasst auch die Kosten für Verkehrszählungen, Lärmmessungen, Lärmberechnungen und Abgasmessungen.

(6) Können Verkehrszeichen oder Verkehrseinrichtungen aus technischen Gründen oder wegen der Sicherheit und Leichtigkeit des Straßenverkehrs nicht auf der Straße angebracht werden, haben die Eigentümer der Anliegergrundstücke das Anbringen zu dulden. Schäden, die durch das Anbringen oder Entfernen der Verkehrszeichen oder Verkehrseinrichtungen entstehen, sind zu beseitigen. Wird die Benutzung eines Grundstücks oder sein Wert durch die Verkehrszeichen oder Verkehrseinrichtungen nicht unerheblich beeinträchtigt oder können Schäden, die durch das Anbringen oder Entfernen der Verkehrszeichen oder Verkehrseinrichtungen entstanden sind, nicht beseitigt werden, so ist eine angemessene Entschädigung in Geld zu leisten. Zur Schadensbeseitigung und zur Entschädigungsleistung ist derjenige verpflichtet, der die Kosten für die Verkehrszeichen und Verkehrseinrichtungen zu tragen hat. Kommt eine Einigung nicht zustande, so entscheidet die höhere Verwaltungsbehörde. Vor der Entscheidung sind die Beteiligten zu hören. Die Landesregierungen werden ermächtigt, durch Rechtsverordnung die zuständige Behörde abweichend von Satz 5 zu bestimmen. Sie können diese Ermächtigung auf oberste Landesbehörden übertragen.

StVO
§ 51
Besondere
Kostenregelung

Die Kosten der Zeichen 386.1, 386.2 und 386.3 trägt abweichend von § 5b Absatz 1 des Straßenverkehrsgesetzes derjenige, der die Aufstellung dieses Zeichens beantragt.

12.10.3 Entwurf (bei größeren Maßnahmen)

Für größere Maßnahmen, das können die Ausstattung von größeren Straßenbaumaßnahmen oder eigenständige Ausstattungsmaßnahmen (z. B. die großräumige Umgestaltung der Wegweisung oder die Einrichtung von dynamischen Verkehrszeichenanlagen) sein, sind nach den Vorgaben des Haushaltsrechts in der Regel vor dem Baubeginn sogenannte Entwürfe zu erstellen und von der zuständigen vorgesetzten Behörde genehmigen zu lassen, aus denen die Art der Ausführung und die Bau- und Betriebskosten hervorgehen.

Sofern für Maßnahmen der Beschilderung Kosten ermittelt werden müssen, sind die „Anweisungen zur Kostenberechnung für Straßenbaumaßnahmen AKS 1985" zu beachten (Hauptgruppe 8). Siehe dazu

– ARS 24/1984 (StB 24/38.46.00/24023 Va 84) „Anweisung zur Kostenberechnung für Straßenbaumaßnahmen (AKS 85); hier: Neufassung der AKS" vom 12. Dezember 1984 (VkBl. 1985 S. 92).

12.11 Ausschreibung und Vergabe

12.11.1 Allgemeines

Bei der Beschaffung sind auch die Anforderungen des öffentlichen Vergaberechts zu beachten.

Abschnitt 12.11.2 gibt einen allgemeinen Überblick über dessen Anforderungen. Da sich Regelungen in den letzten Jahren wegen der Umstellung auf ein europaeinheitliches System grundlegend geändert haben (und sich in den nächsten Jahren auch immer noch ändern werden, bis wieder ein stabiler Zustand erreicht sein wird), ist diesem Themenkomplex ein eigener Abschnitt 12.11.3 gewidmet.

Die Regelungen, die zur Beschaffung (Lieferung) von Verkehrszeichen und Verkehreinrichtungen gelten (sei es direkt durch die öffentlichen Stellen, z. B. für kleinere Maßnahmen oder zur Lagerhaltung für Reparaturen und andere Erhaltungsmaßnahmen, oder indirekt für die weiter unten beschriebenen Herstellungsverträge), sind in Abschnitt 12.11.4 zusammengestellt.

Soweit der Vertragsinhalt auch das Aufstellen der Verkehrszeichen und Verkehreinrichtungen umfasst, sind die Regelungen des Abschnitts 12.11.5 zu beachten. Dabei zählt die Aufstellung von Verkehrszeichen und Verkehreinrichtungen zu den Bauleistungen, da sie fest mit dem Bauwerk Straße verbunden werden oder zur Herstellung des Bauwerks erforderlich sind. Daher sind für öffentliche Auftraggeber in der Regel die VOB und die dazu ergangenen Verwaltungsvorschriften zu beachten, bei größeren Baumaßnahmen auch erweiterte EU-Regelungen.

12.11.2 Öffentliche Vergaben

Öffentliche Vergaberegelungen sollen sicherstellen, dass

- **die Maßnahmen nach den Haushaltsgrundsätzen von Wirtschaftlichkeit und Sparsamkeit durchgeführt werden;**
- **alle geeigneten Bewerber in gleicher Weise Zugänge zu öffentlichen Aufträgen haben;**
- **Manipulationen verhindert werden.**

Die Haushaltsgrundsätze von Wirtschaftlichkeit und Sparsamkeit sagen letztlich aus, dass mit öffentlichen Geldern vernünftig umgegangen

werden soll. Die Verwaltung (Exekutive) soll **sparsam** sein, also nur die Dinge beschaffen und die Arbeiten ausführen lassen, die zur Erfüllung der staatlichen Aufgaben notwendig sind, und sie auch nur so bescheiden zu beschaffen oder ausführen zu lassen, wie das zur Erfüllung dieser Aufgaben notwendig ist. Sie soll außerdem **wirtschaftlich** handeln, d. h. sie soll darauf achten, dass die eingesetzten Mittel zur erhaltenen Leistung in einem möglichst guten Verhältnis steht. In der Regel werden wirtschaftliche Lösungen auch sparsam sein. Es sind jedoch auch Fälle denkbar, die wirtschaftlich, aber nicht sparsam sind (z. B. sehr aufwendige Lösungen) oder die sparsam, aber nicht wirtschaftlich sind. Dann ist im Einzelfall abzuwägen.

Alle geeigneten Bewerber sollen in gleicher Weise Zugang zu öffentlichen Aufträgen haben. Dies ergibt sich alleine schon aus den Grundrechten, insbesondere dem der Gleichheit (vor dem Gesetz und damit der Staatsverwaltung). Diese Forderung unterstützt aber auch die Forderung nach der wirtschaftlichen Vergabe und der Manipulationsvermeidung, da über ein größeres Bewerberfeld und die Öffentlichkeit des Verfahrens die Wahrscheinlichkeit für wirtschaftliche Angebote erhöht und die Manipulationsmöglichkeiten verringert werden.

Die Verhinderung von Manipulationen ist notwendig, da solche regelmäßig zu weniger wirtschaftlichen Verhaltensweisen und zur ungerechtfertigten Bevorzugung einzelner Personen und Firmen führen.

Der gleichberechtigte Zugang aller geeigneten Bewerber zum Vergabeverfahren wird durch den öffentlichen Wettbewerb erreicht. Manipulationen werden einerseits durch die vereinfachte Wirtschaftlichkeitsprüfung (in der Regel Preisvergleich für vorgegebene Leistung), andererseits durch den grundsätzlich unbegrenzten Marktzugang und die Öffentlichkeit des Verfahrens erschwert.

Im Bauwesen werden diese Anforderungen an die Vergabe in der Regel dadurch erfüllt, dass eine bestimmte gewünschte Leistung genau vorgegeben und diese dann im öffentlichen Wettbewerb vergeben wird. Bei der Festsetzung des gewünschten Leistungsniveaus berücksichtigen die ausschreibenden Stellen aus ihrer langjährigen Erfahrung das Gebot der Sparsamkeit und deren grundsätzliche Abwägung zur Wirtschaftlichkeit. **Bei vorgegebenem Leistungsniveau ist dann in der Regel das Angebot mit dem niedrigsten Preis das wirtschaftlichste, wenn,**

12.11.2 Öffentliche Vergaben

wie das bei der öffentlichen Vergabe versucht wird, nur Wettbewerber zugelassen werden, die aufgrund ihrer Fachkunde, Leistungsfähigkeit und Zuverlässigkeit erwarten lassen, dass die Leistung anforderungsgerecht erstellt wird, und wenn diese anforderungsgerechte Leistungserstellung durch geeignete Kontrollen und Nachbesserungsverlangen sichergestellt wird. Kann ein Bieter glaubhaft machen, dass er durch eine andere Ausführung ein Angebot unterbreiten kann, das die Anforderungen aus Wirtschaftlichkeit und Sparsamkeit besser erfüllt, so ist die Möglichkeit eines Nebenangebots gegeben, das dann von der Vergabestelle ausführlicher zu prüfen ist.

Die für Vergaben öffentlicher Auftraggeber maßgebenden Regelungen werden in Deutschland seit langer Zeit in „Verdingungsordnung" (VO..) genannten Werken niedergelegt. Die „Verdingungsordnung für Bauleistungen" (VOB) ist das ältere dieser Werke. In Anlehnung an diese wurde eine „Verdingungsordnung für (sonstige) Leistungen" (VOL) aufgestellt. Beide Werke haben einen Teil A, der als interne Verwaltungsvorschrift das Verfahren regelt, und einen Teil B, der als Grundgerüst des jeweiligen Werk- oder Liefervertrags vereinbart wird. Die VOB enthält außerdem noch einen Teil C, eine Sammlung von DIN-Normen, die spezielle technische Grundregelungen für einzelne Gewerke enthält. Für freiberufliche Leistungen im EU-Bereich gibt es schließlich inzwischen noch eine VOF, die nur Vergaberegelungen enthält.

Die Verdingungsordnungen wurden im Laufe der Zeit immer weiterentwickelt. Auch die Zuordnung von Leistungsbereichen hat sich geändert. Dabei hat sich auch die Interpretation der Abkürzung geändert. „VO.." heißt inzwischen „Vergabe- und Vertragsordnung für ...". Derzeit wird das Aufstellen von Verkehrszeichen und Verkehrseinrichtungen (einschließlich der dafür notwendigen Beschaffung durch den Auftragnehmer) von der VOB behandelt, da diese Tätigkeit zu den Bauleistungen gerechnet wird (siehe Abschnitt 12.11.1). Soweit Verkehrszeichen und Verkehrseinrichtungen vom öffentlichen Auftraggeber für die eigene Verwendung oder für die Lagerhaltung erworben werden, sind die VOL einschlägig.

Die VOB werden vom „Deutschen Vergabe- und Vertragsausschuss für Bauleistungen" erstellt, der beim für das öffentliche Bauen zuständigen Bundesministerium (derzeit BMVI) eingerichtet ist, und dem Vertreter von Auftragnehmern und Auftraggebern angehören. Daher geht man davon aus, dass die erarbeiteten Regelungen in sich

ausgewogen sind, was zu Ausnahmeregelungen im Vertragsrecht geführt hat (siehe § 310 BGB).

Zur einheitlichen Handhabung des Vergabeverfahrens werden von großen Auftraggebern, so z. B. auch vom für den Verkehr zuständigen Bundesministerium, innerdienstliche Werke herausgegeben, die die VOB/A aus Sicht des Auftraggebers interpretieren und ergänzen sowie die auf die VOB/B aufbauende Vertragsgestaltung durch Mustergliederungen, Formblätter und Textvorschläge vereinheitlichen. Im Bereich des für den Verkehr zuständigen Bundesministeriums heißt dieses Werk „Handbuch für die Vergabe und Ausführung von Bauleistungen im Straßen- und Brückenbau (HVA B-StB)". Die Länder sind vom für den Verkehr zuständigen Bundesministerium angewiesen, diese Regelungen für den Bau der Bundesfernstraßen zu beachten. Die Länder und die Kommunen, häufig sogar private Firmen berücksichtigen sie für ihren eigenen Straßenbau meist auch, da sie sich in der Praxis bewährt haben.

Die in der VOB/B aufgezeigte Vertragsstruktur sieht darüber hinaus sogenannte „Zusätzliche Vertragsbedingungen (ZVB)" und „Zusätzliche Technische Vertragsbedingungen (ZTV)" vor. In diesen können die Regelungen von VOB/B und VOB/C für bestimmte Bereiche weiter detailliert werden. Diese Texte müssen ausdrücklich als Vertragsbestandteil erklärt werden, um wirksam zu werden.

Der Bund hat, größtenteils in Zusammenarbeit mit den Ausschüssen der FGSV, für seine Straßen solche Vertragswerke und weitere technische Regelwerke erarbeitet, die die in den vorigen Abschnitten diskutierten komplexen Zusammenhänge berücksichtigen und daher meistens auch von den anderen Straßenbaulastträgern, insbesondere den Ländern und Kommunen (Landkreise, Städte, Gemeinden) mehr oder weniger unverändert verwendet werden. Sie werden häufig mit Allgemeinen Rundschreiben Straßenbau (ARS) an die obersten Landesstraßenbaubehörden der Länder bekannt gegeben (auch für die Bundesfernstraßen obliegt die Umsetzung der straßenrechtlichen Regelungen wegen der im Grundgesetz vorgesehenen Auftragsverwaltung den Ländern).

Dabei sind meist nur die Zusätzlichen Technischen Vertragsbedingungen (ZTV), Technischen Liefer- (TL) und Prüfbedingungen (TP) sowie Normen so formuliert, dass sie direkt als Bestandteil der Verträge zwischen den Baulastträgern und

12.11.2 Öffentliche Vergaben

den ausführenden Firmen vereinbart werden können. Richtlinien, Merkblätter, Hinweise usw. richten sich an die Mitarbeiter und Beauftragten der Straßenbaulastträger, um sie bei ihren abwägenden Entscheidungen und ggf. bei der Formulierung eigener Vertragstexte zu unterstützen.

Aus ordnungs- und wettbewerbspolitischen Zielsetzungen wird verstärkt eine Vergabe nach Fachlosen angestrebt (siehe hierzu § 97 Abs. 3 GWB (Gesetz gegen Wettbewerbsbeschränkungen) und § 5 Abs. 2 VOB/A).

Einschränkungen zu Jahresausschreibungen sind ebenfalls im nachstehend abgedruckten Erlass des für den Verkehr zuständigen Bundesministeriums vom 16. Februar 1999 zu finden.

Zu Abschnitt 12.11.2

BMV – StB
12/70.10.00/17
Va 97
30. Juni 1997

Vergabe von Bauleistungen im Straßen- und Brückenbau – Fachlosvergaben

I. (1) Seit einiger Zeit werden zunehmend Straßenbauleistungen im Bereich der Bundesfernstraßen durch das Zusammenfassen von Fachlosen als so genannte Paket- bzw. Generalunternehmer-(GU-)Vergaben ausgeschrieben und vergeben.

Begründet wird dieses Vergabeverhalten vor allem mit fehlendem Fachpersonal in der Verwaltung, Termindruck und Vorteilen für den Bauherrn. Hierzu werden insbesondere genannt:

– Der geringere Verwaltungsaufwand für die Ausschreibung und Vergabe bei der Zusammenfassung von Fachlosen.
– Der geringere Koordinierungsaufwand bei der Bauabwicklung der Gesamtmaßnahme. So werden der baubegleitende Schriftverkehr und evtl. Auseinandersetzungen (z. B. wegen Behinderungsansprüchen) nur mit einem Ansprechpartner (Generalunternehmer) geführt.
– Die einheitliche Gewährleistung.
– Die frühe Kostensicherheit.
– Die angeblich kürzeren Ausführungsfristen bzw. die größere Terminsicherheit.
– Die angeblich wirtschaftlichere Vergabe.

(2) Gegen diese Vorgehensweise haben sich mittelständische Unternehmen gewandt und das Vergabeverhalten der Vergabestellen bei einer Anzahl von Paket- und GU-Vergaben oberhalb des EU-Schwellenwertes auf der Grundlage der „Verordnung über das Nachprüfungsverfahren für öffentliche Aufträge (Nachprüfungsverordnung – NpV)" durch Vergabeprüfstellen und Vergabeüberwachungsausschüsse (VÜA) auf deren VOB-Konformität überprüfen lassen. Dabei handelte es sich sowohl um Neubau- als auch um Um- und Ausbaumaßnahmen im Zuge von Bundesautobahnen.

(3) Bei Nachprüfungsverfahren von Neubaumaßnahmen wurde durch die Vergabeprüfstellen (1. Instanz) ohne Verzögerung des Vergabeverfahrens überwiegend zu Gunsten der Beschwerdeführer entschieden.

Bei Um- und Ausbaumaßnahmen betrachteten die Vergabeprüfstellen die Zusammenfassung von Einzelgewerken jedoch als zulässig. Die daraufhin von den Beschwerdeführern in der Mehrzahl der Fälle angerufenen VÜA haben jedoch, soweit die Anträge angenommen wurden, die Entscheidungen der Vergabeprüfstellen zu Gunsten der Paket- bzw. GU-Vergaben als VOB-widrig zurückgewiesen.

Dies führte teilweise zu Verzögerungen bei den Vergaben und zu einer Verunsicherung bei den Vergabestellen.

II. (1) Nach § 4 Nr. 3 Satz 1 VOB/A sind Bauleistungen verschiedener Handwerks- oder Gewerbezweige in der Regel nach Fachgebieten oder Gewerbezweigen getrennt zu vergeben (Fachlose).

Die VOB berücksichtigt mit dieser ordnungspolitischen Vorgabe die besondere Struktur in der deutschen Bauwirtschaft und steht damit im Einklang mit den Zielsetzungen der Bundesregierung nach Stärkung und Förderung der mittelständischen Unternehmen, Verhinderung von Lohndumping und Sicherung des Tarifgefüges sowie mit den Mittelstandsförderungsgesetzen der Länder.

Durch die Fachlosvergaben werden kleine und mittelständische Unternehmen direkt Vertragspartner des öffentlichen Auftraggebers, während sie bei Paket- bzw. GU-Vergaben nur

12.11.2 Öffentliche Vergaben

als Nachunternehmer tätig werden können. Dabei ist bekannt, dass Generalunternehmer in ihre Nachunternehmerverträge häufig ungünstigere Bedingungen aufnehmen als der öffentliche Auftraggeber.

Paket- bzw. GU-Vergaben führen damit auf längere Sicht zu einer Einengung des Marktes mit den für die öffentlichen Auftraggeber bekannten Folgen.

Angesichts der ordnungs- und wettbewerbspolitischen Zielsetzungen der Bundesregierung haben daher die öffentlichen Auftraggeber die Pflicht, solche Oligopolbildungen durch eine entsprechende Marktpflege zu verhindern. Etwaige Mehraufwendungen, z.B. infolge zusätzlicher Koordinierung und Bauüberwachung sowie Überwachung verschiedener Gewährleistungsfristen, rechtfertigen alleine nicht die Abweichung von der gebotenen Fachlosvergabe.

(2) Nach § 4 Nr. 3 Satz 2 VOB/A dürfen mehrere Fachlose aus wirtschaftlichen oder technischen Gründen zusammen vergeben werden. Dabei ist jedoch davon auszugehen, dass das Zusammenfassen von Fachlosen wegen des Grundsatzes der Fachlosvergabe die Ausnahme bleiben muss. Ein Zusammenfassen von Fachlosen wird nach den Beschlüssen der VÜA dann als VOB-konform angesehen, wenn auf Grund besonderer Umstände des Einzelfalls solche wirtschaftlichen oder technischen Gesichtspunkte vorliegen, ein besonderes Gewicht haben und diese Umstände eindeutig belegt werden können. Die von den VÜA in dieser Frage vertretenen Gesichtspunkte werden von mir grundsätzlich geteilt.

So haben die VÜA in den Nachprüfungen die unter Abschnitt I Abs. (1) genannten allgemeinen Vorteile sowie fehlendes Fachpersonal in der Verwaltung als Begründung für eine Zusammenlegung von Fachlosen nicht anerkannt, aber die Verkehrssicherheit sowie einen reibungslosen und termingerechten Bauablauf bei Um- und Ausbaumaßnahmen im Zuge von BAB als technische Gründe im Sinne von § 4 Nr. 3 Satz 2 VOB/B prinzipiell akzeptiert. Die VÜA sind jedoch der Ansicht, dass auch in diesen Fällen im Regelfall eine Fachlosvergabe zu erfolgen hat, da, von wenigen Ausnahmen abgesehen, auch bei einer Fachlosvergabe eine termingerechte und verkehrssichere Abwicklung sämtlicher am Bauvorhaben beteiligter Einzelgewerke innerhalb der geplanten Gesamtbauzeit möglich ist.

So konnte bei allen Entscheidungen der VÜA, die das Fachlos Stahlschutzplanken betrafen, von den Vergabestellen der Ausnahmetatbestand nach § 4 Nr. 3 Satz 2 VOB/A nicht überzeugend begründet werden. Da dieses Gewerk eindeutig von den übrigen Arbeiten abzugrenzen sei, könne durch entsprechende Vertragsgestaltung auch eine termingerechte und verkehrssichere Abwicklung sichergestellt werden.

Ebenso haben die VÜA die grundsätzliche Unterstellung, dass eine GU-Vergabe wirtschaftlicher wäre, nicht gelten lassen.

III. (1) Der „Arbeitsausschuss Verdingungswesen im Straßen- und Brückenbau (AV-StB)" hat auf der Grundlage der bisherigen Beschlüsse der VÜA und im Hinblick auf eine VOB-konforme Vergabepraxis Hinweise erarbeitet, die die in der VOB/A gewollte restriktive Handhabung der Generalunternehmervergabe herausstellt und die praxisgerechte Anwendung der in § 4 VOB/A festgelegten Grundsätze sicherstellt.

(2) Ich bitte daher, im Bereich der Bundesfernstraßen nach folgenden Grundsätzen zu verfahren:

a) Aus ordnungs- und wettbewerbspolitischen Gründen ist die nach § 4 Nr. 3 Satz 1 VOB/A vorgesehene Fachlosvergabe als Regelfall für alle Baumaßnahmen vorzusehen. Ein Fachlos ist eine Bauleistung, die nach ihrer Art und Struktur von einem bestimmten baugewerblichen Handwerks- und Gewerbezweig (Spezialunternehmen auf dem betreffenen Gebiet) ausgeführt wird oder einem bestimmten Fachgebiet zuzuordnen ist. Diese Bauleistung muss eindeutig von anderen Fachlosen abgrenzbar sein, damit die Haftung hinsichtlich der Mängelfreiheit der erbrachten Leistung, die Einhaltung der vereinbarten Fristen sowie die Verpflichtung zur Gewährleistung bestimmt werden kann.

b) Ein Zusammenfassen einzelner oder aller Fachlose in einer Ausschreibung kann dann vorgesehen werden, wenn der Auftraggeber sich die losweise Vergabe der einzelnen Fachlose vorbehält. Hierauf ist in der Bekanntmachung und in der Aufforderung zur Angebotsabgabe hinzuweisen. Dann können Unternehmer einzelne, mehrere oder alle Fachlose anbieten. Dabei ist in den Verdingungsunterlagen darauf hinzuweisen, dass für das Zusammenfassen einzelner Fachlose ggf. entsprechende Nachlässe angeboten werden können. Der Wettbewerb entscheidet dann letztlich, ob es zu Einzelvergaben oder zur Paket- bzw. GU-Vergabe kommt.

12.11.2 Öffentliche Vergaben

BMV-Erlass
vom 30.6.1997

c) Ansonsten ist eine zusammengefasste Vergabe von Fachlosen nur dann vorzusehen, wenn auf Grund besonderer Umstände, z. B. aus zwingenden technischen oder wirtschaftlichen Gründen, eine Fachlosvergabe nicht in Frage kommt. Dieses ist dann ausreichend zu begründen und in einem Aktenvermerk festzuhalten, der später dem Vergabevermerk beizufügen ist.

Wirtschaftliche oder technische Gründe für eine zusammengefasste Vergabe von mehreren Fachlosen liegen z. B. für folgende Ausnahmefälle vor:

– Bauleistungen geringen Umfangs bzw. von kürzerer Dauer, die etwa der Tagesleistung einer Kolonne entsprechen, z. B. Schutzplanken auf Einzelbauwerken, Brückengeländer, Verkehrssicherung.
– Bauleistungen, die sich hinsichtlich der Gewährleistung nicht eindeutig von den Bauleistungen anderer Auftragnehmer abgrenzen lassen, z. B. Brückenlager, Fahrbahnübergänge, Erd-, Oberbau- und Entwässerungsarbeiten.
– Baumaßnahmen nach dem ARS Nr. 7/1990 vom 7.3.1990 – StB 12/38.59.05 – 10/6 Va 90 – in Verbindung mit dem ARS Nr. 3/1995 vom 9.1.1995 StB 12/38.59.05 – 10/1 Va 95 – (Beschleunigung der Bauarbeiten an BAB-Betriebsstrecken zur Verbesserung der Sicherheit und Leichtigkeit des Verkehrs), bei denen die Bauzeit dem Wettbewerb unterworfen und als Vergabekriterium berücksichtigt werden soll.
– Baumaßnahmen, die als Pilotprojekte nach dem Konzessionsmodell abgewickelt werden (private Vorfinanzierung).

(3) Im Interesse einer einheitlichen Handhabung empfehle ich, diese Grundsätze auch bei den in Ihrer Zuständigkeit liegenden Straßen abzuwenden.

(VkBl 1997 S. 493)

BMVBW
S 12/70.10.00/
75 Va 98
16. Februar 1999

Jahresausschreibungen (Jahresverträge/Rahmenverträge)

(1) Vorliegende Erkenntnisse zeigen, dass im Bereich der Bundesfernstraßen Preisabsprachen, Unregelmäßigkeiten sowie Spekulationsangebote bei „Jahresausschreibungen", auch als Jahresverträge oder Rahmenverträge bezeichnet, dann anzutreffen sind, wenn sie gegen die im Bereich der Bundesfernstraßen geltenden Vergabebestimmungen (VOB, HVA-StB) verstoßen.

(2) Bei diesen Ausschreibungen bzw. Verträgen werden Lieferungen und Bauleistungen – meist aus dem Bereich der Straßenausstattungen – zunehmend aber auch Instandsetzungsmaßnahmen – ohne verbindliche Mengenvorgaben, jedoch mit verbindlicher Festlegung von Einheitspreisen auch bei wesentlicher Über- oder Unterschreitung der Mengen und in den meisten Fällen ohne oder nur mit ungefähren Liefer- bzw. Ausführungsorten für einen definierten Zeitraum – vergeben. In vielen Fällen werden diese Leistungen in Form sog. Abruf- bzw. Rahmenverträge abgewickelt. Dabei werden die Leistungen z. T. eigenständig von verschiedenen Organisationseinheiten, z. B. AM/SM, abgerufen und abgerechnet. Ein häufiger Anwendungsbereich ist z. B. die Reparatur unfallbeschädigter Schutzplanken.

Häufig werden bei Jahresausschreibungen auch noch die Laufzeiten ohne Wettbewerb verlängert.

(3) Nicht zu beanstanden sind dagegen solche Jahresausschreibungen, bei denen die Vergabe und Abwicklung wie bei objektbezogenen (konventionellen) Maßnahmen auf der Grundlage eines genau ermittelten Jahresbedarfs mit eindeutiger Leistungsbeschreibung und konkreten Vorgaben für die Ausführungsorte und den Ausführungszeitraum erfolgt.

(4) In den letzten Jahren ist eine starke Zunahme des Leistungsumfanges bei den nicht VOB-konformen „Jahresverträgen" festzustellen. So hat die Querschnittsprüfung des Bundesrechnungshofes für das Jahr 1996 über Vergaben von Aufträgen für das Aufbringen von Fahrbahnmarkierungen und für die Montage von Schutzplanken im Bereich der Bundesfernstraßen ergeben, dass seit der letzten Prüfung im Jahr 1991 die Anzahl der „Jahresverträge"

– bei Markierungsarbeiten um 64 % und
– bei Schutzplankenarbeiten um 114 % (!)

zugenommen hat.

Weiterhin hat sich bei der Länderabfrage des BMV (siehe Bezugsschreiben) und bei der Behandlung dieses Themas in den Bund/Länder-Ausschüssen herausgestellt, dass verstärkt auch Instandsetzungsmaßnahmen an Deckschichten und im Brückenbau über nicht VOB-konforme Jahresausschreibungen abgewickelt werden.

12.11.3 Umstellung auf die europäische Normung

BMVBW-Erlass
vom 16.2.1999

(5) Das BMVBW und der Bundesrechnungshof verkennen nicht, dass Jahresausschreibungen ein geeignetes Instrument sein können, damit die Straßenbauverwaltungen in unvorhersehbaren Bedarfsfällen möglichst schnell handeln können.

Dann muss aber in Hinblick auf eine wirtschaftliche Vergabe von Liefer- und Bauleistungen und die Bekämpfung von Unregelmäßigkeiten bei der Vergabe und Vertragsabwicklung von Jahresausschreibungen im Bereich der Bundesfernstraßen folgendes beachtet werden:

a) Anwendungsbereich

– Keine Einschränkung, wenn die vom BMVBW eingeführten Vergabe- und Vertragsregelungen (VOB, HVA-StB) beachtet werden.

b) Vergabe

– Anwendung der Öffentlichen Ausschreibung bzw. des Offenen Verfahrens.
– Begrenzung des Leistungsumfanges auf wenige Positionen.
– Vorgabe realistischer Mengenansätze durch Abschätzung des Bedarfs anhand des Vorjahresergebnisses; wenn dies nicht möglich sein sollte, sind Staffelungen vorzusehen.
– Eindeutige und erschöpfende Beschreibung der Leistung einschließlich Ausführungsort.

c) Vertragsabwicklung

– Begrenzung der Höhe des Einzelabrufes bei Rahmenverträgen.
– Besondere Prüfung und Überwachung von Positionen mit Spekulationspreisen.
– Laufzeitbegrenzung des Vertrages auf max. 1 Jahr bzw. Beendigung des Vertrages bei Erreichen der Auftragssumme.
– Leistungsabrechnung nach Aufmaß.
– Berücksichtigung der Mehr- und Mindermengen bei der Abrechnung.
– Anfertigung von Abnahmeprotokollen auch bei Einzelabruf.
– Soll-/Ist-Vergleich nach Abschluss der Maßnahme.

d) Zusätzlich empfehle ich folgende organisatorische Maßnahmen:

– Einführung des „Mehraugenprinzips" bei der Vergabe und Abwicklung,
– Erhöhte Dienst- und Fachaufsicht.

(6) Im Interesse einer einheitlichen Handhabung empfehle ich, in Ihrem Zuständigkeitsbereich entsprechend zu verfahren.

(7) Über Ihre Erfahrungen bei der Anwendung der o. g. Regelungen bitte ich um Stellungnahme bis 30.6.2000.

(VkBl. 1999 S. 237)

12.11.3 Umstellung auf die europäische Normung

■ **Vereinheitlichung in Europa**

Im Zusammenhang mit dem Aufbau des europäischen Binnenmarktes wurden und werden Handelshemmnisse zwischen den europäischen Staaten systematisch beseitigt. Nicht nur alle lokalen oder nationalen Bewerber, sondern alle Bewerber aus dem Gemeinschaftsgebiet sollen sich gleichberechtigt um öffentliche Aufträge bewerben können.

Landesspezifische Anforderungen an die zu liefernden oder zu erstellenden Gegenstände oder Dienstleistungen können Bewerber aus anderen Mitgliedstaaten benachteiligen, weil sie zusätzlichen Aufwand für die Spezifizierung und Zulassung erfordern. Um diese Hemmnisse zu beseitigen, wurden in den letzten 20 Jahren systematisch mehrere Regelungen zur Vereinheitlichung

und Fortentwicklung der Vergaben im öffentlichen Bereich veranlasst. Zu nennen sind insbesondere:

– „Richtlinie über die Koordinierung der Verfahren zur Vergabe öffentlicher Bauaufträge, Lieferaufträge und Dienstleistungsaufträge" (VKR, „Vergabekoordinierungsrichtlinie", derzeit 2004/18/EG),
– „Richtlinie zur Koordinierung der Zuschlagerteilung durch Auftraggeber im Bereich der Wasser-, Energie- und Verkehrsversorgung sowie der Postdienste" (SKR, „Sektorenrichtlinie", derzeit 2004/17/EG).

Die wesentlichen Inhalte dieser europäischen Regelungen sind:

– Ab einem gewissen Umfang müssen die Aufträge europaweit ausgeschrieben werden.
– Bewerber aus anderen Ländern dürfen nicht unangemessen benachteiligt werden.
– Produkte, die in einem anderen Land in gleicher Weise als sicher und brauchbar geprüft sind, sind gleichberechtigt zu den national geprüften zu akzeptieren.

12.11.3 Umstellung auf die europäische Normung

– Es besteht ein Rechtsweg, um Ansprüche auf Auftragserteilung geltend zu machen.

In Deutschland wurden diese europäischen Regelungen im Wesentlichen dadurch umgesetzt, dass für die EU-relevanten Vergabeverfahren (in der Regel den größeren Baumaßnahmen)

– die VOB fortgeschrieben wurden,
– das Gesetz gegen Wettbewerbsbeschränkungen (GWB) durch zusätzliche Regelungen und eine Vergabeverordnung ergänzt wurde.

Die Verankerung im GWB wurde notwendig, um die von der EU geforderte gesetzliche Verankerung und einen direkten Rechtsschutz zu erreichen.

Ein sehr großes Problem, nicht nur für öffentliche Aufträge und insbesondere dort die Bauaufträge, stellte im europäischen Vereinheitlichungsprozess die Vereinheitlichung der Anforderungen an die Sicherheit (sowohl in Bezug auf Haftung wie auch auf Zulassung) als auch die Gebrauchstauglichkeit von Produkten dar. Der individuelle Nachweis, dass ein ausländisches Produkt gleichwertig ist, konnte allenfalls als Übergangsregelung angesehen werden.

Eine Verbesserung ließ sich nur über eine Vereinheitlichung des bis dahin national unterschiedlichen Normenwesens erreichen. Daher wurde schon relativ bald (nämlich 1961) eine europäische Normungsorganisation CEN (www.cen.eu) gegründet, der die nationalen Normungsorganisationen als „national members" und interessierte Gruppierungen als „associate members" angehören. Für die elektrotechnische Normung gibt es mit CENELEC, für die Telekommunikation mit ETSI ähnliche Organisationen.

Im Baubereich wurde mit der sogenannten Bauproduktenrichtlinie (Richtlinie 89/106/EWG des Rates vom 21. Dezember 1988 zur Angleichung der Rechts- und Verwaltungsvorschriften der Mitgliedstaaten über Bauprodukte (31989L0106)) ein schlüssiges System zur Anforderungsbeschreibung, Konformitätsüberprüfung und Kennzeichnung von Bauprodukten etabliert und 2011 mit der „Verordnung (EU) Nr. 305/2011 des Europäischen Parlamentes und des Rates zur Festlegung harmonisierter Bedingungen für die Vermarktung von Bauprodukten und zur Aufhebung der Richtlinie 89/106/EWG des Rates (EU-Bauproduktenverordnung EU-BauPVO)" vom 9. März 2011 (EU-ABl. L 88 vom 4.4.2011 S. 5 f.) fortgeschrieben.

Dieses System sieht zur Anforderungsbeschreibung vor, dass die nationalen Normen und anderen qualitätsbestimmenden Regelungen stufenweise in europäisch harmonisierte Normen übergeführt werden. Zur Überprüfung der Konformität werden verschiedene Systeme von der Herstellererklärung bis hin zur Fremdüberwachung durch „notifizierte Stellen" beschrieben. Als einheitliche Kennzeichnung der Konformität mit den europaweit vereinheitlichten Anforderungen wurde das CE-Zeichen eingeführt. Einzelzulassungen werden ebenfalls geregelt, sind aber für den Bereich Verkehrszeichen und Verkehrseinrichtungen nur in bestimmten Bereichen relevant (z. B. für retroreflektierende Folien auf der Basis von Mikroprismen, für Schilderbrücken oder für Fundamentsysteme).

■ Europäische Normen

Die europäischen Normen geben nicht mehr wie die meisten bisherigen nationalen Normen Eigenschaften fest vor, sondern beschreiben für jeden zu spezifizierenden Wert Klassen von möglichen Werten. Erst im Vertrag wird dann vorgegeben, welche Klasse für die jeweilige Eigenschaft gefordert wird. Damit können die Produkte europaweit einheitlich klassifiziert und geprüft (zugelassen) werden, ohne die anforderungsgerechte Beschreibung der geforderten Leistungen infrage zu stellen.

Die europäischen Normen sind so aufzustellen, dass alle bisher bestehenden nationalen Anforderungen durch entsprechende Klassenkombinationen ausgedrückt werden können.

Der Weg von den nationalen zu den harmonisierten Normen geschieht in mehreren Schritten:

– Zunächst wird für einen bestimmten Bereich die jeweilige Normungsorganisation (CEN, CENELEC, ...) durch ein Mandat ermächtigt und aufgefordert, den europäischen Normungsprozess aufzunehmen. Ab diesem Zeitpunkt dürfen in diesem Bereich keine neuen nationalen Regelungen eingeführt werden.
– Die Normungsorganisation stellt durch einen beauftragten Ausschuss oder Unterausschuss alle zu diesem Zeitpunkt geltenden nationalen Regelungen zusammen und erarbeitet darauf aufbauend einen ersten Entwurf. In diesem wird versucht, die bestehenden nationalen Regelungen in einem Klassensystem zu beschreiben.
– Die Normungsorganisation lässt, wieder durch Ausschuss/Unterausschuss, dieses erste Papier zu einer harmonisierten Norm weiterentwickeln.
– Die harmonisierte Norm wird im Amtsblatt der EU veröffentlicht.

12.11.3 Umstellung auf die europäische Normung

Tabelle 12.3 Systeme für die Konformitätsprüfung

Elemente der Konformitätskontrolle		Systeme					
		1+	1	2+	2	3	4
Hersteller	Erstprüfung			×	×		×
	Prüfung von im Werk entnommenen Proben	×	×	×			
	Werkseigene Produktionskontrolle	×	×	×	×	×	×
Notifizierte Stelle	Erstprüfung	×	×			×	
	Stichprobenprüfung (audit testing)	×					
	Erstinspektion des Werkes und der Werkseigenen Produktionskontrolle	×	×	×	×		
	Laufende Überwachung, Beurteilung und Anerkennung der Werkseigenen Produktionskontrolle	×	×	×			
		Zertifikat			Herstellererklärung		

■ **Europäische Konformitätsprüfung**

Die Konformität eines Produktes mit den maßgebenden Regelungen wird durch ein CE-Zeichen dokumentiert, das auf oder an dem Produkt angebracht wird. Die Berechtigung zur Anbringung ergibt sich über bereichsabhängig verschiedene Systeme (*Tabelle 12.3*), die bereits bei der Mandatserteilung für die Normung festgelegt werden.

Die grundsätzliche Idee ist, den Nachweis der Konformität (und damit der Sicherheit und Gebrauchstauglichkeit) möglichst einfach, aber dem Schutzzweck entsprechend auch ausführlich genug, vor allem aber europaweit einheitlich zu gestalten. In dem abgestuften System werden zunächst die Hersteller verpflichtet, die Übereinstimmung zu gewährleisten. Sie haften ja auch im Rahmen der Produzenten- und Produkthaftung. Bei den „schwächeren" Systemen 2, 3, und 4 reicht eine Herstellererklärung als Nachweis der Konformität aus. Je größer die Gefährdung für die Nutzer oder die Allgemeinheit, desto mehr werden externe Stellen, sogenannte notifizierte Stellen, in den Nachweisprozess eingebunden. Bei den „stärkeren" Systemen 1+, 1 und 2+ muss eine notifizierte Stelle die Konformität mit einem Zertifikat bestätigen. Je größer die potenzielle Gefährdung durch das Produkt, desto „stärker" soll das System gewählt werden.

Alle Systeme setzen eine **Erstprüfung** des Produktes und eine **Werkseigene Produktionskontrolle** (WPK) voraus. Bei den Systemen 4, 2 und 2+ wird diese Erstprüfung vom Hersteller, bei den Systemen 1+, 1 und 3 von einer notifizierten Stelle vorgenommen. Die Werkseigene Produktionskontrolle kann im einfachsten Fall auch nur durch gewisse Fertigungsregeln und deren Überwachung erfolgen. In der Regel wird aber eine gewisse Form der Eigenüberwachung des Produktes notwendig sein.

Ab dem System 2 erfolgt eine **Erstinspektion** des Werks und der Werkseigenen Produktionskontrolle durch eine notifizierte Stelle. Ab dem System 2+ muss die Werkseigene Produktionskontrolle laufend durch eine notifizierte Stelle **überwacht, beurteilt und anerkannt** werden. Nur beim System 1+ ist eine (stichprobenartige) **Prüfung des Produkts** selber durch eine notifizierte Stelle vorgesehen.

Soweit die Hersteller in diesen Systemen Erklärungen über die Konformität abgeben, haften sie dafür (Produzenten- und Produkthaftung).

■ **Konformitätsvermutung**

Voraussetzungen für eine Konformitätsvermutung sind:

– Die Norm gründet auf einen Normungsauftrag durch die Kommission (mandatierte Norm).
– Sie wird der Kommission von der Normenorganisation vorgelegt.
– Sie wird von der Kommission im Amtsblatt veröffentlicht.
– Sie wird in eine nationale Norm umgesetzt.

Bei Konformität mit einer nationalen Norm (DIN EN …), soweit es sich um die Umsetzung einer harmonisierten Norm handelt, deren Fundstelle veröffentlicht wurde, ist davon auszugehen, dass die wesentlichen Anforderungen der anwendbaren Richtlinie (z. B. Druckgeräterichtlinie) erfüllt sind.

12.11.4 Verträge zur Lieferung

Die Lieferung von Verkehrszeichen und Verkehrseinrichtungen kann direkt an den öffentlichen Auftraggeber erfolgen oder Teil von Verträgen zur Aufstellung sein. In diesem Abschnitt werden zunächst allgemein die technisch-rechtlichen Aspekte solcher Lieferungen (Spezifikation der Lieferleistungen) besprochen und dann auf die vergaberechtlichen Aspekte von reinen Lieferverträgen eingegangen. Die vergaberechtlichen Aspekte von Verträgen zur Aufstellung, die die Lieferung einschließen, wird in Abschnitt 12.11.5 besprochen.

■ **Spezifikation von Verkehrszeichen und Verkehrseinrichtungen**

Für die meisten Verkehrszeichen und Verkehrseinrichtungen liegen inzwischen harmonisierte europäische Normen vor (siehe die jeweiligen Abschnitte 12.3 bis 12.8).

Durch die nationale Umsetzung wird festgelegt, welche der in den harmonisierten Normen definierten Klassen vorzugsweise angewandt werden sollen. Im Bereich der Straßenausstattung geschieht das – wie in den meisten Bereichen des Straßenbaus – mit sogenannten „Technischen Lieferbedingungen" (TL), in der Regel ergänzt durch „Technische Prüfbedingungen" (TP), manchmal auch kombiniert als „Technische Liefer- und Prüfbedingungen" (TLP). Diese werden zum größten Teil durch Gremien der Forschungsgesellschaft für Straßen- und Verkehrswesen (FGSV) mit den Straßenbaulastträgern (insbesondere dem für den Verkehr zuständigen Bundesministerium und den Straßenbauverwaltungen der Bundesländer) sowie unter Beteiligung der Lieferanten und ihrer Verbände erarbeitet.

Die Erarbeitung dieser Texte erfolgt zwar vordergründig für die Verwendung im Netz der Bundesfernstraßen, in der Regel übernehmen aber die anderen Straßenbaulastträger (Länder, Kreise, Städte und Gemeinden) die Regelungen auch für ihren eigenen Zuständigkeitsbereich.

Im Bereich der Verkehrszeichen sind außerdem Anforderungen zu stellen, die – da nahe an der nationalen Gesetzgebung – nicht der Harmonisierung auf der Basis der Europäischen Verträge unterliegen, sondern national individuell zu regeln sind. Da dementsprechend die harmonisierten europäischen Normen nicht alle wesentlichen Anforderungen beschreiben, sind darüber hinaus in den TL und den TP auch noch konkrete direkte nationale Anforderungs- und Prüfsysteme vorgesehen, die aber konsequenterweise nur diese nicht harmonisierten Anforderungsbereiche regeln dürfen.

Die detaillierte Besprechung der einzelnen Technischen Liefer- und Prüfbedingungen für die verschiedenen Produktgruppen erfolgt in den Abschnitten 12.3 bis 12.9.

Bei der Beschreibung von Schildern in Leistungsverzeichnissen empfiehlt es sich, das Nummernsystem des „Katalogs der Verkehrszeichen (VzKat 1992)" zu verwenden (Vorsicht: bis zum Erscheinen des neuen Verkehrszeichenkatalogs kann es zu Nummernüberschneidungen mit geänderten Verkehrszeichennummern der StVO 2013 kommen). Ferner soll bei Größenangaben in Anlehnung an die DIN 825, Blatt 1, zunächst die Höhe und dann die Breite des Schildes angegeben werden (z. B. 900 auf 600 mm).

Die Einteilung der Unternummern im VzKat erfolgt nach dem Richtungsbezug, der im Bild des Verkehrszeichens ausgedrückt wird:

10…19	für linksweisend; für gleichzeitig geradeaus **und** linksweisend
20…29	für rechtsweisend; für gleichzeitig geradeaus **und** rechtsweisend
30…39	für beidseitig weisend, für geradeaus weisend oder für neutral (z. B. für sperrend)
40…49	für doppelseitig wirksam (z. B. für beidseitig bedruckt)
50…	für Zeichen, die sich in das System nicht einordnen lassen (z. B. wenn kein richtungsweisendes Element im Zeichen vorhanden ist).

■ **Vergabe von Lieferleistungen**

Soweit Verkehrszeichen und Verkehrseinrichtungen beschafft werden, um sie selber aufzustellen (z. B. für Reparaturen, zur Sicherung eigener Baustellen oder für kleinere Beschilderungsmaßnahmen), handelt es sich um Lieferverträge. Solche Beschaffungen sind notwendig, da kleinere Beschilderungsmaßnahmen, z. B. die Aufstellung oder Reparatur einzelner Standardverkehrszeichen oder die Absicherung eigener kleiner Baustellen, häufig wirtschaftlicher mit dem eigenen

12.11.5 Verträge zur Aufstellung

fachkundigen Personal und selber vorgehaltenen Material erledigt werden können als durch Vergabe an Unternehmer.

Öffentliche Auftraggeber sind dann gehalten, die Vergabevorschriften für Lieferverträge einzuhalten, insbesondere die in Abschnitt 12.11.2 beschriebene VOL. Deren Anwendung wird geregelt und kommentiert im

– ARS 6/2010 (StB 14/7133.20/013-1208425) „Vergabe- und Vertragsordnung für Leistungen (VOL); – Teil A: Allgemeine Bestimmungen für die Vergabe von Leistungen (VOL/A), Ausgabe 2009" vom 3. Mai 2010 (VkBl. S. 203).

Weitere Hinweise für das Aufstellen der Verdingungsunterlagen, die Durchführung der Vergabeverfahren und das Abwickeln der Verträge zu Lieferleistungen sind zu finden im

– Handbuch für die Vergabe und Ausführung von Lieferungen und Leistungen im Straßen- und Brückenbau (HVA L-StB), BMVBS, Stand März 2011 [http://www.bmvi.de: Verkehr und Mobilität > Verkehrsträger > Straße > Vergabehandbücher],

das eingeführt wurde mit

– ARS 5/2011 (StB 14/7135.2/010-1423877) „Handbuch für die Vergabe und Ausführung von Lieferungen und Leistungen im Straßen- und Brückenbau (HVA L-StB); Ausgabe März 2011" vom 30. Mai 2011 (VkBl. S. 424).

12.11.5 Verträge zur Aufstellung (auch mit Lieferung)

Soweit der vorgesehene Vertrag nicht nur die Lieferung, sondern auch (oder nur) die Aufstellung von Verkehrszeichen und Verkehrseinrichtungen umfasst, sind die vergaberechtlichen Aspekte von Bauverträgen zu beachten (für reine Lieferverträge siehe Abschnitt 12.11.4). Diese Zuordnung ergibt sich, da, wie in Abschnitt 12.11.1 ausgeführt, die Verkehrszeichen und Verkehrseinrichtungen Bestandteil des Bauwerks werden.

■ Spezifikation der Leistung

Auch im Bereich der Verkehrszeichen und Verkehrseinrichtungen haben Gremien der Forschungsgesellschaft für Straßen- und Verkehrswesen (FGSV) in Abstimmung mit den Straßenbaulastträgern (insbesondere dem für den Verkehr zuständigen Bundesministerium und den Straßenbauverwaltungen der Bundesländer) sowie unter Beteiligung der Bauverbände von

der in der VOB/B grundsätzlich vorgesehenen Möglichkeit Gebrauch gemacht, sogenannte „Zusätzliche Technische Vertragsbedingungen" (ZTV) und Richtlinien zu erarbeiten.

Die Erarbeitung dieser Texte erfolgt zwar vordergründig für die Verwendung im Netz der Bundesfernstraßen, in der Regel übernehmen aber die anderen Straßenbaulastträger (Länder, Kreise, Städte und Gemeinden) die Regelungen auch für ihren eigenen Zuständigkeitsbereich.

Die detaillierte Besprechung der einzelnen Technischen Liefer- und Prüfbedingungen für die verschiedenen Produktgruppen erfolgt in den Abschnitten 12.3 bis 12.9.

Für die Lieferspezifikation der einzubauenden Verkehrszeichen und Verkehrseinrichtungen siehe Abschnitt 12.11.4.

Für die detaillierte Spezifikation der Bauleistungen (Leistungsverzeichnisse) hat das für den Verkehr zuständige Bundesministerium Mustertexte („Standardleistungskatalog für den Straßen- und Brückenbau – STLK") erarbeiten lassen.

Der aktuelle Stand wird jeweils mit Allgemeinem Rundschreiben bekannt gegeben. Zur Drucklegung war aktuell das

– ARS 18/2012 (StB 14/7134.5/005-1802371) „Standardleistungskatalog für den Straßen- und Brückenbau (STLK); – Herausgabe der Leistungsbereiche (LB) …" vom 30. Oktober 2012 (VkBl. S. 930).

Auch der STLK wird von vielen anderen Straßenbaulastträgern für ihren Zuständigkeitsbereich verwendet. Da die dort vorgeschlagenen Ausschreibungstexte einheitlich formatiert sind und auch in elektronisch lesbarer Form vorliegen, werden sie auch von zahlreichen Ausschreibungs-, Kalkulations- und Bauabwicklungsprogrammen, sowohl auf der Auftraggeber- wie auf der Auftragnehmerseite, verwendet. Dies erleichtert auch den Datenaustausch in der Angebots- und in der Abrechnungsphase.

Einige Länder halten in gleicher Weise formatierte sogenannte Standardleistungsbücher vor. Das gleiche Format erlaubt, die gleichen Anwendungsprogramme zu nutzen. Der wesentliche Unterschied ist, dass der STLK zum Ziel hat, möglichst alle denkbaren, halbwegs sinnvollen Ausschreibungstexte abzubilden und die Anwendungsentscheidung dem Anwender zu überlassen, während bei den Standardleistungsbüchern bewusst eine Auswahl von Vorzugslösungen getroffen wurde, von denen nur in begründeten Ausnahmefällen abgewichen werden soll. Dies ist wegen des gleichen Formats durch die Anwendung von STLK-Texten auch unschwer möglich, ohne den einheitlichen Datenfluss zu unterbrechen.

Der „Standard-Leistungskatalog für den Straßen- und Brückenbau (STLK)" enthält derzeit unter anderem folgende Leistungsbereiche (LB):

– LB 101 Baustelleneinrichtung
– LB 105 Verkehrssicherung an Arbeitsstellen
– LB 129 Fahrzeug-Rückhaltesysteme und Leiteinrichtungen
– LB 130 Verkehrsschilder
– LB 131 Fahrbahnmarkierungen
– LB 132 Lichtsignalanlagen
– LB 133 Straßenbeleuchtung
– LB 134 Kabelverlegung.

(*Anmerkung:* Soweit die Leistungsbereiche überarbeitet werden und im Gelbdruck vorliegen, so ist die erste Ziffer „8" statt „1"; siehe das jeweils aktuelle ARS.)

Nähere Informationen siehe immer das aktuelle zum STLK ergangene ARS. Einzelheiten zu diesem Gesamtkomplex enthalten die „Richtlinien für das Anwenden des Standardleistungskatalogs (STLK) und des Programmsystems ASTRA/ PCASTRA (STLK/ASTRA-Richtlinien)", Ausgabe 1996, siehe dazu

– ARS 19/2003 (S 12/70.15.01/15 Va 03) „Standardleistungskatalog für den Straßen- und Brückenbau (STLK); – Richtlinien für das Anwenden des Standardleistungskataloges (STLK) und von AVA-Programmen im Straßen- und Brückenbau (STLK/AVA-Richtlinien, Ausgabe 2003)" vom 20. Juni 2003 (VkBl. S. 393),
– ARS 23/2010 (StB 14/7138.4/021-1279194) „DV-Programmsystem ARRIBA®$_{planen}$ Version 14.2 der Fa. RIB Software AG für Ausschreibung, Vergabe und Bauabwicklung; – 1. Elektronische Formulare zur Ausschreibung und Vergabe entsprechend HVA B-StB, Ausgabe

April 2010; 2. Controlling-Formulare als Erfassungssystem für das Controlling-System Bundesfernstraßenbau (CSBF); 3. STLK-Preisdatenbank, STLK-Häufigkeitsverteilung und Freitextanalyse; – Freigabe zur Anwendung im Bereich der Bundesfernstraßen" vom 14. September 2010 (VkBl. S. 503).

Bei Wechselverkehrszeichen sind besondere Leistungsbeschreibungen zu erstellen, in denen vor allem Art und Weise der Wechseltechnik und der Steuerung zu definieren sind.

■ **Vergabe von (Aufstell-)Bauleistungen**

Öffentliche Auftraggeber sind gehalten, die Vergabevorschriften für Bauverträge einzuhalten, insbesondere die in Abschnitt 12.11.2 beschriebene VOB. Deren Anwendung wird geregelt und kommentiert in den

– ARS 8/2012 (StB 14/7133.10/013-1745653) „Vergabe- und Vertragsordnung für Bauleistungen (VOB); – VOB/A, Abschnitt 2 und 3, Ausgabe 2012" vom 26. Juli 2012 (VkBl. S. 671),
– ARS 17/2012 (StB 14/7133.10/013-1794815) „Vergabe- und Vertragsordnung für Bauleistungen (VOB); – VOB, Ausgabe 2012" vom 8. Oktober 2012 (VkBl. S. 793).

Weitere Hinweise für das Aufstellen der Verdingungsunterlagen, die Durchführung der Vergabeverfahren und das Abwickeln der Verträge zu Lieferleistungen sind zu finden im

– Handbuch für die Vergabe und Ausführung von Bauleistungen im Straßen- und Brückenbau (HVA L-StB), BMVBS, Stand August 2012 [http://www.bmvi.de: Verkehr und Mobilität > Verkehrsträger > Straße > Vergabehandbücher],

das eingeführt wurde mit

– ARS 23/2012 (StB 14/7134.2/010-1823006) „Handbuch für die Vergabe und Ausführung von Bauleistungen im Straßen- und Brückenbau (HVA B-StB), – Ausgabe August 2012" vom 12. Dezember 2012 (VkBl. 2013 S. 14).

12.12 Zustandskontrolle und Erhaltung

12.12.1 Allgemeines

Die laufende Kontrolle der Straßenanlage, dazu gehören auch die Verkehrszeichen und Verkehrseinrichtungen, und ihre Erhaltung in einem verkehrssicheren Zustand ist nach dem Straßenrecht originäre Aufgabe des Straßenbaulastträgers. Darauf weist auch § 45 Abs. 5 StVO nochmals hin.

Von der laufenden Kontrolle der Straßenanlage, die im Rhythmus von wenigen Tagen erfolgen muss, ist die regelmäßige verkehrsrechtliche Prüfung (Verkehrsschau) abzugrenzen, die im Rhythmus von einigen Jahren durchgeführt werden muss und in Abschnitt 2.9.2 behandelt wird.

Inventarisierung, laufende Kontrolle und systematische Erhaltung hängen eng miteinander zusammen. Es empfiehlt sich, ein übergreifendes Konzept auszuarbeiten. Nachfolgend wird auf diese Aspekte im Detail eingegangen.

Zu Abschnitt 12.12.1

StVO
§ 45
Verkehrszeichen und Verkehrseinrichtungen

(5) Zur Beschaffung, Anbringung, Unterhaltung und Entfernung der Verkehrszeichen und Verkehrseinrichtungen und zu deren Betrieb einschließlich ihrer Beleuchtung ist der Baulastträger verpflichtet, sonst der Eigentümer der Straße. Das gilt auch für die von der Straßenverkehrsbehörde angeordnete Beleuchtung von Fußgängerüberwegen.

VwV-StVO
zu § 45
Verkehrszeichen und Verkehrseinrichtungen

Zu Absatz 5

62 Wer zur Unterhaltung der Verkehrszeichen und Verkehrseinrichtungen verpflichtet ist, hat auch dafür zu sorgen, dass diese jederzeit deutlich sichtbar sind (z. B. durch Reinigung, durch Beschneiden oder Beseitigung von Hecken und Bäumen).

12.12.2 Inventarisierung

Inventarisierung ist die systematische Erfassung von Gegenständen, hier aller oder Teile der Verkehrszeichen, Verkehrseinrichtungen und sonstigen Straßenausstattungsgegenstände.

Inventarisierung umfasst folgende Arbeitsschritte:

– Erfassen und Aufbereiten der Daten
– Fortschreiben
– Ablage und Speicherung
– Auswertung.

Mit einer Inventarisierung wird der Ist- und/oder der Sollzustand der Einrichtungen erfasst, insbesondere, wo welche Zeichen und Einrichtungen stehen, möglicherweise auch, wann und durch wen sie angeordnet wurden und wie ihre Abmessungen sind. Das ermöglicht (je nach Art und Umfang der in der Inventarisierung verfügbaren Daten) insbesondere

– eine Abschätzung des investierten Wertes und eine Abschätzung des Erhaltungsbedarfs;
– über den direkten oder indirekten Vergleich von Soll- und Ist-Zustand eine Erkennung von

Handlungsbedarf, seine Bewertung und eine abgestufte Maßnahmenplanung;
– die einfache und systematische Abstimmung zwischen verschiedenen Elementen der Straßenausstattung (z. B. Zielspinnen in der Wegweisung);
– die Abstimmung von geplanten Veränderungen mit dem Bestand, z. B. bei Veränderungen im Wegweisungssystem;
– die schnelle Reaktion auf Anfragen von Bürgern oder aus dem politischen Raum.

Durch eine Inventarisierung können diese Auswertungen auf der Grundlage einer einheitlichen Datenbasis und ohne umfangreiche Einzelerhebungen vor Ort durchgeführt werden. Dies rechtfertigt in der Regel den Aufwand für die Inventarisierung.

Einfache Formen der Inventarisierung können schon mit geringem Aufwand durchgeführt werden, z. B. durch straßenweise Ablage von verkehrsrechtlichen Anordnungen oder Bildern/Bilddateien. Solche einfachen Inventarisierungen lassen aber nur begrenzte Auswertungen zu. Je umfangreicher die Inventarisierung konzipiert wird, desto mehr Auswertungen sind möglich, desto aufwendiger wird aber der Ersterfassungs- und Fortschreibungsprozess. Hilfen für die richtige Entscheidung geben die

– „Hinweise für die Inventarisierung der Beschilderung und Markierung an Straßen", FGSV Verlag, Ausgabe 1995,

die derzeit aktualisiert werden.

In der Regel wird es sinnvoll sein, eine Integration der Datensammlung in eine Straßeninformationsbank anzustreben. Siehe dazu

– ARS 24/2010 (StB 12/7114-1/1-1263688) „– Anweisung Straßeninformationsbank; Teilsysteme: Netzdaten und Bestandsdaten; – Objektkatalog im Straßen- und Verkehrswesen (OKSTRA)" vom 28. Oktober 2010 (VkBl. S. 586).

Von großer Bedeutung ist eine angepasste Fortschreibung der Inventarisierungsdaten. Eine solche Fortschreibung wird bei Einrichtungen, die einem schnellen Verschleiß unterliegen (z. B. Fahrbahnmarkierungen), anders zu organisieren sein als die Fortschreibung für Einrichtungen mit langer Lebensdauer (z. B. Autobahnwegweiser).

12.12.3 Laufende Kontrolle

Die laufende Kontrolle geschieht üblicherweise im Rahmen der regelmäßigen Streckenkontrolle, die normalerweise in engem zeitlichen Rhythmus (Wochen- bis Tagesrhythmus) durchgeführt wird.

Die Details regeln die einzelnen Straßenbaulastträger unterschiedlich, z. B. die Bayerische Straßenbauverwaltung in der „Dienstanweisung für die motorisierten Straßenwärter (DA-Stramot-Bay 92)". Bei solchen Regelungen sollte auch vorgesehen sein, dass regelmäßig Kontrollfahrten bei Nacht oder ungünstigen Witterungszuständen erfolgen sollten. Auch die Zufahrten von Nebenstraßen müssen kontrolliert werden, um eventuelle Mängel der wegweisenden oder vorfahrtregelnden Beschilderung erkennen zu können.

Bäume und Sträucher können innerhalb kurzer Zeit Verkehrszeichen verdecken. Daher muss im Rahmen der Unterhaltung sichergestellt werden, dass störende Pflanzen regelmäßig zurückgeschnitten oder eventuell ganz entfernt werden (Besondere Überlegungen sind beim Aufstellen von Verkehrszeichen im Winter nötig, wenn die Bäume nicht belaubt sind und die störende Wirkung des Laubwerkes nicht offensichtlich ist). Um zu verhindern, dass niedrig stehende Verkehrszeichen durch Gras verdeckt werden, kann man z. B. den Rasen vor dem Verkehrszeichen abstechen (kleines Sichtdreieck) und durch Kiesschüttung ersetzen.

Wegen der Vielzahl der von den Streckenkontrollen zu überprüfenden Gegenständen kann es sinnvoll sein, die Qualität der Beschilderung regelmäßig, z. B. halb- oder vierteljährlich zu einem Schwerpunktthema zu machen und so die Aufmerksamkeit der Straßenwärter gezielt auf diesen Teil ihrer Tätigkeit zu lenken. In der Regel wird das dazu führen, dass diese das Thema auch außerhalb der Schwerpunktaktionen verstärkt beachten.

In der Regel führen die Streckenkontrollfahrzeuge eine Auswahl häufig zu ersetzender Verkehrsschilder, Aufstelleinrichtungen und Befestigungsmaterialien mit, um kleinere Schäden direkt beheben zu können. Größere Reparaturen werden den Straßenmeistereien gemeldet und dann gezielt durchgeführt.

Die Reinigung der Verkehrsschilder und Verkehrseinrichtungen (z. B. auch der Leitpfosten) wird zweckmäßigerweise in einem sinnvollen Rhythmus durchgeführt, der die Verfügbarkeit des Personals und die besonderen Anforderungen an die Sichtbarkeit in den dunkleren Wintermonaten berücksichtigt.

Besondere Aufmerksamkeit verlangt die Beurteilung der **Sichtbarkeit bei Nacht**. Weil die Reflexstoffe im Laufe der Zeit altern und an Rückstrahlwirkung verlieren, muss von Zeit zu Zeit überprüft werden, ob die Erkennbarkeit bei Nacht noch zufriedenstellend ist. Es sind Verfahren entwickelt worden, bei denen man mittels Messgeräten die relevanten lichttechnischen Kennwerte bestimmt, damit diejenigen Zeichen „herausgefiltert" werden, die eine unzureichende Reflexion aufweisen.

Das Thema Qualitätskontrolle behandelt auch das

– „Merkblatt zur Qualitätssicherung von dauerhaft verwendeten Verkehrsschildern (M QVS)", FGSV Verlag, Ausgabe 2008

das mit

– BMVBS-RS (S 11/7122.3/4 – HQvV-819342)

zur Anwendung empfohlen wurde.

Bezüglich Kontrollen der Fahrbahnmarkierung hat das für den Verkehr zuständige Bundesministerium mit Schreiben vom 3. August 1998

12.12.3 Laufende Kontrolle

die Länder gebeten, ihm kurzfristig Konzepte für Kontrollprüfungen vorzulegen. Drei Modelle werden als praktikabel angesehen: Kontrollen durch eigenes Personal, Vergabe der Kontrollen und Mischformen aus beiden.

Die Forderung nach Erfassung und kontinuierlicher Überprüfung der visuellen Qualität der Beschilderung findet sich auch im Katalog der Verkehrszeichen unter 1.4 Absatz 9 (nachfolgend wiedergegeben).

Zu Abschnitt 12.12.3

Katalog der Verkehrszeichen (VzKat) 1992

Teil 1: Allgemeines

1.4 Materialien

(9) Die Sichtbarkeit (Wahrnehmbarkeit, Erkennbarkeit, Lesbarkeit) von Verkehrszeichen ist vielschichtig und wird von vielen Faktoren beeinflusst, wie z.B. durch Alterung der Materialien, durch Umwelteinflüsse (Luftschadstoffe, UV-Strahlung, mit Schadstoffen belasteter Niederschlag, Frost, Tau, Hitze usw.), durch Aufstellung und Anbringung der Beschilderung, durch Ausführung und Gestaltung der Schilderinhalte, durch Umfang, Relevanz und Verständlichkeit der visuellen Informationen, durch Störungen des Umfeldes von Beschilderungen (Bauwerke, Bewuchs, Werbung, blendende Beleuchtung durch Reklame und andere Lichtquellen) usw. Daher ist es unbedingt erforderlich, dass die visuelle Qualität der Beschilderung regelmäßig erfasst und überprüft wird.

Gz. II D 10-0203-001/92 20. August 1992

Dienstanweisung für die motorisierten Straßenwärter in Bayern (DA-Stramot – Bay 92), eingeführt mit Bekanntmachung der Obersten Baubehörde im Bayerischen Staatsministerium des Innern vom 20. August 1992 Gz. II D 10-0203-001/92 (veröffentlicht im AllMBl Nr. 21/1992)

…

2.1.2 Überwachung der Straßen und ihrer Nebenanlagen

Der Stramot hat den Zustand aller Straßenteile sorgfältig zu beobachten. Besonders gilt das für Fahrbahnen, Radwege, Seitenstreifen, Böschungen, Entwässerungsanlagen, Lichtzeichenanlagen, Beschilderungen, Markierungen, Schilderbrücken, Lärmschutzwände, Bepflanzungen, Brücken und andere Kunstbauten, Wildschutzzäune, Schneezäune und Schneezeichen, Park- und Lagerplätze. Ebenso ist darauf zu achten, dass der Oberflächenwasserabfluss gewährleistet ist; dies gilt insbesondere bei Spurrinnen und zu hohen Seitenstreifen.

Zu beobachten ist ferner, ob die vom Verkehr benützten Flächen frei von Hindernissen wie verlorenem Ladegut, übermäßigen Verschmutzungen oder Ölresten sind … Auch Absperrungen und Beschilderungen von Eigenregie- und Firmenbaustellen sind stets zu überwachen.

…

Bei den Verkehrszeichen und Verkehrseinrichtungen hat sich die Beobachtung auf die Vollständigkeit, Funktionsfähigkeit, die rechtzeitige und gute Erkennbarkeit und Lesbarkeit – auch bei Dunkelheit – zu erstrecken. Dabei ist auch die untergeordnete Straßeneinmündung oder Kreuzung daraufhin zu kontrollieren. Druckknopfgesteuerte Lichtzeichenanlagen in „Dunkelschaltung" sind regelmäßig durch Betätigung des Druckknopfes auf ihre Funktionsfähigkeit zu prüfen.

…

2.1.4 Überwachung der Vorgänge im Straßenbereich

Der Stramot hat Besonderheiten im Verkehrsablauf auf der Straße zu beobachten.

Er hat darauf zu achten, ob alle Teile der Straße ihren Zweck einwandfrei erfüllen oder ob Verbesserungen angezeigt sind. …

2.2 Feststellung von Schäden und Mängeln

Im Rahmen der Überwachungstätigkeit hat der Stramot auch Schäden und Mängel im Bereich der ihm übertragenen Straßen festzuhalten. So zum Beispiel:

Gz. II D
10-0203-001/92
vom 20.8.1992

– Schäden an und Fehlen von Verkehrszeichen, Schutzplanken, Absturzsicherungen, Leiteinrichtungen und Einrichtungen des Anprallschutzes,

…

Unfallschäden am Straßenkörper, an Bauwerken und an Verkehrseinrichtungen sind gesondert zu erfassen und der Straßenmeisterei umgehend zu melden.

2.3 Behebung von Schäden und Mängeln

Stellt der Stramot im Rahmen seiner Überwachungsaufgaben Mängel fest, welche die Sicherheit des Verkehrs oder den Zustand und die Erhaltung der Straße und Bauwerke beeinträchtigen können, so hat er unverzüglich tätig zu werden, indem er z. B. provisorisch absichert, selbst Arbeiten vornimmt, sofort die Straßenmeisterei unterrichtet oder das Einschreiten der Polizei veranlasst. Neben seiner Überwachungstätigkeit und soweit der Straßenmeister nichts anderes bestimmt, hat der Stramot nach der jeweiligen Dringlichkeit insbesondere folgende Arbeiten vorzunehmen:

– …

– Instandsetzen oder Ersetzen beschädigter bzw. abhanden gekommener Verkehrszeichen und Verkehrseinrichtungen,

– …

12.12.4 Systematische Erhaltung

Wie bei allen technischen Einrichtungen lässt auch bei Verkehrszeichen und Verkehrseinrichtungen der Gebrauchswert mit der Zeit nach. Sie bedürfen daher einer regelmäßigen Erhaltung.

Je nach Art der zu erhaltenden Gegenstände können unterschiedliche Erhaltungsstrategien sinnvoll sein. Bei teureren Gegenständen (z. B. Wegweisern, Dauermarkierungen) bietet es sich an, eine regelmäßige Zustandserfassung durchzuführen, deren Rhythmus sich an Erfahrungswerten orientiert, und dann beim Erreichen entsprechender Warnwerte gezielt Erhaltungsmaßnahmen zu planen. Bei einfacheren Gegenständen (z. B. Farbmarkierungen,

Standard-Beschilderungen) kann es sinnvoll sein, eine regelmäßige Erneuerung vorzunehmen, da die Kosten der Zustandserfassung die eines Fehlaustauschs (Ersatz eines noch brauchbaren Gegenstandes) übersteigen würden.

Der Aufwand für die Erhaltung der Verkehrszeichen und Verkehrseinrichtungen ist bei der Verteilung der verfügbaren Mittel zu berücksichtigen. Dabei ist zu bedenken, dass eine kurzfristige Verschiebung in die folgende Abrechnungsperiode zwar häufig direkt ohne Folgen möglich ist, dass dann aber in der folgenden Periode ein entsprechend höherer Aufwand anzusetzen ist. Wird dies nicht beachtet, fällt der Gebrauchswert der Straße kontinuierlich. Das kann unter Umständen kurz-, mittel- oder langfristig zu Sicherheits- und damit verbunden zu Haftungsproblemen führen.

Anlagen

13

Anlage 1 Zusatzzeichen

Nachstehend folgt eine Wiedergabe der im „Katalog der Verkehrszeichen – VzKat 1992" (Stand 3/2011) aufgeführten und der danach eingeführten Zusatzzeichen und ihrer Bedeutung. Abweichungen von diesen Zeichen sind nicht zulässig. Der Einsatz anderer Zusatzzeichen bedarf der Zustimmung der obersten Landesbehörde oder der von ihr bestimmten Stelle.

Die für die Reproduktion erforderlichen Urbilder oder Digitaldaten der Zusatzzeichen für rechnergestütztes Zeichnen liegen in der Bundesanstalt für Straßenwesen vor und können gegen Kostenerstattung zur Verfügung gestellt werden.

■ Einteilung

Die Zusatzzeichen werden in vier Hauptgruppen mit Untergruppen eingeteilt und den Nummern entsprechend zugeordnet:

VzKat 1992
Stand 3/2011

1000–1019	**Gruppe der allgemeinen Zusatzzeichen**
1000	Richtungsangaben durch Pfeile
1001	Länge einer Strecke
1002/1003	Hinweise auf den Verlauf von Vorfahrtstraßen
1004/1005	Entfernungsangaben
1006/1007	Hinweise auf Gefahren
1008/1009	Hinweise auf geänderte Vorfahrt, Verkehrsführung u. Ä.
1010/1011	sonstige Hinweise mit grafischen Symbolen
1012/1013	sonstige Hinweise durch verbale Angaben
1014/1015	sonstige Hinweise durch verbale Angaben
1020–1039	**Gruppe der „frei"-Zusatzzeichen**
1020/1021	Personendarstellungen (auch verbal)
1022/1023	Fahrzeugdarstellungen: Radfahrer, Krafträder, auch mit Beiwagen, Kleinkrafträder und Mofas
1024/1025	Fahrzeugdarstellungen: mehrspurige Fahrzeuge
1026/1027	Taxi, Krankenfahrzeuge u. Ä. „frei" (verbale Angaben)
1028/1029	sonstige Verkehrsteilnehmer „frei" (verbale Angaben)
1030/1031	sonstige Verkehrsteilnehmer „frei" (verbale Angaben)
1040–1059	**Gruppe der beschränkenden Zusatzzeichen**
1040/1041	Zeitangaben: Stunden ohne Beschränkung auf Wochentage
1042/1043	Zeitangaben: mit Beschränkung auf Wochentage
1044/1045	Personendarstellungen
1046/1047	Fahrzeugdarstellungen: Krafträder, auch mit Beiwagen, Kleinkrafträder und Mofas
1048/1049	Fahrzeugdarstellungen: mehrspurige Fahrzeuge
1050/1051	Fahrzeugdarstellungen: verbale Bezeichnungen von Fahrzeugen
1052/1053	Fahrzeuge mit besonderer Ladung und sonstige Beschränkungen
ab 1060 …	**Gruppe der besonderen Zusatzzeichen**
z. B. 1060-10	Gefahrzeichen für Wohnwagengespanne an Gefällestrecken mit starkem Seitenwind auf Autobahnen

Anmerkung: Vorläufige Nummern stehen in eckigen Klammern

Zusatzzeichen 1000–1019 Gruppe der allgemeinen Zusatzzeichen

Zusatzzeichen 1000: Richtungsangaben durch Pfeile
mit zugehörigen Unternummern

1000-10

Richtung, linksweisend

1000-20

Richtung, rechtsweisend

1000-11

Richtung der Gefahrstelle, linksweisend

1000-21

Richtung der Gefahrstelle, rechtsweisend

1000-12

Fußgänger Gehweg gegenüber benutzen

1000-22

Fußgänger Gehweg gegenüber benutzen

1000-30

Beide Richtungen, zwei gegengerichtete waagerechte Pfeile

1000-31

Beide Richtungen, zwei gegengerichtete senkrechte Pfeile

1000-32

Radfahrer kreuzen von links und rechts

1000-33

Radfahrer im Gegenverkehr

Zusatzzeichen 1001: Länge einer Strecke
mit zugehörigen Unternummern

1001-30

Auf ... m

1001-31

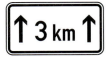

Auf ... km

Zusatzzeichen 1002/1003: Hinweise auf den Verlauf von Vorfahrtstraßen
mit zugehörigen Unternummern

Verlauf der Vorfahrtsstraße an Kreuzungen

1002-10

(von unten nach links)

1002-20

(von unten nach rechts)

1002-11

(von oben nach links)

1002-21

(von oben nach rechts)

701

Zusatzzeichen 1002/1003: Hinweise auf den Verlauf von Vorfahrtstraßen mit zugehörigen Unternummern

Verlauf der Vorfahrtsstraße an Einmündungen

1002-12

(von unten nach links, Fall 1)

1002-22

(von unten nach rechts, Fall 1)

1002-13

(von unten nach links, Fall 2)

1002-23

(von unten nach rechts, Fall 2)

1002-14

(von oben nach links)

1002-24

(von oben nach rechts)

Zusatzzeichen 1004/1005: Entfernungsangaben mit zugehörigen Unternummern

1004-30

100 m

nach 100 m

1004-31

STOP
100 m

Halt nach 100 m

1004-32

200 m

nach 200 m

1004-33

400 m

nach 400 m

1004-34

600 m

nach 600 m

1004-35

2 km

nach 2 km

1005-30

Reißverschluss erst in 200 m

Reißverschluss erst in … m

1005-31

Ende in .... m

Ende in … m

Zusatzzeichen 1006/1007: Hinweise auf Gefahren mit zugehörigen Unternummern

1006-30

Ölspur

Ölspur

1006-31

Rauch

Rauch

1006-32

Rollsplitt

Rollsplitt

1006-33

Baustellen- ausfahrt

Baustellenausfahrt

Zusatzzeichen 1006/1007: Hinweise auf Gefahren mit zugehörigen Unternummern

1006-34

Straßenschäden

1006-35

Verschmutzte Fahrbahn

1006-36

Unfallgefahr

1006-37

Krötenwanderung

1006-38

Staugefahr

1006-39

Eingeschränktes Lichtraumprofil durch Bäume

1007-30

Gefahr unerwarteter Glatteisbildung

Zusatzzeichen 1008/1009: Hinweise auf geänderte Vorfahrt, Verkehrsführung u. Ä. mit zugehörigen Unternummern

1008-30

Vorfahrt geändert

Vorfahrt geändert

1008-31

Verkehrsführung geändert

Verkehrsführung geändert

1008-32

Industriegebiet
Schienenfahrzeuge haben Vorrang

Industriegebiet
Schienenfahrzeuge haben Vorrang
(zu Zeichen 201 StVO)

1008-33

Hafengebiet
Schienenfahrzeuge haben Vorrang

Hafengebiet
Schienenfahrzeuge haben Vorrang
(zu Zeichen 201 StVO)

Zusatzzeichen 1010/1011: sonstige Hinweise mit grafischen Symbolen mit zugehörigen Unternummern

1010-10

Erlaubt Kindern auch auf der Fahrbahn und dem Seitenstreifen zu spielen

1010-11

Wintersport erlaubt

1010-12

Kennzeichnung von Parkflächen, auf denen Anhänger auch länger als 14 Tage parken dürfen

1010-13

Kennzeichnung von Parkflächen, auf denen Wohnwagen auch länger als 14 Tage parken dürfen

1010-14

Information Rollende Landstraße

Zusatzzeichen 1012/1013: sonstige Hinweise durch verbale Angaben mit zugehörigen Unternummern

1012-30

Anfang

Anfang

1012-31

Ende

Ende

1012-32

Radfahrer absteigen

Radfahrer absteigen

1012-33

keine Mofas

keine Mofas

1012-34

Grüne Welle bei 60 km/h

Grüne Welle bei ... km/h

1012-35

bei Rot hier halten

Bei Rot hier halten

1013-50

Seitenstreifen befahren

Seitenstreifen befahren

1013-51

Seitenstreifen räumen

Seitenstreifen räumen

Zusatzzeichen 1014/1015: sonstige Hinweise durch verbale Angaben mit zugehörigen Unternummern

Zusatzzeichen für die Tunnelkategorien gemäß ADR-Übereinkommen

1014-50

B

Tunnelkategorie B

1014-51

C

Tunnelkategorie C

1014-52

D

Tunnelkategorie D

1014-53

E

Tunnelkategorie E

Zusatzzeichen 1020–1039 Gruppe der „frei"-Zusatzzeichen

Zusatzzeichen 1020/1021: Personendarstellungen (auch verbal) mit zugehörigen Unternummern

1020-11

Schwerbehinderte mit Parkausweis Nr. ... frei

1020-12

Radfahrer und Anlieger frei

1020-30

Anlieger frei

Anlieger frei

1020-31

Anlieger oder Parken frei

Anlieger oder Parken frei

1020-32 [alt]

Anwohner mit Parkausweis Nr. ... frei

1020-32

Bewohner mit Parkausweis Nr. ... frei

Zusatzzeichen 1022/1023: Fahrzeugdarstellungen: Radfahrer, Krafträder, auch mit Beiwagen, Kleinkrafträder und Mofas
mit zugehörigen Unternummern

1022-10

Radfahrer frei

1022-11

Mofas frei

1022-12

Krafträder auch mit Beiwagen, Kleinkrafträder und Mofas frei

Zusatzzeichen 1024/1025: Fahrzeugdarstellungen: mehrspurige Fahrzeuge
mit zugehörigen Unternummern

1024-10

Personenkraftwagen frei

1024-11

Pkw mit Anhänger frei

1024-12

Kraftfahrzeuge mit einem zulässigen Gesamtgewicht über 3,5t, einschließlich ihrer Anhänger, und Zugmaschinen, ausgenommen Personenkraftwagen und Kraftomnibusse frei

1024-13

Lastkraftwagen mit Anhänger frei

1024-14

Kraftomnibus frei

1024-15

Schienenbahn frei

1024-16

Straßenbahn frei [entfällt künftig]

1024-17

Kraftfahrzeuge und Züge, die nicht schneller als 25 km/h fahren können oder dürfen, frei

Zusatzzeichen 1026/1027: Taxi, Krankenfahrzeuge u. Ä. „frei" (verbale Angaben)
mit zugehörigen Unternummern

1026-30

Taxi frei

1026-31

Mofas
frei

Mofas frei

1026-32

Linien-
verkehr
frei

Linienverkehr frei

1026-33

Einsatz-
fahrzeuge
frei

Einsatzfahrzeuge frei

Zusatzzeichen 1026/1027: Taxi, Krankenfahrzeuge u. Ä. „frei" (verbale Angaben) mit zugehörigen Unternummern

1026-34

**Kranken-
fahrzeuge
frei**

Krankenfahrzeuge frei

1026-35

**Liefer-
verkehr
frei**

Lieferverkehr frei

1026-36

**Landwirt-
schaftlicher
Verkehr frei**

Landwirtschaftlicher
Verkehr frei

1026-37

**Forstwirt-
schaftlicher
Verkehr frei**

Forstwirtschaftlicher
Verkehr frei

1026-38

**Land- und
forstwirtsch.
Verkehr frei**

Land- und forstwirt-
schaftlicher Verkehr frei

1026-39

**Betriebs- und
Versorgungsdienst
frei**

Betriebs- und
Versorgungsdienst frei

[1026-60]

**Elektrofahrzeuge
während des
Ladevorgangs
frei**

Elektrofahrzeuge während
des Ladevorgangs frei

[1026-61]

**Elektro-
fahrzeuge
frei**

Elektrofahrzeuge frei

Zusatzzeichen 1028/1029: sonstige Verkehrsteilnehmer „frei" (verbale Angaben) mit zugehörigen Unternummern

1028-30

**Baustellen-
fahrzeuge
frei**

Baustellenfahrzeuge frei

1028-31

**bis Baustelle
frei**

bis Baustelle frei

1028-32

**Anlieger bis
Baustelle frei**

Anlieger bis Baustelle frei

1028-33

**Zufahrt bis
|||||||||||||||
frei**

Zufahrt bis ... frei

1028-34

**Fähr-
benutzer
frei**

Fährbenutzer frei

Zusatzzeichen 1030/1031: sonstige Verkehrsteilnehmer „frei" (verbale Angaben) mit zugehörigen Unternummern

1030-10

Vom Verkehrsverbot
bei erhöhter Schadstoff-
konzentration aus-
genommene Kraftfahr-
zeuge frei

1031

Freistellung vom Ver-
kehrsverbot nach § 40
Abs. 1 des BImSchG

1031-50

Freistellung vom Ver-
kehrsverbot nach § 40
Abs. 1 des BImSchG
(grüne und gelbe Plakette)

1031-51

Freistellung vom Ver-
kehrsverbot nach § 40
Abs. 1 des BImSchG
(grüne Plakette)

Zusatzzeichen 1040–1059 Gruppe der beschränkenden Zusatzzeichen

Zusatzzeichen 1040/1041: Zeitangaben: Stunden ohne Beschränkung auf Wochentage mit zugehörigen Unternummern

1040-10

Wintersport erlaubt, zeitlich beschränkt (10–16 h)

1040-30

| 16-18 h |

Zeitliche Beschränkung (16–18 h)

1040-31

| 8-11 h |
| 16-18 h |

Zeitliche Beschränkung (8–11 h, 16–18 h)

1040-32

 2 Std.

Parkscheibe 2 Stunden

1040-33

Parken mit 🅿️ in gekennzeichneten Flächen 2 Std.

Parken mit Parkscheibe in gekennzeichneten Flächen 2 Stunden

Zusatzzeichen 1042/1043: Zeitangaben: mit Beschränkung auf Wochentage mit zugehörigen Unternummern

1042-30

werktags

Zeitliche Beschränkung (werktags)

1042-31

werktags
18-19 h

Zeitliche Beschränkung (werktags 18–19 h)

1042-32

werktags
8^{30}-11^{30} h
16-18 h

Zeitliche Beschränkung (werktags 8.30–11.30 h, 16–18 h)

1042-33

Mo-Fr
16-18 h

Zeitliche Beschränkung (Mo–Fr, 16–18 h)

1042-34

Di,Do,Fr
16-18 h

Zeitliche Beschränkung (Di, Do, Fr, 16–18 h)

1042-35

6-22 h
an Sonn- und
Feiertagen

Zeitliche Beschränkung (6–22 h an Sonn- und Feiertagen)

1042-36

Schulbus
werktags
7-9h   11-13h

Schulbus (tageszeitliche Benutzung)

1042-37

Parken
Sa und So
erlaubt

Parken Samstag und Sonntag erlaubt

Zusatzzeichen 1044/1045: Personendarstellungen mit zugehörigen Unternummern

1044-10

Nur Schwerbehinderte mit außergewöhnlicher Gehbehinderung und Blinde

1044-11

Nur Schwerbehinderte mit Parkausweis Nr. …

1044-30 [alt]

Anwohner
mit Parkausweis
Nr. IIIIIIIIII

Nur Anwohner mit Parkausweis Nr. …

1044-30

Bewohner
mit Parkausweis
Nr. IIIIIIIIII

Nur Bewohner mit Parkausweis Nr. …

Zusatzzeichen 1046/1047: Fahrzeugdarstellungen: Krafträder, auch mit Beiwagen, Kleinkrafträder und Mofas mit zugehörigen Unternummern

1046-11

Nur Mofas

1046-12

Nur Krafträder, auch mit Beiwagen, Klein- krafträder und Mofas

Zusatzzeichen 1048/1049: Fahrzeugdarstellungen: mehrspurige Fahrzeuge mit zugehörigen Unternummern

1048-10

Nur Personenkraft- wagen

1048-11

Nur Pkw mit Anhänger

1048-12

Nur Kraftfahrzeuge mit einem zulässigen Gesamtgewicht über 3,5 t, einschließlich ihrer Anhänger, und Zug- maschinen, ausgenom- men Personenkraftwagen und Kraftomnibusse

1048-13

Nur Lastkraftwagen mit Anhänger

1048-14

Nur Sattelkraftfahr- zeuge

1048-15

Nur Sattelkraftfahrzeuge und Lastkraftwagen mit Anhänger

1048-16

Nur Kraftomnibus

1048-17

Nur Wohnmobil

1048-18

Nur Schienenbahn

1048-19

Nur Straßenbahn [entfällt künftig]

1049-10

Nur Kraftfahrzeuge und Züge, die nicht schneller als 25 km/h fahren können oder dürfen

1049-11

dürfen überholt werden

Kraftfahrzeuge und Züge bis 25 km/h dürfen überholt werden

1049-12

Nur militärische Kettenfahrzeuge

1049-13

Nur Lkw (Zz 1048-12), Kraftomnibus (Zz 1048-16) und Pkw mit Anhänger (Zz 1048-11)

Zusatzzeichen 1050/1051: Fahrzeugdarstellungen: verbale Bezeichnungen von Fahrzeugen mit zugehörigen Unternummern

1050-30

Taxi

1050-31

5 Taxen

… Taxen

[1050-32]

Elektrofahrzeuge während des Ladevorgangs

Elektrofahrzeuge während des Ladevorgangs

[1050-33]

Elektro-fahrzeuge

Elektrofahrzeuge

Zusatzzeichen 1052/1053: Fahrzeuge mit besonderer Ladung und sonstige Beschränkungen mit zugehörigen Unternummern

1052-30

Streckenverbot für den Transport von gefährlichen Gütern auf Straßen

1052-31

Streckenverbot für Fahrzeuge mit wasser-gefährdender Ladung

1052-33

mit Parkschein

Nur mit Parkschein

1052-34

gebühren-pflichtig

gebührenpflichtig

1052-35

7,5 t

Gewichtsangabe (7,5 t)

1052-36

bei Nässe

1052-37

Haltverbot auch auf dem Seitenstreifen

1052-38

Schlechter Fahrbahnrand [gültig bis 31.8.2019]

1052-39

auf dem Seitenstreifen

auf dem Seitenstreifen

1053-30

Parken in gekennzeichneten Flächen erlaubt

Parken in gekennzeich-neten Flächen erlaubt

1053-38

Durchgangs-verkehr

Durchgangsverkehr

Zusatzzeichen ab 1060 Gruppe der besonderen Zusatzzeichen

Zusatzzeichen ab 1060: Besondere Zusatzzeichen mit zugehörigen Unternummern

1060-10

Gefahrzeichen für
Wohnwagengespanne
an Gefällestrecken mit
starkem Seitenwind
auf Autobahnen

1060-11

auch Fahrräder
und Mofas

1060-30

Streugut (selbstständiges
Hinweiszeichen)

Anlage 2 Sinnbilder

Nachfolgend sind die Sinnbilder nach § 39 und § 42 StVO abgebildet.

Kraftwagen und sonstige mehrspurige Kraftfahrzeuge		Mofas	
Kraftfahrzeuge mit einer zulässigen Gesamtmasse über 3,5 t, einschließlich ihrer Anhänger und Zugmaschinen, ausgenommen Personenkraftwagen und Kraftomnibusse		Gespannfuhrwerke	
Radverkehr		Schnee- oder Eisglätte	
Fußgänger		Steinschlag	
Reiter		Splitt, Schotter	
Viehtrieb		Bewegliche Brücke	
Straßenbahn		Ufer	
Kraftomnibus		Fußgängerüberweg	
Personenkraftwagen		Amphibienwanderung	
Personenkraftwagen mit Anhänger		Unzureichendes Lichtraumprofil	
Lastkraftwagen mit Anhänger		Flugbetrieb	
Kraftfahrzeuge und Züge, die nicht schneller als 25 km/h fahren können oder dürfen		Autobahnausfahrt	
Krafträder, auch mit Beiwagen, Kleinkrafträder und Mofas		Autobahnkreuz oder Autobahndreieck	

Anlage 3 Tabellen

Tabelle 1 Geschwindigkeiten [km/h] und Durchfahrzeiten [sec] zum Durchfahren einer Messstrecke s [m]

Geschwindig-keit [km/h]	Länge der Messstrecke s [m]				
	20 m	30 m	40 m	50 m	60 m
1	2	3	4	5	6
0 – 10	mehr als 7,20	mehr als 10,80	mehr als 14,40	mehr als 18,00	mehr als 21,60
10 – 20	7,20 – 3,60	10,80 – 5,40	14,40 – 7,20	18,00 – 9,00	21,60 – 10,80
20 – 30	3,60 – 2,40	5,40 – 3,60	7,20 – 4,80	9,00 – 6,00	10,80 – 7,20
30 – 40	2,40 – 1,80	3,60 – 2,70	4,80 – 3,60	6,00 – 4,50	7,20 – 5,40
40 – 50	1,80 – 1,44	2,70 – 2,16	3,60 – 2,88	4,50 – 3,60	5,40 – 4,32
50 – 60	1,44 – 1,20	2,16 – 1,80	2,88 – 2,40	3,60 – 3,00	4,32 – 3,60
60 – 70	1,20 – 1,02	1,80 – 1,53	2,40 – 2,05	3,00 – 2,55	3,60 – 3,06
70 – 80	1,02 – 0,90	1,53 – 1,35	2,05 – 1,80	2,55 – 2,00	3,06 – 2,70
80 – 90	0,90 – 0,80	1,35 – 1,25	1,80 – 1,60	2,25 – 2,00	2,70 – 2,40
90 – 100	0,80 – 0,72	1,20 – 1,08	1,60 – 1,44	2,00 – 1,80	2,40 – 2,16
100 – 110	0,72 – 0,65	1,08 – 0,99	1,44 – 1,31	1,80 – 1,65	2,16 – 1,98
110 – 120	0,65 – 0,60	0,99 – 0,90	1,31 – 1,20	1,65 – 1,50	1,98 – 1,80
120	0,60 sec	0,90 sec	1,20 sec	1,50 sec	1,80 sec

Beispiel:

a) **Tabelle**

Messstrecke $s = 40$ m

Gestoppte Zeit $T = 2,6$ Sekunden (Zeit, die ein Fahrzeug zum Durchfahren der Messstrecke s benötigt)

Geschwindigkeit V liegt zwischen 50 und 60 km/h

b) **Berechnung** $V = \dfrac{s \cdot 3,6}{T} = \dfrac{40 \cdot 3,6}{2,6} = 55,4$ km/h

Tabelle 2 Bremswege [m]

Weg, der in 1 sec zurück-gelegt wird [m]	Geschwin-digkeit [km/h]	Bremsverzögerung [m/sec²]							
		2,0	2,5	3,0	3,5	4,0	4,5	5,0	5,5
		Reibungskoeffizient µ							
		0,20	0,25	0,30	0,35	0,40	0,45	0,50	0,55
0,0	0	0	0	0	0	0	0	0	0
2,8	10	1,9	1,5	1,3	1,1	1,0	0,9	0,8	0,7
5,6	20	7,7	6,2	5,1	4,4	3,8	3,4	3,1	2,8
8,3	30	17	14	12	9,9	8,7	7,7	6,9	6,3
11	40	31	25	21	18	15	14	12	11
14	50	48	38	32	27	24	21	19	17
17	60	69	55	46	40	35	31	28	25
19	70	94	75	63	54	47	42	38	34
22	80	125	99	82	70	61	55	49	45
25	90	155	125	105	89	78	69	62	57
28	100	190	155	130	110	96	85	77	70
31	110	230	185	155	115	115	115	93	85
33	120	280 m	220 m	185 m	160 m	140 m	125 m	110 m	100 m

Bemerkung: Die mögliche Bremsverzögerung kann nie größer sein als die Bremsverzögerung, die zu dem vorhandenen Reibungskoeffizienten gehört (z. B. die mögliche
Bremsverzögerung bei einem Reibungskoeffizienten von μ 0,35 kann nie größer
als 3,5 m/sec² sein)

$$\text{Bremsweg } s = \frac{V^2}{260 \cdot \mu} \text{ (ohne den Weg in der Reaktionszeit von 1 sec)}$$

wobei   V = Geschwindigkeit [km/h]

Tabelle 3 Reibungskoeffizienten für verschiedene Deckenarten

Deckenart	Mittelwert des Reibungskoeffizienten μ für trockene, nasse und schlüpfrige Fahrbahn		
	trocken	nass	schlüpfrig
Beton	0,55	0,50	0,30
Schwarzdecke			
– rau	0,55	0,50	0,30
– glatt	0,50	0,45	0,25
Pflaster			
– Granit	0,50	0,40	0,25
– Basalt	0,50	0,35	0,20

713

Anlage 4 Industrie-Norm für Aufstellvorrichtungen von Verkehrszeichen – IVZ-Norm 2007

IVZ-Norm 2007
vom 1. Juli 2007

Aufgestellt von der RAL – Güteschutzgemeinschaft Verkehrszeichen und Verkehrseinrichtungen e.V. (GVZ)

1 Vorbemerkungen[1]

1.1 Gesetzliche Grundlagen

Baukoordinierungs- und Lieferkoordinierungsrichtlinie legen fest, dass im Rahmen der öffentlichen Beschaffung europäische Normen angewendet werden müssen.

Aufstellvorrichtungen von ortsfesten Verkehrszeichen sind gemäß Entscheidung der Europäischen Kommission Bauprodukte entsprechend der Bauproduktenrichtlinie. Sie unterliegen der CE-Kennzeichnungsverordnung. Aufstellvorrichtungen ohne CE-Zeichen dürfen nach der Bekanntmachung der mandatierten europäischen Normen hEN 12899 Teile 1, 4 und 5 im europäischen Wirtschaftsraum unter Berücksichtigung der in den Normen genannten Übergangsfristen nicht mehr in Verkehr gebracht werden.

Der Nachweis der Übereinstimmung mit den mandatierten Anforderungen gemäß Mandat 111 bezüglich der CE-Kennzeichnungsverordnung und dem Bauproduktengesetz ist durch ein Zertifikat einer für diese Anforderungen anerkannten Stelle im Sinne des Bauproduktengesetzes zu führen.

Dieser Nachweis ist zwingend vorgeschrieben und muss in deutscher Sprache abgefasst sein. Er ist durch das CE-Kennzeichen zu dokumentieren. Dieses Kennzeichen ist dauerhaft an den Aufstellvorrichtungen anzubringen.

1.2 Geltungsbereich

Diese Norm gilt für alle Aufstellvorrichtungen, Befestigungsmittel und Gründungsarten von Verkehrszeichen nach StVO, RWB und RWBA, sofern sie nicht über Kopf angebracht werden.

Mit dieser Norm werden Aufstellvorrichtungen von Verkehrszeichen beschrieben. Sie ist das von der DIN EN 12899-1 geforderte Lieferdokument, mit dem die von der RAL Güteschutzgemeinschaft für Verkehrszeichen und Verkehrseinrichtungen e.V. Hagen autorisierten Anwender nachweisen, dass die beschriebenen Aufstellvorrichtungen die Anforderungen nach DIN EN 12899-1 und TL-VZ 2007[2] erfüllen.

2 Allgemeines

2.1 Prüfungen

Die klassifizierten Produktfamilien der vorliegenden Norm sind durch die Universität Dortmund geprüft und durch StrAus-Zert e.V. (vom DIBt akkreditierte Prüf-, Überwachungs- und Zertifizierungsstelle der Straßenausstatter) auf Übereinstimmung mit der DIN EN 12899-1 und TL-VZ 2007 zertifiziert worden. StrAus-Zert überwacht die Einhaltung dieser Norm und erteilt das Recht zum Kennzeichnen der Produkte nach der CE-Kennzeichnungsverordnung.

2.2 Mitgeltende Vorschriften

Aufstellvorrichtungen gemäß Abschnitt 1.2 müssen der Straßenverkehrs-Ordnung (StVO), der Allgemeinen Verwaltungsvorschrift zur Straßenverkehrs-Ordnung (VwV-StVO), der DIN EN 12899-1, den technischen Lieferbedingungen TL-VZ, den zusätzlichen technischen Vertragsbedingungen ZTV-VZ sowie ergänzenden amtlichen Vorschriften und Empfehlungen in ihrer jeweils gültigen Fassung entsprechen, sofern sie für den Geltungsbereich dieser IVZ-Norm 2007 bestimmt sind.

2.3 Kennzeichnung

Aufstellvorrichtungen, die die Anforderungen der vorgenannten Spezifikationen erfüllen, sind mit dem CE-Zeichen, der Angabe DIN EN 12899-1:2006, sowie mit der Firmenbezeichnung des Herstellers zu kennzeichnen.

---

1 Verkehrszeichenanlagen, deren Komponenten (Schild, Schelle, Aufstellvorrichtung) von Herstellern geliefert werden, die nach der Bauproduktenrichtlinie zertifiziert sind, erfüllen die Bedingungen der DIN EN 12899-1 zur CE-Kennzeichnung, wenn sie nach dieser Norm aufgestellt werden. Hersteller mit der Berechtigung zum Führen des RAL-Gütezeichens sind zertifizierte Hersteller nach der DIN EN 12899-1.

2 *Hinweis:* Die TL-VZ 2007 entspricht der als TLP VZ, Ausgabe 2011, herausgegebenen Fassung. Dies ist die Schlussfassung, die das Notifizierungsverfahren der Europäischen Kommission durchlaufen hat. Die zum Zeitpunkt der Drucklegung der IVZ-Norm verwendete Bezeichnung wurde mit der Veröffentlichung durch die FGSV aktualisiert. Die IVZ-Norm 2007 ist uneingeschränkt mit der TLP VZ Ausgabe 2011 anwendbar.

IVZ-Norm 2007
vom 1.7.2007

Die Angaben zum Herstelldatum, zur Prüfstelle und zur Leistungsklasse erfolgen in den Lieferpapieren.

Die Angaben CE-Zeichen, Kennziffer der Prüfstelle und Firmenbezeichnung erfolgen bei Rohrpfosten auf der Rohrendkappe, bei allen anderen Aufstellern können die Angaben mit Einschlagbuchstaben oder auf Treibstiften erfolgen, die in dem Verzinkungsloch anzubringen sind.

2.4 Herstellerqualifikation

Für geschweißte Aufstellvorrichtungen gemäß IVZ-Norm muss die Herstellerqualifikation mindestens der Klasse B nach DIN 18800-7 entsprechen.

Für höherwertige Bauteile muss die Klasse der Herstellerqualifikation entsprechend angepasst werden (DIN 18800-7, Tabelle 14).

Schellenhersteller müssen, sofern sie geschweißte Stahlkonstruktionen herstellen, ebenfalls über die Herstellerqualifikation der Klasse B nach DIN 18800-7 verfügen.

2.5 Werkstoffe

2.5.1 Rohrpfosten/-maste

Stahl: Es ist Stahl mindestens der Qualität S235 JR G2 (früher St 37-2) zu verwenden. Für die Auswahl der Stahlsorte und die Bemessung gilt DIN 18800-1.

Aluminium: Der Werkstoff muss nach DIN EN 485 gewählt werden (früher: Gruppe der meerwasserbeständigen Legierungen nach DIN 1725-1, Tabelle 3).

2.5.2 Rohrrahmen

Es ist Stahl mindestens der Qualität S235 JR G2 zu verwenden. Für die Auswahl der Stahlsorte und die Bemessung gilt DIN 18800-1.

2.5.3 Schellen

Stahlschellen: Nach DIN 18800-1 muss mindestens die Qualität S235 JR G2 oder rostfreier Stahl mindestens der Stahlgruppe A2 gewählt werden.

Aluminium-schellen: Der Werkstoff muss nach DIN EN 485 gewählt werden (früher: Gruppe der meerwasserbeständigen Legierungen nach DIN 1725-1, Tabelle 3).

2.5.4 Schellenbänder und Spannelemente

Nach DIN 18800-1 muss mindestens die Qualität S235 JR G2 oder rostfreier Stahl mindestens der Stahlgruppe A2 gewählt werden.

2.5.5 Schrauben und Muttern

Für Schellenhalte- und Schildbefestigungsschrauben sowie Muttern ist rostfreier Stahl mindestens der Stahlgruppe A2 zu verwenden.

2.6 Bemessung der Befestigungsteile

Alle Befestigungsteile müssen die auf sie wirkenden Kräfte übertragen können. Die maximal möglichen Einwirkungen sind nachzuweisen.

2.7 Korrosionsschutz

Stahlbauteile sind, soweit sie nicht aus rostfreiem Stahl bestehen, nach DIN EN ISO 1461 Feuer zu verzinken.

Für Aluminiumbauteile ist kein zusätzlicher Korrosionsschutz erforderlich.

2.8 Bodenfreiheit

Die Bodenfreiheit beträgt

bei Hochaufstellung	2,00 m,
über Rad- und Fußwegen	2,25 m,
bei Wegweisern	1,50 m,
auf Inseln und Verkehrsteilern	0,60 m,
bei Tiefaufstellung (2-beinige Rohrrahmen)	1,00 m.

2.9 Gründung

Die sichere Aufstellung von vertikalen Verkehrszeichen kann je nach Bodenbeschaffenheit, Windeinwirkung und Anforderungen an die passive Sicherheit durch Eingraben, Versetzen in Stampfbeton, Bodenhülsen, Betonsockelsteine und Fertigfundamente oder durch vor Ort gefertigte Fundamente erfolgen.

IVZ-Norm 2007
vom 1.7.2007

2.9.1 Gründungstiefe

Sofern zu den einzelnen Gründungsarten keine abweichenden Angaben gemacht werden, sind alle Gründungen grundsätzlich frostfrei, also 80 cm unterhalb der Geländeoberkante auszuführen. Der Abstand zur Geländeoberkante ist im Böschungsbereich der kürzeste Abstand der Gründungsunterkante zur Geländeoberkante, d.h. die Orthogonale auf die Geländeoberkante zur Fundamentunterkante.

Fundamente dürfen nicht mehr als 5 cm aus der umgebenden Geländeoberfläche herausragen.

2.9.2 Betongüte

Wird die Gründung in Form von Ortbetonfundamenten ausgeführt, ist der Beton für die Bewehrungskorrosion entsprechend der Expositionsklasse XD1 und für den Betonangriff durch Frost einschließlich Taumittel im Sprühnebelbereich von Verkehrsflächen entsprechend der Expositionsklasse XF2 mit einer Mindestfestigkeitsklasse C30/37 oder C25/30 (LP) auszuführen. Stampfbeton ist mindestens in C12/15 auszuführen.

Die Betongüte ist auf dem Lieferschein zu vermerken. Die Herstellung von Probewürfeln auf der Baustelle entfällt. Baustellen für Beschilderung neben der Fahrbahn fallen abweichend von der ZTV-ING Abschnitt 9.1 in die Überwachungsklasse I.

2.9.3 Abmessungen

Die seitliche Betonüberdeckung der Ankerkörbe beträgt mindestens 10 cm; die Mindestbreite der Fundamente beträgt 50 cm.

3 Anforderungen an Aufstellvorrichtungen von Standardverkehrszeichen mit festen Bildinhalten

3.1 Bemessung Aufstellvorrichtungen

Die Aufstellvorrichtungen von Standardverkehrszeichen bedürfen keiner Bemessung. Die Einhaltung der zulässigen Verformungen nach TL-VZ ist durch Belastungsversuche und darauf aufgebaute Rechenmodelle nachgewiesen worden. Dabei wurden Produktfamilien gebildet, deren Referenzmuster das schwächste Mitglied der Produktfamilie ist. Versuche und Berechnungen sind dokumentiert und durch StrAus-Zert zertifiziert.

3.2 Rohrpfosten

Rohrpfosten aus Stahl und Aluminium dürfen nur mit den Durchmessern und Wandungen aus Tabelle 1 verwendet werden.

Tabelle 1: Durchmesser und Wandungen von Rohrpfosten			
Stahl-Rohrpfosten		Aluminium-Rohrpfosten	
Durchmesser [mm]	Wandung [mm]	Durchmesser [mm]	Wandung [mm]
60,3	2,0	60,0	2,5
76,1	2,0	76,0	3,0
76,1	2,9	108,0	4,0
88,9	3,2		

3.3 Einbeinige Rohrrahmen

Standrohre und Rahmenrohre einbeiniger Rohrrahmen aus Stahl dürfen nur mit den Durchmessern und Wandungen aus Tabelle 2 verwendet werden.

Tabelle 2: Durchmesser und Wandungen von Stand- und Rahmenrohren			
Standrohre		Rahmenrohre	
Durchmesser [mm]	Wandung [mm]	Durchmesser [mm]	Wandung [mm]
60,3	2,0	26,9	1,75
60,3	2,9	33,7	2,0
76,1	2,0		
76,1	2,9		

IVZ-Norm 2007
vom 1.7.2007

3.4 Zweibeinige Rohrrahmen

Stand-/Rahmenrohre und Zwischenrohre zweibeiniger Rohrrahmen aus Stahl dürfen nur mit den Durchmessern und Wandungen aus Tabelle 3 verwendet werden.

Tabelle 3: Durchmesser und Wandungen von Stand-/Rahmenrohren mit zugehörigen Zwischenrohren

Stand-/Rahmenrohre		Zwischenrohre	
Durchmesser [mm]	Wandung [mm]	Durchmesser [mm]	Wandung [mm]
48,3	2,0	48,3	2,0
60,3	2,0	60,3	2,0
60,3	2,9	60,3	2,0
76,1	2,9	76,1	2,0

3.5 Rohrrahmen ohne Standrohr

Rohrrahmen aus Stahl ohne Standrohr zur Befestigung als Fahne mit Rohrschellen oder Stahlband dürfen nur mit den Durchmessern und Wandungen aus Tabelle 4 verwendet werden.

Tabelle 4: Durchmesser und Wandungen von Rohrrahmen ohne Standrohr

Durchmesser [mm]	Wandung [mm]
26,9	1,75

4 Anforderungen an die Gründung von Standardverkehrszeichen mit festen Bildinhalten

4.1 Auswahl der Gründungsart

Die Auswahl der Gründungsart ist abhängig von Standortfaktoren (Bodenbeschaffenheit) und Verkehrszeichenmerkmalen (Bodenfreiheit, Schildfläche) sowie Anforderungen an die Standsicherheit und den Grad der passiven Sicherheit.

Fundamente für Rohrpfosten und Rohrrahmen dürfen nur mit den Abmessungen nach Tabelle 5 und 6 oder größer verwendet werden.

Tabelle 5: Stahl-Rohrpfosten

Pfostendurchmesser [mm]	Fundamenttyp	Mindestabmessung Ø x Höhe [cm]
48,3	A	30 x 75
60,3	A	30 x 75
76,1	B	30 x 85
88,9	C	30 x 95

Tabelle 6: Aluminium-Rohrpfosten

Pfostendurchmesser [mm]	Fundamenttyp	Mindestabmessung Ø x Höhe [cm]
60,0	A	30 x 75
76,0	B	30 x 85
108,0	D	30 x 105

4.1.1 Eingraben mit Erdanker

Diese Gründungsart ist bei gut verdichtbaren Böden, Bodenfreiheiten bis 2,25 m und Schildflächen bis max. 0,75 m² anwendbar. Die Länge des Erdankers beträgt mindestens 200 mm. Der Erdanker besteht aus einem Rundeisen mit dem Durchmesser (Ø) von mindestens 10 mm. Der Bodenaushub ist lagenweise zu verfüllen und zu verdichten.

4.1.2 Versetzen in Stampfbeton

Diese Gründungsart ist bei allen Bodenarten, Bodenfreiheiten und Schildflächen von Standardverkehrszeichen anwendbar. Der Stampfbeton ist erdfeucht herzustellen. Er ist lagenweise einzubauen und zu verdichten. Die Menge richtet sich nach den Anforderungen an die Standsicherheit. Der Durchmesser des Fundamentes beträgt mindestens 30 cm. Der Pfosten ist durch einen Erdanker gegen Verdrehen zu sichern. Die Länge des Erdankers beträgt mindestens 200 mm. Der Erdanker besteht aus einem Rundeisen mit dem Durchmesser (Ø) von mindestens 10 mm (Fundamentabmessungen siehe Tabellen 5 und 6).

4.1.3 Versetzen in Bodenhülse

Diese Gründungsart wird wie unter 4.1.2 beschrieben ausgeführt. Statt der Aufstellvorrichtung wird eine Bodenhülse einbetoniert, die die Aufstellvorrichtung aufnimmt. Sie dient zum einfachen Aufstellen oder Austauschen der Aufstellvorrichtung bei Bedarfsbeschilderungen oder in anfahrgefährdeten Straßenräumen. Die Bodenhülse ist einzubetonieren und wird für Pfosten mit einem Durchmesser bis 76,1 mm eingesetzt. (Fundamentabmessungen siehe Tabellen 5 und 6).

IVZ-Norm 2007
vom 1.7.2007

4.1.4 Versetzen in Betonsockelstein

Der Betonkörper ist hier vorgefertigt. Die Fixierung des Pfostens erfolgt durch Holzkeile oder Stahlschellen. Der Betonsockelstein wird für Pfosten mit einem Durchmesser bis 76,1 mm eingesetzt. Er ist bündig mit der Geländeoberfläche einzubauen. Die Aufstandsfläche ist zu glätten. Der Aushub ist lagenweise einzubauen und zu verdichten. Der Betonsockelstein hat eine Mindestgrundfläche von 23 cm × 23 cm und eine Mindesthöhe von 55 cm.

4.1.5 Montieren auf Fertigfundament

Wie 4.1.4. Das Fertigfundament mit eingelassenem Ankerkorb ist für alle Pfostendimensionen einsetzbar. Die Abmessungen betragen 30 × 30 × 80 cm für Pfosten mit Durchmessern von höchstens 60,3 mm, 40 × 40 × 80 cm für Pfosten mit Durchmessern von 76,1 mm und 50 × 50 × 80 cm für Pfosten mit dem Durchmesser von 88,9 mm und 108 mm bei einer Bodenfreiheit von max. 2,25 m. Wird die Ausführung in Tiefaufstellung angeordnet, kann die Fundamenthöhe auf 60 cm reduziert werden.

4.2 Bewehrung

Für Fundamente von Aufstellvorrichtungen für Verkehrszeichen mit festen Bildinhalten ist eine konstruktive Bewehrung nicht erforderlich.

5 Anforderungen an Aufstellvorrichtungen von mittelgroßen Verkehrszeichen

Mittelgroße Verkehrszeichen sind Verkehrszeichen mit variablen Bildinhalten bis zu einer Fläche von 2,80 m².

5.1 Bemessung Aufstellvorrichtungen

Die Aufstellvorrichtungen bedürfen keiner Bemessung. Die Einhaltung der zulässigen Verformungen nach TL-VZ ist durch Belastungsversuche und darauf aufgebaute Rechenmodelle nachgewiesen. Dabei wurden Produktfamilien gebildet, deren Referenzmuster das schwächste Mitglied der Produktfamilie ist. Versuche und Berechnungen wurden dokumentiert und durch StrAus-Zert zertifiziert.

6 Anforderungen an die Gründung von mittelgroßen Verkehrszeichen

6.1 Bemessung

Eine individuelle Bemessung ist nicht erforderlich. Die Ausführung der Fundamente erfolgt entsprechend der zertifizierten Systemstatik, wobei die zugehörigen Schildflächen und Bodenfreiheiten nicht überschritten werden dürfen. Sollen die Fundamente abweichend von der Systemstatik ausgeführt werden, erfolgt eine Bemessung nach Abschnitt 8.2.

Tabelle 7: Fundamentabmessungen für mittelgroße Verkehrszeichen				
Schildgröße	Bodenfreiheit	Stahl-Rohrpfosten	Aluminium-Rohrpfosten	Fundament nach Abschnitt 4.2
[m²]	[m]	[mm]	[mm]	
≤ 0,8	≤ 0,6		2 x 60,0 x 2,5	2 x A
≤ 2,0		2 x 60,3 x 2,0		2 x A
			2 x 76,0 x 3,0	2 x B
≤ 0,8	≤ 1,25		2 x 60,0 x 2,5	2 x A
≤ 1,0		2 x 60,3 x 2,0		2 x A
≤ 2,0		2 x 76,1 x 2,0	2 x 76,0 x 3,0	2 x B
≤ 2,8		2 x 76,1 x 2,9		2 x B
≤ 0,9	≤ 2,00		2 x 60,0 x 2,5	2 x A
≤ 1,1		2 x 60,3 x 2,0		2 x A
			1 x 108,0 x 4,0	D
≤ 1,55		1 x 88,9 x 3,2		C
≤ 1,7		2 x 76,1 x 2,0	2 x 76,0 x 3,0	2 x B
≤ 2,3		2 x 76,1 x 2,9		2 x B
≤ 0,8	≤ 2,25		2 x 60,0 x 2,5	2 x A
≤ 1,0		2 x 60,3 x 2,0		2 x A
			1 x 108,0 x 4,0	D
≤ 1,6		2 x 76,1 x 2,0	2 x 76,0 x 3,0	2 x B
≤ 2,2		2 x 76,1 x 2,9		2 x B

IVZ-Norm 2007
vom 1.7.2007

6.2 Bewehrung

Bei Gründungen nach der Systemstatik ist eine konstruktive Bewehrung nicht erforderlich.

7 Anforderungen an die Aufstellvorrichtungen großer Verkehrszeichen mit variablen Bildinhalten

Aufstellvorrichtungen großer Verkehrszeichen sind Standort bezogen individuell zu bemessen. Auf eine Prüfung durch einen Prüfstatiker kann verzichtet werden, wenn der AN eine durch eine akkreditierte Stelle im Rahmen der Erstprüfung akzeptierte Bemessungsmethode einsetzt und die Eingangswerte der TL-VZ 2007 und den Vorgaben des Leistungsverzeichnisses sowie der folgenden Abschnitte entsprechen.

Es sind die Windlasten der „Zusätzlichen Technischen Vertragsbedingungen und Richtlinien für Ingenieurbauten (ZTV-ING 9.1)" zu verwenden. Für die Nachweise der Tragkonstruktionen aus Stahl ist DIN 18800-1 bis -3 anzuwenden; allerdings darf beim statischen Nachweis ein reduzierter Teilsicherheitsbeiwert γ_F = 1,2 für den Grenzzustand der Tragfähigkeit verwendet werden (s. EN 1991-1, Abs. 2.2 (3) in Verbindung mit EN 12899-1 Abs. 5.2). Für Tragkonstruktionen aus Aluminium gilt DIN 4113-1 und DIN 4113-2.

Bei Fachwerkständern sind auch die Ständerrohre und die unterste unter 45° geneigte Diagonale nachzuweisen. Der Abstand des untersten horizontalen Rohres vom Fundament muss aus der Statik ersichtlich sein.

Die Fachwerkkonstruktion ist so zu wählen, dass sich zugehörige Systemlinien in einem Punkte schneiden.

Die Abmessungen der Ständerkonstruktion sollen entsprechend DIN 18801 und DIN 18808 vorgesehen werden. Abweichend von DIN 18808 darf bei Erfüllung der statischen Anforderungen eine Mindestschweißnahtdicke von a = 2 mm verwendet werden.

7.1 Gebrauchstauglichkeit

Der Nachweis der Gebrauchstauglichkeit entfällt.

7.2 Betriebsfestigkeit

Der Nachweis der Betriebsfestigkeit entfällt.

8 Anforderungen an die Gründung großer Verkehrszeichen mit variablen Bildinhalten

8.1 Gründungsart

Große Verkehrszeichen werden auf Ortbetonfundamente montiert.

8.2 Bemessung

Für Fundamente großer Verkehrszeichen ist eine individuelle Bemessung erforderlich. Seitlicher Bodendruck darf bei der Bemessung nicht angesetzt werden. Die Windeinwirkungen können zur Ermittlung der auf den Fundamentkörper wirkenden Kräfte um 20 % abgemindert werden. Die Standsicherheit ist gegen Kippen und Gleiten zu führen. Die Sohlpressung ist nachzuweisen.

8.3 Bewehrung

Eine Bewehrung ist entsprechend der Bemessung auszuführen, mindestens aber ist eine Rissbewehrung bestehend aus einer 4-fach gekanteten Bewehrungsmatte Q 180 anzuordnen. Ankerkörbe oder Einzelanker sind entsprechend einzubinden (Anforderung prüfen nach ZTV-K). Die Bewehrung ist so anzuordnen, dass Ankerstangen gegen Herausziehen gesichert sind.

8.4 Anker

Die Anker sind mit Hilfe einer Schablone zu setzen oder zu einem Ankerkorb zu verschweißen. Die Stahlgüte ist mindestens 4.6.

Die Einbindelängen der Ankerstangen sind statisch zu bemessen.

9 Passive Sicherheit

Tragkonstruktionen in Rundrohrkonstruktion und Gabelform können bei geeigneter Ausführung als umfahrbare Gegenstände angesehen werden. Bedingt durch die Fachwerkkonstruktion können die Rohre dieser Ständer verhältnismäßig klein und leicht gehalten werden.

Tragkonstruktionen aus Profilträgern können selbst bei kleinstmöglichen Abmessungen nicht als umfahrbare Gegenstände angesehen werden. Insbesondere bei hohen Anprallgeschwindigkeiten treten für Insassen von Fahrzeugen gefährliche Verzögerungen auf; an den Fahrzeugen entstehen erhebliche Schäden.

IVZ-Norm 2007
vom 1.7.2007

9.1 Konstruktive Einzelheiten

Es sind möglichst leicht verformbare Konstruktionen zu wählen. Als leicht verformbar werden Rohrpfosten und Gabelständer aus Rundrohren bis 76,1 mm Außendurchmesser mit einer Wanddicke bis zu 2,9 mm aus Stahl und bis 76,0 mm Außendurchmesser mit einer Wanddicke bis zu 3,0 mm aus Aluminium angesehen.

Für Gabelständer sollen möglichst Rohre mit 60 mm Außendurchmesser gewählt werden. Rohre mit 76 mm Außendurchmesser sollen erst dann eingesetzt werden, wenn bei der Wahl von 60 mm-Rohren eine zu große Spreizung der Gabel erforderlich würde. Eine zu große Spreizung ist z. B. dann gegeben, wenn die Diagonalen wegen größerer Knicklängen auch größere Abmessungen als 33/2,9 mm (Außendurchmesser/Wanddicke) erhalten müssen. Daher wird als Richtwert für die Spreizung 1,0 m festgelegt.

Bei einer Aufstellvorrichtung sollen die Gabelständer einen gegenseitigen Abstand von mindestens 1,60 m haben, weil dann von der Fahrbahn abkommende Pkw in der Regel nur gegen einen Ständer prallen.

Windverbände zwischen den einzelnen Ständern eines Verkehrsschildes sind nicht vorzusehen.

9.2 Anbringung der Bildträger

Die Bildträger sind möglichst mit einer lichten Höhe von 1,50 m über dem Gelände anzubringen. Eine gegebenenfalls erforderliche stärkere Dimensionierung der Aufstellvorrichtung ist in Kauf zu nehmen. Die Befestigung der Bildträger an Rohrkonstruktionen mit Rohren bis 108,0 mm Durchmesser kann mit Aluminium-Klemmschellen erfolgen.

9.3 Aufstellvorrichtung

Um die Umfahrbarkeit sicherzustellen, sind die Rohre der Gabelständer und Rohrpfosten mit einem Durchmesser von höchstens 76 mm stets nur mit einer Rundschweißnaht an entsprechend dimensionierte Fußplatten anzuschließen. Die Schweißnaht soll nicht stärker als statisch erforderlich ausgebildet werden, wobei jedoch die geringste Mindestschweißnahtdicke von a = 2 mm verwendet wird. Knotenbleche sind nicht anzuordnen.

9.4 Schutzeinrichtungen

Bei Aufstellung der Verkehrsschilder entsprechend den Abschnitten 9.1 bis 9.3 kann auf die Anordnung von Schutzeinrichtungen verzichtet werden, soweit dabei Stahlrohre mit einem Außendurchmesser von nicht mehr als 76,1 mm Durchmesser und 2,9 mm Wanddicke bzw. Aluminiumrohre von nicht mehr als 76,0 mm Durchmesser und 3,0 mm Wanddicke verwendet werden. Derartigen Konstruktionen können als leicht umfahrbare bzw. leicht verformbare Konstruktionen behandelt werden.

Aufstellvorrichtungen von Verkehrszeichen, die z. B. aus statischen Gründen die o. a. Bedingungen nicht erfüllen können, sind in Verbindung mit Rückhaltesystemen aufzustellen.

9.5 Fundamentierung

Fundamente von Schilderpfosten und Aufstellvorrichtungen dürfen an keiner Stelle mehr als 5 cm aus dem umgebenden Boden herausragen. Zu diesem Zweck muss bei der Aufstellung von Verkehrsschildern im Böschungsbereich das Fundament gegebenenfalls in die Böschung hinein verschoben und die Aufständerung des Schildes gegebenenfalls asymmetrisch vorgenommen werden. Die von den Schilderpfosten und Tragkonstruktionen übertragenen Kräfte müssen vom Fundament aufgenommen werden können.

10 Typennummern für Aufstellvorrichtungen

10.1 Rohrpfosten

Rohrpfosten aus Stahl und Aluminium ohne Fußplatten werden für die jeweiligen Längen- und Durchmesser-Kombinationen mit Typennummern aus den Tabellen 8 und 9 geführt. Zum Lieferumfang gehören Erdanker und Kunststoffkappe.

Tabelle 8: Stahl-Rohrpfosten ohne Fußplatten

Durchm./ Wandung	Längen für Rohrpfosten [mm]														
	1750	2000	2250	2500	2750	3000	3250	3500	3750	4000	4250	4500	4750	5000	5250
60,3/2,0	S117	S120	S122	S125	S127	S130	S132	S135	S137	S140	S142	-	-	-	-
76,1/2,0	-	-	S322	S325	S327	S330	S332	S335	S337	S340	S342	-	-	-	-
76,1/2,9	-	-	S422	S425	S427	S430	S432	S435	S437	S440	S442	S445	S447	-	-
88,9/3,2	-	-	S522	S525	S527	S530	S532	S535	S537	S540	S542	S545	S547	S550	S552

IVZ-Norm 2007
vom 1.7.2007

Tabelle 9: Aluminium-Rohrpfosten ohne Fußplatten

Durchm./ Wandung	Längen für Rohrpfosten [mm]														
	1750	2000	2250	2500	2750	3000	3250	3500	3750	4000	4250	4500	4750	-	-
60,0/2,5	A217	A220	A222	A225	A227	A230	A232	A235	A237	-	-	-	-	-	-
76,0/3,0	-	A420	A422	A425	A427	A430	A432	A435	A437	A440	A442	-	-	-	-
108,0/4,0	-	-	-	-	-	-	A632	A635	A637	A640	A642	A645	A647	-	-

10.2 Rohrrahmen

Einbeinige und zweibeinige Rohrrahmen aus Stahl werden für die jeweiligen Verkehrszeichen-Formen, -Größen und Aufstellarten mit Typennummern aus Tabelle 11 geführt. Zum Lieferumfang gehören Erdanker.

Tabelle 10: Aufstellarten in Rohrrahmen

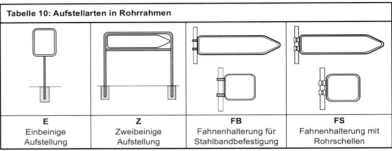

E	Z	FB	FS
Einbeinige Aufstellung	Zweibeinige Aufstellung	Fahnenhalterung für Stahlbandbefestigung	Fahnenhalterung mit Rohrschellen

Tabelle 11: Einbeinige und zweibeinige Rohrrahmen

Schilder-Formen	Abmessungen [mm] / Typennummern								
Dreiecke	SL 630 E01	SL 900 E02	SL 1260 E03	▽		VZ 205: SL 630 E06	VZ 205: SL 900 E07	VZ 205: SL 1260 E08	
Ronden	ø 420 E11	ø 600 E12	ø 750 E13				Tiefaufstellung: ø 600 E17	Tiefaufstellung: ø 750 E18	
Achtecke		B 900 E22	B 1050 E23						
Quadrate	420 x 420 E31 FB31 FS31/...*)	600 x 600 E32 FB32 FS32/...*)	840 x 840 E33 FB33 FS33/...*)	750 x 750 E34 FB34 FS34/...*)	◇	VZ306/307: 420 x 420 E36	VZ306/307: 600 x 600 E37		
Rechtecke	200 x 750 E41	200 x 1000 E42	300 x 800 E43	333 x 1000 E44	333 x 1250 E45 Z45	350 x 1050 E46 Z46	420 x 630 E47	600 x 900 E48 Z48	840 x 1260 E49 Z49
Rechtecke	...x... E5...								
Rechtecke	630 x 420 E61	900 x 600 E62					Tiefaufstellung: 750 x 500 E67		
Rechtecke	250 x 1500 Z71	250 x 2000 Z72	250 x 2500 Z73		500 x 1500 Z75	500 x 2000 Z76	500 x 2500 Z77		

*) mit Rohrschellen für Rohrdurchmesser: Unternummer:	60,0/60,3 .../1	76,0/76,1 .../3	88,9 .../5	108,0 .../6

IVZ-Norm 2007
vom 1.7.2007

Tabelle 11: Einbeinige und zweibeinige Rohrrahmen (Fortsetzung)

Schilder-Formen	Abmessungen [mm] / Typennummern					
Pfeilwegweiser Höhe 250 mm	**250x1000** E811 Z811 FB811 FS811/...*)					
Höhe 350 mm	**350x1250** E822 Z822 FB822 FS822/...*)	**350x1500** E823 Z823 FB823 FS823/...*)	350x1750 E824 Z824			350x1400 E829 Z829 FB829 FS829/...*)
Höhe 400 mm		**400x1500** E833 Z833	**400x1750** E834 Z834	400x2000 E835 Z835		
Höhe 450 mm		**450x1500** E843 Z843	450x1750 E844 Z844	450x2000 E845 Z845		
Höhe 500 mm			500x1750 E854 Z854	**500x2000** E855 Z855	**500x2500** Z857	
Höhe 600 mm				600x2000 Z875	600x2500 Z877	
Höhe 350 mm	**350x1250** **350x1250** Z922	**350x1500** **350x1500** Z923	350x1750 350x1750 Z924			
Höhe 400 m		**400x1500** **400x1500** Z933	**400x1750** **400x1750** Z934	400x2000 400x2000 Z935		
Höhe 450 m		**450x1500** **450x1500** Z943	450x1750 450x1750 Z944	450x2000 450x2000 Z945		
Höhe 500 m			500x1750 500x1750 Z954	**500x2000** **500x2000** Z955	500x2500 500x2500 Z957	
Höhe 600 m				600x2000 600x2000 Z975	600x2500 600x2500 Z977	

*) mit Rohrschellen für Rohrdurchmesser: Unternummer:	60,0/60,3 .../1	76,0/76,1 .../3	88,9 .../5	108,0 .../6

10.3 Rohrschellen und Bandschellen

Rohrschellen aus Stahl und Aluminium sowie Bandschellen zur Stahlband-Befestigung werden für die jeweiligen Kombinationen von Lochabstand und Rohrdurchmesser mit Typennummern aus den Tabellen 12 bis 14 geführt. Rohrschellenhersteller müssen dem Besteller zur Erfüllung der CE-Konformität einen von einer anerkannten Stelle zertifizierten Anwendungshinweis zur Verfügung stellen. Zum Lieferumfang gehören Schildbefestigungsschrauben mit den dazugehörigen Muttern und Unterlegscheiben sowie die Schellenschrauben einschließlich Muttern.

Tabelle 12: Stahl-Rohrschellen

Rohrdurchmesser [mm]	Lochabstände [mm] Typennummern			
	70	350	500	700
60,3	R107	R135	R150	R170
76,1	R307	R335	R350	R370
88,9	R507	R535	R550	R570

Tabelle 13: Bandschellen

Lochabstände [mm] Typennummern			
70	350	500	700
B107	B135	B150	B170

723

IVZ-Norm 2007
vom 1.7.2007

Tabelle 14: Aluminium-Rohrschellen

Rohrdurchmesser [mm]	Lochabstände [mm] Typennummern			
	70			
60,0	AR107			
76,0	AR307			
108,0	AR607			

Doppelseitig verwendbare Rohrschellen und Schilderhalter werden mit einem voran-gestellten **„D"** bezeichnet, z. B. DR107.

Tabelle 15: Lochabstände von Rohrschellen

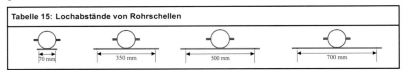

70 mm   350 mm   500 mm   700 mm

10.4 Klemmschellen

Edelstahl- und Aluminium-Klemmschellen sowie Bandschellen für Stahlband-Befestigung werden für jeweilige Rohrdurchmesser mit Typennummern der Tabellen 16 und 17 geführt. Zum Lieferumfang gehören Schildbefestigungsschrauben mit den dazugehörigen Muttern und Unterlegscheiben sowie die Schellenschrauben einschließlich Muttern.

Tabelle 16: Edelstahl-Klemmschellen

Durchmesser [mm]	Typennummer
60,3	EK1
76,1	EK3
Stahlbandbefestigung	EKB

Tabelle 17: Aluminium-Klemmschellen

Durchmesser [mm]	Typennummer
60,0	AK1
76,0	AK3
108,0	AK6
Stahlbandbefestigung	AKB

Doppelseitig verwendbare Klemmschellen werden mit einem vorangestellten **„D"** bezeichnet, z. B. DAK1.

11 Standardpläne für die Lochung von Verkehrszeichen und -einrichtungen

In den folgenden Standardplänen I und II sind für die Lochung von Verkehrszeichen und Verkehrseinrichtungen die Lochabstände zur Befestigung mit Schellen an Rohrpfosten dargestellt. Die Lochabstände in Standardplan III gelten für die Befestigung der Verkehrs-zeichen in Rohrrahmen (Abschnitt 10.2).

Alle in der Tabelle 18 aufgeführten Verkehrszeichen sind in profilverstärkter und randver-formter Ausführung CE-konform. Die Rechtecke 1200 × 600 mm, 1260 × 840 mm und 1500 × 650 mm werden jedoch nur profilverstärkt und nicht randverformt hergestellt.

12 Aufstellarten von Verkehrszeichen und Verkehrszeichenkombinationen

Die Einhaltung der zulässigen Verformungen nach TL-VZ 2007 bei den einzelnen Auf-stellarten ist durch Belastungsversuche und darauf aufgebaute Rechenmodelle nachge-wiesen. Dabei wurden Produktfamilien gebildet, deren Referenzmuster das schwächste Mitglied der Produktfamilie ist. Versuche und Berechnungen wurden dokumentiert und durch StrAus-Zert zertifiziert. Die Aufstellarten beschreiben die Kombinationen, die in Bodenfreiheit, Abmessung und Anzahl der Verkehrszeichen die Anforderungen nach TL-VZ 2007 erfüllen und mit dem CE-Zeichen gekennzeichnet werden, sofern die betreffenden Produkte von zertifizierten Herstellern gefertigt worden sind.

Dieser Darstellung sind die Typennummern aus Tabelle 8 für Stahl-Rohrpfosten und Tabelle 9 für Aluminium-Rohrpfosten sowie aus Tabelle 11 für Rohrrahmen zugeordnet.

Alle fett gedruckten Rohrrahmenabmessungen sind Standardgrößen. Andere Größen (hier normal gedruckt) sind Sonderkonstruktionen.

Tabelle 18: Standard-Lochpläne für Verkehrszeichen und -einrichtungen

Größen [mm]	Standardplan I Lochabstand 70 mm	Standardplan II Lochabstand 70–700 mm	Standardplan III für Rohrrahmen
SL 630			
SL 900			
SL 1260	nicht zugelassen		
SL 630			
SL 900			

Legende:

Ø	=	Durchmesser
t	=	Wandstärke
B	=	Abstand der parallelen Seiten
BF	=	Bodenfreiheit
E	=	Einbeinige Aufstellung
FB	=	Fahnenhalterung für Stahlbandbefestigung
FS	=	Fahnenhalterung mit Rohrschellen
SL	=	Seitenlänge
Z	=	Zweibeinige Aufstellung

Tabelle 18: Standard-Lochpläne für Verkehrszeichen und -einrichtungen

Größen [mm]	Standardplan I Lochabstand 70 mm	Standardplan II Lochabstand 70–700 mm	Standardplan III für Rohrrahmen
SL 1260	nicht zugelassen		
⌀ 420			
⌀ 600			
⌀ 750			
420 x 420			
600 x 600			

Tabelle 18: Standard-Lochpläne für Verkehrszeichen und -einrichtungen

Größen [mm]	Standardplan I Lochabstand 70 mm	Standardplan II Lochabstand 70–700 mm	Standardplan III für Rohrrahmen
840 x 840	133 / 70 CE-konforme Ausführung nur möglich bei 3 mm Blechdicke	350 / 350 CE-konforme Ausführung nur möglich bei 3 mm Blechdicke	
420 x 420	21 / 70		21 / 21
500 x 500	21 / 70	21 / 350	
600 x 600	21 / 70	21 / 350	21 / 21
650 x 650	nicht zugelassen	21 / 500	
750 x 750 840 x 840	25 / 70 CE-konforme Ausführung nur möglich bei 3 mm Blechdicke	25 / 500 CE-konforme Ausführung nur möglich bei 3 mm Blechdicke	25 / 500

Tabelle 18: Standard-Lochpläne für Verkehrszeichen und -einrichtungen

Größen [mm]	Lochabstände [mm]	Lochabstände [mm]	Lochabstände [mm]
B 900	25 / 70	500 / 500	850 / 850 / 25 / 25
B 1050	nicht zugelassen	700 / 700	1000 / 1000 / 25 / 25
200 x 750 300 x 800 420 x 630	nicht zugelassen	21 / 500	21 / 500
200 x 1000 333 x 1000 600 x 900	nicht zugelassen	21 / 700	21 / 700
333 x 1250	nicht zugelassen	nicht zugelassen	21 / 700
350 x 1050	nicht zugelassen	21 / 700 CE-konforme Ausführung nur möglich bei 3 mm Blechdicke	21 / 700

Tabelle 18: Standard-Lochpläne für Verkehrszeichen und -einrichtungen

Größen [mm]	Lochabstände [mm]	Lochabstände [mm]	Lochabstände [mm]
840 x 1260	nicht zugelassen	nicht zugelassen	 25 · 700
231 x 420 250 x 420 315 x 420	 21 · 70		
330 x 600 450 x 600	 21 · 70	 21 · 350	
412 x 750 562 x 750	nicht zugelassen	 25 · 500	
420 x 231 600 x 330	 21 · 70		
750 x 500	 25 · 70	nicht zugelassen	 25 · 350

Tabelle 18: Standard-Lochpläne für Verkehrszeichen und -einrichtungen

Größen [mm]	Lochabstände [mm]	Lochabstände [mm]	Lochabstände [mm]
630 x 420	21 70		500 21
900 x 600	21 70	21 350 CE-konforme Ausführung nur möglich bei 3 mm Blechdicke	700 21
1000 x 250 1000 x 300	nicht zugelassen		
1200 x 600		575 575 25 500	
1260 x 840		605 605 25 700	
1500 x 650		725 725 25 500 CE-konforme Ausführung nur möglich bei 3 mm Blechdicke	

Tabelle 19: Standard-Lochpläne für Verkehrszeichen und -einrichtungen

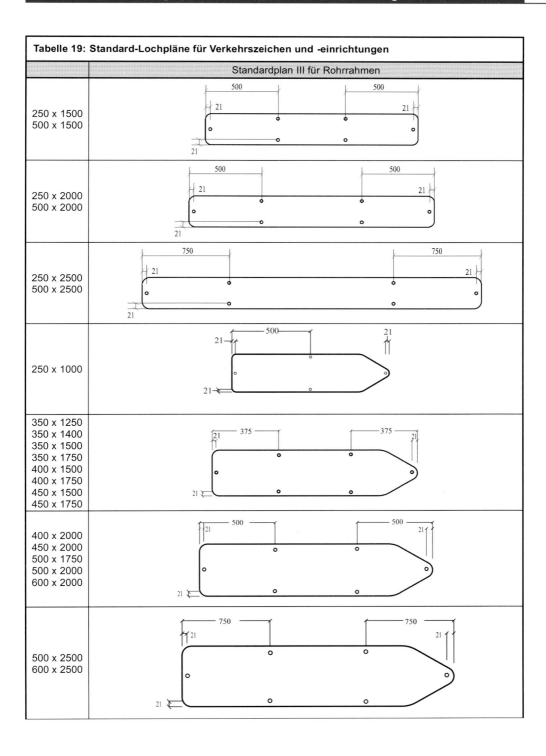

	Standardplan III für Rohrrahmen
250 x 1500 500 x 1500	
250 x 2000 500 x 2000	
250 x 2500 500 x 2500	
250 x 1000	
350 x 1250 350 x 1400 350 x 1500 350 x 1750 400 x 1500 400 x 1750 450 x 1500 450 x 1750	
400 x 2000 450 x 2000 500 x 1750 500 x 2000 600 x 2000	
500 x 2500 600 x 2500	

731

IVZ-Norm 2007
vom 1.7.2007

13 Aufstellarten – Verkehrszeichen an Rohrpfosten

Tabelle 20: Aufstellung mit Stahl-Rohrpfosten

Abbildungen	Abmessungen		Bodenfreiheit (BF) 2000 mm				Bodenfreiheit (BF) 2250 mm			
	Größen [mm]	Fläche [m²]	Rohrlänge [mm]	Rohr ⌀ [mm] t [mm]	typ	Fund.- typ	Rohrlänge [mm]	Rohr ⌀ [mm] t [mm]	Rohrtyp	Fund.- typ
	SL 630	0,17	3250	60,3/2,0	S132	A	3500	60,3/2,0	S135	A
	SL 900	0,35	3500	60,3/2,0	S135	A	3750	60,3/2,0	S137	A
	SL 1260	0,69	3750	76,1/2,0	S337	B	4000	76,1/2,0	S340	B
	SL 630 231x420	0,27	3500	60,3/2,0	S135	A	3750	60,3/2,0	S137	A
	SL 900 330x600	0,55	3750	60,3/2,0	S137	A	4000	76,1/2,0	S340	B
	SL 1260 412x750	1,00	4250	76,1/2,9	S442	B	4500	76,1/2,9	S445	B
	SL 630 ⌀ 420	0.31	3500	60,3/2,0	S135	A	3750	60,3/2,0	S137	A
	SL 900 ⌀ 600	0,63	4000	76,1/2,0	S340	B	4250	76,1/2,0	S342	B
	SL 1260 ⌀ 750	1,13	4500	76,1/2,9	S445	B	4750	88,9/3,2	S547	C
	SL 630 231x420 ⌀ 420	0,41	3750	60,3/2,0	S137	A	4000	60,3/2,0	S140	A
	SL 900 330x600 ⌀ 600	0,83	4250	76,1/2,0	S342	B	4500	76,1/2,9	S445	B
	SL 1260 412x750 ⌀ 750	1,44	5000	88,9/3,2	S550	C	5250	88,9/3,2	S552	C

Tabelle 20: Aufstellung mit Stahl-Rohrpfosten

Abbildungen	Abmessungen		Bodenfreiheit (BF) 2000 mm				Bodenfreiheit (BF) 2250 mm			
	Größen [mm]	Fläche [m²]	Rohr länge [mm]	Rohr ⌀ [mm] t [mm]	Rohrtyp	Fund.-typ	Rohr länge [mm]	Rohr ⌀ [mm] t [mm]	Rohrtyp	Fund.-typ
	SL 630	0,17	3250	60,3/2,0	S132	A	3500	60,3/2,0	S135	A
	SL 900	0,35	3500	60,3/2,0	S135	A	3750	60,3/2,0	S137	A
	SL 1260	0,69	3750	76,1/2,0	S337	B	4000	76,1/2,0	S340	B
	SL 900 330x600	0,55	3750	60,3/2,0	S137	A	4000	76,1/2,0	S340	A
	SL 900 450x600	0,62	3750	76,1/2,0	S337	B	4000	76,1/2,0	S340	B
	SL 1260 412x750	1,00	4250	76,1/2,9	S442	B	4500	76,1/2,9	S445	B
	SL 1260 562x750	1,11	4250	76,1/2,9	S442	B	4500	88,9/3,2	S545	C
	SL 900 600x600	0,71	4000	76,1/2,0	S340	B	4250	76,1/2,0	S342	B
	SL 1260 750x750	1,25	4500	88,9/3,2	S545	C	4750	88,9/3,2	S547	C
	SL 900 ⌀ 600	0,63	4000	76,1/2,0	S340	B	4250	76,1/2,0	S342	B
	SL 1260 ⌀ 750	1,13	4500	76,1/2,9	S445	B	4750	88,9/3,2	S547	C

Tabelle 20: Aufstellung mit Stahl-Rohrpfosten

Abbildungen	Abmessungen Größen [mm]	Fläche [m²]	Bodenfreiheit (BF) 2000 mm Rohrlänge [mm]	Rohr Ø [mm] t [mm]	Rohrtyp	Fund.-typ	Bodenfreiheit (BF) 2250 mm Rohrlänge [mm]	Rohr Ø [mm] t [mm]	Rohrtyp	Fund.-typ
	Ø 420	0,14	3000	60,3/2,0	S130	A	3250	60,3/2,0	S132	A
	Ø 600	0,28	3250	60,3/2,0	S132	A	3500	60,3/2,0	S135	A
	Ø 750	0,44	3500	60,3/2,0	S135	A	3750	60,3/2,0	S137	A
			Bodenfreiheit (BF) 600 mm							
	Ø 420	0,14	1750	60,3/2,0	S117	A				
	Ø 600	0,28	1750	60,3/2,0	S117	A				
	Ø 750	0,44	2000	60,3/2,0	S120	A				
	Ø 420 231x420	0,24	3250	60,3/2,0	S132	A	3500	60,3/2,0	S135	A
	Ø 420 315x420	0,27	3250	60,3/2,0	S132	A	3500	60,3/2,0	S135	A
	Ø 600 330x600	0,48	3500	60,3/2,0	S135	A	3750	60,3/2,0	S137	A
	Ø 600 450x600	0,55	3750	60,3/2,0	S137	A	4000	76,1/2,0	S340	B
	Ø 750 412x750	0,75	3750	76,1/2,0	S337	B	4000	76,1/2,0	S340	B
	Ø 750 562x750	0,86	4000	76,1/2,9	S440	B	4250	76,1/2,9	S442	B
	Ø 420 420x420	0,32	3500	60,3/2,0	S135	A	3750	60,3/2,0	S137	A
	Ø 600 600x600	0,64	3750	76,1/2,0	S337	B	4000	76,1/2,0	S340	B
	Ø 750 750x750	1,00	4000	76,1/2,9	S440	B	4250	76,1/2,9	S442	B
	Ø 420 Ø 420	0,28	3500	60,3/2,0	S135	A	3750	60,3/2,0	S137	A
	Ø 600 Ø 600	0,56	3750	76,1/2,0	S337	B	4000	76,1/2,0	S340	B
	Ø 750 Ø 750	0,88	4000	76,1/2,9	S440	B	4250	76,1/2,9	S442	B

Tabelle 20: Aufstellung mit Stahl-Rohrpfosten

Abbildungen	Abmessungen		Bodenfreiheit (BF) 2000 mm				Bodenfreiheit (BF) 2250 mm			
	Größen [mm]	Fläche [m²]	Rohr länge [mm]	Rohr ⌀ [mm] t [mm]	Rohrtyp	Fund.-typ	Rohr länge [mm]	Rohr ⌀ [mm] t [mm]	Rohrtyp	Fund.-typ
	⌀ 600 ⌀ 600 450x600	0,83	4250	76,1/2,0	S342	B	4500	76,1/2,9	S445	B
	⌀ 750 ⌀ 750 562x750	1,30	4750	88,9/3,2	S547	C	5000	88,9/3,2	S550	C
	⌀ 420 231x420 ⌀ 420 231x420	0,47	4000	60,3/2,0	S140	A	4250	60,3/2,0	S142	A
	⌀ 600 330x600 ⌀ 600 330x600	0,96	4500	76,1/2,9	S445	B	4750	76,1/2,9	S447	B
	B 900	0.67	3500	76,1/2,0	S335	B	3750	76,1/2,0	S337	B
	B 1050	0,91	3750	76,1/2,9	S437	B	4000	76,1/2,9	S440	B
	B 900 600x600	1,03	4250	76,1/2,9	S442	B	4500	76,1/2,9	S445	B

735

Tabelle 20: Aufstellung mit Stahl-Rohrpfosten

Abbildungen	Abmessungen		Bodenfreiheit (BF) 2000 mm				Bodenfreiheit (BF) 2250 mm			
	Größen [mm]	Fläche [m²]	Rohrlänge [mm]	Rohr ∅ [mm] t [mm]	Rohrtyp	Fund.-typ	Rohrlänge [mm]	Rohr ∅ [mm] t [mm]	Rohrtyp	Fund.-typ
			Bodenfreiheit (BF) 300 mm							
	1000x250	0,25	2000	60,3/2,0	S120	A				
	1000x300	0,30	2000	60,3/2,0	S120	A				
			Bodenfreiheit (BF) 300 mm							
	SL 900 1000x300	0,65	2750	60,3/2,0	S127	A				
	420x420	0,18	3250	60,3/2,0	S132	A	3500	60,3/2,0	S135	A
	600x600	0,36	3500	60,3/2,0	S135	A	3750	60,3/2,0	S137	A
	840x840	0,71	3750	76,1/2,0	S337	B	4000	76,1/2,0	S340	B
	420x420 420x420	0,36	3500	60,3/2,0	S135	A	3750	60,3/2,0	S137	A
	600x600 600x600	0,72	4000	76,1/2,0	S340	B	4250	76,1/2,0	S342	B

Tabelle 20: Aufstellung mit Stahl-Rohrpfosten

Abbildungen	Abmessungen		Bodenfreiheit (BF) 2000 mm				Bodenfreiheit (BF) 2250 mm			
	Größen [mm]	Fläche [m²]	Rohr länge [mm]	Rohr ∅ [mm] t [mm]	Rohrtyp	Fund.-typ	Rohrlänge [mm]	Rohr ∅ [mm] t [mm]	Rohrtyp	Fund.-typ
	250x420 420x420	0,28	3500	60,3/2,0	S135	A	3750	60,3/2,0	S137	A
	250x420 600x600	0,47	3750	60,3/2,0	S137	A	4000	60,3/2,0	S140	A
	250x420 840x840	0,81	4000	76,1/2,0	S340	B	4250	76,1/2,9	S442	B
	200x750	0,15	2750	60,3/2,0	S127	A	3000	60,3/2,0	S130	A
	200x100	0,20	2750	60,3/2,0	S127	A	3000	60,3/2,0	S130	A
	300x800	0,24	3000	60,3/2,0	S130	A	3250	60,3/2,0	S132	A
	333x100	0,33	3000	60,3/2,0	S130	A	3250	60,3/2,0	S132	A
	333x125	0,42	3000	60,3/2,0	S130	A	3250	60,3/2,0	S132	A
	350x105	0,37	3000	60,3/2,0	S130	A	3250	60,3/2,0	S132	A
	420x630	0,26	3000	60,3/2,0	S130	A	3250	60,3/2,0	S132	A
	600x900	0,54	3250	60,3/2,0	S132	A	3500	76,1/2,0	S335	B
	840x126	1,06	3500	76,1/2,9	S435	B	3750	76,1/2,9	S437	B
	420x420	0,18	3000	60,3/2,0	S130	A	3250	60,3/2,0	S132	A
	600x600	0,36	3250	60,3/2,0	S132	A	3500	60,3/2,0	S135	A
	750x750	0,56	3500	76,1/2,0	S335	B	3750	76,1/2,0	S337	B
	840x840	0,71	3500	76,1/2,0	S335	B	3750	76,1/2,0	S337	B
	Bodenfreiheit (BF) 1000 mm									
	500x500	0,25	2250	60,3/2,0	S122	A				
	420x420 231x420	0,27	3250	60,3/2,0	S132	A	3500	60,3/2,0	S135	A
	600x600 330x600	0,56	3500	76,1/2,0	S335	B	3750	76,1/2,0	S337	B
	840x840 412x750	1,02	4000	76,1/2,9	S440	B	4250	76,1/2,9	S442	B

737

Tabelle 20: Aufstellung mit Stahl-Rohrpfosten

Abbildungen	Größen [mm]	Fläche [m²]	Bodenfreiheit (BF) 2000 mm				Bodenfreiheit (BF) 2250 mm			
			Rohrlänge [mm]	Rohr Ø [mm] t [mm]	Rohrtyp	Fund.-typ	Rohrlänge [mm]	Rohr Ø [mm] t [mm]	Rohrtyp	Fund.-typ
	420x420 315x420	0,31	3250	60,3/2,0	S132	A	3500	60,3/2,0	S135	A
	600x600 450x600	0,63	3750	76,1/2,0	S337	B	4000	76,1/2,0	S340	B
	840x840 562x750	1,13	4250	76,1/2,9	S442	B	4500	88,9/3,2	S545	C
	420x420 420x420	0,36	3500	60,3/2,0	S135	A	3750	60,3/2,0	S137	A
	600x600 600x600	0,72	3750	76,1/2,0	S337	B	4000	76,1/2,0	S340	B
	840x840 750x750	1,27	4250	88,9/3,2	S542	C	4500	88,9/3,2	S545	C
	840x840 840x840	1,41	4250	88,9/3,2	S542	C	4500	88,9/3,2	S545	C
	630x420	0,26	3250	60,3/2,0	S132	A	3500	60,3/2,0	S135	A
	900x600	0,54	3500	60,3/2,0	S135	A	3750	76,1/2,0	S337	B
	1260x840	1,06	4000	76,1/2,9	S440	B	4250	76,1/2,9	S442	B
			Bodenfreiheit (BF) 1000 mm							
	1500x650	0,98	3250	76,1/2,0	S332	B				
			Bodenfreiheit (BF) 600 mm							
	750x500	0,38	2000	60,3/2,0	S120	A				
	1200x600	0,72	2500	60,3/2,0	S125	A				
	630x420 231x420	0,36	3500	60,3/2,0	S135	A	3750	60,3/2,0	S137	A
	900x600 330x600	0,74	3750	76,1/2,0	S337	B	4000	76,1/2,0	S340	B
	1260x840 412x750	1,37	4250	88,9/3,2	S542	C	4500	88,9/3,2	S545	C

Tabelle 20: Aufstellung mit Stahl-Rohrpfosten

Abbildungen	Abmessungen		Bodenfreiheit (BF) 2000 mm				Bodenfreiheit (BF) 2250 mm			
	Größen [mm]	Fläche m²	Rohr länge [mm]	Rohr ∅ [mm] t [mm]	Rohrtyp	Fund.-typ	Rohr länge [mm]	Rohr ∅ [mm] t [mm]	Rohrtyp	Fund.-typ

			Bodenfreiheit (BF) 1000 mm			
	650x650 1500x650	1,40	3750	76,1/2,9	S437	B

Abmessungen		Bodenfreiheit (BF) 2000 mm			
Größen [mm]	Fläche [m²]	Rohr länge [mm]	Rohr ∅ [mm] t [mm]	Rohrtyp	Fund.-typ
250 x 1000	0,23	2750	60,3/2,0	S127	A
350 x 1250	0,39	3000	60,3/2,0	S130	A
350 x 1400	0,45	3000	60,3/2,0	S130	A
350 x 1500	0,48	3000	60,3/2,0	S130	A
350 x 1750	0,57	3000	76,1/2,0	S330	B
400 x 1500	0,55	3000	60,3/2,0	S130	A
400 x 1750	0,65	3000	76,1/2,0	S330	B
400 x 2000	0,75	3000	76,1/2,0	S330	B
450 x 1500	0,61	3000	76,1/2,0	S330	B
450 x 1750	0,72	3000	76,1/2,0	S330	B
450 x 2000	0,84	3000	76,1/2,0	S330	B
500 x 1750	0,79	3250	76,1/2,0	S332	B
500 x 2000	0,92	3250	76,1/2,9	S432	B
500 x 2500	1,17	3250	88,9/3,2	S532	C
600 x 2000	1,08	3250	76,1/2,9	S432	B
600 x 2500	1,38	3250	88,9/3,2	S532	C
		Bodenfreiheit (BF) 2250 mm			
250 x 1000	0,23	3000	60,3/2,0	S130	A
350 x 1250	0,39	3250	60,3/2,0	S132	A
350 x 1400	0,45	3250	60,3/2,0	S132	A
350 x 1500	0,48	3250	60,3/2,0	S132	A
350 x 1750	0,57	3250	76,1/2,0	S332	B
400 x 1500	0,55	3250	76,1/2,0	S332	B
400 x 1750	0,65	3250	76,1/2,0	S332	B
400 x 2000	0,75	3250	76,1/2,0	S332	B
450 x 1500	0,61	3250	76,1/2,0	S332	B
450 x 1750	0,72	3250	76,1/2,0	S332	B
450 x 2000	0,84	3250	76,1/2,9	S432	B
500 x 1750	0,79	3500	76,1/2,0	S335	B
500 x 2000	0,92	3500	76,1/2,9	S435	B
500 x 2500	1,17	3500	88,9/3,2	S535	C
600 x 2000	1,08	3500	76,1/2,9	S435	B
600 x 2500	1,38	3500	88,9/3,2	S535	C

Tabelle 21: Aufstellung mit Aluminium-Rohrpfosten

Abbildungen	Abmessungen		Bodenfreiheit (BF) 2000 mm				Bodenfreiheit (BF) 2250 mm			
	Größen [mm]	Fläche [m²]	Rohr länge [mm]	Rohr ∅ [mm] t [mm]	Rohr-typ	Fund.-typ	Rohr-länge [mm]	Rohr ∅ [mm] t [mm]	Rohr-typ	Fund.-typ
	SL 630	0,17	3250	60,0/2,5	A232	A	3500	60,0/2,5	A235	A
	SL 900	0,35	3500	60,0/2,5	A235	A	3750	60,0/2,5	A237	A
	SL 1260	0,69	3750	76,0/3,0	A437	B	4000	76,0/3,0	A440	B
	SL 630 231x420	0,27	3500	60,0/2,5	A235	A	3750	60,0/2,5	A237	A
	SL 900 330x600	0,55	3750	76,0/3,0	A437	B	4000	76,0/3,0	A440	B
	SL 1260 412x750	1,00	4250	108,0/4,0	A642	D	4500	108,0/4,0	A645	D
	SL 630 ∅ 420	0.31	3500	60,0/2,5	A235	A	3750	60,0/2,5	A237	A
	SL 900 ∅ 600	0,63	4000	76,0/3,0	A440	B	4250	76,0/3,0	A442	B
	SL 1260 ∅ 750	1,13	4500	108,0/4,0	A645	D				
	SL 630 231x420 ∅ 420	0,41	3750	60,0/2,5	A237	A	4000	76,0/3,0	A440	B
	SL 900 330x600 ∅ 600	0,83	4250	76,0/3,0	A442	B	4500	108,0/4,0	A645	D

Tabelle 21: Aufstellung mit Aluminium-Rohrpfosten

Abbildungen	Abmessungen		Bodenfreiheit (BF) 2000 mm				Bodenfreiheit (BF) 2250 mm			
	Größen [mm]	Fläche [m²]	Rohr länge [mm]	Rohr ∅ [mm] t [mm]	Rohr-typ	Fund.-typ	Rohr länge [mm]	Rohr ∅ [mm] t [mm]	Rohr-typ	Fund.-typ
	SL 630	0,17	3250	60,0/2,5	A232	A	3500	60,0/2,5	A235	A
	SL 900	0,35	3500	60,0/2,5	A235	A	3750	60,0/2,5	A237	A
	SL 1260	0,69	3750	76,0/3,0	A437	B	4000	76,0/3,0	A440	B
	SL 900 330x600	0,55	3750	76,0/3,0	A437	B	4000	76,0/3,0	A440	B
	SL 900 450x600	0,62	3750	76,0/3,0	A437	B	4000	76,0/3,0	A440	B
	SL 1260 412x750	1,00	4250	108,0/4,0	A642	D	4500	108,0/4,0	A645	D
	SL 1260 562x750	1,11	4250	108,0/4,0	A642	D				
	SL 900 600x600	0,71	4000	76,0/3,0	A440	B	4250	76,0/3,0	A442	B
	SL 900 ∅ 600	0,63	4000	76,0/3,0	A440	B	4250	76,0/3,0	A442	B
	SL 1260 ∅ 750	1,13	4500	108,0/4,0	A645	D				

741

Tabelle 21: Aufstellung mit Aluminium-Rohrpfosten

Abbildungen	Abmessungen		Bodenfreiheit (BF) 2000 mm				Bodenfreiheit (BF) 2250 mm			
	Größen [mm]	Fläche [m²]	Rohr länge [mm]	Rohr Ø [mm] t [mm]	Rohrtyp	Fund.-typ	Rohr länge [mm]	Rohr Ø [mm] t [mm]	Rohrtyp	Fund.-typ
	Ø 420	0,14	3000	60,0/2,5	A230	A	3250	60,0/2,5	A232	A
	Ø 600	0,28	3250	60,0/2,5	A232	A	3500	60,0/2,5	A235	A
	Ø 750	0,44	3500	60,0/2,5	A235	A	3750	76,0/3,0	A437	B
	Bodenfreiheit (BF) 600 mm									
	Ø 420	0,14	1750	60,0/2,5	A217	A				
	Ø 600	0,28	1750	60,0/2,5	A217	A				
	Ø 750	0,44	2000	60,0/2,5	A220	A				
	Ø 420 231x420	0,24	3250	60,0/2,5	A232	A	3500	60,0/2,5	A235	A
	Ø 420 315x420	0,27	3250	60,0/2,5	A232	A	3500	60,0/2,5	A235	A
	Ø 600 330x600	0,48	3500	76,0/3,0	A435	B	3750	76,0/3,0	A437	B
	Ø 600 450x600	0,55	3750	76,0/3,0	A437	B	4000	76,0/3,0	A440	B
	Ø 750 412x750	0,75	3750	76,0/3,0	A437	B	4000	76,0/3,0	A440	B
	Ø 750 562x750	0,86	4000	108,0/4,0	A640	D	4250	108,0/4,0	A642	D
	Ø 420 420x420	0,32	3500	60,0/2,5	A235	A	3750	60,0/2,5	A237	A
	Ø 600 600x600	0,64	3750	76,0/3,0	A437	B	4000	76,0/3,0	A440	B
	Ø 750 750x750	1,00	4000	108,0/4,0	A640	D	4250	108,0/4,0	A642	D
	Ø 420 Ø 420	0,28	3500	60,0/2,5	A235	A	3750	60,0/2,5	A237	A
	Ø 600 Ø 600	0,56	3750	76,0/3,0	A437	B	4000	76,0/3,0	A440	B
	Ø 750 Ø 750	0,88	4000	108,0/4,0	A640	D	4250	108,0/4,0	A642	D

Tabelle 21: Aufstellung mit Aluminium-Rohrpfosten

Abbildungen	Abmessungen		Bodenfreiheit (BF) 2000 mm				Bodenfreiheit (BF) 2250 mm			
	Größen [mm]	Fläche [m²]	Rohr länge [mm]	Rohr ⌀ [mm] t [mm]	Rohrtyp	Fund.-typ	Rohr länge [mm]	Rohr ⌀ [mm] t [mm]	Rohrtyp	Fund.-typ
	⌀ 600 ⌀ 600 450x600	0,83	4250	76,0/3,0	A442	B	4500	108,0/4,0	A645	D
	⌀ 420 231x420 ⌀ 420 231x420	0,47	4000	76,0/3,0	A440	B	4250	76,0/3,0	A442	B
	⌀ 600 330x600 ⌀ 600 330x600	0,96	4500	108,0/4,0	A645	D	4750	108,0/4,0	A647	D
	B 900	0.67	3500	76,0/3,0	A435	B	3750	76,0/3,0	A437	B
	B 1050	0,91	3750	108,0/4,0	A637	D	4000	108,0/4,0	A640	D
	B 900 600x600	1,03	4250	108,0/4,0	A642	D	4500	108,0/4,0	A645	D

743

Tabelle 21: Aufstellung mit Aluminium-Rohrpfosten

Abbildungen	Abmessungen		Bodenfreiheit (BF) 2000 mm				Bodenfreiheit (BF) 2250 mm			
	Größen [mm]	Fläche [m²]	Rohr länge [mm]	Rohr Ø [mm] t [mm]	Rohr typ	Fund.-typ	Rohr länge [mm]	Rohr Ø [mm] t [mm]	Rohrtyp	Fund.-typ
	Bodenfreiheit (BF) 300 mm									
	1000x250	0,25	2000	60,0/2,5	A220	A				
	1000x300	0,30	2000	60,0/2,5	A220	A				
	Bodenfreiheit (BF) 300 mm									
	SL 900 1000x300	0,65	2750	60,0/2,5	A227	A				
	420x420	0,18	3250	60,0/2,5	A232	A	3500	60,0/2,5	A235	A
	600x600	0,36	3500	60,0/2,5	A235	A	3750	60,0/2,5	A237	A
	840x840	0,71	3750	76,0/3,0	A437	B	4000	76,0/3,0	A440	B
	420x420 420x420	0,36	3500	60,0/2,5	A235	A	3750	60,3/2,0	A237	A
	600x600 600x600	0,72	4000	76,0/3,0	A440	B	4250	76,0/3,0	A442	B

Tabelle 21: Aufstellung mit Aluminium-Rohrpfosten

Abbildungen	Größen [mm]	Fläche [m²]	Bodenfreiheit (BF) 2000 mm				Bodenfreiheit (BF) 2250 mm			
			Rohr länge [mm]	Rohr ∅ [mm] t [mm]	Rohrtyp	Fund.-typ	Rohr länge [mm]	Rohr ∅ [mm] t [mm]	Rohrtyp	Fund.-typ
	250x420 420x420	0,28	3500	60,0/2,5	A235	A	3750	60,0/2,5	A237	A
	250x420 600x600	0,47	3750	76,0/3,0	A437	B	4000	76,0/3,0	A440	B
	250x420 840x840	0,81	4000	76,0/3,0	A440	B	4250	108,0/4,0	A642	D
	200x750	0,15	2750	60,0/2,5	A227	A	3000	60,0/2,5	A230	A
	200x1000	0,20	2750	60,0/2,5	A227	A	3000	60,0/2,5	A230	A
	300x800	0,24	3000	60,0/2,5	A230	A	3250	60,0/2,5	A232	A
	333x1000	0,33	3000	60,0/2,5	A230	A	3250	60,0/2,5	A232	A
	333x1250	0,42	3000	60,0/2,5	A230	A	3250	76,0/3,0	A432	B
	350x1050	0,37	3000	60,0/2,5	A230	A	3250	60,0/2,5	A232	A
	420x630	0,26	3000	60,0/2,5	A230	A	3250	60,0/2,5	A232	A
	600x900	0,54	3250	76,0/3,0	A432	B	3500	76,0/3,0	A435	B
	840x1260	1,06	3500	108,0/4,0	A635	D	3750	108,0/4,0	A637	D
	420x420	0,18	3000	60,0/2,5	A230	A	3250	60,0/2,5	A232	A
	600x600	0,36	3250	60,0/2,5	A232	A	3500	60,0/2,5	A235	A
	750x750	0,56	3500	76,0/3,0	A435	B	3750	76,0/3,0	A437	B
	840x840	0,71	3500	76,0/3,0	A435	B	3750	76,0/3,0	A437	B
			Bodenfreiheit (BF) 1000 mm							
	500x500	0,25	2250	60,0/2,5	A222	A				
	420x420 231x420	0,27	3250	60,0/2,5	A232	A	3500	60,0/2,5	A235	A
	600x600 330x600	0,56	3500	76,0/3,0	A435	B	3750	76,0/3,0	A437	B
	840x840 412x750	1,02	4000	108,0/4,0	A640	D	4250	108,0/4,0	A642	D

Tabelle 21: Aufstellung mit Aluminium-Rohrpfosten

Abbildungen	Abmessungen		Bodenfreiheit (BF) 2000 mm				Bodenfreiheit (BF) 2250 mm			
	Größen [mm]	Fläche [m²]	Rohr länge [mm]	Rohr ∅ [mm] t [mm]	Rohrtyp	Fund.-typ	Rohr länge [mm]	Rohr ∅ [mm] t [mm]	Rohrtyp	Fund.-typ
	420x420 315x420	0,31	3250	60,0/2,5	A232	A	3500	60,0/2,5	A235	A
	600x600 450x600	0,63	3750	76,0/3,0	A437	B	4000	76,0/3,0	A440	B
	840x840 562x750	1,13	4250	108,0/4,0	A642	D				
	420x420 420x420	0,36	3500	60,0/2,5	A235	A	3750	60,0/2,5	A237	A
	600x600 600x600	0,72	3750	76,0/3,0	A437	B	4000	76,0/3,0	A440	B
	630x420	0,26	3250	60,0/2,5	A232	A	3500	60,0/2,5	A235	A
	900x600	0,54	3500	76,0/3,0	A435	B	3750	76,0/3,0	A437	B
	1260x840	1,06	4000	108,0/4,0	A640	D	4250	108,0/4,0	A642	D
	Bodenfreiheit (BF) 1000 mm									
	1500x650	0,98	3250	76,0/3,0	A432	B				
	Bodenfreiheit (BF) 600 mm									
	750x500	0,38	2000	60,0/2,5	A220	A				
	1200x600	0,72	2500	76,0/3,0	A425	B				
	630x420 231x420	0,36	3500	60,0/2,5	A235	A	3750	60,0/2,5	A237	A
	900x600 330x600	0,74	3750	76,0/3,0	A437	B	4000	76,0/3,0	A440	B

Tabelle 21: Aufstellung mit Aluminium-Rohrpfosten

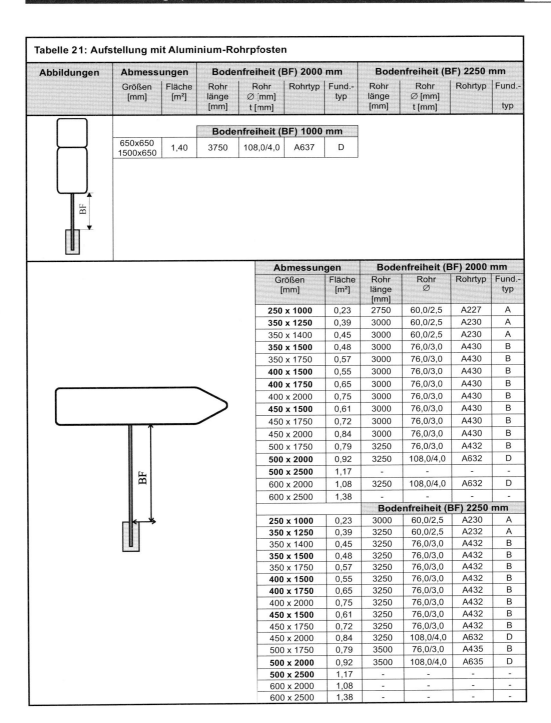

Abbildungen	Abmessungen		Bodenfreiheit (BF) 2000 mm				Bodenfreiheit (BF) 2250 mm			
	Größen [mm]	Fläche [m²]	Rohr länge [mm]	Rohr ∅ [mm] t [mm]	Rohrtyp	Fund.-typ	Rohr länge [mm]	Rohr ∅ [mm] t [mm]	Rohrtyp	Fund.-typ
	Bodenfreiheit (BF) 1000 mm									
	650x650 1500x650	1,40	3750	108,0/4,0	A637	D				

Abmessungen		Bodenfreiheit (BF) 2000 mm			
Größen [mm]	Fläche [m²]	Rohr länge [mm]	Rohr ∅	Rohrtyp	Fund.-typ
250 x 1000	0,23	2750	60,0/2,5	A227	A
350 x 1250	0,39	3000	60,0/2,5	A230	A
350 x 1400	0,45	3000	60,0/2,5	A230	A
350 x 1500	0,48	3000	76,0/3,0	A430	B
350 x 1750	0,57	3000	76,0/3,0	A430	B
400 x 1500	0,55	3000	76,0/3,0	A430	B
400 x 1750	0,65	3000	76,0/3,0	A430	B
400 x 2000	0,75	3000	76,0/3,0	A430	B
450 x 1500	0,61	3000	76,0/3,0	A430	B
450 x 1750	0,72	3000	76,0/3,0	A430	B
450 x 2000	0,84	3000	76,0/3,0	A430	B
500 x 1750	0,79	3250	76,0/3,0	A432	B
500 x 2000	0,92	3250	108,0/4,0	A632	D
500 x 2500	1,17	-	-	-	-
600 x 2000	1,08	3250	108,0/4,0	A632	D
600 x 2500	1,38	-	-	-	-
		Bodenfreiheit (BF) 2250 mm			
250 x 1000	0,23	3000	60,0/2,5	A230	A
350 x 1250	0,39	3250	60,0/2,5	A232	A
350 x 1400	0,45	3250	76,0/3,0	A432	B
350 x 1500	0,48	3250	76,0/3,0	A432	B
350 x 1750	0,57	3250	76,0/3,0	A432	B
400 x 1500	0,55	3250	76,0/3,0	A432	B
400 x 1750	0,65	3250	76,0/3,0	A432	B
400 x 2000	0,75	3250	76,0/3,0	A432	B
450 x 1500	0,61	3250	76,0/3,0	A432	B
450 x 1750	0,72	3250	76,0/3,0	A432	B
450 x 2000	0,84	3250	108,0/4,0	A632	D
500 x 1750	0,79	3500	76,0/3,0	A435	B
500 x 2000	0,92	3500	108,0/4,0	A635	D
500 x 2500	1,17	-	-	-	-
600 x 2000	1,08	-	-	-	-
600 x 2500	1,38	-	-	-	-

IVZ-Norm 2007
vom 1.7.2007

14 Aufstellarten – Pfeilwegweiser an 2 Rohrpfosten

Geometrische Voraussetzungen

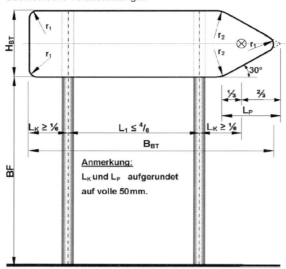

Bild 1: Geometrie und Aufstelleranordnung

Tabelle 22: Aufstellung mit Stahl-Rohrpfosten

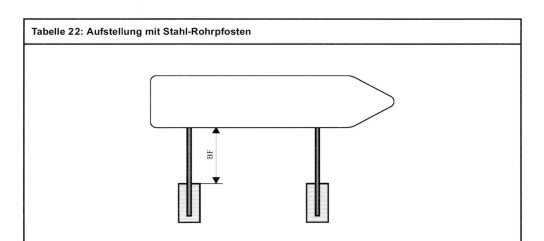

Abmessungen		Bodenfreiheit (BF) 1000 mm				Bodenfreiheit (BF) 1500 mm			
Größen [mm]	Fläche [m²]	Rohrlänge [mm]	Rohr ∅ [mm]	Rohrtyp	Fund.-typ	Rohrlänge [mm]	Rohr ∅ [mm]	Rohrtyp	Fund.-typ
350x1250	0,40	2000	60,3/2,0	S120	A	2500	60,3/2,0	S125	A
350x1500	0,48	2000	60,3/2,0	S120	A	2500	60,3/2,0	S125	A
350x1750	0,57	2000	60,3/2,0	S120	A	2500	60,3/2,0	S125	A
350x2000	0,66	2000	60,3/2,0	S120	A	2500	60,3/2,0	S125	A
400x1500	0,54	2000	60,3/2,0	S120	A	2500	60,3/2,0	S125	A
400x1750	0,64	2000	60,3/2,0	S120	A	2500	60,3/2,0	S125	A
400x2000	0,74	2000	60,3/2,0	S120	A	2500	60,3/2,0	S125	A
400x2250	0,84	2000	60,3/2,0	S120	A	2500	60,3/2,0	S125	A
450x1500	0,60	2000	60,3/2,0	S120	A	2500	60,3/2,0	S125	A
450x1750	0,72	2000	60,3/2,0	S120	A	2500	60,3/2,0	S125	A
450x2000	0,83	2000	60,3/2,0	S120	A	2500	60,3/2,0	S125	A
450x2250	0,94	2000	60,3/2,0	S120	A	2500	60,3/2,0	S125	A
450x2500	1,06	2000	60,3/2,0	S120	A	2500	60,3/2,0	S125	A
500x1750	0,78	2250	60,3/2,0	S122	A	2750	60,3/2,0	S127	A
500x2000	0,91	2250	60,3/2,0	S122	A	2750	60,3/2,0	S127	A
500x2250	1,04	2250	60,3/2,0	S122	A	2750	60,3/2,0	S127	A
500x2500	1,17	2250	60,3/2,0	S122	A	2750	76,1/2,0	S327	B
550x1750	0,86	2250	60,3/2,0	S122	A	2750	60,3/2,0	S127	A
550x2000	1,00	2250	60,3/2,0	S122	A	2750	60,3/2,0	S127	A
550x2500	1,27	2250	60,3/2,0	S122	A	2750	76,1/2,0	S327	B
550x3000	1,55	2250	76,1/2,0	S322	B	2750	76,1/2,0	S327	B
600x2000	1,08	2250	60,3/2,0	S122	A	2750	60,3/2,0	S127	A
600x2250	1,23	2250	60,3/2,0	S122	A	2750	76,1/2,0	S327	B
600x2500	1,38	2250	60,3/2,0	S122	A	2750	76,1/2,0	S327	B
600x2750	1,53	2250	76,1/2,0	S322	B	2750	76,1/2,0	S327	B
700x2250	1,40	2250	60,3/2,0	S122	A	2750	76,1/2,0	S327	B
700x2500	1,58	2250	76,1/2,0	S322	B	2750	76,1/2,0	S327	B
700x3000	1,93	2250	76,1/2,0	S322	B	2750	76,1/2,0	S327	B
700x3500	2,28	2250	76,1/2,0	S322	B	2750	76,1/2,0	S327	B

Tabelle 22: Aufstellung mit Stahl-Rohrpfosten

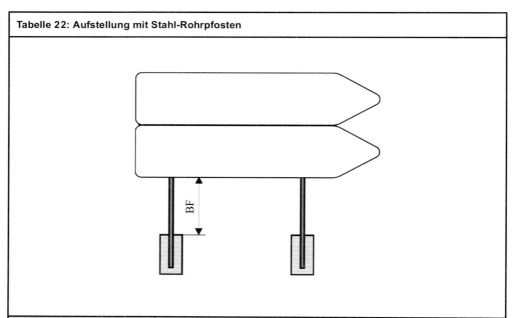

Abmessungen		Bodenfreiheit (BF) 1000 mm				Bodenfreiheit (BF) 1500 mm			
Größen [mm]	Fläche [m²]	Rohr-länge [mm]	Rohr ∅ [mm]	Rohrtyp	Fund.-typ	Rohr-länge [mm]	Rohr ∅ [mm]	Rohrtyp	Fund.-typ
350x1250 350x1250	0,79	2250	60,3/2,0	S122	A	2750	60,3/2,0	S127	A
350x1500 350x1500	0,97	2250	60,3/2,0	S122	A	2750	60,3/2,0	S127	A
350x1750 350x1750	1,14	2250	60,3/2,0	S122	A	2750	76,1/2,0	S327	B
350x2000 350x2000	1,32	2250	60,3/2,0	S122	A	2750	76,1/2,0	S327	B
400x1500 400x1500	1,09	2500	60,3/2,0	S125	A	3000	76,1/2,0	S330	B
400x1750 400x1750	1,29	2500	60,3/2,0	S125	A	3000	76,1/2,0	S330	B
400x2000 400x2000	1,49	2500	76,1/2,0	S325	B	3000	76,1/2,0	S330	B
400x2250 400x2250	1,69	2500	76,1/2,0	S325	B	3000	76,1/2,0	S330	B
450x1500 450x1500	1,21	2500	60,3/2,0	S125	A	3000	76,1/2,0	S330	B
450x1750 450x1750	1,43	2500	76,1/2,0	S325	B	3000	76,1/2,0	S330	B
450x2000 450x2000	1,66	2500	76,1/2,0	S325	B	3000	76,1/2,0	S330	B
450x2500 450x2500	2,12	2500	76,1/2,0	S325	B	3000	76,1/2,9	S430	B
500x1750 500x1750	1,57	2750	76,1/2,0	S327	B	3250	76,1/2,0	S332	B
500x2000 500x2000	1,82	2750	76,1/2,0	S327	B	3250	76,1/2,9	S432	B
500x2250 500x2250	2,08	2750	76,1/2,0	S327	B	3250	76,1/2,9	S432	B
500x2500 500x2500	2,33	2750	76,1/2,9	S427	B	3250	88,9/3,2	S532	C
550x1750 550x1750	1,72	2750	76,1/2,0	S327	B	3250	76,1/2,9	S432	B
550x2000 550x2000	2,00	2750	76,1/2,0	S327	B	3250	76,1/2,9	S432	B
550x2500 550x2500	2,55	2750	76,1/2,9	S427	B	3250	88,9/3,2	S532	C
600x2000 600x2000	2,15	2750	76,1/2,9	S427	B	3250	76,1/2,9	S432	B
600x2250 600x2250	2,45	2750	76,1/2,9	S427	B	3250	88,9/3,2	S532	C
600x2500 600x2500	2,75	2750	76,1/2,9	S427	B	3250	88,9/3,2	S532	C

Tabelle 22: Aufstellung mit Stahl-Rohrpfosten

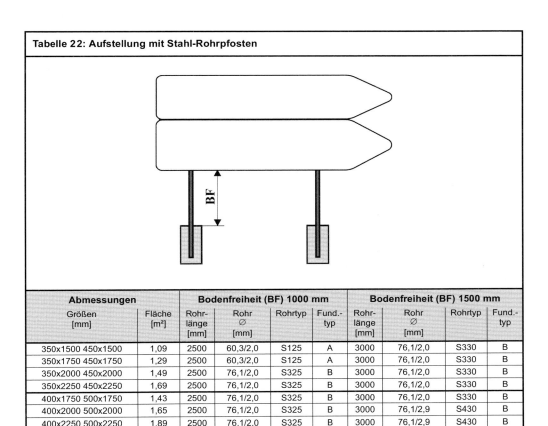

Abmessungen		Bodenfreiheit (BF) 1000 mm				Bodenfreiheit (BF) 1500 mm			
Größen [mm]	Fläche [m²]	Rohr-länge [mm]	Rohr ∅ [mm]	Rohrtyp	Fund.-typ	Rohr-länge [mm]	Rohr ∅ [mm]	Rohrtyp	Fund.-typ
350x1500 450x1500	1,09	2500	60,3/2,0	S125	A	3000	76,1/2,0	S330	B
350x1750 450x1750	1,29	2500	60,3/2,0	S125	A	3000	76,1/2,0	S330	B
350x2000 450x2000	1,49	2500	76,1/2,0	S325	B	3000	76,1/2,0	S330	B
350x2250 450x2250	1,69	2500	76,1/2,0	S325	B	3000	76,1/2,0	S330	B
400x1750 500x1750	1,43	2500	76,1/2,0	S325	B	3000	76,1/2,0	S330	B
400x2000 500x2000	1,65	2500	76,1/2,0	S325	B	3000	76,1/2,9	S430	B
400x2250 500x2250	1,89	2500	76,1/2,0	S325	B	3000	76,1/2,9	S430	B
400x2500 500x2500	2,11	2500	76,1/2,0	S325	B	3000	76,1/2,9	S430	B
450x2000 600x2000	1,90	2750	76,1/2,0	S327	B	3250	76,1/2,9	S432	B
450x2250 600x2250	2,17	2750	76,1/2,9	S427	B	3250	76,1/2,9	S432	B
450x2500 600x2500	2,44	2750	76,1/2,9	S427	B	3250	88,9/3,2	S532	C
450x2750 600x2750	2,70	2750	76,1/2,9	S427	B	3250	88,9/3,2	S532	C
550x2250 700x2250	2,54	3000	76,1/2,9	S430	B	3500	88,9/3,2	S535	C

Tabelle 22: Aufstellung mit Stahl-Rohrpfosten

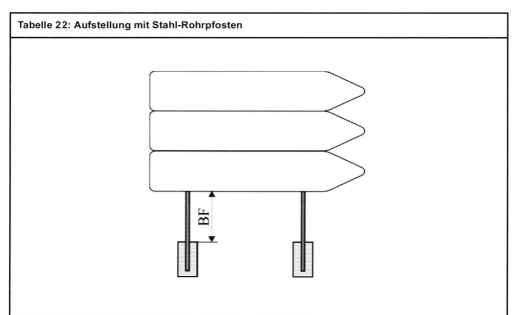

Abmessungen		Bodenfreiheit (BF) 1000 mm				Bodenfreiheit (BF) 1500 mm			
Größen [mm]	Fläche [m²]	Rohr-länge [mm]	Rohr ∅ [mm]	Rohrtyp	Fund.-typ	Rohr-länge [mm]	Rohr ∅ [mm]	Rohrtyp	Fund.-typ
350x1250 350x1250 350x1250	1,19	2750	60,3/2,0	S127	A	3250	76,1/2,0	S332	B
350x1500 350x1500 350x1500	1,45	2750	76,1/2,0	S327	B	3250	76,1/2,0	S332	B
350x1750 350x1750 350x1750	1,71	2750	76,1/2,0	S327	B	3250	76,1/2,9	S432	B
350x2000 350x2000 350x2000	1,98	2750	76,1/2,0	S327	B	3250	76,1/2,9	S432	B
400x1500 400x1500 400x1500	1,63	2750	76,1/2,0	S327	B	3250	76,1/2,9	S432	B
400x1750 400x1750 400x1750	1,93	2750	76,1/2,0	S327	B	3250	76,1/2,9	S432	B
400x2000 400x2000 400x2000	2,23	2750	76,1/2,9	S427	B	3250	76,1/2,9	S432	B
400x2250 400x2250 400x2250	2,53	2750	76,1/2,9	S427	B	3250	88,9/3,2	S532	C
450x1500 450x1500 450x1500	1,81	3000	76,1/2,0	S330	B	3500	76,1/2,9	S435	B
450x1750 450x1750 450x1750	2,15	3000	76,1/2,9	S430	B	3500	76,1/2,9	S435	B
450x2000 450x2000 450x2000	2,49	3000	76,1/2,9	S430	B	3500	88,9/3,2	S535	C
500x1750 500x1750 500x1750	2,35	3250	76,1/2,9	S432	B	3750	88,9/3,2	S537	C
500x2000 500x2000 500x2000	2,73	3250	76,1/2,9	S432	B	3750	88,9/3,2	S537	C
550x1750 550x1750 550x1750	2,58	3250	76,1/2,9	S432	B	3750	88,9/3,2	S537	C

Tabelle 22: Aufstellung mit Stahl-Rohrpfosten

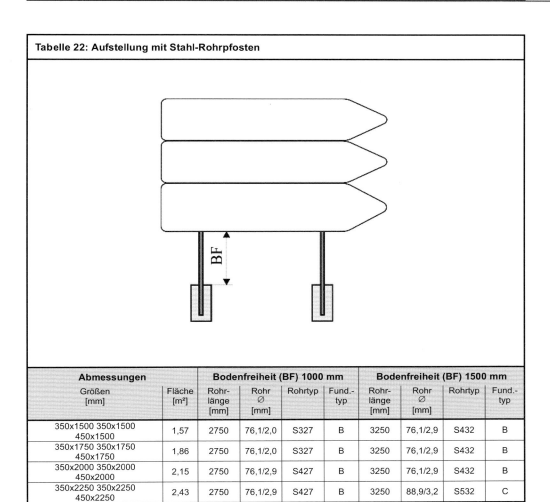

Abmessungen						Bodenfreiheit (BF) 1000 mm				Bodenfreiheit (BF) 1500 mm			
Größen [mm]		Fläche [m²]	Rohr-länge [mm]	Rohr ∅ [mm]	Rohrtyp	Fund.-typ	Rohr-länge [mm]	Rohr ∅ [mm]	Rohrtyp	Fund.-typ
350x1500 350x1500 450x1500		1,57	2750	76,1/2,0	S327	B	3250	76,1/2,9	S432	B
350x1750 350x1750 450x1750		1,86	2750	76,1/2,0	S327	B	3250	76,1/2,9	S432	B
350x2000 350x2000 450x2000		2,15	2750	76,1/2,9	S427	B	3250	76,1/2,9	S432	B
350x2250 350x2250 450x2250		2,43	2750	76,1/2,9	S427	B	3250	88,9/3,2	S532	C
400x1750 400x1750 500x1750		2,07	3000	76,1/2,9	S430	B	3500	76,1/2,9	S435	B
400x2000 400x2000 500x2000		2,40	3000	76,1/2,9	S430	B	3500	88,9/3,2	S535	C
400x2250 400x2250 500x2250		2,73	3000	76,1/2,9	S430	B	3500	88,9/3,2	S535	C
450x2000 450x2000 600x2000		2,73	3250	88,9/3,2	S532	C	3750	88,9/3,2	S537	C

Tabelle 22: Aufstellung mit Stahl-Rohrpfosten

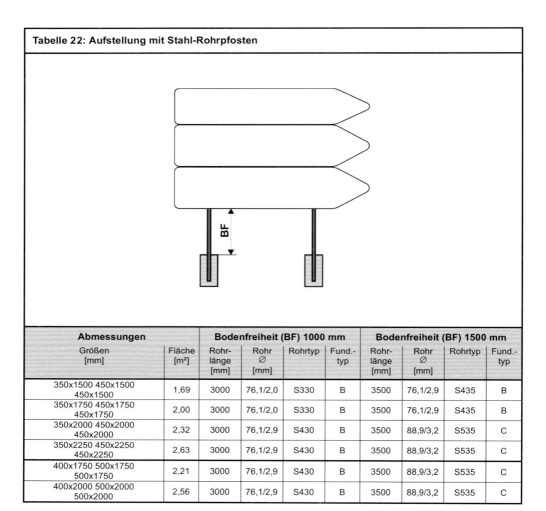

Abmessungen			Bodenfreiheit (BF) 1000 mm				Bodenfreiheit (BF) 1500 mm			
Größen [mm]	Fläche [m²]	Rohr-länge [mm]	Rohr ∅ [mm]	Rohrtyp	Fund.-typ		Rohr-länge [mm]	Rohr ∅ [mm]	Rohrtyp	Fund.-typ
350x1500 450x1500 450x1500	1,69	3000	76,1/2,0	S330	B		3500	76,1/2,9	S435	B
350x1750 450x1750 450x1750	2,00	3000	76,1/2,0	S330	B		3500	76,1/2,9	S435	B
350x2000 450x2000 450x2000	2,32	3000	76,1/2,9	S430	B		3500	88,9/3,2	S535	C
350x2250 450x2250 450x2250	2,63	3000	76,1/2,9	S430	B		3500	88,9/3,2	S535	C
400x1750 500x1750 500x1750	2,21	3000	76,1/2,9	S430	B		3500	88,9/3,2	S535	C
400x2000 500x2000 500x2000	2,56	3000	76,1/2,9	S430	B		3500	88,9/3,2	S535	C

Tabelle 22: Aufstellung mit Stahl-Rohrpfosten

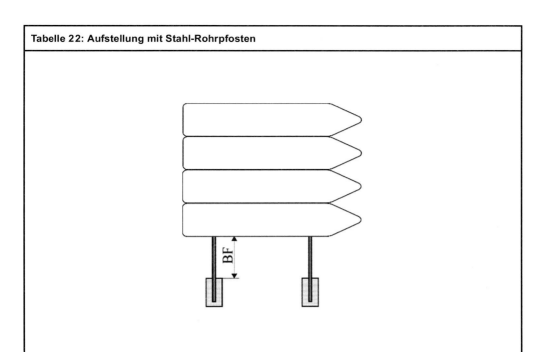

Abmessungen			Bodenfreiheit (BF) 1000 mm				Bodenfreiheit (BF) 1500 mm			
Größen [mm]	Fläche [m²]		Rohr-länge [mm]	Rohr ∅ [mm]	Rohrtyp	Fund.-typ	Rohr-länge [mm]	Rohr ∅ [mm]	Rohrtyp	Fund.-typ
350x1250 350x1250 350x1250 350x1250	1,59		3000	76,1/2,0	S330	B	3500	76,1/2,9	S435	B
350x1500 350x1500 350x1500 350x1500	1,94		3000	76,1/2,0	S330	B	3500	76,1/2,9	S435	B
350x1750 350x1750 350x1750 350x1750	2,29		3000	76,1/2,9	S430	B	3500	88,9/3,2	S535	C
350x2000 350x2000 350x2000 350x2000	2,64		3000	76,1/2,9	S430	B	3500	88,9/3,2	S535	C
400x1500 400x1500 400x1500 400x1500	2,18		3250	76,1/2,9	S432	B	3750	88,9/3,2	S537	C
400x1750 400x1750 400x1750 400x1750	2,58		3250	76,1/2,9	S432	B	3750	88,9/3,2	S537	C
450x1500 450x1500 450x1500 450x1500	2,41		3500	76,1/2,9	S435	B	4000	88,9/3,2	S540	C

755

Tabelle 22: Aufstellung mit Stahl-Rohrpfosten

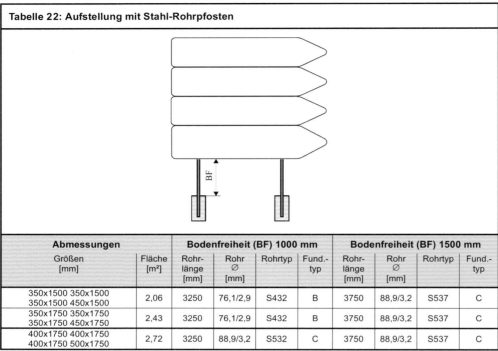

Abmessungen		Bodenfreiheit (BF) 1000 mm				Bodenfreiheit (BF) 1500 mm			
Größen [mm]	Fläche [m²]	Rohr-länge [mm]	Rohr ∅ [mm]	Rohrtyp	Fund.-typ	Rohr-länge [mm]	Rohr ∅ [mm]	Rohrtyp	Fund.-typ
350x1500 350x1500 350x1500 450x1500	2,06	3250	76,1/2,9	S432	B	3750	88,9/3,2	S537	C
350x1750 350x1750 350x1750 450x1750	2,43	3250	76,1/2,9	S432	B	3750	88,9/3,2	S537	C
400x1750 400x1750 400x1750 500x1750	2,72	3250	88,9/3,2	S532	C	3750	88,9/3,2	S537	C

Tabelle 22: Aufstellung mit Stahl-Rohrpfosten

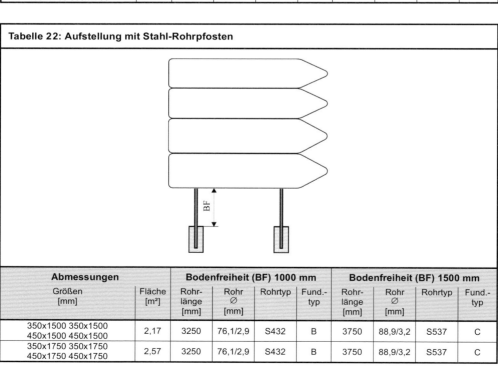

Abmessungen		Bodenfreiheit (BF) 1000 mm				Bodenfreiheit (BF) 1500 mm			
Größen [mm]	Fläche [m²]	Rohr-länge [mm]	Rohr ∅ [mm]	Rohrtyp	Fund.-typ	Rohr-länge [mm]	Rohr ∅ [mm]	Rohrtyp	Fund.-typ
350x1500 350x1500 450x1500 450x1500	2,17	3250	76,1/2,9	S432	B	3750	88,9/3,2	S537	C
350x1750 350x1750 450x1750 450x1750	2,57	3250	76,1/2,9	S432	B	3750	88,9/3,2	S537	C

Tabelle 22: Aufstellung mit Stahl-Rohrpfosten

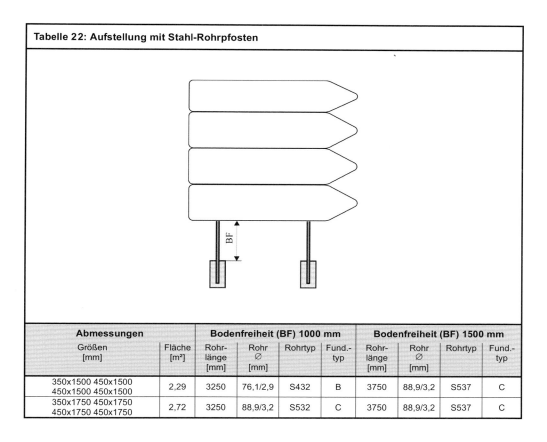

Abmessungen			Bodenfreiheit (BF) 1000 mm				Bodenfreiheit (BF) 1500 mm			
Größen [mm]	Fläche [m²]	Rohr-länge [mm]	Rohr ∅ [mm]	Rohrtyp	Fund.-typ	Rohr-länge [mm]	Rohr ∅ [mm]	Rohrtyp	Fund.-typ	
350x1500 450x1500 450x1500 450x1500	2,29	3250	76,1/2,9	S432	B	3750	88,9/3,2	S537	C	
350x1750 450x1750 450x1750 450x1750	2,72	3250	88,9/3,2	S532	C	3750	88,9/3,2	S537	C	

Tabelle 23: Aufstellung mit Aluminium-Rohrpfosten

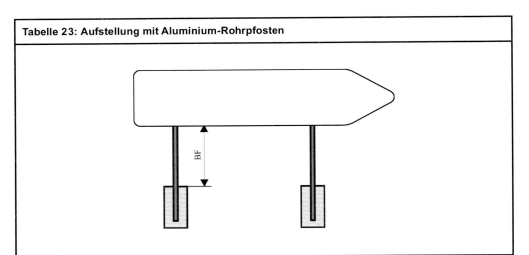

Abmessungen		Bodenfreiheit (BF) 1000 mm				Bodenfreiheit (BF) 1500 mm			
Größen [mm]	Fläche [m²]	Rohr-länge [mm]	Rohr Ø [mm]	Rohrtyp	Fund.-typ	Rohr-länge [mm]	Rohr Ø [mm]	Rohrtyp	Fund.-typ
350x1250	0,40	2000	60,0/2,5	A220	A	2500	60,0/2,5	A225	A
350x1500	0,48	2000	60,0/2,5	A220	A	2500	60,0/2,5	A225	A
350x1750	0,57	2000	60,0/2,5	A220	A	2500	60,0/2,5	A225	A
350x2000	0,66	2000	60,0/2,5	A220	A	2500	60,0/2,5	A225	A
400x1500	0,54	2000	60,0/2,5	A220	A	2500	60,0/2,5	A225	A
400x1750	0,64	2000	60,0/2,5	A220	A	2500	60,0/2,5	A225	A
400x2000	0,74	2000	60,0/2,5	A220	A	2500	60,0/2,5	A225	A
400x2250	0,84	2000	60,0/2,5	A220	A	2500	76,0/3,0	A425	B
450x1500	0,60	2000	60,0/2,5	A220	A	2500	60,0/2,5	A225	A
450x1750	0,72	2000	60,0/2,5	A220	A	2500	60,0/2,5	A225	A
450x2000	0,83	2000	60,0/2,5	A220	A	2500	60,0/2,5	A225	A
450x2250	0,94	2000	60,0/2,5	A220	A	2500	60,0/2,5	A225	A
450x2500	1,06	2000	60,0/2,5	A220	A	2500	60,0/2,5	A225	A
500x1750	0,78	2250	60,0/2,5	A222	A	2750	60,0/2,5	A227	A
500x2000	0,91	2250	60,0/2,5	A222	A	2750	60,0/2,5	A227	A
500x2250	1,04	2250	60,0/2,5	A222	A	2750	60,0/2,5	A227	A
500x2500	1,17	2250	76,0/3,0	A422	B	2750	76,0/3,0	A427	B
550x1750	0,86	2250	60,0/2,5	A222	A	2750	60,0/2,5	A227	A
550x2000	1,00	2250	60,0/2,5	A222	A	2750	60,0/2,5	A227	A
550x2500	1,27	2250	76,0/3,0	A422	B	2750	76,0/3,0	A427	B
550x3000	1,55	2250	76,0/3,0	A422	B	2750	76,0/3,0	A427	B
600x2000	1,08	2250	60,0/2,5	A222	A	2750	60,0/2,5	A227	A
600x2250	1,23	2250	76,0/3,0	A422	B	2750	76,0/3,0	A427	B
600x2500	1,38	2250	76,0/3,0	A422	B	2750	76,0/3,0	A427	B
600x2750	1,53	2250	76,0/3,0	A422	B	2750	76,0/3,0	A427	B
700x2250	1,40	2250	76,0/3,0	A422	B	2750	76,0/3,0	A427	B
700x2500	1,58	2250	76,0/3,0	A422	B	2750	76,0/3,0	A427	B
700x3000	1,93	2250	76,0/3,0	A422	B	2750	76,0/3,0	A427	B
700x3500	2,28	2250	108,0/4,0	A622	D	2750	108,0/4,0	A627	D

Tabelle 23: Aufstellung mit Aluminium-Rohrpfosten

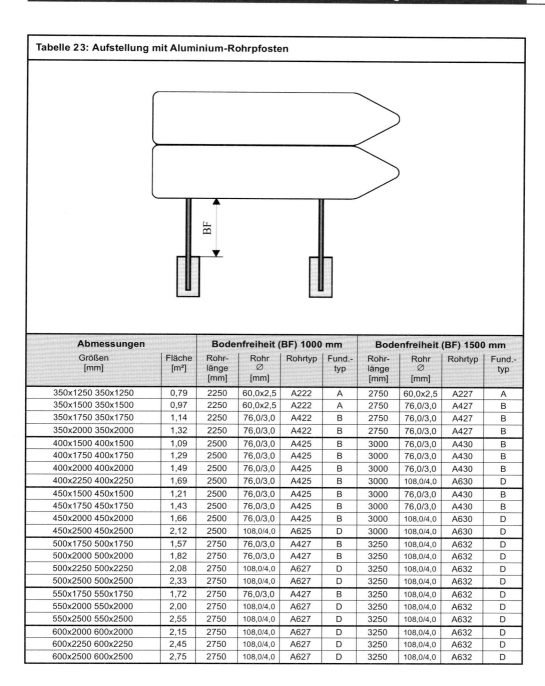

Abmessungen		Bodenfreiheit (BF) 1000 mm				Bodenfreiheit (BF) 1500 mm			
Größen [mm]	Fläche [m²]	Rohr-länge [mm]	Rohr ⌀ [mm]	Rohrtyp	Fund.-typ	Rohr-länge [mm]	Rohr ⌀ [mm]	Rohrtyp	Fund.-typ
350x1250 350x1250	0,79	2250	60,0x2,5	A222	A	2750	60,0x2,5	A227	A
350x1500 350x1500	0,97	2250	60,0x2,5	A222	A	2750	76,0/3,0	A427	B
350x1750 350x1750	1,14	2250	76,0/3,0	A422	B	2750	76,0/3,0	A427	B
350x2000 350x2000	1,32	2250	76,0/3,0	A422	B	2750	76,0/3,0	A427	B
400x1500 400x1500	1,09	2500	76,0/3,0	A425	B	3000	76,0/3,0	A430	B
400x1750 400x1750	1,29	2500	76,0/3,0	A425	B	3000	76,0/3,0	A430	B
400x2000 400x2000	1,49	2500	76,0/3,0	A425	B	3000	76,0/3,0	A430	B
400x2250 400x2250	1,69	2500	76,0/3,0	A425	B	3000	108,0/4,0	A630	D
450x1500 450x1500	1,21	2500	76,0/3,0	A425	B	3000	76,0/3,0	A430	B
450x1750 450x1750	1,43	2500	76,0/3,0	A425	B	3000	76,0/3,0	A430	B
450x2000 450x2000	1,66	2500	76,0/3,0	A425	B	3000	108,0/4,0	A630	D
450x2500 450x2500	2,12	2500	108,0/4,0	A625	D	3000	108,0/4,0	A630	D
500x1750 500x1750	1,57	2750	76,0/3,0	A427	B	3250	108,0/4,0	A632	D
500x2000 500x2000	1,82	2750	76,0/3,0	A427	B	3250	108,0/4,0	A632	D
500x2250 500x2250	2,08	2750	108,0/4,0	A627	D	3250	108,0/4,0	A632	D
500x2500 500x2500	2,33	2750	108,0/4,0	A627	D	3250	108,0/4,0	A632	D
550x1750 550x1750	1,72	2750	76,0/3,0	A427	B	3250	108,0/4,0	A632	D
550x2000 550x2000	2,00	2750	108,0/4,0	A627	D	3250	108,0/4,0	A632	D
550x2500 550x2500	2,55	2750	108,0/4,0	A627	D	3250	108,0/4,0	A632	D
600x2000 600x2000	2,15	2750	108,0/4,0	A627	D	3250	108,0/4,0	A632	D
600x2250 600x2250	2,45	2750	108,0/4,0	A627	D	3250	108,0/4,0	A632	D
600x2500 600x2500	2,75	2750	108,0/4,0	A627	D	3250	108,0/4,0	A632	D

Tabelle 23: Aufstellung mit Aluminium-Rohrpfosten

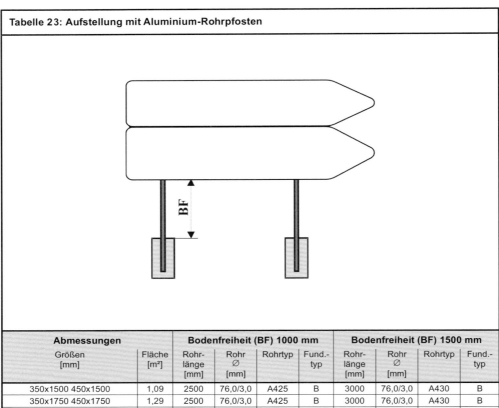

Abmessungen		Bodenfreiheit (BF) 1000 mm				Bodenfreiheit (BF) 1500 mm			
Größen [mm]	Fläche [m²]	Rohr-länge [mm]	Rohr ∅ [mm]	Rohrtyp	Fund.-typ	Rohr-länge [mm]	Rohr ∅ [mm]	Rohrtyp	Fund.-typ
350x1500 450x1500	1,09	2500	76,0/3,0	A425	B	3000	76,0/3,0	A430	B
350x1750 450x1750	1,29	2500	76,0/3,0	A425	B	3000	76,0/3,0	A430	B
350x2000 450x2000	1,49	2500	76,0/3,0	A425	B	3000	108,0/4,0	A630	D
350x2250 450x2250	1,69	2500	76,0/3,0	A425	B	3000	108,0/4,0	A630	D
400x1750 500x1750	1,43	2500	76,0/3,0	A425	B	3000	76,0/3,0	A430	B
400x2000 500x2000	1,65	2500	76,0/3,0	A425	B	3000	108,0/4,0	A630	D
400x2250 500x2250	1,89	2500	76,0/3,0	A425	B	3000	108,0/4,0	A630	D
400x2500 500x2500	2,11	2500	108,0/4,0	A625	D	3000	108,0/4,0	A630	D
450x2000 600x2000	1,90	2750	108,0/4,0	A627	D	3250	108,0/4,0	A632	D
450x2250 600x2250	2,17	2750	108,0/4,0	A627	D	3250	108,0/4,0	A632	D
450x2500 600x2500	2,44	2750	108,0/4,0	A627	D	3250	108,0/4,0	A632	D
450x2750 600x2750	2,70	2750	108,0/4,0	A627	D	3250	108,0/4,0	A632	D
550x2250 700x2250	2,54	3000	108,0/4,0	A630	D	3500	108,0/4,0	A635	D

Tabelle 23: Aufstellung mit Aluminium-Rohrpfosten

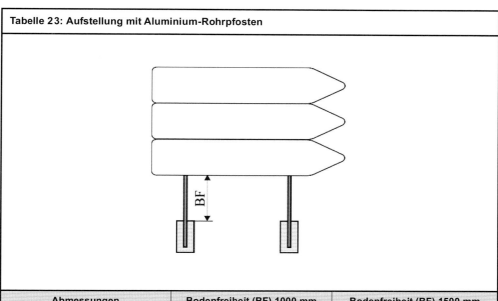

Abmessungen		Bodenfreiheit (BF) 1000 mm				Bodenfreiheit (BF) 1500 mm			
Größen [mm]	Fläche [m²]	Rohr-länge [mm]	Rohr ∅ [mm]	Rohrtyp	Fund.-typ	Rohr-länge [mm]	Rohr ∅ [mm]	Rohrtyp	Fund.-typ
350x1250 350x1250 350x1250	1,19	2750	76,0/3,0	A427	B	3250	76,0/3,0	A432	B
350x1500 350x1500 350x1500	1,45	2750	76,0/3,0	A427	B	3250	76,0/3,0	A432	B
350x1750 350x1750 350x1750	1,71	2750	76,0/3,0	A427	B	3250	108,0/4,0	A632	D
350x2000 350x2000 350x2000	1,98	2750	108,0/4,0	A627	D	3250	108,0/4,0	A632	D
400x1500 400x1500 400x1500	1,63	2750	76,0/3,0	A427	B	3250	108,0/4,0	A632	D
400x1750 400x1750 400x1750	1,93	2750	108,0/4,0	A627	D	3250	108,0/4,0	A632	D
400x2000 400x2000 400x2000	2,23	2750	108,0/4,0	A627	D	3250	108,0/4,0	A632	D
400x2250 400x2250 400x2250	2,53	2750	108,0/4,0	A627	D	3250	108,0/4,0	A632	D
450x1500 450x1500 450x1500	1,81	3000	108,0/4,0	A630	D	3500	108,0/4,0	A635	D
450x1750 450x1750 450x1750	2,15	3000	108,0/4,0	A630	D	3500	108,0/4,0	A635	D
450x2000 450x2000 450x2000	2,49	3000	108,0/4,0	A630	D	3500	108,0/4,0	A635	D
500x1750 500x1750 500x1750	2,35	3250	108,0/4,0	A632	D	3750	108,0/4,0	A637	D
500x2000 500x2000 500x2000	2,73	3250	108,0/4,0	A632	D	3750	108,0/4,0	A637	D
550x1750 550x1750 550x1750	2,58	3250	108,0/4,0	A632	D	3750	108,0/4,0	A637	D

Tabelle 23: Aufstellung mit Aluminium-Rohrpfosten

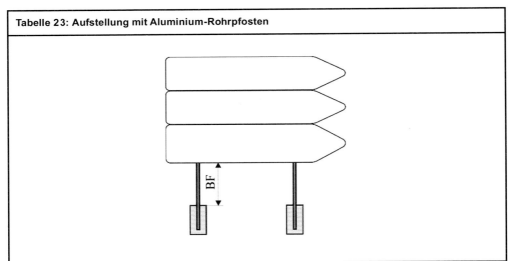

Abmessungen		Bodenfreiheit (BF) 1000 mm				Bodenfreiheit (BF) 1500 mm			
Größen [mm]	Fläche [m²]	Rohr-länge [mm]	Rohr ∅ [mm]	Rohrtyp	Fund.-typ	Rohr-länge [mm]	Rohr ∅ [mm]	Rohrtyp	Fund.-typ
350x1500 350x1500 450x1500	1,57	2750	76,0/3,0	A427	B	3250	108,0/4,0	A632	D
350x1750 350x1750 450x1750	1,86	2750	108,0/4,0	A627	D	3250	108,0/4,0	A632	D
350x2000 350x2000 450x2000	2,15	2750	108,0/4,0	A627	D	3250	108,0/4,0	A632	D
350x2250 350x2250 450x2250	2,43	2750	108,0/4,0	A627	D	3250	108,0/4,0	A632	D
400x1750 400x1750 500x1750	2,07	3000	108,0/4,0	A630	D	3500	108,0/4,0	A635	D
400x2000 400x2000 500x2000	2,40	3000	108,0/4,0	A630	D	3500	108,0/4,0	A635	D
400x2250 400x2250 500x2250	2,73	3000	108,0/4,0	A630	D	3500	108,0/4,0	A635	D
450x2000 450x2000 600x2000	2,73	3250	108,0/4,0	A632	D	3750	108,0/4,0	A637	D

Tabelle 23: Aufstellung mit Aluminium-Rohrpfosten

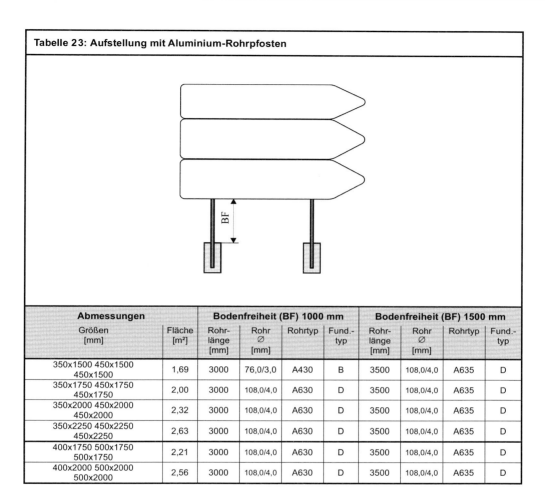

Abmessungen		Bodenfreiheit (BF) 1000 mm				Bodenfreiheit (BF) 1500 mm			
Größen [mm]	Fläche [m²]	Rohr- länge [mm]	Rohr ∅ [mm]	Rohrtyp	Fund.- typ	Rohr- länge [mm]	Rohr ∅ [mm]	Rohrtyp	Fund.- typ
350x1500 450x1500 450x1500	1,69	3000	76,0/3,0	A430	B	3500	108,0/4,0	A635	D
350x1750 450x1750 450x1750	2,00	3000	108,0/4,0	A630	D	3500	108,0/4,0	A635	D
350x2000 450x2000 450x2000	2,32	3000	108,0/4,0	A630	D	3500	108,0/4,0	A635	D
350x2250 450x2250 450x2250	2,63	3000	108,0/4,0	A630	D	3500	108,0/4,0	A635	D
400x1750 500x1750 500x1750	2,21	3000	108,0/4,0	A630	D	3500	108,0/4,0	A635	D
400x2000 500x2000 500x2000	2,56	3000	108,0/4,0	A630	D	3500	108,0/4,0	A635	D

Tabelle 23: Aufstellung mit Aluminium-Rohrpfosten

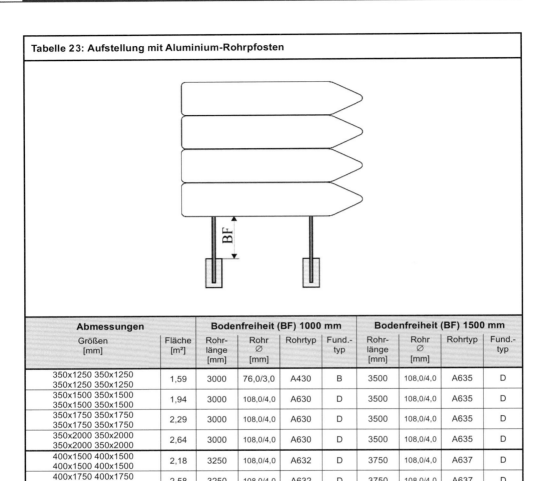

Abmessungen						Bodenfreiheit (BF) 1000 mm				Bodenfreiheit (BF) 1500 mm			
Größen [mm]	Fläche [m²]	Rohr-länge [mm]	Rohr ⌀ [mm]	Rohrtyp	Fund.-typ	Rohr-länge [mm]	Rohr ⌀ [mm]	Rohrtyp	Fund.-typ
350x1250 350x1250 350x1250 350x1250	1,59	3000	76,0/3,0	A430	B	3500	108,0/4,0	A635	D
350x1500 350x1500 350x1500 350x1500	1,94	3000	108,0/4,0	A630	D	3500	108,0/4,0	A635	D
350x1750 350x1750 350x1750 350x1750	2,29	3000	108,0/4,0	A630	D	3500	108,0/4,0	A635	D
350x2000 350x2000 350x2000 350x2000	2,64	3000	108,0/4,0	A630	D	3500	108,0/4,0	A635	D
400x1500 400x1500 400x1500 400x1500	2,18	3250	108,0/4,0	A632	D	3750	108,0/4,0	A637	D
400x1750 400x1750 400x1750 400x1750	2,58	3250	108,0/4,0	A632	D	3750	108,0/4,0	A637	D
450x1500 450x1500 450x1500 450x1500	2,41	3500	108,0/4,0	A635	D	4000	108,0/4,0	A640	D

Tabelle 23: Aufstellung mit Aluminium-Rohrpfosten

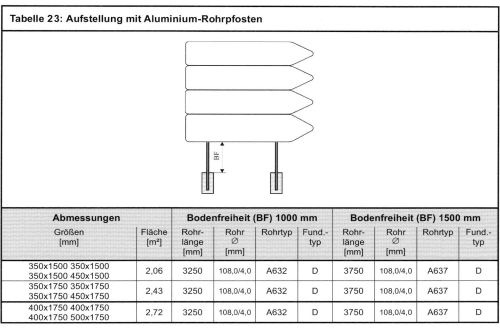

Abmessungen			Bodenfreiheit (BF) 1000 mm				Bodenfreiheit (BF) 1500 mm			
Größen [mm]	Fläche [m²]	Rohr-länge [mm]	Rohr ∅ [mm]	Rohrtyp	Fund.-typ	Rohr-länge [mm]	Rohr ∅ [mm]	Rohrtyp	Fund.-typ	
350x1500 350x1500 350x1500 450x1500	2,06	3250	108,0/4,0	A632	D	3750	108,0/4,0	A637	D	
350x1750 350x1750 350x1750 450x1750	2,43	3250	108,0/4,0	A632	D	3750	108,0/4,0	A637	D	
400x1750 400x1750 400x1750 500x1750	2,72	3250	108,0/4,0	A632	D	3750	108,0/4,0	A637	D	

Tabelle 23: Aufstellung mit Aluminium-Rohrpfosten

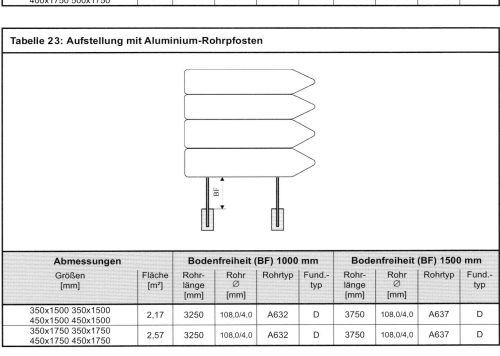

Abmessungen			Bodenfreiheit (BF) 1000 mm				Bodenfreiheit (BF) 1500 mm			
Größen [mm]	Fläche [m²]	Rohr-länge [mm]	Rohr ∅ [mm]	Rohrtyp	Fund.-typ	Rohr-länge [mm]	Rohr ∅ [mm]	Rohrtyp	Fund.-typ	
350x1500 350x1500 450x1500 450x1500	2,17	3250	108,0/4,0	A632	D	3750	108,0/4,0	A637	D	
350x1750 350x1750 450x1750 450x1750	2,57	3250	108,0/4,0	A632	D	3750	108,0/4,0	A637	D	

A4 **Anlage 4** › Industrie-Norm für Aufstellvorrichtungen von Verkehrszeichen

Tabelle 23: Aufstellung mit Aluminium-Rohrpfosten

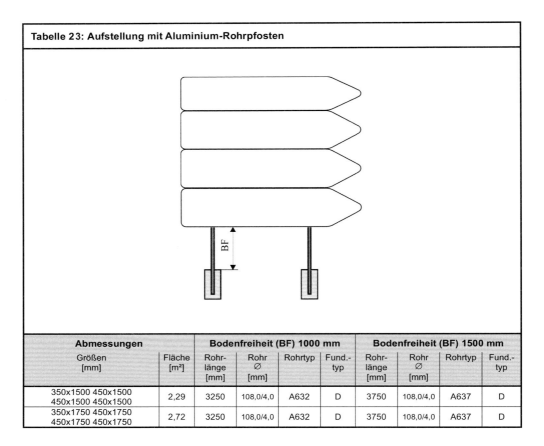

Abmessungen		Bodenfreiheit (BF) 1000 mm				Bodenfreiheit (BF) 1500 mm			
Größen [mm]	Fläche [m²]	Rohr-länge [mm]	Rohr ⌀ [mm]	Rohrtyp	Fund.-typ	Rohr-länge [mm]	Rohr ⌀ [mm]	Rohrtyp	Fund.-typ
350x1500 450x1500 450x1500 450x1500	2,29	3250	108,0/4,0	A632	D	3750	108,0/4,0	A637	D
350x1750 450x1750 450x1750 450x1750	2,72	3250	108,0/4,0	A632	D	3750	108,0/4,0	A637	D

IVZ-Norm 2007
vom 1.7.2007

15 Konstruktionsraster Großschild

Zur Einhaltung der nach den TL-VZ 2007 zulässigen Verformungen legt diese IVZ-Norm das Konstruktionsraster von Großschildern in Bezug auf die Anzahl und die Abstände der Aussteifungstraversen und Aufsteller (Gabelständer) fest. Die angegebenen Werte basieren auf Belastungsversuchen und darauf aufgebauten Rechenmodellen mit definierten Bildträgerblechen, Randprofilen und Aussteifungstraversen für Großverkehrszeichen. Versuche und Berechnungen sind dokumentiert und durch StrAus-Zert zertifiziert.

Für Schilder mit Komponenten, die dem zertifizierten Bildträgersystem nicht entsprechen, muss die Einhaltung der zulässigen Durchbiegung nach TL-VZ 2007 gesondert nachgewiesen werden.

15.1 Konstruktionsvarianten

Die Klassifizierung der Konstruktionsvarianten von Großschildern erfolgt nach den Bildern 2 bis 4.

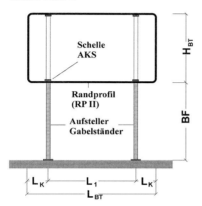

Bild 2: Aufstellart RP II ohne Aussteifungstraverse mit 2 Gabelständern

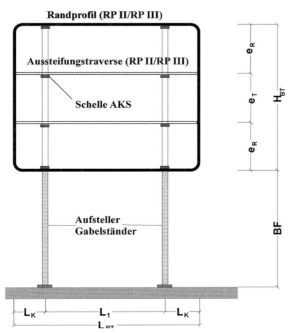

Bild 3: Aufstellart RP II oder III mit Aussteifungstraverse(n) und mit 2 Gabelständern

IVZ-Norm 2007
vom 1.7.2007

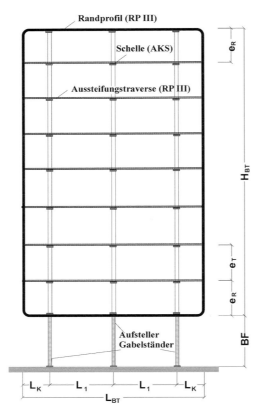

Bild 4: Aufstellart RP III mit Aussteifungstraversen und mit mehr als 2 Gabelständern

Tabelle 24: Zuordnung der Konstruktionsvarianten						
Aufstellart	Aufsteller		Traversen		Bildträger	
	Anzahl	Abstand L_1 (m)	Rand-profil	Aussteifungs traversen	Fläche A_{BT} (m²)	Höhe H_{BT} (m)
Bild 2	2	1,20 … 1,80	RP II	ohne	≤ 6 m²	
Bild 3	2	1,20 … 1,80	RP II	mit	≤ 6 m²	
Bild 3	2	1,20 … 1,80	RP III	mit	> 6 m²	≤ 3,00 m
Bild 4	3	1,20 … 1,80 … 2,40	RP III	mit	> 6 m²	≤ 6,00 m

IVZ-Norm 2007
vom 1.7.2007

15.2 Vorgaben für Konstruktionsraster

Die Bestimmung der Traversenabstände der Rand- (e_R) und Innenfelder (e_T) erfolgt nach dem Verhältnis:

$$e_T / e_R = 1,25$$

Die Bestimmung der Aufstellerabstände (L_1) und der Schildüberstände (L_K) erfolgt nach dem Verhältnis:

$$L_1 / L_K = 3,2$$

Die maximal zulässigen Abstände ergeben sich aus den Tabellen der von StrAusZert zertifizierten Berechnungen. Die Wahl anderer Konstruktionen erfordert jeweils eine individuelle Berechnung.

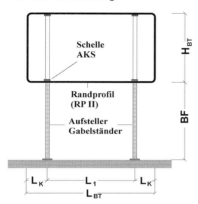

Bild 5: Konstruktionsraster für wegweisende Großschilder ohne Aussteifungstraverse für zweibeinige Aufstellart und RP II

Für die Variante ohne Aussteifungstraverse (Bild 5) ist die Ermittlung der maximalen Bildträgerhöhe max. H_{BT} in Abhängigkeit von Aufstellerabstand L_1 und Windlastzone WZ maßgebend.

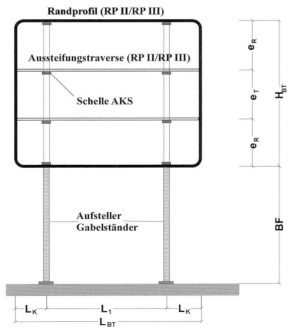

Bild 6: Konstruktionsraster für wegweisende Großschilder mit Aussteifungstraversen für zweibeinige Aufstellart und RP II oder III

769

IVZ-Norm 2007
vom 1.7.2007

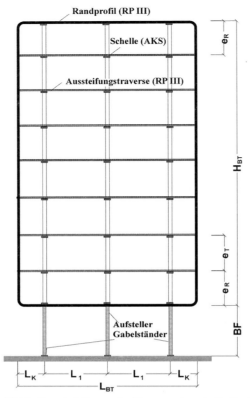

Bild 7: Konstruktionsraster für wegweisende Großschilder mit Aussteifungstraversen für mehr als zweibeinige Aufstellart und RP III

Für die Traversenaufteilung gilt:

$$e_R = 0,8 \times e_T$$
$$L_K = L_1 / 3,2$$

Allgemein gilt:

$$L_{ST} = (\text{Aufstelleranzahl} - 1) \times L_1 + 2 \times (L_1/3,2)$$
$$L_{BT} = (\text{Aufstelleranzahl} - {}^3\!/\!_8) \times L_1$$
$$H_{BT} = e_T \times (n - 2) + 2 \times e_R$$
$$H_{BT} = e_T \times (n - 2) + 2 \times 0,8 \times e_T$$
$$H_{BT} = e_T \times (n - 0,4)$$

wobei

n: Anzahl der Blechfelder (n $\geq$ 2)

$e_T \leq$ max. e_T

Für die Aufstellarten nach Bild 6 und 7 ist die Überprüfung des maximal zulässigen Traversenabstandes max. e_T in Abhängigkeit von Aufstellerabstand L_1 und Windlastzone WZ der ZTV-ING vorzunehmen. Hierfür gelten die Werte der entsprechenden Tabellen der zertifizierten Berechnungen.

Anlage 5 Zitierte Quellen

Liste der zitierten Rundschreiben des für den Verkehr zuständigen Bundesministeriums

bis 1984

- RS (StB 4 – Bl – 116 Vms 57) „Anordnung und Ausführung von Leitpfosten und Leitplanken an Bundesfernstraßen" vom 16. März 1957

- RS (StB 8 – Isvin – 4127 V 60) „Mustervereinbarung für die militärische Einstufung von Straßenbrücken und für die militärische Beschilderung von Straßen und Brücken" vom 6. August 1960

- BMV-RS (StB 2/4/StV 2 – BBsw – 4061 Vm 60) „Richtlinien für die Aufstellung von privaten Wegweisern für Messen, Ausstellungen, sportlichen und ähnlichen Veranstaltungen" vom 27. Januar 1961 (VkBl. S. 92)

- ARS 13/1963 (StB 2/4 – Rum – 251 Vms 63) „Festlegung von Umleitungen bei der Sperrung von Bundesfernstraßen" vom 19. Dezember 1963 (VkBl. 1964 S. 125)

- BMV-RS (StB 8 – BS – 4299 Vms 66) „Aufstellung privater Hinweisschilder auf Kraftstofffirmen bei den Tankstellen an den Bundesautobahnen" vom 5. Januar 1967 (VkBl. S. 55)

- ARS 12/1974 (StB 4/8/StV 4-38-60-70/4096 St 73) „Nummerierung der Autobahnen (Einführungserlass)" vom 15. Juli 1974 (VkBl. S. 573)

- ARS 5/1977 (StB 4/8/13/38.32.52/4040 Vms 77) „Richtlinien für die Anlage von Tankstellen an Straßen – RAT – Ausgabe 1977" vom 30. April 1977 (VkBl. S. 363)

- ARS 14/1981 (StB 25/38.55.10-02/25026 Va 81) „Erlaubnisverfahren für Schwerlasttransporte; Nachrechnen von Brücken" vom 1. Juli 1981 (VkBl. S. 321)

- ARS 31/1982 (StB 27/82.93.12/27042 V 82) „Zivile Infrastruktur von militärischem Interesse; Befahrbarkeit von Brücken MLC 100 Rad und MLC 50-50 Rad/Kette durch MLC 80 Kette" vom 20. Dezember 1982 (VkBl. 1983 S. 13)

1985–1989

- ARS 5/1985 (StB 13/16/38.32.52/14 Vm 85) „Richtlinien für die Anlage von Tankstellen an Straßen – RAT – Ausgabe 1977; Neufassung der Ziffer 3 „Kennzeichnung und Vorankündigung" vom 1. April 1985 (VkBl. S. 284)

- ARS 11/1985 (StB 13/38.68.00/121 Va 85) „Richtlinien für Wildschutzzäune an Bundesfernstraßen (Wildschutzzaun-Richtlinien – WSchuZR) – Einführung" vom 10. Juli 1985 (VkBl. S. 453)

- ARS 13/1985 (StB 27/13/38.72.00/66 Va 85) „Straßenbaumaßnahmen im Bereich von Autobahnnebenbetrieben" vom 3. September 1985 (VkBl. S. 608)

- BMV-VkBl.-Verlautbarung (StV 12/36.42.39) „Verkehrszeichen der Straßenverkehrs-Ordnung (StVO)" vom 7. März 1988 (VkBl. S. 184)

- BMV-RS (StB 27/38.72.60/3 E 88) „Technische Bestimmungen für Hinweisschilder auf Kraftstofffirmen bei den Tankstellen an den Bundesautobahnen; Änderung" vom 25. August 1988

1990–1994

- ARS 15/1991 (StB 13/70.22.00/58 Va 92) „Technische Lieferbedingungen für Warnleuchten, Ausgabe 1991 (TL Warnleuchten 90)" vom 20. August 1991 (VkBl. S. 708)

■ ARS 13/1992 (StB 13/38.68.00/29 Va 92) „Richtlinien für Wildschutzzäune an Bundesfernstraßen (Wildschutzzaun-Richtlinie – WSchuZR); – Zustimmung des BMV" vom 28. Februar 1992 (VkBl. S. 147)

■ RS (StB 13/38.60.70-40.02) „Neufestlegung der Nummerierung von BAB-Knotenpunkten im Bereich der Autobahnen der Bundesrepublik Deutschland" vom 10. Juli 1992 (VkBl. S. 388)

■ ARS 46/1992 (StB 18/38.72.00/36 Va 92) „Tankstellen an Autobahnen; Beliefererfarben, -namen und -zeichen" vom 30. November 1992 (VkBl. S. 710)

■ ARS 8/1993 (StB 13/38.62.00/3 BASt 93) „Technische Lieferbedingungen für Schutzplankenpfostenummantelungen (TL-SPU 93)" vom 15. April 1993 (VkBl. S. 432)

■ BMV-VkBl.-Verlautbarung (StV 12/StB 13/36.42/50-12) „Richtlinien für die Markierung von Straßen (RMS), Teil 1 Abmessungen und geometrische Anordnung von Markierungszeichen (RMS 1)" vom 23. August 1993 (VkBl. S. 667)

■ ARS 33/1993 (StB 13/StV 12/38.61.30/144 Va 93) „Richtlinien für die Markierung von Straßen; Teil 1: Abmessungen und geometrische Anordnung von Markierungszeichen (RMS-1), Ausgabe 1993" vom 29. September 1993 (VkBl. S. 728)

■ ARS 16/1994 (StB 13/38.61.50/80 BASt 93) „Technische Lieferbedingungen für Leitkegel (TL-Leitkegel)" vom 27. Mai 1994 (VkBl. S. 630)

■ BMV-VkBl.-Verlautbarung (StV 12/36.42.42-450) „Hinweisschilder auf Autohöfe an Autobahnen" vom 24. Oktober 1994 (VkBl. S. 699)

1995

■ ARS 6/1995 (StB 13/StV 12/38.59.10-02/111 BASt 94) „Richtlinien für die Sicherung von Arbeitsstellen an Straßen (RSA), Ausgabe 1995" vom 30. Januar 1995 (VkBl. S. 221)

1996

■ ARS 3/1996 (StB 13/38.62.20/79 BASt 95) „Technische Lieferbedingungen für Betonschutzwand-Fertigteile, Ausgabe 1996 (TL BSWF 96)" vom 30. April 1996 (VkBl. S. 376)

■ ARS 19/1996 (StB 13/StV 12/38.59.10-02/76 Vm 96) „Richtlinien für die Sicherung von Arbeitsstellen an Straßen (RSA), Ausgabe 1995" vom 18. Juli 1996 (VkBl. S. 445)

■ ARS 20/1996 (StB 13/38.62.00/91 BASt 96) „Technische Lieferbedingungen für Schutzplankenpfostenummantelungen (TL-SPU 93); Änderung der Prüfungen an Schutzplankenpfostenummantelungen (SPU)" vom 23. Juli 1996 (VkBl. S. 405)

1997

■ ARS 22/1997 (StB 13/38.62.00/60 BASt 97) „Einsatz von Schutzplankenpfostenummantelungen (SPU) an Bundesfernstraßen" vom 16. Mai 1997 (VkBl. S. 424)

■ ARS 34/1997 (StB 13/38.59.10-02/84 BASt 97) „Zusätzliche Technische Vertragsbedingungen und Richtlinien für Sicherungsarbeiten an Arbeitsstellen an Straßen (ZTV-SA 97)" vom 12. August 1997 (VkBl. S. 794)

■ ARS 35/1997 (StB 13/38.59.10-02/84 BASt 97) „TL-Absperrschranken 97; TL-Leitbaken 97; TL-Absperrtafeln 97; TL-Aufstellvorrichtungen 97; TL-Vorübergehende Markierungen 97; TL-Warnbänder 97; TL-Leitelemente 97; TL-Transportable Schutzeinrichtungen 97; TL-Transportable Lichtsignalanlagen 97" vom 12. August 1997 (VkBl. S. 795)

■ ARS 43/1997 (StB 13/38.61.30/156 BASt 97) „Technische Lieferbedingungen für weiße Markierungsmaterialien (TL-M 97)" vom 11. Dezember 1997 (VkBl. S. 939)

1998

■ ARS 10/1998 (StB 13/38.59.10-02/184 BASt 97) „Ergänzungsprüfung von Warnleuchten gemäß den Technischen Lieferbedingungen für Warnleuchten (TL-Warnleuchten 90)" vom 12. März 1998 (VkBl. S. 288)

■ ARS 19/1998 (StB 13/38.62.00/5 Va 98) „Zusätzliche Technische Vertragsbedingungen und Richtlinien für passive Schutzeinrichtungen (ZTV-PS 98)" vom 13. Juli 1998 (VkBl. S. 1144)

■ ARS 23/1998 (StB 13/38.50.10/21 BE 97) „Kreisverkehrsplätze an Bundesstraßen außerhalb bebauter Gebiete; Merkblatt für die Anlage von kleinen Kreisverkehrsplätzen, Ausgabe 1998" vom 16. Juni 1998 (VkBl. S. 571)

1999

■ ARS 5/1999 (S 28/38.59.10/126 BASt 98) „Ergänzungen zu den Technischen Lieferbedingungen für transportable Schutzeinrichtungen (TL-Transportable Schutzeinrichtungen 97)" vom 15. Dezember 1998 (VkBl. 1999, S. 99)

■ ARS 8/1999 (S 28/38.62.00/142 BASt 98) „Passive Schutzeinrichtungen; Technische Lieferbedingungen für Stahlschutzplanken (TL-SP 99)" vom 1. Dezember 1999 (VkBl. 2000, S. 62)

■ ARS 18/1999 (S 28/38.58.10/38 Va 99) „Änderungen zu den Zusätzlichen Technischen Vertragsbedingungen und Richtlinien für Sicherungsarbeiten an Arbeitsstellen an Straßen (ZTV-SA 97)" vom 17. August 1999 (VkBl. S. 670)

■ ARS 19/1999 (S 28/38.59.00/5 HE 99) „Arbeitsstellen an Straßen; Merkblatt über Rahmenbedingungen für erforderliche Fachkenntnisse zur Verkehrssicherung von Arbeitsstellen an Straßen (M VAS 99)" vom 16. August 1999 (VkBl. S. 694)

■ ARS 27/1999 (S 28/38.60.70-50/144 Va 99) „Wegweisende Beschilderung; Richtlinien für die wegweisende Beschilderung außerhalb von Autobahnen (RWB 2000)" vom 15. November 1999 (VkBl. S. 781)

2000

■ ARS 6/2000 (S 28/38.50.05-05/13 U 99) „Straßenquerschnitte in Tunneln" vom 22. Februar 2000 (VkBl. S. 77) Berichtigung S. 180

■ ARS 10/2000 (S 28/S 32/38.59.10-02/29 Vm 00) „Arbeitsstellen an Straßen; Richtlinien für die Sicherung von Arbeitsstellen an Straßen (RSA), Ausgabe 1995, Änderungen" vom 18. April 2000 (VkBl. S. 247)

■ ARS 14/2000 (S 28/S 32/38.54.10-02/21 BASt 99) „Kennzeichnung von Ingenieurbauwerken mit beschränkter Durchfahrtshöhe über Straßen" vom 20. Juni 2000 (VkBl. S. 337)

■ ARS 20/2000 (S 28/S 32/38.59.10-02/84 Vm 00) „Hinweise zur Sicherung von Messfahrzeugen für die Zustandserfassung und -bewertung auf Bundesautobahnen und Bundesstraßen mit mehreren Fahrstreifen pro Richtung" vom 3. August 2000 (VkBl. S. 481)

■ ARS 21/2000 (S 28/38.60.20-23/96 BASt 98) „Verkehrszeichen; Grundsätze für die Aufstellung von Verkehrsschildern an Bundesfernstraßen" vom 21. August 2000 (VkBl. S. 511)

■ ARS 26/2000 (S 28/S 32/38.60.70-40/100 Va 00) „Wegweisende Beschilderung; Richtlinien für die wegweisende Beschilderung auf Autobahnen (RWBA 2000)" vom 28. Dezember 2000 (VkBl. 2001 S. 39)

2001

- ARS 9/2001 (S 28/38.62.00/100 Va 2000 II) „Wegweisende Beschilderung; Verwendung von zusätzlichen grafischen Symbolen gemäß den Richtlinien für die wegweisende Beschilderung auf Autobahnen (RWBA 2000)" vom 14. Februar 2001 (VkBl. S. 125)
- ARS 32/2001 (S 15/S 32/38.02.02-01/105 Va 01) „Richtlinien zur Werbung an (Bundes-)Autobahnen aus straßenverkehrs- und straßenrechtlicher Sicht" vom 17. September 2001 (VkBl. S. 463)
- ARS 36/2001 (S 28/38.58.60/17 Va 01) „Verkehrsbeeinflussung – Markierungsknöpfe" vom 29. September 2001 (VkBl. S. 487)
- ARS 49/2001 (S 28/38.62.00/133 Va 01) „Passive Schutzeinrichtungen; Zusätzliche Technische Vertragsbedingungen und Richtlinien für passive Schutzeinrichtungen (ZTV-PS 98)" vom 8. Januar 2002 (VkBl. 2004 S. 215)

2002

- ARS 3/2002 (S 28/38.61.30/5 Va 2002) „Zusätzliche Technische Vertragsbedingungen und Richtlinien für Markierungen auf Straßen (ZTV M 02)" vom 8. Februar 2002 (VkBl. S. 475)
- ARS 20/2002 (S 28/38.50.05-24/140 BASt 01 II) „Umnutzung des Standstreifens (Seitenstreifens) für den fließenden Verkehr" vom 5. August 2002 (VkBl. S. 691)

2003

- BMV-VkBl.-Verlautbarung (S 32/36.42.39/15 Va 2003) „Einführung des Zeichens ‚Mautpflichtige Strecke'" vom 27. Juni 2003 (VkBl. S. 430)

2004

- ARS 4/2004 (S 28/38.60.90/8 U 03) „Teilfortschreibung 2003 der Richtlinien für Lichtsignalanlagen (RiLSA), Ausgabe 1992" vom 12. März 2004 (VkBl. S. 350)
- BMV-VkBl.-Verlautbarung (S 32/36.42.39/23 Va 2004) „Einführung des Zeichens ‚Mautpflicht nach dem Autobahnmautgesetz – ABMG'" vom 13. Oktober 2004 (VkBl. S. 686)
- ARS 13/2004 (S 25/38.55.10-02/7 Va 04) „Erlaubnisverfahren für Schwertransporte; – Nachrechnen von Brücken" vom 18. Mai 2004 (VkBl. S. 392)
- ARS 20/2004 (S 28/16.57.10-3.5/54 BASt 04) „Dynamische Wegweiser mit integrierten Stauinformationen (dWiSta) – Hinweise für die einheitliche Gestaltung und Anwendung an Bundesfernstraßen, Ausgabe 2004 (dWiSta-Hinweise 2004)" vom 17. August 2004 (VkBl. S. 479)
- ARS 23/2004 (S 28/38.61.30/10 Va 04) „Zusätzliche Technische Vertragsbedingungen und Richtlinien für Markierungen auf Straßen (ZTV M 02)" vom 5. Oktober 2004 (VkBl. S. 569)

2005

- ARS 11/2005 (S 11/38.68.00/139 Vma 04 III) „Richtlinien für Wildschutzzäune an Bundesfernstraßen (Wildschutzzaun-Richtlinie – WSchuZR) – Fortschreibung" vom 4. April 2005 (VkBl. S. 354)

2006

- ARS 6/2006 (S 15/7165.8/3-2/489929) „Zusätzliche Hinweise auf das Dienstleistungsangebot in Autobahnrastanlagen und Autohöfen" vom 27. April 2006 (VkBl. 2007 S. 115)
- BMV-VkBl.-Verlautbarung (S 32/36.42.42/33 Va 2006) „Einführung von Verkehrszeichen für Gastankstellen" vom 27. Juni 2006 (VkBl. S. 633)

- ARS 10/2006 (S 18/7195.10/00-490187) „Betriebstechnische Ausstattung von Straßentunneln; Umsetzung der Richtlinie 2004/54/EG des Europäischen Parlamentes und des Rates vom 29. April 2004 über Mindestanforderungen an die Sicherheit von Tunneln im transeuropäischen Straßennnetz in nationales Recht; Richtlinien für die Ausstattung und den Betrieb von Straßentunneln (RABT), Ausgabe 2006" vom 27. April 2006 (VkBl. S. 471)
- ARS 15/2006 (S 11/7123.10/9/506413) „Empfehlungen zum Schutz vor Unfällen mit Aufprall auf Bäume, Ausgabe 2006 (ESAB 2006)" vom 18. September 2006 (VkBl. S. 844)
- ARS 18/2006 (S 11/7123.12/2-519306) „Technische Lieferbedingungen für Markierungsmaterialien (TL M 06)" vom 17. Juli 2006 (VkBl. S. 754)

2007

- BMV-VkBl.-Verlautbarung (S 32/7332.4/0-599225) „Ergänzung des Kataloges der grafischen Symbole in Kapitel 5.7 der RWB 2000 um die Piktogramme ‚Freibad' und ‚Hallenbad'" vom 31. Januar 2007 (VkBl. S. 76)
- BMV-VkBl.-Verlautbarung (S 32/7332.4/0-654721) „Ergänzung des Kataloges der grafischen Symbole in Kapitel 5.7 der RWB 2000 um das Piktogramm Zentrum" vom 5. April 2007 (VkBl. S. 245)

2008

- ARS 3/2008 (S 18/7192.70/11-834289) „Betriebstechnische Ausstattung von Straßentunneln – Ereignismeldewesen" vom 1. April 2008 (VkBl. S. 194)
- ARS 15/2008 (S 15/7162.2/9/899400) „Richtlinie für das Aufstellen von Hinweisschildern auf Gottesdienste und sonstige regelmäßige religiöse Veranstaltungen von Kirchen und sonstigen Religionsgemeinschaften" vom 11. August 2008 (VkBl. S. 461)

2009

- BMV-VkBl.-Verlautbarung (S 32/7332.4/1-1001079) „Richtlinien für die touristische Beschilderung – Ausgabe 2008" vom 11. März 2009 (VkBl. S. 228)
- ARS 17/2009 (S 11/7122.3/4-RSA/1111796) „Arbeitsstellen an Bundesautobahnen – Regelungen für Nachtbaustellen" vom 8. Dezember 2009 (VkBl. 2010 S. 56)

2010

- ARS 17/2010 (StB 15/7163.1/4/01261223) „Richtlinien für die Aufstellung von nichtamtlichen Wegweisern für Messen, Ausstellungen, sportliche und ähnliche temporäre Großveranstaltungen" vom 10. August 2010 (VkBl. S. 378)
- ARS 26/2010 (StB 11/7122.1/4-1252057) „Straßenverkehrsinfrastruktur-Sicherheitsmanagement; – Umsetzung der Richtlinie 2008/96/EG des Europäischen Parlamentes und des Rates vom 19.12.2008 über ein Sicherheitsmanagement für die Straßenverkehrsinfrastruktur in nationales Recht" vom 3. November 2010 (VkBl. S. 622)
- ARS 28/2010 (StB 11/7123.11/2-02-1312656) „Richtlinien für passiven Schutz an Straßen durch Fahrzeug-Rückhaltesysteme (RPS 2009) und Einsatzfreigabeverfahren für Fahrzeug-Rückhaltesysteme" vom 20. Dezember 2010 (VkBl. 2011 S. 44)

2011

- BMV-VkBl.-Verlautbarung (LA 22/7332.9/2) „Zusatzzeichen zur Vorhaltung von Parkflächen für Elektrofahrzeuge" vom 21. Februar 2011 (VkBl. S. 199)

- ARS 4/2011 (StB 11/7123.7/2/1299927) „Leitfaden zum Arbeitsstellenmanagement auf Bundesautobahnen" vom 16. Mai 2011 (VkBl. S. 422)
- ARS 5/2011 (StB 14/7135.2/010-1423877) „Handbuch für die Vergabe und Ausführung von Lieferungen und Leistungen im Straßen- und Brückenbau (HVA L-StB); Ausgabe März 2011" vom 30. Mai 2011 (VkBl. S. 424)
- ARS 9/2011 (StB 11/7122.3/4/1448158) „Technische Liefer- und Prüfbedingungen für vertikale Verkehrszeichen (TLP VZ); Zusätzliche Technische Vertragsbedingungen und Richtlinien für vertikale Verkehrszeichen (ZTV VZ); Merkblatt für die Wahl der lichttechnischen Leistungsklasse von vertikalen Verkehrszeichen und Verkehrseinrichtungen (M LV)" vom 21. Juli 2011 (VkBl. 2012 S. 42)

2012

- ARS 8/2012 (StB 14/7133.10/013-1745653) „Vergabe- und Vertragsordnung für Bauleistungen (VOB); – VOB/A, Abschnitt 2 und 3, Ausgabe 2012" vom 26. Juli 2012 (VkBl. S. 671)
- ARS 13/2012 (StB 17/7192.70/11-1777782) „Fortschreibung der Zusätzlichen Technischen Vertragsbedingungen und Richtlinien für Ingenieurbauten (ZTV-ING)" vom 21. September 2012 (VkBl. S. 732)
- ARS 17/2012 (StB 14/7133.10/013-1794815) „Vergabe- und Vertragsordnung für Bauleistungen (VOB); – VOB, Ausgabe 2012" vom 8. Oktober 2012 (VkBl. S. 793)
- ARS 18/2012 (StB 14/7134.5/005-1802371) „Standardleistungskatalog für den Straßen- und Brückenbau; – Herausgabe der Leistungsbereiche (LB) und Veröffentlichung des Gelbentwurfs …" vom 30. Oktober 2012 (VkBl. S. 930)
- ARS 23/2012 (StB 14/7134.2/010-1823006) „Handbuch für die Vergabe und Ausführung von Bauleistungen im Straßen- und Brückenbau (HVA B-StB); – Ausgabe August 2012" vom 12. Dezember 2012 (VkBl. 2013 S. 14)

Diese und weitere Rundschreiben des für den Verkehr zuständigen Bundesministeriums sind über den Verkehrsblatt-Verlag (www.verkehrsblatt.de) zu beziehen.

Liste der zitierten technischen Veröffentlichungen der FGSV

Arbeitsgruppe 1 Verkehrsplanung

■ „Empfehlungen für Verkehrserhebungen (EVE)", FGSV Verlag, Ausgabe 2012

Arbeitsgruppe 2 Straßenentwurf

■ „Empfehlungen für Anlagen des ruhenden Verkehrs (EAR 05)", FGSV Verlag, Ausgabe 2005

■ „Merkblatt zur wegweisenden Beschilderung für den Fußgängerverkehr (M WBF)", FGSV Verlag, Ausgabe 2007

■ „Merkblatt zur wegweisenden Beschilderung für den Radverkehr", FGSV Verlag, Ausgabe 1998

■ „Hinweise zum Einsatz bargeldloser Zahlungsmittel beim Parken", FGSV Verlag, Ausgabe 2007

■ „Hinweise zu P+R in Klein- und Mittelstädten", FGSV Verlag, Ausgabe 1998

■ „Richtlinien für die Anlage von Tankstellen an Straßen (RAT)", FGSV Verlag, Ausgabe 1977, Überarbeitete Fassung 1985

■ RAL-L-73, FGSV Verlag, Ausgabe 1973

■ „Handbuch für die Bemessung von Straßenverkehrsanlagen (HBS)", FGSV Verlag, Ausgabe 2001/ Fassung 2009

■ „Empfehlungen für Anlagen des öffentlichen Personennahverkehrs (EAÖ)", FGSV Verlag, Ausgabe 2003

■ „Empfehlungen für Fußgängerverkehrsanlagen (EFA)", FGSV Verlag, Ausgabe 2002

■ „Empfehlungen für Radverkehrsanlagen (ERA)", FGSV Verlag, Ausgabe 2010

■ „Richtlinien für die Anlage und Ausstattung von Fußgängerüberwegen (R-FGÜ 2001)", FGSV Verlag, Ausgabe 2001

■ „Richtlinien für die Anlage von Autobahnen (RAA)", FGSV Verlag, Ausgabe 2008

■ „Richtlinien für die Anlage von Stadtstraßen (RASt 06)", FGSV Verlag, Ausgabe 2006

Arbeitsgruppe 3 Verkehrsmanagement

■ „Zusätzliche Technische Vertragsbedingungen und Richtlinien für vertikale Verkehrszeichen (ZTV VZ)", FGSV Verlag, Ausgabe 2011

■ „Technische Liefer- und Prüfbedingungen für vertikale Verkehrszeichen (TLP VZ)", FGSV Verlag, Ausgabe 2011

■ „Merkblatt für die Wahl der lichttechnischen Leistungsklasse von vertikalen Verkehrszeichen und Verkehrseinrichtungen (M LV)", FGSV Verlag, Ausgabe 2011

■ „Merkblatt für die Durchführung von Verkehrsschauen (M DV)", FGSV Verlag, Ausgabe 2013

■ „Merkblatt für Agglomeratmarkierungen", FGSV Verlag, Ausgabe 2006

■ „Hinweise zu variablen Fahrstreifenzuteilungen – Anwendungsbeispiele und Einsatzmöglichkeiten", FGSV Verlag, Ausgabe 2003

■ „Empfehlungen für die Sicherheitsanalyse von Straßennetzen (ESN)", FGSV Verlag, Ausgabe 2003

■ „Hinweise zu Verkehrsrechnern als Bestandteil der innerörtlichen Lichtsignalsteuerung", FGSV Verlag, Ausgabe 2001

■ „Hinweise für Planung und Einsatz von Geschwindigkeitswarnanlagen", FGSV Verlag, Ausgabe 2001

- „Hinweise für neue Verfahren zur Verkehrsbeeinflussung auf Außerortsstraßen", FGSV Verlag, Ausgabe 2000

- „Technische Lieferbedingungen für Markierungsmaterialien (TL M 06)", FGSV Verlag, Ausgabe 2006

- „Hinweise zu Parkleitsystemen – Konzeption und Steuerung", FGSV Verlag, Ausgabe 1996

- „Merkblatt über Rahmenbedingungen für erforderliche Fachkenntnisse zur Verkehrssicherung von Arbeitsstellen an Straßen (M VAS 99)", FGSV Verlag, Ausgabe 1999

- „Zusätzliche Technische Vertragsbedingungen und Richtlinien für Sicherungsarbeiten an Arbeitsstellen an Straßen (ZTV-SA 97)", BMV, FGSV Verlag, Ausgabe 1997, Berichtigter Nachdruck 2001

- „Technische Lieferbedingungen für Absperrschranken (TL-Absperrschranken 97)", BMV, FGSV Verlag, Ausgabe 1997

- „Technische Lieferbedingungen für Leit- und Warnbaken (TL-Leitbaken 97)", BMV, FGSV Verlag, Ausgabe 1997

- „Technische Lieferbedingungen für fahrbare Absperrtafeln (TL-Absperrtafeln 97)", BMV, FGSV Verlag, Ausgabe 1997

- „Technische Lieferbedingungen für Aufstellvorrichtungen für Schilder und Verkehrseinrichtungen an Arbeitsstellen (TL-Aufstellvorrichtungen 97)", BMV, FGSV Verlag, Ausgabe 1997

- „Technische Lieferbedingungen für Warnbänder bei Arbeitsstellen an Straßen (TL-Warnbänder 97)", BMV, FGSV Verlag, Ausgabe 1997

- „Technische Lieferbedingungen für bauliche Leitelemente (TL-Leitelemente 97)", BMV, FGSV Verlag, Ausgabe 1997

- „Technische Lieferbedingungen für transportable Schutzeinrichtungen (TL-Transportable Schutzeinrichtungen 97)", BMV, FGSV Verlag, Ausgabe 1997

- „Technische Lieferbedingungen für transportable Lichtsignalanlagen (TL-Transportable Lichtsignalanlagen 97)", FGSV Verlag, Ausgabe 1997

- „Zusätzliche Technische Vertragsbedingungen und Richtlinien für passive Schutzeinrichtungen (ZTV-PS 98)", FGSV Verlag, Ausgabe 1998

- „Technische Lieferbedingungen für Stahlschutzplanken (TL-SP 99)", FGSV Verlag, Ausgabe 1999

- „Technische Lieferbedingungen für Leitkegel (TL-Leitkegel)", BMV, FGSV Verlag, Ausgabe 1994

- „Technische Lieferbedingungen für Betonschutzwand-Fertigteile (TL BSWF 96)", FGSV Verlag, Ausgabe 1996

- „Hinweise zur Bevorrechtigung des öffentlichen Personennahverkehrs bei der Lichtsignalsteuerung", FGSV Verlag, Ausgabe 1993

- „Technische Lieferbedingungen für Schutzplankenpfostenummantelungen (TL-SPU)", BMV, FGSV Verlag, Ausgabe 1993

- „Hinweise für Steuerungsmodelle von Wechselverkehrszeichenanlagen in Außerortsbereichen", FGSV Verlag, Ausgabe 1992

- „Hinweise zur Verkehrsflussanalyse, Störfallentdeckung und Verkehrsflussprognose für die Verkehrsbeeinflussung in Außerortsbereichen", FGSV Verlag, Ausgabe 1992

- „Technische Lieferbedingungen für Warnleuchten (TL-Warnleuchten 90)", BMV, FGSV Verlag, Ausgabe 1991 mit Ergänzung ARS 10/98

- „Hinweise für die Inventarisierung der Beschilderung und Markierung an Straßen", FGSV Verlag, Ausgabe 1995

- „Richtlinien für passiven Schutz an Straßen durch Fahrzeug-Rückhaltesysteme (RPS)", FGSV Verlag, Ausgabe 2009

- „Zusätzliche Technische Vertragsbedingungen und Richtlinien für Markierungen auf Straßen (ZTV M 02)", FGSV Verlag, Ausgabe 2002

- „Richtlinien für die Ausstattung und den Betrieb von Straßentunneln (RABT)", FGSV Verlag, Ausgabe 2006

- „Richtlinien für straßenverkehrsrechtliche Maßnahmen zum Schutz der Bevölkerung vor Lärm – Lärmschutz-Richtlinien-StV", BMVBS, FGSV Verlag, Ausgabe 2007

- „Richtlinien für die Markierung von Straßen (RMS). Teil 1: Abmessungen und geometrische Anordnung von Markierungszeichen (RMS-1), FGSV Verlag, Ausgabe 1993. Teil 2: Anwendung von Fahrbahnmarkierungen (RMS-2)", FGSV Verlag, Ausgabe 1980, Berichtigter Nachdruck 1995

- „Richtlinien für die wegweisende Beschilderung außerhalb von Autobahnen (RWB 2000)", BMVBW, FGSV Verlag, Ausgabe 2000

- „Richtlinien für die wegweisende Beschilderung auf Autobahnen (RWBA 2000)", BMVBW, FGSV Verlag, Ausgabe 2000

- „Grundsätze für die Aufstellung von Verkehrsschildern an Bundesfernstraßen", BMVBW, FGSV Verlag, Ausgabe 2000

- „Richtlinien für die touristische Beschilderung (RtB)", FGSV Verlag, Ausgabe 2008

- „Richtlinien für Lichtsignalanlagen (RiLSA) – Lichtzeichenanlagen für den Straßenverkehr", FGSV Verlag, Ausgabe 2010

- „Hinweise für Zuflussregelungsanlagen (H ZRA)", FGSV Verlag, Ausgabe 2008

- „Merkblatt zur Örtlichen Unfalluntersuchung in Unfallkommissionen (M Uko)", FGSV Verlag, Ausgabe 2012

- „Hinweise zur Nutzung von Fahrzeug-Rückhaltesystemen als Träger von Leiteinrichtungen (H FL)", FGSV Verlag, Ausgabe 2008

- „Merkblatt über Detektoren für den Straßenverkehr", FGSV Verlag, Ausgabe 1991

- „Hinweise zur Wirksamkeitsschätzung und Wirksamkeitsberechnung von Verkehrsbeeinflussungsanlagen", FGSV Verlag, Ausgabe 2007

- „Hinweise zu Planung und Betrieb von betreiberübergreifenden Netzsteuerungen in der Verkehrsbeeinflussung", FGSV Verlag, Ausgabe 2008

- „Merkblatt zur Qualitätssicherung von dauerhaft verwendeten Verkehrsschildern (M QVS)", FGSV Verlag, Ausgabe 2008

- „Richtlinien für Umleitungsbeschilderung (RUB)", FGSV Verlag, Entwurf 2005

Arbeitsgruppe 4 Infrastrukturmanagement

- „Merkblatt zur Bewertung der Straßengriffigkeit bei Nässe (M BGriff)", FGSV Verlag, Ausgabe 2012

Arbeitsgruppe 5 Erd- und Grundbau

- „Richtlinien für bautechnische Maßnahmen an Straßen in Wasserschutzgebieten (RiStWag)", FGSV Verlag, Ausgabe 2002

Arbeitsgruppe 9 Querschnittsaufgaben

- „Merkblatt über bauliche Maßnahmen zur Verkehrsberuhigung", FGSV Verlag, Ausgabe 1994

- „Merkblatt über Schutzmaßnahmen gegen das Parken auf Nebenflächen", FGSV Verlag, Ausgabe 1993

Diese und weitere technische Veröffentlichungen sind über den FGSV Verlag (www.fgsv-verlag.de) zu beziehen.

Liste der zitierten Richtlinien des für den Verkehr zuständigen Bundesministeriums und der BASt

- RS (S 28/38.58.60-38/70) „Hinweise für umsetzbare Stauwarnanlagen (HUS)" vom 24. September 1999

- „Hinweise für die Anordnung und Ausführung von senkrechten Leiteinrichtungen an Bundesfernstraßen (HLB 1957)", Auszug in Straße und Autobahn, Kirschbaum Verlag, 1957

- BMV-VkBl.-Verlautbarung (StV 12/36.42.50-03) „Richtlinien für Umleitungsbeschilderungen (RUB 1992)" vom 24. April 1992

- ARS 11/1992 (StB 11/14.87.02-15/8 Va 92) „Merkblatt Alleen (MA-StB 92)" vom 4. Mai 1992

- „Verzeichnis der gültigen Richtzeichnungen und Richtlinien für Brücken- und andere Ingenieurbauwerke", das für den Verkehr zuständige Bundesministerium, ständige Fortschreibung

- RS (S 11/7123.11/3 – 1052612a) „Einsatzempfehlungen für Fahrzeug-Rückhaltesysteme" vom 15. Juli 2009, Bund/Länder-Arbeitsgremium „Schutzeinrichtungen"/BASt, Stand Dezember 2009

- ARS 28/2010 (StB 11/7123.11/2-02-1312656a) „Einsatzfreigabeliste für Fahrzeug-Rückhaltesysteme in Deutschland" vom 20. Dezember 2010, BASt, Stand Januar 2011

- ARS 15/1997 (StB 13/StV 12/38.58.60/169) „Richtlinien für Wechselverkehrszeichen an Bundesfernstraßen (RWVZ)" vom 18. April 1997, BASt, Ausgabe 1997

- ARS (StB 13/StV 12/38.58.60/169 BASt 96) „Richtlinien für Wechselverkehrszeichenanlagen an Bundesfernstraßen (RWVA)" vom 18. April 1997, BASt, Ausgabe 1997

- „Bundesstraßenverzeichnis mit den Fern- und Nahzielen (BVERZ 2006)", BASt, Stand Juni 1996

- „Erläuterungen zum Einsatzfreigabeverfahren für Fahrzeug-Rückhaltesysteme in Deutschland", BASt V 4m-II und BMVBS, Stand 2009

- „Radverkehrsführung an Haltestellen", Heft V 76, BASt, Ausgabe 2000

- „Verkehrssichere Anlage und Gestaltung von Radwegen", Heft V 9, BASt, Ausgabe 1993

- „Empfehlungen zur flächenhaften Verkehrsberuhigung städtischer Teilgebiete in den neuen Bundesländern", Verkehrspolitische Grundsatzabteilung des BMV, BMVBS, Ausgabe 1994

- „Europäisches Übereinkommen über die Hauptstraßen des internationalen Verkehrs (AGR)" vom 15. November 1975 (BGBl 1983 II S. 246)

- „Leitfaden zur Durchführung von Bahnübergangsschauen", Unterausschuss „Verkehrssicherheit an Bahnübergängen" des Bund-Länder-Fachausschusses Straßenverkehrs-Ordnung (BLFA StVO), Eisenbahn-Bundesamt, Ausgabe 2000

- ARS 2/13 (StB 12/7123.1/1/1150966) „Technische Lieferbedingungen für Streckenstationen (TLS 2002)" vom 3. Januar 2013, BASt, Ausgabe 2012

- „Autobahnverzeichnis (AVERZ 2006)", Heft V 154, BASt, Ausgabe 2007

- „Zusätzliche Technische Vertragsbedingungen und Richtlinien für Ingenieurbauten – ZTV-ING; Teil 9 – Bauwerke; Abschnitt 1; Verkehrszeichenbrücken", BMVBS, Verkehrsblatt-Verlag, Stand 2012

- „Merkblatt für die Anerkennung als Prüfstelle zur Messung verkehrstechnischer und anderer Eigenschaften von Fahrbahnmarkierungen gemäß ZTV M 02", BASt, Stand 2010

- „Liste der anerkannten Prüfstellen für Fahrbahnmarkierungen", BASt, Stand 2009

- „Freigabeliste für Markierungssysteme, die gemäß ZTV M 02 für den Einsatz auf Bundesfernstraßen geeignet sind", BASt, Stand 2010

■ „Katalog der Verkehrszeichen (Vz-Kat)" Anlage zur Allgemeinen Verwaltungsvorschrift zur Straßenverkehrs-Ordnung (VwV-StVO) vom 19. März 1992 (BAnz Nr. 66a), zuletzt geändert durch VwV am 7. August 1997 (BAnz Nr. 151, S. 10398)

■ Färber, B.; Färber, Br.; Siegener, W.; Süther, B.: „Aufnahme von Wegweisungsinformationen im Straßenverkehr – AwewiS", Reihe Forschung Straßenbau und Straßenverkehrstechnik, Heft 979, Ausgabe 2007

Diese und weitere Veröffentlichungen sind über das für den Verkehr zuständige Bundesministerium (www.bmvi.de), die Bundesanstalt für Straßenwesen (www.bast.de), den Verkehrsblatt-Verlag (www.verkehrsblatt.de) oder das Eisenbahnbundesamt (www.eisenbahnbundesamt.de) zu beziehen.

Liste der zitierten technischen Normen

■ DIN 1451 „Schrift für den Straßenverkehr, Teil 2: Serifenlose Linear-Antiqua; Verkehrsschrift"; Ausgabe 1986-02

■ DIN 67520 „Retroreflektierende Materialien zur Verkehrssicherung. Lichttechnische Mindestanforderungen an Reflexstoffe"; Ausgabe 2013-10

■ DIN 67521 „Lichttechnische Bewertung der Beleuchtung von Verkehrszeichen; Zeichen für den Straßenverkehr"; Ausgabe 1967-03

■ DIN EN 1317 „Rückhaltesysteme an Straßen", Teil 1–6; Ausgabe 2011/2014

■ DIN EN 1436 „Straßenmarkierungsmaterialien – Anforderungen an Markierungen auf Straßen"; Ausgabe 2009-01

■ DIN EN 1790 „Straßenmarkierungsmaterialien – Vorgefertigte Markierungen"; Ausgabe 2013-12

■ DIN EN 12899 „Ortsfeste, vertikale Straßenverkehrszeichen", Teil 1–5; Ausgabe 2008-02

■ DIN EN 12966 „Vertikale Verkehrszeichen – Wechselverkehrszeichen", Teil 1–3; Ausgabe 2005-07/ 2010-03

■ DIN EN 13422 „Straßenverkehrszeichen (vertikal) – Transportable Straßenverkehrszeichen – Leitkegel und Leitzylinder"; Ausgabe 2009-08

Diese und weitere DIN-Normen sind über den Beuth Verlag (www.beuth.de) zu beziehen.

Stichwortverzeichnis

(Die Ziffern beziehen sich auf den Abschnitt in der HAV)